I libri di Bruno Vespa

Bruno Vespa

IL DUELLO

Chi vincerà nello scontro finale

NUOVA ERI

ARNOLDO MONDADORI EDITORE

Dello stesso Autore

nella collezione I libri di Bruno Vespa

Telecamera con vista
Il cambio
Nella collezione Oscar
Telecamera con vista

ISBN 88-04-40496-5

I edizione ottobre 1995

Indice

Il duello

«La verità è sfuggente. Stiamo ai fatti.»
Walter Cronkite
(Premio Ischia, 16 settembre 1995)

1
«Presidente, c'è una busta per lei da Milano»

Guarda chi c'è. Inconfondibile. Unico. Possiamo dirlo? Ma sì: mitico. Non è certo solo, Umberto Bossi, stamattina a mezzogiorno, davanti al bar della saletta «Freccia Alata», quella dei Vip, a Fiumicino. Non è solo, ma domina la scena.

Le gambe larghe e ben piantate sul pavimento quasi a dire: state alla larga. Le braccia che sembrano minacciose pale meccaniche e vengono a incontrarsi stringendo un giornale aperto a piena pagina. Il ghigno solenne e un filino arrogante del condottiero che torna vincitor. A chi assomiglia? Ma certo: sembra Alberto da Giussano, fondatore della Lega Lombarda, che regge la spada pronta a colpire il Barbarossa. E chi è il Barbarossa sconfitto a mezzogiorno di oggi, mercoledì 23 novembre 1994? È lui, il Berluskaiser dei miei stivali. Anzi dei suoi. Degli stivali del Senatùr che stamane aspira nicotina dalla sua decima sigaretta come se fosse aria pura dei boschi lombardi. A pieni polmoni, con un piacere che riempirebbe d'orgoglio il signor Philip Morris. Una boccata piena e uno sguardo al nemico nella polvere.

Sulla prima pagina del giornale, di ogni giornale, c'è la foto drammatica del Cavaliere che si porta la mano alla fronte, gli occhi chiusi, l'auricolare inutilmente appeso al collo. Burocratiche – e per questo più drammatiche – le didascalie: «Il presidente del Consiglio, Silvio Berlusconi, alla conferenza sul crimine ieri a Napoli».

E già, perché stavolta i giudici di Milano la frittata l'hanno fatta grossa. Hanno aspettato che il Cavaliere mettesse piede a Napoli e zac! gli hanno spedito alle calcagna due ufficiali dell'Arma per consegnargli un «invito a presentarsi nei confronti di persona sottoposta a indagini». Che sarebbe lui, Berlusconi Silvio, sospettato di aver pagato mazzette alla Finanza in concorso con il fratello Berlusconi Paolo e con Sciascia Salvatore, responsabile dei servizi fiscali della Fininvest.

Beve un caffè dolce per tante ragioni, Umberto Bossi, e legge l'articolo di fondo di Paolo Mieli sul «Corriere»: «Da quando, il 17 febbraio 1992, è iniziata la lunga avventura di Mani pulite, era accaduto che molti ministri finissero nel mirino dei magistrati. Un capo del governo, mai».

La Borsa lascia tre punti sul campo, il marco supera quota mille sulla lira (bei tempi). Ma per Umberto Bossi la prosa di Mieli è dolce come i versi del Petrarca.

Non ha messo d'altra parte per l'occasione una cravatta blu decorata di soli d'oro, il mitico Umberto, lasciando a casa tutti i fiocchi maldestri che indossa abitualmente? E non si sente stamane potente e invocato come Elios, il dio Sole che tutto vedeva e tutto sapeva? La scorta freme eccitata, lui non ha fretta.

Non ha mai fretta, Bossi.

L'orologio regola le abitudini dei travet. Loro inseguono il tempo, Umberto lo trattiene in anticamera. Non esistono scadenze, né orari, né appuntamenti. Se vuoi intervistarlo, devi accertarti soltanto di una sua generica disponibilità all'incontro. Poi devi fare come i cacciatori di anatre: ti metti in botte, ti copri bene e aspetti, annusando il piacere dell'alba.

Come De Gaulle, usa il telefono solo in partenza. Non accetta chiamate. Per dirgli qualcosa – anche di urgente – bisogna aspettare che si faccia vivo lui. Un giorno perdemmo il noleggio di un satellite tirato su per un'intervista a distanza perché nessuno dei suoi ebbe il coraggio di entrare nella stanza e prenderlo per un braccio. Aveva dimenticato l'appuntamento. Gli mandavano fax disperati, ma lui naturalmente non li leggeva. Quando si accorge dei pasticci che combina, ti disarma col sorriso di un bambino. Ma i suoi continuano a non bussare mai: temono di essere abbattuti prima di avere il tempo di spiegarsi.

Come i grandi prìncipi della Chiesa, Umberto parla alla storia. E stamattina, un piccolo capitolo di storia italiana è convinto di averlo scritto per davvero.

«Tutti i guai del Berlusca nascono dalle televisioni» mi spiega, mentre sovrappensiero confonde il suo caffè con la mia coca-cola. «Ha offerto una rete al Pds con una dote di trecento miliardi di pubblicità. E quelli gli hanno detto di no. Confalonieri è venuto anche da me: dacci un anno, andiamo in Borsa, sistemiamo tutto. Ma anch'io ho risposto picche. Sbaglia, il Berlusca, se pensa di tenersi tutto. Se lascia subito il governo, può salvare metà del malloppo. Altrimenti lo perde per intero.»

Beve il caffè dolce, l'Umberto, e dimentica subito il Berlusca caduto nella polvere per guardare avanti. Ai nuovi alleati: «Be', a questi bisognerà pur mettergli qualche paletto. La Rai, per esempio. Questa Moratti non è male, alla Rai si potrebbero lasciare le cose come stanno».

Salvo la coca-cola da una cucchiaiata di zucchero destinata ancora al suo caffè e cerco d'incalzarlo: «Scusa, Umberto, ma il governo con chi pensi di farlo?».

Un sorso alla tazzina, una tirata di fumo per il piacere del signor Philip Morris e l'Umberto veste i panni del suo amatissimo generale Michail Ilarionovic Kutuzov che dispiega i piani per la vittoriosa battaglia di Borodino: «Dunque, innanzitutto via i fascisti». Annoto come l'emozionato principe Andrej, aiutante di campo di Kutuzov in *Guerra e pace*: via An. «Dentro il governo staranno la Lega, i Popolari, Forza Italia...» L'aiutante di campo crede di non aver capito bene. Forza Italia? «Certo, Forza Italia.» Senza Berlusconi?, dico con un filo di voce. «Certo, Forza Italia senza Berlusconi. Vedrai quanti lo mollano.» Bene, poi? «Insomma deve esserci un polo liberale e uno laburista.» E il Pds? Appoggio esterno?, provo educatamente a suggerire, mentre il barman ha smesso di pulire bicchieri e sgrana gli occhi godendosi in anteprima assoluta la nascita del nuovo governo.

«Si potrebbe fare» risponde Kutuzov-Bossi. «Ma se quelli non si sentono sdoganati, ti piantano un casino...»

Resta da scegliere il presidente del Consiglio. Apro la valigetta con la mia mercanzia: Dini potrebbe andare? Bossi me la richiude in faccia: «Mai». E allora chi? «Il governo deve essere presieduto da un uomo della Lega.»

Vorrai dire una donna... «No, la Pivetti è troppo giovane.» Allora tu?, azzardo con imbarazzante piaggeria. Umberto ride, con uno di quei sorrisi così insidiosi per la salute delle gestanti. «No. Io ho altro da fare.» Maroni? Il Senatùr scuote la testa. L'aiutante di campo lo guarda smarrito. «Formentini» dice trionfante. «Faremo un bel governo presieduto dal sindaco di Milano, Marco Formentini.»

Un uomo della scorta si fa coraggio e lo avverte che è giunta l'ora. Faccio in tempo a parlargli ancora un momento di Berlusconi, della fuga di notizie sull'avviso di garanzia. «Umberto, attento alle regole. Oggi tocca a lui, ma domani? Eppoi come spieghi che queste inchieste si abbattano su di lui tutte insieme, all'improvviso?»

Bossi risponde con un ghigno: «Quando cade un gigante...».

«Sei sicuro che i tuoi elettori ti seguiranno nell'alleanza col Pds?» gli chiedo ancora. Ma lui adesso deve proprio andare. Si possono perdere i satelliti, non l'aereo per tornare a casa, a Gemonio, dopo dieci giorni ininterrotti trascorsi nell'orrida Roma.

Qui comincia il duello finale...

Comincia qui, davanti a un caffè ben zuccherato nella sala Vip di Fiumicino, il duello finale tra Silvio Berlusconi e Umberto Bossi, fondatore, leader e padrone della Lega Nord. L'uomo che il Cavaliere di Arcore nella campagna elettorale dell'aprile '95 bollerà così: «Capisco che per Bossi sia difficile parlare di lavoro. Il primo stipendio che ha portato a casa è stato quello da senatore...». Il senatùr risponderà con garbo, dando del mafioso, del corruttore, del dittatore al suo alleato di un tempo. Ma tornandosene a Gemonio il 23 novembre del '94 in tempo per pranzare con Manuela, Renzo e Roberto Libertà, portandosi dietro i giornali con le foto del Cavalier dolente, Umberto Bossi è convinto di aver impresso una svolta alla storia della nuova Repubblica e di aver liquidato forse per sempre il suo nemico mortale. È convinto davvero che Marco Formentini possa discendere con una marcia trionfale da palazzo Marino a palazzo Chigi e che la bandiera di Alberto da Giussano possa sventolare invitta sulle rovine del potere romano.

Il suo dado Umberto Bossi l'ha tratto quaranta ore prima,

nell'aula di Montecitorio aperta di lunedì, in piena controtendenza sugli usi parlamentari.

Alle sette della sera s'è consumato il primo scontro tra i separati in casa più separati che abbia mai visto la politica italiana: Bossi, appunto, e il leader di Alleanza nazionale, Gianfranco Fini. Si sta discutendo la tormentatissima legge finanziaria per il '95. Costruendo senza saperlo il suo destino di presidente del Consiglio, Lamberto Dini – per ora ancora ministro del Tesoro del governo Berlusconi – ha fatto della riforma pensionistica la sua linea del Piave. Deve essere immediata e severa: lo esigono i mercati, lo vuole il rispetto del programma elettorale del Cavaliere.

Le opposizioni e i sindacati ne chiedono lo stralcio: non si può risolvere in quattro e quattr'otto un problema così delicato. Alle sette di sera, Umberto Bossi si schiera con le opposizioni: «Nel governo non saremo lo sgabello per i salti all'indietro dei Gattopardi di turno. La storia non tollera mistificazioni quando si tratta del mantenimento dello Stato di diritto e della democrazia. La riforma previdenziale va stralciata e gradiremmo che il governo non ponesse la fiducia». Gianfranco Fini si china e raccoglie il guanto di sfida: «Serietà vuole che questa Finanziaria venga approvata dal Senato come è stata licenziata dalla Camera. Se qualcuno non gradisce, se ne assuma la responsabilità. Se è capace di dar vita a un nuovo governo, lo faccia. Altrimenti si torni a votare. Per me la verifica è aperta da stasera...».

La notizia dell'annunciato duello vola a Napoli, dove Silvio Berlusconi si sta preparando a presiedere il vertice dell'Onu sulla criminalità organizzata. Il clima è completamente diverso da quello di giugno, quando il vertice napoletano del G7 era stato per il presidente del Consiglio il mirabile preambolo della trionfante sinfonia elettorale delle Europee. Domenica 20 novembre, alle piccole amministrative d'autunno, Forza Italia ha fatto flop, perdendo sei, otto, perfino dieci punti rispetto alle «politiche» nei sette comuni capoluoghi di provincia in cui s'è votato.

A Napoli il lunedì del Cavaliere è triste. Mangia un po' di pesce con i suoi cinque collaboratori più stretti nella suite dove alloggiò Enrico Caruso, affacciata su Castel dell'Ovo e sul golfo. Nel tardo pomeriggio butta giù a penna, di malavoglia, una dichiarazione che spiega l'insuccesso elettorale («Non ho fondato un partito tradizionale...»), polemizza con Buttiglione e i Popolari («Si alleano con tutti. Non vorranno essere i socialisti del Duemila?...»). Poi va a indossare lo smoking per la serata di gala al San Carlo.

Alla stessa ora, due ufficiali dell'Arma in borghese scendono da un'auto con targa civile e paletta di riconoscimento attaccata al tergicristalli che si è fermata davanti all'ingresso di palazzo Chigi. Chiedono di salire nell'ufficio del presidente del Consiglio e vengono accompagnati al secondo piano.

I due ufficiali sono il tenente colonnello Emanuele Garelli, comandante del Reparto operativo dei carabinieri di Milano, e il maggiore Paolo La Forgia, comandante del Nucleo operativo. Dal giorno dell'arresto di Mario Chiesa, il 17 febbraio del '92, La Forgia passa le sue giornate negli uffici del pool Mani pulite. Fu lui a consegnare a Bettino Craxi il primo avviso di garanzia. Fu lui a recapitare i provvedimenti giudiziari di Di Pietro & C. a molti leader di partito, da La Malfa a Citaristi, da Cariglia ad Altissimo.

A palazzo Chigi La Forgia non era mai salito. Ora si trova davanti allo stupefatto consigliere Giampiero Massolo, un diplomatico che Berlusconi ha nominato capo della sua segreteria e che Dini confermerà nell'incarico.

Massolo è solo, i collaboratori più stretti di Berlusconi lo hanno seguito a Napoli, Letta è nella sua stanza. Massolo lo chiama al telefono: sono arrivati due ufficiali dei carabinieri da Milano, dicono che debbono parlare con il presidente. Di che si tratta?, chiede Letta: di tutto quello che riguarda Berlusconi sa certamente più del diretto interessato e ha già capito dove si andrà a parare. Dopo molte insistenze, Massolo riesce a sapere che Garelli e La Forgia debbono consegnare una busta a Berlusconi. Solo a lui, personalmente. Il primo ministro è a Napoli, presiede il vertice mondiale sulla criminalità, spiega il diplomatico. Bene, andiamo a Napoli, rispondono i due ufficiali. Massolo prende tempo: aspettate, cerco di mettermi in contatto con lui; dove posso richiamarvi? La Forgia dà il numero del suo cellulare ed esce con Garelli.

Massolo va da Letta, gli consegna un foglietto con il numero di cellulare e torna nel suo ufficio.

Letta chiama Berlusconi a Napoli. Sono passate le otto di

sera, alle otto e mezzo al San Carlo comincia il concerto di Pavarotti in onore dei capi di Stato e di governo ospiti della conferenza. Quando sente il racconto di Letta, l'umore di Berlusconi precipita. «Chiama Previti» dice al suo braccio destro «e cerca di sapere qualcosa di più. Ci risentiamo alla fine del concerto.»

Il centralinista di palazzo Chigi raggiunge il ministro della Difesa Cesare Previti mentre sta cenando in un elegante ristorante di Siviglia con i colleghi francese e spagnolo: si stanno costruendo le fondamenta di quella task force trilaterale che nascerà nel maggio del '95. Previti è appena arrivato in Spagna, lasciando Napoli dove ha confortato Berlusconi raccontando ai giornalisti che per un partito appena nato come Forza Italia gli insuccessi locali sono largamente prevedibili.

I due sono amici da vent'anni, e agli ospiti del suo bell'attico romano, affacciato su piazza Farnese, Previti ama mostrare il posto a tavola abitualmente occupato dal Cavaliere: spalle alle finestre per non vedere la casa di Carlo De Benedetti, anch'essa affacciata sulla piazza, accanto all'ambasciata di Francia. E viso rivolto a un grande quadro settecentesco divenuto assai caro a Berlusconi: ritrae infatti una sfilata in piazza Colonna, davanti a palazzo Chigi. Chi avrebbe detto che un giorno proprio lui, ospite abituale del suo amico avvocato, sarebbe salito da padrone al piano nobile del principesco palazzo? Previti non ha tempo di pensare a questi felici trascorsi, mentre Letta gli parla della visita dei due carabinieri. L'Arma fa capo al ministro della Difesa, spetta dunque a lui saperne di più, mentre i soavi gorgheggi di Pavarotti cercano invano di penetrare nell'animo offeso del Cavalier Furente.

Previti chiama Federici

Mollando per forza di cose gli altri due terzi della nascente Trilaterale, Previti chiama il comandante generale dell'Arma, Luigi Federici, un gentiluomo severo e amabile al tempo stesso che viene dagli Alpini. Spiacente, signor ministro, non ho notizia di una visita dei due ufficiali al presidente del Consiglio. Nuovo giro di telefonate e finalmente i due ufficiali dicono: ebbene sì, abbiamo per il signor presidente del Consiglio un avviso di garanzia con invito a comparire davanti al procuratore di Milano.

Letta diventa grigio. Previti, sull'altra sponda del Mediterraneo, sorride amaro. Seppure avvocato civilista, sa bene quanto sia perfida la sfumatura della convocazione. Punto primo. È la prima volta nella storia italiana che un presidente del Consiglio in carica è colpito da avviso di garanzia. Punto secondo. L'avviso lo colpisce mentre presiede una prestigiosa assise internazionale dedicata, guarda caso, alla repressione della criminalità. Ci sono ministri di centoquaranta paesi, si parlerà anche di corruzione. È imbarazzante che il padrone di casa sia accusato dei reati all'ordine del giorno. Punto terzo. Quando un'inchiesta giudiziaria tocca leader di primissimo piano (accadrà in gennaio a Roma per Occhetto e D'Alema), tra uomini di mondo ci si comporta così: pronto? Sono il procuratore della Repubblica. Mi scusi, c'è un'inchiesta che la riguarda. Le dispiace fare un salto da me? Venga pure di pomeriggio, che non c'è gente. L'avvocato? Ma sì, certo, lo porti. Il politico va, il procuratore gli consegna a mano l'avviso di garanzia e l'invito a comparire, ma l'ufficio stampa del partito parla subito di presentazione spontanea. Si fa un po' di confusione tra iscrizione nel registro degli indagati e avviso di garanzia (per prudenza, nessuno usa quest'ultima formula) e tutto si risolve fra gentlemen. L'inchiesta certo va avanti, ma la «presentazione spontanea» ha dimostrato all'universo mondo che il politico in questione non ha niente da temere, niente da nascondere.

E invece – pensa Previti – guarda Berlusconi: appena mette piede a Napoli per un vertice sulla criminalità, altro che telefonata, quando può fare un salto qui? eccetera. Arrivano invece due ufficiali dei carabinieri con una busta gialla che non ha l'aria di custodire una lettera d'amore. Che si vuol fare? Così va il mondo...

Il ministro della Difesa è assorto in questi cupi pensieri sorseggiando un dito di brandy spagnolo, mentre sull'altra sponda del Mediterraneo occidentale Silvio Berlusconi, accompagnato dal presidente della Repubblica cipriota e dal sindaco Bassolino, respinge con garbo i vassoi di sfogliatelle e babà serviti nell'intervallo del concerto nel borbonico Circolo Unione che ha riaperto per la circostanza il passaggio interno che lo lega al San Carlo.

Tornato nel palco reale, il presidente del Consiglio freme di impazienza; spera che il pubblico si accontenti di un solo bis di Pavarotti (*'A vucchella,* musica di Francesco Paolo Tosti, versi di Gabriele D'Annunzio). E invece, prima di alzarsi con un applauso liberatorio, deve ascoltare anche *'O sole mio* e il signorile ringraziamento di «Big Luciano».

Appena salito in auto, il presidente del Consiglio innesta il sorriso automatico per salutare la folla che aspetta i leader politici di mezzo mondo all'uscita del San Carlo, e chiama con il cellulare Gianni Letta. Allora? Allora Previti non sa niente: Federici non era stato informato del viaggio dei suoi due ufficiali a Roma. Letta suggerisce a Berlusconi di tornare in albergo e di chiamare sul cellulare il maggiore La Forgia: finalmente saprà.

Il presidente forma le dieci cifre necessarie con la trepidazione con cui ha telefonato per la prima volta alla bella e inquieta signora che a quest'ora riposa con i bambini nella villa di Macherio.

La Forgia apre la busta e ne legge il segreto crudele al presidente del Consiglio: Silvio Berlusconi è invitato a presentarsi davanti ai procuratori di Milano in quanto indagato per corruzione. In concorso con il fratello Paolo e con il capo dei servizi fiscali della Fininvest, Salvatore Sciascia (entrambi arrestati nell'estate del '94), avrebbe versato tangenti per complessivi 230 milioni ad alcuni militari della Guardia di Finanza per evitare accertamenti fiscali sulla casa editrice Mondadori e sulla società di assicurazioni Mediolanum Vita, entrambe controllate dal gruppo Fininvest. Attenzione: a Berlusconi, forse nella fretta della telefonata, La Forgia non cita il terzo capo d'accusa: una tangente pagata, a quanto pare, da una terza società Fininvest, la Videotime. Questa omissione, come vedremo, alimenterà qualche dubbio sottile.

Il presidente del Consiglio ringrazia e concorda un appuntamento a palazzo Chigi per l'indomani alle 13. Poi richiama Letta, gli racconta dell'avviso di garanzia e finalmente riesce a sfogarsi. Che c'entro io con questa roba?, chiede Berlusconi. Letta cerca qualche interpretazione, ma Berlusconi sta rientrando in albergo e un esame più approfondito va rinviato alla notte.

A mezzanotte i due si sentono di nuovo, commentano l'accaduto, Letta cerca di calmare l'irritazione del Cavalier Furente, gli dà la buonanotte. Berlusconi si sfoga al telefono con Confalonieri, poi richiama Letta e si ricomincia daccapo.

La buonanotte definitiva arriva intorno alle due. Prima di addormentarsi, come sempre, Letta sfoglia le prime edizioni dei quotidiani cercando di non svegliare la moglie Maddalena il cui sonno ha ormai computerizzato come rumore abituale il fruscìo ritmato delle pagine di giornale. Alle due e mezzo la luce finalmente si spegne nel quieto appartamento del sottosegretario in fondo alla Camilluccia. Ma si riaccende di colpo alle cinque e venti.

«Gianni, il "Corriere" scrive che...»

La voce incredula e impastata di sonno di Gianni Letta s'incrocia con quella eccitata e squillante di Enrico Mentana. «Gianni, il "Corriere della Sera" scrive che Berlusconi è indagato.» Mentana è stato svegliato qualche minuto prima da Cintia Paladini, la redattrice politica del Tg5 incaricata di preparare «Prima Pagina», il rullo di notizie che viene trasmesso al mattino in apertura dei programmi.

La redattrice è saltata sulla sedia aprendo la mazzetta dei giornali. In realtà già tre ore prima, chiudendo il turno di notte, il conduttore Fabrizio Summonte si era insospettito per l'assenza dalle edicole del «Corriere», e per il rifiuto del giornale di trasmettere la prima pagina, nonostante le insistenze. Segno, come si dice in gergo, che l'apertura del quotidiano è «coperta», cioè nasconde qualcosa di grosso che non si vuole mostrare ai concorrenti in ore ancora utili a una «ribattuta».

Mentana chiama Letta, chiama Confalonieri, capisce che già sono al corrente dell'iniziativa dei giudici di Milano. Ma non chiama Berlusconi. Tra i due c'è da tempo un po' di freddezza e si sa che tra palazzo Chigi e viale Aventino, dove regna il direttore del Tg5, da mesi non ci sono telefonate.

Svegliato da Mentana, Letta guarda l'orologio, aspetta

qualche minuto, alle cinque e quaranta chiama il centralinista dell'hotel Vesuvio e chiede di passargli Berlusconi.

Nessuno può dire se il Cavaliere dormisse. La telefonata di Letta lo trova infilato nel letto di Caruso in posizione assolutamente regolamentare. Ma sono lontane le romantiche veglie dell'estate '94 quando il primo ministro italiano, indossati per un momento i panni del latin lover, aveva consigliato a Bill e Hillary Clinton di aspettare che l'alba illuminasse il Castel dell'Ovo, il Vesuvio e le sagome lontane di Capri e Ischia, impiegando la notte partenopea ad accrescere la prole presidenziale.

Per Berlusconi la notizia della pubblicazione dell'avviso di garanzia è ben peggiore dell'avviso stesso. «E adesso come faccio?» chiede a Gianni Letta. «Tra poco ricominciano i lavori dell'assemblea, all'ordine del giorno c'è la corruzione internazionale. Io sono stato eletto presidente: come faccio a presiedere, visto che mi si accusa di corruzione? No, torno subito a Roma.»

Nella sua giornata lavorativa di sedici ore, Gianni Letta di solito si concede un piccolo lusso: alzarsi non prima delle otto del mattino, anche se già alle sette ascolta il primo notiziario.

Alle cinque e quaranta del mattino, dunque, il sottosegretario alla Presidenza del Consiglio in genere non dà il meglio di sé. Ma stavolta si batte come un leone, e convince il Cavaliere che non solo deve restare a Napoli, ma dovrà presentarsi in perfetta forma all'assemblea generale e presiedere serenamente la seduta del mattino, in cui è previsto tra l'altro l'intervento del suo ministro dell'Interno, Roberto Maroni. A fine mattinata rientrerà a Roma, incontrerà i carabinieri, poi nel pomeriggio andrà a incontrare il presidente egiziano Moubarak in visita in Italia.

Berlusconi obbedisce. Sveglia la sua inseparabile segretaria Marinella Brambilla e il marito Fabrizio Lauri, membro dello staff presidenziale. Sveglia Niccolò Querci, l'assistente personale. Chiama appena più tardi il presidente della Fininvest Fedele Confalonieri, che ne raccoglie un nuovo lungo sfogo. E telefona a Gianni Agnelli che si trova a New York con Cesare Romiti. Negli Stati Uniti orientali è passata la mezzanotte, ma il Cavaliere non va per il sottile. La pubblicazione della notizia sul «Corriere» gli pare di una gravità inaudita e vuole protestare immediatamente con il più autorevole editore di riferimento dello storico quotidiano. Agnelli cade dalle nuvole, sveglia a sua volta il direttore del giornale, Paolo Mieli, che ha passato una notte da far impallidire quella dell'Innominato, e si fa raccontare la storia e i suoi infiniti retroscena.

A Napoli, intanto, il Cavaliere si mette in marcia verso il Calvario. Sorride (con la bocca, non con gli occhi) ai giornalisti che assediano l'albergo, presiede la conferenza sulla criminalità, ascolta l'intervento di Maroni che ai cronisti dice: «La magistratura non può scandire i tempi della politica. Per la Lega non cambia niente». E poco dopo le undici si mette in macchina per tornare a Roma. Alle quattordici incontra La Forgia e Garelli. Li riceve nell'appartamento al terzo piano di palazzo Chigi, appena ristrutturato e arredato con mobili che Berlusconi ha comprato personalmente. I due ufficiali vengono introdotti da Massolo che poi lascia il presidente e i carabinieri alla sola presenza di Querci. La Forgia consegna il documento firmato dai giudici di Milano, il cui contenuto è ormai di pubblico dominio. Poi scrive la relata di notifica, cioè il verbale della consegna. Berlusconi con i carabinieri è cortesissimo. Ma i due ufficiali debbono raccogliere in silenzio il lungo sfogo dell'uomo di Stato e di governo colpito nell'esercizio delle sue funzioni. «Capite? Un avviso di garanzia consegnato al presidente del Consiglio mentre rappresenta l'Italia guidando una importantissima conferenza internazionale.» Gli ufficiali ascoltano, fanno cenno di capire l'imbarazzo dell'illustre interlocutore, d'altra parte stanno compiendo soltanto il loro dovere. «Ma certo, certo» fa Berlusconi accompagnandoli alla porta.

Escono i carabinieri, entra Letta

Escono i carabinieri, entra Letta. Con lui, Berlusconi può finalmente lasciarsi andare a un libero sfogo, e non sarà difficile al lettore immaginarne il contenuto. La conclusione è questa: «Con quale faccia mi presento da Moubarak?».

Eppure si presenta, è perfino allegro e durante la cena a

villa Madama riesce a raccontare barzellette al presidente egiziano, che è molto divertito e – a quanto pare – anche conquistato dalla vulcanica personalità del suo interlocutore.

Nella notte, Berlusconi riunisce il vertice del Polo, mentre i telegiornali ritrasmettono il suo messaggio al Paese. «I magistrati di Milano mi hanno inviato un avviso di garanzia per corruzione mentre presiedevo la conferenza transnazionale sulla criminalità davanti ai rappresentanti di 140 paesi... Naturalmente io non ho mai corrotto nessuno e non ho niente da temere... La notizia è stata fatta filtrare a un giornale allo scopo di colpire il presidente del Consiglio e sbalzarlo di sella per via giudiziaria...»

Già, come è uscita la notizia? Riportiamo la moviola indietro di ventiquattr'ore, e torniamo al quarto piano del palazzo di giustizia di Milano dove incontro il procuratore capo Francesco Saverio Borrelli, il procuratore aggiunto Gerardo D'Ambrosio e i sostituti Piercamillo Davigo, Gherardo Colombo e Francesco Greco. Con loro ho avuto il 1° giugno del '95 colloqui della durata complessiva di sette ore e tre quarti.

Cominciamo dalla scelta dei tempi per il primo avviso di garanzia inviato a un presidente del Consiglio in carica nella storia italiana. «La legge» mi ricorda Borrelli «prevede che si proceda senza indugio nel momento stesso in cui si individuano le responsabilità. Nei giorni precedenti all'emissione dell'avviso di garanzia ci erano pervenute informazioni che avevano arricchito la notizia di reato delle concordanze necessarie. A quel punto il procedimento era doveroso.» Secondo i procuratori di Milano, le notizie necessarie all'avviso di garanzia arrivano all'immediata vigilia di domenica 20 novembre. Quel giorno si celebra il primo turno delle piccole elezioni amministrative d'autunno, e i magistrati decidono di aspettare il lunedì successivo, «sufficientemente lontano dalla domenica 4 dicembre, giorno dei ballottaggi».

A questo punto, si pone il problema della riservatezza. «Ci siamo chiesti quanto tempo saremmo riusciti a tener nascosto un avviso di garanzia a Berlusconi» racconta Davigo. «Alla fine è prevalsa la mia tesi: la riservatezza avrebbe retto pochi minuti.» «Non volevamo che Berlusconi sapesse la notizia da altri» precisa Borrelli. Per questo la comunicazione all'interessato deve avvenire contestualmente all'iscrizione del presidente del Consiglio nel registro degli indagati. Già, ma perché accusarlo di corruzione mentre presiede a Napoli una conferenza mondiale sulla criminalità?

«Ci risultava che il lunedì sera Berlusconi dovesse rientrare a Roma. Aveva già aperto la conferenza. Immaginavamo che non sarebbe più tornato a Napoli» dice Borrelli.

(Replica Berlusconi: «Al mattino del lunedì ho aperto i lavori della conferenza da presidente del Consiglio del Paese ospitante. Sono stato eletto subito presidente della conferenza ed era evidente che sarei rimasto a Napoli tutto il tempo».) «In ogni caso» aggiunge il procuratore di Milano «eravamo certi che la notizia non sarebbe filtrata.»

Aggiunge Davigo: «Abbiamo disposto la consegna dell'avviso a Roma per non creare problemi con Napoli. Purtroppo c'è stata la fuga di notizie di cui noi non abbiamo alcuna responsabilità. Il disagio di Berlusconi, in ogni caso, dovrebbe nascere da problemi di merito».

Davigo sta dicendo che Berlusconi non avrebbe dovuto rappresentare il suo Paese per ragioni di opportunità?

E l'immagine dell'Italia? Davigo si scalda: «L'immagine del Paese è turbata dal fatto che il presidente del Consiglio è sottoposto a procedimento penale, non dal fatto che si sappia.

L'immagine del Paese è turbata dal fatto che il presidente del Consiglio ha avuto un fratello che, colpito da provvedimento restrittivo per corruzione di appartenenti a un corpo militare dello Stato, si è costituito solo dopo due giorni. Il vero problema è questo. Vorrei ricordare che sono i reati a determinare discredito, non il comportamento di chi li reprime. Perché si dimentica che, se non fosse stata pagata la Guardia di Finanza, tutto questo non sarebbe successo. Poi, per carità, magari si tratta di concussione e non di corruzione. Proprio per queste cose si fanno i procedimenti. Ma se è concussione mi meraviglio dal punto di vista politico che uno dei primi atti del governo Berlusconi in tema di giustizia sia stato il decreto in cui si stabiliva che per la concussione non si andasse più in carcere. Mi sembra un provvedimento singolare per chi sarebbe stato colpito negli affetti più cari proprio da episodi di concussione. Se io avessi subìto una diffamazione giornalistica, non mi verrebbe in mente di depenalizzare la diffamazione a mezzo stampa.»

Antonio Di Pietro scrive l'avviso...

Lunedì mattina 21 novembre Antonio Di Pietro scrive personalmente «l'invito a comparire per persona sottoposta a indagine» (art. 375 codice di procedura penale) mettendo in cima al foglio il nome di Silvio Berlusconi. Il provvedimento viene controllato da Borrelli e passato a Davigo per l'iscrizione sul computer. Problema: l'iscrizione si fa in cancelleria, dove trafficano abitualmente una decina di impiegati. Gente fidata, naturalmente. Ma chi può garantire la riservatezza in una circostanza del genere? Davigo decide allora di scrivere il provvedimento sul suo computer personale. Secondo problema: il computer di Davigo è abilitato alla lettura dei provvedimenti giudiziari, ma non alla trascrizione degli avvisi di garanzia.

Il magistrato convoca allora il primo dirigente della cancelleria, Molinari, capo del personale che collabora con i magistrati dell'intera Procura della Repubblica. E questi chiama un tecnico al quale viene ordinato di modificare il programma del computer di Davigo perché possa essere registrato l'invito a comparire rivolto a Berlusconi.

La manovra dura quasi un'ora e mezza e non sfugge a Gianluca Di Feo, uno dei cronisti giudiziari del «Corriere della Sera», che trascorre le sue mattinate al palazzo di giustizia. Di Feo segue passo passo i movimenti di Davigo da quando, poco prima che il giudice s'infili nel suo studio con il tecnico del computer, lo vede uscire dalla stanza del procuratore Borrelli dove sono entrati due alti ufficiali dei carabinieri (il generale Nicolò Bozzo, comandante della regione Lombardia dell'Arma, e il colonnello Sabino Battista, comandante provinciale di Milano).

È passato da poco mezzogiorno. Di Feo ha meno di trent'anni, è scapolo ed è appena tornato in automobile da Roma, dove ha i genitori e dove è riuscito a trascorrere l'unico fine settimana libero dell'ultimo mese.

La vista degli alti ufficiali dei carabinieri sorprende non poco l'attento cronista. I carabinieri hanno frequentato molto il palazzo di giustizia fino alla primavera del '93, quando, con quella che i cronisti giudiziari chiamano la «retata dell'Enel», si è chiusa la turbolenta stagione degli avvisi a raffica agli uomini politici.

Dallo scandalo Enimont in poi, il grosso delle indagini è passato alla Guardia di Finanza. Che cosa ha portato allora i più importanti carabinieri di Milano nello studio del procuratore capo della Repubblica? Per di più essi sono venuti con la mantella di gala: debbono essere stati strappati a qualche cerimonia senza avere il tempo di cambiarsi. Figlio di un colonnello dei carabinieri, Di Feo nota questi dettagli che ad altri cronisti sfuggono. Osserva che gli alti ufficiali rispondono al suo saluto con evidente imbarazzo prima di tirare dritto. E rammenta che tutti i giornali sono in allarme da quando il 5 ottobre, intervistato da Goffredo Buccini per il «Corriere», Borrelli disse che nell'inchiesta su Telepiù si era arrivati a livelli altissimi. Chi c'è più in alto di Paolo Berlusconi, già toccato dall'inchiesta, se non il fratello Silvio?

Non si parlò forse il 5 ottobre di un «preavviso di garanzia a mezzo stampa» inviato dal procuratore capo di Milano al presidente del Consiglio in carica?

E se fosse pronto un provvedimento contro il capo del governo, si dice Di Feo, sarebbero i Carabinieri a consegnarglielo, e non la Guardia di Finanza.

Dunque... «Che ci fanno quei due alti ufficiali da queste parti, dottor Davigo?» chiede Di Feo incrociando il magistrato. E Davigo pronto: «Oggi è la festa della Virgo Fidelis, protettrice dell'Arma». Mentre pronuncia queste parole, Davigo capisce di essersi scavato la fossa con le sue mani. Di Feo infatti lo brucia: «A meno che lei non mi confermi che Di Pietro è la Madonna, il giorno della Virgo Fidelis si va in visita dal cardinale arcivescovo e poi i più alti magistrati vanno a pranzo nella caserma dell'Arma. Un pranzo di grande tradizione».

Ascoltando questa lezione di cerimoniale, Davigo rammenta che Di Feo è figlio di un colonnello dei carabinieri e tuttora non si perdona d'aver trasformato un rigore in autogol.

Il cronista del «Corriere» naturalmente tiene sotto stretta marcatura anche la porta di Antonio Di Pietro. Ma lì la mattinata scorre con calma. Il diabolico Davigo ha infatti attirato tutta l'attenzione su di sé per allentare il pressing su Di Pietro e disorientare i cronisti.

Nel primo pomeriggio, Di Pietro parte per Parigi: va a interrogare Mach di Palmstein, arrestato in casa della bella Domiziana Giordano. Di Feo si insospettisce ancora di più: la sparizione del giudice nei momenti cruciali è ormai un classico.

Resta intanto da chiedersi: perché Francesco Saverio Borrelli ha convocato i due più alti ufficiali dei carabinieri di Milano invece di passare come sempre la busta arancione direttamente al maggiore La Forgia? Probabilmente, per sottintendere questo messaggio: «Cari signori, stiamo emettendo un avviso di garanzia contro il presidente del Consiglio dei ministri. Vi rendo responsabili del mantenimento del riserbo».

Borrelli consegna la busta

Quando finalmente Davigo riemerge dalla sua stanza con il tecnico del computer che ha digitato il testo dell'esplosiva decisione, Borrelli consegna la busta ai due ufficiali perché provvedano per via gerarchica a recapitarla a Garelli e La Forgia. Sono passate le quattordici. Prima delle quindici l'auto civile con i due ufficiali e la busta arancione parte dalla caserma di via Moscova a Milano diretta a palazzo Chigi.

Di Feo naturalmente non lo sa, ma sente puzza di bruciato.

Già da un paio d'ore ha chiamato Sandro Sallusti, da due anni capocronista del «Corriere». Sallusti aveva assegnato al giovane collega alcuni compiti di routine.

«Manda qualcun altro,» gli aveva detto Di Feo, «io debbo sganciarmi», rifiutandosi peraltro di spiegarne le ragioni al telefono.

Fa un salto al giornale soltanto alle 14.30 e riferisce a Sallusti i suoi sospetti. Il capocronista chiama a Roma Goffredo Buccini e gli dice di tornare subito a Milano.

Buccini è il più giovane inviato speciale del giornale milanese. Da cronista giudiziario ha seguìto con molto successo i primi anni di Mani pulite e per questo ha ottenuto il trasferimento a Roma, prendendo quello che Di Feo, con una punta di rispettosa invidia, chiama «l'ultimo elicottero da Saigon». I due sono amici e non si pestano i piedi: Di Feo segue infatti gli aspetti tecnici della cronaca giudiziaria, Buccini quelli politici.

Come è noto, questi non mancano, anzi: per il livello raggiunto da Mani pulite costituiscono la crema dell'inchiesta.

Mentre Buccini fa da Roma le sue prime verifiche, Di Feo torna a palazzo di giustizia e alle 15.30 raggiunge Davigo davanti alla macchinetta per il caffè che sta in corridoio. Con lui ci sono due colleghi, Cristina Bassetto dell'Adn Kronos e Paolo Foschini dell'«Avvenire». È andato via Luca Fazzo di «Repubblica» che insieme al giornalista del «Corriere» aveva visto a fine mattinata i due alti ufficiali dei carabinieri.

Con Davigo, i cronisti parlano di nuovo della visita dei carabinieri e il discorso cade sul generale Bozzo. «Bozzo» dice Davigo «è diventato generale solo dopo un ricorso al Tar. Ha lavorato con Dalla Chiesa, è un ottimo ufficiale, ha fatto le indagini sulla P2 e proprio questo gli ha inimicato alcuni ambienti dell'Arma. Noi ci fidiamo di lui ciecamente.»

Quest'ultima frase è un altro autogol di Davigo. Noi ci fidiamo ciecamente di lui, si ripete Di Feo. L'alto ufficiale è stato strappato a una cerimonia nel giorno dedicato alla protettrice dell'Arma, ed è venuto con la mantella di gala a palazzo di giustizia per essere ricevuto dal procuratore capo. Vuoi vedere che hanno incastrato Berlusconi?

Bevuto l'ultimo sorso di caffè e restituito Davigo alla sua stanza, Di Feo torna al giornale.

Capisce dalle prime telefonate che la giornata è speciale. Dopo una prima conferma, molti si chiudono a riccio, qualcuno fa finta di non capire, i più rifiutano il colloquio. Nessuno smentisce. Una fonte particolarmente affidabile dice a Buccini: «Oggi non posso dirti niente». Il giovane cronista insiste: «Guarda che io il pezzo lo faccio ugualmente». Dopo un po' di tira e molla, l'informatore apre uno spiraglio: «Chiamami da un telefono pulito stasera a casa dopo le dieci».

Di Feo cerca intanto di controllare anche i movimenti dei carabinieri del Nucleo investigativo. Sa infatti che non saranno né il generale Bozzo né il colonnello Battista a consegnare una eventuale busta al presidente del Consiglio, ma che l'incombenza, eventualmente, cadrà di nuovo nelle mani esperte del maggiore La Forgia. Ma il piantone del comando di via Moscova respinge il cronista. Il maggiore non c'è.

Altro segnale che la giornata è strana.

Buccini è intanto arrivato alle 19 a Linate, e se ne perdono le tracce per un'ora e mezzo. Alle 20.30 – mentre l'auto con targa civile di Garelli e La Forgia paga il pedaggio al casello di Roma Nord e i telegiornali parlano del vertice di Napoli – il cronista si presenta a Sallusti con una conferma «molto autorevole»: da Linate evidentemente Buccini è passato in casa di qualcuno che sa.

Poco dopo Buccini e Di Feo entrano nello studio del direttore del «Corriere della Sera», al secondo piano dello storico palazzo di via Solferino.

La stanza di Paolo Mieli, nel cuore silenzioso del giornale, si affaccia su un lungo corridoio. Ogni volta che Mieli apre la porta, vede uno spicchio della Sala Albertini, dove è conservato come in un sacrario il lungo tavolo di lavoro che il mitico direttore del «Corriere» fece costruire, poco dopo l'inizio del secolo, identico a quello che aveva ammirato nella sede londinese del «Times». Quel tavolo ricorda ogni giorno a Mieli quanto le tradizioni del «Corriere» siano cariche di gloria, di autorevolezza e per questo così poco generose nel perdonare eventuali leggerezze.

Non a caso – entrando per la prima volta in quella stanza dopo la nomina a direttore del «Corriere» – Giovanni Spadolini volle sostarvi da solo in raccoglimento. Non era forse l'Altare della Patria del giornalismo italiano?

Mieli, Buccini e Di Feo hanno in tre solo una ventina d'anni più di Montanelli e si trovano tra le mani una delle patate più bollenti della ultracentenaria storia del «Corriere». Nella piccola stanza del direttore, Di Feo e Buccini prendono posto sulle due poltrone di pelle scura che fronteggiano la solenne scrivania di Mieli e gli raccontano quello che sanno. Sanno tutto, nel senso che l'inchiesta è già stata scritta quando sono stati incriminati Paolo Berlusconi e Salvatore Sciascia, il capo dei servizi fiscali della Fininvest. Manca solo il nome di Silvio Berlusconi e la conferma che sia stato inserito nel fascicolo processuale. Non è poco. I due cronisti parlano al direttore delle loro fonti (non sono magistrati), delle reticenze, delle due conferme. Ma al direttore non bastano. «È poco per scrivere una cosa del genere» dice Mieli. «Aspettiamo ancora un'ora e mezza. Alle 21.30 decideremo se pubblicare o no.»

Buccini chiama Davigo. C'è qualcosa a carico di Berlusconi? «Non dico una parola sull'argomento» ribatte secco il giudice. È una mezza conferma? «No» mi dirà il giudice. «È la mia risposta più frequente, sia quando la notizia che mi si chiede di confermare è vera, sia quando è falsa. I cronisti sono diventati molto bravi nel formulare domande che portino alla non smentita. Allora io tronco prima. Dico la verità solo in caso di arresto. Se smentissi un arresto eseguito, autorizzerei i cronisti a denunciare la scomparsa della persona interessata.»

Il «Corriere» chiama anche Borrelli. Lo fa sempre Buccini, la cui familiarità con il procuratore (si ricordi il «preavviso di garanzia a mezzo stampa» del 5 ottobre) ha perfino ingelosito Antonio Di Pietro. Ma stavolta anche Borrelli si rifiuta di rispondere. E, preoccupato per la telefonata, chiama Davigo.

Arriva Ronchey: «Non informiamo Agnelli»

Nella stanza di Mieli è entrato intanto anche Alberto Ronchey, presidente del gruppo «Rizzoli-Corriere della Sera». Ronchey è uno dei giornalisti italiani più colti, preparati e autorevoli. Negli anni Sessanta, Mario Melloni – la bella copia di Michele Serra come corsivista dell'«Unità» con lo pseudonimo di Fortebraccio – lo chiamò l'Ingegnere per il suo minuzioso tecnicismo verbale. Quando non esistevano i computer, Ronchey era l'incubo degli stenografi – che dovevano rileggergli sillaba per sillaba i suoi editoriali pieni di citazioni straniere – e dei proto, che in tipografia riguardavano i suoi articoli con una attenzione almeno pari a quella dedicata dagli evangelisti alle loro cronache, ben sapendo che un solo refuso avrebbe provocato terremoti da far impallidire quelli di Messina e di Avezzano.

Direttore della «Stampa», poi editorialista del «Corriere» e di «Repubblica», Ronchey è stato strappato ai suoi articoli (e alla scrivania estiva da «Mastino», stabilimento balneare di Fregene alla moda da sempre) da Carlo Azeglio Ciampi che lo ha nominato – con scelta avvedutissima – ministro dei Beni Culturali. Cessato l'incarico, Agnelli e Romiti lo hanno pregato di guidare la Rizzoli in un momento non facile. E poiché chi ha fatto il giornalista resta giornalista per la vita, anche se cambia mestiere, ecco Ronchey trovarsi una stanza anche all'interno del «Corriere» ed eccolo passare ogni sera nello studio di Mieli per un'analisi comune della giornata.

Quando il 21 novembre Mieli gli confida la notizia che è appesa nell'aria, Ronchey resta molto impressionato. Incoraggia il direttore a continuare nelle indispensabili verifiche e a pubblicare la notizia se queste saranno giudicate soddisfacenti. Concorda con Mieli nel giudicare inopportuna una telefonata alla proprietà del giornale, segnatamente a Giovanni Agnelli e a Cesare Romiti che la rappresentano autorevolmente. Se la notizia si rivelerà esatta, alle inevitabili proteste Agnelli e Romiti potranno rispondere di non saperne niente. Se si rivelerà sbagliata, sarà il direttore del «Corriere» ad assumersene per intero la responsabilità. Salutando Mieli, comunque, Ronchey gli lancia una frase che in apparenza è la scoperta dell'acqua calda, ma in realtà è un solido incoraggiamento: «Se sapete la notizia, evidentemente è vera».

Alle dieci di sera Di Feo, Buccini e Mieli hanno tra le mani solo due informazioni coincidenti in favore di un coinvolgimento diretto di Silvio Berlusconi nell'inchiesta.

Alle dieci e un quarto Gianluca Di Feo si avvicina con comprensibile emozione al telefono «pulito» richiesto dalla sua fonte più preziosa. I giornalisti vivono infatti con l'incubo di avere il telefono sotto controllo e Di Feo cerca per questo un apparecchio insospettabile. Entra dunque nella redazione di «Vivimilano» e forma il numero proibito da un telefono che in vita sua ha macinato soltanto orari di farmacie, spettacoli e «brevi» di cronaca cittadina.

Nella vita di ogni cronista arriva quasi sempre il momento in cui si viene visitati dai fantasmi gloriosi di Carl Bernstein e Bob Woodward, i due *peones* della «Washington Post» che raggiunsero la notorietà mondiale per aver rivelato il caso Watergate, che costò il posto al presidente degli Stati Uniti Richard Nixon. Chi ha letto il loro libro (e i cronisti lo conoscono a memoria) sa che quasi tutte le indagini furono compiute al telefono. In particolare, le memorabili chiamate a «Gola profonda», informatore principe dei due coraggiosi cronisti, rispettavano un rituale di cose dette e non dette, di domande fatte per ricevere risposte negative e rivoltate per ricevere risposte positive.

Di Feo prova un incontestabile sollievo sentendo rispondere la sua Gola profonda: l'informatore ha rispettato l'appuntamento. Dunque è disposto a parlare. E invece le prime frasi non sono affatto incoraggianti.

«Quello che ti ho detto oggi pomeriggio è vero?» domanda De Feo. «Non posso dirti niente» risponde Gola profonda.

«È vero che Berlusconi è stato iscritto a modello 21?» chiede il cronista. «Ho detto che non posso dirti niente» ribatte l'informatore.

«Modello 21» è il nome tecnico del registro degli indagati. Un registro segreto. Segreto su ogni nome. Figuriamoci su quello del presidente del Consiglio dei ministri.

Abitualmente, per un cronista «non posso dirti niente» è una conferma indiretta. Stasera Di Feo ha bisogno di qualcosa di più, e allora gioca sulla mozione degli affetti.

«Guarda che io lo scrivo» dice a Gola profonda. Silenzio. Allora trasforma prontamente, e perfidamente, l'imperiosa affermazione in una domanda da italiano a italiano: «Se scrivo che Berlusconi è indagato, finisco in mezzo a una strada?».

L'altro guadagna tempo fingendo di non capire: «Che significa: finisco in mezzo a una strada?».

Di Feo sente di avere il gioco in mano e drammatizza: «Significa che io resto senza posto, licenziano il direttore e chiudono il "Corriere della Sera"».

Gola profonda finalmente cede

Gola profonda finalmente cede: «Allora scrivilo».

Il giovane cronista vola letteralmente nella stanza di Sallusti insieme con Buccini: Mieli si è rifugiato nell'ufficio del capocronista al pianterreno per non dar nell'occhio, nell'ora in cui il piano della direzione è affollato per la chiusura del giornale. «Abbiamo la conferma decisiva» gli dicono i cronisti.

Lo desiderava, Mieli? Non lo desiderava? Come giornalista, andare in prima pagina da solo con una notizia del genere lo inorgoglisce. Come direttore di quello che da centodiciannove anni è il più autorevole giornale italiano, teme forse di esporre il «Corriere» a un rischio fortissimo.

E allora dice ai due giovani colleghi nel suo abituale tono pacato: «Ragazzi, io sono un giovane direttore affermato. Tu,

Goffredo, sei il più giovane inviato speciale della storia del "Corriere". E tu Gianluca a ventotto anni hai magnifiche prospettive...». Fa una pausa. I due cronisti non sanno dove il loro direttore vada a parare e friggono come gamberetti gettati vivi nell'olio contro ogni consuetudine civile. Alla fine Mieli sbotta: «Ma chi ce lo fa fare?».

Come in un film, Buccini scandisce: «Il fatto che siamo giornalisti». E Mieli, che stava per pronunciare la stessa frase, sorride: «Hai ragione. Va bene, andiamo».

I due cronisti corrono in archivio. Il pezzo non richiede, paradossalmente, una particolare attenzione. Al pezzo già scritto quando la vicenda delle tangenti alla Guardia di Finanza toccò Paolo Berlusconi e Salvatore Sciascia, basta aggiungere in testa quattro, decisive parole: «Silvio Berlusconi è indagato». Questa formula era già stata concordata con il direttore da Buccini e Di Feo prima dell'ultima conferma. È stata scelta la parola «indagato» per due ragioni. La prima: è la parola più neutra e polivalente agli occhi del pubblico. La gente non fa grande distinzione tra iscrizione nel registro degli indagati ed emissione di un avviso di garanzia. E l'iscrizione è il provvedimento più leggero.

La seconda ragione è che la sera del 21 novembre i due cronisti del «Corriere» escludono categoricamente che i giudici di Milano abbiano inviato al presidente del Consiglio un avviso di garanzia con invito a comparire. Lo escludono perché – al contrario del pool Mani pulite – immaginano gli effetti dirompenti che sarebbero (e saranno) determinati dalla coincidenza con il vertice di Napoli e non pensano che l'ufficio di Borrelli possa spingersi fino a questo punto.

Mieli sa peraltro che la parola «indagato» contiene anche dei rischi. Se il registro è segreto e il provvedimento si limita a iscrivervi il nome del presidente del Consiglio, l'interessato non ne sa niente. La pubblicazione sul giornale provoca un terremoto e i giudici di Milano possono tranquillamente smentire. Al registro hanno accesso soltanto loro... «Anche per questo, la notte del 21 dicembre ho dormito poco e male» mi dirà Mieli. Che al momento di prendere la decisione di stampare non sa che l'auto con la busta arancione indirizzata all'onorevole presidente del Consiglio dei ministri è già arrivata a palazzo Chigi...

Prima di gettarsi sul computer con Buccini, Di Feo sottopone a Mieli un problema di coscienza. Il cronista ritiene che tra i colleghi degli altri giornali che hanno frequentato durante il giorno il palazzo di giustizia, solo Paolo Foschini di «Avvenire» abbia capito che i giudici avevano tirato l'affondo finale a Berlusconi. L'ha capito, ma non ha tutti gli elementi per scriverlo. Di Feo chiede a Mieli se può informarlo. Il direttore gli risponde: «No, perché nel giro di dieci minuti lo saprebbero tutti i giornali». Di Feo obbedisce, ben sapendo che cosa gli capiterà l'indomani in sala stampa.

Per molti mesi i cronisti dei principali quotidiani accreditati a palazzo di giustizia hanno lavorato insieme per almeno tre ragioni: perché lo spirito di colleganza ha superato lo spirito d'emulazione, per evitare che qualcuno bucasse una notizia clamorosa e per fare fronte comune nei confronti degli inquisiti e delle loro formidabili proteste.

I direttori di «Corriere», «Stampa», «Repubblica», «Messaggero» e «Unità» hanno sempre approvato questo modo di agire. «Anzi,» mi confermerà Mieli «non c'è stato un solo arresto o avviso di garanzia importante sul quale non ci siamo consultati. Una volta – si trattava di un provvedimento contro il ministro della Giustizia Martelli – decidemmo tutti insieme di aspettare un giorno prima di pubblicare la notizia: volevamo esserne assolutamente certi.»

Negli ultimi mesi, questo spirito si è un po' allentato. Alcuni cronisti hanno preso iniziative personali che non rientravano negli accordi di pool, ma creavano qualche invidia (Buccini in particolare ha messo a segno più di un colpo da solo, come la famosa intervista del 5 ottobre a Borrelli).

Eppure, non è per questo o per ristabilire il primato del «Corriere» che Paolo Mieli decide di tacere lo scoop ai suoi amici-concorrenti: «Se la notizia dell'indagine su Berlusconi si fosse rivelata inesatta, la sua pubblicazione su parecchi giornali sarebbe stata clamorosa. Si sarebbe scoperto che la fonte unica era il "Corriere" e si sarebbe immaginata una nostra manovra contro il presidente del Consiglio. Quindi, meglio assumersi i rischi da soli».

Mieli al ristorante: pubblicare o no?

Mentre Di Feo e Buccini si alternano al lavoro sullo stesso computer – uno scrive, l'altro detta; poi si danno il cambio – Mieli va con un amico a cena al caffè Milano, nella vicina piazzetta Mirabello. Nel tardo pomeriggio, il direttore del «Corriere» era intervenuto con Umberto Eco alla presentazione di un libro di Roberto Cotroneo, il giovane, brillante e implacabile critico letterario dell'«Espresso». Li aveva lasciati per rientrare al giornale dove lo attendeva una delle scelte più impegnative della sua vita professionale, e ora li trova riuniti a cena nello stesso ristorante dove arriva con il suo amico poco dopo le ventidue.

Al loro tavolo vede anche Chiara Beria, capo della redazione di Milano dell'«Espresso». Figlia di Adolfo Beria di Argentine, fondatore della corrente di Magistratura democratica e poi procuratore generale di Milano, Chiara Beria è amica carissima di Mieli. Tanto fidata da poter essere messa a parte del terribile segreto professionale che il direttore del «Corriere» porta con sé. Mieli, dunque, le racconta tutto: la notizia dell'indagine su Berlusconi, la qualità delle fonti, le verifiche compiute. «Chiara è esitante» racconterà Mieli, che intorno alla mezzanotte rientra al giornale.

Trova Buccini e Di Feo con il capocronista Sandro Sallusti: è appena uscito il bozzone della prima pagina e tutti lo scrutano con molta emozione.

Le tre colonne del pezzo di apertura titolano: «Scontro tra Bossi e Fini. Scalfaro: le elezioni no». La bomba è nelle sei colonne della «spalla», il servizio impaginato in alto a destra: «Milano, indagato Berlusconi». Sopra il titolo, l'occhiello: «L'iscrizione nel registro decisa dalla Procura per l'ipotesi di due pagamenti alle Fiamme Gialle». E una sola riga di sommario: «È l'inchiesta sulle tangenti alla Guardia di Finanza». Secca l'apertura del pezzo: nessun verbo al condizionale, nessun punto interrogativo: «Silvio Berlusconi è indagato. I giudici portano il colpo finale, dopo mesi di schermaglie e di polemiche, a urne appena chiuse».

Il «Corriere» parla di due soli versamenti: i 130 milioni pagati nel '91 per la Mondadori e i 100 pagati nel '92 per la Mediolanum Vita. Manca il pagamento per Videotime.

Abbiamo scritto nelle pagine precedenti che di due soli pagamenti, forse nella concitazione della telefonata, parla al telefono da Roma il maggiore La Forgia con Silvio Berlusconi che lo ha raggiunto da Napoli sul cellulare. Questa coincidenza (due elementi di reato comunicati a Berlusconi, due pubblicati dal «Corriere») ha fatto sospettare qualche giudice di Milano che la fonte dell'indiscrezione andasse cercata a Roma. Sulla base della ricostruzione dei fatti, vediamo ora che questa ipotesi cade e che le fonti di Buccini e Di Feo sono interne al palazzo di giustizia di Milano, pure – assicurano i cronisti – non andando ricercate tra i magistrati.

Rileggendo il loro servizio sulle bozze di stampa, Buccini e Di Feo provano una singolare emozione. Anche per un giornalista, altro è parlare di un episodio clamoroso, altro è vederselo stampato nero su bianco.

Con loro, c'è l'intero stato maggiore del «Corriere»: i due vicedirettori Ferruccio De Bortoli e Giulio Giustiniani, il caporedattore Di Rosa, il capocronista Sallusti e il viceredattore capo Paolo Ermini, che ha tenuto «coperto» fino all'ultimo il drammatico titolo su Berlusconi.

Nonostante le riserve di Chiara Beria, Mieli dà il via alla stampa definitiva. Buccini e Di Feo abbracciano i colleghi nella singolare euforia che coglie i soldati di prima linea al momento dell'assalto: «Ormai è andata. Al massimo, ci licenziano».

Mentre le rotative girano e il capocronista porta a cena i suoi ragazzi, Paolo Mieli si chiude nel suo piccolo studio.

Ci sono momenti in cui il direttore di un giornale è solo. Solo con le sue decisioni, solo con le responsabilità che ne conseguono. Non conta che i servizi portino la firma di altri, non conta che la sua decisione sia frutto di informazioni e di verifiche compiute dai suoi collaboratori. Se la notizia è esatta, saranno gli autori dei servizi a ricevere i meritati complimenti. Se è sbagliata, sarà il direttore del giornale ad assumersene per intero la responsabilità e a trarne per primo le conseguenze.

Mieli scrive l'editoriale di dimissioni

Queste conseguenze, forse per un vezzo scaramantico, Mieli le trae prima che il giornale sia in edicola. All'una del mattino di mercoledì 23 novembre, scrive un editoriale in cui annuncia le sue dimissioni dalla direzione del «Corriere».

«Venivo da una forte polemica con il governo Berlusconi» mi spiegherà sette mesi più tardi. «Non avrei potuto accettare che un errore professionale fosse inteso come l'elemento che trasformava una polemica politica in una campagna di aggressione. Non è nelle tradizioni del "Corriere" utilizzare la giustizia a fini politici. Nonostante i riscontri compiuti e le conferme ottenute, l'errore era possibile. Negli ultimi mesi avevamo ricevuto più di un pacco avvelenato e ce ne eravamo accorti in tempo. Se stavolta fossimo caduti nella trappola, avrei dovuto trarne le conseguenze. Nell'editoriale di dimissioni difendevo le nostre scelte, assumendomi ogni responsabilità.»

Mentre Mieli ripone nel cassetto l'unico dei suoi editoriali che sarà gloriosamente cestinato, nella vicina trattoria «La Libera», gli ignari Sallusti, Buccini e Di Feo bruciano nervosamente pizze «alla diavolilla», specialità del locale, e bottiglie di Pinot grigio, fingendo d'ignorare gli sguardi risentiti dei camerieri. I tre hanno scelto «La Libera» per due ragioni. La prima è che il locale di via Palermo porta fortuna ai cronisti del «Corriere». Quando Sallusti e Buccini tornarono da Santo Domingo dove avevano scovato l'introvabile Giovanni Manzi, presidente della Sea e protagonista di primissimo piano della Tangentopoli milanese, erano andati a cena alla «Libera» la sera in cui scrissero il pezzo. E andò bene. Andò bene, anni prima, anche quando esplose la «Duomo connection» e si dimise l'assessore socialista Attilio Schemmari: a pensarci adesso, è roba da ridere. Ma allora, con Craxi Duca di Milano, ai cronisti milanesi «tremavano le vene e i polsi» (Dante, *Inferno*, canto I).

La seconda ragione che ha portato Sallusti e i suoi alla «Libera» è l'orario di chiusura. Il ristorante chiude molto tardi, ma si sa com'è il personale: se può guadagnare una mezz'ora, soprattutto adesso che l'una è passata e resta occupato soltanto il tavolo dei giornalisti... Anche Sallusti, Buccini e Di Feo guardano l'ora con un po' di nervosismo e ogni tanto s'accertano che sui loro cellulari il segnale di ricezione sia ben sveglio. I tre ignorano infatti la decisione del loro direttore di non distribuire la prima edizione e aspettano che, con l'uscita del giornale nelle edicole, sui loro telefoni si abbatta una tempesta da far impallidire, per sincronismo e volume di fuoco, il primo bombardamento occidentale su Baghdad. Gli insulti dei colleghi lasciati a secco e terrorizzati all'idea delle immancabili sodomie professionali dei rispettivi direttori, furibondi per il memorabile «buco», suonerebbero infatti come conferma dell'esattezza della notizia.

Per i due cronisti e il loro capo sarebbe la fine di un incubo. «Invece i telefoni tacciono e noi veniamo colti dal panico» ricorderà Di Feo.

Cacciati dal ristorante, i tre cronisti tornano al giornale per prendere le copie fresche di stampa. Poi vanno all'edicola di corso Buenos Aires, fornitissima di riviste pornografiche anche per i suoi orari notturni, comprano gli altri giornali e constatano – come speravano (o come temevano?) – che nessuno riporta la notizia bomba.

Finalmente Sallusti, Buccini e Di Feo si dividono: e lo fanno in preda al pessimismo più cupo.

I due giovani cronisti, in particolare, non scommettono una lira sul loro immediato futuro.

Di Feo è convinto di essere svegliato (si fa per dire: chi dorme stanotte?) da un ufficiale dei carabinieri venuto ad arrestarlo. Scapolo, può abbandonarsi con maggiore libertà ai drammatici preparativi. Rientrato alle tre nella sua casa di via Paolo Sarpi (la «Chinatown» di Milano), sfoglia il manuale pubblicato dal dirigente dell'Italstat Mario Zamorani a beneficio di chi teme l'arresto. Di Feo mette in una borsa due tute, un paio di scarpe con la suola di gomma e un paio di scarpe da ginnastica, un maglione a collo alto per proteggersi dal freddo di San Vittore, alcune scatole di tonno e due libri: uno – la Bibbia – per le prevedibili emergenze spirituali, l'altro – *Novelle per un anno* di Luigi Pirandello – che potrebbe tornare utile se le cose andassero per le lunghe.

Quindi si mette a letto con la borsa «modello-Zamorani» pronta e gli occhi sbarrati. Alle otto il primo squillo di telefono lo fa schizzare letteralmente in aria: «È arrivata la notizia che aspettavi» gli dice un informatore con aria complice, mentre il cronista trattiene il fiato sperando in un'ulteriore conferma dell'indagine su Berlusconi. «Hanno preso due uomini della Uno Bianca» prosegue invece l'altro. In altri momenti, Di Feo sarebbe stato felice. Adesso manca poco che spedisca a quel paese il prezioso collaboratore.

Passa qualche minuto e il telefono squilla di nuovo. È Luca Fazzo, cronista giudiziario di «Repubblica»: «Come professionista, ti faccio i complimenti. Come amico, sei uno stronzo. I conti li facciamo dopo».

All'alba Buccini corre da Sallusti

Più agitata la notte di Goffredo Buccini. Rientrato nella sua casa di viale Montenero, a Porta Romana, sveglia la moglie Patrizia e predispone il trasferimento in casa di amici per l'indomani mattina della piccola e ignara Alessandra, quattro anni, temendo l'arresto e dando per scontata una perquisizione l'indomani.

Buccini non vuole che l'ingresso in casa dell'Arma («anche in tempo di notte», come scrivono i magistrati più crudeli negli ordini di cattura) possa turbare sua figlia.

Sistemate le faccende familiari, alle cinque e mezzo del mattino brucia in cinque minuti la distanza che separa Porta Romana da Porta Venezia, dove abita Sandro Sallusti, e lo sveglia senza tanti scrupoli. Il giovane inviato, bruciando il primo pacchetto di Marlboro della giornata, recita al suo capo, che tenta invano di sdrammatizzare, la sceneggiatura della tragedia che si consumerà entro poche ore: smentita della notizia, dimissioni di Mieli, crocifissione di Buccini e Di Feo, decapitazione di Sallusti, scene di giubilo nei giornali concorrenti che vedranno trasformarsi un formidabile «buco» in una inaspettata patente di credibilità.

Si son fatte intanto le sei e la radio, implacabile, trasmette la notizia attribuendone tutta la paternità al «Corriere della Sera». Solo i giornalisti conoscono i sentimenti angosciosi che si provano in momenti come questo. A chi scrive è capitato di dare per primo, come direttore del Tg1, la notizia della storica chiamata di correo di Mario Chiesa ai danni di Craxi che segnò l'ingresso in Tangentopoli del segretario del Psi. La notizia era nota anche agli altri telegiornali, ma non essendo battezzata da fonti ufficiali tutti si guardarono bene dal trasmetterla. Il flash fu ripreso immediatamente dalle agenzie di stampa: secondo il Tg1... In un istante capisci che, se hai sbagliato, sei morto.

Tra le sei e le sette del mattino di mercoledì 23 novembre, Sallusti tenta invano di convincere Buccini che la serietà del lavoro di verifica compiuto la sera prima non può dare sorprese. Certo, il boccone avvelenato è sempre possibile, però...

Alle sette i due chiamano a casa Paolo Mieli. Lo fanno utilizzando la selezione passante interna che mette in comunicazione diretta il centralino del «Corriere» con l'abitazione del direttore. Provano infatti il numero urbano, ma vedono che trilla a vuoto. Il telefono in effetti ha squillato più d'una volta, dice asciutto il direttore ai suoi angosciati colleghi, ma io non ho risposto. Sallusti e soprattutto Buccini offrirebbero volentieri la loro liquidazione per una parola rassicuratrice. Ma Mieli perfidamente la nega. «Sto aspettando anch'io una conferma. Ci sentiamo dopo.»

All'avverbio «dopo», Buccini si sente morire. Aspetta mezz'ora e chiama a casa Davigo. Davigo dà sempre l'impressione di essere onnisciente. Nei suoi discorsi non compare mai il condizionale e quando per caso spunta un punto interrogativo potete star certi che la domanda è retorica. Non so come andasse a scuola. Ma deve essere stata dura per i professori sentirsi impartire una lezione ogni volta che interrogavano, si fa per dire, il futuro magistrato.

Un giorno una pattuglia della Stradale incautamente lo fermò per un cavillo all'uscita di un casello autostradale. Mal gliene incolse. Davigo naturalmente non si qualificò, ma quelle guardie ancora maledicono il momento in cui incontrarono quel signore non alto e asciutto che conosceva il Codice della strada meglio di loro. Solo con sforzi disumani riuscirono a evitare di passare il pomeriggio a scrivere sotto dettatura un verbale di contro-contestazione.

È naturale, quindi, pensare che alle sette e mezzo del mattino di mercoledì 23 novembre Davigo sia già informato su tutto. «Ho letto il giornale. Parlerà Borrelli.»

Non una parola di più. Che significa? Buccini e Sallusti si consultano. È vero che il giudice non ha detto: siete pazzi?, ma è pur sempre possibile – conoscendolo – che voglia assaporare la vendetta servita come si deve: cioè, fredda.

Ancora mezz'ora di angoscia e alle otto i due chiamano di

nuovo Mieli. «Ho avuto la conferma» dice il direttore. Sallusti e Buccini si sentono leggeri come le attrici che fanno la réclame della mozzarella. Il direttore un po' meno: ha salvato il posto e le sue quotazioni professionali cresceranno. Ma la giornata non sarà leggera. Da chi ha avuto la conferma? Da Giovanni Agnelli che è stato svegliato a New York da un Berlusconi furioso. Ha chiamato subito Mieli e lo chiamerà altre due volte nel giro di qualche ora. Anche il presidente del Consiglio dei ministri non è scampato all'italica regola di veder stampato sul giornale un provvedimento giudiziario prima di averlo materialmente tra le mani.

2

«Addio, Cavaliere...»

«La Trinità dei Monti splendea nell'azzurro con lineamenti netti, come intagliata in un marmo a pena a pena roseo. Roma, sotto, aveva un luccicor cristallino, come una città scavata in un ghiacciajo. Quella quiete gelida e precisa gli ricondusse lo spirito alla realità, gli ridiede la coscienza vera del suo stato...»
È la sera di mercoledì 14 dicembre quando Gianni Letta scende come sempre dalla Thema di servizio prima che il premuroso Donato faccia in tempo ad aprirgli la portiera. Si ferma per un momento davanti all'ingresso dell'hotel Hassler ripensando alla descrizione che il suo conterraneo Gabriele D'Annunzio ha fatto cent'anni prima, nel *Piacere*, del luogo magico in cui egli ora si trova.

Il sottosegretario alla Presidenza, nella sua frenetica giornata lavorativa di sedici ore, non usa spendere molto tempo nell'ammirare paesaggi. Ma stasera, dinanzi alla magica «città scavata in un ghiacciajo», si ferma a chiedersi quanto poco abbia goduto di Roma nei quarant'anni pure trascorsi nel cuore dell'Urbe: da quando scappò da Avezzano, dove il padre aveva pronto per lui lo studio di avvocato, per tentare la carta del giornalismo richiamato dal canto di quella superba sirena che era il padre-padrone del «Tempo», Renato Angiolillo.

Poiché anche il tempo da dedicare ai rimpianti è poco, Gianni Letta, novello conte Sperelli, «rabbrividì all'aria fredda e si scosse», scendendo a passo veloce i pochi gradini di scalinata che portano a una villa sulla Rampa Mignanelli. Qui altri trentacinque ospiti vengono trattenuti a cena da

Maria Angiolillo per gli auguri natalizi nella fantastica dimora appoggiata alla più celebre scalinata del mondo, in una posizione che consente allo sguardo di ammirare al tempo stesso la piazza di Spagna e la Trinità dei Monti. Stasera, nel sapiente dosaggio di amici che fa da decenni del suo salotto il luogo d'incontro più esclusivo e ricercato di Roma, Maria ha inserito qualche politico di rango in più. La crisi d'altra parte è alle porte, e la gente che conta nell'industria, nella finanza, nelle professioni più titolate vuol sapere notizie di prima mano da chi le notizie non le riferisce, ma le fa.

Così c'è Lamberto Dini, amico di sempre, ma anche Giuliano Urbani. C'è Gianni Letta, ma anche Giuliano Ferrara. C'è Cesare Salvi, presidente dei senatori Pds e ambasciatore del partito presso gli Infedeli Mondani. Ma c'è anche – per la prima volta – Walter Veltroni. Ricevuto dal Papa a cui ha consegnato i Vangeli pubblicati dal giornale che dirige, «l'Unità», interlocutore privilegiato dell'ambasciatore americano Reginald Bartholomew, a Veltroni mancava ormai soltanto il salotto di Maria Angiolillo per consacrare la svolta moderata del suo partito.

Eppure Walter recita il ruolo del timido, non si stacca un momento dalla moglie Flavia che è dall'infanzia il suo angelo custode, estrae furtivamente di tasca il biglietto con il numero del tavolo assegnatogli da Maria confrontandolo con quello di un giornalista amico, trepido come un pokerista esordiente, nella speranza di avere la stessa carta e dunque di cenare almeno con un commensale di qualche familiarità, visto che il cerimoniale crudele ha spedito Flavia in un tavolo lontano a godere della conversazione di altri ministri, magistrati e uomini di finanza.

I due giornalisti fanno invece l'*en plein* perché al loro tavolo sono stati assegnati – prudentemente ai due estremi – sia Gianni Letta sia Giuliano Ferrara, cioè le due anime del governo e di Forza Italia. L'angelo custode di Silvio Berlusconi e il suo Lucifero. Il restauratore paziente e il giocondo sfasciacarrozze.

Quando verso le ventidue Gianni Letta entra nel salotto di Maria, dimentico ormai della Roma cristallina e lasciva del dannunziano Andrea Sperelli, sul vassoio d'argento che reca i cartoncini con i nomi degli ospiti è rimasto soltanto il suo. Come sempre. La signora Maddalena, secondo un antico costume, è arrivata da un pezzo come pegno d'attenzione, nel caso Gianni fosse trattenuto a palazzo da qualche affare di Stato. O come anticipo di coppia nella felice circostanza che il sottosegretario sia riuscito per un paio d'ore a schivare le attenzioni, le ansie, i tormenti del Cavalier Furente che nel restaurato appartamento presidenziale di palazzo Chigi vorrebbe cenare con uno spezzatino di Bossi cucinato dall'ingegnoso Michele secondo un'antica ricetta «lumbarda».

«La prossima volta sarò puntualissimo» giura Letta prendendo posto accanto alla brillante consorte di un magistrato illustre, mentre i camerieri gli versano da destra un bicchiere di Baron '89 per accompagnare nel modo più acconcio il piatto di *potage parmentier* servitogli premurosamente da sinistra.

Letta già si considera fuori dal governo? Lo dice per celia, sussurra una signora. No, Berlusconi è proprio fritto, giura sottovoce un importante imprenditore.

Pivetti battezza la «maggioranza di Giuda»

In realtà, la crisi è virtualmente maturata proprio al mattino di questo mercoledì di San Giovanni della Croce. Mentre Maria Angiolillo decideva il colore delle tovaglie per la cena, Irene Pivetti alla Camera aveva tenuto a battesimo «la maggioranza di Giuda», come la definisce con il suo linguaggio sfumato il deputato di An Francesco Storace. Si sa che il nervo scoperto del Cavaliere-Presidente del Consiglio è la normativa sulle televisioni. Secondo la prassi, questioni del genere dovrebbero essere trattate in Commissione Cultura. Ma chi presiede la Commissione Cultura? Vittorio Sgarbi. Figuriamoci se la Pivetti immaginava di affidare la gestione di un dibattito sulle Tv al Vendicatore Elettronico di Berlusconi, all'He-man della Fininvest. Piuttosto sarebbe morta come Giovanna d'Arco. E allora, rinviando a momenti più tranquilli il gioioso martirio, la presidente ha inventato una commissione speciale (sarà chiamato a guidarla Giorgio Napolitano, uomo-simbolo del Pds). Senza nemmeno avvertire Sgarbi («Dio non avvisa, irrompe» commenterà il Vendicatore). Cambiando per la prima volta maggioranza politica.

Mettendo insieme Lega, Pds e Ppi. Sopravvivendo a stento all'insurrezione fisica degli uomini di Fini e Berlusconi. Ma alfine vincendo.

Nelle stesse ore, in una saletta riservata di Montecitorio, Massimo D'Alema, Umberto Bossi e Rocco Buttiglione stringevano un patto d'acciaio per cacciare il Cavaliere da palazzo Chigi. Veniva idealmente costituito in quella ristretta discussione il «governo delle regole», con tre compiti precisi: rifare la legge elettorale con il doppio turno per rendere liberi leghisti e popolari di correre da soli al primo turno e unirsi al Pds e a Rifondazione nel secondo; promuovere la legge anti-trust che tagliasse per sempre le unghie al potentato televisivo di Berlusconi; avviare quel processo di federalismo che avrebbe consentito a Umberto Bossi di tornare vincitore sulla piana di Pontida dinanzi a un elettorato che ama i «comunisti» come il fumo negli occhi.

«Meglio abbattere Berlusconi a Natale che all'Epifania» aveva annunciato l'Umberto ai parlamentari leghisti la sera del 13 dicembre in una cena natalizia al Circolo di Montecitorio in riva al Tevere.

E poco prima di cambiarsi d'abito per la cena di Maria, stasera Gianni Letta e Giuliano Ferrara hanno sentito il presidente del Consiglio commentare con il direttore di «Panorama», Andrea Monti: «Nessuno è in grado di capire che cosa sia questo governo delle regole, forse neppure i protagonisti... Mi pare che li unisca solo la voglia di liberarsi di Berlusconi, di scaricare su di me il peso di quanto accade nel Paese». E a Monti è tornata in mente una famosa metafora di Pavarotti: «Berlusconi è come un tenore che tenta di cantare la sua aria e viene regolarmente fermato dal maestro».

Giuliano Ferrara, novello Tigellino

L'eco della durissima battaglia di San Giovanni della Croce sembra tuttavia stemperarsi nel salotto di Maria Angiolillo.

Stretto tra due dame, Giuliano Ferrara si concede educatamente a conversazioni d'ogni genere. Il taglio di capelli accorciato lo fa rassomigliare a un novello Tigellino. Si direbbe anzi a Nerone, se Giuliano non avesse un'autentica repulsione culturale per il potere gestito in prima persona, attratto invece fino al godimento dall'esercitarlo per mezzo di altri. Soprattutto se quest'altro è il capo del governo italiano, che non lascia occasione per ringraziare Gianni Letta e per dire che senza di lui non avrebbe mai raggiunto certi obiettivi. Ma che da qualche settimana è attratto dalla linea politica di Ferrara, convinto che solo un asse indefettibile tra Forza Italia, Alleanza nazionale e il Ccd di Casini può portare il Cavaliere alla salvezza (presente e soprattutto futura) e che propedeutico a qualunque offensiva di terra, secondo quanto recitano unanimi i moderni trattati di strategia militare, è il bombardamento massiccio, costante, impietoso del quartier generale nemico annidato, giura Ferrara, nel palazzo del Quirinale. Anzi, nella Palazzina dove lavora il presidente della Repubblica e che dunque, senza devastare la maestà dell'antica reggia pontificia, le squadriglie acrobatiche di Forza Italia – guidate alternativamente dal capitano di ventura Marco Pannella e dagli ufficiali dell'aviazione regolare Sgarbi e Meluzzi, Del Noce e Broglia – colpiscono con burocratica regolarità utilizzando le «bombe intelligenti» che gli Stati Uniti hanno largamente sperimentato su Baghdad: centrano l'obiettivo senza devastare quanto gli sta intorno.

«Ogni tanto fate qualcosa senza avvertirmi» dice Ferrara, alzando il tono della voce in modo che essa, superando la sommessa conversazione che il direttore generale del tesoro Mario Draghi sta intrattenendo con la dama alla sua sinistra, schizzi simultaneamente nei piatti di Letta e Veltroni all'altro capo del tavolo, colpendo la *Sauce au caviar* che i due illustri ospiti hanno appena versato sulla *Terrine de esturgeon fumé*, come annota il cartoncino giallo sul quale ogni commensale può aggiornarsi sul raffinato sviluppo del menu.

Ferrara chiarisce subito che obiettivo della sua critica è l'accoppiata Berlusconi-Letta e aggiunge: «Non dovevate completare l'appartamento presidenziale di palazzo Chigi. Porta male. Un salottino, una stanzetta, insomma qualcosa dovevate lasciarla perdere. Così avete appena rifatto tutto in un decorosissimo stile di rappresentanza simil-Ciga Hotels e l'inquilino sta per ricevere lo sfratto».

La memoria corre all'appartamento del presidente del Senato in palazzo Giustiniani. Maria Pia Fanfani ne aveva curato personalmente il restauro ed ecco l'uscita dell'ultimo maestro artigiano incrociarsi con l'arrivo di Giovanni Spadolini e del suo corredo di migliaia di libri di pronto impiego, restando gli altri cinquantamila a stagionarsi nella villa di Pian dei Giullari.

Ed eccolo Giovannone aggirarsi con l'allegrezza di un fanciullo tra le stanze tappezzate in grigio perla, fino a raggiungere l'anticucina sobriamente arredata con il tavolo dove il presidente userà prendere i pasti, dominato dal devoto televisore che soccorrerà la videomania presidenziale accompagnando assai meglio del peperoncino, come ai tempi beati della trattoria di Fortunato al Pantheon, i colossali piatti di spaghetti a prova di ogni dieta.

A questo pensa Giuliano Ferrara, sempre più indispettito non solo dalla vicinanza a tavola di Letta e di Veltroni, ma dalla pericolosa contiguità dei loro discorsi. E un bicchiere di Chambertin Louis Latour del '62, buonissima annata dei vini di Borgogna, rischia d'andargli educatamente di traverso quando sente il sottosegretario alla Presidenza sussurrare al direttore dell'«Unità» una frase agghiacciante: «Tregua senza vendette», che Veltroni accoglie con un sorriso insieme grave e compiaciuto abbassando lievemente il giovane mento in direzione del *Petit clou aux fines herbes* che gli è stato rispettosamente servito. Tregua senza vendette? Attentissimo lettore di giornali e giornalista egli stesso, Ferrara coglie appieno l'insidia di quel messaggio. Ebbene, Letta sta citando – con l'aria di condividerla apertamente – una frase scritta su «l'Unità» dallo stesso Veltroni. Ecco la prova del tradimento.

Letta sta apertamente invocando il «governo di tregua» voluto da D'Alema e Buttiglione. Il sangue gli fa orrore, e pur di non vederlo scorrere il novello conte Sperelli è disposto anche a lasciare a qualcuno estraneo al giro di Forza Italia la guida del governo?

Chissà. Mentre i camerieri circondano a passi felpati il tavolo tre perché è suonata l'ora della *Bavaroise aux fruits de bois*, si stagliano nette le posizioni di Letta e di Ferrara che ormai dalla lontana estate del '93 richiamano alternativamente l'attenzione del Cavaliere. Letta (come del resto il presidente della Fininvest, Fedele Confalonieri) è stato sempre contrarissimo all'ingresso in politica di Berlusconi, identificandolo con la pietra tombale delle televisioni Fininvest e dell'impero finanziario, industriale e commerciale che le circonda. Oggi che Bossi sta per segnare la sorte di questa maggioranza dopo appena sette mesi di governo, Letta – che ha accettato di seguire Berlusconi a palazzo Chigi per pura amicizia – vorrebbe uno sganciamento morbido del Cavaliere da palazzo Chigi e – se san Bartolomeo, protettore di Avezzano, gli facesse la grazia – anche dalla politica. Il suo pessimismo resta infatti incrollabile, e Letta pensa che solo una trattativa leale con l'opposizione possa salvare almeno una parte della Fininvest in cambio di un atteggiamento meno intransigente di Forza Italia sui nuovi assetti di potere da disegnare per l'Italia di fine secolo. Così quando un commensale gli chiede che cosa stia consigliando a Berlusconi in quest'ora grave, Letta gli risponde garbatamente: «Quello che gli ho sempre consigliato...».

Ferrara è di tutt'altra pasta. Combattente per vocazione e per storia personale, ha rinunciato agli enormi appannaggi professionali di giornalista di successo per il più modesto stipendio di ministro non parlamentare (quattro milioni al mese) pur di non perdere l'occasione di vivere da protagonista la più straordinaria corrida politica degli ultimi cinquant'anni. Contraddicendo il suo ruolo di delegato ai rapporti con il Parlamento, ruolo che dovrebbe privilegiare la trattativa a ogni costo con l'uso di tonnellate di vaselina, Ferrara è un autentico deposito di munizioni. Convinto che solo la linea più dura possa consentire a Berlusconi di restare al potere e anzi di non esserne scacciato con ignominia, Ferrara ha colpito spesso obiettivi delicatissimi (il Quirinale, innanzitutto) ed è stato più volte a un passo dalle dimissioni. Il fatto che non le abbia mai date vuol dire che i suoi bombardamenti non dovevano essere del tutto sgraditi al presidente del Consiglio il quale, nella gestione della crisi di governo, terrà assai più in conto i «falchi» delle «colombe».

Dovessero andare insieme al Casinò, Letta punterebbe sul rosso e sul nero insieme per non correre troppi rischi (potrebbe infatti uscire pur sempre lo zero). Ferrara giocherebbe tutto il denaro disponibile sul numero più intrigante. Ai frequentatori della casa da gioco, Ferrara sarebbe assai più simpatico, ma probabilmente il taxi per tornare in albergo dovrebbe pagarlo Letta.

«State trattando!» grida dunque il ministro all'indirizzo della strana coppia Letta-Veltroni procurando pericolose oscillazioni allo Château d'Yquem '87, uno dei *cru* più prestigiosi del Sauternes, appena versato nel quarto e penultimo bicchiere disponibile della serie regale messa in tavola da Maria. I due, colti sul fatto, si difendono con un sorriso enigmatico, giocondesco. I commensali ne constatano di colpo la somiglianza con quello delle due muse di bronzo dorato che fanno svettare le candele da tavola, sotto gli occhi severi di un Re Magio in porcellana settecentesca che ha seguito in silenzio l'intera scena, adagiato su un raffinato giaciglio di orchidee.

Poco più in là, al momento dei sigari, Giuliano Urbani giura che mai accetterà candidature da premier contro il volere di Berlusconi, e Lamberto Dini rammenta che la salute dei conti dello Stato resta e resterà sempre sola in cima ai suoi pensieri.

Letta, come sempre, esce per primo per tornare a palazzo Chigi a raccogliere gli ultimi sbuffi notturni del Cavalier Furente. Sulla Trinità dei Monti affacciata sulla «magica città scavata in un ghiacciajo» incrocia i primi autisti e le prime scorte che al tocco di mezzanotte accompagneranno gli illustri ospiti di Maria a meditare su una crisi annunciata da mesi, ancora non formalizzata, ma che fin d'ora si annuncia come la più singolare e drammatica della Repubblica.

Berlusconi: «Voglio guardarli in faccia»

La crisi arriva una settimana dopo la cena di Maria Angiolillo e quattro giorni prima di Natale, il mercoledì 21 dicembre. Viene anticipata da uno straziante Consiglio dei ministri in cui il presidente del Consiglio chiama «compagni» i colleghi della Lega. E da un durissimo discorso pubblico di Berlusconi. Il Cavaliere non resiste alla tentazione del videomessaggio e registra nello studio di Arcore una cassetta destinata ai telegiornali. È una gaffe, e le polemiche straripano. Denuncia il tradimento di Bossi, annuncia marce silenziose in tutta Italia. «Discorso eversivo» scrive «la Repubblica». «È stupefacente» commenta Scalfaro. «Sono prove di guerra civile» dichiara Buttiglione. «Viene confermata una vocazione plebiscitaria e antidemocratica» denuncia D'Alema. Bossi invece è allegro e brinda «alla caduta del dittatore».

In realtà, il più indignato è proprio Berlusconi. «Voglio guardarli in faccia, quando mi voteranno contro» dice sfidando i leghisti. Fatto. Il ribaltone si consuma in un pomeriggio tetro: l'autunno consegna all'inverno una staffetta di pioggia e di freddo.

Sono passati appena nove mesi dalla mattina del 15 aprile in cui la legislatura si è aperta sotto il sole di una primavera già calda. Piazza Montecitorio è blindata come allora: ma stavolta non ci sono sorrisi. In aula, perfino Giovanni Agnelli è venuto a godersi lo spettacolo. Che comincia con l'ingresso di Fini: arriva impettito, a passo svelto, subito risucchiato in un capannello dai suoi. D'Alema è di ottimo umore, ride a una battuta di Miriam Mafai. Poi sale ostentatamente a salutare Rocco Buttiglione, che ha appena firmato una mozione di sfiducia congiunta con Umberto Bossi.

È contenta anche Rosy Bindi, nella sua divisa da generale vietnamita. Prima corre là dove la porta il cuore, nei banchi della sinistra. Poi si sposta accanto al più prudente Mattarella.

Rosetta Jervolino, che ha morso per una vita il freno della moderazione (e sembrava che lo facesse volentieri), adesso si gode il nuovo corso con l'entusiasmo con il quale le prime femministe buttavano il reggiseno al vento. E va a sedersi a sinistra della Lega, per ristabilire le distanze ideologiche.

Entra Achille Occhetto: è solo, invecchiatissimo. Sembra Mastro Geppetto.

Arriva Pierferdinando Casini, il bel tenebroso. Il suo portavoce Alfredo Meocci gli sta così attaccato, che sembra uno di quegli interpreti di Gorbaciov (e prima di lui di Cernienko, di Breznev, di Kruscev) che era impossibile escludere dall'inquadratura.

Tiziana Parenti ha messo un tailleur rosso. Siede accanto a Gianni Pilo, che tiene in tasca il sondaggio di giornata: Forza Italia è al 28 per cento, An al 16, i Popolari al 6, la Lega incredibilmente stabile «ma con Bossi in picchiata».

Entra finalmente il Cavaliere. È caricatissimo. Avete presenti gli incontri di pugilato in cui il campione deve difendere il titolo e disprezza un pochino lo sfidante? Bene, Berlusconi oggi è perfettamente nel ruolo. Accolto dagli applausi dei suoi (il via lo dà Meluzzi), il presidente ha un petto in fuori da far paura. Guarda verso le tribune leghiste, cerca invano Bossi con lo sguardo: venite, traditemi, sparatemi. Il petto è pronto. Saltella, come il campione sul ring in attesa che lo sfidante si permetta di salire. Allarga le braccia, quasi volesse stringere il pubblico. Tranquillizza i suoi con uno sguardo, come fa il campione con i «secondi»: i consigli sono inutili, sa bene come cavarsela.

Il presidente prende posto ai banchi del governo, sotto una Pivetti pallidissima in tailleur ghiaccio e foulard pontificio (bianco-giallo). Seduto alla destra del Cavaliere, Roberto Maroni darebbe tutti i suoi risparmi per stare da un'altra parte. Tiene ostentatamente una mano a coprire bocca e guancia, quasi volesse proteggere un ascesso dentario. Sbircia il discorso di Berlusconi, poi lascia perdere.

In attesa del gong, il presidente rilegge continuamente i suoi fogli. Si avvicina Meluzzi: fa lo psichiatra, in tribuna stampa si mormora che gli stia suggerendo un'ultima ripassata di training autogeno.

Arriva intanto Umberto Bossi, buon ultimo come sempre. Si siede esattamente sotto la mia postazione, così posso godermi gli spettacolari risvolti della sua capigliatura a caschetto. Indecifrabile, comunque difficile da raccontare.

Lì per lì sembra una delle foto scattate da Fulvio Roiter sulle piantagioni dei Ferruzzi. Vedi un campo arato secondo schemi geniali, ma incomprensibili. È un capolavoro, ma non capisci perché. Poi ti pare che in cima al caschetto ci sia una pista più larga delle altre, ma corta, come quelle che servono agli aerei a decollo verticale. Infine ritorni all'ipotesi campagnola, più credibile: potrebbe essere una vigna a gradoni, come nelle Cinqueterre, tre filari prima di arrivare in cima e godersi anche il panorama. Insomma, valeva la pena di venire a Montecitorio solo per il caschetto di Bossi. Sotto il quale l'Umberto ripassa il discorso di risposta a quello che Berlusconi sta per leggere.

Per il resto, il copione è già scritto. Berlusconi in ventisei minuti difende il suo governo e soprattutto accusa Bossi di tradimento e di truffa all'elettorato. Occorrono, dunque, nuove elezioni. Al più presto (il 26 marzo, suggerisce Fini).

Bossi gli risponde lapidario: «Mi assumo la responsabilità di porre fine alla prima Repubblica». Replica Fini: «Onorevole Bossi, oggi non finisce la prima Repubblica. Finisce la Lega». Poi, rivolto a D'Alema e a Buttiglione: «Attenti, in privato Bossi è molto peggio che in pubblico». Il segretario del Pds scrive intanto un biglietto per il ministro Tremonti e glielo fa recapitare attraverso Violante e un commesso: «Andiamo presto alle elezioni, ma senza Berlusconi».

Scalfaro ascolta il discorso di Berlusconi in Tv e commenta: «È un disastro».

L'indomani «la Repubblica» esce con il titolo che Scalfari accarezzava ogni notte sotto il cuscino da sette mesi prima di addormentarsi: «Addio Cavaliere». Amen.

Storia di un amen

La storia di questo drammatico «amen» comincia – come vedremo nel capitolo dedicato alla Lega – l'11 maggio 1994, il giorno stesso in cui Berlusconi e i suoi ministri giurano al Quirinale. Da allora Bossi vive per affondarlo, ma deve aspettare sei mesi per concretizzare la sua strategia.

Mi racconta Roberto Maroni: «La prima volta che Umberto accenna all'idea di un governo con il Pds è all'assemblea federale di Genova, il 6 novembre. Me la ricordo bene quella domenica, il giorno dell'alluvione in Piemonte. Bossi sta parlando quando gli portano un foglietto che lui legge con il suo vocione: c'è stata una catastrofe, è deragliato un treno in Piemonte, ci sono cento morti. Io lo sto a sentire e penso: cavolo, io sono il ministro dell'Interno e non ne so niente. Vado a informarmi e quando tocca a me di parlare comincio così: "Debbo smentire il segretario federale (e il pubblico, con sgomento, dice: ohhh...). In Piemonte, il treno si è impantanato senza deragliare: non ci sono morti. (E il pubblico, con sollievo, dice: ahhh...)". Poi però vado giù duro: caro Umberto, è un errore lasciare il Polo per la sola ragione che con quelli là è difficile raggiungere il federalismo. Con il Pds avresti gli stessi problemi: loro, il federalismo, lo vogliono solo a parole. Stiamo attenti, amici, abbiamo una sola pallottola. Cerchiamo di spararla bene».

L'assemblea federale di Genova chiede una verifica per il 10 gennaio. Ma Bossi poi decide di anticipare i tempi. Mi racconta il Senatùr: «Le cose si son messe a correre intorno alla metà di novembre, con lo scaldarsi della finanziaria e delle pensioni. E allora comincio a vedermi con Buttiglione e D'Alema. Dove? A casa mia, a Montesacro. A casa di Buttiglione, ai Parioli. A casa di D'Alema? No, lì no. So che ha dei bambini piccoli perché li sento dal telefono. Tu sei venuto da me a Gemonio, hai visto che i bambini hanno la costanza di sprizzare da tutte le parti con la voce. Buttiglione e D'Alema li vedo separatamente. Mettere insieme due segretari politici è relativamente facile. Metterne insieme tre è estremamente difficile perché rappresentano troppi interessi e uno magari sospetta che gli altri si siano messi d'accordo alle sue spalle...». (Scriverà D'Alema nel suo libro *Un paese normale*: «Ci vedemmo alcune volte all'ora di pranzo e di cena, in un caso con l'unico avvertimento di "portare due panini"».)

L'avviso di garanzia al Cavaliere arriva come il cacio sui maccheroni ad accelerare quelle che vengono definite «prove tecniche di ribaltone». Ai vertici del Pds mi dicono che Bossi e Buttiglione sono i più determinati nel voler attuare un'alleanza alternativa. Anche D'Alema, naturalmente, non vede l'ora di cacciare Berlusconi da palazzo Chigi, ma fa sua la strategia togliattiana della massima prudenza nei momenti decisivi e procede con molta cautela. Teme che la pubblica opinione non approvi un ribaltamento delle alleanze santificate dalle elezioni del 27 marzo e si muove con i piedi di piombo.

Conferma Bossi: «Dico agli altri che la mozione di sfiducia deve essere presentata prima di Natale. Buttiglione accetta subito. D'Alema è possibilista».

L'11 dicembre Maroni annuncia tempesta sul governo, il 12 Bossi conferma che a gennaio la Lega starà al governo col Pds. Il 13 dicembre, giorno di Santa Lucia, mentre Berlusconi si misura con i giudici di Milano in un drammatico confronto durato sette ore, Bossi presenta una mozione contro Berlusconi e il ministro Biondi sui problemi della giustizia. Ferrara annuncia che il governo chiederà la fiducia, ma viene scavalcato dai leader di Pds, Lega e Ppi che nella sede dell'«Espresso» annunciano l'accordo per la formazione di un governo che faccia il risanamento finanziario, la legge antitrust sull'informazione e una nuova legge elettorale. A proposito: niente elezioni nel '95.

Nessuno dei tre – nemmeno negli incontri riservati – fa il nome di un candidato alla presidenza del Consiglio. Ma si sa che D'Alema pensa a Prodi, osteggiato da Bossi e – in maniera indiretta – da Buttiglione. Buttiglione pensa a Cossiga, che non entusiasma gli altri due. E Bossi a Formentini, che D'Alema e Buttiglione non accetterebbero nemmeno se si procedesse alla scelta del presidente del Consiglio attraverso il sorteggio degli abbonati al telefono.

D'Alema, abbiamo detto, si muove con prudenza. Ma ha un obiettivo chiaro in testa: la mozione di sfiducia a Berlusconi deve essere firmata congiuntamente dai tre alleati. Gli altri prima gli dicono di sì, poi ci ripensano: meglio una mozione del solo Pds e un'altra che unisca Lega e Popolari.

Franco Bassanini ha già steso la mozione comune e deve strapparla. Prepara quella del Pds e trasmette agli alleati un'altra bozza: se fosse gradita... Sul testo di Bassanini lavora un po' Bossi, ma soprattutto Buttiglione.

La stesura definitiva avviene nello studio di Bossi a Montecitorio. È una stanza piccola, a metà di un lungo corridoio dove fino alla primavera del '94 abitavano i democristiani che riunivano il gruppo (206 deputati dopo le elezioni del '92) in un salone dedicato ad Aldo Moro. La targa con il nome di Moro è ora sostituita da un'altra dedicata a Bruno Salvadori, il leader autonomista valdostano che fu il maestro di Bossi in fatto di federalismo.

Nella stanza di Bossi ci sono un divanetto e due poltrone di pelle rossa, una scrivania piccola e burocratica, un attaccapanni. I sei partecipanti al «vertice della sfiducia» stanno molto stretti. Per la Lega ci sono Bossi, Maroni e Gnutti. Per i Popolari, Buttiglione, Formigoni e Mariolina Mojoli.

Racconta Maroni: «Io non mi rassegno all'uscita della Lega dal governo, e in attesa che arrivino i Popolari metto per l'ultima volta in guardia Bossi. Attento, Umberto, questa scelta porta la Lega alla spaccatura. I dissidenti sono parecchi: alcuni si muovono per convinzione personale, altri hanno venduto l'anima a Berlusconi. Comunque non accettano l'accordo con il Pds. Lui mi risponde: per ora, noi facciamo l'accordo con Buttiglione. E io: ma in agosto non dicevi che Buttiglione era sul libro paga del Cavaliere? Intanto arrivano i Popolari. A Buttiglione diciamo subito: ehi, Rocco, non farai mica il furbo? Non è che adesso firmi la mozione e poi ti tiri indietro? Buttiglione ci tranquillizza: di me potete fidarvi. Allora mi rivolgo a Formigoni: tu, Roberto, non avevi detto che il Ppi non avrebbe mai fatto alleanze con la sinistra? E lui: non preoccuparti, son cose che si dicono per coprirsi con l'ala destra del partito e dell'elettorato. Insomma, finisco col credergli: ricordi i giochi delle parti che si son fatti sempre da noi? Miglio sparava contro il Sud e Bossi interveniva per correggere il tiro. Oppure io aprivo a sinistra e Umberto mi riportava al centro... Insomma, alla fine firmiamo la mozione di sfiducia. Escono i Popolari e Bossi mi fa: hai visto? E continuerà a credere nella lealtà di Rocco Buttiglione, nonostante lo scoop di "Striscia la notizia", quando il segretario del Ppi proporrà a Tajani di Forza Italia di presentarsi insieme alle amministrative».

L'accordo a tre viene formalizzato nella sede del gruppo popolare. Dice Bossi: «D'Alema non insiste più di tanto perché si faccia una mozione unica. Fate quello che volete, ci dice. Così all'incontro risolutivo arriviamo con le due mozioni. Adesso il mio problema è di raccogliere le firme dei leghisti. E sai come lo risolvo? Per non fare troppo clamore, tra sabato 17 e domenica 18 dicembre, mentre i dissidenti sono in casa loro a santificare la festa, io raccolgo le firme e li metto davanti al fatto compiuto».

E Maroni va all'hotel Bologna

Le cose si fanno in verità meno semplici di come Bossi se le aspetta. Mi racconta Maroni: «La mattina del 21 dicembre, il giorno in cui Berlusconi si dimetterà, ci riuniamo all'hotel Bologna con un gruppo di dissidenti. È la terza riunione, a ogni incontro partecipa un numero diverso di persone. Qualcuno entra e sta a sentire: se è d'accordo, resta, altrimenti se ne va. Il 21 dicembre la Lega ha già presentato la sua mozione di sfiducia insieme con i Popolari. Nella riunione dell'hotel Bologna decidiamo che se la mozione fosse messa ai voti, noi voteremmo a favore del governo. Ci toglie d'impaccio Berlusconi dimettendosi prima che le mozioni vengano messe ai voti».

Il 21 dicembre, primo giorno dell'inverno politico e solare, è anche il «Buttiglione day». Il suo discorso di sfiducia a Berlusconi viene così raccontato dal consigliere di Stato Teodosio Zotta, autorevole militante del Ppi, a Giovanni Fasanella di «Panorama»: «Mentre quella sera parla alla Camera, è la reincarnazione di Aldo Moro. Stessa tensione morale, stesso modo di argomentare, stessa pacatezza. Rispetto a Moro, in più, ha la capacità di farsi capire». Al congresso di luglio Zotta era tra i suoi più fieri avversari. Come Rosy Bindi, che ascoltandolo a Montecitorio si spella le mani. Come il presidente del partito, Giovanni Bianchi, che dichiara allo stesso settimanale: «Rocco Buttiglione? Accorto e concreto. Agile nella manovra. Mi ha impressionato. Di più: mi ha sorpreso, nonostante lo conosca da almeno vent'anni. Rocco sta compiendo un grande capolavoro. Ha conquistato il centro, lo difende strenuamente e si muove per ampliarlo».

Alla Lega, intanto, si arriva alla resa dei conti. Ne sono testimone il pomeriggio di giovedì 22 dicembre, giorno della fine del governo Berlusconi. Compito da svolgere per la sera: quanti leghisti stanno con Bossi? Il Senatùr ha riunito tutti i parlamentari «fedeli» nella sala rossa che un tempo era dedicata ad Aldo Moro. Nessun estraneo ha diritto di accesso. Ottengo di salire nella sede leghista disarmato (cioè senza cameraman). Faccio gli occhi da Bamby a Gabriella Pulcini, la bella segretaria (ma che dico? padrona) romana di Bossi e riesco a muovere due passi in direzione del corridoio. Trovo Antonio Marano e Giancarlo Pagliarini avviliti, prima che preoccupati.

Non capisco perché abbiate aperto la crisi, attacco. Avevate il governo in mano, Maroni zitto zitto stava traslocando il ministero dell'Interno, cioè l'apparato vitale dello Stato, verso il federalismo possibile come fosse il signor Gondrand in persona, infischiandosene delle proteste dei prefetti e mettendo d'accordo i sindaci di destra e di sinistra da Torino a Catania. Berlusconi pur di restare a palazzo Chigi avrebbe prima o poi concesso l'antitrust e Fini – messo alle strette – forse avrebbe dovuto fare un pensierino sul doppio turno. E voi, come niente fosse, buttate nel tritatutto risultati politici che nemmeno la nonna di Bossi nell'aia di Cassano Magnago osava immaginare come favole, con il rischio che tu – dico al potente sottosegretario alle Poste – te ne torni alle tue televisioni del Varesotto e tu – dico al potentissimo ministro del Bilancio – te ne torni a fare il commercialista a Milano? Pagliarini tace. Marano si sfoga. È amico allo stesso modo di Bossi e di Maroni.

«Abbiamo mangiato insieme la pizza con i bambini, pochi giorni fa. Ho detto a tutti e due di mettersi d'accordo, di non fare pazzie. E invece adesso stanno litigando come non era mai successo.»

Si apre la porta di quella che era l'aula Aldo Moro. Esce Bossi con la coorte dei fedeli. Si pianta in mezzo al corridoio. Comincia a fare l'appello di chi sta con lui. Uno dei suoi gli dice di stare attento, ci sono io che assisto. Bossi non gli dà retta e passa il foglio a Gabriella per la raccolta delle firme. Ne serve una?, provoco, ma nemmeno tanto. Ai consigli nazionali della Dc i giornalisti avevano mano libera al punto che un giorno Guido Quaranta, la peste dell'«Espresso» e dei giornalisti parlamentari (soppiantato poi in quest'ultimo ruolo da Augusto Minzolini), votò come un normale consigliere.

Aspetto Bossi nella sua stanza. All'attaccapanni sono appese la sua giacca e la sua cravatta. Vado a controllarne le marche. Mi viene un colpo. La giacca è di Valentino. Capite? Va-len-ti-no. Certo, Valentino Boutique. L'Arbiter non fa sartoria da uomo e poi ve lo immaginate Valentino che prende a Bossi la misura dei risvolti? Comunque, Valentino è Valentino. L'avrà comprata il Senatùr questa giacca? Gliel'avrà comprata Manuela in un momento di tenerezza dicendogli: Umberto, che figura mi fai fare ad andare in giro sempre come un pezzente? E a Valentino chi glielo dice che quelle giacche stazzonate e informi sono sue? Sì, è vero, negli ultimi tempi la cravatta alla Bossi (anonima quella gialla che vado a controllare trepido sull'attaccapanni) è più aderente del solito alla camicia e la camicia è più aderente del solito al collo. Ma insomma...

Entra il Senatùr e in pochi minuti – senza volerlo – dà il titolo a questo libro: il duello. Un duello che potrà durare mesi, anni. Ma è un duello all'ultimo sangue. Invano i padrini inviteranno i duellanti alla moderazione, al civile rispetto dell'altrui vita (politica). Il destino è segnato. Alla fine del duello – tra mesi, tra anni – sul terreno resterà uno dei due.

L'Umberto si lascia cadere sulla poltrona. Ha il volto segnato, come quello del suo amato Kutuzov prima delle ultime battaglie. Accende una sigaretta (la centesima?) e dice: «O io o lui». Aspira mezz'etto di catrame e nicotina e aggiunge: «O lui riesce a prendersi gli uomini della Lega o noi mettiamo su un governo che tiri dritto sulla riforma elettorale e sulla legge antitrust e facciamo secco il Cavaliere. Questo Perón della mutua è pericoloso per la democrazia del Paese con tutte le televisioni nelle sue mani. Se vuole sopravvivere, venda la sua roba».

Approfitto di un'altra lunga tirata alla sigaretta già quasi esanime per chiedergli: quanti dei tuoi debbono passare con Berlusconi perché lui vinca? «Se ne prende più di cinquanta, riesce a fare un Berlusconi bis. Altrimenti, vinciamo noi».

Capisco allora che il federalismo possibile di Maroni, il controllo di ministeri chiave, i risultati politici che avrebbero fatto impazzire di gioia la buonanima di nonna Celesta che cantava sull'aia di Cassano Magnago, tutto questo non conta. Conta il duello. Mortale. Bossi sa che Berlusconi non può governare con lui e deve abbatterlo. E allora cerca di dare lui, il Senatùr, per primo, l'affondo finale.

Bossi, D'Alema e Buttiglione vanno da Scalfaro

Con l'apertura della crisi (durerà venti giorni), tutti gli occhi guardano al Quirinale.

Racconta Bossi: «Da Scalfaro io, D'Alema e Buttiglione andiamo sempre divisi. Io con il presidente parlo parecchie volte. Gli dico che non è possibile andare subito alle elezioni interrompendo così una legislatura appena incominciata. La Costituzione non è di tipo maggioritario, io ho le mani libere rispetto agli impegni presi con Berlusconi. In fondo, lui è stato nominato dal Parlamento e il Parlamento può togliergli la fiducia in qualunque momento senza che per questo debba parlarsi di ribaltone. Mi preoccupo quindi di verificare l'interpretazione che il capo dello Stato dà della Carta costituzionale. E alla fine mi sento garantito».

Mi conferma Cesare Salvi, presidente dei senatori progressisti: «Scalfaro ha sempre considerato legittimo un cambio di maggioranza, Costituzione alla mano».

Per venti giorni, la posizione unitaria del Polo è una: governo Berlusconi bis ed elezioni politiche a marzo. Quando qualcuno (Dotti, per esempio) prospetta soluzioni più morbide, il Cavaliere lo bacchetta.

Dall'altra parte, le cose sono assai più complicate.

Eletto segretario in luglio da un consiglio nazionale che lo ha preferito a Walter Veltroni, D'Alema viene subito avvicinato da Bossi attraverso Franco Bassanini, ufficiale di collegamento tra Lega e Pds. Il Senatùr è convinto che Berlusconi voglia farlo fuori con elezioni anticipate e cerca aiuto a sinistra. D'Alema sa d'altra parte che Berlusconi è molto forte (i risultati delle Europee lo hanno incoronato re d'Italia, paralizzando letteralmente la sinistra), ma pensa che si possa scavare nei suoi elementi di debolezza.

Occorrono tempo e prudenza. Si è detto che D'Alema rappresenta la vittoria del Partito e dell'Apparato sugli sdilinquimenti americani di Veltroni? Bene, la storia del Partito comunista italiano è tutta un attento dosaggio di moderatismo e di prudenza proprio nei momenti cruciali: quelli che hanno portato il Pci a entrare nella Repubblica indossando l'abito da sera (il voto di Togliatti sull'articolo 7 della Costituzione, con il riconoscimento dei Patti Lateranensi) e a restarvi ben oltre la completa legittimazione democratica in senso occidentale (valga per tutti il pieno appoggio di Berlinguer alla Nato alla vigilia delle elezioni del '76).

Fino alla «mitezza» e alla «normalità» socialdemocratica che saranno le parole d'ordine nel congresso del luglio '95.

Questa storia D'Alema l'ha vissuta tutta in prima fila, da quando nel '62 – a tredici anni – si presenta sugli attenti a Togliatti portandogli in congresso il saluto dei «pionieri» del Pci fino a quando – tra il '76 e l'80, negli anni d'oro di Berlinguer – dirige la Federazione giovanile comunista tra i marosi del terrorismo e della contestazione degli «autonomi».

Il Pci sa essere anche molto duro, quando serve, ma la fine dei compagni francesi ha insegnato che occorre sapersi fermare qualche metro prima del burrone: nessuna avventura, con nessun compagno di viaggio.

Volete dunque che D'Alema si lasci conquistare dalla prima serenata di Bossi che gli promette un patto di legislatura pur di far fuori l'odiato Cavaliere? Calma. Da luglio si passa ad agosto e poi a settembre.

In ottobre, quando D'Alema constata la facilità con cui la piazza si mobilita contro le pensioni del terribile Lamberto Dini (la vita è piena di sorprese, vero?), il discorso diventa più concreto.

Stavolta è Bossi a prendersi una pausa («Debbo convincere i miei»): la base leghista, pur di disarcionare il Cavaliere, è pronta ad allearsi con i «comunisti»? D'Alema è ancora prudente. E lo resta quando in autunno Bossi e Buttiglione sembrano scatenati nel proporre il Ribaltone con la maiuscola.

Il segretario teme che l'opinione pubblica possa non capire, preferirebbe scavalcare l'anno e rinviare la crisi a dopo le elezioni regionali di primavera. Resiste alle pressioni di quello che una volta era il «centro occhettiano» (Petruccioli) e della vecchia destra interna (i «miglioristi»).

All'immediata vigilia della crisi, sembra rassegnato a elezioni anticipate, ma non vuole che a gestirle sia Berlusconi.

Ne parla con il Cavaliere in casa di Gianni Letta, alla Camilluccia. Una cena a tre, senza signore. Agli ospiti seduti al centro del lungo tavolo inglese, Maddalena Letta fa servire una semplice pasta al pomodoro e il segretario del Pds ricorda un interlocutore «amabile» e una conversazione «serena». Ma non si lascia incantare dall'offerta di elezioni a stretto giro per cancellare tutto quello che sta in mezzo al Polo e al Pds. Letta non vedrebbe male il «governo di tregua» caro a Veltroni (teme senza dirlo che un governo D'Alema-Bossi ridurrebbe la Fininvest a una televisione di quartiere). Ma il Cavaliere va avanti per la sua strada.

D'Alema comincia a coltivare in cuor suo l'ipotesi di un governo Prodi, ma capisce già tra Natale e Capodanno che la strada verso un gabinetto «politico» come lo vorrebbe Bossi – per rendere palese la rottura con il Cavaliere – è tutta in salita.

Lo capisce in un lungo pomeriggio di clandestinità trascorso nella casa del suocero di Rocco Buttiglione all'Eur. D'Alema arriva con Salvi e trova Buttiglione e Bossi. Dei quattro soltanto D'Alema è romano. E forse pensa alla sua non remota giovinezza, quando sparire per un pomeriggio dalle parti del laghetto dell'Eur avrebbe richiesto compagnia diversa e meno impegnativa.

Perché davanti al tè dell'allievo di Augusto Del Noce (che si rivolta nella tomba al solo pensiero delle frequentazioni del suo discepolo preferito) D'Alema capisce che il governo politico sognato da Bossi non si farà? Perché manca uno degli invitati: Roberto Maroni. E manca non già perché il laborioso ufficio di ministro dell'Interno lo abbia trattenuto in altre e più gravi cure. Ma perché Maroni non vuole sentir parlare di ribaltoni. A Berlusconi che gli fa la predica facendolo salire nel suo appartamento di palazzo Chigi dopo ogni Consiglio dei ministri insieme con Letta, Previti, Tatarella (e Fini che si aggrega), risponde che lui dalla Lega non esce, ma che con il Pds non va.

Ecco, dunque, che i conti non tornano. Ecco che Scalfaro nel messaggio di fine anno deve invitare dal televisore Berlusconi a fare un passo indietro (mandandogli di traverso lo champagne che sta bevendo a Saint-Moritz con Marcello Dell'Utri). Ecco il capo dello Stato convocare ripetutamente e congiuntamente al Quirinale Bossi e Maroni per contare i voti di cui dispone realmente la Lega. Ecco Bossi ordinare ai suoi un'accettazione via fax del Ribaltone Supremo. Ma la conta dei fax offre al capo dello Stato – costretto per la prima volta nella storia repubblicana a farsi assistere da una calcolatrice – risultati sempre diversi. Con una conseguenza clinica inedita: l'indigestione di conti contrastanti procura al presidente della Repubblica un febbrone da cavallo che lo costringe a sospendere le consultazioni.

Quante volte, d'altra parte, i diplomatici hanno fermato l'orologio delle Nazioni Unite se all'ora X l'accordo era ancora lontano?

«Il Cavaliere? Dannunziano e diciannovista...»

«La piazza del Quirinale appariva tutta candida, ampliata dal candore, solitaria, raggiante come un'acropoli olimpica su l'Urbe silenziosa. Gli edifizi, in torno, grandeggiavano nel cielo aperto: l'alta porta papale del Bernini, nel palazzo del Re, sormontata dalla loggia, illudeva la vista distaccandosi dalle mura, avanzandosi, isolandosi nella sua magnificienza difforme, dando immagine d'un mausoleo scolpito in una pietra siderea; i ricchi architravi del Fuga, nel palazzo della Consulta, sporgevano di su gli stipiti e di su le colonne... Divini, a mezzo dell'egual campo bianco, i colossi parevano sovrastare a tutte le cose. Le attitudini dei Dioscuri e dei cavalli s'allargavano nella luce; le groppe ampie brillavano come ornate di gualdrappe gemmanti; brillavano gli omeri e l'un braccio levato di ciascun semidio. E, sopra, di tra i cavalli, slanciavasi l'obelisco; e, sotto, aprivasi la tazza della fontana...»

Questa immagine dannunziana del Quirinale torna forse in mente a Silvio Berlusconi quando Nino, l'inseparabile autista, rallenta l'andatura imboccando l'ultima curva di via XXIV Maggio, all'altezza di casa Agnelli, e apre al presidente del Consiglio e al suo inseparabile accompagnatore Gianni Letta la maestosa visione della piazza pontificia che fino ai tempi di Giuseppe Saragat (1964-1971) veniva offerta ai capi di Stato stranieri dalla Flaminia presidenziale scoperta e scortata dai corazzieri a cavallo che l'avevano guidata da Ciampino attraverso l'Appia Antica.

È il pomeriggio di lunedì 9 gennaio 1995, giorno cruciale della crisi di governo. Varcando «l'alta porta papale del Bernini», salutato dai santi Pietro e Paolo, messi da Pio V a guardia del palazzo, oltre che da due impettiti granatieri di Sardegna, Berlusconi forse ripensa con nostalgia che per salire a palazzo Chigi, oltre al Milan e alla Fininvest («due cose che possono offrire a un uomo il massimo della gratificazione» mi disse un giorno), ha dovuto abbandonare anche la guida della Mondadori, il posto e la scrivania che furono del geniale Arnoldo, fondatore e condottiero della prima casa editrice italiana. Ecco dove ha letto la descrizione dannunziana del Quirinale. In una delle duecentonove rarissime copie dell'Edizione Nazionale dell'intera opera del Poeta che il suo predecessore in Mondadori – il grande Arnoldo, per l'appunto – aveva personalmente curato nel '28 facendole imprimere con i caratteri della stamperia originale di Giambattista Bodoni, tirare al torchio a mano su carta imperiale del Giappone e rilegare in marocchino rosso. Naturalmente, Marcello Dell'Utri – al momento di attrezzare la biblioteca di Arcore – gli aveva procurato una splendida serie dei quarantanove libri in cui Mondadori raccolse tutto D'Annunzio. Già, Dell'Utri. Un diavolo d'uomo, pensa Berlusconi rispondendo con un gesto del capo al saluto dei corazzieri, se trova il tempo di macinare migliaia di miliardi in Publitalia, di prepararsi alla nuova campagna elettorale, di fare l'ambasciatore discreto presso il nemico Bossi e il quasi nemico Buttiglione e di dilettarsi con libri preziosi e incunaboli rari. Un uomo che saprà affrontare cinque mesi dopo il carcere rileggendo i *Promessi Sposi*.

Eppure, mentre costeggia i giardini del Quirinale per avvicinarsi allo studio privato del presidente, Berlusconi forse s'avvede all'improvviso che il nome di D'Annunzio gli ronza nella testa da un po', non tanto per la descrizione che l'Immaginifico fa del Quirinale: nel *Piacere*, figurarsi, Andrea Sperelli vaga nella piazza recando in mano rose bianche che lascerà sulla porta dell'amata donna Maria, nei vicini orti pensili degli Aldobrandini. E altro che rose Berlusconi vorrebbe portare a Scalfaro. Solo spine, semmai. No, la memoria di D'Annunzio lo turba perché poche ore prima il professor Rocco Buttiglione, uomo di indiscussa cultura e segretario del Partito popolare, ha dichiarato all'«Unità» (sì, all'«Unità») che «un'area moderata si può organizzare al modo di De Gasperi e al modo di Mussolini: noi vogliamo che si organizzi tutta al modo di De Gasperi». «Proprio per questo» ha tuonato il garbato professore «il Ppi è deciso a contrastare con la massima durezza quei filoni dannunziani e diciannovisti che emergono, devo dirlo, più dentro Forza Italia che dentro Alleanza nazionale.»

Capito? Con chi ce l'aveva Buttiglione?, si era chiesto il Cavalier Furente. Certo non con i panetti di burro Dotti e Della Valle, pronti a sciogliersi al primo sole delle lusinghe. Né con le colombe Urbani e Letta, né con il riservatissimo Dini che non rilascia dichiarazioni nemmeno alla moglie. Ma è chiaro: il professor Buttiglione ce l'aveva con i Ferrara, con i Previti, con i Berlusconi.

«Io, dannunziano? Io, diciannovista? Io, aspirante Mussolini?» si chiede in un'escalation di turbamenti il Cavaliere (basta con questo chiamarlo Cavaliere. Anche l'Altro, quello di cui parla Buttiglione, lo era...), mentre Gianni Letta forse si scopre a prendere atto ancora una volta della perfezione della sua pettinatura specchiandosi involontariamente nei grandi bottoni d'ottone dei commessi che chiamano l'ascensore.

Certo, pensa Berlusconi, se essere dannunziano significa fare un volo sul Mystère con le insegne del Biscione su Gemonio, il paese di Bossi, e riempirlo di volantini elettorali di Forza Italia che invitino il popolo leghista alla resa, be' allora lo sarei volentieri. Ma per il resto, accusarmi di tentazioni golpiste... Golpisti saranno loro, conclude in silenzio Berlusconi, mentre s'avanza per i saluti Gaetano Gifuni, segretario generale del Quirinale.

Gifuni è il miglior prototipo su piazza del *grand commis* all'italiana. Foggiano (ma con un lieve accento napoletano), è stato per diciassette anni (dal '75 al '92) segretario generale del Senato. Tuttora, quando gli capita di parlare di Fanfani con Carlo Cardia, attuale braccio destro di Dini, e con Damiano Nocilla, segretario generale di palazzo Madama, gli occhi gli si illuminano. E i tre, quando Ignazio Contu riunisce ogni estate gli amici sulla sua bella terrazza alla presenza di Fanfani, raccontano le loro esperienze con il Piccolo Grande con la rispettosa allegria degli allievi nei confronti dei mitici baroni universitari.

La prudenza di Gifuni è leggendaria. Se tocca una forchetta, potete star sicuri che non lascia l'impronta digitale. Ma poiché conosce il Palazzo meglio delle sue tasche, i suoi identikit sono stati preziosi a Scalfaro nella gestione delle quattro difficilissime crisi di governo gestite dall'attuale presidente (Amato nel '92, Ciampi nel '93, Berlusconi nel '94, Dini nel '95).

Letta stringe dunque la mano al più autorevole collaboratore del capo dello Stato ben sapendo che l'incontro a quattro andrà malissimo. È già salito al Quirinale, in via riservata, il pomeriggio della domenica e il presidente per l'occasione era tornato in ufficio dopo la provvidenziale influenza di Capodanno. Il pomeriggio era bellissimo e mite. Una piccola folla aveva assistito al cambio della guardia dei granatieri di Sardegna che presidiano il Quirinale. Al passaggio della bandiera i vecchi si erano tolto il cappello, i giovani avevano trascurato di farlo: ma tutti si sentivano uniti a quel simbolo sofferente dell'unità nazionale, e qualche sguardo si era levato verso le finestre del piano nobile dell'antica residenza pontificia: non sperando certo d'incrociare quello del capo dello Stato, ma incoraggiando silenziosamente una scelta saggia che chiudesse la crisi di governo. Purtroppo, l'indomani Berlusconi constata rapidamente che la sua idea di saggezza non coincide con quella di Scalfaro. E a sera – riunendo i leader del Polo davanti al buffet del suo appartamento privato al terzo piano di palazzo Chigi – trema di furore raccontando che il presidente ha molti nomi nella testa: da Prodi a Cossiga, da Dini a Mario Monti.

Anzi, con Monti è andato assai più in là. Letta era sicuro di averlo dissuaso ricordandogli l'enorme scalpore che all'inizio degli anni Settanta avevano suscitato a Bruxelles le dimissioni di Franco Maria Malfatti dalla presidenza della Cee per presentarsi alle elezioni politiche italiane nel collegio di Rieti. Monti era stato appena designato alla carica di commissario dal governo Berlusconi: che figura avremmo fatto a richiamarlo poco dopo? Eppure il capo dello Stato, approfittando di una rapida visita a Roma del professore, lo aveva invitato al Quirinale per sentirsi manifestare il rifiuto dalla sua viva voce.

L'unica persona, dunque, alla quale per nessuna ragione Scalfaro vuol dare l'incarico è Silvio Berlusconi. «Vuol tradire, insomma, il voto del 27 marzo» conclude mesto il Cavalier Furente, assaggiando una torta alla crema in un clima da funerale.

3

«Mi ha detto che si vota a giugno»

«Ottimismo e pessimismo sono mutevoli come il vento di marzo.» È il pomeriggio di martedì 10 gennaio quando Rocco Buttiglione conclude con questo soffio di poesia una lunga conversazione dedicata all'analisi della crisi di governo. Incaricato dal direttore Carlo Rossella di annotare ogni sera per il Tg1 un diario della crisi, passo dall'inizio dell'anno il pomeriggio al telefono con i principali leader politici della maggioranza e dell'opposizione per tentare di decifrarne gli orientamenti al di là delle pubbliche dichiarazioni che inondano ogni ora le agenzie di stampa assai più di quanto non abbia fatto in novembre il Tanaro con le pianure dell'Alessandrino.

Buttiglione, dunque. È reduce da un colloquio con Scalfaro e perciò stasera la sua testimonianza è più importante di altre. Il professore mi fa questo discorso: Berlusconi indichi il capo di un nuovo governo che faccia la manovra economica e dia garanzie su una corretta informazione televisiva in campagna elettorale da parte della Rai e della Fininvest. Questo governo nascerebbe con l'appoggio essenziale di Forza Italia: un appoggio politico oltre che numerico. Quando l'asciutto programma concordato fosse esaurito, dice Buttiglione, sarebbe Berlusconi a firmare il certificato di morte del gabinetto. A quel punto lo scioglimento delle Camere sarebbe automatico. Con una soluzione degna della patria del Machiavelli, nessuno pronuncerebbe ora la data fatidica delle elezioni – autentico tabù della crisi di governo – ma le chiavi delle urne sarebbero nelle mani del Polo.

Fin qui Buttiglione. Parla solo per sé il professore di Gallipoli o ha trovato orecchie attente sul Colle più alto della Roma politica? Nel mio giro quotidiano di telefonate, non manca naturalmente il Quirinale. Qui la mia sorte è alterna, perché se è vero che in questi giorni nell'antica reggia pontificia si parla solo di politica – e nei termini più pratici che si conoscano – quando andate a chiedere notizie – seppure nella maniera più cauta e con tutte le garanzie di discrezione – venite accolti come il sacrilego cronista che bussasse alla porta di un conclave per informarsi sull'umore dello Spirito Santo.

Ma la sera del 10 gennaio, poco prima di salire trafelato in studio come ogni sera, al cronista è concesso come per incanto di varcare le Colonne d'Ercole del Rigoroso Riserbo Costituzionale. Una voce autorevole gli fa più o meno questo discorso: ma perché Berlusconi non ci indica un candidato suo? Andrebbe benissimo Urbani, ma è stato eletto in Forza Italia e un incarico a lui suonerebbe discriminatorio proprio verso Berlusconi. Allora perché non Dini, per esempio? Un tecnico indipendente, ma assolutamente fedele al Cavaliere di cui è ministro del Tesoro. Una persona autorevole, conosciuta e stimata nella comunità finanziaria internazionale. Potrebbe presentare un breve programma d'emergenza, votato anche dal Polo. Esaurito questo programma, Berlusconi avrebbe la chiave delle urne.

Buttiglione, dunque, non parlava solo per sé. Sono quasi le otto di sera e nello studio del Tg1 il regista sta per ordinare al mixer di schiacciare il bottone che fa partire la storica sigla d'apertura del telegiornale. La mia nota è prevista a conclusione dei servizi sulla crisi. Ho dunque ancora qualche minuto e lo utilizzo per chiamare Berlusconi che in questi giorni caldissimi non si nega mai al telefono. Accetta la proposta di Scalfaro e Buttiglione? Il Cavaliere è molto freddo. «La gente» mi dice «non capirebbe perché il vincitore delle elezioni di marzo debba essere mandato a casa per poi patrocinare un nuovo governo. Il paese ha inoltre bisogno di interventi di largo respiro che nessun gabinetto a termine avrebbe il fiato di sostenere e che richiedono invece un'intera legislatura. Infine, c'è il rischio di far confusione sull'effettiva durata del nuovo governo. Rifletteremo su questa proposta, ma credo che la nostra posizione resterà immutata: elezioni subito o un Berlusconi bis.»

Passano quarantott'ore, il mixer del Tg1 è di nuovo lì che aspetta un cenno del regista per far partire l'edizione della sera di giovedì 12 gennaio. Alla fine di una serata estenuante passata al telefono, chiamo di nuovo Berlusconi. E sento un discorso diametralmente opposto a quello di due giorni prima. «Il Polo resta tuttora convinto che solo un governo di legislatura può risolvere i problemi della lira e della situazione economica generale. Ma per venire incontro alle esigenze manifestate ancora una volta da questo benedett'uomo di settantasei anni [*così Berlusconi chiama il capo dello Stato*] e per allargare la possibilità di convergenze politiche, ho deciso di farmi da parte in favore di Dini, ministro del Tesoro del mio governo e persona di indiscussa autorità internazionale. L'accordo prevede due clausole. La prima è che si vada al voto l'11 e il 12 giugno accorpando le elezioni politiche con le regionali. La seconda è che il programma di Dini si limiti a tre punti: la nuova legge regionale, la manovra economica, le norme sulla "par condicio" alla Rai e nelle televisioni private. Su quest'ultimo punto» dice ancora Berlusconi «io non ho mai sollevato problemi. Per quanto mi riguarda, la Fininvest può anche smettere di occuparsi di politica.»

Corro in studio e annuncio che l'indomani Lamberto Dini potrebbe avere l'incarico da Scalfaro. («L'ho saputo da lei» mi dirà il nuovo presidente del Consiglio.)

Incontro a piazza Cavour

Che cosa è accaduto tra le venti di martedì 10 gennaio e le venti di giovedì 12, tra il giorno di Sant'Aldo e quello di San Modesto?

La svolta avviene nella stessa giornata di giovedì e ha per teatro non il Quirinale, né il palazzo dei principi Chigi, ma la sede – se possibile ancora più austera – della Suprema Corte di Cassazione, in piazza Cavour. Al mattino si inaugura l'anno giudiziario. È una delle cerimonie più solenni della Repubblica e nel salottino privato del primo presidente Antonio Brancaccio l'arrivo del capo dello Stato è atteso da quattro persone: il presidente del Senato, Carlo Scognamiglio; il presidente della Camera, Irene Pivetti; il presidente del Consiglio, Silvio Berlusconi, e il sottosegretario alla Presidenza, Gianni Letta che segue Berlusconi esattamente come la coperta segue Linus, ricalcando Letta alla perfezione anche le virtù terapeutiche del famoso e ormai simbolico oggetto di tappezzeria psicanalitica inventato da Charles M. Schultz. Quando arriva Scalfaro, i sei (ai quattro si sono aggiunti Brancaccio e il procuratore generale della Cassazione Vittorio Sgroi) si limitano ai convenevoli e procedono insieme verso l'aula magna dove la crema della magistratura italiana attende di ascoltare l'annuale diagnosi sui mali (a quanto pare, perpetui) della giustizia italiana. Sgroi non delude l'uditorio: è, insieme con il ministro di Grazia e Giustizia, titolare dell'azione disciplinare contro i magistrati e ha fatto capire che se i giudici di Milano non fossero intoccabili... Dopodiché il prestigioso corteo prende la via dell'uscita per accompagnare il capo dello Stato alla sua automobile. L'inevitabile coda di magistrati, avvocati, cancellieri, giornalisti e fotografi si blocca davanti a un provvidenziale ascensore. Scalfaro, scortato da Brancaccio e da Sgroi, saluta il procuratore generale ed entra nell'ascensore con Brancaccio, Scognamiglio (la Pivetti dev'essere rimasta indietro), Berlusconi e Letta. Quando il prezioso carico viene dolcemente collocato a terra, il corteo si riduce ancora. Scalfaro è in testa con Brancaccio, seguito a ruota dalla coppia Berlusconi-Letta. Il capo dello Stato è ormai sulla soglia del portone d'onore, salutato dall'immensa statua della Giustizia che all'inizio del secolo lo scultore Ernesto Quattrini collocò tra la Legge e la Forza, a tutela e ammonimento dei cittadini del giovine regno d'Italia.

L'autista di Scalfaro e le vetture della scorta presidenziale attendono con il motore acceso. È il momento in cui dall'auto del capo dello Stato parte un segnale impercettibile, ma perentorio: come quello di un direttore d'orchestra che sollecita un attacco deciso ai primi violini – sarebbero le moto dei corazzieri – fino a coinvolgere l'intero complesso di auto d'onore e di auto di scorta nella costruzione di un'imponente sinfonia di motori che lascia presto l'Andante Poco Maestoso per raggiungere subito il Larghetto, lo Scherzo e l'Allegro animato, secondo lo schema della Prima Sinfonia in Si bemolle opera 38 di Robert Schumann o, forse più propriamente, di alcuni giochi della *Sagra della primavera* di Igor Stravinskij, se non addirittura della tellurica sonorità dell'*Arcana* di Edgar Varèse o della musica metropolitana di Aaron Copland.

Scalfaro si volta in direzione di Berlusconi e Letta, chiedendo con un sorriso al sottosegretario: «Posso prendermelo?». Ottenuto un gioioso inchino di assenso, il capo dello Stato infila il suo braccio sotto quello del Cavaliere e sale con lui sulla vettura presidenziale. Letta prende posto su quella del presidente del Consiglio e rientra a palazzo Chigi. Felice. Perché felice? Perché sa bene che l'incomprensione tra Scalfaro e Berlusconi è arrivata al livello di guardia e ricorda quante volte ha suggerito al presidente della Repubblica di chiarire con il capo del governo tutti i malintesi in un paterno «core a core».

L'orologio del Quirinale ha toccato da poco il mezzogiorno quando Berlusconi e Scalfaro arrivano a palazzo. È la prima volta che si incontrano senza testimoni. Letta aveva sempre accompagnato il Cavaliere fin dall'incontro che dopo le elezioni del 27 marzo '94 precedette l'incarico di formare il governo, assistendo poi (insieme con il segretario generale del Quirinale, Gaetano Gifuni) a tutte le udienze settimanali di tabella e ai molti colloqui straordinari, spesso tempestosi.

Scalfaro conduce Berlusconi nel suo studio alla Palazzina e consuma con lui un pasto più che frugale a base di brodo vegetale. Alle 14.30 Berlusconi rientra a palazzo Chigi dove Letta lo aspetta ansioso.

«Allora?» «Allora è andata benissimo» racconta Berlusconi. «Scalfaro è stato molto affettuoso, mi ha abbracciato e baciato. Forse avevi ragione tu a sollecitare un chiarimento personale a quattr'occhi. Mi ha detto subito che se mi tiro indietro voteremo a giugno. Domattina ci vedremo di nuovo per i dettagli.»

Fini e Casini: «Odore di bruciato»

Berlusconi chiama Fini e Casini e li trova perplessi. Entrambi sarebbero favorevoli al rinvio del governo Berlusconi alle Camere, convinti che la crescente emorragia della Lega gli garantirebbe la fiducia. Entrambi sentono odore di bruciato in qualunque soluzione diversa da un nuovo governo Berlusconi o da elezioni politiche immediate. In ogni caso non accettano l'idea di un governo tecnico: vogliono che il nuovo presidente del Consiglio porti con sé ministri del Polo con esplicita caratterizzazione politica (Casini insiste molto su Mastella) perché sia visibile la continuità con le elezioni del 27 marzo. Berlusconi insiste invece sull'ipotesi Dini, fortemente incoraggiato da Buttiglione che a sera mi dice: «Per la prima volta dall'inizio della crisi sono ottimista». Nella telefonata che ho citato, Berlusconi conferma le riserve dei suoi alleati e dice che spera di risolverle in nottata. Fini e Casini insistono perché una delegazione del Polo venga ricevuta l'indomani al Quirinale. A tardissima sera Scalfaro fa sapere che considera concluse le consultazioni e che non riceverà nessuna delegazione.

Resta invece confermata l'udienza privata del capo dello Stato a Silvio Berlusconi. Viene fissata alle nove, poi spostata alle dieci. Scalfaro non fa spiegare le ragioni del rinvio, motivato in realtà da un nuovo incontro riservatissimo con Buttiglione. «Vado solo o vieni anche tu?» chiede Berlusconi a Letta nella notte tra giovedì 12 e venerdì 13 gennaio. Non è chiaro infatti se si tratti di una replica dell'incontro a quattr'occhi di giovedì mattina o di uno dei consueti colloqui allargati a Letta e Gifuni. Si decide che Letta vada in avanscoperta a trovare il segretario generale del Quirinale e che aspetterà da lui che venga definita la natura del colloquio tra Scalfaro e Berlusconi.

Gifuni conferma a Letta che il capo dello Stato è di ottimo umore perché l'accordo con Berlusconi è stato effettivamente raggiunto giovedì davanti al brodo vegetale: si va alle elezioni con un governo Cossiga. Cossiga?

Letta sa bene di aver dovuto comunicare personalmente a Cossiga che, pur nella massima considerazione personale, il Polo non è favorevole a una sua candidatura, ma dinanzi a Gifuni non commenta. Aspetta di sapere come andrà il colloquio tra Scalfaro e Berlusconi che sta per cominciare. Alle dieci e un quarto Scalfaro chiama Gifuni: «Letta è da te? Bene, scendete».

Il presidente della Repubblica riceve abitualmente gli ospiti nel suo studio operativo alla Palazzina, riservando quello alla Vetrata agli incontri protocollari. Stavolta invece l'incontro avviene nel salottino giallo dell'appartamento privato del presidente: lo stesso in cui Scalfaro e Gifuni incontrarono Berlusconi e Letta il giorno d'aprile in cui il Cavaliere ricevette l'incarico di formare il nuovo governo. In un soprassalto scaramantico, Letta dice a Scalfaro sorridendo: «Brutto segno, presidente. Ci hai ricevuto qui la prima volta: vuol dire che questa è l'ultima...».

Il capo dello Stato si schermisce con un altro sorriso e la discussione si avvia. Berlusconi, secondo il suo costume, riepiloga: si vota l'11 giugno; ci sarà un governo con compiti limitati a manovra economica, legge regionale e par condicio; il presidente della Repubblica ritiene che debba presiederlo Cossiga, io – conclude Berlusconi – gli ho spiegato che il Polo è favorevole a Dini. Durante la discussione, Scalfaro insiste su Cossiga, Letta cerca di evitare il braccio di ferro, Berlusconi si irrigidisce su Dini. Gifuni tace. Scalfaro fa rilevare ai suoi ospiti che il Polo ha il gioco in mano, Berlusconi ripete una, due, dieci volte che vuole garanzie formali sul voto dell'11 giugno. La data naturalmente non posso comunicarla io, dice Scalfaro, ma il gioco l'avete in mano voi. Ritirate la fiducia al governo e si vota. Ma al governo, conclude Scalfaro, deve andare Cossiga. No, deve andare Dini, ribatte Berlusconi.

Si son fatte intanto le undici e a palazzo Chigi stanno arrivando Fini, Casini e gli altri leader della vecchia maggioranza convocati per il vertice decisivo.

Dice Berlusconi: «Presidente, possiamo rendere pubblico l'accordo elettorale almeno con i nostri alleati? Tu non puoi farlo, certo. Lo consenti a me?».

Secondo i suoi autorevoli interlocutori, Scalfaro non solleva obiezioni. Resta il nodo di Cossiga. Interviene Letta: «Se andiamo al vertice con il nome di Cossiga, gli alleati ci diranno di no obiettando che è uno dei nomi più illustri della Prima Repubblica. Lo accetterebbe forse il solo Casini. Consentici di poter giocare anche la carta Dini, altrimenti rischia di saltare tutto».

Scalfaro guarda l'orologio. È mezzogiorno. «Scusate, debbo ricevere gli amici dell'Università Cattolica che aspettano da tempo.»

«Mi dai due ore per la risposta?» chiede Letta. Scalfaro è ormai sulla porta. Si gira: «Le due è troppo tardi. Chiamami non più tardi dell'una».

Berlusconi rientra in fretta a palazzo Chigi per riferire agli alleati, Letta si trattiene con Gifuni. È rimasta in sospeso la questione dei referendum. La legge prevede che questi si celebrino in una domenica compresa tra la metà di aprile e la metà di giugno. Che succederebbe se a metà marzo i referendum fossero indetti, poniamo, per una domenica di giugno e prima di quella domenica si sciogliessero le Camere? Cadrebbero anche i referendum o no? «Secondo me, sì» dice Gifuni, ma la sua rinomata saggezza lo porta ad aggiungere: «È meglio controllare». E fa cercare al telefono Salvatore Sechi, consigliere del presidente per gli affari giuridici e costituzionali.

Consigliere di Stato, sardo come Cossiga, Sechi ne è stato il silenzioso braccio destro «istituzionale», tenendosi rigorosamente alla larga da ogni bega politica e soffrendo nel riserbo più assoluto quando le picconate degli anni '90-'92 hanno certo abbattuto il pericolante palazzo della Prima Repubblica (grazie anche al caterpillar Di Pietro), ma hanno pure lasciato qualche lesione al palazzo del Quirinale.

Abile suonatore di fagotto, Sechi è un formidabile conoscitore di Mozart. Non è certo il solo a potervi sciorinare a memoria l'intero *Don Giovanni* come se si trattasse dell'inno di Mameli. Ma è difficile trovare un dilettante – perché Sechi tale, con un po' di innocente civetteria, si ostina a considerarsi – che appena sente dire: «Ach, zu kurz ist unsers Labns Lauf» schiaccia il bottone per rispondere placido: «Canone K228» o che alle prime tre parole di «O heiliges Band...» sorride sicuro: «Lieder K148». Sechi non ostenta mai, ma chi abbia la fortuna di capitargli accanto a un concerto capisce che – si tratti di un oratorio o di una messa, di un quintetto o di una sinfonia – il consigliere per gli affari giuridici e costituzionali del capo dello Stato italiano conosce Mozart almeno quanto Mozart stesso che, come è noto, era piuttosto casinista. Anche l'austero dottor Sechi ha i suoi momenti di divertita e consapevole debolezza, come quando durante il carnevale del '95 si presenterà con barba posticcia, stivali anfibi e occhialini psichedelici in casa di Anna Acquafredda per un ballo mascherato. Ma in questa occasione perfino Paolo Bulgari sarà costretto a rinunciare al suo celebre aplomb. E comunque di tutto ciò al Quirinale non si ha notizia.

Poiché Sechi conosce Costituzione, leggi e regolamenti almeno quanto Mozart e la sua correttezza è proverbiale, è stato l'unico, altissimo funzionario dell'era Cossiga che Scalfaro ha pregato di restare.

Ecco perché, poco dopo mezzogiorno di venerdì 13 gennaio, Gaetano Gifuni vuole consultarlo per rispondere alla domanda di Letta sui referendum. E quando gli dicono che è in udienza con il presidente, insiste che lo chiamino. E quando tardano a passarglielo, si innervosisce. Sechi arriva finalmente al telefono e dice anche lui che, a naso, i referendum dovrebbero cadere pur se indetti, in caso di scioglimento delle Camere. «Dammi cinque minuti per controllare la legge» dice a Gifuni. E la legge conferma: il rinvio è automatico.

«Dini garantisce continuità di governo»

Con l'animo leggero e un diffuso sentimento di allegrezza che nemmeno un pessimista rigoroso come lui riesce stavolta a scacciare, Gianni Letta percorre in un soffio la discesa che dal colle del Quirinale porta a piazza Colonna ed entra a palazzo Chigi in tempo per sentire che, come previsto, gli alleati del Polo hanno scelto Dini al posto di Cossiga. «Dini è il nostro ministro più prestigioso» dice Berlusconi con la studiata solennità che usa per ripetere le frasi che gli piacciono. «E garantisce al governo tecnico che ci porterà alle elezioni di giugno la piena continuità con il nostro, frutto della vittoria del Polo nelle elezioni del 27 marzo.»

Governo tecnico, dunque. Fini e Casini hanno rinunciato infatti alla precedente richiesta di un governo con forte caratterizzazione politica. (Li sentirò nel pomeriggio. Fini fa buon viso alla nuova situazione: non potrà avere dentro un Tatarella, ma basterà Fisichella a mantenere ben visibile il simbolo di An. Casini è di pessimo umore perché Mastella è tutto fuorché un tecnico e avrebbe mal digerito un ripiegamento su D'Onofrio.)

Alle 13.10 – con qualche minuto di ritardo sull'ora concordata – Letta chiama al telefono Scalfaro: «Presidente, come era prevedibile, abbiamo scelto Dini».

Il capo dello Stato non batte ciglio: «Va bene». Chiama il ministro del Tesoro e lo convoca al Quirinale per le quindici.

Soltanto in quel momento, Lamberto Dini ha la certezza di avercela fatta. Nonostante la secca anticipazione del Tg1 della sera prima, infatti, quasi tutti i principali quotidiani di venerdì 13 insistono su una lotta allo sprint tra Cossiga e il presidente del Senato, Carlo Scognamiglio, considerando il ministro del Tesoro solo una riserva. Scalfaro in effetti ha tenuto in caldo anche la candidatura «istituzionale» della seconda carica dello Stato. Ma poi s'è dimenticato di spegnere il forno, esponendo il placido e raffinatissimo professore della Bocconi a un'imbarazzante bruciatura: mentre Scalfaro e Berlusconi discutevano su Dini o Cossiga, i commessi di palazzo Madama issavano sulla vettura di rappresentanza le bandierine tricolori per far percorrere a Scognamiglio la «via dell'incarico» con un cerimoniale massimamente visibile. Dall'ultimo tratto di corso Rinascimento, la vettura con gli stendardi al vento avrebbe compiuto un'ampia curva per immettersi sul corso Vittorio all'altezza di Sant'Andrea della Valle. Il presidente del Senato, raffinato melomane (conosce a memoria il *Rigoletto* e altro), avrebbe pensato per un momento con affetto al pittore Mario Cavaradossi che proprio dentro quella stupenda chiesa secentesca canta nel primo atto di *Tosca*: «Recondita armonia / di bellezze diverse. / È bruna Floria / l'ardente amante mia...». L'auto avrebbe poi imboccato la via delle Botteghe Oscure (come non pensare alla benevolenza di D'Alema verso questa candidatura «istituzionale»?), per poi costeggiare l'Altare della Patria nella piazza Venezia e infine casa Agnelli (quanti fortunati simbolismi propizi in questo breve tragitto!) sulla via XXIV Maggio, fino alla piazza del Quirinale, dove Scognamiglio sarebbe stato accolto, ai piedi dell'obelisco che fu del mausoleo di Augusto, dalla solennità delle statue di Castore e Polluce, protettori sì dei cavalieri, ma non di quello che risiede ad Arcore.

Il quale, si sa, non avrebbe gradito affatto l'incarico al presidente del Senato e ha fatto il possibile per scongiurarlo.

Pazienza, sospira ora con signorilità Carlino Scognamiglio, consolandosi al pensiero di avere qualche ora in più per le escursioni marinare che valorizzano assai la sua nobile figura.

Lasciamo il presidente del Senato ai suoi piccoli crucci e torniamo a Lamberto Dini, sorpreso dalla telefonata di Scalfaro alla sua scrivania di ministro del Tesoro. Alla voce «destino» del suo celebre dizionario, Giacomo Devoto scrive: «L'insieme imponderabile delle cause che si pensa abbiano determinato (o stiano per determinare) gli eventi della vita». Già, l'imponderabile. In fondo è proprio questo l'ingrediente che dà sapore all'esistenza, che accende le speranze più flebili e raffredda gli entusiasmi più spericolati. Una riflessione del genere deve farla il ministro del Tesoro, mentre ad andatura più allegra del solito (in ogni senso) il suo autista percorre il breve tragitto che separa via XX Settembre da piazza Borghese dove Dini abita in uno splendido appartamento della Banca d'Italia e dove passa per cambiarsi d'abito. Non perché l'autorevole banchiere non sia sempre vestito in tenuta da udienza, ma perché quando si riceve l'incarico di presidente del Consiglio bisogna cambiarsi d'abito. È stato sempre così e così sempre sarà. Non a caso l'aneddotica degli incarichi è piena di presidenti che si ritenevano incaricati e per questo erano corsi a casa a indossare l'abito blu che poi avevano dovuto frettolosamente riporre apprendendo dalla radio che il corso della politica (e del proprio destino) era stato diverso. Al contrario, una volta Mariano Rumor fu realmente sorpreso dall'annuncio e, non avendo tempo di raggiungere la sua monastica residenza romana, si fece prestare una giacca acconcia dal primo amico incontrato sulla sua strada.

L'imponderabile. Mentre si annoda la cravatta più idonea all'occasione, Dini ripensa ai bocconi amari ingoiati per tutti i quindici anni trascorsi alla Banca d'Italia, alla cui direzione generale viene chiamato nel '79 dal Fondo Monetario Internazionale dove il banchiere lavora. Dini diventa il numero due di Carlo Azeglio Ciampi, succeduto come governatore a un Paolo Baffi stanco e umiliato dall'inchiesta giudiziaria che ha portato all'arresto (e poi all'assoluzione piena) del suo braccio destro Mario Sarcinelli. Ma l'establishment di via Nazionale non lo accetta mai fino in fondo. Non se ne fida del tutto, nonostante il suo indiscusso prestigio internazionale. Gli rimprovera di frequentare, insieme alla bella moglie Donatella, i salotti più esclusivi della politica romana. Poco importa che in quei salotti, insieme con Andreotti, ci sia spesso anche Guido Carli. Lamberto resta estraneo al sistema di via Nazionale. Il suo inserimento nel Direttorio (si chiama così l'empireo della Banca d'Italia, dove il governatore siede insieme con il direttore generale e i due vice) turba il vecchio equilibrio di successioni interne. È certo che se Dini è il numero due della banca, il vero delfino di Ciampi, l'uomo di fiducia, è il vicedirettore generale Padoa Schioppa.

La vendetta di Lamberto

Quando il governatore mi invita nel '91 a colazione col Direttorio nel tempio di via Nazionale, ho l'impressione di trovarmi per due ore ospite di una famiglia d'altri tempi: il peso della tradizione regola anche il movimento delle posate a tavola, l'autorevolezza è palpabile, ma viene posta all'ospite con signorile affabilità. «Né il governatore, né il Direttorio diranno mai una parola ufficiale alla stampa e tantomeno alla televisione,» mi ricorda Ciampi «ma le porte di questa casa sono aperte e i nostri telefoni sono disponibili a qualunque chiamata per qualunque chiarimento.»

«Grace under pressure» dicono gli inglesi per significare che il self-control non va mai perso nemmeno dinanzi alle peggiori emergenze. E immagino dunque che le decisioni prese storicamente in questo palazzo con la rapidità d'esecuzione di un pilota da caccia per invertire il corso dei cambi siano sempre avvenute tra un sorso e l'altro di una tazza di tè.

Un giorno Dini mi spiega in quattro parole nel suo toscano schietto la situazione economica e monetaria del Paese. Perché non viene a dirlo in Tv?, gli chiedo entusiasta. «Adesso non posso» risponde asciutto pensando alle tradizioni di via Nazionale. «Un giorno chissà» aggiunge profeticamente. (Immagina forse un futuro da governatore che il destino gli negherà, ricambiandolo peraltro con gli interessi.)

In quel famoso pranzo, il Direttorio della Banca d'Italia mi appare un monolite. In realtà Dini non è amato né da chi gli sta sopra, né da chi gli sta sotto. Né dal governatore Ciampi, né dal vicedirettore generale Tomaso Padoa Schioppa. Le incomprensioni sopite di anni esplodono quando Carlo Azeglio Ciampi diventa presidente del Consiglio, succedendo a

Giuliano Amato nell'aprile del '93. Al posto di governatore, contravvenendo alla rigida linea di successione che fa testo in Banca d'Italia e alle attese che Dini matura da un quindicennio, viene chiamato Antonio Fazio. Un cattolico che si impone sul laico Padoa Schioppa. È una sconfessione pesantissima e clamorosa. Ma Dini non batte ciglio e resta al suo posto.

Il piatto freddo della vendetta gli viene inopinatamente servito tredici mesi dopo da Silvio Berlusconi che lo nomina ministro del Tesoro. E per sovrannumero altre due deliziose portate gli vengono servite ora, pensa Lamberto Dini, mentre allaccia il gilet da Quirinale. Viene chiamato a palazzo Chigi proprio al posto che fu di Ciampi e la convocazione vien fatta, com'è ovvio, da Scalfaro che finora non gli aveva mai nascosto una certa freddezza. Pretese le sue dimissioni da direttore generale della Banca d'Italia prima di firmare la lista di ministri sottopostagli da Silvio Berlusconi (Dini voleva l'aspettativa). E quando si trattò di sostituirlo, intervenne apertamente a sostegno di Fazio quando questi, dopo le difficoltà incontrate da Padoa Schioppa, s'impuntò su Vincenzo Desario (e la spuntò), mentre Berlusconi e Dini volevano il direttore generale dell'Imi, Rainer Masera, l'economista Mario Monti o anche Massimo Russo del Fondo Monetario Internazionale. («Una candidatura esterna avrebbe rafforzato la Banca» mi dirà Dini.)

Mentre il Tg1 delle 13.30 annuncia la convocazione del ministro del Tesoro al Quirinale per le tre del pomeriggio, Lamberto Dini s'infila a palazzo Chigi dove Berlusconi e Letta stanno riferendo a Fini, Casini, Pannella e agli altri alleati del Polo i termini dell'accordo con Scalfaro per la designazione di Dini, secondo quanto lo stesso Scalfaro aveva autorizzato a riferire. Il presidente incaricato riceve i generali complimenti, ma intanto l'ora corre e Berlusconi comincia a spazientirsi perché vorrebbe scambiare due parole con Dini a quattr'occhi (la presenza di Letta non li fa diventare sei) prima della storica udienza nell'antica reggia del Colle. Il primo a capire l'aria, come spesso accade, è Marco Pannella che alle 14.10 dice: «È tardi...», prende il cappotto e infila l'uscio seguito alla spicciolata dagli altri leader del Polo. Dini resta finalmente solo con il presidente del Consiglio ancora in carica e il suo inseparabile sottosegretario.

Viene qui rappresentata per una mezz'ora una delle scene madri dei romanzi edificanti dell'Ottocento, là dove una sorella (Berlusconi) rinuncia a un fidanzato, a un marito, comunque a una sistemazione di vita in favore di un'altra sorella (Dini). Ma l'educazione familiare e l'amor fraterno sono così forti da impedire non solo qualunque rivalità ma da portare le tre sorelle (s'aggiunge Letta, come elemento di saggezza e di rassicurazione) a gioirne insieme.

Sembra in alcuni momenti di rivivere la scena finale di *Tre sorelle* di Anton Cechov in cui Mascia (interpretata da Gianni Letta) esclama nella sua saggezza: «Dobbiamo continuare a vivere... Dobbiamo continuare a vivere!», incontrando il meditato consenso di Irina (Silvio Berlusconi): «Verrà un giorno in cui tutti sapranno perché ci sono tutte queste sofferenze. Non ci saranno più misteri, ma intanto bisogna vivere e lavorare». E la gioiosa reazione di Olga (Lamberto Dini) che ascoltando la banda del reggimento (come può il presidente incaricato non pensare ai picchetti d'onore?) si lascia andare: «Questa musica è così gaia, così viva, che c'invoglia quasi alla vita. Oh, sorelle care: vivremo...».

Dini ringrazia dunque Berlusconi per la designazione e gli assicura che il suo governo sarà tecnico, con qualche tratto di visibilità politica che lo renderà idealmente contiguo a quello uscito dalle elezioni del 27 marzo.

Non c'è tempo per entrare nei dettagli perché dal cortile di palazzo Chigi già si accendono i motori delle auto del piccolo corteo che sta per salire al Colle. Alle quindici in punto Dini è da Scalfaro che lo accoglie con una premura e un affetto che il ministro del Tesoro non crede di poter rammentare in altre occasioni.

Preso amichevole commiato dal capo dello Stato, Dini viene accompagnato dal segretario generale Gifuni e dagli altri dignitari del Quirinale nell'ala del palazzo dove sono in attesa i giornalisti e le telecamere che trasmettono a reti unificate il breve discorso d'occasione.

Lamberto Dini si presenta per la prima volta in video da protagonista assoluto. Anzi, per la seconda. Chi scrive lo tenne a battesimo una sera d'autunno in una trasmissione dedicata alla legge finanziaria del governo Berlusconi e in particolare al punto più dolente del programma economico: la riforma delle pensioni. Dini non ama il video, se ne sente intimidito. Istintivamente tende a rifiutarlo. E sulle prime anche con me lo rifiutò. Gli feci una corte avvolgente, ma credo che solo una frase molto cruda lo spogliò delle ultime perplessità: «Caro dottor Dini, lei è considerato da una parte maggioritaria degli italiani come un sadico signore benestante che gode nello scippare la pensione sociale alle vecchiette e nel ridurre la razione di latte ai bambini. Le diamo la possibilità, se ci riesce, di dimostrare il contrario. Accetta?». Accettò. Dinanzi a D'Alema e a Buttiglione, a Cofferati e a D'Antoni, dinanzi alle telefonate del pubblico infuriato, Dini si difese da leone. Difese la manovra e, dinanzi alle accuse più selvagge sulle pensioni, arrivò a gridare. Gli spuntarono perfino lacrime di rabbia. Alla fine, uscì dallo studio 4 di via Teulada sicuro di aver vinto la sua battaglia. E fu orgoglioso quando Berlusconi, piuttosto esigente in fatto di prestazioni televisive, gli telefonò per complimentarsi.

E Berlusconi chiese: «Tu ne sapevi niente?»

Anche nel pomeriggio di venerdì 13 gennaio Berlusconi è tra gli spettatori più interessati al programma. Segue il discorso di Dini nello studio dell'appartamento privato fresco di restauro, naturalmente in compagnia di Gianni Letta. I due si sentono rassicurati quando il presidente incaricato dice che il suo «sarà, in sostanza, un governo di tecnici» e che avrà «un programma ben delineato». Ma quando alla legge elettorale regionale, alla «par condicio dei mezzi di comunicazione» e all'aggiustamento della manovra economica, il presidente del Consiglio incaricato aggiunge che «occorrerà tradurre gli accordi relativi al settore previdenziale in apposite norme di legge», facendo crescere di un punto il programma concordato, Berlusconi rivolge a Letta uno sguardo interrogativo: «Tu ne sapevi niente?» chiede il Cavaliere al suo amico. «No» risponde Letta. E aggiunge: «Una volta, nei giorni scorsi, Scalfaro mi fece un accenno fugace alla riforma delle pensioni. Ma poi non se n'è più parlato». «E allora questo inserimento è opera sua» conclude nervoso Berlusconi.

Tra i telespettatori della Rai che portano a inconsueti indici d'ascolto i programmi pomeridiani del 13 gennaio ci sono naturalmente anche Gianfranco Fini e Pierferdinando Casini. Il primo segue il discorso di Dini senza particolari emozioni. Il secondo, nervosissimo da alcuni giorni, trae spunto da una parola per dare fondo al suo inarrivabile pessimismo: «Hai visto?» si sfoga con un amico. «Non ha detto programma "ben delimitato". Ha detto programma "ben delineato", che può significare una cosa diversa. Mi sbaglierò, ma questo governo nasce in una grande ambiguità.»

Ignaro di questi profetici dubbi, il presidente incaricato prende commiato dai giornalisti e raggiunge prima palazzo Madama e poi Montecitorio per le protocollari «visite di calore» con i presidenti delle Camere. La terza visita di calore è per il presidente del Consiglio uscente che Dini ha lasciato appena tre ore prima.

Berlusconi e Letta chiedono a Dini conferma che l'inserimento nel programma limitato del nuovo governo della riforma delle pensioni è una iniziativa di Scalfaro. Il presidente annuisce, ma li rassicura sui tempi: «Se ci saranno delle difficoltà, sarà come aver esaurito anche questo punto». Un impegno chiaro sulla scadenza primaverile del suo gabinetto: impegno che Dini confermerà a Berlusconi in tutti gli incontri riservati dei due mesi successivi.

Dini fornisce al Cavaliere un ulteriore, decisivo motivo di rassicurazione.

«Farò come d'accordo un governo tecnico» gli dice «e ne metterò a punto la struttura con Gianni Letta che sarà il mio sottosegretario alla Presidenza.»

Berlusconi s'illumina: «Grazie di avermi anticipato. Pensavo infatti di chiedertelo...». Letta, presente, fa un sorriso di soddisfatta riconoscenza.

Vengono fatti i primi nomi. Perché ci sia continuità con il «governo del 27 marzo», il Polo propone i suoi tecnici: Martino di Forza Italia, Fisichella di Alleanza nazionale, D'Onofrio del Ccd, Tremonti che fa parte del gruppo misto, ma è vicinissimo a Berlusconi dopo aver abbandonato i pattisti di Segni.

Sembra inoltre una buona idea quella di inserire nel governo i segretari generali della Presidenza del Consiglio, della Camera, del Senato e del ministero degli Esteri: burocrati di massimo livello che alla scadenza del mandato potrebbero riprendere tranquillamente il proprio posto.

Si son fatte le otto di sera. La sigla del Tg5 precede come sempre di qualche secondo quella del Tg1. Silvio Berlusconi guarda Lamberto Dini e constata in silenzio che la vetrina gli è stata tolta per la prima volta dalle elezioni politiche. «È tardi, torno a Milano» dice a Dini e a Letta. I due si danno appuntamento per la mattinata successiva.

Sabato 14 gennaio, giorno di San Felice da Norcia, i grandi giornali fanno festa al presidente incaricato. Certo, c'è l'eccezione del «manifesto» che saluta il «ministro del Tesoro di Berlusconi, nemico dei pensionati» con un titolo non certo amichevole: «Il controfiguro». Ma per il resto, c'è solo da rallegrarsi. «Dini, si volta pagina» titola «la Repubblica». Nei caratteri di scatola c'è tutto il sollievo di Eugenio Scalfari nel vedere prossima l'uscita di Silvio Berlusconi da palazzo Chigi. Il «ragazzo Coccodè» – così l'aveva salutato il direttore di «Repubblica» il giorno della discesa in campo – se ne torni a far le uova ad Arcore. «La saggezza ha sconfitto l'avventura» s'intitola l'articolo di fondo. Ma Scalfari non è amico dei Ciampi, dei Padoa Schioppa, di tutta l'intellighentia economica che per quindici anni hanno considerato Lamberto Dini quasi un intruso portato con un blitz a via Nazionale da Francesco Cossiga e rimasto totalmente estraneo al sistema, tanto da non meritare la carica di governatore quando nella successione a Ciampi è stato scavalcato da Antonio Fazio? Certo, anche Scalfaro fino a ieri non amava Dini (chi avrebbe divinato un destino di statista amatissimo dalla sinistra anche a lui, conservatore orgoglioso del culto mariano, portato al Quirinale con un colpo di teatro di Arnaldo Forlani che così sbarrò la strada ad Andreotti che l'aveva sbarrata a lui?). Ma il venerdì 13 di Sant'Ilario è un giorno di festa. «Comincia il dopoguerra», titola «La Stampa»; si assiste al «Tramonto dei gladiatori», annota sulla «Voce» Indro Montanelli. Invano «il Giornale» di Vittorio Feltri annuncia: «Berlusconi: tornerò». Intanto deve andarsene. Eppoi chi ha detto che dovrà tornare? Gianni Letta scorre i giornali nel suo ufficio di palazzo Chigi che fu di tutti i presidenti del Consiglio fino all'ultimo Andreotti (escluso Craxi, che fu il primo a trasferirsi nell'altra ala del palazzo dove lo avrebbero seguito Amato, Ciampi e Berlusconi). Il mestiere di giornalista, mai dimenticato, gli consente di giudicare un articolo prima di leggerlo: gli basta annusarlo. Così come ai sommelier più collaudati il profumo del vino è da solo sufficiente a rivelarne il vitigno d'origine, il processo di maturazione, le qualità e i difetti.

Il sottosegretario riceve molte telefonate. Quella più attesa tarda. Finalmente Lamberto Dini si fa vivo: «Scusami, Gianni. Sono ossessionato dalle chiamate. Ti dispiace se ci vediamo a fine mattinata?». Letta naturalmente non obietta. Sa bene per esperienza diretta quanto siano frenetiche le giornate di un presidente incaricato. A fine mattinata, altra telefonata. Il presidente si scusa ancora, ma è costretto a rinviare l'appuntamento alle quattro del pomeriggio.

«Faresti il ministro per i Rapporti con il Parlamento?...»

Letta torna a pranzo a casa, in via della Camilluccia, sotto lo sguardo sbigottito della moglie Maddalena che ha ormai nei suoi confronti il rapporto di affetto intenso, spirituale e cementato dal ricordo, che le donne abruzzesi della prima metà del secolo nutrivano per i mariti emigrati in Australia o in Sudamerica. Ma alle quattro il sottosegretario è di nuovo nel suo ufficio, aspettando sotto lo sguardo eccitato delle baccanti di Tiziano, ritratte nel quadro alle sue spalle, l'arrivo del presidente incaricato. Lo coglie intanto una sottile inquietudine che trova fertile giaciglio nel suo pessimismo caratteriale. Vuoi vedere, si dice Letta, che qui ci aspetta qualche sorpresa? E invece Dini gli ventila la possibilità di abbinare all'incarico di sottosegretario alla Presidenza del Consiglio quello di ministro per i Rapporti con il Parlamento. Letta sa benissimo che quello sarebbe per lui un incarico perfetto: specialista del ricamo all'altezza delle migliori artigiane del merletto a tombolo della sua terra, sarebbe in grado di allontanare con il soffio di un sorriso qualunque nube osasse affacciarsi sul cielo del governo. Soprattutto di un governo tecnico, esposto (come accadrà puntualmente) a delicatissimi giochi di correnti contrastanti in grado di procurare tempeste di ogni genere.

«Faresti il ministro per i Rapporti con il Parlamento?» gli chiede dunque Dini.

Ma gli dice anche che sull'abbinamento cominciano a esserci difficoltà tecnico-giuridiche. E a Letta comincia a nascere il sospetto che qualcuno non gradisca la sua permanenza nel sottosegretariato alla Presidenza. Lì dove passano tutte le carte che finiscono poi in Consiglio dei ministri. La vera sala operativa del palazzo. L'incarico di assoluta fiducia che già la sera prima l'amico Lamberto gli aveva offerto spontaneamente a suggello della continuità tra il proprio governo e quello di Silvio Berlusconi.

«Per quanto ne so» dice Letta a Dini «il sottosegretario può avere la delega ai Rapporti col Parlamento.»

«Ti faccio sapere» gli risponde asciutto il presidente incaricato. Poco dopo Dini richiama: «Mi dicono che non si può fare». Letta insiste: «Lamberto, credo che non sia così. Posso chiedere a Gifuni?». Chiama al Quirinale il segretario generale che rafforza gli ostacoli: «Il ministro per i Rapporti con il Parlamento deve avere appunto il rango di ministro». Letta a questo punto si insospettisce sul serio. E già, perché intanto i suoi collaboratori a palazzo Chigi hanno verificato che non solo il doppio incarico è possibile, ma l'ultimo precedente è vicinissimo nel tempo: Fabio Fabbri è stato al tempo stesso sottosegretario alla Presidenza del Consiglio e ministro per i Rapporti con il Parlamento nel governo di Giuliano Amato. Ma intanto Gifuni richiama: anche a lui hanno detto che l'abbinamento è possibile.

L'ultimo colloquio tra Letta e Dini, di sabato 14 gennaio, avviene alle 21. I due si danno di nuovo appuntamento per l'indomani, domenica 15, giorno di San Mauro abate.

«Ho appuntamento con Scalfaro alle 11. Esco dal Quirinale e vengo da te a palazzo Chigi» dice Dini a quello che ormai è il suo braccio destro amputato.

Letta passa l'intera mattinata della domenica a palazzo Chigi. Don Gianni, parroco di Santa Chiara ai Giochi Delfici, celebrando la messa delle 13 lo cerca con lo sguardo tra i banchi senza trovarlo.

Il sottosegretario alla Presidenza ha modo ancora una volta di imparare a memoria i giornali. Nota che il «Corriere» lo ritrae sorridente accanto alla moglie Magda e al ministro Fisichella alla prima del *Benvenuto Cellini* di Berlioz che la sera precedente ha inaugurato la stagione dell'Opera di Roma. Cerca di convincersi che «La Stampa» ha scritto il giusto titolando: «Letta e Ferrara soddisfatti: ci si può fidare di Dini». Legge con qualche inquietudine sulla prima pagina di «Repubblica» che Scognamiglio e Pivetti dicono: «Non sarà un governo a termine». E soprattutto cerca di tranquillizzare al telefono Berlusconi, che ad Arcore tranquillo non è.

Alle 14.30 arriva una telefonata di Dini: «Scusami, sono ancora qui e non posso lasciare». Letta chiede una spremuta al commesso di turno, che con il suo stanco passeggio nell'anticamera deserta incrocia a ogni girar di tacchi lo sguardo immobile e severo di Camillo Benso, conte di Cavour e primo presidente del Consiglio dell'Italia unita.

Alle 16 nuova telefonata per Letta. È Olga, la segretaria di Dini: «Il presidente si scusa, ma tarderà ancora».

Alle 19.45 sul televisore di Letta è appena comparsa la sigla del Tg2 della sera, che la porta si apre ed entra il presidente incaricato. «Ti ha chiamato Scalfaro?» chiede Dini al suo perplesso interlocutore. Letta fa cenno di no. Dini lo temeva. Tocca a lui cavare le castagne dal fuoco. «Debbo darti una notizia cattiva e una buona» dice a Letta. «La cattiva è che non posso farti sottosegretario alla Presidenza. Scalfaro non vuole continuità con il governo Berlusconi. La notizia buona è che ormai la lista è quasi pronta. Tra domani e martedì voglio sciogliere la riserva.»

Letta incassa con signorilità, Dini è imbarazzato e dispiaciuto al tempo stesso. «Proverò a insistere» dice all'amico. «Non fare battaglie inutili sul mio nome,» lo consola Letta. Dini non pare rassegnato: «Capisco che Scalfaro non voglia una continuità troppo vistosa con il governo precedente. Basterebbe la tua sola presenza. Domani proverò a insistere.»

«Chiamiamo Silvio» suggerisce Letta che per l'intera giornata ha tenuto periodica compagnia telefonica al Cavaliere rintanato nella villa San Martino di Arcore.

Berlusconi ha passato la domenica come un leone in gabbia. In questi giorni, il Cavalier Furente deve sentirsi come Prometeo, il Titano benefattore degli uomini incatenato da

Zeus che lo sottopone al noto supplizio per punirlo della sua empia generosità: Prometeo regalò agli uomini il fuoco sottraendolo al re degli Dei, Berlusconi è convinto di aver fatto per gli italiani molto di più e di poter fare meraviglie ben maggiori solo che lo liberassero dalle catene celesti.

Naturalmente, Berlusconi localizza l'Olimpo sul colle del Quirinale e incarna in Oscar Luigi Scalfaro il malvagio e potentissimo re degli Dei. Ma la sua identificazione nel Titano buono e punito ingiustamente è tale che un orecchio attento potrebbe sentire dal pianoforte Steinway sistemato in fondo alla sala della musica nella villa San Martino di Arcore venir fuori le note sofferenti che i grandi maestri hanno dedicato al supplizio di Prometeo: non tanto quelle liriche di Beethoven o quelle metalliche di Luigi Nono, quanto quelle vibranti d'angoscia di Franz Liszt e di Aleksandr Skrjabin.

«Bene, il governo non si fa»

La reazione di Berlusconi al malinconico rapporto di Letta e Dini è furibonda. Fossimo in un film, sfumeremmo l'audio. Siamo in un libro e sfumiamo le parole. È certo che le grida di Prometeo durante il supplizio sul Caucaso erano gorgheggi dinanzi a quelle di Berlusconi. Riportiamo solo la lapidaria conclusione del Cavaliere: «Bene, il governo non si fa».

Sono ormai le 22 quando il presidente del Consiglio incaricato lascia il cortile di palazzo Chigi. Potrebbe percorrere a piedi i pochi metri che lo separano dalla bella casa di piazza Borghese, confondendosi con le ultime schiere di giovani che si avviano alla metropolitana per tornare in borgata dopo la domenica passata nell'allegra, rumorosa e ostentata occupazione di via del Corso e delle strade limitrofe del centro. Ma il protocollo ha le sue esigenze e al presidente incaricato tocca di percorrere anche quei pochi metri con macchina e scorta.

Nell'animo di quello che di lì a poche ore sarà il nuovo primo ministro lottano tre sentimenti contrastanti. Il primo è la legittima soddisfazione di aver raggiunto un traguardo semplicemente inimmaginabile solo qualche settimana prima e di pareggiare di colpo, in questo modo, un quindicennio di rospi fattigli deglutire a forza da Carlo Azeglio Ciampi e dall'establishment della Banca d'Italia. Il secondo sentimento è di gratitudine verso il capo dello Stato che nel giro di poche ore ha modificato radicalmente l'atteggiamento di freddezza, se non di ostilità, avuto sempre nei suoi confronti. Dini non ha avuto modo di raccontarlo ancora a nessuno, ma Scalfaro ha appena suggellato con lui un patto morale d'acciaio dicendogli: «Lamberto, diamoci del tu. Io voglio essere per te quello che De Gasperi è stato per Luigi Einaudi». Ripetendo la benedizione che il Grande Politico Cattolico impose quasi cinquant'anni prima sul capo del Grande Economista Laico, suggellando il patto che dette stabilità democratica e benessere economico all'Italia della ricostruzione.

Il terzo sentimento che si mescola agli altri due rompendone l'armonia è la gratitudine nei confronti di Silvio Berlusconi. Dini sa benissimo che deve a lui l'incarico, come deve a lui il salto miracoloso verso il ministero del Tesoro dall'ormai imbarazzante poltrona di direttore generale della Banca d'Italia sconfessato dalla nomina a governatore di Antonio Fazio. E nella tarda serata della domenica di San Mauro abate, Dini sa altrettanto bene che le cose stanno prendendo una piega molto diversa da quella concordata con il Cavaliere appena due giorni prima. Il presidente incaricato riesce a chetare la propria coscienza soltanto confermando a se stesso – da uomo d'onore qual è – che il suo governo resterà in carica soltanto lo stretto tempo necessario a fare le pochissime cose indispensabili prima delle elezioni regionali e politiche.

Mentre Dini torna a casa, Letta da palazzo Chigi stila al telefono con Prometeo-Berlusconi il bollettino della disfatta.

I due prendono atto del fatto che il nuovo governo non solo non avrà la promessa continuità con quello Berlusconi, ma è stato concepito da Scalfaro come una radicale inversione di rotta.

Dal Quirinale sono infatti filtrate notizie che per il Cavalier Furente sono altrettanti schiaffi. Intanto è accertato che Scalfaro ha fatto in prima persona alcune telefonate ai candidati ministri proponendo l'incarico. Ha offerto il ministero dell'Interno a Livio Paladin, già presidente della Corte Costituzionale, e ha dovuto prendere atto della sua rinuncia. «Mia moglie non sta bene. Sono appena rientrato a Padova per questo...» Ha offerto la Giustizia a Gian Domenico Pisapia, il grande penalista milanese padre del nuovo Codice di procedura penale. Ma anche Pisapia ringrazia e rifiuta: è gravemente malato (morirà dopo qualche settimana). Ha offerto gli Esteri a Giovanni Agnelli, ricevendo un garbato e lusingato rifiuto e ripiegando volentieri su Susanna. (L'Avvocato le è molto legato e nei mesi successivi i begli occhi segnati dalla vita gli brilleranno ogni volta che ne parlerà.) È arrivato a offrire la Sanità ad Adriano Ossicini, un autorevole cattolico di sinistra passato recentemente dalla Sinistra Indipendente al Partito popolare. L'offerta di Scalfaro a Ossicini è quella che indispettisce di più Berlusconi. Un mese prima, il 16 dicembre, alla scadenza del Comitato nazionale di bioetica, il governo aveva sostituito alla presidenza Ossicini con il professor D'Agostino, uno studioso assai gradito al Vaticano. Ossicini aveva preso la cosa malissimo e Giovanni Berlinguer, il dirigente del Pds confermato alla vicepresidenza, aveva animato una vivacissima polemica pubblica. Rita Levi Montalcini si era dimessa dal Comitato e su altri membri erano state esercitate pressioni perché ne imitassero il gesto di protesta. Per Berlusconi, dunque, il nome di Ossicini nella lista di governo è sale sulle piaghe.

L'ultima linea di resistenza che Letta e Berlusconi concordano la notte tra domenica 15 e lunedì 16 gennaio è di mantenere al governo Antonio Martino e Giulio Tremonti. Tremonti, peraltro, è stato eletto deputato con Segni e quindi non sarebbe automaticamente riconducibile al gruppo di Forza Italia.

«Caro Cossiga, ti darei l'incarico...»

Lunedì mattina Berlusconi rientra a Roma sul «Mystère» della Fininvest d'umor nero. Non glielo migliorano i titoli dei giornali che come sempre il comandante gli fa trovare ben piegati sul tavolo di lavoro a servizio della poltrona centrale di sinistra. «Braccio di ferro sui ministri» rivela il «Corriere» che nel sommario gira il coltello nella piaga: «C'è un veto su Letta». Il «Giornale» spiega le cose con brutalità: «Scalfaro a Dini: non fare il furbo. Il capo dello Stato diffida il presidente incaricato dal varare un governicchio destinato a durare poco e gli ricorda che farà di tutto per impedire elezioni anticipate». Profetico.

Appena entrato a palazzo Chigi, Berlusconi riceve Dini che gli mostra la lista dei ministri. Non è stata raccolta nessuna delle indicazioni del Polo. Chiede formalmente al presidente incaricato di cambiarla, ricevendone un garbato ma fermo rifiuto: «Ci siamo impegnati con tutti. Mi sono impegnato io, si è impegnato Scalfaro...».

Berlusconi capisce che tra il suo successore e il presidente della Repubblica si è stabilita una fortissima intesa istituzionale. Le trattative continuano comunque per l'intera giornata, con risultati minimi (Berlusconi ottiene lo spostamento di Ossicini dalla Sanità alla Famiglia).

A sera, in un ultimo, tesissimo incontro, il Cavaliere chiede a Dini di rinunciare all'incarico. «Ci penserò stanotte...» si congeda il presidente incaricato.

Lasciato palazzo Chigi, Dini chiama Scalfaro e gli comunica che le difficoltà incontrate col Polo sono tali da fargli considerare seriamente l'ipotesi di una rinuncia. Il capo dello Stato non si arrende. Fa cercare d'urgenza D'Alema e lo rintraccia negli studi di Telemontecarlo, alla periferia meridionale di Roma, dove il segretario del Pds sta registrando con Luciano Rispoli una puntata di «Tappeto volante». La registrazione viene interrotta. D'Alema si precipita nel camerino di Rispoli, sente l'allarme di Scalfaro e chiama immediatamente Dini. «Se lei accetta,» gli dice «avrà tutto il nostro appoggio.»

Scalfaro, peraltro, non può rischiare di trovarsi senza carte in mano nel caso di una temibile crisi di coscienza del presidente incaricato. Decide dunque di chiamare Francesco Cossiga. Il senatore a vita si trova nel suo studio di palazzo Giustiniani. È a colloquio con alcune persone amiche: una sua collaboratrice, Francesco D'Onofrio, forse Sergio Berlinguer e il vulcanico patron dell'agenzia Adn Kronos, Pippo Marra.

«Sei solo?» chiede Scalfaro a Cossiga. E quando l'ex presidente gli dice di essere in compagnia, il capo dello Stato lo prega di congedare gli ospiti. Cosa che Cossiga fa soltanto quando deve parlare con il Papa e con il suo successore al Quirinale.

Quando Cossiga resta solo nell'ampio studio foderato di

libri, Scalfaro gli dice che sta pensando di affidargli l'incarico per la formazione del nuovo governo. E Cossiga si dichiara d'accordo. Ma lascia cadere l'invito quando si avvede che è difficile azzerare la lista dei ministri concordata da Scalfaro e Dini.

Per fortuna, la notte porta consiglio a Lamberto Dini.

Martedì 17 gennaio Mauro Masi, l'elegante dirigente della Banca d'Italia che Dini si è portato al Tesoro come portavoce, gli sottopone al mattino presto una rassegna stampa che sembra un cielo in tempesta. «Rissa sui nomi. Dini potrebbe rinunciare» titola «La Stampa». Ma il presidente incaricato ha già risolto il problema. Alle 9 è di nuovo a palazzo Chigi nello studio di Berlusconi. Gli dice che per senso di responsabilità nei confronti del Paese deve accettare l'incarico e formare un governo. Berlusconi gli annuncia che in queste condizioni il Polo gli voterà contro. Alle 9.40 Dini va via.

A mezzogiorno Letta è a casa di Berlusconi in via dell'Anima. Lo chiama Marinella Brambilla, l'onnipresente segretaria del Cavaliere la cui voce già al «pronto?» inietta nell'interlocutore una fiala di efficientismo milanese misto a sincopata agitazione. È Dini. «Gianni, non posso farti sottosegretario alla Presidenza per le ragioni che conosci. Ma ti faccio ministro per i Rapporti con il Parlamento...»

«Grazie, Lamberto. Ma in queste condizioni non posso accettare.» «Mi dispiace. D'altra parte anch'io ho accettato di formare il governo per senso del dovere.»

Alle 17, in diretta televisiva, Lamberto Dini scioglie la riserva e legge la lista dei ministri. Ci sono due nomi di professionisti vicini al Polo: Gaetano Rasi, un manager di Alleanza nazionale, viene messo ai Trasporti; Antonio Marzano, un economista consigliere di Forza Italia, è assegnato al Commercio con l'Estero. Entrambi rifiutano subito.

Un'ora più tardi, Dini è di nuovo a palazzo Chigi. Ne farebbe volentieri a meno, ma il protocollo esige che il presidente entrante porti la lista dei ministri al collega uscente. Berlusconi non c'è. Dini – con visibile sollievo – si trattiene con Letta. Sta per andar via quando arriva il Cavaliere. L'incontro non trasuda cordialità. Viene concordato lo scambio delle consegne per la mattina successiva alle 10. Il giuramento del governo avviene alle 20.25 della sera, in tempo per la coda dei telegiornali.

E Scalfaro? Per quasi un anno ha sentito Letta al telefono tutti i giorni, anche più di una volta al giorno. Dal momento dell'incarico a Dini è scomparso. «Ti ha chiamato Scalfaro?» aveva domandato il presidente incaricato a Letta alle 19.45 della domenica. Scalfaro non aveva chiamato e non chiamerà più.

Si incontreranno un mese dopo al ricevimento offerto dall'ambasciatore d'Italia presso la Santa Sede, Bruno Bottai, per l'anniversario del nuovo concordato. Uscendo, Scalfaro incontrerà Letta che si intrattiene con altri ospiti: «Non ci sentiamo da tanto tempo» dirà al fedele interlocutore di lunghi mesi. «Forse troppo, presidente» risponderà Letta, che vorrebbe essere gelido, ma non ci riesce nemmeno stavolta.

4

Lamberto qua, Lamberto là

«Avaunt, and quit my sight! Let the earth hide thee!...» Lamberto Dini salta a sedere sul letto. Ha gli occhi sbarrati, il volto coperto di sudore. La bella camera è silenziosa, Donatella dorme: il brusco risveglio del marito non l'ha destata. I rumori della notte romana si sono finalmente chetati anche nella sottostante piazza Borghese. Il presidente del Consiglio cerca l'orologio. Sono le tre. Guarda la porta: è chiusa. Pensa alla scorta che vigila giorno e notte sull'uscio del palazzo gentilizio dove abita il presidente del Consiglio. Cerca di tranquillizzarsi.

E invece è agitatissimo, angosciato. Non riesce a interpretare l'orribile incubo vissuto qualche istante prima. Lui era a una cena con Donatella e altri amici. Una cena in suo onore, data per celebrare i primi cento giorni da presidente del Consiglio. Al momento del brindisi aveva detto: «Bevo alla gioia dell'intera tavola...». Non aveva detto proprio così, la frase che ora gli torna in mente era in inglese: «I drink to the generalk joy o' the whole table...». Eppure non c'erano inglesi tra gli ospiti: gli pare di ricordare gli amici più cari e fedeli, Lamberto Cardia, Guglielmo Negri, Rainer Masera, Mauro Masi... Ma appena pronunciata quella frase, era accaduta una cosa tremenda. Era apparso un signore in doppiopetto grigio con la faccia abbronzata e la cravatta a piccoli pois macchiata di sangue: Silvio Berlusconi. Dini si era guardato intorno, ma nessuno vedeva il Cavaliere. E a lui erano venute fuori dalla gola, senza che lo volesse, quelle altre parole in inglese, quelle che lo avevano svegliato: «Avaunt, and quit my sight...». Perché in inglese?

Seduto sul letto, mentre il sudore gli diventa di ghiaccio, Dini cerca di non meravigliarsene: in fondo è vissuto diciassette anni a Washington, alla direzione del Fondo monetario internazionale. L'inglese è per lui una seconda lingua madre, negli Stati Uniti pensava in inglese. Eppure quello dell'incubo era un inglese strano, si dice il presidente del Consiglio, mentre cerca un bicchier d'acqua sepolto, sul comodino d'epoca, tra le carte e i giornali della lettura notturna. Un inglese arcaico... Dini sbarra gli occhi, cerca di attutire nel tepore delle lenzuola il terrore ghiacciato che gli è salito addosso e deve dolorosamente ammettere che ha sentito pronunciare quelle parole in inglese arcaico in una delle rappresentazioni che la Royal Shakespeare Company tiene periodicamente negli Stati Uniti. Sono parole di Macbeth, atto terzo, scena quarta.

Mantenendo fisso lo sguardo davanti a sé, il presidente del Consiglio cerca con un braccio la moglie e la scuote fino a svegliarla. «Donatella, ho sognato il fantasma di Banco.» «Il fantasma di chi?» gli risponde la bella signora con gli occhi ancora chiusi. «Il fantasma di Banco. Ricordi Macbeth? Lui ha ucciso il suo amico Banco per non avere avversari legittimi al trono che ha usurpato, ma quando festeggia con gli amici l'incoronazione, appare lo spettro. Macbeth cerca di scacciarlo: "Avaunt, and quit my sight! Vattene, lascia la mia vista! Ti nasconda la terra. Tu non hai sguardo in quegli occhi con cui mi fissi...".»

«E allora?» gli dice Donatella che ormai è sveglia, ha visto costernata che sono le tre e dieci del mattino e comincia a preoccuparsi per l'eccessivo carico di lavoro e di stress del marito.

«Il fatto è che Banco aveva la faccia, il doppiopetto e la cravatta di Berlusconi. Capisci, Donatella? Io non ne posso più di sentirmi ripetere che ho tradito la sua amicizia pur di rimanere a palazzo Chigi. Tu sai che sto percorrendo questo calvario per senso di responsabilità. Certo, Scalfaro mi ha adottato: mi telefona cento volte al giorno, mi riempie di premure. Non potrò mai dimenticare che affidandomi il mandato mi ha paragonato a Einaudi. Mi telefona spesso anche Eugenio Scalfari: per lui sono ormai Quintino Sella. Montanelli non ha mai scritto di nessun uomo politico le cose lusinghiere che ha scritto in questi mesi su di me. E così "l'Unità". Gli amici di ieri mi dicono d'altra parte di non fidarmi. Ma non possono essere strumentali tutti questi complimenti. Se resto al mio posto è per il bene del Paese. E comunque sento in coscienza di non aver tradito Silvio. Ma tu guarda, ci mancava soltanto il fantasma di Banco...»

Donatella è una donna forte. Ringrazia con un silenzioso sospiro il marito (anzi, l'incubo del marito) per non averla paragonata a Lady Macbeth che è l'anima della congiura shakesperiana e cerca di tranquillizzare il presidente: «No, Lamberto. Tu non hai tradito nessuno. Adesso cerca di riposare. Domattina hai un nuovo incontro con i sindacati per questa interminabile vicenda delle pensioni...».

Lamberto e Donatella Dini, William Shakespeare e naturalmente il lettore perdoneranno questa digressione fantastica in un libro di cronaca scrupolosamente documentata. Ma il fantasma di Banco-Berlusconi è realmente presente nella spasmodica e talvolta drammatica fase di transizione che separa le dimissioni del governo presieduto dal Cavaliere dalle successive elezioni politiche.

Colombe ferite in casa di Maria

I primi incubi Lamberto Dini deve averli già la notte successiva al giuramento, tra il 17 e il 18 gennaio, quando l'autista gli porta le prime edizioni dei giornali dell'indomani. In genere, perfino in Italia i governi hanno diritto a un giorno di tregua, quello in cui i quotidiani pubblicano la lista dei ministri. Il presidente del Consiglio se la rilegge, se la gode, pensa per un momento a quanta pena gli hanno procurato quel nome e quell'altro, ma poi si rilassa. In fondo è la sua festa. Domani si torna in trincea.

Il povero Lamberto invece è stato partorito con l'elmetto. E passa la prima notte da premier leggendo i bollettini di guerra. Sulla «Stampa» la lista dei ministri è sommersa da righe burrascose. Titolo: «Dini vara il governo, il Polo non lo vota». Occhiello: «Il premier: ho fiducia, vado avanti. An e Forza Italia: traditore. Ppi, Pds e Confindustria: siate responsabili. Lira in crisi».

Sommario: «Fini e Previti contro Scalfaro: devi andartene anche tu».

Come inizio, non c'è male.

Berlusconi è un leone in gabbia. Si sente tradito, come recita appunto «La Stampa», e non vuole votare un figlioccio subito ripudiato. Il governo non è quello che lui avrebbe voluto e Scalfaro, soprattutto, dice che non si tratta di un gabinetto a termine: niente elezioni a primavera.

La stessa sera del 18, per pura coincidenza, Maria Angiolillo dà una cena in onore di Gianfranco Fini. L'ospite all'ultimo momento è trattenuto a casa da una febbre da cavallo (interviene sua moglie Daniela), ma nella residenza di Trinità dei Monti si celebra ugualmente un acceso duello tra i sostenitori della fiducia, quelli dell'astensione e quelli della bocciatura. Fin dal «consommé portugais» Cesare Romiti e Mario Tronchetti Provera, Vittorio Merloni e Franco Viezzoli fanno quadrato contro la bocciatura del governo. Ma quando un'ora più tardi viene servita la «Charlotte de pomme flambée», accostando alle proprie labbra altoborghesi l'immancabile coppa di Château d'Yquem, la Grande Impresa non è affatto sicura d'avercela fatta.

Nel salotto di Maria, infatti, s'insinua stasera un ospite inatteso: la Vendetta. Nel Polo non ci sono più colombe: Gianni Letta e Giuliano Urbani che in queste e in altre stanze hanno sempre speso parole di mediazione a ogni costo, riannodando con la pazienza di una ricamatrice di Scanno ogni filo di trattative interrotte, stasera sono furiosi. Certo, per come possono esserlo Letta e Urbani. Ma furiosi. Si sentono feriti a tradimento: e non c'è spettacolo più straziante della vista di una colomba ferita.

A fine pranzo Cesare Romiti prende sottobraccio Gianni Letta. Gli chiede: «Ma davvero Scalfaro vi aveva promesso le elezioni a giugno?», e lo porta lontano perché la risposta non venga ascoltata da orecchie indiscrete. Ma qualcuno fa in tempo a scorgere la bionda chioma dell'ex sottosegretario chinarsi e poi rialzarsi a significare un doloroso e imbarazzato cenno di assenso.

L'implacabile bombardamento diplomatico ammorbidisce nel fine settimana l'intransigenza del Cavaliere, che si è ritirato ad Arcore per preparare il discorso sulla fiducia fissato alla Camera per lunedì 23 gennaio.

Ma tutto rischia di saltare di nuovo in aria domenica 22 gennaio durante il rito della lettura dei giornali. Titola «la Repubblica» a piena pagina: «Berlusconi, la ritirata». È uno schiaffo e vale la pena di sentire quanto abbia fatto male al Cavalier Furente.

Chiamo Arcore e constato che sulla guancia di Berlusconi sono ancora ritratte le cinque dita della manata di Scalfari. Seguendo le dure regole del mestiere, metto sale sulla piaga: «Tutto risolto, dunque?». Durante la risposta, si sentono le nobili mura della villa Casati tremare come fossero scosse da un terremoto o da un'esplosione.

Il Cavalier Furente si convince ad accordarmi un'intervista e mi dà appuntamento ad Arcore per il pomeriggio. Arrivo poco prima che faccia sera. Nel parco di villa San Martino le fontane di Andrea Cascella offrono acqua in silenzio. La neve scompare nel tramonto con le sagome degli aceri scheletriti. I soli rumori del pomeriggio festivo sono le voci delle due bambine del Cavaliere che hanno seguito il papà alla villa-ufficio di Arcore dalla villa-casa di Macherio, distante appena sette chilometri.

Nel salotto prescelto per l'intervista, due *Madonne con Bambino* di Jacopo della Quercia e Luca della Robbia guardano gli operatori sistemare ai bordi dell'inquadratura un cesto di gerbere gialle e di fresie bianche. Incorniciato su una parete secondaria, un ritaglio di giornale ingiallito: «Al dottor Silvio Berlusconi il premio Giannino Manzoni 1961». La foto ritrae un giovanotto sicuro e sorridente (già da allora, quel sorriso...) che ritira un premio per la tesi di laurea sulla pubblicità dal presidente della Federazione italiana pubblicitari. Un destino.

Il Cavaliere ha assistito alla vittoria del Milan su un canale televisivo preferenziale, ma non è sereno. Sorride, ma non ne ha voglia. Sabato sera, a cena, Gianni Letta e Giuliano Ferrara – uniti in un inedito sforzo comune – hanno cercato di convincerlo che l'ultimo paradosso di questo «cambio» tormentato sarebbe quello di vedere un governo che nella struttura è certamente di centrodestra promosso dal centrosinistra e addirittura da una frangia dissidente di Rifondazione comunista.

Nella quiete serale della villa, Gianni Pilo si aggira portando sottobraccio una cartella con tre sondaggi: il primo dice che il Polo può vincere le elezioni politiche, il secondo che la Fininvest può non perdere i referendum sulla televisione, il terzo che, se Berlusconi non appoggia Dini, rischia di essere sommerso da una ondata di critiche paragonabile quasi a quelle che hanno ucciso il decreto Biondi.

Berlusconi lo sa. Sa che il pubblico ama i «tecnici». Mastica amaro nel constatare che Dini pesca consensi proprio nell'area che ha portato l'imprenditore Berlusconi a palazzo Chigi appunto perché estraneo alla politica. Ma non manda giù quello che chiama l'imbroglio di Scalfaro, e a un certo punto dell'intervista sfoglia fotocopie di vecchie prime pagine del «Corriere della Sera»: «Su richiesta del Partito comunista e di Occhetto, Scalfaro un anno fa diede indicazioni precise. Ecco i titoli: "Elezioni: a Scalfaro piace il 22 marzo". "Scalfaro: prima il voto e poi le riforme". "Il Quirinale avvia il timer elettorale". Eravamo alla fine del '93... Perché oggi il capo dello Stato si rifiuta di fare altrettanto, rendendo nota agli italiani una promessa che io ho già avuto da lui, in forma privata e davanti ad altre persone, e che è stata essenziale perché arrivasse il nostro benestare su Dini?».

Quattro giorni dopo, mercoledì 25 gennaio, il governo conquista la fiducia alla Camera grazie all'astensione del Polo. L'indomani titola «il Giornale» di Vittorio Feltri: «Scalfaro: e ora scordatevi le elezioni. Il capo dello Stato getta la maschera e fa sapere che quando Dini avrà esaurito il suo compito non è detto che si vada a votare». Proprio quel che temeva Berlusconi.

Galeotta fu la voce della Vanoni...

Incontro Lamberto Dini subito dopo l'insediamento a palazzo Chigi per l'intervista di rito al telegiornale. È prudentissimo. Contento e già provato al tempo stesso. Attento a non dire una sillaba che possa suonare equivoca, visto che gli uomini del Polo sono sdraiati con l'orecchio a terra, per capire al minimo segnale se il presidente del Consiglio ha il cuore che lo porta verso il Ribaltone, così come gli indiani capivano dal più tenue fruscio se i soldati blu stavano per sferrare l'attacco.

Lo rivedo per un colloquio assai ampio in un tardo pomeriggio di fine estate, quando rullano i tamburi della ripresa politica in un'Italia che da decenni non tira il fiato nemmeno a Ferragosto.

Dini è un'altra persona. Prudente come a gennaio, certo. Attento a non far intuire illusioni (o certezze) su una durata del suo governo assai superiore a ogni previsione d'inizio d'anno. Ma ormai sicuro di sé. E già, perché bisogna ammettere che il «tecnico» Dini ha preso in mano il gioco politico e lo regge con insospettabile abilità.

Lui era lì, buono buono che tratteneva il fiato. Attento a ripassare a mente «i quattro punti che rappresentano le ragioni costitutive di questo governo», come disse alla Camera. Poi una pacca sulla spalla da Scalfaro, la considerazione sempre più esplicita di D'Alema, i veti di Bossi alle elezioni, l'incoraggiamento dei «cespugli» di destra e di sinistra a tirare avanti in attesa che la Provvidenza (o il Diavolo, secondo i punti di vista) facciano rinascere la Dc o qualcosa che le assomigli molto, il miglioramento dell'economia, l'alterno recupero della lira. E soprattutto gli inviti da ogni parte. Venga con noi, dottor Dini. Ma no, presidente, lei era stato sempre dalla nostra parte. Insomma, Lamberto qua, Lamberto là, Lamberto su, Lamberto giù.

E Lamberto a palazzo Chigi nell'autunno del '95 sembra il distaccato signore di sempre, ma intanto fa notare al suo interlocutore – cosa impensabile qualche mese prima – che «se lei legge bene il programma di governo, e il dottor Masi può fargliene avere una copia, vedrà che si parlava anche di scuola e di occupazione, di Mezzogiorno, di privatizzazioni, di difesa...». Soprattutto, gli si legge sul viso la legittima soddisfazione di restare a palazzo Chigi più di Carlo Azeglio Ciampi: l'uomo che gli ha sbarrato la strada da governatore della Banca d'Italia, che non vede e non sente dal giorno in cui l'altro uscì dal solenne palazzo di via Nazionale per entrare in quello principesco che s'affaccia su piazza Colonna. (Anzi, dall'indomani, quando Ciampi gli offrì – invano – il ministero del Commercio con l'Estero per lasciar libera a Tomaso Padoa Schioppa la direzione generale della Banca d'Italia.) E di restarci, colmo dello scorno, proprio con l'appoggio di quelle forze, come si dice?, «democratiche e di progresso» che portarono in processione Ciampi sulle rovine del governo Amato come la Madonna Pellegrina.

Così il buon Lamberto si toglie l'imprevedibile sfizio dei bagni di popolarità («Sapesse che belle sorprese a Firenze...»), lui che fino al dicembre del '94 è stato lo scippatore di pensioni alle vecchiette e di biscotti ai lattanti. Il Controfiguro («il manifesto»). Il Rospo da Baciare (id.). Certo, nell'estate del '95 ha dovuto rinunciare ai bagni nell'amato mare di Capri: «Come si fa? Non è possibile. Si immagina una nuotata con gli uomini della sicurezza intorno?». Soltanto un salto a Ferragosto a Porto Cervo (ma niente cena da Berlusconi per non alimentare chiacchiere).

Niente gite in barca: «Conosco naturalmente tutti i grandi imprenditori, ma ho i miei amici tra i medi. Gente stimabilissima. Ma certe volte basta una cena o una gita in barca per essere male interpretati. Diego Della Valle mi ha detto quest'estate: Lamberto, ho preso il *Moro di Venezia*, perché non fai un salto qui? Come si fa? Anche nella certezza che sarebbe un puro gesto di amicizia. Perché in questo governo favori non se ne fanno».

Gli resta qualche lettura nella sua casa di Firenze e un po' di tennis nell'azienda agricola della moglie Donatella: «Villa Torrigiani a San Martino La Palma, frazione di Scandicci, quella del mostro», come annota diligentemente Rossella Sleiter: spedita sulle sue tracce da Franco Recanatesi per il «Venerdì di Repubblica», lo becca a torso nudo in un beneaugurante passeggio tra gli ulivi. (Nessuna allusione a Prodi, prego. L'azienda vende al pubblico olio e vino rosso a prezzi modici, dal mercoledì al sabato, agosto escluso.)

Gli pesa ora la rinuncia al passeggio serale nel centro di Roma. «Andavamo con Donatella al Pantheon, a piazza di Spagna, a piazza Navona, a piazza del Popolo. Ci si fermava a prendere il gelato da qualche parte. Adesso non si può, la sorveglianza mi richiama all'ordine. Però qualche volta scappo, sa? Un cappello in testa, un paio d'occhiali scuri, e sono libero...»

Eccolo qua, l'altro aspetto di Lamberto. Quest'uomo che ci si immagina anche in casa con lo stetoscopio sul computer per auscultare i battiti della lira, che a ogni visita agli Uffizi si consola constatando che difficilmente i grandi protagonisti del Rinascimento avrebbero vinto un concorso di bellezza, questo Rospo, insomma – per dirla affettuosamente con «il manifesto» – è davvero da baciare.

Uno si immagina che per corteggiare una signora Lamberto Dini dica alla segretaria di mandarle ventiquattro rose al giorno per un mese. E invece no. Quando nei primi anni Ottanta incontra in un ricevimento al Grand Hotel Donatella Pasquali, la bella vedova dell'imprenditore Renzo Zingone che ne gestisce alla grande la florida eredità in Costa Rica, le telefona subito. E fin qui siamo nella norma. Ma mette in sottofondo una canzone di Ornella Vanoni: «Se per caso domani...». La bella Donatella resta scioccata. Lui le ritelefona e la Vanoni canta: «L'amore è un oceano senza fine...». Altra telefonata e la Vanoni in sottofondo fa: «Le vele bianche, quelle non affondano...». Non basta. Secondo la confessione di Donatella a Marco Nese di «Sette», Lamberto diventa quasi osé : «Ti chiamo tante volte» sussurra all'amata «perché l'unica cosa che posso avere di te è la voce». La signora s'intenerisce e Lamberto assesta il colpo finale. Va in cucina e le prepara l'anatra al pepe verde. È fatta. Lei vedova con due figli. Lui divorziato con una figlia. Si sposano nell'85 e diventano una delle coppie fisse dei salotti romani (e non solo). Quei salotti che gli saranno rimproverati in Banca d'Italia e in altri santuari della piccola, ma potentissima comunità finanziaria italiana. Che adesso deve ingoiare ogni smorfia del passato e baciare il Rospo. Lamberto qua, Lamberto là. Lamberto su, Lamberto giù.

«Loro hanno cambiato le carte in tavola»

Allora, dottor Dini, perché quando Berlusconi le chiese di rinunciare alla formazione del governo, lei gli disse che non poteva? Il presidente del Consiglio si alza in silenzio dalla poltrona del salotto in cui conversiamo. Va alla scrivania e torna con un diario di tela bruna che la Mondadori prepara ogni Natale. Lo sfoglia e mi dice: «Era il 16 gennaio. Non me lo chiese soltanto Berlusconi. Anche Fini e Casini insistettero perché rinunciassi. Fu per me un momento difficile e penoso, ma ritenni di non dover accettare pur sapendo che in questo modo rischiavo molto, se non tutto. L'accordo sulla formazione di un governo tecnico era stato sancito dal Polo con il capo dello Stato. E si era tradotto nel mandato che io avevo ricevuto».

Sfoglia il diario, lo porta indietro di tre giorni, al 13 gennaio. «Quel giorno mi fu chiesto di formare un governo composto da persone sganciate dai partiti politici. Lo ribadii quel pomeriggio nella conferenza stampa. Fu il Polo a cambiare le carte in tavola e a chiedere l'inserimento di Letta, Fini, D'Onofrio e Martino. A quel punto Bossi disse: o tutti tecnici o voglio dentro Maroni e Pagliarini, come superministro dell'economia. Che governo tecnico sarebbe stato? L'altra ragione per cui decisi di non rinunciare fu che dopo un mese di crisi politica difficilissima, ci sarebbero state per i mercati e per il Paese conseguenze molto negative.»

Mi scusi, ma non fu lei a chiedere di sua iniziativa che Gianni Letta le facesse da sottosegretario alla Presidenza?

«Sì, perché Letta non era membro del Parlamento ed era stato un ottimo sottosegretario alla Presidenza con Berlusconi. Ma la cosa non fu fattibile perché emerse la linea di non avere nel governo nessuno che avesse fatto parte del precedente. Si ritenne che la continuità di Letta avrebbe di fatto indebolito il governo e che la sua nomina sarebbe stata interpretata come la continuazione di una certa influenza di Berlusconi sul nuovo governo. Il binario stretto fu concordato da Scalfaro con Berlusconi, quando si decise che anche i sottosegretari sarebbero stati dei tecnici. La rinuncia a Letta mi è costata peraltro un personale rammarico.»

Dalla ricostruzione dell'incarico a Dini che ho cercato di fare nel capitolo precedente, si capisce quanto debba essere stato clamoroso il malinteso tra il Polo da un lato, il Quirinale e Dini dall'altra. Se di malinteso si è trattato. Insisto quindi col presidente del Consiglio su quello che lui chiama il «cambiamento delle carte in tavola» da parte di Berlusconi e i suoi. Dice Dini: «Evidentemente, pur avendo concordato un binario stretto per la conclusione della crisi, il Polo era convinto che questo potesse comprendere quattro o cinque ministri del governo Berlusconi. Non teneva conto del fatto che la vecchia maggioranza in Parlamento non esisteva più e che Berlusconi era caduto per questo. Il nuovo governo, dunque, non avrebbe potuto essere espressione delle stesse forze. Questo era chiaro nella visione del capo dello Stato, ma la linea era concordata con me. Non ero stato io indicato da Forza Italia? Quale migliore garanzia aveva il Polo di un presidente del Consiglio che proveniva dalla loro parte?».

Dini non lo dice. Ma chi lo frequenta ritiene che possano avergli giocato contro proprio le aspirazioni degli uomini più aperti di Forza Italia (un Urbani, per esempio, un Martino) che immaginavano di poter salire loro a palazzo Chigi. E forse non si va lontano dal vero immaginando che, per come è andata la crisi, Dini ritenga che la vecchia maggioranza abbia regalato al centrosinistra un governo presieduto da uno degli uomini forti della propria parte.

«Fin dal momento in cui ho portato il governo alle Camere» mi dice il presidente del Consiglio richiudendo l'agenda di tela bruna «ho chiesto in primo luogo la fiducia a Forza Italia e al Polo. Il Polo ha risposto dapprima con accuse mal poste di tradimento e con una posizione attendista. Poi, astenendosi, ha contribuito esso stesso alla costituzione di una nuova maggioranza di appoggio al governo.»

Il capolavoro di Scalfaro

Il Ribaltone, il passaggio cioè da una maggioranza parlamentare di centrodestra a una maggioranza parlamentare di centrosinistra senza una verifica elettorale, resterà uno degli aspetti più singolari della storia politica italiana. Mai accaduto prima e probabilmente irripetibile.

Berlusconi entra in crisi perché passa all'opposizione un partito di maggioranza, la Lega, che dispone di un formidabile gruppo parlamentare grazie ai vincoli imposti al Cavaliere da Bossi e di cui si parlerà ampiamente nel prossimo capitolo. La scossa nel Paese è forte. D'Alema, erede della prudenza e del realismo togliattiani, è il più restio all'inizio a patrocinare il ribaltamento di maggioranza. Anche se poi, come vedremo, dinanzi a una candidatura Prodi fortemente patrocinata da Scalfaro e all'ipotesi di una forte maggioranza parlamentare, non esiterà a chiedere i voti di Rifondazione comunista venendo frenato stavolta dal realismo di Bertinotti.

Abbiamo raccontato che durante la drammatica seduta parlamentare che ha portato alle dimissioni di Berlusconi, D'Alema fa recapitare da un commesso a Giulio Tremonti un biglietto in cui si rende disponibile ad andare presto alle elezioni, a patto che non sia Berlusconi a guidare il governo elettorale. Al di là dell'episodio, è evidente che il Pds – anche per la formidabile indignazione del Polo esplosa sulla stampa – non vuole forzare la situazione. Il nemico è Berlusconi, il nemico è caduto. Accontentiamoci.

È Scalfaro che, sfruttando fino in fondo le doti di tessitore ereditate dalla Prima Repubblica, riesce a portare il fronte molto più avanti di quanto Buttiglione (l'uomo più vicino al Quirinale in questa fase: nei mesi successivi sarà sostituito da D'Alema), D'Alema e lo stesso Bossi osassero sperare al momento dell'apertura della crisi. E il capolavoro viene compiuto con la promozione a palazzo Chigi di un uomo del Polo, indicato dal Polo, alla guida di un governo non voluto dal Polo.

A quasi un anno da quei giorni, avrebbe ragione Dini se pensasse che Berlusconi ha regalato a D'Alema un governo strutturalmente più vicino al centrodestra che al centrosinistra. Ma c'è un fantasma apparso in gennaio e mai materializzatosi contro ogni attesa: le elezioni politiche anticipate.

Fin dall'estate del '94, forte del formidabile successo personale e politico nelle Europee, del ridimensionamento di Bossi, della battuta d'arresto di Fini e dell'autentico panico della sinistra, Berlusconi chiede al capo dello Stato di sciogliere le Camere per incassare una maggioranza di ferro e governare cinque anni in assoluta tranquillità, portando al Nord l'alleanza con Fini e riconsegnando il Senatùr a un ruolo interregionale.

È noto che piuttosto che consegnare di nuovo il Paese a Berlusconi, Scalfaro sarebbe entrato in convento. Ha ingaggiato col Cavaliere un braccio di ferro spettacolare e l'ha vinto. Dieci giorni dopo aver creduto di ottenere la promessa di elezioni politiche nel giugno '95, Berlusconi ha capito che non le avrebbe avute. Mentre mezza Italia gridava al Ribaltone (e l'altra metà brindava alla sconfitta del Cavaliere), D'Alema aveva già tirato fuori i soldi per pagare il necessario pedaggio alla democrazia elettorale. Il capolavoro di Scalfaro lo ha convinto che poteva risparmiarli. Alle elezioni si sarebbe andati quando il Ribaltone fosse uscito dal ricordo dell'elettorato. Sarebbe intanto spuntato un Ulivo, poi il sogno di un nuovo Grande Centro. E magari la giustizia avrebbe gradualmente appannato l'immagine del Cavaliere...

Nella primavera del '95 Berlusconi ha in mano una sola carta per far sciogliere le Camere e andare alle elezioni prima dell'estate: una affermazione plebiscitaria alle elezioni regionali del 23 aprile.

Qui il Polo compie un vistoso errore strategico che sarà mesi dopo onestamente riconosciuto da Fini: non si può chiedere ai cittadini di votarlo per andare di nuovo a votare. Inventando dal niente un partito, vincendo le elezioni del 27 marzo e andando a palazzo Chigi – il tutto in sei mesi – Silvio Berlusconi ha compiuto l'impresa più clamorosa e geniale della nostra storia politica. Ma il successo gli ha fatto perdere di vista la complessità del Paese e dei suoi problemi. La campagna d'immagine più spettacolare e convincente non può sostituire dall'oggi al domani cinquant'anni di radicamento sul territorio del Pci-Pds e di quel che resta della Dc. E se la Dc si è disintegrata con Tangentopoli facendo schizzare i propri frammenti nei settori più diversi dello schieramento politico, il Pds continua a conservare una sezione di partito quasi per ogni stazione dei carabinieri. Alle elezioni amministrative queste cose contano. Si aggiunga il silenzio al quale la «par condicio» ha di fatto ridotto le televisioni locali, in gran parte vicine al Polo. Si aggiunga l'improvvisazione o la debolezza di molte liste (frutto anch'essa del mancato radicamento periferico di Forza Italia e della sostanziale coincidenza di An con il vecchio Msi) e la conseguente povertà di programmi. E si spiegano così i deludenti risultati di aprile, enfatizzati dagli errori nei sondaggi dei principali istituti demoscopici e dall'appello alla riscossa-vendetta intonato dal Cavaliere con eccessiva energia.

Da un punto di vista strettamente numerico, per Berlusconi non è un disastro.

In fondo Forza Italia (con Buttiglione) racimola un 23 per cento che migliora perfino il risultato delle politiche (lì il Cavaliere stava con Casini, che adesso raccoglie da solo più del 4 per cento).

Ma sotto il profilo politico il colpo è duro. D'Alema (25 per cento) può dire di guidare il primo partito italiano (per un anno la coccarda è stata appuntata sul petto di Forza Italia), il centrosinistra può dire di controllare l'80 per cento dei comuni italiani. Il coro festoso della stampa è quasi unanime (come sempre quando Berlusconi perde), Dini ha la certezza di poter durare fino all'autunno nella facile e scontata previsione che in autunno si presenteranno solide ragioni per non votare.

Elementi di maggiore preoccupazione vengono per il Polo e per Berlusconi dall'analisi dei flussi elettorali compiuta dall'Abacus. L'istituto demoscopico diretto da Nando Pagnoncelli rivela una formidabile mobilità dell'elettorato di centrodestra e una sua vistosa tendenza all'astensione. Su cento elettori che il 27 marzo del '94 hanno votato per Berlusconi, soltanto 44 gli hanno confermato l'appoggio (contro il 76 per cento del Pds). Inoltre, dei cento elettori di Berlusconi nel '94, esattamente un terzo non è andato a votare per le amministrative (contro meno del 10 per cento degli elettori del Pds). Lo studio Abacus-Rai rivela che Bertinotti succhia elettori a D'Alema nelle aree dove il Pds è da sempre al governo, mentre accade il contrario dove il Pds è all'opposizione. Su cento elettori del vecchio Ppi, settanta hanno votato per Bianco e trenta per Buttiglione. Nel ballottaggio per l'elezione dei sindaci, l'astensione degli elettori del Polo è doppia di quella degli elettori del centrosinistra. La media si ricava da una sostanziale parità nei comuni del Nord e da un clamoroso rapporto nel Sud: 23.3 per cento di astenuti del Polo contro il 3.9 per cento di astenuti del centrosinistra. Infine – ed è l'aspetto politicamente più significativo – nel secondo turno elettorale gli elettori di Rifondazione e della Lega votano in blocco a favore del centrosinistra. (Quando osservo questo fenomeno a caldo e in diretta durante la trasmissione elettorale del Tg1, noto una certa insofferenza nel Pds e nei Popolari di Bianco. Le analisi degli specialisti confermano in pieno la tendenza, che orienterà da questo momento tutta la politica di D'Alema in direzione di Bossi e di Bertinotti.)

Referendum, mancato colpo finale

Alla fine di aprile, il centrosinistra è convinto di poter assestare a Berlusconi il colpo finale, sconfiggendolo nel referendum sulla televisione. Qui le parti s'invertono. Il Cavaliere conduce una campagna magistrale, mentre l'ala sinistra dei Popolari di Bianco e il Pds commettono un formidabile errore strategico.

Per capirne appieno la portata, occorre riflettere un momento sul ruolo di Berlusconi nella politica italiana. È vero che forse il Cavaliere talvolta interpreta (o almeno ha interpretato) in maniera un po' semplicistica il sistema maggioritario. Ho vinto, comando io, gli altri stiano al loro posto (la mancata designazione di Spadolini a presidente del Senato e la fortunosa elezione di Scognamiglio a guidare un'assemblea con una maggioranza contraria al Polo ne sono stati gli aspetti più vistosi, temperati successivamente da scelte indipendenti come quella di Mario Monti alla Cee). Ma è altrettanto vero che in cuor loro gli avversari di Berlusconi ne vogliono la morte politica e l'esilio fisico. Anzi, se proprio bisogna tenerselo in Italia, che stia possibilmente in galera.

Tra aprile e giugno del '95, l'elettorato ha dimostrato di essere ancora una volta più avanti della classe politica che lo guida. Se in aprile ha rifiutato di offrire a Berlusconi l'arma della vendetta elettorale scegliendo amministratori giudicati più convincenti, a giugno ha detto con clamorosa chiarezza che le scorciatoie disinvolte per eliminare gli avversari politici sono inaccettabili. E che – si vedano i sorprendenti risultati dei referendum sindacali – non esistono più, a torto o a ragione, oasi protette.

I dirigenti del centrosinistra lamentano una condizione di maggior favore che il Cavaliere ha ottenuto grazie agli spot promozionali trasmessi dalle reti Fininvest. E in questo hanno ragione. Ma il loro vero avversario è stata la debolezza delle proprie tesi, la scelta di trasmettere al proprio elettorato un segnale puramente negativo.

Riconoscerà Massimo D'Alema nel suo libro *Un paese normale*, pubblicato nell'autunno '95 da Mondadori: «Siamo stati risospinti dentro il vecchio schema culturale di una sinistra pedagogico-oscurantista, limitatrice delle opportunità, che toglie e non dà, che limita le libertà e non le esalta».

In realtà, in una comunione strategica tra loro non frequentissima, sia D'Alema che Veltroni hanno capito da tempo che i referendum sono stati un errore assai grave. Essi sono stati di fatto concepiti dal Pds dopo i trionfi elettorali di Berlusconi nel '94 come armi di micidiale rappresaglia dopo la Caporetto delle politiche, e immaginati dunque dagli ultrà del partito come la motosilurante di Luigi Rizzo che il 10 giugno del '18 osò affondare nel porto croato di Premuda l'invincibile corazzata austriaca *Santo Stefano*, ponendo le premesse psicologiche per la vittoria finale dell'autunno.

Solo con fatale ritardo il Pds si accorge che alla maggioranza dell'opinione pubblica preme soprattutto la salute della corazzata.

Berlusconi lo sa e col passar dei mesi muta completamente (e per lui felicemente) strategia referendaria. Nel nostro incontro di fine gennaio ad Arcore, dinanzi ai sondaggi già relativamente confortanti di Gianni Pilo, mi dice che la politicizzazione della campagna elettorale avrebbe fatto il resto. In positivo. Nei mesi successivi inverte la marcia e capisce che il vittimismo non paga, si ritira completamente dalla competizione e lascia che i suoi sostenitori facciano emergere una verità elementare: perché l'odio politico per Berlusconi deve ridurre il numero di film e di spettacoli di cui il pubblico può beneficiare gratuitamente?

Già in febbraio, incontrandosi in una cena di amici comuni, Gianfranco Fini e Cesare Salvi, presidente dei senatori del Pds, sotto lo sguardo attento e incuriosito di Cesare Romiti e di chi scrive, immaginano in via del tutto informale una strada da percorrere insieme: regole concordate per concludere alcune controversie ancora aperte (per esempio, la gestione della Rai), elezioni politiche a giugno, rinvio dei referendum. Poi, come abbiamo visto, la situazione evolve progressivamente in favore del centrosinistra e non se ne fa più niente. Ma un mese prima del voto referendario fissato per l'11 giugno scatta il campanello d'allarme. In entrambi gli schieramenti comincia a farsi strada la convinzione che giocarsi alla roulette da un lato la Fininvest, dall'altro la credibilità politica del centrosinistra è una scelta dissennata.

Giovedì 4 maggio l'ambasciatore d'Italia presso la Santa Sede, Bruno Bottai, offre una colazione ristretta in onore di monsignor Echeverria, prelato dell'Opus Dei. Nella splendida residenza che fu costruita da Pio IV per poi passare dai Borromeo ai Colonna e infine allo Stato italiano, gli autorevoli monsignori presenti chiedono agli ospiti laici come andrà a finire lo scontro referendario. E questi rispondono che non c'è più niente da fare. A meno che...

Su questo «a meno che...», i due giornalisti presenti – Stefano Folli del «Corriere» e chi scrive – intrattengono a fine pranzo i due sottosegretari alla Presidenza del Consiglio, Lamberto Cardia e Gugliemo Negri. E chiedono perché il presidente Dini, confortato dal buon esito della trattativa sulle pensioni, non prenda il coraggio a due mani e non cerchi di evitare lo scontro su materie presentano anche complicazioni tecniche difficilmente accessibili perfino agli addetti ai lavori.

Quello stesso pomeriggio il professor Negri – ricevuto da Dini il necessario consenso – raggiunge al telefono tutti i protagonisti della vicenda referendaria. Trova Letta disponibile, Luigi Berlinguer – capo dei deputati Pds – prima ostile, poi più possibilista, gli altri interlocutori diversamente orientati. Ne nasce un sottile ricamo che si infrangerà venti giorni dopo, nella commissione presieduta da Giorgio Napolitano, davanti alla «indisponibilità delle parti», come mi confermerà lo stesso presidente del Consiglio.

Bossi fa saltare l'accordo

Alla mediazione di Dini se ne aggiunge imprevista un'altra – pubblica – di cui mi trovo a essere l'involontario pronubo. Il 17 maggio a Milano c'è un confronto sulle nuove tecnologie al quale ho invitato il direttore dell'«Unità» Walter Veltroni, il presidente della Fininvest Fedele Confalonieri e il patron di Videolina Nicola Grauso, che dalla sua eccellente stazione locale in Sardegna ha spiccato il volo per i recessi più avventurosi della comunicazione televisiva del futuro. Confalonieri e Veltroni vengono essenzialmente per un atto di cortesia. Ma come accade in questi casi, la conversazione viene pilotata sul tema del giorno. Domanda dopo domanda, dopo un paio d'ore i due hanno raggiunto un accordo.

Rai e Fininvest scendono entro qualche anno a due reti a testa (la Rai potrà mantenerne una terza esclusivamente culturale) e quando si tratterà di scendere a una, le altre potranno diventare tematiche (una rete dedicata alle donne, una ai ragazzi oppure una solo allo sport). Inoltre, a una mia precisa domanda, Veltroni risponde che se Berlusconi realmente scendesse al di sotto della metà del possesso di azioni Mediaset (la società che controlla le sue Tv), sarebbe risolto anche l'angoscioso problema del conflitto di interessi tra il Cavaliere politico e il Cavaliere imprenditore.

L'indomani l'intesa tra Confalonieri e Veltroni va in prima pagina su tutti i giornali. Ma comincia un sottile gioco di sbarramento. L'ala dura della Fininvest (Giuliano Ferrara) attacca di nuovo i mollaccioni della trattativa, che sarebbero Confalonieri e Letta. L'ala dura dei Popolari di Bianco, la Lega e i «cespugli» del centrosinistra (cioè i partitini che vivono sotto l'ombra protettiva della Quercia) strillano al tradimento: vogliono Berlusconi sul lastrico e dicono che Veltroni non ha titolo per fare accordi o trattative con la Fininvest.

Ad affondare l'accordo provvede in via definitiva Umberto Bossi. «Non accetterò mai pasticci» grida. E scompare. Se ne va in Istria con la famiglia. «A curarmi» dice. Ma non si fa trovare al telefono. Quando gli chiederò di questa stravaganza, riderà: «In Istria ci sono in realtà ottimi telefoni. Ma non avevo voglia di usarli». O meglio, li usa solo di notte per chiamare Daniele Vimercati, il suo amico che dirige «L'Indipendente», e comunicargli la sua linea. D'Alema cerca di trovarlo in ogni modo, si raccomanda allo stesso Vimercati. Niente. Il segretario del Pds tiene troppo a un possibile accordo elettorale con Bossi per fare lo strappo. Piega così la testa, e salta «per l'indisponibilità delle parti» un accordo già fatto per evitare i referendum. Con grande soddisfazione di Berlusconi che li vince alla grande.

I risultati del giugno '95 sono clamorosi non tanto per i numeri, che vedono Berlusconi incamerare con larghezza tutti i referendum che gli interessano, quanto per il cocktail politico che lo porta al successo.

È l'Abacus, su commissione Rai, che ancora una volta ci dice che cosa succede tra gli elettori. In una delle trasmissioni di «Telering» dedicate alla campagna referendaria, fuori microfono, Fausto Bertinotti mi dice: «È incredibile, ma la nostra base popolare non vuol saperne di votare contro la Fininvest». E infatti dai dati Abacus sui flussi elettorali, emerge che mentre l'80 per cento degli elettori del Pds ha votato militarescamente contro Berlusconi in tutti e tre i referendum, soltanto il 40-45 per cento degli elettori di Bertinotti ha fatto altrettanto. La Fininvest deve dunque la sua vittoria a Rifondazione e a quel 40 per cento di Popolari di Bianco e di Pattisti di Segni che non sono andati a votare. Unico elemento di rammarico del Cavaliere, l'amara constatazione che più della metà degli elettori del Ccd di Pierferdinando Casini non è andata a votare, ha votato bianco o gli ha votato perfino contro.

D'Alema vuole votare

Come la vittoria nelle regionali di aprile non ha portato automaticamente il centrosinistra alla vittoria nei referendum di giugno, così questa ha salvato le imprese televisive e la carriera politica di Berlusconi, ma non gli garantisce una automatica affermazione alle elezioni politiche. Nel mese di luglio Berlusconi continua a dire di voler votare a novembre, ma è il primo a non crederci, anche per il continuo fuoco di sbarramento di Casini e Buttiglione. L'ultimo a rassegnarsi a un nuovo slittamento elettorale è invece D'Alema, convinto che il rinvio possa rendere più autonomi o comunque più insofferenti i «cespugli» e che possa in ogni caso produrre al centrosinistra sorprese sgradevoli, visto che la politica italiana è mutevole come il vento di marzo, secondo quanto ci ha ricordato il professor Buttiglione in apertura del capitolo precedente. E alla ripresa autunnale fa capire che se il Cavaliere non gli dà anche lui una mano a portare la croce della Finanziaria, il Pds si rifiuterà di salire il calvario da solo.

I continui rinvii riempiono di letizia il protagonista centrale di questo scorcio di libro: in agosto Lamberto Dini riesce a incassare quella che lui stesso chiama «la storica riforma del sistema pensionistico italiano». Quando lo incontro a fine estate, non posso dimenticare di averlo avuto ospite da ministro del Tesoro del governo Berlusconi in una drammatica trasmissione televisiva proprio sulle pensioni. Come ha fatto il nemico pubblico numero uno di ieri a diventare oggi il beniamino della sinistra proprio su un terreno minato come le pensioni? E perché è stato possibile oggi quel che ieri era semplicemente impensabile?

«Il merito indiscutibile del governo Berlusconi – mi risponde Dini – è di aver affrontato il problema e di aver consentito a tutti di prendere coscienza di quel che si sarebbe dovuto fare. L'ottica del precedente governo è stata comunque diversa da quella dell'attuale. Allora si voleva intervenire per ragioni più urgenti di bilancio: avevamo capito che le spese per pensioni e sanità stavano scappandoci di mano e Berlusconi non poteva aumentare le aliquote fiscali per mantenere le promesse fatte prima delle elezioni. La proposta d'innalzamento dell'età anagrafica per andare in pensione e soprattutto la penalizzazione dei pensionamenti anticipati, quelli di anzianità e la riduzione dei tassi di rendimento, nonostante l'approvazione della Camera, produssero la protesta sindacale, le manifestazioni di piazza e la spaccatura nella maggioranza. Per questo alla fine fummo costretti allo stralcio. Da gennaio, d'accordo con i sindacati, è ripresa la discussione sull'intero sistema e abbiamo costruito insieme una riforma globale. Una riforma storica che nessun governo aveva osato predisporre.»

Dini non lo dice, ma chi lo conosce sa che la sua soddisfazione maggiore è di essere riuscito anche qui dove non è riuscito nessun «governo politico». Ciampi, per esempio, provò a toccare l'argomento, ma il segretario della Cgil Bruno Trentin gli disse di non provarci e il progetto abortì sul nascere.

È indiscutibile, comunque, che Dini abbia potuto giovarsi di condizioni politiche pressoché irripetibili: il voto favorevole di quel centrosinistra che aveva bloccato il più modesto tentativo di Berlusconi e l'astensione di Forza Italia che non poteva smentire la linea dell'ex presidente del Consiglio.

(«Dini governa senza opposizione» mi dice Fini nell'autunno del '95.)

Il presidente del Consiglio da parte sua ricorda che anche nei tempi peggiori non è mancato tra lui e i sindacati «un rapporto di non sfiducia e di rispetto». E aggiunge: «Cgil, Cisl e Uil si aspettavano che la riforma delle pensioni fosse sostenuta dalle forze politiche in cui si riconosce la gran parte dei loro iscritti, e cioè il Pds e il Partito popolare di Bianco. Ma erano interessate al consenso più vasto possibile: per questo hanno accolto bene l'astensione di Forza Italia. Inoltre credo che sul partito di Berlusconi abbia influito anche il timore delle difficoltà che un eventuale governo da esso controllato dopo le elezioni politiche potrebbe incontrare nel varo di una riforma del genere».

Sabato 29 luglio, commentando un discorso pronunciato a Firenze e nel quale il presidente del Consiglio si richiama all'indipendenza di Bettino Ricasoli («Non indosso livree...»), «l'Unità» titola: «Dini: Io non promettevo sogni... Non si pagano più le mini-tasse inutili». Sotto, l'autorevole avallo di Vincenzo Visco, che forse in un governo dell'Ulivo sarebbe ministro delle Finanze: «L'interesse del Paese».

L'«Unità» di Veltroni è un giornale vivace e ben fatto, assai diverso dal foglio plumbeo di un tempo. Ma i rituali della beatificazione comunista qualche volta riemergono. Ne parlo con Massimo D'Alema e gli dico: ma è possibile che persone di cui avete detto il peggio possibile come Montanelli e Dini appena assumono posizioni più vicine alle vostre diventano dall'oggi al domani dei santi?

D'Alema risponde secco: «A noi piacciono le persone serie». Giro il giudizio a Dini e lui sorride: «Mi fa piacere. Al di là delle ideologie, con D'Alema ho un buon rapporto, improntato sul riconoscimento della correttezza reciproca. Io metto sempre le carte sul tavolo, fa parte del mio carattere. E anche nei momenti più difficili delle pensioni, quelli in cui si discuteva dell'avvenire di operai entrati a sedici anni in grandi fabbriche e vissuti nell'attesa di andare in pensione dopo trentacinque anni di contributi, con i sindacati e con il Pds abbiamo sempre discusso con molta serenità e concretezza. D'altra parte i dirigenti del Pds hano dovuto pagare un prezzo non indifferente per portare il partito dove è arrivato...». Il Pds ha in effetti puntato molto su questo governo. «Dini è una mia creatura» mi dice D'Alema. «Io l'ho convinto a non rinunciare all'incarico e a porre la fiducia sulla manovra economica. Io l'ho sempre sostenuto.»

Forse proprio per questo a Ferragosto, basta che sui giornali esca la notizia che Berlusconi sta pensando di offrirgli palazzo Chigi (offerta, come vedremo nell'epilogo, ben più vecchia) perché qualcuno a sinistra (ma non D'Alema) si chieda: ma non l'abbiamo baciato troppo, questo Rospo?

5

Bossi, il «prigioniero di Zenda»

Manuela Bossi ha gli occhi del Mulino Bianco. Facesse la réclame ai biscotti le vendite esploderebbero. La incontro all'angolo di una stradina, perso per i vicoli di Gemonio a caccia della casa del Senatùr. Aspetta che Roberto Libertà, quattro anni, esca dall'asilo. Tra un'ora tornerà a riprendere il grande, Renzo, che fa la prima. Porta in grembo il terzo figlio, sarà meno fortunato nel nome: Eridano Sirio.

Quando la famiglia è riunita nel tinello, ti accorgi che va bene: lo spot del Mulino Bianco puoi proprio girarlo.

Manuela ha la faccia seria di chi ha avuto una vita difficile (è la seconda moglie di Umberto) e ora è pronta a polverizzare con un sorriso qualunque attacco. I bambini sono proprio quelli che vanno a caccia di merendine nella dispensa. Renzo si muove con misura, Roberto Libertà è un vulcano. Ma ti accorgi che il vero protagonista del Mulino Bianco in casa è proprio lui: il Senatùr.

Ma sì, il Bossi che vuole mettere le bombe sotto i trasmettitori della Fininvest, che minaccia rivoluzioni e secessioni se non si fa l'Italia federale, che mostra un ghigno da angosciare i cardiopatici. Questo stesso Bossi chiama «Topus de Topis» Robertino, gioca a palla sul letto anche con Renzo e non dimentica mai di avere un figlio grande, sedici anni, frutto dell'altro matrimonio.

Gemonio sta in provincia di Varese, a tre chilometri dal lago Maggiore.

«Come ci siete capitati?» chiedo a Manuela.

«Per caso. Stavamo in una casa di quaranta metri quadrati,

poi Giuseppe Leoni, uno dei fondatori della Lega, passando di qui ha visto questo villino ridotto non le dico come e l'abbiamo preso. Abbiamo più spazio e viviamo in pace. Senza rumori e senza pericoli per i bambini.»

Il villino è alto e stretto. Un salottino e la cucina-tinello al piano terreno, due camere da letto al primo piano, lo studio di Umberto al secondo. Fuori, una piccola terrazza-giardino che s'affaccia sulla valle verdissima che porta al lago. Per farmi capire meglio dove siamo, Umberto usa un'indicazione ciclistica: «Hai presente la discesa dove Chiappucci ha fatto il recupero al Giro d'Italia? Bene, passa di qua».

Umberto rientra per attizzare il fuoco. È estate, ma fa fresco. Sul camino, un'iscrizione su rame celebra l'amore coniugale. La U sta per Umberto, la M per Manuela. Alle pareti, senza ordine apparente, quadretti comuni, foto di Bossi, immagini di Alberto da Giussano. Di là in tinello, dove Manuela prepara il caffè, i pensili della cucina sono decorati dai disegni dei bambini: guai a toccarli. Su un carrello, due matrioske fanno compagnia a una lampada con il paralume della Lega Nord. Accanto al camino, un fax sforna regolamenti dell'assemblea di Mantova.

Davanti al fuoco acceso, l'Umberto mi spiega che cosa è la Lega oggi. E comincia da lontano. Dalla trappola costruita per il Cavaliere. «L'accordo con Berlusconi viene fatto per battere Berlusconi. Questo è chiaro fin dall'inizio. Berlusconi è un affarista, Fini un ex fascista. Danno entrambi poche garanzie per la tenuta del quadro democratico e per il cambiamento del Paese in senso federalista. Il loro arrivo al potere può rappresentare un atto di grave restaurazione politica. C'è il rischio che la caduta del comunismo venga sfruttata con un contraccolpo a destra che porti l'affarismo a mettere le mani sullo Stato. Questo problema d'altra parte è irrisolto anche in America. L'accordo con Berlusconi nasce dunque per fregarlo. Per questo abbiamo imposto il patto dei sette decimi. Che significa? Significa che nel Nord sette eletti su dieci debbono essere nostri. Anzi, all'inizio avevamo chiesto i nove decimi e poi ci siamo accontentati di sette. Perché sapevamo che la battaglia sarebbe stata terribile e i nostri numeri dovevano essere alti, conoscendo la potenza di Berlusconi e delle sue televisioni.

Dopo le elezioni, noi non vogliamo entrare nel governo. Vogliamo mandarci il Cavaliere da solo. Ma lui intelligentemente capisce che deve tirarci dentro, deve intrappolarci. Noi avvertiamo subito i rischi a cui andiamo incontro: Berlusconi cerca di saldarsi a Fini e di fare una politica di destra. Ma il Paese non accetta una virata così brusca e allora il pericolo si fa davvero forte. Tanto è vero che un giorno gli dico: "Attento, rischi di fare la fine di Mussolini, appeso per i piedi". In Italia c'è una forte sinistra, ci sono forti sindacati, una politica di destra non può modificare il sistema economico in modo positivo; può creare invece scontri sociali fortissimi, insomma combinare un gran casino. A Berlusconi converrebbe un altro discorso: permettere alla Lega di fare un accordo con i Popolari e con le altre forze moderate e dare vita a un vero centro-destra. Con un centro forte che se la veda con Fini. L'accordo fatto con il Msi e con la Lega in campagna elettorale è cessato con le elezioni. A quel punto ognuno può andare per la sua strada. Ma Berlusconi non mantiene la parola e fa l'accordo di governo con Fini. Noi lo avevamo sempre ammonito: guarda, non fare l'accordo con i fascisti perché quando le alleanze sono troppo eterogenee alla fine non si conclude niente.

Insomma alla fine io vengo costretto a entrare nella trappola del governo, ma ne scappo via dopo appena una settimana presentandomi da solo alle elezioni europee. È l'unica via d'uscita immediata. Insomma, entro nel governo, ma dal punto di vista politico ne esco immediatamente.»

E lui?

«Lui mi risponde con un'altra contromossa fine: porta l'attacco all'interno della Lega, comincia a sparigliare, cerca di distruggere la Lega facendomi attaccare da uomini nostri che rispondevano a lui. Chi? Comincia con un avvocato di Vicenza. Poi arriva Bruno Matteja di Ivrea. Poi altri. Come rispondo io? Con un'altra contromossa. Sei mesi dopo aver fatto i congressi regionali della Lega li rifaccio di nuovo. E sai perché? Per allentare la pressione di Berlusconi sui parlamentari della Lega e illuderlo che può fregarmi sul territorio, collocando qua e là uomini che alla fine rispondano a lui o comunque non gli siano ostili. Berlusconi, insomma, invece di comprare pezzi del nostro gruppo parlamentare e di disgregarlo, perde tre mesi preziosissimi, da luglio a ottobre. Dandomi due mesi di tempo – dalla metà di ottobre, fine dei nostri congressi, alla metà di dicembre – per farlo cadere.

Noi, in verità, un primo colpo d'incontro fortissimo riusciamo a piazzarlo già in luglio con il decreto Biondi. Poi in agosto, appena presentata la bozza di finanziaria, capiamo che sarà fonte di scontri sociali fortissimi.»

La mano di Berlusconi tra le scapole di Bossi

Un momento, tu in agosto vai ad Arcore a fare la pace con Berlusconi e poi vai a trovarlo in Sardegna...

«No, chiariamo subito che io in Sardegna vado a fare qualche giorno di vacanza con Gnutti. Berlusconi viene a saperlo e mi dice di fare due chiacchiere. Per quanto riguarda poi la pace di Arcore, te la raccomando...! Sì lo so, tu ti riferisci a quella maledetta inquadratura in cui io e Berlusconi andiamo a braccetto. E invece lì è la mano di Berlusconi che mi si infila tra le scapole, mentre io gli dico tira giù questa mano, perché vedo che la televisione mi sta inquadrando. No, no. Le cose non stanno come dici tu. Altro che pace. Sono andato a dirgli per l'ennesima volta che lui non può tenere prigioniera la Lega e che gli conviene lasciarci liberi di fare un polo di centro con i Popolari perché noi non ci sentiamo una forza di destra.

Hai una sigaretta? Sono andato a dirgli che noi non avremmo fatto il partito unico della destra, che non riteniamo pronto il passaggio a un sistema bipolare che opponga destra e sinistra, che la Costituzione è ancora costruita sul sistema proporzionale e non basta un cambiamento della legge elettorale per considerare cambiato completamente lo Stato. Insomma, noi non molliamo fino a quando la struttura statale non diventa federalista.»

Ammetterai che una buona parte dei tuoi deputati è stata eletta da gente di Forza Italia convinta di votare per un'alleanza...

«Questo in parte è vero, ma è vero anche che le persone che votavano per il Polo e per la nostra alleanza erano convinte che lui rappresentasse il cambiamento. E invece lui da un lato rappresentava il tentativo dell'affarismo di mettere le mani sullo Stato, dall'altro il suo tentativo di mantenere il monopolio dell'informazione, di prendere tempo – stando al potere – in modo di attrezzarsi in attesa dell'arrivo della televisione via cavo e via satellite.»

A proposito di televisione, tu mi dicesti che una volta la Fininvest ti aveva offerto una televisione. Quando è successo?

«Nell'autunno del '94, poteva essere ottobre o novembre.»

È stato Berlusconi in persona o Confalonieri?

«È stato Confalonieri. Dico che me l'ha offerta a ottobre, ma i primi discorsi sono più vecchi. Ci hanno offerto la gestione dei telegiornali di Italia 1. Si chiama Italia 1 quella dove sta Liguori?»

E tu, che strilli sempre di non avere spazi, perché hai rifiutato?

«Perché non aveva senso, visto che dovevamo fare l'antitrust, che sarebbe poi il federalismo dell'economia. La gestione di un telegiornale ci avrebbe dato visibilità maggiore, ma saremmo entrati in un meccanismo asfittico che si sarebbe soffocato da solo...»

Ti risulta che abbiano fatto le stesse offerte al Pds?

«Sì, credo che gli abbiano offerto una rete nello stesso periodo. Parlando con quelli del Pds ho sentito che volevano dargli Retequattro. Anzi, poiché noi siamo una media impresa della politica mentre il Pds è una grande impresa, gli avevano offerto, insieme con la rete, una dote pubblicitaria di 300 miliardi.»

Torniamo alla guerra con Berlusconi. Tu decidi di rompere definitivamente in novembre.

«Sapevo da tempo che l'attacco decisivo poteva avvenire solo dopo l'approvazione della legge finanziaria. Berlusconi, nonostante il nostro controllo dei sette decimi dei parlamentari dell'alleanza, riesce a colpirci con durezza per mesi facendo balenare tra i miei l'idea che la Lega vada bene e che la persona sbagliata sia io. Per questo punta su Maroni. Maroni è un moderato: chi meglio di lui per trasformare la Lega in un barboncino da portare a spasso per il Polo? Sulle pensioni, Berlusconi accentua in maniera micidiale la contrapposizione destra-sinistra. Scopre che accanto alla destra politica ed economica esiste in Italia una destra sociale che ha paura dell'innovazione, dei cambiamenti nella società, degli immigrati. Ha assaggiato qualcosa dopo il decreto Biondi, si sente forte, decide di darci dentro immaginando che lo scontro sociale lo renda ancora più forte. Io capisco che debbo tentare una mediazione con la sinistra, e Berlusconi aspetta proprio questo per isolarmi. Ai primi di dicembre, quando in Parlamento passa con il nostro appoggio la Commissione speciale per l'informazione [*l'accordo Lega-Pds, l'asse Pivetti-Napolitano*] capisco immediatamente che Berlusconi cerca di andare subito alle elezioni politiche anticipate, eventualmente abbinandole alle elezioni regionali. Quando Fini fissa ai primi di gennaio il congresso di Alleanza nazionale, ho la conferma che la campagna elettorale è cominciata. Sono io allora a chiedere a D'Alema e Buttiglione di rompere prima di Natale.»

Tu hai sempre detto che Berlusconi ha cercato di comprarsi questo o quello. Eppure dovresti riconoscere che almeno una parte dei tuoi era realmente convinta che non si dovesse rompere, che gli elettori non ve l'avrebbero perdonato...

«Una parte s'è venduta, una parte l'avrebbe fatto ma ha avuto paura: tutti questi avevano dimenticato che noi avevamo raggiunto l'accordo con Berlusconi per farlo fuori. Quindi dovevano chiudere semplicemente la partita con lui.

E quando lui ha cercato di frenarmi attraverso Maroni, di isolarmi, di farmi la guerra prima che io gli sparassi in fronte la pallottola della sfiducia e anche dopo, non ha capito che la base è dalla mia parte.»

A proposito di Maroni: c'è stato un momento in cui lui ha pensato di diventare il leader della Lega?

«Non te lo so dire, dovresti chiederlo a lui. Di certo sapeva che Berlusconi puntava su di lui. Una volta ne abbiamo pure parlato con franchezza. Eravamo in aereo... È certo che quando Maroni si avvicinava a me, arrivavano colpi micidiali. Allora lui doveva restare lontano e far finta di poter costituire una qualche alternativa al capo. In quel caso lo sostenevano. Insomma, il Polo voleva la mia pelle per portare la Lega a destra.»

«Operazione Maroni per liquidare la Lega»

Come nasce nel Polo l'operazione Maroni?

«Nasce per liquidare me e con me la Lega. Perché è chiaro

che se si vuole liquidare la Lega, bisogna prima togliere di mezzo me. Hanno tentato di far diventare la Lega un partito, cessando come movimento nato per far cambiare la forma dello Stato in senso federale. Se tu sbatti la Lega a destra o a sinistra dello schieramento e la castri togliendole il leader storico, le togli ogni energia per fare la vera contrapposizione che conta, quella tra Stato centralista e Stato federale.»

Quando ti accorgi di questi tentativi? Quando ne parli con Maroni?

«Come ti ho detto poco fa, le prime avvisaglie arrivano all'inizio dell'estate e io rispondo rifacendo i congressi regionali. Dopo l'estate nasce l'operazione vera e propria. Tu mi chiedi se Maroni sta o no al gioco di Berlusconi. Secondo me, a un certo punto lui capisce la posta in palio. Ma credo che il suo timore prevalente sia un altro. Maroni si convince che il sistema maggioritario porta a scelte drastiche, e che se la Lega vuole scappare dalla prigione di Berlusconi non ha soluzione diversa dallo scegliere l'altra prigione, quella di D'Alema. E dovendo scegliere tra le due prigioni è evidente che Maroni preferisce quella di Berlusconi, se non altro perché grazie alla nostra abilità nelle trattative politiche è diventato il suo ministro dell'Interno. La posizione di Maroni nasce da una visione della società e della politica che matura dentro di lui durante la permanenza al Viminale. Una visione di palazzo. Una visione che lo porta a dimenticare che la politica è coraggio, che in certi momenti storici deve sapersi fare interprete della volontà della gente. E la gente vuol cambiare le cose. Maroni non ha capito che la politica nasce dal cuore, non dal cervello.»

Si è innamorato del ministero dell'Interno?

«Un po' penso di sì, ma lo trovo naturale. Se uno investe tanto lavoro in un posto come quello, vorrebbe vedere realizzati i suoi desideri. E Maroni voleva cambiare il ministero dell'Interno. I suoi timori, le sue resistenze d'altra parte non mi meravigliano. Quando decido di far partire l'affondo finale contro il Cavaliere, so che qualcuno non mi seguirà. Per arginare il prevedibile sbandamento, dico ai miei: mettetevi nella mia ombra, io vi farò da specchio. I grandi maghi come Berlusconi li batti rompendo l'anello: il Polo è un anello stregato e per salvarsi bisogna uscire da quella trappola. Il Grande Mago cerca di tenerti prigioniero scagliandoti contro i suoi malefizi: se uscite dal Polo morirete, vi suiciderete. Roba così. Per questo dico ai miei: non vi preoccupate, state dietro di me, io farò da specchio e lo specchio restituirà i malefici al Grande Mago che ce li scaglia addosso. Ma per resistere ai grandi maghi bisogna essere uomini liberi. Non devi farti incastrare dai desideri di potere perché altrimenti il mago ti prende... Ecco che allora chi ha considerato la Lega soltanto una forza liberista è rimasto incastrato. Si è salvato invece chi ha creduto nella Lega come forza liberista, ma anche mossa da una spinta popolare libertaria. Si è salvato chi era libero ideologicamente e ha accettato di mettersi dietro di me per respingere gli assalti del Grande Mago. Chi non è libero nello spirito non può trasformarsi in specchio. Non può uscire dal cerchio stregato. Non può uccidere il mago. Perché un mago che non riesce a mettere a segno i propri malefizi non è più un mago e cade. Come è caduto Berlusconi.»

E la Pivetti? Resterà sempre nella Lega o prima o poi comincerà a giocare in proprio?

«In politica nessuno può giocare in proprio. Quando stringi con il tuo popolo un patto di sangue, non puoi spezzarlo. Per questo credo che la Pivetti resterà nella Lega. Certo, lei è cattolica e la Lega è una forza politica essenzialmente laica con qualche apparenza perfino anticlericale. Allora uno potrebbe chiedersi come fa la Pivetti a restarci. Ma occorre ricordare che una delle correnti più solide che ha avuto il cattolicesimo in politica è stata quella che chiamerei laica, nella quale si è riconosciuto un gran numero di persone – la maggior parte, direi – che vanno a messa la domenica, ma poi devono vivere in una società laicizzata e costruire un equilibrio con le esigenze della società moderna. (Certo, così c'è sempre il rischio di fare la corrente di Prandini...) E allora la Pivetti dovrà decidere – come cattolica in politica – quali logiche vorrà privilegiare: se vorrà essere una cattolica del rito, una lefebvriana, si vedrà se la fedeltà al rito sarà così forte da spostarla a destra, dove c'era il cattolicesimo andreottian-neofascista o se invece riuscirà a lavorare dove sta la maggior parte dei cattolici, che hanno il problema di vivere la loro religione in una società che è tutt'altro che religiosa.»

Tu non sei cattolico, vero?

«Mah, sai: sono cattolico nel senso che sono stato battezzato... Diciamo che sono un laico tollerante che sa valutare il compito e il peso della religione, ma che ne considera anche i lati negativi. Penso in particolare all'influenza del cattolicesimo in Europa, al controriformismo che si è riversato nella politica degli Stati... Insomma, diciamo che sono un laico.»

La Pivetti suona la carica

Torniamo indietro di alcuni mesi e andiamo a rivedere la cattolica Pivetti che rende omaggio al suo gran capo laico Umberto Bossi nel catino surriscaldato del Forum di Assago, dove la Lega celebra il suo congresso.

Dove l'avevamo lasciata, la giovane presidente della Camera? Anzi, il giovane presidente della Camera, come dice lei, cioè lui. Tanto «lui» da bacchettare, in una torrida giornata di metà luglio '95, nientemeno che il Romano Pontefice che ha scritto una storica lettera alle donne. Santità, non scherziamo, gli dice Pivetti (senza articolo per non sbagliare): ne scriva un'altra agli uomini che son più deboli.

Dove l'avevamo lasciato il presidente della Camera all'inizio dell'estate '94? A un tavolo dell'hotel-trattoria «da Ginetto», a Gramlongo di Palazzago, vicino Pontida. Gli avevamo fatto compagnia mentre beveva un'aranciata nell'interminabile attesa dell'Umberto, che come al solito era andato a letto quando avrebbe dovuto alzarsi e adesso stava nella sua stanzetta a scrivere il discorso che avrebbe pronunciato poco dopo dinanzi alle folle leghiste raccolte nel gran pratone dove Alberto da Giussano la giurò al Barbarossa.

La Pivetti era sola ed emozionata. Era andata al mattino presto a Pontida a prendersi il suo bagnetto di folla. Ma appena un bagnetto: «Non mi piacciono i presidenti delle Camere che fanno attività di partito. Ma io sono nata qui, politicamente. E allora ho fatto un salutino e via, prima che cominciasse la manifestazione di partito».

Così ci aveva detto stretta nel foulard, davanti all'aranciata di Ginetto, mentre il Pino Babbini – consigliere-amico-autista-scorta dell'Umberto – bofonchiava che come al solito si sarebbe arrivati tardi.

Nel febbraio del '95 al Forum di Assago sembra ripetersi lo stesso copione. Anzi, un copione addirittura più sobrio. Al mattino, il deputato Roberto Castelli invita la platea leghista a mandarle un saluto in contumacia perché l'Irene «non è presente tra noi per l'alta carica che ricopre».

E invece l'Alta Carica arriva alle cinque della sera. Bella. Luminosa. Felice e sorridente nel suo abito chiaro come una sposa vip da rotocalco. Noi giornalisti la vediamo di spalle perché siamo stati messi in castigo, dietro il tendone del Forum, lo stesso posto dove s'è nascosto per due giorni Roberto Maroni.

Anche in questo l'Umberto è impagabile. Il primo giorno non si presenta. In compenso, s'affaccia sul palco l'infedele Flavio Caselli che si prende subito un vaso di fiori in faccia. Il secondo giorno veniamo accolti con tutti gli onori: riesco a seguire il suo discorso da invitato, seduto come l'amarena del babà nel bel mezzo della Crema Leghista. Poi arriva il momento dei traditori, l'abbandono di Bobo Maroni. E l'aggressione ai cronisti, benedetta in prima persona dal nobiluomo Marco Formentini, sindaco di Milano. Ce n'è per tutti. Per Francesco Merlo del «Corriere». Per Vittorio Feltri del «Giornale», al quale si rimprovera l'abbandono della fede leghista. Per i cameramen «venduti» e accusati di inquadrare i settori vuoti degli spalti. Fisicamente più esposti, i telecronisti hanno la peggio. Andrea Cabrini si becca un'arancia in fronte durante il collegamento diretto con il Tg4, emulando senza saperlo la gloriosa torta in faccia che concluse venticinque anni fa il resoconto di Rodolfo Brancoli da un congresso del Psiup. Elena Golino viene insultata durante il collegamento col Tg Lombardia. Va peggio a Barbara Parodi, che durante il collegamento con «Studio aperto» si sente dire: «Vergognati, troia!». E lei, deliziosa, col sorriso alla «Bambi»: «Vi sembro una così?». Va meglio a me, che mentre cerco di acciuffare Bossi vengo invitato da una matura dama, con il dito medio elevato a stendardo, a provvedere a un immediato clistere. Le circostanze non mi consentono di accettare e, impossibilitato al baciamano, ricambio accostando due dita alle labbra e inviandole un bacio a distanza.

In questo «clima fraterno» arriva la Pivetti. Arriva per ridare la carica a una platea che grida, ma soffre per l'abbandono di Bobo e degli altri. Chi può farlo meglio del signor presidente della Camera dei deputati, terza carica dello Stato?

E il presidente non delude. Chiarisce subito che «anche le istituzioni hanno un'anima». Grida l'orgoglio di appartenenza leghista. Lancia l'anatema ai «veri traditori», rischiando di far crollare il Forum per l'uragano di applausi e di piedi battuti contro il pavimento di legno. Manda in purgatorio Maroni «che ha messo tanto cuore nella costruzione della Lega, ma poi non ha avuto abbastanza tenacia». E spara una pallottola autenticamente bossiana in fronte a Berlusconi, quando parla di «qualcuno molto furbo, molto scaltro che sa curare perfettamente i propri interessi, anche a costo di andare contro gli interessi della democrazia». Per un paio di giorni nel Palazzo ci sarà l'inferno, con vane richieste di dimissioni. Poi tutto rientrerà in quella che viene amabilmente definita «la normale dialettica politica».

D'Alema: «Grazie di esserci, Umberto»

Il congresso leghista del febbraio '95 va ricordato per tre ragioni. La nuova strategia di Bossi. L'abbraccio con D'Alema. L'abbandono (provvisorio) di Maroni.

Le parole di Bossi vanno sempre lette con attenzione. Le sue svolte sono tutte annunciate con largo anticipo e – per quanto si può dire finora – con un certo successo. Ha detto che avrebbe rotto con Berlusconi? L'ha fatto. Dirà che non vuole accordi alle sue spalle per evitare i referendum del giugno '95 sulle televisioni? Quell'accordo, già pronto, salterà in aria. E ad Assago, dopo aver demonizzato il «Frankenstein della destra, il mostro partitocratico con una gamba fascista» (che sarebbe poi il dottor Berlusconi), annuncia un'altra cosa alla quale terrà fede per l'intero anno: la Lega non vuole perdere la propria identità. Nessuna alleanza strategica come quella con il Cavaliere, dunque, ma solo «alleanze a termine». Con chi e per fare cosa (come s'è accorto D'Alema a sue spese) è ancora da vedere.

Tutto questo naturalmente avviene all'interno di un rituale assolutamente inedito della politica italiana. Non tanto per i sessantanove applausi che interrompono il discorso d'apertura (diciannove contro Berlusconi) e per i sessanta che salutano la replica di Bossi. Quanto perché i congressi della Lega sono una continua, crescente, delirante acclamazione al Capo che la gira all'esterno come prova della sua indiscussa legittimazione e dell' approvazione incondizionata di una linea decisa da lui e da lui soltanto. Una linea che alcuni giudicano folle, altri semplicemente stravagante, ma che dalla fine del '93 alla fine del '95 è stata determinante per orientare il gioco politico italiano, costringendo gli stessi avversari di Bossi a riconoscergli una lucidità micidiale.

Si capisce, dunque, perché Bossi non abbia bisogno di un partito, ma – come dice lui – di un battaglione d'assalto. E si capisce perché i congressi della Lega, come le adunate di Pontida, sono una sfilata di Arditi. Il deputato Enzo Flego di Verona, per esempio, è reduce da un'eroica azione al Sud, dove ha attaccato cartelli leghisti. Mostra all'eccitata platea il bavero privo dell'Alberto da Giussano: il distintivo ha probabilmente convertito un infedele. Il sindaco di Monza sale sul podio e grida: «Fatemi sentire la Brianza!». E la Brianza presente manda giù il palazzo. Il senatore Stefano Stefani, sentendo materializzarsi nell'aria l'anima del Senatùr, gli si offre commosso: «Umberto, mi senti? Al momento dell'attacco, quando usciremo dalla trincea, io sarò subito dietro di te».

Dentro l'arco di trionfo del Senatùr sono ammessi a transitare anche i graditi ospiti: anzitutto Massimo D'Alema, salutato da trentaquattro applausi in venti minuti di discorso, assai più delle ventisette interruzioni che tanto rumore faranno in luglio al congresso dei Popolari di Bianco.

Fin da febbraio, D'Alema offre a Bossi un'alleanza elettorale giudicando prossime le elezioni politiche, poi regolarmente rinviate: «Non sarebbe saggio» dice «che il centro e la sinistra si facessero trovare impreparati e divisi».

Ma come fa il leader di un partito tradizionalmente attento al Mezzogiorno a lisciare il pelo a una tosta platea di lümbard? «C'è bisogno del federalismo democratico della Lega. Anzi, occorre coniugare il federalismo del Nord con un nuovo meridionalismo.»

Il quadro delle alleanze possibili è concluso dai venti applausi che salutano il presidente del Ppi (ancora unito), Giovanni Bianchi. Già presidente delle Acli. Uomo della sinistra cattolica doc. Democristiano lombardo sconvolto dai successi leghisti. Che però suona anche lui il violino dicendo che «solo il centro può contenere la deriva della destra». Anzi, frase storica, «il centro sono le Termopili della democrazia». Citazione che costringe i lümbard più colti a improvvisare scongiuri di ogni tipo, vista la fine del centrosinistra ellenico sotto i colpi della destra persiano-berlusconide.

L'idea che ad Assago nascano le «Termopili della democrazia» modifica radicalmente l'atteggiamento della sinistra, fino a ieri visceralmente antileghista.

Se ne avvede Michele Brambilla, acuto cronista del «Corriere», che titola: «Fino a un anno fa si odiavano e si insultavano: acqua passata. D'Alema dice: grazie di esserci, Umberto». E canta, perfido, il Brambilla, la canzone che nell'estate del '94 Roberto Vecchioni aveva dedicato alla Pivetti: «Qualcuno dubitava fosse donna / ma l'han giurato tutti giù a Pontida / e poi se lo dice pure la sua mamma... / Santa Giovanna vi farà morire... / l'anima vostra è un lurido porcile / l'anima sua è lavata con Bio Presto». Vogliamo rileggere l'«Unità» del 23 agosto 1989? «La Lega è una miscela di ignoranza, qualunquismo, ipocrisia, arroganza, grettezza, ingordigia, sciovinismo.» E chi era allora il direttore dell'«Unità», se non il Massimo D'Alema che oggi dice all'Umberto: «Grazie di esserci», visto che senza di lui il Cavaliere sarebbe ancora a palazzo Chigi? Nel suo giudizio sulla Lega D'Alema era peraltro in ottima compagnia.

Che cosa diceva infatti Achille Occhetto l'11 luglio del '93? «I leghisti sono dei baluba, la Lega è un movimento reazionario di destra, maschilista e rampantista.» Eppoi: «Se Bossi dice che bisogna distruggere il Pds, bisogna che dal profondo del Paese salga alta una pernacchia. Bisogna dire basta ai cialtroni del liberismo selvaggio comunque camuffato». Certo, Umberto un po' se le tirava. Ma stava dall'altra parte. E la politica non perdona.

Questa è una legge che non ammette eccezioni. Il giudizio su una persona o su un partito difficilmente tiene conto della coerenza o dell'incoerenza di anni, dell'abituale costume politico, professionale o morale del soggetto in questione. Viene invece influenzato in modo decisivo dal comportamento contingente. Posso offrire a questo proposito due modeste testimonianze personali. Entro mio malgrado in polemica con Andreotti e De Michelis che non vogliono mandare in onda l'intervista a Saddam Hussein? L'indomani per la sinistra sono un eroe della libertà di stampa. Ribatto punto su punto agli attacchi del picconatore Cossiga? Vengo santificato all'istante. In altri momenti, invece, il giudizio è radicalmente diverso e gli anatemi piovono come lapilli a Pompei. Così va il mondo e così andrà sempre.

«Bossi, indica la via»

Alle due del mattino di lunedì 13 febbraio nel bicchiere di Umberto Bossi sono rimasti tre cubetti di ghiaccio smunto e due dita di limonata. L'abito grigio chiaro del Senatùr, macchiato del giallo di una bella cravatta schizzinosamente lontana dai bottoni che chiudono il collo della camicia, si staglia bene contro i chiassosi damaschi rossi che foderano il bar dell'Hotel Ramada di Milano.

Ripetendo ogni cinque minuti, a tormentone, il noioso rituale di bottega, il barman lucida bicchieri già puliti, scambia di posto shaker e passini, dosatori e coltelli per bucce d'arancia e di limone. Dovrebbe chiudere, ma le otto persone che gli sono davanti hanno deciso di tirare tardi, sorde alla tacita invocazione che il ragazzo in camicia bianca e grembiule nero fa dei suoi diritti sindacali.

Con Bossi ci sono due dei tanti italiani di fede leghista miracolati dal Senatùr. Con rispetto parlando, l'Umberto ha più di un punto in comune con Nostro Signore. Li unisce, per esempio, l'assenza di dubbio. Il fatto di tenere incollate alle proprie parole folle consistenti che credono anche quando non capiscono. L'abitudine di sperimentare oltre le ordinarie attitudini umane la fede dei propri seguaci. La certezza di poter dire la parola che illumina, qualunque essa sia. Non a caso al congresso leghista s'è visto qualche discepolo invocare con un cartello: «Bossi, indica la via». E si sa che la Via indicata dal Maestro porta con sé fatalmente la Verità e la Vita (Giovanni, 14, 6).

E non era con una trasparente imitazione dell'Altro che all'inizio di Tangentopoli l'Umberto era entrato alla Camera accusando i parlamentari delegittimati dall'Inquisizione di Di Pietro di aver «trasformato una casa di preghiera in una spelonca di ladri»? (Marco, 21, 13.) I Due, inoltre, amano entrambi la semplicità estrema dell'alloggio. Il Primo, come è noto, fin dalla nascita rinunciò ai doppiservizi e con un colpo di geniale umiltà affidò l'impianto di riscaldamento ai polmoni di un bue e di un asinello. Il secondo ha avuto un'infanzia gioiosa nell'aia di nonna Celesta a Cassano Magnago, ma appena ha potuto ha messo su con Manuela un bilocale in via Quarnero, «una stradina squallida all'estrema periferia di Varese», come racconta il suo biografo Daniele Vimercati nel capitolo «Due cuori e mezza capanna» del libro *Vento del Nord*. Prima di trasferirsi nel '92 in una casa più ampia, ma sempre modesta.

Quando prima dei raduni di Pontida Bossi scappa di casa per sfuggire alle partite di pallone sul letto che gli impongono Renzo e Roberto Libertà, si rifugia nell'albergo a due stelle di Ginetto, a Gramlongo di Palazzago. Per cui durante il congresso della Lega del '95, facendo un doveroso sopralluogo nella suite 5004 dell'Hotel Ramada di Milano (cinque stelle), gli uomini della sicurezza si son chiesti come avrebbe potuto dormire l'Umberto in quella piazza d'armi che impone una salutare passeggiata solo per raggiungere il letto dalla porta d'ingresso. D'altra parte, non fu detto autorevolmente che «la vita vale più del nutrimento e il corpo più del vestito»? (Matteo, 6, 25.)

L'altra rilevante similitudine tra Bossi e il suo autorevole Predecessore è l'abitudine di affidare alla Provvidenza la programmazione della propria giornata. Al Maestro (l'altro) non è mai capitato di dire: Pietro, alle nove ci mettiamo in marcia. Alle dieci andiamo alla convention dei pubblicani per raccontare la parabola del buon Samaritano. Dopo il coffee-break passiamo a casa di Lazzaro perché i parenti non mi lasciano in pace, ma all'una precisa abbiamo l'aperitivo dalla Maddalena. Avverti il capo scorta... No, tutto era regolato dal Grande Regolatore. Lo stesso vale per l'Umberto. Domenica 12 febbraio, per esempio, non s'è fatto vedere al Forum per l'intera mattinata. Tra le 15.30 e le 16.30 (Bossi non indica un'ora, ma al più un arco di tempo, che può variare da sessanta minuti a una stagione dell'anno) ha dato appuntamento al Vespa del Tg1 sotto il tendone del congresso ma alla stessa ora il suo San Pietro, che sarebbe il Pino Babbini, viene visto con sgomento seduto negli studi della Rai accanto a Fabio Fazio a commentare le partite di calcio in diretta. Dunque... E come al Maestro (l'altro) non è mai capitato di dire a chi lo fermava per strada: abbia pazienza, avrei un miracolo urgente da fare, richiami domani, così non esiste alcun leghista al mondo che abbia attaccato bottone all'Umberto e non sia stato gratificato da un paio d'ore di apologhi e parabole. Meritando a pieno titolo l'ingresso nel charter delle Beatitudini, non tanto perché semplice e puro d'animo, cioè «povero in spirito» (Matteo, 5, 3), quanto perché meritevole di una fortunata e autorevole profezia fatta propria dall'Umberto: «Beati sarete voi quando vi perseguiteranno e vi biasimeranno e diranno falsamente ogni male contro di voi, mentendo per causa mia» (id., 5, 11).

I due fortunati destinatari della profezia, coloro che hanno scelto l'effimera sofferenza di questo mondo per godere più in là, sono un delegato leghista calabrese, autentico avamposto umano in terra di missione, e un suo collega del *cru* leghista più Doc che ci sia, la provincia di Varese.

Il calabrese ha gli occhi lucidi di commozione. Vuoi mettere? Domani torna giù e dice che ha toccato il Diavolo Separatista, una specie di Garibaldi al contrario che invece di risalire l'Italia per dire che siamo uguali minaccia di scendere dal Nord al Sud per dire che siamo diversi. Diversi, capito? Orgogliosi di esserlo e ansiosi di ripristinare i confini naturali. Che ha il Borbone da spartire con il Lombardo-Veneto educato da Cecco Beppe?

Il leghista di Varese è invece scosso, eccitato come il cattolico che s'è salvato appena in tempo dalla riforma di Lutero e festeggia lo scampato pericolo baciando la pantofola di Leone X.

Chi è il Martin Lutero di Varese?

E chi è il Martin Lutero di Varese, se non l'onorevole avvocato Roberto Maroni che ha rischiato il supplizio fisico recitando l'abiura in pieno Forum? L'ho lasciato ministro dell'Interno potente e beffardo a godersi nell'estate del '94 lo scorno del Berlusca sul decreto Biondi. L'ho raccolto in lacrime al congresso di Assago un istante dopo l'annuncio della rottura con Bossi.

Ero lì, dietro la tenda, con la moglie Emy, anche lei in lacrime. Ero nel retropalco dove Bobo è rimasto per due giorni con qualche amico. Lui, uno dei padri della Lega, costretto a nascondersi per non affrontare quello che fino a ieri era il suo pubblico. Sbirciava, Bobo, da dietro la tenda. E il clima non era affettuoso: «Maroni stacca il culo dalla sedia», stava scritto su un cartello. E un altro recitava: «Ci siamo liberati della spazzatura, ora siamo rimasti solo i migliori». Spazzatura, capito? Quanta fatica, Bobo, per salire sul palco. Quanti fischi, a sommergere gli applausi di cortesia di Bossi e Speroni. E Maroni che andava avanti, a ricordare a quella platea urlante che lui «era stato tra i primi sognatori che avevano deciso di sfidare il mondo». A ripetere che non accettava lezioni da chi «quando infuriava la battaglia stava nel comodo poltronismo democristiano e nel ladronismo socialista». Né dal suo nemico storico Formentini «sindaco di Milano, alla disperata ricerca di alleanze, con chiunque ci sta. Io sarò pure il passato, caro Formentini: ma se questo è il futuro, la Lega non andrà lontano». «Presenterò al presidente leghista della Camera dei deputati le mie dimissioni da parlamentare» aveva concluso, prima del «Buona fortuna» sommerso dalle urla e dagli insulti.

L'ho raccolto in lacrime a febbraio, Bobo Maroni.

E adesso lo rivedo in piazza Montecitorio arsa dal sole dell'estate, ancora convalescente per la lunga penitenza impostagli dall'Umberto dopo l'abiura, ma già rinnovato campione della diplomazia parallela della Lega con il Pds. «Umberto mi ha chiesto di presidiare la fascia sinistra della scacchiera politica» mi disse nei tempi felici del Viminale. Fatto. Fatto anche oggi. Ecco il suo racconto: morte e resurrezione dell'eterno delfino.

«Beh sì, è stata una rottura difficile, quella dell'11 febbraio. Ricordi? Tu m'hai trovato che piangevo, dietro il tendone, dopo il discorso. In un altro partito avrei detto: sono d'accordo sulle scelte strategiche del segretario, cioè sul federalismo; non sono d'accordo sulle scelte tattiche, cioè sulla crisi di governo e sull'abbandono del Polo. Dunque, voto no. Nella Lega questo è impossibile. Da noi si drammatizza tutto. Uno come Flavio Caselli arriva in congresso e fa appena in tempo a dire: io sono uno dei dissidenti, che viene interrotto da un lancio di fiori. Arrivati sul palco con il vaso e tutto. Ecco perché piangevo. Capivo che non esisteva più nulla. Eppure non sono mai uscito dalla Lega. Potevo dirlo, lì sul palco, in mezzo ai fischi. Ma non l'ho detto. Mi son limitato a uscire dalle istituzioni, a dimettermi da parlamentare aspettando per mesi che qualcosa cambiasse. Perché è successo tutto questo?

A metà gennaio il gruppo di dissidenti è ridotto al minimo, una ventina tra deputati e senatori. Al momento della scissione, restiamo nella Lega in tre: io, Valerio Malvezzi e Flavio Caselli, quello al quale lanceranno un vaso di fiori in congresso. Fino all'ultimo Luigi Negri e gli altri hanno cercato di tirarmi fuori per farmi stare con loro. Perché? Ma perché avevano capito che Alleanza nazionale ha una forte organizzazione sul territorio, Forza Italia è una macchina per generare consenso, mentre loro – i dissidenti della Lega – sapevano benissimo di non avere carisma, visibilità esterna. Gli serviva qualcuno che fosse riconoscibile, che andasse in televisione. Per questo hanno pensato a me.

Nonostante io gli avessi detto: guardate, io dalla Lega non uscirò mai... Loro erano ormai schierati con Berlusconi, avevano avuto promesse circa la loro rielezione ed erano guidati da Mauro Polli, sottosegretario alla Difesa, uno di Domodossola. Arrivarono subito momenti di tensione. Loro volevano visibilità e mi accusavano di fare il doppio gioco. Io volevo aprire un dibattito che non fosse vissuto come un complotto. Questo nella Lega è praticamente impossibile. Nella Lega quando si apre un dibattito che mette in discussione la linea del segretario, la base parla subito di complotto. E allora si smette il confronto e arrivano le sanzioni.

La cosa più dura da subire, per chi è in dissenso con il segretario, è l'attacco sul territorio. Che è immediato, durissimo, personale. E porta spesso a rotture insanabili. Alcuni di quelli che sono usciti dalla Lega l'hanno fatto per convenienza personale, altri perché hanno ricevuto una tale carica d'insulti da non avere più la possibilità di restarci. C'è una minoranza che ha agito per pura onestà intellettuale. Parlo di gente come Marcello Lazzati, gente che se ne è andata perché ha fatto confusione tra la tattica di Bossi e la sua strategia, ma in fondo resta leghista e si può recuperare. Perché devi sapere che la cosa più terribile per un leghista è la perdita della propria identità.

Visto che io non li ho seguiti, i dissidenti si sono illusi di agganciare Miglio. Ma Miglio mi ha detto che con loro non può costruire nulla. E lo capisco. Sbaglia chi pensa che Miglio aspiri a guidare dieci o venti deputati. Il Prufesùr vuole servirsi della politica per diventare il vero padre fondatore della Seconda Repubblica. Più grande è la sfida, più lui si eccita. Per questo la sua scommessa intellettuale è di modificare in senso federale la Costituzione italiana facendo leva, indovina su chi? Su Alleanza nazionale, il partito centralista per eccellenza. Fini? Fini fa finta di starci e utilizza Miglio come un giocattolo.

Comunque, per tornare ai dissidenti, si son trovati in braghe di tela: avevano bisogno di una struttura o di una bandiera. Non hanno avuto né l'una né l'altra.

L'ultimo incontro con Bossi prima delle mie dimissioni l'ho avuto proprio ad Assago, dietro il tendone che separava il palco dalla platea. Gli ho detto che mi sarei dimesso da deputato e tirando una boccata dalla sigaretta lui m'ha fatto: porco cane, ma come farai a mantenerti? Ti aiuteremo noi della Lega...

Una settimana prima ci vediamo in casa sua a Gemonio. Dopo cena, in cucina. Per me è un momento difficilissimo, mi rendo conto che tutto il movimento è scatenato contro di me. Non posso venire al congresso a dire: non sono d'accordo ma resto. A Varese s'è già riunita un mese prima la segreteria cittadina con la proposta di espellermi. Ma con Umberto i discorsi sono tranquilli: si discute sul futuro della Lega e basta. Incontri normali, come i tre o quattro avuti con lui a Roma nel mese di gennaio, nella sua stanza a Montecitorio, a casa sua o altrove. Io gli dicevo che uscire dal governo era stato un errore, lui insisteva nelle sue posizioni.»

«Ho mai pensato di prendere il posto di Bossi?»

«Quando raccontavo queste cose a Bossi, lui mi diceva: ma non capisci proprio niente. Se la Lega fosse restata nel Polo, si sarebbe via via spenta rinunciando a produrre i cambiamenti profondi che sono la sua ragion d'essere. Avrebbe insomma tradito il mandato ricevuto. Berlusconi era indiscutibilmente più bravo di noi nel vendere la propria immagine. Puntava nel lungo periodo al partito unico. Aveva fatto credere alla gente che Forza Italia fosse la Lega buona. Il Cavaliere ha le televisioni e le televisioni hanno legittimato Forza Italia come il partito moderato e rinnovatore. Insomma, la Lega buona. Da qui nasceva l'ossessione di Bossi nel rivendicare la diversità della Lega vera.

A fine gennaio il raffreddamento dei nostri rapporti personali era di natura esclusivamente politica. Bossi non ha mai fatto questioni personali. È un uomo davvero disinteressato.

Mi chiedi se ho mai pensato di diventare il capo della Lega, insomma di prendere il posto di Bossi. Ti rispondo che non è possibile nemmeno immaginarlo, fino a quando la Lega resta quella che è, cioè un movimento. Un movimento e non un partito. Il partito ha come obiettivo quello di vincere le elezioni, di conquistare il potere e di mantenerlo il più a lungo possibile attraverso l'azione di governo. Il movimento lotta per raggiungere l'obiettivo che ne giustifica la nascita e l'esistenza: nel nostro caso, il federalismo.

La Lega ha una struttura territoriale e un'organizzazione tipica dei partiti, ma si comporta diversamente dai partiti: non ha correnti, non ha colonnelli. Raccoglie undici movimenti nazionali autonomi (ogni regione dell'Italia centro-settentrionale per noi è una nazione, fino alla Toscana compresa) raccolti in un movimento federale: la Lega Nord. Inventata da Umberto Bossi. Ed è stata la prima volta al mondo che un movimento autonomista ha avuto il nostro ruolo politico. Per questo Bossi è insostituibile. Se viene meno lui, viene meno la Lega. La Lega non è il prodotto di uno spot televisivo: incarna esigenze reali delle regioni del Nord. Bossi è il cervello della Lega. È un organo non trapiantabile. Se espianti lui, la Lega muore.

Berlusconi non aveva capito il ruolo di Bossi e per questo mi chiedeva di sostituirlo. L'unico con le idee chiare era invece Tatarella. Non a caso mi diceva: tu devi convincere la Lega... Non mi ha mai detto: tu devi sostituire Bossi.

Le cose potrebbero cambiare se di qui a quattro-cinque anni l'Italia diventasse uno Stato federale. A quel punto bisognerebbe gestire i meccanismi perequativi tra regione e regione e allora... Non dimenticare mai che il copyright del federalismo italiano ce l'ha la Lega. Fino a quando esso non sarà compiuto, non potremo diventare un partito. Resteremo un movimento con un leader (Umberto Bossi) e una bandiera (il federalismo). La bandiera, già. Chi accusa la Lega di non avere progetti politici articolati, non capisce che per andare avanti le basta la sua bandiera, la sua parola d'ordine. E sai qual è la parola d'ordine della Lega? Cam-bia-men-to. Un cambiamento ancora lontano. In questo senso anche le sparate vanno bene: sì, proprio quelle che scandalizzano i benpensanti. Hai capito adesso perché dei successi elettorali ci importa fino a un certo punto?»

«I nostri colloqui nella cucina di Gemonio»

«Bossi chiamava sempre tra le due e le tre di notte, attraverso la Batteria del ministero dell'Interno, chiedendomi invariabilmente: ti ho svegliato? D'altra parte Umberto è fatto così. Prendi il 4 giugno, quando è andato a Mantova per il discorso sul Parlamento del Nord. La sera prima aveva un comizio a Saluzzo, che sta proprio da un'altra parte. Il Babbini l'ha portato a Mantova verso l'una di notte. Ha incontrato i giornalisti del pool, Cerruti della "Stampa" e gli altri. E ha fatto le tre. Quando è andato finalmente a prendere la chiave della sua stanza d'albergo, è bastato che il portiere gli dicesse: "Onorevole Bossi, che piacere conoscerla..." per farlo restare un'altra ora buona a spiegare la situazione politica italiana.

Ti ho detto che i mei colloqui con Bossi avvenivano spesso in casa sua a Gemonio. Anzi, in cucina. Gli stipi e i fornelli a sinistra, il grande televisore al centro, il tavolo con noi due a destra. Anzi, con noi tre. Perché ai colloqui assisteva (e partecipava) sempre Manuela, la moglie di Umberto.

Ricordo i primi tempi in cui stavano insieme, nel monolocale che Manuela aveva affittato per rendersi indipendente dai suoi. Faceva la maestra, doveva alzarsi alle sei e alle due Umberto e io giravamo ancora per la stanza a fabbricare la colla per i manifesti federalisti...

In quindici anni, Manuela ha assistito a tante di quelle discussioni: almeno la metà finiva con noi due che ci mandavamo a quel paese. L'ultima volta, prima delle dimissioni, Manuela era molto triste. Sapeva che io avevo rappresentato sempre un aiuto importante per Umberto. Il venir meno di questo aiuto rendeva anche per lui tutto più difficile.

Dopo il drammatico annuncio al congresso, presento le dimissioni da deputato e parto con mia moglie per le Maldive, dove resto un paio di settimane. Telefonate? Ma sei pazzo, con quello che costano. Anzi, no: una l'ho fatta. A casa, per dire che mi mandassero via fax una fotocopia del brevetto da sub. L'avevo dimenticato, e andare alle Maldive senza brevetto da subacqueo è come andare in piscina senza costume da bagno.

Torno il 28 febbraio e scopro di essere ancora parlamentare. Le mie dimissioni vengono messe all'ordine del giorno sette volte e la discussione viene sempre rinviata. (Riuscirò a farle discutere soltanto il 28 aprile: respinte.)

Un paio di settimane più tardi mi chiama Bossi. La scusa sono gli auguri per il mio compleanno, il quarantesimo. Io sono nato alle Idi di marzo, il 15. Umberto naturalmente non ricorda la data e mi chiama qualche giorno prima. Mi chiama come sempre attraverso la Batteria del Viminale, così non fa fatica a cercarmi.

Come sempre mi chiama dalla macchina. Come sempre col "vivavoce", con disturbi di sottofondo indicibili. E come sempre mentre sono a tavola o dormo. Stavolta sono le otto e mezzo di sera e stiamo cenando. Siamo noi quattro: io, mia moglie Emy e i bambini, Chelo che ha otto anni e Filippo che ne ha tre. Questo è il lato bello delle dimissioni. Starmene in casa, cenare con i miei, guardare insieme la televisione. Emy dice che è il momento migliore da quando stiamo insieme. Lei conosce Bossi dal giorno in cui l'ho conosciuto io. Era il settembre del '79, eravamo fidanzati e siamo andati a trovare Umberto nella casa della sua prima famiglia a Capolago, in provincia di Varese. Mia moglie ha le sue idee, tiene molto al suo lavoro di assistente del capo del personale all'Aermacchi, viene come me da sinistra, ha votato Lega, ma non sempre. Non ha mai influito sulle mie scelte, fossero quelle di fare il ministro dell'Interno o l'avvocato a Varese. Mi ha sempre detto: fa' quello che ti piace, che ti gratifica.

Standо di più in casa, scopri cose incredibili. Una sera al

telegiornale trasmettono mie immagini di repertorio. Filippo, il piccolo, mi guarda, poi guarda il video, poi di nuovo me. Alla fine punta il dito prima sul televisore e poi su di me e dice: due papà. Io gli chiedo sgomento: sì, due papà, ma qual è quello vero? E lui mostra in silenzio il televisore.

Insomma ce ne stiamo in pace a cena quando verso la fine del telegiornale squilla il telefono e la Batteria mi passa Umberto. Mi parla come se non fosse successo niente. Sai, mi dice, le elezioni politiche anticipate non si fanno e alle regionali la Lega si presenta da sola, nonostante le forti pressioni del Pds per presentarci insieme in Lombardia, Veneto e Piemonte. Poi mi parla di Luigi Crespi di Datamedia. Ma sì, quello che si scuserà per aver sbagliato di brutto gli exit poll delle regionali. Umberto sa che siamo amici e mi racconta di averlo cacciato via da una riunione della Lega in cui Crespi gli aveva presentato sondaggi che lui non aveva digerito per niente. Portali al tuo amico Berlusconi, gli aveva gridato. In queste cose Bossi è un maestro. La Lega era un po' giù di corda, gli attacchi del Polo l'avevano demonizzata e la reazione non era stata all'altezza delle attese del leader. Allora Umberto, in pieno consiglio federale nella sede di via Bellerio a Milano, chiama il Crespi, gli rinfaccia i sondaggi e approfitta di quei numeri devastanti per suonare la carica e fare l'elettroshock alla base leghista, che invariabilmente si risveglia e parte all'attacco.

Umberto, come sai, non conosce il tempo e le ore, scambia il giorno per la notte e insomma, quando comincia a parlarmi dell'elettroshock alla base leghista dopo i sondaggi del mio amico Crespi la cena s'è bella che freddata, Emy sbuffa, i bambini si son messi a guardare la televisione per conto loro e io comincio a dire pronto? pronto? Già, perché dimenticavo di dirti che quando le tirate al telefono dell'Umberto sono troppo lunghe e lui chiama col "vivavoce" e non si sente niente e io magari sto cenando o dormendo a un certo punto dico pronto? pronto? dopodiché faccio finta che sia caduta la linea e stacco i telefoni. Questo all'Umberto non l'ho mai detto, ma non credo che leggendolo si arrabbi più di tanto.

D'altra parte, le telefonate in ore impossibili non le faceva soltanto a me. Quando decideva di elaborare una strategia nuova, chiamava anche i suoi amici giornalisti, quelli che seguono la Lega per i grandi quotidiani: Daniele Vimercati che prima stava al "Giornale" e poi è passato a dirigere "L'Indipendente", Gianluigi da Rold che è andato dal "Corriere" alla Rai, Guido Passalacqua di "Repubblica", Giovanni Cerruti della "Stampa"...

Comunque, la sera della telefonata dopo le dimissioni, prima che, pronto? pronto?, io faccia cadere la linea, lui fa in tempo a dirmi tranquillo: quando vieni a Roma? E io: non lo so. Bene, fa lui, quando vieni ci vediamo.

Faccio passare il mio compleanno (il giorno vero, il 15 marzo), poi vado a Roma, entro a Montecitorio, mi affaccio dalla Gabriella, la segretaria di Bossi, e dico: ho appuntamento con l'Umberto, però ho fatto tardi. Lei mi fa entrare nell'ufficio del capo e mi siedo sul divanetto rosso dove stai seduto tu adesso. [*Il mio colloquio con Maroni avviene nella stanza di Bossi, assente da Roma.*]

Dopo un po' arriva Umberto e come se ci fossimo lasciati un minuto prima mi dice che debbo fare questo e poi quest'altro. Io lo interrompo: guarda Umberto, io ho presentato le mie dimissioni da deputato e non le ritiro. Se saranno accolte, torno a Varese e faccio l'avvocato. Se saranno respinte, sono pronto a darti una mano.

Stiamo parlando da tre quarti d'ora quando si affaccia sulla porta Pagliarini e dice a Umberto: guarda che abbiamo finito. Scopro così che di là ci sono D'Alema e Bianco venuti a trattare le alleanze per le elezioni regionali e che Bossi li ha piantati in asso per venire a parlare con me che ero arrivato tardi. Umberto sente Pagliarini che gli dice: guarda che abbiamo finito e risponde: ah, sì?, si infila in tasca il mio accendino e se ne va. Umberto non ha mai l'accendino, te lo chiede ogni volta che deve accendersi una sigaretta, cioè, spesso. Poi senza accorgersene se lo infila in tasca. Succede sempre così.»

«Roberto, la base è arrabbiata con te...»

«Adesso Umberto ha il problema di reinserirmi nel tessuto della Lega. Con me non ha mai drammatizzato i dissensi. Solo una volta, rivedendoci dopo le dimissioni, mi ha detto: "Roberto, la base è arrabbiata con te. La tua sincerità nell'esprimere il dissenso ha creato qualche problema".

Ma ancora una volta Bossi è stato un maestro nel recuperare la situazione: ha distinto la mia posizione da quella dei parlamentari usciti dalla Lega, non prima di aver sondato anche gli umori della base nei comizi. Per esempio, gridava: "I leghisti fuoriusciti dalla Lega hanno tradito e non hanno diritto di cittadinanza nel Nord!". E subito dalle prime file rispondevano: "Venduti!". Allora lui prova a dire: "E Maroni?", trovando qualcuno che dalla platea risponda: "Maroni non ha tradito!".

Umberto sa che il clima si sta addolcendo, ma decide comunque di farmela pagare dopo le elezioni del 23 aprile. E lo fa per due motivi. Innanzitutto deve dare un contentino a chi ha subìto senza fiatare tutta questa vicenda dei dissensi stando dalla sua parte. Deve mantenere il principio che chi sbaglia paga.

Il secondo motivo nasce da una forzatura del "Corriere della Sera" su una mia intervista uscita il 24 aprile. Il titolo è forte: "Maroni: ah, se fossimo rimasti con Silvio...". Quest'intervista nasce in un modo strano. Mi chiama Elio Girompini, un giornalista che in genere non si occupa di queste cose, ma è stato mio compagno di liceo. "Dài, Roberto, fammi la cortesia..." Io racconto che in ottobre, mentre si discuteva della nuova legge elettorale per le regioni, Berlusconi mi prese da parte e mi disse: sta' tranquillo, è giusto che i presidenti di Piemonte, Lombardia e Veneto siano della Lega. Il redattore del "Corriere" ha preso spunto da questo racconto per forzare il titolo e Bossi s'è molto arrabbiato.

Le prime conseguenze le pago il 25 aprile, durante la sfilata per i cinquant'anni della Liberazione. Mi affianco al corteo della Lega senza entrarvi. Alcuni militanti mi vedono, gridano "Maroni, Maroni!" e mi tirano dentro, trascinandomi alle spalle di Bossi. Umberto si gira e fa finta di non vedermi. Sa che non è il momento di una riconciliazione pubblica. Sa che ormai la base mi ha assolto, ma ha problemi con una parte del gruppo dirigente che alza il prezzo e gli ha chiesto di non farmi rientrare. Chi? Per esempio, Daniele Roscia di Brescia che mi dà del traditore sull'"Indipendente". Stefano Stefani, segretario federale della Lega, che dirà: "Maroni deve ripresentare le dimissioni" dopo che saranno state respinte. Anche il vecchio Luigi Rossi, che non mi perdona di avergli preferito a suo tempo Petrini come vicecapogruppo e adesso grida: "I voltagabbana sono sempre pronti".

Due giorni dopo il 25 aprile, la Camera respinge le mie dimissioni. Lo stesso giorno "L'Indipendente" pubblica una mia intervista in prima pagina: "Bossi ha ragione ad aver mantenuto la Lega al centro". Due giorni dopo, sabato 29 aprile, al consiglio federale riunito in via Bellerio viene chiesta la mia decapitazione. Bossi dovrebbe concederla: per molto meno di quel che ho fatto io sono stati espulsi dei dirigenti. Ma l'Umberto ha un altro colpo d'ala: "La questione Maroni è un mio problema personale" e strappa al consiglio la delega per risolverlo. Uscendo dice: "Lo chiamo domani".

L'indomani mattina, domenica 30, Bossi si sveglia nella sua casa di Gemonio e dalla finestra del secondo piano vede che la strettissima via che porta al suo cancello è interamente ostruita da giornalisti e telecamere. In realtà, il suo "domani" non era domani. Non solo perché Bossi ha una concezione personalissima del tempo, ma perché – mi dirà dopo – deve lasciarmi ancora un po' sulla graticola: almeno fino al ballottaggio della domenica successiva. E infatti dice ai giornali quella frase dura: "Maroni è un caso umano". Immagino che volesse dire che il mio recupero non sarebbe stato politico (non ce n'era bisogno), ma umano.

Insomma, resto a rosolarmi ancora una settimana e la mattina del 6 maggio, vigilia del secondo voto, mi arriva la sua telefonata: "Vieni a Milano oggi pomeriggio". Io gli dico che non posso, ho promesso a moglie e figli di portarli a spasso. Allora vieni domattina, dice lui. Volentieri, rispondo io, ma debbo andare a Saint-Vincent. Cosa vai a fare a Saint-Vincent la domenica mattina?, fa lui. Mi hanno invitato alla finale del campionato italiano di goriziana. Così dico a Bossi che vado la sera dopo cena. Hai mai giocato la goriziana? Non sai nemmeno che cos'è? Accidenti, non conosci il biliardo. La goriziana è un gioco del biliardo in cui al centro del tavolo invece di cinque birilli ce ne stanno nove. Quindi è più difficile. Io la gioco bene, e a Saint-Vincent mi hanno fatto giocare con un campione.

La sera della domenica vado da Saint-Vincent a via Bellerio, entro nella stanza di Bossi: sta con Formentini che mi fa una sceneggiata. "Caro ministro", e mi abbraccia. "Caro sindaco", e lo abbraccio. Bossi non batte ciglio, aspetta che gli abbracci siano finiti e continua a parlare come se niente fosse. Di che parla? Delle prospettive europee dopo la caduta del muro di Berlino. Io resto a sentirlo in silenzio per un'ora, dalle nove e mezzo alle dieci e mezzo. A quell'ora entra nella stanza Pagliarini. Bossi smette di parlare del muro di Berlino e gli dice: "Allora, Mimmo. Io credo sul serio a questa storia di aprire un parlamento al Nord e un parlamento al Sud. Tu presiederai quello del Nord e l'unico che può guidare quello del Sud è Maroni. Anzi, Bobo, al prossimo consiglio federale del 28 maggio quando io dal podio dirò: dobbiamo costituire un parlamento del Nord... tu mi interromperai dicendo: ...e un parlamento del Sud!". Intanto il televisore è acceso sul Tg1 e sentiamo che tu, durante la trasmissione elettorale, a un certo punto dici: "Maroni sta seguendo i risultati nell'ufficio di Bossi a Milano. La pace è fatta".

Io parto per il tour federalista in Croazia, torno per il consiglio federale di Torino e quando Umberto dal podio dice: "Dobbiamo costituire un parlamento del Nord...", io sto per recitare la mia parte, ma la frase mi resta in gola perché Umberto s'è dimenticato dell'accordo e completa lui: "...e un parlamento del Sud!". Così sono rientrato nella Lega. Ma per me il primo rientro, quello vero, è stato il corteo del 25 aprile. Avevo molta paura, sono andato senza rete, non sapevo come l'avrebbero presa i militanti. Potevano cacciarmi dal corteo, avventarsi contro di me come hanno fatto con Gianni Pilo e il gruppetto di Forza Italia. Invece è andata bene.»

«*La penitenza continua a Pontida*»

«La mia penitenza, peraltro, continua anche dopo il rientro. In luglio, a Pontida, mi attaccano di nuovo in parecchi. Giuseppe Leoni, uno dei fondatori della Lega, lo fa in modo indiretto. Luca Leoni Orsenigo mi dà del coniglio "che ha tradito gli ideali di tanta gente e ha il solo merito di essere prediletto dal capo". Mi attaccano anche Mimmo Pagliarini e Francesco Tabladini. Mi difendono Vito Gnutti, Antonio Marano, Giuseppe Bonomi e lo stesso Francesco Speroni. Ai miei critici dà fastidio lo spazio che mi attribuiscono di nuovo i giornali e la televisione. Danno fastidio anche i tentativi di far rientrare i dissidenti. Io sto zitto e rispondo con i fatti: mi occupo di portare il federalismo al Sud. Un compito faticoso e difficile, ma strategico per il disegno federalista. Perché guarda: o il federalismo parte dal Sud o non si farà mai. La gente del Sud vive il federalismo come una minaccia. Dobbiamo convincerla che il federalismo è per il Sud una opportunità. Tu mi chiedi come è possibile, visto che la prima conseguenza sarà una minore quantità di denaro a disposizione delle regioni meridionali. E io ti dico che sbagli.

Sai quanti soldi, tra fondi comunitari e fondi nazionali, saranno a disposizione del Sud di qui al Duemila? Centomila miliardi.

Il problema non sono i soldi, ma come spenderli. Lo Stato, oggi, per investire una lira già disponibile impiega anni. Basta vedere la sorte degli ultimi duemila miliardi destinati al Sud. Il Cipe ha fatto una bella Commissione e sai chi ci ha messo? Burocrati e funzionari di banca. I burocrati stanno attentissimi a che le pratiche abbiano tutti i timbri a posto, ma non sono in grado di valutare le possibilità di successo di un'attività imprenditoriale. I funzionari di banca vogliono innanzitutto le garanzie.

Ma quali garanzie può darti un giovane che voglia mettersi in proprio e possieda soltanto una buona idea e tanta voglia di lavorare?

In un dibattito a Lametia Terme si è alzato un signore e mi ha chiesto: ma insomma, quando decidete una buona volta che cosa debba diventare la Calabria? Gli ho risposto: decidete chi? E lui: voi a Roma. E io: siete voi calabresi a dover decidere una buona volta che cosa debba diventare la Calabria.

Ecco l'opportunità storica che il federalismo può dare al Sud. Lo Stato deve bonificare quelle regioni dalla criminalità organizzata e deve svolgere un'alta funzione di controllo. Ma saranno le nuove realtà federali a decidere come spendere i soldi, quali iniziative finanziare, quali responsabilità assumersi direttamente. E sai quali sono i pilastri del federalismo già esistenti, anche se inconsapevoli? I sindaci.

Perché sono eletti direttamente dai cittadini e sanno che rispondono direttamente a loro dopo quattro anni di mandato.

Al Sud manca chi si assuma la responsabilità di fare scelte conoscendo il territorio e accettando di rispondere agli elettori del proprio operato. Finora lo Stato ha dato al Sud grandi complessi industriali che sono tutti in crisi perché intorno non è mai nata una vera imprenditoria locale.

Al Sud ti chiedono ancora il posto di lavoro. Dobbiamo far capire che lo Stato deve limitarsi a mettere a disposizione le risorse necessarie, ma il posto di lavoro deve farlo nascere la gente del Sud.

Come vedi, non è un problema di soldi, ma di cultura. Al Nord la forza propulsiva del mondo del lavoro ha sfondato anche le inefficienze della burocrazia statale.

Il Sud non ce l'ha fatta.

Adesso non chiedermi in quante regioni dovrà articolarsi l'Italia federale. Le tre di Miglio? Le dodici della Fondazione Agnelli? Le dieci della Fondazione Pirelli? Non è questo il problema. Gli assetti definitivi sono di là da venire. In una prima fase lo Stato federale potrà anche articolarsi soltanto sulle regioni attuali.

Si potrà poi passare a una fase transitoria in cui le singole aree saranno chiamate a esprimere le loro preferenze di aggregazione. Il mio sogno è che l'Italia raggiunga i risultati della Germania. Nel 1990, la Germania Est era in condizioni disastrose. È stata divisa in cinque lander. Si prevede che nel 2005, dopo quindici anni, il tenore di vita sarà uguale in tutto il Paese.

A proposito. Mi chiedi se rimpiango il Viminale. Be' un po' sì. Non il potere, che pure è enorme. Lo sai che il ministro dell'Interno può fare quello che gli pare, aprire dossier su chiunque, mettere il naso – con la scusa della sicurezza pubblica – in tutte le faccende, più dello stesso presidente del Consiglio? Io questo potere non l'ho usato. Anzi, ho deciso fin dall'inizio di non usarlo proprio. I rimpianti sono di altro genere. Ma lo sai che facendomi nominare commissario straordinario per le zone alluvionate del Piemonte alla fine del '94 avevo cominciato zitto zitto a fare il federalismo? E già, perché io avevo la responsabilità dell'intera operazione e assegnavo tanto a questo sindaco, tanto a quello. Ma poi la decisione su come spendere i soldi la prendevano loro. Bei tempi. Comunque, è acqua passata.»

Operazione «Prigioniero di Zenda»

Fin qui il racconto (e lo sfogo) di Bobo Maroni. Fondando il Polo del Guerriero, in luglio a Pontida, Bossi conferma quella che sarà la sua linea politica per l'intero '95. «Caro amico D'Alema, caro compagno Prodi, l'esame l'abbiamo fatto su tutta la linea. Siete inaffidabili.» Il Senatùr non perdona al capo del Pds il «buonismo» del congresso romano e le aperture di credito istituzionali al Cavaliere.

I Poli quindi salgono a tre: «Quello del Buon Governo ladro, quello dell'Ulivo appassito e il Polo del Guerriero con il nostro Pagliarini, il presidente del Parlamento del Nord!». Quindi: «Zaino in spalla! Alzati, Lega, e va' all'attacco!».

Dico a Bossi: sbaglierò, ma credo che tu nei prossimi anni D'Alema lo farai impazzire. E lui: «No, non lo faccio impazzire perché non faremo accordi con lui. Non entreremo mai in una trappola. L'abbiamo fatto con Berlusconi, ma era per farlo a pezzi. Se li lasciavamo fare, Fini e Berlusconi si prendevano il Paese per vent'anni e allora siamo entrati volontariamente nel castello nemico per farlo esplodere. Lo sai come chiamavamo l'operazione di fuga da Berlusconi? "Prigioniero di Zenda." Siamo entrati nel castello, abbiamo lasciato i temporizzatori e siamo scappati prima che saltasse in aria la destra che noi consideravamo eversiva e che era venuta a garantire non il cambiamento, ma la continuità col passato. Con la sinistra moderata di D'Alema è un'altra cosa, quelli stanno cercando di diventare socialdemocratici. Ma attenti: è bene che loro si moderino ed è bene al tempo stesso che noi non facciamo accordi dai quali prima o poi saremmo costretti a liberarci. Comunque, nella sinistra è in atto un cambiamento senza illusioni. Perché se si tira via la Lega, in un quarto d'ora il sistema torna com'era prima. Per fortuna, la Lega è una media impresa della politica e tirarla giù sarà dura. La Lega spera di poter rappresentare la destra democratica che un giorno, assieme con la sinistra democratica, garantirà al Paese l'alternativa democratica».

La Lega sarà dunque un partito di destra?

«La Lega sarà la destra moderata e popolare. Ma il giorno in cui diventassimo un partito sarebbe il giorno in cui l'Italia sarebbe un Paese federalista. La Lega si rifonderebbe, mantenendo il senso della continuità e della propria storia. Il senso delle proprie radici. Le radici possono dar vita a nuove piante, ma mantengono continuità col tronco principale. Ecco dunque che nel giardino in cui è piantato l'albero della Lega possono nascere altre piantine.

Ma è certo che non nasceranno da radici di sinistra. Noi siamo e saremo alternativi alla sinistra, in un sistema realmente maggioritario. Poiché però la Lega è nata per dare all'Italia il federalismo, per adesso più sta al centro e più il suo compito è facilitato. Ti faccio un esempio balistico. La Lega tira al suo bersaglio avendo un doppio mirino. La prima tacca del mirino è quella del movimentismo: la Lega è un movimento politico che guarda al federalismo. La seconda tacca è quella del partito. Saremo una forza liberale e andremo a collocarci là dove l'ambiente non sarà troppo affollato. Non dobbiamo permettere che prima della nostra trasformazione in partito, cioè prima dell'avvenuto federalismo, la destra e la sinistra occupino tutto lo spazio politico. Altrimenti noi che stiamo cambiando il sistema ci troveremmo senza lo spazio di cui abbiamo bisogno per garantirne il funzionamento. È comunque un bel problema. Se pensi a quanto sia difficile mirare alla preda già con un mirino solo... Comunque, andremo avanti per correzioni successive.»

Il giorno in cui Berlusconi non fosse più il re delle televisioni Fininvest e diventasse un politico normale, potrebbe essere per te di nuovo un alleato?

«Dipende da cosa dice, da cosa vuole, da cosa fa. Certo, non lo sarebbe se abbracciasse il grande affarismo all'americana, il villaggio globale dell'economia, se favorisse la chiusura delle fabbriche in Italia per andare ad aprirle in Marocco. Ci sarebbe molta disoccupazione, la gente senza posto chiederebbe ordine e disciplina. Insomma ho paura che il capitalismo selvaggio potrebbe inasprire i conflitti regionali fino a trasformarli in una terza guerra mondiale.»

Inguaribile, l'Umberto. Se pensa al Cavaliere, pensa immediatamente al Male, al Complotto, al Conflitto. A parlare di Bossi a Berlusconi c'è da fargli saltare le coronarie, a parlare di Berlusconi a Bossi c'è da sentirsi raccontare una di quelle favole sugli orchi che lasciano per la notte intera i bambini con gli occhi sbarrati. O si rischia di vedere riemergere dal Po l'anima inquieta del dio Eridano, in tempo per castigare il povero terzogenito di Umberto e Manuela. Eppure chissà. Se la nascita di un Centro Onirico (Bossi, Buttiglione, Casini, Segni e, perché no?, Dini e D'Antoni...) stravolgesse l'idea di bipolarismo nata con il maggioritario, la Lega resterebbe salda in mezzo allo schieramento, pronta come il Ghino di Tacco di recente memoria a chiedere pesantissimi pedaggi al viandante di destra come a quello di sinistra. Ma se vincesse il bipolarismo, caro insieme al Polo e all'Ulivo, allora chissà...

Basta. Roberto Libertà, il più piccolo dei figli del Senatùr, si è tolta la bandiera della Lega di dosso e si è scocciato di giocare. Renzo, più timido, sta in un cantuccio a guardare. Vogliono in silenzio che gli restituisca il papà. Umberto versa il caffè preparato da Manuela. Siamo in cucina. La storica cucina di Gemonio. Sto seduto sulla sedia di Bobo Maroni...

6

Fini, dal Duce a Gramsci

La sera di sabato 22 aprile, a poche ore dall'apertura dei seggi, Gianfranco Fini va a rendere omaggio all'aristocrazia romana, che anche durante i tempi cupi ha conservato sempre il cuore a destra.

Il biglietto d'invito reca lo stemma di una prestigiosa casata. L'«incontro con l'onorevole Gianfranco Fini» è patrocinato dalla principessa Pallavicini, che si chiama Elvina e viene dalla famiglia genovese dei marchesi Medici del Vascello. Ma il nome di battesimo della principessa non va scritto sull'invito. Non sta bene nemmeno precisare l'indirizzo e il numero di telefono per la conferma. Basta scrivere Palazzo Pallavicini. Chi deve sapere sa.

Il palazzo sta alle pendici del Quirinale. C'era aria buona da quelle parti, nel Seicento, e il cardinale Scipione Borghese, forte delle raccomandazioni dello zio Pio V, non esitò a spazzar via quel che restava delle terme di Costantino pur di farsi una principesca dimora di campagna accanto alla dimora di campagna dei papi, che sarebbe appunto il Quirinale, pochi metri più in là.

I Pallavicini vi abitano da tre secoli e nell'aristocrazia romana si dice che ormai i palazzi principeschi di nome e di fatto sono rimasti soltanto tre: questo della principessa Pallavicini, quello dei Colonna in piazza dei Santi Apostoli e quello Doria Pamphili in fondo al Corso.

Gianfranco e Daniela Fini vengono accolti da tre principesse (Pallavicini, del Drago e di Fondi), da nove principi (Massimo-Lancellotti, Ruspoli, Caetani d'Aragona, d'Assia, Orsini,

Colonna, Borghese, Ruffo di Calabria e Giovanelli) e da un adeguato corredo di duchi e di marchesi. Non pare garbato per le tradizioni di casa far parlare l'ospite nella sala del Trono: qui, sotto il baldacchino, si ricevono soltanto i pontefici in visita di cortesia. Attraversando il salone, piuttosto, qualche nobiluomo politicamente pessimista fa gli scongiuri guardando il *Sansone che fa crollare il tempio* (cerchia dei Carracci) pensando chissà perché a Berlusconi. Altri, di pensieri più grati, mirando nella stessa sala il *Peccato originale* di Palma il Giovane riconoscono che proprio il Cavaliere ha mondato per primo la Destra dal ben noto peccato d'origine...

Per Fini la principessa ha attrezzato la sala da pranzo grande, dominata da quattro enormi tele con fiori di Mario Nuzzi, un pittore romano coevo del palazzo che ha pensato bene di mettere i suoi enormi girasoli in un vaso con l'emblema araldico dei Rospigliosi, l'altro ramo della famiglia Pallavicini.

Ma per Fini la principessa ha fatto di più: ai fiori secolari del Nuzzi ha aggiunto, in un'enorme fioriera barocca con putti dorati, un grande mazzo di anturium bianchi e rossi sposati a ciuffi di lauro verde. Un tricolore a tutti gli effetti, ben augurante.

Poiché gli aristocratici romani hanno risposto compatti alla convocazione della principessa Pallavicini, non stanno tutti nella sala grande. Per questo la voce del presidente di Alleanza nazionale viene diffusa nel salotto rosso (Botticelli, Luca Signorelli, Lorenzo Lotto), nel salotto verde (Tintoretto, Velázquez, van Dyck), nel salone blu (anzi, *bleu*, come scrive la principessa) dove alloggia Caravaggio. L'eco sfiora anche il silenzioso salone dove sono state collocate le tredici tavole dedicate da Pier Paolo Rubens, amico di famiglia, a Gesù e agli apostoli.

Il marchese Solaro del Borgo chiede che cosa s'intenda fare di pensioni e sanità, i veri pozzi senza fondo d'Italia. Il duca di Gallese rimbrotta dolcemente la principessa Pallavicini: perché ha invitato noi che per la destra abbiamo sempre votato? Doveva invitare i nostri amici radical chic, dice il duca, che la pensano come noi ma votano progressista. A proposito, aggiunge, vedo il professor Armani che era repubblicano. Vota per il Polo anche lui? (Brusii divertiti per l'impertinenza che lascia Armani di ghiaccio.) Un avvocato di Milano (venuto per la circostanza e pronto a ripartire per non far mancare il suo voto ad An) sollecita una politica chiara sulle privatizzazioni: al Nord lo «statalismo» della destra crea qualche problema.

Fini ha una parola rassicurante per tutti. Poi è garbatamente assalito dalle strette di mano. Vecchi gentiluomini e giovani eredi con l'abito ben tagliato e il collo della camicia un po' alto. Dame attempate e splendide ragazze bionde per lo più, ma anche brune, tutte vestite di scuro, tutte con lo sguardo sexy-aristocratico (chi non è stato innamorato di Carolina di Monaco?), tutte con gambe lunghissime fasciate da calze nere.

È stanco, Fini, e chiede di non partecipare al ricevimento che chiude la serata.

Scappa con la moglie Daniela. È fiducioso. Tutti qui sono fiduciosi in un buon risultato. Gli ultimi sondaggi riservati dicono che il Polo conquisterà nove regioni su quindici, se va bene – anzi – dieci. E An? Diciassette per cento, risponde Fini che è stato sempre prudente. Sapendo che gli interlocutori diranno: diciassette? Ma che dice, presidente, diciotto, forse diciannove... Non è lo stesso D'Alema, d'altra parte – l'unico a credere da sempre nella vittoria progressista –, a giurare sul fatto che i voti di Fini raggiungeranno quelli di Berlusconi?

«Mi chiede come sto? Ha presente un drago inferocito?»

«Mi chiede come sto? Come vuole che stia? Ha presente un drago inferocito? Bene, sono io.» È questo, due giorni dopo il voto, lo stato d'animo della principessa del Drago, che abita con la principessa Pallavicini e l'ha aiutata a organizzare la memorabile serata con Gianfranco Fini.

Lo stato d'animo di Gianfranco Fini non è diverso. La sera della domenica, dinanzi al 17 per cento valutato dagli exit-poll, parla di «risultato buono». L'indomani, quando il consuntivo ufficiale è di poco superiore al 14 per cento, resta senza parole. La sera del lunedì si nega ai giornalisti per la prima volta da quando è segretario, in una circostanza così impegnativa. Lo raggiungo al telefono. Mi dice: «Non riesco assolutamente a capire che cosa sia successo». L'indomani scrive sul «Secolo» il direttore Gennaro Malgieri: «Siamo delusi. Non proviamo neppure a fingere una soddisfazione che non sapremmo come giustificare. Appartiene al costume della vecchia politica mostrarsi contenti anche quando non lo si è ».

Allora, che cosa è successo? Alcuni mesi dopo, nel pieno dell'estate, Gianfranco Fini ammette di aver avuto in quella giornata «una reazione un po' sopra le righe».

E spiega: «A ripensarci, abbiamo sbagliato a dire: votate per noi alle regionali così vi portiamo subito a votarci per le politiche. Avremmo dovuto spiegare meglio i nostri programmi a elettori interessati alla soluzione di problemi locali. C'è poi da dire che l'assenza di rappresentanti del Polo in molti seggi elettorali ha favorito qualche operazione disinvolta: basta vedere quel che è successo nel Lazio. Infine siamo stati sfortunati: abbiamo perso il Lazio per qualche migliaio di voti e l'Abruzzo per lo 0.2 per cento...».

Fini non accetta l'idea che Alleanza nazionale abbia avuto un'onda lunga e che questa sia già finita in risacca. Le valutazioni degli analisti, che danno Dini in vantaggio su Berlusconi e Prodi, premiano le soluzioni nette, anche se estreme: Alleanza nazionale, appunto, e Rifondazione comunista. Resta da chiedersi, a un anno dalla svolta di Fiuggi, che cosa sia con esattezza questo partito dopo il taglio del cordone ombelicale con le nostalgie fasciste. Che cosa ci sia di irreversibile nella rottura con il passato. Che cosa voglia dire «essere di destra» nell'Italia di fine secolo. Per cercare una risposta bisogna tornare al 1992. Il 19 settembre «Il Tempo» di Roma pubblica un editoriale del professor Domenico Fisichella. Se Giovanni Sartori è il caposcuola della scienza politica italiana, Fisichella – suo allievo – lo segue a ruota, visto che in questa materia ha conquistato il primo posto di assistente universitario messo a concorso nel nostro Paese e poi la prima cattedra di professore ordinario, che oggi tiene alla «Sapienza» di Roma (e alla Luiss). Uomo di destra, dirigente monarchico in gioventù a Genova, indiscusse qualità democratiche. («Mai un accento razzista, mai una piegatura antisemita» gli riconosce sull'«Unità» Letizia Paolozzi.) Che cosa dirà oggi il nostro Fisichella?, si chiedono i lettori del giornale romano che lo seguono ormai da un decennio. Fisichella dice che il sistema è cotto (Tangentopoli, dopo l'antipasto di Mario Chiesa, si avvicina alla polpa), le «forze di progresso» sembrano volersi riunire sotto le insegne di Alleanza democratica e chi vuole costituire un'alternativa alla sinistra dominante «deve cominciare a lavorare per una Alleanza nazionale (o come si voglia chiamarla: a me piace così), capace di contrastare con prospettive di successo e con programmi affidabili l'aggregazione che si colloca a sinistra... Ci potranno essere liberali, repubblicani, cattolici che andranno nell'Alleanza democratica e altri che opteranno per l'Alleanza nazionale. Entreranno in politica, recuperando una passione ora avvilita e mortificata, tanti soggetti individuali e collettivi che oggi ne stanno fuori».

Lapidaria la conclusione: «Collegarsi per vincere».

Come tutti i profeti, Fisichella non viene preso sul serio. O meglio, viene preso per uno dei tanti politologi animati da nobili intenzione che i politici amano come il fumo negli occhi. La Dc – nonostante la sconfitta elettorale del '92 – sta al 30 per cento dei voti, il Psi quasi al 14. Il Pds si spolvera ancora di dosso le macerie del muro di Berlino, ha subìto la scissione di Cossutta e arranca intorno al 16 per cento. I liberali sfiorano il 3 per cento e il Msi di Gianfranco Fini è poco sopra il 5. Di quale Alleanza nazionale parla Fisichella?

Il professore torna a confermare le sue tesi in un altro articolo del primo ottobre. Ma Fini è diffidente. «In quei giorni riunisce il Comitato centrale del partito e parla di An come di qualcosa che assomiglia a una trappola» mi dirà Fisichella. Tra l'altro, la parte del Msi più legata al passato si indigna perché la prima volta che si parlò di una Alleanza nazionale fu in chiave rigorosamente antifascista. L'idea venne a Lauro De Bosis, un giovane e intraprendente intellettuale di fede monarchica che, deluso da Mussolini ed emigrato all'estero, cercò di chiamare a raccolta il supposto antifascismo di massa degli italiani con un gesto clamoroso. Il 3 ottobre 1931 partì da Marsiglia con sole sette ore di esperienza di volo alle spalle e con un improbabile aeroplanino. Raggiunse Roma e nella sera, a luci spente, riuscì a scaricare quattrocentomila volantini sulle strade del centro e persino sul noto balcone di piazza Venezia. Poi precipitò nel mare della Corsica. Il volantino era un nobile e ingenuo decalogo di resistenza passiva al fascismo in nome, appunto, di una Alleanza nazionale.

Figurarsi la gratitudine di Rauti e di altri camerati.

«Caruso, Buttiglione? La Dc non vuole...»

Fisichella, comunque, non interrompe i contatti con il Msi. Il professore e il giovane segretario si conoscono appena. Fisichella ha avuto incontri più frequenti con Almirante. «L'uomo aveva intuito quello che io ritenevo dovesse essere il ruolo della destra. Mi ascoltava con attenzione, anche se poi doveva subire una serie di condizionamenti esterni e interni che impedivano in quegli anni di portare avanti il discorso.»

L'idea di Alleanza nazionale resta in letargo per tutto l'inverno e la risveglia nella primavera del '93 il plebiscito in favore del sistema maggioritario di Mario Segni. Vince chi si piazza primo, e chi non ha alleati viene tagliato fuori dalla corsa. Anche il Msi dunque deve saltare il fosso e guardarsi intorno. Fini ha condotto una dura e sfortunata battaglia contro il sistema maggioritario per pure ragioni di sopravvivenza politica. Non c'è uno straccio d'esperto politologo disposto a giocarsi mille lire sulla sorte del partito della destra ancora un po' nostalgico dei Bei Tempi. Lo stesso segretario ha qualche preoccupazione, se dopo il referendum di Segni convoca un comitato centrale con questo argomento all'ordine del giorno: sopravvivere come forza politica con cinque deputati. Tanti si immagina che il Msi possa conquistarne alle prossime elezioni politiche, per le quali Achille Occhetto sta già scaldandosi con giri di campo intorno a palazzo Chigi.

Per le elezioni comunali di Roma, Fini cerca alleati per una lista civica che metta insieme per la prima volta il centrodestra. Pensa di puntare sul prefetto Carmelo Caruso, che ha ben meritato a Milano e a Roma. Fini s'incontra con Fisichella, parla con Francesco D'Onofrio. A qualche incontro partecipa anche Andrea Ronchi, un giovane giornalista di destra.

Ma l'accordo con la Dc non matura e Caruso viene presentato da Martinazzoli come candidato scudocrociato.

Fini riprova con Buttiglione: il filosofo ci starebbe, Fisichella ne parla con Nicola Mancino, ma la candidatura dura poche ore, nonostante la proposta del patto si limiti al solo sindaco, essendo naturalmente i partiti liberi di presentare liste indipendenti di candidati al consiglio comunale.

«Mancino mi spiegò le ragioni per le quali la Dc non era pronta a un passo del genere» racconta Fisichella. «Risposi che l'atteggiamento di rifiuto conteneva dei rischi per la stessa Dc. Mancino mi disse allora che già in altre occasioni il suo partito aveva perduto il controllo delle grandi amministrazioni comunali, ma che in fondo questo non aveva comportato problemi gravi per la Dc. Cercai di farlo riflettere sul fatto che nei periodi ai quali lui si riferiva esisteva un forte potere centrale controllato dalla Dc. Quel potere ora andava sgretolandosi... Comunque l'accordo fu impossibile e Fini dovette presentarsi da solo, seppure nella lista civica "Insieme per Roma". La sua candidatura fu il fallimento del primo tentativo di realizzare un'ampia convergenza sul centrodestra.»

Alle elezioni autunnali accade quel che accade. Fini sfiora il successo a Roma e nel ballottaggio viene votato da quasi metà degli elettori, Alessandra Mussolini a Napoli perde contro la corazzata Bassolino, ma ottiene risultati che nemmeno i parenti più cari avrebbero osato augurarle. A favore di Fini si è schierato pubblicamente Silvio Berlusconi: piuttosto che votare allo stesso modo dei «comunisti» farebbe il gesto di Muzio Scevola. Ma soprattutto, come osserva Marco Tarchi nel suo *Cinquant'anni di nostalgia*, una scelta diversa o la mancanza di una scelta «avrebbe significato vanificare in partenza il progetto di dar vita a una aggregazione antisinistra».

Questo risultato convince Fini che i tempi sono maturi per giocarsi l'asso capitatogli provvidenzialmente in mano. Da tempo il segretario rimugina sulla proposta di Fisichella. «Ne ho parlato spesso con Pinuccio Tatarella che era convinto della necessità di questo processo» mi racconta Fini. «Ne ho parlato con Luciano Laffranco, un amico carissimo oggi scomparso: libraio a Perugia, segretario del Fuan, punto di riferimento per quelli della mia generazione. Ne ho parlato con tanti altri. Ma solo con le amministrative di fine '93 mi accorgo che il superamento del Msi è già avvenuto, perché anche prima del ballottaggio sia io a Roma sia Alessandra a

Napoli otteniamo il triplo dei voti storicamente guadagnati dal nostro partito.»

«An non è il bazar della stazione»

A fine gennaio del '94 avvengono due episodi rimasti sepolti nella routine della politica e che invece sono alla base del rinnovamento del Msi e della successiva scissione di Rauti. Il 22 si riunisce l'assemblea di Alleanza nazionale, una settimana più tardi quella del Msi. Scrive Tarchi, un intellettuale di destra uscito dal partito: «È evidente la volontà di dare alla sigla An, almeno in apparenza, una possibilità di vita propria che in passato non avevano avuto né la Destra nazionale né la Costituente di destra, ridotte a semplici appendici». Fini ne minimizza il ruolo: «Era una conferenza organizzativa, una vetrina per gli elettori, visto che si sarebbe votato dopo due mesi. I delegati, addirittura, furono indicati dalle federazioni e non eletti. Nessuno chiese un congresso solenne per decidere la svolta. Lo stesso Rauti non batté ciglio sull'ipotesi di una conferenza organizzativa per presentare Alleanza nazionale: era un cartello elettorale necessario per battersi nel maggioritario. Magari qualcuno pensava che fosse fumo senza arrosto...».

Ribatte Rauti: «Fini disse anche successivamente che Alleanza nazionale era un contenitore di differenti soggetti politici: ognuno con la sua storia, il suo passato, il suo programma. In questo contenitore ciascuno avrebbe abitato senza dover rinnegare nulla e senza chiedere che altri rinnegassero le loro precedenti esperienze». Fini naturalmente non è d'accordo: «Certo che in An c'è posto per tutti. Ma a condizione che se ne condividano gli orientamenti. Alleanza nazionale non è il bazar della stazione. Per abitarci, bisogna riconoscersi nei principi di fondo e nei programmi...».

Fini riconosce peraltro che pochi all'inizio avevano capito che anche la semplice costruzione di un cartello elettorale chiamato An rompeva definitivamente l'isolamento del Msi: «Dar vita a una politica di alleanze, dialogare con gli altri, cercare punti d'incontro lasciando da parte i temi che ci avrebbero portato all'oltranzismo e allo scontro, significava costruire una svolta senza ritorno. Quando ho detto: ciò che è nato come una federazione di soggetti politici deve diventare un solo soggetto politico, qualcuno ha parlato di fulmine a ciel sereno. In realtà nulla è stato improvvisato...».

Il 27 marzo le elezioni vanno come vanno. Invece di prendere i previsti cinque deputati, Fini ne porta a casa centonove. An va al governo con Fisichella e Publio Fiori. Il Msi vi entra alla grande con Pinuccio Tatarella, Adriana Poli Bortone e Altero Matteoli.

Adesso la svolta è matura, occorre preparare un congresso vero. Fini chiama Gennaro Malgieri e gli dice di riguardarsi l'album di famiglia in vista della preparazione delle tesi congressuali. Malgieri è un brillante giornalista di quarant'anni che ha fatto tutta la sua carriera al «Secolo d'Italia» fino a diventarne direttore e a trasformarlo (soprattutto dall'autunno del '95) in uno strumento di dibattito spesso vivace. Ha scritto alcuni libri, ne ha letti molti. L'invito del segretario, come si dice a Roma, lo «gasa». Ripensando alla storia travagliata della destra italiana del dopoguerra, Malgieri la divide in tre periodi. Ricorda i tentativi fatti negli anni Cinquanta da Arturo Michelini, Augusto De Marsanich, dallo stesso Pino Romualdi per legittimare una destra democratica. O meglio, come osserva Tarchi, per avviare una «linea di condizionamento alla Dc... garantendole un polmone di ricambio per politiche più apertamente conservatrici». Questa linea esce tra molte contraddizioni dal congresso di Viareggio del '54 e dura, tra alti e bassi, fino al luglio del '60, ai sanguinosi moti di piazza che impediscono al Msi di tenere il suo congresso di Genova, mentre a Roma la Dc compie una drammatica apertura a destra con il governo Tambroni. Tarchi, citando Romualdi, giudica improbabile che la prospettiva d'ingresso nell'area di governo avrebbe potuto portare l'intero Movimento sociale a tagliare i cordoni con il suo passato e le sue ambiguità per sposare senza riserve la causa democratica. D'altra parte il Msi allora era più debole del Pli di Malagodi e, nel Mezzogiorno, dello stesso partito monarchico di Lauro. Ma Malagodi coltivava altri disegni, la Dc non aveva nessuna voglia di imparentarsi con gli eredi dichiarati del fascismo e ogni ipotesi di accordo abortì perfino prima di essere concepita.

«Il lungo inverno dello scontento»

«Per noi» racconta Malgieri «seguì il lungo inverno dello scontento. Durò vent'anni.» Il direttore del «Secolo» fa cominciare il lungo e tormentato letargo della destra italiana a metà degli anni Cinquanta, assai prima dei drammatici giorni di Tambroni. E ne annota il risveglio nel '73, quando Almirante cerca di nuovo di uscire dal guado con la sua Destra nazionale. È il primo tentativo compiuto dal Msi di aprirsi a uomini e idee non strettamente organici alle proprie tradizioni. Arriva dunque da sinistra il filosofo Armando Plebe, allievo di Galvano della Volpe e autore di pregiate voci sulla *Enciclopedia sovietica.* Vengono Enzo Giacchero, medaglia d'argento della Resistenza, l'ambasciatore Francesco Enzo Carnelutti, lo scrittore Giuseppe Berto, il dirigente cattolico Agostino Greggi, l'editore della «Gazzetta del Sud» Giuseppe Bonino, l'ammiraglio Gino Birindelli e le due colonne del Partito monarchico, Achille Lauro e Alfredo Covelli.

Almirante, forte del massimo storico (8.7 per cento) ottenuto alle elezioni del '72, porta avanti l'idea di una Costituente di destra e guarda ancora una volta verso la Dc. Ma da piazza del Gesù rispondono sollecitando all'interno del Msi la nascita della corrente di Democrazia nazionale (Ernesto De Marzio e Gastone Nencioni) che porta alla scissione del '77 con la migrazione nel nuovo partito di metà del gruppo parlamentare missino. E al suicidio della stessa Democrazia nazionale alle elezioni del '79 (0.6 per cento).

Malgieri ripensa a tutto questo e si convince che stavolta le tesi congressuali dovranno essere inequivocabili. Fini, d'altra parte, su questa linea va avanti senza ripensamenti. Il direttore del «Secolo» va a rileggersi un editoriale pubblicato il 10 giugno del '94 e concordato con il segretario. È un ricordo di Giacomo Matteotti, a settant'anni dal suo assassinio per mano fascista. «Sì, fu un crimine. Un orrendo crimine... una pagina nerissima per il fascismo... una vergogna che non si è più cancellata.» Così scrive il «Secolo d'Italia». Ricordando, com'è giusto, anche le vittime fasciste del '24: a cominciare da quell'Armando Casalini, «deputato come Matteotti... un politico di origine repubblicana e di formazione mazziniana... tollerante per comune ammissione dei suoi colleghi parlamentari. Ucciso a Roma a colpi di pistola. Perché è stato steso su di lui il velo dell'oblio?». Conclude, Malgieri, sognando anche per l'Italia un cimitero nazionale di Arlington, una Valle de los Caídos «per tutti i Matteotti, per tutti i Casalini. Un tempio alla tragedia che sia anche un tempio all'amore». È un passo importante. La famiglia Matteotti ringrazia attraverso l'Ansa, la comunità ebraica si fa viva con qualche telefonata di consenso: Fini la sta curando molto da mesi e il «Secolo» ha pubblicato il 27 maggio un editoriale dal titolo: «An e gli ebrei: oltre ogni pregiudizio». Negli stessi giorni, d'altra parte, partecipando a qualche ricevimento, l'ambasciatore a Roma dello Stato d'Israele si dice molto compiaciuto dei passi in avanti compiuti dalla destra italiana. Certo, l'articolo su Matteotti provoca l'indignata reazione di Teodoro Buontempo, detto «Er Pecora». Ma il dado ormai è tratto.

All'inizio dell'autunno il gruppo di lavoro che ha messo mano alle tesi congressuali è in piena attività: Pietro Armani si occupa della parte economica, Gustavo Selva di quella internazionale, altri esperti analizzano i diversi settori. Domenico Fisichella pensa ai primi articoli dello statuto (che sarà approvato integralmente nel luglio del '95). Si concentra in particolare sul primo, che delinea l'indirizzo del partito e il suo ruolo all'interno del sistema democratico.

«Siamo anche figli di Gramsci»

Malgieri lavora alla parte più rognosa, quella che tutti leggeranno per prima: il Dna ideologico del «nuovo soggetto politico». E comincia a scrivere: «Il patrimonio di Alleanza nazionale è formato di molte cose, intessuto di quella cultura nazionale che ci fa essere comunque figli di Dante e di Machiavelli, di Rosmini e di Gioberti, di Mazzini e di Corradini, di Croce, di Gentile ma anche di Gramsci. Nulla si separa, nulla si distrugge nella formazione di una memoria storica e culturale: poi alla sensibilità di ciascuno è dato riconoscere ascendenze più o meno vicine, più o meno lontane».

Malgieri pensa a che faccia faranno Rauti, Buontempo e tanti altri, ma non se ne cura. Il pallino di Gramsci ce l'ha da vent'anni. Non gli andava giù la becera sufficienza con cui la destra italiana guardava alla cultura. Questi non hanno capito niente, si diceva Malgieri. Solo attraverso la cultura si può interpretare la società. Aveva ragione Gramsci quando predicava l'egemonia culturale. È vero, questa simpatia per l'ideologo principe del Pci gli era valsa l'appellativo di «gramsciano di destra». Ma Malgieri non se ne cura e rincara la dose. Non è stato Gramsci ben prima di Pippo Baudo a coniare l'aggettivo «nazionalpopolare» che tanti consensi oggi riscuote a destra? E non ha scritto Augusto Del Noce che, nell'interpretazione di Hegel, Gramsci è figlio di Gentile piuttosto che di Croce?

In ottobre Malgieri porta a Fini la bozza del secondo capitolo delle tesi («Valori e princìpi»). Fini legge la frase *hard* e guarda il suo collaboratore. «Anche Gramsci?» «Anche Gramsci, Gianfranco. An deve inserirsi nel pensiero nazionale inteso nella sua globalità. I nuovi movimenti popolari non possono pensarsi separati da quello che è accaduto in questo secolo straordinario.» «Va bene» dice Fini.

Prima del congresso di gennaio a Fiuggi avvengono ancora sei o sette incontri del gruppo di lavoro. Oltre che da Fini, le tesi vengono rilette da Maurizio Gasparri, Adolfo Urso, e ancora da Pietro Armani e Gustavo Selva.

Nessuno obietta. Ci sono aggiustamenti lessicali. Ma la sostanza resta. Fisichella legge le tesi a cose fatte. «Su Gramsci» mi dirà il professore «avevo qualche piccola perplessità. Ma decisi di non manifestarla perché avevo intuito che questa, come tante altre cose, avrebbe avuto una influenza limitata nel tempo e nello spazio.»

Il gruppo di dirigenti che lavora sulle tesi non muove obiezioni nemmeno a una frase forse meno vistosa, ma politicamente assai più impegnativa, scritta tre pagine prima. Là dove si trova «giusto chiedere alla Destra italiana di affermare senza reticenza che l'antifascismo fu il momento storicamente essenziale per il ritorno dei valori democratici che il fascismo aveva conculcato». Pur riconoscendo che nel dopoguerra «non tutto l'antifascismo è stato antitotalitarismo» e che «i paesi comunisti e il Pci hanno promosso l'antifascismo a ideologia per legittimarsi». Su questo punto, paradossalmente, Malgieri è più tranquillo. Prima di scrivere questa parte, infatti, è andato a rileggersi il discorso pronunciato alla Camera da

Gianfranco Fini il 20 maggio del '94 durante il dibattito sulla fiducia al governo Berlusconi. Aveva detto il segretario del Msi: «Non ho alcuna ragione per negare che l'antifascismo è stato il momento storicamente essenziale perché tornassero in Italia i valori della democrazia», prendendosela poi con Togliatti che aveva trasformato l'antifascismo in una ideologia. E Malgieri aveva annotato sul «Secolo»: «C'è da aggiungere altro? Ci sono altri strappi da compiere?». Mi racconta Fini nell'estate del '95: «Non capisco la meraviglia di Fiuggi. La nostra posizione sull'antifascismo era già chiara fin dalla nascita del governo Berlusconi. Ne parlai allora per rispondere all'estrema sinistra che aveva posto il problema della presenza dell'estrema destra nel governo. Non è stato quindi un fulmine a ciel sereno. Mi infastidisce, quando si parla di queste cose, la posizione di chi liquida la vicenda dicendo che è pura propaganda, non c'è stato travaglio, non abbiamo maturato a sufficienza le ragioni della svolta. O di chi invece sostiene che è stata un'operazione tatticamente perfetta, che però strategicamente deve dimostrare ancora quello che vale. La verità è che la svolta c'è stata e ci è costata. Ci è costata molto. Va' a spiegare a una comunità per quarant'anni orgogliosamente sola contro il mondo (e aveva tante ragioni per esserlo) che è cambiato tutto, che si è aperta un'altra stagione, che insomma devi guardare al futuro. Ripensi agli anni della giovinezza, alle cose che ci dicevamo al Fronte della gioventù e allora ti assalgono i dubbi. Mi chiedevo, ci chiedevamo: dobbiamo farlo per davvero? Per questo sono grato agli amici del Msi che mi hanno aiutato e mi son rimasti vicini: ai Tatarella, ai Gasparri, ai La Russa. Così come debbo riconoscere che i grandi vecchi, i Servello, i Valensise, lo stesso Tremaglia non mi hanno mai detto: ma come ti permetti, dove stai andando, che cosa stai facendo? Il dolore di chi esce dalla casa del padre è forte e io l'ho provato. Ma ho sentito anche fortissima la necessità di camminare con le mie gambe. E non dimentico la forza che mi hanno dato quelli che venivano dall'esterno del Msi: Fisichella, naturalmente, che è stato il primo, ma anche Gigi Ramponi e quel gentiluomo di Gaetano Rebecchini. Eppoi Publio Fiori, l'unico che ha rischiato sul serio, visto che quando siamo nati era sottosegretario per la Dc. Quanta gente ho incontrato in quel periodo che mi diceva: sto con te, d'accordo, ma non si deve sapere. Quanta gente ha votato per Caruso al primo turno delle comunali di Roma e poi s'è divisa tra me e Rutelli. In fondo, la distanza tra chi sta con Buttiglione e chi sta con Bianco era visibile fin da allora. La spinta ad andare avanti c'è venuta da tanti democristiani, liberali, socialdemocratici. Ma anche da tanta gente delle borgate, che magari fino alle elezioni precedenti aveva votato comunista e adesso voleva una destra non più fascista, non più ideologizzata. Una destra diversa, insomma. E sapevamo che sul capitolo dei "valori" si sarebbe concentrata tutta l'attenzione non solo dei nostri che dovevano decidere se far finire l'esperienza del Msi, non solo della società civile che ci aspettava al varco per vedere fino a che punto eravamo disposti ad andare avanti, ma anche di tutti gli osservatori politici internazionali. Per questo abbiamo lavorato per mesi su quel testo, con Fisichella e Malgieri che sono andati a rileggersi migliaia di pagine. Per questo ci siamo fermati, abbiamo riflettuto su questo o quell'aggettivo. Poi licenzi il testo, hai lo stato d'animo di chi dice: speriamo di esserci fatti capire. E allora si comprende l'incazzatura feroce di due giorni dopo quando constati che un titolo di giornale vale più di cento analisi ponderate e che tutto si risolve nel dire: "An è figlia di Gramsci"».

Come gli ebrei nel Mosè in Egitto

A Fiuggi, mercoledì 25 gennaio, il Msi va al suo funerale con l'abito nuovo. Per la prima volta in cinquant'anni non si sente l'*Inno a Roma,* sostituito da musica barocca. L'ha fatto scomparire Gianfranco Fini già nella campagna elettorale del '94. Il federale di Firenze l'aveva accolto con «Sole che sorgi...» e Fini lo aveva gelato: «Abbiamo cambiato musica. Cambia disco». Lo speaker sussurra al microfono inviti tipici di un congresso rotariano: «I signori congressisti sono pregati di non fumare». Sui banchi, è molto richiesto «Il centrodestra», elegante rivista di Pinuccio Tatarella. Appassisce, invece, il giornale di Pino Rauti, «Linea». Titolo: «Il Msi non finisce...». Scrive Rauti: «Il congresso si è già consumato secondo il rito imposto dalle comunicazioni di massa... Viene gettato a mare, tutto intero, il nostro programma sociale... Si passa all'altro campo, quello del liberal-capitalismo». Rauti ha pochissimo seguito: il 95 per cento dei delegati sta con Fini. «L'altro campo», come lo chiama l'ex segretario, saluta i nuovi arrivati nel modo migliore. Danno il benvenuto, sul «Corriere», il laico Leo Valiani e il cattolico Gabriele De Rosa. Titolo dell'editoriale di Valiani: «La svolta di Alleanza nazionale. Nome nuovo. Destra nuova».

Fini paga l'ultimo tributo a Giorgio Almirante lasciandogli la scena all'inizio del congresso. Il momento più intenso della serata è il silenzioso omaggio filmico al leader scomparso. In platea piangono quasi tutti.

«Poniamo fine all'esperienza politica del Movimento sociale italiano» attacca il segretario. In platea corre un brivido. «So quanto vi costi abbandonare la casa paterna che è stata per noi una palestra di moralità. So quanta sofferenza c'è tra noi. So di chiedervi molto, moltissimo.»

Pronuncia per l'ultima volta la parola ormai proibita: *camerati*. Lo fa ringraziando «gli impagabili camerati che per più di settant'anni sono rimasti fedeli alle proprie convinzioni, non in nome di una ideologia, ma della patria».

Fini allevia le piaghe dilaganti nell'uditorio spalmandovi la buona notizia che la Fiamma resterà accesa, sia pure un po' accucciata sotto il nuovo simbolo di An. Ma avverte con chiarezza: «La destra politica non è figlia del fascismo».

Quando finisce il segretario (trentasette interruzioni per applausi, tra cui una quando Fini ha detto: no al razzismo), parte il disperato tentativo dell'ala destra del partito di arginare i danni. La frase sull'antifascismo pare a Mirko Tremaglia una «bestemmia storica»: occorre almeno una radicale distinzione sul piano storico tra gli antifascisti e gli stalinisti del Pci. Fini lo tranquillizza: l'antifascismo non è un valore a sé stante.

«Non vogliamo certo riabilitare i comunisti italiani che ci combattevano sotto la bandiera di Tito.» L'intervento di Buontempo dimostra che la platea sta col cervello in Alleanza nazionale, ma ha lasciato un bel pezzo di cuore nel Msi. Non si capisce altrimenti come mai «Er Pecora» possa demolire le tesi costitutive del «nuovo soggetto politico» mietendo ovazioni su ovazioni. Rauti chiede gelido se il capitolo secondo delle tesi, quello su «Valori e princìpi» e, tanto per capirci, quello su Gramsci e l'antifascismo, sia il codice genetico di Alleanza nazionale.

Altrettanto gelido, Fini gli risponde di sì: «È il Dna di An. Con esso si ufficializza finalmente la pacificazione nazionale». Poi taglia corto: «Siamo già dall'altra parte del fiume. Non possiamo tornare indietro».

Rauti prova a far approvare qualche emendamento, per devitalizzare la frase sull'antifascismo e sopprimere tutta la congrega di padri della patria che tiene compagnia a Gramsci riassumendola in «figli della nostra storia».

Fini non ci sta. Recupera Tremaglia con un chiarimento sull'antifascismo che esclude dal riconoscimento gli stalinisti del Pci (a sostegno di Fini interviene il figlio di Tremaglia, Marzio, che nell'estate diventerà assessore alla Cultura della regione Lombardia). E va dritto per la sua strada. Rauti conclude amaro: «Hanno varcato le Colonne d'Ercole per fare da stampella al sistema. Io resto missino. Se andassi con loro, per me sarebbe come diventare buddhista». Poi, quando soltanto una cinquantina di mani si alzano a sostenere il suo disperato tentativo di «non rinnegare ogni radice», Pino Rauti mormora: «È finita».

La sera di venerdì 27 gennaio sto registrando il mio commento per il Tg1 quando sento un canto lontano. È l'*Inno a Roma*. Mi precipito nell'enorme tendone dove si è appena concluso il congresso di scioglimento del Msi. Una voce ha attaccato «Sole che sorgi / libero e giocondo...». Non lo canta, lo recita come una preghiera. Si aggiungono altre dieci voci. Poi altre cento: «Sul colle nostro / i tuoi cavalli doma...». Sembra il coro sommesso e disperato degli ebrei nel *Mosè in Egitto* di Rossini. Piangono tutti. Piange il vecchio Tremaglia, lì sul palco, passato in cinquant'anni dalla repubblica di Salò alla presidenza della Commissione Esteri della Camera. Piangono i giovani che credono nel fascismo senza averlo mai conosciuto. Piangono tutti. «Tu non vedrai / nessuna cosa al mondo / maggior di Roma.» È finita.

«Il fascismo? Una necessità...»

Secondo Giacomo Devoto, la parola *conculcare* significa «violare apertamente, opprimere, avvilire». E quando ha letto nel capitolo secondo delle tesi che il fascismo «ha conculcato i valori democratici», Pino Rauti non ci ha visto più. Non vorrà dire Rauti che il fascismo non ha privato gli italiani della libertà? «Figuriamoci. Che non ci fosse libertà durante il fascismo, che il fascismo fosse una dittatura è una verità lapalissiana, nessuno potrebbe sostenere il contrario.» E allora? «Mi disturba la connotazione negativa che c'è nella parola conculcare. Vogliamo capire una buona volta che il fascismo è stato una necessità? Ci sarà pure un motivo se in quegli anni l'Europa fu retta da regimi autoritari. L'Italia come la Germania, la Polonia come l'Ungheria, la Spagna come i Paesi Baltici. E sai qual è il motivo? Il comunismo. Anzi, il bolscevismo. Quei regimi furono lo scudo con cui l'Europa si salvò dal comunismo.»

Vado a trovare Pino Rauti nella sua casa alla Camilluccia in un torrido pomeriggio dell'estate '95. È solo, la famiglia è al mare. Nella penombra che procura scarso sollievo, gli tengono compagnia le foto delle due magnifiche figlie, Alessandra (bionda) e Isabella (bruna). Alle pareti, un gagliardetto che ha fatto la marcia su Roma (*Acta, non agenda*. «È una eredità di mio suocero»). E alcune spade unne («Sì, gli unni di Attila»). Molti libri, molti ricordi.

Rauti ha fatto ottanta giorni di carcere nel '72. Era un giornalista colto e capace. Sospettarono un suo coinvolgimento nella strage di piazza Fontana (fu assolto in istruttoria quattro anni dopo). Uscito di prigione, entrò alla Camera. Ci è rimasto diciassette anni. Adesso è parlamentare europeo. Ha rifondato il Movimento sociale, ha riacceso una fiamma che per ragioni legali è un po' diversa da quella di Fini. (I due partiti si palleggiano otto cause, tre a Milano, cinque a Roma.) Della nutrita legione parlamentare di An, l'ha seguito un solo deputato: Modesto Della Rosa, giovane commerciante in Pignataro Interamna, provincia di Frosinone. L'aveva seguito anche Giorgio Pisanò, ma poi hanno litigato. Dice Rauti: «Lui ritiene che la nostra battaglia politica tuttora si debba etichettare come fascista. Io dico che questo ci inchioda al nostalgismo». Altri (Tremaglia, Buontempo, Franchi) sono rimasti con Fini: «Dopo quarant'anni c'è molta stanchezza e l'idea di passare nell'area del potere è inebriante. Tutti ne avvertono il gusto, pochi i rischi».

Sono venuto a chiedergli come si fa, oggi, a difendere – come dice lui e come diceva fino a ieri lo statuto del Msi – l'«ininterrotta continuità storica». Con che cosa? «Con il ventennio, naturalmente. Senza cesure e senza censure.»

Allora? «Allora te l'ho detto. Il fascismo nacque in una condizione di emergenza. Fu lo scudo contro il comunismo. Ammettiamo che il fascismo non ci fosse stato. Nel '36 l'Italia democratica sarebbe intervenuta nella guerra di Spagna? No. E allora ti dico che senza il regime autoritario fascista che ha conculcato le libertà degli italiani, noi non avremmo salvato la Spagna. Una Spagna bolscevica avrebbe forse fatto riscrivere la storia mondiale. Il dilagare del bolscevismo nel Mediterraneo e forse nei Paesi del Sudamerica di lingua e cultura spagnola avrebbe portato a conseguenze catastrofiche. Perché non sarebbe andata al potere la socialdemocrazia, ma lo stalinismo.

Allora metti su un piatto della bilancia queste conseguenze e sull'altro l'eliminazione della libertà per alcuni anni...»

Alcuni anni? Sono stati venti. E mai, nemmeno nei momenti di massimo consenso, a Mussolini è venuto in mente di dire: ragazzi, siamo fortissimi. Un po' di ricreazione può ricominciare.

«Il fascismo si considerò sempre in stato di emergenza. Prima l'emergenza comunista, poi l'emergenza economica e sociale.

Tutti quelli che scrivono di politica dimenticano che nel primo dopoguerra italiano ci fu la più spaventosa crisi sociale ed economica mai vissuta dall'Occidente. Se non ricordo male, i disoccupati erano sei milioni in Francia, otto in Inghilterra, diciotto negli Stati Uniti. Ricordi l'America disperata di Steinbeck? Bene, l'Italia fu l'unica nazione occidentale a subire contraccolpi piccolissimi perché il corporativismo e la struttura sociale del regime fecero da ammortizzatore. In Francia la risposta la dette il governo delle sinistre di Léon Blum. Negli Stati Uniti la risposta fu il *New Deal* di Roosevelt. Lo Stato intervenne nell'economia, i liberisti si stracciarono le vesti, ma di fatto in Francia furono adottati provvedimenti sociali scopiazzati dal fascismo. La borghesia francese ebbe il panico quando furono concessi quindici giorni di ferie agli operai e mi pare che noi già ne avessimo ventuno.

Léon Blum mise in piedi l'organizzazione dei "falchetti rossi" per portare i primi bambini alle colonie marine. Noi nel '36 ne avevamo sei milioni e mezzo... Insomma, il fascismo salvò l'Italia dalla crisi. La dittatura comunque non faceva parte della sua dottrina. Lo Stato autoritario, sì.»

«Fascista? Postfascista? Chiamami superfascista»

Quali libertà politiche lascia uno Stato autoritario?

«Non si può chiedere al fascismo di dare una risposta compiuta in termini di dottrina e di struttura dello Stato, quando si è convinti che esso è stato introdotto in Italia per far fronte a una emergenza, qual era quella della crisi della liberaldemocrazia e del liberalcapitalismo. Comunque, nella Repubblica sociale ci fu un dibattito molto acceso sul ritorno ai partiti. Magari un ritorno parziale accanto alle categorie produttive che avevano diritto a una sola organica e permanente rappresentanza. Già, chi ha detto che si debba votare soltanto attraverso i partiti?»

Scusa, Rauti, ma ai vostri giovani di tutto questo che cosa resta? Che cosa gli raccontate? In che cosa gli chiedete di credere?

«I nostri giovani ci chiedono di rispondere alle ingiustizie del capitalismo. Nessuno immagina di ripetere le esperienze passate. Ogni regime è figlio del suo tempo. Potrei vestirmi come vestivo allora? Potrei andare in giro con un'automobile di quei tempi? Eppure resta una indicazione valida: porre al centro dello Stato una risposta sociale che non sia il comunismo collettivista (infatti è fallito), ma che superi anche il liberalcapitalismo. La risposta del fascismo fu dura come dura e spaventosa fu la minaccia. Ma occorre pur ricordare che il comunismo era nato dagli orrori e dagli errori del capitalismo. Dallo spaventoso costo umano dell'accumulazione capitalistica. Dalla distruzione di generazioni intere di contadini appena inurbati e finiti nelle fabbriche, dall'abbrutimento di donne e di bambini costretti a lavorare dieci, dodici, quattordici ore al giorno. Non si spiega diversamente perché centinaia di milioni di persone nonostante tutto hanno creduto nel comunismo.»

E oggi? «Oggi vogliamo rispondere o no alle ingiustizie del capitalismo? Una volta dissi in un congresso che se non ci fossimo mossi, saremmo stati scavalcati dall'ultimo parroco di Wojtyla o dai monsignor Di Liegro della Caritas. Ma lo sai che se il modello americano fosse automaticamente trasferito in tutto il mondo, le risorse mondiali scomparirebbero in pochi anni? Lo sai che c'è il coprifuoco a Washington e in altre quaranta città degli Stati Uniti? Che cosa avresti detto se dopo cinquant'anni di potere fascista in Italia fossimo costretti al coprifuoco? Avresti detto che il fascismo sarebbe fallito. Bene, io ti dico che è fallito il liberalcapitalismo. È ammissibile che centinaia di milioni di bambini lavorino in condizioni disumane nel Terzo Mondo a maggior gloria del capitalismo? Che i commercianti di tappeti debbano firmare un patto dicendo: no, signori, state tranquilli, qui il lavoro minorile abusivo non c'è, confermando quindi che c'è in tutti gli altri settori? Questo è un ordine sociale terribilmente ingiusto, che non è stato migliorato né dai partiti, né dal voto, né dalle libertà democratiche. E allora scusa, un regime che non risolve questi problemi va spezzato. Voglio riprendermi le mie libertà in un altro contesto costituzionale. Voglio battermi ancora perché in Italia, accanto a una Camera eletta dai partiti, ce ne sia un'altra eletta dalle categorie. Perché accanto ai politici ci siano gli industriali e i commercianti, gli scienziati e i venditori.»

Pino Rauti riprende fiato. Ha quasi settant'anni, ma il fatto di poter afferrare il microfono e gridare queste cose (anche i paradossi, anche le forzature evidenti) in pieno Parlamento europeo è per lui assai più di una cura di Gerovital.

Gli chiedo: che cosa c'entra tutto questo con l'antisemitismo e le leggi razziali?

«Il fascismo è stato razzista in senso spirituale. Il suo razzismo riguardava tutti gli uomini incapaci di battersi per la supremazia dello spirito sulla materia...» Tu approvi le leggi razziali? «Adesso è facile dire che sono terribili. Ma quando l'Italia andò in Etiopia, la propaganda di tutta la stampa ebraica e internazionale fu per muovere guerra al fascismo. Il fascismo spostava gli equilibri mondiali e urtò l'ebraismo internazionale che era strettamente intrecciato alla plutocrazia anglosassone...»

Tu storicamente accetti la persecuzione degli ebrei? «Non l'accetto. La spiego.»

E i razzisti di oggi, i naziskin sono figli vostri?

«No. Sono figli del degrado metropolitano, delle nostre periferie senza legge e senza spirito. Metropoli, megalopoli, necropoli. Comunque non c'è antisemitismo. C'è razzismo nei confronti degli immigrati.» Ma si ispirano alle vostre idee. «Hanno fatto una trasposizione patologica di quella che a mio giudizio era una corretta impostazione. Sono orecchianti maldestri. A volte strumentalizzati.»

Prima di venire qui, ho sfogliato alcuni libri di Julius Evola, il teorico del nuovo fascismo. Ti ci riconosci ancora? «Sì, l'analisi di Evola mi pare attuale, anche se gli scritti del dopoguerra, pure lucidissimi, hanno risentito della sua paralisi fisica.»

Il caldo incalza, il tè freddo è finito, un nipote del Duce (figlio di Vittorio, lavora in un caseificio) aspetta pazientemente che il nostro colloquio finisca. Sulla porta chiedo a Rauti: posso chiamarti fascista? Sorride con un po' di imbarazzo. «Mi pare riduttivo. Mi data.»

Allora postfascista? «Così mi metti in trappola. Diciamo superfascista.»

Fini: «Il fascismo? Fu innovativo...»

Gianfranco Fini ha rinnovato completamente il suo ufficio di via della Scrofa. I pochi cimeli sono scomparsi. Resta una foto molto bella di Almirante e una grande bandiera cucita a mano dagli esuli istriani, fiumani e dalmati. Si riconoscono la capretta istriana, l'alabarda triestina, i leoni di Dalmazia, l'aquila di Zara. «La regalarono nel '48 ad Augusto De Marsanich. Ha un valore morale, anche se c'è in giro qualche fesso che dice di andarci a riprendere con la forza quelle terre.»

Parlo a Fini della mia visita a Rauti. Gli dico che mi ha impressionato la sua determinazione sui temi sociali, un campo di battaglia che An avrebbe abbandonato. «Da almeno trent'anni Rauti pone con grandissima insistenza l'accento sul sociale» risponde Fini. «Ma al di là di qualche dotta comparazione di carattere storico, non ho ancora capito che cosa il sociale sia davvero per lui. Nelle nostre tesi congressuali ci sono almeno trenta pagine su economia e società. Pagine estremamente ponderate. Credo che la destra non avesse scritto niente di così ampio su questo tema. Rauti ripropone la terza via tra capitalismo e comunismo? Questo è frutto di una lettura ideologica dei fatti. Ma il problema della sintesi tra capitale e lavoro, la garanzia di certe forme di partecipazione, il fatto che tra lavoratore e datore di lavoro occorra trovare un momento in cui entrambi guardano a un interesse superiore, tutto questo nelle tesi di An sta scritto in modo molto chiaro.»

Chiedo a Fini un giudizio storico su Mussolini: in che cosa ha sbagliato?

La risposta è quella che mi aspetto, ripensando al terremoto che successe quando gli scappò detto che il Duce è il maggiore statista di questo secolo. «Mi sono ripromesso di non esprimermi più su queste vicende. Non posso farlo da storico perché non ne ho la competenza. Non posso farlo da privato cittadino perché sono il responsabile di una forza politica che ha le radici in quel periodo e che le ha profondamente modificate.»

Giro allora la domanda: a oltre settant'anni di distanza dalla marcia su Roma, come giudichi la tesi che il fascismo è nato per una emergenza e si è sempre considerato in emergenza?

«Il fascismo lo si può giudicare come si vuole. Ma non c'è dubbio che fu una risposta innovativa, nel senso che non c'erano modelli precedenti. È stato l'unico fenomeno politico originale che si è avuto in Italia per molti e molti anni. Mussolini ebbe l'intuizione di chiamare a raccolta nel fascio tutti coloro che avevano contribuito alla vittoria successivamente mutilata, perché non si rispettò il patto di Londra, e che dovevano contribuire alla ripresa della normalità. Poi non va mai dimenticato che erano gli anni in cui da Est arrivava la Rivoluzione d'ottobre, c'era il biennio dell'occupazione delle fabbriche, in Italia si stavano organizzando i Soviet, c'era una democrazia liberale profondamente malata già prima della Grande guerra. È innegabile che in quel periodo ci fosse una emergenza...»

Quando obietto che un'emergenza non può durare vent'anni, mi si risponde che all'emergenza politica è seguita l'emergenza economica con la crisi del '29. Mi si dice anche che se non ci fosse stato il fascismo e l'intervento nella guerra di Spagna, il bolscevismo sarebbe dilagato nel Mediterraneo. Tu sei d'accordo con questa tesi?

«È molto difficile contestarla. Se non fosse vera, non si spiegherebbe nemmeno perché la Chiesa ha giocato un ruolo determinante. Pio XI chiamò Mussolini "l'uomo della Provvidenza". È vero che si riferiva al Concordato. Ma fu una cosa importante.»

La tua base, i tuoi giovani hanno storicizzato questi problemi, se ne interessano ancora o siete ormai passati alla fase dell'abbandono?

«No, no. C'è un grande interesse. È importantissimo che ci sia una lettura serena, non passionale, di vicende che comunque hanno caratterizzato questo secolo e che costituiscono ancora una materia calda. Ancora oggi, quando affronti questi temi, non scuoti soltanto sentimenti, ma tocchi ferite. Non parli infatti della notte dei tempi. L'interesse per il fascismo non può essere né apologia stracca né il tentativo di riproporlo. Ma l'esigenza di capire ragioni profonde e di fare giustizia di tanta propaganda. La storia non è propaganda.»

Da sinistra comincia a esserci maggiore serenità nel toccare questi problemi?

«Sinistra è un concetto talmente vasto da rendere quasi impossibile la risposta, anche perché a sinistra ci sono gli ultimi nostalgici dichiarati e non pentiti. Comunque, mi pare che anche lì si vadano affermando tesi che una volta portava avanti solo la destra. Se si stabilisce il principio (vedi per esempio il libro di Claudio Pavone) che quella combattuta tra il '43 e il '45 è stata una guerra civile, be' vedi che le certezze di alcuni della sinistra cominciano a scricchiolare. È altrettanto vero, comunque, che a sinistra c'è gente andata molto più avanti.»

«Sì, andrò ad Auschwitz...»

È vero che hai in programma un viaggio di riconciliazione al campo di sterminio di Auschwitz?

«Sì, ci andrò. Conto anzi di andarci molto presto. Appena avrò la certezza che nessun esponente della comunità ebraica pensi che si tratta di una strumentalizzazione. Io non avrei alcun imbarazzo ad Auschwitz. Ormai tutti, anche Scalfaro, dicono che il genocidio, lo sterminio di massa fu perseguito da Hitler e da Stalin. E nessuno può pensare di assimilare al nazionalsocialismo il fascismo che fu una risposta tipicamente italiana. Anche se il fascismo ha le sue responsabilità per le leggi razziali e per il biennio di Salò. Nessun imbarazzo, quindi, come non lo ebbi alle Fosse Ardeatine.»

Che sentimenti personali provasti in quella occasione?

«Ebbi la stessa identica impressione che provo dinanzi a monumenti che rappresentano una tragedia. La stessa impressione provata la prima volta che mi portarono alle foibe, in Istria, le fosse comuni dove furono sepolte le vittime dei comunisti. Non solo un senso di pietà per coloro che sono stati uccisi, ma anche il forte impulso a fare qualche cosa perché tragedie del genere non si ripetano più.»

Davanti alle Fosse Ardeatine non hai provato un po' di disagio per le leggi razziali del fascismo?

«Guarda, anche su questo bisogna essere in pace con la propria coscienza. Io già all'inizio della campagna elettorale per le elezioni comunali di Roma del '93 dissi che le leggi razziali furono un errore che generò un orrore. E non fu un fulmine a ciel sereno. Perché non ci era mai sfuggita la mostruosità di quel che accadde. Una volta mi capitò di parlare di queste vicende con Almirante e lui mi disse: l'unica cosa che tornando indietro strapperei dalla mia storia, l'unico episodio per il quale non ho paura di usare la parola "rinnego" è la mia collaborazione alla "Difesa della razza". Questo mi disse Almirante, che pure conservava un ricordo affettuoso di Telesio Interlandi, direttore di quella rivista.»

Non immaginavo di poter toccare con Gianfranco Fini temi che lui evita accuratamente da molto tempo, sapendoli pieni di insidie, anche inconsapevoli. Ma quando si parla dello strappo di Alleanza nazionale dal suo passato non si può evitare di chiedersi quali foto dell'album di famiglia si accettino e quali si rifiutino. Fini però vuole guardare avanti e allora gli chiedo qual è la differenza tra An e Forza Italia.

«La differenza sta in due aggettivi: nazionale e sociale. O

popolare. Sarebbe bello dire nazionalpopolare, se Pippo Baudo non avesse di fatto espulso questa parola dal mercato della politica. Ho detto nazionale. Sapessi che fatica si fa a spiegare ancora in Italia che sentirsi figli di una comunità nazionale non significa suonare la carica o sognare l'imperialismo. Vedi, il larghissimo favore con il quale io da piccolo credente seguo l'opera di questo pontefice è motivato dal fatto che per la prima volta sento un papa parlare della identità nazionale come patria. Quando abbiamo deciso di chiamare "nazionale" la nostra Alleanza è stato per ribadire il nostro senso di appartenenza a una comunità. Per significare la ricostruzione della nostra memoria storica, nella coscienza che ciascuno di noi è figlio di tutto ciò che ha alle spalle. Degli errori e degli eroismi del passato. Quando questo sentimento si affievolisce fino a rischiare la scomparsa, si può perfino parlare di secessioni senza indignarsi.»

An: nazionale, sociale, popolare. E Forza Italia?

«La grande scommessa di Forza Italia è di essere un partito liberale di massa. Se la vincerà, avrà segnato una svolta nella politica italiana, visto che da noi i liberali non sono mai usciti da movimenti elitari. Una svolta come la scomparsa del partito cattolico, la nascita di una destra nuova e di una sinistra che non si richiama più al comunismo.»

Un partito unico con Berlusconi?

È possibile un partito unico guidato da te e da Berlusconi?

«Non lo si può escludere a priori, ma credo che sia di là da venire. Abbiamo alle spalle cinquant'anni di proporzionale e di consuetudini che vedevano ciascuno dei molti partiti su piazza considerarsi depositario della verità e pronto a battere tutti gli altri. Negli ultimi anni abbiamo avuto una accelerazione enorme e siamo arrivati a un sistema bipolare. Ma all'interno dei poli esistono ancora entità diverse che debbono saper coesistere. Il cammino verso il bipartitismo è molto lento. Il centro? L'idea di fare il tripolarismo dentro il sistema maggioritario sta a cuore a molti. Ma non credo che abbia molte possibilità di tradursi in pratica.»

Fino a che punto si spinge il vostro federalismo?

«Ricordi il poker degli antichi poteri dello Stato? Toga, spada, feluca, moneta. Giustizia, forze armate, politica estera, tesoro. Aggiungerei la cattedra. Non fa parte degli antichi poteri, ma segue l'idea di nazione. E una nazione è tale se tuo figlio studia le stesse materie vivendo ad Agrigento o a Bressanone. Tutto questo non vuol dire che non vadano difesi gli orgogli municipali. La città, bada, non la regione. Tu senti la gente dire: sono di Rieti o di Bergamo, non: sono laziale o lombardo. La municipalità deriva dalla nostra storia, le regioni sono costruzioni burocratico-amministrative. Allora non mi sta bene che uno si senta lombardo e non italiano. Mi sta bene che uno si senta lombardo, quindi italiano e quindi europeo. Per capirci: se il federalismo fa funzionare meglio lo Stato, vengano tutti i decentramenti possibili. Ma se per federalismo s'intende l'allentamento ulteriore dell'unità nazionale, allora no, non lo accetto.»

Dove avete sbagliato stando al governo?

«Abbiamo sbagliato nel considerare la Lega riconducibile a una strategia generale. Personalmente, ho commesso un errore grave nel sottovalutare la strategia di Bossi considerando certe iniziative frutto del suo carattere o di un forte desiderio di visibilità. Lega a parte, noi siamo stati al governo, non al potere. Il potere aveva subìto stratificazioni di decenni, per cui ai nuovi governanti è risultato certe volte impossibile o comunque complicatissimo capire come funzionava. Mi riferisco in particolare alla burocrazia. Certo, salti sul treno in corsa del vincitore ce ne sono stati. Ma l'ossatura della macchina – la nomenklatura – ha visto il centrodestra come l'usurpatore. Ha giocato un ruolo negativo anche l'inesperienza complessiva della nostra squadra di governo. Infine, abbiamo sottovalutato la reazione della sinistra: immaginavamo che avesse accettato la nostra vittoria; non è stato così.»

E così la vostra strategia è cambiata completamente.

«Sì, è cambiata molto. Intanto abbiamo capito che per governare devi disporre degli strumenti idonei. Questo non vuol dire occupare la pubblica amministrazione, vuol dire riformarla. Cosa difficilissima. Perché in Italia non c'è una burocrazia di ricambio, come non c'è una classe politica di ricambio. Quel che è successo il 27 marzo ha lasciato attonito il mondo perché l'unica classe politica considerata idonea alla successione di quella scomparsa era di sinistra. Comunque, a proposito di burocrazia, non è vero che nel mondo occidentale le nomenklature sopravvivano ai regimi che le hanno nominate.»

Siamo in pieno «buonismo». Destra e sinistra sono prodighe di riconoscimenti reciproci, a metà settembre Fini va persino a prendersi gli applausi alla Festa dell'Unità.

«Quando al congresso del Pds del luglio '95 Walter Veltroni ha detto che bisogna fare campagne elettorali non più "contro" ma "per", mi è venuto da sorridere perché dal giorno successivo al 27 marzo la sinistra ha fatto l'esatto contrario. Comunque, non confondiamo il rispetto reciproco con la marmellata. In Italia non c'è mai equilibrio, rischi di passare sempre dallo scontro all'abbraccio. Io vedo una differenza fondamentale tra l'intransigenza e l'estremismo. Destra e sinistra sono alternative su una infinità di questioni e debbono essere intransigenti nel difendere i loro princìpi. Berlusconi, nel suo discorso al congresso del Pds, è stato in questo senso esemplare. Poteva lisciare il pelo alla platea. E invece no: grande rispetto, ma grande franchezza. Lo stesso atteggiamento ho avuto io alla Festa dell'Unità. Comunque, per rinnovare davvero la politica, bisogna essere concreti. La gente si è scocciata di sentir parlare di tavoli delle regole, di par condicio, di antitrust. In famiglia, a tavola, si parla di lavoro, casa, pensioni. Se non diamo risposte concrete ai cittadini, torniamo al qualunquismo, che d'altra parte è una malattia italiana...»

Tu sei un presidenzialista convinto, vero?

«Ricordi i tempi in cui parlare di presidenzialismo e di democrazia diretta ti faceva piovere addosso le accuse di tentazione totalitaria? Fino a qualche anno fa è stato così. E allora abbiamo cominciato a parlare di elezione diretta del presidente del Consiglio, di cancellierato. Cominciava ad affermarsi il principio che l'elettore elegge chi deve governarlo. Poi arrivò Francesco Cossiga che ha meriti altissimi in questo campo e fu il primo a porre il problema se la sovranità stesse nell'elettorato o nel Parlamento. Adesso si discute di questi problemi senza complessi ed è chiaro che noi siamo per l'elezione diretta del capo dello Stato che sia anche capo dell'esecutivo.»

Fini mi accompagna alla porta, sta arrivando Daniela – la

moglie – per portarlo da qualche parte. Resta un'ultima domanda. La più insidiosa.

È cominciato il dopo Berlusconi?

«Berlusconi ha costituito un caso eccezionale e irripetibile. Era pura fantascienza, anche per me, immaginare che lui dalla sera alla mattina potesse mettersi in politica, fondare un partito, vincere le elezioni e diventare presidente del Consiglio. Adesso è un leader politico. Quale obiettivo si dà un leader politico? Quello di raggiungere un ruolo di governo, se non in prima persona, per la forza che dirige, per la coalizione che rappresenta... Ma sì, tutto sommato, Silvio è nelle condizioni in cui si trovava quando ha incominciato. Manca soltanto l'eccezionalità dell'evento...»

Gioca in proprio, Gianfranco Fini, o gioca per Berlusconi? Ha sempre giocato in proprio, dice il Cavaliere, ma non mi ha mai tradito. In sei mesi, dall'autunno del '93 alla primavera del '94, Fini ha portato in coppa Uefa una squadra che nei cinquant'anni precedenti non aveva avuto nemmeno il permesso di iscriversi al campionato. Il primo scudetto l'ha vinto Berlusconi. Poi la Federazione ha cambiato le regole e il duello ricomincia. Fini ha ormai conquistato il diritto di giocare la serie A. Non glielo contesta nemmeno chi crede poco alla svolta di Fiuggi, a destra e a sinistra, né chi accusa An di essersi occupata prevalentemente di lottizzazioni. Tra qualche anno Fini potrà aspirare allo scudetto. Nel campionato della Seconda Repubblica. Che è ancora lontano.

7
Rocco, da Gallipoli a via dell'Anima

«Pio IV ha un'inclinazione grandissima nel fabbricare, e in questo spende volentieri e largamente, pigliando gran piacere quando sente laudare le opere che va facendo...» La sera di sabato 18 febbraio c'è un grande sbattere di tacchi e di portiere e scodinzolii di scorte all'angolo tra la via Flaminia e il viale delle Belle Arti, all'inizio di quella valle un tempo campestre che fu cara a Giulio III: il papa a metà strada tra yuppismo avanti lettera e bel vivere alla «amici miei» di cui l'area ai piedi della collina dei Parioli conserva rispettosamente il nome. Dalle auto blu scendono altissimi prelati, ambasciatori di gran nome e politici italiani di massimo rango: pochi di loro, salutando sulla porta l'ambasciatore d'Italia presso la Santa Sede, Bruno Bottai, hanno tempo di ammirare il giardino ormai buio e i preziosi loggiati della cinquecentesca dimora di campagna di Pio IV Medici, quello dell'«inclinazione grandissima nel fabbricare». Gli occhi dei fortunati convenuti sono tutti fissi gli uni sugli altri: chi è scampato alla fine della Prima Repubblica? E già, perché nel fare gli inviti quest'anno Bottai ha dovuto mettere nel cestino tutto quello che gli era rimasto degli anni scorsi. Nel febbraio del '94 presidente del Consiglio era Carlo Azeglio Ciampi, segretario del neonato Partito popolare era Mino Martinazzoli e del potente Pds Achille Occhetto. C'era in Parlamento una forte rappresentanza socialista, esistevano i liberali e i socialdemocratici, la Dc – o comunque avesse deciso di chiamarsi – aveva la maggioranza relativa. Infine, il proprietario della Fininvest, cavaliere del Lavoro dottor Silvio Berlusconi, aveva appena messo in atto i propositi di «lasciare la trincea del lavoro per scendere in campo». Ma gli davano retta in pochi.

Stasera invece Emilio Colombo si guarda intorno e pensa di aver sbagliato ricevimento. Ma no, l'ha invitato il suo vecchio amico Bottai, eppoi lui è talmente lontano dalle bufere di Tangentopoli da aver saltato a piè pari il rischio di essere caricato da un robivecchi per acquisire direttamente l'intangibile dignità di un pezzo d'antiquariato prezioso e vincolato, nonostante i suoi cinquant'anni portati benissimo da almeno altri venti. Colombo sembra uno dei pochissimi naufraghi scampati all'affondamento della propria nave che cerca, tra i passeggeri del transatlantico da cui è stato soccorso, qualche faccia amica sopravvissuta alla crociera precedente.

Ecco infatti Rosetta Jervolino che da quando ha mollato Forlani e De Mita per seguire Andreatta e Mattarella è ringiovanita di vent'anni e in qualche momento è perfino sexy. Poi ecco... Ecco niente. La vecchia nomenklatura finisce qui. Per il resto, rinnovo totale: come fece per questi saloni negli anni Venti l'antiquario Ugo Jandolo, acquistando la villa dopo tre anni di proprietà Borromeo e tre secoli di proprietà Colonna e rivendendola dopo il Concordato allo Stato italiano rivoltata, con rispetto parlando, come un pedalino di lusso.

Colombo ha appena avviato una riflessione su Rocco Buttiglione: «Chillo non ha capito niente... Buonasera, eminenza», che subito deve inchinarsi per salutare l'ospite d'onore: il cardinale segretario di Stato Angelo Sodano, che fende la piccola folla raccolta nei saloni affrescati del primo piano insieme con Oscar e Marianna Scalfaro, Lamberto Dini e Susanna Agnelli, padrona di casa come ministro degli Esteri.

Mentre la mano di Scalfaro incontra quella ormai raffreddata di Gianni Letta (i due non si sentono dalla nascita del governo Dini), Sodano si guarda in giro compiendo probabilmente la stessa constatazione fatta silenziosamente dai naufraghi Colombo e Jervolino: il partito dei cattolici non esiste più.

«La competizione? Roba da protestanti...»

«La competizione, caro Vespa, è roba da Paesi protestanti. Noi italiani non potevamo accettarla e difatti non l'abbiamo accettata.» Per capire la frantumazione del partito cattolico e per capire perché il cambio politico italiano da blitz di pochi mesi si è trasformato in una logorante guerra di trincea che durerà anni, è utile salire qualche rampa della scala d'onore di palazzo Giustiniani e chiedere udienza al senatore a vita professor Francesco Cossiga.

Passano gli anni e Cossiga è in forma crescente. Nelle anticamere del suo studio ci sono sempre gli attrezzi misteriosi che dalla sala operativa del Quirinale mettono il presidente in collegamento con tutti i corpi armati dello Stato. Nelle pareti d'angolo fanno sempre buona guardia i *crest* dei gruppi speciali d'intervento. Nello scaffale bianco che guarda il suo tavolo di lavoro i libri di Tommaso Moro sono sempre al posto d'onore. E Cossiga sta lì come una bottiglia di Barbaresco del '71: migliora col tempo. Stareste ore a sentirgli raccontare le sue estati irlandesi, lo sbalordimento dei cattedratici di Cambridge, al momento di dargli la laurea honoris causa, per la sua straordinaria conoscenza di John Henry Newman, un teologo inglese del secolo scorso convertitosi al cattolicesimo. Ma se riuscite a farlo planare sulle cose italiane, ecco che il cervello vi si snebbia e ascoltate una ipotesi interessante sul perché dopo aver tanto corso stiamo ancora poco oltre – in termini storici – il punto di partenza.

«Nel '95,» mi dice Cossiga «la gente ha capito quali sono i problemi sul tavolo, ma si è accorta che l'Italia non è ancora uscita dalla crisi di transizione del sistema. E sa perché? Perché ha scelto il sistema maggioritario saltando in groppa a quel cavallo bizzarro del referendum che Mario Segni ha avuto il coraggio di mettere in pista. Ma non è riuscita a realizzare un sistema bipolare. Vede, Vespa: chi crede che si possa cambiare la società politica con le istituzioni, sbaglia. Perché poi la società politica si ribella e manda a quel paese le istituzioni, come in parte si è visto.»

Prende fiato, il senatore. Parla brevemente in inglese al telefono con un signore che l'aspetta oltre Manica e assesta il colpo: «Si è capito subito che ci sarebbe stata una resistenza della Dc a questa svolta. Perché questo partito ha sempre gestito tutto in modo consociativo, perfino il suo fronteggiare il comunismo. E non poteva accettare la divisione del Paese in due parti. I due modelli di democrazia possibile sono quello consociativo e quello competitivo. I cattolici italiani hanno scelto in politica sempre la strada consociativa. Hanno cominciato nel 1905 con la Lega democratica nazionale di Romolo Murri, frantumatasi per la crisi modernista. Hanno proseguito con il patto tra Gentiloni e Giolitti per la partecipazione degli elettori cattolici alle elezioni politiche del '13. Poi hanno collaborato col fascismo. I miei colleghi della ex Dc non mi perdonano questo giudizio, lo so. Ma la trasformazione del fascismo in regime non sarebbe stata possibile senza la connivenza, la tolleranza, la collaborazione, la chiami come vuole, del cattolicesimo. La Democrazia cristiana è stata il trionfo del degasperismo sul dossettismo, cioè l'idea di un grande partito nazionale che si è avvalso della forza del cattolicesimo politico per fronteggiare i comunisti. Sa che le dico? Il congresso del Partito popolare di Bianco che si è celebrato nell'estate del '95 è stata la grande rivincita del dossettismo sul degasperismo. E quando parlo di Dossetti mi riferisco a una concezione integralista della sinistra. La persona che esprime meglio questo pensiero è De Mita, quando sostiene che la vocazione della Dc, dei cattolici in politica, è la coalizione. Sa da dove nasce il principio di coalizione? Nasce dal fatto che se invece di votare sull'utile e sul possibile si vota sulla Verità, allora si può constatare che la Verità è sparsa e bisogna metterla insieme. Vede allora che la competizione vera è roba da Paesi protestanti?».

Nuova pausa, un sorso al tè e arriva l'altra staffilata. «Sa perché io ho avuto sempre una certa tenerezza e una certa simpatia per i cattolici comunisti come Franco Rodano? Perché hanno avuto il coraggio di scegliere. I cattolici debbono portare in politica la loro ispirazione cristiana, ma debbono compiere scelte precise. Avere il coraggio di essere di destra o di sinistra. O di centrodestra come la Cdu di Kohl. Mentre sta facendosi strada l'ultima speranza – pericolosa, perché fuorviante e ingenua, ma suggestiva – di far rivivere il luogo centrale della Dc nell'ambito della democrazia di coalizione, cioè di quella democrazia consociativa che dovrebbe essere la grande rivincita sul referendum.»

E Buttiglione? E Casini? «Loro hanno accettato la democrazia della competizione. Buttiglione ha accettato di schierarsi col centrodestra nella convinzione che esso sia privo di cultura e che questa cultura possa venire dai cattolici liberali. E stavolta sarebbero i cattolici a riprendersi la grande rivincita storica sui liberali. Lei mi chiede chi conterà di più nella politica italiana tra i due filoni in cui si è frantumata la Dc. Non lo so. Non voglio esprimere giudizi di valore, ma mi pare che la lunga tradizione del Pds, la sua forza, il suo passato possano portare a una posizione subalterna i Popolari di Bianco più di quanto non rischi la Cdu di Buttiglione.»

De Gasperi sceglierebbe Berlusconi?

Cossiga ha certamente ragione su un punto. Chi da cinquant'anni (anzi da quasi cento, secondo l'ex capo dello Stato) ha le sue radici ben piantate al centro del giardino come i cattolici, i democristiani o come diavolo vogliamo chiamarli, può vedersi il tronco incenerito da Tangentopoli, ma ha una enorme difficoltà a trapiantarsi ai bordi dei viali di destra o di sinistra. Come vedremo meglio nel capitolo finale, il duello politico e istituzionale dei prossimi anni si giocherà proprio sulla sorte di questo trapianto. E si capirà se le radici del centro consentiranno all'albero cattolico o democristiano o eccetera eccetera di rifiorire oppure se gli sarà inevitabile cambiare terra per continuare a vivere.

Rocco Buttiglione ha il merito (o il demerito) di aver fatto esplodere il contenitore democristiano che per decenni aveva custodito miscele ideologiche incompatibili. Ha potuto farlo perché estraneo alla storia e alle consuetudini del partito, al suo linguaggio e alle sue chiavi interpretative della politica italiana.

La sera di sabato 11 marzo, mentre passeggio col segretario nell'arena dell'Ergife in attesa di un voto che lui aspetta favorevole e che invece lo vedrà sconfitto, gli dico: la cosa che in tutto il drammatico dibattito della giornata mi ha impressionato di più è stata la spettacolare diversità di linguaggio e di cultura politica tra te e gli altri. «Per forza,» mi risponde placido «io sono allievo di Del Noce, gli altri guardano ancora a Dossetti.»

In estate, quando torno a chiedergli se davvero non si senta estraneo alle tradizioni democristiane, mi risponde: «Che cos'è la Dc? È un partito che nasce dalla *Rerum Novarum*, l'enciclica sociale di Leone XIII, come tanti altri partiti democristiani e contadini europei che sorgono in molti Paesi tra la fine del secolo scorso e l'inizio di questo. È la Dc di Sturzo e di De Gasperi che hanno votato milioni di italiani. È la Dc degli elettori. Questa Dc considera fascismo e comunismo come due forme del male del secolo, comprende che al tempo della massima potenza del fascismo si potesse fare un'alleanza tattica con i comunisti per batterlo, giudica che dopo la caduta del fascismo l'avversario principale è il comunismo e per questo comprende, appoggia e giustifica la rottura con i comunisti fatta da De Gasperi nel '47. Questa Dc non ha paura del bipolarismo, come la Dc tedesca che lo accetta tranquillamente.

L'altra Dc è invece quella degli eletti. Ritiene che il fascismo sia un male metafisico e non un male storico variegato di bene, come dice Benedetto Croce. Capovolge il giudizio di Pio XI (il comunismo è intrinsecamente malvagio, per accidente può essere buono) sostenendo che il comunismo è buono e solo per accidente può essere malvagio. Vede il futuro del Paese nella sintesi tra cattolicesimo e comunismo e poiché il fatto che l'Italia abbia tollerato il fascismo la porta a dire che non ci si può fidare dell'Italia, mette la società civile italiana sotto la tutela del sistema dei partiti. È qui che nascono da un lato il consociativismo, dall'altro la lottizzazione.»

Se questa analisi è giusta, come è stato possibile tenere insieme per cinquant'anni queste due Dc antitetiche? «È stato possibile perché la prima Dc ha considerato che un sistema d'alternanza fosse in Italia troppo pericoloso e potesse portare a una guerra civile. E la seconda Dc, quella di Dossetti, ha accettato l'insediamento sociale e culturale dato da De Gasperi al partito ponendosi al tempo stesso come elemento di mediazione e di dialogo con i comunisti per evitare la guerra civile. Il compromesso tra le due Dc finisce quando la seconda Dc, quella della sinistra democristiana, pensa di poter realizzare il dialogo con i comunisti non restando due schieramenti diversi e opposti, ma confluendo in un unico schieramento. Più la sinistra Dc si avvicina agli ex comunisti, più si allontana dalla Dc degli elettori. Io ho fatto parte della Dc degli elettori come milioni di altri, restando sempre più perplesso davanti al comportamento della Dc degli eletti. Per tornare alla tua domanda iniziale, in questo senso sono estraneo al partito di De Mita.»

Tace il professor Buttiglione nella quiete estiva della sua casa ai Monti Parioli. Tacciono le austere figure ricamate da solerti fanciulle inglesi alla fine dell'Ottocento che dall'alto dei loro piccoli arazzi assistono alla lezione che mi sta impartendo l'allievo diletto di Augusto Del Noce. Parte a questo punto la domanda al tempo stesso improponibile e un po' assassina: «Scusa, Rocco: secondo te, oggi De Gasperi sceglierebbe Berlusconi?». «L'abitudine di far parlare i morti la lascio volentieri ad altri» si difende il professore. Ma poi risponde: «L'area politica che De Gasperi aveva organizzato a suo tempo è l'area politica che va da noi a Forza Italia e a gran parte del partito di Bianco».

«Buttiglione? Un moderato per aprire a sinistra»

Questo mi dice il professor Buttiglione nella calda estate del '95. E questo ha sempre detto e pensato. Con due obiettivi. Uno dichiarato: portare Berlusconi e Forza Italia nell'area del centro degasperiano, spostando il punto di forza e di equilibrio da Alleanza nazionale al Partito popolare. Uno non dichiarato, ma coltivato da sempre: sostituire Berlusconi nella leadership del nuovo centrodestra, una volta che i procuratori di Milano avessero tolto di mezzo il Cavaliere.

Eppure nel luglio del '94, quando bisogna eleggere il successore di Martinazzoli, Franco Marini – l'uomo che controlla la macchina del partito e la decisiva area centrale del Ppi – determina la vittoria di Buttiglione su Giovanni Bianchi e Nicola Mancino, convinto che il professore di Gallipoli possa favorire un'intesa di centrosinistra. «Un uomo fresco, un uomo nuovo, con una personalità marcata, capace di comunicare. Un segretario vero» è il ritratto retrospettivo che me ne fa Marini un anno dopo, a partito ormai frantumato. «Ero convinto, nel rispetto della tradizione democristiana, che un segretario di estrazione moderata fosse rassicurante per un certo elettorato, con una garanzia di forte indipendenza nel rapporto con gli alleati.»

Se ne convince D'Alema, che investe sul professore uno storico pranzo a Gallipoli. («Ma quale fregatura? A me non interessava Buttiglione. A me interessava il Ppi. E il Ppi l'ho avuto» mi dirà a un anno di distanza il segretario del Pds, nello stesso ristorante.)

Se ne convince Giovanni Bianchi, presidente del partito e punta di diamante della militanza cattolica nella società: «Era appena caduto il Muro. Ci trovammo in un convegno a Bologna e Rocco disse: abbiamo tenuto le nostre truppe rivolte a Est. Adesso che il pericolo comunista è scomparso, possiamo girarle dall'altra parte e far fronte ai pericoli del capitalismo. Mi toccò coprirlo a destra...».

Se ne convince, seppure a mezza bocca e detestandolo, Beniamino Andreatta, custode con Leopoldo Elia e Sergio Mattarella dell'ortodossia della sinistra Dc: «Il fascino repulsivo che Buttiglione aveva determinato in me mi rendeva particolarmente fragile nei suoi confronti perché c'era sempre un aspetto di meraviglia per i suoi atteggiamenti. Buttiglione è un politico del machiavellismo cattolico dell'età barocca, non capisce il significato dei partiti in politica, tesse un gioco fatto di grandi mobilità, di insistenze e pressioni sugli interlocutori, ama gli spettacolari capovolgimenti di fronte. Si toglie il gusto di portare un sindacalista da Berlusconi nel momento dello scontro più aspro sulle pensioni. Si presenta non invitato alla Lega nel momento di massima asprezza nei rapporti personali tra Bossi e Maroni. Insomma è un poco come quei cortigiani dell'epoca di Versailles che intrecciano rose e veleni...».

Buttiglione sarà pure un cortigiano di Luigi XIV, come dice Andreatta, ma tra l'ottobre e il dicembre del '94 la sinistra popolare e il Pds portano in processione la sua immagine come non avrebbero fatto per la Madonna Pellegrina.

Il suo cuore batte a destra? Pazienza. Ama Augusto Del Noce? Nessuno è perfetto. Detesta Dossetti? Turiamoci il naso. L'importante è che faccia secco il Cavaliere.

E Buttiglione, come abbiamo visto nel capitolo sulla crisi, il compito lo svolge alla grande. Possiamo chiedergli perché vuole sconfiggere Berlusconi a dicembre per allearsi con lui a febbraio? La risposta è pronta: «Perché a dicembre il Ppi è all'opposizione e compito dell'opposizione è di far cadere il governo. Intendiamoci: io il partito all'opposizione ce l'ho trovato. Se avessimo agito in altro modo, il Ppi non sarebbe stato all'opposizione e sarebbe stato meglio per tutti. In autunno, dunque, ci troviamo al governo una coalizione pesantemente sbilanciata a destra e preda di una concezione trionfalistica del sistema maggioritario: chi vince piglia tutto. Aggiungi una scarsa pazienza per i problemi procedurali della democrazia e il desiderio dell'uomo forte, ed ecco che ottieni la deriva plebiscitaria. Una deriva da fermare».

Facendo il Ribaltone... «No. Avremmo fatto il Ribaltone se avessimo presentato una mozione unica con Pds e Lega. Invece facciamo due mozioni di sfiducia. La nostra è con Bossi per far risaltare una posizione di centro. Nel rispetto del risultato del 27 marzo, io non voglio che il governo successivo alla caduta di Berlusconi sia un governo politico anti-Berlusconi...»

«Sergio, perché non parli con Ruini?»

Buttiglione, dunque, vuole distinguersi dal Pds. Ma nelle piccole amministrative dell'autunno '94 ha fatto con D'Alema fior di alleanze, con risultati che entusiasmano il pur cauto Marini: «Dopo tre sconfitte consecutive (amministrative del '93, politiche ed europee del '94), si manifesta nel Ppi il primo segnale di ripresa: miglioriamo di tre punti con una crescita costante sia nei comuni in cui partecipiamo ad alleanze di centrosinistra, sia dove ci presentiamo da soli».

È a questo punto, secondo Sergio D'Antoni, che «Buttiglione candida se stesso alla guida del Paese. Lo fa senza ammetterlo, sperando che si arrivi a lui per una specie di processo naturale».

Per procedere ha bisogno del Pds. Ma ha bisogno anche – lui ammesso alla mensa del Papa – di un atteggiamento non ostile della gerarchia ecclesiastica che non gradisce alleanze strategiche tra cattolici ed ex comunisti. A fine novembre, dunque, Buttiglione prega D'Antoni di parlare con Camillo Ruini, presidente della Conferenza episcopale italiana e Vicario del Papa per la città di Roma. L'appuntamento viene fissato al Laterano la sera di mercoledì 7 dicembre, festa di

Sant'Ambrogio e vigilia dell'Immacolata Concezione. Nelle ore in cui a Milano Riccardo Muti tiene incollata l'Italia che conta alle poltrone della Scala per l'apertura della stagione con *La valchiria* di Wagner, Ruini e D'Antoni parlano per quattro ore – dalle nove di sera all'una del mattino – del ruolo dei cattolici nella politica italiana del dopo Tangentopoli.

Rientrando nel suo appartamento dei Parioli, il segretario della Cisl ritiene di aver ricavato dal colloquio due sensazioni. La prima: Ruini è molto perplesso. La seconda: se il progetto andasse avanti, non arriverebbero condanne esplicite da parte sua.

Quando D'Antoni riferisce a Buttiglione, il segretario del Ppi gli dice: «A questo punto candidati tu». Ma D'Antoni glissa: «Stiamo attenti a non restare prigionieri dei personalismi».

Nel giro di qualche settimana il gioco si complica. Buttiglione comincia a martellare Berlusconi e diventa il beniamino della sinistra interna ed esterna. La gerarchia ecclesiastica dà segni sempre più evidenti di inquietudine, travolgendo la prudenza di Ruini. Il Cavaliere comincia la sua corte avvolgente al segretario dei Popolari. E soprattutto, tra Natale e Capodanno, fa capolino la candidatura di Romano Prodi a palazzo Chigi.

Come vedremo meglio nel prossimo capitolo dedicato al leader dell'Ulivo, l'ipotesi cade per il rifiuto di Bertinotti a prestare all'operazione i suoi voti determinanti. Ma già da qualche giorno si comincia a intravedere che la strategia di Buttiglione è destinata a entrare in rotta di collisione con quella della sinistra interna. «Vado a pranzo con Berlusconi a palazzo Chigi» mi racconta l'ex segretario. «Gli dico che il suo governo può essere sostituito da un gabinetto non presieduto da lui, capace di recuperare il rapporto con Bossi e i Popolari. Cossiga sarebbe la persona ideale a guidarlo. Ma potremmo trovare un'intesa anche su Dini, anche su Urbani. Al pranzo partecipano Letta, Casini, Mastella, D'Onofrio. Sono tutti sostanzialmente d'accordo con la mia proposta. Questa cade perché il Cavaliere pensa ancora a un Berlusconi bis. Ma cade anche perché per convincerlo, durante il pranzo, Mastella si imbarca in un lungo discorso vetero-democristiano. Si vede che Berlusconi proprio non li regge, questi discorsi, ne perde subito il filo e comincia a pensare ad altro...»

Berlusconi teme in realtà che Buttiglione voglia farlo allontanare da Fini senza offrirgli una sponda più concreta. Il filosofo, nella sua beata ostinazione, cerca anche di convincere Fini sulla utilità di suicidarsi. «Lo trovo d'accordo sul disegno strategico,» mi racconta «ma con forti perplessità sul piano tattico.» Fini si trova infatti in una situazione antipatica. Ha convocato per metà gennaio le assemblee di scioglimento del Msi e di fondazione di Alleanza nazionale con il ragionevole proposito di portare a militanti digiuni ed emarginati da cinquant'anni un vicepresidente del Consiglio e cinque ministri. È costretto a presentarsi di nuovo come partito di opposizione. Sarebbe troppo andare a Fiuggi portando in sovrannumero un'alleanza tra Berlusconi e Buttiglione fatta ai suoi danni.

«La mia idea» dice il filosofo «è di far nascere dopo il congresso di An un governo tecnico-politico senza maggioranza di fatto, ma con una maggioranza formale in cui non ci siano ministri missini, ma qualche tecnico come Fisichella che aiuti a gestire una fase transitoria fino alla completa realizzazione della svolta. Ma Fini ha paura che a Fiuggi gli possa venir rimproverata questa emarginazione, anche se poi esce dal governo in condizioni peggiori.»

«Vedrai, Nino. Con l'aiuto di Di Pietro...»

Fino a metà gennaio, Buttiglione porta avanti comunque il suo flirt con il Pds, nonostante i severi avvertimenti dell'«Osservatore Romano» e lo schiaffo di un sondaggio che il quotidiano dei vescovi italiani, «Avvenire», gli rifila come dono il giorno dell'Epifania. Dai numeri emerge che su cento italiani che si autodefiniscono praticanti, soltanto il 17.5 per cento è pronto a votare per il Ppi. Il 30 per cento si consegna a Forza Italia, l'11 a Fini, una percentuale identica a D'Alema, più del 7 per cento a Bossi. Durissimo il commento del direttore del giornale, Dino Boffo: «Mentre ai livelli alti di casa nostra ci si baloccava, qualche altro faceva razzia di quella base del Paese che veniva data superficialmente per acquisita».

La svolta matura il 25 gennaio, l'indomani della fiducia al governo Dini alla Camera. Curiosamente, Buttiglione la comunica alla persona forse più lontana da lui nel partito, il presidente del gruppo popolare alla Camera, Beniamino Andreatta, che me la racconta così: «Durante la crisi Buttiglione ha gestito in prima persona un rapporto intensissimo e quotidiano con D'Alema e Bossi. Improvvisamente quella mattina, mi prega di sostituirlo nell'incontro con i due leader. Quando torno dall'incontro, parliamo della nostra presenza al congresso di An che sta per aprirsi. Gli dico che preferisco non accompagnarlo perché al di là del saluto di cortesia a un movimento che annuncia il suo ingresso nella normale famiglia dei partiti, ogni accenno a rapporti particolari con An toccherebbe nervi scoperti della nostra storia. Buttiglione coglie allora l'occasione per dirmi che ormai ritiene concluso il suo percorso nel centrosinistra. Mi dice che considera un successo l'indebolimento di Berlusconi, senza il quale il suo contributo sarebbe stato aggiuntivo e irrilevante. E ritiene che si siano create le condizioni per una virata a destra, cioè per riportare il partito cattolico nel suo alveo naturale che sarebbe la destra cara ai ceti medi proprietari. Quando gli dico che nella riunione con D'Alema e Bossi mi sono espresso contro il varo immediato di una legge sul conflitto d'interessi per non dimostrare che il governo Dini vuole la immediata rivincita su Berlusconi, Buttiglione è perplesso: bisogna farla subito, quella legge, mi dice; bisogna che Berlusconi si tolga dalla testa di poter salire di nuovo alle alte cariche della repubblica. Mi confida alla fine di contare sull'aiuto di Di Pietro e di un possibile Movimento Mani pulite che possa aggiungere quattro milioni di voti ai cinque del Ppi, rendendo questo raggruppamento determinante per future maggioranze».

Accompagnato da Bianchi e da Mancino (Andreatta, abbiamo detto, non va), Buttiglione viene accolto al congresso di An da una storica bordata di fischi. Il suo discorso viene interrotto da lazzi e grida: la platea evidentemente non capisce che il segretario del Ppi sta compiendo l'apertura che gli farà perdere il posto. Dice infatti il filosofo che «il centro deve scegliere nel rispetto della logica bipolare. E deve scegliere lo schieramento alternativo alla sinistra». Dice anche: «Noi dobbiamo ricomporre la nostra storia nazionale ricordando chi, da una parte e dall'altra, ha dato la vita per un ideale con purezza di cuore». Dice infine che bisogna recuperare valori come «Dio, patria, famiglia consegnati dalla cultura dominante allo stereotipo fascista». Ma viene fischiato ugualmente.

Poiché peraltro rispetto a Buttiglione un carro armato Leopard è blindato come la Nutella, il filosofo va dritto per la sua strada e lunedì 30 gennaio si lascia scappare con i senatori del suo partito che alle elezioni regionali di primavera il Ppi «potrebbe valutare il ragionevole rischio di una alleanza con Fini». L'indomani, mentre nel partito scoppia la rivolta e Bodrato lo chiama «sagrestano di Fini», il segretario chiarisce che le diversità con An restano intatte, ma poi se ne va a completare il discorso del giorno prima in casa di Berlusconi in via dell'Anima.

Una tormentata direzione sembra chiudere la partita stabilendo, in un documento approvato all'unanimità, il salomonico divieto: né con An né con Rifondazione. Buttiglione vota il documento, ma in cuor suo non lo condivide. Mi confessa: «La decisione di non andare né con An né con Rifondazione andava bene prima del congresso di Fiuggi. Dopo l'equazione diventa né con An né con il Pds».

Alla vigilia del Consiglio nazionale del 9 febbraio, Buttiglione riceve una lettera da Berlusconi. Quattro cartelle scritte in un corpo molto ben leggibile in cui il Cavaliere chiede al segretario dei Popolari l'avvio di «un confronto concreto, politico, di programma, aperto e senza pregiudiziali per costruire un'alleanza nuova che raccoglie su basi paritarie le nostre e le vostre proposte, la nostra e la vostra sensibilità umana e cristiana». Cristiana. Così scrive «Silvio» (solo il nome, nella firma sicura di Berlusconi) a «Rocco». La lettera è in realtà una richiesta d'ammissione di Forza Italia al club del solidarismo cattolico. «Il nostro liberalismo non ha niente di pregiudiziale, di irragionevole, di dogmatico, ed è per questo che non lo riteniamo in alcun modo incompatibile con la migliore tradizione del cattolicesimo.» «Il nostro è un Movimento di libertà, di buongoverno, ma anche di solidarietà...»

Nella lettera (piena di omaggi all'azione umanitaria del papa per la Bosnia e il Ruanda) Berlusconi dice anche di sospettare che «la candidatura del professor Prodi sia un estremo tentativo di riverniciare vecchie idee e vecchi apparati».

«Arriva Prodi e si rompe il partito»

Il problema si è infatti spostato e aggravato. Se da un lato Berlusconi cerca di facilitare il compito di Buttiglione per una apertura a Forza Italia (nella lettera non compare mai la sigla An), dall'altro segnala l'episodio dirompente avvenuto il 2 febbraio con l'annuncio della candidatura di Romano Prodi a presidente del Consiglio, benedetta dal presidente del Ppi e dai capigruppo alla Camera e al Senato (oltre che dai massimi dirigenti della sinistra interna), senza che il segretario ne sapesse niente. «Fatta in questo modo, la candidatura di Prodi è un errore» mi dice Gerardo Bianco. «Uno sbaglio» conferma Franco Marini.

«La candidatura Prodi arriva quando il Ppi ha raggiunto il punto massimo di spostamento a sinistra e deve convergere di nuovo verso il centro. Nasce per deviare in via definitiva verso sinistra il nostro corso. È in questo momento che si rompe il partito» mi dice Buttiglione.

Il segretario si presenta infatti al Consiglio nazionale del 9 febbraio pronto per la resa dei conti finale. La scissione è nell'aria. Accanto a un fax nella sala stampa dell'Ergife trovo un foglietto di cinque righe scritte a mano da un ignoto consigliere: «Ho avuto la netta sensazione che fosse l'ultima volta in cui parlavo davanti al simbolo dello scudo crociato...».

Trionfa il dialogo tra sordi. «Siamo già due partiti» mormora lo storico Gabriele De Rosa maledicendo la necessità della scelta imposta dal sistema maggioritario. Buttiglione lancia l'ultimo appello: «Meglio dare battaglia per la guida dell'area moderata, contendendola ad An, piuttosto che fare il socio di minoranza della sinistra». Ma gli uomini (e le donne) della sinistra interna già annunciano l'adesione ai Comitati Prodi. Eppoi si capisce una cosa con chiarezza: la divisione non è, come sembra, su possibili contatti con Fini. La divisione è sull'ormai probabile accordo con Berlusconi. Un elegante professore della sinistra mi dice: «Buttiglione fa come filosofi più importanti di lui, gli Hegel, i Marx: quando la realtà non aderiva ai loro teoremi, dicevano che doveva cambiare la realtà. Come fa Rocco a non capire che Berlusconi non si allontanerà mai da Fini?».

Eppure nemmeno questo è il problema. Se per avventura

Berlusconi lasciasse Fini, metà del Partito popolare non si sposterebbe di un centimetro. Lo dice con chiarezza Leopoldo Elia: «Noi in alleanze con Forza Italia non entreremo mai, checché accada». Dice proprio «checché», l'ex presidente della Corte Costituzionale. E quelle cinque *c* racchiuse in sole tredici lettere risuonano sorde, metalliche e minacciose nel salone dell'Ergife a significare che se il partito andrà verso il Cavaliere, Elia e i suoi amici gli gireranno le spalle una volta per tutte. La sentenza di morte per l'alleanza con Berlusconi, Andreatta me la scrive così : «È un populista alla guida di una destra stracciona sul piano della gestione del bilancio dello Stato. Una destra espressione immediata dei ceti medi italiani senza disegno politico». E quando parla di ceti medi Andreatta mi rammenta l'espressione del viso che avevo da bambino, quando andando in autobus da L'Aquila a Roma sulla vecchia Salaria, venivo colto da conati di vomito ogni volta che si sfioravano le acque sulfuree delle Terme di Cotilia.

Nonostante queste premesse, all'Ergife si compie il miracolo. L'ultimo miracolo democristiano di mettere d'accordo gli opposti, di uscire dalla sala operatoria e dire ai giornalisti che vogliono conoscere l'ora e il luogo dei funerali: «Ma quale funerale, il paziente è perfettamente guarito». Il merito è di Franco Marini, Nicola Mancino e Peppino Gargani. Marini dà l'interpretazione autentica del documento della direzione («Niente liste con An»). La sinistra si accontenta, non avendo i voti per fare di meglio. La Bindi e la sua richiesta di congresso straordinario vengono battute. Buttiglione esce trionfante dicendo tra gli applausi: «Voglio rifare la Dc» e recitando, con tutti i presenti in piedi, la «preghiera del ribelle» composta dal partigiano cattolico Teresio Olivelli nel '44 poco prima di morire in un campo di sterminio. «Signore, facci liberi e intensi...» Ma la scissione è stata vicinissima. Bianchi mi racconta così i momenti più drammatici: «Proprio mentre anche uomini come Bianco cominciano a manifestare perplessità sul vento di destra agitato dal segretario, Rocco scrive di pugno una risoluzione di totale rottura. Marini gli dice: sei pazzo, spacchi il partito. Volano parole grosse. Rocco diventa titubante, in qualche momento sembra quasi in trance: da un lato vorrebbe intervenire, dall'altro lascia fare agli altri. Ne approfitto per tener ferma la situazione su un binario unitario, Marini va alla tribuna e offre la sua interpretazione, io mi ci aggrappo, Buttiglione lascia correre e tutto finisce così».

È venerdì 10 febbraio. La scissione matura esattamente quattro settimane più tardi, sabato 11 marzo. Che accade in questo mese? Perché il miracolo democristiano non si ripete? Accade intanto che a poche ore dalla conclusione del Consiglio nazionale Buttiglione se ne vada negli Stati Uniti. Titolando il servizio di Sandro Ottolenghi sul viaggio («Bottiglioni, oh yes!»), «Panorama» scrive: «Tra miss, vescovi e Casa Bianca, il leader del Ppi tenta di accreditarsi negli Usa. Con un chiodo fisso: farlo prima che ci riesca Fini». Questa spinta può essere verosimile, ma l'ambizione di Buttiglione è assai maggiore. Come dice Michael Novak, l'economista-teologo molto ascoltato in Vaticano autore di un libro sui rapporti tra cattolicesimo e capitalismo, «l'ingresso in politica di Buttiglione è l'avvio di una missione simile a quella di Sturzo». Mentre lo stesso filosofo lascia che si paragoni con favore il suo viaggio a quello che nel '47 convinse De Gasperi a far uscire i comunisti dal governo.

Giovanni Bianchi mi ricorda che Buttiglione, amico da vecchia data del vescovo di New York e di un influente circolo di economisti, non ha bisogno di accreditarsi come semplice capo del Ppi. Vuole andare più in là e presentarsi probabilmente come il leader in pectore del centrodestra, fondato su un nuovo modello di Dc alla tedesca.

Al rientro in Italia, Buttiglione trova che i suoi «amici» della sinistra popolare gli hanno scavato la fossa, d'accordo con Fini e con D'Alema, che vogliono porre fine ai continui negoziati del filosofo costringendolo a scegliere.

Il segretario voleva infatti una legge regionale a doppio turno che gli consentisse di far pesare le sue carte qui con questo e lì con quello. O meglio ancora, una legge proporzionale che lasciasse al Ppi la più assoluta libertà.

«E invece» racconta il filosofo «mi trovo una legge fatta contro il Partito popolare e approvata in commissione dai rappresentanti della sinistra democristiana. Così da un lato il nuovo sistema elettorale mi spinge a fare subito scelte molto impegnative, dall'altro il lancio di Prodi lo porta a girare l'Italia esaltando il significato politico e strategico dell'alleanza con il Pds. Berlusconi, al tempo stesso, resiste alla mia proposta di fare in alcune regioni alleanze tra Popolari e Forza Italia, escludendo Alleanza nazionale. Se fosse passata la legge col doppio turno, noi avremmo potuto allearci al primo con Berlusconi e solo al secondo imparentarci con An, come già si era fatto in parecchie province e comuni. E invece...»

Buttiglione in trappola

Buttiglione si trova dunque con le spalle al muro. Deve correre da solo. «Ma correre da soli è difficile» mi spiega «perché D'Alema ha già condotto la sua campagna acquisti offrendo a spezzoni di classe politica democristiana la possibilità di sopravvivere attraverso le alleanze locali con il Pds. Non si dimentichi che noi abbiamo una classe dirigente regionale che esiste ancora in virtù del peso elettorale dell'ultima Dc, cioè del 30 per cento dei voti. Davanti alla prospettiva di un drammatico ridimensionamento, la spinta alla sopravvivenza si fa forte e le alleanze periferiche con il Pds sono già in cammino in parecchie regioni. Quando vengono da me alcuni segretari regionali da sempre visceralmente contrari alla sinistra a dirmi: come si fa a questo punto a non fare l'alleanza elettorale con il Pds?, capisco che di fatto la scelta che viene operata per le elezioni regionali diventa una scelta definitiva.»

Buttiglione è in trappola. All'interno del partito l'ostracismo cresce, mentre la talpa D'Alema gli scava il terreno sotto i piedi «selezionando lui» mi dice il filosofo «la futura classe dirigente del mio partito».

Dentro il Ppi cominciano le prime, drammatiche crepe nel rapporto tra gli uomini di Buttiglione e Franco Marini, i cui voti sono indispensabili alla sopravvivenza del segretario.

Roberto Formigoni, Guido Folloni, Mariolina Mojoli, Teresio Delfino, Angelo Sanza vogliono l'apertura a destra. Marini, contrario ad alleanze con An, cerca di distinguere i tempi delle scelte. «Un'alleanza di centrosinistra alle regionali ci aiuta meglio in questa fase politica. Prima delle politiche ne riparleremo.»

La sera di lunedì 20 febbraio, Buttiglione riceve in casa sua Silvio Berlusconi e Gianni Letta. Riferisce Gianluca Luzi di

«Repubblica» che «Theo, lo splendido Alaskan Malamute di Buttiglione, viene chiuso in una stanza. Ma per il resto l'atmosfera è di grande cordialità, anche perché Buttiglione rompe gli ultimi argini che lo separano dall'alleanza con il centrodestra».

Uscendo, Berlusconi dà l'accordo per fatto, anche se il discorso su An «è solo all'inizio» e parla ancora una volta di elezioni regionali e politiche accorpate a giugno (ricordate il discorso con Scalfaro?).

La sinistra interna reagisce male. Giovedì 23 febbraio l'ambasciatore americano a Roma Reginald Bartholomew e la sua deliziosa signora aprono le porte di villa Taverna ad alcune decine di persone del mondo della politica, della cultura, dell'economia e del giornalismo. Nino Andreatta è di ottimo umore. Si serve con inconsueta generosità di penne all'arrabbiata e notifica agli astanti che «la segreteria Buttiglione va ormai riposta nell'arca delle rimembranze». L'indomani, spiega il senatore, «Il Popolo» avrebbe pubblicato un articolo a firma di Franco Marini e Giuseppe Gargani in cui sarebbe stato formalizzato lo stop a ogni accordo periferico con Alleanza nazionale e Rifondazione comunista. Il passaggio dei voti di Marini e di Gargani alla sinistra, conclude Andreatta versandosi nel piatto un'altra porzione di penne sotto lo sguardo compiaciuto di Walter Veltroni, avrebbe fatto venir meno la maggioranza del segretario in Consiglio nazionale. Dunque...

L'indomani chiamo Marini per chiedergli conferma del cambiamento di fronte e lui soave mi dice: «Il nostro segretario resta Buttiglione. Si era un po' sbilanciato a destra, ma basta un aggiustamento di linea e si può sistemare tutto». Trovo più seccato Nicola Mancino, altro uomo-chiave degli equilibri di partito. Contesta a Buttiglione il diritto di assumere da solo ogni decisione: «È dal primo Fanfani degli anni Cinquanta che non accade niente del genere. Ma allora la linea era chiara».

Lunedì 26 Buttiglione, che era influenzato e senza voce, torna sul ponte di comando di piazza del Gesù e mi chiarisce così la sua posizione: «Il segretario sono io. Solo un ribaltone in Consiglio nazionale o un nuovo congresso possono mandarmi a casa. I dirigenti che non si riconoscono nella mia linea, se occupano posizioni rilevanti, se ne vadano pure». Il segretario ribadisce la sua strategia di alleanze a macchia di leopardo (lì con il Pds, qui con Forza Italia) e respinge l'ultimatum di Fini che gli ha fatto sapere: alleati dal Piemonte alla Calabria oppure ognuno a casa sua. Inoltre, Buttiglione coltiva ancora il sogno di designare candidati a lui fedeli come presidenti di regione lì dove matura l'accordo con il Pds per non trovarsi in casa i nemici scelti da D'Alema.

Festa della donna in via dell'Anima

Stavolta il gioco del segretario non riesce. Berlusconi e Fini vanno a guardare il bluff di Rocco e lui perde la posta. Il D-Day è mercoledì 8 marzo, il giorno in cui si celebra la Festa della donna.

Al mattino Buttiglione va in casa di Berlusconi in via dell'Anima. Si lascia accompagnare soltanto da Roberto Formigoni, evitando che Angelo Sanza e Peppino Gargani si uniscano alla coppia. Il segretario del Ppi ripropone la sua tesi di allearsi in nove regioni con Forza Italia e Ccd, accettando di unirsi ad An nel ballottaggio per sindaci e presidenti della provincia. In altre sei regioni il Ppi si presenterebbe da solo, riservandosi di allearsi al secondo turno anche con il Pds. Berlusconi e Fini gli rispondono: o insieme dappertutto o non se ne fa niente. Buttiglione è sorpreso dalla durezza del Cavaliere. Secondo il racconto di Augusto Minzolini per «La Stampa», Berlusconi gli dice: «Devi uscire dall'ambiguità, dall'incertezza. Stai portando al suicidio il tuo partito. Scegli: o di qua o di là. Contro il mio interesse ti dico: va' di là, sposa loro, tanto i tuoi elettori vengono ugualmente di qua. Ma non puoi stare nel mezzo».

Buttiglione e Formigoni si riservano di dare una risposta nel pomeriggio. E mantengono uno stretto contatto telefonico con il Vaticano, secondo la testimonianza di Clemente Mastella, Raffaele Costa e dello stesso Berlusconi.

Mi racconta Franco Marini: «Alle due il segretario torna in ufficio e mi parla degli incontri del mattino. Ho discusso a lungo con Rocco la sera prima e non immagino che si stia vicini a un accordo. Quando lui me ne parla, lo prego di non firmare. Mi risponde che ha preso l'impegno di dare comunque una risposta e allora lo prego di rinviare il nuovo incontro con Berlusconi a mezzanotte. Non puoi fare tutto da solo, gli dico, è un errore non coinvolgere il partito».

Marini non riesce a convincere Buttiglione che torna in via dell'Anima e firma l'accordo.

«Alle sette di sera sto nel mio ufficio a piazza del Gesù» mi racconta Giovanni Bianchi «quando mi telefona Guido Credazzi del "Corriere" per chiedermi un giudizio sull'accordo. Quale accordo?, chiedo. Credazzi mi spiega e io gli rispondo: ma no, è impossibile. Chiamo Marini e nemmeno lui ne sa niente. Anzi, pensa ancora che alla fine Rocco si sarebbe rassegnato a dare fondo a quel po' di carburante che in agosto gli ha iniettato il pesce di Gallipoli con D'Alema e a fare alleanze di centrosinistra. Stiamo parlando e ci arrivano due notizie. La prima è che sarebbe stato Roberto Formigoni a superare le ultime resistenze di Rocco. La seconda è che i due da via dell'Anima stanno andando direttamente in sala stampa a Montecitorio per dare l'annuncio, senza rientrare al partito. La notizia rimbalza dai telegiornali e i telefoni a piazza del Gesù cominciano a squillare. A tarda sera Buttiglione rientra in ufficio. Vado nella sua stanza e ci trovo Marini, Gargani, Sanza e Formigoni. Rocco, gli dico, che hai combinato? Che senso ha questa cosa? Lui mi risponde: non si può continuare così, basta col tirare le cose in lungo, almeno si è fatta chiarezza. Ha il tono di chi ha varcato il Rubicone. Ma non è contento. Ricordo che quando facemmo l'accordo con la Lega per licenziare Berlusconi, Rocco prese dal bar di Mariolina Moioli una bottiglia di whisky per brindare e poi andammo tutti a cena fuori. Stasera invece Rocco è abbacchiato.»

Assai più fredda la testimonianza dell'ex segretario: «Mentre il controllo delle alleanze regionali mi scappa di mano, Berlusconi mi fa l'offerta di accelerare i tempi e di costruire con il Ppi una coalizione di centro con liste comuni all'interno di una alleanza più vasta che comprenda anche An. Tu mi chiedi perché non informo nessuno del partito di un passo così impegnativo. Perché la decisione avviene improvvisamente. C'era stato un lungo tira e molla senza proposte plausibili e alla fine è arrivata la proposta giusta. Forse avrei dovuto chiedere che la proposta rimanesse segreta fino a quando non ne avessi parlato agli organi di partito, ma questo nell'attuale momento della politica italiana è impossibile. Se la conferenza stampa non l'avessi fatta io, l'annuncio l'avrebbe dato qualcun altro...».

Buttiglione in realtà è convinto di avere tuttora la maggioranza del partito in mano e di potersi liberare dell'ala sinistra (le Bindi, gli Andreatta, gli Elia, i Mattarella) da consegnare senza rimpianti al Pds. Il giorno successivo all'accordo di via dell'Anima, confida ad Eugenio Scalfari di poter contare su una decina di voti di vantaggio sugli avversari e gli conferma la sua profonda avversione alla candidatura di Prodi: «I Popolari rappresentano i ceti che pagano le tasse. Prodi e la sinistra rappresentano i ceti che vivono con le tasse, cioè con gli stipendi erogati dallo Stato».

Nel partito, intanto, si preparano i materassi per la sparatoria finale. La sinistra rinfaccia al segretario di aver autorizzato alcuni accordi regionali con il Pds prima di entrare in via dell'Anima, lui replica che lo spostamento al centro del Polo è un risultato che non ha prezzo. Ma la scelta mette in crisi anche alcuni moderati storici del Ppi. Alla vigilia del Consiglio nazionale decisivo, convocato per l'11 marzo, scendendo dallo studio di Buttiglione che ho appena intervistato, incontro in piazza del Gesù Gerardo Bianco. «Vado da Rocco. Ha chiesto di parlarmi.» Gli chiedo come si comporterà se in Consiglio nazionale passasse la linea di Buttiglione: «Resterei nel partito, all'opposizione». Gli chiedo se un moderato come lui ha maggiore facilità di dialogo con D'Alema o con Berlusconi. «Con D'Alema. Berlusconi è molto lontano dai nostri principi, dalla nostra visione delle cose. Parla in modo diverso, ha valori diversi...»

Bianco dunque resta, anche se all'opposizione. Lo stesso atteggiamento assumeranno alcuni moderati come lui: Marini, Gargani e nella sinistra Nicola Mancino e perfino Giovanni Bianchi.

La mattina del Consiglio nazionale incontro all'ufficio accrediti dell'Ergife Rosetta Jervolino. È molto pessimista. Mi fa capire che se la sinistra uscisse battuta, la sera stessa il gruppo più intransigente annuncerebbe la propria uscita dal partito. Giro tra i consiglieri nazionali: i numeri sono incerti, ma molti tra i contrari alla linea di Buttiglione mi confermano che se vincesse il segretario, resterebbero nel partito, seppure all'opposizione.

Mi racconta Gerardo Bianco: «Imploro Rocco di non andare alla rottura. Io sono pronto a restare nel partito anche da solo perché non posso immaginarne la frantumazione. Lui mi risponde: le mediazioni le faceva la Dc, noi non siamo democristiani, dobbiamo fare scelte e allora o si sta dentro o si sta fuori. Provo a insistere: lascia perdere il consociativismo, ti chiedo solo un po' di buonsenso. Ma lui è irremovibile. Ho la sensazione che abbia le spalle forti».

Racconta Bianchi: «Fino alla fine ci dicono: di che vi preoccupate? Berlusconi prima o poi uscirà di scena e noi saremo andati a riprenderci i nostri voti. Ignorando il fatto che per noi non si può considerare un partito come il carburante per una operazione del genere...». Quando chiedo a Buttiglione perché moderati come Bianco, Marini, Gargani e perfino Emilio Colombo lo abbiano abbandonato, la risposta è questa: «La cultura democristiana, formatasi sul sistema proporzionale, è convinta che il partito sia il Paese e che il punto di equilibrio del partito sia il punto di equilibrio del Paese. Invece il partito non è più il Paese e possono esserci punti di equilibrio nel partito che non sono punti di equilibrio del Paese...».

Il dibattito è durissimo. Anzi, è disperato. Cinquant'anni di governo e di potere si frantumano ora dopo ora, minuto dopo minuto in interventi che non arricchiscono il dibattito ideologico, ma ormai rischiano di sconfinare nel settarismo e nell'odio.

«Perché dici che posso perdere?»

Naturalmente non si va per il sottile nel serrare le file. Buttiglione integra a norma di statuto la direzione con alcuni dei suoi, Bianchi gli risponde non ammettendo al voto tre consiglieri sottoposti al giudizio dei probiviri. Il segretario è convinto comunque di avere la maggioranza. Giancarlo Perna scrive su «Epoca» che Rocco, con l'aiuto della sorella Angela, ottiene al telefono 114 manifestazioni di assenso: la maggioranza del Consiglio nazionale. Per l'intera serata, fino al momento del voto, gli amici di Buttiglione si dicono convinti di poter contare su una maggioranza di sei voti sugli avversari. E il segretario pone la fiducia su una mozione decisiva: se non passa, me ne vado.

Giovanni Bianchi, come presidente del partito, è anche presidente del seggio elettorale. Ha con sé una segretaria e quattro scrutatori, due per ogni schieramento. «La votazione è palese. I consiglieri sfilano davanti al seggio, dicono sì o no alla mozione e noi segniamo. Con il passare dei minuti, maturo una esperienza da confessionale. C'è chi la pensa in un modo e decide in un altro. Gente che davi per sicura da una parte vota per l'altra.»

Mentre in una saletta appartata si vota, passeggio con Buttiglione nell'enorme sala dell'Ergife ormai semideserta e assediata dai giornalisti tenuti lontani nel momento cruciale. Sono venuti a salutarlo una sorella e una figlia. Parliamo di Dossetti e di Del Noce, delle enormi differenze d'impostazione ideologica che mi è parso di notare tra lui e gli altri. Alla fine gli dico: «Se perdi, resti nel partito?». Lui riflette in silenzio per qualche istante e poi fa con un po' d'imbarazzo: «Non lo so. Ma perché mi parli di una ipotesi che non esiste?».

E invece esiste. I 106 voti che Buttiglione è sicuro di avere in tasca si riducono a 99. Gli altri ne contano 102. Hanno vinto. Lo fa capire Bianchi prima di annunciarlo ufficialmente: «Esco per cercare uno che non ha votato e che invece è ammalato. Mi chiedono, dico: mi pare che abbiamo vinto...».

A suo giudizio sono stati decisivi i quattro rappresentanti del partito all'estero. «Me li ha indicati il responsabile dell'ufficio, Angelo Bernassola, che sta con Buttiglione. Ma i suoi evidentemente hanno votato contro.»

Buttiglione scompare. Entro nella sua stanza e trovo un Formigoni ruggente che annuncia ricorsi. Rosy Bindi ha la festosità interiore di una baccante. Il Ppi si spacca in due partiti.

Bianchi conosce Buttiglione da anni. Tocca a lui andare in casa del segretario per capire che cosa succederà. Nella sera ormai tarda, via delle Tre Madonne è poco illuminata e silenziosa. È l'ora in cui la buona borghesia dei Parioli si chiude nel confortevole riserbo delle proprie case, lasciando intravedere dalle finestre illuminate gli alti soffitti delle case d'epoca e scorci di librerie e di mobilio che ingentiliscono gli appartamenti più frettolosi tirati su negli anni Cinquanta.

Il presidente del Partito popolare suona al citofono. Risponde la moglie di Buttiglione. C'è un istante di imbarazzo, poi apre. Nel breve viale che porta dal cancello alla palazzina in cui abita il professore, Bianchi incontra una figlia del filosofo. Anche qui lo scambio di saluti è frettoloso e imbarazzato. Poi la breve corsa in ascensore. Il presidente viene introdotto nel soggiorno-studio in cui gli arazzi ricamati da virtuose fanciulle inglesi del secolo scorso assistono muti al disfacimento di quella che fu la Democrazia cristiana. Il segretario (o ex? La cosa, come è noto, non sarà semplice) è circondato dai suoi, Formigoni in testa.

«Io torno ai miei libri e ai miei studi» dice Buttiglione a Bianchi. «Mi son tolto un peso e a te toccano maggiori responsabilità.» Una pausa e aggiunge: «Il mio problema personale non esiste più. Parla con questi amici che si sono uniti a me nella cordata, io mi sento responsabile del loro futuro...».

Bianchi parla allora con Formigoni, Sanza, Tassone, Tamponi. «Loro mi parlano subito dei tre consiglieri che io non ho fatto votare perché sotto giudizio dei probiviri. Mi dicono che non lasceranno niente di intentato... Con Buttiglione non parlo esplicitamente di dimissioni, ma sono convinto che le darà...»

Il gelo in via Mario Fani

E invece Rocco Buttiglione le dimissioni non le dà. Ritiene irregolare la votazione e illegittima ogni iniziativa dei suoi avversari che hanno convocato per il 16 marzo il Consiglio nazionale per eleggere il nuovo segretario.

16 marzo. La data più orribile nella storia della Dc, la più traumatica nella storia italiana di questo dopoguerra. Ricordate? «Il presidente della Democrazia cristiana, onorevole Aldo Moro, è stato sequestrato stamattina in via Mario Fani, nel quartiere romano della Camilluccia. I cinque uomini della sua scorta sono stati uccisi. L'attentato è stato rivendicato dalle Brigate rosse...»

Era il 1978 e sembra ieri. Il culmine degli anni di piombo.

Il tentativo dei terroristi di spezzare l'alleanza tra la Dc di Moro e il Pci di Berlinguer. Cinquantacinque giorni con lo Stato in ginocchio, la Dc lacerata nell'animo e implacabile nel sostenere (con il Pci) la linea della fermezza nel rifiuto di ogni trattativa. La disperata incredulità di Moro. Non trattate voi che avete sempre trattato, mediato, interpretato, aggiustato, chiosato pur di evitare il più piccolo trauma? Vi lasciate inchiodare al senso dello Stato proprio oggi che è in gioco una vita umana, la mia vita?

Come non evocare la maledizione di Moro in questo 16 marzo del '95 in cui i superstiti del partito che fu il più potente, il più amato, il più odiato d'Italia si trovano divisi e ostili in via Fani davanti alla lapide che ricorda l'orribile mattino del '78?

Racconta Gerardo Bianco: «Io vado prima, con altri amici. Buttiglione arriva più tardi, lo aspettiamo di proposito. Con lui ci sono Folloni, Tassone, Delfino. Con me Pierluigi Castagnetti, Vito Napoli, altri parlamentari tra cui Guido Bodrato che però resta per conto suo. Mi avvicino agli uomini di Buttiglione e dico: scusate, ma davvero dobbiamo andare alla spaccatura? Delfino mi fa: Gerardo, perché non proponi tu a Rocco di ritirare il suo documento e di continuare a fare il segretario del partito? Ci avviciniamo a Buttiglione. Gli dico: Rocco, il documento approvato in Consiglio nazionale non è stato ratificato. Tu puoi benissimo adeguarti alla linea espressa dalla maggioranza del partito e rimanere segretario. Io mi impegno ad appoggiare questa tua richiesta. La risposta di Buttiglione è secca, negativa. Chiede soltanto di rinviare il Consiglio nazionale convocato per il pomeriggio. Gli dico che non è possibile: prova a venire tu in consiglio, chiedine tu il rinvio. Altrimenti provochi la rottura del partito. E lui: non siamo più al tempo della Democrazia cristiana, bisogna scegliere: dentro o fuori. Interviene Castagnetti. Lui, considerato della sinistra estrema del partito, fa a Rocco un ragionamento di grande moderazione: proponi tu qualcosa, gli dice. E Buttiglione gli ricorda l'umiliazione subita con la improvvisa candidatura di Prodi. Parla di slealtà della sinistra, della impossibilità di convivere nello stesso partito. Nel pomeriggio Buttiglione viene considerato dimissionario e io vengo eletto segretario del partito».

Bianco viene eletto all'unanimità al grido di «Moro, Moro!». Fino al tardo pomeriggio circolano altri nomi: il vecchio Filippo Maria Pandolfi, il giovane Giampaolo D'Andrea. Circola soprattutto quello di Franco Marini, l'uomo che più di ogni altro ha determinato i nuovi equilibri.

«Non potevo accettare,» mi dice Marini «proprio perché ero consapevole del ruolo che ho avuto in questa vicenda. Volevo togliere il sospetto che la mia decisione fosse stata determinata da ambizioni personali.»

Cdu e Ppi: caccia al tesoro

La maledizione di Moro resta implacabile. Per cinque mesi, fino alla pace di agosto, i due Partiti popolari si trascinano nelle aule di giustizia lasciando a un magistrato l'improbabile compito di stabilire quale delibera di direzione fosse valida e quale decisione del Consiglio nazionale fosse invece illegittima. Alle elezioni di aprile Bianco si presenta con un gonfalone che ricorda il vecchio simbolo e guadagna un onorevole 7 per cento. Buttiglione non utilizza il simbolo democristiano di cui è titolare e si presenta, come concordato a via dell'Anima, insieme con i Popolari e il Ccd. A Giuliano Ferrara che gli riconosce d'aver portato soltanto i voti dei suoi parenti, risponde di valere almeno il 7 per cento.

E intanto Kohl, amico e tifoso del filosofo, gli tira la volata in Europa e dentro l'Internazionale democristiana giocando un ruolo discreto, ma essenziale per la pacificazione d'agosto successiva ai due nuovi congressi costituenti: Buttiglione fonda un Cdu che anche nel nome ricorda il partito di Kohl e conserva lo scudo crociato di buona memoria; Bianco resta segretario del Partito popolare con piena titolarità del nome. Dopo mesi di barricamento nelle stanze e di imbarazzi amministrativi, i due partiti si dividono fraternamente l'uso del palazzo Cenci Bolognetti in piazza del Gesù, mantengono addirittura un centralino unitario e trovano un onorevole accordo anche sulla divisione del patrimonio che oscilla tra i duecentocinquanta e i trecento miliardi.

Resta da chiedersi che cosa Cdu e Ppi faranno da grandi. Nell'autunno del '95 è partita una caccia al tesoro che impegnerà per anni i due partiti. E il tesoro, tanto per cambiare, è il Centro. Parola vilipesa per decenni, additata come fonte di tutti gli equivoci, le mediazioni disonorevoli della politica italiana, il consociativismo più ambiguo. E oggi ricercato e venerato come fosse il Santo Graal, il calice di Gesù nell'ultima cena, portato in Occidente da Giuseppe di Arimatea e fonte nei secoli di simbolismi radiosi e di cupe disfide.

«Chi può dire» sogna Gerardo Bianco «che un domani il Ccd non possa aprirsi a esperienze di centrosinistra? Chi può dire che se la sinistra tornasse settaria e il berlusconismo si trasformasse in un ideale realmente centrista, noi non si possa rivedere certe scelte?» Bianco arriva a immaginare una Rosy Bindi che si torce nel sonno in preda a una crisi di coscienza filoberlusconiana? «Adesso vedo che nel partito tutti si preoccupano di mantenere l'equilibrio al centro. Ma in effetti un conflitto tra noi potrebbe avvenire se la sinistra rifiutasse di aprire domani un colloquio per un centro più vasto...»

Marini, uomo pragmatico, punta a rafforzare il rapporto con Verdi, Segni e perché no? la Lega. «Prendi l'Abruzzo. Noi abbiamo preso alle regionali il 9 per cento, Segni il 6. Con i Verdi andremmo al 18. Che c'entrano i Verdi? Lo sai che sono più vicini a noi che a Segni? Se porti questo disegno a livello nazionale e aggiungi che Bossi, al di là delle sue stravaganze, è molto preoccupato di ritrovare un equilibrio tra centro e sinistra...»

Più ti sposti a sinistra e più vedi materializzarsi il disegno di far rinascere la Dc: esattamente quel che vuole fare Buttiglione, ma su basi diverse. Giovanni Bianchi nota con candido sarcasmo che quando vai a contare i partecipanti al «tavolo delle regole» che ha visto i due Poli discutere in estate, noti che la maggioranza assoluta sui due lati del tavolo è fatta da democristiani. E rivendica il diritto all'identità del popolarismo quando ricorda il congresso del Pds: «Perché negare le mie sofferenze in quella sala? Certo, scegliendo D'Alema, Prodi si è collocato in un'area più moderata e questo può facilitare l'incontro con noi. Ma è altrettanto indubbio che nel Pds resta l'impronta gramsciana del partito educatore di tutto. E noi siamo altro...».

Andreatta taglia corto: «Se il Pds diventa un partito liberaldemocratico per davvero, le cooperative rosse entrano nella Confindustria e i giudici non parlano più con Violante, allora può capitare come in Francia che due forze di diversa cultura politica e con diversa sensibilità continuino a collaborare al di là dell'occasione contingente. Se invece nelle inevitabili fluttuazioni della politica gli aspetti solidaristici dovessero prevalere nel Pds socialdemocratico sulla razionalità economica, allora chissà, potrebbe capitare che Berlusconi sia fallito o si sia stancato della politica e che si torni alla situazione della primavera '94 quando se il Cavaliere non fosse sceso in campo ci sarebbe stato il confronto bipartitico tra la Democrazia cristiana e il Partito comunista...». E rifiuta la prospettiva che i cattolici lascino la politica ai Berlusconi e ai D'Alema «limitandosi a fare piccoli servizi alla comunità, quasi fossimo in Libano a difendere un'etnia più che a esprimere un disegno politico».

Rocco Buttiglione, che dichiaratamente vuole rifare la Dc, non guarda di un centimetro alla sua sinistra, ma punta a un progressivo inglobamento di Forza Italia e perfino di Alleanza nazionale nel suo nuovo partito di centrodestra alla tedesca. «Se io ho cercato con tanta ostinazione, nonostante le difficoltà, l'alleanza con Forza Italia è perché in questo partito c'è il pezzo più grosso della Dc. Per quanto riguarda la destra, essa deve diventare meno statalista, ma non credo in ogni caso che Fini possa ripetere l'esperienza della Thatcher. Guardo piuttosto all'esempio spagnolo. Lì dopo Franco la Dc si suicida perché non si costituisce come partito alternativo alla sinistra, ma cerca l'accordo con essa e lascia un enorme spazio vuoto al centro. Chi va a occupare questo spazio? Alleanza popolare, un partito di destra guidato da Manuel Fraga Iribarne che è stato il braccio destro di Franco. Questa destra spagnola si depura progressivamente di tutti gli elementi autoritari, si avvicina sempre più al centro e alla fine, con José Maria Aznar, diventa essa stessa il Partito popolare spagnolo candidato a sostituire i socialisti di Felipe Gonzales al governo. Per Fini nel medio e nel lungo periodo non vedo altra strada. Con una differenza. Che noi non abbiamo alcuna intenzione di suicidarci, controlliamo lo spazio del centro e immaginiamo che il destino di An sia di diventare nel tempo l'ala destra del centro...»

Raggiunto l'accordo su nome, simboli, sedi e patrimonio di partito, i due Ppi continueranno a litigare sul possesso dell'album di famiglia. Nel cinquantenario della morte di De Gasperi (agosto '95) Rocco Buttiglione mi dice che la buonanima avrebbe sposato Berlusconi. Secondo Bianco, invece, avrebbe sposato D'Alema. «Non ci dimentichiamo che fu lui ad aprire la prospettiva dell'alleanza con un Psi assai più massimalista di quanto non lo sia il Pds di oggi. De Gasperi in fondo era un liberal...»

Montanelli scrive «Giù le mani da De Gasperi», quasi a dire che mentre più di uno sogna la rinascita della Dc, lui – che democristiano certo non è mai stato – non consente a quel che rimane del partito di De Gasperi nemmeno di consolarsi con i ricordi di famiglia Una diffida a togliersi di dosso qualunque velleità .

8

Prodi, candidato di lungo corso

Piove. Piove come nei film, quando anche il regista si rilassa sulla sedia pieghevole e dice: è proprio vero che gli attrezzisti di Cinecittà sono i migliori, guarda quanta acqua riescono a far cadere sul set.

Piove come nella scena finale dell'*Isola degli schiavi* di Marivaux (allestimento del Piccolo Teatro di Milano), dove Massimo Ranieri, Pamela Villoresi e Philippe Leroy dovrebbero inzupparsi e invece restano asciutti nella loro ritrovata purezza.

Piove lunedì 24 aprile sulla balorda primavera romana del '95. Ma nel cuore di Romano Prodi spunta il sol dell'avvenire, anzi è già alto. E i pedoni sparuti che vanno schizzando da un portone all'altro di piazza Campitelli, sotto lo sguardo sospettoso dei poliziotti che vigilano sul palazzo dove dorme di tanto in tanto anche Giancarlo Caselli, gli paiono lievi figure danzanti come nella *Primavera* di Aleksandr Glazunov, che tanto fu apprezzata dall'eletto pubblico intervenuto nel febbraio del 1900 alla «prima» del teatro Mariinskij di Pietroburgo.

Alle 13.30 il professore bolognese si presenta puntuale all'appuntamento: Walter Veltroni ha prenotato per otto al ristorante «La vecchia Roma», che sta nel margine estremo della piazza, a pochi passi dalla casa di Achille Occhetto.

È puntuale, Prodi, ma solo. Giuseppe Paladino, che da ventisei anni ha trasformato in un raffinato locale la ruspante trattoria «Vittorio lo sportivo», gli fa attraversare la sala dedicata a Pinelli e l'introduce nell'ultima stanza, interamente riservata agli ospiti del nascente centrosinistra. Prodi si guarda intorno, ferma per un momento gli occhiali su una «Roma sparita» che la fantasia di Athos (così si chiama l'autore dell'affresco) ha affacciato su piazza Venezia e si gode l'attesa. Dunque, il centrosinistra ha vinto. Ha battuto Berlusconi e Fini, ma ha battuto anche i Grandi Istituti Demoscopici, le Cassandre Tecnologiche della Sedicente Seconda Repubblica.

Che cosa giurava fino al sabato sera Nando Pagnoncelli dell'Abacus? Nove a sei per il Polo. E Nicola Piepoli del Cirm? Dieci a cinque per il Berlusca. E Luigi Crespi di Datamedia, l'Apollo Delfico di Emilio Fede? Addirittura undici a quattro. Bum! E invece, mentre il Professore se ne sta sotto la Roma sparita di Athos, i telegiornali meridiani stanno rivelando che un nove a sei in effetti ci sta, solo che è dall'altra parte. Dalla parte di Prodi. Dalla parte di Veltroni. (Anche dalla parte di D'Alema, in verità, ma il Professore non vuol guastarsi l'appetito. Il fantasma del Pds gli ruggisce addosso quando mangia qualche tortellino di troppo. Ma adesso ancora non si siede a tavola...)

La saletta intanto si riempie. Insieme con D'Alema entrano Silvio Sircana, il portavoce di Prodi, e Gianclaudio Bressa, suo principale assistente politico. Poi arrivano Mauro Zani, coordinatore della segreteria politica del Pds e Claudio Burlando, responsabile degli enti locali. Infine, alle 14, spunta Walter Veltroni: i giornalisti hanno sempre una scusa per fare tardi.

Nando, il cameriere – sguardo discreto, orecchie sorde, passo felpato – comincia la staffetta con la cucina. E già: perché il centrosinistra andrà pure d'accordo in politica, ma a tavola ciascuno si riappropria con orgoglio della propria identità. Prodi mangia quattro carciofi alla giudia? D'Alema gli risponde con due carciofi e una bella bruschettina di melanzane e zucchini e Veltroni attacca senza complessi un robusto piatto di linguine marinate agli scampi. Il Professore passa a un piatto di baccalà al pomodoretto? D'Alema e Veltroni preferiscono carne: filetto di manzo con l'uvetta nera e straccetti con pomodoro crudo e rughetta. (Gli altri spazzolano un poderoso trittico di mare: insalata calda, gamberetti alle mele, moscardini al pomodoro crudo.)

Il pluralismo dei piatti si ricompone nell'assoluta armonia della conversazione politica. Intanto, son tutti contenti. È vero che D'Alema era stato abbastanza ottimista sulle elezioni, ma c'è chi giura che bluffasse. Come spiegare altrimenti le scene di autentica disperazione preventiva registrate il sabato sera nel ristorante dove s'erano rifugiati alcuni editorialisti di «Repubblica»?

Il lunedì dei miracoli, invece, al tavolo della «Vecchia Roma» dove si sono alternate intere generazioni di politici della Prima Repubblica, tutti sono concordi nel registrare un fattore decisivo: l'alleanza di centrosinistra ha attratto i voti moderati senza perdere quelli di sinistra. Spalmando il pomodoretto sul suo baccalà, il Professore riafferma che l'Ulivo non deve diventare un partito: resterà un punto di riferimento per tutte le forze associate. I candidati dell'Ulivo si presenteranno sotto il simbolo dell'albero (questo, non la quercia) nelle elezioni con il maggioritario, mentre si affiancheranno ai simboli dei diversi partiti nella quota proporzionale. Proposta approvata all'unanimità. Si mette a verbale anche il plauso generale per il successo dei Popolari di Bianco che hanno superato vigorosamente il trauma da parto succeduto alla crisi con Buttiglione.

Veltroni a questo punto ordina felice una doppia panna cotta (non è l'uomo che ha annegato nella Nutella la modesta afflizione per la sconfitta subita nel '94 da D'Alema?). D'Alema si accontenta di una granita di frutta. Prodi passa decisamente al caffè e al conto. In fondo, non è lui che deve festeggiare?

Quando Segni perse il biglietto

Il pranzo alla «Vecchia Roma» santifica l'irrobustirsi dell'Ulivo all'ombra necessariamente protettiva della Quercia. Stabilisce che l'Ulivo sarà il simbolo dell'intero schieramento. E arriva a due anni esatti dalla prima, reale candidatura di Romano Prodi a palazzo Chigi. Nell'aprile del '93, cade dopo dieci mesi il governo di Giuliano Amato: tra febbraio e marzo ha perso sei ministri in cinquanta giorni per i colpi diretti o indiretti di Tangentopoli. Dopo le dimissioni, Amato mi dice per *Telecamera con vista* che con Tangentopoli è avvenuta per la prima volta nella storia italiana «la sostanziale scomparsa dei partiti dal negoziato quotidiano per la formazione della volontà di governo».

Tira aria nuova e Scalfaro pensa per la guida del nuovo governo a un tecnico di alta valenza politica: il professor Romano Prodi, classe 1939, economista, che ha servito nel '78-'79 come ministro dell'Industria ed è stato soprattutto presidente dell'Iri dall'82 all'89. Prodi è cattolico, gode del pieno consenso della Dc (è stato sempre vicino alla sinistra del partito e in particolare a Nino Andreatta, emiliano come lui), è gradito al Pds. Ma in questo momento l'Uomo della Provvidenza sembra Mario Segni: ha dimostrato con il trionfo referendario del 18 aprile che gli italiani, se dovessero scegliere tra l'acqua da bere, l'aria da respirare e il sistema elettorale maggioritario, non avrebbero dubbi a preferire quest'ultimo. Segni è il leader di Alleanza democratica. Purtroppo non si sa con esattezza che cosa sia Alleanza democratica. Oppure, purtroppo, si sa. Come osserva ancora Amato, «è una specie di consiglio di facoltà: ognuno dice quello che vuole» (Ad si frantumerà per questo in ottobre).

Avere Segni nel governo sarebbe per Prodi nel '93 come avervi Di Pietro nel '94. Il Professore gli propone perciò la vicepresidenza del Consiglio con delega alle Riforme istituzionali: Segni avrebbe cioè carta bianca per rivoltare il sistema politico italiano come un pedalino (cito una famosa espressione usata in altra circostanza dal sostituto procuratore della repubblica in Milano, Piercamillo Davigo). Ma Segni considera un'ingiuria grave il fatto che Scalfaro non abbia chiesto a lui di presiedere il governo. Da sardo purosangue, non perdona e manda per aria l'operazione. Ha vinto la lotteria della politica, ma perde il biglietto. (Lo troverà un anno dopo Berlusconi che lo metterà all'incasso senza nemmeno ripassare da casa.) A palazzo Chigi viene chiamato Carlo Azeglio Ciampi. Prodi se ne torna all'Iri, facendo il commesso viaggiatore a spasso per il mondo, sgolandosi sulla inefficienza del nostro sistema scolastico e mettendo in calendario le privatizzazioni. «Senza quelle siamo morti» mi dice nell'autunno del '93.

Silvio Berlusconi e il Polo delle Libertà mandano di traverso la primavera al Professore e ai suoi abituali referenti politici vincendo contro ogni previsione invernale le elezioni del 27 marzo '94.

«Vedo la trasmissione elettorale alla Tv» mi dirà Prodi «e capisco che niente sarà più come prima.» Qualcuno sostiene che se i progressisti avessero vinto le elezioni, l'uomo per palazzo Chigi sarebbe stato ancora Prodi (e Ciampi, chissà, sarebbe stato promosso al Quirinale). Altri, forse con maggiore realismo, pensano che la carta più grossa l'avrebbe giocata in prima persona lo stesso Achille Occhetto. Lo dice Pannella: «Invece del governo Ciampi II, il Pds pensava all'Occhetto I». Me lo conferma Nino Andreatta: «Ci fu un brivido di paura, quando quindici milioni di persone udirono alla televisione un'intervista del segretario del Pds, la prima domenica di dicembre del '93, secondo turno delle elezioni amministrative. Probabilmente in polemica con i suoi compagni di partito, Occhetto disse enfaticamente che nei Paesi a lunga tradizione democratica chi vince le elezioni diventa presidente del Consiglio. Ero in casa di amici e sentii che sulle nostre schiene scorreva un brivido misto di paura e di sconcerto».

Il 28 marzo del '94 il brivido di Andreatta cambia colore, con la vittoria di Berlusconi.

Una sera di maggio, mentre Ppi e Pds raccolgono nella polvere le truppe superstiti per arginare l'ondata del Polo alle Europee, Nino Andreatta invita in un ristorante di via Giulia il suo amico Prodi e lo stato maggiore della sinistra Popolare: Rosetta Jervolino, reggente del partito dopo le dimissioni di Martinazzoli, Nicola Mancino, Rosy Bindi, Sergio Mattarella.

Durante la cena (circa tre ore), i Popolari offrono al professore la candidatura alla segreteria del partito. Per Prodi è un momento di scelte impegnative. La sera stessa della vittoria di Berlusconi ha deciso di lasciare l'Iri. «It's not my home, non è la mia casa» dice al suo assistente Daniele Di Giovanni e agli altri collaboratori più stretti. Di fatto, Prodi è assai più del presidente della principale holding pubblica. È il super ministro economico del governo Ciampi. Tanto «super» da determinare frequenti punti di frizione con Piero Barucci e Paolo Savona, che fanno parte a titolo costituzionale del gabinetto. Ma Prodi va avanti come un treno. Il suo dialogo con Ciampi «è forte ed intenso», secondo la dichiarazione di un testimone diretto. Con Berlusconi le cose non potranno andare allo stesso modo. I due uomini vengono da universi lontani e incomunicabili. Meglio andar via.

«Non sarò il segretario della scissione»

Fin dai primi di aprile, dunque, Prodi sa di essere di nuovo sul mercato. Ma un mese più tardi, nella cena di via Giulia, lascia ugualmente cadere l'invito dei suoi amici del Ppi: non vuole abbandonare l'Iri per entrare subito in politica, perché la scelta non è matura – come mi dice Andreatta – o meglio – come mi dice lo stesso Prodi – «perché non voglio fare il segretario della scissione, visto che il Partito popolare presenta due anime incompatibili tra loro». «Ho letto da qualche parte che Buttiglione disse: Prodi non può fare il segretario del Ppi perché non è Popolare. Così come non può fare il papa chi non crede nella Chiesa. Se Buttiglione ha pronunciato sul serio questa frase, ha detto il giusto per la prima volta in vita sua. Con il mio rifiuto, ho contribuito alla fine dell'antico equivoco presente nella Dc secondo il quale il Muro di Berlino autorizzava la presenza di due anime nel partito. Adesso che il Muro era caduto, i cattolici potevano tranquillamente andarsene ciascuno per la propria strada». (Segretario del Ppi diventerà, come è noto, Rocco Buttiglione mettendo a rischio, secondo la testimonianza dell'interessato, le coronarie di Beniamino Andreatta.)

Il governo Berlusconi giura il 14 maggio e un paio di settimane più tardi il Professore fa visita al Cavaliere a palazzo Chigi. I due si conoscono da tempo e mantengono un rapporto cordiale. Nel giugno del '93, appena Prodi era tornato all'Iri, il presidente della Fininvest era andato a trovarlo. E proprio a lui il Professore aveva detto: «Qui ci resto poco», certo non immaginando che sarebbe stato l'arrivo del Cavaliere alla guida del governo ad affrettare la decisione meno di un anno dopo. «So che vuoi andar via» gli dice ora Berlusconi. E Prodi conferma. Ma prima del congedo ricorda al presidente del Consiglio quelli che sono a suo giudizio cinque motivi di possibile incompatibilità tra la carica di presidente del Consiglio e quella di imprenditore a capo del secondo gruppo privato del Paese. «Hai forti interessi nelle televisioni, nei giornali, nelle assicurazioni, nei prodotti finanziari e nella grande distribuzione. Si tratta di settori sui quali lo Stato esercita, a diverso titolo, la sua sorveglianza. Ogni tua decisione sarà vista con sospetto.» Berlusconi gli ricorda che un presidente del Consiglio non può fare quello che vuole: l'attività del governo è collegiale, le leggi vengono votate dal Parlamento e firmate dal capo dello Stato; un eccesso di personale esposizione del premier in settori nei quali abbia interessi è dunque impensabile. Il colloquio si conclude cordialmente.

Poco dopo Prodi formalizza le sue dimissioni dall'Iri (decorrenza 31 luglio '94) e torna a Bologna. Alla stazione viene accolto dal clan di Gianni Pecci, direttore generale di Nomisma, che si presenta con la banda. Riprende la sua cattedra di economia industriale all'università, apre un corso di economia legato ai mass-media (Discipline di arte, musica e spettacolo) presso il mitico Dams diretto da Umberto Eco.

In luglio Prodi se ne va in vacanza in Spagna. Percorre con un gruppo di amici 837 chilometri in bicicletta, dal Passo di Roncisvalle al santuario di Santiago di Compostela «in un ambiente fantastico, sommerso dalla storia». «La bicicletta» dice il Professore «è la cosa più idiota del mondo, ma ti fa stancare consentendoti al tempo stesso di pensare.»

Ai primi di agosto, torna a Bebbio, in provincia di Reggio Emilia. È un paese che sta vicino a Scandiano, il posto in cui il Professore è nato, e da trent'anni i Prodi ci passano le vacanze. Nel castello preso dalla famiglia si ritrovano gli otto fratelli (un nono è morto) e un numero di figli e nipoti che fa raggiungere alla tribù le cinquanta persone. Il 9 agosto Prodi si scambia gli auguri con Enzo Biagi, che compie gli anni il suo stesso giorno e sta lì vicino a Pianaccio. «Al castello di Bebbio,» scrive con orgoglio Fabio Macchi sulla «Gazzetta di Reggio», «Romano Prodi ha fissato da tempo la sua Arcore.»

La sera di mercoledì 10 agosto, l'indomani del suo compleanno, il Professore si sposta di dieci chilometri dalla «sua Arcore» e va a Valestra. Il sindaco della vicina Carpineti, Alessandro Carri, ha «fortissimamente voluto» una intervista pubblica. Nel bar-ristorante di Valestra si riunisce «una quindicina di persone», minimizza il Professore (in realtà sono sessanta), guidate dal sindaco di Reggio, Antonella Spaggiari.

«È un rito» mi racconta Prodi. «Sai che nell'Ottocento si facevano grandi pranzi a Mortara? Era un rito anche quello. Così come l'intervista pubblica che ogni anno mi vien fatta in agosto dal dottor Umberto Bonafini, direttore della "Gazzetta di Reggio".»

Che dice Prodi? «Il nostro Paese va rifatto. Non sarà facile, Berlusconi fino ad ora non ci è riuscito, ma dobbiamo assolutamente riuscirci, coinvolgendo il maggior numero di italiani.» Lodevole proposito, ma nessuna novità. Il botto arriva poco più tardi: «Vista la situazione, un impegno sulla politica seria diventa un dovere; dipenderà solo dalle circostanze decidere se si tratterà di un impegno operativo o intellettuale». Poi la conclusione: «L'Italia deve diventare finalmente un paese normale». La stessa frase, testuale, sarà ripetuta undici mesi più tardi da Massimo D'Alema in apertura della sua relazione al congresso tematico del Pds. E *Un paese normale* si intitola il libro di D'Alema che uscirà nel settembre del '95.

Prodi inaugura nell'occasione anche il famoso «buonismo» dell'Ulivo. A Bonafini che gli chiede se si schiererà contro Berlusconi, risponde: «Guai a chi pensa alla politica volendo fare l'anti. Perché allora cade nel vizio opposto».

«A mla dmandeda la Reuter!»

Il vecchio Bonafini capisce d'avere lo «scoop» in mano, forse per la prima volta da quando nel 1860 fu fondata la «Gazzetta di Reggio». Il giornale dell'indomani è già chiuso, ma il titolo a tutta pagina di venerdì 12 agosto è questo: «Prodi: non starò alla finestra».

La notizia fa il giro del mondo e Bonafini rischia l'infarto per l'emozione quando annuncia al Professore, in strettissimo dialetto emiliano, che la sua intervista è stata ripresa persino dalla prestigiosa agenzia di stampa britannica Reuter. «A mla dmandeda la Reuter.» Me l'hanno chiesta gli inglesi, mica si scherza... E le reazioni vengono collocate in due pagnoni che più emiliane non si può: a sinistra la réclame di tortellini e altri prodotti alimentari del luogo, a destra la pubblicità di articoli sexy.

L'intervista fa rumore anche nella famigliona di Prodi radunata a Bebbio. Se ne parla nelle riunioni allargate, se ne parla in quelle ristrette con la moglie del Professore, Flavia, e i due figli Giorgio (ventiquattro anni) e Antonio (venti), gran tifosi della Virtus Bologna di pallacanestro. Flavia Prodi è la bella copia di Rosy Bindi. Ha tratti più dolci e femminili. Non si nasconde in divise vietnamite, sta nell'abito da sera meglio di come il marito stia nello smoking. Ma al pari dell'altra, se la vedi allo stadio in mezzo a cinquantamila persone puoi spiegare a tuo figlio: guarda quella signora, è una cattolica impegnata nel «sociale». Queste benemerite persone si riconoscono infatti per lo sguardo forte, deciso e generoso, ma se non la pensi come loro, meglio che cambi strada. Quando i giornali la chiamano l'anti-Veronica, Flavia probabilmente se ne compiace. Anche se è ormai noto che al di là della bellezza indiscussa, la signora Berlusconi è tutt'altro che una bambolina. Ha le sue idee e se sta zitta lo fa per evitare al marito di star seduto su un cuscino di spilli.

I Franzoni (Flavia ha questo cognome) sono parenti dei Prodi. Alla lontana. A Marco Marozzi che la intervista per il «Venerdì di Repubblica», lei riassume così: «Stavamo a Reggio Emilia in due strade vicine, andavamo nella stessa parrocchia, quella di San Pietro. Io sono del '47, mio padre era insegnante, mia madre casalinga. Lui ha sette anni più di me. Lavoravamo insieme a un circolo culturale collegato alla parrocchia. Lui era già laureato a Milano, io facevo il liceo scientifico. Ci siamo fidanzati che facevo la quinta. Ci ha sposato monsignor Camillo Ruini, allora responsabile dei laureati cattolici, il 31 maggio del '69. Andammo in viaggio a Ponza... Quando mi trovai Romano professore al terzo anno, feci l'esame di economia politica e industriale con un altro. Beniamino Andreatta». Un destino. E a Vittorio Monti del «Corriere» che l'avvicina per «Sette» aggiunge: «Nel tempo libero stiamo sempre insieme, condividiamo tutto. Da una vita discutiamo ogni cosa che facciamo. Anche dell'Ulivo abbiamo parlato molto. Non che si faccia un consiglio di famiglia, ma si discute. Il bello è che Romano riesce a coinvolgere tutti».

Se quando Silvio Berlusconi decise di «scendere in campo» Veronica pianse disperata, sotto gli alberi di Bebbio il clima è del tutto diverso. In questo agosto del '94 sta accadendo qualcosa di decisivo. Se ne accorge perfino Nino Andreatta che è piuttosto distratto: se la sua pipa lo mandasse a fuoco, se ne avvedrebbe una volta diventato cenere. Andreatta sta a Madonna di Campiglio e Prodi lo chiama: «Lo fa» mi dice Andreatta «per ridimensionare le interpretazioni molto allargate che sono state date all'intervista alla "Gazzetta". In realtà era un gioco. Romano non voleva confessare a se stesso che la scelta l'aveva fatta».

A Prodi arriva a fine agosto la telefonata di Gianclaudio Bressa. Tra il '90 e il '93, Bressa è stato il giovane sindaco democristiano di Belluno. Amico e sostenitore di Mario Segni, ha conosciuto Prodi alla *convention* dei Pattisti nell'autunno del '92 a Roma. Dopo la vittoria di Berlusconi, Bressa scommette con Prodi che il Cavaliere resterà a palazzo Chigi per cinque anni. Prodi non ci crede e adesso Bressa gli telefona per riconoscergli doti di preveggenza. «Non mi è piaciuta l'accoglienza che la City di Londra ha fatto a Pagliarini. La promessa di non aumentare i prelievi fiscali porterà al governo parecchie difficoltà. Hai ragione, Romano. Questi non durano.» Quando nascerà l'Ulivo, Bressa sarà il principale consigliere politico di Prodi e il responsabile dei Comitati per l'Italia che Vogliamo.

Telefona D'Alema, telefona Veltroni

A fine agosto Massimo D'Alema rientra dalle vacanze in barca. Quando Prodi era presidente dell'Iri, l'attuale segretario del Pds gli è stato presentato dall'allora responsabile economico del Pci Alfredo Reichlin. Rientra dalle vacanze e comincia a telefonare anche lui. Incarica uno degli uomini emergenti del Pds, l'ex sindaco di Genova Claudio Burlando, di mantenere un rapporto stabile con il Professore. Si fa vivo anche Veltroni che, come D'Alema, conosce Prodi dai tempi dell'Iri e già a metà luglio ha scritto su «l'Unità» un editoriale («Il nuovo che arranca e noi») che si rivelerà la prima pietra angolare delle intese future.

L'ha scritto e non per caso. Veltroni vagheggia in realtà una intesa con Prodi fin dai primissimi giorni del luglio '94, subito dopo l'elezione di D'Alema a segretario del Pds. Dirà a Stefano Del Re, autore con lui del libro *La bella politica* che nell'autunno del '95 farà concorrenza a *Un paese normale* di

Massimo D'Alema sulle bancarelle delle feste dell'Unità: «Ci siamo scelti a vicenda, Prodi e noi. In qualche misura ci siamo cercati. Ricordo di aver parlato con Prodi... al momento dell'elezione del segretario del Pds. Non dico che allora immaginassimo che le cose sarebbero finite come sono finite, ma certo sapevamo che in qualche misura ci sarebbe toccato svolgere una parte...».

Arriva l'autunno e – mi dirà Prodi – «comincio a scivolare dentro l'avventura». Scivolare. Lui sta lì, come i ragazzini in cima agli aquasplash che nella regione del Professore sono più numerosi delle pompe di benzina. Lui sta lì, è incerto se lasciarsi andare, ma l'idea di finire col sedere a mollo lo diverte da impazzire e alla fine arriva qualcuno che gli dà la spinta. (In realtà lo spintone vero e proprio – non gradito – glielo darà come vedremo il 2 febbraio del '95 Giovanni Bianchi.)

In autunno Prodi «comincia a lavorare a una ipotesi» mi dirà il suo consigliere e portavoce Silvio Sircana, «comincia a coltivare un programma di alleanze locali, comincia a pensare a quindici uomini che si danno la mano. Soprattutto sta attento a non costruire qualcosa che ripeta l'esperienza di Alleanza democratica: a fare, cioè, un partito che si riunisce in un salotto».

In ottobre la rivista «MicroMega», che sarà uno degli sponsor culturali dell'operazione Ulivo, organizza un convegno. Prodi interviene. E con lui sale sul palco quella che sarà l'ossatura del centrosinistra.

In dicembre il Cavaliere cade e al Quirinale Scalfaro pensa subito che è arrivato il momento dell'incarico a Prodi. Si gioca tra i cattolici, durante la crisi, una delle più avvincenti gare di ricamo (e di veleni) che si ricordino dai tempi di Sturzo. Il capo dello Stato incontra Buttiglione più spesso dei corazzieri. E al tempo stesso porta avanti in segreto la candidatura di Prodi ben sapendo che pur di non vederlo a palazzo Chigi Buttiglione gli preferirebbe indifferentemente Rauti o Bertinotti. È D'Alema che gioca al momento decisivo la carta dell'incarico a Prodi. La gioca con Bertinotti in diverse occasioni ravvicinate: al telefono e in incontri alle Botteghe Oscure. Il leader di Rifondazione mi spiega così lo sviluppo della trattativa e il suo fallimento: «È vero» dice D'Alema a Bertinotti «che il Ribaltone si presta a troppe obiezioni, ma potrebbe determinarsi una sorta di emergenza per evitare un evento traumatico quale sarebbero in questo momento le elezioni. In questo caso, potrebbe emergere la candidatura di Prodi che però deve nascere con una solida maggioranza già in tasca, in modo che possiamo andare dal capo dello Stato e dirgli: questa è la soluzione, questa è la maggioranza».

Sono i giorni in cui Scalfaro confida ai suoi interlocutori di centro e di sinistra di temere il precipitare della situazione: arrivare alle elezioni in giugno, dice il presidente della Repubblica, sarebbe già un buon risultato. Alla proposta di D'Alema, Bertinotti muove tre obiezioni: «La prima è che mai il capo dello Stato, né in via diretta, né in via indiretta, ha sondato la disponibilità di Rifondazione a formare una nuova maggioranza. La seconda è che non sta né in cielo né in terra che dopo elezioni politiche vinte dal centrodestra, si dia luogo a un governo di centrosinistra che viva col voto determinante dei comunisti di Rifondazione. Come diavolo fai, dico a D'Alema, a immaginare che senza un nuovo ricorso alle urne il voto di fiducia di Fini venga sostituito dal mio? La terza obiezione è che un governo del genere determinerebbe un rischio grave per la democrazia: la destra potrebbe parlare di golpe bianco, lanciare la parola d'ordine della democrazia lacerata dai comunisti e questo potrebbe innescare una miscela esplosiva...».

Caduta l'ipotesi di guidare il governo, Prodi rifiuta un ministero economico. In compenso segnala per l'Industria un professionista a lui vicinissimo come Alberto Clò. Nel governo Dini vengono imbarcati altri due ministri graditissimi al Professore come Tiziano Treu al Lavoro e Paolo Baratta a Lavori Pubblici e Ambiente. Tanto da far parlare di un governo, almeno in parte, «prodiano».

Nel mese di gennaio, mentre l'intervento di Buttiglione al congresso di An a Fiuggi suscita malumori nella sinistra del partito, Prodi decide di scendere in campo e comincia a simulare la distribuzione di collegi elettorali tra Pds, Ppi e altre forze minori. L'ultimo giorno del mese, un martedì, Nino Andreatta, Giuliano Amato, Sergio D'Antoni, Luigi Abete, Giancarlo Lombardi, Nicola Mancino e Antonio Maccanico si trovano a cena nell'attico affacciato su piazza di Spagna di

Vittorio Ripa di Meana, musicofilo benemerito e avvocato di Eugenio Scalfari. È atteso anche Prodi, ma non arriva, trattenuto a colloquio da Irene Pivetti.

«Tutti erano ormai d'accordo che la sua candidatura dovesse partire» mi dice Andreatta «e l'indomani gli chiesi un incontro alla presidenza del gruppo parlamentare del Ppi a Montecitorio. Non ero ancora sicuro che Romano non avrebbe trovato qualche altra ragione per dilazionare, disimpegnarsi, farsi pregare... E invece venne e accettò.»

Qualche indiscrezione deve filtrare perché giovedì 2 febbraio «la Repubblica» sotto un titolo di appena due colonne a fondo pagina («Nel nome di Prodi nasce il Polo dei democratici») annuncia che entro una ventina di giorni il Professore scioglierà la riserva.

E a Bianchi scappa la pipì

Lo stesso giovedì, nella piccola stanza di Andreatta a Montecitorio, s'incontrano, con Romano Prodi e il padrone di casa, il presidente del Ppi Giovanni Bianchi, il capo dei senatori Nicola Mancino, Rosetta Jervolino, Sergio Mattarella, Leopoldo Elia, Rosy Bindi e Roberto Pinza, «l'uomo di centrocampo del gruppo», come lo definisce Bianchi. «Prodi ci dice che ormai ha deciso di condurre questa campagna» mi racconta Andreatta. «Dice di non temere il confronto con Berlusconi. Si dimostra anzi più preoccupato dell'eventuale leadership di un uomo che a fine gennaio sembra molto in crescita come Gianfranco Fini» mi conferma Bianchi. A fine riunione, il presidente dei deputati Popolari propone di scrivere un comunicato. «Alcune persone hanno incontrato il professor Romano Prodi per discutere dei problemi e del futuro della politica italiana...» «C'è da parte mia» dice Andreatta «il desiderio di lanciare un monito a Buttiglione per dirgli che non può usare il partito per le sue esplorazioni personali immemori della nostra storia, per certificare il rifiuto a essere trasportati come le truppe ausiliarie del re Numida a sostegno della maggioranza di destra.»

Andreatta è raggiante. (L'indomani sulla «Stampa» Filippo Ceccarelli lo chiama «il padre della sposa».) Ma l'entusiasmo poco dopo gli va di traverso.

Accade che Giovanni Bianchi, arrivato per ultimo alla riunione, ne esca per primo. «Incontro Antonia, la segretaria di Pinza. Mi chiede com'è andato l'incontro e io le rispondo che è andato bene, Prodi si candida; forse c'è ancora la moglie da convincere, ma lo conosco da troppo tempo, mi pare determinato. Sembra che ne abbia parlato anche con Scalfaro... Non mi accorgo che lì a un passo c'è un giornalista dell'Ansa.»

La notizia infatti esplode e la versione piena di dubitativi che mi fornirà Giovanni Bianchi è assai più secca nei dispacci d'agenzia: «Romano Prodi si è detto pronto a guidare un cartello di centrosinistra... Prima dell'incontro ha avuto un illuminante colloquio con Scalfaro...».

Silvio Sircana legge la notizia a Milano: gliela spiattella sul video il computer che tiene sul tavolo di direttore delle relazioni esterne Italtel. Sircana conosce Prodi da appena un anno e mezzo. Nel luglio del '93 il Professore è tornato da poco alla guida dell'Iri e lamenta con Luciano Segre, un consulente aziendale amico suo, di non riuscire a trovare un capo ufficio stampa che lo soddisfi. «Perché non provi con Sircana?» gli suggerisce Segre. L'indomani il dirigente Italtel si trasferisce in via Veneto e vi resta un anno esatto, quanto Prodi, per poi tornare nella società di provenienza a Milano. Sircana ha seguito da vicino l'evolversi della candidatura Prodi e sa che per maneggiarla occorre più cautela di quella che gli artificieri usano per avvicinarsi alle autobombe.

Quando il video gli spara in faccia una notizia che gli risultava riservatissima, Sircana chiama Prodi sul cellulare. Il Professore è appena salito sul Pendolino che da Roma lo riporterà a Bologna. Non sa niente dell'iniziativa di Bianchi e quando Sircana lo aggredisce con un «Romano, sei pazzo?», Prodi fa appena in tempo a rantolare nel telefonino: «Dio buono, ma Bianchi non sa trattenersi nemmeno una pipì...», che già viene inghiottito dalle prime gallerie della Roma-Firenze.

Anche Bianchi tenta di raggiungere il Professore sul cellulare, ma viene travolto dalla piena provocata dalla sua santa incontinenza.

Le mine da disinnescare a questo punto sono tre. La prima

è il problema delle alleanze a sinistra. «Io sono un uomo di centro» si affanna a ripetere Prodi appena arrivato alla stazione di Bologna. «Con la sinistra non c'entro niente, la mia è un'altra storia. Io ora tenterò di costruire questo nuovo soggetto e solo dopo comincerò a dialogare con il Pds.» È una piccola bugia, ma serve ad arginare le bordate di cattocomunismo che cominciano a fioccare da destra.

La seconda mina è quella dell'accordo con Scalfaro. Abbiamo visto quanto sia stretto il rapporto tra Scalfaro e Prodi. Quando il Professore fu sottoposto da Antonio Di Pietro a uno stringente e sgradevole interrogatorio nella sua veste di presidente dell'Iri, volò al Quirinale per lamentarsi con energia, e Scalfaro rivolse ai giudici di Mani pulite un severo appello alla moderazione. Del rapporto tra i due durante le ultime crisi di governo abbiamo detto. Volete dunque che il presidente della Repubblica abbia dovuto aspettare un lancio d'agenzia per cinguettare il suo stupore? I due in realtà si son visti qualche giorno prima dell'incontro di Prodi con Andreatta e gli altri. Solo che assegnare al capo dello Stato un ruolo maieutico nell'Ulivo è perlomeno sconveniente, oltre che parzialmente inesatto. Vien fatta quindi partire un'immediata smentita, che non servirà peraltro a frenare l'ironia del senatore Cesare Previti e di altri esponenti del Polo.

La terza mina è Rocco Buttiglione. Il segretario del Partito popolare non è stato avvertito che in casa sua si sta candidando un nuovo presidente del Consiglio. È la mina meno pericolosa, perché di fatto la rottura tra i due Ppi è ormai nell'aria. «Faccio a Prodi gli auguri più sinceri, ma è difficile che possa diventare il nostro candidato» dichiara gelido Buttiglione. E il suo giornale «Il Popolo» l'indomani dà una prova di alta scuola dorotea pubblicando in prima pagina una foto di Prodi, ma liquidando la sua candidatura con questo titolo: «Il nodo delle alleanze. Una forte dialettica anima il confronto nel Ppi».

Dal Vaticano un silenzio ostile

E il Pds? Qualche goccia di pipì scappa anche a Luigi Berlinguer, presidente dei deputati progressisti, che alla notizia della candidatura di Prodi grida: «Viva Prodi! Avanti miei Prodi!». Massimo D'Alema corre a mettergli addosso un pannolino intriso di prudenza togliattiana. Dichiara infatti burocraticamente: «È una candidatura che sta maturando nell'area del centro cattolico, seguiremo con interesse questa maturazione e vedremo se matureranno delle convergenze».

La candidatura Prodi divide il mondo imprenditoriale. Se il presidente di Confindustria, Luigi Abete, è uno di quelli che hanno piantato l'Ulivo, Agnelli assume la classica posizione di attesa che ha sempre caratterizzato la politica della Fiat nei momenti di svolta. Alcuni degli industriali minori storcono la bocca. Me lo dice lo stesso Prodi: «Costituivo la coscienza sociale del piccolo capitalismo italiano. E allora qualcuno mi ha detto: professore, eri il nostro candidato. Ma dall'altra parte...».

Dal Vaticano, invece, nessun segnale. Per una volta, il detto «nessuna nuova, buona nuova» non vale. Ma come, quel monsignor Ruini che ha unito in matrimonio Romano e Flavia Prodi e che da oltre venticinque anni mantiene uno stretto legame affettivo con il Professore, non è diventato Vicario di Roma, capo dei vescovi italiani e delegato in virtù di questo potentissimo ufficio a seguire le cose politiche che accadono nella «diletta Italia»? Certo, ma il cardinal Ruini è anche l'uomo che più di ogni altro ha sofferto per la divisione politica dei cattolici. Ha giudicato in cuor suo una sciagura la disintegrazione della Dc, ha cercato di evitare la scissione del Ccd di Casini, Mastella e D'Onofrio e ora prevede con facile pessimismo che la candidatura di Prodi sarà il colpo finale per la già traballante unità del Partito popolare. Come è possibile, dunque, a Ruini, incoraggiare la scelta del suo amico e conterraneo? A queste valutazioni di ordine generale, se ne aggiunge un'altra più dolorosa, delicata e specifica. Prodi va ad allearsi con gli ex comunisti. Ruini sa bene che la fetta prevalente del volontariato cattolico militante, una fascia non trascurabile dei cattolici praticanti e anche parecchi vescovi plaudono alla scelta del Professore. Sa anche che il papa ha messo in guardia popoli e governi dai rischi del liberismo senza solidarietà. Ma non può dimenticare quanto il pontefice sia lontano dall'ideologia in cui fino a qualche anno fa si sono riconosciuti i principali dirigenti del Pds. E nemmeno che le grandi battaglie perse dalla Chiesa italiana, dal divorzio all'aborto, abbiano visto dall'altra parte quasi compatto il nuovo, possibile schieramento di centrosinistra. Se la cultura di Berlusconi in molti aspetti non coincide con le tradizioni del cattolicesimo italiano, può essere la conclusione di Ruini, è difficile sostenere che sull'altro versante l'integrazione sia automaticamente più naturale. Accadrà così che l'«Avvenire», giornale dell'episcopato italiano, con il passare delle settimane e dei mesi accentui la sua distanza dal Professore. E – aspetto ben più preoccupante – accadrà che l'«Osservatore Romano», voce della Segreteria di Stato e, di riflesso, dello stesso Pontefice, si trovi a rimarcare in maniera sempre più vistosa il suo dissenso. La candidatura di Prodi trova infatti sulle stesse posizioni due persone autorevolissime, ma assai diverse tra loro, come Camillo Ruini e Angelo Sodano, il Segretario di Stato di Sua Santità. (Quando nei mesi successivi chiederò a Romano Prodi se questo atteggiamento del Vaticano non sia per lui assai allarmante, il Professore mi risponderà: «Per un "Osservatore Romano" che mi attacca, c'è una "Famiglia Cristiana" che mi difende. Eppoi la Cei ha ormai preso atto di un certo pluralismo del mondo cattolico...». Ma si sa che ogni puntura dei più autorevoli giornali cattolici e – peggio – ogni loro apertura a scenari politici che lo mettano in difficoltà sono per il Professore autentiche stilettate.)

Riassume così Antonio Padellaro sull'«Espresso» del 17 febbraio: «Non ha l'appoggio del Vaticano. Deve fare i conti con l'ostilità di Buttiglione. Perfino D'Alema è prudente. Ma allora perché Prodi si è gettato nella mischia? Primo: non vede l'ora di battersi col Cavaliere. Secondo: è convinto di avere la gente dalla sua. E soprattutto pensa di farcela». La «gente» in realtà per alcune settimane resterà disorientata. Una ricerca compiuta in marzo dall'Abacus rivela che «il livello di conoscenza dell'offerta politica di Romano Prodi appare, allo stato attuale, ancora limitata... La relazione tra livello di conoscenza di Prodi e gradimento risulta particolarmente elevata... Tra l'elettorato cattolico praticante si manifesta una grande incertezza nella scelta tra Prodi e Berlusconi e, per converso, tra le due coalizioni contrapposte». Inoltre, la conoscenza di Prodi, alta nelle classi più acculturate, è ancora assai modesta al Sud.

In realtà, fin da gennaio il Professore si è messo alla guida di una macchina tarata per velocità variabili, ma che non prevede soste. A conti fatti, non gli dispiace nemmeno che la «pipì» scappata a Bianchi lo abbia messo di fronte al fatto compiuto. «In fondo è stato un momento liberatorio» mi dirà in uno dei nostri cinque colloqui avvenuti tra la primavera e l'autunno del '95. «Finiva un momento grigio, di ritirata. Cominciava un progetto.»

«Vediamoci al distributore abbandonato...»

Del suo progetto, venuto ormai fuori sui giornali, Prodi deve parlare con D'Alema. Fino a ieri gli incontri potevano passare inosservati, oggi i due hanno gli occhi puntati addosso. E decidono di scrivere un'altra pagina di quella che i settimanali degli anni Cinquanta chiamavano «realtà romanzesca». Gli uomini di Prodi e di D'Alema si danno un generico appuntamento sull'autostrada che da Roma porta a Fiumicino. Va in testa la scorta di partito del Pds che tuttora rappresenta un modello di efficienza, ereditato dal vecchio Pci.

Le auto dei due leader viaggiano mantenendo le distanze e quando l'apparato di sicurezza del Pds ha trovato il posto giusto, lo segnala all'auto di Prodi. Il primo vertice tra il leader della Quercia e quello del nascituro Ulivo avviene nel retro di una stazione di servizio abbandonata tra Roma e l'aeroporto. L'incontro di ritorno si gioca in Romagna. L'ambiente è più confortevole: una abitazione privata nelle colline che guardano Rimini. Doppio il confronto anche con Veltroni: l'andata si gioca in casa di Prodi a Bologna, il ritorno a Roma nell'albergo del Professore.

Prodi comunica a sorpresa l'accordo con Veltroni a Sircana, che si dimetterà dall'Italtel per giocare come titolare nella squadra del Professore. (Capo della macchina è Gianni Pecci, in aspettativa da Nomisma. Responsabile del programma è Andrea Papini, un consulente d'azienda di Bologna. Consigliere politico è Arturo Parisi, professore di scienza della politica a Bologna e così esperto di sistemi elettorali da essere stato inviato dall'Onu a «osservare» le ultime elezioni politiche in Russia.)

L'analisi di Sircana è lucida, perfino spietata: «Punto primo.

Tu» dice a Prodi «finora sei stato abituato a mettere le cose in modo da vincere, se andava bene, o da pareggiare, se andava male. Adesso o vinci o perdi. Punto secondo. Hai bisogno di una organizzazione e di risorse finanziarie. Punto terzo. Un'avventura di questo genere non si può correre da Bologna. La sede del tuo movimento deve essere Roma. Punto quarto. Devi decidere se sei candidato alla leadership o alla premiership, a guidare uno schieramento o il governo». La risposta di Prodi è secca: «Sono candidato a guidare il governo».

Il 12 febbraio, inaugurando a Bologna la sede del primo Comitato per l'Italia che Vogliamo, Prodi annuncia che il simbolo del nuovo polo sarà l'Ulivo. «Una pianta con radici forti» dice «resistente alle avversità del tempo. Dura, ritorta, ma anche dolce e bella, il simbolo dell'Italia e della laboriosità. Una pianta che dà frutti.»

L'idea di fare dell'ulivo il simbolo del nuovo polo nasce da una chiacchierata tra Sircana e Paolo Mieli, direttore del «Corriere». Mieli scrive in un editoriale: «Non vorrei che intorno alla Quercia ci fossero solo dei cespugli». Sircana lo chiama, a questa chiacchierata ne seguono altre nel fine settimana; e Prodi riflette, in fondo, che accanto alla Quercia «forte, solida e frondosa», può nascere una «solida e ben radicata pianta d'Ulivo». Così domenica 12 Prodi può dare l'annuncio che il giardino del centrosinistra si è felicemente arricchito.

Anche l'idea del pullman nasce per caso, assai prima non solo dell'Ulivo, ma della stessa idea di Prodi di buttarsi in politica. («In realtà l'idea di fare politica l'ho avuta appena fatto l'esame di diritto privato, nel '58» mi dirà scherzando il Professore.) Quando all'inizio del '94 Berlusconi fa la sua prima convention politica, Rete 4 di Emilio Fede la trasmette in diretta. Prodi se la guarda in casa sua «con sgomento». Si rende conto che non avrà mai la forza di contrastare quella che chiama «la macchina mediatica di Berlusconi». Dunque, bisogna rovesciare tutto, prendere un pullman e andare in giro per l'Italia.

Il discorso del pullman torna nelle chiacchierate con Veltroni del luglio '94. Il giovane direttore dell'«Unità», che pensa agli Stati Uniti anche quando dorme, ricorda che finita la Convention democratica del '92 Bill Clinton e Al Gore erano saliti su un pullman e avevano girato l'America. Prodi, inoltre, come ci ha detto la ricerca dell'Abacus, deve farsi conoscere meglio soprattutto nel Mezzogiorno. «Eppoi il pullman è stato sempre il mio sogno. È più visibile, più flessibile e consente di stare più vicini alla gente.»

Il Professore trascorre qualche giorno in India, dove l'Onu ha organizzato un convegno sulle medie imprese. Al ritorno – fine febbraio – perfeziona l'accordo con Veltroni, che verrà reso pubblico solo il 24 aprile, dopo il pranzo alla «Vecchia Roma». E si attrezza per cominciare il giro d'Italia in pullman.

Ne compra due, di seconda mano, debitamente adattati e revisionati.

Hanno in comune due tavoli da lavoro con telefono, fax, stampante laser e due salottini. Il secondo, che arriva dopo l'inizio del tour, aggiunge un divano letto e un bagnetto. Ha macinato migliaia di chilometri nel trasporto di pellegrini ad Assisi e il costo della revisione oscilla tra i sessanta e i settanta milioni.

Appena Prodi dice «voglio fare una campagna elettorale serena», la Nissan gli rifila, con lo sconto, due pullmini «Serena» che gli servono da *tender*.

Si comincia lunedì 13 marzo da Tricase, provincia di Lecce. Perché proprio da Tricase? «Volevo partire da uno dei piccoli centri collocati nella parte più profonda della penisola. Eppoi che cosa c'è di più italiano del cinema Aurora di Tricase? Vedrai che chiuderò in qualche teatro Belvedere...» (E intanto Pinuccio Tatarella, viceleader di An, scalda i motori per inseguire Prodi in tutta la Puglia rinfacciandogli con molta durezza la gestione dell'Iri.)

Ma quell'ulivo non sembra una quercia?

Come tutte le rivoluzioni italiane, anche questa comincia in vagone letto. Il Professore arriva da Bologna alla stazione di Lecce. Mi ha concesso il privilegio di salire per primo sul suo pullman, e prendo anch'io il vagone letto da Roma. Il WL della linea adriatica e quello della tirrenica s'inseguono a pochi minuti di distanza e percorrono quasi contemporaneamente l'ultimo tratto di Puglia, quello che da Bari precipita giù verso Lecce. Immagino dunque che Prodi venga svegliato come me dal conduttore con caffè e giornale all'altezza di Fasano. Sollevando la tenda del finestrino, si trova davanti a una selva di ulivi. Prodi, come si sa, è cattolico praticante. Ma è probabile che per un giorno, al posto delle consuete preghiere del mattino, gli venga di celebrare il Signore nientemeno che con i versi di un Gabriele D'Annunzio mondato d'ogni corteccia blasfema: «Laudato sia l'ulivo del mattino! / Una ghirlanda semplice, una bianca / tunica, una preghiera armoniosa / a noi son festa...». In effetti, la Puglia non avrebbe potuto salutare meglio l'inizio del viaggio del Professore nelle Cento Città. Superata la commozione, trascurati gli altri versi di D'Annunzio, ugualmente ispirati ma un po' menagramo («Esili foglie, magri rami, cavo tronco, distorte barbe, piccol frutto...»), Prodi sistema meglio gli occhiali e nota che l'ulivo pugliese ha le chiome rigorosamente raccolte verso il centro. Il Professore ne trae motivo ulteriore di compiacimento e addirittura di allegrezza, quando l'occhio gli capita su una copia ancora profumata d'inchiostro del suo libriccino *Governare l'Italia*, appena uscito dai torchi di Donzelli e di MicroMega. Manco a dirlo, in copertina è ritratto un ulivo. Anzi, un Signor Ulivo dipinto nel 1907 nientemeno che da Georges Braque. Prodi guarda gli ulivi pugliesi che a migliaia continuano a sfilargli davanti, quasi fossero un esercito sterminato da passare in rassegna prima della battaglia. Poi guarda l'ulivo di Braque. E nota una cospicua, grave, imbarazzante differenza. Gli ulivi pugliesi, come tutti gli ulivi per bene, hanno le chiome raccolte verso il centro. Quello di Braque le ha disciolte, larghe, così sterminate da bussare ai lati della ristretta copertina del librino a chiedere più aria, più spazio, minacciando perfino di sfondarla. Non c'è dubbio, l'ulivo adottato da Prodi come proprio simbolo assomiglia assai più a una quercia che alle piante inconsapevoli dello storico paragone che continuano a salutare sugli attenti il Professore pronto a iniziare il suo viaggio d'insediamento da una delle capitali del barocco italiano.

Ai piedi del pullman, la piaga segreta di Romano Prodi vien fatta sanguinare involontariamente dalle pesti di «Cuore», settimanale *cult* della sinistra, che distribuisce alla folla festante e impaziente uno strepitoso «santino». Ma sì, una di quelle sante immaginette che le nostre nonne ci allungavano pudicamente prima degli esami perché la Pietà Celeste scalfisse la monolitica crudeltà dei nostri docenti. È magistrale, il «santino» di Prodi. Piccolo perché la carta è sempre costata cara e poi perché si tiene meglio nel portafoglio. Virato in seppia perché il colore era una spesa che i parroci delle nostre nonne non potevano permettersi. Ma perfetto. Il Professore ha la tunica del condottiero romano convertito (non viene forse dalla Prima Repubblica?); al posto dell'elmo rovinato a terra c'è l'aureola d'ordinanza. L'espressione è quella beffardo-buonista dell'emiliano verace, ma il piede schiaccia senza pietà il serpente di rito. Non c'è santino che non abbia il suo serpente: e non ci vuole un agiografo di professione a capire che il serpente umiliato dal Professore, prima della maligna trasformazione, faceva il Cavaliere con residenza anagrafica nel comune di Arcore, in Brianza. Ma il capolavoro è nel martello incrociato con la falce che il Professore brandisce nella destra e che il disegnatore di «Cuore» ha illuminato con raggi di santità. E nella didascalia che fa una netta scelta di campo: «Beato Prodi protettore dei comunisti».

Grazie alla emiliana cortesia di Pier Vittorio Marvasi, responsabile del viaggio, salgo sul pullman prima di Prodi e lo aspetto col santino in mano. «È stupendo» dice. Ma si vede che non gradisce. E no, perché questa storia del rapporto con i «comunisti» lo perseguiterà per sempre. «Ma insomma» sbuffa «tutti mi conoscono. Il mio pedigree di uomo di centro sta lì da trent'anni. Capisco che a qualcuno convenga dire che sono un servo del Pds. Ma i sondaggi accreditano a D'Alema un 23-24 per cento. Per vincere ne occorre un altro ventisette. Dunque...»

D'Alema: «Domani vedo Romano...»

Da marzo all'estate, mentre i comitati locali diventano tremila (la metà nel Lazio, in Lombardia, Emilia e, sorpresa, Campania), il pullman di Prodi percorre ventunomila chilometri. Quando chiedo al Professore un conto esatto dei centri toccati, me li recita a memoria, seguendo il criterio dell'alunno delle elementari al quale per punizione l'insegnante abbia ordinato di imparare in un sol giorno tutti i capoluoghi di provincia italiani. Ne conta sessantadue, le città toccate sono circa duecento, le ultime visite sono state rinviate in estate per il caldo, poi in autunno perché le elezioni sono scomparse dall'orizzonte.

L'accoglienza è molto festosa dappertutto. La provincia italiana è assai attenta alla politica e quando viene da Roma un leader che gliela spiega in diretta corre a sentirlo. Per di più, c'è curiosità intorno a un personaggio autorevolmente candidato a palazzo Chigi e che però ha visto poco (la televisione non si sbraccia nel riferire sul viaggio di Prodi). Infine, l'apparato periferico del Pds e il volontariato cattolico fanno di tutto perché la candidatura del Professore venga in modo visibile sostenuta dalla piazza. Per tutto il mese di marzo e in quello d'aprile fino al giorno delle elezioni, Prodi deve affrontare il problema chiave: l'Ulivo alla fine dovrà essere un partito o il simbolo di una coalizione? «La voglia di mettere su un partito» mi dice uno dei suoi «ti viene quando hai a che fare con gli altri.» Il Professore non prende mai in considerazione l'ipotesi di diventare il leader dei Popolari. Pensa concretamente a un partito suo. Alcune ricerche gli accreditano un 12 per cento succhiato a Segni, in gran parte, ma anche a Popolari, Pds e Verdi. E prevedono che a questo 12 per cento si possa incollare un altro 30 per cento di alleanze.

Ancora il 22 aprile, a poche ore dall'apertura dei seggi per le elezioni regionali, Prodi è tentato dall'ipotesi di costruire un partito suo. Ne parla quella sera stessa con Sergio D'Antoni, il segretario della Cisl che è stato uno dei seminatori dell'Ulivo. Per rifletterci meglio, anche sulla base dei risultati elettorali, i due si danno appuntamento a Bologna la sera di lunedì 24: D'Antoni transita per la città di Prodi nel viaggio che lo porterà a Milano per celebrare i cinquant'anni della Liberazione. Domenica 23 allo stadio Olimpico di Roma si gioca Roma-Lazio. I teleobiettivi dei fotografi sono concentrati su Piero Badaloni e Alberto Michelini, protagonisti del vero derby della giornata, quello per la presidenza della regione Lazio.

E trascurano d'inquadrare Massimo D'Alema a colloquio con Sergio D'Antoni. «Domani vedo Romano» dice il segretario del Pds a quello della Cisl. L'incontro, come sappiamo, avverrà al ristorante «Vecchia Roma». Il lunedì pomeriggio D'Antoni si mette in macchina per Milano quando gli dicono che dopo il pranzo con D'Alema e Veltroni, Prodi ha annunciato che l'intera coalizione di centrosinistra si riconoscerà nelle insegne dell'Ulivo. Il segretario della Cisl dice all'autista di tirare diritto sull'autostrada. La sosta a Bologna non serve più. (Prodi semmai mira in prospettiva al partito unico del centrosinistra: «È sempre presente nella mia testa» mi dice. «È un punto d'arrivo, segna la nostra direzione di marcia.»)

È il successo vistoso e inatteso – nelle dimensioni – della coalizione di centrosinistra a far stringere il patto di ferro tra Prodi e il vertice del Pds: sia la Quercia che i Cespugli faranno atto di comune sottomissione botanica nei confronti dell'Ulivo. A gasare il Professore (che assiste alle maratone elettorali in Tv «imbracciando telecomando e mortadella», secondo il racconto di Pino Corrias per «La Stampa») è il risultato-simbolo di Belluno, città di tradizione «bianca» e città del suo amico e collaboratore Gianclaudio Bressa. A Belluno, dunque, il Pds non va oltre il 15 per cento, ma il candidato della coalizione arriva al 70. Un caso limite, certo, ma il risultato di Belluno resterà a lungo presente nei discorsi di Prodi. Appuntamento per tutti sotto l'Ulivo, dicono dunque a una voce il Professore e il Pds. Per raccogliere tutti gli invitati, servono davvero le chiome ampie disegnate da Georges Braque. Essi sono infatti dodici: il Pds di Massimo D'Alema, i Popolari di Gerardo Bianco, i Pattisti di Mario Segni, i socialisti di Pier Boselli, Alleanza democratica di Willer Bordon, i laburisti di Valdo Spini, i cristiano-sociali di Pierre Carniti, i liberali di Valerio Zanone, i socialdemocratici di Luigi Schietroma, i Verdi di Carlo Ripa di Meana, i repubblicani di Giorgio La Malfa, la Rete di Leoluca Orlando. Qualcuno è più tranquillo, altri (i Verdi, Segni) scalpiteranno a lungo. Ripa di Meana arriverà a chiedersi chi mai sia Prodi e a chiedere elezioni primarie per la sua designazione. Del Turco in autunno farà di peggio. Alle riunioni dell'Ulivo è ammesso Luigi Petrini come osservatore della Lega Nord.

A maggio il Professore è ancora convinto di portare dalla sua parte Bossi. Ma l'Umberto si nega a lungo al telefono e le sue sortite secessioniste dell'estate raffredderanno il rapporto. Più complesso (e ambiguo) il discorso con Bertinotti. In agosto il Professore mi racconta che i suoi incontri programmatici con Rifondazione son durati «ventotto secondi»: sufficienti a certificare l'abissale distanza che divide i due leader sulla politica economica e sulla politica estera, tanto per cominciare. Poi Prodi mi parla di «accordi elettorali di convenienza» (senza Rifondazione, l'Ulivo rischierebbe grosso) e questo crea inquietudini all'interno del Ppi e tra vari cespugli.

«Con Rifondazione» chiarisce comunque il Professore «il governo non si fa. A meno che Bertinotti non cambi programma.» Nemmeno se i suoi voti fossero determinanti per costituire una nuova maggioranza? «Nemmeno in questo caso.»

Già, ma qual è il programma dell'Ulivo? Prodi ne offre una succinta elaborazione nel libriccino *Governare l'Italia*, pubblicato da Donzelli e MicroMega (con le chiome larghe dell'*Ulivo* di Braque in copertina) nel marzo del '95 all'inizio del suo «viaggio in Italia». E comincia a entrare in qualche dettaglio soltanto nell'autunno con la costituzione del comitato dei «sette saggi». Fin dall'inizio, comunque, si intravede tra le righe che il bersaglio al quale mira il Professore è anche «quell'ampio elettorato moderato che ha trovato una sua collocazione nel Polo soltanto perché non si sentiva rassicurato dai progressisti o perché riteneva inutile un voto al centro nell'ambito di un sistema elettorale maggioritario». Gli orfani moderati della Dc e dei cespuglietti del vecchio (e a suo tempo vituperato) centrosinistra, per dirla brutalmente. Nella prima stesura del suo programma (che fino all'autunno del '95 resterà anche l'unica), il Professore tiene visibilmente d'occhio proprio i ceti moderati delusi (è la sua speranza) da Berlusconi, dando per scontato che i militanti del Pds abbiano sufficienti realismo politico e obbedienza di partito per turarsi il naso e concedere al centro tutto il possibile e anche di più, dopo il disintegrarsi della «gioiosa macchina da guerra» portata da Achille Occhetto a schiantarsi contro il muro moderato del 27 marzo.

Ecco dunque Prodi proporre un ruolo chiaro per le opposizioni (rispetto del maggioritario), riconoscere che «lo stato leggero è l'elemento fondamentale di ogni politica economica moderna», ammettere che le uscite in direzione dello stato sociale debbono essere compatibili con le entrate fiscali, coniugare l'efficienza della scuola con la sua autonomia, introdurre elementi di privatizzazione nella sanità garantendone gli standard qualitativi. E così via. Traduzione del messaggio: ha ragione chi vi ha detto che bisogna snellire il pachiderma burocratico italiano, ma noi siamo su piazza da più tempo, conosciamo meglio la macchina e vi firmiamo il certificato di garanzia per evitare contraccolpi sgraditi.

Un osservatore sprovveduto si sarebbe aspettato lunghi dibattiti sui giornali per mettere a confronto la scuola di Prodi con quella di Berlusconi. Le privatizzazioni del primo con quelle del secondo, la sanità dell'uno con quella dell'altro. Le esperienze, i successi, gli errori del Cavaliere con le promesse, gli impegni e le proposte del Professore. Niente affatto. Come per cinquant'anni l'elemento discriminante delle discussioni politiche tra democristiani e comunisti sono stati prima la Cortina di Ferro e poi il Muro di Berlino, così oggi la simpatia pressoché generalizzata della stampa per Romano Prodi ha la sua motivazione largamente prevalente nella Normalità del Professore che si oppone alla Anormalità del Cavaliere.

Lo spiega con la sua abituale chiarezza Indro Montanelli, che sponsorizza la candidatura di Prodi fin dal suo nascere. «Prodi» scrive Montanelli nell'appendice di *Governare l'Italia* «si profila come l'antagonista del protagonista. Con lui starà chi sarà contro il Cavaliere, e col Cavaliere starà chi è contro di lui.» Montanelli, è noto, considera Berlusconi l'Anormale per eccellenza. Dopo vent'anni di idillio al «Giornale» (Berlusconi editore, Montanelli direttore plenipotenziario), il più grande giornalista italiano ha rotto con il Cavaliere al momento della sua discesa in campo, considerandolo un «contraffattore» della vera Destra di Giolitti e di Einaudi.

Enzo Biagi, parlando del suo «amico Romano» in testa al librino in onore di Prodi curato nell'estate del '95 da Antonio Di Raimondo, lo dipinge così: «Credo che nel programma di Prodi ci sia la normalità, l'idea di un Paese che si ritrova nei momenti difficili, come fanno i contadini quando suona la campana, perché il temporale minaccia i raccolti o l'incendio i granai: un mondo in cui, come diceva un suo compaesano, Cesare Zavattini, "Buongiorno vuol dire buongiorno"». Si intuisce che dovendo incarnare il Temporale e l'Incendio, Biagi non pensi ad altri che al Cavaliere.

Ancor meglio fa Massimo Gramellini su «La Stampa» del 17 agosto. Va a trovare a Bebbio la tribù dei Prodi e annota le impronte digitali della Normalità con uno scrupolo che se l'avessero avuto gli investigatori del giallo di via Poma a Roma, gli assassini della povera Simonetta Cesaroni starebbero al «gabbio» da tre anni. Rileva dunque Gramellini «una coorte di nipoti, tutti piuttosto muscolosi, invece delle guardie del corpo», «nessun salone intasato di quadri e divani siderali, ma una casa-caserma con pochi mobili», «l'assenza fondamentale della piscina californiana», «nessuna faccia da Dinasty, ma quelle incredibilmente miti dei figli e dei fratelli».

A proposito, è davvero mite il Professore? Il giorno del viaggio in pullman mi dice: «Mi accusano di non saper dare sulla voce agli avversari. Ma io son fatto così». Mi tocca di consolarlo: hai ragione, il peperoncino non sta bene sui tortellini. L'immagine gli piace, mi chiede di cedergli il copyright.

Quattro mesi dopo, al congresso del Pds, sale sul podio e comincia a sferrare a Berlusconi una serie di destri-sinistri da togliere il fiato. E la mitezza emiliana? E i tortellini senza peperoncino? E lo sbandierato «buonismo»? Chiamo Silvio Sircana: il Professore è caduto dal seggiolone? Dal telefono arrivano una risata e un invito. «Va' a leggerti l'articolo di Massimo Franco pubblicato ai primi di giugno da "Panorama".» Vado. Leggo. Titolo: «Romano, la forza del mastino». Scrive Franco: «Mentre parla, viene in mente la battuta sarcastica di Pietro Armani, ex manager dell'Iri nell'era della presidenza Prodi [*Armani fu a lungo vicepresidente*]. "Prodi gronda bonomia da tutti gli artigli." Sì, di tanto in tanto spuntano gli artigli. Arrotondati dalla parlata emiliana. Ovattati da un autocontrollo ferreo, tipico di chi si è tracciato mentalmente un itinerario e non lo cambia. Prodi ha una incrollabile fiducia in se stesso e una sconfinata voglia di piacere e di vincere. Non è vero che si disinteressa di quello che scrivono di lui...».

Se ne accorge martedì 25 luglio Angelo Panebianco, amico di Prodi, suo collega di cattedra a Bologna ed editorialista del «Corriere della Sera». Si dice che dopo aver letto l'articolo di Panebianco pubblicato quel giorno, il Professore gli abbia chiesto brutalmente: «Dimmi chi è il mandante». Che cosa scrive Panebianco?

«I leader che controllano organizzazioni hanno forza, i leader senza organizzazione non ne hanno. La forza riflessa, concessa da altri, non è mai, in politica, una vera forza. Credo che sia proprio questo che spiega, in buona parte, il fenomeno sconcertante che la maggior parte delle (tantissime) dichiarazioni pubbliche di Prodi siano così generiche e vaghe da rendere praticamente impossibile capire come Prodi la pensi davvero su tanti argomenti.»

Micidiale la conclusione di Panebianco: «La copertura dei giornali non può durare in eterno. Prodi si ricordi di Segni. Per più di un anno tanti giornali, in perfetta malafede, vendettero ai poveri italiani l'immagine di Segni grande leader, novello De Gaulle, salvatore d'Italia e chi più ne ha più ne metta. Poi qualcuno a un certo punto si stufò e disse: "Il re è nudo". E fu la fine». Ora voi potete apostrofare un politico di dritto e di rovescio, ma paragonarlo a Mario Segni mentre sta per decollare supera per malevolenza e crudeltà quella dei gestori dell'aeroporto di Reggio Calabria che all'inizio degli anni Settanta lasciarono per mesi in fondo alla pista i rottami di uno sfortunato Fokker che era atterrato contro un muretto con perdite irreparabili anche tra i passeggeri.

Il problema, nella sua brutalità, è questo: quanto conta il generale Prodi come condottiero di dodici eserciti (uno grande quanto l'Armata rossa, gli altri quanto l'esercito svizzero) che rispondono a dodici diversi comandanti? Ha senso mettere in piedi una macchina così poderosa quando lo stesso Massimo D'Alema non garantisce a Prodi di tenerlo a palazzo Chigi per l'intera legislatura e anzi in autunno si raffredderà parecchio?

Il Professore mi conferma di non temere la potenza del Pds. «Sono emiliano, ne conosco la forza e i limiti. Ho convissuto con i comunisti per tutta la vita. Da ragazzo andavo negli uffici del Pci per pagare l'affitto della nostra casa.» Già, ma non gli capiterà come ad Antonio Falconio in Abruzzo? Un moderatissimo Popolare guida una giunta regionale di centrosinistra con cinque assessori del Pds, due di Rifondazione, un Verde e un altro Popolare... «I nostri candidati si identificheranno prima con la coalizione, poi con i singoli partiti che li esprimeranno.»

Ma chi avrà l'ultima parola sul programma? Sul tavolo che ci separa durante l'ultima conversazione estiva, vedo un testo di bioetica di Adriano Bompiani. Questo illustre docente della «Cattolica» di Roma è stato ministro democristiano per gli Affari sociali, è sponsorizzatissimo dal Vaticano ed è un antiabortista convinto. Prodi lo ha nominato in agosto tra i sette saggi incaricati di scrivere il programma. Come farai, chiedo al Professore, a mettere d'accordo Bompiani con Livia Turco, leader delle donne Pds e abortista convintissima? «Bompiani ha accettato l'incarico conoscendo questi problemi. Comunque, le differenze tra Bompiani e la Turco sono inferiori a quelle che dividono a destra Marco Pannella da Carlo Casini.»

D'accordo, ma se diventi presidente del Consiglio, la legge sull'aborto la ritocchi come chiede la Chiesa italiana o no? «Tutti sono d'accordo sul fatto che la 194 non può essere abolita. Tutti sono d'accordo sul fatto che la prevenzione deve essere aumentata.» E mi allunga una sua intervista alla rivista cattolica «Il Regno». Alla domanda se un presidente del Consiglio cattolico debba opporsi con l'obiezione di coscienza a una legge (nuova, immagino) che contrasti con i suoi principi morali, Prodi risponde che «qualora io non riuscissi a far sì che siano sanate quelle contraddizioni, né rimarrei, né compirei atti che andassero contro la mia coscienza». Insisto, per capire i ruoli: se Bompiani proponesse di modificare la legge sull'aborto e il Pds si opponesse, che cosa accadrebbe? «Le scelte debbono essere fatte da tutta la coalizione» mi risponde Prodi. E questo lascia capire che alla fine Bompiani dovrà limitarsi a un lavoro di sostanziale testimonianza.

Per l'Ulivo, dunque, non si annuncia vita facile. Sono esplosi contrasti sul presidenzialismo, sull'amnistia proposta dal «saggio» di Prodi per la giustizia, Giovanni Maria Flick. Perfino sulla politica ambientalista. «Sull'ecologia Prodi parte col piede sbagliato» dice il presidente della Legambiente Ermete Realacci al «manifesto». Senza contare il rifiuto di Prodi a pronunciarsi in estate sulla riforma della custodia cautelare e sulla revisione dei poteri dei pubblici ministeri, suscitando lo scandalo di Panebianco e del «Corriere». (Scrive Claudio Rinaldi sull'«Espresso» dell'8 ottobre nell'articolo «Guai ai buoni!»: «A otto mesi dalla discesa in campo di Romano Prodi, dopo miliardi di parole, si stenta a ricordare una battaglia, un impegno, una proposta: non è chiaro quale Italia venga promessa».)

Perché dunque il Professore è così prudente? Umano desiderio di non contrastarsi con i suoi molti alleati o condivisione della paradossale sentenza di Paul Valéry secondo cui «bisogna essere estremamente sciocchi o estremamente ignoranti per osare avere un'opinione sulla maggior parte dei problemi posti dalla politica»?

Nel prossimo capitolo, chiederemo a D'Alema e a Veltroni se la «normalità» di un assetto politico-istituzionale e ancor di più di una campagna elettorale sia compatibile con la ferma convinzione che l'avversario sia un Anormale. Ma cercheremo soprattutto di capire se può verificarsi il fenomeno, allo stato incredibile, di un autorevole candidato alla presidenza del Consiglio sostenuto a lungo da dodici partiti e poi lasciato cadere.

«Io sono disponibile a un solo disegno» mi dice Prodi in agosto. «La mia candidatura nasce col centrosinistra e muore con esso. Berlusconi ha determinato la mia discesa in campo. Ma non già la mia permanenza nella candidatura a capo del governo.»

L'indomani dico a D'Alema: qualcuno sostiene che state ripensando alla candidatura Prodi. Risposta: «Non è vero. Ma la candidatura Prodi è legata alla candidatura Berlusconi». È una promessa o una minaccia?

9
D'Alema ama l'Ulivo?

«Che brutta estate abbiamo avuto.» Giorgio Russo, proprietario del Bastione, il ristorante buono di Gallipoli, guarda i due secchi messi sotto una grondaia per raccogliere gli ultimi residui dei fortunali di fine agosto. Il Tavolo, quello con la maiuscola, sta in fondo a sinistra. A chi non sa, sembra uno dei tanti. A chi sa, rammenta un fidanzamento clamoroso: il «comunista» D'Alema e il «democristiano» Buttiglione si promettono amore e fedeltà il 7 agosto del '94 davanti a una folla di cronisti, di fotografi e di cameramen. «Doveva rimanere un incontro riservato,» sospira D'Alema più di un anno dopo «e invece ne dette notizia in anticipo l'ufficio stampa del Partito popolare.»

Dal frettoloso matrimonio nacque un figlio legittimo (la crisi del governo Berlusconi). Seguì altrettanto rapido il divorzio. Ma il Tavolo resta ugualmente oggetto di pellegrinaggi, anche se il padrone di casa ha cessato da tempo di essere neutrale, consegnando a «Massimo» il suo cuore e il suo voto.

Oggi, mentre a Roma si apre ufficialmente l'autunno politico, il Bastione è deserto. Lo scirocco ingrossa il mare e lo porta a fare un po' di scena sugli scogli del Campo e di Sant'Andrea. A destra lo Jonio si allunga verso Taranto e la Calabria, a sinistra verso Ugento e Santa Maria di Leuca. A terra, la luce più fredda della nuova stagione imbianca le pietre barocche delle tre chiese ritte sui bastioni, gli Angeli, il Rosario e il Crocifisso.

Nell'unico tavolo occupato del ristorante, un ragazzo pugliese scuro scuro accarezza la mano di una ragazza tedesca chiara chiara, lasciandole intravedere un pomeriggio di emozioni mediterranee. Sembrano una foto di Oliviero Toscani, United Colors of Benetton. «Lo vedi? Quello si chiama Emilio Fede, un famoso giornalista della tivvù» dice in un improbabile inglese il ragazzo scuro alla ragazza chiara additandomi con discrezione. Lei accosta le labbra a un bicchiere di vino bianco e mi squadra curiosa, ma poi è subito attratta da «Massimo» che entra sicuro nella terrazza. Il segretario del Pds si lascia accarezzare con familiarità dallo scirocco, come se fosse un cane festoso, annuncia che il vento si trasformerà in libeccio e dice che comunque la cosa non lo riguarda perché lui, Livia e i bambini il bagno vanno a farlo «in una spiaggia bianchissima che sta dietro quella torre, dove il mare s'increspa, ma non s'alza perché la zona è ridossata».

Guarda il Tavolo di Buttiglione con sorridente cinismo, non vuole sedervisi. «Quella è una stagione politica chiusa» mi dice mentre rigetta con un sorriso e un gesto scacciamosche l'adulazione di uno degli amici del Bastione: «La prossima intervista devi farla da presidente del Consiglio!».

No, D'Alema non commetterà l'errore di Occhetto. Non gli piacciono le scorciatoie e nemmeno gli adulatori improvvisati. Sa che senza conquistare il centro, la ritrovata forza del Pds vale poco o niente. E allora la strategia di sfondamento della «gioiosa macchina da guerra» del suo predecessore tende sempre più a trasformarsi in lenta e paziente guerra di posizione. Ma quando mette la testa fuori della trincea, il generale D'Alema non è sfiorato da dubbi o da autocritiche.

«No, non ho preso fregature da Buttiglione»

«No, in questo ristorante non ho preso fregature da Buttiglione. Lui ha sempre sostenuto in pubblico e in privato che voleva creare una forza moderata, introducendo un cuneo tra Fini e Berlusconi e portando il Cavaliere a fare un centrodestra di tipo europeo. Buttiglione voleva costruire un polo di centro che vedesse insieme Popolari, Lega e Forza Italia. Sapevo benissimo che non voleva collaborare con la sinistra, se non per un breve periodo. Lui voleva sgretolare il Polo delle Libertà e coltivare un disegno egemonico che lo vedesse alla guida del nuovo schieramento. E invece ha dovuto aggregarsi alla formazione che voleva sgretolare. Voleva fare una grande Cdu e invece ha dovuto limitarsi a chiamare Cdu quei quattro gatti dei suoi amici. Non posso dire quindi a Buttiglione: tu hai tradito gli impegni. Gli dico però che il suo progetto è fallito. È fallito il suo disegno egemonico di costruire in Italia un polo moderato del tutto diverso da quello berlusconiano.»

Non ha incertezze D'Alema, come non ne ha lo scirocco che continua a schiaffeggiare i bastioni di Gallipoli. Non ne ha, il leader del Pds, soprattutto quando parla del Male Assoluto, del Male Metafisico, quando adatta al Cavalier Berlusconi questa terminologia inventata da Buttiglione per denunciare la liquidazione dogmatica del fascismo fatta dai suoi nemici dossettiani. «Un paese moderno e civile deve mettere in campo un minimo di spirito di sacrificio per gli interessi generali. La Destra attuale, invece, esprime egoismo sociale al massimo livello e Berlusconi ne è la splendida incarnazione. Dici che non gli riconosco alcun merito? Non è vero: ha meriti verso la sua famiglia, i suoi amici, il suo clan. Ma non ha meriti nei confronti della nazione. E rispecchia in pieno un certo modo di essere italiani: lo Stato più lo si frega, meglio è. Io non nego affatto che questo spirito sia una molla potente di sviluppo: l'economia sommersa è stata citata tante volte come simbolo della straordinaria capacità di galleggiamento del nostro Paese. Però in questo modo non si regge all'europeizzazione. Se vogliamo entrare in Europa dobbiamo diventare come gli altri: un Paese normale. E mi rendo conto che questo è un passaggio durissimo.»

Obietto a D'Alema che Berlusconi ha vinto le elezioni del 27 marzo proprio promettendo il riscatto dell'Italia dalla sua anomalia principale: l'assenza di distinzione di ruoli tra maggioranza e opposizione, la grande marmellata consociativa. Lui rilancia: «La forza di Berlusconi è di aver giocato su due tavoli, il cambiamento e la continuità. Diciamoci la verità: lui è stato l'uomo in grado di impedire che per la prima volta nella storia italiana la sinistra andasse al governo. Ha detto: scendo in campo io, perché se no vanno al governo quelli là. Più continuità di questa...».

E non riflette D'Alema dinanzi alla constatazione che ancora tanti hanno paura di un governo centrato sul Pds? «Non è la paura del comunismo che li blocca,» dice il segretario del Pds «perché sanno benissimo che noi non instauriamo il comunismo. Hanno paura di noi perché li invitiamo a gettare la spazzatura nel cassonetto e non in mezzo alla strada. Hanno paura che gli si dica di pagare le tasse, di non fare il doppio lavoro. Per fortuna in Italia ci sono anche quelli che fanno il proprio dovere e che sono alle prese con uno Stato che cerca in tutti i modi di rendergli difficile farlo. Se uno dice che ci vuole equità fiscale, una parte della popolazione dice "finalmente!" e un'altra si sente minacciata. Se invece si dice "minimum tax" si lancia un messaggio stupendo nella sua ambiguità: perché questo messaggio va incontro agli italiani tartassati, senza minacciare gli italiani evasori che anzi da questo punto di vista si sentono rassicurati.»

D'Alema ha tra le mani una copia del *Paese normale*, il suo saggio che per l'intero autunno sfida a duello *La bella politica* di Walter Veltroni. Gli dico che mi colpiscono tre cose. Berlusconi è ancora dipinto come un Anormale. Il giudizio su Prodi è burocraticamente ineccepibile, ma si avverte che il matrimonio è senza amore. Su Fini permangono ancora parecchie riserve.

«Gianni Letta ha avuto un ruolo essenziale nei miei incontri privati con Berlusconi. Ci siamo visti a cena più di una volta e sono stati incontri piacevoli. Credo che Berlusconi si sia fatta l'idea che io sia una persona sincera e affidabile. Ma lui vuole convincere a ogni costo l'interlocutore, vuole affascinarlo e allora perdiamo molto tempo perché io non mi lascio convincere e in queste chiacchierate si dovrebbe andare di più all'essenziale.»

Quattro cene tra D'Alema e Berlusconi

Tra l'autunno del '94 e l'autunno del '95, D'Alema ha incontrato in privato Berlusconi quattro volte. Sempre in casa di Letta e sempre intorno a un tavolo apparecchiato per tre. Il primo incontro, destinato ad approfondire la conoscenza personale tra il leader di governo e quello d'opposizione, era fissato per il luglio del '94, ma saltò in seguito alle polemiche sul decreto Biondi. Prima delle vacanze, fu D'Alema a riprendere le fila del discorso e lanciò un messaggio a Berlusconi attraverso Giuliano Ferrara. Ma dovette nascere qualche equivoco e il messaggio non arrivò a destinazione. D'Alema ne parlò con Cesare Romiti, amministratore delegato della Fiat, in un porto della Grecia dove entrambi attraccarono con le loro barche. Al rientro, Romiti chiese a Letta perché aveva fatto cadere il dialogo, questi capì l'equivoco e in ottobre combinò la prima cena in casa sua tra Berlusconi e D'Alema. I due si dettero del lei, cosa del tutto inconsueta tra leader politici, e continuano a darselo. Berlusconi e Letta affiancano al lei un confidenziale «Massimo», D'Alema usa i cognomi senza titoli.

Nelle prime tre stagioni del '95, l'incontro si è ripetuto tre volte. Nel primo, invernale, i due constatarono la piena divergenza di opinioni sulla data delle elezioni. Nel secondo, primaverile, nacque il «tavolo delle regole» in vista di elezioni in autunno. Il terzo incontro, in luglio, segnò finalmente un accordo: Berlusconi e D'Alema avrebbero chiesto congiuntamente elezioni in novembre dopo una legge sulle pari opportunità di accesso in televisione durante la campagna elettorale e dopo aver concordato nuove regole per la nomina del consiglio d'amministrazione della Rai (quattro consiglieri per la maggioranza, quattro per l'opposizione, un nono eletto dal consiglio alla presidenza). La posizione contraria del capo dello Stato, dei presidenti delle Camere, dei «cespugli» e l'esplodere nella tarda estate delle polemiche sugli affitti di favore hanno portato il Pds a considerare con favore un rinvio delle elezioni al giugno '96, assai prima dell'avviso di garanzia a D'Alema (14 settembre) per le cooperative rosse del Veneto.

Ma torniamo al colloquio di fine estate con D'Alema. Quando gli chiedo se è vero che è stato lui ad affossare l'idea di Prodi di far nascere il partito dell'Ulivo, non risponde direttamente, ma dice: «Il partito unico del centrosinistra nascerebbe il giorno stesso in cui dovesse nascere il partito unico del centrodestra. Altrimenti non nascerà. È chiaro? Perché si andrebbe a una rivoluzione di sistema e a un'altra idea di partito: il partito contenitore. Nella fase attuale c'è invece la tendenza a un bipolarismo di coalizione, perché questa è più forte se si articola in soggetti diversi. È più facile convincere l'elettore moderato del Partito popolare a votare per il centrosinistra attraverso la coalizione che non attraverso un partito unico che in questo momento sarebbe un'invenzione. Non escludo affatto che il processo storico-politico possa portarci al partito unico. Ma oggi, ripeto, sarebbe un'invenzione».

Già, ma come possono mettersi d'accordo forze tanto diverse come i «cespugli»?

«Esattamente come fa Fini a mettersi d'accordo con Taradash. Non è affatto vero che i contrasti nell'Ulivo sono minori di quelli che segmentano l'altro campo. Il maggioritario impone grandi coalizioni, sintesi programmatiche...»

(È noto, in realtà, che D'Alema non ha mai avuto un particolare trasporto per i partitini che formano l'Ulivo, con la sola, probabile eccezione del Ppi. Nelle stesse trattative dirette con Berlusconi per concordare la data delle elezioni non ha mai detto: «Debbo sentire gli alleati...», essendo perfettamente consapevole della abissale differenza di potenziale che li separa.)

E Fini? «È furbo. Amministra con astuzia la propria immagine. Spero che la sua destra assomigli sempre di più a quella europea. Ma i passi in avanti compiuti da noi sono stati fatti in anticipo, con maggiore serietà e con maggiore sofferenza. Fini ha sofferto poco... Tra noi e la destra c'è una differenza enorme. Noi siamo accettati in Europa come una forza democratica e socialista. Fini si è autoproclamato, non è stato accettato. Capisci la differenza? È la stessa che c'è tra un uomo che sposa una donna e uno che desidera sposarsi. I miei colleghi socialisti governano sette Paesi sui quindici della Comunità. Io vado a cena con sette capi di governo, discutiamo insieme alla vigilia del vertice europeo. Fini deve ancora camminare parecchio.»

(«Autoproclamato?» replica Fini. «Intanto mi hanno legittimato milioni di elettori italiani. Eppoi a fine settembre sono stato invitato in Albania, chiudo il '95 andando in Cina su invito del governo comunista e a fine ottobre negli Stati Uniti sono stato a cena con Clinton, ho incontrato Kissinger, Dole, Gringrich, le comunità ebraiche. Che altro debbo fare?».)

La rinascita del Centro? «Ci stanno provando, certo. Vorrebbero rifare una sorta di Dc che incorpori Bossi e Buttiglione, Segni e Ripa di Meana, Mastella e Casini. Una cosa che farebbe gridare il cittadino medio: ridateci la Democrazia cristiana di prima, almeno quella aveva un senso, una sua cultura politica... Vogliono tornare al sistema proporzionale, senza capire – come ho scritto anche nel mio libro – quanto forte tra i cittadini sia il rifiuto di un ritorno indietro.»

«Walter? È nato funzionario del Pci»

Arriviamo a un punto delicato, il rapporto con Achille Occhetto. Ricordo a D'Alema che il suo predecessore non ha mai accettato la propria sostituzione: lamenta la profonda ingratitudine del gruppo dirigente del Pds verso l'uomo che ha condotto il partito al di là del guado nel momento più difficile. «Achille» risponde D'Alema «non ha una visione laica e moderna delle cose. Si può avere nei suoi confronti stima e gratitudine e ritenere al tempo stesso che avesse esaurito la sua funzione e dovesse essere sostituito. Lui ha vissuto la sostituzione come un complotto, invece era un evento naturale. Nei partiti normali ci sono anche gli ex segretari. In Inghilterra i laburisti sono stati ingrati verso Kinnock? E la sostituzione di Rocard, il grande rinnovatore del socialismo francese ed europeo? Occhetto è membro dei massimi organismi del partito. Dunque...»

Su un piano del tutto diverso, ma ugualmente delicato, il rapporto con Walter Veltroni. Veltroni e D'Alema, come è noto, hanno scritto due libri usciti alla fine dell'estate '95. Benvenuti, naturalmente: la situazione politica è così confusa che chiarimenti autorevoli e di prima mano aiutano a capire molte cose altrimenti indecifrabili. Il problema è che nella gestione di questa vicenda gli autori hanno fatto di tutto per mettere in vetrina la loro concorrenza. Una concorrenza, lo vogliano o no, personale e politica, prima che letteraria. D'Alema e Veltroni si sono comunicati solo tardivamente che avevano in preparazione un libro. Entrambi sono rimasti spiacevolmente colpiti quando hanno conosciuto l'iniziativa dell'altro. Hanno scelto come editori Mondadori e Rizzoli, concorrenti per eccellenza. Sono usciti a quattro giorni di distanza l'uno dall'altro, costringendo i loro editori ad acrobazie tipografiche non da poco a Ferragosto. Alla fine, si sono emulati nel lancio in modo spettacolare. Per l'intero autunno (e con buon successo) si sono fatti concorrenza in libreria e sui banchi delle feste dell'Unità. Walter e Massimo si rispettano, si professano amicizia ma non si amano. D'Alema non scende in dettagli, nel libro, ricordando con distacco la lotta assai aspra per la successione a Occhetto del luglio '94: «Walter e io... cercavamo di tenere a bada i rispettivi eserciti, di evitare che le tifoserie degenerassero. Pubblicamente ci rispettavamo, privatamente ci confermavamo amicizia». Veltroni va oltre e a Stefano Del Re, coautore de *La bella politica*, racconta: «Quando lui era segretario della Fgci non andavamo d'accordo, proprio non andavamo d'accordo. In maniera molto netta». Poi le cose sono cambiate («Siamo diventati amici, molto amici»), ma le differenze politiche restano: «Forse ci vuole meno rudezza nella guida...».

Ogni tanto, come riconosce Veltroni, «a uno dei due scappa il freno a mano». Così D'Alema si scoccia di fare sempre la figura del grigio prodotto d'apparato da contrapporre al ragazzino americano nuovo nuovo con i bottoncini dei Brooks Brothers. E alla fine sbotta: lui, Walter, è più «funzionario» di me.

Non è uno scatto emotivo, ma una convinzione. Che mi spiega così : «Conosco Walter da quando era bambino. Lui è una straordinaria figura di funzionario del Pci. E io che difendo la funzione dei partiti e il loro grande ruolo nella formazione della classe dirigente, penso che quelli educati nei partiti sono i più bravi. Accade così in tutto il mondo democratico. Solo in Italia si considera lo specialismo politico come una colpa. Quando uno deve operarsi va dal chirurgo, non dal salumiere perché così gli chiede la società civile. Per anni in nome della società civile si sono presi abbagli clamorosi. È dunque ora di ristabilire il primato della società politica. Il rifiuto della politica è una forma tipica di cultura qualunquista, reazionaria e anche totalitaria. Allora possiamo scherzare finché vogliamo su questa storia che io sarei il prototipo della burocrazia di partito e Walter della società civile. In realtà, siamo entrambi funzionari di partito. E poiché Walter è molto più giovane di me, ha cominciato a essere funzionario quando era più piccolo. È una piccola malignità, questa, ma nemmeno tanto. In fondo è la verità».

Però tra voi un po' di frizione c'è, è inutile negarlo...

«Ma no, quale frizione. C'è spirito di emulazione, semmai. Ma questo fa parte dell'orgoglio di essere eredi del Partito comunista italiano. Ricordi quando nei salotti ci davano per scomparsi, dicevano che dovevamo sciogl ierci, andare tutti a casa, era una cosa indegna che fossimo ancora in giro? E invece eccoci qua. Non solo esistiamo, ma siamo il primo partito italiano. Il centro della politica italiana. Le prime due case editrici italiane si sfidano avendo i nostri libri come titoli di punta... L'emulazione D'Alema-Veltroni non ci indebolisce. Ci rafforza. L'anno scorso commissionai dei sondaggi: bene, venne fuori che il nostro scontro congressuale era vissuto dal pubblico come una prova di democrazia nel nostro partito...»

Tra Carmen Llera e Daniela Poggi

In realtà, D'Alema fatica non poco a raggiungere la sicurezza attuale. Nella loro biografia del leader Pds, Giovanni Fasanella e Daniele Martini ricordano l'impietoso giudizio che ne dette una simpatizzante del partito, Alba Parietti: «Sembra uno che va a pignorare gli alloggi. E poiché oggi la politica è anche immagine, Berlusconi è rassicurante. D'Alema no. Meglio, molto meglio il direttore dell'"Unità", Walter Veltroni, uno che vorresti avere volentieri come amico». (Un anno più tardi, nel settembre del '95, la bella Daniela Poggi dalle pagine soft-core di «Novella 2000» gli farà una esplicita proposta di corteggiamento. In compenso, Carmen Llera – vedova Moravia e donna di sensazioni forti – lo snobba. Dice a Gian Antonio Stella di «Sette»: «È un po' troppo morbido per i miei gusti. Questi miti per l'America, Kennedy, la Nutella...».)

A D'Alema si rimproverava anche l'abbigliamento. «Qualcuno» annotano i suoi biografi «ha osservato che sembrava una via di mezzo tra un funzionario bulgaro di prima della caduta del Muro e un ispettore di polizia di Portici.» «Per lui che è sostanzialmente uno scontroso,» riconosce la moglie Linda Giuva «la Tv e tutte le faccende d'immagine connesse erano distanti milioni di anni luce.» Ecco dunque un paio di topini fatati provvedere al miracolo, come nella favola di Cenerentola. Si chiamano Gianni Cuperlo e Claudio Velardi, un triestino biondo e un napoletano che fu bruno. Acchiappano un televisore e si mettono a fare di corsa un lavoro in cui il Cavaliere è maestro. Analizzano facce, espressioni, parole giuste e sbagliate; smontano il politichese di D'Alema e lo traducono in linguaggio comune, gli migliorano i vestiti e gli correggono il sarcasmo («Una forma patologica di distacco» lo gela Barbara Spinelli su «La Stampa»). Insomma trasformano le zucche in carrozze e oplà, il Segretario-Cenerentola è pronto per il gran ballo con l'uomo del suo immediato destino. Che sarebbe Lamberto Dini, un rospo trasformato anche lui in Principe Azzurro dai topini fatati del centrosinistra.

E Veltroni? Walter si sarà pure iscritto in fasce alla direzione del Pci, battendo lo stesso Berlinguer, ma principe c'è nato. Uno di quei principi che vanno di moda adesso. Regali e normali al tempo stesso. Che fanno un lavoro comune e insieme di prestigio. Sono provvisti di una regolamentare famiglia «americana»: moglie giusta, figli giusti. Potresti mettergli in mano per uno spot televisivo indifferentemente i biscotti del Mulino Bianco e l'ultima familiare della Fiat: andrebbe benone comunque.

Eugenio Scalfari non è riuscito a farlo diventare segretario del Pds, ma quando esce *La bella politica* gli regala sul «Venerdì di Repubblica» una copertina che da sola vale una intera campagna elettorale. Titolo: «Un leader fatto in casa». Occhiello: «La prima volta di Veltroni in famiglia». Ed eccoli, Walter scandalosamente più giovane dei suoi quarant'anni, Flavia che sembra nata per fare la moglie, Martina e Vittoria (otto e cinque anni) uscite fresche fresche da un carosello del Cavaliere. Eppoi tutti in acqua e sulla sabbia e sulla sdraio. Con l'ammonimento subliminale al lettore: se non mi voti o almeno se non leggi il mio libro sei proprio un uomo senza cuore. Un non buono. Un cattivo.

Insomma, una famiglia Kennedy all'amatriciana con tutto quel di positivo e di rassicurante che l'appellativo casereccio comporta. Rinascesse De Amicis, il «Cuore» di Sabelli Fioretti verrebbe precipitato all'inferno e quello vero avrebbe un capitolo in più. (Anche se nell'autunno '95 finisce il «buonismo» sepolto in ottobre dall'«Espresso» come «La folle estate del pappa-e-ciccia».)

Nella stanza di Veltroni all'«Unità» da un autunno all'altro il clima è cambiato. D'accordo, i guardiani del sentimento – Anna Magnani e Bob Kennedy – stanno sempre là. Ma Walter marca gli accenti seri. L'avventura dell'Ulivo paradossalmente lo coinvolge assai di più della gara del '94 per la segreteria. Quella fu una corsa bruciante e romantica, esaltata dai fax e gelata dai rapporti di forza in consiglio nazionale. Questa è l'avventura di una vita.

La stessa Flavia, la moglie-angelo custode, gli ha detto: «Ci hai pensato bene? Mi dispiacerebbe se tu lasciassi il giornale...». Poi, mi racconta Veltroni, si è adattata all'idea e adesso «è serena della mia serenità». Ma è sereno Veltroni? Dopo l'eccitazione dell'autunno '94 e gli splendori della primavera '95, l'estate e l'autunno hanno portato sull'Ulivo il brutto stabile. Come certe stagioni della Padania in cui per mesi al mattino sai che tempo fa prima di aprire la finestra. E allora riguardi i ritagli dell'«Unità» che Walter ha raccolto con la cura affettuosa che in tempi più semplici si riservava alle figurine Liebig e trovi le radici di quell'entusiasmo che s'è appannato troppo presto.

«Il nuovo che arranca e noi.» Era l'inizio dell'estate '94, Berlusconi trionfava e il Pds aveva capito che da solo non avrebbe mai potuto costruire nessuna efficace macchina da guerra. Fu un tripudio di speranze, tutte raccolte dall'«Unità». «La coalizione che può battere la destra» (Mino Martinazzoli). «Il Pds non rinunci alla sfida per il consenso moderato» (Umberto Ranieri). «Centrosinistra? Costruiamo il programma» (Valdo Spini). «È una sfida da giocare fino in fondo» (Willer Bordon). «La suggestione di un nuovo centrosinistra» (Sergio Mattarella). «Se il centro e la sinistra si uniscono» (Sergio Cofferati). «Centrosinistra se il centro non è diviso» (Giuliano Amato). E così via per settimane, per mesi. Fino alla consacrazione di febbraio. «Veltroni: credo negli italiani nuovi» (paginone sul «Corriere della Sera»).

Parecchi mesi più tardi, il direttore dell'«Unità» resta convinto dell'utilità di quella scelta: «C'è stato un doppio movimento. Il centrodestra è diventato destra. La sinistra è diventata centrosinistra. Alle elezioni del '94 il centrodestra ha battuto la sinistra, in quelle del '96 il centrosinistra batterà la destra». Se gli chiedi i punti centrali del suo programma, ti ripete quelli che da sempre sono i pallini di Prodi: la scuola e l'innovazione tecnologica. «Una quantità enorme di bambini evade tuttora l'obbligo scolastico. Lì si giocano per davvero il futuro del Paese e le pari opportunità. Noi investiamo in ricerca scientifica metà degli altri.»

Immagina poi «gli effetti giganteschi» che l'evoluzione tecnologica avrà sulla nostra vita quotidiana. «Una quantità crescente di persone lavorerà in casa. Non dovremo più uscire per chiedere un certificato, potremo costruirci da soli i palinsesti televisivi scegliendoci i programmi che ci piacciono di più. Cambieranno i tempi della nostra vita. Ma attenzione. Attenzione al momento in cui i soli rumori fossero quelli delle porte blindate, le sole luci quelle degli allarmi. Attenzione al giorno in cui scomparissero i tavolini da bar e tutto fosse superveloce e disumano. Attenzione a gestire la tecnologia in modo che ci aiuti a recuperare anche il bello del passato.»

Saranno Romano Prodi e Walter Veltroni a gestire il nostro futuro?

Affittopoli, lo schiaffo di Feltri

Le difficoltà dell'Ulivo crescono in autunno in maniera inattesa, grazie alla campagna sugli affitti praticati dagli enti pubblici aperta a mezz'agosto dal «Giornale» di Vittorio Feltri. Il primo articolo è del 17 agosto. Titolo: «L'Inps regala le case. A chi?». L'articolo, firmato con uno pseudonimo da un collaboratore esterno del giornale, è piuttosto tecnico e riprende, elabora e spiega le conclusioni di una vecchia commissione d'inchiesta che a cavallo tra il '93 e il '94 ha verificato l'irrisorietà dei proventi del patrimonio immobiliare pubblico rispetto al valore di mercato. L'idea di andare a fondo è del vicedirettore del «Giornale», Maurizio Belpietro, sorpreso dal fatto che dai conti del suo collaboratore venga fuori che i settemila appartamenti dell'Inps rendono un canone medio di 69 mila lire al mese. L'articolo viene messo in pagina la sera del 16 agosto. Chi fa il giornalista sa che questo è il giorno più nero dell'anno: se non muore qualcuno molto importante, non si sa cosa mettere in prima pagina. Il 16 agosto del '95 non muore nessuno e così il lavoro dell'oscuro collaboratore delle pagine economiche viene sparato e sorprendentemente va a segno.

Anche perché il ministro del Lavoro Treu e il presidente dell'Inps Billia resistono in vacanza ancora un paio di giorni, ma poi debbono precipitarsi in ufficio e rendere pubblici gli elenchi degli inquilini. Al «Giornale» negano qualunque motivazione politica alla campagna, ma riconoscono che fin dall'inizio avevano deciso di andare giù duri per almeno due settimane. «Già all'"Europeo" mi ero occupato degli affitti del Pio Albergo Trivulzio di Milano» mi racconta Vittorio Feltri. «E all'"Indipendente" avevo parlato della casa di D'Alema. Ma si trattava di articoli isolati. Nessuno rispondeva e la cosa moriva lì. Stavolta volevo vedere se cominciando un tormentone di quindici giorni sarebbe successo qualcosa.»

E qualcosa in effetti succede. Anche perché al «Giornale» decidono di vedere dove abitano i segretari dei partiti. Andrea Pucci, capo della redazione romana, abita in Trastevere e sa che Massimo D'Alema ha casa nello stesso quartiere. I cronisti del «Giornale» lo seguono e scoprono l'indirizzo: via Musolino 23. Il canone, con le spese, supera di poco il milione al mese. È basso, ma c'è di peggio. (L'inchiesta del «Giornale» rivelerà situazioni assai più imbarazzanti.) Racconta Pucci: «Il 22 agosto l'articolo su D'Alema è pronto. Aspettiamo due giorni perché lui ci dia la sua posizione. Il segretario non si fa vivo e il 25 l'articolo esce». Esce e scatena l'inferno. I cronisti, nel loro mestiere, sanno essere molto aggressivi. Ma è l'arrivo delle telecamere a dare la sensazione dell'assedio e dello scandalo. D'Alema la prende male. Sua moglie, Linda Giuva, la prende malissimo. Il segretario del Pds è convinto che dietro la campagna del «Giornale» si nasconda una manovra del Polo per mettere alle corde la sinistra, e invano Gianni Letta cerca di spiegargli che Berlusconi era alle Bermuda ed è caduto dalle nuvole quando gli hanno detto che a Roma stava scoppiando il pandemonio. «Ma quale manovra?» dicono al «Giornale». «Abbiamo parlato anche delle case di Buttiglione, Casini, Mastella, Tatarella...»

D'Alema risponde il 1° settembre su «Repubblica». La procedura d'assegnazione è stata regolare, dice, ho pagato di tasca mia i lavori di ristrutturazione. «È chiaro l'interesse di quel gruppo affaristico [*«il Giornale» è di Paolo Berlusconi*] a prendere il controllo, attraverso persone di fiducia, di enti che costituiscono una parte così rilevante del mercato immobiliare italiano.» Il «Giornale» replica parlando di beffa agli sfrattati.

Nel mirino di Feltri finiscono anche Veltroni (che reagisce con molta durezza) e molti dirigenti della sinistra e del sindacato. Questo crea nella pubblica opinione uno sconcerto assolutamente imprevedibile. Il 31 agosto incontro Fini per una intervista: «Sono andato a prendere il caffè sotto l'ufficio» mi racconta «e non hai idea di quanta gente mi abbia fermato per parlarmi di Affittopoli».

Scalfari critica su «Repubblica» il fenomeno, la base del Pds rumoreggia. Orgoglioso com'è, D'Alema in settembre va al Costanzo Show e annuncia che restituirà la casa. Ottenendo consensi e dissensi. Ma gli effetti politici di Affittopoli sono sorprendenti. Sorprendenti per la diffusione del «Giornale» (che in un mese passa da 210 mila a 240 mila copie di vendita) e per gli equilibri politici.

Esattamente un mese dopo il primo articolo del «Giornale», uno dei più autorevoli analisti di flussi elettorali, Renato Mennheimer, ne registra sul «Corriere» le conseguenze. Titola il quotidiano: «Affittopoli scuote l'Ulivo: calano Pds e Ppi. I consensi della Quercia mai così bassi in un anno». Il partito di D'Alema scende in due mesi dal 24.5 al 22.6, Berlusconi va a sfiorare il 20, Bianco scende al 4.7 e va ad equipararsi ai voti sommati di Casini e Buttiglione. Scende Fini (17.7) che comunque va ben oltre le amministrative di primavera, salgono Bossi, Bertinotti e Pannella. Il Polo (senza Pannella) è al 42 per cento, l'Ulivo (senza Bossi e Bertinotti) supera di poco il 35. I sondaggi valgono quello che valgono, ma impressiona che il 41.6 per cento degli elettori della Quercia consideri Affittopoli di gravità pari a Tangentopoli (il 10 per cento lo considera addirittura più grave e persino molto più grave).

Probabilmente poca gente avrebbe rifiutato una casa a equo canone, ma l'idea che tra i beneficati ci siano uomini politici (e in particolare uomini politici della sinistra) ha riaperto in maniera clamorosa la frattura tra il cosiddetto Palazzo e la cosiddetta Società civile.

Tangentopoli, il «teorema» di Nordio

Poiché i guai non arrivano mai da soli, la mattina di giovedì 14 settembre D'Alema viene sorpreso in casa in pieni preparativi pre-scolastici per i figli da due ufficiali della Guardia di Finanza che gli consegnano un avviso di garanzia di Carlo Nordio, sostituto procuratore della repubblica in Venezia. Ipotesi di reato: finanziamento illecito al partito e ricettazione. A cavallo tra gli anni Ottanta e Novanta, insieme con Achille Occhetto, allora segretario del Pci, sarebbe stato al corrente di finanziamenti irregolari provenienti dalle «cooperative rosse». D'Alema rende pubblico immediatamente il provvedimento. Chiama a uno a uno i direttori dei quotidiani e dei telegiornali principali per spiegare la sua posizione. E va a chiarirla pubblicamente alla Festa dell'Unità di Reggio Emilia. Usa la parola un tempo proibita, «teorema». «Secondo questo teorema,» dice ad Augusto Minzolini della «Stampa» «io ero una persona che non poteva non sapere. È un principio che non è degno di un Paese civile.» «In questo modo si finisce per creare un generale discredito delle istituzioni e c'è anche un rischio di delegittimazione della magistratura.» «È chiaro che si colpisce la mia funzione attuale. La verità è che quest'atto è lo stravolgimento finale del diritto penale in questo Paese.» (Due settimane più tardi, interrogato da Nordio, parlerà di «vicenda surreale».)

La reazione dei partiti e dei giornali è prudente. Certo, l'editoriale di Massimo Fini sull'«Indipendente» s'intitola: «Par condicio». E quello di Gustavo Selva sul «Secolo d'Italia»: «Un partito normale». Ma rispetto al '92 e al '93 il clima è completamente cambiato: «Allora, per un semplice avviso di garanzia,» ricorda sulla «Stampa» Filippo Ceccarelli «si bruciò la carriera politica di Craxi e quella di un'altra dozzina di promettenti leader del pentapartito. C'era una volta, addirittura, un parlamento di inquisiti; e perciò stesso meritevole di essere sciolto quanto prima».

La svalutazione del provvedimento («Oggi non si nega a nessuno, come le onorificenze e i sigari di cui parlava il vecchio Giolitti» annota Ceccarelli) attenua nel giudizio pubblico le supposte responsabilità di D'Alema, ma riapre il tema irrisolto del finanziamento della politica. Scrive sul «Tempo»

Rocco Buttiglione: «Io non credo che Massimo D'Alema sia una persona disonesta. Credo invece che il Partito comunista sia stato parte integrante della corruzione politica in Italia». Eugenio Scalfari, che su «Repubblica» trova «debole» l'elemento accusatorio personale nei confronti di Occhetto e D'Alema, ma giudica «estremamente convincenti» la documentazione e le testimonianze raccolte da Nordio sul finanziamento delle cooperative al Pci: «Le cooperative erano destinatarie di una percentuale di circa il 20 per cento degli appalti banditi dalla pubblica amministrazione e dagli enti locali e il Pci vigilava affinché questo patto – concluso con gli altri maggiori partiti nazionali – fosse rigorosamente rispettato. Quando non lo era, i rappresentanti del Pci nelle regioni e nei comuni ponevano il veto alla gara, che in realtà era una gara truccata a beneficio dei soliti noti; ma bastava che le percentuali pattuite fossero ripristinate e il veto cadeva». «Per ottenere questi sostegni, il Pci chiuse tutti e due gli occhi sul malaffare ben più rilevante che gli altri due consoci, Dc e Psi, compivano allo stesso tavolo e in forza dello stesso patto.»

Sul «Corriere», Emanuele Macaluso si sfoga con Goffredo Buccini. Pur convinto che D'Alema e Occhetto abbiano le «mani pulite» e che «il personale politico del Pci non s'è mai arricchito», Macaluso afferma: «Critico il mio partito perché, mi pare nel '92, con Chiaromonte e l'area riformista presentammo in direzione un documento sulle vicende di Tangentopoli, chiedendo di rendere esplicito che c'era stato un rapporto col movimento cooperativo, che si era trasformato in certi casi in aiuto al nostro partito, per le feste dell'Unità eccetera. Invece si preferì dire che eravamo fuori da tutto. Fu un errore sostenere che non c'era nessun tipo di finanziamento, anche se il nostro partito si è ampiamente autofinanziato».

Tornano alla mente le parole di Gianni Cervetti, dirigente comunista della prima ora, nel suo libro *L'oro di Mosca*. Dopo uno scandalo che aveva coinvolto nel '75 i dirigenti del Pci di Parma, Berlinguer disse in una riunione della segreteria: «Occorre ammettere che ci distinguiamo dagli altri non perché non siamo ricorsi a finanziamenti deprecabili, ma perché nel ricorrervi il disinteresse dei nostri è stato assoluto». Prima delle elezioni del '94, chiesi a D'Alema – allora vicesegretario del Pds – di commentare questa circostanza al Costanzo Show e ricevetti una risposta sostanzialmente evasiva.

Torna alla mente Severino Citaristi. Lo ricordo nell'estate del '94 a tavola, in una trattoria al Passo della Presolana, sopra Bergamo. Mi raccontava la sua storia di segretario amministrativo della Dc dall'87 al '93. Ha settantaquattro anni e altrettanti carichi pendenti. Più di qualunque delinquente della storia patria. Eppure non c'è giudice o testimone che lo accusi di aver tenuto una lira in tasca o che abbia minacciato qualcuno per avere soldi per il partito.

A Massimo D'Alema bisogna riconoscere di non aver mai cavalcato i provvedimenti giudiziari per scopi politici. Pochi giorni prima di essere «avvisato» da Nordio mi dice: «Deve esserci una separazione netta fra le ragioni della politica e quelle della giustizia. Deve esserci anche maggiore riservatezza da parte dei magistrati. Separatezza e riservatezza sono una condizione per l'autonomia dei giudici. Quando l'azione del giudice entra in cortocircuito con le vicende politico-istituzionali, persino l'iscrizione nel registro degli indagati di una persona, che poi potrà risultare totalmente estranea ai fatti, può condizionare la vita di un partito e le stesse elezioni politiche. Se allora l'atto giudiziario viene interpretato come atto politico, l'indipendenza del magistrato è a rischio. La giustizia deve tornare a essere anonima. In un paese normale la giustizia non ha bisogno di eroi. Se un sostituto procuratore diventa un eroe popolare, qualcosa non funziona».

D'Alema riconosce che si è largamente ecceduto nell'uso della custodia cautelare: «L'impianto accusatorio del nuovo processo penale è stato in parte stravolto da una normativa speciale che ha rafforzato i poteri dell'accusa anche in relazione all'emergenza della criminalità organizzata. L'emergenza ha rischiato di diventare normalità e questo non può essere per sempre».

Nelle nostre conversazioni, il segretario del Pds ricorda spesso di essere il leader del primo partito italiano e di amministrare, con il centrosinistra, metà delle regioni e l'ottanta per cento dei comuni. Ecco dunque la sua particolare sensibilità a una revisione del reato di abuso d'ufficio che ha decimato gli amministratori pubblici e paralizzato ogni organismo deliberante: «Se un politico decide di fare un ponte o un sottopassaggio, non può vedersi sindacate in sede penale le sue decisioni. A meno che non ci sia un dolo specifico. La legittimità della delibera viene prima certificata dal segretario generale del comune che è un dipendente del ministero dell'Interno. Poi confermata dagli organismi di controllo. Che c'entra il magistrato penale? Delle due, l'una: o deleghiamo il controllo al magistrato penale e sarebbe una follia. O rivediamo l'abuso che ruota intorno a un'idea a mio giudizio molto discutibile. E noi vogliamo rivederlo. Il problema è che va ricostruito un rapporto più corretto e trasparente tra politica, amministrazione e giustizia, anche facendo tesoro dell'esperienza di Tangentopoli. Tutto questo finora non si è fatto».

È solida la posizione di D'Alema ai vertici del Pds? Sì, a condizione che non commetta grossi errori strategici. Certo, colpisce che durante la Festa dell'Unità il giornale di Veltroni dia un paginone a Occhetto per dire che «la politica si è rotta», «la sinistra non può rimanere ancora per molto tempo in una sorta di terra di nessuno», «può accadere che Berlusconi debba essere cacciato in qualsiasi modo dal governo, oppure che diventi improvvisamente vero il contrario...». E colpisce la franchezza dei rimproveri che a fine settembre gli muovono Massimo Cacciari e Antonio Bassolino per una scivolata sulla legittimazione di Berlusconi. (Con Bassolino che si mette, sia pure con garbo, in lista di attesa per la segreteria.) Né bisogna dimenticare che più d'uno aspettava il segretario al varco delle elezioni regionali di primavera, mugugnando per lo spazio eccessivo dato ai popolari. Che sarebbe accaduto nel Pds se quelle elezioni le avessero vinte Berlusconi e Fini?

Le ha vinte D'Alema, invece. E ha rafforzato la sua leadership.

Ma per lui, come per tutti gli altri leader politici impegnati nel «duello», il futuro è ricco di incognite.

10

Berlusconi, Geronimo e Buffalo Bill

La sera di giovedì 20 luglio, Maria Angiolillo riunisce a cena gli amici per salutarli prima dell'estate. Il caldo è ormai torrido e Maria allevia la pena dei suoi ospiti allestendo i consueti tre tavoli da dodici nel giardino appoggiato alla scalinata della Trinità dei Monti. I restauri proteggono i celebri gradini dal rumoroso bivacco della varia umanità consapevole di giacere nel magico ombelico del mondo e fasciano il giardino di Maria di un silenzio irreale. Un orecchio nostalgico avvertirebbe forse il fruscio della carrozza che restituisce il conte Sperelli al «buen retiro» di casa Zuccari sulla via Sistina: una cena formale forse gli ha consentito di incrociare di nuovo gli occhi di donna Maria o di donna Elena. Gli stessi occhi che aveva visto carichi di passione nei tumultuosi e disperati amplessi pomeridiani vissuti a pochi passi dai campanili gemelli della chiesa che domina la Trinità.

E pure, a ricordare le pagine dannunziane del *Piacere*, stasera nel giardino di Maria resta solo un'altissima palma accaldata, coeva forse del conte Sperelli e arrampicata nel cielo stellato che fascia in una irripetibile confezione regalo i tetti della piazza di Spagna: autentici pezzi di scenografia d'opera, tanto assomigliano non a Roma qual è, ma a Roma quale appare a chi la sogna come non è. «Perché Prodi non ha scelto una palma come simbolo dell'alleanza di centrosinistra?» chiede guardandola incantato il pittore De Dominicis venuto a salutare la padrona di casa a cena ormai avviata. «Non è una pianta nostra» provo a spiegare. «Infatti» ammette l'artista. «Viene forse dalla Mesopotamia. Prodi ha qualcosa contro la Mesopotamia? E perché ha scelto l'ulivo?» «È una pianta che evoca la pace,» gli dico «poi a Prodi piace perché ha molte radici. E come è noto, lui ha molti alleati...» De Dominicis insiste: è curioso, divertito, parla di cose che gli sono remote. «Gli altri, invece? Voglio dire la sinistra, anche loro hanno una pianta come simbolo vero? Una quercia, sì una quercia. E perché una quercia?» Perché piaceva a Occhetto, attratto dalla forza di quest'albero...

Maria guarda con innocenza una pianta d'ulivo cresciuta troppo dentro un pur capiente vaso di terracotta. «Soffre. Debbo piantarla nella piena terra.»

«Aspetta le elezioni» le suggerisce una voce maliziosa. «Se Prodi vince, collochi l'ulivo nel posto d'onore del giardino. Se perde, puoi anche lasciarlo appassire.» Maria scuote la testa respingendo l'impertinenza e guarda ammirata i suoi ospiti anche stasera accorsi al suo invito senza eccezioni. È vero, manca Massimo D'Alema che si è fatto perdonare da dodici minuti di scuse telefoniche. Ma c'è Cesare Salvi con la dolcissima moglie, che cerca di ricucire con Gianni Letta gli strappi del tira-e-molla sulle «regole»: sia Letta che Salvi sanno benissimo che non si voterà nel '95. E pure entrambi fanno finta di volere fermamente le urne. E portando alle labbra un cucchiaio di «veloute de poulet au currie» che servita fredda allevia la sofferenza degli augusti palati, cercano di rimpallarsi dolcemente le accuse dei due schieramenti, evocando la diplomazia da salotto di un Massimo d'Azeglio, capace di stemperare con un buon sigaro qualunque possibile dichiarazione di guerra. Tra una boccata e l'altra del suo mezzo toscano, acceso solo nei dopocena di buonumore, Letta rassicura gli astanti che Silvio Berlusconi, protagonista questo stesso pomeriggio di una spettacolare operazione finanziaria che gli consente di risanare la Fininvest senza perderne il controllo, al momento delle elezioni non sarà davvero in grado di dire l'ultima parola sulla politica di quelle che furono le sue Tv. I casi della vita – e i sapienti dosaggi di Maria – portano gli avversari di un tempo, Cesare Romiti e Fabiano Fabiani (vendita dell'Alfa Romeo alla Fiat o alla Ford?), a convenire, sfiorando un bicchiere di Château d'Yquem '86, che un rinvio delle elezioni sarebbe sconveniente. Le signore apprezzano lo stile e la beltà di Mario Tronchetti Provera, approdato di fresco alla guida solitaria della Pirelli. I signori si complimentano con Francesco Caltagirone per la «love story» appena intessuta con il sindaco di Venezia, Massimo Cacciari, per il recupero del Mulino Stucky. Domenico Corcione, generale e ministro della Difesa, ringrazia Lucio Colletti per aver scritto sul «Corriere» che un'Italia senza esercito non solo non può andare in Bosnia, ma rischia di non essere più nemmeno una nazione.

Mentre il ragioniere generale dello Stato, Andrea Monorchio – rifiorito da quando non deve litigare sui conti dello Stato con l'ex ministro leghista del Bilancio Pagliarini – spiega all'uditorio del tavolo tre che perdura il malvezzo di non coprire ogni spesa con una entrata di pari misura e di sicuro incasso.

«Scusi, che cos'è Forza Italia?»

Gli osservatori più attenti alle cose della politica ascoltano con particolare cura le osservazioni di Vittorio Dotti e Antonio Martino: il capo dei deputati di Forza Italia e l'ex ministro degli Esteri, stratega economico del partito. Dotti è assai compiaciuto quando gli si riferiscono gli apprezzamenti della sinistra sulla più serena adesione di Forza Italia alla dialettica parlamentare. Il noto avvocato civilista – pronto a sedersi sulla poltrona di sindaco di Milano, se quella di Marco Formentini dovesse accasciarsi – è considerato una delle più ostinate «colombe» del Polo (definite «tordi» dal linguaggio sfumato di Giuliano Ferrara). Gode dunque dei benefici del voto favorevole della sua parte al progetto sulle pensioni di Lamberto Dini. Ma avverte che senza una adeguata organizzazione partitica il movimento di Berlusconi è destinato a fare ben poca strada.

Anche Martino è dello stesso avviso. A chi gli rinfaccia programmi di governo annunciati e non attuati, l'ex ministro ricorda i 9200 miliardi sottratti alla spesa pubblica dagli uomini di Berlusconi in pochi mesi di governo (3600 di riduzione del peso tributario), creando il volano essenziale per la piccola ripresa occupazionale dell'inizio del '95. Ma la vostra scelta ideologica esattamente qual è?, gli chiede un'amabile signora, mentre viene servita una buona annata di champagne per brindare all'estate. «In tutti i partiti» sospira Martino «c'è una curiosa tendenza a camuffare la propria politica, in modo che alla fine non si capisca più che cosa essa sia. Per quanto ci riguarda, noi siamo un partito liberale di massa. Ma certe volte per non litigare con la destra di Fini e i centristi di Casini anche le più nobili idee rischiano di trasformarsi in una brodaglia indistinta.»

«Noi siamo liberali e libertari, la destra di Fini è nazionale e sociale» precisa Giuliano Urbani, altro frequentatore abituale delle cene di Maria. Urbani è stato il coadiutore storico di Silvio Berlusconi nel posare la prima pietra del nuovo edificio politico nell'estate del '93, quando tutti già stavano intrecciando serti d'alloro per Achille Occhetto, destinato a guidare fino a palazzo Chigi la «gioiosa macchina da guerra» del cartello progressista.

Proiezioni alla mano, Urbani convinse Berlusconi (che già ne era convinto di suo) che solo un'alleanza di centrodestra avrebbe avuto qualche probabilità di battere la sinistra. Per questo oggi, pur nella distinzione, giudica inimmaginabile un distacco di Forza Italia da Alleanza nazionale.

«Noi e An siamo complementari» osserva il professore. «Lo dico io che sono uno dei pochi esempi viventi del liberalismo libertario. Ma quando i liberali provarono ad agire da soli, non superarono mai il due-tre per cento dei consensi. Per arrivare al cinquantuno, c'è bisogno del liberismo popolare. Di una strategia di ricostruzione dello Stato sociale dalla base. La gente per sapere chi sei vuole sapere che cosa intendi fare in tema di previdenza e di sanità. E allora a chi ci accusa di aver portato avanti un programma ridotto, a parte la compagnia di Bossi, dobbiamo ricordare che in pochi mesi abbiamo inciso profondamente sul fisco, sulle pensioni, sul pubblico impiego. Posso ricordare di essere stato, come ministro della Funzione pubblica, il primo nella storia d'Italia ad aver fatto un contratto privato ai pubblici dipendenti?»

Urbani è un tranquillo e sorridente professore. È difficile, a vederlo così, immaginare che strapazzi uno studente. Ma su queste cose si accalora.

«Ricordate come nacque Forza Italia? Nacque in pochi mesi con una organizzazione di trecento persone che fondarono un partito, vinsero due elezioni in ottanta giorni (politiche ed europee) e mandarono il loro leader a palazzo Chigi. In un anno, da trecento organizzatori siamo passati a cinquemila eletti. Adesso, in pochissimo tempo, dobbiamo salire a duecentomila attivisti. C'è bisogno di un partito vero con i suoi organi. Il tempo delle cene in casa di Berlusconi a via dell'Anima in cui si decideva tutto in una notte è finito per sempre.»

E Berlusconi fonda il «Quarto Stato»

Per capire la trasformazione di Forza Italia da agape fraterna in movimento politico strutturato bisogna andare all'Hilton di Roma la mattina di venerdì 21 luglio 1995, poche ore dopo aver brindato all'estate incalzante nel giardino di Maria Angiolillo. Il Cavaliere ha convocato ottocento persone tra deputati, senatori, sindaci, presidenti di provincia e di regione, delegati di collegio, coordinatori regionali e provinciali del movimento con un solo punto all'ordine del giorno: «Dallo Stato dei partiti allo Stato dei cittadini». Parola d'ordine: parlare a ruota libera. Conseguenza: niente giornalisti. Ma un amico si commuove, un libro è cosa diversa da un articolo di giornale e da un immediato commento televisivo. E allora eccomi attraversare porte di servizio supersorvegliate e l'intera, interminabile galleria delle cucine dell'Hilton sotto lo sguardo stupito di cuochi, camerieri e garzoni intenti a sistemare in maniera acconcia alcuni milioni di patatine. Tutto questo per non indispettire i colleghi che premono fuori della porta e dovranno accontentarsi (si fa per dire) della conferenza stampa del Cavaliere.

L'ultimo ostacolo verso la Sala Proibita è un gorilla con la stazza doppia di Giuliano Ferrara. Ma anche lui non batte ciglio ed eccomi nel salone dei Cavalieri. Ragazzi, ne valeva la pena. Non tanto per gli arazzi alle pareti, l'assenza di un tavolo di direzione, la presenza di un solo podio e di un solo microfono. Ma perché lo «Stato dei cittadini» che vuole fondare Silvio Berlusconi è già ritratto in un'enorme gigantografia che domina la sala. Il soggetto è familiare. Accidenti, dove l'ho visto? Ma certo, è il *Quarto Stato* di Pellizza da Volpedo. La marcia della Speranza Socialista. L'Avanzata degli Emarginati verso il Sol dell'Avvenire. Chi non ricorda la fierezza di quegli uomini e di quelle donne? La loro povertà dignitosa? La silenziosa, ma fermissima richiesta di diritti civili? La civile, storica battaglia che ha unito socialisti e cattolici a cavallo del secolo?

Ma un secolo non è passato invano. I problemi e i diritti sono diversi e diversi i movimenti e i partiti che vogliono farsene interpreti.

E allora, avvicinandoti, vedi che l'enorme gigantografia dell'Hilton mostra un'Italia diversa. Ugualmente ferma e dignitosa nella rivendicazione silente dei propri diritti. Ma interclassista. La fiumana di gente ritratta qui ha percorso un lungo viale di periferia. Anzi, può essere periferia, ma anche semicentro. E curiosamente può essere Milano, Roma, ma anche uno dei larghi vialoni della nuova Palermo. È la Fiumana del Ceto Medio Italiano che s'è rotta le scatole per le vane promesse dei partiti e vuole il Cambio. Quello vero. Quello che sembrava vicino e col passare dei mesi si è allontanato. Ceto Medio Italiano? Ma no, c'è anche quella piccolissima borghesia che gli stipendi da un milione e mezzo al mese hanno precipitato inesorabilmente verso un proletariato scontento e frustrato. Le figure dell'Hilton sono sfocate. Ma se ti avvicini noti che il cappotto bianco della giovane signora è di buon taglio. Ha pure il collo di pelliccia che lei accarezza vezzosa. Ma quelle due donne un po' rinsecchite ed entrate ormai inesorabilmente nella terza età, le prime da destra, non sono pensionate da novecentomila lire? E non tanto di più deve prendere l'ometto col cappello e la cravatta un po' lisa e un po' storta che sta vicino alla stangona in bianco. È un operaio in pensione o un microimpiegato che ha lasciato il calamaio un secolo fa? Certo, c'è anche la giovane coppia che spinge il passeggino e sembra più contenta (ma perché il bambino che sembra pesante lo tiene in braccio lei, mentre lui si limita comodamente a spingere il passeggino vuoto?). E c'è la coppia di fidanzati. Belli, sereni, normali. Non sono quelli tutti toraci, cosce al vento e denti perfetti che fanno la réclame al gelato sulle reti del Cavaliere. Sono quelli che incontriamo tutti i giorni sul pianerottolo o sul tram o immersi nella lettura di «Tuttoconcorsi».

Quanta gente normale sono riusciti a mettere insieme gli

uomini del Cavaliere per fotografare l'Italia Normale. Tanto Normale da essere un colpo basso per D'Alema e Veltroni che sulla Normalità hanno addirittura fatto un intero congresso per lanciare Romano Prodi.

Ed ecco che in questa mattina di fine luglio, ad aspettare il Verbo del Cavaliere, c'è un'altra Italia Che Spera. Un'altra Italia Per Bene. Un'altra, vogliamo dirlo?, ma sì, un'altra Maggioranza Silenziosa che non compra «la Repubblica» (o che s'è scocciata di comprarla) e che il Cavaliere deve conquistare a tutti i costi. Se vuole vincere le elezioni.

«Salgo in macchina e non c'è il volante»

Quando arriva il Cavaliere, si comincia subito alla buona. Né applausi oceanici, né rituali d'insediamento. Ti accorgi allora di quanto la coreografia dei congressi sia costruita per l'immagine esterna, per i giornalisti, per la Tv.

Questa è una riunione di lavoro e il Cavaliere entra subito in argomento: «Vi dispiace togliere un po' di luci, lì in alto? Si risparmia e ci si vede meglio. Stanotte ho dormito poco. All'una e mezza mi hanno portato i giornali. Leggo quello che avrei detto ieri e mi dico: ma questo chi è? D'altra parte non è solo un problema italiano. Un giorno ho chiesto a Clinton: Bill, qual è l'ostacolo più grosso nella tua attività di governo? E lui: superare il muro che i mass media hanno innalzato tra me e la gente. Succede sempre così: tu dici tante cose e il giornalista valorizza magari soltanto quelle che fanno più rumore saltando tutto il resto. Il titolista ci mette il carico e forza la notizia più pepata. Poi il redattore che fa la prima pagina va giù pesante e carica sul richiamo. E insomma alla fine di quel che hai detto non resta più niente.

Allora, le sistemiamo queste luci? Ragazzi, questa è una seduta di avvicinamento reciproco. Nessuno deve dimostrare che "son brau", come diciamo noi a Milano. Deve essere un dialogo... Ciao, Alfredo! Un applauso al ministro Biondi, autore del famoso decreto salvaladri!». E Biondi, afferrando il microfono: «Il nostro schema era assai più giusto e garantista di quello che si sta votando adesso. Ai politici corrotti dicevamo: restituite i soldi che avete preso e andate fuori dalla politica. Ci hanno linciato. Adesso il Pds, che era giustizialista quando bisognava colpire le altre aree politiche, sente che si fa pesante l'aria per le Cooperative rosse e corre ai ripari».

Berlusconi: «Col decreto Biondi sono uscite dal carcere 2700 persone. Quando il decreto è caduto ne sono rientrate in prigione cinquanta...». Biondi: «No, Silvio. Erano quarantacinque. Sono usciti di carcere i militi ignoti della giustizia italiana. Altro che decreto salvaladri...».

Berlusconi: «Esperienza fantastica, quella di palazzo Chigi. Faccio la ginnastica alle dita per tutta la campagna elettorale dicendo: adesso che passo alla guida io, vedrete dove vi porto. Vinciamo le elezioni, salgo in auto e mi accorgo che non c'è il volante... [*Berlusconi racconta questa storia del volante a D'Alema nell'ultima cena prima delle vacanze. E il segretario del Pds ribatte dando fondo a tutto il suo sarcasmo: «Mi consenta, Berlusconi: per guidare la politica italiana non serve un volante. Il presidente del Consiglio non è il conducente di un'auto o di un treno. È il supervisore della sala operativa computerizzata di una grande stazione ferroviaria che gestisce il traffico di centinaia di convogli. La politica, caro Berlusconi, è una cosa complicata...»*] Allora, perché siamo qui? Per rivoluzionare la nostra organizzazione politica con un sistema che non è mai stato attuato in Italia. La vera, unica chiave di volta per vincere le prossime elezioni politiche. Perché non ci abbiamo pensato prima? Perché siamo stati otto mesi al governo e dopo esserci andati abbiamo dovuto affrontare due turni elettorali. Diciamo la verità: eravamo dei neonati. L'impatto col governo e col Parlamento ci erano sconosciuti; abbiamo compiuto qualche errore nella scelta degli uomini, siamo andati avanti col nostro spontaneismo. E in fondo non è stato un male. Adesso ci aspettano le elezioni. Se riusciremo ad attuare la nostra nuova organizzazione, potete star certi che le elezioni le vinceremo. Oggi non sarebbe così. I sondaggi ci dicono che sia il Polo che la Sinistra hanno il 45 per cento dei voti, più o meno. In mezzo c'è il 6 per cento della Lega (che significa il 10, 12, 16, 22, 28 per cento in alcuni collegi del Nord). C'è un 4 per cento di indecisi. E c'è soprattutto un 30 per cento di persone che non rispondono ai sondaggi.

Dei 475 collegi della Camera in cui si vota col sistema maggioritario, 160 sono certamente della sinistra, 70 sono sicuramente nostri. In altri 244 abbiamo una leggera maggioranza o una leggera minoranza. In questi collegi bastano quattromila voti in più rispetto alle precedenti elezioni politiche per farci vincere. Si tratta di conquistare pochi voti in più in ogni sezione elettorale, dove ci sono cinquecento-seicento elettori. Basta impegnarsi in un capillare "lavoro di simpatia", come si dice nelle organizzazioni commerciali, per vincere le elezioni. Basta aumentare di un 5 per cento il fatturato elettorale di ogni sezione. Il nostro obiettivo deve essere: venti voti in più in ogni sezione elettorale per vincere la partita. Il nostro mercato potenziale è vastissimo. Non dimenticate che il 65 per cento degli elettori italiani è moderato. Gli ultimi sondaggi, in caso di elezioni politiche, ci attribuiscono il 24 per cento dei voti contro il 21 del Pds. E non abbiamo una vera organizzazione politica. Figuriamoci dopo. Forza Italia ha il più ampio spazio d'intervento nel mercato politico italiano. Nell'estate del '94, dopo il G7 di Napoli, gli italiani pronti a votare per noi erano il 40 per cento. Nei momenti migliori, i sondaggi hanno accreditato al Pds un elettorato potenziale del 26 per cento e ad An del 18 per cento. Quindi, noi possiamo lavorare su un plafond del 40 per cento del mercato.

Per vincere le elezioni, dobbiamo trovare 210 mila persone alle quali instillare il nostro spirito di appartenenza, la nostra capacità di impatto e la nostra voglia di fare per agire sui 12 milioni di italiani che hanno votato per Forza Italia alle elezioni europee del '94 e sui 18-20 milioni di italiani che potenzialmente sono disposti a votare per noi. Se ci riusciremo, governeremo solidamente per un decennio, costruendo uno Stato liberale, un Paese moderno. Se vinceranno gli altri, vivremo in un Paese libero solo formalmente e avviato ai guai peggiori in termini di progresso economico e di benessere. Se pensate che il Pds ha 712 mila attivisti, trovarne 210 mila per noi non dovrebbe essere impossibile. Anche se i nostri più che attivisti dovranno essere autentici missionari».

«*Quando vincevo le gare dai Salesiani...*»

«Ma andiamo con ordine e ripetiamo ogni punto della nostra nuova organizzazione per assimilarlo meglio. Abbiamo detto che i collegi elettorali in cui è diviso il territorio nazionale sono 475. Ciascun collegio avrà un suo responsabile che dovrà lavorare su un modello di circa 120 mila elettori. Ogni delegato di collegio avrà quattro vice: un responsabile degli enti locali, un responsabile dei promotori Azzurri, un responsabile del Club di Forza Italia, un tesoriere.

A proposito: abbiamo calcolato che la nuova organizzazione di Forza Italia costerà intorno ai cento miliardi all'anno. Cinquanta per il funzionamento della struttura nazionale, cinquanta per il finanziamento di quelle locali. Ogni collegio quindi dovrà procurare un centinaio di milioni all'anno per il proprio funzionamento e una cifra analoga da versare alle strutture nazionali che li impiegheranno nell'acquisto di spazi per illustrare i programmi del partito.

Il responsabile di collegio sceglie venti "superpromotori" responsabili di seggio. Ciascuno di essi a sua volta sceglie dieci "promotori" responsabili di sezione che si avvarranno di uno o due coadiutori. In ogni collegio avremo quindi venti superpromotori, duecento promotori (uno per ciascuna delle sezioni elettorali che compongono un collegio), da duecento a quattrocento coadiutori.

Quando la squadra sarà completata, avremo un presidente, venti componenti del comitato di presidenza, venti coordinatori regionali, 103 coordinatori provinciali, 475 responsabili di collegio elettorale, diecimila superpromotori, duecentomila promotori. In tutto, 210.619 persone, che potranno crescere fino a 400 mila se aggiungiamo i coadiutori.

Ci sono poi i 6300 Club di Forza Italia che sono le nostre sezioni di partito. Ma è giusto che restino libere associazioni: i soci sono affiliati al movimento, ma non tenuti alla militanza politica. Nei club si sviluppano infatti anche le attività culturali e sportive. I presidenti dei club sono membri di Forza Italia a tutti gli effetti e in campagna elettorale i club diventano i nostri grandi comitati elettorali. Le nostre chiese, in senso etimologico: *ecclesiae*, cioè assemblee.

Passiamo così dalla fase monocratica di Forza Italia alla fase aristocratica. Entro il '96 arriveremo alla fase democratica con le assemblee generali di collegio, l'elezione degli organi direttivi, l'attivazione dei collegi di probiviri a livello centrale e periferico che esamineranno tutti i ricorsi.

Torniamo un momento all'attività dei promotori, che come abbiamo visto è indispensabile per il successo di Forza Italia. Tra di essi verranno promosse gare di incentivazione a seconda del numero di proseliti conquistati o dei finanziamenti raccolti. I più bravi – promotori a quattro stelle – saranno l'élite del movimento. Queste incentivazioni hanno dato risultati spettacolari sia in Publitalia che in Programma Italia. Ma io sono convinto della loro validità da quando ero un ragazzino: ho vinto le mie prime gare a punti facendo sottoscrivere quarantadue abbonamenti in due settimane a "Gioventù missionaria", il giornale dei Salesiani. Loro mi premiavano con pacchetti di caramelle. Le caramelle me le mangiavano tutte i compagni, ma io intanto venivo ammesso alle gare provinciali... Più tardi rimanevo su fino a notte per prepararmi alle gare di catechismo. E le ho vinte tutte, fino alle selezioni nazionali. Sapete alla fine perché sono stato eliminato? Invece di dire "splenda ad essi la luce eterna" ho detto "rispenda ad essi...". Quel "risplenda" mi sembrava più bello. Ma non era canonico.

Poi son passato al calcio, mettendo su la squadra allievi. Abbiamo vinto. Siam passati ai campionati provinciali. Abbiamo vinto. Ai regionali. Abbiamo vinto. Siamo saliti in categoria juniores e un arbitro – doveva essere di sinistra – ci ha fatto perdere ingiustamente la diciannovesima partita. Alla fine però tutti i miei giocatori sono andati a fare il militare e io sono rimasto senza squadra.

Vi racconto tutte queste cose per dimostrarvi quali risultati si possano raggiungere quando si è motivati. Dobbiamo raggiungere ogni elettore, spiegare a ciascuno come si vota, consegnare a ciascuno il fac-simile della scheda elettorale. Perché la sinistra ha voluto spegnerci la possibilità di comunicare attraverso la televisione? Perché ha il controllo totale del territorio attraverso i fac-simile delle schede elettorali distribuite dai propri attivisti. Mettetevi nei panni di una persona anziana che non conosca perfettamente i meccanismi elettorali. Ha paura di sbagliare, di restare troppo a lungo nella cabina, di fare brutta figura. E allora magari non va a votare. O se va a votare sbaglia. Ricordate i tre milioni di schede nulle nelle ultime elezioni regionali e provinciali? Quanta gente ha gettato il tagliando che permetteva di tornare a votare per il ballottaggio? In quanti casi è capitato che il candidato del Polo abbia avuto nel secondo turno meno voti che nel primo perché tanta gente non aveva il tagliando o più semplicemente non sapeva di dover votare una seconda volta?

Comunque state certi: le elezioni amministrative sono una cosa, le politiche sono un'altra. Se non mi date dell'antifemminista, vi dico che con una ragazza un po' leggera si può passare un week-end, una vacanza. Ma quando si sceglie la donna da sposare, la scelta è assai più meditata...»

«E se mi avesse telefonato il sindaco di Palermo?»

Il Cavaliere tira il fiato. Mario Valducci, cervello dell'organizzazione di partito, ne spiega i dettagli tecnici. Alessio Gorla, responsabile dell'immagine, annuncia che tutti i club di Forza Italia saranno collegati tra loro e con gli uffici centrali attraverso il mitico circuito di Internet. (Colpo durissimo per l'«americano» Veltroni che è stato uno dei primi fan importatori del sistema in Italia.) Dice Gorla: «Sapete che l'80 per cento dei nostri delegati di collegio ha un computer, il 60 per cento conosce Internet e il 30 per cento ha già il modem per collegarsi?».

Ma la platea freme. Vuole parlare con Lui. Non lo vede da mesi, ha un arretrato di domande da far paura. Vuole sentire dalla Sua viva voce che cosa pensa degli alleati e dei magistrati, di Bossi e degli avvisi di garanzia, di Buttiglione e della mafia. Attacca una delegata del Veneto: «Bel soggetto, quel Buttiglione. Prende l'1 per cento alle elezioni regionali e porta a casa otto consiglieri e un assessore. Il giorno dopo le elezioni, i suoi telefonano a tutti i presidenti dei club di Forza Italia per dire se passano con loro. Poi hanno fatto un convegno sulla sanità e non ci hanno nemmeno invitato. Come possiamo fidarci di gente così?». E Berlusconi, paziente: «Se diventeremo forti da un punto di vista organizzativo, anche Buttiglione sarà leale. D'altra parte, anche Bossi è quel che è. Ma senza la Lega l'anno scorso avremmo perso alle elezioni politiche».

Fa un altro: «Molti nostri elettori storcono il naso dicendo che ci siamo appiattiti troppo su Alleanza nazionale». Risponde il Cavaliere: «La storia del nostro appiattimento su An è semplicemente falsa. Ma vi pare che uno con la mia storia personale si lasci condizionare da chicchessia e non ragioni con la sua testa?». «Perché non reagisce agli insulti di Bossi?» «In genere non dò peso alle sue dichiarazioni. Ma quando me ne hanno raccolto insieme quarantasette, mi hanno fatto una certa impressione e le ho passate all'avvocato. Comunque sappiate che sporgo querela molto malvolentieri. E sapete perché? Perché alla fine l'imputato divento io. Una volta l'avvocato di un giornale ha chiesto la testimonianza di centocinquanta persone. Il giudice li ha ammessi ed è cominciato uno show nel quale i cronisti inzuppano il pane. Così mi trovai in aula a chiedere al mio avvocato: scusi, chi si sta processando? Altra bella roba è quella delle smentite. Un giornale scrive una enormità: talmente grossa che non vale nemmeno la pena di rettificare. Bene, sapete che succede? Che qualche tempo dopo quella roba si dà per verità acquisita. E quando protesti ti rispondono: ma come, se era falsa perché lei non l'ha smentita subito?»

Qualcuno nomina «i nostri cespugli», il Ccd e allora Berlusconi si diverte. «Questa debbo proprio raccontarvela. Sapete come vanno le riunioni del Polo? Comincia Mastella. [*Il Cavaliere ne imita perfettamente la voce.*] "Scusa, Silvio, tu sai che qualche volta debbo fare dichiarazioni per garantire la nostra visibilità all'esterno. Ma debbo dirti in verità che il leader del Polo sei tu. In verità." Mastella dice sempre in verità quando fa una dichiarazione solenne. Significa che quando non lo dice mente? Comunque, Mastella dice in verità e Casini si associa. Poi D'Onofrio esce per primo dalla riunione. E ai giornalisti in attesa dice: sono stato incaricato di dirvi... E anticipa quello che Letta dirà l'indomani al tavolo delle regole, così quelli dell'Ulivo si preparano. Sono stato incaricato, dice D'Onofrio. Ma chi l'ha incaricato? Fosse successo una volta che l'abbiamo incaricato...»

Dalla platea viene fuori la storia degli avvisi di garanzia, quello recapitato durante il vertice di Napoli e quello per la costruzione di Macherio. «Sono storie incredibili. Sulla prima storia sapete cosa penso. Sulla seconda vi dirò che Veronica teneva moltissimo alla protezione ambientale di quella zona e quando ha saputo che volevano farci non so che cosa mi ha implorato di comprarla. Ma posso assicurarvi che mi dimetterei da leader di Forza Italia se venisse fuori qualunque circostanza per cui dovessi sentirmi colpevole. D'altra parte, di che meravigliarsi? Hanno cercato di coinvolgerci persino nelle vicende mafiose. Roba da far venire i brividi. Parecchi anni fa noi avevamo anche uno studio di consulenza urbanistica. Se ci avesse telefonato il sindaco di Palermo dicendo: ci preparate un piano di sistemazione per questa zona della città?, noi perché avremmo dovuto rifiutare? Quel sindaco allora era ritenuto una persona rispettabile e adesso noi saremmo coinvolti in chissà quali processi di mafia...»

«Il mio nome in mano a duemila persone che non conosco?»

Questo e altro dice Silvio Berlusconi alle ottocento persone riunite per due giorni al Cavalieri Hilton di Roma, tra sale decorate d'arazzi e tavoli da pranzo con candide tovaglie decorate di rose. Sono passati appena due anni dall'estate in cui nacque in gran segreto l'idea folle di inventare un partito per «impedire che l'Italia cadesse in mano ai comunisti»: le teorie di Urbani, i primi sondaggi di Pilo, le liti furibonde con Letta e Confalonieri che lo imploravano di rinunciare, le lacrime di Veronica. Sono passati due anni e sembra un secolo. Non s'era appena insediato Ciampi a palazzo Chigi? Non c'erano Martinazzoli a piazza del Gesù e Occhetto alle Botteghe Oscure? Craxi non si aggirava ancora dalle parti del Corso?

E non era Forza Italia, nella lucida e vincente follia del Cavaliere, un «partito leggero»? Anzi, un movimento? Anzi, un'idea? Un'idea vincente senza apparato, senza cellule, senza sezioni. Senza segreterie e direzioni, senza consigli nazionali e comitati centrali e congressi. Bastava un leader. Anzi, un Leader Carismatico. Come si dice anche nella riunione dell'Hilton, con tecnicismo sociologico lontanissimo dall'ironia. Berlusconi era convinto in buona fede che lo lasciassero parlare a volontà in televisione (almeno sulle sue) e che bastasse questo a spazzar via cinquant'anni di cellule comuniste e di parrocchie più o meno democristiane. Gli altri controllano il territorio da terra, hanno la fanteria, pensava più o meno il Cavaliere. Io li abbatterò con l'aviazione dall'etere. Dall'aria, come la chiamava con un po' di disprezzo D'Alema prima dei referendum per dire che l'aria è di tutti e che Berlusconi non poteva né possedere né tantomeno vendere un bene pubblico.

C'è stato un momento, all'inizio della sua avventura politica, in cui il Cavaliere pensava di limitare l'azione di Forza Italia alle elezioni politiche trascurando quelle amministrative. Basta conoscerlo appena, per capire una simile stravaganza politica. Mi disse lui stesso, quando si preparavano le liste per le regionali del '95: «Duemila candidati. Debbo affidare il mio nome, la mia immagine a duemila persone che non conosco». Capito? Berlusconi si sente responsabile di ciascun atto e quindi di ciascun possibile errore che venga compiuto all'interno di Forza Italia anche dal più lontano e sconosciuto consigliere comunale. E se ne sente contaminato. Perché lui è il padre-padrone di questa organizzazione politica che sta passando solo adesso dalla fase monocratica a quella aristocratica (e diventerà democratica, con regolari elezioni interne, entro il '96). Perché ne è il garante, come il professore particolarmente scrupoloso che accompagna la sua classe in visita a un museo di porcellane e trattiene il fiato sospeso per l'intera mattinata. E anche perché se il peccato commesso da un uomo di base del Pds o dei Popolari o anche di An vale dieci, per i giornali quello commesso da un uomo di Forza Italia vale cinquanta.

Alla fine del luglio '95, nei due giorni di clausura all'Hilton di Roma, Silvio Berlusconi ha compiuto il salto verso il «partito liberale di massa». Di massa non solo nell'elettorato, ma nell'organizzazione politica di base.

All'osservatore abituato da anni a seguire riunioni di partito e a decrittare discorsi politici, fa una certa impressione sentir parlare di «promotori», di «superpromotori», di «lavoro di simpatia», di «incentivazioni» e soprattutto di voti intesi come «fatturato elettorale». Quando segnalo questa anomalia a Berlusconi, lui chiarisce che si tratta solo di una modalità d'approccio all'elettorato e che in altre riunioni si parla soltanto di ideali. Le idee-forza del partito, dice, stanno nel programma.

Berlusconi insiste soprattutto su due: il presidenzialismo e il federalismo possibile. Sul primo punto, il Cavaliere va giù duro perché i consueti sondaggi – stavolta indiscussi – gli dicono che una percentuale variabile tra il 65 e il 78 per cento degli italiani è favorevole all'elezione diretta del leader politico del Paese. «State attenti» dice ai suoi. «Quando parlate di elezione diretta del capo dello Stato, chiarite che il capo dello Stato sarebbe anche capo del governo, altrimenti la gente è più tiepida.»

In una sera del giugno '95, cenando con Gianni Letta e Cesare Salvi in casa di un giornalista amico, Walter Veltroni disse che pur di ottenere il doppio turno, il centrosinistra sarebbe stato disposto a concedere perfino il presidenzialismo. Nei mesi successivi – con la sola eccezione di Segni – l'Ulivo ha fatto marcia indietro, ma non c'è dubbio che questo resta l'argomento principale di discussione politico-costituzionale dell'Italia di fine secolo.

Del «federalismo possibile», Berlusconi dà l'interpretazione più ampiamente condivisa: maggiore autonomia a regioni e comuni e spazio larghissimo al «federalismo fiscale» di Giulio Tremonti. «Non è possibile continuare a togliere alle imprese il 53 per cento dei profitti» dice il Cavaliere. Se si scendesse al 33 per cento, come accade in altri Paesi, nessuno immaginerebbe di sfidare le manette per frodare il fisco.»

Gli «Arditi-Incursori» di Publitalia

Due mesi dopo la grande convention di Forza Italia all'Hilton, a settembre inoltrato, lo stesso entusiasmo si respira a Montecarlo, dove lo stato maggiore della Fininvest ha riunito i seicento Arditi-Incursori della pubblicità. Nonostante il mercato debole e la Guardia di Finanza avuta tutti i giorni in casa, nonostante l'azzeramento degli organi direttivi imposto dal Pool di Milano e l'arresto di Marcello Dell'Utri, Publitalia ha fatto il sette per cento in più dell'anno precedente (in tutto 3100 miliardi) e va avanti come un treno. Berlusconi avrebbe pagato chissà quanto per esserci: ma la politica gli impone l'assenza.

Fa da padrone di casa Fedele Confalonieri. E s'arrabbia molto quando Ferruccio De Bortoli sul «Corriere» parla di rilancio del «partito-azienda». «Quanti editori in Italia possono esibire i nostri traguardi in termini di pluralismo?» risponde in una lettera al giornale. «Questione di grande attualità, se si considera il grado di concentrazione raggiunto di fatto nella carta stampata.»

«Vogliamo essere una televisione che esprima l'intero ventaglio delle posizioni politiche e culturali presenti nel Paese... L'apertura a professionisti come Santoro e Guglielmi andava in questa direzione...» Confalonieri ha in mente una televisione con Canale 5 «istituzionale» e le altre due reti l'una più vicina alle ragioni del centrodestra e l'altra con ampie aperture alla sinistra. («Se la Fininvest non è un partito azienda,» mi dice D'Alema «non possono ignorare un target come il nostro che è quello culturalmente più appetibile.»)

Ce la farà, non ce la farà? Berlusconi resterà a lungo «il grande timoniere», come lo chiama Carlo Momigliano, uno degli strateghi di Publitalia, rispolverando le proprie giovanili simpatie maoiste? A che servono i tre soci stranieri che alla fine di luglio '95 hanno comprato un quarto della Fininvest?

Confalonieri mi spiega che i tre tengono molto ai loro soldi e non hanno certo partecipato all'affare per beneficenza. Il principe Al Waleed al Saudi Bin Talal Bin Abdul Aziz è un gagliardo genio finanziario della famiglia reale saudita, controlla satelliti che possono rivelarsi strategici e ha interesse a mettere un piede nel cuore del Mediterraneo per partecipare da sponde moderate al confronto con la fortissima propaganda fondamentalista. Leo Kirch, il tedesco, ha il più grosso magazzino di film del mondo. «Un uomo innamorato del cinema» dice Confalonieri «da quando produsse *La strada* di Fellini.» Un uomo d'affari che ha tutto l'interesse a rafforzare gli argini europei per contrastare l'invasione americana. Johann Rupert, il sudafricano, controlla già con Kirch Telepiù ed è un colosso mondiale nella televisione a pagamento (oltre che nel tabacco). Berlusconi era realmente tentato di vendere tutto al magnate australiano Murdoch, di mettersi in tasca alcune migliaia di miliardi e di divertirsi finalmente in politica investendovi gli spiccioli. Confalonieri e il management lo hanno scongiurato di non farlo: sarebbero stati esclusi su due piedi dalle aziende che avevano costruito e per le quali erano vissuti. Ma un elemento decisivo è stata la disperazione – a piene lacrime – dei figli Piersilvio e Marina all'idea di perdere la Grande Mamma.

A operazione conclusa, dunque, il 40 per cento di Mediaset (il braccio televisivo della Fininvest) sarà collocato in Borsa e il 35 per cento resterà a Berlusconi. Troppo per aspirare di nuovo a palazzo Chigi, dico al Cavaliere. E lui mi risponde così: «Proviamo una volta tanto a considerare questa polemica sul conflitto di interessi da un punto di vista diverso. In realtà chi soffre in questa situazione non è l'interesse pubblico, che da parte mia ho la certezza di non aver mai fatto soffrire, ma il mio gruppo.

Prendiamo per esempio, un'azienda come l'Euromercato: nelle zone rosse accusa cali di vendite sia per la malintesa passione politica di certi clienti sia per le pressioni più o meno dirette dei poteri locali. Peggio ancora va alla Standa. Nei comuni rossi non riesce ad avere una nuova licenza che è una e nemmeno i trasferimenti delle vecchie licenze, anche se del tutto legittimi. Non va bene, per la Standa, neanche nei comuni dove le giunte sono guidate da sindaci di Forza Italia o comunque del Polo. Qui di licenze, nuove o vecchie, neanche a parlarne: immaginate quali e quanti sospetti si scatenerebbero subito. I guai scendono per li rami fino alle attività edilizie di mio fratello Paolo che trova mille difficoltà con gli enti pubblici: figurarsi, con questi chiari di luna nessuno acquista da lui. Gli stessi enti pubblici che destinavano certe somme a spot e annunci sulle reti Fininvest sulla base di un puro concetto di convenienza economica, adesso hanno bloccato tutto. Infine, non dico ogni mossa, ma il minimo stormire di fronda all'interno di ognuna delle mie aziende viene scrutato, esaminato minuziosamente, passato prima al setaccio e poi al microscopio elettronico. Perciò mi chiedo se paradossalmente non sarebbe il caso di varare una legge speciale per difendere il mio gruppo da questo conflitto d'interessi tanto paventato dalla sinistra».

«Mi contesterebbero il possesso anche di una sola azione»

Queste cose Berlusconi le dice anche a D'Alema che a fine settembre '95 torna a rinfacciargli il conflitto di interessi giudicando inammissibile che un presidente del Consiglio rilasci a se stesso le concessioni televisive in scadenza nel '96. Non stonerebbe essere concedente e concessionario? Mi dice il Cavaliere: «Il segretario del Pds dimostra ancora una volta di essere fazioso e superficiale. Le concessioni televisive non possono essere rilasciate *ad libitum*. Al ministro delle Poste la legge riserva esclusivamente una funzione di notaio. Le concessioni infatti devono essere attribuite sulla base di parametri oggettivi: quindi, avrà diritto di ottenerle solo chi rientrerà nelle situazioni previste dalla legge. D'Alema dà inoltre per scontato che io mi candidi a palazzo Chigi. Ho già detto mille volte che toccherà al Polo prendere, quando sarà il momento, una decisione in merito. Per quanto mi riguarda, le assicuro che non ho alcuna ambizione personale».

Lei è comunque orientato a ridurre la sua partecipazione in Mediaset?

«Autorevoli esponenti della sinistra mi hanno detto, senza perifrasi, che posso diminuire quando voglio la mia quota, tanto loro non crederanno mai che io non sia rimasto dentro l'azienda. Anche se lei restasse con una sola azione, questo è il succo del loro discorso, dovrebbe cambiare tutti i dirigenti e tutti i giornalisti della Fininvest e non avere più neanche mezzo socio amico suo perché noi cominciassimo a crederle. Bella mentalità liberale. Questi sostenitori della libertà economica e del mercato sarebbero andati d'accordo con Berija, con l'ala più feroce degli stalinisti. In realtà il cosiddetto conflitto d'interessi è argomento che fa troppo comodo alla sinistra, non perché questa sia, intendiamoci, minimamente preoccupata del bene pubblico – che non rischia nulla – ma perché si trovano a corto di punti d'appoggio per la loro campagna di eliminazione dell'avversario politico.»

Nel caso di un ritorno a Palazzo Chigi è disposto a congelare le sue quote di proprietà in Mediaset, l'azienda televisiva della Fininvest?

«Quando i saggi fecero la proposta di *blind trust*, io la trasmisi al Parlamento senza cambiare una virgola. Quella proposta impone una separazione netta della gestione della proprietà. Se al di là di questo fossero richiesti ulteriori adempimenti tecnici, sarei pronto ad adeguarmi. Altro discorso è se i miei avversari immaginano nuovi espropri proletari come quello tentato, e fallito miseramente, con il referendum o se pensano di sfruttare l'attuale maggioranza numerica in Parlamento per una legge che mi imponga la cessione totale delle mie aziende. Una legge che non mi lascerebbe neanche la possibilità concreta di vendere entro un breve periodo, perché avrebbe l'unico scopo, mai dichiarato apertamente, di eliminare il più temibile concorrente politico.»

Berlusconi mi conferma in ogni caso che va avanti il programma di portare la sua famiglia a una quota di minoranza in Mediaset. E quando gli chiedo se immagina di ridurre la sua partecipazione più di quanto sia previsto dai progetti conosciuti, risponde: «È possibile. Ma questo riguarda esclusivamente la mia sfera privata. E ricordo, ancora una volta, che il ruolo di regista delle riforme come leader del Polo in Parlamento mi attira molto di più che quello di presidente del Consiglio».

«Trattative sui referendum? La sinistra voleva indebolirmi»

Berlusconi non ha mai digerito fino in fondo che si trattasse per evitare i referendum. Abbiamo visto l'atteggiamento possibilista di Confalonieri (spalleggiato da Letta, contrastato da Ferrara). L'amministratore delegato della Fininvest avrebbe accettato una cura dimagrante sulle reti «generaliste», potenziando la propria presenza nella televisione a pagamento o nelle reti tematiche. «Si poteva fare» mi conferma.

Ma è d'accordo con Berlusconi sul fatto che la spinta decisiva alla trattativa l'abbia data la paura della sinistra. «La verità» dice il Cavaliere «è che a un certo punto la sinistra ha capito, con terrore, che rischiava di perdere. Allora, mentre i suoi esponenti più arrabbiati si lanciavano in dichiarazioni alla capitan Fracassa, altri hanno cominciato a lanciare segni di negoziato, sempre più espliciti e insistenti, anche nella mia direzione. Ma io personalmente non me la sentivo di trattare, sono rimasto sempre molto freddo, perché sapevo benissimo che l'obiettivo non confessato di quei referendum, sotto la maschera "nobile" della parità d'informazione, era di assassinare il mio gruppo, la mia azienda. Non mi sono opposto, comunque, a che altri dialogasse con la sinistra. Ho dichiarato subito che non mi sarei messo di mezzo e così è stato. Non ho interferito anche se – ora lo posso confessare – sono sempre stato convinto dentro di me che quelle trattative non fossero sincere da parte della sinistra e avessero come unico scopo quello di indebolire me e il fronte del no.»

Berlusconi è convinto che i suoi avversari «avrebbero approfittato della ghiotta occasione di una vittoria referendaria per chiudere la partita dopo avermi gettato addosso tutte le colpe immaginabili per togliermi di mezzo da quando sono entrato in politica». E ritiene che l'andamento dei lavori della Commissione Napolitano dimostri che le trattative della primavera '95 erano fatte da una sinistra orientata in ogni caso a indebolire la Fininvest.

«La Fininvest» dice Berlusconi «era stata già sottoposta, esempio senza precedenti nel nostro Paese, a una sorta di giudizio popolare che doveva concludersi, nell'intenzione dei poco santi Inquisitori, con una condanna al rogo. Bene, a questa opposizione che si proclama liberale e liberista non è bastato che la mia impresa abbia superato a pieni voti l'esame del popolo italiano, che sia stata promossa dalla maggioranza netta dei cittadini, tra i quali, non sottovalutiamo questo dato, una forte percentuale di elettori di sinistra. Adesso la Commissione Napolitano sostiene che il voto popolare non conta, che Mediaset deve rinunciare comunque a una rete televisiva. Non ci si crede: prima impongono il referendum, poi ne ignorano il risultato perché non gli fa comodo. E pensare che questi signori sono gli stessi che per decenni hanno salvato centinaia di aziende decotte gettando al vento migliaia di miliardi. Ora che si trovano di fronte a un'azienda che va a gonfie vele, provano in tutti i modi ad assassinarla. Sì, perché di un assassinio si tratta, dettato esclusivamente da un motivo politico: l'eliminazione, attraverso la sua impresa, di quell'avversario che non sono riusciti a far fuori alle urne. Emerge, da questa vicenda, un disprezzo dell'avversario e della volontà popolare tipico di altri tempi, di altri regimi. Da quale Minculpop questi burocrati di partito si sentono investiti della missione di giudicare quello che va bene o non va bene alla gente, anche al di sopra del voto popolare?»

La guerra per definire le fette di potere in televisione è paradossalmente l'aspetto più spinoso del «duello». Il rinvio delle elezioni politiche al '96 è stato determinato in maniera quasi esclusiva dal problema irrisolto su chi debba comandare alla Rai e su come si possa «sterilizzare» l'influenza delle reti Fininvest. Il referendum sotto questo aspetto è stato un errore formidabile per la sinistra. Le (poche) persone disinteressate e in buonafede che si sono adoperate per evitarli erano mosse da una doppia ragione. Rifiutavano l'idea che una intera azienda potesse essere uccisa da un voto referendario tecnicamente complicatissimo, ma di micidiale impatto politico. Temevano al tempo stesso che una vittoria della Fininvest avrebbe fatalmente paralizzato ogni trattativa ulteriore per rendere più flessibile nel medio periodo il sistema televisivo italiano: chi avrebbe potuto toccare il Cavaliere uscito indenne e anzi santificato dal «giudizio di Dio» scagliatogli contro dai suoi avversari? Nasce da qui la posizione irriducibile di Berlusconi. Che a metà settembre '95 ha chiamato il primogenito Piersilvio alla guida di un comitato di coordinamento delle strutture e delle produzioni televisive. «Sarà lui, con i direttori di rete, a decidere soprattutto quali novità mandare in onda» mi dice suo padre. Questo lascia intendere una crescita strategica del giovanotto? «È un altro passo nell'assunzione di responsabilità in azienda» dice Berlusconi. «I miei figli più grandi si sono inseriti da tempo nell'attività del gruppo, in base al principio di acquisire più esperienza possibile percorrendo un gradino per volta. Mi sono prefisso l'obiettivo che ognuno di loro riesca a capire esattamente in quale settore e in quale maniera potrà esprimere al meglio le sue capacità.»

Quando parla dei figli, Berlusconi insiste molto sul suo tentativo di dar loro una «preparazione alla vita e al lavoro di tutti i giorni, una preparazione fatta di sentimenti, di amicizie, di comprensione verso gli altri, la capacità di ascoltare gli avversari anche se, come capita a me, non sarete ricambiati con la stessa moneta». Il Cavaliere sa che i suoi avversari sorridono quando lo sentono fare questi discorsi. «È vero. Ma non posso farci niente. Credo profondamente nel fatto che alla Fininvest – un gruppo che dà lavoro ormai a decine di migliaia di persone – i rapporti umani restano al primo posto.»

Di questo clima mi parla anche Fedele Confalonieri, che ha costruito con Berlusconi l'azienda fin dal primo mattone. «Ha ragione chi dice che da noi si lavora come in un kibbutz. Chi avrebbe potuto resistere alle bufere politiche e giudiziarie che abbiamo avuto noi? Siamo stati abituati a lavorare sempre e soprattutto abbiamo avuto in Silvio un motore straordinario. Io non so se sia un genio. So che dovunque mette mano fa cose straordinarie e riesce a trasmettere a tutti quelli che gli stanno intorno un entusiasmo e una capacità di lavoro fuori del comune. Ha una resistenza fisica eccezionale, non dorme mai. Insomma con lui ti senti vivo.»

Dell'Utri racconta le sue prigioni

È lo spirito del kibbutz che ha salvato dal crollo in carcere Marcello Dell'Utri? Cacciato dalla presidenza di Publitalia dal micidiale articolo 2409 del codice civile invocato dal pubblico ministero di Milano Francesco Greco, convinto che la cassaforte Fininvest abbia fatto operazioni sporche, Dell'Utri è diventato amministratore delegato di Mediaset, l'azienda televisiva, ma si aggira ancora negli uffici del colosso pubblicitario. Mi dice: «Non ho cariche, l'unica cosa che mi interessa è il fatturato. Sono lo spirito che aleggia». Nella grande kermesse di settembre a Montecarlo, Confalonieri lo ha salutato con un applauso che è diventato col passar dei minuti una ovazione di gratitudine. Gratitudine dei lavoratori del kibbutz nei confronti del loro capo «arrestato ingiustamente».

«È successo il 26 maggio del '95, alle 11 del mattino» mi racconta Dell'Utri. «Viene nel mio ufficio il maresciallo Polverini della Finanza, con un ordine di perquisizione e di arresto dei magistrati di Torino Luigi Marini e Cristina Bianconi. Nel pomeriggio mi portano al carcere di Ivrea. Sì, l'arresto me l'aspettavo. Ricorda Seneca? Né timori né speranze. Da quando è cominciata l'avventura politica di Berlusconi non ci hanno lasciato in pace un momento. Prima la richiesta d'arresto del Pool di Milano annunciata dal Tg5 nel febbario del '94 a un mese dalle elezioni politiche e rigettata dal Gip. Poi le accuse di essere mafioso. Sì, quella storia dello stalliere di Arcore. Viene nel '74 a curare i cavalli. Nel '75 scopriamo che non sta a posto e lo mandiamo via. Lui mi chiama per sapere se vogliamo comprare il suo cavallo, Epoca. Gli dico in siciliano che non ci interessa. Ha il telefono controllato e scopriamo che nel linguaggio mafioso cavallo può significare dose di stupefacenti. Per fortuna troviamo il contratto d'acquisto del cavallo e la cosa muore lì. Negli ultimi tempi la pressione era cresciuta. Ne parlavo anche in famiglia: se vado dentro, sappiate che non sono un galeotto, ma un prigioniero di guerra. E il 26 maggio vado in carcere. Entro nella cella, mi sdraio sul materasso, un giaciglio senza lenzuola. Lì per lì non realizzo. Mi accorgo di quello che è successo soltanto quando sento il rumore delle ferraglie che serrano la porta. Il silenzio che segue è terribile. Passano cinque minuti. Si apre uno sportellino. Sbuca una mano che allunga una tazza di caffè. Un caffè buono. Allora comincio a scoprire il mondo del carcere. Un mondo di grandissima umanità. La vera sorpresa. La sera stessa dell'arresto decido di trasformare la detenzione in un ritiro spirituale e di fare le cose che mi son sempre proposto di fare e che non ho fatto. Dimagrire, per esempio. Per venti giorni ho mangiato solo frutta. Poi ho aggiunto un po' di formaggio. In un mese ho perso sette chili. Poi leggere. Leggere in pace per molto tempo. La prima sera attacco la *Divina Commedia*, leggo il primo canto dell'Inferno. Che emozione. E quante analogie. Quando mi lasciano libero ho letto l'intero Inferno e i primi otto canti del Purgatorio. Poi i *Promessi Sposi*. Riesco a leggerli tutti, tranne gli ultimi quattro capitoli. Vede, io sono credente. E quando rileggo le pagine sulla fede di Lucia ritrovo emozioni dimenticate. Alla conversione dell'Innominato piango. Mi immergo completamente nella lettura, fino a dimenticare dove sto. Poi capita un rumore, qualcosa che mi distrae e capisco di stare in carcere. Sa che a Ivrea hanno una bella biblioteca? Sono i libri del Centro Formazione Quadri della Olivetti. Io avevo portato con me soltanto *Le facezie* di Poggio Bracciolini, un autore toscano del Quattrocento. Trovo qui la *Divina Commedia* della Sansoni, quella in carta india da venticinquemila lire. E i *Promessi Sposi* di Mursia. E il bellissimo saggio di Venturi sul Settecento Riformatore. Rifletto sulla espulsione dei gesuiti dalla Francia: non possono cacciarli con motivazioni ordinarie e allora che fanno? Li colpiscono nelle radici economiche e commerciali. Quello che hanno fatto con noi. Non riescono a colpire l'universo Fininvest? Attaccano Publitalia, la cassaforte. Ben sapendo che se riescono a scassinare la cassaforte tutto il resto crolla.»

A Dell'Utri, arrestato per false fatturazioni e pericolo d'inquinamento delle prove, vengono contestate tre cose. «La prima» mi racconta «è la vicenda delle sponsorizzazioni. Se da noi viene un cliente che vuole scritto il nome della sua azienda, poniamo, sulla fiancata di una barca, noi prendiamo una provvigione del 15 per cento.» Nella vicenda Dell'Utri ha un ruolo importante Giovanni Arnaboldi, un manager che offre contratti a Publitalia. Prende contatto con il direttore amministrativo della società, Giampaolo Prandelli e concordano una certa cifra per una sponsorizzazione su barche off-shore. A Publitalia va la percentuale di rito. Una parte della somma rientra in nero. A chi? Secondo i giudici, rientra alla società. Secondo Dell'Utri, rientra a Prandelli: questi, arrestato, conferma che i soldi li ha presi lui e scagiona il suo capo. Ma i giudici non gli credono.

Arnaboldi, interrogato dai magistrati in America, dice che del giro avrebbero fatto parte alcuni importanti consulenti: Romano Luzi, Valerio Ghilardelli, Urbano Cairo, Romano Comincioli. «In realtà,» si difende Dell'Utri «queste persone ci procuravano contratti per centinaia di miliardi. Con una percentuale del 2-3 per cento incassavano cifre enormi. Ma lecitamente.

Lei mi ricorda che i giudici ci hanno accusato di aver pagato la latitanza di Arnaboldi. In realtà lui ha avuto, mentre era all'estero, un pagamento di 100 mila dollari da una società svizzera di sponsorizzazioni sollecitato all'affare da un nostro dirigente, Walter Crippa. Al dibattimento lo dimostreremo.»

«Fondi neri? Così fan tutti...»

Mentre i giudici di Torino proseguono nell'inchiesta penale, quelli di Milano attaccano al cuore Publitalia chiedendo di commissariare la società in base a un articolo del codice civile.

Quest'articolo in genere tutela i soci di minoranza e i creditori di una società dall'arbitrio degli amministratori. Nel caso di Publitalia non c'è niente del genere. «Siamo intervenuti» mi dicono i giudici di Milano «a tutela di un interesse più generale.» Nella sostanza essi ritengono che Publitalia sia una «cartiera», cioè un'azienda che avrebbe emesso fatture false per decine di miliardi allo scopo di creare fondi neri e che – uscita dalla legalità – nonostante l'inchiesta giudiziaria non vi sia rientrata. Berlusconi parla di fondi contestati pari allo 0.06 per cento del fatturato Publitalia (tre o quattro miliardi, secondo Dell'Utri) e ricorda che l'unico precedente di società commissariata riguarda la Rizzoli che fu «presa per quattro soldi dalla Gemina. Vogliono espropriarci di Publitalia con lo stesso sistema?» Quando al palazzo di giustizia di Milano chiedo come mai il provvedimento non sia stato adottato contro le grandi imprese edili che facevano delle tangenti un uso strategico e sistematico, mi si risponde che esse hanno collaborato con i giudici sostituendo spontaneamente gli amministratori. E mi si fa l'esempio della Cogefar che cercò di resistere e poi, sotto la minaccia dell'articolo 2409, ripetette l'assemblea dei soci mettendo a riserva fondi che compensassero le tangenti.

Per la prima volta comunque il Cavaliere non è solo nella sua battaglia.

I giornali della Fiat e dell'Olivetti, «La Stampa» e «la Repubblica» – oltre che la Confindustria – parlano senza mezzi termini di errore del Pool. E quando rammento ai giudici di Milano questo atteggiamento, loro sorridono, lasciando intendere che questa solidarietà nasce dal fatto che fondi neri ne costituiscono tutte le grandi aziende. Mi spiegano anche che le sponsorizzazioni sportive sono spesso un veicolo per recuperare soldi in modo irregolare.

È dunque un caso che si sia cominciato a indagare partendo da Publitalia? Resterà solo la «cassaforte» di Berlusconi sulla lavagna dei cattivi?

La richiesta del Pool di Milano di disporre una ispezione amministrativa su Publitalia azzerandone gli organismi direttivi, viene giudicata da Berlusconi «diretta a determinare il crollo dell'azienda alla vigilia dei referendum» ed è uno dei temi dell'esposto contro i giudici di Milano che il Cavaliere trasmette a metà giugno alla Procura generale della Cassazione. Berlusconi ricorda le duecento perquisizioni, accessi o sequestri subiti dalle aziende della Fininvest negli ultimi tre anni e i trenta procedimenti penali avviati contro i dirigenti del gruppo. Lamenta che i giudici avrebbero ordinato una «mobilitazione imponente» della Guardia di Finanza non per cercare prove di reati già denunciati, ma alla ricerca di notizie di reato contro la Fininvest. Denuncia infine la «fuga sistematica di notizie di reato coperte dal segreto, la pubblicazione sistematica degli interrogatori degli inquisiti, la selezione accurata degli organi di stampa» sui quali far apparire queste notizie. La Cassazione trasmette l'esposto a Brescia per vedere se esistono risvolti penali.

«I giudici? Erano così accecati...»

E in un documento successivo, trasmesso nell'agosto del '95 alla Procura della repubblica di Brescia, Berlusconi giudica penalmente rilevante il comportamento dei magistrati milanesi. Rifacendosi all'interrogatorio fatto a Brescia nella primavera precedente al maresciallo Francesco Nanocchio della Guardia di Finanza (l'uomo che ha aperto questo filone di indagine), segnala che il sottufficiale ha lamentato scarsa attenzione del Pool al problema delle «cooperative rosse» per concentrarsi completamente sulla Fininvest. Secondo Nanocchio, il sequestro di una trentina di conti correnti di una cooperativa di Reggio Emilia sarebbe avvenuto con parecchi mesi di ritardo sulla richiesta della Finanza e comunque nell'ambito di una indagine rallentata «perché vi erano sempre altri accertamenti da compiere con priorità e in particolare: il Fondo pensioni Cariplo, il calciatore Lentini, Telepiù, "il Giornale", Edilnord». Tutte inchieste riconducibili a Berlusconi, direttamente o indirettamente. Si capisce, dunque perché l'interrogatorio di Berlusconi a Milano (quello che avrebbe dovuto condurre Di Pietro) sia avvenuto in un clima pesantissimo. «Ero semplicemente indignato» racconta il Cavaliere «per quell'interrogatorio tutto basato sul nulla o meglio su un indizio che i pubblici accusatori ritenevano di avere trovato e che invece si è rivelato infondato. Un indizio sul quale fino a quel momento non era stata condotta alcuna verifica. Mi sono trovato di fronte a una serie di domande tese a provare un fatto mai accaduto. Tale era la voglia che avevano quei magistrati di arrivare alla mia incriminazione che ne sono rimasti così accecati da travisare perfino la realtà.»

L'indizio al quale si riferisce Berlusconi è un incontro che secondo il Pool il Cavaliere avrebbe avuto a palazzo Chigi l'8 giugno del '94 con l'avvocato Massimo Maria Berruti. A Forza Italia dicono che l'avvocato si è occupato delle questioni del Milan e ha dato una mano alla campagna elettorale. Siciliano, avrebbe gradito che Berlusconi facesse un comizio dalle sue parti. L'8 giugno l'avvocato Berruti è salito a palazzo Chigi. La sera stessa avrebbe telefonato al maresciallo della Finanza, Corrado, che il giorno successivo avrebbe chiesto al tenente colonnello Angelo Tanca di tacere sulle mazzette pagate dalla Mondadori. Nell'interrogatorio del 13 dicembre successivo, Davigo contestò al presidente del Consiglio di aver incontrato l'8 giugno Berruti lasciando intendere che le iniziative dell'avvocato fossero conseguenza di quell'incontro. Invece, nelle ore in cui Berruti era a palazzo Chigi, Berlusconi non si è mosso dal Consiglio dei ministri, come è stato accertato dagli interrogatori di tutti i suoi collaboratori e del segretario generale della Presidenza, Franco Frattini. Di qui il dispetto del Cavaliere.

«Perché tutta questa leggerezza?» lamenta Berlusconi. «Perché non sono state fatte almeno le dovute verifiche? Perché mi è stato recapitato un avviso di garanzia proprio mentre stavo presiedendo a Napoli un vertice, guarda caso, sulla criminalità internazionale al quale partecipavano settanta ministri e altri rappresentanti di centotrenta paesi? Faccio notare che per la prima volta nella storia della Repubblica un avviso di garanzia è stato recapitato al presidente del Consiglio in carica. E ancora mi chiedo: perché nel mio caso è stato così apertamente violato il segreto istruttorio? Per tutti questi motivi, nel corso di quell'interrogatorio mi trovai a usare espressioni dure che però erano niente se considerate in confronto alle gravissime responsabilità assunte dai magistrati milanesi nei confronti dello Stato e nei confronti di chi come me in quel momento lo rappresentava.»

Quando gli chiedo se a suo giudizio la «campagna giudiziaria» contro la Fininvest è cessata, Berlusconi si toglie la soddisfazione di rilevare che dall'autunno del '95 sono gli uomini del Pds a «strillare contro gli eccessi dei giudici, a denunciare oscuri complotti sottobanco e a parlare esplicitamente di teoremi giudiziari». E aggiunge: «Non voglio credere a quanti mi dicono che c'è gran fermento tra i giudici del circuito Violante, in special modo tra i pubblici accusatori di Milano, in cerca – sempre stando a quel che ho sentito – di improbabili rivincite contro di me e contro il mio gruppo. Ma certo, se i procuratori italiani avessero fatto contro la mafia e la camorra quello che hanno fatto contro di noi, non ci sarebbero più in giro né un mafioso, né un camorrista».

Scandisce: «Va avanti, lo può constatare chiunque, una persecuzione a senso unico. Contro di me, contro i miei familiari, contro i dirigenti del mio gruppo». Contrattacca. «Mi chiedo: possibile che nessuno avverta almeno la curiosità di approfondire il filone dei finanziamenti del Pci-Pds? Oppure di seguire la pista così evidente delle cooperative rosse, controllate di fatto dal Pds, che tanti miliardi hanno portato nelle casse delle Botteghe Oscure? Perché i postcomunisti non spiegano all'opinione pubblica come mai si è inaridita la fonte di quel misterioso "auto-finanziamento" che ieri permetteva di mantenere un'armata di seimila burocrati e oggi ne consente a malapena seicento?

E ancora: perché mai il Pds che appena ieri comprava palazzi oggi è costretto a cederli?».

«Se vincono loro, non sono tranquillo»

Berlusconi è convinto che le iniziative giudiziarie nei suoi confronti abbiano nella sostanza una motivazione politica. E che il beneficiario ultimo di queste tensioni sia il Pds, capofila dei suoi avversari politici. Può spiegarsi così la sua durezza contro il partito di D'Alema quando gli chiedo se siamo pronti per un sistema di alternanza e cioè se in caso di vittoria del centrosinistra lui si sentirebbe più tranquillo di quanto non lo sarebbe stato in un caso analogo nella primavera del '94. «No, non mi sento tranquillo nell'accettazione delle nuove regole da parte del centrosinistra. Nello schieramento guidato dal Pds c'è ancora troppa nostalgia della Prima Repubblica.» Naturalmente, secondo il Cavaliere, «la rottura della normalità democratica va attribuita in buona misura al Pds». E spiega perché.

«Erano convinti di vincere il 27 marzo '94 e quando si sono accorti del contrario avevano di fronte due ipotesi. La moderazione, la ragionevolezza, lo spirito liberale – che evidentemente sono patrimonio genetico del centro e non si acquisiscono, quando non si hanno nel proprio Dna, semplicemente indossando una maglietta con la scritta "Io sono liberal" – suggerivano di passare a un'opposizione responsabile, veramente democratica, in grado di esercitare un controllo severo, assillante, minuzioso, quotidiano sul governo di centrodestra. In questa prima ipotesi i progressisti si sarebbero preparati a vincere e a governare la prossima volta secondo il principio dell'alternanza. Ha prevalso invece l'altra ipotesi, massimalista, vetero-marxista, per niente progressista nei fatti, che consisteva nel ricorso alle vecchie tecniche della demonizzazione dell'avversario come nemico, nel negare a quest'ultimo perfino la legittimità che gli proveniva direttamente dalle urne, nello scatenargli contro le piazze.»

Berlusconi ricorda che Angelo Panebianco sul «Corriere» già un paio di settimane dopo le elezioni politiche del '94 aveva segnalato che l'opposizione sarebbe stata tentata dalla strategia del «muro contro muro».

«Purtroppo, l'avere scelto questa strada significa non accettare la logica dell'alternanza» dice il Cavaliere. «E poiché i dirigenti del Pds, dopo essersi avvicinati tra mille esitazioni alle nostre offerte insistenti di dialogo, hanno innestato poi la marcia indietro facendo nuovamente squillare le trombe dell'intolleranza, ci troviamo in questa strana situazione: da un lato il centrodestra già tutto immerso nel sistema maggioritario, dall'altro un'opposizione riluttante ad accettare le nuove regole. Quando sento i pidiessini invocare a gran voce la "normalità", mi chiedo: ma lo sa D'Alema che oggi in Italia normalità significa accettare il sistema maggioritario con tutte le conseguenze? È conscio davvero del fatto che solo il voto può ristabilire quella normalità che lui stesso ha contribuito a ribaltare?»

Quando gli chiedo se preferisca D'Alema o Veltroni come interlocutore, e quale sia la differenza tra i due, la risposta è questa: «D'Alema ha calibrato meticolosamente la propria vita all'interno del meccanismo di Botteghe Oscure, è un "figlio prediletto del partito", come si usava dire all'epoca staliniana. Quindi è un uomo che a un certo punto ha dovuto adeguarsi di colpo alla realtà del comunismo che crollava. Immagino la sua difficoltà intima, per esempio, nel digerire il concetto di mercato».

E Veltroni?

«Per Veltroni deve essere più facile dichiararsi anticomunista, come ha fatto di recente. Condivido, comunque, una sola cosa con il delfino di Prodi: il suo anticomunismo. In me deriva da un rifiuto ragionato e razionale, convalidato dall'esperienza della storia, in lui non lo so, spero sia un giudizio meditato e non dettato da opportunismo del genere tardo yuppie. In uno dei suoi libri, Veltroni ha anche scritto che io non sono capace di costruire nulla a meno che non mi trovi di fronte un avversario. È la negazione dell'evidenza. Capisco che preferisca andare al cinema pur di non passare i pomeriggi con Prodi, ma almeno come direttore dell'"Unità", Veltroni dovrebbe dedicare un po' del suo tempo a conoscere meglio gli avversari: ha mai considerato quante case ho costruito? Dimentica che ho creato un gruppo da dodicimila miliardi di fatturato all'anno che dà lavoro a migliaia di persone e tre reti televisive? Eppure, contro quei network si è scagliato tante volte e ci ha pure scritto l'immancabile libro. Comunque rispondo alla sua domanda: ai sempre sorridenti, ai sempre controllati, ai sempre presenti nel teatrino della politica, preferisco le persone che si tradiscono magari con un fremito d'ira, con un'alzata di spalle. D'Alema è un uomo capace ancora di arrabbiarsi per le cose della politica e questo va a suo merito.»

«Io come Breznev? Feltri come la "Pravda"?»

Durissimo è invece Berlusconi nel respingere le accuse di D'Alema al centrodestra «che egli vede, chissà perché, come il colpevole delle sue disavventure: da Affittopoli alle tangenti rosse. In questa vicenda degli affitti "bulgari", D'Alema, nel tentativo scomposto di mostrarsi immune da un malvezzo tipico della nomenklatura della Prima Repubblica, tradisce tutta la sua educazione moscovita: pensa che io passi gli ordini al "Giornale" come se io fossi Breznev e Feltri il direttore della "Pravda". Che tristezza. Non voglio entrare invece nelle sue vicende giudiziarie: resto fedele al principio che nessuno deve essere condannato, neanche a parole, prima della sentenza definitiva. Suggerisco però a D'Alema di guardarsi le spalle in casa propria: perché quelle sue doverose, anche se tardive, uscite garantiste dell'estate non devono aver destato soverchio entusiasmo in alcuni dei suoi più scatenati "pasdaran" giustizialisti».

Il basso profilo che ha assegnato a Prodi deriva da una strategia politica?

«La leadership, come dissi al congresso del Pds, si conquista sul campo, è frutto dell'intelligenza politica, di un lavoro faticoso, di un riconoscimento comune. Se tutti sanno che chi comanda nell'Impero è lo Zar Massimo, perché diavolo dovrei mettermi a combattere il viceré di Curlandia? È vero che Prodi ha faticato molto, che ha percorso tanti chilometri, ma non si diventa caposquadra se neanche i tuoi gregari ti riconoscono. Già come presidente dell'Iri era abituato a prendere indicazioni, diciamo così, dalla partitocrazia che ce l'aveva messo; adesso gli ordini li riceve direttamente da D'Alema. E poi non sono stato io ad assegnare un basso profilo a Prodi, è lui che se l'è cucito addosso. Tant'è vero che dall'interno della sua coalizione più di uno gli ha già chiesto di andarsene. Il professore è sceso a valle dagli Appennini bolognesi lanciando il grido di guerra: "Sfondiamo al centro e poi al governo per molti anni".

Credeva di inforcare un carro armato e invece era soltanto una bicicletta. Ha proclamato di essere un passista, un corridore che regge a distanza: gli auguro di resistere, non solo per lui, ma francamente anche per noi. Non capita tutti i giorni la fortuna di avere un avversario come lui.»

È immaginabile che Dini si candidi alla guida del centrosinistra? Le pare in pericolo la posizione di Prodi?

«Non credo affatto che Dini sia un voltagabbana. Del resto, tutta la sua vita si è svolta sotto un segno opposto a quello della sinistra. I suoi ideali, le sue convinzioni politiche ed economiche non coincidono certo con quelle di D'Alema, anche se il Pds ha azzardato un tentativo, lasciatemelo dire, assai meschino, di mettere il cappello su Dini. E poi buona parte del cammino questo governo tecnico lo ha percorso non solo con i voti opportunisti della sinistra e della Lega ma anche grazie al senso di responsabilità del Polo. Perciò penso che Prodi non abbia niente da temere da parte di Dini. Vede, Prodi è messo in pericolo principalmente da se stesso, dalle sue ambizioni di potenza: si illude di essere il tronco dell'Ulivo e non si è accorto che è soltanto una foglia di copertura della Quercia.»

E l'inquietudine dei «cespugli di destra»? Casini Mastella e Buttiglione mugugnano per ragioni di visibilità o prima o poi la molleranno per inseguire il sogno del grande Centro?

«Dobbiamo chiamare le cose per nome» risponde Berlusconi. «Ma di quale grande centro si parla se il grande centro c'è già? Se per centro vogliamo intendere il punto d'incontro dei moderati, cattolici e laici, di coloro che credono nelle regole del libero mercato e in un sistema di robuste garanzie delle libertà individuali, con una giusta attenzione ai valori della solidarietà, allora il centro è Forza Italia. Forza Italia con Buttiglione, Casini e Mastella e tutti noi, assieme ad An, formiamo il Polo delle libertà, del buongoverno e della solidarietà ovvero il centrodestra. Allora, se intendo bene, ci vogliamo riferire a uno sciagurato "remake" cinematografico, a una riedizione della Dc che esce dalla tomba come il conte Dracula? Mi sa che i produttori di questo ennesimo polpettone dovranno fare bene i loro conti con il pubblico. Attenti ai pomodori. E poi, senza più scherzare, se alla Democrazia cristiana resta il grande merito storico di avere assicurato nel dopoguerra al Paese la libertà e lo sviluppo economico, cosa abbiamo fatto di male per ritrovarci adesso alle prese con la peggiore Dc, non certo quella di De Gasperi ma di De Mita?

Purtroppo al di sopra di tutti questi maneggi, di tutte queste chiacchiere da cortile aleggia un'inconfondibile puzza di bruciato: il desiderio della vecchia oligarchia di ripararsi sotto un'etichetta centrista per restare attaccata al potere, la tentazione di ricreare un sistema consociativo in cui ognuno di loro mantenga il proprio tornaconto mentre il Paese va allo sfascio.»

«Quest'Italia sospesa in Purgatorio...»

Berlusconi riapre la sua vecchia polemica con i «poteri forti».

«Ho letto tempo fa sull'"Unità" un'intervista a un docente della Columbia University, il professor William Harris. Diceva: "Questa voglia di centro ha l'aria di essere non più che una pia intenzione, una trovata opportunistica. Non credo che gli italiani abbiano voglia di andare dietro a qualche dichiarazione della Pivetti o di Segni. Posso sbagliare, ma mi pare che il sistema dell'alternativa sia stato fortemente voluto dagli elettori". Mi sembra una fotografia azzeccata da parte di questo Harris che ha dedicato anche uno studio al "Purgatorio italiano". Questo titolo descrive bene la situazione odierna. C'è un gruppo di interessi forti, che vorrebbe mantenere l'Italia sospesa in Purgatorio il più a lungo possibile, non vorrebbe mai votare per non arrivare all'effettiva alternanza tra due coalizioni e perciò affida le proprie speranze di sopravvivenza a qualcosa di gelatinoso, viscido, molliccio, a una sorta di collante trasversale.

Comunque Buttiglione, come Casini e Mastella, sa perfettamente che non esiste lo spazio né il pubblico per portare di nuovo in teatro la sceneggiata della Dc.»

Berlusconi naturalmente non accetta che il suo presidio di centro sia insidiato da «altri».

«Gli altri che ora sfoggiano il sorriso dei buoni dopo averci rivolto accuse infamanti e ingiustificate, al di fuori di ogni dialettica politica; gli altri che aspirano a prendere il tè nei salotti buoni, magari con qualche pasticcino avanzato; gli altri che si fingono così buoni da apprezzare le regole del libero mercato avendo ancora in mente le giaculatorie dello stalinismo, tutti costoro adesso devono spiegare all'opinione pubblica con quali programmi liberali e moderati, sulla base di quali fondamenti ideologici intendano definirsi di "centro".»

È immaginabile un suo progressivo distacco da Alleanza nazionale?

«E perché mai dovrei distaccarmi da Fini che è un alleato leale e sincero, respingendolo e isolandolo fatalmente a destra, invece di farlo sempre più partecipe di un'alleanza con il centro? Lei pensa che l'Italia ne trarrebbe vantaggio? Io credo proprio di no.»

Quanti anni passeranno perché Fini possa aspirare a palazzo Chigi?

«Il mio giudizio potrebbe essere viziato dalla stima e dall'amicizia che nutro per Fini. Chi avrebbe mai pensato appena due o tre anni fa che Fini sarebbe stato accolto in allegria alla Festa dell'Unità, che avrebbe dialogato amabilmente con Veltroni, che si sarebbe anche fermato a cena per degustare un tris di tortellini, tortelloni e lasagne? Sono molto orgoglioso di avere contribuito a questo miglioramento complessivo della democrazia del nostro Paese. Questo è un merito che mi sarà riconosciuto solo in futuro, quando tornerà davvero la "normalità", quando cesserà definitivamente la vergognosa campagna di demonizzazione di Silvio Berlusconi.»

Il Cavaliere ricorda le «tante, tante amarezze subite» e riprende: «La destra è oggi una realtà inserita a pieno diritto, dopo una svolta coraggiosa, nel nostro sistema. Il resto seguirà. Il tempo della politica in Italia scorre veloce, molto più veloce di quanto non vorrebbe una ristretta oligarchia, un gruppo di mandarini che detengono posti chiave nella burocrazia, nell'economia, nella finanza, nella politica e cercano di contrastare con tutti i mezzi il sistema maggioritario perché questo finirebbe per intaccare il loro potere consociativo, basato sul compromesso e sullo scambio di favori».

Qual è il fondamento ideologico di Forza Italia? I vostri nemici vi accusano di privilegiare nettamente la tutela degli interessi e dell'egoismo sui valori di una moderna società civile...

«Ma quando finirà questa storia che la sinistra si accaparra sempre i buoni sentimenti? Sembra di stare al cinema di tanti anni fa: a noi riservano la parte degli indiani cattivi e loro sono il Settimo Cavalleggeri, Berlusconi è il malvagio Geronimo, e D'Alema, manco a dirlo, il coraggioso Buffalo Bill. Attenti però perché il gioco non può durare a lungo, lo hanno capito pure a Hollywood. E al cinema adesso i ruoli si sono capovolti nel nome della verità: i buoni sono gli indiani e i cattivi i soldati a cavallo, finalmente scoperti nel loro tentativo di confinare gli altri nelle riserve. E allora, diciamo anche noi le cose come stanno: in nessuna parte del mondo accade questo stravolgimento scientifico della realtà. Nessuno dall'opposizione in Gran Bretagna o in Germania si sognerebbe di dire che i conservatori o i cristiano-democratici sono brutti, egoisti e cattivi, ma solo che hanno un programma diverso, una diversa concezione delle strade da percorrere per raggiungere certi obiettivi.

Questa è la civiltà di rapporti nella quale crediamo, questo è il modello europeo al quale vorremo adeguare l'Italia.

Come si fa a sostenere che Forza Italia non porta i valori di una moderna società civile? Noi che crediamo da sempre, non da ieri pomeriggio, ai valori delle libertà individuali e delle libertà economiche saremmo gli egoisti e il Pds che ha appena seppellito il socialismo reale sarebbe invece il paladino di queste libertà?»

«Loro, i degenerati, mi paragonano a Bonaparte»

Poi, l'inevitabile stilettata:

«Noi non siamo abituati a occupare posti di comodo negli enti pubblici, a distribuirci attici in centro a fitti di favore, tendiamo al contrario a premiare chi produce con il proprio lavoro, chi investe e rischia anche per dare nuove opportunità ai disoccupati.»

Gli altri avranno occupato lo Stato, ma lei viene accusato di avere una visione bonapartista della politica e di mancare di una cultura rispettosa verso il Parlamento.

«Ma perché mi tocca sempre difendermi da accuse insensate? La mia cultura è liberale e in una democrazia liberale il valore del Parlamento non si discute neanche. Io me la sono presa con il consociativismo, che è una degenerazione del sistema parlamentare cresciuta all'ombra della Prima Repubblica. Governi deboli, privi di una vera maggioranza che li sostenesse, erano costretti a negoziare la loro sopravvivenza a suon di miliardi distribuiti in base alle basse esigenze elettorali della sinistra. L'opposizione non faceva il suo mestiere e intanto si sperperavano immense quantità di denaro pubblico. E poiché voglio mettere fine a questo andazzo mi paragonano a Bonaparte che va all'assalto del Parlamento? Hanno proprio la coda di paglia.»

Arriviamo alla grande questione politica di fine secolo: il presidenzialismo. Secondo Berlusconi è la premessa unica e indispensabile di qualsiasi trattativa sulle riforme costituzionali.

«Non avrebbe senso discutere ancora una volta una riforma della Costituzione che eludesse il problema italiano per eccellenza: la difficoltà estrema, o meglio la quasi impossibilità di governare. Nell'estate del '94, nel momento più aspro della rissa scatenata dall'opposizione contro il mio governo, chiesi aspramente: lasciatemi lavorare, lasciatemi realizzare quel programma che è stato scelto dagli elettori. Ebbi modo invece di constatare sulla pelle mia e del Paese quanto per governare, più che la vittoria alle urne, siano ancora importanti le intese sottobanco tra i partiti. Un governo che per sopravvivere deve fare i conti tutti i giorni con maggioranze parlamentari tenute insieme soltanto dal collante dello scambio politico è un governo debolissimo.»

Cavaliere, tutti vogliono una migliore governabilità...

«Già, ma il guaio è che la sinistra, per difendere i propri interessi di bottega, preferirebbe mantenere il governo dentro la gabbia in cui era rimasto intrappolato nel corso della Prima Repubblica. E quando noi proponiamo con forza il presidenzialismo per uscire da un'insopportabile situazione di stallo – saranno poi gli elettori a decidere in piena libertà chi dovrà andare a palazzo Chigi e chi all'opposizione – subito ci accusano, con le tecniche classiche della disinformazione, di essere in preda a una tentazione autoritaria e fascista. E invece il presidenzialismo è tutt'altra cosa. L'elezione diretta del capo del governo significa, da un lato, dotare quel governo di capacità decisionale e di strumenti ordinari di intervento, dare a chi sta a palazzo Chigi quel volante che gli permetta di guidare il Paese; dall'altro lato, il Parlamento, senza più effettuare sconfinamenti nel campo del potere esecutivo, senza più perdersi in leggine particolari e inutili, potrà concentrarsi su una serie di leggi chiare e generali.»

«Sogno il presidenzialismo all'italiana»

Preferisce il modello francese o quello americano?

«Non vogliamo semplicemente ricalcare con la carta carbone esperienze di altri Paesi. Perciò niente presidenzialismo americano né francese, ma all'italiana, una formula che tenga conto del patrimonio istituzionale, della tradizione storica e culturale e soprattutto delle esigenze specifiche del nostro Paese. Noi pensiamo che il presidente della Repubblica debba essere anche il capo del governo. Tra l'altro, questa carica rappresenterebbe nella maniera più forte l'unità nazionale, permettendo così all'Italia di avviare la riforma federalista in tutta sicurezza, anche di fronte ai proclami di disgregazione lanciati dalla Lega.»

In cambio del presidenzialismo concederebbe il doppio turno al centrosinistra?

«Materie tanto importanti non possono essere oggetto di baratto. Ritengo necessario discutere e approvare un nuovo sistema costituzionale con il contributo di tutti, questo è chiaro. Ma nessuno potrà arrogarsi il potere di veto nei confronti della maggioranza che avrà dato pieno sostegno al nuovo sistema con il voto al programma del Polo. Alla fine del processo di riforma la parola dovrebbe passare ancora agli italiani con un referendum.

E soltanto allora, quando sarà chiaro il quadro di riferimento istituzionale, sarà pure possibile introdurre il discorso sulla nuova legge elettorale.

Io credo che per sapere quale sia il modo migliore di eleggere i deputati noi dobbiamo avere prima ben chiaro cosa vanno a fare questi deputati. Faccio un esempio: avremo ancora un Parlamento che dovrà sostenere ogni volta l'esecutivo come adesso, oppure passeremo finalmente, come proponiamo noi, a un governo eletto direttamente dal popolo affidando al Parlamento il compito fondamentale di fare le leggi e di controllare l'esecutivo?»

Possiamo dare per scontata una sua candidatura al Quirinale?

«Di scontato al mondo non c'è nulla. Andai al convegno di Cernobbio, all'inizio del settembre '95, e feci un discorso semplicissimo: se sarà fatta finalmente in questo Paese una riforma istituzionale di tipo presidenzialista e il capo dello Stato coinciderà con il capo del governo, eletto direttamente dal popolo, allora sarà giocoforza che il leader del Polo delle libertà si candidi a questa carica. Tutto qui. Il giorno dopo leggo sui giornali "Il piano di Berlusconi", "Berlusconi: sarò superpresidente" e altre piacevolezze del genere. Come se avessi deciso d'improvviso di dare l'assalto al Quirinale e non stessi delineando invece il programma del Polo, quel presidenzialismo che noi riteniamo essenziale, l'ho detto prima, per far funzionare il sistema maggioritario e per ridare autorevolezza, impulso ed efficacia all'azione di governo.»

La permanenza di Scalfaro al Quirinale è compatibile con una nuova vittoria del Polo?

«Il problema semplicemente non esiste. Per quanto ci riguarda, noi non pensiamo minimamente ad alcuna mossa che potrebbe anche alla lontana innescare un contrasto istituzionale, né ci abbiamo mai pensato. Abbiamo solo fatto sentire la nostra voce per chiedere di tornare alle urne, dopo che il tradimento di Bossi aveva provocato la caduta del governo votato dalla maggioranza degli elettori. Un tradimento che non è stato ancora chiarito, sia che il leader leghista abbia inseguito un suo folle disegno di destabilizzazione e di disgregazione del Paese sia che lo abbiano spinto interessi addirittura miserabili.

Sarà comunque lecito in democrazia esprimere rispettosamente e con pacatezza il proprio pensiero e dire che secondo noi la democrazia stessa è rimasta troppo a lungo sospesa, anche se questo parere, suffragato peraltro da una valorosa pattuglia di studiosi italiani ed esteri di diritto costituzionale, non si trova in linea con quello del Quirinale?»

Sono passate le dieci di sera e nell'altra ala della casa di via dell'Anima alcuni ospiti aspettano da tempo per la cena. Arriva una telefonata. È Veronica, e mi allontano di qualche metro, a sfogliar libri. Intuisco mio malgrado un colloquio affettuoso ben oltre le normali consuetudini familiari e ricordo al Cavaliere la disperazione della signora Berlusconi quando il marito le disse che voleva mettersi in politica. «Era contrariata, è vero,» ammette «ma come lo è chi vuol bene a una persona e la vorrebbe avere accanto. In realtà, sono stato molto fortunato, perché ho una moglie che pur possedendo una forte personalità e un'assoluta indipendenza di pensiero accetta e condivide quello che faccio.»

Fa una pausa e s'alza battendo le palme delle mani sulle ginocchia: «Ogni volta che parto, sento vivissimo il senso di distacco, quasi un dolore vero e proprio».

Si guarda intorno: «Certo, poi qui son proprio prigioniero».

11
Ispezione a Milano

«Allora, le siamo sembrati meno cattivi di come ci dipingono in giro?» È simpatico, Piercamillo Davigo. Spero che non mi leggano i suoi imputati che lo strozzerebbero qui e subito. Perché è implacabile. Non che gli altri scherzino, s'intende. Ma gli scovi qualche tratto che ti lascia sperare, magari invano. Come agli esami universitari, quando lo studente fuorisede che non ha avuto tempo né di frequentare l'istituto né di flirtare con la ragazza che ne conosce tutti i riti, il genio e le miserie, cerca di capire che tipo sia l'assistente che lo interroga, quale tasso di umanità-complicità abbia, se sia disposto a passare sopra a qualche svarione o sia solo un Tutore Inflessibile della Regola, uno di quelli che sbrigativamente gli studenti chiamano figli di buona donna. Allora, qui in Procura a Milano, Francesco Greco ti dà l'impressione del ragazzotto un po' invecchiato, col braccialetto di stoffa al posto dell'orologio, che sente i dischi di Luigi Tenco. Gherardo Colombo ha l'intelligenza signorile del patrizio, Berlusconi dice che è una «toga rossa», ma se mai farà la rivoluzione, a tavola ci sarà sempre l'argenteria di famiglia.

Gerardo D'Ambrosio è il giudice impegnato da film, con i suoi ricordi ci fai due tempi pieni senza nemmeno l'intervallo per le noccioline. Tira dritto per la sua strada, ma con gli anni l'umanità meridionale gli trasuda dalla pelle. Antonio Di Pietro te la fa fare addosso con le urla, poi ti conquista con un sorriso: insomma finisce l'interrogatorio e non realizzi che fine fai. Certo, capisci che non ha passato tutta la vita sui libri di diritto, ma perdio ti aspetti che da quel maledetto computer esca anche quando hai dato il primo bacio alla tua compagna delle elementari.

E poi c'è Davigo. Simpatico. Intelligentissimo. Mi piacerebbe passarci un fine settimana. (D'accordo, ognuno ha i suoi gusti. Forse non ci verrebbe lui.) Ma non vorrei tamponare la sua auto. Avere con lui una discussione di condominio, mandare l'acqua dei miei fiori sul suo balcone. Perché lui, con civiltà sopraffina, mi dimostrerebbe che qualunque pena inferiore all'ergastolo sarebbe frutto esclusivo della mollezza dei codici e dei tribunali. «Allora, le siamo sembrati meno cattivi?» sorride Davigo. Ha accettato che lo portassi a pranzo insieme con Colombo, ma ha voluto pagare lui il conto. Con questi giudici non puoi tirar fuori mille lire che ti vengono gli scrupoli. «Voi siete persone squisite» gli rispondo. «Ma ogni volta che entro qua dentro ho la sensazione che la telenovela di Tangentopoli si allunghi e si incarti sempre di più...»

È un pomeriggio d'estate, il palazzo di giustizia di Milano è deserto. Il crocchio dei cronisti fa pensare agli stormi di piccioni. Ne arriva uno, poi il gruppo; vola via il primo, gli altri lo seguono. Questo pomeriggio, il becchime è nella stanza di D'Ambrosio. Tutti gli danno del tu, lui dà del tu a tutti. Stringe con un gesto un po' complice e un po' paterno una cronista progressista: basta, quel po' di becchime che c'era è finito. Volano tutti via.

La stanza di Borrelli è ampia e solenne. Il quadro dell'Ottocento con signora prestato dalle Belle Arti domina sempre la scrivania del procuratore capo. Chissà quante ne ha viste e sentite. Parlasse, miracolata dal martello di Michelangelo, l'immobile dama racconterebbe il capitolo principale della nostra storia contemporanea.

La stanza di Colombo è la più piccola. La stanza di Davigo è la più grande. Perché? Era quella di Di Pietro. Il Santuario di Mani pulite. Grande segreteria, computer dappertutto. Di Pietro custodiva l'archivio generale dell'inchiesta. Ne restò stupito, nel novembre del '94, Vincenzo Nardi, vicecapo degli ispettori ministeriali, in trasferta a Milano. «Se tu te ne vai, gli altri come fanno?» gli chiese. Di Pietro rispose con una risata. Una di quelle che gli illuminano la faccia, che mostrano i denti bianchissimi e regolari, che hanno fatto innamorare l'Italia. Una risata, quasi a dire: che vai pensando? Pochi giorni dopo Di Pietro gettava la toga in diretta Tv.

«Ministro, lasci perdere...»

Perché l'ha fatto? Perché si è rotto l'incantesimo di Mani pulite? Tutti hanno dato una risposta, secondo le rispettive convenienze. Tranne Di Pietro. Fabio Salamone, il suo collega di Brescia che indaga su questo e altri episodi che lo riguardano, lo ha interrogato il 2 luglio '95 per diciassette ore riempiendo sessanta pagine di verbale. L'indomani lo ha ascoltato nuovamente in segreto.

È venuto a conoscenza di tanti episodi, spesso sconcertanti. Ma una risposta alla domanda chiave non l'ha avuta. Un giorno, forse, la darà lui.

Allora, da dove entriamo nel labirinto? Usiamo la porta meno insidiosa: il calendario. Torniamo alla fine di settembre del '94. Sulla poltrona di Guardasigilli è ancora seduto Alfredo Biondi, vecchio gentiluomo liberale, stimato da tutte le forze politiche quando era vicepresidente della Camera (sarebbe andato volentieri al posto della Pivetti), linciato pubblicamente dal luglio del '94 quando il governo varò e poi ritirò un decreto di revisione sulla carcerazione preventiva bollato immediatamente come «salvaladri».

Sulla scrivania del ministro si sono accumulati parecchi esposti contro i giudici di Milano: li firmano avvocati, ufficiali della Guardia di Finanza, dirigenti della Fininvest. Lamentano violazioni delle norme durante lo svolgimento di diverse inchieste Mani pulite. Biondi convoca nel suo ufficio Ugo Dinacci, capo degli ispettori del ministero. Gli ispettori sono magistrati a tutti gli effetti: l'organico ne prevede ventuno, in servizio ce ne sono sedici. Li sceglie personalmente il ministro e il Consiglio superiore li colloca fuori dei ruoli ordinari, dove rientrano cessato l'incarico ispettivo. Dinacci ha sessantatré anni. Campano di Santa Maria Capua Vetere, magistrato di Cassazione, è all'Ispettorato dall'88 e lo dirige dal 23 luglio del '90, su designazione dell'allora ministro Giuliano Vassalli. I ministri successivi (Martelli, Conso, Biondi e poi anche Mancuso) lo hanno sempre confermato.

Biondi gli consegna gli esposti e lo prega di farne un controllo preliminare valutando la opportunità di una inchiesta. Dinacci ne parla con Domenico De Biase. In magistratura da vent'anni, De Biase è arrivato all'Ispettorato con Dinacci. È da sempre il più stretto e fidato collaboratore del capo: quando questi era professore incaricato di diritto e procedura penale all'Università di Padova (presso la sede distaccata di Verona) chiamò il giovane collega, allora giudice istruttore, a fargli da assistente come «cultore della materia». Dopo le prime ispezioni su Milano, tra loro si aprirà una frattura insanabile.

I due analizzano gli esposti e in un rapporto di sette pagine consegnato al ministro l'8 ottobre, Dinacci lo sconsiglia di procedere. A differenza dell'azione penale che in Italia è obbligatoria, l'azione disciplinare è facoltativa. Può essere promossa dal ministro di Grazia e Giustizia oppure dal procuratore generale presso la Cassazione: dopo l'inchiesta, se lo giudicano opportuno, questi trasmettono gli atti al Consiglio superiore della magistratura per l'eventuale adozione dei provvedimenti conseguenti.

Dinacci, dunque, «sconsiglia» il ministro. Sulla stessa linea si muove un magistrato di grande autorevolezza come Vittorio Sgroi, procuratore generale presso la Suprema Corte. Sono le settimane in cui a Sgroi, in pieno Consiglio superiore, scappa la frase sui «magistrati intoccabili», che sarebbero quelli di Milano. Con la sua saggezza siciliana, Sgroi ha valutato che qualunque azione contro i giudici di Mani pulite avrebbe fatalmente conseguenze devastanti per chiunque dovesse promuoverla. È come toccare i fili dell'alta tensione. La situazione che si è determinata è così straordinaria, la popolarità dei giudici di Milano è così assoluta e incontrastata che qualunque mossa verrebbe interpretata dalla pubblica opinione (e dai giornali) come una oscura manovra per fermare i Cavalieri Senza Macchia e Senza Paura. Dunque, poiché l'azione disciplinare è affidata totalmente alla discrezionalità del ministro e del procuratore generale della Cassazione, questi – per quanto lo riguarda – ritiene inopportuno procedere. E parlare. Lo incontro in quei giorni al teatro Valle di Roma dove il procuratore generale mi fa la squisita sorpresa d'intervenire alla presentazione del mio libro *Il cambio*. Giudici intoccabili?, gli chiedo. E lui mi risponde con un sorriso silenzioso, che racchiude secoli di saggezza, di prudenza e di scirocco: «Un giorno lontano le dirò...».

Gli ispettori, dunque, sconsigliano. Tra l'altro, il procuratore capo di Milano, Francesco Saverio Borrelli, in una intervista al «Corriere» ha dato dell'ubriacone al suo ministro. Cosa che in altri tempi avrebbe aperto una vera crisi istituzionale con qualche conseguenza per il giudice. Ma che adesso è passata sotto silenzio. Una inchiesta ministeriale a carico dei giudici di Milano, dice Dinacci a Biondi, non sembrerà frutto di una ritorsione?

Catelani sollecita il ministro

Ma Biondi decide ugualmente di procedere. Mettiamoci nei suoi panni (e in quelli, firmati Caraceni, del suo presidente del Consiglio Silvio Berlusconi). Dopo il decreto emesso e poi ritirato in luglio, Biondi è una delle persone più impopolari d'Italia. I giudici di Milano non hanno mai mostrato di rispettarlo. Berlusconi, poi, si sente vittima personale di Borrelli e dei suoi.

Pochi giorni prima delle elezioni del 27 marzo '94, varca la porta della Procura generale di Milano per consegnare personalmente a Giulio Catelani un esposto in cui denuncia che le perquisizioni compiute per ordine della Procura di Milano nella sede di Publitalia, la cassaforte pubblicitaria della Fininvest, non sarebbero mirate, così come prescrive la legge, a trovare la prova di un reato già definito, ma alla ricerca pura e semplice di notizie di reato da contestare ai dirigenti della Fininvest. Nella stanza del procuratore generale, Berlusconi incontra Ugo Dinacci. Il capo degli ispettori è a Milano per indagare sulla fuga di notizie relative alla richiesta d'arresto del Pool a carico di Marcello Dell'Utri, presidente e amministratore delegato di Publitalia. E consegna anche a lui copia dell'esposto. Dinacci si consulta con il ministro Conso e conviene con lui che la denuncia di Berlusconi è estranea al caso Dell'Utri. Passano tre mesi, cambia governo e il 17 giugno Catelani trasmette al ministro Biondi il documento di Berlusconi per l'apertura di una inchiesta che porti eventualmente al procedimento disciplinare. Trasmette l'esposto, ma non trasmette le controdeduzioni scritte da Borrelli a difesa del Pool. (Se ne accorgeranno in novembre durante l'ispezione a Milano il vicecapo degli ispettori, Nardi, e lo stesso Borrelli.) Nei mesi successivi, inoltre, il procuratore generale di Milano va ripetutamente a Roma per sollecitare l'apertura dell'inchiesta a carico di Borrelli e dei magistrati del Pool. È immaginabile dunque che il ministro accusato di voler «salvare i ladri» e il presidente del Consiglio che già da privato cittadino era convinto che il Pool agisse in maniera irregolare non fossero portati a voler approfondire una lunga serie di presunte irregolarità denunciate da molte parti? È infatti Biondi il 13 ottobre scrive una lettera ufficiale a Dinacci per incaricarlo di promuovere un'inchiesta su dieci casi sospetti. Nella lettera fa un preciso riferimento alla consultazione col procuratore generale di Milano. L'elenco delle doglianze è lungo. C'è il vecchio esposto di Berlusconi. C'è il caso Darida. L'ex ministro della Giustizia sostiene che durante la sua lunga carcerazione preventiva a San Vittore (tre mesi) a parte un interrogatorio iniziale non sono stati commessi altri atti istruttori. Sono parecchi, come è noto, gli imputati che sostengono che la loro carcerazione sarebbe stata prolungata al solo scopo di farli parlare. I giudici di Milano hanno sempre respinto questa tesi, sostenendo (si vedano i miei colloqui con Borrelli e Davigo nel *Cambio*) che solo un'ampia confessione corredata delle necessarie chiamate di correo può isolare definitivamente l'imputato dal suo giro di corruzione, escludendo che in futuro lui abbia di nuovo la possibilità di «reiterare» lo stesso reato. Sta di fatto che il processo a Darida viene trasferito a Roma dalla Cassazione e l'ex ministro della Giustizia viene prosciolto. Sul caso Darida, interviene personalmente Catelani esprimendo «perplessità sul modo di conduzione delle indagini preliminari». Borrelli replicherà alle contestazioni parlando di attività istruttoria ininterrotta.

Agli ispettori vengono anche trasmessi gli esposti del generale Giuseppe Cerciello, l'ufficiale più importante della Guardia di Finanza finito in manette. Cerciello segnala due episodi. Il primo è l'indicazione del sostituto procuratore Gherardo Colombo come responsabile della morte del maresciallo della Finanza Agostino Landi, suicidatosi in carcere il 9 luglio del '94.

Il secondo è una conversazione telefonica che nell'estate del '94 il procuratore Borrelli avrebbe avuto dalla Francia, dove si trovava in vacanza, con il presidente dei Gip di Milano, Mario Blandini, per caldeggiare la prosecuzione dell'applicazione come giudice delle indagini preliminari del giovanissimo Andrea Padalino. Padalino è in magistratura soltanto dal '91, è stato assegnato al tribunale di Monza come giudice del lavoro e di qui distaccato all'ufficio dei Gip di Milano per assumere la pesantissima eredità di Italo Ghitti come magistrato incaricato di convalidare o di respingere quasi tutti gli atti del Pool Mani pulite. In genere, i giovani magistrati dovrebbero essere applicati a uffici importanti per sostituire nel lavoro ordinario i colleghi che in quella sede sono oberati da emergenze giudiziarie. A Padalino è stato invece assegnato il compito più delicato che abbia mai avuto in Italia un giudice per le indagini preliminari. Perché? La tesi di Cerciello (e di altri) è che Padalino è in perfetta sintonia col Pool. Testimoni diretti mi dicono che quando Di Pietro entrava nella sua stanza, Padalino scattava in piedi. Ragioni di cortesia e di deferenza verso quello che, più che un collega da controllare nelle sue decisioni, era un «mito» da venerare.

Le condizioni di inferiorità psicologica dei Gip nei confronti dei sostituti più anziani e autorevoli vengono segnalate alla fine della primavera del '95 da Sergio Romano in un articolo su «Epoca». Romano era ambasciatore e fa il seguente parallelo. Se l'ordinamento del ministero degli Esteri prevedesse che un diplomatico di grande autorevolezza ed esperienza dovesse mostrare i suoi rapporti a un giovanissimo segretario di legazione, è evidente che questi prima di dar torto a un collega enormemente più importante e potente di lui ci penserebbe cento volte. Perché, dunque, conclude Romano, mettere i giovani Gip in oggettive condizioni di inferiorità psicologica nei confronti dei potentissimi procuratori di Mani pulite? Quando giro la domanda a Francesco Saverio Borrelli, la risposta arriva con un sorriso: «Non creda che le cose stiano così. Un giovane magistrato si fa un punto d'onore di trovarsi in dissenso con colleghi di maggiore esperienza. In un collegio di tribunale, il suo voto vale esattamente quanto quello del presidente. E le assicuro che un giovane uditore si impegna molto nel mettere in minoranza il capo del collegio».

Quella telefonata tra Molino e Sbisà

Ma torniamo alla lettera di Biondi al capo degli ispettori ministeriali.

Agli esposti di Berlusconi, di Cerciello e al caso Darida si aggiunge la vicenda di Leonardo Caltagirone, un imprenditore romano arrestato a Milano: quando il procuratore generale della Cassazione ha risolto il conflitto di competenza tra le Procure di Roma e di Milano rimettendo il caso a Roma, ha giudicato l'ipotesi accusatoria «priva di oggettive risultanze».

C'è poi un esposto del presidente della Fininvest, Fedele Confalonieri, che lamenta violazioni del segreto investigativo nell'indagine su Telepiù: a suo giudizio, peraltro, sarebbe stata trasformata in indagine penale una eventuale inchiesta di tipo amministrativo.

Il 4 ottobre '94 lo stilista Luigi Monti denuncia che il Gip Padalino lo avrebbe rimesso in libertà riproducendo in verbale dichiarazioni diverse da quelle rese dall'imputato. Lamenta irregolarità anche un maggiore della Guardia di Finanza, arrestato dai giudici di Milano, mentre il direttore generale dell'organizzazione giudiziaria, Carlo Adriano Testi, segnala che Antonio Di Pietro, processando il cancelliere Giacinto Guadagno, ne ha dato notizia con un anno di ritardo ai superiori gerarchici del funzionario.

Ancora. Renato Massa, titolare con Carlo Nicola Lavit di una società senza scopo di lucro (Orchidea Sporting Club), voleva costruire a Milano il Palascantj, una struttura per la pratica dell'hockey su ghiaccio. La faccenda non va in porto e la società fallisce. Viene nominato commissario liquidatore Mario Esposito, fratello di Manlio Esposito, presidente della sezione fallimentare del tribunale di Milano. Massa denuncia al ministero una supposta copertura del procuratore Borrelli a supposte inadempienze del liquidatore, per un riguardo al fratello magistrato.

Infine, viene segnalato al ministro Biondi che dall'intercettazione di una telefonata tra l'imprenditore latitante Aldo

Molino (processo Eni-Sai) e Giuseppe Sbisà, un avvocato arrestato anche lui nella stessa inchiesta, sarebbe emerso un rapporto di amicizia tra i due e Antonio Di Pietro del quale Molino si sarebbe avvantaggiato.

Dinacci riceve il voluminoso incartamento e delega l'indagine al suo vice Vincenzo Nardi e a tre ispettori, Evelina Canale, Oscar Koverech e Marina Moleti.

Nardi, pugliese di Trani dove torna quasi ogni fine settimana, è all'Ispettorato da quattordici anni. Si è occupato di centinaia di inchieste e conosce, direttamente o indirettamente, quasi tutti i magistrati italiani. La gran parte della sua attività si è limitata alle ispezioni ordinarie che ogni tre anni debbono verificare la funzionalità di tutti gli uffici giudiziari italiani. E a quelle straordinarie che vengono avviate quando ricorrano particolari motivi di urgenza. Ma ha compiuto anche parecchie inchieste sul comportamento di singoli magistrati e parecchie ispezioni mirate su singoli uffici giudiziari (per esempio, gli uffici fallimentari dei tribunali) o su singoli servizi all'interno di un ufficio.

Stavolta si tratta di mettere sott'inchiesta la Procura di gran lunga più importante d'Italia (un tempo era quella di Roma, ma Mani pulite ha ribaltato i ruoli). Gli ispettori hanno i poteri dei magistrati che conducono inchieste giudiziarie: possono ascoltare testi, possono acquisire atti.

Ma quando Dinacci gli consegna la delega, Nardi gli dice subito che stavolta l'Ispettorato – fiore all'occhiello del ministero – sarebbe stato travolto dalle polemiche. Per ragioni tecniche, legate, come vedremo, all'acquisizione di atti coperti dal segreto, e per un paio di convinzioni che il vicecapo degli ispettori ha maturato sul lavoro complessivo dei giudici di Mani pulite.

«I giudici di Milano» mi dice Nardi «entreranno nella storia italiana per aver dimostrato che anche un potente può essere oggetto di indagine. Hanno compiuto una rivoluzione e i loro meriti sono indiscutibili. Fatta questa premessa, ho la mia opinione su due aspetti del loro lavoro. Il primo. È possibile che all'interno di una attività investigativa così rilevante (tremila persone rinviate a giudizio, centinaia di arrestati in poco tempo) le regole processuali non siano state sempre scrupolosamente osservate. Che per rompere il muro dell'omertà sia stata forzata la prassi. Forse si tratta di azioni rese necessarie dall'obiettivo finale dell'inchiesta. Comunque, qualche violazione delle norme può esserci stata. La seconda opinione che mi sono fatto da cittadino è che non sia stato approfondito il filone d'indagine relativo al Pci-Pds. Perché? Innanzitutto perché il militante del Pci è diverso dagli altri. Mette il partito davanti a ogni altro interesse e per il partito è disposto a soffrire anche la carcerazione. Gli esponenti di altri partiti cedevano immediatamente, quelli del Pci-Pds erano rocce. E poi perché la sua storia di partito d'opposizione ha portato il Pci a finanziarsi in modo tecnicamente molto raffinato. Qui non si riscontravano le rozzezze viste altrove, i soldi passati di mano come cioccolatini. Il Pci ha beneficiato di strutture giuridicamente molto più sofisticate. Un'indagine su questo tipo di finanziamento avrebbe dovuto essere condotta in altro modo e con altri mezzi.»

«Ugo, ricordi il caso Montesi?»

Per questo, dice Nardi a Dinacci, saremo sommersi dalle polemiche. Il capo dell'Ispettorato annuisce. Nardi sostiene che inchieste come quelle di Milano non possono valutarsi a caldo e ricorda il caso Montesi: «Fu incriminato il figlio di Attilio Piccioni e il giustizialismo stroncò la carriera dell'uomo politico. Rileggendo anni dopo quelle carte, in un clima cambiato, non era difficile accorgersi che a carico di Piero Piccioni non risultava niente».

Il buonsenso, dunque, consiglierebbe di soprassedere. Ma come si fa? Esistono esposti dettagliati e poi il procuratore generale di Milano, Giulio Catelani, ha insistito con il ministro, con il capo di gabinetto Tatozzi, con gli stessi ispettori. Dunque... Dunque si procede. Nardi e i suoi tre collaboratori vengono convocati da Biondi in via Arenula, sede centrale del ministero. «Non ho nessuna simpatia né per Biondi né per il suo partito» mi dice Nardi. «Lo considero un avvocato assisaiuolo. Che cos'è? Uno di quegli avvocati che in corte d'assise fanno un po' di spettacolo per colpire la corte. Eppure debbo riconoscere che in quattordici anni di servizio all'Ispettorato, è la prima volta che il ministro riceve gli ispettori. Ci dice: se dalla vostra inchiesta non dovesse venir fuori niente, sarei l'uomo più felice di questo mondo. La verità è che Biondi ha sempre sofferto moltissimo per questa vicenda. Una volta gli scappa di dire: Catelani è venuto sei volte... Avevo apprezzato Biondi già in un'altra occasione. Ricorda quando Totò Riina fece un comizio in corte d'assise? La cosa destò molta impressione e io fui incaricato di condurre un'inchiesta sul comportamento del pubblico ministero che in aula non aveva tolto la parola a Riina. Biondi mi chiamò e mi disse: guardi alle cose con grande serenità. A un ministro liberale spiace di chiudere la bocca a chicchessia, anche a Totò Riina. Certo, il pubblico ministero è stato disattento. Comunque, veda lei...»

Gli ispettori per un mese svolgono il loro lavoro a Roma nella massima riservatezza. Interrogano in segreto Giuliano Spazzali, avvocato di Cusani, e Gaetano Pecorella, presidente della Camera penale di Milano. Sentono Confalonieri, Darida col suo avvocato, ufficiali della Guardia di Finanza. Riempiono duecento pagine di verbali. E interrogano due magistrati della Procura milanese: Paolo Ielo e Fabio De Pasquale.

De Pasquale incontra Nardi per la seconda volta. L'ha già visto nel '93 durante l'inchiesta ministeriale sul suicidio di Gabriele Cagliari. Nell'interrogatorio, il magistrato usò un linguaggio che colpì gli ispettori per la sua crudezza. A conclusione dell'inchiesta, Dinacci, come capo dell'Ispettorato, decise di proporre al ministro Conso l'avvio di un'azione disciplinare contro il pubblico ministero. Vittorio D'Ajello, avvocato di Cagliari, disse che durante l'ultimo interrogatorio De Pasquale aveva promesso al suo assistito un parere favorevole alla scarcerazione. L'indomani aveva dato invece parere contrario, partendo subito dopo per le ferie in Sicilia. Il 20 luglio, giorno del suicidio, incontrai Di Pietro a pranzo. Era sconvolto. Voleva a ogni costo salvare l'immagine della Procura, ma alla fine sbottò: «Non si può promettere e non mantenere. Per me e Ghitti Cagliari poteva stare a casa da più di un mese». (Rimando per i particolari di quell'incontro a *Telecamera con vista.*)

Nardi interrogò diverse persone e alla fine della relazione al ministro sostenne che De Pasquale aveva promesso a un indagato un parere favorevole alla scarcerazione e aveva poi assunto un provvedimento negativo senza averlo di nuovo interrogato. Per questo aveva contravvenuto alle esigenze di «prudenza, misura e serietà» che si richiedono a un magistrato e andava sottoposto a procedimento disciplinare.

Conso aveva appena ricevuto i documenti dell'Ispettorato che dovette correre a Milano dove nella notte tra il 27 e il 28 luglio c'era stato l'attentato di via Palestro. Vide che la sola autorità salutata con applausi dalla folla era il procuratore Borrelli e rientrò a Roma molto colpito da questa circostanza. Il ministro può ignorare le proposte degli ispettori: come titolare dell'azione disciplinare può procedere secondo la personale discrezione. Conso non voleva il procedimento contro De Pasquale, ma non voleva nemmeno che la sua decisione contrastasse con l'orientamento dell'Ispettorato. Chiamò allora Dinacci e gli chiese di attenuare la relazione. Dopo una lunga trattativa De Pasquale non «promette» più a Cagliari il provvedimento favorevole, ma glielo «lascia intendere». E dai paragrafi finali scomparvero le censure dirette al comportamento del magistrato e la richiesta di procedimento disciplinare. Così il ministro poté archiviare con grande sollievo.

Torniamo al novembre del '94 e alla nuova inchiesta degli ispettori. De Pasquale viene sentito perché prima di uccidersi in carcere Gabriele Cagliari ha fatto cenno alla vicenda Molino. E tra la documentazione arrivata agli ispettori c'è l'intercettazione telefonica della conversazione tra Molino e l'avvocato Sbisà in cui si fa riferimento all'amicizia con Di Pietro. Anzi: si direbbe che «Tonino metterà tutto a posto».

Ielo, che viene interrogato per ultimo a metà novembre, si presenta agli ispettori con tutta la sua giovanile esuberanza. Ha ereditato da Tiziana Parenti l'inchiesta sui finanziamenti al Pci-Pds e la deputata di Forza Italia, presidente dell'Antimafia, ha detto per due volte che il Pool l'aveva abbandonata e che c'era scarsa attenzione nei confronti di questo filone d'inchiesta. Ielo naturalmente dissente dalla Parenti e anzi condivide la dura posizione espressa su «Repubblica» dal procuratore aggiunto Gerardo D'Ambrosio: l'ispezione sarebbe partita dal niente. Lo dice anche a Nardi che nel rispondergli sbotta: «Ma come? È venuto tante volte Catelani a lamentarsi e voi dite che noi ci facciamo strumento dei politici che vorrebbero aggredirvi?». (Ielo riferirà l'episodio a Catelani facendo scendere per alcune settimane il gelo tra il procuratore generale e gli ispettori del ministero.)

Un altro elemento di tensione con Ielo matura quando il discorso cade su un rapporto redatto da un ufficiale della Guardia di Finanza, il maggiore Aldo Lattanzi. Questo dossier è fatto di quattordici pagine. Dieci difendono il comportamento di elementi della GdF in rapporto con la Procura. Quattro attaccano pesantemente Borrelli e i suoi, accusandoli in particolare di non aver approfondito l'inchiesta sui finanziamenti al Pci-Pds e di avere talvolta usato la carcerazione preventiva a fini strumentali. Al procuratore capo di Milano Lattanzi consegna soltanto le prime dieci pagine, al ministro Biondi manda anche le ultime quattro. Gli ispettori naturalmente non sanno della doppia versione. Quando Ielo se ne accorge e corre a riferire a Borrelli, il procuratore accusa Nardi e i suoi di aver acquisito documenti coperti da segreto. In realtà gli ispettori non hanno acquisito niente, visto che il rapporto integrale è stato inviato al ministro. E dal ministro trasmesso all'Ispettorato, come Nardi riferirà al procuratore generale della Cassazione nell'inchiesta disciplinare contro Borrelli e i suoi di cui parleremo dopo. Ma il problema di che cosa gli ispettori possano o non possano leggere esplode disseminando schegge nei palazzi della giustizia e in quelli della politica.

Ielo racconta, Borrelli s'infuria

Fino al 1985 questo problema era stato risolto con la sospensione dell'inchiesta fino alla conclusione dell'attività coperta dal segreto. Se gli ispettori dovevano occuparsi di un pubblico ministero per irregolarità commesse durante lo svolgimento di una istruttoria, per non scontrarsi con il segreto investigativo aspettavano la fine del rito sommario. Questo atteggiamento apparentemente garantista penalizzava invece il magistrato inquisito che doveva continuare il lavoro sapendo che lo aspettava un'inchiesta e quindi in condizioni lontane dalla necessaria serenità. Tra l'85 e l'87 la Cassazione a sezioni unite decise che l'azione disciplinare dovesse essere promossa entro un anno dalla conoscenza del fatto. Ma si constatò subito che se l'intervento degli ispettori avesse aspettato l'esito delle indagini, l'anno sarebbe trascorso. Di qui la necessità di avviare subito l'inchiesta. E il segreto investigativo? Per evitare polemiche, l'Ispettorato decise che nel corso delle varie inchieste sarebbero stati acquisiti soltanto gli atti coperti da segreto che il magistrato inquisito avesse voluto spontaneamente consegnare. (Così accadrà a Milano e quando gli girerò le proteste di Borrelli, Nardi mi risponderà: «Non abbiamo acquisito una sola pagina senza il consenso del magistrato interessato. E ogni pagina acquisita porta sul retro il timbro di autorizzazione».)

Torniamo a Paolo Ielo. Il sostituto procuratore viene ascoltato a Roma il 17 novembre. Torna a Milano, riferisce a Borrelli, il procuratore s'infuria e il 21 novembre fa partire due lettere: quarantasei righe durissime rivolte a Giulio Catelani, proprio superiore gerarchico come procuratore generale in Milano, e una più lunga al presidente del Consiglio superiore della magistratura (cioè al capo dello Stato) per accompagnare copia della lettera inviata a Catelani e per protestare con molta energia contro l'ispezione ordinata da Biondi.

Nella lettera a Catelani, Borrelli denuncia che mai, nemmeno durante il Ventennio, è capitato che «l'innominata esplorazione degli ispettori, in una generica quanto improduttiva ricerca di responsabilità da addebitare a qualcuno, sollecitasse informazioni e possibilmente lagnanze da persone inquisite (che sembrerebbero scelte tra quelle che non chiedono di meglio), da loro difensori e sostenitori, da ufficiali di polizia giudiziaria attuali o passati nostri collaboratori, oltre che da colleghi o ex colleghi, e si serva altresì di documenti la cui provenienza è perlomeno sospetta».

Borrelli prosegue denunciando che la notizia di insistenze di Catelani per l'apertura dell'inchiesta («Lei, Eccellenza, che mai, dico mai, aveva ritenuto d'indirizzarci se non elogi...») «è cagione di amara delusione». Parla di «incidenza nefasta» dell'ispezione su inquisiti, testimoni e sugli stessi magistrati del Pool che «avrebbero necessità di tranquillità e di sostegno, mentre pesanti nembi sulle loro teste li costringono a occuparsi e preoccuparsi di rimemorare e documentare le ragioni di scelte, atti e passaggi processuali di tre anni di indagini, dissipando tempo ed energie per parare accuse pretestuose e futili». Secca e senza saluti la conclusione: Catelani smentisca i suoi interventi o li spieghi.

Perfino più clamorosa la lettera al presidente del Csm. Oltre a ripetere i rilievi all'ispezione già mossi nella denuncia a Catelani, il procuratore dice di non poter escludere che la prima parte dell'inchiesta ispettiva (svolta a Roma) si sia caratterizzata «per una impostazione politicizzante» e «per domande e acquisizioni documentali di dubbia correttezza». E segnala «le ricorrenti curiosità sul cosiddetto "fronte rosso" o sulle cosiddette "tangenti rosse", espressioni di giornalistica genericità, deplorevole in tecnici del diritto ma sintomatica di preconcetti ideologici».

Borrelli chiede al Csm istruzioni di comportamento in previsione della visita degli ispettori a Milano e in particolare chiede «di conoscere se, in presenza di anomalie penalmente rilevanti nella conduzione dell'inchiesta amministrativa, i magistrati del pubblico ministero assoggettati alla medesima e pertanto in virtuale conflitto d'interessi abbiano l'obbligo ovvero la facoltà ai sensi... di promuovere l'iscrizione delle notizie di reato nel registro di cui all'articolo...».

«Posso mettere gli ispettori sotto inchiesta?»

Il procuratore della Repubblica di Milano chiede in sostanza se può aprire un'indagine penale sugli ispettori mandati da Biondi a compiere un'inchiesta amministrativa su di lui e sui suoi colleghi, qualora i magistrati del Pool durante le loro deposizioni davanti a Nardi e ai suoi ravvisino comportamenti illeciti. È questa la famosa lettera che farà parlare a lungo di intimidazione di Borrelli nei confronti della commissione ispettiva e che procurerà a carico di quattro magistrati del Pool la richiesta di procedimento disciplinare. («La riscriverei così com'è» mi dirà sette mesi dopo Borrelli. «È molto rispettosa. A Palermo la Procura ha reagito molto peggio...»)

Mentre il 21 novembre la segretaria di Borrelli, signora Passaniti, archivia in un protocollo riservato le due lettere del procuratore, Nardi e i tre colleghi incaricati dell'inchiesta salgono di nuovo in via Arenula nell'ufficio di Biondi per annunciargli che l'indomani sarebbero partiti per Milano.

«Guardate tutto con attenzione» dice il ministro che ignora, al pari dei suoi interlocutori, l'iniziativa di Borrelli. «Se non trovate niente, io sarò un uomo felice...»

La mattina di martedì 22 Nardi è appena salito sul Pendolino per Milano che il grazioso omaggio del presidente delle Ferrovie Lorenzo Necci ai passeggeri del super rapido («Giornale, signore?») gli manda di traverso la colazione appena servita. Il «Corriere della Sera» pubblica infatti in prima pagina la notizia che il presidente del Consiglio Silvio Berlusconi è indagato dai giudici di Milano. Gli stessi che Nardi e i suoi dovranno incontrare a lungo nella programmata via crucis ispettiva.

Il Pendolino arriva puntuale alle 14. Gli ispettori lasciano i bagagli all'hotel Jolly President che sta vicino al palazzo di giustizia e alle 16 salgono in Procura accolti da uno stuolo di cronisti e telecamere e da un clima che Nardi definisce «di diffidenza e di malcelata ostilità».

Borrelli non c'è, sta a Bruxelles. Gli ispettori vengono ricevuti dal procuratore aggiunto Gerardo D'Ambrosio. Il colloquio viene registrato e si apre in un clima pesantissimo. D'Ambrosio esibisce subito la lettera che Borrelli ha mandato al Csm e che ventila, come abbiamo visto, anche la possibilità di incriminare gli ispettori. Nardi legge la lettera, ne capisce i messaggi, ne chiede copia e avvia l'interrogatorio. Il clima migliora gradatamente. D'Ambrosio si dice indignato per le accuse della Parenti sulla sottovalutazione dell'inchiesta sulle «tangenti rosse». Ed è furibondo perché su un foglietto trovato a un certo Ferrante, implicato nell'inchiesta, era scritto il numero accanto al nome di D'Ambrosio. Qualcuno immaginò che fosse un numero di conto corrente. In realtà era un numero di telefono. Di qui l'indignazione del procuratore aggiunto. Alla fine del colloquio, il rapporto tra D'Ambrosio e i suoi interlocutori sembra migliorato. Il procuratore aggiunto chiederà spontaneamente nei giorni successivi di essere sentito altre due volte.

L'indomani Nardi chiama Dinacci, gli dice che Borrelli non c'era, gli parla della lettera. «Mandamela» dice Dinacci. «Da dove?» chiede Nardi. «Chiedi di utilizzare il fax della Corte d'Appello.»

Quando il capo dell'Ispettorato legge la lettera, capisce che le grane sono soltanto all'inizio. «Si è molto discusso se la lettera di Borrelli fosse intimidatoria nei nostri confronti» mi dice Nardi. «Ma il problema è stato posto male. Non si trattava di stabilire se noi ci fossimo spaventati o no, ma se la lettera fosse obiettivamente intimidatoria. Quando un giudice deve valutare se il delitto di minaccia esista oppure no, decide senza chiamare il destinatario chiedendogli se si sia sentito minacciato. Nel caso della lettera di Borrelli, noi avvertimmo disagio più che intimidazione. Ma resta il fatto obiettivo.» E per spiegarsi meglio, Nardi ricorda un caso analogo che gli capitò a metà degli anni Ottanta, quando prestava servizio da poco all'Ispettorato generale. «Ci fu ordinata un'inchiesta sul procuratore generale di Roma Franz Sesti. Aveva disposto una perquisizione in piena notte alla sede centrale dell'Iri per cercare un documento che avrebbe potuto tranquillamente richiedere senza problemi. Durante l'interrogatorio, Sesti fece cadere nel discorso una frase di questo genere: guardate che sui magistrati fuori ruolo (come noi dell'Ispettorato) la titolarità dell'azione penale non è della Procura di Perugia, ma di quella romana. Ci ricordò in maniera indiretta che una eventuale nostra incriminazione sarebbe stata di sua competenza. Noi facemmo finta di non sentire. Ma tornati in sede, riferimmo al capo dell'ufficio, Carlo Consonni Folcieri, che inviò una relazione al Consiglio superiore. Sesti capì che sarebbe stato trasferito per incompatibilità ambientale e chiese di andare in Cassazione.»

«Dobbiamo denunciare Borrelli?»

Dopo il colloquio telefonico con Dinacci (anzi, le numerose chiamate che inseguono per l'intera giornata sul cellulare il capo dell'Ispettorato), Nardi e i suoi si riuniscono per decidere sul da farsi. Da tecnici del diritto, fanno subito una sottile distinzione. Se quella di Borrelli è una minaccia, è perseguibile a querela di parte. Noi non facciamo la querela e la cosa finisce qui. Ma se il procuratore di Milano si fosse macchiato di un abuso d'ufficio, sarebbe perseguibile comunque. La denuncia non è più una facoltà, ma un obbligo. I primi a conoscere il reato saremmo stati noi, si dicono gli ispettori, e allora potremmo essere perseguiti per omissione di atti d'ufficio. In ogni caso è un bell'impiccio. Alla fine prevale la linea moderata e gli ispettori decidono di soprassedere.

Il clima intanto si è fatto irrespirabile anche all'esterno del palazzo di giustizia. Cominciano a comparire cartelli contro gli ispettori e quando questi escono per andare al ristorante o per far ritorno in albergo vengono assediati dai giornalisti e da cittadini che gridano: «Che cosa volete dai giudici? Poca gente hanno arrestato finora...».

Il lavoro continua. Vengono interrogati per una volta Davigo e per due Colombo. Entrambi esibiscono la lettera di Borrelli. Viene interrogato per due volte Di Pietro ed è l'unico a non mostrare la lettera del capo né a richiamarvisi. Manifesta anzi nei confronti degli ispettori una grande affabilità immediatamente ricambiata. Un vecchio del mestiere come Nardi resta stupito dinanzi alla straordinaria organizzazione informatica del giovane e prestigioso collega. Gli incontri con Di Pietro avvengono mentre il pubblico ministero sta preparando la gigantesca requisitoria del processo Enimont. Ebbene, tutto il lavoro viene svolto da sei giovani ed entusiasti collaboratori che gestiscono al computer altrettante sezioni del processo. A Di Pietro resta soltanto il compito di collazionare il frutto di anni di lavoro raccolto in qualche dischetto e di organizzarne la spettacolare esposizione grafica. Nardi non può far a meno di ricordare la differenza con il povero Giovanni Falcone, che lavorava da solo alle monumentali istruttorie contro la mafia, isolandosi in cascine lontane e spandendo per terra o su appoggi improvvisati tonnellate di documenti scottanti.

Torna intanto Borrelli. Viene interrogato anche lui e naturalmente esibisce la sua lettera. Gli ispettori ascoltano parecchia altra gente: il presidente del tribunale di Milano, il Gip Padalino e il suo capo Blandini, il presidente del Consiglio dell'Ordine degli avvocati di Milano, Michele Saponara. Viene sentito un altro degli aggiunti di Borrelli, Ilio Poppa. Sua moglie, Maria Carmela Macchiarola, lavora nello studio dell'avvocato Enrico Allegro, uno dei tanti ex ufficiali della Guardia di Finanza passati alla libera professione come consulenti in un campo che conoscono benissimo. Ma l'avvocato Allegro è difensore del tenente Stolfo, un ufficiale in servizio della GdF che ha collaborato con il procuratore Poppa e oggi è inquisito dalla Procura. Gli ispettori vogliono chiarire il senso di queste connessioni.

È passata intanto una settimana e al mattino di martedì 29 le due donne del gruppo degli ispettori, Canale e Moleti, rientrano a Roma. Nardi e Koverech restano per gli ultimi interrogatori. Quello stesso giorno i due stanno interrogando per la seconda volta Ilio Poppa, quando un dispaccio dell'agenzia Ansa annuncia che il processo Cerciello è stato trasferito a Brescia. «Meno male, così cala la tensione» commenta istintivamente Nardi. E dice a Koverech: salutiamo Borrelli, chiediamo a Di Pietro ancora qualcosa sul suicidio del maresciallo Landi e domani partiamo per Roma. In macchina, stavolta, per portare anche le carte raccolte a Milano.

Uscito dalla stanza in cui ha interrogato Poppa, Nardi s'accorge che la sua previsione su un miglioramento di clima è un abbaglio clamoroso. Il capo delegazione e l'ispettore Koverech vengono assediati dalla pattuglia dei cronisti giudiziari: «Siete soddisfatti? La vostra ispezione ha portato a Brescia il processo Cerciello...». I due sbigottiti si rifugiano nella stanza di Di Pietro, vuota. Aspettano qualche minuto. Vedono che fuori della porta non c'è più nessuno. Percorrono a passo svelto l'interminabile corridoio che divide il Santuario dalle stanze del procuratore capo, entrano nell'anticamera di Borrelli. Vuota. Si affacciano nell'ampio studio del procuratore e vedono che Borrelli è sommerso dai giornalisti. Si accorge degli ispettori, sospende l'incontro con la stampa, li fa accomodare in una stanza vicina.

«Nardi, dovevi fare obiezione di coscienza»

«A questo punto» racconta Nardi «chiusa la porta, Borrelli perde il self control e comincia a gridare contro di me e contro l'ispezione. Lo conosco da quindici anni, abbiamo fatto insieme un lavoro enorme all'ufficio fallimentare, siamo stati sempre legati da grande stima e rispetto reciproci. E mi fa una certa impressione sentirlo gridare: non ti riconosco più, tu dovevi fare obiezione di coscienza, disubbidienza civile, dovevi comunque rifiutarti di fare questa ispezione su di noi. Cerco di calmarlo: zitto, di là ci sono i giornalisti. Alla fine ci abbracciamo.»

Mercoledì mattina, 30 novembre, Nardi e Koverech tornano a palazzo di giustizia per sistemare le carte e prepararsi alla partenza. Nardi va a salutare il procuratore generale Catelani con il quale ha avuto uno scontro all'inizio dell'ispezione. Lo trova affettuosissimo. «Ho un rapporto riservatissimo firmato anonimamente da "un gruppo di finanzieri"» dice il procuratore generale. «Me lo vuole esibire?» chiede Nardi. «No,» risponde Catelani. Poi ci pensa un po' su e dice a Nardi che il rapporto gli è stato consegnato dal generale Sergio Acciai, ispettore della Guardia di Finanza del Nord-Ovest. «Adesso lo chiamo.» Gli telefona, gli dice di venire a palazzo di giustizia subito e in borghese. A mezzogiorno Acciai «si presenta spontaneamente». Dice che non può far verbalizzare alcune sue dichiarazioni perché deve chiedere il permesso al Comando generale. Ma rivela a Nardi, fuori verbale, che in un pranzo all'inizio di agosto del '94 con alcuni alti ufficiali della Guardia di Finanza, Davigo e Colombo avrebbero detto: non ce l'abbiamo con voi, vogliamo arrivare a Berlusconi. (Acciai accetterà di ripetere questa dichiarazione a verbale nei mesi successivi.) Nel dossier consegnato a Catelani, la Guardia di Finanza lamenta il modo con cui la Procura di Milano ha condotto alcune indagini sui finanzieri, un giorno collaboratori fidati dei giudici, oggi inquisiti. È la tesi che sarà ripresa e sviluppata da Carlo Taormina, difensore di Cerciello.

Quando finisce l'incontro tra Catelani, Nardi e il generale Acciai, si son fatte le due del pomeriggio. Antonio Di Pietro consegna agli ispettori il fascicolo sul suicidio Landi, scusandosi di non averlo dato in anticipo. Nardi, salutando il personale dell'ufficio di Di Pietro, ha ancora modo di complimentarsi. Ricorda che nelle stanze del magistrato c'è l'archivio generale di Mani pulite. «Ma se tu te ne vai, qua che succede?» gli chiede di nuovo l'ispettore. Di Pietro risponde con una risata. È il 30 novembre 1994. Sei giorni dopo il magistrato si toglie per sempre la toga in diretta Tv.

12

Cinque inchieste intorno a Di Pietro

«Il suo declino è cominciato nel momento in cui ha cessato di stupire.» Antonio Di Pietro non tiene certo a mente questo giudizio di Paul Valéry su Napoleone Bonaparte quando domenica 27 novembre 1994 entra nella stanza del suo amico e collega Piercamillo Davigo. E deve parergli lontanissima la copertina dedicatagli il 16 settembre da «Panorama»: sotto il titolo «Ma dove punta Di Pietro?», il settimanale gli fa indossare i panni gloriosi di Napoleone nel celebre dipinto che lo ritrae a cavallo mentre conduce i suoi uomini alla vittoria di Arcole (Arcole, non Arcore) nella trionfale campagna d'Italia del 1796.

Sono passati quasi tre anni dall'arresto di Mario Chiesa e i giudici di Mani pulite hanno imparato a considerare scritte in nero sul calendario anche le date scritte in rosso, che sarebbero le feste comandate.

«Me ne vado. Lascio la magistratura» dice Tonino sedendosi davanti alla scrivania dell'amico. Davigo lo fissa esterrefatto, saltandogli addosso con lo sguardo che straripa dagli occhialini vezzosi da dottor sottile. «Sono stanco» continua Di Pietro. «Sono stanco e avverto un profondo disagio. Ormai ogni decisione viene interpretata in chiave politica. Se fai una cosa, protestano. Se ne fai un'altra protestano lo stesso. Basta.»

Davigo resta di stucco. Diversissimo da tutti gli uomini del Pool, Di Pietro si è molto legato a lui, gli chiede consigli, gli parla dei suoi provvedimenti, lo fa partecipe di confidenze e sfoghi. Ma niente gli faceva sospettare che il simbolo di Mani pulite, il condottiero del Pool, fosse vicino a una decisione così grave e drammatica.

Superato lo stupore, Davigo parte all'attacco. «Tonino, capisco il tuo stato d'animo. Le polemiche di questi giorni, l'arrivo degli ispettori non sono segnali incoraggianti. Ma se molli commetti un errore. Ricordi quando ti parlai della crisi con Francesco Di Maggio? Tu sai quanto mi sia caro. Eppure alla fine dell'85 vivemmo un momento difficile. Andammo insieme a Noto per un convegno che si intitolava "La mafia si pente. Strategia o sconfitta". Svolgemmo una relazione in cui sostenemmo che il titolo andava invertito: "La magistratura si pente. Strategia o sconfitta". Dovevamo pentirci di aver ritenuto che il nostro mestiere fosse diverso da come eravamo costretti a farlo, perché quando la soglia degli imputati si approssimava all'eccellenza, ecco che scattavano contromisure volte a delegittimarci. Su questo io e Di Maggio avemmo un dissidio. Lui ritenne che non fosse più possibile continuare il lavoro di magistrato in senso classico. Aveva fiducia negli organismi speciali. Se ne andò prima all'Alto commissariato antimafia, poi agli uffici dell'Onu a Vienna, poi ancora alla direzione generale delle carceri. Io decisi di restare. E dissi a Francesco che il nostro posto era lì, a fare le piccole cose quotidiane. Come dice Carnelutti, non esistono piccole e grandi cause, perché l'ingiustizia uccide a dosi omeopatiche. E allora basta fare il nostro lavoro in un certo modo. Eppoi bisogna stare attenti a cambiare incarichi. Ricordi sempre Di Maggio? Quando cercò di rientrare in magistratura dopo l'incarico all'Alto commissariato, ebbe difficoltà a reinserirsi e per questo andò a Vienna. Perché tu sai, Tonino, che in questo la magistratura è un po' come gli ordini monastici: se stai troppo tempo fuori dal convento, al ritorno ti fanno fare di nuovo un po' di noviziato, per essere sicuri che hai trovato l'umiltà richiesta...»

Parla Davigo. Parla a ruota libera al collega del Pool che gli è stato sempre più vicino. Svolge una intera requisitoria per dissuadere Di Pietro. Ma Tonino ha la testa da un'altra parte e quando Davigo gli chiede che diavolo di mestiere abbia intenzione di fare, gli risponde d'un fiato: «Non lo so, te lo giuro. Esco di qua e non ho più neanche lo stipendio. Non so come farò a guadagnarmi da vivere domani».

Davigo allora gli lancia una ciambella di salvataggio: «Intanto mettiti in ferie. Poi lascia che il Consiglio superiore ti consideri decaduto dalla magistratura. Se non presenti dimissioni formali potrai sempre decidere di rientrare...».

I due amici si riparlano l'indomani, lunedì e il giorno successivo martedì. Non dicono niente ai colleghi. Di Pietro non ha nessuna voglia di prendere l'iniziativa e Davigo spera in un ripensamento. Mercoledì 30 novembre, l'indomani della decisione della Cassazione (collegio a maggioranza progressista) di trasferire a Brescia il processo Cerciello, i due hanno un nuovo colloquio. Di Pietro va alla finestra. Nella fredda sera autunnale, duemila persone, con le bandiere della Lega unite a quelle di Rifondazione, manifestano al Pool la loro solidarietà gridando contro i «ladri di giustizia» che abitano a Roma. (Tre giorni più tardi diecimila persone – ventimila secondo Gianni Pilo – manifesteranno in piazza del Duomo a favore di Berlusconi.) Di Pietro guarda quella gente e dice di non sentirsela più di vivere tra fischi e applausi.

Finalmente, venerdì 2 dicembre, Di Pietro e Davigo si decidono a comunicare la decisione a Francesco Saverio Borrelli.

Il capo della Procura è riuscito a trattenere Di Pietro quando in maggio gli arrivò da Berlusconi l'invito a fare il ministro dell'Interno. «C'era stato anche un sondaggio del vicepresidente della Camera Ignazio La Russa per verificare la disponibilità di Davigo a fare il ministro della Giustizia» mi risponde Borrelli quando gli chiedo se abbia esercitato in quell'occasione pressioni psicologiche su Di Pietro. «Ne parlammo concordemente senza pressione alcuna. Convenimmo – come dice Davigo – che noi siamo come i guardialinee nelle partite di calcio: sventoliamo la bandierina per segnalare un fallo. Le parrebbe normale che a un certo punto entrassimo in campo per giocare?»

Borrelli riconosce che il Di Pietro che alla fine di novembre entra nella sua stanza per annunciargli le dimissioni è «un uomo logoro e stanco». Ma la sua reazione, dopo la sorpresa iniziale, è molto dura. Il procuratore ricorda al celebre sostituto i suoi doveri nei confronti delle inchieste che sta portando avanti e dello stesso Pool che negli ultimi tre anni è riuscito a dare una immagine di grande compattezza. Alla fine di novembre, la Procura di Milano sta vivendo i suoi momenti più difficili. La decisione di trasferire il processo Cerciello a Brescia è considerata dal Pool un affronto. C'è poi l'ispezione ministeriale in corso.

«Non aspetto il processo a Berlusconi»

Quando il suo procuratore gli ricorda che deve portare avanti il caso Berlusconi fino al dibattimento, Di Pietro dice che non se la sente di aspettare i due anni necessari. Borrelli suggerisce «una uscita graduale, una dissolvenza di qualche mese». Vuole che Di Pietro conduca almeno l'interrogatorio al Cavaliere. Ma l'eroe di Mani pulite taglia corto: «Me ne vado prima». Alla fine del colloquio, quando Borrelli non esita a parlare di tradimento, Di Pietro esplode: «Allora resto se me lo ordini tu». Ma la questione in questi termini è evidentemente improponibile.

Il procuratore aggiunto Gerardo D'Ambrosio non è in ufficio. Si trova nella sua città d'origine, Napoli, dove giovedì 1° dicembre si è sposata una nipote. E ha deciso di rimanere l'intero fine settimana «per passeggiare a Mergellina e godermi Napoli finalmente da turista». Ma la cattiva notizia è in agguato.

Venerdì 2 dicembre, subito dopo aver parlato con il suo sostituto, Borrelli lo chiama: «Di Pietro vuole andarsene». Il procuratore aggiunto lascia con un sospiro Mergellina e torna di corsa a Milano. D'Ambrosio e Di Pietro sono molto diversi. Il primo non si offende nemmeno quando lo chiamano «toga rossa»: è un vecchio giudice di sinistra di formazione tradizionale e di indiscussa capacità che si trova a maneggiare processi-bomba dai tempi di piazza Fontana (sua la decisione di scagionare Luigi Calabresi dalle responsabilità per la morte dell'anarchico Pinelli: ma ai terroristi che ammazzarono il commissario questo non bastò). Ha visto cadere sotto le pallottole delle Brigate rosse i colleghi Emilio Alessandrini e Guido Galli. Ha un cuore trapiantato dal 9 luglio del '91 e quando gli ricordo che qualcuno voleva ammazzarlo, commenta: «Mia moglie è morta, mia figlia ormai lavora. Ho fatto la mia carriera, morire a letto o per strada non fa una grande differenza».

Di Pietro ha una formazione culturale (e ideologica) completamente diversa. È un assoluto outsider della Procura e ne ha sconvolto i ritmi (e i risultati) con la sua straordinaria capacità organizzativa e investigativa. «Ho visto raramente un uomo così resistente alla fatica fisica» mi racconta D'Ambrosio. «Un uomo di qualità eccezionali e di straordinaria attitudine al comando. Ho sempre sognato un ufficio come quello messo su da Di Pietro. Faceva lavorare quattordici ore al giorno – e spesso senza straordinari – gente che per lui si sarebbe buttata nel fuoco. Guardavo strabiliato quest'uomo che riusciva a far entrare in ufficio alle sette del mattino gli impiegati dello Stato. Negli ultimi tempi stava perfino migliorando il suo italiano. Insomma avevo per Tonino affetto e ammirazione.» D'Ambrosio dunque rientra in ufficio all'una del pomeriggio di sabato 3 dicembre. Chiama Di Pietro che sta lavorando alla requisitoria del processo Enimont fissata per il lunedì successivo. «Mi trovo davanti un uomo irremovibile. La decisione è ormai presa.»

Quella sera stessa, Emilio Fede, conducendo il Tg4, legge un biglietto «anonimo» in cui sta scritto che «il giudice Di Pietro avrebbe deciso di lasciare la magistratura e avrebbe già pronta la lettera di dimissioni». Poi strappa il foglio in diretta. Prendendo la linea poco dopo, Gianfranco Funari, che non lo ama, commenta: «Ma che fa? Lancia il sasso e ritira la mano?».

E invece Fede ci azzecca. Lunedì 5 dicembre, mentre Di Pietro inizia la sua requisitoria al processo Enimont e Sergio Cusani presenta un memoriale accusando il magistrato di frequentare inquisiti, a palazzo di giustizia la notizia delle sue dimissioni circola con insistenza sempre maggiore e di fatto non viene smentita dal Pool.

«Lascio, con la morte nel cuore...»

Martedì 6 dicembre Di Pietro entra nell'aula del processo Enimont alle dieci e mezzo. Raccontano sul «Corriere» Goffredo Buccini e Fabio Cavalera: «Oggi sono venuti tutti: sono tornati i ragazzini delle scuole che si ammassano alle transenne; i vecchietti che gli hanno portato da autografare il suo libro sulla Costituzione. Lui un po' arruffato, senza cravatta, passa veloce...».

Comincia l'arringa e quando parla di Craxi lo interrompe un segretario di Borrelli. Ha una busta. Di Pietro la apre sotto i riflettori. Impallidisce. «C'è Scalfaro che vuole parlarti subito.» Lascia l'aula, sale nell'ufficio di Borrelli, prende il telefono. «È sicuro della sua decisione?» gli chiede il capo dello Stato. «Presidente, non ce la faccio più.»

Nel primissimo pomeriggio, Di Pietro consegna ad alcuni giornalisti la lettera di dimissioni. Interrompiamo i programmi con una edizione straordinaria del Tg1. Trasmettiamo le immagini del processo Enimont in diretta. Di Pietro parla accalorato come sempre, suda, ma sembra una udienza normale. Maurizio Losa legge la lettera di dimissioni: «Mi sento usato, utilizzato, tirato per le maniche, sbattuto ogni giorno in prima pagina sia da chi vuole contrappormi ai suoi nemici, sia da chi vuole così accreditare un inesistente fine politico in ciò che sono le mie normali attività... Sperando. . che senza di me... le passioni si plachino..., lascio l'ordine giudiziario senza alcuna polemica, in punta di piedi... con la morte nel cuore e senza alcuna prospettiva per il futuro».

In aula Di Pietro non dice niente. La telefonata di Scalfaro è valsa forse a evitare un pubblico e clamoroso commiato. Ma alle 16.43, finita la requisitoria, Di Pietro si toglie la toga. In diretta televisiva, consegna anche questo gesto estremo a quelle telecamere che in tre anni hanno trasformato il «contadino» di Montenero di Bisaccia nell'Uomo della Provvidenza: al cui confronto, con rispetto parlando, il Duce era un dilettante allo sbaraglio.

Racconta su «La Stampa» Paolo Guzzanti: «Si libera della toga con un gesto ampio, da torero. E rapido, come se, una volta libero, ne temesse il contatto...».

Nella diretta televisiva, ritrasmettiamo quel gesto cento volte, analizzandolo istante per istante come non ha mai fatto una moviola calcistica e consegnandolo alla storia moderna di questo Paese.

Chiede a Guzzanti una collega norvegese: «Perché si è dimesso? Come posso spiegarlo ai lettori del mio Paese?».

Piercamillo Davigo motiva il gesto con una sorta di indignazione istituzionale dell'eroe ferito: «Noi abbiamo fatto nostro l'antico motto del regolamento di disciplina militare: senza timore, senza speranza. Lavoriamo non per timore di una punizione o per speranza di una ricompensa, ma per la coscienza di un atto da compiere. In un altro Paese, Di Pietro sarebbe stato insignito di onorificenze importanti. Qui hanno aperto una inchiesta per sapere come mai ha segnalato tardi all'autorità competente il procedimento a carico di un cancelliere, quando questa autorità era il tribunale che lo aveva giudicato. Allora c'è da chiedersi: in che Stato viviamo? Per restare in ambito militare, se il comandante di reggimento controlla che le uniformi dei soldati pronti per la parata siano in ordine, fa il suo dovere. Ma se va a controllare le uniformi della pattuglia che rientra da una esplorazione notturna, costringerà la pattuglia a badare la prossima volta più all'uniforme che ai risultati dell'esplorazione... Dove sono le commissioni amministrative d'inchiesta sulla pubblica amministrazione? Dove sono i provvedimenti contro i dipendenti infedeli? Io non mi sento un corpo estraneo a questo Stato o un contropotere. Ma nelle leggi di questo Stato c'è scritto che i pubblici ufficiali non possono vendersi. E invece che succede? Che l'inchiesta la fanno su di noi. Allora può capitare che uno dica basta, me ne vado».

Cossiga: «Le dico per la prima volta perché se ne è andato...»

Nei nostri colloqui, Borrelli e D'Ambrosio, Davigo e Colombo attribuiscono tutti al trasferimento a Brescia del processo Cerciello e all'avvio dell'ispezione ministeriale gran parte delle responsabilità per la decisione di Di Pietro. Ma il provvedimento della Cassazione su Cerciello è di martedì 29 novembre, mentre il primo annuncio di Di Pietro a Davigo è di domenica 27. E se certo il magistrato non deve aver accolto con gioia l'arrivo degli ispettori ministeriali, abbiamo visto che è stato l'unico a non esibire la lettera di Borrelli e a manifestare fin dal primo incontro la volontà di collaborare all'inchiesta.

Non esiste una sola dichiarazione di Di Pietro che leghi il suo gesto alle ispezioni. Anzi. Mi dice Biondi: «Vengo a sapere dell'intenzione del magistrato di dimettersi nella tarda mattinata del 6 dicembre. Partecipo con Scalfaro a una cerimonia presso la scuola della polizia penitenziaria. Verso mezzogiorno, il presidente viene informato da uno dei suoi collaboratori che Di Pietro ha scritto una lettera di dimissioni. Dico a Scalfaro che l'avrei chiamato e lo faccio nel pomeriggio attraverso la batteria del ministero dell'Interno. Di

Pietro è irraggiungibile e mi richiama lui verso le 19.30. Faccio appello a tutta la retorica di cui sono capace e gli dico: caro Di Pietro, non ci si può dimettere da un mito, la gente ci resterebbe male. C'è poi il rischio che il suo gesto venga collegato alle ispezioni ministeriali in corso e sarebbe antipatico. Di Pietro conferma la sua decisione, ma mi tranquillizza: non ho ricevuto nessuna pressione, signor ministro. L'ispezione non c'entra: io sono stato corretto con gli ispettori e loro lo sono stati con me. Ho appena chiuso il telefono che parte la sigla del Tg2 e veniamo travolti dalle notizie secondo cui le ispezioni sono state il colpo decisivo per l'annuncio di Di Pietro. Richiamo il magistrato: ha visto che roba? E lui: non è vero niente. Io: mi autorizza a dire che lei la pensa così? Lui: va bene. Alla telefonata assistono il mio capo di gabinetto Gianfranco Tatozzi, il suo vice Francesco Mele e mia moglie che è venuta a prendermi. L'indomani parto per New York dove debbo parlare all'Onu sulle conclusioni della Conferenza di Napoli sulla criminalità. Naturalmente, appena arrivo in albergo, trovo grappoli di giornalisti e telecamere: Di Pietro ha negato di aver chiamato lui. E infatti ho chiamato io. Ma i giornali interpretano la dichiarazione come una smentita del magistrato alle mie dichiarazioni. Il mattino dopo vengo svegliato alle cinque in albergo dalla batteria del Viminale: è Di Pietro. Ha letto i giornali e mi assicura che hanno travisato le sue dichiarazioni. Lo prego allora di mandarmi una lettera di chiarimento».

La lettera, che finora Biondi aveva mantenuto riservata, porta la data del 9 dicembre e dice: «Continuo a sentire distorsioni (tra le tante) della telefonata intercorsa tra noi l'altra sera. Eppure noi siamo stati molto chiari: dopo aver appreso di essere stato da Lei cercato nel pomeriggio, ho provveduto a richiamarLa in serata e certamente il nostro colloquio è stato cordiale e sereno. Ho ripetuto anche a Lei quanto avevo scritto al mio Procuratore Capo e che questa mattina ho ribadito al Signor Capo dello Stato: con il mio gesto ho sperato (e spero ancora) di riportare serenità. Non ho doppi fini né ambizioni politiche da coltivare. Non intendo sollevare polemiche con alcuno, né all'interno né all'esterno della Magistratura (e quindi nemmeno con gli ispettori ministeriali). Lascio la Magistratura perché ho avvertito (e il clamore di questi giorni mi convince ancora di più) le strumentalizzazioni che si stanno facendo sulla mia persona e sul mio ruolo di magistrato. Nella speranza che al più presto si spengano per me le luci, colgo l'occasione per augurare a Lei e alla Sua famiglia un sereno Natale».

Nell'estate del '95, Biondi ha consegnato questa lettera a Fabio Salamone che indaga sui retroscena delle dimissioni di Di Pietro.

Quello del simbolo di Mani pulite non sembra, francamente, un grido di dolore contro i soprusi ministerial-berlusconiani. Se voleva protestare contro il trasferimento del processo Cerciello a Brescia o contro le ispezioni perché non l'ha detto chiaramente?

Perché non l'ha detto a Scalfaro? E, soprattutto, perché non l'ha scritto nella lettera a Borrelli che di fatto è una lettera agli italiani? Perché si è limitato a dire «mi sento usato, utilizzato, tirato per le maniche»? Ottenendo il sostegno di Davigo: «Dai fischi mi protegge la legge sulle guarentigie, dagli applausi nessuno». E l'ironia di D'Ambrosio: «Mi fa ridere Di Pietro quando dice di essere stato tirato per la giacca. Quale magistrato non lo è stato in un processo con risvolti politici?».

Allora, perché Di Pietro si è dimesso? «Non mi ha mai anticipato una scelta del genere. Né mai mi ha chiesto consigli su questo punto,» mi dice Francesco Cossiga «ma poi è venuto affettuosamente a darmi ragione delle sue decisioni.» È stato ricattato? «Non me lo ha mai detto e non mi pare uomo che subisca ricatti.»

L'ex capo dello Stato è l'interlocutore più autorevole e paterno che Di Pietro abbia avuto negli ultimi anni. Aggiunge: «Dispiacerà molto a Borrelli quello che sto per dirle, anche perché non l'ho mai detto e lei è la prima persona a cui lo dico. Ma immaginando che prima o poi l'avrei detto il procuratore capo di Milano, che io non avevo mai conosciuto, un giorno mi coprì d'insulti dicendo che io ero bugiardo come Berlusconi e Previti...». Di Pietro come le ha spiegato le sue dimissioni? «Dai discorsi che mi ha fatto, io ho sempre capito che lui ha lasciato il Pool perché non era d'accordo con le forme dell'inquisizione nei confronti del presidente del Consiglio dei ministri...»

Che significa non essere d'accordo sulle forme? «Credo che non abbia condiviso l'avviso di garanzia e credo anche che abbia avuto il timore che il Pool volesse esporlo in prima persona, volesse presentarlo come il Vendicatore, lo Sterminatore, il Giustiziere della Notte. E lui non si è prestato a questo ruolo di giustiziere.»

Questo mi dice Francesco Cossiga in un caldo mattino dell'estate '95. E c'è da giurare che riferisca con assoluta fedeltà l'opinione del suo inquieto e autorevole protetto. Di Pietro segnala dunque due circostanze: non avrebbe condiviso l'invito a comparire a Berlusconi e non ha accettato il ruolo di Vendicatore che il Pool avrebbe voluto attribuirgli. Il primo punto lascia perplessi: se Di Pietro non condivideva l'avviso di garanzia a Berlusconi, perché lo ha preparato personalmente? Perché, se desiderava dissociarsene sia pure con la necessaria discrezione, non ha lasciato che se ne occupassero gli altri? Si è sentito in dovere di farlo? Si è pentito d'averlo fatto? Il secondo punto può essere nettamente distinto dal primo. Nessuno discute sul fatto che il Pool senza Di Pietro sia cosa assai diversa dal Pool con Di Pietro.

«La sua sovraesposizione aveva raggiunto un peso intollerabile» mi dice Gherardo Colombo. «Ma non c'è dubbio che l'immagine di Di Pietro trascinasse da sola molto dell'indagine.» È dunque verosimile che al giudice questo ruolo di Vendicatore – come dice Cossiga – non piacesse più. Che se ne fosse stancato. Che non volesse prestarsi a strumentalizzazioni politiche ormai determinate dal livello stesso raggiunto dall'indagine. Paradossalmente, Di Pietro può aver condiviso l'inchiesta su Berlusconi (ma perché a Cossiga avrebbe detto una cosa non vera?) e al tempo stesso può aver rifiutato il ruolo di Giustiziere che rendeva assai più facile la vita (e le indagini) del Pool. (È anche possibile che dopo il lungo colloquio con Salamone dell'estate '95 Cossiga abbia una diversa visione delle cose.)

Una sera, Berlusconi a «Tempo reale»...

Di Pietro lascia definitivamente la magistratura lunedì 3 aprile, quattro mesi dopo l'annuncio del 6 dicembre.

Prima di allora (e anche dopo), il magistrato si muove come una trottola. Incontra ripetutamente Scalfaro e la Pivetti, leader politici di vari partiti (prevalentemente del centrodestra, ma riceve una offerta anche da Prodi), grandi imprenditori (Gianni Agnelli). Firma un contratto ben remunerato con l'università di Castellanza e martedì 14 marzo fa il suo ingresso in società avviando con un editoriale («Come uscire da Tangentopoli») la sua collaborazione a «La Stampa». Ma un giornale solo, sia pure diffuso e autorevole, viene giudicato da Di Pietro un veicolo di comunicazione insufficiente. Così la settimana successiva debutta anche su «Repubblica» e più tardi diventa addirittura «garante del lettore» di uno sfortunato quotidiano popolare, il «Telegiornale» di Gigi Vesigna, che chiuderà dopo poche settimane di vita. All'inizio, Di Pietro appare nel ruolo che lo ha reso popolare: il cittadino semplice, giusto e onesto che si trova tanto a disagio appena sente odore di Palazzo. («Non mi intendo di politica,» scrive su «Repubblica» il 22 marzo, «non riesco a far parte di alcuno schieramento politico e ogni giorno rabbrividisco al fatto che presto o tardi sarò chiamato di nuovo alle urne e anche questa volta non saprò come comportarmi.»)

Un colpo al cerchio, uno alla botte. I colleghi del Pool ogni mattina sfogliano i quotidiani come si fa con le carte da poker. «Nessuno di noi» mi diranno Colombo e Davigo «aveva avuto il coraggio di chiedergli se sarebbe entrato in politica. Eravamo terrorizzati dal rischio che si ripetesse l'esperienza di Tiziana Parenti.» A proposito, non l'avevate lasciata un po' sola? E Davigo: «Per non ritrovarsi soli, bisogna essere disposti a lavorare in gruppo. Ricorda quel detto inglese sulla Manica in tempesta? Il continente è isolato...». (Replica la Parenti: «Mi hanno sempre tenuto lontana dal resto del processo. Non mi hanno mai consentito l'accesso alle loro fonti. Loro si occupavano soltanto di Mani pulite e io dovevo occuparmi anche dei turni in carcere, di omicidi, di criminalità organizzata. Scrissi a Borrelli nel novembre del '93: consentitemi di lavorare con voi oppure, se non condividete la mia impostazione, ritiratemi la delega. Non ho mai avuto risposta».) Insomma, temevate che Di Pietro una bella mattina vi facesse leggere l'annuncio del suo ingresso in politica. «Più che un timore nostro, era un timore suo. Il timore che noi potessimo pensarlo. Lui ci disse al momento delle dimissioni: non faccio nulla, nel senso che non ho nessuna proposta. Se mai farò qualcosa non sarà mai niente che possa menomare l'indipendenza del lavoro che ho fatto. Io sono uomo delle istituzioni, non uomo di parte. Questo concetto ce lo ha ripetuto molte volte.»

Nei quattro mesi successivi alle dimissioni di dicembre, insomma, tra Di Pietro e i suoi colleghi si respira quell'aria di attesa anomala e irreale che precede di pochi minuti un terremoto. E il terremoto arriva via etere la sera di Giovedì Santo, 13 aprile 1995. Invitato da Michele Santoro a «Tempo reale», Silvio Berlusconi rivela: «Di Pietro firmò di malavoglia l'avviso di garanzia contro di me, me l'ha detto lui». Rintracciato al telefono, Di Pietro si limita a una risposta ambigua: «Nessuno mi ha mai obbligato a firmare cose che non condividessi». Furiosa la reazione di Borrelli: «Sono amareggiato e deluso, Di Pietro ha smentito troppo poco. Parole troppo blande le sue, rispetto a quanto ha detto Silvio Berlusconi in televisione». E incontrando i giornalisti ricorda la «colpevole defezione» del suo sostituto. Di Pietro cerca di mettere una pezza con un editoriale su «La Stampa» di Sabato Santo, 15 aprile («Quante inutili polemiche»). Ma il risultato non migliora. Il malessere di Borrelli contagia anzi gli altri colleghi del Pool i quali scoprono due cose: Di Pietro ha incontrato Berlusconi, e questo è già un durissimo colpo. Eppoi ha preso le distanze da un provvedimento giudiziario contro il presidente del Consiglio che invece l'ha visto protagonista.

Il martedì di Pasqua, in casa di Colombo...

La mattina del martedì di Pasqua, Colombo e Davigo chiamano Di Pietro sul cellulare e lo invitano a cena per la sera stessa. L'indirizzo è in viale Piave, zona Porta Venezia, nel palazzo liberty in cui abita Gherardo Colombo. Di Pietro si presenta con una colomba pasquale e una bottiglia di spumante. La cena comincia alle 20.30 e va avanti per meno di tre ore. Borrelli siede a capotavola. Alla sua destra c'è D'Ambrosio, alla sua sinistra Davigo. Di Pietro siede accanto al suo amico Davigo e ha di fronte il padrone di casa. La moglie di Colombo, Alessandra, riceve gli ospiti, poi scompare con la bimba piccolissima da portare a letto. Lascia pronta la cena: pasticcio di lasagne ai funghi, arrosto di vitello («Questo piatto è stato eccessivamente lodato» si schermisce Colombo), gelato alla crema. Si chiude con la colomba di Di Pietro. Il clima è tutt'altro che festoso. E quando Antonio taglia il suo dolce, il chiarimento atteso dal Pool non è arrivato. «Sì, non c'è stato» conferma Colombo. «La cena era all'insegna del "ma noi ci vogliamo tanto bene" e tra persone che si vogliono tanto bene non si fanno domande spiacevoli.» «Sul piano umano, ci siamo confermati l'amicizia di sempre» mi dice Borrelli. «Antonio teneva molto a mostrarsi equidistante. Non so se il suo desiderio di non volersi sbilanciare verso nessuna formazione politica lo abbia sconsigliato dal dare chiarimenti.»

I colleghi non dimenticano che Di Pietro ha scritto lui l'invito a comparire per Berlusconi. «Non eravamo dunque contenti delle speculazioni che erano nate sul suo dissenso» mi dice D'Ambrosio. «Così Antonio ci è sembrato reticente. Perché? Non lo so. E un giorno mi farebbe piacere sapere sul serio che è successo.»

Nei giorni successivi, la situazione diventa perfino più imbarazzante. «L'Espresso» sostiene che per due volte, il 15 e il 18 aprile, Di Pietro nega con i cronisti del settimanale di aver incontrato Berlusconi. Ma il giornale è appena apparso in edicola, il 21 aprile, che il magistrato smentisce l'articolo, confermando di aver incontrato il Cavaliere. È un colpo durissimo per tutti i giornali (la maggioranza) che per otto giorni hanno coltivato la segreta speranza della perdita di credibilità di Berlusconi all'immediata vigilia delle elezioni regionali.

Pochissimi sanno peraltro che da almeno sei mesi il simbolo di Mani pulite è turbato da problemi che non investono né i suoi rapporti con il Pool né quelli con Silvio Berlusconi.

La denuncia presentata da Sergio Cusani contro di lui nell'autunno del '94 per supposte scorrettezze professionali non ha avuto seguito. L'11 novembre il pubblico ministero di Brescia, Guglielmo Ascione, competente a giudicare, non vi ha ravvisato elementi penalmente rilevanti. Niente nemmeno sotto il profilo disciplinare: il 16 novembre Ugo Dinacci, capo degli ispettori ministeriali, propone l'archiviazione, e Biondi archivia.

«Il portiere mi consegna una busta bianca...»

Da almeno un paio di settimane, peraltro, Dinacci ha un altro problema. «A fine ottobre» mi racconta «il portiere della mia abitazione di via San Godenzo mi consegna come sempre la posta. Tra lettere e stampe c'è una busta bianca grande con affrancatura ordinaria e timbro postale di Milano. All'interno, un dossier contro Antonio Di Pietro.»

Il dossier si compone di due parti, entrambi in fotocopia. Cinque pagine scritte a mano da Giancarlo Gorrini e un voluminoso allegato dattiloscritto di trenta cartelle. Anonimo. Gorrini è un signore piemontese poco più che sessantenne a suo tempo patron di una importante compagnia di assicurazioni, la Maa, alla quale secondo i giudici avrebbe prodotto con spettacolari giochi contabili buchi per molte decine di miliardi. La conseguenza è stata una condanna per appropriazione indebita e falso in bilancio. Che scrive Giancarlo Gorrini? Scrive tra l'altro due cose che non giovano certo all'immagine di Antonio Di Pietro. La prima: attraverso il suo braccio destro Osvaldo Rocca ha prestato nel 1989 al magistrato milanese 120 milioni: cento servivano alla ristrutturazione della casa che Di Pietro occupa a Curno con la sua seconda moglie Susanna Mazzoleni e i figli del nuovo matrimonio, venti all'acquisto di una Mercedes usata. La seconda notizia segnalata da Gorrini è un esplicito intervento di Di Pietro su di lui per ripianare i debiti di gioco di Eleuterio Rea. Rea, comandante dei vigili urbani di Milano, è amico di Di Pietro da quando comandava la Digos milanese e Di Pietro faceva il commissario di polizia. Giocatore impenitente alle corse di cavalli, ha perso negli anni molte centinaia di milioni.

Vengono inoltre riprese ed elaborate alcune delle notizie pubblicate il 17 luglio '93 dal settimanale «Il Sabato». Nel dossier curato dal cronista giudiziario Roberto Chiodi per il settimanale cattolico, la storia professionale di Di Pietro e le sue amicizie vengono analizzate con cura radiografica. Si parte dal 1984 e dal giudizio poco lusinghiero sul magistrato che il suo capo alla Procura di Bergamo, Giuseppe Cannizzo, invia al Consiglio superiore della magistratura:

«Disponibilità a trattare direttamente con i confidenti sostituendosi alla polizia giudiziaria, metodo eccessivamente inquisitorio nella conduzione delle indagini, protagonismi non sempre corretti.» E si arriva alle frequentazioni milanesi con personaggi tutti successivamente coinvolti in inchieste giudiziarie: da Claudio Dini, presidente della Metropolitana Milanese, a Giancarlo Gorrini, a quelli che saranno i «collettori di tangenti» per la Dc e il Psi, Maurizio Prada e Sergio Redaelli. Chiodi, infine, definisce «amici del cuore» di Di Pietro due personaggi di cui si parlerà spesso negli anni successivi: l'avvocato Giuseppe Lucibello, che difenderà clienti illustri di Tangentopoli, e l'immobiliarista Antonio D'Adamo che sarebbe stato invitato dal magistrato, al pari di Gorrini, a ripianare i pesantissimi debiti di gioco di Eleuterio Rea.

Quando «Il Sabato» pubblica il dossier di Chiodi, Di Pietro riceve da ogni parte una solidarietà incondizionata. E più d'uno vede nell'iniziativa del settimanale la «manona» di Bettino Craxi: nel settembre dell'anno precedente il segretario del Psi aveva annunciato un poker d'assi contro Di Pietro, poi abortito. E quando gliene chiedo la ragione, nel nostro lungo incontro ad Hammamet dell'estate '95, come vedremo nel prossimo capitolo, Craxi parla di una richiesta di Amato e Parisi e della successiva scarcerazione per opera di Di Pietro dei due dirigenti socialisti allora in carcere, Claudio Dini e Loris Zattra.

Non è una buona giornata, dunque, per Ugo Dinacci quella in cui apre la grande busta bianca con la posta di Gorrini. Porta il documento in ufficio e ne parla come sempre col suo braccio destro, Domenico De Biase. Chi ha inviato quel dossier a Dinacci? «Con De Biase si fanno ipotesi» mi racconta il capo degli ispettori. «Chi può avere interesse a rivelare certe cose su Di Pietro? Forza Italia? Previti? La Guardia di Finanza?» De Biase sostiene invece che Dinacci gli fa seccamente il nome di Previti come mittente e «Panorama» del 16 giugno ne sposa in pieno la tesi dicendo che il dossier è partito dal gabinetto del ministro della Difesa. «Puzza di servizi segreti» dichiara De Biase al settimanale. Provocando una furiosa smentita di Previti.

«Spazzatura, è solo spazzatura»

«Irrilevante» è il commento di De Biase quando legge il dossier. «Spazzatura» conviene Dinacci. «Robaccia» dice Biondi alle prime parole del racconto di Dinacci. E quando il capo dell'Ispettorato estrae il dossier dalla borsa per mostrarlo al ministro, questi lo ferma con un gesto. Dinacci ha ricevuto il dossier in via privata e a casa? Allora, convengono i due, è inutile protocollarlo.

Martedì 22 novembre, Dinacci riceve una telefonata del ministro Previti, che gli chiede un incontro riservato. Mi racconta il capo dell'Ispettorato: «Sono assenti da Roma sia il ministro della Giustizia Biondi sia il suo capo di gabinetto Tatozzi. Non riesco a consultarli e accetto di incontrare il responsabile della Difesa nel suo studio privato di via Cicerone». Previti è rientrato in anticipo da un breve viaggio in Spagna, come abbiamo visto nel primo capitolo, richiamato dal botto provocato dalla pubblicazione sul «Corriere» dell'invito a comparire inviato dal Pool a Silvio Berlusconi. Già al mattino ha telefonato a Dinacci per segnalare questa gravissima scorrettezza. Successivamente lo richiama per chiedergli un incontro che avviene nel tardo pomeriggio dello stesso giorno.

«Prima di chiamare Dinacci,» mi racconta il senatore Previti «ricevo una telefonata di Paolo Berlusconi. Mi dice che Giancarlo Gorrini vuole essere sentito dagli ispettori ministeriali per parlare di Di Pietro. Attento, Paolo, gli dico. Non vorrei che quello andasse in giro a dire cavolate. Insomma, che devo fare?, mi chiede Paolo. Oh, senti – gli rispondo – se ci vuole andare, ci vada. Oggi vedo Dinacci e glielo anticipo.» Dinacci ascolta la segnalazione del ministro della Difesa e non gli dice di aver ricevuto già un dossier attribuito a Gorrini e liquidato come «spazzatura».

Rientrato in ufficio, il capo dell'Ispettorato chiama come sempre De Biase, gli racconta dell'incontro con Previti e quando l'indomani puntualmente Gorrini telefona per chiedere di essere ascoltato, chiede allo stesso De Biase di prendere a verbale l'imprenditore.

Giancarlo Gorrini, detto «il babbo», si presenta puntuale alla portineria di via Gregorio VII alle tre del pomeriggio di mercoledì 23 novembre. Un carabiniere lo accompagna nell'ufficio di De Biase che prende a verbale le dichiarazioni in cui l'ex presidente della Maa Assicurazioni conferma di aver prestato a Di Pietro, attraverso il suo collaboratore Osvaldo Rocca, i 120 milioni per ristrutturare la casa di Curno e comprare una Mercedes usata.

Sulla vicenda dei debiti di gioco di Rea, Gorrini è prodigo di particolari. Racconta che Di Pietro ha partecipato nel '90 a una cena a casa del suo amico immobiliarista D'Adamo, insieme con Gorrini, il suo braccio destro Rocca, Prada e Redaelli (noti successivamente come collettori di tangenti per Dc e Psi), il comandante dei vigili Rea e addirittura il sindaco di Milano, Pillitteri. Secondo Gorrini, Di Pietro in questa occasione avrebbe chiesto a Gorrini e D'Adamo di dividersi la somma (600 milioni) per ripianare i debiti di gioco di Rea. Altrimenti, avrebbe detto, che figura facciamo con Pillitteri che è stato lo sponsor della nomina di Rea a comandante dei vigili urbani? Insomma un siluro in piena regola per l'eroe di Mani pulite.

De Biase verbalizza tutto. L'indomani (o il giorno successivo) avviene una telefonata tra Cesare Previti e Antonio Di Pietro. I due si conoscono dal maggio precedente, quando Berlusconi stava formando il governo. C'era il grosso problema del ministero dell'Interno: Bossi lo rivendicava per la Lega, Scalfaro faceva pressioni su Berlusconi per evitare in ogni modo che questo avvenisse. Si ipotizzò addirittura di nominare due ministri: un ministro di polizia e uno delegato a sovrintendere agli enti locali, ma poi la soluzione sembrò abnorme e non se ne fece niente. «E se Di Pietro accettasse di fare lui il ministro?» propose Berlusconi a Bossi per uscire dal guado. Bossi non amava il simbolo di Mani pulite: non gli perdonava in particolare di averlo associato a Tangentopoli per la storia dei 200 milioni presi dall'amministratore della Lega. Comunque, di fronte al nome di Di Pietro, non obiettò. Ma da quel gran furbo che è mise Berlusconi con le spalle al muro: «Se Di Pietro rifiuta, quel posto è di Maroni».

Quell'incontro di maggio tra Di Pietro e Berlusconi

Nella notte tra venerdì 6 e sabato 7 dicembre era passata da poco l'una che Berlusconi decise di chiamare il magistrato. Non lo fece direttamente, ma attraverso un intermediario. Di Pietro era naturalmente lusingato dell'offerta, avrebbe gradito un segnale da Scalfaro. Fece sapere comunque che l'indomani sarebbe venuto a Roma. Il capo dello Stato fu avvertito immediatamente e si sa che né lui né tantomeno Borrelli gradivano che l'Eroe Nazionale andasse a santificare con la sua presenza il governo del Cavaliere.

Sabato mattina Di Pietro andò al palazzo di giustizia di Roma per consegnare personalmente in Procura gli abiti del marito di Alberica Filo della Torre, vittima del «giallo dell'Olgiata». Berlusconi era al Quirinale e da qui lo chiamò sul telefonino per fissare un appuntamento. Alle 14 Di Pietro arrivò in via Cicerone, nello studio legale del senatore Previti. Berlusconi, che era accompagnato da Gianni Letta, incontrò per le scale il magistrato che aveva sbagliato piano. Previti introdusse il Cavaliere e Di Pietro nella sua stanza, foderata di legno e di cuoio, secondo il migliore uso marinaro. I due si sedettero nel salotto, accanto al tavolo da sartoria del Quattrocento che la mamma del senatore regalò al figlio all'inizio della sua attività di avvocato. Il colloquio a quattr'occhi durò quarantacinque minuti, dominato dal grande progetto di Adolfo Coppedé per la costruzione del ponte della Vittoria sul Tevere. Erano quasi le quindici quando Berlusconi uscì dalla stanza e percorse visibilmente irritato il corridoio che porta allo studio del figlio di Previti, dove il senatore e Letta erano in attesa. «Prima che io parlassi, mi ha detto che non può accettare» spiegò Berlusconi. «Di Pietro ci disse che non poteva lasciare il suo lavoro a metà, ma che a partire da settembre si sarebbe potuto parlare di un suo incarico istituzionale» mi racconta Previti. Berlusconi andò via insieme con Letta raccomandando a Di Pietro e a Previti di concordare un comunicato stampa che chiarisse l'assenza di una offerta formale al magistrato.

Dopo quel primo incontro, Previti e Di Pietro si videro un'altra volta prima che questi lasciasse la magistratura. L'incontro avvenne sempre a Roma in un indirizzo riservato e molto periferico indicato dal magistrato. Altre tre volte si incontreranno nei mesi successivi: due alla sera tardi nello studio Previti e una al palazzo di San Macuto, sede della Commissione stragi di cui Di Pietro sarà per qualche mese consulente su segnalazione di Cossiga.

Tra Previti e Di Pietro, dunque, quando avviene la telefonata intorno al 25 novembre, esiste un rapporto cordiale. Mi racconta il senatore: «Di Pietro dice che sta avvenendo una pagliacciata, chiede se è possibile una segnalazione a Biondi. Di Pietro mi annuncia che vorrebbe mandare agli ispettori un testimone in grado di scagionarlo. Gli dico che per questo lo metterò in contatto diretto con Dinacci. E quando chiamo il capo dell'Ispettorato, vedo che si secca: ma perché Di Pietro non chiama me direttamente?, mi dice. Può farlo quando vuole... Finisce così la mia partecipazione a questa vicenda». (Quando la vicenda verrà fuori nel giugno del '95, Di Pietro negherà di aver chiesto un intervento su Biondi.)

Il testimone indicato da Di Pietro è Osvaldo Rocca, l'amico del giudice che secondo Gorrini è stato intermediario del prestito. Gorrini ha staccato a favore di Rocca assegni per 120 milioni, Rocca li ha cambiati consegnando il contante a Di Pietro.

Davanti a De Biase, Rocca conferma la versione di Gorrini con alcune, decisive varianti. Dice innanzitutto che Di Pietro non sapeva che i soldi provenissero da Gorrini, con il quale avrebbe avuto una conoscenza superficiale. Racconta che Di Pietro ha restituito il prestito, ricevuto nel '89, in tre rate tra il giugno e l'ottobre del '94: 20 milioni in giugno, con quattro assegni circolari; 50 milioni a fine settembre; gli ultimi 50 milioni all'inizio di ottobre. Rocca dice che Di Pietro gli ha dato nell'ultima circostanza assegni intestati al magistrato dalla Larus, la casa editrice del fortunato volume *Costituzione italiana. Diritti e doveri*, uscito appunto nel settembre del '94. Ma gli assegni erano «non trasferibili» e allora Di Pietro è dovuto scendere allo sportello bancario presso il palazzo di giustizia, versarli sul proprio conto e consegnare a Rocca assegni personali di conto corrente.

Perché questa restituzione in blocco a cinque anni dal prestito? A Marco Brando dell'«Unità» (il 15 settembre '95) Gorrini dice: «Intanto non era un prestito. Io (i soldi) glieli avevo dati quattro o cinque anni prima a fondo perduto. Ho aiutato tanta gente. Lui ne aveva bisogno per ristrutturare una casa. Improvvisamente, dopo che ero stato dagli ispettori, arrivò Rocca che mi restituì i soldi».

Rocca in realtà ha detto di aver restituito il denaro oltre un mese prima che Gorrini fosse sentito dagli ispettori.

E quando il giornalista dell'«Unità» gli ricorda che secondo Rocca Di Pietro non sapeva che quei soldi venivano da lui, Gorrini ribatte: «Qualcuno deve aver detto nel frattempo a Rocca di andare a raccontare quelle cose».

Davanti a De Biase, Rocca ricostruisce anche la cena in casa D'Adamo, ma ne fornisce una versione assai diversa da quella di Gorrini. Dice intanto che non c'era Pillitteri («Me ne sarei ricordato, era il sindaco di Milano»). Esclude in modo tassativo che Di Pietro abbia fatto cenno in quella o in altre sedi alla opportunità che Gorrini e D'Adamo intervenissero in favore di Rea. Dice anzi che nella famosa cena i due imprenditori manifestarono spontaneamente la loro intenzione di favorire il comandante dei vigili.

«Dopo aver raccolto la deposizione di Rocca,» mi racconta Dinacci, «l'ispettore De Biase mi dice di avere due possibilità: proseguire nell'inchiesta ascoltando il capo dei vigili, Rea, e l'imprenditore D'Adamo, oppure archiviare. Le decisioni della sezione disciplinare del Consiglio superiore della magistratura dicono che un magistrato va punito soltanto se si indebita sapendo che alla scadenza fissata non potrà restituire il dovuto. Lo stipendio di Di Pietro è adeguato a garantirgli la possibilità di onorare il prestito. Si tenga inoltre presente che Rea e D'Adamo sono amici di Di Pietro. Dunque, perché insistere?» Diversa la versione che mi fornisce De Biase: «Personalmente, già prima di ascoltare Rocca ero pronto ad andare a Milano per interrogare Rea, D'Adamo e altre persone. È stato Dinacci a dirmi dopo l'interrogatorio di Rocca che l'indagine era sufficiente. Certo, avrei potuto restituire la delega e abbandonare l'inchiesta. Ma essendo anch'io convinto della opportunità di un provvedimento favorevole a Di Pietro, ho ritenuto di non farlo».

(Ascoltato alcuni mesi più tardi dal sostituto procuratore di Brescia Salamone, Antonio D'Adamo assumerà in effetti una posizione assai più vicina a Rea che a Gorrini. Ammetterà di aver versato al comandante dei vigili urbani una cifra assai inferiore ai 300 milioni indicati da Gorrini e soprattutto sgraverà Di Pietro da qualunque sollecitazione concussoria.)

Poiché il titolare dell'azione disciplinare è il ministro, Dinacci vuole che la decisione finale l'assuma lui. Va a trovarlo il 1° o il 2 dicembre, gli prospetta le due ipotesi, gli dice che la giurisprudenza del Csm sarebbe favorevole all'archiviazione. «Biondi mi dice di archiviare» racconta Dinacci. «Torno in ufficio, comunico a De Biase la decisione del ministro e lo prego di preparare la relazione finale. Il 10 dicembre inviamo al ministro la relazione liberatoria, un paio di giorni più tardi il ministro archivia.»

Attenti alle date. La decisione di Biondi e Dinacci di archiviare viene presa tra il 1° e il 2 dicembre. Di Pietro si dimette il 6 dicembre. Se la sequenza è questa, cade l'ipotesi affacciata da molti secondo cui le dimissioni del magistrato hanno fatto cadere l'inchiesta. Qualcuno peraltro sostiene che l'Ispettorato sapeva delle imminenti dimissioni di Di Pietro già il 30 novembre. Mi dice De Biase: «Voci interne all'ufficio danno per scontate le dimissioni del magistrato, mentre ancora sui giornali si parla di voci. È possibile che questo abbia contribuito alla conclusione anticipata dell'inchiesta». Biondi e Dinacci me lo smentiscono seccamente. Mi dice Previti: «Biondi mi ha parlato dell'archiviazione parecchi giorni dopo. Sotto Natale ho incontrato Paolo Berlusconi. A proposito, mi ha chiesto, come è finita quella storia? Con una archiviazione, gli ho risposto...».

Nei giorni in cui Dinacci chiude il caso Di Pietro, Vincenzo Nardi e i tre ispettori che partecipano all'inchiesta sul pool Mani pulite chiudono a Roma i loro accertamenti. Partita per verificare dieci situazioni controverse, l'indagine si è allargata a quattordici punti. Ma nei giorni immediatamente successivi al 6 dicembre, giorno delle dimissioni di Di Pietro, gli ispettori subiscono attacchi pesantissimi: sono indicati come i responsabili della scomparsa dell'attore principale dalla scena della giustizia milanese. Nardi, accusato di essere il killer di Di Pietro, riceve telefonate minatorie, fax e lettere d'insulti da tutta Italia. Suo figlio, anch'egli magistrato, riceve nella sua sede di Trani attacchi pesantissimi dai colleghi. Il 15 dicembre, gli ispettori si dimettono dopo nuovi attacchi determinati dalla pubblicazione sui giornali della lettera-denuncia di Borrelli al Csm. Un intervento di Biondi li induce a tornare al lavoro dopo qualche giorno. Mi racconta Nardi: «Se la grande stampa decide di attaccarti, sei morto. Bastano i titoli di cinque giornali ad ammazzarti».

Il 19 gennaio gli ispettori vengono ascoltati dal Consiglio superiore su esplicita richiesta di Nardi in un clima tutt'altro che amichevole. Il 14 febbraio, egli consegna a Filippo Mancuso, nuovo ministro della Giustizia, una relazione di 350 pagine rilegate in un cartoncino grigio. Il ventesimo paragrafo (tre cartelle) assolve il Pool di Milano. È possibile che nella gestione delle indagini possano esservi stati «eccessi e forzature, soprattutto con riferimento all'uso della carcerazione preventiva, che sarebbe stata utilizzata dal di fuori dei rigorosi limiti previsti dal Codice come mezzo per ottenere confessioni». «Ma questi rilievi negativi, solo ipotizzati o anche effettivi, non possono incidere più di tanto sugli enormi meriti di un'inchiesta che rimarrà una pietra miliare nella storia giudiziaria del nostro Paese...»

«*Una furtiva lacrima / negli occhi suoi spuntò*»

«Una furtiva lacrima / negli occhi suoi spuntò... / Quelle festose giovani / invidiar sembrò...» Nel palco reale del Teatro dell'Opera di Roma, dov'è ospite del sindaco Rutelli, Filippo Mancuso tende l'orecchio. Imitando, senza certo volerlo, Domenico Fisichella che assiste alla «prima» dell'*Elisir d'amore* da un palco di minor riguardo. Vuoi vedere che all'ottava scena del terzo atto Nemorino ha ritrovato la voce? José Bros, il tenore protagonista, è stato finora nei limiti del decoro, ma sembrava che qualcuno gli avesse girato verso il basso il pulsante del volume. E invece ecco che nell'aria più famosa dell'opera di Donizetti, il «giovine semplice, coltivatore, innamorato di Aldina» tira fuori gli attributi facendo vibrare come un'unica corda di violino le milleseicento persone che pendono finalmente dalle sue labbra.

«Co' suoi sospir confondere / per poco i miei sospir!»

Cade giù il teatro, finalmente. Applaudono Fisichella e signora, applaude il ministro della Giustizia con la signora Armanda.

È approfittando del ritrovato buonumore del Guardasigilli melomane che più tardi, incrociandolo davanti a un pasticcino portogli graziosamente da Barbara Palombelli, mia bella collega e moglie del sindaco di Roma, gli dico a bruciapelo: «Ha fatto un bel botto oggi, eh?». Mancuso ride con i suoi dentini piccoli e regolari e assumendo su di sé secoli di sciroccosa reticenza sicula risponde: «Un bel botto? Perché oggi c'è stato un botto?».

E sì, signor ministro. Oggi, giovedì 4 maggio, dallo studio del Guardasigilli in via Arenula è partito in direzione di Milano un missile rispetto al quale le ispezioni di Biondi erano soffi di cerbottana.

Ma chi è Mancuso? Cito da un articolo di Renzo Rosati su «Panorama» del 14 luglio '95: «Una volta, quando era presidente della Corte d'Appello di Roma, andò in ufficio con la febbre a quaranta. "Vuoi prenderti una polmonite? Sta' a casa" tentò di trattenerlo la consorte. E lui: "A dare retta a te, sì che l'Italia andrebbe a rotoli. Oggi ho camera di consiglio: per un po' di febbre debbo tenere dentro uno che magari è innocente?". Episodio tornato alla mente già nel luglio '93, quando lesse del Pm milanese Fabio De Pasquale che se ne andava in ferie dopo aver negato a Cagliari gli arresti domiciliari. Figurarsi che cosa deve aver rimuginato ora che è ministro».

Qualunque cosa rimugini, Mancuso la tiene per sé. Lo conosco bene da molto tempo, sa che le trappole non sono il mio forte. Eppure da quando è diventato ministro non mi ha accordato (e non lo ha fatto con nessuno) non dico un'intervista, ma nemmeno un colloquio, una chiacchierata informale, un sospiro. Niente. Grande cordialità, intendiamoci, ma a patto che non si parli di lavoro. Ed è assai curioso che, mentre tutti invocano «normalità» e «rispetto delle regole», uno dei personaggi più sgraditi all'establishment sia proprio Mancuso che delle regole ha fatto una ragione di vita, anche se qualche volta gli capita di eccedere in formalismi. Non troverete una persona che possa accusarlo di una scorrettezza o di una leggerezza. Costi quel che costi. Le mura di piazzale Clodio conservano ancora gli echi della sua memorabile requisitoria contro Domenico Sica, a suo tempo Alto commissario antimafia, che offrì un caffè al suo collega Di Pisa (ricordate la storia del «corvo di Palermo»?) per prendere le impronte digitali dalla tazzina. (Di Pisa risultò poi innocente.)

Che fa dunque Mancuso prima di andarsene all'Opera di Roma a godersi l'*Elisir d'amore*? Assesta a Borrelli, D'Ambrosio, Colombo e Davigo un colpo di bowling di quelli che prendono di mira quattro birilli insieme. Apre nei loro confronti un'azione disciplinare per la lettera scritta da Borrelli al Csm all'inizio della prima ispezione: «Un enorme caso di abuso continuato della posizione di ufficio». Borrelli e i suoi, scrive Mancuso al procuratore generale della Cassazione, «vollero porre gli ispettori ministeriali dinanzi alla implicita ma tangibile prospettiva... di un concreto rischio penalistico personale». (A fine settembre '95 il Consiglio superiore della magistratura archivierà il procedimento su parere favorevole del procuratore generale della Cassazione, facendo infuriare il ministro.)

Mancuso apre un procedimento anche contro il Pg di Milano Giulio Catelani: quando Berlusconi nella primavera del '94 gli consegna un esposto per protestare contro le modalità delle perquisizioni a Fininvest e Publitalia, Borrelli invia al suo superiore le opportune controdeduzioni. Ma Catelani non le trasmette all'Ispettorato. Ancora. Mancuso richiede il trasferimento d'ufficio per il procuratore aggiunto di Milano Ilio Poppa, coordinatore della Procura per i reati finanziari. Sua moglie, avvocato, lavora come abbiamo visto, in uno studio che si occupa proprio di questa materia e il ministro contesta a Poppa di aver segnalato questa anomalia al Csm solo dopo che il caso era apparso sui giornali. Azione disciplinare, infine, per il sostituto procuratore generale Lucio Bardi per motivi analoghi a quelli di Poppa.

(In settembre, al gruppo saranno associati Elio Ramondini, sostituto, e Andrea Padalino, giudice per le indagini preliminari. I due hanno indagato sul professor Sergio Caneschi, primario neurochirurgo del Fatebenefratelli di Milano, accusato di aver dirottato su una clinica privata i pazienti dell'ospedale. Caneschi è morto di tumore polmonare e la vedova, Marilena Neri, ha contestato ai due magistrati di aver ordinato il terzo arresto del marito quando questi era ormai gravissimo in ospedale dopo aver subìto l'asportazione di un polmone.)

«Perché tutto a Padalino?»

Ma il ministro non si ferma qui. Ordina infatti una nuova ispezione su altri quattordici punti a suo avviso non chiari nella gestione dell'inchiesta Mani pulite a Milano. Siamo ai primi di maggio e Mancuso ha già incontrato Nardi due volte come responsabile pro tempore dell'Ispettorato. Ugo Dinacci si è infatti autosospeso dall'incarico il 22 dicembre in seguito all'apertura di una indagine a suo carico per le dichiarazioni di Giuseppe Cillari, un pentito della camorra, e riprenderà le funzioni in estate dopo la verifica giudiziale della infondatezza delle accuse. In aprile Mancuso chiede a Nardi chiarimenti sulle ispezioni a Milano e Nardi gli ripete che il giudizio sull'attività del Pool è complessivamente molto positivo, ma gli esprime riserve su due punti. Il primo è che dall'arresto di Mario Chiesa tutti i procedimenti di Mani pulite confluiscono in un solo filone d'inchiesta: questo significa avere come punto di riferimento un solo Gip, che da quando Italo Ghitti è andato al Csm è il giovanissimo Andrea Padalino, da soli tre anni in magistratura, piovuto a occuparsi dei processi italiani più delicati su distacco del tribunale del lavoro di Monza. Padalino opera con la necessaria serenità? Fa la stessa cosa il tribunale del riesame al quale finiscono tutti i ricorsi?

L'altro punto sul quale Nardi manifesta a Mancuso le sue perplessità è la singolare povertà di uomini e di mezzi con cui vengono seguite le inchieste sulle tangenti rosse. A giudizio del vicecapo dell'Ispettorato, la Parenti ha lavorato in vistose condizioni di inferiorità. (Quando giro questo rilievo a D'Ambrosio, che ebbe con la Parenti le polemiche più pesanti, mi dice che era la collega a non sapersi muovere. E digitando sul suo computer che ha l'accesso immediato all'anagrafe tributaria, mi dimostra come fosse per esempio facilissimo scoprire alcune bugie di Greganti sull'acquisto di un appartamento a Roma. Obietta la Parenti: «La povertà di mezzi a mia disposizione era spaventosa. Avevo soltanto un finanziere come dattilografo. Poi mi dettero anche un brigadiere della Guardia di Finanza che incontrava molti ostacoli nelle sue indagini. Tutto qui. La vicenda di Greganti presenta invece circostanze singolari. Io feci una indagine bancaria su Greganti, ma il preliminare di vendita dell'appartamento non mi venne fornito, anche se risultava che Greganti pagava un mutuo elevatissimo nonostante il suo conto fosse in rosso.

E non capisco tuttora perché Greganti si sia fatto cento giorni di carcere senza dire: ho investito i soldi della tangente per comprarmi una casa. D'Ambrosio mi dette il contratto il giorno in cui stava per partire la richiesta di autorizzazione a procedere contro il tesoriere del Pds, Stefanini. Era l'ultimo giorno utile, scadevano i termini. Quando arrivò il contratto che provava l'acquisto dell'appartamento, il Pool fece cadere l'autorizzazione a procedere e fece una richiesta di archiviazione. Ma il Gip Ghitti la rigettò. Quando con Di Pietro andai da Greganti e gli mostrai il contratto, lui impallidì: dove l'avete trovato?, ci disse. In realtà, la tangente al Pci fu pagata negli stessi tempi e con le stesse scadenze di quelle alla Dc e al Psi. Anzi, con un po' di fretta in più perché premevano i debiti degli Editori Riuniti. Panzavolta non avrebbe mai pagato un miliardo e duecento milioni senza essere sicuro che quei soldi andavano ai partiti, in due rate perché la Ferruzzi voleva essere sicura che gli appalti andassero a buon fine.

L'appartamento? È noto che molti beni immobiliari del Pci erano intestati a privati. Nel tempo ho maturato la convinzione che il partito trattenesse i contratti per evitare che qualcuno degli intestatari facesse scherzi. Uno dei compiti di Stefanini era di mettere ordine anche in questo campo».)

Mancuso fa proprie le perplessità di Nardi e inserisce questi due punti tra i quattordici oggetto della nuova ispezione che riassumono altri esposti legati prevalentemente ai rapporti tra magistrati e Guardia di Finanza e all'uso della carcerazione preventiva che per molti continua a essere eccessivo e finalizzato all'acquisizione di nuove prove.

Mancuso non si limita come Biondi a ordinare l'ispezione. La considera dovuta alla luce della sua visione dei doveri del magistrato. Ne parlerà in estate a Bari, chiudendo davanti a cinquecento persone plaudenti il corso di criminologia all'Università. Il giudice, dice Mancuso, tutela il rispetto delle regole come garanzia essenziale per tutti i cittadini. Per questo deve badare innanzitutto a garantire il rispetto della legge e delle regole. A giudizio del ministro, invece, molti magistrati (tra cui quelli di Milano) vogliono costruire la legalità anche a costo dell'illegalità, stabilendo il primato del risultato su quello delle regole. Anche la Santa Inquisizione era mossa da motivi altamente spirituali: ma i metodi usati per estirpare l'eresia hanno scritto una delle pagine più buie nella storia della Chiesa e della stessa vicenda umana. Se il fine giustifica i mezzi, dice Mancuso, non esistono più garanzie per alcuno. Da Borrelli lo divide dunque non una divergenza di opinioni, ma una intera cultura giuridica. (Naturalmente i magistrati di Milano sono del parere opposto e ritengono di aver semplicemente adattato il codice alla realtà di Tangentopoli.)

Mancuso in Senato: «Ispettori incapaci»

Quando il caso esplode, Mancuso va a difendersi in Senato, innescando una nuova bomba. Dice infatti che la prima ispezione a Milano è stata fatta male e in condizioni psicologiche e ambientali che non hanno consentito agli ispettori di approfondire il loro lavoro. «L'ispezione» dice il ministro il 12 maggio «è stata contenuta in tempi ristretti e svolta da quattro magistrati, di cui tre alla loro prima esperienza professionale riguardo a grandi impegni ispettivi e anche sotto il profilo della padronanza tecnica e delle specifiche tematiche coinvolte.» Inoltre «la redazione della relazione avvenne in condizioni di grave turbamento generale dell'intero ufficio ed è da ritenere che permangano esigenze istruttorie tuttora inevase perché non affrontate». Di qui la seconda indagine, con una squadra rinnovata per intero. A Diana Laudati, da una decina d'anni all'Ispettorato (chiederà di rientrare a metà settembre), vengono affiancati Francesco Iacone e Maurizio Muscato.

La prima trasferta a Milano è fissata per il 2 agosto, ma avendo letto sui giornali che Ilio Poppa si appresta a riceverli «con pasticcini e champagne», gli ispettori rinviano la partenza a settembre. (L'inchiesta si svolgerà tra polemiche crescenti, ma nella massima riservatezza e in un clima completamente cambiato rispetto alla prima. Gli avvocati, per esempio, collaboreranno assai di più.) L'intervento di Mancuso al Senato provoca un terremoto tra le forze politiche e le dimissioni in blocco degli ispettori. Koverech, uno dei quattro magistrati autori della prima ispezione a Milano, ha già lasciato l'ufficio. La Canale e la Moleti, che quel giorno si trova in Sicilia, sono furibonde. Nardi cerca di calmarle dicendo che forse il ministro ha usato quei toni per dare una giustificazione politica alla seconda ispezione e che se c'è uno che dovrebbe essere infastidito è proprio lui, Nardi, come capo missione. Alla fine viene concordata una lettera a Mancuso: «Rivendichiamo spirito di indipendenza ed estraneità a ogni strumentalizzazione politica e assoluta mancanza di ogni condizionamento nell'esercizio degli incarichi conferiti dal ministro della Giustizia e dal Csm». Nardi cerca di non valicare troppo i limiti dell'insubordinazione, ma la frase finale in cui gli ispettori ventilano la possibilità di un rifiuto ad andare a Milano per la seconda volta non lo lascia tranquillo. E infatti questa frase e il fatto che la lettera arrivi prima ai giornali che al ministro mette in fortissima agitazione il capo di gabinetto del ministro, Tatozzi, e fa infuriare Mancuso.

L'indomani, domenica, Dinacci – rientrato dall'autosospensione per cercare una mediazione – incontra nel suo ufficio Nardi, Evelina Canale, Diana Laudati e Domenico De Biase. De Biase ha chiesto il trasferimento il 15 dicembre dopo la vicenda Di Pietro, ma non ha avuto ancora un nuovo incarico.

Dinacci contesta a De Biase di avergli letto la lettera senza la frase finale che giudica infelice. Pertanto si dissocia dall'iniziativa. Lo seguono altri due ispettori generali tra i più anziani, Vincenzo Nicosia e Gennaro Calabrese. Nardi scrive una lettera di chiarimento al ministro: Dinacci e la Laudati si dicono d'accordo, sono contrari De Biase e la Canale che rilascia una intervista di fuoco al «Messaggero» e a «Repubblica». Lunedì mattina il ministro chiede al capo dell'Ispettorato di rientrare subito: è molto preoccupato, l'attacco del Pds al suo comportamento fa rischiare una crisi di governo. Il ministro scrive a sua volta una lettera agli ispettori ministeriali invitandoli a rientrare. Ma non la fa recapitare né alla Moleti («non si è fatta sentire per niente»), né alla Canale («ha rilasciato due interviste contro il ministro» e l'incarico ispettivo è fiduciario). Dinacci dice che non rientrerà fino a quando non avrà avuto un provvedimento liberatorio dalle accuse del pentito e ribadisce che non intende occuparsi della questione.

Il pomeriggio alle 16 il ministro riceve gli ispettori. Nardi dice a Mancuso che se ha da lamentarsi per l'andamento dell'inchiesta di Milano deve prendersela con lui che era il capomissione. E Mancuso: «Sarei troppo stupido se mandassi via dei magistrati da questo ufficio perché non condivido le conclusioni dell'inchiesta sul Pool». È l'inizio di un chiarimento dal quale si dissocia De Biase. Telefona il presidente del Consiglio. Mancuso lo rassicura. L'incidente, seppure con qualche perdita, è chiuso. La Moleti va a Messina su sua richiesta. La Canale in un altro ufficio, su sua richiesta. De Biase finisce al Casellario giudiziario. D'ufficio perché Mancuso non vuole dargli il vantaggio di scegliersi un posto.

(A metà settembre, Mancuso avvia un procedimento disciplinare contro il magistrato. Il procuratore della repubblica di Brescia, Lisciotto, dichiara infatti che De Biase avrebbe esercitato pressioni su di lui per l'assegnazione al sostituto Ascione dell'istruttoria sulla querela presentata da Borrelli e D'Ambrosio contro Tiziana Parenti. L'amicizia tra Ascione e De Biase avrà, come vedremo, conseguenze giudiziarie.)

Intanto, a Brescia...

Mentre a Roma rullano i tamburi di guerra tra via Arenula (ministero della Giustizia), via Gregorio VII (Ispettorato generale), palazzo Chigi e Montecitorio, a Brescia parte in sordina l'inchiesta chiave dell'anno. L'inchiesta – anzi, le inchieste – del pubblico ministero Fabio Salamone su Antonio Di Pietro, sulle ragioni delle sue dimissioni e su un alone tuttora indistinto di fatti privati e professionali, di amicizie, favori e trame che gravitano intorno a quello che fu l'eroe di Mani pulite.

Salamone è un uomo alto di 45 anni, è sposato e ha due bambini. È in magistratura dal '78 e si considera «figlio del vecchio codice». Come tutti quelli che hanno fatto il giudice istruttore, non si è mai tolto di dosso la maglia del «super partes». Ha lasciato Agrigento per allontanarsi da una inchiesta sulla Tangentopoli siciliana che ha coinvolto suo fratello Filippo. Nel suo ufficio bresciano, immagini dei templi appese alle pareti gli ricordano la sua città e un bel ritratto di Falcone e Borsellino lo fa ripensare a due amici grandi e sfortunati.

Alla Procura di Brescia arrivano gli esposti e le denunce che riguardano i giudici di Milano e così Salamone si trova un po' di carte sul tavolo quando, nell'aula del processo Cerciello, un detenuto citato come teste conferma le accuse del generale a Di Pietro: «In carcere il maresciallo Nanocchio mi disse che Di Pietro voleva che facessi il nome di Berlusconi e poco prima di suicidarsi il maresciallo Landi mi disse piangendo che Di Pietro era una iena». Non basta: il professor Carlo Taormina, difensore di Cerciello, chiede di fare luce sui legami che avrebbero legato Di Pietro all'assicuratore Gorrini e all'immobiliarista D'Adamo ai quali avrebbe chiesto di sborsare 600 milioni per aiutare il comandante dei vigili urbani di Milano, Rea, a ripianare i suoi debiti di gioco.

Di Pietro insorge: «È scandaloso. Li denuncerò. In nessun Paese del mondo sono tollerabili simili pagliacciate». Poi va in casa di Colombo per la cena con gli altri colleghi del Pool di cui abbiamo parlato nelle pagine precedenti.

Salamone è pubblico ministero d'aula e apre una indagine: abuso di Di Pietro o calunnia di Cerciello? (Qualche mese dopo archivierà per entrambi, ma Di Pietro farà ricorso.)

Il magistrato ha sul tavolo alcuni esposti contro i giudici di Milano che sono stati trattati nella prima ispezione ministeriale sul Pool. Preferisce far chetare la polemica e aspetta. Solo a maggio chiede al ministero copia degli atti relativi alle ispezioni. In verità, Salamone è a conoscenza di una sola ispezione, quella sul Pool. Ma parlando con Tatozzi, capo di gabinetto di Mancuso, usa il plurale: ispezioni. «Anche quella piccola?» chiede Tatozzi. «Certo» risponde Salamone. Che così scopre l'esistenza dell'ispezione aggiuntiva su Di Pietro.

Salamone resta colpito dall'andamento di questa inchiesta e sospetta che essa possa nascondere qualche anomalia. (Ne riscontrerà dieci.) Legge la deposizione di Gorrini sul prestito a Di Pietro e sui soldi per Rea, la vede confermata da Rocca il quale peraltro precisa che Di Pietro non conosceva la provenienza del denaro. Trova che possa configurarsi anche un'ipotesi di reato e l'11 maggio iscrive in assoluta segretezza per la seconda volta Di Pietro nel registro degli indagati per un reato gravissimo: concussione. Per evitare che il nome del magistrato finisca sul registro generale sfogliato da molte persone dell'ufficio, Salamone annota a mano un numero per indicare l'ipotetico reato, ma l'indagato resta anonimo.

Il magistrato fa mettere allora sotto controllo il telefono di Gorrini e quando l'ex presidente della Maa riceve un invito a presentarsi a Brescia comincia a parlare a ruota libera, a fare nomi, tra cui quelli di Sergio Cusani e Paolo Berlusconi. Insomma, a intrecciare l'inchiesta su Di Pietro con le sue dimissioni dalla magistratura.

Le carte cominciano a scottare e allora Salamone decide di farsi affiancare da un giovane collega, Silvio Bonfigli. I due magistrati bresciani riprendono l'indagine dall'Ispettorato generale di Roma. Ritengono che uomo-chiave della vicenda possa essere De Biase, a lungo eminenza grigia dell'ufficio prima della clamorosa rottura con Dinacci proprio per l'inchiesta su Di Pietro. De Biase infatti sospetta che l'inchiesta su Di Pietro sia uno degli strumenti per costringere il magistrato alle dimissioni.

Salamone lo interroga una prima volta come teste l'11 giugno a Brescia. Due giorni dopo lo sente di nuovo a Roma e il 14 giugno lo mette a confronto con Dinacci, ancora convalescente per un delicato intervento chirurgico e già sentito a sua volta come teste. Il 22 luglio De Biase viene di nuovo ascoltato, ma stavolta come persona sottoposta a indagine. Una intercettazione telefonica avrebbe infatti rivelato un improprio scambio di informazioni tra l'ispettore e un altro sostituto procuratore di Brescia, Guglielmo Ascione, a proposito dell'indagine su Di Pietro.

Poiché i giudici di Brescia sono competenti a giudicare quelli di Milano e viceversa (questi scambi sono una autentica aberrazione), Salamone e Bonfigli mandano a Borrelli gli atti contro il loro collega Ascione: favoreggiamento personale e violazione di segreti d'ufficio (Ascione avrebbe avvertito il collega che il suo telefono era controllato).

Salamone iscrive anche Dinacci nel registro degli indagati: gli contesta l'abuso d'ufficio per aver chiuso l'inchiesta su Di Pietro senza averlo interrogato.

Di Pietro: «Sì, ho avuto quel prestito»

Il 29 maggio Di Pietro ha intanto confermato, in un esposto-querela inviato a Salamone, di aver ricevuto i 120 milioni per casa e Mercedes da Rocca, senza sapere che questi li aveva avuti da Gorrini. Ne documenta la restituzione tra il giugno e l'ottobre del '94, grazie ai diritti d'autore del suo libro sulla Costituzione pubblicato presso l'editore Larus di Bergamo. Scrive Luigi Corvi sul «Corriere» del 4 giugno: «Di Pietro ricorda che un giorno, nel 1992, venne a trovarlo in ufficio Gorrini. Una visita di cortesia nella quale il magistrato parlò del prestito in corso e delle modalità con cui stava doverosamente mettendo da parte la provvista necessaria. Gorrini gli disse che tra lui e Rocca vi erano infiniti e reciproci rapporti economici e che quindi poteva restituire la somma con comodo».

Di Pietro nega di essere mai intervenuto su chicchessia per far ripianare i debiti di gioco del comandante dei vigili. Annuncia di dimettersi da consulente della Commissione stragi e di quella sulla cooperazione e da garante del «Telegiornale» di Gigi Vesigna.

Le ammissioni di Di Pietro appannano non poco l'immagine del magistrato. Nessuno pensa a illeciti. Ma il fatto di aver ricevuto il denaro in contanti, il fatto che Rocca fosse l'alter ego di Gorrini che nel '92 e nel '93 entra nella Tangentopoli milanese, la restituzione dopo cinque anni del prestito (senza interessi) con i proventi di un libro che certo nel '90 non immaginava di scrivere, forniscono l'immagine di un uomo che come minimo ha agito con molta leggerezza. Quale banca avrebbe negato un prestito analogo a un magistrato della Procura milanese, anche se non ancora celebre, ma provvisto di uno stipendio più che dignitoso e sposato con una donna che svolge una fiorente libera professione?

Ernesto Galli della Loggia scrive un editoriale molto severo sul «Corriere» ricordando tra l'altro la pesante ironia con la quale Di Pietro si rivolgeva ai percettori di tangenti: «Glieli davano avvolti nella carta, i soldi? Erano cioccolatini?». La stessa domanda l'editorialista rivolge oggi a Di Pietro. Il 18 giugno viene ascoltato Paolo Berlusconi. Afferma di avere avuto da Gorrini la prima segnalazione nell'ottobre del '94 e di aver ricevuto insistenti richieste di un suo intervento in successivi incontri avvenuti a Roma e a Milano con l'ex presidente della Maa. Per questo – dice – lo ha indirizzato a Previti. «Sono stato l'unico a consigliare a Gorrini di agire secondo coscienza?» dichiara ai giornalisti.

Il 24 giugno sale a Brescia Cesare Previti e racconta a Salamone della telefonata di Paolo Berlusconi, l'annuncio a Dinacci dell'arrivo di Gorrini e tutto il resto.

Il 28 giugno Gorrini racconta la sua verità a Salamone. A parte i 120 milioni prestati a Di Pietro, conferma di aver dato 300 milioni a Rea (un versamento simile attribuisce a D'Adamo) su richiesta di Di Pietro, avvenuta durante un incontro in casa del costruttore. Di Pietro e Rea negano. Il 2 luglio Di Pietro viene interrogato per diciassette ore in una caserma della polizia stradale. I giornali scrivono che il magistrato ha svelato al suo collega i nomi di chi lo ha costretto a dimettersi. Ma le cose stanno in maniera diversa. Di Pietro racconta tutta la storia e i tormenti di Mani pulite fino allo scontro con Borrelli: il procuratore voleva a ogni costo che prima di dimettersi Di Pietro interrogasse Berlusconi. Ma su tante vicende la sua deposizione non è soddisfacente, visto che Salamone ritiene necessario sentirlo di nuovo (e in segreto) l'indomani, anche stavolta con scarsa soddisfazione. Viene poi ascoltato Silvio Berlusconi e verosimilmente conferma che Di Pietro gli disse di aver avuto forti perplessità su alcuni aspetti dell'inchiesta che portò l'avviso di garanzia all'allora presidente del Consiglio. (A Brescia Berlusconi, come Cossiga, ha motivo di ricredersi.)

Chi scrive naturalmente ignora se dietro le dimissioni di Di Pietro ci siano manovre occulte e chi ne porti l'eventuale responsabilità. Trova invece curiosa la meraviglia per l'attenzione con cui Gorrini e soprattutto Paolo Berlusconi e Sergio Cusani seguono le vicende personali di Di Pietro.

Gorrini, condannato per i pasticci finanziari della Maa Assicurazioni, è uno dei tanti protagonisti di Tangentopoli che non accettano la santificazione assoluta di Di Pietro e vogliono prendersi le loro piccole vendette. (Nell'autunno del '95 «L'Espresso» scrive che avrebbe voluto chiedere un favore a Paolo Berlusconi. Nell'intervista all'«Unità» lui si limita a dire: «Volevo solo dare una regolata a un uomo che si era montato la testa» e al quale nel giugno del '94 aveva rinfacciato l'amicizia con uomini di Tangentopoli che aveva poi messo in galera.)

Paolo Berlusconi e Sergio Cusani, al di là delle loro diverse storie personali e processuali, hanno forti motivi di rancore, a torto o a ragione, nei confronti del magistrato. Il primo ritiene di essere una vittima pura e semplice di Di Pietro, al quale rimprovera – anche qui, a torto o a ragione – di averlo incastrato per uscire da una situazione senza altri ragionevoli sbocchi.

Cusani può difficilmente perdonare al magistrato di avergli fatto pagare la mancata collaborazione erigendolo a simbolo vivente dell'intero malcostume della Prima Repubblica. C'è dunque da meravigliarsi se questi signori, venuti a conoscenza di qualche leggerezza del celebre magistrato, facciano di tutto perché paghi pegno?

Con il passare dei mesi, sul tavolo di Salamone e Bonfigli i fascicoli si arrampicano l'uno sull'altro. Nell'autunno del '95, il pubblico ministero di Brescia ha davanti a sé cinque inchieste che a vario titolo riguardano Di Pietro. I tentativi per delegittimare il magistrato all'inizio di Mani pulite. Perché Craxi cominciò ad attaccarlo per poi fermarsi di colpo? (Forniremo la sua risposta nel prossimo capitolo.) L'ispezione su Di Pietro, partita dalle due denunce di Gorrini, quella del «dossier spazzatura» e quella confermata di persona. Le dimissioni del magistrato: qualcuno ve lo ha costretto? E perché? La vicenda dell'intervento di Di Pietro (supposto o reale) su D'Adamo e Gorrini per ripianare i debiti di gioco di Rea. La partecipazione di Di Pietro ai lavori della commissione di concorso che portò Rea a diventare comandante dei vigili urbani di Milano. Anche il sindaco di Milano, Paolo Pillitteri, faceva il tifo per Rea. Di Pietro partecipò solo alla prima seduta della commissione d'esame. È stata quella più importante? O no? E alla fine, quanti saranno i «casi Di Pietro»?

13
Un latitante

«Sto scrivendo un libro. Se vengo ad Hammamet, facciamo due chiacchiere?» «Con piacere.»

«Sono arrivato ad Hammamet, mi dai l'indirizzo di casa tua?» «No, mando a prenderti. Non ti lascerebbero passare. Fatti trovare tra un quarto d'ora all'ingresso della Medina.» La Medina di Hammamet sfortunatamente ha tre ingressi. All'una del pomeriggio al sole fanno quarantotto gradi. È possibile correre con dignità dall'uno all'altro senza farsi prendere per matto dai crocchi di turisti italiani che ti chiedono la strada più breve per andare a casa di Craxi? Guardi, giuro che non so dov'è. Ho letto sui giornali che sta in collina e che la vigilanza non fa passare nessuno. I turisti non ci credono, sorridono educatamente, fanno una foto e vanno a trattare tappeti.

Scusi, chiedono al tappetaio tunisino, lei sa dove abita l'onorevole Craxi? Quello naturalmente dice «oui, oui», vende il tappeto e dà un indirizzo più o meno di fantasia.

D'un tratto, girando l'angolo delle mura erette da Carlo V e tuttora fresche di giornata, vedo immobile al centro del marciapiedi un uomo alto, con una camicia jeans aperta su una canottiera da mare: blu come i pantaloni che si fermano al ginocchio. Le gambe sono lunghe, bianche e fragili, con qualche ecchimosi. Il piede destro è fasciato. Quando muove un passo e si gira alla ricerca di qualcuno, zoppica vistosamente. È lui. «Un delinquente matricolato» (Paolo Ielo). «Il puparo della destra» (Massimo D'Alema). Mi fermo a guardarlo un istante da lontano.

È stato per sedici anni segretario del Partito socialista italiano. Alla fine degli anni Settanta, i massimi leader socialisti europei, da Mitterrand a Soares, dal mitico Otto Kreisky al celebre Olof Palme, al giovane e promettente (allora) Felipe Gonzales mi parlarono di lui con sorpresa e simpatia: era il primo socialista italiano ad aver scelto una strada distinta da quella dei comunisti e anzi conflittuale con la loro.

È stato per quasi una legislatura presidente del Consiglio: uno dei governi più stabili dell'Italia unita. Era, posso dirlo?, uno dei padroni d'Italia. In qualche momento ne è stato anzi il padrone.

Adesso, appena una settimana prima di questo torrido mercoledì d'agosto, Massimo D'Alema mi parla compiaciuto dei suoi vertici con i leader della socialdemocrazia europea (è uno dei loro, ormai). E Bettino Craxi, l'uomo della rottura e della svolta socialdemocratica, è un latitante. Inseguito da un grappoletto di ordini di custodia cautelare emessi dai giudici di Milano. (Come son dolci e protettive le parole del nuovo codice di procedura penale, sembrano uscite da una *nursery*.) Da tre anni Bettino Craxi è stato inoltre scomunicato dalla pubblica opinione come simbolo di Tangentopoli e Incarnazione del Male. Si appoggia a Giancarlo Lehner, autore di un durissimo pamphlet contro Borrelli. E dice:

«No, non saliamo a casa. Con i bambini è difficile parlare in pace. Andiamo a mangiare qualcosa qui dietro.» Mi vede sorpreso e ride: «Già, non vedrai la mitica villa di Craxi. Sai quanto costava qui trent'anni fa, quando sono venuto io, una villa col giardino sul mare? Tredici milioni. Perché non l'ho comprata? L'avevo comprata. Solo che dopo averla venduta a me l'hanno venduta ad altre due persone e allora ho detto: basta, andiamo in montagna tra vipere, volpi e sciacalli. Che ancora ci sono. Sai che tuttora per salire alla villa di Craxi non c'è strada (è una pista), né acqua (è del pozzo)? Quando decisi di salire in montagna, chiesi ai rabdomanti di trovare una zona che avesse l'acqua. E loro l'hanno trovata. È buonissima, una minerale di grande qualità. Allora ho comperato parecchia terra (mille lire al metro quadrato), ho fatto i giardini, ho piantato le palme e le bouganvillee. Un giorno risalendo la montagna ho trovato i ruderi di un villaggio romano. E allora ho capito perché lì c'è acqua. I romani costruivano soltanto vicino alle sorgenti.

Mi chiedi come diavolo son capitato qui? Questo era un posto bellissimo. Il turismo è arrivato poco alla volta dopo l'indipendenza dalla Francia nel '56. Ma dieci anni dopo, quando sono venuto io, non c'era nessuna di queste costruzioni che vedi sul lungomare. C'era ancora un bellissimo golfo isolato e basta. Per questo negli anni Venti erano arrivati qui André Gide e Paul Klee. Qualche inglese. Qualche francese. Prevalentemente omosessuali. Hammamet era un posto molto raffinato.»

«Quando venivano i carbonari...»

«Quando sono arrivato io, trent'anni fa, la Tunisia aveva tre milioni e mezzo di abitanti. Oggi ne ha otto milioni. Cent'anni fa ne aveva un milione e mezzo. E sai quanti erano gli italiani su quel milione e mezzo? Centomila. Come mai? Emigrazione politica ed emigrazione per fame. L'emigrazione politica italiana qui è cominciata prestissimo, dopo i moti carbonari del '21. Vengono prima i carbonari, poi i mazziniani, fino al '48. La cosa buffa è che quando nel 1881 la Francia impone il protettorato, i francesi non vengono. Vengono invece i calabresi e i siciliani. Sono gli anni della grande emigrazione in America. Ma la Tunisia è vicina, il biglietto costa poco, si può lavorare dignitosamente.

Nascono allora le due classi di italiani: la borghesia intellettuale che dirige il Paese e la classe lavoratrice di artigiani, pescatori, agricoltori. E nasce il detto secondo cui la Tunisia è una colonia italiana amministrata da funzionari francesi e gestita finanziariamente dagli ebrei. Anche in questo caso ebrei italiani, venuti da Livorno. Poi viene la guerra, qui c'era una base italo-tedesca. Gli italiani se ne vanno. Adesso tornano e mettono su piccole attività: scarpe, mobili, ricami, qualche azienda meccanica. Il Paese è ordinato, la manodopera costa poco. Li ho fatti venire io? Macché, fossi mai riuscito a convincere un industriale italiano a fare grossi investimenti qui. Hanno sbagliato, adesso costa tutto di più. Sì, va bene, adesso anche tu mi ripeti questa storia che la Tunisia non concederà mai l'estradizione perché io sono proprietario di chissà che cosa, dò lavoro a masse sterminate di gente. Insomma non possono fare a meno di me. L'ho letta anch'io da qualche parte. Balle. Tutte balle. Ho fatto dare a suo tempo molti aiuti alla Tunisia dalla Cooperazione. Per il resto, adesso in questo Paese dò lavoro solo alla gente che viene a rifare i letti in casa mia e a lavorare in cucina. Nient'altro.»

Entriamo in un ristorante ormai semideserto, dietro il cimitero («Guarda come sono semplici le tombe dei musulmani: solo lapidi senza monumenti»). In Occidente quando le persone «importanti» arrivano fuori orario, i camerieri s'affrettano a dire che la cucina è chiusa, ma saranno lieti di offrire in quattro e quattr'otto un piatto freddo che arriva infatti dopo cinque minuti. È l'invito ad andarsene dopo dieci.

Nel ristorante che sta dietro il cimitero di Hammamet, Craxi viene ricevuto con solennità discreta ma inequivocabile. Prima un cameriere. Poi un secondo. Infine il proprietario. La casa è onorata di ricevere l'Ospite. Ci tratterremo infatti per cinque ore, fino al tramonto, quando saranno pronti da un pezzo i tavoli approntati per la gran festa serale: oggi si celebra il Profeta, domani saranno circoncisi i bambini.

Il pasto è frugale: olive, insalata con tonno e pomodori, frittata alle erbe, moscato secco. Craxi intinge pezzetti di pane in una ciotolina d'olio e pomodori cotti. Lo fa con la punta delle sue mani grandi e sfilate: a mezza strada tra quelle sensibili e angosciosamente riservate che Thomas Mann ha costruito per il giovane Tom Buddenbrook e quelle «larghe e borghesi, quantunque ben modellate» del resto della famiglia.

«D'Alema è il più professionale»

La prendo alla larga, parlando di politica. E scopro che su questo tema Craxi è assai avaro di giudizi. E soprattutto è assai cauto. «D'Alema è certamente il più professionale. Lo conosco poco, è della generazione successiva alla mia. Conosco assai meglio Occhetto. A proposito, sai come sta Achille? Comunque D'Alema è figlio del partito, figlio di una scuola precisa. Una scuola che nasce lontano. E pensare che all'inizio degli anni Cinquanta noi giovani rivoluzionari consideravamo traditori i Saragat e i La Malfa che nel '48 avevano salvato l'Italia alleandosi con De Gasperi e con la Chiesa... Comunque, non so come D'Alema farà a tenere insieme tanti partiti così diversi tra loro. Anche ai nostri tempi c'erano le coalizioni. Ma le diversità di allora mi sembrano meno marcate. Prodi? Sarà bravo in altri campi, ma la sua scelta come leader del centrosinistra mi pare una presa in giro. Fini? Sì, ha riconosciuto la verità della storia. Il suo problema è che distaccandosi nel bene e nel male dal fascismo, al suo partito non resta niente. Il fascismo merita una rilettura, non una condanna da chi ha quelle radici. Bossi? Chissà se quel suo linguaggio così pieno di riferimenti militareschi non dipenda da quelle storie di armi che girano intorno alla Lega. Berlusconi? A prescindere dai nostri rapporti personali, bisogna riconoscere che oggettivamente è uno dei migliori imprenditori di questo Paese, se non il migliore. Come poi questo genio imprenditoriale possa trasferirsi in politica... Errori? Ma come si fa a chiedersi se e dove Berlusconi abbia sbagliato? Quanto è rimasto a palazzo Chigi, sette mesi? Ma in sette mesi non ha fatto nemmeno in tempo a mettere a posto i mobili...»

Esauriti gli antipasti, passiamo al piatto forte. «Di Pietro? Sono stato zitto negli ultimi due anni. Era un magistrato. Adesso ho ripreso a parlare perché è un privato cittadino. Mi ero affidato alle autorità di controllo sull'attività dei giudici. Ma quelle si son ben guardate dall'alzare un dito o dall'aprire un occhio.»

Il cameriere ci versa il moscato e penso a un altro cameriere che versava birra in un grande bicchiere giusto una settimana fa. Ero a Brescia, in una trattoria che aveva affacciato i tavoli sulla strada torrida dell'agosto lombardo. Fuori orario anche lì, sarebbe bastato un piatto freddo, ma per il giudice Salamone e il suo ospite la signora che dirige la cucina aveva tirato su due piatti di spettacolari tagliatelle. Di fronte a me, al posto dell'inquirente, adesso c'è l'inquisito. Salamone ha una voglia matta di parlare con Craxi. E ne è perfettamente ricambiato. Ma le procedure imporranno altri mesi di attesa. E allora provo io ad anticipare la domanda più semplice che immagino voglia fargli il giudice di Brescia: perché nel '92 Craxi ha cominciato ad attaccare pesantemente Di Pietro sull'«Avanti!» e poi improvvisamente ha smesso?

«Ai primi di settembre del '92 venne a trovarmi Vincenzo Parisi, capo della polizia, col quale avevo mantenuto un rapporto di cordialità e di stima anche dopo il mio incarico a palazzo Chigi. Venne nella segreteria del Psi in via del Corso per parlarmi di Antonio Di Pietro. Disse che bisognava interrompere una polemica che avrebbe provocato soltanto danni, capì il mio stato d'animo e le mie proteste e disse che si sarebbe adoperato per vedere se era possibile ottenere qualche risultato. Alcuni giorni dopo venne a trovarmi all'hotel Raphael Giuliano Amato, presidente del Consiglio. Mi parlò a nome di Parisi che diceva di parlare a nome di Di Pietro. In sostanza, Amato mi disse che non dovevo attaccare il magistrato. Anche Di Pietro, secondo Parisi, riconosceva eccessi giudiziari nell'inchiesta e si sarebbe adoperato per la scarcerazione dei soli due dirigenti socialisti allora in carcere: Claudio Dini, presidente della Metropolitana Milanese, e Loris Zaffra, che era stato segretario regionale del Psi. Io cessai la polemica. I due furono liberati subito. Credo che Amato abbia raccontato questa storia al giudice Salamone.»

«Dini mi disse che Di Pietro piangeva»

Craxi mi dice di aver ricevuto una visita di Dini immediatamente dopo la scarcerazione e di aver avuto da lui una memoria manoscritta con appunti presi dal presidente della Metropolitana Milanese il 7 settembre del '92, subito dopo un incontro con Di Pietro e immediatamente prima della scarcerazione. Il 25 giugno '95 Craxi consegnò il manoscritto al suo avvocato Enzo Lo Giudice per metterlo a disposizione delle «autorità competenti». Sono tre pagine scritte con una calligrafia grande e chiara. Nel racconto di Dini, Di Pietro appare turbato al suo inquisito anche per il recente suicidio del dirigente socialista Moroni. Tiene a far sapere a Dini che solo lui e non altri ha dato al Gip parere favorevole per la sua scarcerazione, «lamenta l'esagerato consenso alla sua azione e attribuisce la conferma delle sue tesi da parte del tribunale della libertà e della Cassazione più a una operazione di schieramento che a una convinzione del diritto. In queste condizioni, non può più avere un supporto sincero ed equo da parte di chi deve controllare le sue decisioni e nel dubbio mi scarcera».

La testimonianza di Dini va oltre: «Di Pietro attribuisce grande coinvolgimento ideologico» ad altri due magistrati del Pool, «preannuncia una possibile guerra da parte del suo palazzo contro di sé, proprio a causa di questa sua ripresa di coscienza e teme di essere stritolato da una parte e dall'altra». Infine «si commuove», «arriva il Gip con l'autorizzazione alla scarcerazione e con forti e solidali strette di mano ci si saluta».

È il fedele resoconto di un manager ristretto a San Vittore o una delle tante polpette avvelenate che girano ormai da anni tra Palazzo e giornali?

Passando dalle olive all'insalata, Craxi mi racconta un altro episodio di cui ha informato nell'estate del '95 i propri legali. «Tre anni fa» mi dice Craxi «viene a trovarmi nel mio ufficio di piazza Duomo a Milano Filippo Maggiorelli, titolare di una società d'informatica. Mi dice di aver ricevuto a suo tempo una visita di Di Pietro: Eleuterio Rea, comandante dei vigili urbani di Milano e amico di Di Pietro da quando era capo della squadra mobile della questura, è oberato da debiti di gioco. Bisogna aiutarlo, dice Di Pietro a Maggiorelli. Gorrini e D'Adamo, due imprenditori amici, hanno già fatto la loro parte... Maggiorelli mi dice che Di Pietro gli consegna un biglietto con una cifra: 1600. Non credo si trattasse di 1600 lire.... Maggiorelli dice a Di Pietro che lui è già creditore di Rea, comunque farà quel che è possibile. E mi dice anche di aver conservato il biglietto...»

Si è sempre parlato di debiti di gioco di Rea per 600 milioni. Il biglietto di Di Pietro – sempre che esista – lascia immaginare una situazione più difficile? Craxi dice che Maggiorelli gli ha parlato dinanzi a un testimone (un avvocato) e che ha conservato il biglietto di Di Pietro. Nell'estate del '95 l'imprenditore è stato ascoltato da Salamone. Non gli ha consegnato l'appunto e ha fatto una ricostruzione dei fatti che non smentisce quella di Craxi, ma è sensibilmente più sfumata. Secondo Maggiorelli, dunque, l'incontro con Di Pietro c'è stato, si è parlato dei debiti di gioco di Rea e alla fine del colloquio è venuta fuori una cifra non distante dai 1600 milioni indicati da Craxi. Ma non parla di biglietti consegnatigli da

Di Pietro e dice che la somma è stata frutto più di riflessioni del magistrato che non di una secca richiesta di denaro.

Di Pietro ha interrogato Craxi due volte. «Una volta nello studio del mio avvocato, Nicolò Amato, a Roma e un'altra, sempre a Roma, in un appartamento privato. Ma non sono interrogatori approfonditi. Mi chiede: il Psi ha conti esteri? Io rispondo: sì. E lui: si potrebbe farli rientrare? Io: mi pare un po' complicato. La cosa è finita lì. Non mi ha chiesto niente in dettaglio sui conti. Lo stesso interrogatorio al processo Cusani è durato due ore e quaranta minuti: non ne è venuto fuori niente di sostanzioso. D'altra parte, durante il primo incontro nello studio di Amato, ho consegnato a Di Pietro un promemoria in cui ho detto con chiarezza che ogni gruppo pubblico e privato concorreva al finanziamento dei partiti. Non è un mistero che se si scava nel finanziamento ai partiti si trova uno scandalo al giorno per dieci anni.»

«Un giorno venne da me Roberto Calvi...»

Il mio viaggio ad Hammamet non nasce comunque per sapere storie che riguardano Di Pietro, ma storie che riguardano Craxi. Cominciamo dagli ordini di custodia cautelare. L'ex segretario socialista li giudica illegittimi. Il primo si riferisce all'espatrio clandestino: «Ma quale clandestinità? Sono arrivato qui il 5 maggio del '94 e non ho messo più piede in Italia. Mi sono mosso dalla Tunisia soltanto per nove giorni, con un volo privato, dall'8 al 16 maggio, per andare all'estero...»

In quali Paesi?

«Non posso dirtelo. Dunque il 12 maggio viene emesso l'ordine di ritiro del mio passaporto, ma viene notificato soltanto il 21 giugno successivo. Prima ne avevano parlato con i miei avvocati in questura, senza una notifica regolare. Un anno dopo, mi scrive l'ambasciatore per dirmi di consegnare il passaporto diplomatico. Io lo faccio cercare, i miei lo trovano presso un mio recapito romano, lo consegnano immediatamente. E allora? Perché per oltre un anno non me l'hanno richiesto? Non mi muovo dalla Tunisia dal 16 maggio dell'anno scorso. Vengo protetto dalla Guardia Nazionale, dalla Polizia di Stato tunisina e da una speciale unità militare. Ventiquattr'ore su ventiquattro. Come faccio a muovermi? Ho quattro malattie, due curabili e due no. Le malattie curabili sono la piaga al piede destro affetto dal diabete e l'ernia del disco che mi sono procurata appoggiandomi quasi soltanto sul piede sinistro. Le due incurabili sono il diabete e il mal di cuore. Faccio fatica perfino ad arrivare a Tunisi. L'ultima volta mi ha invitato il vescovo per un ricevimento in onore del Nunzio. Gli ho detto che dopo il suo invito erano arrivati gli ordini di arresto, mi ha risposto che per lui il problema non si poneva. Perché invece degli ordini di custodia cautelare non mi hanno mandato un medico? Perché non hanno fatto una visita fiscale? [*I giudici, anche sulla base di perizie, ritengono che il passaporto sia stato falsificato.*] L'altro ordine di arresto riguarda l'Enel e anche lì non c'entro niente. Con Franco Viezzoli, il presidente, ho sempre e soltanto parlato di strategie. Quando è stato nominato consigliere d'amministrazione Bitetto, su designazione socialista, è venuto da me e gli ho detto: be', vedi di non star lì a scaldare la sedia. Ai giudici che l'hanno arrestato, Bitetto ha detto di ritenere che io mi aspettassi soldi e voti per il partito. Per coinvolgermi, la frase di Bitetto è stata scritta così: Craxi mi ha detto di non star lì a scaldare la sedia chiarendo che si trattava di una richiesta di soldi e di voti. Capito? Chiarendo. E invece io non ho chiarito niente e non ho chiesto niente del genere. Adesso mi vogliono in carcere perché parlano di pericolo di fuga. Quale fuga, se non mi muovo da un anno e mezzo? Vedrai che con questo sistema mi attaccheranno addosso un ordine di cattura per ogni imputazione.»

Siamo ormai in zona tangenti e il discorso si fa caldo. Mi interessa conoscere il rapporto personale di Craxi con i finanziamenti al partito. Dei sospetti di arricchimento personale parleremo dopo.

Incontravi tu gli imprenditori principali per chiedere contributi?

«Mai. Non c'è stato mai nessun imprenditore e nessun amministratore che abbia detto: Craxi mi ha chiesto soldi. Ci fu un'unica eccezione: Roberto Calvi. Era il '79, l'instabilità italiana era al massimo, i comunisti erano fortissimi. Avevamo un debito di 15-16 miliardi con il Banco Ambrosiano. Eravamo in difficoltà. Venne dunque Calvi nel mio ufficio di Milano. Non lo conoscevo. Parlava una lingua di gergo, una specie di bancalese. Mi disse che un circuito di amici voleva aiutare il partito, ridurre il suo indebitamento. Quali amici? Non lo so. Debbo pensare che l'andamento della situazione politica abbia portato personalità del mondo cattolico e dell'establishment economico e finanziario a interessarsi del rafforzamento del Psi. Calvi mi parlò di un suo interesse a garantire in Italia stabilità democratica, non mi chiese niente. Promise versamenti estero su estero per 20 milioni di dollari. In realtà ne arrivarono soltanto sei o sette, tra l'ottobre dell'80 e il marzo dell'81. Nacque così il famoso Conto Protezione presso l'Ubs svizzera. Poi Calvi morì e i versamenti s'interruppero. Sai che a tutt'oggi non so di chi sia la società che ha fatto i versamenti? Il giro interessato all'operazione era quello dello Ior, la banca del Vaticano, di Gelli e di Ortolani. Ma io Gelli e Ortolani non li ho mai conosciuti, né ho conosciuto il ruolo di Ortolani in questa operazione. Adesso mi hanno condannato a otto anni e mezzo per concorso nella bancarotta dell'Ambrosiano. È straordinario, visto che al processo sia il governatore della Banca d'Italia Carlo Azeglio Ciampi che il direttore generale Lamberto Dini dissero che tra il '79 e l'82 l'Ambrosiano era una banca solidissima...»

«Balzamo e Stefanini, vittime di Tangentopoli»

Craxi dunque nega incontri con qualunque imprenditore per chiedere contributi al partito. Ci sono stati incontri tra lui e il vertice del Pds per parlare dei finanziamenti delle cooperative legate al Pci-Pds e al Psi?

«Mai, nemmeno questi. Se ne occupava Balzamo, segretario amministrativo del Psi, e trattava con Stefanini, il tesoriere del Pci-Pds. Sia Balzamo che Stefanini sono morti, vittime di Tangentopoli. Su questi incontri, su queste trattative io naturalmente ho notizie di seconda mano. Era considerata roba normale. Ma scusa, io nella direzione centrale del Psi a Roma avevo centosessanta dipendenti. La sola federazione di Bologna del Pci ne aveva duecentocinquanta. Chi li pagava? Anche i nostri in Emilia erano a libro paga delle cooperative. Si è sempre saputo che l'apparato del Pci costava molto di più di quello democristiano e tanto, tanto di più di quello socialista.

Tu mi chiedi se ci sono state omissioni nelle indagini sulle cooperative rosse. La madonna, se ci sono state! Ma puoi star sicuro che prima o poi si dimostrerà. È stata un'azione deliberata. Perché? Perché l'insieme delle lobbies che contano e che hanno patrocinato la falsa rivoluzione hanno considerato il Pds un elemento necessario in questa fase politica. Perché parlo di falsa rivoluzione? Ma perché come fai a mettere insieme il giustizialismo di Pds e dintorni con quello di An e con quello di Bossi? Tu puoi fare la rivoluzione se c'è un unico scopo rivoluzionario. Qui dove lo trovi? A un certo punto è arrivato Berlusconi e per un po' di tempo si è comportato come se venisse dalla Luna. Ha tagliato la strada a una parte dei rivoluzionari e nonostante i suoi tentativi di venire a patti se li è trovati tutti addosso. Il problema resta dunque irrisolto. Ma torniamo agli accordi sulle tangenti. Alla Metropolitana Milanese funzionava un accordo storico del quale hanno beneficiato le istituzioni politiche, civili e religiose. E l'accordo prevedeva che anche in caso di cambiamento di giunta, si mantenessero le stesse ripartizioni...»

Il procuratore di Milano, Borrelli, mi ha detto che le indagini sulla corruzione politica le hanno cominciate ben prima del '92.

«E allora non te la racconta giusta. Ti porto come esempio proprio la Metropolitana Milanese. Nell'89 il capo della Procura chiede un'autorizzazione a procedere per concussione contro il senatore Natali, che era stato presidente della MM. Nella richiesta di autorizzazione a procedere parla di sistema "notorio e costante" di finanziamento ai partiti. Il Senato la respinge dicendo che la MM è una società per azioni e quindi le sue iniziative sono regolate dal diritto privato. La decisione del Parlamento è questa, giusta o sbagliata che sia. Cade quindi la concussione. Ma non il finanziamento illegale dei partiti. Nemmeno i privati possono farlo. Perché la Procura di Milano non si è mossa? Poi le indagini sono state compiute in una sola direzione. Per questo non voglio amnistie. Voglio la verità, dovunque si nasconda. Il vero problema è che gran parte della imprenditoria e della classe politica italiana mentono per la gola. Il grande equivoco è che i colpevoli stiano solo da una parte. Ma prima o poi la verità verrà fuori e i giudici dovranno rispondere dei loro atti non davanti a tribunali amici, ma davanti ai tribunali internazionali.»

Intendi ricorrere alla Corte di giustizia dell'Aja? «Ricorrerò dappertutto, puoi starne certo.» Craxi non alza mai la voce, non è il personaggio arrogante e irascibile di tante occasioni. Ed è pronto a dare la sua versione sulle procedure di finanziamento del Psi. «Come ti ho detto, se ne occupava Balzamo. La preoccupazione principale di Vincenzo era quella di tranquillizzarmi. Va tutto bene, mi diceva. E non era vero.»

«Vincenzo veniva con un prospetto...»

Immagino che ti facesse anche i nomi. Voglio dire, se una grande impresa contribuiva al finanziamento, tu lo sapevi...

«Certo. L'ho detto anche in Parlamento. Contribuivano la Fiat, la Olivetti, la Fininvest... Prima delle campagne elettorali, Balzamo veniva con un prospetto. Vi era annotata una rosa di società e accanto a ciascun nome Vincenzo scriveva quello che immaginava potesse essere il contributo straordinario. Mi chiedeva se poteva muoversi con tutti. Io qualche volta dicevo di no: è capitato per esempio con De Benedetti a proposito di una certa operazione all'Iri. Nei mesi successivi alle elezioni, faceva un consuntivo con l'elenco dei fondi ricevuti e delle imprese che li avevano versati. Balzamo morì nel novembre del '92 e non fece in tempo a stendere un rendiconto preciso dei finanziamenti ottenuti dalle elezioni di primavera. Ma qualche mese prima di morire, mi dette un quadro sommario della situazione. Ricordo che venne nel mio albergo romano, il Raphael. Mangiammo nel piccolo giardino. Subito dopo colazione io gli dissi che ero molto preoccupato per i debiti. Lui mi rispose di stare tranquillo e mi mostrò una lista. È vero che abbiamo 120 miliardi di debiti, osservò, ma abbiamo 65 miliardi di crediti per contributi promessi e non ancora versati e un patrimonio immobiliare che vale più di 100 miliardi. Valutammo anche l'opportunità di far rientrare soldi dai conti esteri. Comunque alcune cose in dettaglio le ho sapute dopo la morte di Balzamo, dalle carte trovate nel suo ufficio. Carte che ero pronto a consegnare, solo che qualcuno me le avesse chieste...»

Che cosa successe nell'amministrazione del partito dopo la morte di Balzamo?

«Balzamo morì il 2 novembre del '92. Morì d'infarto. Come Stefanini. E mi chiedo se c'era bisogno di usare tanta violenza nelle indagini. Se non ci fosse qualche fine politico o strumentale in tanto accanimento che ha provocato decine di morti, distrutto migliaia di famiglie...»

Converrai che lo scandalo era immenso, i soldi rubati una quantità enorme...

«I soldi sono nella politica quello che le armi sono nella guerra. Il sistema illegale di finanziamento della politica è esistito sempre. Prima di diventare presidente del Consiglio, Crispi è stato ministro dell'Interno e forse anche dei Lavori Pubblici. Bene, Giuseppe Mazzini – dico Giuseppe Mazzini – gli scrisse raccomandandogli per un appalto delle ferrovie meridionali due ditte amiche. Nella lettera c'è una annotazione: soldi che non servono a lui, ma alle casse del partito... Detto questo, non c'è dubbio che negli ultimi tempi il sistema fosse entrato in una fase degenerativa. Sia per la sua diffusione, sia per il suo disordine interno. I partiti stessi erano l'anello di una catena assai più complessa che si intreccia con la corruzione dell'amministrazione pubblica che non è certo fenomeno degli anni Ottanta né di questo secolo. La magistratura era perfettamente consapevole del finanziamento illegale della politica ed escludo che se avesse voluto intervenire prima qualcuno avrebbe potuto impedirlo. La verità è che i procuratori avevano la testa da un'altra parte.

La corruzione del sistema avrebbe potuto essere arginata risolvendo alla radice il problema del finanziamento. Io da presidente del Consiglio mi son trovato a dover risolvere il problema del finanziamento della Chiesa. Ricordi in quali pasticci ogni tanto si trovava per mancanza di soldi? L'otto per mille è nato così. Questo si sarebbe dovuto fare, invece di agire in maniera traumatica, violenta e solo da una parte...»

Ma tu sei stato per sedici anni il segretario del Psi. Ne eri il leader incontrastato. Sei stato a lungo presidente del Consiglio. Se conoscevi le degenerazioni che son venute fuori, perché non sei intervenuto?

«Ma di che cosa stiamo parlando? Ho letto nelle carte raccolte dopo la morte di Balzamo da D'Urso, il suo segretario particolare, che il bilancio del Psi era di 85 miliardi all'anno e che tra l'87 e il '91 ci sono state entrate illegali per una cinquantina di miliardi all'anno. La spesa pubblicitaria di una media azienda. Lo dissi d'altra parte in Parlamento, quando scoppiò lo scandalo. Dissi: c'è un finanziamento illegale che riguarda tutti i nostri partiti e in particolare il Pds. E se c'è qui dentro qualcuno che ritiene che io non stia dicendo il vero si alzi e lo giuri. Lo dissi con solennità, usando un po' di retorica ottocentesca. L'aula era piena di deputati. Nessuno aprì bocca...»

«Chi guadagnò sulla speculazione della lira?»

Torniamo ai conti del Psi.

«Aspetta un momento. Perché non si è mai indagato su truffe enormemente più gravi perpetrate ai danni della collettività? Chi ha speculato sulla lira durante l'ultima svalutazione del 40-45 per cento? Il gioco è di capire a chi stanno vendendo il Paese, a quali famiglie... Ma a proposito di speculazioni colossali, voglio raccontarti un episodio. Era il '92, un giovedì di fine estate. Ero venuto ad Hammamet per il week-end con mia moglie. Telefonai a Giuliano Amato, presidente del Consiglio. Gli dissi: che cosa state combinando con la lira tu e Ciampi? State buttando via un mare di soldi per difendere il cambio. Ma non ce la farete mai. Dovete svalutare subito, senza sprecare altre migliaia di miliardi. Amato rispose: no, ce la faremo, ho avuto garanzie da Kohl. E io: ma per quanto tempo ancora resisterete? Quella contro la lira è una brutta speculazione... Era giovedì, ho detto. Il sabato sera Amato mi richiamò: sai, abbiamo dovuto svalutare. Bene, io ho accertato che il mercoledì, cioè il giorno precedente la mia telefonata, da parecchie piazze internazionali sono partiti formidabili ordini di vendere lire. Ordini speculativi. Questo significa che il giorno precedente a quello in cui il presidente del Consiglio mi assicurava in buona fede che avrebbe fatto di tutto per difendere il cambio, qualcuno sapeva che la lira sarebbe stata svalutata. Quello che gli speculatori hanno guadagnato in un solo mercoledì è fruttato quanto dieci anni di Tangentopoli. A suo tempo, per una svalutazione del cinque per cento, Goria mi avvertì con tre giorni di anticipo... La verità è che Amato se lo sono giocato a tric e berlicche. Ma visto che la Sip deve conservare per cinque anni i tabulati telefonici, se qualcuno si prendesse la briga di indagare, potrebbe vedere chi ha agito in quella giornata...»

Torniamo ora ai conti del Psi. Quando voi intonate il ritornello dei finanziamenti che il Pci ha avuto da Mosca o comunque attraverso operazioni con l'Unione Sovietica per molti anni, da quella parte si risponde che il Psi, la Dc e anche qualche partito minore avevano i finanziamenti americani...

«Mai avuto una lira dagli americani.»

Almeno i tedeschi vi avranno aiutato...

«Noi speravamo molto nell'aiuto dei tedeschi. Ma fummo delusi. Una volta ne parlai con Brandt, gli chiesi un sostegno. Mi richiamò dopo qualche giorno per dirmi che era riuscito a mettere insieme 80 mila marchi, una sessantina di milioni, a quei tempi. Io gli risposi che il Psi avrebbe offerto una somma analoga e che avremmo potuto inviare i 160 mila marchi a un partito socialista del Terzo mondo. La verità è che il Psi ha aiutato i partiti fratelli in tutti i continenti. Quali partiti? Non posso dirtelo...»

Torniamo ai conti di Balzamo.

«Il povero Balzamo morì a novembre e io non trovai nessuno che fosse disposto a sostituirlo. Dovetti prenderne io il posto, facendo un lavoro di cui non sono assolutamente capace. Non mi ero mai occupato di società, né di tangenti.

La situazione finanziaria del partito, con buona pace delle parole tranquillizzanti di Balzamo, era disastrosa. Mario Chiesa era stato arrestato in febbraio e da allora nelle casse del partito non era entrata una lira...»

A proposito di Chiesa, ti sei pentito di averlo definito «un mariuolo»?

È l'unico momento in cinque ore di conversazione in cui Craxi mi pare imbarazzato. E di fatto schiva la domanda.

«Non me la prendo con persone così. Il gioco è diventato talmente grosso. È certo che io Chiesa non lo frequentavo. Una volta stavo a Milano e chiesi di intervenire a una manifestazione pubblica. Mi portarono al Trivulzio...»

Dicevi che dopo l'arresto di Chiesa e l'inizio dell'inchiesta giudiziaria il Psi si trovava in difficoltà economiche.

«Le spese erano state ridotte. Secondo quello che sono riuscito a ricostruire successivamente, tra maggio e novembre del '92 il costo mensile del partito era di 5 miliardi e seicento milioni al mese. Durante l'inverno riducemmo personale e spese e il costo scese a 4 miliardi al mese. C'era il problema di far rientrare i soldi dai conti esteri. I conti nascevano perché le imprese preferivano darci i soldi con operazioni estero su estero. E allora quando si presentava la necessità, chiedevamo a nostri amici di aprire a loro nome un conto che in realtà era del partito.»

«Il Psi ha conti esteri che io non conosco»

Quanti conti esteri aveva il Psi?

«Nella busta che mi consegnò il segretario particolare di Balzamo dopo la sua morte mi pare che ci fossero sei conti. Uno era intestato a Tradati, un industriale che era sempre stato vicino al Psi e a Balzamo. Altri erano stati aperti da persone molto vicine al partito di cui non posso farti il nome perché non ne conosco la posizione processuale. Erano comunque conti che venivano poi trasferiti su studi professionali esteri e ai quali normalmente il partito poteva attingere. Ma quando dissi a qualcuno che avevamo bisogno di far rientrare questi fondi di riserva, cominciarono le difficoltà. Quando dovetti dimettermi da segretario, parlai dell'esistenza dei conti sia a Benvenuto che a Del Turco, quando questi sostituì Benvenuto. Vista la reticenza di Del Turco, gli mandai una lettera (che scrissi in copia al suo amico Valeriano Giorgi) in cui gli comunicavo i dati relativi ai conti esteri del partito. Del Turco disse, tempo dopo, alla Festa dell'Unità che se qualcuno gli avesse mandato dei conti esteri li avrebbe trasmessi alla magistratura. Poi ha detto di aver fatto strappare la mia busta senza averla nemmeno aperta.

So che Di Pietro è andato a Hong Kong con Rujo, l'uomo di fiducia di Troielli per fare luce sui conti. Io sono il più interessato a che si chiarisca la storia di quel conto. Ma a quanto pare i magistrati hanno sbagliato procedura...»

Ritieni che esistano conti aperti per conto del partito di cui tu non sia a conoscenza?

«Sì. Credo che ci siano altri conti esteri che a suo tempo facevano capo al partito e di cui oggi ignoro chi abbia la disponibilità.»

Tu hai conti personali all'estero?

«No. Anzi, autorizzo fin d'ora tutte le banche del mondo a rivelare se ci sono conti di cui io o la mia famiglia siamo procuratori o beneficiari.»

Tu sai che l'opinione pubblica ritiene che accanto alla provvista di fondi per il partito tu ti sia procurato un forte arricchimento individuale. Personalmente sono rimasto impressionato dall'esistenza del conto gestito dal tuo ufficio privato in piazza Duomo a Milano.

«Quando viene trovato questo conto, i giornali parlano di 10 miliardi. In realtà il conto è praticamente in rosso. È nell'arco di un decennio che quel conto ha avuto movimenti complessivi per 8 o 10 miliardi. Ci credi se ti dico che io quei rendiconti non li ho ancora visti? Posso dire che le mie spese personali le ho pagate con i miei soldi. Su quel conto venivano accreditati i 200 milioni all'anno che mi venivano corrisposti come segretario del Psi e che io ho sempre regolarmente denunciato al fisco. Poi arrivavano piccoli contributi e venivano pagate le spese di "Critica Sociale", del Centro Brera... Comunque, non c'è niente da nascondere. Vadano a controllare voce per voce. Se c'è qualcuno che ha fregato dei soldi, si scoprirà chi. Io avevo una segretaria di cui mi fidavo. Lei sa. Ma si tratta comunque di cifre minime. Se io avessi avuto bisogno di somme maggiori, il partito me le avrebbe date senza difficoltà. C'è l'articolo 47 dello statuto che lo prevede...»

Converrai che la storia di Tangentopoli ha dimostrato che nel tuo e in altri partiti anche i singoli dirigenti avevano una certa disinvoltura nell'approvvigionarsi di fondi...

«I dirigenti dei singoli uffici del partito ricevevano somme per l'attività politica dei loro dipartimenti. Poi c'erano i contributi elettorali e qui certo la vicenda va ricostruita con attenzione. Alcuni facevano la raccolta in proprio. Avevano la loro correntina, gli amici da sostenere...»

E tu la raccolta personale la facevi?

«Non l'ho mai fatta. Non ne avevo bisogno. Da un punto di vista elettorale non avevo problemi e poi ci sono tanti amici che mi potevano e mi possono aiutare.»

Nel senso che venivano da te e ti chiedevano di quanto avevi bisogno?

«Ci mancherebbe altro. Non si permettevano. Facevano come si fa dal dentista. Passavano dalla segretaria...»

«Come Nero Wolfe, seduto su una sedia...»

Il tuo patrimonio personale?

«Ma perché non fanno una buona volta e fino in fondo gli accertamenti sul mio patrimonio? Come ho vissuto, io? La mia vita non ha segreti. Il problema delle mie condizioni economiche si può risolvere facilmente. Al Raphael, l'albergo dove vivevo a Roma, non ho mai pagato una lira per venticinque anni. Mi ospitava Spartaco, proprietario dell'albergo e mio amico da sempre. Quando è morto, volevo andar via. Mi ha pregato di restare il figlio, Robertino. Per lui ero un padre... A Milano vivo in affitto. Abbiamo una villa in campagna in provincia di Como che abbiamo affittato per compensare le spese di manutenzione. Ho fatto vita politica per quarant'anni, ma non c'è nessuno che possa dire che mi sia venduto una legge o un appalto. Sono diventato consigliere comunale a ventidue anni, oggi ho superato i sessanta e in tutta la mia vita non ho preso nemmeno una multa da un vigile urbano, se non altro perché non ho la patente di guida...»

Posso chiederti quali sono attualmente le tue fonti di reddito?

«Intanto, la vita qui in Tunisia costa un terzo che in Italia e gli stipendi sono un quinto dei nostri. Credo che per il '95 dichiarerò al fisco italiano un reddito più o meno pari a quello dell'anno scorso, intorno ai 400 milioni. Sono frutto della pensione da deputato, dei diritti d'autore su un paio di libri e su una sceneggiatura che riguarda le mie vicende. Ci sono poi i proventi della vendita delle mie cartelle litografiche che hanno un sorprendente mercato internazionale. Ne ho fatte due di argomento politico (*I becchini* e *I bugiardi e gli extraterrestri*) e due sulla Tunisia. La tiratura è bassa, i prezzi sono buoni. Mia moglie ha una pensione e vive qui con me. Non paghiamo l'affitto perché la casa di Hammamet è nostra. I figli lavorano in Italia, vanno e vengono...»

Dei tanti amici di un tempo, ti è rimasto vicino qualcuno?

«Parecchi. Anzi, vedo che un certo numero sta tornando. Io

non ho detto niente contro nessuno. Certo, ho avuto qualche amarezza temperata dalla conoscenza della storia. Ad altri è andata peggio. Non esiste storia che non parli anche dei tradimenti.»

Ti senti sconfitto?

«Sconfitto? Sono stato letteralmente travolto. *Vae victis*, guai ai vinti. Ormai ho superato i sessant'anni. Dovrò spenderne altri a difendere la mia libertà e la mia vita. In prigione non resisterei a lungo...»

Avresti timore di essere ucciso?

«Sono in tanti a essere interessati a che io muoia. Comunque, in carcere non resisterei per tante ragioni... So come è facile scrivere la storia falsa e mandarla avanti per decenni e forse più. Basta guardare la storia del comunismo. Io voglio che sulle vicende italiane di questi anni si scriva la storia vera. Per questo difenderò la mia libertà fino in fondo. La verità su Tangentopoli è stata letteralmente distrutta.»

Siamo ormai al tramonto. Le orchestre cominciano a provare le musiche serali per la festa del Profeta. In cucina si preparano i dolci tradizionali a base di budino e pinoli. Craxi si alza, si avvia claudicante all'ingresso. Sulla baia di Hammamet la luce radente indora la sabbia bianchissima. Ormai deserta, sembra di nuovo quella di Klee e di Gide. Craxi la guarda e sorride: «Mi occuperò nei prossimi anni di far uscire la verità. Tutta. Ricordi quando Tino Buazzelli interpretava Nero Wolfe? Be', io sono un po' più magro, ma farò la stessa cosa. Me ne starò seduto su una sedia a pensare e a fare congetture. Standosene seduto così Nero Wolfe scopriva i delitti. Sì, è vero, c'era un giovane che andava in giro per lui. Ce l'ho anch'io, sai? Anzi, ce li ho. A sufficienza...».

(«Non contano le sue intenzioni, ma le prove che è in grado di esibire. Se intende vendicarsi dei magistrati che lo hanno demolito, nessuno glielo può impedire. Ciascuno, a suo rischio, può accusare; e anche i magistrati non sono intoccabili. Craxi non può essere un criminale, addirittura matricolato, perché cerca di mettere in difficoltà D'Alema, Prodi e i magistrati. Lo sarà quando le sue carte risulteranno false.» Gianfranco Piazzesi, «Corriere della Sera», 1° ottobre 1995.)

Epilogo

«Se perde, perde. Ma se vince, perde ugualmente.» Sergio D'Antoni fa una pausa e guarda con divertita eccitazione il piatto curioso e raffinato che gli è stato appena servito dal maître di «Le jardin», all'Aldrovandi Palace di Roma. È un antipasto fritto: la pastella dolce sposa mirabilmente arance e albicocche, salvia e pesche, susine e fiori di zucchini, fichi e ricotta, con doverosa presenza di crema e di cioccolato. Tra i suoi vizi (e le sue virtù) il segretario generale della Cisl ha quello di amare i dolci. Così un paio di volte all'anno (dovrebbero essere quattro, una per stagione; ma si sa, il tempo...) si riunisce con tre amici in un ristorante per mettere a dura prova la fantasia dello chef: prepari una cena, ma che sia fatta esclusivamente di dolci. E pure, in questa sera dell'estate '95 non sono le prestigiose creazioni di cucina a tener banco al tavolo di D'Antoni. Il tema è un altro: è il Pds irreparabilmente destinato a condurre la danza del centrosinistra o c'è spazio per un centro forte che riequilibri l'alleanza e addirittura ne determini l'orientamento? «Il Ppi di Bianco» dice il segretario della Cisl «è indispensabile per far vincere il centrosinistra. Ma non ha visibilità. E allora, se l'Ulivo vince le elezioni, nessuno penserà che sono stati determinanti i voti dei Popolari. Avrà vinto il Pds, che intanto sarà diventato pure socialdemocratico.»

Bisogna partire da qui, dal tulipano di croccanti con salsa di albicocche e noci che viene servito a D'Antoni e ai suoi tre amici, per lanciare un filo d'Arianna nel labirinto della politica italiana e per avventurarsi in alcune ipotesi sugli scenari di fine secolo.

D'Antoni è una delle vittime della fine prematura del governo Berlusconi. Fin dai primi mesi successivi alle elezioni del marzo '94, il segretario della Cisl capisce che c'è spazio per una forza di centro che possa allearsi con la sinistra. Ma ha bisogno di tempo, l'ideale sarebbe per lui scendere in campo dopo aver benedetto la ritrovata unità sindacale tra Cgil, Cisl e Uil. Nell'autunno del '94 ne parla con altri due uomini chiave del progetto, Giuliano Amato e Romano Prodi. Ne parla anche con Massimo D'Alema, che in una mattina di fine novembre va a prendere molto presto un caffè con lui nel bar di via Po che sta di fronte alla sede della Cisl. Tutti aspettano tempi più lunghi. Anche Giuliano Amato, che nello stesso periodo fonda un centro di riflessione, «Italia domani». D'Alema, come abbiamo visto, in quel periodo è già in contatto con Prodi, ma fa qualche sondaggio anche con D'Antoni, pur puntando alla fine nettamente sul Professore. Quando la crisi precipita, Prodi si trova sostenuto anche da Amato e dal segretario della Cisl. Il Professore è emiliano, ha molta dimestichezza col Pds, ha forti appoggi nel volontariato cattolico. Eppoi Amato, nonostante l'elevata stima che riscuote, ha ancora sul corpo qualche cicatrice craxiana, mentre non sono maturi i tempi per proporre un sindacalista a palazzo Chigi... La sera di gennaio in cui la candidatura Prodi viene varata in casa di Vittorio Ripa di Meana, D'Antoni capisce al dessert che deve aspettare il prossimo giro e occuparsi per ora solo di unità sindacale. Sostiene apertamente Prodi e continuerà a farlo (formalmente) anche nell'autunno del '95, quando si chiude questo libro. Ma fin dall'inizio dell'estate, D'Antoni comincia ad avere riserve non confessate sul Professore e riserve più aperte sull'atteggiamento del Ppi.

D'Antoni non crede ai generali senza truppe. Quando l'indomani delle elezioni regionali, Prodi rinuncia a fare il partito dell'Ulivo, D'Antoni dissente. Si preoccuperà sempre di più vedendo col passare dei mesi la crescente litigiosità tra i dodici soci della coalizione e morderà il freno giudicando troppo remissiva nei confronti del Pds la politica del Ppi.

È probabile che D'Antoni avrebbe accettato volentieri di guidare i Popolari se glielo avessero offerto. Ma gli inviti non sono andati oltre uno scontato «dacci una mano» e i rapporti si sono raffreddati.

E allora? Nella seconda parte del '95, D'Antoni ha cominciato a fare da via Po quello che avrebbe voluto fare da piazza del Gesù: costruire un centro più largo e più potente del Ppi.

È evidente che questo disegno, al di là delle assicurazioni formali di solidarietà, entra in rotta di collisione con la strategia di Prodi. Non a caso il Professore la mattina di giovedì 3 agosto ha letto con preoccupazione l'articolo di Mario Adinolfi sull'«Avvenire», il quotidiano dell'episcopato italiano. «Il segretario di via Po» scrive il giornale, dopo aver ricordato la diffidenza del Ppi nei confronti di D'Antoni, «punta ad accreditarsi come leader politico di tutto il centro e come interlocutore forte di D'Alema. Sarebbero loro due, poi, a legittimare la leadership di Prodi in questa tornata e a correre per sostituirlo nella prossima.»

Leggendo queste parole, il Professore si è preoccupato per due ragioni. La prima: titolando a tutta pagina l'articolo («È D'Antoni l'uomo dei "cespugli"»), il giornale dei vescovi italiani legittima in pieno l'azione di D'Antoni. La seconda: è sicuro che D'Antoni ha deciso di correre per sostituire Prodi solo nella prossima tornata?

«Una proposta di D'Alema? Quale?»

La legittima preoccupazione di Prodi ha avuto modo di consolidarsi tra agosto e ottobre. La sera di lunedì 28 agosto, il Professore rincasa a Bologna intorno alle 20.15 in tempo per rispondere a una telefonata di Gad Lerner, il vicedirettore della «Stampa». «Che ti pare della proposta di D'Alema?» gli chiede Lerner. «Quale proposta?» gli risponde Prodi. Il Professore è rincasato qualche minuto dopo che il Tg1 ha trasmesso una mia intervista al segretario del Pds contenente due proposte mortali per il leader dell'Ulivo. La prima è il rinvio *sine die* delle elezioni politiche se il Polo accettasse di discutere modifiche alla Costituzione. La seconda è un'offerta a Prodi di presentarsi candidato a una delle elezioni suppletive d'autunno per entrare in Parlamento e condurre da lì la sua battaglia come leader dell'Ulivo.

Quando Lerner gli riferisce le proposte di D'Alema, Prodi resta gelato. Tre mesi prima, infatti, quando lo stesso Scalfaro si è posto il problema di un ingresso in Parlamento del Professore, D'Alema gli ha fatto la stessa offerta ricevendo un cortese rifiuto. Perché, si chiede Prodi, questo inatteso rinnovo? E soprattutto perché fargli piovere addosso una proposta così impegnativa attraverso il telegiornale, quando i due si erano sentiti al telefono nel tardo pomeriggio dello stesso lunedì 28 agosto e D'Alema non gli aveva detto nulla? Le due proposte di D'Alema comunque cadono. Prodi ripete il suo no in un secco comunicato e poi in un'intervista che anche lui mi accorda per il Tg1. Fini fa cadere quattro giorni dopo la proposta di modifiche costituzionali, subordinandole all'accettazione del progetto presidenzialista che D'Alema vede come il fumo negli occhi. Perché Prodi rinuncia? Cerca di sdrammatizzare e mi spiega, accentuando l'inflessione emiliana: «Ma dài, faccio una bella figura! Rinunciare a un seggio in Parlamento agli occhi del pubblico vale come rinunciare a tre appartamenti a equo canone...». (Siamo nel pieno del ciclone Affittopoli.) In realtà, Prodi sa bene che un suo ingresso alla Camera prima delle elezioni, depotenzierebbe il suo ruolo in modo forse irreversibile. Nel Parlamento nato dalle elezioni del '94, gli uomini del Pds sono assai più numerosi di tutti quelli degli altri undici partitini dell'Ulivo messi insieme. A nome di chi parlerebbe Prodi? Basterebbe uno starnuto di D'Alema a cancellare il suo più nobile discorso.

Ma la cosa più allarmante per Prodi e per l'Ulivo è che D'Alema non ha commesso una gaffe lanciando la sua proposta al Professore quasi per caso, alla fine di una intervista dedicata al suo libro e registrata mentre lo scirocco di fine estate accarezza la terrazza del Bastione di Gallipoli.

È infatti almeno dal mese di luglio che il leader del Pds, al di là di ogni smentita, sta cercando una possibile soluzione di ricambio. Quando all'inizio di agosto mi dice: «La candidatura Prodi è legata a quella di Berlusconi», D'Alema lancia già un trasparente segnale d'allarme.

E se in agosto il presidente del Consiglio può lasciar cadere in silenzio le offerte di collaborazione di Veltroni e dello stesso Professore («Prodi? È un tecnico come me...»), è perché ha già ricevuto da D'Alema l'offerta, assai più esplicita e clamorosa, di assumere lui la leadership del centrosinistra.

Dini, offerte dalle due parti

Questa notizia, attinta da tre fonti molto autorevoli, mi viene di fatto confermata dallo stesso presidente del Consiglio. Vado a trovarlo in agosto e gli dico: «Si sta facendo un gran rumore su una offerta che Berlusconi le ha fatto di restare a palazzo Chigi come premier se il Polo vincesse le elezioni. Ma so per certo che prima d'oggi almeno altre tre volte, tra marzo e aprile, e poi ancora successivamente il Cavaliere le ha già fatto questa proposta...». Dini sorride: «Non posso naturalmente confermarle questa notizia. Ma posso dirle che ho ricevuto proposte anche dall'altra parte». Ribatto, candido: «Ma dall'altra parte non c'è Prodi?». E Dini, signorilmente, sorride in silenzio.

E in silenzio il presidente del Consiglio ribatte successivamente agli inviti di Prodi perché si schieri. Ma Dini non ha alcun interesse a schierarsi. Solo in autunno Fini comincia a manifestare insofferenza nei suoi confronti. Per il resto Berlusconi ha sottoscritto da tempo con lui una tregua (e abbiamo visto perché), Casini e Buttiglione lo sostengono, la sinistra lo stima e gli è riconoscente, i sondaggi lo mantengono stabilmente (e con voti in crescita) in testa alle preferenze. Dunque?

La corte di Silvio Berlusconi a Lamberto Dini risale in realtà addirittura all'estate '94. Il Cavaliere è a palazzo Chigi da tre mesi scarsi e il nuovo lavoro non gli piace gran che. Non gli piacciono le cene ufficiali, i ricevimenti, le parate. Rinvia per tre volte la visita all'Altare della Patria. Detesta le «visite di calore» in uso tra le alte cariche dello Stato. «Che bisogna dirsi in questi casi?» sbuffa. È furibondo perché le giornate volano lasciandogli pochissimo tempo per lavorare. Cerca di scaricare sulla schiena paziente di Letta il maggior carico possibile di incombenze protocollari, ma è costretto a lavorare comunque fino alle due di notte. Per di più i giornali lo attaccano senza che lui ritenga di aver nemmeno cominciato a fare sul serio. «Sono il parafulmine di tutto e di tutti» si lamenta. Non ne può più. Il 31 luglio Gianfranco Fini va a salutarlo: parte per gli Stati Uniti. Uscito il segretario di An, Berlusconi si sfoga di nuovo: «Beato lui, fa il padre nobile, prende solo applausi e trova anche il tempo per andarsene in vacanza, mentre le polemiche si abbattono tutte su di me. Basta, debbo trovare un nuovo presidente del Consiglio. Lamberto sarebbe la persona giusta.» Il giorno dopo Dini naturalmente si schermisce. E lo fa di nuovo prima della crisi di dicembre, quando Berlusconi lo fa partecipe di un nuovo sfogo e gli dice: «Perché non vieni tu al posto mio?».

Dopo il gelo di gennaio, grazie ai buoni uffici di Gianni Letta e di altri amici comuni che si muovono con grande discrezione, Berlusconi incontra ripetutamente Dini in privato. E gli rinnova la proposta di restare a palazzo Chigi sotto le insegne del Polo. Dini è naturalmente lusingato, ma ha buon gioco nel non assumere impegni (così come ha fatto col Pds). Sa bene infatti che la sorte del suo governo è indissolubilmente legata all'assenza di qualsiasi scelta di campo.

Dini, in realtà, è da tempo il protagonista anche di un altro disegno strategico maturato al Quirinale.

Ricordate l'amore sbocciato all'inizio di questo libro tra il presidente del Consiglio, ancora incaricato, e il capo dello Stato? Bene, mentre noi parlavamo di Fini e Berlusconi, di Bossi e di D'Alema, l'amore tra Scalfaro e Dini portava a un immediato e breve fidanzamento e a un solido matrimonio benedetto, è il caso di dirlo, da Santa Romana Chiesa.

Scalfaro, abbiamo detto, non ama Berlusconi ed è l'artefice principale della sua caduta. «Sarebbe bastato che dicesse a Bossi: se fai la crisi, sciolgo le Camere, e io sarei ancora a palazzo Chigi» dice – non a torto – il Cavaliere. Ma l'idea di consegnare il Paese alla sinistra non ha mai entusiasmato Scalfaro. Potrebbe lui, cattolico conservatore fin nel midollo, dare uno schiaffo simile alla più alta gerarchia ecclesiastica?

Se Prodi fosse presidente del Consiglio di un bel governo controllato (di dritto o di rovescio) dai democristiani, nessun problema. Ma così... Ecco dunque che in gennaio nel petto augusto del capo dello Stato ha cominciato a battere un secondo cuore: a sinistra resiste Romano Prodi, a destra nasce Lamberto Dini. Col passar dei mesi i cuori si sono progressivamente invertiti e – per quanto sia possibile mettere punti fermi nella volatile politica italiana – nell'autunno del '95 Dini è la carta sulla quale Scalfaro ha deciso di puntare per prima, mantenendo peraltro Prodi sempre bene in vista nel mazzo.

Sergio in plancia, Lamberto in coperta

Scalfaro non vuole la vittoria troppo netta di uno schieramento sull'altro per mantenere intatto il suo ruolo che assomiglia molto a quello del capo di una repubblica semipresidenziale.

Sogna un ruolo forte per il Centro. Un Centro che riavvicini i partiti di Bianco, di Casini e di Buttiglione. Di questo centro Sergio D'Antoni sogna di diventare il comandante in plancia e di esporre in coperta Lamberto Dini in alta uniforme, con sciarpa, sciabola e decorazioni. Pronto per il saluto alla bandiera al suo reingresso in palazzo Chigi. La forza di un Centro siffatto viene valutata tra un 18 e un 20 per cento. A Dini viene riconosciuta una dote personale pari a un terzo del totale (ma in ottobre un sondaggio Cirm gli accredita molto di più): l'uomo schiaffeggiato per un quindicennio alla Banca d'Italia vale da solo quanto un medio partito italiano. Ma D'Antoni vuole allargare il gioco alle forze laiche moderate: ecco dunque che rispunta il nome di Giuliano Amato e tra i «cespugli» ecco la progressiva freddezza di Mario Segni nei confronti di Prodi.

Basta. Stiamo andando troppo avanti. Anche perché in autunno D'Antoni diventa prudentissimo. Le polemiche su Affittopoli hanno dimostrato anche a lui che una sua uscita dalla scena politica aumenterebbe di colpo il fatturato dello champagne nelle enoteche intorno a Montecitorio. La scena è sufficientemente affollata perché gli attori già scritturati possano immaginare di accogliere con entusiasmo l'arrivo di un altro protagonista. Ha inoltre il terrore che le sue mosse vengano interpretate come una voglia di Prima Repubblica. È infine convinto che «dire con chi stai ti fa perdere metà del potenziale». Dire che stai a destra ti porta sulle orme di Buttiglione. Allora è meglio dire che lavori per Prodi: stai più coperto.

Resta da capire che ruolo avrà – se l'avrà – Antonio Di Pietro.

Alla fine del '94, nel *Cambio*, ne pronosticammo con qualche mese di anticipo l'uscita dalla magistratura. E l'aria non era ancora inquinata dai veleni degli ultimi mesi. Alla fine del '95 è abbastanza scontato il suo ingresso in politica.

Sabato 2 settembre, al convegno di economisti e industriali invitati a Cernobbio dallo studio Ambrosetti, Di Pietro dice: «Ho la sfacciataggine e la presunzione di credere di riuscire ancora a mobilitare le coscienze contro un eventuale colpo di spugna. C'è uno scontento generale dei cittadini che dopo essere stati sottomessi al malgoverno della Prima Repubblica e dopo aver intravisto la primavera di Mani pulite non sono più disposti a tornare indietro... Sarà bene non lasciare il popolo in questa condizione ancora per molto».

Il lettore converrà che queste non sono parole di un magistrato, né di un «uomo delle istituzioni». Sono parole di un politico. Anzi, come osserva Paolo Franchi sul «Corriere della Sera», sono «qualcosa di più di un nuovo, vago annuncio di disponibilità a scendere nell'arena politica». Sono parole di un capopopolo? Il tema scelto da Di Pietro è esemplare: il supposto colpo di spugna su Tangentopoli. Il simbolo di Mani pulite sa bene che prima o poi una «soluzione politica al problema del costo della politica», per dirla in termini da galateo, ci sarà. L'unico a non volerla è Fini perché non ha niente da guadagnarci. Ma gli altri, ansiosi o rassegnati, sono tutti d'accordo. Quale carta migliore per cavalcare (e semmai rivitalizzare) l'indignazione popolare, se i termini della soluzione non fossero più che acconci?

Mi racconta Cossiga: «Ho cercato di spiegare a Di Pietro che ormai, per la funzione che ha assunto nell'opinione pubblica, è un soggetto politico. Un soggetto politico che ha sbagliato una cosa: non ha scelto da che parte stare. E in politica non si può non scegliere». Poi aggiunge con una punta di malizia: «Per esempio, se avesse scelto di stare con la sinistra, tutto quello che gli sta accadendo non gli sarebbe accaduto».

Cossiga e Di Pietro si conoscono da anni. Quando molto prima di Mani pulite, i magistrati italiani decidono di fare sciopero e il capo dello Stato li invita attraverso la televisione a non farlo, Di Pietro va a lavorare dichiarando pubblicamente di aderire all'appello del presidente. Alla fine del '93 Cossiga si trova a Milano. Di Pietro viene a saperlo, gli telefona e va a incontrarlo in segreto al Grand Hotel et de Milan, appena riaperto dopo i restauri. Gli incontri tra i due si infittiscono. Sabato 7 maggio 1994, uscito dallo studio di Cesare Previti dove ha lasciato cadere la proposta di Berlusconi di fare il ministro dell'Interno, va direttamente a palazzo Giustiniani per raccontare tutto a Cossiga. «Mi considerava una specie di zio col quale confidarsi» mi racconta il senatore a vita. «E mi spiegò che non si sentiva di fare il ministro. Non era il suo mestiere... No, non mi parlò di pressioni da parte di Scalfaro o di Borrelli. Io gli dicevo da tempo che avrebbe dovuto trovarsi una occupazione istituzionale in tempi brevi. Sei troppo giovane per fare il procuratore della repubblica in una città importante, gli dicevo, che senso ha per te andare ad Alessandria o a fare il sostituto procuratore generale? Meglio guidare la polizia, il Sisde, roba del genere. Comunque gli offrirono gli Interni e rifiutò.»

Di Pietro: «Chiudo l'Enimont e scendo in campo»

A che cosa puntava Di Pietro, nella primavera del '94? Come disegnava il suo futuro? Ci aiuta a scoprirlo una fonte insospettabile, Italo Ghitti, amico di Tonino e primo Gip di Mani pulite. Ghitti è una persona seria e un magistrato schivo: non si ricordano sue esternazioni. Ma quando legge sui giornali la storia di Gorrini, Rocca e tutto il resto, ci rimane male e nell'estate del '95 racconta ad alcuni colleghi la seguente storia. Nell'ultima settimana di aprile del '94, Ghitti è indeciso se accettare o non la candidatura a membro del Consiglio superiore della magistratura. Ne parla con Di Pietro e questi gli consiglia di accettare. Anch'io me ne vado, gli dice Tonino, aspetto di concludere la requisitoria Enimont e poi entro in politica. Ci hai pensato bene?, chiede Ghitti. Ho fatto una attenta analisi e ho deciso, risponde Di Pietro. Per far politica, lo ammonisce Ghitti, non bisogna avere nessuno scheletro nell'armadio. E io non ne ho, risponde Di Pietro. Dopo quel colloquio, Ghitti va al Csm e il 6 dicembre Di Pietro annuncia le dimissioni. Da quel giorno, non andrà mai a palazzo dei Marescialli a salutare il vecchio amico. Nel giugno del '94 Giancarlo Gorrini va a trovare Di Pietro. Racconterà all'«Unità»: «Gli dissi che ciascuno ha i suoi scheletri nell'armadio, più o meno grossi. E lui mi parlava dei cinque o sei milioni di voti che sarebbe riuscito a ottenere».

Dopo essersi tolto la toga davanti alle telecamere, Di Pietro, su consiglio di Davigo, prende tempo e si mette in ferie. Telefona a zio Cossiga, lo incontra a pranzo in segreto in una caserma dei carabinieri e si becca una paternale: «Lo rimproverai. Ma non per aver smesso di fare il sostituto procuratore. Se era in disaccordo con il Pool era giusto che lo facesse. E fu proprio in quell'incontro che io mi formai la retta convinzione morale che lui non condividesse alcune modalità di azione del Pool. Quali? Certe iniziative nei confronti del gruppo Fininvest, di Silvio Berlusconi, di suo fratello Paolo. Soprattutto, Tonino non voleva incarnare la figura del giustiziere. Lo rimproverai dunque non per aver lasciato il Pool, ma per aver annunciato le dimissioni da magistrato. Hai famiglia, gli dissi, perché fai una cosa del genere? Nacque così la sua collaborazione alla Commissione stragi. Poi decise ugualmente di dimettersi, ma non mi disse niente, come non mi aveva annunciato la sua decisione del 6 dicembre».

Prima di quel giorno, peraltro, Di Pietro porta avanti i suoi sondaggi per l'ingresso in politica di cui ha parlato con Ghitti a fine aprile. Ha più di un incontro di alto livello. Nessuno con leader della sinistra. Quello politicamente più impegnativo avviene nel riserbo più assoluto con Gianfranco Fini. L'incontro viene combinato da Mirko Tremaglia, presidente della Commissione Esteri della Camera. Tremaglia è bergamasco e conosce Di Pietro da quando questi faceva il sostituto procuratore a Bergamo. Tremaglia è anche presidente del Comitato Tricolore per gli italiani del mondo. La sede è in largo Chigi, 19, nel palazzo dell'Acqua Marcia che ospita anche la grande libreria Rizzoli. È lì che Fini incontra Di Pietro. E perché non ci siano testimoni, poco prima dell'incontro, Tremaglia trova una scusa per mandare i pochi impiegati al bar. Che cosa si dicono i due? Di Pietro rassicura Fini: non scenderà mai in campo con la sinistra. Pensa in ogni caso a un incarico istituzionale. L'incontro è abbastanza frettoloso e si ripete parecchie settimane più tardi. Di Pietro ha annunciato le dimissioni, il governo Berlusconi è caduto, le elezioni politiche sembrano vicine. Di Pietro dice a Fini che non parteciperà alla campagna elettorale e sembra auspicare un avvicinamento del Polo al Ppi di Rocco Buttiglione. Incontra più di una volta anche lui, va a pranzo da Pier Ferdinando Casini. I suoi interlocutori lo trovano disponibile ad assumere un incarico (per esempio il ministero dell'Interno), se il Polo vincesse le elezioni.

Tra dicembre e aprile vede ripetutamente Cesare Previti.

Ma l'incontro più clamoroso – quello che lascerà sconvolti gli ex colleghi del Pool – avviene a villa San Martino di Arcore, residenza di Silvio Berlusconi.

Di Pietro va ad Arcore alcune settimane dopo aver annunciato le sue dimissioni, ma prima di aver lasciato effettivamente la magistratura. Questi dettagli ormai non sono più presenti nell'animo del celebre sostituto che ormai sente d'aver varcato il Rubicone e cerca di capire quale lavoro farà da grande.

A Berlusconi ripete le cose che ha già detto a Fini e agli altri leader del Polo. Sono un moderato, non andrò mai con la sinistra, la mia immagine istituzionale non mi consente di fare la campagna elettorale, sono interessato a incarichi istituzionali, potrei fare il ministro dell'Interno o assumere la direzione di servizi investigativi. Si parla anche di un eventuale appoggio di Di Pietro al Polo a qualche giorno dalle elezioni, se ce ne fosse bisogno.

Passa la primavera, passa l'estate e all'inizio dell'autunno '95 Di Pietro, incontrando a Bergamo il suo vecchio amico Mirko Tremaglia, gli fa capire che appena sistemati i fastidi giudiziari sarà pronto per scendere in campo. Anche qui, mai con la sinistra. Nuovo cambio di fronte e il 5 ottobre a Firenze Di Pietro pranza con Prodi e Veltroni riallacciando il rapporto con l'Ulivo.

Per quanto è possibile prevedere nella politica italiana, avremo dunque Di Pietro sulla scena in altra veste. Ma i sogni che a torto o a ragione gli venivano attribuiti un tempo (palazzo Chigi, addirittura il Quirinale) sono ormai scomparsi con i bruschi risvegli degli ultimi mesi. Accetterà un grande investigatore di fare soltanto il grande investigatore?

«Mi piacerebbe guidare il cambiamento»

Resta da capire quanto sarà lungo ancora il cammino verso la Seconda Repubblica e chi sarà al timone di questa lunga fase transitoria. Abbiamo visto che Berlusconi, in caso di vittoria elettorale del Polo, non ha nessuna intenzione di aprire una crisi istituzionale prendendosi le sue vendette con Scalfaro. Il presidente della Repubblica, comunque vadano le cose, condurrà serenamente a termine il suo settennato. Il problema è di capire se avremo ancora «governi del presidente» (così Cossiga definisce i gabinetti Amato, Ciampi e soprattutto Dini) o se le urne ci regaleranno una solida maggioranza politica che restituisca al Quirinale una funzione notarile. (Eventualità difficile visto che, secondo Cossiga, il solo Leone avrebbe accettato di svolgerla, mentre gli altri presidenti, a cominciare da Einaudi, avrebbero sempre debordato.)

La nuova legislatura sarà caratterizzata dallo scontro sul presidenzialismo. D'Alema giudica impensabili in Italia coabitazioni alla francese o scontri tra il presidente di un colore e il Parlamento di un altro come avviene in America. Fini e Berlusconi vogliono un presidenzialismo forte, Buttiglione si accontenterebbe di una soluzione alla francese, il centrosinistra ha sempre zittito Segni ogni volta che ha aperto bocca sull'argomento.

La Seconda Repubblica comincerà soltanto quando avremo una nuova Costituzione («Ma quella originale non è mai stata rispettata» dice ancora Cossiga) e una distinzione chiara tra maggioranza e opposizione. Quando si capirà se l'idea del Centro come possibile terza forza sarà abortita definitivamente o avrà qualche possibilità di successo. Quando i politici saranno in sintonia con una pubblica opinione assai più disposta di loro a schierarsi a destra e a sinistra, senza che questo procuri inevitabili mal di pancia.

Abbiamo alle spalle cinquant'anni di mediazioni, con tutti i meriti e tutti gli equivoci (spesso devastanti) che esse hanno comportato. Il sistema maggioritario ci è piovuto addosso come un temporale a lungo invocato da tutti e accolto con sentimenti alterni. Tornare indietro è impossibile. Andare avanti è faticoso. Si avverte uno spaventoso vuoto politico. La Seconda Repubblica resta all'orizzonte. Un giorno ci arriveremo. Ma è imprudente chiedersi quando, visto che la nave della politica italiana è ferma per avaria.

E il timoniere? «Sa che a palazzo Chigi si perde un mucchio di tempo con la routine quotidiana, la burocrazia, i ricevimenti, le visite, le parate? Mi piacerebbe fare un lavoro diverso. Ecco, mi piacerebbe fare il regista del grande cambiamento italiano, lasciando ad altri il proscenio.» Così mi congeda Silvio Berlusconi, mentre su via dell'Anima le pallide luci della notte illuminano le foglie dell'autunno. Così mi congeda. E sorride. Per lui i sogni sono un programma di lavoro.

Post scriptum

«Caro dottor Di Pietro», «Egregio dottor Vespa»

«La verità è sfuggente. Stiamo ai fatti.»

Ho ripensato spesso a questa frase pronunciata a Ischia da Walter Cronkite, mito del giornalismo televisivo americano e riportata come un'epigrafe all'inizio di questo libro. Qual è la verità sulle vicende che a vario titolo hanno coinvolto Antonio Di Pietro? Ho cercato di corredare dei necessari riscontri tutte le affermazioni contenute ne *Il duello*. Anche quelle su Di Pietro. L'ex magistrato nel '95 ha scritto molto, in autunno ha presentato diverse querele, ma ha chiarito poco. Fa parte dei suoi diritti, naturalmente. Pur sapendo che difficilmente avrei avuto risposta, ho ritenuto doveroso rivolgergli alcune domande: le stesse, probabilmente che inquietano una parte dell'opinione pubblica (me compreso) che ha molto amato Di Pietro e continua a volergli bene.

Prima di chiudere il libro, gli ho scritto questa lettera che pubblico facendola seguire dalla sua risposta.

Roma, 25 settembre 1995

Caro dottor Di Pietro,

Sto consegnando le ultime bozze del mio libro Il duello *che uscirà il 24 ottobre. La sua vicenda è presente in un paio di capitoli. Le sarei molto grato se mi facesse conoscere il suo punto di vista su alcune delicate questioni.*

1. A tutt'oggi non sono chiare le ragioni vere delle sue dimissioni. Può dire qualcosa?

2. In quali termini parlò dei debiti di Rea nella cena con D'Adamo e Gorrini? Quale cifra è corretta?

3. Maggiorelli sostiene che in un'altra occasione lei gli ha parlato –

sempre per i debiti di Rea – di una cifra sensibilmente più elevata. Come sono andate le cose?

4. Nell'intervista all'«Unità» del 15 settembre, Gorrini sostiene che il prestito di centoventi milioni era in realtà un'elargizione a fondo perduto. Quando ha scoperto che i soldi prestati a lei da Rea erano di Gorrini? Perché li ha restituiti a cinque anni dal prestito?

5. Perché è andato ad Arcore da Berlusconi? Che vi siete detti?

6. È corretto il racconto che l'ex presidente della MM, Dini, fa dell'incontro in carcere con lei nel settembre del '92?

7. Craxi sostiene che lei non ha mai approfondito l'indagine sui conti esteri del Psi dopo i colloqui con lui.

8. Perché lei ha detto a Cossiga e a Berlusconi che era andato via dalla magistratura per dissensi con il Pool? Questo contrasta con il fatto che lei ha avuto un ruolo primario nella elaborazione dell'invito a comparire trasmesso al presidente del Consiglio.

Mi scuso per la franchezza delle domande, ma si tratta di temi sui quali conviene essere chiari.

Per scrivere i capitoli giudiziari (il libro è in larga parte politico) ho incontrato a lungo i suoi ex colleghi del Pool, il dottor Salamone e gli ispettori del Ministero. Converrà sul rilievo della sua testimonianza.

Auguri per il suo libro appena uscito e a presto.

Bruno Vespa

Castellanza, 25 settembre 1995

Egregio dottor Vespa,

Le domande da Lei formulatemi con il fax odierno rientrano nelle questioni sottoposte al vaglio della magistratura.

Per rispetto verso il lavoro dell'Autorità Giudiziaria non posso rilasciare interviste al riguardo.

Cordialmente.

Antonio Di Pietro

Ho potuto verificare che Antonio Di Pietro non avrebbe violato il segreto istruttorio in nessuna delle risposte. Tacere fa parte dei suoi diritti. Anche nei confronti del Consiglio superiore della magistratura che lo ha ripetutamente scongiurato di chiarire la vicenda delle sue dimissioni per il bene delle istituzioni che Di Pietro ha servito nel modo straordinario che conosciamo.

Al suo silenzio, che ci auguriamo di breve durata, corrisponde per ora la perplessità di molti italiani.

Indice dei nomi

«Il duello»
di Bruno Vespa
Collezione I libri di Bruno Vespa

Arnoldo Mondadori Editore

Finito di stampare nel mese di ottobre 1995
presso Arnoldo Mondadori Editore S.p.A.
Stabilimento di NSM di Cles (TN)

Stampato in Italia - Printed in Italy

I libri di Bruno Vespa

Bruno Vespa

LA SVOLTA

Il pendolo del potere da destra a sinistra

RAI·ERI

MONDADORI

Dello stesso Autore

nella collezione I libri di Bruno Vespa

Telecamera con vista
Il cambio
Il duello

Nella collezione Oscar Bestsellers
Telecamera con vista
Il cambio

ISBN 88-04-41743-9

I edizione ottobre 1996

Indice

La svolta

Il reale è sempre più fantastico del fantasioso.»
Bruce Chatwin, Anatomia dell'irrequietezza

Prologo

Alle dieci della sera

Berlusconi non parlò

Non parlò. Non disse una parola. Abbassò lentamente la testa e la scosse: era finita. Dallo schermo della televisione, il TG1 gli aveva appena confermato quel che un funereo tam tam gli andava ripetendo da un paio d'ore: il Polo aveva perso le elezioni.

Nella grande sala da pranzo di villa San Martino ad Arcore scese il silenzio. Tacquero le voci, tacquero le posate che avevano appena compiuto l'opera loro con i rigatoni al pomodoro preparati da Michele Persichini, il cuoco, anche lui col televisore acceso di là in cucina.

Tacque Severino Ferilli, il cameriere abruzzese che servì a suo tempo la marchesa Casati, già proprietaria senza fortuna della storica villa. Tacque Sandro Parodi, il maggiordomo di casa.

Tacque d'improvviso il grande pranzo campagnolo che un modesto pittore del Settecento aveva dipinto sulle mura coeve della villa: commensali e camerieri, servitori e cani da caccia restarono immobili, come sorpresi dall'eruzione di Pompei. Replicando la scena che si svolgeva dal vero a due passi dalla parete affrescata.

Tacquero infatti i commensali del Cavaliere: la mamma Rosa, appena venuta da Milano, la moglie Veronica, i figli maggiori Marina e Piersilvio, Fedele Confalonieri, l'assistente Niccolò Querci, il capo ufficio stampa Paolo Bonaiuti, l'amico Adriano Galliani con la moglie Daniela Rosati.

Erano venuti alla spicciolata tra le otto e le nove e un quarto della sera, per riunirsi intorno alla tavola in attesa dei risultati. Per quasi tutti, il pasto si fermò ai rigatoni.

Piersilvio, che abita ad Arcore, fu raggiunto poco dopo le otto da Querci e Bonaiuti. Fiorentini entrambi, candidati entrambi, venivano da casa. S'erano appena fermati per un caffè al Cantagallo, sull'autostrada, quando Bonaiuti aveva avuto cattive notizie sul cellulare. Lo chiamava da Roma il direttore del «Tempo», Giovanni Mottola. Uno dei suoi aveva contattato la federazione bolognese del Pds che gli aveva fatto intuire un esito trionfale per l'Ulivo. In questi casi il Pci non sbagliava mai e il Pds ne aveva ereditato la perfetta macchina elettorale. Dunque...

Stessa sensazione gli trasmise alle porte di Milano Maria Latella, la giornalista che segue abitualmente Berlusconi per il «Corriere».

Così quando l'auto di Querci e Bonaiuti schiacciò la ghiaia del parco di Arcore, il telegiornale diceva: mancano due ore alla chiusura delle urne..., ma la sentenza era già scritta.

Lo intuiva Piersilvio, lo intuivano Confalonieri e Marina, venuti insieme da Milano, lo intuirono subito i Galliani. Lo sapeva Silvio Berlusconi che poco dopo le nove raggiunse gli altri compiendo i sette chilometri che dividono la casa-casa di Macherio dalla casa-ufficio di Arcore. E salutando il gruppo senza far menzione degli exit-poll, delle intention-poll e degli altri marchingegni che ti fanno capire chi ha vinto quando qualche milione di persone deve ancora votare.

Forse non lo intuì immediatamente la mamma. Ma con quella energia che la natura ha donato alle madri perché ne facciano uso nei momenti difficili, Rosa Berlusconi, quando arrivarono i risultati, fu la prima a parlare. Strinse tra le sue una mano del figlio che le sedeva accanto e gli disse: «Preocupes no, fa nagot». Non preoccuparti, non fa niente. Glielo disse dolcemente, in dialetto milanese, come se il figliolo invece di aver perso le elezioni avesse rotto un piatto, un vaso, qualcosa di importante solo in apparenza, che la sostanza della vita è altrove.

Silvio, che tranquillo non era affatto, cercò di tranquillizzarla a sua volta e non drammatizzò più di tanto la situazione.

Passò poco più di un'ora. I dati del Cirm sembrarono smentire per qualche momento quelli di Abacus, ma nessuno osò illudersi. Il Cavaliere lasciò per qualche istante la trasmissione del TG1 per sintonizzarsi sullo Speciale di Emilio Fede sul TG4: ma si ritrasse con orrore, lui che andrebbe a letto col doppiopetto stirato di fresco, quando vide sullo schermo il fidato sondaggista Gianni Pilo travestito da agente provocatore per manifestazioni di piazza.

Assai prima di mezzanotte una parte del gruppo si trasferì nella palestra della villa, dove il salotto è dominato da una parete di televisori per visioni simultanee. Berlusconi accompagnò sua madre all'auto che l'avrebbe riportata a Milano.

Restarono soli per almeno dieci minuti la mamma e il figlio, sulla ghiaia del parco. Nessuno seppe che cosa si dissero. Anzi, che cosa lei disse a lui. Gli teneva le mani tra le sue e dagli sguardi sembrava volerlo a ogni costo proteggere, dirgli che la sua vita sarebbe stata migliore, avrebbe avuto meno pensieri, avrebbe potuto riguardarsi meglio. Lui le sorrideva e la tranquillizzava, fino a quando mamma Rosa si chetò e salì in auto.

Silvio e Veronica la seguirono dopo pochi minuti. I giornalisti, le telecamere, le stazioni satellitari, premevano davanti al cancello principale della villa, mostrandone in ogni angolo d'Italia l'eleganza e la solitudine spettrali. Bonaiuti avvertì Berlusconi per dovere d'ufficio. Il Cavaliere rispose con un gesto della testa e dopo un'ultima telefonata con Gianni Letta che chiamava da Roma salì in auto con Veronica. Senza che il Cavaliere glielo dicesse, l'autista indirizzò la Mercedes verso un'uscita secondaria e si diresse a Macherio, nella storica villa che fu dei Visconti di Modrone, aristocratici e industriali tessili della zona.

«E adesso che facciamo?»

«Bene. Ma aspettiamo ancora.» Quando alle ventidue esatte del 21 aprile '96 il TG1 trasmise l'inedito cocktail dell'Abacus (intenzioni di voto con uno schizzo di exit-poll e una buccia di scientifica fantasia), Romano Prodi si lasciò andare appena sul divano rosa antico e strizzò gli occhi come gli capita sempre nei momenti impegnativi. Walter Veltroni, che gli sedeva accanto, notò anche un sorriso parsimonioso: l'espressione emilian-buonista che il Professore usa per apprezzare i tortellini e soprattutto per far dispetto a quanti vogliono fargli perdere la pazienza.

Nemmeno Flavia Prodi batté ciglio, ma non era una novità. Stava seduta nella stanza accanto, davanti a un altro televisore, uno dei quattro che la padrona di casa, Marisa Garito, aveva acceso per l'occorrenza, senza peraltro spostarli di un metro dai luoghi abituali di servizio: il soggiorno, lo studio, la cucina e la camera da letto.

Nella quieta casa borghese dell'ingegner Claudio Pancheri, casa mai aperta a occasioni ufficiali e a fragori di stampa, apparve in quell'istante, ignorata dai più, l'ombra di un uomo che senza saperlo aveva intuito e progettato da tempo la vittoria dell'Ulivo: Roberto Ruffilli.

Ricordate? Son passati tanti anni. Quel professore romagnolo che seppe riunire sotto abiti dimessi di sapore dossettiano rigore intellettuale, limpidezza morale e passione politica, aveva capito con dieci anni di anticipo che le istituzioni italiane erano ormai il motore di una «Cinquecento» nella struttura tecnica di una Ferrari: il Paese prima o poi si sarebbe fermato o sarebbe scoppiato.

Ciriaco De Mita aveva affidato a Ruffilli il compito di studiare la «riforma delle istituzioni». Fa un po' sgomento a ripensarci dopo tanto tempo. Il professore ci aveva provato, ma era come far attraversare senza danni a una scolaresca la «curva del Tabaccaio» a Montecarlo durante il Gran Premio.

La politica aveva altro per la testa e al professor Ruffilli non badò nessuno. Anzi no. Le Brigate rosse gli prestarono grande attenzione. Capirono che quell'uomo mite e dimesso aveva intuito il segreto per tirar fuori il Paese dalla confusione e dall'ingovernabilità permanenti. E il 16 aprile dell'88, un sabato pomeriggio, bussarono alla sua casa di Forlì. Ruffilli stava lavorando e ascoltava musica. Lo fecero inginocchiare e gli spararono alla nuca. Quando arrivò la polizia, il giradischi andava ancora.

Il mite professore romagnolo non scese più nella casa dei Pancheri in piazza della Pigna. Lì aveva fatto tutte le sue campagne elettorali, lì aveva aspettato sempre i risultati delle elezioni. Lì s'era tante volte incontrato con Romano Prodi e col fratello maggiore Paolo, quando questi aveva sostituito Giovanni Gozzer all'ufficio studi della Pubblica Istruzione, lavorando gomito a gomito con Marisa Garito alla riforma della scuola secondaria superiore.

Dalla morte di Ruffilli erano trascorsi otto anni e cinque giorni. Ognuno degli amici aveva proseguito per la sua strada: Romano Prodi tra l'Iri e l'Ulivo, Marisa Garito tra il Magistero di Roma e la Sorbona di Parigi, specializzandosi nella multimedialità dell'insegnamento a distanza, che sarebbe la Telescuola del futuro.

Ma quando a metà giornata di domenica 21 aprile '96 il Professore dovette rassegnarsi a lasciare Bologna perché il quartier generale dell'Ulivo stava pur sempre a Roma, era naturale che avrebbe scelto la casa di Marisa per aspettare i risultati. Quanti saremo?, aveva chiesto la signora. Una decina, le aveva risposto Flavia Prodi, mai immaginando che alle quattro del mattino dell'indomani la casa di piazza della Pigna avrebbe avuto il viavai della stazione Termini.

Marisa Garito aprì il frigo e vide che urgevano rinforzi. Strappò la figlia Giovanna dai libri del liceo Visconti e la portò al Silos a comprare il necessario per un buffet freddo. Preparò una minestra di verdure da affiancare al prosciutto e al formaggio. Scaraffò un po' del Chianti che le procura un contadino toscano e aspettò.

Romano Prodi scese in serata dall'amato Pendolino insieme con Flavia e i figli Giorgio (con fidanzata) e Antonio. Alle 21 bussò a casa Garito. Era moderatamente ottimista. Un'ora prima, appena sceso dall'aereo di Venezia, Gian Claudio Bressa gli aveva telefonato in treno. «Allora?» «Allora» aveva risposto il Professore «i segnali sembrano positivi.»

Prodi era ottimista fin dalle 19 quando aveva avuto due segnali coincidenti di incoraggiamento: uno, assai prudente, dall'Abacus ancora incagliato nell'alto numero di collegi incerti; l'altro, più netto, da Walter Veltroni, informato dalla struttura demoscopica del Pds e dalla Swg di Trieste.

Bressa e Veltroni si confermarono i dati, quasi a rafforzarli con le loro stesse parole, incrociandosi alle 21.30 sulle scale di casa Pancheri.

Alle 22 davanti ai televisori dello studio e del salotto c'erano una quindicina di persone: cinque Prodi (contando la fidanzata di Giorgio), un Veltroni (aveva lasciato la sua Flavia a casa), tre Pancheri (Marisa, Claudio e la figlia Giovanna), il portavoce di Prodi, Silvio Sircana, che era sceso a Roma già da ora di pranzo portandosi dietro un figlio, il consigliere politico di sempre Arturo Parisi e il più giovane Bressa, la regista Nene Grignaffini e Roberto Grandi (Dams di Bologna) che hanno curato tecnicamente la comunicazione televisiva di Prodi, il segretario guardaspalle Franco Azzi e Catia Tani, una dirigente dell'Alitalia in pensione che avrebbe seguito Prodi a palazzo Chigi come segretaria particolare.

Quando il TG1 annunciò la prima proiezione reale nessuno parlava. Prodi si era imposto una totale freddezza psicologica.

Giusto un anno prima, nell'aprile del '95, era rimasto scioccato dalle bandierine che Emilio Fede metteva sulle diverse regioni attribuite dai sondaggi al Polo, salvo poi doverle togliere l'indomani quando i risultati furono reali e diversi.

Dunque... Ma alla prima proiezione reale largamente favorevole all'Ulivo, Prodi non seppe trattenersi dall'abbracciare la moglie Flavia, che sul divano rosa antico aveva preso il posto di Veltroni. Invitò comunque tutti alla calma.

Il figlio Giorgio – una montagna ipercinetica che studia economia e gioca a pallacanestro – si scatenò invece con Antonio, il più sobrio fratello minore, in un tifo da stadio degno delle migliori partite della Virtus Bologna. Trovando una spalla sorprendente in Walter Veltroni. Che interpretò finalmente di persona un gesto classico dell'adorato giovanilismo americano e affrontò il perplesso Professore con la mano destra aperta come il guantone da baseball di Charlie Brown. «Dammi il cinque» invocò Veltroni, ma Prodi gli rispose riassumendo secoli di cattolica temperanza: «Stiamo calmi. Aspettiamo».

Arrivarono i dati Cirm in controtendenza. Ma Prodi non si raffreddò: nella primavera del '95 il direttore dell'istituto, Nicola Piepoli, lo aveva stimolato a presentarsi alle elezioni con una lista propria pronosticandogli una dote potenziale del 24 per cento...

Arturo Parisi, il più accreditato a fare la zingara leggendo nella palla di vetro dei sondaggisti, saltellava da un televisore all'altro con un taccuino sulle ginocchia facendo silenziosi cenni affermativi con la testa.

Venne la seconda proiezione, stabilizzata. Prodi finalmente si lasciò andare: «È fatta. Con questa maggioranza al Senato, vinceremo anche alla Camera».

E quando questa previsione fu confermata, vennero travolte le resistenze di Silvio Sircana che non voleva dichiarazioni pubbliche fino all'indomani. Prima Veltroni e poi Prodi incontrarono i giornalisti al *roof* del palazzo delle Esposizioni. Andarono quindi a fare festa in piazza Santi Apostoli, dove il Professore fece salire sul palco Franco Azzi e gli altri due autisti dei pullman, Umberto Bianchini detto «il nonno» e Fabrizio Cotti.

Lontane tra la folla che non le lasciava passare, Flavia Prodi e Marisa Garito si godevano lo spettacolo, pensando agli anni andati e a Roberto Ruffilli.

Al ritorno, Prodi e Veltroni si guardarono in silenzio. Poi qualcuno evocò la battuta di Robert Redford in *Tutti gli uomini del presidente*: «E adesso che facciamo?».

La sigaretta delle ore difficili

Gianfranco Fini si limitò ad aspirare più profondamente la Marlboro delle ore difficili. La allontanò dalla bocca con il consueto gesto ampio della mano destra, ma le due dita intermedie che reggevano la sigaretta apparvero più rigide del solito, quasi ingessate.

Sull'ampia scrivania di legno scuro, restò intatto il pacchetto di Merit che con un gesto umanitario talvolta inutile Rita Marino e Donato Lamorte, la segretaria personale e il capo della segreteria politica di An, provano a mettergli tutti i giorni sul tavolo sperando di alleggerire in catrame e nicotina il tributo del leader al vizio del secolo.

Erano le 23.12 di domenica 21 aprile. Nella seconda proiezione sui voti alle coalizioni presenti nel sistema maggioritario al Senato, il Polo veniva accreditato di un 38.4 per cento (un punto in più del reale) e l'Ulivo più Rifondazione del 43.5 per cento (mezzo punto in meno).

Le elezioni erano perdute. E quel che è peggio, Abacus accreditava di due punti e mezzo la pattuglia disperata di Pino Rauti. Un manipolo di kamikaze che si era serenamente suicidato pur di affondare le corazzate del Polo per le Libertà.

Fini era arrivato nel suo ufficio di via della Scrofa pochi minuti prima. Aveva trascorso il pomeriggio nella sua casa di Anzio. Poi era andato a cena da Romolo al Porto: Walter Regolanti, il proprietario, aveva preparato come sempre un tavolo per sei (Fini, moglie, figlia e i tre uomini della scorta) e aveva servito delizie di mare, minestra di pesce e un'ombrina al sale. Il locale non ha televisore e alle 22 Fini non aveva dato alcun segno di inquietudine.

Se ne era andato poco dopo, era passato da casa a cambiarsi e si era presentato infine al quartier generale di An nella divisa regolamentare che i leader usano quando c'è aria di dichiarazioni alla Tv.

Come sempre, Fini aveva ravvivato il grigiore dell'abito con una cravatta allegra: i suoi consulenti avevano consigliato per la campagna elettorale toni ispirati al rinnovamento e all'ottimismo.

Ma l'ottimismo era scomparso progressivamente nel pomeriggio. A partire dalle 16, ogni ora, con la regolarità di un giornale radio, il capo ufficio stampa Salvatore Sottile gli aveva trasmesso i primi dati ufficiosi. Non erano trionfali.

Eppure ancora alle 19 Sottile gli aveva parlato di una partita da giocarsi, almeno alla Camera, sul filo di lana.

Alle 20.30, prima che Fini s'infilasse nei locali di Romolo, le notizie erano peggiorate: l'Ulivo prevaleva. Fini aveva annotato nervosamente i dati di Sottile su un foglio di carta e l'aveva infilato in tasca.

Era più scettico che inquieto. Non crede ai sondaggi (la lezione delle regionali del '95 era stata terribile), non aveva dato quindi alcun peso nemmeno alle floride previsioni che per le politiche del '96 innalzavano An fino alla mitica soglia del 20 per cento.

Per questo, arrivato in via della Scrofa, Fini aveva evitato di tirar fuori dalla tasca il foglio di carta con gli appunti dettati da Sottile. Ma quando Rita Marino lo vide spuntare in fondo al corridoio, capì che l'aria non era buona.

Fini finse normalità, ma non aveva voglia di sembrare brillante. «Novità?» chiese affacciandosi nella stanza della segreteria e sbirciando sulla destra in quella di Donato Lamorte che già s'era alzato per seguirlo.

«Stiamo aspettando» risposero mesti e un po' stupiti Rita e Donato che a dire il vero le novità le aspettavano dal capo.

Fini aprì la porta scura della sua stanza e andando alla scrivania incrociò lo sguardo sorridente di Giorgio Almirante, che veniva dalla piccola, bellissima foto appesa accanto al tavolo.

Poi accese la Tv sistemata sotto la grande bandiera tricolore cucita a mano dagli esuli istriani, fiumani e dalmati e da questi donata nel 1948 ad Augusto De Marsanich, leader del Movimento sociale nell'immediato dopoguerra.

Attorno a Fini si formò subito il capannello dei collaboratori più stretti: oltre alla Marino e a Lamorte, entrarono Altero Matteoli, specialista in calcoli elettorali, e Salvatore Sottile, che già stringeva sinistri dispacci d'agenzia. C'era naturalmente Francesco Cosimi Proietti, detto Checchino, assistente politico-parlamentare di Fini: la sua ombra.

Nella stanza c'era un solo televisore e Fini girava da un canale all'altro col telecomando. Quando il TG1 fornì la proiezione delle 23.12, si accorse che le tabelle d'orientamento date nell'ora precedente non erano campate in aria.

Donato Lamorte la prese alla larga. Vide il dieci per cento accreditato alla Lega e soffiò: «Non è possibile!». Era quasi una preghiera al destino: se hanno sbagliato sulla Lega, avranno sbagliato anche sul resto. Tragicamente, non avevano sbagliato.

Rita e Donato ogni tanto rispondevano al telefono. Chiamò per primo Marco Zacchera, deputato del Piemonte e dirigente dell'ufficio enti locali del partito. Disse che per lui le cose stavano andando benissimo e altrettanto bene sarebbero andate per Roberto Tana, importante manager dell'Iri. Su Tana sbagliò.

Telefonarono con risultati sui propri collegi Publio Fiori, Domenico Fisichella, Giulio Maceratini. Tutti erano ottimisti per la loro sorte personale. Anche Maceratini che aveva distribuito il suo staff tra i rappresentanti di lista di diverse sezioni e ostentava sicurezza (risulterà invece eletto per un pugno di voti).

Fini non parlò con nessuno. Anzi, non disse parola. Divideva lo sguardo tra il televisore e le pessime notizie d'agenzia che Sottile continuava a mettergli sotto il naso.

Perse le elezioni, a Fini ora interessava soltanto l'attesa affermazione del suo partito, accreditato alla vigilia del 19-20 per cento, nonostante gli istituti più seri avessero tarato ripetutamente il campione per non ripetere l'errore delle regionali del '95. Qualcuno diceva che il sorpasso di An su Forza Italia era assai probabile. Anzi, quasi certo. E l'inquieto Nord-Est avrebbe dato il contributo decisivo.

Il sondaggio delle 22 aveva dato invece An al 17 per cento contro il 20.5 di Forza Italia e il 22 del Pds. Non era il risultato atteso, l'onda lunga ancora una volta veniva frenata, ma il disastro non c'era.

Alle 2.22 del mattino, Abacus fece invece sapere che An si sarebbe fermata probabilmente al 15.3 per cento (quasi mezzo punto sotto il reale), mentre Forza Italia restava ferma al 20.5 e il Pds scendeva al 21.3.

Fini capì allora di aver perso due volte. Gli scappò soltanto un «Va bene», involontariamente autoironico, mentre si alzava. «Buonanotte» disse ai suoi. Guardò l'orologio: «Anzi, buongiorno». Checchino lo seguì silenzioso nel mesto viaggio di ritorno alla casa di Marino ai Castelli Romani.

D'Alema e la donna di picche

Massimo D'Alema guardò distrattamente la quercia bonsai che Ornella tiene amorevolmente a sinistra del suo computer e tirò un sospiro di sollievo. La donna di picche non era venuta a trovarlo.

Alle 22 di domenica 21 aprile, mentre l'Italia intera era appesa al televisore per conoscere la propria sorte politica, il segretario del Pds stava seduto sulla poltroncina della sua segretaria impegnato contro il computer in una furiosa partita di «bridge a perdere». Era il suo gioco preferito.

Talvolta, per scaricarsi, faceva un solitario. Durante le trattative per il governo Maccanico aveva istintivamente scelto di giocare a «campo minato» e nell'estate successiva sarebbe stato attratto da un nuovo video-game in cui bisogna bucare con le frecce tanti palloncini (Freud vi avrebbe visto temerariamente i suoi rapporti col governo Prodi).

Ma la sera delle elezioni, quando i compagni raccolti nella stanza accanto (la sua stanza di segretario) rumoreggiarono da lontano che l'Ulivo stava vincendo, D'Alema non si girò nemmeno.

Stava giocando da solo contro tre avversari nascosti nel computer (Berlusconi? Fini? addirittura Veltroni?) e, contrariamente a quanto avviene nelle elezioni, doveva stare bene attento a non fare punti. Ogni carta di cuori gliene sarebbe costato uno. La tremenda donna di picche, tredici. Ma quella sera – in ogni senso fortunata – la carta mortale non apparve.

D'Alema era rientrato alle 18 da Gallipoli tirandosi dietro la moglie Linda e le figlie nel piccolo «Falcon» dai sedili celeste che l'aveva accompagnato per l'intera campagna elettorale. Il sabato aveva festeggiato il suo quarantasettesimo compleanno nell'appartamento che da anni tiene in fitto nella capitale del suo collegio: un gran palazzo d'angolo esposto allo scirocco, che guarda il mare.

Era arrivato presto in ufficio e prima di sedersi al computer di Ornella per quello che sarebbe stato il principale impegno della serata aveva riunito intorno al lungo tavolo scuro del suo ufficio Claudio Ligas, Claudio Velardi e Gianni Cuperlo per capire come stessero andando le cose.

Anzi, per sentirselo confermare. D'Alema, infatti, sapeva da una decina di giorni che l'Ulivo avrebbe vinto. Il vento di marzo, che dopo la battaglia del Polo sul fisco s'era messo a girare a destra, dal martedì di Pasqua aveva di nuovo cambiato direzione. D'Alema, uomo di mare e di vela, conosce bene i venti. E stava tranquillo.

Cuperlo è un triestino giovane e biondo che sembra uscito da un libro di Thomas Mann. Già segretario della Federazione giovanile comunista, non osa sperare di poter ripercorrere la carriera di tre illustri predecessori come Berlinguer, Occhetto e D'Alema. Aveva trascorso il pomeriggio in contatto con i principali istituti demoscopici. Le telefonate più frequenti le aveva avute con Stefano Draghi a Milano, consulente storico del Pci e formidabile analista elettorale anche in anni in cui gli exit-poll erano di là da venire.

Draghi lavorava in tempo reale con Explorer, ma il suo compito più delicato, nella serata del 21 aprile, era il dosaggio tra i dati propri e quelli in arrivo da Abacus, Swg e Directa: solo un cocktail magistrale avrebbe dato risultati affidabili.

Fu intorno alle 21 che il Pds si convinse di aver vinto. Fu anzi tecnicamente sicuro di non aver perso: al massimo sarebbe andato al pareggio.

È vero che Bossi andava più forte del previsto e che togliendo collegi al Polo non li regalava tutti all'Ulivo. È vero che anche alcuni collegi sicuri dati a Rifondazione traballavano. Eppure il quadro complessivo dette poco dopo a D'Alema un'impressione di ottimismo che si rivelò successivamente perfino fuori misura: l'Ulivo, secondo il leader del Pds, avrebbe potuto fare a meno dei voti di Rifondazione anche alla Camera. Così, come è noto, non fu.

Nella stanza di D'Alema, intanto, a Salvi, Berlinguer e Zani, i capi dei gruppi parlamentari e della segreteria politica con i quali s'erano valutati i primi dati ufficiosi intorno alle 21.15, s'erano aggiunti altri dirigenti: Claudio Burlando, Marco Minniti, Franco Bassanini. Ma D'Alema li aveva presto lasciati per trasferirsi nella stanza di Ornella, tra la piccola quercia bonsai e brutti quadri omaggio di compagni fedelissimi, ma poco dotati artisticamente. E alle 22 del 21 aprile 1996, la mezzanotte del nuovo capodanno politico, stava attento a evitare la tremenda dama di picche. Lasciando a Ligas e a Velardi il compito di raccontargli sommariamente quanto diceva il TG1.

Lui ascoltava, senza staccare lo sguardo dal computer.

Tre quarti d'ora più tardi, Velardi sussurrò all'orecchio dell'inflessibile Ornella (una D'Alema con la gonna, quanto a dolcezza di carattere) di vuotare la stanza dei compagni che ormai l'avevano riempita e indirizzavano frizzi e lazzi ai dirigenti del Polo che soffrivano negli studi televisivi.

Si confermò quanto s'era deciso alla vigilia: Berlinguer o Zani avrebbero fatto la prima dichiarazione, intorno alla mezzanotte sarebbe sceso in sala stampa lo stesso D'Alema.

Mentre Berlinguer si concedeva felice ai cronisti, con un ottimismo secco che aveva lasciato dubbioso più d'uno ma gli era stato suggerito segretamente da quella canaglia di Velardi, D'Alema approfittò della provvisoria tranquillità della sua stanza per scambiare una telefonata con Prodi e Veltroni.

Li trovò felici e commossi, ma meno ottimisti di lui. Il segretario dunque li confortò, rassicurandoli sul fatto che il trionfo veneto della Lega e l'insuccesso di Rifondazione in alcuni collegi non avrebbero modificato il quadro definitivo.

I tre si dettero appuntamento di lì a poco in piazza Santi Apostoli per festeggiare. Ma prima D'Alema dovette affacciarsi allo storico balcone del Bottegone per salutare i compagni acclamanti. Poi strinse la mano al regista Ettore Scola, allo scrittore Daniele Del Giudice e ad altri intellettuali che avevano raggiunto la sua stanza. Rispose a una telefonata affettuosa di Gigi Proietti che s'era molto esposto in favore dell'Ulivo in campagna elettorale.

Si fece forza per subire decine di abbracci, lui che oltre la cerchia più intima dei congiunti non amerebbe abbracciare nessuno. L'abbraccio più caloroso fu naturalmente per mamma D'Alema che era corsa al Bottegone per unirsi alla festa. Festa che trovò tutti scaramanticamente impreparati. Per trovare una vecchia bandiera aprirono una cassa. E l'alfiere per l'emozione la espose al rovescio.

Infine D'Alema scese. La piazza dei Santi Apostoli, con la basilica del Valadier e i palazzi dei principi Colonna e Odescalchi che si fronteggiano senza guardarsi, era a cinque minuti di passeggio.

Ma la notte era febbrile e D'Alema fu indotto a salire sulla Thema grigio chiaro d'ordinanza. Fece un centinaio di metri tra i vicoli alle spalle del palazzo Pecci Blunt. Poi dovette scendere, ma quando fu prossimo ai Santi Apostoli, vide che Prodi e Veltroni erano già scesi dal palco e tornò indietro.

Raggiunto a fatica il Bottegone, arrivò la telefonata dei leader dell'Ulivo: «Perché non vieni?». «Sono venuto, ma voi eravate andati via...»

L'equivoco fu fraternamente chiarito, D'Alema ripercorse la gioiosa via crucis tra vicoli e folle plaudenti e ai piedi del palco abbracciò Prodi e Veltroni. Erano ventuno mesi, dal congresso del luglio '94, che il numero uno e il numero due del Pds non avevano un incontro così affettuoso.

Quando gli toccò di parlare, D'Alema si sporse dal palco e si fece consegnare da un militante del Pds la bandiera del partito. Mostrò la falce e il martello che la caduta del muro di Berlino aveva schiacciato sotto la quercia e disse alla folla: «Abbiamo portato alla vittoria anche quelli che si sono battuti per questo simbolo. Porteremo al governo anche le ragioni di quanti vi hanno creduto per decenni». La parte (cospicua) di folla che fu comunista gridò la sua commozione. Ma D'Alema aggiunse: «Proprio per questo adesso anche il simbolo glorioso di tante lotte può scomparire». La folla che fu comunista restò gelata in silenzio. Ma D'Alema non se ne dette gran peso. Quando andò a dormire alle quattro del 22 aprile anche la storia del suo partito era cambiata per sempre.

1
Quattro professori e un segreto

D'Alema debuttò da Maria

Non c'era Visconti in quel tavolo. L'allestimento, come sempre, era degno di un Gattopardo e del suo mentore. Eppure di Visconti mancavano i colori, la carnalità. Né c'erano quelli di uno Zeffirelli e nemmeno di un Tornatore. Nel luminoso e caldo meriggio di novembre, la luce della Trinità dei Monti batteva gagliarda contro le vetrate della villa di Maria Angiolillo per poi cambiare natura e raffinarsi, raffreddarsi come nei film di James Ivory.

Il candore gelato di gruppi di porcellana che la padrona di casa aveva messo a segnare idealmente le stazioni del lungo tavolo rettangolare, valorizzava curiosamente la sporadica canizie di Massimo D'Alema. Ancor giovane, certo, ma ormai segnato da quei tratti del viso e da quel discreto attempàrsi di capelli che rivelano anche nella politica, come nelle famiglie, il cambio di generazione.

Il capo era arrivato al crinale della vita: massima era la sua autorità, indiscusso il suo potere, lontano seppure incerto ogni segno di cedimento.

D'Alema aveva nel congresso del luglio '95 compiuto il trasloco definitivo del Pds dalla casa ideologica del Pci, ora controllava saldamente il partito e doveva guidarlo attraverso le secche in cui sembrava ormai incagliarsi il governo amico di Lamberto Dini.

D'Alema sapeva che quelle secche erano pericolose per il presidente del Consiglio, al quale lo legava da tempo uno speciale rapporto, ma erano pericolose anche per lui. Nessuno lo rassicurava sulla tenuta del governo, nessuno lo garantiva sulla riuscita del disegno del capo dello Stato di rinviare il voto alla scadenza del semestre italiano di presidenza europea, nessuno era certo che il Polo sarebbe arrivato bollito all'appuntamento elettorale, lasciando agli avversari il solo dubbio sulla salsa da scegliere prima di portarlo in tavola per l'eliminazione definitiva.

Nessuno, soprattutto, gli garantiva che Prodi fosse la persona giusta per prendere in casa dei moderati i voti necessari al successo. Dunque, c'era bisogno di garanzie. E le garanzie avrebbe potuto fornirle solo una nuova trattativa. Quale? Con chi? Davanti a lui, ad assaggiare *la terrine de esturgeon fumé* appena versata in preziose porcellane, c'era Gianni Letta. Nell'alter ego di Berlusconi, meno giovane negli anni del segretario del Pds eppure fanciullesco d'aspetto, la canizie dell'incipiente terza età risultava così mirabilmente cooptata dal biondo naturale dei capelli da offrire una nobile e antica doratura d'insieme. Appena meno carica di quella che trionfava sui cristalli d'epoca di Maria, nei quali i camerieri – fantasmi operosi e silenti alle spalle degli illustri convitati – versavano rispettosamente una buonissima annata di Chambertin Louis Latour.

D'Alema e Letta, diversissimi per storia, carattere, amicizie e convinzioni politiche, avevano stabilito da tempo un singolare e strettissimo rapporto di fiducia. Se dicevano una cosa, era quella. Si erano dati reciproci segnali di affidabilità, non avevano mai ricevuto fregature l'uno dall'altro. Potevano dunque trattare serenamente e con chiarezza.

Dopo il piccolo, faticosissimo documento congiunto sottoscritto nell'estate del '95 al «tavolo delle regole», c'era stato in verità tra i due un momento di gelo. Fu quando Vittorio Feltri aprì sul «Giornale» la campagna di Affittopoli, pubblicando elenchi di dirigenti di partito e di sindacato (prevalentemente di centrosinistra) che beneficiavano – insieme con migliaia di altre persone – di affitti a equo canone ormai largamente inferiori ai prezzi di mercato, in appartamenti di proprietà pubblica.

Quando vide il suo nome stampato sul quotidiano di Paolo Berlusconi, D'Alema si convinse che la campagna era stata orchestrata dal Cavaliere. Questi era alle Bermuda con Letta e altri collaboratori, alternando riunioni di lavoro a sedute ginniche tragicamente immortalate da un fotografo venuto clandestinamente dall'Italia.

Letta seppe della campagna di Feltri da una furibonda telefonata di Sergio D'Antoni, il segretario generale della Cisl che, appena rientrato da una vacanza in Brasile, si vide fotografato sul «Giornale» il bell'appartamento da poco affittato dall'Inpdai ai Parioli.

Quando gli fecero sapere che D'Antoni lo cercava insistentemente, Letta non riusciva a capire le ragioni di tanta urgenza. A Milano gli dissero che probabilmente era per la roba che stava pubblicando Feltri. «Quale roba?» impallidì Letta. Gli mandarono l'articolo per fax e alle Bermuda si capì l'entità della tempesta.

«Nulla sapevamo, nulla presagivamo» giurò Letta a D'Antoni. E lo ripetette con accenti ancora più accorati al segretario del Pds che ringhiava: «Se questi sono i metodi, che cosa vuoi trattare?». Letta fu creduto poco da D'Antoni e pochissimo da D'Alema. Che in settembre, quando girò per le feste dell'Unità a presentare il suo libro sul *Paese normale*, vide che molti vecchi compagni lo guardavano male e si offese profondamente. In casa, D'Alema già aveva la rivolta della moglie Linda, sconvolta dall'essersi trovata cronisti e fotografi ai piedi delle scale.

Decise così di annunciare al «Costanzo Show» che avrebbe cambiato casa (si trasferirà in Prati un anno dopo, nel tardo autunno del '96).

A fine settembre, Letta riuscì a riannodare il dialogo col segretario del Pds invitandolo di nuovo in casa sua, dove D'Alema non metteva piede dalla famosa cena di luglio con Berlusconi.

Nello stesso periodo – e senza saper nulla di questi contatti – Antonio Maccanico stava cercando un percorso autonomo per uscire dal guado. Maccanico ha naturali e straordinarie capacità di mediazione. Riuscì a sopportare per sette anni Sandro Pertini al Quirinale, evitandogli – da segretario generale – più di un eccesso. È amico di tutti, nessuno ne parla male. Recita Catullo a memoria (così conquistò Ennio Flaiano) e gioca regolarmente a tennis (memorabile il suo palleggio televisivo con Adriano Panatta a «Porta a porta»).

Ma la sua virtù principale è la capacità di conciliare gli opposti. «È capace di mettere d'accordo due sedie vuote» disse di lui il suo mentore Enrico Cuccia. («Il problema è che stavolta erano piene», mi disse malinconicamente dopo il fallimento del suo incarico governativo nel febbraio del '96.)

Nell'autunno del '95, dunque, Maccanico stava discretamente lavorando a un disegno più riduttivo della grande intesa costituzionale, se questa non fosse stata possibile. («Innaffia il suo progetto come un vaso di fiori» mi disse D'Antoni.) Secondo uno schema già approvato dai progressisti, una semplice modifica dell'articolo 92 della Costituzione consentirebbe al solo presidente del Consiglio di ricevere la fiducia delle Camere prima di formare il governo. E il premier potrebbe essere sostituito soltanto attraverso il processo della sfiducia costruttiva, cioè di un altro governo individuato dal Parlamento. Se insomma non ci fosse stato accordo sulla riforma elettorale, in pochi mesi si sarebbe potuto almeno garantire il governo dai colpi di vento dei ribaltoni.

Maccanico riserva di lusso

Maccanico ne aveva parlato con D'Alema, ricevendone un incoraggiamento. Ne aveva parlato con Letta (cioè con Berlusconi) trovando molto interesse. Aveva ristabilito un buon rapporto con Dini, dopo momenti di freddezza per la nota vicinanza di Maccanico a Ciampi e la notissima distanza di Ciampi da Dini. Era stato sul punto di entrare nel governo alla morte del ministro dell'Interno, Brancaccio (e lo sarebbe stato di nuovo al momento della sostituzione di Mancuso). Se la gestione delle sue riforme avesse richiesto un nuovo governo, Maccanico avrebbe giocato le sue carte. Era insomma una riserva di lusso e lo sapeva.

Quando il 10 ottobre dagli Stati Uniti Lamberto Dini lanciò il suo programma in sette punti per continuare nell'attività di governo, Maccanico ne fu confortato: quel programma recava alcuni progetti ai quali lui stava lavorando.

Il precipitare del caso Mancuso aveva di nuovo fatto scendere il gelo tra Forza Italia e il Pds. Il cisposo carattere del ministro e i calcoli politici del Pds avevano reso incontrollabile la situazione. All'inizio Dini non era favorevole a una discussione parlamentare che rischiava di mettere in pericolo il suo governo. Il Pds prendeva tempo perché diviso: Luigi Berlinguer sembrava condividere l'atteggiamento cauto del presidente del Consiglio (e di Gianni Letta) favorevoli a un rinvio sine die, Cesare Salvi era invece per risolvere la questione al più presto.

La rigidezza di Salvi s'incontrò con quella di Mancuso che scrisse al presidente del Senato sollecitando il dibattito. A Letta che faceva la spola tra Dini e il Guardasigilli per prendere tempo (guadagnò in effetti un paio di settimane), Mancuso spiegò che il suo rapporto col primo ministro era finito e che voleva esporre pubblicamente le sue buone ragioni.

La situazione precipitò durante il viaggio di Dini negli Stati Uniti. Letta avvertì il presidente che le cose volgevano al peggio e lo invitò a rientrare appena possibile. Dini cercò di tamponare la situazione mandando il suo sottosegretario Lamberto Cardia a chiedere ai capigruppo di aspettare il rientro del presidente, prima di decidere sul dibattito. Ma quando Dini tornò, ebbe un colloquio con D'Alema e non si presentò al Senato.

Aveva vinto la linea dura, il Polo stava con Mancuso, Dini avrebbe chiesto la fiducia. Mancuso fu battuto, attaccò con durezza Dini e Scalfaro, omise di leggere alcune cartelle, lasciò in bianco l'ultima pagina e i suoi avversari parlarono di avvertimenti mafiosi. Le omissioni di Mancuso furono un errore. Più tardi, quando chiesi al ministro perché non aveva letto quelle pagine, mi rispose più d'una volta: «Perché nel clima che s'era creato non me le avrebbero fatte leggere». Avrebbe voluto dire che in luglio Dini aveva «secretato» le denunce del Guardasigilli sul secessionismo di Bossi, per evitare una crisi di governo. Ma non lo fece. Il Polo presentò una mozione di sfiducia al governo.

Quando i capi partito si riunirono per decidere il da farsi in casa di Berlusconi, Fini era in America e concordò con Letta di richiedere un dibattito senza mozione, presagendo una disastrosa bocciatura. Berlusconi scelse la linea dura sollecitata da Giuliano Ferrara e Cesare Previti, convinti che alla fine Rifondazione avrebbe affondato il governo. Ma Bertinotti e i suoi si astennero, e Dini, seppure fortunosamente, superò la prova. La minaccia di Bertinotti, annunciando comunque la fine del governo tecnico aveva riaperto i giochi e favorito la ripresa di dialogo segreto tra D'Alema e Letta.

D'Alema s'appartò con Letta

Ecco dunque D'Alema, nel luminoso meriggio di novembre, varcare la soglia del villino Giulia alla Trinità dei Monti, là dove da decenni si danno convegno amici della padrona di casa che reggono l'impresa, la finanza e la politica del Bel Paese. Invitato da Maria Angiolillo, sollecitato da importanti imprenditori, rassicurato da Gianni Letta, D'Alema chiese di partecipare a un pranzo e non a una cena che avrebbe impegnato anche la moglie, del tutto indisponibile a occasioni del genere.

Arrivò per ultimo, come si conviene all'ospite d'onore. Non era certo il primo uomo della sinistra a entrare in quel salotto: Cesare Salvi era un ospite abituale e l'anno prima anche un trepido Walter Veltroni aveva fatto altrettanto. Ma Veltroni è caratterialmente più aperto alle frequentazioni a tutto campo. D'Alema è D'Alema e quando disse buongiorno agli ospiti di Maria nel silenzio della Trinità dei Monti si sentì il fragore della caduta di un nuovo, piccolo, significativo Muro di Berlino.

A far cornice alla padrona di casa, unica donna presente, D'Alema sedeva con Letta, Maccanico e Marco Tronchetti Provera, nuovo patron della Pirelli, successore di Leopoldo e candidato ad assumere, nel difficile mondo degli imprenditori italiani, il ruolo di padre nobile che da quarant'anni Giovanni Agnelli esercita con indiscussa autorità. Essi parlarono a lungo delle proposte di Maccanico per salvare la legislatura e ipotizzare un nuovo governo.

D'Alema parlò anche di se stesso. Rivelò dove nasce il nomignolo di Spezzaferro: «Per allentare la tensione, spezzo con le mani in otto frammenti i tappi dell'acqua minerale». E aggiunse: «Fini non ne sarebbe capace». Lo disse senza il minimo dubbio. E gli astanti si chiesero in silenzio se i famosi servizi d'informazione dell'ex Pci avessero sorpreso il leader di Alleanza nazionale all'opera con invincibili tappi d'acqua minerale, nel disperato tentativo d'emulare il diabolico Spezzaferro.

D'Alema godette della sorpresa e rinunciò garbatamente a infrangere il signorile brusio che animava la sala da pranzo di Maria con il sardonico e rumoroso sorriso che abitualmente su «La Stampa» l'acuto Massimo Gramellini riassume nello sferzante «a-ah».

Passò poi a più serie valutazioni, osservando che sarebbe preferibile veder scendere il numero dei votanti, tradizionalmente assai alto in Italia. «Sarebbe il segno» disse «che la gente non ha paura di giocarsi il tutto per tutto in una sola giornata elettorale.»

Alla fine del pranzo, D'Alema s'appartò con Letta. «Se raggiungiamo un accordo in camera caritatis su un paio di punti...» disse il segretario del Pds. Il primo punto era verosimilmente il varo di una norma che scindesse una volta per tutte il Berlusconi politico dal Berlusconi imprenditore. Il secondo era qualche ragionevole modifica istituzionale (anche quelle suggerite da Maccanico) che venisse incontro alle richieste della sinistra.

In questo ricostruito clima di dialogo, Silvio Berlusconi partorì l'idea di «esplorare». Esplorare che cosa? La possibilità di una tregua senza vincitori né vinti, di una riforma istituzionale senza sangue che rinviasse lo scontro elettorale a momenti più sereni, quando il Paese si fosse riconosciuto in più chiare e sensate regole del gioco.

Il tentativo di Berlusconi nacque da interminabili discussioni notturne con Letta nella casa romana di via dell'Anima, mentre l'attigua piazza Navona riacquistava nella solitudine e nel silenzio il suo originale splendore e perfino le anime inquiete del Borromini e del Bernini lasciavano da parte dispute secolari per abbracciarsi nell'incanto da esse stesse costruito.

Perché Berlusconi si risolse all'esplorazione? La data delle elezioni era sempre più incerta, il governo di Lamberto Dini sempre meno tecnico e sempre più politico, la sua durata ormai indefinibile, il Paese aveva bisogno di un minimo di stabilità. Il Polo rischiava di arrivare assai debole alla chiamata elettorale, quando mai questa fosse giunta, e intanto sentiva la voce popolare rimproverarlo: «Che fate? Abbaiate alla luna?».

In questo macerarsi, Berlusconi e Letta tiravano tardi, col Cavaliere sempre più agro dopo la lettura dei giornali alle due del mattino. Quando in ore meno notturne la casa di via dell'Anima ospitava altri amici, alleati e collaboratori, la discussione si faceva animata. Ferrara e Previti, manco a dirlo, erano contrari a qualunque dialogo con D'Alema e avvertivano Berlusconi che la trasformazione da colomba a piccione da spiedo poteva essere una inavvertibile sfumatura lessicale.

Letta, Casini, Buttiglione, Urbani e Dotti erano invece favorevoli. Gianfranco Fini si manteneva tiepido e distante: «Io non credo ai miracoli,» diceva a Berlusconi «ma se riesci a farne uno, non mi tirerò indietro».

S'arrivò tra un tira e molla all'antivigilia di Natale. Chi si meraviglia che negli Stati Uniti austeri e rispettabili signori si travestano da Babbo Natale raggiungendo sotto la divisa di panno rosso e sotto la barba bianca la felicità invano inseguita per l'intero anno tra milioni di dollari, ha in Silvio Berlusconi l'esempio vivente della perfetta trasposizione mediterranea dell'originale.

Egli sembra vivere e far profitti per dodici mesi nell'attesa esclusiva in cui potrà far partecipi gli amici della sua gioia intorno a una tavola addobbata con candele rosse. Certo, consegnando gioielli alle mogli di amici e collaboratori in segno d'affetto e gratitudine per il loro contributo alle fortune sociali, il Cavaliere non avrebbe mai pensato che le «innocenti» fotografie scattate da Stefania Ariosto sarebbero state catalogate con una cura certo ignota al più discreto James Bond.

Ma alla fine del '95 il Cavaliere ignorava l'attivismo giudiziario del «teste Omega» e dunque non si fece scrupolo di riunire i suoi amici romani all'antivigilia di Natale offrendosi di interrompere gli estenuanti discorsi politici per tagliare panettoni e stappare champagne.

Lo fermò Gianni Letta. Esistono nelle comitive scolastiche

il Leader Gioioso e il Compagno Secchione, che rammenta a tutti la necessità di completare i compiti prima di abbandonarsi all'innocente lascivia della vacanza.

Il Cavaliere tagliava il panettone...

Il Cavaliere era già dunque col coltello sul panettone quando il suo braccio destro disse: «No, prima dobbiamo decidere se aprire la trattativa col Pds». Decisero per il sì.

Durante il dibattito parlamentare che avrebbe segnato la sorte del governo Dini, prima della fine dell'anno Letta e D'Alema giocarono abilmente su fronti diversi. Non disillusero il presidente del Consiglio che sperava di restare a palazzo Chigi come capo di un governo di larghe intese. D'Alema cercò di controllare il crescente e motivato allarmismo di Prodi e Veltroni che vedevano in prospettiva l'appassimento dell'Ulivo. Letta tenne sotto controllo la diffidente neutralità di Fini e sbaragliò con l'entusiasmo di Berlusconi i rinnovati assalti dei «falchi» di Forza Italia.

Letta e D'Alema si dettero silenziosi segnali di fedeltà e di reciproca rassicurazione, come i sommozzatori di una squadra interforze impegnati in una missione mortale che ha possibilità di riuscire solo a patto che ogni cronometro sia sincronizzato con gli altri al centesimo di secondo.

Così quando negli ultimi giorni del '95 D'Alema disse che in tre mesi si sarebbe visto se l'intesa sarebbe stata possibile o no, Letta si sentì strappare molte penne di colomba dal becco di Ferrara e di Previti che gli dicevano: vedi?, ci stanno fregando. Noi vogliamo votare a marzo, questi ci porteranno a spasso per tre mesi per farci votare a giugno, quando saremo più deboli.

Letta chiese allora a nome di Berlusconi un segnale rassicurante a D'Alema che puntualmente lo dette: il Pds non ha intenzioni dilatorie, anche un mese sarebbe sufficiente a capire se le possibilità d'intesa esistono oppure no.

La sera di Capodanno, Berlusconi e Letta ricavarono buoni auspici anche dal messaggio di Scalfaro che riconobbe la buona volontà del Cavaliere. Da Saint-Moritz, dove stava con la famiglia, Berlusconi disse a Letta di apprezzare – per una volta – le parole che giungevano dal Quirinale.

La prima metà di gennaio, come vedremo meglio in seguito, trascorse negli ultimi spasmi del governo Dini e certo lo scontro sulla fiducia non scaldò i rapporti tra Berlusconi e D'Alema. Ma non li interruppe mai. La tela tessuta da Gianni Letta nell'autunno in ripetute colazioni a quattr'occhi con D'Alema nella sua casa alla Camilluccia resistette perfettamente agli strappi della crisi.

A metà gennaio, dunque, col cadavere del governo tecnico ancora caldo, il braccio destro di Berlusconi poteva proporre a D'Alema: «Verifichiamo in tempi stretti se l'intesa è davvero possibile. Ma invece che improvvisare ancora tra di noi, facciamo istruire la trattativa da tecnici di maggiore competenza». Così, nel riserbo più assoluto, nacque un gruppo di lavoro composto da quattro persone, parlamentari e uomini di partito a tutti gli effetti, ma innanzitutto professori di diritto: Giuliano Urbani (Forza Italia) e Domenico Fisichella (Alleanza nazionale) si confrontarono per una settimana con due dirigenti del Pds, Cesare Salvi e Franco Bassanini.

Fisichella fu indicato come negoziatore dallo stesso Fini. Pinuccio Tatarella, che aveva affiancato Letta negli incontri con Veltroni al tavolo delle regole, restò male per non essere stato designato lui. Ma non era professore e non protestò. Francesco D'Onofrio, l'anima giuridica di Casini, professore lo era invece a tutti gli effetti. E infatti all'inizio si pensò di designarlo. Ma D'Onofrio ha un debole: parla. Berlusconi, che pure non è uno scrigno di riservatezza, rispetto a D'Onofrio è sordomuto. E infatti si dispera perché, dopo ogni vertice in via dell'Anima, D'Onofrio esce sempre per primo, racconta tutto ai giornalisti in attesa con cordiale solennità. «E così quelli dell'Ulivo possono difendersi e contrattaccare immediatamente», osserva sconsolato il Cavaliere raccogliendo i cocci. Al primo profumo di trattativa, D'Onofrio aveva dunque già parlato. Per questo si decise di limitare la discussione riservata agli altri quattro professori. Perché il Pds ne mandò due invece di uno?

Gli uomini del Polo celiarono: «Siete come i carabinieri. Ciascuno di voi deve testimoniare dell'altro». A bassa voce e tra di loro osservarono che Salvi e Bassanini rappresentavano due diverse scuole di pensiero: ruolo pragmatico da centrocampista per il primo, ruolo di sfondamento per il secondo.

In realtà, il Pds si accostava alla trattativa con una cautela maggiore di quella manifestata dal Polo. I vertici del partito fin dalla fine di dicembre si erano dichiarati favorevoli alla trattativa, ma era noto che le posizioni di D'Alema e di Veltroni divergevano non poco.

Il primo era nettamente favorevole, il secondo contrario. La sua posizione era curiosamente speculare a quella di Fini. «Trattate pure,» disse Veltroni ai suoi compagni «ma a mio giudizio non esistono le condizioni politiche che consentano di raggiungere un accordo.»

Salvi e Bassanini sapevano bene di dover rappresentare le due anime del partito. Fisichella, per parte sua, doveva tenere ben presente la diffidenza di Gianfranco Fini, mentre Urbani curiosamente rappresentava anche un grande assente: Umberto Bossi.

«Cassoeula» segreta per Bossi e Urbani

I due avevano avuto un incontro segreto per l'intera giornata del 30 dicembre in una cornice assai suggestiva: il casino di caccia di un imprenditore lombardo nel bosco della Malpensa. Il padrone di casa era amico di Bossi, ma se ne era distaccato politicamente in favore del Polo: aveva peraltro badato a far sì che il pasto fosse rigorosamente lumbard. Mise in tavola, infatti, la cassoeula, un piatto di carni miste e verdure, di selvaggina e di cavoli cotti insieme. Appena fuori zona, ma pur sempre nordico, il vino: barbera.

Mentre la neve mutava i colori del bosco, Bossi e Urbani si trovarono d'accordo su un punto: il governo tecnico di Dini aveva raggiunto il capolinea. Ma Bossi non voleva le elezioni anticipate: la taglia dei sette decimi imposta nel '94 a Berlusconi (sette leghisti ogni dieci collegi del Nord) gli aveva dato una forza parlamentare irripetibile. Al tempo stesso egli chiedeva l'assemblea costituente.

Per sette ore – dalle undici del mattino alle sei di sera –

Urbani lo martellò ai fianchi per fargli accettare una fase costituente senza assemblea. I due convennero che era stato inutile insultarsi per un anno senza proporre nulla di positivo e alla fine il Senatùr convenne che tutto sommato lui dalla trattativa degli altri non avrebbe avuto niente da rimetterci.

Così, dopo quindici giorni in cui tutti parlarono con tutti e una crisi che prese in contropiede la sinistra, il negoziato segreto poté incominciare. Per una settimana i quattro professori si videro ogni giorno, dalle nove e mezzo del mattino fino al tardo pomeriggio, nella bella casa di Cesare Salvi nel quartiere Prati. Essi misero subito sul tavolo le due ipotesi di lavoro possibili: si preferiva lavorare sull'elezione diretta del capo dello Stato o del presidente del Consiglio? La divisione fu trasversale: Urbani e Salvi preferivano il sistema presidenziale francese (come anche altri due professori del Pds, Gianfranco Pasquino e Augusto Barbera); Fisichella e Bassanini erano invece per l'elezione diretta del primo ministro.

Ma la disputa scientifica fu subito spazzata via dalle necessità politiche: il Polo era nettamente per l'elezione diretta del primo ministro. Due anni prima, nel programma elettorale del '94, Forza Italia era nettamente presidenzialista. Successivamente, Berlusconi era stato convertito all'elezione diretta del primo ministro proprio da Fisichella.

L'ideologo di An era infatti convinto che un presidente della Repubblica a elezione diretta (e quindi designato da una parte dell'elettorato) avrebbe ulteriormente lacerato un Paese che viene da cinquant'anni di divisioni ideologiche profonde. Meglio dunque un capo dello Stato di garanzia con poteri limitati, affiancato da un primo ministro con poteri forti. La svolta in questo senso era stata avallata in Parlamento da un presidenzialista convinto come Fini nel suo discorso parlamentare di gennaio al momento della crisi del governo tecnico.

Il presidente di An voleva un motore dello Stato forte, stesse al Quirinale o a palazzo Chigi. Capiva peraltro che più l'autorità centrale era forte, maggiore sarebbe stato il decentramento dei poteri in direzione delle autonomie locali.

Quando la sera delle dimissioni di Dini incontrai Berlusconi nella sala di lettura della Camera, il Cavaliere ritenne giusto rivendicare a se stesso la paternità della proposta dell'elezione diretta del capo del governo che Fini aveva fatto propria. «L'avanzai in Parlamento il 2 agosto del '95» mi disse. Enrico Mentana, che era con noi, sconsigliò il gesto, immaginando che ogni proposta di Berlusconi fosse in quanto tale destinata all'affondamento. Il Cavaliere ci restò male: «Perché se l'ho pensato io per primo, debbo lasciarlo dire a Occhetto, Segni e Adornato?».

L'indomani, infatti, ristabilì la paternità dell'iniziativa.

(Berlusconi ci parlò anche di un sondaggio avanzato da Bossi per fare un controribaltone contro Dini. Ma qui Mentana ebbe buon gioco nel convenire col Cavaliere che nessuno gli avrebbe tolto la trionfale assegnazione del «fesso d'oro» per l'anno in corso.)

Lavoro e spuntini in casa di Salvi

In casa di Cesare Salvi i quattro professori si distribuirono i compiti. Fisichella avrebbe badato alla forma di governo, Salvi al ruolo del Parlamento, Urbani al federalismo e Bassanini al delicato capitolo delle garanzie. L'obiettivo, precisò Fisichella, era di produrre una istruttoria ragionata per presentare ai leader politici uno schema aperto. Il lavoro andò avanti con un accordo sorprendente. I quattro lavoravano per l'intera mattinata nell'ampio soggiorno di casa Salvi. A metà giornata s'apriva la porta che introduce nella sala da pranzo dove Lina, la cameriera filippina, preparava un delicato buffet.

Talvolta Domenico Fisichella rinunciava allo spuntino di casa Salvi e faceva un salto in via dell'Anima per riferire a Gianfranco Fini.

Al suo presidente, in verità, l'ideologo di An aveva sempre fatto al telefono, durante la trattativa con gli altri professori, una ineccepibile radiocronaca dei lavori: tutta la bozza minuto per minuto. Ma gli incontri a quattr'occhi erano naturalmente più approfonditi. «Va' avanti» diceva regolarmente Fini a Fisichella, pur non nascondendosi le difficoltà dell'opera.

Le riserve del leader di An si appuntavano soprattutto sul nuovo sistema elettorale che non a caso i negoziatori avevano lasciato aperto.

Era noto che il Pds non avrebbe mollato sul presidenzialismo, in qualunque forma presentato, se non avesse ottenuto il doppio turno alle elezioni: quello che aveva consentito al centrosinistra di incamerare larghissima parte dei sindaci. Ma c'era doppio turno e doppio turno. E qui Fisichella veniva invitato da Fini a tirare il più possibile sui numeri.

Per esser chiari: il Polo aveva interesse a incamerare il maggior numero di seggi al primo turno. Se fossero stati dichiarati eletti solo i deputati che nella prima domenica di votazioni avessero riportato più del cinquanta per cento, An avrebbe avuto un bottino magrissimo. Fini dunque puntava a una soglia del quaranta per cento, per ridurre al minimo il potere negoziale e di ricatto dei «cespugli» al turno decisivo.

Fisichella, in ogni caso, uscì sempre dallo studio di Fini con la convinzione che se si fosse raggiunto un accordo sul resto (un presidenzialismo non troppo annacquato, sia pure limitato al capo del governo), anche l'amaro calice del doppio turno sarebbe andato giù. «Se si raggiunge l'accordo è un miracolo,» ripeteva Fini «ma non bisogna lasciare niente di intentato.»

Abbiamo detto che la trattativa segreta cominciò mercoledì 17 gennaio. Nei primissimi giorni si mise a punto una scaletta. Nel fine settimana (sabato 20 e domenica 21) si arrivò al confronto più complesso: l'Ulivo tirava la coperta verso il doppio turno, il Polo esigeva come contropartita un fortissimo potere del governo e una chiara autonomia dell'esecutivo dal Parlamento.

Si arrivò lunedì 22 a concordare una bozza di sei cartelle e una riga, stesa materialmente da Fisichella e battuta con grandi caratteri chiari. Al tè, quel pomeriggio Urbani disse: «Questo testo va bene per fissare le idee; facciamolo vedere perciò soltanto ai leader. Poi andrà tradotto in un paio di paginette per la comunicazione».

La bozza prevedeva, in breve, questi punti centrali. Elezione del 90 per cento dei deputati secondo il criterio attualmente seguito per il Senato. Attribuzione del 10 per cento residuo alla maggioranza come quota di governabilità. Ogni lista sarebbe stata aperta dal candidato della lista stessa alla presidenza del Consiglio, che avrebbe assunto la guida del governo in modo pressoché automatico.

Per arginare il «rischio Di Pietro», si proibiva la presenza di nomi di persona nelle liste (come poi avrebbero fatto Dini e Prodi). La sfiducia al primo ministro avrebbe provocato la caduta del Parlamento. Il capo dello Stato, privato di fatto del potere di nomina del presidente del Consiglio e di scioglimento delle Camere, sarebbe rimasto una pura autorità di garanzia e per questo sarebbe stato eletto a maggioranza dei due terzi.

In un inciso si stabiliva che sarebbe stato accettato il doppio turno a patto che i leader avessero accolto l'intero impianto della bozza (e innanzitutto il fortissimo potere del governo con l'elezione sostanzialmente diretta del suo capo).

La sera di lunedì 22 gennaio Urbani consegnò la bozza a Berlusconi nella sua casa romana di via dell'Anima. Alla presenza di Letta e del Cavaliere, chiamò al telefono con il viva voce Casini, Buttiglione e Mastella ed ebbe un riscontro positivo. Contemporaneamente Salvi e Bassanini consegnavano la loro copia a D'Alema.

Come accade in questi casi, ciascun professore, senza dirlo agli altri, dotò la propria copia di impercettibili segnali di riconoscimento: una coppia di parentesi al posto di due virgole negli incisi, per esempio, e altre piccole, maliziose diavolerie. Se la bozza fosse stata pubblicata, i professori ne avrebbero riconosciuto la provenienza.

La stessa sera del lunedì, Fisichella chiamò Fini al telefono per dirgli che l'avrebbe raggiunto col documento. «Mimmo, non sto bene, ho la febbre. Anche se mi mandassi il documento non avrei la forza di leggerlo. Vediamoci domattina.»

La mattina di martedì 23 il professore consegnò il documento al presidente di An. Fini vi dette una scorsa e lo trovò molto complesso. (In effetti il sistema elettorale previsto richiedeva una forte versatilità in matematica: «Il 90 per cento dei seggi viene attribuito secondo l'attuale criterio del Senato. Il 75 per cento del 90 per cento dei seggi in collegi uninominali maggioritari, laddove la parte proporzionale, pari al 25 per cento del 90 per cento, cioè il 22.5, segue anch'essa il criterio distributivo previsto oggi per palazzo Madama...».)

«Non ci si capisce niente» si lamentò Fini chiamando al telefono i colleghi del Polo. E del documento fece quattro copie, dandone tre a Taradash, Calderisi e Vito, noti per la loro perizia tecnico-elettorale e soprattutto per la loro cavillosità. La quarta era per Nania.

Alka Selzer per Gianni Letta

All'una e mezzo del mattino di mercoledì 24 gennaio, Gianni Letta – rientrando alla Camilluccia dopo aver tirato tardi come al solito a casa di Berlusconi – si fermò per acquistare i quotidiani freschi all'edicola notturna di corso Francia. Il «Giornale» di Vittorio Feltri è sempre tra i primi ad arrivare. Purtroppo anche quella notte era arrivato.

«L'accordo segreto del governissimo» titolava la prima pagina. Spiegando: «"il Giornale" pubblica il testo integrale dell'intesa che dovrebbe gettare le basi dell'ammucchiata tra il Polo e i progressisti». L'autore dello scoop, Federico Guiglia, tirava in verità assai per i capelli il documento, enfatizzandone gli elementi negativi per il Polo.

«Presidenzialismo addio» scriveva Guiglia, quando la bozza di accordo di fatto prevedeva la nascita di un «governo forte». Mentre l'elezione del presidente della Repubblica «di garanzia» a maggioranza qualificata veniva vista come la prova della consociazione tra Forza Italia e il Pds e come levatrice di un Grande Centro che escludesse dai giochi Alleanza nazionale.

Su due punti, peraltro, «il Giornale» aveva ragione. La possibilità conferita ai partiti di sostituire senza elezioni un premier che si fosse spontaneamente dimesso poteva aprire la strada a oscuri giochi di corridoio. E nessuno avrebbe mai saputo spiegare ai cittadini l'estrema macchinosità della nuova legge elettorale. Scrisse infatti Vittorio Feltri nel suo durissimo articolo di fondo: «Vi offriamo in esclusiva il testo integrale della madre di tutte le riforme: quella elettorale, scusandoci per i disturbi gastrici che probabilmente vi arrecherà. L'unico consiglio che possiamo darvi è di prendere un Alka Selzer subito dopo averlo letto».

Chi dovette correre a prendere un Alka Selzer fu invece Gianni Letta che per svegliare Berlusconi non aspettò nemmeno di arrivare a casa. «Chi ha dato la bozza al "Giornale"?» sibilarono entrambi cercando invano una risposta e indirizzando simultaneamente i propri sospetti in direzione di via della Scrofa. Certamente non era stato Fini, il più freddo nella trattativa. Lui è persona leale, però...

Mentre durante la notte tra il 23 e il 24 gennaio l'uscita in edicola del «Giornale» aveva tolto il sonno a più d'uno, Domenico Fisichella dormiva nella sua casa dei Parioli sopraffatto da un febbrone da cavallo. L'indomani mattina alle 9.30 ricevette una telefonata assai fredda di Gianfranco Fini: «Mimmo, hai visto "il Giornale"?». «No» rispose l'altro, che sudava ormai più per l'ansia che per le aspirine. «Ha pubblicato la bozza.» «Chi gliel'ha data?» disse sottovoce Fisichella. Fini non seppe che cosa rispondergli.

Ma intanto il caso era esploso. Salvi, che aveva letto «il Giornale» in macchina mentre andava in ufficio, aveva chiamato Bassanini e avrebbe detto più tardi a Urbani, già furioso di suo, che la trattativa non aveva più senso. Tutti comunque avevano la prova che la copia pubblicata fosse quella di Fisichella e lo stesso professore di An lo avrebbe ammesso di lì a poco, comprando il giornale di Feltri alla solita edicola di via Bertoloni. Quando Fini gli aveva detto: «Vieni subito», Fisichella aveva provato a obiettare: «Ho la febbre alta». Ma mentre lo diceva, si rendeva lucidamente conto che ben altre febbri lo avrebbero raggiunto nel corso della giornata.

Quando il professore raggiunse la sede del partito in via della Scrofa, trovò riunita quella fetta di ufficio politico che Fini era riuscito a convocare d'urgenza: Gasparri, Fiori, Matteoli, Storace, Tatarella, Tremaglia, Alemanno, Nania. Circolavano fotocopie del «Giornale». Fisichella ebbe la sensazione che gli occhi dei presenti si fossero concentrati più che sulla lunga bozza, sul più breve ma micidiale «fondo» di Feltri. (Avrebbe detto Fisichella alcuni mesi più tardi: «Feltri mi confessò successivamente di non aver letto con attenzione la bozza, fidandosi delle valutazioni dei suoi colleghi romani. Mi espresse la sua stima e pubblicò un altro articolo in cui si avviava il mio processo di beatificazione».)

Fini fu subito chiaro: «Nessuno pensi di fare un processo.

Mimmo mi ha sempre informato di quel che accadeva». La discussione, in effetti, fu formalmente corretta. Ma ognuno dei presenti sapeva perfettamente come sarebbe andata a finire. Fu più per dovere d'ufficio che per convinzione, dunque, che Fisichella chiarì che il documento pubblicato dal «Giornale» era una semplice istruttoria: su alcuni punti i professori erano d'accordo, altre questioni restavano aperte.

«E questa storia che il presidente del Consiglio sfiduciato non potrebbe ricandidarsi dopo nuove elezioni a chi è venuta in mente?» chiese più d'uno. «È una idea di Salvi, ma noi non l'abbiamo approvata» si difese Fisichella. E aggiunse: «Vi ripeto che si tratta di una bozza che avrebbe dovuto restare riservatissima, un semplice documento di lavoro».

Regolamento dei Carabinieri Reali

In realtà, quel che non andava giù a Fini era soprattutto la mancata elezione diretta del presidente del Consiglio. È vero che la bozza parlava di una indicazione sulla scheda elettorale del candidato premier e del passaggio quasi automatico a palazzo Chigi del titolare della lista vincente. Ma Fini voleva un'elezione vera, secca, autonoma che legasse personalmente il premier all'elettorato. (Avrebbe obiettato Fisichella in una successiva intervista a Maria Teresa Meli per «La Stampa»: «Io credo che l'elezione diretta del premier sia pericolosa. Potrebbe spuntare dal nulla un Corsaro Nero che viene eletto e non si sa dove può portare il Paese. No, è rischioso: il primo ministro deve essere legato a una maggioranza reale, al Parlamento».)

Quando la riunione si sciolse, s'era fatta l'ora del pranzo. Fini e Fisichella presero il loro desinare in casa di Berlusconi, tirandosi dietro Tatarella e Nania e trovando Letta e Urbani, oltre naturalmente al Cavalier Furente, il quale pensava al suo singolare destino editoriale: gli veniva addebitata a tutti gli effetti la proprietà o comunque il controllo del «Giornale» e Feltri gli mandava regolarmente per aria ogni piano. Mangiarono riso ai funghi, Fisichella condì il suo piatto con una rispettabile porzione di aspirine. Il professore si chiese a lungo quanto in realtà della bozza avessero letto direttamente Fini e Berlusconi. Ma la differenza tra un professore e un leader politico sta appunto in questo: il primo ragiona sui testi e le parole, il secondo magari ne prescinde per mirare dritto alle conseguenze politiche.

Così fecero infatti Fini e Berlusconi; Fisichella uscì dal portone di via dell'Anima silenziosamente convinto che la sua missione fosse conclusa. Alle quattro del pomeriggio tornò a casa e si infilò malinconicamente nel letto. La serata trascorse col telefono muto e questo non è mai un buon segno per chi aspetta conforto. E infatti la mattina dopo i giornali titolarono: «Fini liquida Fisichella». All'insaputa del professore, infatti, il suo ruolo di negoziatore era stato preso da Nania.

Fisichella ripercorse in un attimo la sua luminosa carriera universitaria (trentasei anni di insegnamento e una posizione leader nella scienza politica) e si convinse di non poter passare alla storia come il professore fesso che si lascia imbrogliare al gioco delle tre carte da due colleghi più scaltri (Salvi e Bassanini). Prese carta e penna e scrisse tre lettere di dimissioni da Alleanza nazionale e dal suo gruppo parlamentare al Senato. Destinatari: Gianfranco Fini, il presidente del Senato Carlo Scognamiglio e il capo dei senatori di An, Giulio Maceratini. (Analoga lettera, poi rientrata, aveva scritto il 4 gennaio, per protestare contro la linea di Fini favorevole alle elezioni anticipate.)

Ricevette soltanto una telefonata di Scognamiglio, piuttosto preoccupato, e la cosa sembrava finire lì. Fisichella cancellò nei tre giorni successivi tutti gli impegni di partito: un convegno con Taradash, una manifestazione locale, la partecipazione a «Napoli capitale» di Gianfranco Funari, fissata per domenica 28 gennaio.

Martedì 30 alle 15.40 Gianfranco Fini bussò a casa sua. Gli strinse la mano con la destra e con la sinistra gli porse un pacchetto. La carta era d'un libraio antiquario. Fisichella aprì il dono con orgogliosa curiosità e si trovò a sfogliare un «Regolamento dei Carabinieri Reali» del 1822. Sulla prima pagina utile, una dedica: «A Domenico Fisichella, rigido e onesto come un carabiniere reale, perciò indispensabile. Nonostante tutto». «Quando ho ricevuto la tua lettera,» gli spiegò Fini «sono uscito a fare una passeggiata da solo. Ho visto in una vetrina questo libro, ho riflettuto e ho immaginato che avresti capito.» Fisichella provò a spiegare che era rimasto offeso per la forma con cui era stato allontanato di fatto dalle trattative, ma ormai nuotava in un brodo di giuggiole.

L'indomani, Fini gli rese visita in Senato, scrisse con lui un comunicato stampa di riconciliazione e lo fece pubblicare sulla prima pagina del «Secolo». La crisi Fisichella, che secondo una analisi riservata di palazzo Chigi era costata ad An una caduta virtuale di cinque punti, era gloriosamente rientrata.

2

Maccanico, dall'altare alla polvere

«Sono venuto solo per onorare un impegno preso con lei.» Scosse la testa, Silvio Berlusconi, col volto buio nel buio di Saxa Rubra.

Gli uomini della scorta personale e della sicurezza Rai lo isolarono dalla selva di microfoni e di taccuini che imploravano una dichiarazione: i quotidiani stavano chiudendo le prime edizioni, i telegiornali della notte erano in preparazione. Ma il Cavaliere non cedette. Mi strinse la mano a suggellare il sacrificio della sua presenza e s'infilò cupo nel salottino della palazzina B dove lo aspettava Massimo D'Alema.

Era mercoledì 24 gennaio 1996. La rubrica «Porta a porta» aveva debuttato due giorni prima ospitando Romano Prodi. E Silvio Berlusconi aveva accettato, dopo un anno e mezzo di insistenza, l'incontro televisivo con il segretario del Pds. Mai pensando che lo storico giorno sarebbe coinciso con la pubblicazione sul «Giornale» del fratello Paolo della bozza di accordo tra i quattro professori del Polo e del Pds, scritta dal povero Mimmo Fisichella che per questo era stato processato al mattino dall'ufficio politico di Alleanza nazionale. E poi condannato in contumacia.

La pubblicazione della bozza e la conseguente sospensione della trattativa avevano messo in seria difficoltà l'intera strategia di Berlusconi. Con la sua «esplorazione», il Cavaliere s'era esposto molto e aveva dovuto fronteggiare sia quanti in Forza Italia erano contrari a un qualunque accordo istituzionale con il Pds sia la posizione negativa di Gianfranco Fini.

«L'accordo sarebbe un miracolo e io non ci credo» ripeteva a ogni incontro il presidente di An. «Se ci riuscite...» Berlusconi è uomo sagace e più d'una volta, nei momenti difficili, s'era ripetuto questa frase: «L'umanista, l'avvocato, il politico – se onesto e volenteroso – si metterà con energia a fare tutto il possibile perché la realtà, che vediamo e conosciamo e deploriamo, sia meno lontana dall'ideale che esiste soltanto in utopìa, cioè in nessun luogo». Già, utopìa. Anzi, Utòpia. Non era Tommaso Moro uno degli autori preferiti dal Cavaliere? Non aveva trascritto lui quelle parole nella prefazione all'opera massima del pensatore inglese, pubblicata dalla Silvio Berlusconi Editore nella lussuosa veste concepita dal raffinato bibliofilo Marcello Dell'Utri? Con quelle parole Berlusconi aveva idealmente replicato a Walter Veltroni che il giorno dell'Epifania, dopo il fallimento della prima fase dell'esplorazione affidata al Cavaliere, aveva giudicato banalmente utopistiche le basi di un governissimo di là da venire, subito confortato dal sospettoso scetticismo di Eugenio Scalfari. E quelle parole era andato forse ripetendosi mentre la sera del 24 gennaio volava lungo la via Flaminia verso Saxa Rubra, con la memoria inchiodata al colloquio pomeridiano con Gianfranco Fini in via dell'Anima.

Fini era stato implacabile. Aveva tirato fuori di tasca il resoconto stenografico dell'intervento di Berlusconi alla Camera del 2 agosto '95. «Sei stato tu, Silvio, a chiedere a nome del Polo l'elezione diretta del presidente del Consiglio. E nella bozza di Fisichella questa non c'è. L'accordo degli esperti è un gigantesco trappolone di D'Alema. Altro che presidenzialismo, questo è un rilancio del sistema parlamentare. Alleanza nazionale non può starci. E visto il tuo discorso del 2 agosto, caro Silvio, non puoi starci nemmeno tu...»

Questo gli aveva detto Fini e questo avrebbe ripetuto il presidente di An la sera stessa davanti alle telecamere di «Mixer»: per non consentire a D'Alema di rispondergli in diretta, anzi, il presidente di An aveva vietato la diffusione dell'intervista a Minoli, registrata nel pomeriggio. (Ma a me ne aveva anticipato il succo e ogni volta che durante «Porta a porta» io avrei citato le posizioni di Fini, autentico convitato di pietra della trasmissione, D'Alema non avrebbe mai celato un'espressione di deliberato fastidio.)

«Mia moglie mi ha messo un po' di fard...»

D'Alema, come sempre, era arrivato per primo, con il consueto atteggiamento «normale». Ma quanta preparazione, dietro quella normalità. Quanti suggerimenti di Claudio Velardi, Gianni Cuperlo, Claudio Ligas. Quanta concentrazione individuale, fredda e implacabile. Un filo di trucco? «No, grazie. Mia moglie mi ha messo un po' di fard...» È sua questa cartellina gialla? «Sì, grazie. L'avevo scambiata con una identica di mia figlia. E allora lei per evitare problemi, guardi qui, mi ci ha scritto "papà". Finiremo dopo mezzanotte? Peccato, così tardi non sono abituato. Avrò un calo degli zuccheri. Sa, vado a letto praticamente con i miei bambini...»

Venti minuti più tardi arrivò il Cavaliere. Anche a lui una manina domestica, in assenza della moglie lontana, aveva messo un po' di fard. Ma accettò una rinfrescata. «Sa, Massimo, alla mia età...» celiò con D'Alema. Nemmeno lui assaggiò un pasticcino, anche lui cercò di ridurre all'indispensabile i momenti morti in cui non si sa cosa dire, c'è sempre troppa gente, ogni gesto è studiato, ogni frase può essere fraintesa.

Entrarono finalmente in studio. «Per la prima volta insieme sullo schermo, come De Niro e Al Pacino» scrisse su «La Stampa» Massimo Gramellini. «Una pettinata al baffo, un'occhiata alla nuca, senza dimenticare le riforme.» Si prestarono docilmente all'assalto dei fotografi. La stretta di mano fece gridare all'«inciucio in diretta Tv». D'Alema offrì un sorriso convinto e fermo: aveva deciso di andare avanti e ci andava, ignorando il drammatico ammonimento dei «comitati Prodi» che nel pomeriggio avevano avvisato: o si va alle elezioni o facciamo un partito. Il sorriso del Cavaliere era tirato. Dov'era il celebre volto disteso in ogni circostanza? Lo sguardo aperto del Grande Comunicatore in grado di venderti qualunque cosa, un libro Mondadori anche se non sai leggere, una campagna pubblicitaria anche se non hai un'azienda, un qualunque prodotto della Standa anche se non ne hai bisogno?

Come notò Mino Fuccillo su «la Repubblica» quella sera Silvio Berlusconi era l'Eduardo di *Natale in Casa Cupiello*. «Ti piace il presepio?» aveva chiesto per settimane Berlusconi a

Gianfranco Fini. E per settimane quello gli aveva risposto di no. Un no duro, compatto, con l'eco. No-o-o-o, che non lasciava sperare niente di buono anche per i tempi futuri.

Ancora poche ore prima, Fini gli aveva detto che il presepio delle larghe intese non gli piaceva. E Berlusconi, sorridendo ai fotografi, non riusciva a dimenticarlo. Li lasciai soli qualche istante, prima di cominciare. Immaginavo che volessero scambiarsi qualche battuta, qualche confidenza, qualche segnale. Quando tornai accanto alle poltrone bianche, mi rimproveravano dolcemente. «Un padrone di casa non abbandona i suoi ospiti...» «Pensavo che voleste dirvi qualcosa.»

D'Alema ghignò indirizzando il baffo sinistro verso la minuscola testa del microfono che gli sporgeva dal bavero della giacca: «Parlare prima della trasmissione, con "Striscia la notizia" in agguato?». Il segretario del Pds aveva fermo davanti a sé il fantasma di Buttiglione e Tajani che avevano organizzato prima di una trasmissione il patto clandestino tra Ppi e Polo esattamente un anno prima e s'erano ritrovati trasmessi da tutte le Tv. «Qui siamo alla Rai» provai a obiettare. Ma in coscienza non mi sentii di escludere una pirateria imprevedibile.

Chi era Rossella O'Hara?

Partì la sigla di *Via col vento*. Chi era Rossella O'Hara? Chi Rhett Butler? «L'inizio fu rilassante come una puntata di "Sorgente di vita"» scrisse Maria Latella sul «Corriere». Poi, secondo una traccia che D'Alema aveva perfettamente assimilato, ci fu un crescendo che mise il Cavaliere nella prevista difficoltà. Sicché quando alla fine gli chiesi: «Onorevole Berlusconi, a mezzanotte e un quarto, di fronte agli italiani, l'accordo c'è o non c'è?», l'interessato ammise: «No, non c'è».

Vinse, come è noto, D'Alema. «È più scaltro, più abituato ai confronti in cui ci si ruba la battuta» disse Enrico Mentana. «Mi ha ricordato Togliatti» notò Sandro Curzi. «Berlusconi era condizionato dalle difficoltà politiche interne» dichiarò Maurizio Costanzo. E aveva ragione. D'Alema aveva una strategia chiara da seguire: avrebbe fatto l'accordo anche senza Veltroni e senza Prodi. Si disse esplicitamente pronto a un governo guidato da Ciampi o da Dini. Berlusconi non era pronto invece a un governo senza Fini in maggioranza. Sul grande schermo che dominava lo studio a un certo punto era apparsa una frase del Cavaliere: «Non si andrà alle elezioni solo se ci sarà la possibilità di stringere un accordo alto e nobile per un governo autorevolissimo, un "governo dei migliori"». Era il presepio preparato da Berlusconi. Ma a Fini non era piaciuto. La differenza tra il Cavaliere e D'Alema era tutta qui.

Berlusconi deluse un po' i decisionisti, ma dimostrò di saper parlare anche fuori degli slogan e di saper ragionare sulle difficoltà. D'Alema da parte sua dimostrò la sicurezza e la flessibilità che ne avrebbero fatto il vincitore della campagna elettorale televisiva.

Venerdì 26 gennaio il Polo si leccò le ferite del contrasto tra Berlusconi e Fini in un difficile vertice convocato per una volta nella sede di Forza Italia in via dell'Umiltà. Per cinque ore e mezzo, dalle due di pomeriggio alle sette e mezzo della sera, la sala grande del terzo piano fu testimone dello scontro tra due linee: la trattativa con il Pds doveva considerarsi fallita definitivamente o andava ripresa su altre basi?

Fini era naturalmente per la rottura. «Noi e loro» disse «abbiamo in testa due visioni diverse del sistema politico e dello Stato.» Tatarella se ne stette silenzioso: non ci vedeva chiaro. Urbani, sostenuto da Buttiglione e Casini, era per andare avanti. Berlusconi e Letta erano orientati a proseguire politicamente, ma non volevano rompere l'unità del Polo. Alla fine si dette mandato a Berlusconi di proseguire, con l'assistenza di tre esperti: della vecchia coppia sopravvisse il solo Urbani, Fisichella fu sostituito da Nania e al gruppo si aggiunse D'Onofrio.

I tre si riunirono l'indomani intorno a un grande tavolo quadrato di una saletta del quarto piano. Nania e D'Onofrio studiarono alcune elaborazioni della vecchia legge fascista di Giacomo Acerbo, esaminando in particolare i meccanismi dei premi di maggioranza. Tra la domenica e il lunedì Urbani si consultò al telefono con Fini, Tatarella e Nania ottenendo il via libera per ripescare il sistema semipresidenziale francese. Prima di chiamare il leader di An, il professore aveva sottoposto un appunto a Berlusconi: «Ma questo è il nostro programma elettorale del '94» disse il Cavaliere ritrovandoci i criteri di base del presidenzialismo di Forza Italia. E lo aveva benedetto.

La giornata cruciale fu martedì 30 gennaio e Urbani ne annotò i momenti decisivi su un grande foglio quadrettato dell'Università Bocconi. Alle 11 il professore s'incontrò con Nania e D'Onofrio in via dell'Umiltà e furono messe a confronto le due piattaforme: l'elaborazione della legge Acerbo e il dissepolto sistema francese che stava a cuore a Urbani. Il professore di Forza Italia, per la verità, parlò del sistema francese a voce. La scottatura della bozza Fisichella ancora gli bruciava e lui s'era limitato a predisporre per Berlusconi un appunto brevissimo che conteneva un semplice riferimento alla Costituzione francese. Tant'è vero che al telefono Fini martellava per conoscere esattamente i poteri che avrebbe avuto il nostro presidente della Repubblica. Ma a Nania e D'Onofrio, nell'incontro del mattino, Urbani non portò l'appunto: disse che non aveva fatto in tempo a scriverlo.

Trattativa via fax tra Salvi e Urbani

Alle 14 Buttiglione sondò D'Alema. «So che non avete pregiudiziali contro il sistema francese. Urbani ha preparato un appunto. Siete disposti a considerarlo?» D'Alema rispose di sì. Un'ora più tardi Urbani trasmetteva via fax a Cesare Salvi la bozza di una possibile intesa. Era un appunto dattiloscritto di undici righe e mezza sotto il titolo: «Per una riforma della Costituzione repubblicana (parte II) secondo lo schema della Quinta Repubblica francese». Al modello di governo erano dedicate cinque righe; tre e mezza al sistema elettorale. Le restanti tre erano promozionali: secondo Urbani, il sistema francese si raccomandava per la buona sperimentazione storica, la maggiore adattabilità al caso italiano e la capacità di garantire un ragionevole equilibrio tra funzioni parlamentari e funzioni governative.

In particolare, Urbani proponeva (col pieno accordo di Berlusconi) il sistema della Quinta Repubblica per il modello di governo, con l'esclusione degli ampi poteri che il presidente francese ha in materia referendaria. Sul sistema elettorale, la proposta era questa: «Collegi uninominali maggioritari a doppio turno (con ballottaggio fra candidati di coalizioni alternative di governo?), più una quota di seggi (15-20 per cento) da assegnare mediante ripartizione proporzionale». Salvi rispose a stretto giro con un fax di otto righe. Scrisse semplicemente OK accanto alla proposta di sistema elettorale. Riscrisse invece il paragrafo sul modello di governo: «Sistema semipresidenziale con l'attribuzione al presidente della Repubblica dei poteri previsti dal titolo secondo della Costituzione francese, salvo l'indizione dei referendum, ma con correttivi nella parte relativa ai rapporti tra governo e parlamento».

Salvi intendeva aggiungere «a favore del secondo», cioè del Parlamento. Lo chiarì al telefono a Urbani, ben sapendo che quello era il nervo scoperto di Forza Italia nei confronti di Fini. Urbani non si arrese e con la sua calligrafia minuta sostituì le parole «...ma con correttivi nella parte relativa ai rapporti tra governo e parlamento» con la frase «...e con una equilibrata divisione di posizioni costituzionali tra governo e Parlamento».

Urbani accettò di richiamare i punti della bozza Fisichella, evidentemente assai cara al Pds che ne aveva fatto quasi una bandiera, per gli aspetti compatibili con il nuovo accordo. L'intesa tra Urbani e Salvi venne raggiunta alle diciannove. Mezz'ora più tardi Urbani consegnava il testo definitivo a Berlusconi, appena reduce da un nuovo infruttuoso colloquio con Fini. Alle venti, mentre i telegiornali parlavano di trattativa ancora in alto mare, Berlusconi chiamò D'Alema, gli dettò il testo ed ebbe un primo via libera. Il consenso definitivo del segretario del Pds arrivò alle dieci di mercoledì 31 gennaio in una telefonata con Gianni Letta. Ma D'Alema mise come condizione che anche Fini fosse d'accordo. «Non posso permettermi un'intesa che tenga fuori Fini e Bertinotti» disse a Letta e gli confermò i suoi dubbi sull'adesione del presidente di An. L'incontro decisivo si ebbe ancora una volta a tavola dal Cavaliere, con il cuoco Michele che non chiedeva più quante persone sarebbero venute a pranzo: ormai s'era attrezzato sulle dimensioni del *catering* e stava tranquillo. Fini accettò l'intesa, Letta chiamò al telefono D'Alema e col vivavoce tutti seppero che gli altri erano d'accordo. Urbani poté scrivere giulivo sul suo quadernone a quadretti: «Il dado è tratto».

E D'Alema propose Dini

Fatto l'accordo di massima sulla riforma, restava il problema costituzionalmente minore, ma politicamente più grosso: chi avrebbe fatto il governo? E con quale programma? Vennero messe sul tavolo quattro carte: Dini, Ciampi, Amato, Maccanico. D'Alema insistette subito su Dini, già nella conversazione diffusa in via dell'Anima con il telefono a vivavoce. «Lo vedrei bene» disse. «Ha garantito la governabilità in un periodo molto difficile, è la migliore garanzia per tutti.» Il tono di D'Alema era contenuto come sempre, le argomentazioni calde e – convenne qualcuno dei suoi interlocutori – «oggettive».

Ma Dini non passò. Il no di Fini fu secco e immediato e Berlusconi si lasciò convincere facilmente. «Il suo governo è stato santificato dai giornali» disse il leader di An. «È l'uomo di Scalfaro, se gli facciamo fare le grandi intese lo consegniamo alla storia.»

A Berlusconi Ciampi non dispiaceva e Fini avrebbe accettato. D'Alema disse che Ciampi sarebbe stato un eccellente premier e aveva il pieno gradimento del Pds. Ma osservò anche che sostituire Dini con Ciampi, che il presidente del Consiglio in carica considerava quasi un nemico personale, sarebbe stato uno sgarbo grave: era meglio risparmiarselo.

Arrivò il turno di Giuliano Amato. Era gradito a tutti, anche a Scalfaro. Ma cadde subito anche lui. Quando alcuni giorni prima Letta aveva sondato D'Alema su quel nome, la risposta del segretario del Pds era stata: «Giuliano è tanto amico mio, ma ho paura che andando a palazzo Chigi si esporrebbe e ci esporrebbe a ritorsioni di qualcuno che vive fuori d'Italia». L'allusione a Craxi era evidente e il fantasma di Hammamet si materializzò nei colloqui tra via dell'Anima e le Botteghe Oscure.

La memoria collettiva evocò in silenzio quella villa lontana, «costruita tra vipere, volpi e sciacalli» sopra la costa che fu amata da André Gide e Paul Klee. Evocò un uomo non più giovane e ammalato, fisicamente e politicamente finito per sua stessa ammissione, che dedicava tuttavia ogni momento della sua vita a ricerche indagini memoriali che iscrivessero anche gli uomini del Pci-Pds nella colonna dei cattivi sulla lavagna di Tangentopoli. E dimostrassero come nessuno, in senso letterale, fosse in qualche modo estraneo ai bagni nel fiume carsico che per decenni aveva finanziato la politica italiana.

Alle Botteghe Oscure e in via dell'Anima tutti erano concordi nel ritenere Amato uno dei superstiti più degni della Prima Repubblica, ma il suo ruolo di braccio destro di Craxi durante il quadriennio a palazzo Chigi del segretario del Psi venne considerato ancora troppo vicino. Nonostante questo, sia Berlusconi che Letta – conoscendo la stima che lega Amato a D'Alema – ripetettero a voce alta le doti del presidente dell'Antitrust: perfetta conoscenza dei meccanismi costituzionali, assoluta garanzia di rigore finanziario (la manovra economica di gran lunga più dura della recente storia italiana fu fatta da Amato nel '92: una stangata da novantamila miliardi). Ma Fini e Tatarella evocarono l'ombra di Craxi e il discorso si chiuse.

Restava Maccanico, che andava bene a tutti. «Se lo indicate voi,» disse D'Alema, sempre assai attento a conservare un buon rapporto con Dini, «non negherò il mio consenso.» In realtà, quella stessa mattina Maccanico s'era già incontrato con D'Alema. E Letta lo sapeva. Così quando alle tre del pomeriggio il braccio destro del Cavaliere lo chiamò dal telefono bianco di via dell'Anima, l'anziano gentiluomo non dovette sorprendersi più di tanto. «Posso passare a salutarti?» gli chiese Letta, ottenendone subito il trepido consenso.

Letta e Fini a casa Maccanico

Antonio Maccanico abita all'ultimo piano del palazzo di via della Scrofa dove, con lungimiranza immobiliare, Giorgio Almirante acquistò gli appartamenti per farne la sede del Msi e la redazione del «Secolo d'Italia».

Per depistare i giornalisti, Letta salì sulla Thema di Gianfranco Fini e fece sapere che avrebbe accompagnato in ufficio il presidente di An. Non disse in effetti una bugia. Arrivati in via della Scrofa, presero insieme l'ascensore. Ma Fini si fermò al secondo piano, mentre Letta schiacciò il bottone superiore. Maccanico lo ricevette da solo, in salotto. La bella moglie Marina, che conosceva perfettamente Letta per averlo incontrato in cento salotti, non comparve. Maccanico indossava il cardigan blu che porta abitualmente in casa. Un cameriere filippino servì il tè. Letta disse a Maccanico che il Polo intendeva proporlo come presidente del Consiglio di un governo che traghettasse la Costituzione dalla Prima Repubblica alla Seconda. D'Alema era d'accordo e Fini, l'osso più duro della squadra, aveva dato il suo consenso. «Anzi» propose Letta «perché non lo facciamo salire, così te lo ripete lui stesso?» L'illustre condomino del piano di sotto salì e confermò.

Maccanico si disse sorpreso, ma lietissimo e propose su due piedi a Letta di fargli da sottosegretario e di avviare insieme le consultazioni. Letta ringraziò, ma rispose che la scelta era prematura e l'idea di associarlo alle consultazioni non corretta. Cercò poi con lo sguardo, senza trovarlo, un amuleto da stringere in pugno. L'ultima persona che l'aveva ringraziato dell'investitura esigendo che Letta gli facesse da sottosegretario alla presidenza era stato Lamberto Dini. E si sa come andò.

Fini ebbe con Maccanico un tono molto amichevole, ma non gli nascose il suo scetticismo. «Ho accettato di far partire questo tuo tentativo» gli disse «per dimostrare che anche tu, cioè l'unica persona in grado di provare seriamente, alla fine non ce la farai.»

Ma il sentimento prevalente restò l'ottimismo. Maccanico chiamò al telefono Berlusconi, lo ringraziò per la fiducia. «Ci avete pensato bene? Lei sa che non è facile...» «Ci abbiamo pensato bene» gli rispose Berlusconi che quando sposa una causa non vuol sentire ragioni. Maccanico chiuse il ricevitore e si rivolse a Letta e a Fini: «Io non ho la notorietà internazionale di Dini». E Letta, pronto: «Te la farai».

La sera Maccanico aveva una cena all'hotel Minerva con il presidente della Confapi, Luciano Bolzoni. Fu invece trattenuto da Scalfaro in casa sua. «Mi fa piacere che la scelta sia caduta su di te» gli disse il presidente. «Vedo una grossa convergenza. Domani ti chiamo per l'incarico.»

L'investitura di Maccanico restò riservata fino a tardi: quando a mezzanotte, chiudendo «Porta a porta», raccontai la storia del viaggio comune a via della Scrofa di Letta e Fini, non sapevo ancora se si trattava di una notizia o di una leggenda. Sospettai che fosse una notizia scrutando lo sguardo di Pierferdinando Casini e Gerardo Bianco che erano in studio con me: lo sguardo di chi smentisce sapendo di confermare.

«Il grande abbraccio»

L'indomani Tonino Maccanico indossò un doppiopetto fumo di Londra e una cravatta a quadretti blu e argento e salì al Quirinale per l'incarico. «Il grande abbraccio» fu il titolo di «Repubblica». «L'ex segretario generale del Quirinale tenterà un governo di larghe intese.» «Indicati come punti qualificanti la modifica della forma di governo e quella dello Stato in senso federalista. C'è anche un dettagliato programma di misure per l'economia: risanamento della finanza pubblica, riduzione dell'inflazione, Mezzogiorno, rientro nello Sme. Volano lira e Borsa.» Il giornale di Scalfari riportò anche il commento del capo dello Stato: «La pazienza ha dato i suoi frutti». In realtà, Maccanico non era il candidato di Scalfaro: caduto Dini, il presidente avrebbe preferito Ciampi o lo stesso Amato. Soltanto alla fine s'era adattato all'idea di premiare il collaboratore più stretto di Pertini. Un ruolo decisivo l'aveva svolto in questo senso il segretario generale del Quirinale, Gaetano Gifuni, legato a Maccanico da amicizia e dalla comune appartenenza al ristretto ruolo dei veri *grand commis* dello Stato. E infatti, nel fotocolor di «Repubblica», Gifuni appariva particolarmente soddisfatto mentre accompagnava Maccanico a leggere la dichiarazione di rito ai giornalisti.

Volarono dunque lira e Borsa, al pensiero che le larghe intese avrebbero dato finalmente all'Italia uno stabile sistema politico e costituzionale e che la coalizione tra la Destra e la Sinistra avrebbe consentito quel risanamento economico che nessuna metà dello schieramento parlamentare da sola avrebbe potuto conseguire.

Eppure il cammino di Maccanico, durato due settimane, assomigliò fin dall'inizio alla passeggiata del Calvario. Curiosamente, negli incontri del presidente incaricato con le delegazioni dei partiti, non si parlò mai di governo. I giornalisti e i lettori immaginano gli uomini del Potere immersi immediatamente e apertamente nella distribuzione del Potere stesso: certo a garanzia dell'Idea, dei Princìpi, dell'Economia Liberale, dello Stato Sociale, uniti nella tutela dei Deboli e nel suo inevitabile sposalizio con la Competitività Nazionale richiesta ormai dalla Globalizzazione dei Mercati. Ma pur sempre attenti a che la Destra (interna o esterna, non conta), non abbia più della Sinistra e viceversa. E attentissimi a garantire alla propria parte la Visibilità (equivalente a posti di ministro), garanzia indefettibile di Decoro Politico. (Se non ti vedo alla televisione, non conti niente.)

Eppure nei colloqui di un presidente incaricato per l'appunto di formare un governo, del governo non si parlava. Non per una nobile dimenticanza, ma perché ciascuno sapeva che proprio la Visibilità di questo o di quello avrebbe potuto far tracimare la più solida architettura costituzionale ipotizzata per la Seconda Repubblica. Una creatura, questa, inseminata nel ventre dello Stato fin dalle picconate di Cossiga del '91 e dai primi arresti di Mani pulite nel '92, ma ancora assai lontana dall'aver concluso la sua drammatica e indefinita gestazione.

Due nomi, in verità, apparvero fin dall'inizio. Furono quello di Carlo Azeglio Ciampi, invocato con coro unanime come super ministro dell'Economia. (Unanime, in verità, non proprio, se Maurizio Gasparri gli mandò subito la corona di spine di Alleanza nazionale bollandolo come «riciclato».) E quello di Lamberto Dini. Il galateo istituzionale impone che il presidente del Consiglio uscente, quando sia chiamato a gran voce a far parte del successivo governo, possa entrarvi solo se onorato dal portafoglio di maggior prestigio, se non di maggior potere: quello degli Affari Esteri, appunto, che fa del titolare l'ambasciatore d'Italia nel mondo e che Lamberto Dini avrebbe assai gradito.

Egli non dimentica infatti di aver servito per quindici anni ai vertici del Fondo Monetario Internazionale di Washington e di parlare un inglese, anzi un americano, così intimamente sciolto nell'animo da far sì che l'italiano di Dini non ne sia altro che una visibile traduzione. Il prossimo capitolo ci dirà quante sofferenze abbia prodotto questa pur legittima ambizione al presidente del Consiglio uscente. Ma nei colloqui di Maccanico queste difficoltà non apparvero.

Veltroni e Tatarella contro Letta e Berlinguer

Furono i giornali, ancora una volta, a farsi portavoce di un malessere comunque esistente.

Nelle pagine dedicate al professor Prodi, vedremo quale drammatica reazione avesse provocato ai vertici dell'Ulivo l'iniziativa di D'Alema di portare comunque avanti la trattativa con Berlusconi. Un segno visibile di questo disagio furono subito gli articoli di fondo di Walter Veltroni sull'«Unità». «Mi sembra perfino assurdo» scrisse il delfino di Prodi «leggere sui giornali i nomi di Letta o di autorevoli dirigenti di partito.» Lasciato infatti apparentemente libero di portare avanti la trattativa sulla riforma costituzionale, D'Alema sapeva tutto e sarebbe saltato alla sola pronuncia di quella che a tutti gli effetti suonava come la più oscena delle parolacce: «governissimo», cioè l'estensione costituzionale dell'«inciucio». «Se il Polo vuole un governissimo con dentro tutti i partiti,» disse secco il segretario del Pds l'indomani dell'incarico a Maccanico «non se ne farà nulla.» Nel sostenere il tentativo di Maccanico all'interno del Pds, D'Alema fu meno solo di quanto si sia immaginato. Scontato il dissenso di Veltroni, pur sempre «civile e composto», il segretario poteva contare sul «sostegno attivo» dei capigruppo Salvi e Berlinguer e della larga maggioranza dei gruppi parlamentari. Anche la base si era dimostrata favorevole in una delicata occasione. Quando D'Alema fu duramente criticato dal «manifesto», il segretario andò a «Italia Radio» e larga parte delle telefonate fu di sostegno alla sua linea.

Sia Prodi e Veltroni, sia Fini temevano comunque che il governo Maccanico nascesse con una polizza di assicurazione politica che gli avrebbe dato una formidabile solidità. Qualcuno vide infatti nell'«autorevoli dirigenti di partito» scritto da Veltroni su «l'Unità» un sommario identikit di Luigi Berlinguer, capo dei deputati del Pds. Sui giornali era apparso subito il nome di Giorgio Napolitano come console di sinistra da affiancare a Letta, console di destra. Ma il candidato vero di D'Alema era Berlinguer. E un governo presieduto da Maccanico che avesse avuto Letta e Berlinguer come vicepresidenti, Ciampi all'Economia e Dini agli Esteri non sarebbe stato molto vulnerabile.

Ma non era solo Veltroni a temere l'accoppiata Letta-Berlinguer. Dalla destra del Polo erano partiti i poderosi siluri di Pinuccio Tatarella: perché loro sì e io no?, diceva Tatarella. Naturalmente non lo diceva in modo così inelegante. Diceva: perché soltanto Forza Italia e il Pds debbono essere rappresentati ai vertici del governo? Come si giustifica l'esclusione del terzo partito italiano, cioè di An? Invano Letta e Berlusconi cercavano di spiegare che il rappresentante di ciascuna coalizione avrebbe rappresentato la coalizione intera. E che un allargamento ad An avrebbe sollecitato una richiesta uguale da parte del Ppi. «Allora al posto di Letta si mandi Dotti, capogruppo come Berlinguer» fu la controproposta. Ma altre erano intanto le nubi che si profilavano all'orizzonte. Una era rappresentata dal supposto eccesso di laicismo che avrebbe avuto la nuova formazione politica. Una nube strana, questa, che si componeva, diventava scurissima e minacciava pioggia. Ma quando tutti erano lì lì per aprire l'ombrello, essa acquistava una forma bianca, evanescente, bizzarra e infine al tramonto s'indorava di rosa, quasi a chetare ogni inquietudine e a garantire sogni d'oro a chi la scrutava. E a rimproverarlo di aver creduto anche per un solo momento che essa potesse disturbare con un acquazzone la «passeggiata» (così la definiva ostinatamente il presidente incaricato) del dottor Maccanico.

La Massoneria al potere?

Per i meteorologi più maliziosi, la nube in oggetto, pur mutando di forma e di allegoria, non mutava di significato. Ora essa sembrava disegnare un grembiule, ora una squadra, ora un compasso. «La vecchia chiesa laica dei liberi muratori si riaffaccia sulla scena» gridò Giuliano Ferrara sul «Foglio» del 6 febbraio in un editoriale dal titolo: «Massoneria e politica». E dopo aver osservato come la libera muratoria stesse per uscire dal ghetto infamante in cui l'aveva rinchiusa la P2 di Licio Gelli, concludeva: «Certo nessuno è disposto a giurarlo, ma il sussurro che personaggi quali Maccanico, Dini, Ciampi, Necci, Cuccia siano affratellati dalla squadra e dal compasso è dilagante».

Le smentite naturalmente piovvero. Tranne naturalmente quella di Cuccia: per lui i giornali non esistono. E non esistendo le notizie stampate, non c'è nessuna ragione di smentirle. Massoneria o no, è certo che con Tonino Maccanico sembrava rifiorire quel mondo laico che in anni lontani aveva circondato Ugo La Malfa, Bruno Visentini e Giovanni Spadolini. Giorgio La Malfa, tuttora segretario del Pri, stazionava per esempio in permanenza nelle stanze in cui Maccanico riceveva i suoi ospiti. I delegati aprivano la porta e dovevano inghiottire all'istante il «Ciao, Tonino» che stavano per pronunciare, sostituendolo con un imprevisto «Ciao, Giorgio».

Lo stesso D'Alema, che aveva reagito con disappunto alle insinuazioni di Ferrara, non riusciva a farsi capace del ruolo così emergente riacquistato dalla sera alla mattina dal figlio del grande Ugo. Scomparso il vecchio pentapartito, il segretario del Pds mai e poi mai avrebbe sospettato di dover avviare una qualunque discussione politica con il segretario del Pri: formazione carica di gloria e d'antenati illustri, ma ora purtroppo ridotta a una sorta di semiclandestinità.

Un altro personaggio assai presente sui giornali, pur senza rilasciare interviste, era Lorenzo Necci. Amministratore delegato delle Ferrovie e uomo di riconosciute capacità personali, l'avvocato Necci aveva acquistato agli occhi dell'intera comunità politica l'alto merito di aver compiuto passi decisivi per il risanamento della dissestata azienda ferroviaria. Ma come tutti i grandi manager, Necci aveva sotto il doppiopetto un cuore politico. Repubblicano da sempre, egli era grande amico di Maccanico e nei giorni delle consultazioni aveva perfino rinunciato a passare qualche fine settimana nell'amatissimo giardino di Marina Velca: là dove l'angolo dell'orto è meta dello stupito pellegrinaggio degli amici, unanimi nel ritenere che quelle splendide verdure siano frutto dell'amore e dell'ingegno dell'avvocato assai più che dei miracoli della chimica d'oggi. Necci era simile a Maccanico anche per la straordinaria capacità di tessere rapporti a destra come a sinistra. Così, in cuor suo, il presidente incaricato pensava di affidare al capacissimo avvocato un superministero delle reti e delle infrastrutture, che unificasse lavori pubblici e trasporti. «Sono solo un povero ferroviere» si schermiva invano l'interessato con Massimo Giannini della «Stampa» che gli chiedeva conto delle sue prospettive. «Vuole scommettere diecimila lire che non divento ministro?» (Necci avrebbe vinto le sue diecimila lire. Ma tra le scommesse sul suo futuro, nessuno avrebbe giocato quella del clamoroso arresto autunnale di La Spezia.)

Le ragioni che si opponevano a questa e ad altre scelte (e in fin dei conti alla stessa natura del governo Maccanico) venivano acutamente rilevate da Filippo Ceccarelli sullo stesso giornale torinese: «Converrebbe partire dall'improvvisa ecatombe dell'intera classe dirigente cattolica. E dall'emergere, nella vita pubblica, di tecnici cresciuti all'ombra del potere, le cui ricche e complesse reti di relazioni valgono qualcosina di più che l'iscrizione a qualche svergognatissima loggia».

Così mentre a sinistra D'Alema doveva subire la diffidenza di Veltroni e i continui attacchi del «Manifesto» (Vauro l'aveva ritratto in una vignetta come un cagnolino al guinzaglio di Berlusconi), a destra il Cavaliere veniva ammonito da Fini, Casini, Buttiglione e Mastella a non lasciarsi intrappolare in un governo «laico e massonico».

«Se Dini è un tecnico, lo è anche Letta»

Era inoltre tornato a fiorire il gioco, esclusivamente italiano, dei «tecnici».

Questa figura, sconosciuta nel vocabolario politico di tutti i paesi aderenti all'Onu, aveva avuto il massimo splendore durante il governo Dini, formato appunto da «tecnici», cioè da persone sprovviste di mandato parlamentare e provviste di supposta neutralità politica. Ma poiché il Polo era convinto che il governo Dini si fosse ben presto trasformato in politico, ecco che Dini stesso non poteva passare per tecnico. «Se Dini è un tecnico, lo è anche Letta» sosteneva Berlusconi.

Maccanico cercava di tenersi al riparo da tali tempeste sostenendo tranquillamente questo ordine di priorità: 1. Riforme costituzionali. 2. Risanamento economico. 3. Governo. E liquidando con un bonario «ne parliamo dopo» ogni accenno alla squadra che avrebbe portato a palazzo Chigi.

La divergenza tra Fini e D'Alema stava peraltro scivolando dal piano costituzionale a quello politico. Fini chiedeva a Maccanico di inserire le riforme costituzionali in senso semipresidenzialista nel programma di governo, D'Alema sosteneva che il governo doveva essere neutro e poteva soltanto certificare la volontà delle forze politiche di maggioranza di fare le riforme. «Fini teme il bidone e lo capisco» ammise il 7 febbraio su «la Repubblica» il segretario del Pds. «Ma deve fidarsi di noi.»

Eppure il dialogo tra D'Alema e Berlusconi proseguiva nonostante tutto. In Forza Italia anche i «falchi», abitualmente contrari a ogni attenzione del Cavaliere verso le Botteghe Oscure, sembravano rassegnati di fronte alla sua determinazione a proseguire. In Alleanza nazionale, dove pure erano sempre più forti le voci contrarie all'accordo, Fini sembrava subire l'iniziativa di Berlusconi. In fondo, il pomeriggio del 31 gennaio era stato lui a raggiungere Letta in casa di Maccanico per formalizzarne l'investitura politica. E poi gli era piaciuta la vignetta pubblicata da un giornale che lo ritraeva nei panni di De Gaulle: l'idea di far digerire alla Sinistra il presidenzialismo del grande maresciallo francese lo lusingava non poco. Ma le sue riserve restavano fortissime.

La sera di mercoledì 7 febbraio raggiunsi il leader di Alleanza nazionale in casa di Maria Angiolillo che offriva un pranzo in suo onore. Un'ora più tardi sarei andato in onda in «Porta a porta» con Silvio Berlusconi e volevo capire quanta libertà di manovra avesse in effetti il Cavaliere. Fini era appoggiato a una delle finestre affacciate sul giardino della villa, che delimita l'allora silenziosa scalinata della Trinità dei Monti. Stringeva nella destra un calice di champagne, ma non riusciva ad accostarlo alla bocca, per la fucileria di domande che gli veniva da un crocchio di importanti uomini d'impresa, amici della padrona di casa. Fini sapeva che in quelle stesse stanze, poco più di un anno prima, gli uomini del Polo erano stati vigorosamente sollecitati dagli stessi imprenditori a non far mancare almeno l'astensione al governo Dini e quella sera capì di giocare complessivamente fuori casa. Non disse, dunque, che avrebbe impallinato Maccanico: chiedeva soltanto chiarezza sugli obiettivi del governo e sugli impegni riformatori. E più tardi Berlusconi, stimolato da Angelo Panebianco, sollecitato da Mara Venier e adorato da Emilio Fede, si dimostrò in «Porta a porta» complessivamente ottimista.

Ma al di là delle apparenze la situazione stava precipitando. I problemi centrali erano due: la scarsa visibilità nel governo di Ccd, Cdu e della stessa Alleanza nazionale e la gestione di una doppia maggioranza: costituzionale per le riforme, politica per il governo. Per rendere il governo più neutro possibile, D'Alema e Berlusconi avevano escluso via via l'ingresso nel ministero di figure politicamente rilevanti, come Pinuccio Tatarella e Clemente Mastella. «Ed è proprio da quando hanno dovuto dire addio definitivamente alla possibilità di una poltrona ministeriale», scrisse su «La Stampa» Maria Teresa Meli, «che i cristiano democratici hanno cambiato idea. Coincidenza fortuita o, come insinua uno che di Ccd se ne intende, visto che ne fa parte, cioè, Francesco D'Onofrio, Mastella se non ha un dicastero preferisce il voto? Chissà.»

E nottetempo Casini andò a trovare Dini...

Sta di fatto che la notte di venerdì 9 febbraio, uscito da un ennesimo incontro con Berlusconi in via dell'Anima, Casini andò a trovare Lamberto Dini. Pur facendo di tutto per avere il portafoglio degli Esteri in caso di successo del tentativo di Maccanico, Dini era intimamente contrario a cedere palazzo Chigi a chicchessia. Al preoccupato Casini, che non voleva il governo Maccanico ma nemmeno le elezioni anticipate, Dini assicurò che Scalfaro non avrebbe sciolto il Parlamento almeno fino al termine del semestre italiano di presidenza europea (giugno '96) e che un governo Dini-bis avrebbe garantito anche Alleanza nazionale.

Il sabato mattina, 10 febbraio, Casini andò a raccontare tutto a Fini trovandolo d'accordo. Fini in realtà non era affatto convinto che Scalfaro non avrebbe sciolto le Camere, ma poiché l'unica cosa che gli stava a cuore, vista la situazione, erano le elezioni anticipate, lasciò che Dini, Casini, Buttiglione e Mastella s'illudessero e lasciò il gioco in mano loro, sicuro di raccogliere alla fine lo scioglimento delle Camere.

Maccanico dette involontariamente una mano alla propria caduta accettando una fatale modifica al documento che lesse lo stesso sabato 10 uscendo dal Quirinale. Secondo Berlusconi, rispetto alla versione concordata con le parti sullo stato delle trattative, uscendo dal Quirinale il «preambolo» letto da Maccanico era privo del riferimento al semipresidenzialismo francese del '58. La frase, in effetti, era presente nella versione originale del documento, ma il capo dello Stato convinse Maccanico a cassarla. Si disse che il capo dello Stato non gradiva un esplicito riferimento alla Costituzione di un altro Paese, la Francia. In realtà, quella cancellatura dava soddisfazione ai Popolari, fortemente contrari a ogni forma di presidenzialismo.

Fatto sta che se Maccanico avesse rotto gli indugi presentandosi alle Camere con il documento originale, probabilmente avrebbe ottenuto la fiducia. La prudenza e l'ossequio al capo dello Stato, ancora una volta magistrale regista della crisi, lo hanno perduto. D'Alema difese il presidente incaricato. Disse che il documento letto da Maccanico era corretto e Berlusconi scaricava la responsabilità sulle sinistre per nascondere la propria debolezza. «Il Cavaliere non ci ha ingannato,» concesse il segretario del Pds «ma semplicemente non ce l'ha fatta.»

Il Ccd festeggiava intanto lo scampato pericolo. «Non fosse stato per noi e per Fini,» disse Mastella ai giornalisti «oggi Maccanico sarebbe salito al Quirinale con la lista dei ministri.» (Questa lista, sia detto per inciso, avrebbe recato i nomi di Letizia Moratti, presidente della Rai, come ministro della Famiglia e degli Affari Sociali e del suo direttore generale Raffaele Minicucci come ministro delle Poste. La loro collocazione in due posizioni adeguate avrebbe risolto di colpo anche la gravissima crisi che s'era determinata ai vertici di viale Mazzini.)

Alle due del pomeriggio di domenica 11 febbraio, Gianni Letta andò a trovare Gianfranco Fini per verificare una volta per tutte se esisteva la possibilità di un accordo in extremis. Il presidente di An stava andando allo stadio: il colloquio fu breve e negativo. «L'accordo è impossibile» disse Fini. «Accettare queste condizioni significherebbe consegnare il governo a loro. La nostra base è fermamente contraria. Sente puzza di compromesso storico. Meglio lasciar perdere.»

Letta salutò Fini, fece una rampa di scale ed entrò in casa di Maccanico. Il presidente incaricato indossava sempre il cardigan blu, ma l'espressione del volto era assai diversa da quella radiosa di dieci giorni prima quando lo stesso Letta, poi raggiunto da Fini, gli aveva dato l'investitura politica anche a nome di D'Alema. I due presero atto che la situazione stava precipitando e alle 18 Maccanico andò da Scalfaro a riferire. Letta fu invitato un'ora più tardi al Quirinale, entrò nello studio del presidente quando c'era ancora Maccanico che chiese e ottenne dal presidente della Repubblica di poter fare ancora un brevissimo giro di consultazioni.

Allora Scalfaro consultò il calendario...

Quando Maccanico se ne andò, Scalfaro fece capire a Letta che il tentativo era ormai fallito, nonostante la buona volontà del presidente incaricato. Il nuovo giro di consultazioni appena concesso era inutile, sarebbe stato meglio che Maccanico si fosse presentato a rinunziare. Nello studio del capo dello Stato si ripetette a tredici mesi di distanza la famosa consultazione del calendario che convinse nel gennaio del '95 Silvio Berlusconi che il governo Dini nasceva per portare il Paese alle elezioni di giugno. Il segretario generale Gaetano Gifuni andò a sfogliare dunque il fatale quadernetto da tasca, desumendo che, se le Camere si fossero sciolte subito e la campagna elettorale si fosse limitata a quarantacinque giorni, la prima data utile per votare sarebbe stata il 31 marzo. Troppo presto, convennero tutti. Ma il 7 aprile era Pasqua e il 14 la Pasqua ebraica, che tante complicazioni aveva portato nelle elezioni del '94. Il 28 aprile era da escludere per i «ponti» della Liberazione e del primo maggio. «Non resta che il 21 aprile» concluse Scalfaro.

Si ebbe allora la sensazione che il presidente avesse subìto la scelta di Maccanico, senza mai condividerla fino in fondo. Fin dalle prime difficoltà del governo Berlusconi, nell'estate del '94, era stato lui l'arbitro incontrastato della difficile partita che si stava giocando. Se il governo Maccanico avesse cementato una intesa tra D'Alema e Berlusconi, il suo ruolo ne sarebbe stato profondamente ridimensionato. Senza parlare del possibile accorciamento del settennato presidenziale. Maccanico e le forze che lo sostenevano, infatti, si erano dati due anni di tempo per riformare la Costituzione. Il problema del passaggio dei poteri era di là dal venire esaminato. Ma probabilmente Scalfaro avrebbe trovato corretto dimettersi nel momento in cui la Costituzione avesse previsto una forma diversa di mandato presidenziale. E questo avrebbe tagliato di almeno un anno e mezzo la durata del suo mandato. Aveva forse visto giusto, dunque, ancora una volta Giorgio Forattini, commentando con una perfida vignetta l'affidamento dell'incarico. Il disegno ritraeva Maccanico che usciva dal Quirinale e Scalfaro che lo richiamava dal balcone: «Hai dimenticato la chiavetta!». E gliela tirava in testa. Titolo della vignetta: «In-carica».

Lunedì 12 febbraio, al mattino presto, D'Alema inviò una lettera a Berlusconi: «È evidente che il modello semipresidenziale al quale ci si riferisce è quello che ha preso corpo nell'esperienza della Quinta Repubblica francese, al quale bisogna guardare per adeguare quel modello alla tradizione parlamentare italiana... È assurda l'idea di trasformare l'intesa sulle riforme in una maggioranza politica di governo». Berlusconi ricevette la lettera per fax ad Arcore, si consultò per l'intera giornata con gli alleati e a sera rispose: «I patti politici, specie quando il loro contenuto è così impegnativo e prefigura mutamenti di ordine storico, devono essere garantiti. La maggioranza deve essere una, non possono essere più di due, o quelle che le convenienze del momento potrebbero di volta in volta determinare». Mi disse poi D'Alema: «Berlusconi voleva la parolina (semipresidenzialismo alla *francese*) e io gliela detti. Ma lui non ebbe la forza di decidere. Si sentì isolato».

Maccanico si mise la mano sul petto...

La sera stessa di quel lunedì, Bruno Bottai, ambasciatore d'Italia presso la Santa Sede, dette il consueto ricevimento in occasione del Concordato tra i due Stati. Nella splendida villa di Paolo IV, papa Medici, alle Belle Arti, si trovarono come sempre le più alte cariche dello Stato italiano e della Chiesa. Il cardinale Angelo Sodano, segretario di Stato di Sua Santità, s'incontrò riservatamente e collegialmente con Scalfaro, Scognamiglio, Dini e Maccanico. Era presente anche il ministro degli Esteri, Susanna Agnelli. Il fratello Gianni fu chiamato nell'ambita stanza mentre mi chiedeva, con la consueta, celebrata curiosità, quali sarebbero state le sorprese predisposte per Umberto Bossi, ospite di «Porta a porta» quella sera stessa.

Il tentativo di Maccanico ebbe l'autorevole e sorprendente benedizione del cardinal Sodano: «Un po' di santa audacia nelle riforme istituzionali non guasta» disse l'importantissimo porporato. E la frase fu interpretata come una paterna tirata d'orecchie ai Popolari, freddissimi nei confronti del semipresidenzialismo. Chiesi a Maccanico se il suo vero problema non fosse a questo punto la «doppia maggioranza»: Berlusconi temeva infatti di essere inchiodato a un accordo istituzionale col Pds, mentre in Parlamento i partiti del centrosinistra – Popolari in testa – si sarebbero sentiti liberi di massacrarlo su tutti i temi caldi (giustizia, antitrust, riforma della legge sulla televisione), formando di volta in volta maggioranze di convenienza. Maccanico mi guardò con i suoi miti occhi chiari e si mise la mano destra sul petto: «A questo penso io».

La sera stessa, uscito da quel ricevimento, il presidente incaricato incontrò a casa di Gianni Letta Silvio Berlusconi. Il colloquio avvenne in un clima abbastanza surreale. Letta – al contrario di Maccanico – sapeva che Scalfaro aveva già deciso lo scioglimento delle Camere. Ma Berlusconi voleva tentare a ogni costo il recupero della situazione e rilanciò la trattativa, trovando sponda nella buona volontà del presidente incaricato. Si parlò naturalmente di temi delicati come la giustizia e il sistema televisivo. A Berlusconi fu sufficiente che Maccanico gli assicurasse che i titolari dei due delicati ministeri sarebbero stati concordati tra i partiti della nuova maggioranza. Minicucci alle Poste garantiva tutti e il presidente era favorevole a designare come Guardasigilli l'ex presidente della Corte Costituzionale, Antonio Baldassarre. Graditissimo a Berlusconi, accettato da D'Alema, Baldassarre trovava invece forti ostacoli al Quirinale: Scalfaro avrebbe voluto a quel posto l'altro ex presidente della Consulta, Vincenzo Caianiello.

Alla fine del colloquio, Maccanico appariva sollevato: «Da questo momento» disse a Berlusconi «tratterò soltanto con lei e con D'Alema.» Il Cavaliere si disse d'accordo e Gianni Letta, accompagnando all'automobile il presidente incaricato, lo confortò: «Hai fatto breccia». Maccanico si convinse che Berlusconi era deciso a forzare la situazione. Se dopo la dichiarazione di D'Alema al mattino fosse andato al Quirinale con la lista dei ministri, forse ce l'avrebbe fatta. Ma Scalfaro gli ripeteva in continuazione che senza una maggioranza precostituita il governo non sarebbe nato. Nell'Ulivo, Bianco – amico di Maccanico – gli aveva assicurato che il Ppi non avrebbe accettato il semipresidenzialismo, ma avrebbe appoggiato ugualmente il governo. Nel Polo, la resistenza di Fini e di Casini si faceva più forte. All'inizio delle consultazioni, Casini aveva detto a Maccanico: «Se non fai presto, finirai come Filippo Maria Pandolfi che per approfondire troppi aspetti alla fine non fece il governo». Successivamente, sia Fini che Casini mossero altre obiezioni. «Tememmo che Maccanico avrebbe fatto una specie di Dini bis» mi disse Casini. «Tememmo che il governo sarebbe stato sbilanciato a sinistra e che la politica, con l'ingresso di persone come Necci nell'esecutivo, sarebbe risultata perdente rispetto ai "poteri forti".» Buttiglione, invece, dopo un momento di incertezza, era tornato a muoversi a favore del tentativo Maccanico, facendo la spola tra Berlusconi e D'Alema per rendere accettabile la questione della doppia maggioranza.

L'incontro a casa Letta avvenne nella tarda serata di lunedì 12 febbraio. L'indomani, dopo mezzogiorno, Maccanico s'incontrò con D'Alema: «Mi confermò che approvava le mie scelte sui terreni delicati della giustizia e della televisione. Era seccato per le dichiarazioni di Fini e di Casini. E mi sollecitò a trovare una soluzione: io – mi disse – non posso reggere a lungo.»

Maccanico cercò immediatamente Berlusconi. A via dell'Anima gli passarono Letta al telefono: «Tonino, risentiamoci intorno alle 16». Berlusconi era a tavola con Fini e nonostante la perizia del cuoco Michele, il pranzo stava andando malissimo. Dai telefoni bianchi del Cavaliere, Fini chiamò D'Alema. D'Alema chiamò Maccanico e gli disse che la posizione di An era inaccettabile. Il presidente incaricato restò in attesa di notizie ufficiali nel suo studio di Montecitorio. Alle 18 fu gelato da un dispaccio d'agenzia. Maurizio Gasparri, braccio destro di Fini, dichiarava: «Tra poco nasce il governo Maccanico. Noi siamo contrari ai conflitti d'interesse e chi deve andare in galera ci vada». Mai, dal 1993 in poi, gli uomini di Fini avevano dato a Berlusconi una sberla simile.

A via dell'Anima era riunito lo stato maggiore del Polo. Fini e Casini parlarono al telefono con Scalfaro e il leader del Ccd si illuse che il capo dello Stato, dopo la bocciatura di Maccanico, non avrebbe sciolto le Camere. Alla fine, il leader di An disse a Berlusconi: «È una trappola. Se tu ti assumi l'intera responsabilità di questa scelta, io mi adeguo». Berlusconi non se la sentì. Seguirono le dichiarazioni di guerra del Polo e dell'Ulivo che si attribuirono reciprocamente la responsabilità della rottura, giocando sul filo dei minuti per annunciarla gli uni prima degli altri. Commentò Buttiglione: «Avremmo avuto problemi discutendo dei singoli aspetti del programma di governo e della sua composizione. Scegliemmo la strada nobile di rompere sulle riforme istituzionali».

Il 14 febbraio Maccanico andò al Quirinale per rinunciare e lo fece attaccando il Polo: «Volevano che travalicassi la Costituzione». La sera stessa, ospitai in «Porta a porta» Fini e D'Alema. Erano tesissimi, Fini s'aspettava lo scontro, detti per caso la parola per primo a D'Alema che attaccò con garbo. L'apertura della campagna elettorale fu lieve e signorile, ciascuno dei due accusò l'altro di aver mandato in malora l'accordo. Ma non ci fu rissa. La «notte di San Valentino» della politica italiana scorse senza sangue.

L'indomani «la Repubblica» pubblicava un titoletto a tre colonne: «Dini candidato a Firenze / con il placet dell'Ulivo». Ma questa è un'altra storia.

3

Gli apostoli del Rubens

«Dottore, guardi che i giornalisti sono ancora qui.» L'uomo che schiacciò il bottoncino nero del citofono di casa Letta disse «dottore» e non «dottò», come avrebbe detto qualunque navigato *scortarolo* romano. Disse «dottore» perché faceva parte della scorta di Silvio Berlusconi. Cioè di una scorta diversa da tutte le altre.

Gli uomini che a sue spese il Cavaliere ha assegnato alla protezione propria e della famiglia vengono infatti dal più addestrato corpo di paracadutisti del nostro Esercito: il reggimento Col Moschin, costola nobile della mitica brigata Folgore, pronto per le più rischiose azioni di commando. Nel ricordo glorioso degli Arditi del IX reparto d'assalto che il 15 giugno del 1918 strapparono agli austriaci il Col Moschin del Monte Grappa catturando, agli ordini del maggiore Giovanni Messe, trecento prigionieri e venticinque mitragliatrici.

Alle undici e mezzo di sera di giovedì 8 febbraio 1996, gli uomini che servirono nel Col Moschin misero d'istinto la mano alla cintura. Nessuno di essi, per ragioni d'impugnatura, aveva con sé la mitica Beretta 92 in calibro 9x19 millimetri, usata abitualmente dalle nostre forze speciali, né il revolver Python 357 Magnum esagerato per i servizi d'ordinanza.

Uno degli uomini sfiorò una Tanfoglio, un altro la sua Glock, un terzo la personalizzata Sigsawer: tutte semiautomatiche del calibro 40 Smith & Wesson che sarebbe poi un dieci millimetri. Infine, senza parlarsi, gli uomini della scorta di Berlusconi pensarono con fulminea e coincidente intuizione che né Augusto Minzolini né Maria Teresa Meli avrebbero giustificato l'uso di quelle armi distruttive che ciascuno di loro aveva ben serrate nella cintura dei pantaloni.

La coppia, a dire il vero, aveva a prima vista una fisionomia ambigua. Minzolini, informatissimo cronista politico della «Stampa», ha nello sguardo qualche sinistro bagliore orientale e in un film spionistico certamente starebbe dalla parte opposta a quella dell'Eroe. La sua fascinosa collega Maria Teresa Meli, d'altra parte, incarnerebbe bene il ruolo della moderna Mata Hari. Ma le pallottole del Col Moschin sarebbero state comunque fuori misura. I due infatti, ospiti inattesi del complesso in cui abita Letta a metà della Camilluccia, erano venuti per attentare alla sicurezza politica del Cavaliere. E poiché la scorta deve badare esclusivamente alla sua sicurezza fisica, per allontanarli dall'ultimo cortile interno del comprensorio bastò l'equivalente del «circolare!» che i bonari pizzardoni romani usavano per ristabilire l'ordine fin dai tempi di Aldo Fabrizi.

Che cosa aveva spinto Minzolini e la Meli a una così spericolata incursione notturna nella più strategica e riservata dépendance del palazzo? La voce che nell'ospitale abitazione di Gianni e Maddalena Letta fosse in corso il Gran Banchetto dell'Inciucio e che intorno al tavolo inglese della sala da pranzo fossero riuniti, per sancire l'inconfessabile alleanza, Silvio Berlusconi, Massimo D'Alema e il presidente del Consiglio incaricato Antonio Maccanico.

Berlusconi, come abbiamo visto, in effetti c'era. E quando gli uomini del Col Moschin gli fecero sapere che erano riusciti a ricacciare i due cronisti soltanto nell'ampia piazzuola che comunque domina l'accesso al piccolo comprensorio, poco dopo la mezzanotte Berlusconi si offrì di far da civetta: uscì seguito dalle auto di scorta e protetto dai vetri oscurati della sua Mercedes, oltreché naturalmente dagli uomini armati di Tanfoglio e Sigsawer.

Ma i due cronisti non abboccarono: presero atto della presenza del Cavaliere e attesero al varco gli altri ospiti misteriosi. Che poi in realtà era uno solo. Questi si fermò a conversare ancora per una ventina di minuti con Gianni Letta e quindi, protetto dalla distanza che separa la piazzuola interna da quella esterna presidiata dai due cronisti, salì su un'auto della propria scorta e si allontanò con le tende abbassate.

Seguiamone il tragitto nel racconto della coppia spionistica che cercò di inseguirla con un potente mezzo messo a disposizione dalla Fiat, proprietaria del giornale torinese: «L'auto imboccò via della Camilluccia, poi via dei Colli della Farnesina, passò davanti al ministero degli Esteri e arrivò quindi sul Lungotevere». «Procedeva a tutta velocità, incurante dei semafori rossi, impegnandosi in uno slalom tra le altre macchine. Quando si accorse di essere tampinata, ricorse a un espediente da film poliziesco per seminare gli inseguitori: all'altezza di piazzale delle Belle Arti (siamo ormai in centro), eseguì una manovra a U, imboccò un senso unico e poi, approfittando del caos che c'era davanti a un bar frequentato da nottambuli e viados, fece perdere le sue tracce.»

Chi era dunque la misteriosa personalità che attentò perfino alla spensieratezza ambigua dei viados per sottrarsi all'innocente caccia di due cronisti? Né Massimo D'Alema né Antonio Maccanico. Era invece il presidente del Consiglio Lamberto Dini. E come mai Dini aveva accettato di condividere la mensa dell'amico Letta con quel Silvio Berlusconi di cui era stato fedele e severo ministro del Tesoro, ma col quale si era aspramente confrontato durante un intero 1995 e che meno di un mese prima aveva imposto le dimissioni del suo governo?

La politica non è una scienza esatta, sospirava Bismarck nel 1863. E quando un solerte redattore della «Gazzetta di Pietroburgo» andò a chiedergli chiarimenti nell'agosto del '67, il cancelliere tedesco confermò la sua opinione di quattro anni prima, aggiungendo anzi che la politica è la dottrina del possibile.

Berlusconi ne è tanto convinto che per sei volte, nell'anno del governo Dini, propose al premier di restare a palazzo Chigi, se il Polo avesse vinto le irraggiungibili elezioni. Poco prima della crisi di governo, anzi, il Cavaliere rese partecipe la moglie del presidente, Donatella, delle sue intenzioni. Berlusconi e i signori Dini si trovarono a cena a villa Taverna, residenza dell'ambasciatore americano Reginald Bartholomew. A un certo punto il Cavaliere si appartò con la coppia e disse a Donatella: «Voglio dire anche a te ciò che stasera ho ripetuto a tuo marito: se vinciamo le elezioni, sarà lui il nostro premier».

Erano tempi assai vicini alla cena con Letta e Berlusconi alla Camilluccia, ma Lamberto e Donatella erano ancora convinti che la permanenza a palazzo Chigi del dottor Dini non sarebbe stata messa in discussione per lungo tempo. Come notarono gli ospiti della consueta cena natalizia di Maria Angiolillo.

Mozart e Dini a casa di Maria

«Un lavoro degno di essere rappresentato in occasione delle festività più solenni, davanti ai più grandi monarchi.» Così Antonio Salieri ripagò Mozart dell'invito ad assistere nel settembre del 1791 a una delle prime rappresentazioni del *Flauto magico*.

Il celebre maestro di cappella onorò il genio squattrinato della sua presenza in un teatruccio viennese: vi andò con la sua amante Catarina Cavalieri, virtuosa di canto, e nel racconto di Francesco Degrada, salutò con burocratico entusiasmo lo straordinario addio di Amadeus all'opera e alla vita.

La cena natalizia di Maria Angiolillo avvenne duecentoquattro anni più tardi, il 12 dicembre '95. Le cronache dei giornali straripavano ancora degli echi della trionfale rappresentazione del *Flauto* data da Riccardo Muti alla Scala. Ma nessuno dei trentacinque altissimi ospiti ebbe l'ardire di chiedere a Maria se avesse tenuto a mente nelle decorazioni l'ultima opera di Mozart, le parole di Salieri e la magica scenografia di Mauro Carosi.

Maria aveva infatti superato se stessa sistemando al centro dei tre tavoli paralleli gruppi di alberi arrivati poco prima giusto da una foresta incantata. Tanto essi erano magici, che sembravano deposti tra l'argenteria, i cristalli e i preziosi tovagliati chiari dallo stesso Papageno, l'irreale uccellatore a cui Mozart affidò nell'opera arie così fatate da indurre lo stesso musicista a desiderarne l'esecuzione durante le prove. Gli alberi di Maria non erano cespugli: Gianni Letta e Walter Veltroni avrebbero potuto considerarla una mancanza di rispetto per i rispettivi e irrequieti alleati, peraltro assenti dalla cena.

E nemmeno bonsai: qualcuno avrebbe potuto intravedervi un simbolismo riduttivo di querce, ulivi e quant'altro offriva l'inesauribile botanica politica. Erano alberi veri e propri. Ma li rendevano fatati la forma perfettamente sferica delle chiome, il colore bruno-amaranto e soprattutto i frutti: conchiglie, stelle marine e altre delizie che sembravano piovute da una foresta sommersa.

La speciale decorazione onorava lo specialissimo ospite: Lamberto Dini, presidente del Consiglio dei ministri e amico, molto amico della padrona di casa da anni lontani.

Dini arrivò tardi, trattenuto al Quirinale dove Scalfaro gli aveva forse preparato un quartierino, tanto spesso ve lo chiamava durante il primo anno di felice sposalizio. E arrivò con Donatella, fasciata nell'aristocratico collo da una spessa e preziosa collana che la faceva assomigliare, anche per il lungo abito da sera di velluto vescovile, a una castellana di Re Artù. Com'era diverso, Lamberto, dalla stessa cena di un anno prima.

Era il 14 dicembre del '94. E pur essendo l'ospite per eccellenza della serata, in quanto amicissimo di Maria e ministro del Tesoro in carica del morente governo Berlusconi, Lamberto se ne stava quasi in disparte.

La scena era dominata dal reciproco corteggiamento di Gianni Letta e Walter Veltroni. L'uno sussurrava all'altro una frase («Tregua senza vendette») che lasciava immaginare una stagione di larghe intese quando si fosse dovuto formare un nuovo governo. E lo scoperto tubare del sottosegretario alla Presidenza di Berlusconi con quello che il destino avrebbe promosso a vicepresidente del Consiglio di Prodi aveva messo in pericolo due cose: le coronarie di Giuliano Ferrara, che allo stesso tavolo – due posti più in là – gridava al tradimento e i bicchieri colmi di Chambertin Louis Latour del '62, buonissima annata dei vini di Borgogna, che oscillavano pericolosamente a ogni invettiva del massiccio ministro per i rapporti col Parlamento.

Quando si parlava del nuovo governo e qualche sguardo ammiccante sfiorava il volto da francescano allegro di Giuliano Urbani e quello da trappista col cilicio di Lamberto Dini, il primo giurava che mai avrebbe accettato palazzo Chigi senza la benedizione di Silvio Berlusconi e il secondo respingeva gli sguardi al mittente tentatore, dicendo che solo i conti dello Stato trovavano posto nella sobrietà dell'animo suo. Due mesi più tardi, il governo Dini riceveva la fiducia delle Camere.

Passò molta acqua sotto i ponti del Tevere, la Trinità dei Monti fu restaurata e riaperta alle gioie e alle lordure dei turisti, Maria Angiolillo ricevette tanti amici importanti cambiando le decorazioni di tavola secondo il mutare degli stati d'animo e delle stagioni.

Poiché in casa sua entrano soltanto coppie regolari, mai potette esservi ammessa la coppia irregolare più potente della Repubblica: Lamberto Dini e Massimo D'Alema.

Si ricorderà che il colpo di fulmine tra i due – iniziatore di una lunga e tuttora ininterrotta convivenza politica – nacque la sera del gennaio '95 in cui Dini, incaricato da Scalfaro di formare il nuovo governo su indicazione di Berlusconi, era stato diffidato a proseguire dall'infuriato Cavaliere che sentiva ormai fortissimo l'odore di fregatura.

Dini avrebbe dunque rinunciato, se D'Alema – interrompendo una registrazione del «Tappeto volante» da Luciano Rispoli – non lo avesse invitato a proseguire, assicurandogli l'appoggio pieno e leale suo e del proprio partito.

«Il governo Dini è una mia creatura» mi disse D'Alema nel primo autunno del '95 ricostruendo la storia di quei giorni. E mi confermò che la sua intesa col presidente del Consiglio era perfetta.

Indicato da Berlusconi a Scalfaro «per marcare continuità con il risultato elettorale del 27 marzo '94», Lamberto Dini ha così guidato per l'intero '95 il governo con il sostegno pieno di Massimo D'Alema e l'umor nero del Cavaliere.

«Una volta i comunisti erano seri...»

A metà dicembre, quando per celebrare con gli amici l'imminente Natale Maria Angiolillo decorò la sua tavola con la foresta incantata del *Flauto magico*, Lamberto e Donatella Dini avevano nel tratto e nello sguardo la signorile certezza di restare ancora a lungo a palazzo Chigi.

Il presidente del Consiglio conservava intatto nell'animo l'orgoglio per il titolo a piena pagina che venerdì 27 ottobre gli aveva riservato «la Repubblica»: «Il grande giorno di Dini». Quel titolo di un giornale che un tempo gli era stato nemico celebrava la vittoria del governo sul Polo che aveva azzardato una mozione di sfiducia per lavare l'onta della sostituzione di Filippo Mancuso al ministero della Giustizia. Mozione bocciata per merito dell'astensione del Partito della Rifondazione comunista.

«Bertinotti ci ripensa e il Rospo diventa Principe» aveva sintetizzato «la Repubblica». Aggiungendo: «I comunisti fanno la capriola».

Dopo aver ripetuto in ogni sede che pur di far cadere Dini avrebbe votato con chiunque (che sarebbero stati poi Berlusconi e Fini), Fausto Bertinotti aveva ceduto alle pressioni notturne di D'Alema e Veltroni e al fantasma di una Sinistra lacerata per sempre – come si dice in politichese – in Parlamento e nel Paese.

«Una volta i comunisti erano seri» commentò deluso Berlusconi. Ma Dini era raggiante.

È vero che aveva dovuto promettere «dimissioni dopo la Finanziaria e comunque entro l'anno». Ma era noto che l'Italia col '96 stava per assumere la presidenza semestrale del Consiglio dei ministri della Comunità europea e mai il vessillo dell'orgoglio continentale aveva sventolato con tanto ardore nel petto degli italiani.

Si può interrompere con le elezioni il semestre europeo? Non sta bene, lasciavano intendere sempre più esplicitamente il presidente della Repubblica e il presidente del Consiglio. E a chi flebilmente obiettava che sia la Francia che la Germania avevano allegramente ignorato questa prescrizione di galateo andando alle elezioni durante le rispettive presidenze semestrali, si rispondeva che infatti quelle presidenze erano state tutt'altro che memorabili. Mentre eccellente era stata quella spagnola perché i duellanti Gonzales e Aznar avevano lasciato per sei mesi nella plaza de toros muleta, espada e banderillas decidendo di matarsi a vicenda solo a presidenza finita. E tutto lasciava immaginare che Berlusconi e D'Alema avrebbero fatto altrettanto.

Per questo, lasciando con qualche minuto di anticipo rispetto al solito gli amici di Maria, Lamberto Dini non aveva l'aria di chi stesse andando a casa a preparare i bagagli.

La stessa convinzione aveva forse ancora il 30 dicembre, quando presentò le dimissioni che Scalfaro respinse. E fu salutato al rientro a palazzo Chigi dalla commozione del suo amico e sottosegretario Guglielmo Negri che si affrettò a scrivere sui suoi diari una massima di Antoine de Saint-Exupéry: «Essere uomo significa appunto essere responsabile...».

C'era ormai aria di «larghe intese». Le invocò nella verifica parlamentare dell'11 gennaio Umberto Bossi, pure avvolgendole nella nebbia delle consuete accuse alle «mafie meridionaliste che vogliono impadronirsi della Padania». Le sollecitò Silvio Berlusconi («Se non si vota subito, cerchiamo di trasformare un male in un bene»). Le accordò Massimo D'Alema («L'apertura di Berlusconi è una novità. Cercheremo un'intesa sufficientemente precisa sulle cose da fare»). Tra i leader principali, soltanto Fini ostentò freddezza («O un governo politico o il voto»). Ma l'aria era cambiata.

E nonostante sia Berlusconi che D'Alema avessero manifestato rispetto per il presidente del Consiglio, Dini capì che le «larghe intese» non l'avrebbero lasciato a palazzo Chigi.

Il capo del governo passò il Rubicone

La sera di giovedì 11 gennaio, quando l'orologio della Camera segnava le 18.13, Lamberto Dini pronunciò la parola «dimissioni». Disse anzi, dopo aver riassunto in tre capoversi il fallimento d'ogni trattativa, che avrebbe riferito immediatamente al presidente della Repubblica, «confermandogli le dimissioni già date». Queste ultime cinque, decisive parole furono aggiunte da Dini pochi minuti prima di compiere i pochi passi che separano palazzo Chigi da Montecitorio, dopo un lungo colloquio con Massimo D'Alema e una più breve conversazione con il leghista Vito Gnutti, già ministro dell'Industria con Berlusconi.

«Dopo alcuni minuti di silenzio» annotò nel suo diario Guglielmo Negri – come era già avvenuto in passato in tante altre occasioni di emergenza – «il capo del governo passò il Rubicone...»

Sulle sponde del Rubicone, a Montecitorio, incontrai un Massimo D'Alema terreo. «È tutto più difficile» mi disse. «Al settanta per cento si va alle elezioni.» E al trenta?, gli chiesi. «L'accordo deve essere chiaro: uno, due, tre, quattro. Guai a cominciare il discorso dal governo.»

Pochi minuti dopo la sepoltura di Dini come candidato delle «larghe intese» mi fu confermata da Silvio Berlusconi su un divanetto verde della sala di lettura di Montecitorio. «È stato troppo disponibile con tutti e nessuno lo vuole più» mi disse un cautissimo Cavaliere. Non pronunciò mai la parola «vittoria» e quando gli si parlava di «governissimo» manifestava la repulsione dei vampiri quando si minaccia di colpirli con cespi d'aglio.

Ma il suo rapporto con Dini non si è mai interrotto, ben al di là delle apparenze.

Così la sera dell'8 febbraio, quando il governo Maccanico sembrava ormai vicino alla consacrazione, Dini andò volentieri a cena con Berlusconi in casa Letta per chiarire il suo ruolo per l'immediato e per il futuro.

Per l'immediato, Dini era molto teso per il veto che Fini sembrava voler mettere alla sua candidatura a ministro degli Esteri del nuovo governo.

Lascia perdere, lo tranquillizzarono Berlusconi e Letta, la politica è fatta così. Ma possiamo assicurarti che il Polo è unito nel sostenere la tua candidatura a palazzo Chigi se vinceremo le elezioni.

A una settimana dall'inizio del tentativo Maccanico, infatti, la resistenza di Fini all'accordo aveva ripreso un certo vigore, mentre sull'altro fronte la ferma determinazione di D'Alema a raggiungere un'intesa trovava ostacoli crescenti nelle posizioni di Prodi, Veltroni, di una parte dei Popolari e dello stesso Scalfaro. Era dunque naturale che già la sera dell'8 febbraio Berlusconi e Letta volessero capire da che parte sarebbe andato il presidente del Consiglio.

La cena a tre fu molto affettuosa e in certi momenti fece ripensare ai primi incontri di molti anni addietro nel salotto di Maria Angiolillo, dove Letta aveva presentato al Cavaliere l'allora direttore generale della Banca d'Italia. Ma quando si parlò di prospettive politiche, Dini marcò le distanze. Berlusconi prese un impegno pieno, anche a nome di Fini. «Sono autorizzato a dirti che il nostro candidato a palazzo Chigi sei tu» gli ripetette il Cavaliere e aggiunse: «Fini te lo confermerà lui stesso, quando Gianni organizzerà un incontro tra voi». «Non posso prendere un impegno adesso» rispose Dini. «Aspettiamo almeno di vedere che fine farà il tentativo di Maccanico.»

Berlusconi insistette invano. Il presidente del Consiglio lasciò tuttavia aperto uno spiraglio. Si congedò infatti dicendo al Cavaliere: «Ti prometto che prima di prendere una qualsiasi decisione, parlerò con te e con Gianni».

Lo disse mentre a pochi passi oltre le finestre della sala da pranzo gli uomini del Col Moschin stavano valutando l'impotenza delle loro micidiali armi di precisione per neutralizzare due ficcanaso come Minzolini e la Meli.

In verità, Lamberto e Donatella Dini si erano mossi già dal giorno precedente per neutralizzare il rischio di un veto di Fini all'ingresso del presidente del Consiglio in carica nel governo del successore.

Squillò il telefono in casa Rebecchini

Era quasi ora di pranzo di mercoledì 7 febbraio, ricorrenza di San Teodoro, quando squillò il telefono in uno splendido attico di via della Conciliazione: l'avesse progettato Gian Lorenzo Bernini per abbracciare la sua cupola di San Pietro, non avrebbe potuto fare di meglio.

In quell'attico abita Gaetano Rebecchini, un silenzioso gentiluomo amico di Gianfranco Fini e socio fondatore di Alleanza nazionale. Rebecchini presiede la consulta per i problemi etico-religiosi di An: di fatto è l'ambasciatore di Fini presso il Vaticano. (E presso le comunità ebraiche: per due volte ha rappresentato Alleanza nazionale in visite ufficiali ad Auschwitz.)

Non a caso venerdì 2 febbraio il presidente di Alleanza nazionale gli aveva detto al telefono: «Il governo Maccanico ormai si fa e tu, Gaetano, sarai ministro per la Famiglia e gli Affari sociali».

Rebecchini aveva risposto «obbedisco», pur scrivendo al suo leader di sperare per ragioni politiche che il tentativo di Maccanico fallisse. Ma in quei primissimi giorni di febbraio tutto sembrava andare per il meglio. O il peggio, secondo i punti di vista.

Il 7 febbraio al telefono Rebecchini sentì la voce squillante di Donatella Dini. Poteva passare alle 15.30 a prendere un caffè da lei? Naturalmente, rispose Rebecchini che si presentò puntuale nel palazzo di piazza in Lucina, 26 dove la signora ha gli uffici romani delle sue imprese.

Questa piccola piazza non è solo nota per ospitare una delle prime chiese cristiane di Roma eretta su un tempio di Giunone. Né perché la chiesa custodisce opere di Bernini e di Guido Reni e la tomba di Nicolas Poussin che qui concluse il suo prestigioso ciclo terreno. Né, ancora, per i tetti pittoreschi e romanissimi che ne fanno in certe ore del tramonto un fondale di scenografia per i musical del teatro Sistina con Renato Rascel e il primo Nino Manfredi.

Piazza in Lucina è nota soprattutto per il civico 26 dove, con un trasloco che fece epoca, Giulio Andreotti trasferì i suoi celebri uffici privati di piazza Montecitorio.

Come cambiano i tempi, dovette dirsi Gaetano Rebecchini mentre raggiungeva l'ufficio della bella signora Dini, anch'esso – come quello di Andreotti – affacciato sulla piazza opposta alla Trinità dei Monti.

Rebecchini riferirà di aver trovato Donatella Dini assai inquieta per una interrogazione parlamentare presentata il 22 gennaio da due deputati di An e pubblicata sul bollettino dei resoconti di Montecitorio il giorno 24.

I due parlamentari sono Enzo Fragalà, componente della Commissione Giustizia della Camera, e Alberto Simeoni, componente della Commissione Antimafia. Essi segnalavano al presidente del Consiglio (cioè a Lamberto Dini) e ai ministri degli Esteri, dell'Interno e del Tesoro (ancora Dini) l'arresto in Costa Rica del commercialista Luigi Antonio Ardino, perseguito dalla Procura della repubblica di Ancona per «emissione di false fatture, allo scopo di far evadere il fisco a decine di imprenditori italiani mediante società di comodo con sede non solo nel paese centramericano, ma anche a Montecarlo, in Svizzera, in Lussemburgo, in Inghilterra e in Francia».

Gli interroganti chiedevano al governo un'indagine sulle società di Ardino e la pubblicazione dei nomi «delle società e delle persone fisiche che, direttamente o indirettamente, hanno trasferito negli ultimi tre anni ingenti somme di denaro in quei paradisi fiscali», anche attraverso operazioni gestite da intermediari finanziari internazionali come la Schroeder e la Rothschild di Ginevra.

È noto che la signora Dini ha un impero finanziario in Costa Rica, ereditato alla morte del primo marito, l'imprenditore Renzo Zingone. Stella Pende la intervistò su questo punto per «Panorama» del 21 marzo del '96, un mese prima delle elezioni. «Lei in Costa Rica ha uno dei gruppi più potenti del Centro America: circa 300 milioni di dollari di giro d'affari. Come ha fatto tanti soldi?» chiese la Pende.

Rispose la signora Dini: «Col cervello e con l'anima. Ci sono momenti duri nella vita che affilano l'immaginazione. Quando morì mio marito, ero sola con due figli e gli affari non andavano benissimo. Decisi di rimanere. Il Costa Rica era un paradiso terrestre, piccolo e protetto, l'unico del Centro America senza un esercito. Ho investito, ho rischiato. Oggi sono fiera di aver creato migliaia di posti di lavoro in quel paese».

«Noi scheletri nell'armadio non ne abbiamo»

Alla stessa giornalista, la signora confidò le amarezze per i veleni della campagna elettorale: «Sappiamo che questa campagna lampo sarà condita di veleni raffinati. Siamo pronti. Noi scheletri nell'armadio non ne abbiamo. Anche se qualcuno manda a frugare perfino in Costa Rica. Miserie che serviranno a poco».

Donatella Dini incontrò Stella Pende un mese dopo Gaetano Rebecchini. Ma all'anziano gentiluomo apparve assai meno serena. «Mi aggredì per l'interrogazione di Fragalà e Simeoni. Minacciò una campagna di stampa internazionale contro "Alleanza nazionale fascista" e altre iniziative. Le dissi che comprendevo il suo stato d'animo, ma che non potevo accettare un'accoglienza del genere, anche se le assicurai che non avrei riferito a Fini le minacce. Sapevo che la signora Dini era amica dell'onorevole Tatarella e della moglie. Perché non si rivolgeva a loro? Cercammo Tatarella con la "batteria" del Viminale senza trovarlo. Chiamai allora Fini alla presenza della signora Donatella e gli chiesi un incontro immediato.»

Rebecchini riferisce che prima di lasciare la signora ne raccolse un lungo sfogo sulle incomprensioni di cui sarebbero stati vittime lei e il marito, «persone da sempre simpatizzanti per la Destra».

Rebecchini fece i pochi passi che separano San Lorenzo in Lucina da via della Scrofa, quartiere generale di An, e fu ricevuto subito dal presidente nel suo studio d'angolo. A Fini disse di non condividere un sistema di lotta politica basato su interrogazioni parlamentari come quella di Fragalà e Simeoni. Fini gli rispose di essere all'oscuro dell'iniziativa, chiamò la direzione del gruppo parlamentare di An alla Camera e ordinò di ritirare l'interrogazione.

Il bollettino dei resoconti della Camera, nella stessa data del 7 febbraio, dette notizia dell'avvenuto ritiro e Rebecchini poté richiamare la signora Dini, rassicurarla sul buon esito del suo intervento e parteciparle le scuse del presidente di Alleanza nazionale.

La sera, Donatella telefonò a Rebecchini per ringraziarlo, avvertendolo che il marito avrebbe gradito un incontro a palazzo Chigi per l'indomani alle nove e mezzo del mattino.

Con qualche emozione e molta curiosità, il dirigente di Alleanza nazionale attraversò i saloni del piano nobile che portano allo studio del presidente del Consiglio, senza aver tempo di notare che la galleria di ritratti di capi di governo dell'Italia unita si apre con Camillo Cavour e si chiude con Giuliano Amato: mancavano ancora, infatti, quelli di Carlo Azeglio Ciampi, Silvio Berlusconi e naturalmente Lamberto Dini.

Il presidente trattenne Rebecchini per trentacinque minuti.

Dopo alcuni convenevoli (Dini si complimentò per l'attività di uno dei figli di Rebecchini, Salvatore), si entrò in argomento. «Dini mi rifece tutta la storia del suo governo per dimostrare che solo l'insipienza del Polo aveva spinto sempre più a sinistra uno come lui. Mi parlò a lungo della riforma delle pensioni, della Finanziaria, del caso Mancuso ("Un galantuomo," disse "ma che carattere..."), ribadendo a ogni pausa di essere un conservatore incompreso e di non capire perciò il veto di Fini a un suo eventuale incarico come ministro degli Esteri nel governo Maccanico.»

A Rebecchini non parve vero di dire la sua su tante storie. Attribuì a Scalfaro la responsabilità principale delle incomprensioni tra il presidente del Consiglio e il Polo che lo aveva designato, ricordò che il suo comportamento in Banca d'Italia era stato diverso da quello di Ciampi e Padoa Schioppa che definì legati alla «lobby dei Maccanico, dei Manzella, degli Scalfari...».

Riferì successivamente Rebecchini: «Dini mi invitò a dire all'onorevole Fini che avrebbe gradito un incontro con lui. E che un suo incarico di ministro degli Esteri, oltre a garantire continuità nei rapporti con i partner europei nel semestre di presidenza italiana, avrebbe consentito al Polo di avere nel governo un utile interlocutore nei rapporti con il presidente Maccanico e le persone a lui più vicine».

Due ore più tardi, a mezzogiorno, Rebecchini era di nuovo nello studio di Fini in via della Scrofa. Gli riferì della richiesta d'incontro del presidente del Consiglio (Fini disse che in quello stesso momento Dini era a colloquio con Tatarella) e le ragioni per le quali il primo ministro riteneva utile andare alla Farnesina.

Rebecchini aggiunse di ritenere Dini in qualche modo recuperabile per il Polo e Fini gli fece intendere la sua disponibilità a ritirare il veto, anche se gli sarebbe dispiaciuta l'uscita dal governo di Susanna Agnelli.

La sera stessa dell'8 febbraio, per la seconda volta nella giornata e dopo una nuova telefonata pomeridiana di Donatella, Gaetano Rebecchini incontrò il presidente del Consiglio.

La scrivania di Quintino Sella

Stavolta l'appuntamento era al ministero del Tesoro. Dini andò a prendere posto accanto all'ospite, mostrandogli la scrivania che in tre distinti governi e per quasi sei anni complessivi fu occupata da Quintino Sella nel primo decennio dell'Italia unita.

I due interlocutori lasciarono presto le emozioni risorgimentali e passarono a parlare del colloquio di Rebecchini con il presidente di Alleanza nazionale.

Racconterà Rebecchini: «Riferii al presidente la mia impressione circa il superamento del veto di Fini alla sua assunzione del ministero degli Esteri nel governo Maccanico. Gli dissi che l'iniziale avversione del presidente di An non aveva niente di personale, ma era piuttosto motivata dai pessimi rapporti che il governo Dini aveva avuto col Polo. Chiesi quale sarebbe stata la sorte della signora Agnelli e Dini non mi parve preoccupato. Disse che desiderava incontrare Fini e faceva affidamento su di me. A mia volta assicurai un incontro a pranzo tra tutti i protagonisti della vicenda una volta conclusa la questione».

L'indomani, 9 febbraio, Rebecchini seppe da una telefonata perché Donatella Dini si era rivolta a lui: glielo disse Mario D'Urso, un banchiere italo-americano amico di Giovanni Agnelli, sottosegretario «tecnico» agli Esteri di Lamberto Dini e destinato dall'imponderabile volontà della sorte a essere chiamato in Parlamento per l'Ulivo dai cantieristi rossi di Castellammare di Stabia. «Sei l'unica persona seria che poteva aiutarla con Fini,» disse D'Urso «e Donatella ha riportato una eccellente impressione.»

Sabato 10 febbraio, festa di Santa Scolastica, si riunì all'Ergife Palace la direzione di Alleanza nazionale. Rebecchini incontrò Pinuccio Tatarella, vicario di Fini e amico, con la moglie Angela, di Lamberto e Donatella Dini. «Il presidente ti è molto riconoscente» disse Tatarella a Rebecchini, mentre entrambi si apprestavano ad ascoltare dal leader del partito la linea politica nella delicata situazione in cui versava ormai il tentativo di Maccanico.

«D'Alema deve uscire dall'ambiguità» disse Fini in direzione. «Il governo Maccanico dovrà impegnarsi sulla scelta di un sistema semipresidenziale alla francese. Altrimenti non se ne fa niente.» L'intervento di Fini fu lungo, ma Lamberto Dini non subì alcun attacco.

La stessa linea fu tenuta da Fini l'indomani, domenica 11

febbraio, in un convegno al cinema Capranica, a due passi da Montecitorio.

Eppure Dini non era tranquillo. Lo disse a Gianni Letta che lo marcava stretto dopo la cena in casa sua con Berlusconi.

«Sono convinto che Fini me la tiri» disse il presidente all'amico. Che cercò di tranquillizzarlo.

Il 13 febbraio le trattative di Maccanico fallirono e il 14, giorno di San Valentino, il presidente incaricato salì al Quirinale per rimettere il mandato. La sera Fini e D'Alema – in un clima di notevole tensione – aprirono di fatto la campagna elettorale nella trasmissione televisiva «Porta a porta». Ma il leader di An non attaccò Dini. Rispondendo a D'Alema che ne auspicava la discesa in campo con l'Ulivo, avvertì: «Se vuole portare il suo governo alle elezioni, è bene che non si candidi».

Fini impartì la stessa direttiva morbida ai suoi riuniti due giorni dopo, il 16 febbraio, nell'ufficio politico. «Le elezioni si vincono conquistando il Centro» disse.

La direttiva di Fini venne diffusa l'indomani di una giornata convulsa. La lettura dei giornali di giovedì 15 febbraio non era stata di buon auspicio per il Polo.

Annunciando la rinuncia di Maccanico e le elezioni ormai certe, «la Repubblica» aveva titolato: «Dini candidato a Firenze con il placet dell'Ulivo». A Gaetano Rebecchini andò di traverso il caffè, sorbito nella sua camera da letto che al posto del comò ha la cupola di San Pietro.

Telefonò di buon'ora a Donatella Dini e fu subito invitato nell'ufficio di San Lorenzo in Lucina. «La signora mi disse che la notizia era falsa, frutto dell'iniziativa di alcuni amici di Lamberto vicini al senatore Fanfani. Il presidente del Consiglio non sarebbe sceso nella competizione elettorale presentando liste collegate al centrosinistra.»

La giornata fu peraltro caratterizzata da altri incontri politici, ufficiali e riservati.

Fini e Donatella nel salotto dei Rubens

Tra quelli riservati merita una citazione l'appuntamento pomeridiano tra Gianfranco Fini e Donatella Dini. Per incontrare in un luogo discreto il presidente di An, la signora si era rivolta a una amica comune, la principessa Elvina Pallavicini: furono invitati entrambi per le 15.30 nello splendido palazzo costruito nel Seicento dal cardinale Scipione Borghese per star vicino allo zio Pio V che passava l'estate nella residenza di campagna del Quirinale.

La famiglia Pallavicini vi abita da tre secoli, confortata dalle visite di amici prestigiosi come Pieter Paul Rubens che per disobbligarsi pensò bene di lasciare come ricordo tredici tavole con l'immagine di Gesù e degli apostoli.

Ed è tra quei ritratti di santità paziente e perplessa, benedicente e benaugurante che la principessa riceve i suoi ospiti per gli incontri privati. Tra porcellane di Sassonia e paesaggi di Claude Lorrain, mentre in un angolo splende nel suo magico rigoglio una spinetta secentesca che ha avuto il vezzo di farsi dipingere l'esterno della cassa da Carlo Maratta e l'interno, con spreco superbo, da Nicolas Poussin.

In questo prestigioso e ovattato contesto, in cui il rumore più forte è dato dal contatto dei cucchiaini d'argento con le porcellane del tè, Donatella Dini e il leader di Alleanza nazionale furono lasciati dalla principessa Pallavicini a solitario colloquio.

L'incontro, a quanto pare, fu di reciproco gradimento se la principessa alla fine notò sul volto dei suoi ospiti una visibile soddisfazione.

Anche Berlusconi si era intanto allarmato per la notizia di una candidatura di Lamberto Dini a Firenze per l'Ulivo e Gianni Letta si precipitò a palazzo Chigi per ripetere, con rinnovata e definitiva solennità, l'offerta del Polo: «Caro Lamberto, sono venuto a dirti formalmente che il Polo intende proporti come proprio candidato alla presidenza del Consiglio. Verrà a ripetertelo anche Gianfranco Fini, che in altri momenti ti è stato ostile. Te lo ha già detto in più di una occasione lo stesso Silvio. Ma al di là delle assicurazioni mie, di Berlusconi e di Fini, ti prego, Lamberto caro, di usare un minimo di logica politica. Se il Polo vincesse le elezioni, ti pare credibile che Berlusconi possa andare a palazzo Chigi? Ha un processo in corso, deve sistemare una volta per tutte l'assetto delle proprie aziende: chi altri se non tu potrebbe sostituirlo a palazzo Chigi? Non schierarti, dunque. Il resto verrà da sé».

Lamberto Dini stette a sentire in silenzio. Poi disse a Letta: «Il problema, caro Gianni, è che mi pare arrivato il momento di entrare in Parlamento».

«E chi te lo impedisce?» rispose Letta. «Presentati a Firenze in un collegio senatoriale da solo e sia il Polo che l'Ulivo ti garantiranno una doppia desistenza e una elezione plebiscitaria».

La risposta del presidente del Consiglio prese in contropiede l'illustre interlocutore: «D'accordo, Gianni. Una soluzione del genere risolverebbe il mio problema. Non quello della squadra che debbo portare in Parlamento». Solo allora Gianni Letta capì che il Lamberto Dini voleva fondare un partito.

Se ne parlò qualche ora dopo in una riunione dei leader del Polo in casa di Berlusconi. Casini immaginò che Dini stesse preparando un movimento indipendente con Mario Segni e il segretario della Cisl, Sergio D'Antoni. Buttiglione era invece convinto che il presidente sarebbe rimasto fermo, al di sopra delle parti, perché questa era per lui la scelta più conveniente.

Alla fine si decise che Gianfranco Fini, la persona più lontana dal presidente del Consiglio, dovesse muoversi per convincerlo a restare neutrale.

Ai cronisti in attesa, Fini dichiarò dopo il colloquio di essere ottimista. Ai suoi disse di aver avuto assicurazioni da Dini sulla sua neutralità. (Dini smentirà invece di aver preso qualunque impegno.)

Domenica 18 Fini partì per una vacanza a Madonna di Campiglio e dette disposizioni che non lo si disturbasse per una intera settimana. La campagna elettorale sarebbe stata dura ed era opportuno ossigenarsi all'ombra del Brenta.

Fini è uno dei pochi leader politici che riesce sul serio a staccare la spina. Una sola persona al suo seguito è abilitata a conservare i contatti col mondo: il suo assistente, Giuseppe Cosimi Proietti, detto Checchino. Se il mondo vuole Fini deve mettersi in contatto con lui.

Così fece martedì 20 febbraio Gaetano Rebecchini. Appena rientrato da Cortina, dove ha una bella casa (*Ca' alleluja*) sempre strapiena di figli e nipoti, Rebecchini ricevette una telefonata della principessa Pallavicini: Donatella Dini voleva di nuovo incontrare Gianfranco Fini nel palazzo di Scipione Borghese al Quirinale.

Fini, attraverso Checchino, accettò e fissò l'appuntamento per il giorno del suo rientro, martedì 27 febbraio.

Il leader di An fu assai sollecito nel fissarlo perché prima di partire aveva dato al presidente del Consiglio insospettabili segnali d'incoraggiamento. In una intervista a Goffredo Buccini per il «Corriere della Sera» del 19 febbraio aveva detto che il Polo avrebbe potuto cambiare candidato per palazzo Chigi facendo quello che il giornalista definì «l'identikit di Lamberto Dini». E l'indomani, all'imbarazzo di Berlusconi che smentiva, replicò dicendo che la scelta sarebbe stata fatta insieme, confermando la sua attenzione per il premier in carica.

Ma Dini non si lasciava commuovere e proseguiva per la sua strada. Negli stessi giorni ebbe un nuovo incontro con Gianni Letta. L'idea della «doppia desistenza» in un collegio senatoriale fiorentino per consentire a Dini di partecipare alla campagna elettorale senza sporcarsi le mani era giunta alle orecchie di Massimo D'Alema. Che aveva rifilato a Letta uno dei suoi taglienti sorrisi: «Bello sforzo fa il Polo. Doppia desistenza a Firenze? Quella è casa mia, voi che cosa ci rimettete?».

«Stringerai un'alleanza? Con chi?»

Ma ci vuol altro per scoraggiare il braccio destro di Berlusconi che si presentò di nuovo a palazzo Chigi sollecitando una risposta. Dini si comportò come una fanciulla assai corteggiata: avendo qualche obbligo morale nei confronti del suo Pigmalione (senza il soffio vitale di Berlusconi, statua sarebbe rimasta), ne aveva via via enfatizzato gli innegabili errori e ora lo preparava alla scelta definitiva di un altro amore (D'Alema) facendogli recapitare giorno dopo giorno brandelli di verità per prepararlo gradualmente alla durezza dell'impatto finale.

A Letta, dunque, Dini disse: «Sto preparando una squadra per presentarmi da solo alle elezioni». Gli fu subito opposta l'obiezione fatale: «Questo può valere per il sistema proporzionale. Rinuncerai al maggioritario? Stringerai un'alleanza? Con chi?».

Nell'incalzare delle domande, Letta assomigliava ai suoi conterranei disperati che il 13 gennaio del 1915 cercavano di raggiungere la Marsica isolata dal terremoto. «E Avezzano? Che ne è di Avezzano?» chiedevano a ogni stazione. Intuendo dalla reticenza delle risposte l'immane dimensione della tragedia.

«Non ho ancora deciso» rispose Dini all'amico che due anni prima l'aveva segnalato a Berlusconi come ministro del Tesoro. Letta capì.

Le cose precipitarono in poche ore. Il 23 febbraio, infatti, Daniela d'Amelio disse a Rebecchini che suo padre avvocato aveva ricevuto la visita di Sergio Berlinguer, amico di famiglia.

Cugino del più celebre Enrico e diplomatico di carriera, Sergio Berlinguer aveva raggiunto i vertici del potere quando Francesco Cossiga lo aveva portato con sé al Quirinale come segretario generale al posto del dimissionario Antonio Maccanico che se ne era andato a presiedere Mediobanca. Colpito anche lui dal micidiale virus della politica, aveva fondato un movimento (Mid) facendone un satellite del Cdu di Rocco Buttiglione.

La visita di Berlinguer a Saverio d'Amelio era servita a comunicargli che il Mid s'era staccato da Buttiglione per costituire una delle pietre angolari del nuovo partito di Dini che, auspice Sergio D'Antoni, si sarebbe presentato alle elezioni.

Rebecchini cercò subito Berlinguer senza trovarlo. Cercò anche il prezioso Checchino il quale riferì subito a Fini. E Fini, senza muovere il viso rivolto al sole del Brenta, ordinò di annullare l'appuntamento con Donatella Dini.

La sera stessa, un comunicato di palazzo Chigi annunciava che il presidente del Consiglio si sarebbe impegnato per dar vita «a una nuova formazione politica di centro, moderata e riformista». «Un terzo polo», annotava Fernando Proietti sul «Corriere», «ispirato dietro le quinte dal segretario della Cisl Sergio D'Antoni, che avrà la piena adesione degli ex pattisti di Segni, dei socialisti di Boselli e dei seguaci del Mid capeggiati dall'ex ambasciatore Sergio Berlinguer.»

Ma la dichiarazione di Dini andò oltre e lasciò pochi dubbi sulla futura collocazione del suo partito. «Sono giunto alla conclusione che questa esperienza, che ha avuto costante appoggio da una qualificata base di forze politiche, non debba andare dispersa...»

Il comunicato di palazzo Chigi era ancora tra le mani aristocratiche del portavoce presidenziale Mauro Masi, che già i giornalisti delle agenzie di stampa avevano travolto le deboli resistenze di Checchino violando, con la rassegnata complicità del portavoce di An Salvatore Sottile, gli ultimi scampoli di vacanza montana di Fini. Che sibilò, guardando preveggente alle inevitabili alleanze elettorali dell'Ulivo: «Ora che Dini ha dimostrato di avere ambizione e spregiudicatezza sufficienti per essere arruolato alla corte, dimostri anche se è capace di avere sufficiente dignità e coerenza per dire pubblicamente ciò che ha sempre detto in privato: di non ritenere né seri né possibili accordi o desistenze di qualsiasi natura con Rifondazione e Lega».

L'indomani, con i giornali in mano, l'incredulo Rebecchini cercò per l'intera giornata, senza esito, Sergio Berlinguer.

La sera, nel salotto della principessa Pallavicini, lo sguardo degli apostoli del Rubens gli sembrò particolarmente compassionevole. Seduto sulle tappezzerie francesi d'epoca, Edgardo Sogno – medaglia d'oro della Resistenza e destinato a una sfortunata candidatura per An nel Cuneese – cercava di convincere la principessa Pallavicini e la sua dama di compagnia, principessa Elika del Drago, su quel che poco prima Donatella Dini e sua madre gli avevano assicurato: la decisione di scendere in campo era stata presa in solitudine da Lamberto, senza informare nemmeno i congiunti più stretti.

La reazione della principessa Pallavicini fece insolitamente più rumore del contatto dei cucchiaini d'argento con le porcellane del tè. L'idea di «essere stata strumento inconsapevole di un inganno ai danni di Fini», leader politico diletto, era un oltraggio intollerabile. La principessa l'avrebbe lavato pochi giorni dopo intervenendo a un ricevimento all'ambasciata di Russia. Racconterà Marcella Leone su «Panorama»: «Donatella Dini assaggiò la vendetta della terribile principessa: cercò di rivolgerle la parola, ma donna Elvina non ha battuto ciglio e ha guardato fisso davanti a sé come se non esistesse».

Già la sera del 24 febbraio, avvertendo la tempesta, sulle nobili pareti di palazzo Pallavicini, gli apostoli del Rubens abbassarono lo sguardo.

«Riciclaggio» titolò «il manifesto»

Tra le letture abituali della principessa non trova posto «il manifesto». Elvina Pallavicini non poté dunque godere dell'oltraggiosa immagine con cui il «quotidiano comunista» aveva salutato la discesa in campo del presidente del Consiglio.

«Riciclaggio» titolò a piena pagina il giornale, pubblicando una foto in cui Dini mostrava il pollice alzato in segno di vittoria, con il ghigno cinico, felice e orribile di un orco che abbia appena fatto colazione in un asilo infantile.

Affettuoso come sempre il sommario: «Lamberto Dini fonda un partito e si candida. Con lui una schiera di ministri tecnici e un bel pezzo della vecchia Dc. Vicino un accordo con l'Ulivo. L'annuncio subito dopo la rinuncia (per ora) dell'altro uomo della provvidenza Antonio Di Pietro».

Chi avrebbe detto che di lì a due mesi proprio il «giornale comunista» avrebbe titolato «Buon giorno» il numero del 22 aprile, festeggiando – com'era giusto – la vittoria propiziata proprio dal «riciclato»?

Come sarebbe andata a finire, l'aveva detto invece con sorprendente tempestività Silvio Berlusconi. «Dini? Sapevo che finiva così» titolava mesto «il Giornale» di Vittorio Feltri, aggiungendo: «Berlusconi: regalerà la vittoria alla sinistra, alla faccia dell'imparzialità».

L'ira beffarda del Polo apparve con nettezza nel titolone del «Secolo»: «Dini come Pippo Baudo. Vuole a tutti i costi stare al centro della scena politica». Mentre il «Carlino» titolava «Un premier per tutte le stagioni» l'editoriale di Giuseppe Castagnoli e la consorella «Nazione» incoronava con un «Va dove lo porta il Colle» l'editoriale di Riccardo Berti.

Questi commenti apparvero sui giornali «nemici» di sabato 24 febbraio. La sera di domenica 25 Sergio Berlinguer ricevette in casa sua l'amico Rebecchini, reduce da un convegno di Alleanza nazionale a Venafro, dove aveva raccolto i consueti apprezzamenti di Filippo Mancuso su Dini e Scalfaro.

Allo sfogo di Rebecchini, assai imbarazzato per la figura fatta con Fini nella sfortunata mediazione col presidente del Consiglio, Sergio Berlinguer ribatté sorprendentemente che il nuovo partito di Dini non si sarebbe alleato con l'Ulivo. Così, almeno, riferì Rebecchini al presidente di Alleanza nazionale. E riferì anche di essere stato svegliato l'indomani, lunedì 26, da una telefonata di Mario D'Urso. Segnalava l'allarme di quelli che chiamò i «coniugi Dini» per una «durissima intervista» che l'onorevole Fini avrebbe rilasciato al «Corriere» e per una supposta dichiarazione di Francesco Storace a «Repubblica» contro la signora Dini.

L'intervista in effetti fu rilasciata e fu assai pesante («Ora Dini è il ventriloquo di D'Alema, eppure un tempo mi disse di temere i comunisti a Bankitalia»). Storace tacque.

E mercoledì 28 Lamberto Dini, alla presenza di Donatella, di Sergio Berlinguer, Mario D'Urso, il pattista Diego Masi e tante altre persone, annunciò la nascita di «Rinnovamento italiano. Lista Dini». Il partito si sarebbe apparentato con l'Ulivo. Il dado era tratto.

A Gianni Letta che gli telefonò la sua amichevole costernazione, Dini rispose: «È colpa vostra, mi avete abbandonato».

4

No. Scrisse proprio no

No. Scrisse proprio «no» Silvio Sircana e si compiacque. Tirò lungo dalla sigaretta, appoggiò le due dita che la stringevano alla fronte alta e stempiata e spiegò: «Non si dovrebbe mai avviare un discorso con una negazione, ma non esiste altra parola per esprimere il mio rifiuto». Allungò il foglietto al Professore che annuì. Si mise a sedere anche lui e aggiunse: «C'è sempre un pizzico di ironia nella sorte. Ricorre domani un anno da quando, in modo se si vuole avventuroso, fu resa palese la mia volontà di partecipare alla vita politica del Paese».

Era stato Sircana a suggerire di stendere un comunicato: «Se dobbiamo parlare, tanto vale scrivere». E aveva buttato giù quel che definì «un minimo di argomentazione politica». Ma quel giorno a Prodi i minimi non bastavano. Scorse dunque le righe annotate dal suo efficientissimo portavoce, aggiunse qualche parola di amara rievocazione e poi fece partire il missile che nemmeno Sircana si aspettava: «Le reciproche paure e le comuni convenienze di D'Alema e Berlusconi hanno fermato la grande e necessaria evoluzione».

Reciproche paure, comuni convenienze. Erano dunque queste umanissime e pur inaccettabili miserie ad aver affondato il grande sogno dell'Ulivo? A rendere improvvisamente inutili e perfino grotteschi dodici mesi di viaggi in pullman, trentamila chilometri attraverso l'Italia, ottantotto punti di programma, migliaia di Comitati per l'Italia che vogliamo? Ebbene sì: Prodi era convinto che sotto l'accordo tra D'Alema e Berlusconi si nascondesse, tra le altre ragioni, anche il comune timore della magistratura. Il Cavaliere era combinato come sappiamo e nelle ultime settimane anche l'inchiesta di Nordio sulle Cooperative rosse aveva cominciato a farsi pesante. Dunque...

Giovedì 1° febbraio a Roma era una splendida giornata di sole. Una di quelle giornate, ormai sempre più rare, che rendevano orgogliosi i gentiluomini di una volta di non possedere il cappotto: per la passeggiata al Corso o al Pincio l'abito di flanella sarebbe stato più che sufficiente. Nelle giornate invernali di sole, la piazza del Quirinale è di una bellezza abbacinante. «Le attitudini dei Dioscuri e dei cavalli s'allargavano nella luce, le groppe ampie brillavano come ornate di gualdrappe gemmanti» avrebbe scritto D'Annunzio, che in quella piazza era di casa, avendovi messo a dimora donna Maria nei vicini orti Aldobrandini e facendo bruciare di passioni solitarie e notturne l'Andrea Sperelli del *Piacere*.

D'altro genere era quel primo giorno di febbraio del '96 l'amarezza di Romano Prodi. Non pene d'amore soffriva il Professore, ma le più acute e inconsolabili pene della politica. E quella mattina le fitte si fecero più lancinanti al pensiero che mentre lui e il suo bravo portavoce Silvio Sircana scrivevano quel «no» nelle stanze buie di largo Pietro di Brazzà, a pochi passi di distanza, la guardia d'onore schierata al sole nel cortile del Quirinale rendeva gli onori al presidente del Consiglio incaricato. Questi avrebbe dovuto chiamarsi Prodi, si chiamava invece Maccanico e tra poco gli sarebbe sfilato sotto il naso per rientrare in casa accompagnato dalle auto di scorta.

«C'è troppo sole per restare chiusi qui dentro» divagò il Professore. «Adesso me ne vado a sciare e mi porto dietro un fucile per tenere lontani i giornalisti.» Mentre Sircana rileggeva le cinquanta righe che spiegavano il «no», salirono a confortare l'offeso due condolenti di gran lignaggio: Mario Segni e Achille Occhetto. Parlarono del gran pasticcio che a loro modo di vedere si stava combinando tra via dell'Anima e il Bottegone. Occhetto condivise appieno l'idea di Prodi di affidare la protesta a un documento invece di concedersi ai taccuini e alle telecamere dei giornalisti che ruggivano da basso invocando il sangue: del Professore avrebbero fatto un sol boccone.

S'era fatta l'una, l'ora in cui a Milano si guarda l'orologio per la pausa e in cui nell'operoso Nord-Est non si risponde nemmeno al telefono perché la pausa è già in corso. Ma per la sonnolenta capitale del Palazzo, l'una del pomeriggio è l'ora decisiva, quella in cui l'attività scorre più frenetica: tra l'una e le due, due e mezzo accade tutto quel che deve accadere, i giornalisti parlamentari capiscono che sapore avrà la loro cucina, ché poi il dessert sarà servito tra le sei e le otto di sera, quando i telegiornali suoneranno la squilla. S'era fatta l'una quando Silvio Sircana scese nello spazio angusto del largo di Brazzà per volantinare il comunicato. Cinquecento metri più in là, nella buvette di Montecitorio, gli aperitivi di rito s'incrociavano con qualche tramezzino mandato giù da deputati del Nord in crisi ipoglicemica.

Massimo D'Alema era dal barbiere...

Massimo D'Alema era dal barbiere: in quel luogo di culto affollato e spazioso dove per trent'anni ogni mattina alle sette si era presentato puntuale Giulio Andreotti, una mano trepida ed esperta ritoccava con dolce perizia i baffi del segretario del Pds. Gli stessi che con il suo celebrato garbo muliebre Rosy Bindi aveva minacciato di strappare a D'Alema se avesse insistito nell'inciucio con Berlusconi.

Claudio Ligas, capo ufficio stampa del Pds, appena il computer gli ebbe sparato in faccia il «no» di Romano Prodi, chiamò il segretario sul cellulare. Rispose un «compagno della vigilanza»: con questa definizione archeologica, eppure carica di dolcezza nostalgica, i funzionari del Pds chiamano ancora gli uomini della scorta del leader. Il compagno rispose che D'Alema si stava ritoccando i baffi e Ligas non ritenne di mandargli di traverso il romantico rituale. «Appena finisce, chiamatemi» disse facendo intuire la delicatezza e l'urgenza della comunicazione. E intanto si precipitò a Montecitorio. Quando telefonò allarmatissimo Claudio Velardi, Ligas era già sul posto e D'Alema già al corrente della novità.

Uscendo dal barbiere, il segretario del Pds s'era trovato infatti davanti a un muro di cronisti, totalmente disinteressati a controllare se il Figaro di Montecitorio avesse avviato l'opera minacciata dalla Bindi. Augusto Minzolini gli allungò il comunicato di Prodi. «Lo conosci?» gli chiese. D'Alema non commentò, mise il soprabito grigio e salì con Ligas sulla Thema d'ordinanza. «Andiamo a Largo di Brazzà, in fondo alla Dataria» disse all'autista, che da Montecitorio tirò dritto per la Fontana di Trevi, inerpicandosi per le stradine sistemate da Pio IX giusto poco prima che arrivassero i bersaglieri a Porta Pia.

Il portoncino si aprì

Il portoncino era chiuso, il portiere stava pranzando. Il segretario del Pds schiacciò il pulsante del malandato citofono, che si ritrasse subito squillando al pensiero di nuove e più energiche pressioni delle temibili dita di «Spezzaferro».

«Sono D'Alema.» Il portoncino si aprì. Al primo piano, D'Alema e Ligas furono ricevuti da Silvio Sircana, dal consigliere politico di Prodi, Gianclaudio Bressa e da Andrea Papini, coordinatore del programma dei Comitati. «Il Professore non c'è» dissero. «È partito per Bari» aggiunse qualcuno. «No, quel viaggio è stato annullato» corresse un altro. «È uscito per un impegno e ha detto che avrebbe proseguito per Bologna.»

D'Alema si mostrò del tutto indifferente alle spiegazioni. Entrò nella stanza di Prodi e si sedette. «Aspetterò qui.» Sircana, Bressa e Papini lo guardarono interdetti. Ma lui non offrì occasione di replica. «Se il Professore farà tardi, vorrà dire che pernotterò su quel divano e farò sapere alla stampa di essere in attesa.» Poi tacque.

In quel momento Prodi era in piazza del Gesù, riunito con lo stato maggiore del Partito popolare. «D'Alema è stato sleale con me» gridava e invano Gerardo Bianco cercava di confortarlo mettendo prima l'organizzazione del partito a disposizione sua e dei suoi Comitati e poi offrendogli la stessa segreteria del Ppi.

Quando i suoi lo avvertirono dell'imprevista visita di D'Alema, Prodi sussultò, ma non ebbe scelta: se avesse proseguito per Bologna, la rottura col Pds sarebbe stata definitiva e irreversibile e l'Ulivo, che pure ora sembrava appassire, sarebbe stato stroncato per sempre da un fulmine. Tornò. Salì con l'animo gonfio di rancore e di preoccupazione le poche scale che portano al primo piano del vecchio palazzetto dove da un anno aveva impiantato i suoi uffici romani, entrò nella sua stanza, chiuse la porta, restò solo con D'Alema.

I diritti televisivi per la ripresa diretta di quel colloquio avrebbero prodotto un'asta da far impallidire quella tra Rai, Fininvest e Cecchi Gori per i campionati di calcio. Com'è ovvio, invece, non ci furono testimoni. Ma le fonti dirette delle due parti furono concordi nel parlare di «dialogo forte» e di «passaggi accesi». Si tratta in verità di eufemismi. Nonostante sia Prodi che D'Alema usino abitualmente un tono di voce piuttosto basso e comunque sempre assai misurato, Ligas e Sircana, Bressa e Papini sobbalzarono più d'una volta per le urla che scuotevano i vetri e il pavimento malmesso del vecchio appartamento. E quando dalle Botteghe Oscure Claudio Velardi chiamava Ligas per informarsi sull'andamento della discussione, il portavoce di D'Alema rinunciava talvolta alla pur efficace cronaca diretta condita di sottile umorismo sardo-britannico per alzare il microfono e far sentire le grida a Velardi: così come faceva durante la Guerra del Golfo Peter Arnett, mitico cronista della Cnn, quando gli capitava di collegarsi durante un bombardamento americano.

Uscirono. Pallidi, ma più distesi

Quando Prodi e D'Alema uscirono dalla stanza del Professore, erano entrambi pallidissimi, ma curiosamente più distesi. Come quegli occasionali passeggeri di navi da diporto che, colti dal mal di mare, abbiano «raccato» tutto il tempo, come dicono i nostromi, ma giunti a terra mostrino insieme, nel pallore del viso, la spossatezza per il viaggio e il sollievo per il fisico ritorno sulla madre terra.

Nel ruvido colloquio a due, il Professore aveva rimproverato a D'Alema un eccesso di autonomia nella trattativa con il Polo. Il segretario del Pds aveva ribattuto dicendosi offeso per alcune espressioni contenute del comunicato diffuso alla stampa. Aggiunse con severità: «Caro Romano, tu non hai il diritto di strappare un progetto politico che non appartiene soltanto a te». Aveva inoltre rimproverato Prodi di non avergli opposto rilievi decisivi nella cena svoltasi la sera prima in casa di Veltroni, con Dini e Bianco. L'incontro era nato in verità con tutt'altro scopo. Veltroni riteneva che dopo la bocciatura della bozza Fisichella si sarebbe dovuto votare e quella sera sarebbe stata abbozzata una primissima strategia per la campagna elettorale. D'Alema osservò che stavano aprendosi prospettive per riprendere il dialogo perché Fini aveva aperto uno spiraglio sulla candidatura di Maccanico. Interpellato dal capo dello Stato, D'Alema aveva detto che non si sarebbe opposto al nome dell'antico collaboratore di Cossiga.

Alle 23.30 arrivò in casa di Veltroni una chiamata dal Quirinale. Scalfaro parlò con Dini e gli disse che non c'erano margini per un reincarico a lui. L'indomani avrebbe convocato Maccanico per invitarlo a formare il governo.

Prodi si stizzì. Disse che c'era aria di consociativismo, che i tempi si sarebbero allungati, il bipolarismo di fatto sarebbe entrato in crisi e l'Ulivo pure. D'Alema cercò di rassicurarlo. Gli disse che se Maccanico avesse fallito, la leadership del Professore avrebbe avuto una immediata conferma elettorale. Se invece il governo fosse nato, l'Ulivo sarebbe rimasto ben saldo in una prospettiva strategica.

D'Alema uscì da casa Veltroni convinto che la situazione fosse sotto controllo e che Maccanico non sarebbe stato ostacolato. Invece Prodi avrebbe nettamente rifiutato la vicepresidenza del Consiglio offertagli da Maccanico e D'Alema, sia direttamente sia per il tramite di Claudio Burlando (incaricato di lubrificare il filo diretto tra il Professore e il segretario del Pds) e del presidente della regione Emilia Romagna, La Forgia. Si sentiva debole e poco appoggiato.

Il 16 gennaio, per esempio, in uno dei famosi (e spesso inconcludenti) «tavoli dell'Ulivo», nelle splendide sale di palazzo Colonna ai Santi Apostoli, Prodi aveva accettato l'idea della trattativa, ma con una condizione di non poco conto. «Avete sbandierato tanto il tavolo delle regole» disse il Professore ai suoi alleati. «Cominciamo ad applicarne qualcuna. Facciamo per esempio due discussioni parallele: quella politica da un lato, e dall'altro quella sulla soluzione definitiva del conflitto d'interessi e della concentrazione televisiva di Berlusconi dall'altro, sulla Rai, sulla par condicio, sullo statuto delle minoranze. Se il Polo non accetta, la trattativa fallisce.» Ebbene, Prodi s'era trovato a fianco i comunisti unitari, i cristiano sociali e in maniera meno netta il Ppi. Ma il resto del «tavolo» non l'aveva appoggiato. E il Professore c'era rimasto male. Nell'intervento conclusivo, Veltroni aveva cercato di mettere una pezza, ma a cena con i suoi il Professore s'era sfogato a cuore aperto.

Eppure, nell'incontro a casa di Veltroni, nessuno aveva osato dire a D'Alema: basta, fermati, noi non ci stiamo. «Era stata una commedia degli equivoci determinata da caratteri diversi e da dialettiche diverse», secondo il parere di Silvio Sircana. Ma D'Alema era convinto invece di aver avuto un perfetto via libera e per questo ora alzava la voce nel faccia a faccia di largo Pietro di Brazzà. Trovando un interlocutore risentito e irritato per le incomprensioni di lunghi mesi e per aver saputo che, incontrando a quattr'occhi Berlusconi, D'Alema non aveva usato nei suoi confronti un linguaggio propriamente amichevole.

Ancora pochi minuti prima, mentre aspettava che Prodi rientrasse in ufficio, D'Alema aveva detto candidamente a voce alta: «Meno male che ho Dini come riserva...». I collaboratori di Prodi ebbero la conferma che sotto l'Ulivo erano fioriti molti sentimenti, ma non l'amore. E ripensarono a una vecchia frase pronunciata mesi prima dal Professore: «Il Pds è un marito fedele, ma di quelli che d'un tratto possono scappare con la segretaria».

Dini: trastullo o sciupafamiglie?

Era dunque Dini la segretaria che aveva fatto perdere la testa a D'Alema? Si trattava di una riserva da trastullo, con la quale fare un po' di sesso disinibito e sfogarsi soprattutto per le incomprensioni domestiche? O invece di una «sciupafamiglie» che pur di condurre all'altare il segretario del Pds non avrebbe avuto scrupoli a mandare all'aria la famiglia dell'Ulivo: famiglia senza amore, certo, ma pur sempre legalmente costituita?

Tutto questo pesava sull'animo di Romano Prodi e Massimo D'Alema quando uscirono dallo studio del Professore accomunati da un pallore singolare. «Ci sono i giornalisti in attesa, scendiamo» propose D'Alema. «Facciamoli salire» suggerì Sircana. «Ma no, che cos'è tutta questa ufficialità, non siamo all'Iri» tagliò corto Ligas. E il riferimento all'Iri non suonò, chissà perché, amichevole alle orecchie di Prodi.

Scesero. Il piccolo Largo di Brazzà è poco più di un vicolo. Un vicolo ingombro di telecamere issate sulle braccia degli operatori come sopra delle gru, di microfoni che spuntavano da ogni lato come le bocche degli scugnizzi quando i soldati americani nel '45 distribuivano cioccolato nei vicoli di Napoli. Mentre i cronisti delle agenzie di stampa allungavano i loro registratorini a prova di smentita come oggetti da benedire e i colleghi dei giornali, che avevano da offrire soltanto le orecchie, badavano a proteggere i loro taccuini dalla calca esibendosi nella suprema acrobazia del prendervi appunti.

Annotò con l'abituale perfidia un cronista del «Corriere»: «D'Alema trascina Prodi con sé, fin davanti al portone, e lo offre ai giornalisti e alle telecamere come un trofeo di caccia, l'uno ha i baffi che gli tagliano il viso, lo sguardo duro di chi è consapevole della propria importanza, l'altro si sparpaglia in girotondi di atomi, devastato da uno sguardo estraneo, vede tutto decomporsi e ricomporsi fuori di lui e in lui: "È vero, ho scritto una lettera molto dura, ma poi ci siamo chiariti e abbiamo fatto pace"». (Avrebbe aggiunto più tardi il Professore con profetica disperazione: «Andremo avanti, aspetteremo che un altro fallimento ci dia ragione». E l'indomani, ancora in televisione: «Non ci abbiamo ripensato, non contano le parole, contano i gesti».)

La folla dei cronisti fu spinta lentamente sull'altro versante del vicolo, dove s'apre un microscopico baretto. Prodi «offrì con allegria il caffè al suo tiranno», scrisse ancora il «Corriere», mentre la vigilanza del Pds teneva a bada i cronisti. Finalmente il gruppo si sciolse. Il Professore non dovette aspettare i giornali dell'indomani per accentuare il suo malumore.

A sera, mentre rientrava in auto a Bologna con Sircana, i titoli dei telegiornali arrivati attraverso il telefono cellulare gli dettero le prime botte. «Prodi critica D'Alema e poi ci ripensa» annunciò beffardo il Tg3. Il Professore chiamò allora Carlo Rossella, direttore del Tg1, per accertarsi che la vicenda fosse trattata con garbo maggiore dalla principale emittente del servizio pubblico. Rossella lo rassicurò, prima di passarmi la cornetta del telefono per un saluto. «Professore, non scomparire!» feci in tempo a dirgli. Il «no» della risposta probabilmente fu pronunciato sottovoce, secondo il costume fonetico di Prodi. Ma a me arrivò potenziato dalla passione, formando un'eco dalle imprevedibili conseguenze politiche. Come accade tra le rocce rosse del golfo di Girolata, nella Corsica occidentale, dove le parole sussurrate dai pescatori rimbalzano tra i sassi e nell'acqua, ugualmente sanguigni nell'ora del tramonto, trasformandosi in grida di fantasmi.

Poi, la voce di Romano Prodi si perse sotto le gallerie della Firenze-Bologna.

Galeotto fu il bagno con la Brancati

Era dall'estate del '95 che le cose tra Prodi e D'Alema non andavano bene. Il caldo della tarda primavera aveva fatto sbocciare l'amore tra il segretario del Pds e il presidente del Consiglio, Lamberto Dini. La semina di questo forte sentimento era avvenuta in gennaio, ma si sa che finché le cose sono nascoste sotto terra non fanno scandalo. In estate la relazione era sulla bocca di tutti e Prodi cominciava a infastidirsi. Quando a fine agosto andai a Gallipoli a intervistare D'Alema per l'uscita del suo libro *Un paese normale*, a una domanda su Prodi il leader del Pds aveva risposto dicendo che avrebbe offerto al Professore un seggio parlamentare alle prime elezioni suppletive utili. Prodi, che già aveva rifiutato una proposta simile alcuni mesi prima, seppe della novità dal telegiornale e non la prese bene: si offre un seggio parlamentare a qualcuno che si vuol sistemare quando le elezioni sono lontane.

Secondo Silvio Sircana, Prodi era diventato «un sacco contro cui scaricare tensioni d'ogni genere, come i pupazzi con i galloni del capo che vengono esposti nelle fabbriche giapponesi per consentire agli operai di sfogarsi».

Un brutto segnale per il Professore fu il singolare rilievo

dato da alcuni giornali a un suo bagno innocente fatto al largo dell'isola di Giannutri in compagnia dei familiari, di alcuni amici e dell'allora direttore del Tg3, Daniela Brancati.

Si aprì un colossale dibattito sull'opportunità che un uomo politico dividesse una gita in barca con un/una giornalista, quasi che questo fosse uno strumento ideale per misurare la correttezza professionale di chicchessia. Ma Prodi si allarmò. E si allarmò ancor di più quando vide i trafiletti in cui si raccontava come lui fosse ormai un ciclista spompato, costretto a mendicare aiuto alla prima osteria aperta su strada.

Al contrario, i giornali avevano aperto ufficialmente il processo di canonizzazione di Lamberto Dini, con il cospicuo contributo di forze dell'Ulivo. Intorno al presidente del Consiglio si stava coagulando il progetto di «grande Centro» sognato da D'Antoni e dallo stesso Segni. Ma quel che più preoccupava Prodi era l'ammirazione che per il presidente del Consiglio nutriva il numero due dell'Ulivo. Walter Veltroni aveva infatti dichiarato che Dini era «una grande risorsa per il Paese» e gli aveva offerto la vicepresidenza del Consiglio nel governo Prodi, quando mai si fossero fatte le elezioni e se l'Ulivo le avesse mai vinte.

Pur senza essere mai stato un notabile democristiano, Prodi aveva a lungo costituito una preziosa risorsa per la Dc e conosceva il partito come le sue tasche. Ripensando alla lunga e proficua abitudine di Andreotti di prestare attenzione ora al Psi ora al Pci, gli venne il forte sospetto che anche D'Alema avesse cominciato a servirsi di due forni. E che al forno di Lamberto Dini cominciassero a servirsi in maniera sempre più convinta quelli che vengono chiamati i «poteri forti» (la Fiat e i suoi giornali, Mediobanca, uomini chiave del credito e dell'alta burocrazia, la Cisl che ormai rappresentava una solida stampella per qualunque iniziativa del presidente del Consiglio. Ma un anno dopo avrebbe riservato a Prodi la stessa cortesia).

Quando il «Corriere della Sera» riprese con grandi titoli il servizio fotografico di «Epoca» che mostrava Prodi al bagno con la Brancati, Sircana telefonò a Prodi che prendeva il fresco nella sua casona di Bebbio e giudicarono l'articolo una manovra politica ai danni del Professore. Prodi scrisse una lettera al giornale, chiedendosi dove fosse mai la notizia, ma segnalando soprattutto in codice il suo allarme politico.

Non giudicò convincenti le risposte.

«Le elezioni? Un massacro per l'Ulivo...»

Durante l'estate le telefonate tra Prodi e D'Alema furono poche, vaghe e svogliate. Il Professore non ama i discorsi troppo diretti e il segretario del Pds, che invece sa essere tagliente assai più dei coltelli giapponesi di ceramica, non aveva voglia di farne. Da un lato, essendo persona di riconosciuta serietà, rassicurava Prodi sulla sua fedeltà, dall'altra cercava di convincerlo che le elezioni ravvicinate non erano necessariamente la soluzione migliore. «Potrebbero essere un massacro» gli disse un giorno.

Un altro segnale negativo per il Professore era stato il congresso tematico del Pds in luglio. È vero che D'Alema in quella circostanza aveva reso ufficiale con studiata solennità la candidatura di Romano Prodi a presidente del Consiglio, ma il Professore non aveva affatto gradito l'invito rivolto il giorno prima a Silvio Berlusconi perché parlasse in congresso. D'Alema presentò quel gesto come un atto di cortesia tra avversari, che servisse a riconoscere le forze schierate nel confuso e polveroso campo di battaglia della politica italiana dopo la fine della Prima Repubblica.

Prodi lo interpretò invece come la certificazione di un rapporto privilegiato e non lo nascose, muovendosi in quella circostanza con «l'eleganza di un elefante in una cristalleria», come notò perfidamente Antonio Tajani, parlamentare assai vicino al Cavaliere.

Ai primi di settembre, il Professore ebbe di nuovo la sensazione di girare a vuoto e soprattutto di girarci da solo. Fu invitato alla Festa dell'Unità di Reggio Emilia un paio di giorni dopo l'annuncio della nascita di Supergemina, la concentrazione capitalistica più forte della storia italiana.

Prodi si ricordò di insegnare antitrust all'università e scattò come una molla quando lesse sull'«Herald Tribune» una micidiale profezia di Alan Friedman: «Il presidente del

Consiglio potrà solo lucidare le maniglie alla porta dell'avvocato Agnelli». Prodi era stato invitato a Reggio (la sua Reggio) per dibattere con alcuni amministratori locali. Cavalcò l'impressione determinata dall'annuncio di Supergemina e li arringò: «Guardate che cosa accadrebbe nei vostri comuni, nelle vostre città se Supergemina andasse in porto. Guardate quale formidabile rete di attività concentrate verrebbe costituita».

Più tardi, spiegò ai giornalisti: «Voi sapete che ho sempre attaccato le concentrazioni televisive di Berlusconi. Bene, con Supergemina ci sarebbe una concentrazione di grande stampa mai vista in Italia». Il Professore si riferiva all'influenza che Supergemina (galassia industriale e finanziaria a guida Fiat e Mediobanca) avrebbe avuto, direttamente o indirettamente, sul «Corriere della Sera» di Milano, «La Stampa» di Torino e «Il Messaggero» di Roma: tre dei quattro principali quotidiani italiani. Ma nei pensieri di Prodi facevano parte in prospettiva del mazzo anche «la Repubblica», «L'Espresso» e gli altri giornali controllati da Carlo De Benedetti: era noto, infatti, che i conti dell'Olivetti fossero pessimi e Prodi (profeticamente) immaginava che l'Ingegnere sarebbe finito col saio di penitente a bussare alla porta di Enrico Cuccia, cioè di Mediobanca, cioè di Supergemina.

La conclusione di Prodi fu di offrire il petto al nemico: «Non ho fatto l'Ulivo e tutto il resto per lucidare le maniglie dell'avvocato Agnelli». Mentre faceva questa sparata contro i «poteri forti», Prodi vide che, sul palco degli amministratori locali, Claudio Burlando – già sindaco di Genova e ora stretto collaboratore di D'Alema – lo guardava sorpreso. E non si sorprese a sua volta perché riferì ai suoi collaboratori più stretti di aver ricevuto da D'Alema una telefonata che lo invitava alla cautela in un campo così delicato.

Supergemina tra Prodi e D'Alema

Le invettive di Prodi contro Supergemina ebbero un ragionevole spazio nei telegiornali e sui quotidiani dell'indomani. Ma ben altro ne ebbe, com'era ovvio, il discorso conclusivo di D'Alema alla Festa dell'Unità. Lo ebbe perché D'Alema è D'Alema, cioè il leader del primo partito italiano. Ma lo ebbe anche perché pronunciò una frase che rassicurò molto il mondo degli affari, ma allarmò moltissimo Romano Prodi. «Supergemina» disse D'Alema «non è il nostro nemico.»

Tutto questo avveniva tra un venerdì e una domenica. Il lunedì mattina, per un caso assai singolare, Prodi e D'Alema si incontrarono sul «Pendolino» per Roma. Gli storici stanno verificando tuttora se Prodi raggiunse D'Alema in prima classe o se D'Alema raggiunse Prodi in seconda.

Come è noto, il Professore viaggiava in seconda classe e quando feci rilevare ai suoi che l'iniziativa poteva essere interpretata come un vezzo lievemente demagogico, mi fu risposto con un'analisi ragionata dell'offerta ferroviaria italiana. «Sui normali Intercity viaggiamo in prima. Sui Pendolini di vecchia generazione viaggiamo in seconda perché si tratta in realtà di una prima classe sui cui vetri hanno attaccato un cartellino col numero due. Non ci portano il caffè, ma il risparmio è notevole.»

Quell'unico viaggio in comune di Prodi e D'Alema tra Bologna e Roma non verrà ricordato comunque per il dilemma sulla carrozza da prendere, quanto perché il segretario del Pds spiegò al Professore, a proposito di Supergemina: «Non possiamo inimicarci anche questi». Cioè l'Avvocato e i Poteri Forti. Con relative maniglie.

Venne l'autunno e l'Ulivo, che sembrava sempreverde, cominciò a perdere le foglie. Se ne andò Segni, se ne andò il socialista Boselli. I «tavoli dell'Ulivo» diventarono per Prodi un rituale sempre più angoscioso. D'Alema caldeggiava la necessità della trattativa col Polo: il sistema è bloccato, diceva, i rischi di una sconfitta elettorale sono forti, votare con il doppio turno sistemerebbe una volta per tutte il problema di Rifondazione. Prodi non se la sentì mai di dire con chiarezza a D'Alema: questa trattativa è un errore, rischia di frantumare l'Ulivo, ti diffido dal farla. Gli disse semplicemente: io non ci credo, se vuoi trattare fallo tu. Ma questo consentì a D'Alema di portare sempre con sé la delega dell'Ulivo. Una delega tiepida, d'accordo, ma pur sempre una delega. E gli avrebbe consentito anche di ricordare, nei mesi successivi, che quando nel gennaio del '96 Berlusconi iniziò la sua «esplorazione», non incontrò una delegazione del Pds, ma una dell'Ulivo con Prodi e Veltroni.

Il rapporto di Prodi con Veltroni era sempre eccellente sotto il profilo personale: il Professore era convinto che il direttore dell'«Unità» fosse intellettualmente un prodiano di ferro, ma di tanto in tanto gli pareva bloccato da una doppia fedeltà, unendosi fatalmente quella all'Ulivo con quella al Pds, se non altro per una militanza cominciata quando Veltroni portava i pantaloni corti. E comunque Prodi non era affatto convinto che D'Alema tenesse il suo delfino perfettamente al corrente dei rapporti riservati con Berlusconi.

Le prime settimane del '96 furono pessime per il Professore. Visto che bene o male D'Alema trattava in virtù di una delega dell'Ulivo, Prodi si sfogava con i suoi intimi: il suo dubbio atroce, più forte d'ogni smentita, è che la vera trattativa tra D'Alema e Berlusconi non corresse tanto sul filo del presidenzialismo intero o dimezzato, quanto sul filo di meno nobili seppur vitali questioni come l'amnistia. (Questa circostanza mi fu smentita seccamente sia da Berlusconi sia da D'Alema. «Nei due colloqui che ebbi con Berlusconi nella fase cruciale della trattativa» mi disse il segretario del Pds «non entrammo mai in questioni specifiche. Berlusconi sottolineava la portata storica dell'accordo, io ripetevo che esso sarebbe stato possibile solo nella prospettiva di grandi riforme costituzionali.»)

La sua angoscia non cessò nemmeno ad apertura di campagna elettorale. La sera stessa in cui Lamberto Dini annunciò la costituzione di un proprio partito politico, Prodi ebbe notizia di un avviso di garanzia ai suoi danni per la vicenda Cirio: l'intero consiglio d'amministrazione dell'Iri, presieduto allora dal Professore, era sospettato di aver favorito gli acquirenti del celebre marchio alimentare: la società Fisvi, una cordata di cooperative del Sud guidate da Carlo Saverio Lamiranda. Come accade sempre in questi casi, Prodi non ebbe la notizia da un ufficiale dei Carabinieri, ma prima dal funereo tam tam dei si dice e poi da un'agenzia di stampa. Giovanni Maria Flick, avvocato famoso ed estensore del programma dell'Ulivo sulla giustizia, gli disse che non era chiaro se si trattasse di un invito a comparire o a scomparire. In altri momenti Prodi avrebbe apprezzato la battuta, ma la sera fatidica cercò innanzitutto un contatto con i giornali. Lui era a Bologna, il portavoce Sircana che stava a Milano lo raggiunse subito. L'indomani fecero una conferenza stampa in cui il Professore disse di sentirsi, secondo l'uso, assolutamente sereno: «Non c'erano offerte migliori per la Cirio di quella che fu accettata. L'alternativa era mettere in pericolo la privatizzazione della società».

Le quattordici righe di Lamberto D.

I giornali di sabato 24 febbraio pubblicarono in prima pagina, com'è ovvio, la notizia dell'avviso di garanzia per Romano Prodi. Ma la pubblicarono nel sommario, cioè nelle righe che stanno sotto il titolo principale, o nel «catenaccio», che è il rigo in neretto che sta sotto il sommario. Il titolo annunciava ben altro. «Repubblica»: «Nasce il partito di Dini. Il premier ha deciso, una forza di centro alleata dell'Ulivo». Era né più e né meno quanto aveva deciso la sera prima il presidente del Consiglio. Prodi, con una santa bugia, dichiarò subito: «Sono felice». Minore entusiasmo dimostrarono gli amici di un tempo di Lamberto. Berlusconi, profetico: «Regalerà la vittoria alla sinistra, alla faccia dell'imparzialità». Fini, gelido: «È un uomo ambizioso e inaffidabile». Il «Giornale», beffardo: «Dini fonda il partito del suo Stivale», alludendo a un possibile simbolo con la Penisola.

Il presidente del Consiglio aveva annunciato la sua discesa in campo con un comunicato stampa di quattordici righe, diffuso da palazzo Chigi alle 20.45. Il tam tam era diventato assordante fin dal primissimo pomeriggio, ma la tradizionale cautela del dottor Dini – che centellina ogni parola assaporandone ogni sfumatura di gusto e retrogusto, come accade nei club inglesi per il vino di Porto – era riuscita a fargli perdere i telegiornali della sera. «Ho deciso di partecipare alla prossima competizione elettorale» recitava la prima riga. E decisive, per il loro significato politico, furono la sesta e la settima: «Sono giunto alla conclusione che l'esperienza di governo, che ha avuto costante appoggio da una qualificata base di forze politiche, non debba andare dispersa...».

Dini andava dunque con l'Ulivo. L'uomo moderatissimo che aveva sì lo sguardo rivolto al centro, ma non aveva mai nascosto di vedere meglio con l'occhio destro, diventava una pedina chiave nella scacchiera del centrosinistra. Così irresistibile era stato il sex-appeal di Massimo D'Alema? Questo è indubitabile. Ma come capita a ogni donna che cede alla corte del suo spasimante, nell'animo suo trova spazio – consapevole o no – un oscuro desiderio di vendetta nei confronti dell'uomo che si è amato in precedenza.

Chi ha aiutato Dini in questa scelta sofferta, individua nel rancore contro Berlusconi e Fini l'elemento principale della discesa in campo dell'allora primo ministro. E aggiunge tre nomi: Oscar Luigi Scalfaro, Sergio D'Antoni, Donatella Dini. Il desiderio di vendetta contro il Polo maturò esattamente un anno prima dell'annuncio del 23 febbraio. La prima uscita del governo Dini fu la manovra aggiuntiva da ventimila miliardi nei primi mesi del '95. Il Polo fece una opposizione dura, il marco arrivò a 1280 lire, D'Alema mise sul piatto tutta la forza del Pds per sostenere il governo (così come aveva promesso a Dini quando lo convinse a non rinunciare al mandato). I sindacati avevano sponsorizzato il presidente del Consiglio per condizionare la riforma delle pensioni. E tra i leader sindacali, Sergio D'Antoni era un frequentatore abituale di palazzo Chigi. «Con questa opposizione non si può decidere niente» si sfogò con lui Dini. «Il Polo mi ha usato da ministro del Tesoro, ha dato il mio nome a Scalfaro per guidare il nuovo governo, ha deciso di astenersi nel voto di fiducia, ma se ne è pentito subito dopo e adesso vuole le elezioni.» Il presidente ce l'aveva soprattutto con Gianfranco Fini, ma metteva nel mazzo dei destinatari del suo rancore anche Berlusconi, che accusava di debolezza.

Come Malaparte in Maledetti toscani

Tra il presidente del Consiglio, fiorentino fin nel midollo, e i leader del Polo si stabilì allora quella perfida corrente di diffidenza sotterranea descritta magistralmente da Curzio Malaparte in *Maledetti toscani*. «Di fronte a un toscano, tutti si sentono a disagio. Un brivido scende nelle loro ossa, freddo e sottile come un ago. Tutti si guardano intorno inquieti e sospettosi.» Quante volte, forse senza conoscerla, Berlusconi e Fini si sono ritrovati in questa frase? E quante volte il toscano Dini ha fatto propria quest'altra? «Quello di cui più godiamo è vedere come tutti si meraviglino del disprezzo col quale noi li ripaghiamo del sospetto e dell'inimicizia loro.»

Dini, insomma, cominciò fin da allora a guardare in concreto al progetto che D'Antoni gli aveva prospettato fin dal luglio del '95. Il leader della Cisl riteneva che l'egemonia del Pds sull'Ulivo fosse macroscopica e rimproverava al Ppi di mantenere un atteggiamento troppo cauto e remissivo. Ma poiché a piazza del Gesù ritenevano che D'Antoni volesse diventare il leader del Centro, gli chiusero in faccia la porta di casa.

Il disegno di D'Antoni era in realtà più raffinato. Della nave del Centro, a lui interessava la sala COC, cioè gli apparati di Comando e Controllo. In coperta, con la fascia azzurra sulla divisa candida e la mano inchiodata sulla visiera per rispondere al saluto delle navi appoggio, poteva stare benissimo qualcun altro. E al disegno si prestava perfettamente Lamberto Dini. Nella calda estate del '95, D'Antoni gli prospettò due scenari. Il primo prevedeva che Berlusconi lasciasse Fini al suo destino e approdasse con Forza Italia, Ccd e Cdu alla banchina centrale saldamente presidiata da Dini. Questa nuova forza sarebbe allora diventata subito alternativa al Pds. Ma se il Cavaliere avesse deciso di proseguire per la sua strada e Dini avesse dovuto raggiungere l'Ulivo, si sarebbe aperto un secondo scenario. L'aggregazione tra il partito di Dini, i laici moderati (Amato, Maccanico) e il Ppi sarebbe stata talmente forte da ridimensionare per forza di cose il ruolo di Prodi e da nominare sul campo Dini leader di fatto della coalizione e candidato indiscutibile per palazzo Chigi in caso di vittoria elettorale. D'Antoni pensava in ogni caso a una forte Federazione di Centro che valesse quasi quanto il Pds (circa il 20 per cento dei voti), avesse Lamberto Dini come valore aggiunto e utilizzasse politicamente l'enorme popolarità acquisita dal presidente del Consiglio con la riforma delle pensioni e il conseguente largo sostegno politico-sindacale. Mi raccontò D'Antoni: «Tra il luglio e il settembre del '95 consultammo tutti gli interessati: Segni e Bianco, Amato,

Boselli e Maccanico. A voce si dicevano tutti convinti della validità del progetto. Ma quando si trattò di chiudere, tutti si ritrassero».

Piccolo è bello, dovettero dirsi gli interlocutori di D'Antoni, e restarono chiusi nel loro guscio, diffidando dell'ignoto che anche in politica è assai affascinante, ma anche assai pericoloso. Dini, dotato di un realismo non inferiore a quello di Andreotti, non forzava la situazione. Si sentiva protetto da D'Alema e soprattutto da Scalfaro che voleva protrarne a tempo indeterminato la permanenza a palazzo Chigi. Tant'è che quando D'Alema, d'accordo con Berlusconi, aveva deciso nell'estate del '95 che si votasse in novembre, Scalfaro si mise di traverso bloccando i binari con i primi due ostacoli che gli capitarono tra le mani: la legge finanziaria e il semestre italiano di presidenza europea.

Dini non forzava, ma l'idea del partito gli era ben salda nella testa. Aveva cominciato a pensarci già all'inizio dell'estate, dopo le elezioni regionali. Ne aveva parlato subito con D'Antoni, che però lo mise in guardia sui rischi del partito-persona. E a settembre ne parlò con Diego Masi, che in quest'avventura sarebbe diventato il suo braccio destro. (Lo avrebbe abbandonato esattamente un anno dopo, per protesta contro la prima Finanziaria di Prodi.) Masi guida a Milano una importante società di comunicazione e in politica è stato sempre uno dei dirigenti più attivi del Patto Segni. I suoi rapporti con Dini risalgono all'elaborazione della legge di riforma per le elezioni regionali.

Segni, a dire il vero, non credeva che i tentativi di creare la Federazione di Centro avrebbero dato i frutti sperati da D'Antoni e da Masi, ma non cercò mai di ostacolarli. Stesso scetticismo e stessa contemporanea apertura di credito il leader del Patto confermò a fine anno, quando l'Ulivo perse due rametti: lo stesso Segni e i socialisti di Boselli. Dini non era scettico sul progetto, ma non si sentiva ancora calato nella parte di leader politico e preferiva galleggiarci sopra. Non si sapeva d'altra parte quando si sarebbe votato: Scalfaro lo proteggeva, D'Alema lo amava. Perché dunque affrettarsi quando non c'è fretta?

«Mai con Fini, mai con Berlusconi»

Eppure già prima di Natale qualcosa di concreto gli frullava per la testa. Se ne accorse uno dei suoi ministri, Augusto Fantozzi, quando andò a fargli gli auguri e gli disse: «Abbiamo lavorato bene insieme. Mi piacerebbe restare in contatto con lei...».

Fantozzi aveva conosciuto Dini dopo la nomina a responsabile delle Finanze. Tributarista famoso, bruciato nel '94 da una candidatura sfortunata nel Patto Segni, s'era ormai quasi abituato a far da contraltare accademico al suo avversario di sempre Giulio Tremonti. Un giorno, sceso dall'aereo, vide che il suo autista gli correva incontro. Pensò a qualcosa di infausto, ma l'altro sorrideva: «Complimenti, l'hanno fatta ministro...».

Aveva poi apprezzato in Dini l'indiscussa caratura professionale: «Non si alza dal tavolo finché il lavoro non è fatto a puntino. L'ho visto passare nottate intere su un documento, per rifinire, ripulire, aggiustare...».

Nel Natale del '95 Dini apprezzò gli auguri e capì che aveva una squadra pronta: Fantozzi, Treu, Lombardi, Ossicini, Clò. Non fece mai una riunione plenaria, dette sempre per scontato di essere il capitano di una nuova, indispensabile formazione. Ne parlò con i suoi ai primi di gennaio e fece capire che sarebbe andato con l'Ulivo. Fantozzi gli chiese: «Presidente, è sicuro di far bene?». E Dini: «Per me sarebbe meglio non scegliere, ma voglio una prova d'impegno e dimostrare che non posso stare con l'estrema destra».

Poiché, come amava ripetere Prodi, alle elezioni non ci si arriva, ma ci si casca dentro, il baratro si aprì all'inizio del '96 e la scelta di Dini ormai si imponeva. Si è visto nei capitoli precedenti quanto siano stati intensi e autorevoli i contatti di Dini con il Polo. Ma nonostante le trepide speranze di Gianni Letta, portato dalla fede a credere fermamente nell'impossibile, il presidente del Consiglio aveva in testa tante idee aggrovigliate sul proprio futuro politico-elettorale. Come aveva anticipato a Fantozzi, tuttavia, un'idea l'aveva chiarissima: non sarebbe mai andato con Fini e con Berlusconi. Il problema vero era un altro e aveva tre corni: a Dini conveniva presentarsi da solo senza apparentamenti, da solo nell'Ulivo o nell'Ulivo insieme con i Popolari per fare un Centro più grande?

Mi raccontò Donatella Dini: «Una sera, in quei giorni, Lamberto mi chiamò da palazzo Chigi. Erano le otto e io stavo nel mio ufficio di San Lorenzo in Lucina. Mi chiese di raggiungerlo. Andai e mi disse: sono molto sollecitato, avrei deciso di fare il partito. Voleva cominciare con una cosa piccola, ma suscettibile di crescita. Gli chiesi con chi si sarebbe presentato: solo o con i Popolari? Il problema che si pose subito fu quello. Mi chiede se l'ho incoraggiato? Lamberto è un uomo che ha il coraggio non solo di decidere, ma anche di sostenere le proprie decisioni. Comunque sì, l'ho incoraggiato».

La interruppe il marito, che nel nostro colloquio le sedeva accanto: «All'inizio, la mia idea era di fare un movimento che si presentasse come una piccola forza autonoma, senza identificarsi né con la Destra né con la Sinistra. Sarebbe stato bello fare così, se la legge elettorale non fosse penalizzante per iniziative del genere».

Intervenne di nuovo Donatella: «Lamberto spiegò molto bene anche in casa le ragioni di questa scelta. Io e i ragazzi lo sottoponemmo a un fuoco di fila di domande perché non volevamo che la sua scelta di andare a sinistra fosse male interpretata. Ma Lamberto fu convincente».

Fu Diego Masi a dissuadere il presidente del Consiglio dall'imbarcarsi in una avventura solitaria, facendogli intendere che era proprio nel maggioritario che la sua presenza avrebbe potuto togliere voti al Polo trasferendoli all'Ulivo. E questa soluzione fu esclusa in una riunione nella bella casa del presidente a piazza Borghese domenica 21 gennaio, quando ancora era in corso il lavoro segreto dei quattro professori per un accordo sulle riforme. Si studiava intanto il nome del partito. Scartata una prima ipotesi (Rinascita), fu Dini a battezzare la sua creatura Rinnovamento italiano, mentre lo studio J. Walter Thompson preparava il simbolo coordinando una serie di proposte precedenti.

Nome e simbolo furono presentati in una affollatissima conferenza stampa la sera del 28 febbraio, cinque giorni dopo l'annuncio della discesa in campo del presidente del Consiglio. Poco prima, Dini aveva rimosso il secondo corno del problema: non avrebbe fatto un'alleanza con il Ppi.

La trattativa ebbe momenti convulsi nell'intera prima settimana di marzo, fino alla rottura di venerdì 8. Ci furono infinite riunioni nei luoghi più disparati: perfino in casa di Fantozzi, dove fu convocata all'improvviso per un dopocena e il padrone di casa offrì a chi si presentò a digiuno fette di salame e scaglie di parmigiano in attesa che arrivasse D'Antoni che aveva perso la strada. O nei lussuosi locali di George's, il più famoso ristorante romano negli anni della Dolce Vita. Bianco si faceva rappresentare da Pinza, che con Andreatta è il più «prodiano» dei Popolari. Ma alla fine non si combinò niente.

Me ne spiegò le ragioni lo stesso Dini ricevendomi un giorno a palazzo Chigi. Si alzò del salotto che sta nel suo studio e percorse lentamente i pochi passi che lo separano dalla scrivania. Un anno prima aveva compiuto lo stesso tragitto con lo stesso passo per prendere un elegante quaderno di appunti e raccontarmi, date alla mano, il suo travagliatissimo cammino verso palazzo Chigi. Adesso tornava invece verso il salotto recando in mano due cartoncini. Me li mostrò con un sorriso. Era la documentazione chiarissima delle ragioni che avevano portato al mancato accordo con il Ppi. Il primo cartoncino recava la proposta di Dini per un simbolo comune: due cerchi sostanzialmente alla pari, nei quali era tuttavia premiato Rinnovamento Italiano se non altro per la posizione paritaria nei confronti di un partito con una grande tradizione alle spalle come il Ppi. Il secondo recava invece la proposta del Ppi: e lì il simbolo di Rinnovamento era un semplice, minuscolo satellite dei Popolari. Tra il cerchio con il simbolo del Ppi e il cerchietto di Rinnovamento c'era la differenza che nei libri di astronomia esiste per indicare il rapporto tra la Terra e la Luna. Dini sorrise e ripose i cartoncini. Non mi parlò dei rapporti di forza tra il suo partito e quello di Bianco. E probabilmente in quel momento non li conosceva nemmeno lui. Ma io sapevo che quando la trattativa fu interrotta, Dini era ancora convinto di essere più forte dello storico erede della Dc.

La mela stregata di Nicola Piepoli

Come è noto, non esistono ritratti del serpente che tentò Eva. Ma più d'uno è convinto che il rettile avesse pochi capelli candidi, un paio di occhialetti tondi per potenziare uno sguardo vivacissimo e non per caso diabolico e che ridendo nervosamente non mostrasse i denti, essendo appunto un serpente. Assomigliava insomma in modo certo casuale, ma comunque inquietante a Nicola Piepoli, patron della società demoscopica Cirm. Quando scende a Roma, Piepoli non porta la cartellina cosiddetta ventiquattrore che omologa i pendolari di lusso in arrivo da Milano. No, Piepoli si fa sempre accompagnare da una grande sacca grigia di stoffa con la scritta Cirm. Questa sacca modesta farebbe impallidire quella di Mary Poppins. Ma se la fata moderna tirava fuori dalla sua borsa ombrelli volanti e altri giocattoli miracolosi, Piepoli cava dalla sua soltanto carte. Centinaia di carte stregate che hanno per i politici lo stesso effetto che ha una dose di cocaina per un tossico in crisi d'astinenza.

Se il serpente di Eva offriva mele, la tentazione che Nicola Piepoli offre col suo sorriso orribile eppure seducente si chiama Son-dag-gio. Tentazione delle tentazioni. Maledizione delle maledizioni elettorali. Già nell'estate del '95 il tavolo del portavoce di palazzo Chigi Mauro Masi (omonimo dell'altro di cui abbiamo parlato) era ingombro di mele stregate. Ma quelle più belle, più rosse, più succose, uscirono dalla sacca di Piepoli tra l'autunno e l'inverno. Piepoli dunque aveva spiegato al presidente del Consiglio che una Federazione di Centro (Dini+Popolari+laici moderati) aveva un «bacino d'utenza» del 25 per cento dei voti. E Dini sapeva bene di poter essere il leader di quello schieramento. Ma quando il presidente valutò se presentarsi da solo, gli fu previsto un gradimento ugualmente enorme: 14 per cento. Se avesse preso quei voti lì, nemmeno con i carabinieri sarebbero riusciti a tirarlo fuori da palazzo Chigi. Il risultato più pessimista offerto da Piepoli era il 10.8 per cento, roba da cento parlamentari.

Ma come Eva non sospettava che la mela offerta dal serpente le sarebbe costata il Paradiso Terrestre, come Biancaneve non immaginava che la mela offertale dalla strega-matrigna le sarebbe costata, seppur brevemente, la vita, così Dini non aveva immaginato la più semplice delle conseguenze politiche. Il presidente del Consiglio era giustamente accreditato di tanti consensi in quanto leader moderato al di sopra delle parti. Per lui erano realmente pronti a votare alcuni milioni di persone vedove della Dc e del vecchio moderatismo laico centrista che mal sopportavano Berlusconi, Fini e il Polo, ma non avrebbero per nessuna ragione innaffiato la Quercia. A questi elettori potenziali di Dini bastò leggere sui giornali del 24 febbraio la frase che annunciava un chiaro, anche se non ancora ben definito, apparentamento con l'Ulivo, il plauso di D'Alema e le feroci reazioni del centrodestra per ritirare la mano da Dini come l'incauto bagnante che godendo della distratta carezza a uno scoglio ben levigato finisca per toccare il guscio di un riccio. E infatti lo stesso Piepoli (e ancor di più gli altri istituti demoscopici) dovettero constatare nel giro di pochi giorni che l'11 per cento di Dini si era immediatamente dimezzato come il mantello di San Martino e che la perdita successiva di altri lembi aveva portato la coperta elettorale del presidente del Consiglio intorno alle tragiche dimensioni del 4 per cento sotto le quali si sta scoperti e si muore letteralmente di freddo.

«Noi siamo il valore aggiunto»

Ma tutto questo non era ancora chiaro nel tardo pomeriggio di mercoledì 28 febbraio, gloria di San Macario. Lamberto e Donatella (abito scuro lui, abito chiaro lei) salutarono i fotografi con il sorriso pieno e le mani a dita aperte: non avessero stretto con la mano libera il simbolo di Rinnovamento Italiano, sarebbero stati perfetti per una convention di presentazione del candidato sindaco di New York o governatore della California o addirittura per il debutto alle primarie per la Casa Bianca.

Dini non contravvenne allo stile anglosassone nemmeno nel discorso: tredici cartelline di dodici righe ciascuna a caratteri enormi e mezza cartellina scritta a mano con calligrafia ugualmente grande in cui talvolta una doppia erre sfuggente tradisce la prudenza del candidato, largamente sommersa – peraltro – dalla tigna che emerge dalle altre lettere lunghe, nette, assai meditate. E quasi non bastasse, dai segni rossi che sottolineavano le parole chiave e dai segni blu che segnalavano le frasi di supporto. «La nuova formazione politica sarà di centro, moderata, riformista.» Bastarono otto parole per annunciare, pur senza dirlo, l'adesione all'Ulivo nel maggioritario: «L'esperienza è quella compiuta dal governo in carica».

Dini avrebbe voluto un affiancamento dei simboli: l'Ulivo e il tricolore di Rinnovamento. D'Alema, prima di far esplodere Prodi, tagliò corto: abbiamo investito troppo sull'Ulivo, disse a Dini, per accettare il doppio simbolo. Dini non fece storie.

L'indomani della presentazione, il 29 febbraio bisestile, «l'Unità» dette per scontata l'alleanza al Centro nel proporzionale: «Dini lancia la sua sfida al Polo. Al proporzionale insieme al Ppi e a Maccanico». Lombardi si lasciò sfuggire con «Repubblica»: «Puntiamo al 20 per cento».

E invece già da allora nell'animo suo il presidente del Consiglio immaginava di presentarsi da solo e soprattutto di distinguersi da Prodi. Disse infatti ai suoi: «Senza di noi l'Ulivo non vince. Prodi si muove intorno all'elettorato che simpatizza in larga parte per il Pds. Noi prenderemo gli elettori di centro. Noi siamo il valore aggiunto dell'alleanza».

Avrebbe voluto con sé Segni. Ma il Padre dei Referendum non si presentò a palazzo Sforza la sera del 28 febbraio temendo che Dini non sposasse il semipresidenzialismo (e invece Dini lo sposò). E poi abbandonò comunque la squadra sentendo puzza di cattocomunismo nell'alleanza di Dini con l'Ulivo.

Cadde anche il progetto D'Antoni del Grande Centro dell'Ulivo. Quando chiesi al segretario della Cisl se il successo del suo disegno lo avrebbe portato a lasciare il sindacato, la risposta fu: «Non lo so. Forse sì, ci avrei pensato seriamente».

D'Antoni restò accanto a Dini per occuparsi delle candidature, confrontandosi col suo vecchio leader cislino Franco Marini, gran volpone dei Popolari, e con Mauro Zani, capo della delegazione del Pds. Con Marini c'era Abate, con Zani stavano Minniti, Fassino, Burlando e la Buffo. Per Dini, Masi trattava assistito da Boselli e Ricciotti. Defilato, ma onnipresente, Giuseppe Trippanera, mitico esploratore dei passaggi segreti del Palazzo, grazie alla formidabile esperienza maturata nella Dc.

Ricciotti, capogruppo dei Popolari al Comune di Roma,

era l'uomo di contatto con la famiglia Dini: con la signora Donatella e col figlio di lei Cesare Zingone.

Che c'entrano Donatella e Cesare con le candidature? C'entrano e come. «Io mi son trovata molto esposta» mi raccontò la signora Dini. «Il problema è che Lamberto aveva moltissimi impegni all'estero, tutti volevano lui al tavolo delle trattative, ma lui non c'era. E allora ho fatto una scuola acceleratissima, un'esperienza intensa...».

Scrissero dunque i giornali del fastidio di Marini nell'incrociare il brillante Cesare Zingone nelle riunioni per l'assegnazione dei seggi. Scrisse Francesco Verderami sul «Corriere» del 20 marzo: «Fu sorpresa quando Boselli, segretario socialista e Masi, braccio destro di Segni, arrivarono assieme a un giovane minuto, con la pochette al taschino. Era Cesare Zingone, figlio di Donatella, moglie di Lamberto. Cesare si sedette accanto ai delegati di Rinnovamento. "È il nuovo capo delegazione" spiegò Boselli. Franco Marini, una vita di trattative alle spalle, prese cappello: "Ma cosa dici, Enrico? Qui dobbiamo metterci d'accordo tra forze politiche, non possiamo stare a sentire i figli e i figli delle mogli".I presenti dicono che Cesare non fece una piega...».

In assenza di Cesare, fu la stessa delegazione ufficiale di Rinnovamento a trovarsi spiazzata più di una volta: Masi e Boselli andavano al Bottegone con una lista e vedevano che Zani, sornione sotto i baffi, ne scorreva un'altra arrivata fresca fresca via fax da piazza San Lorenzo in Lucina, dove aveva gli uffici Donatella. La quale Donatella si guardava bene dal voler mancare di rispetto ai nuovi collaboratori del marito, ma non riusciva a fidarsene completamente: non stavano per caso tramando di fregare l'ingenuo Lamberto quelle due giovani volpi di Masi e di Boselli?

Altri momenti di incomprensione si ebbero tra D'Antoni e l'accoppiata Masi-Boselli. Rinnovamento chiedeva di giocarsi cinquanta seggi alla Camera e la metà al Senato: voleva far valere fin dall'inizio il proprio valore aggiunto, la *golden share*, l'azione d'oro, come si dice in Borsa quando un voto basta ad assicurare il controllo di una società. A un certo punto, gli uomini di Rinnovamento ebbero la sensazione che D'Antoni volesse scendere fino a trentacinque seggi alla Camera e minacciarono di far saltare tutto.

Il complesso dei collegi del maggioritario in cui l'Ulivo aveva possibilità di vincere erano 260. Quando Marini constatò che Rinnovamento si sentiva sottostimato, li portò d'ufficio a 310. Il vino non bastava e l'oste lo annacquò.

Gli altri s'accorsero della fregatura e cominciarono a strillare come aquile, anche perché Popolari e Pds teorizzavano che gli uomini di Dini, in quanto centristi, dovessero andare in terra di missione a rubare i voti al Polo. Ma il presidente del Consiglio non gradì la gloria del martirio e nella notte decisiva fece occupare il Bottegone anche da gentiluomini da salotto come Fantozzi, Treu e Clò che sarebbe come mandare al fronte i ragazzi del '99. «Insomma arrivammo ultimi» mi raccontò Lamberto Dini, «e in termini di collegi prendemmo gli scarti.»

Alla fine Dini ebbe 72 candidati tra Camera e Senato, seppur bevendo parecchio vino annacquato (ne sarebbero stati eletti infatti solo trentasette e con la spinta del Pds), mentre Prodi – che accusava anche lui Marini d'averlo fregato sui seggi – non mandava giù i titoli di giornale sul patto «Da-Di», D'Alema-Dini, che lo faceva arrostire di gelosia.

«Vorrei piuttosto essere un rospo...»

Ma a ben vedere, anche l'intera strategia di Dini ebbe nella gelosia un movente essenziale.

«Vorrei piuttosto essere un rospo e nutrirmi dei vapori d'un antro buio, che lasciare nella creatura ch'io amo un punto per uso d'altri.» Questa drammatica invocazione di Shakespeare (*Otello*, atto III, scena III) fu infatti familiare in quei giorni alle orecchie di Lamberto Dini.

Rospo lo era ormai da un anno e più. L'aveva battezzato così il genio di Luigi Pintor sul «manifesto» di un giorno di gennaio '95 quando Dini diventò presidente del Consiglio col voto del centrosinistra. «Baciare il rospo?» si chiese il «quotidiano comunista» di Roma, senza immaginare che in un anno e mezzo di governo Dini avrebbe ricevuto più baci di Sharon Stone, Demi Moore e la nostra Cucinotta messe insieme.

Rospo dunque lo era e gli effluvi del potere dell'antro di palazzo Chigi non erano più così ripugnanti. Ma l'atto di gelosia da purissimo Otello, Lamberto Dini dovette compierlo con animo lieto. Poteva «lasciar nella creatura ch'io amo un punto per uso d'altri», cioè del Professore?

Chi era la creatura se non D'Alema? Creatura creante, se è vero – come è vero – che davanti a tre chiese della Gallipoli alta il segretario del Pds mi disse in un giorno di fine estate del '95: «Il governo Dini è una mia creatura».

Amante riamato. Nonostante la sua pragmatica formazione anglosassone, al presidente del Consiglio tornavano a mente, negli ultimi mesi del '95, le appassionate parole d'Ippolita per Giorgio nel *Trionfo della morte* di Gabriele D'Annunzio: «In due anni egli mi ha trasformata, mi ha fatta un'altra; mi ha dato nuovi sensi, un'anima nuova, un nuovo intelletto. Io sono la sua creatura. Egli può inebriarsi di me come di un suo pensiero. Io gli appartengo tutta quanta, ora e sempre».

«Io sono la sua creatura» disse Ippolita a proposito di Giorgio.

«Dini è una mia creatura» disse D'Alema a proposito di Lamberto. Mai coincidenza poetica fu intarsio altrettanto perfetto di una coincidenza politica.

5

«Maledetti quei faccia a faccia»

«Mi raccomando, Bruno...» Arrivò inquieto, il Professore. Arrivò nervoso e diffidente nella sede milanese della Confcommercio, a Porta Venezia. Erano passate da poco le dieci del mattino di lunedì 25 marzo 1996. La Confcommercio aveva indetto per quel giorno il *tax day* per protestare contro l'eccessiva voracità del fisco sui lavoratori autonomi e contro il vecchio slogan secondo cui tutti i commercianti sarebbero un po' ladri in fatto di tasse. Prodi e Berlusconi avevano accettato l'invito del potentissimo presidente della Confederazione, Sergio Billé, di fare il loro primo faccia a faccia proprio davanti a una platea di commercianti.

Prodi, a dire il vero, sosteneva che l'invito l'avesse accettato sul serio soltanto Berlusconi e che lui si era trovato il piatto pronto: data e luogo fissati e la sostanziale impossibilità di rifiutare l'incontro. Ma un sì a cuore aperto, dicevano il Professore e i suoi, il leader dell'Ulivo non l'aveva mai detto. Billé e i dirigenti della Confcommercio naturalmente sostenevano il contrario. Questo, tuttavia, non aveva impedito a Prodi di trovarsi nello stato d'animo – con rispetto parlando – di quei giovani mafiosi che vengono insistentemente «convinti» ad andare a un certo innocente appuntamento e serrano nel petto il tormento che invece di un piatto di spaghetti troveranno ad accoglierli una scarica di lupara e una frettolosa sepoltura.

«Voglio garanzie», mi aveva detto il Professore quando gli avevo telefonato per dirgli che la Confcommercio mi aveva invitato a moderare il dibattito. Voleva garanzie che non si ripetesse il massacro di Torino: venti giorni prima, il 4 marzo, s'era trovato con Fini davanti a una platea di commercianti piemontesi ed era stato contestato e zittito, mentre il leader di An si godeva lo spettacolo.

«Voglio garanzie» mi aveva detto, e io gli avevo risposto che potevo offrirgli soltanto quelle di una conduzione neutrale. Ma poiché il dibattito era organizzato dalla Confcommercio e si sarebbe svolto davanti a una platea di commercianti, le garanzie che avremmo parlato in una sala tranquilla e non al Circo Massimo avrebbe potuto dargliele soltanto Billé. Per quel che mi riguardava, visto che il dibattito avrebbe avuto un carattere molto tecnico e avrebbe richiesto risposte anche tecnicamente precise, la sera della domenica contravvenni alla mia abitudine di mantenere riservata la struttura del dibattito e trasmisi a Prodi e a Berlusconi la scaletta delle domande. Ma non erano le domande né – presumo – il moderatore a rendere inquieto il Professore.

I problemi erano altri. Prodi sapeva che, nonostante le garanzie di Billé, la platea difficilmente gli sarebbe stata amica. Nella sala grande di Porta Venezia il Professore portava sulle spalle bagagli non suoi, che gli erano stati scaricati addosso dall'alleanza col Pds. Quante volte la Sinistra aveva liquidato il problema dei commercianti parlando ad alta voce di «bottegai» e a voce più bassa di «bottegai ladri»? Da molto tempo il linguaggio era cambiato e lo stesso D'Alema aveva fatto autocritica. Ma i lavoratori autonomi hanno una memoria da elefanti.

Era difficile, dunque, aspettarsi un'accoglienza amichevole, soprattutto perché l'antagonista giocava in casa: imprenditore tra gli imprenditori, autentico Nembo Kid del lavoro autonomo, Vendicatore del Parassitismo Pubblico. Uno che nel '94 s'era beccato la quasi totalità dei voti dei commercianti e che anche grazie a quelli aveva fatto secco l'Achille Occhetto e la sua «gioiosa macchina da guerra». Il Professore, insomma, andava all'«incontro sbagliato, nel momento sbagliato e nelle circostanze sbagliate», come avrebbe scritto Roberto Grandi nel suo *Prodi. Una campagna lunga un anno*. Aggiungendo: «Al cinema e nelle vite avventurose si chiamano imboscate, nel pugilato, match senza storia».

Il Professore sapeva anche un'altra cosa. Nella campagna

elettorale in corso, la parola tragedia aveva acquistato un senso per lui sinistro. Uomo di formazione umanistica, rammentava la lezione di Ettore Romagnoli: «Per Aristotele la tragedia era una improvvisazione dei corifei, che guidavano i ditirambi», cioè le feste in onore di Dioniso. Ventiquattro secoli più tardi, ebbe il fondato sospetto che negli ambienti più autorevoli dell'Ulivo la parola tragedia più che corifei e ditirambi richiamasse le sue apparizioni televisive. Perciò, appena arrivato a Porta Venezia, il Professore mi aveva detto: «Mi raccomando, Bruno», quasi che l'arbitro potesse modificare il codice genetico del pubblico e lo stile di gioco delle squadre in campo.

«Presi un braccio di Prodi...»

Berlusconi arrivò come sempre all'ultimo momento, dopo aver fatto scaricare le batterie dei cellulari di Billé e del presidente milanese, Carlo Sangalli, che si disperavano a sollecitarlo. Arrivò di buonumore, scambiò un saluto di circostanza con Prodi, ci avviammo verso la sala. Berlusconi è sempre guardato a vista da almeno tre uomini della sua scorta privata. Ottenni che in ascensore ne entrasse soltanto uno. Non volevo perdere di vista né il Professore né il Cavaliere. Non volevo soprattutto che l'ingresso in sala dei due avvenisse separatamente: era prevedibile, infatti, una diversità di trattamento da parte del pubblico.

Quando Prodi, soprappensiero, stava per varcare da solo la soglia fatale, con qualche metro di vantaggio su Berlusconi, gli presi un braccio e ne rallentai l'andatura senza che se ne avvedesse. Temevo che se fosse entrato per primo avrebbe potuto ripetersi, seppure in un ambiente più controllato, l'incidente di Torino. Non glielo dissi per evitare di accrescere una tensione che già si tagliava col coltello. Ma quel provvidenziale rallentamento consentì a Berlusconi di raggiungerlo. Entrarono insieme e furono applauditi.

Il dibattito durò due ore. Scrisse l'indomani il «Corriere»: «Più un match che un dibattito. Più insulti che politica. Una sfida all'ultimo applauso: trentadue per il grintoso Cavaliere, solo dieci per il buonista dell'Ulivo». E ancora: «Il capo di Forza Italia ha sferzato l'antagonista: "Voi dell'Ulivo siete il Jurassic della Prima Repubblica". Replica del Professore: "Però lei il suo Jurassic Park se lo tiene sul palco, noi soltanto in platea. Lei vuole spaccare il Paese"».

Berlusconi, come gli capita spesso, quando prendeva la parola, non aveva nessuna voglia di mollarla. In un dibattito televisivo breve, talvolta – solo talvolta – questo può costituire un vantaggio. In un dibattito molto ampio come quello di Milano, dinanzi a un pubblico che voleva risposte concrete, parlare molto era del tutto ininfluente. Ma Prodi vide in questo debordare del Cavaliere una specie di occupazione del territorio. Mi stringeva il braccio sinistro, sussurrando: «Guarda che me ne vado». E invano cercavo di rassicurarlo dicendogli sottovoce che avrebbe avuto per la replica tutto il tempo utilizzato da Berlusconi. Dovetti bloccare un paio di volte con fermezza le intemperanze del pubblico ai danni di Prodi. Il Professore giustamente si irritò arrivando a dire: «Se volete, possiamo chiudere». Chiudemmo invece secondo l'orario stabilito e il commiato tra Prodi e Berlusconi non fu più caloroso del benvenuto.

Il Professore partì assai contrariato per la sede della Rusconi, dove lo aspettava una colazione con Alberto Rusconi e i direttori di «Gente», Sandro Mayer, e di «Gioia», Vera Montanari, che poi lo avrebbero intervistato. Il Cavaliere se ne andò lieto a colazione alla «Torre di Pisa», il ristorante di Brera frequentato abitualmente anche da Antonio Di Pietro. Mangiò due pennette, un po' di mozzarella e pomodoro insieme con i figli Piersilvio e Marina, con Querci, Bonaiuti e l'inseparabile segretaria Marinella. La coda di gente che lo incoraggiava a tener duro sul fisco gli dette la sensazione che la sua Milano lo seguisse.

La campagna elettorale era dunque entrata nel vivo. Non mi sembrò, peraltro, che nessuno dei due contendenti della Confcommercio si fosse riconosciuto nella drammatica e cavalleresca invocazione che il pescatore Santiago fa al gigantesco pesce spada in *Il vecchio e il mare* di Hemingway: «Non ho mai visto nulla di grande e bello e calmo e nobile come te, fratello. Vieni ad uccidermi. Non m'importa chi sarà ad uccidere l'altro».

Meno eroico, ma paradossalmente genuino fu il ritratto che dei duellanti fece Giuliano Ferrara sul «Foglio»: «A vantaggio di Romano Prodi vanno i suoi stessi impacci... È di quelli che non hanno copiato il compito e chiamano subito la signora maestra. C'è tutta un'Italia perbenista, che si sente buona e disciplinata, a riconoscersi nel suo capoclasse... Silvio Berlusconi dava l'idea di essere di quelli che copiano il compito, ma perché non hanno tempo da perdere. La vita è la loro materia principale di studio... Magari danno una sbirciatina al compito, ma per il resto sono loro a essere emulati, corteggiati: e glielo si legge in faccia. Tutta un'Italia stufa del predicozzo, che vuol fare il risultato, è con lui... Il rischio di Prodi è una giovialità troppo casalinga, il rischio di Berlusconi un'euforia vincente che può risultare stucchevole».

Nell'incontro di Milano, Prodi fu se stesso. Più genuino e più orientato al suo pubblico potenziale (che non era quello dei commercianti) di quanto non lo sarebbe stato in altre trasmissioni successive. Lo stesso Professore chiarì su «Repubblica»: «Il mio intento era di usare di fronte a loro [i commercianti] le medesime parole che avrei detto a tutti i 57 milioni di italiani...».

«Maledetti quei faccia a faccia»

Eppure l'idea che il candidato premier dell'Ulivo non sfondasse cominciò a seminare il panico nel centrosinistra. Commentando la lettera a «Repubblica», Piero Ottone scrisse: «Speriamo che non diventi un manuale sul modo sicuro di perdere le elezioni». E ricordò la grandezza oratoria di Lenin: «Anche quando parlava a centomila persone, ognuno di quei centomila aveva l'impressione che Lenin stesse parlando personalmente con lui. Si direbbe che Romano Prodi segua il metodo opposto». In testa a un suo articolo pubblicato dall'«Espresso» del 12 aprile, Antonio Padellaro scrisse la seguente osservazione di Fiorello La Guardia, sindaco di New York tra gli anni Trenta e Quaranta: «Perché mai, quando uno può combinare qualcosa di buono, arrivano i galantuomini e fanno puttanate?». L'articolo s'intitolava «Maledetti quei faccia a faccia». Allarmato il sommario: «Concetti ardui. Frasi interrotte. Mani agitate. In tv finora Prodi è andato male. Adesso incombe l'ultima sfida. Si può salvare il salvabile? E come? Viaggio dietro le quinte di un dramma».

Nel suo viaggio, Padellaro incontrò Maurizio Costanzo: «Mentre Berlusconi parla sempre con estrema risolutezza, Prodi a volte sembra poco convinto di ciò che sostiene. Uno stile tiepido, che non può certo persuadere quella quota di incerti che il 21 aprile sarà determinante».

In realtà, come vedremo, gli incerti saranno convinti all'ultimo istante a votare Ulivo da alcuni errori del Polo. Ma al di là dell'irritazione del momento (che peraltro indusse Prodi a dirottare da Raiuno a Raitre il suo secondo match con Berlusconi e a trasformarlo da duello di singoli a confronto di squadre), l'incontro con i commercianti a Milano fu per Prodi uno spartiacque virtuoso.

«Se andò così quel giorno, ci convincemmo che si poteva andare da qualunque parte.» Nene Grignaffini stava sulle spine nella platea di Milano e avrebbe strozzato il conduttore perché a sua volta non strozzava Berlusconi. Ma tornata la sera nella sua casa di Bologna, rivide la registrazione e «la sensazione fu meno sgradevole di come l'avessi vissuta lì». Nene lavorava con Prodi da più di un anno, dal momento stesso in cui a Giovanni Bianchi, presidente del Ppi, scappò di dire che il Professore aveva deciso di scendere in campo, e Prodi lo seppe dalle agenzie di stampa mentre tornava a Bologna sull'amato Pendolino. «Bianchi non sa trattenersi nemmeno la pipì...» soffiò mesto il Professore mentre veniva inghiottito da una galleria. Era il 2 febbraio 1995. L'indomani Francesco Conversano stava sfogliando i giornali nel suo ufficio di «Movie movie» a Bologna quando lesse che a Bianchi era scappata la pipì e che il Professore scendeva in campo, drizzò le antenne. Quando poi si seppe che Prodi sarebbe andato in giro per l'Italia con un pullman, andò nella stanza di Nene Grignaffini col giornale in mano e convennero che quella roba faceva per loro.

A parte la piena condivisione politica del progetto di Prodi, infatti, Nene e Francesco – lei regista, lui direttore di fotografia e operatore – sono l'anima di «Movie movie». E «Movie movie» è una società di ideazione e produzione televisiva che si era di fatto specializzata in racconti televisivi di viaggio. Aveva rivisitato l'America con Stefano Benni per Raidue, aveva evocato la mitica esplorazione di Zavattini sul Po in un «Viaggetto». Insomma, la coppia di «Movie movie» e Prodi sembravano nati per intendersi.

«Movie movie» sta a Bologna in via San Vitale. Via San Vitale è la parallela di Strada Maggiore. E su Strada Maggiore si aprono gli uffici di Nomisma, l'istituto economico di Prodi. Il direttore di Nomisma era Gianni Pecci, che avrebbe diretto la campagna elettorale del Professore. Né la Grignaffini né Conversano lo conoscevano. Ma furono ricevuti subito e gli dissero: «Guardi, questo viaggio in pullman va assolutamente filmato. È una roba storica, tra pubblico e privato. Noi siamo pronti, lei che ne dice?». Pecci disse sì. Disse sì anche il Professore e in marzo i due, con il loro assistente Salvatore, sbarcarono con la loro Volvo bianca a Lecce, dove c'era il pullman che aspettava il Professore per il discorso inaugurale al cinema Aurora di Tricase.

«Chi tra gli dèi li spinse a contesa?»

«Movie movie» realizzò tre video sull'avventura di Prodi a spasso per l'Italia. Il rapporto tra Prodi, Conversano e la Grignaffini diventò strettissimo nella scoperta di un'Italia apparentemente minore, tra la sede di una piccola associazione di volontariato e quella del consiglio comunale di un paese ignoto alla cronaca.

Venne l'estate difficile. Venne l'autunno ambiguo. Il pullman, di fatto, s'era fermato. Riprese all'improvviso a far girare i motori il giorno della rinuncia di Antonio Maccanico. Il duello col Cavaliere diventava fatale. «Chi fu tra gli dèi colui che li spinse a contesa?» si chiede Omero nei primi versi dell'*Iliade* a proposito della guerra tra greci e troiani. Prodi fu più fatalista: non aveva sempre detto che nelle elezioni ci si casca dentro all'improvviso? Avanti, dunque, con la benedizione di Apollo, sponsor dei duelli famosi.

Il rapporto del Professore con D'Alema, che aveva subìto il giorno dell'incarico a Maccanico uno strappo politicamente grave e personalmente gravissimo, dovette ricostruirsi in quattro e quattr'otto.

Rischiò peraltro d'incrinarsi ancora il 10 marzo, grazie a Lamberto Dini.

Dopo un lunghissimo corteggiamento, il presidente del Consiglio aveva accettato di venire a «Porta a porta». Purtroppo il programma era stato violentato dalla *par condicio*. «Quem tu parem cum liberis tuis fecisti», hai posto in ugual condizione coi figli tuoi, diceva Sallustio. E Scalfaro, attingendo alla sua preclara cultura umanistica, aveva tirato fuori fin dalla primavera del '95 questo ammonimento alla *par condicio*, poi mutato in decreto legge dal governo Dini, che tradotto alla lettera significa: caro Berlusconi, alle elezioni del '94 ci hai riempito di spot televisivi per far conoscere il tuo partito che prima non esisteva. E hai vinto. Adesso basta. Tutti debbono avere le stesse opportunità di apparizione televisiva.

Detta così, pareva perfetta, anche se Berlusconi, dopo le elezioni, per mesi avrebbe detto che una delle ragioni che hanno portato alla sconfitta del Polo sarebbe stata la sostanziale clandestinità del nuovo simbolo comune dei quattro partiti del centrodestra.

Ma applicata dalla Commissione parlamentare di vigilanza sulla Rai, la *par condicio* portò a conclusioni schizofreniche e «Porta a porta» ne fece le spese più di tutti gli altri programmi.

Dovemmo dividere otto ore del programma, cioè 480 minuti, in due fette da 240: la prima ripartita secondo criteri proporzionali, la seconda in segmenti uguali per tutti i diciotto partiti riconosciuti dalla Commissione: i partiti esistenti nelle precedenti elezioni del '94. Aveva partito Prodi? No, e non ce l'aveva nemmeno nel '96 perché l'Ulivo non lo era e il Professore non poteva parlare a nome dei Popolari. Aveva partito Dini? Aveva partito Maccanico? No. Allora fuori dalla televisione.

Ma poiché viviamo nel Paese in cui le regole esistono per essere aggirate, per fortuna trovammo una soluzione all'italiana. Prodi era il leader dell'Ulivo? Pds e Ppi ne erano i sostenitori principali. Facemmo allora una colletta di minuti potando un po' l'uno, un po' l'altro e ritagliammo uno spazietto per il Professore. A Maccanico girammo il quarto d'ora destinato per legge a Bordon. E Dini? Era il presidente del

Consiglio e da un anno aspettavamo che venisse in televisione. Ma la *par condicio* ignorò il buon senso, come per Prodi e Maccanico. Gli demmo allora i pochi minuti assegnati a Segni e aggiungemmo uno spruzzo di Boselli. Boselli in verità non aveva un gruppo parlamentare, ma alcune gocce del suo sangue stavano in quello di Spini. Facemmo dunque una trasfusione da Spini a Boselli e da Boselli a Dini, ritagliando gloriosamente al capo del governo una ventina di minuti.

Pochi, rispetto all'ora abbondante dei grandi leader. Ma furono autentici minuti di gloria.

E a Lamberto spuntò una lacrima

Come sorpresa finale gli portammo infatti Ornella Vanoni. Una cantante d'amore per un austero uomo di finanza? Alcuni milioni di persone scoprirono quella sera che Lamberto Dini aveva conquistato sua moglie Donatella con due sistemi invincibili: cucinandole un'anatra al pepe verde (e non avemmo il tempo materiale di riproporla in televisione) e sussurrandole al telefono canzoni della Vanoni.

Così quando a «Porta a porta» la cantante attaccò: «Se per caso domani / incontrassi un uomo / che ti dice ti amo...», il presidente del Consiglio le andò dietro: «...ti amo davvero / credigli / l'amore è un oceano senza limiti». Lei: «Le vele bianche...». Lui: «...quelle non affondano...».

Fu in quel momento che dagli occhi severi di Lamberto Dini, abituati da una vita a scorrere numeri di bilanci, scese una lacrima. Un luccicone autentico, una stilla di sentimento, una goccia d'amore caldo.

Per un attimo, un visibilissimo attimo, il presidente del Consiglio pianse. E nello studio di Saxa Rubra, tra il candore delle porte e quello dei guanti del maggiordomo Gustavo, entrarono reminiscenze dolci e impreviste. Com'aveva ragione il Virgilio delle *Bucoliche*: «Omnia vincit amor», l'amore vince tutto. Non stava offrendo Lamberto Dini un'immagine assai diversa di sé, umanamente (ed elettoralmente) coinvolgente se è vero, come dice Dante, che «Amore e 'l cor gentil sono una cosa»? (*Vita nuova*, XX, 3.)

(«Il successo di quell'intervista», avrebbe detto Donatella Dini a Stella Pende di «Panorama», «dimostra che i rospi bucano il video.» E ricambiò l'adulazione maritale definendo Lamberto «il meglio fico del bigoncio».)

Ma tra una lacrima e l'altra, Dini disse una cosa politicamente insidiosa. Rispose così a una domanda su Prodi: «Fino a ieri era candidato a palazzo Chigi, forse lo è ancora, ma le persone adatte sono tante...».

Una stilettata in piena regola al Professore. Eppure spiegò l'indomani a Francesco Verderami del «Corriere» il dirigente del Pds Gavino Angius: «Se Dini dice certe cose non ci scandalizziamo. È chiaro che a votarlo saranno quegli elettori che lo vogliono ancora a palazzo Chigi. Lui deve raccogliere i voti moderati, non i nostri. Piuttosto, Prodi avrebbe dovuto fare questa operazione un anno fa. E invece certe volte siamo stati costretti noi a fare la parte dei moderati...».

Lo stesso giorno D'Alema non cadde nella trappola e confermò la leadership di Prodi. A Sandro Vacchi del «Messaggero» che lo interpellò ad Aversa, nel Casertano, il Professore borbottò: «Non c'è niente di nuovo». Ma era evidente la sua inquietudine.

In realtà, a Dini non era andata giù la decisione di Prodi di schierarsi col Ppi nel proporzionale. Sapeva bene che non era stata una decisione romantica, ma una mossa di legittima difesa: Dini rischiava di prendere molti voti come leader del nuovo partito da lui fondato e Prodi doveva guidare qualche cosa che ne prendesse comunque qualcuno di più.

L'affondo mancato di Filippo Mancuso

Nelle ultime settimane di campagna elettorale, il Professore dovette superare due problemi cruciali: l'impatto con la televisione, dopo il difficile debutto di Milano, ma anche quello con le piazze. Dice Nene Grignaffini che continuava a non mollarlo un momento: «C'era innanzitutto il problema della voce. Romano ha un timbro di voce molto basso e all'inizio andava bene. Bene in una stanza, bene anche in un cinema di periferia dove il signore dell'ultima fila ti sollecita una risposta sulla discarica. Ma in una piazza era un problema. Romano lo risolse di botto una sera a Genova. La piazza che lo aspettava era enorme e gremita. La guardò e mi disse: adesso che siamo in campagna elettorale sono pronto». E la voce? Come accadeva a Gesù, arrivò forte e chiara anche alle moltitudini più lontane.

Il problema della televisione era più complesso. Prodi aveva cominciato a parlarne fin dalla tarda estate del '95, oltre che con Sircana e con la squadra di «Movie movie», con due professori di scienza della comunicazione: Roberto Grandi, che insegna a Bologna nella facoltà di Umberto Eco, e Omar Calabrese, che insegna a Siena. Calabrese era assai più di un consulente: dirigeva i Comitati Prodi della Toscana e aveva prodotto in autunno un manuale di comunicazione interna per l'intera rete organizzativa del Professore.

Grandi aveva partecipato alla realizzazione dei video sul viaggio di Prodi, ma da quando si sentì aria di scioglimento delle Camere partecipò quasi tutti i fine settimana a Bologna a quello che la Grignaffini definisce «cazzeggio» di gruppo nella casa del Professore.

Grandi e il suo gruppo monitorarono tutti i telegiornali nelle ultime sei settimane precedenti le elezioni e gettarono subito un grido d'allarme: Prodi si lasciava sorprendere dai giornalisti nel micidiale rito della battuta da quindici secondi rispondendo a domande su situazioni che non conosceva e che gli venivano comunicate dal cronista nel momento stesso in cui gli si chiedeva la risposta. Il risultato era che spesso il Professore sembrava uno capitato lì per caso. Grandi segnalò invece la maggiore astuzia di Berlusconi che si sottraeva abilmente alla caccia quotidiana ed emergeva soltanto quando aveva lui qualche cosa da dire.

La contromossa di Prodi agì su due piani: ai cacciatori di battute quotidiane per i tg, il Professore accettò di rispondere soltanto su temi che conosceva e ridusse all'essenziale i suoi confronti diretti con Berlusconi, cercando di logorare l'avversario con un largo gioco di squadra.

Prodi sperava insomma che la frequente apparizione del Cavaliere come leader del Polo lo logorasse, mentre lui cercava di preparare accuratamente una rivincita del confronto perdente alla Confcommercio di Milano.

Nel grande confronto a cinque di «Porta a porta» del 9 aprile, Prodi fu sostituito da Dini che insieme con D'Alema affrontò Berlusconi, Fini e Bossi. Davanti a nove milioni di spettatori, Fini fece rilevare l'assenza del Professore: «Questa sera gli italiani hanno capito che i leader dell'Ulivo sono due: Dini e D'Alema... Prodi è un fantasma».

È possibile che il «fantasma» non si sentisse ancora pronto alla rivincita. Ma trasse certamente vantaggio dall'eccellente prestazione di quello che Grandi mi indicherà come lo *sparring partner* del Professore: Massimo D'Alema.

Prodi e i suoi studiarono ogni mossa di quell'incontro e videro che D'Alema, giocando in apparenza di rimessa su Berlusconi, cercava di farne venir fuori i colpi migliori in modo che Prodi si regolasse e contrastandoli saggiava le capacità di difesa del Cavaliere. Quando per esempio Berlusconi perdeva la pazienza per quelle che considerava bugie o provocazioni degli avversari, D'Alema metteva sale sulla piaga: «Le vostre interruzioni trasmettono una grande carica di intolleranza, una cultura lontana dalla democrazia che è invece esercizio paziente della capacità di ascoltare le ragioni degli altri...».

Il Polo puntava sul bisogno di novità per rilanciare il Paese, l'Ulivo giocava sulla rassicurazione.

Grandi e i suoi avevano intanto convinto il Professore a non temere la tv: «A noi interessava che riuscisse a comunicare una immagine la più vicina possibile alla sua identità. Prodi avrebbe dovuto non tanto preoccuparsi del proprio comportamento durante la trasmissione, quanto non preoccuparsi affatto della trasmissione».

Il Professore stette dunque assai più a suo agio nell'incontro a squadre organizzato da Lucia Annunziata per «Linea Tre». Fu aggressivo, tirando fuori quella parte del suo carattere abitualmente nascosta. Ebbe un solo momento di grave, visibile difficoltà quando Filippo Mancuso, già ministro della Giustizia nel governo Dini, gli disse che mentiva a proposito dei suoi buoni rapporti con i magistrati.

Immaginai che Prodi temesse un richiamo al drammatico interrogatorio che subì a Milano nel 1993 come presidente dell'Iri per opera del magistrato simbolo di Mani pulite. Il tono di Di Pietro fu tale che Prodi avvertì la sgradevolissima sensazione di sentirsi più imputato che teste. E appena tornato a Roma andò a protestare con energia da Scalfaro, che fece un pubblico richiamo ai magistrati milanesi, naturalmente senza citareProdi.

Il ricordo di quell'episodio non avrebbe portato giovamento al Professore in campagna elettorale. Ma l'allusione di Mancuso non si riferiva a esso. Mancuso si tenne sulla punta della lingua una circostanza assai più riservata di cui era stato testimone e protagonista insieme subito dopo aver lasciato la procura generale presso la Corte d'Appello di Roma. Non giudicò «umanamente» opportuno riferirla e se la tenne dentro.

A questo momento di tensione, Prodi e i suoi compagni di squadra ne opposero uno di segno opposto quando Giovanna Melandri, bella deputata del Pds, giocò su una variante tra l'edizione integrale del programma del Polo e la sintesi sulla quale si lavorava durante le elezioni per mettere in difficoltà Pierferdinando Casini. L'affondo fu sullo stato sociale e questo, come vedremo più avanti, si sarebbe rivelato uno dei temi critici per il Polo.

Grandi raccontò che prima di andare a Saxa Rubra, i compagni dell'Ulivo avevano detto a Prodi: «Ora tutto è nelle tue mani. Se questa sera vincerai, l'Ulivo ha ancora la possibilità di vincere le elezioni. Se perderai, l'Ulivo avrà chiuso».

I giornali dell'indomani parlarono di pareggio, ma Prodi s'era tolto il complesso di Berlusconi e della tv.

Lo scontro finale, come Ettore e Achille

La straordinaria tutela che la Commissione parlamentare di vigilanza esercitata sulla Rai fa sì che nell'ultima settimana prima delle elezioni non si possano ospitare confronti diretti sulle emittenti del servizio pubblico. Per cui lo scontro finale tra Romano Prodi e Silvio Berlusconi avvenne il venerdì 18 aprile, che precedeva di due giorni le elezioni, su Canale 5 nella trasmissione «Testa a testa» di Enrico Mentana.

«Aurora vestita di croco s'alzava sopra le acque d'Oceano, a portare luce ad immortali e a mortali.» Così Omero introduce nell'*Iliade* lo scontro finale tra Achille ed Ettore. In tempi meno epici, la sola luce che contava negli studi di Canale 5 era quella che avrebbe indorato con le sfumature dello zafferano (il *krokos* dei greci) i nobili volti del Cavaliere e del Professore. Disputandosi il duello sul campo del Cavaliere, gli uomini del Professore erano visibilmente nervosi.

Prima del suo arrivo, Grandi e Conversano chiesero un colloquio con Paolo Vasile, capo del centro di produzione Fininvest del Palatino, per concordare le regole del gioco. Non c'era niente che avvantaggiasse Berlusconi, ma i due esperti dell'Ulivo non si sentirono rassicurati.

Per una volta Berlusconi arrivò per primo, andò a provare le telecamere e anche il suo famoso sorriso. Era accompagnato da Querci, Bonaiuti e dalla Miti Simonetto sfinita, ma contenta della sistemazione delle luci.

Prodi arrivò con Sircana, Bressa e la Grignaffini. Sia il Cavaliere che il Professore nascosero il loro nervosismo dietro i sorrisi.

Stettero l'uno di fronte all'altro per due ore. Le provvidenziali interruzioni pubblicitarie consentirono alla Grignaffini, alla Simonetto e agli altri collaboratori di avvicinarsi ai due leader per sollecitare una piumata di cipria opacizzante e pronunciare parole d'incoraggiamento. Esattamente come fanno i «secondi» tra una ripresa e l'altra degli incontri di pugilato.

Sia Berlusconi che Prodi mirarono a un obiettivo preciso: il ristretto numero di indecisi che avrebbero assegnato la vittoria o stabilito il pareggio.

«Berlusconi-Prodi, match senza affondi» titolò il «Corriere». «Ultimo match, ma nessuno va al tappeto» scrisse «La Stampa». E «la Repubblica»: «L'ultimo duello col fantasma del pareggio». Ma il pareggio elettorale non venne. Vinse l'Ulivo, nettamente al Senato ma con soli sette voti di maggioranza alla Camera.

«Abbiamo vinto nonostante noi»

Il governo nacque venerdì 17 maggio. La fretta determinata dalle consuete, pericolose pressioni dell'ultim'ora vinse sulla cabala. Il giuramento al Quirinale avvenne la mattina di sabato 18.

La notte precedente fu una delle ultime in cui Prodi dormì nella sua stanza a «La residenza», il residence di via Emilia dove s'appoggiava dai tempi della presidenza dell'Iri. Si sarebbe trasferito subito nell'appartamento di servizio del presidente del Consiglio al terzo piano di palazzo Chigi, ristrutturato nel '94 da Silvio Berlusconi.

Antonio Di Pietro, Gian Maria Flick, Enrico Micheli e Silvio Sircana andarono ad aspettarlo a Largo di Brazzà, sotto l'ufficio dei Comitati per l'Italia che vogliamo. Presero un caffè nel baretto di fronte che in tante occasioni (felici e non) aveva funzionato da sala stampa. Poi telefonarono al Professore per sapere dove diavolo fosse. Stava da Pino, il barbiere di via Rasella. Quante giornate storiche son cominciate dal barbiere? I ministri e gli amici lo raggiunsero lì. Poi proseguirono in auto per il Quirinale.

Quella mattina Prodi fu dotato dell'auto blindata regolamentare. Giurò lui, giurò il governo, fecero le foto e la ripresa televisiva in diretta.

Salì in auto con Sircana e chiamò subito al telefono la moglie Flavia che l'aveva visto in televisione. Una conversazione brevissima, visto che il piccolo corteo si fermò a prendere un caffè con le scorte in via Quattro Novembre, sotto l'arco di via de' Lucchesi. Proseguirono per palazzo Chigi.

Sircana scese dall'auto prima del Professore, atteso nel cortile dal picchetto d'onore e al secondo piano da Lamberto Dini per le consegne.

Prese possesso dell'ufficio con quello che cessava di essere il suo portavoce. Prima delle elezioni, Sircana gli aveva detto infatti che non l'avrebbe seguito. «Ti sono stato vicino in questa avventura non solo per stima e amicizia personale, ma anche perché il berlusconismo mi aveva turbato. Adesso torno al mio lavoro.» S'era dimesso da Italtel, dov'era direttore delle relazioni esterne. Andò in una multinazionale della comunicazione.

Si abbracciarono. Cominciava un'altra avventura. «Abbiamo vinto nonostante noi» commentò Sircana.

6
I cosacchi a piazza San Pietro

A Lisbona, nell'Alfama splendida e povera, dal Beco do Carneiro si dominano i tetti del quartiere, l'unica terrazza coperta di buganvillee e il digradare di case che guardano il Tago con la spettacolare seduzione con cui Positano si offre al golfo di Salerno. All'angolo tra il Beco do Carneiro e la Rua da Regueira, si apre al civico 40 di questa strada un'osteria senza nome. Sul muro scrostato, un'invocazione a «Otelo», il mitico colonnello De Carvalho, richiama nostalgie rivoluzionarie lontane di oltre vent'anni. L'osteria ha quattro tavoli e poche bottiglie d'infima qualità che servono più da vetrina che da mescita, visto che i rari avventori bevono vino sciolto: il Verde ghiacciato d'estate, il Dao rosso e corposo d'inverno.

In un caldo pomeriggio di fine primavera del '96, in attesa di presentare alla forza vendita della Mondadori in trasferta portoghese il senso di questo libro ancora non scritto, mi sono affacciato alla porta dell'osteria e in silenzio, come uno spettro sfrontato, ho guardato a lungo i giocatori che occupavano i due tavoli vicini all'entrata. L'oste era un uomo in canottiera, grasso e accaldato: un personaggio della Lisbona di Pessoa. Gli avventori erano lavoratori senza lavoro o pensionati senza tempo. Non giocavano a carte o a dama, ma a domino. Si eccitavano al rumore delle piastrelle, si divertivano a mischiarle in disordine. Poi, un pezzo dietro l'altro, costruivano la lunga corda del gioco, ripetendo inconsapevoli il rito ossessivo della celebrazione dei Conquistatori che hanno riempito la Lisbona manuelina di cordami di marmo per avvolgere i monumenti più importanti. Loro giocavano, io li guardavo. Loro costruivano la corda del gioco, io pensavo all'effetto perverso del domino, dove la sorte di un pezzo determina la sorte di tutti gli altri: se cade uno, cadono tutti. Istintivamente mi venne di pensare al futuro del Polo delle Libertà e al delicato passaggio postelettorale che stava vivendo. Tutti si chiedevano se Berlusconi avrebbe retto. E a chi diceva che il Polo avrebbe dovuto scegliersi un altro leader, veniva risposto che la caduta di Berlusconi avrebbe determinato la caduta di tutti i pezzi dell'alleanza: esattamente come avveniva sotto i miei occhi nell'osteria di Rua da Regueira a Lisbona.

Eppure, mentre i lavoratori senza lavoro e i pensionati senza tempo dell'Alfama tornavano a mescolare rumorosamente le piastrelle del domino, poveri pezzi di plastica nella terra delle mirabili ceramiche azulejos, mi venne a mente un paragone più ardito. Era l'ultimo giorno di maggio e prima di perdermi volontariamente nei vicoli dell'Alfama avevo ricevuto da Roma una notizia nella quale non speravo. Silvio Berlusconi aveva accettato il mio invito di incontrare Massimo D'Alema in televisione alla fine del programma che stavamo approntando per i cinquant'anni della Repubblica e che sarebbe andato in onda in diretta due giorni dopo. Avevo detto ai due leader: siete i capi del primo partito di governo e del primo partito d'opposizione. Siete l'incarnazione del bipolarismo italiano. Dopo cinquant'anni di Prima Repubblica accettate di dirci quali idee avete per la Seconda? D'Alema aveva accettato subito. Berlusconi era molto tentato, ma aveva paura che ancora una volta lo accusassero di «inciucio», cioè di accordo consociativo col Pds. Avevo ribattuto che quella pubblica occasione, in una data così solenne, era invece idonea a rimarcare le diversità tra i due partiti e alla fine il Cavaliere s'era convinto.

Ma il paragone ardito suggeritomi dal domino dell'Alfama riguardava piuttosto D'Alema. Aveva portato il Pds e l'Ulivo alla vittoria elettorale. Era probabilmente in quel momento l'uomo più potente della Repubblica dai tempi di De Gasperi. Poteva dunque godersi il trionfo e trattare con sufficienza l'avversario. Eppure... Eppure mi capitò di pensare che il vincitore D'Alema per portare avanti la sua strategia avesse bisogno di un gioco di sponda con lo sconfitto Berlusconi. Se questi fosse scomparso dalla scena politica, avrebbe potuto risentirne in maniera grave anche lui. E il suo personale gioco di domino nella strategia postelettorale del Pds e dei rapporti con l'Ulivo. Un gioco che il segretario del Pds aveva impostato esattamente due anni prima, subito dopo la sua elezione. Portandolo avanti con la determinazione appassionata, ma fredda e implacabile, che usa quando sfida al gioco delle carte il computer di Ornella, la sua segretaria, al secondo piano delle Botteghe Oscure.

«Nel '94 facemmo la figura dei fessi»

«Avevamo fatto proprio la figura dei fessi, nel '94» mi disse Gianni Cuperlo. «E allora partimmo per tempo.» Nasce lì la vittoria elettorale del Pds e dell'Ulivo del '96. Nasce dall'autocritica spietata che D'Alema si impose subito dopo aver vinto la guerra con Veltroni per la conquista della segreteria. L'autocritica sulla «gioiosa macchina da guerra» di Occhetto. Sull'idea che i «comunisti» potessero governare da soli il Paese. Contro il centrodestra e anche contro i Popolari, che forse sarebbero stati raccolti dopo la sconfitta e invitati a una collaborazione di governo subordinata e in ultima analisi umiliante.

Già nell'estate del '94 Cuperlo, triestino, chiamò per conto di D'Alema due analisti della Swg di Trieste: Roberto Weber, vicepresidente, e Maurizio Pessato, responsabile dei sondaggi. A loro il Pds chiese di capire che cosa stesse accadendo in Italia e, dopo la fulminante vittoria di Berlusconi, come fosse cambiato il mercato della politica. «Nel dicembre del '94,» mi raccontò Pessato «il Polo, nonostante le traversie della Lega, era ancora meglio piazzato. Il Pds risultava appesantito da una immagine vecchia e molto confinata a sinistra.» Le prime indagini della Swg rafforzarono in D'Alema una convinzione maturata già nell'estate: la Sinistra da sola non avrebbe mai vinto, bisognava sfondare verso il Centro. «Esaminammo così una serie di valori simbolo,» disse Pessato «dall'anticomunismo allo stato sociale.»

«Al tempo stesso» mi disse D'Alema dopo le elezioni del

'96 «aprimmo una discussione nel partito dalla quale emerse l'errore del '94: avevamo sbagliato a fare le elezioni con una alleanza progressista, dovevamo fare il centrosinistra, alleandoci in particolare con il centro moderato e cattolico. L'Ulivo nacque da una nostra precisa iniziativa politica. Fui io a dire a Prodi: Romano, noi pensiamo che tu potresti essere...»

Il primo risultato fu la nascita dell'Ulivo già all'inizio del '95, il secondo l'affermazione che l'Ulivo riportò nelle elezioni regionali e amministrative della primavera: l'apertura verso la parte politicamente più progressista del mondo cattolico era un fatto compiuto. Ma nella seconda parte dell'anno le cose peggiorarono. «Le conseguenze di Affittopoli furono pesanti, nonostante la buona reazione di D'Alema» mi dissero alla Swg. «Le prospettive di Prodi s'erano annebbiate. Il Polo aveva ritrovato una sua compattezza. A novembre cominciammo allora a lavorare sui programmi. Un lavoro difficile perché in Italia è ancora molto forte il senso di appartenenza: puoi discutere finché vuoi, ma alla fine uno sta di qua e uno sta di là.» Fu allora che nacque l'unica ipotesi possibile per proporre l'Ulivo in modo vincente: «Riuscire a dare il senso di una coalizione che fosse più adeguata dell'altra a governare il Paese».

Alla Swg partirono dal successo di Berlusconi nel '94: «Era stata fortemente apprezzata la proposta innovativa sul futuro lanciata dal Cavaliere in un Paese intristito e scosso da Tangentopoli. Ma un anno e mezzo più tardi l'umore dell'elettorato era diverso: voleva essere rassicurato, voleva garanzie di essere governato da una mano salda, senza più scosse». Gli analisti di Trieste si fecero dare dal Pds le proposte politiche del partito su alcuni temi caldi (la sicurezza sociale, la microcriminalità), acquisirono riservatamente gli orientamenti del Polo sugli stessi temi e li sottoposero ai loro campioni in modo neutro. «Scoprimmo così che l'Ulivo stava recuperando. Prodi restava in una posizione scomoda: l'elettorato preferiva i Berlusconi, i Fini, i D'Alema, cioè i leader che avevano un partito alle spalle. Ma l'Ulivo, come coalizione, si dimostrava convincente.»

Il primo punto a favore dell'Ulivo fu il recupero sul tema chiave del futuro, delle prospettive per il domani. «Nel '94 quel settore era controllato saldamente da Berlusconi, ora era terra di nessuno. La sanità, che nel '94 non era un argomento centrale, cominciava a diventarlo. Cresceva anche l'attenzione per il fisco e soprattutto per la semplificazione burocratica. Ma su questi temi il Pds aveva maggiori difficoltà perché non erano tradizionalmente temi suoi.» Il partito di D'Alema insistette molto sulla sanità. «Scoprimmo dalle analisi motivazionali» mi disse Gianni Cuperlo «che le preoccupazioni sull'assistenza sanitaria erano superiori a quelle per la disoccupazione e la violenza. Il pubblico andava rassicurato in questo senso.» Tra il gennaio e il febbraio del '96, le trattative per un governo costituente che portarono al tentativo di Maccanico produssero molta turbolenza negli schieramenti. I sondaggi dettero risultati contrastanti, la Swg notò una certa freddezza in parte dell'elettorato di sinistra.

In marzo vinse il Polo, in aprile l'Ulivo

«La campagna elettorale» mi raccontò Pessato «ebbe due fasi molto distinte. La prima metà, dal 20 marzo a Pasqua (6 aprile), fu nettamente a favore del Polo anche nei collegi del maggioritario. La concentrazione degli sforzi di Berlusconi in quel periodo fu massiccia, il tema fiscale ebbe successo. Subito dopo Pasqua, cominciò l'inversione del fronte. In Italia ci sono undici milioni di lavoratori dipendenti e parecchi milioni di pensionati. I lavoratori autonomi sono tanti, ma rappresentano pur sempre una minoranza. E il Polo a nostro avviso commise alcuni errori.» Quali? «I suoi leader si dimostrarono troppo aggressivi nei dibattiti, come se la loro politica si fosse ristretta, come se parlassero a una fetta di società più piccola di quella reale. Poi, negli ultimi dieci giorni, è schizzata su la Lega.»

(Curioso destino, quello di Berlusconi. Avrebbe vinto se fosse stato più moderato, se avesse cioè destinato maggiore attenzione a una fetta di società più larga e ai temi sociali di base. Avrebbe vinto togliendo voti all'Ulivo. Ma avrebbe vinto anche se fosse stato più duro, se avesse cavalcato con maggiore spregiudicatezza la protesta sociale del Nord-Est, togliendo voti alla Lega. Il governo Prodi è nato con sette seggi di maggioranza alla Camera...)

Una mossa vincente del Pds e dell'Ulivo è stata l'attenzione scientifica attribuita ai «collegi marginali»: agli ottantasei collegi, cioè, in cui la forbice tra vittoria del Polo e vittoria dell'Ulivo si muoveva nello spazio ristrettissimo di tre punti in su e di tre punti in giù. «Sei punti sembrano tanti,» mi spiegò Pessato «in realtà si tratta di giocarsi appena quattromila, quattromilacinquecento voti. Come? Un collegio ha in media centomila elettori, vanno a votarne poco più di settantamila. Faccia sei per sette...»

Quasi metà (quaranta) degli ottantasei collegi marginali stava al Nord, confermando che lì s'è giocata la partita decisiva. Le tradizionali «regioni rosse» non davano margini di incertezza: solo quattro collegi non attribuibili. Quattordici collegi difficili erano distribuiti tra Lazio, Abruzzo e Molise. Gli ultimi ventotto tra il Mezzogiorno e le isole. Furono individuati attraverso un'indagine sul voto nelle regionali del '95 in seimila comuni. E per ciascuno di loro furono analizzate le esigenze sociali ed economiche. Il vecchio motore organizzativo del Pci aveva ripreso a girare in pieno nella nuova carrozzeria del Pds.

L'Ulivo fece un lavoro eccezionalmente capillare. Prodi e Veltroni si divisero i collegi marginali battendoli uno per uno, mentre Berlusconi viaggiava poco e Fini si muoveva, ma con maggiore attenzione a irrobustire la sua figura di leader nazionale.

Il Polo perse le elezioni del Nord, a causa della Lega. «A marzo» mi disse Pessato, illustrando i dati Swg a disposizione del Pds, «calcolavamo che in Lombardia l'Ulivo potesse prendere venticinque seggi e la Lega una decina. La Lega ne prese invece il doppio. Se guardiamo anche al Veneto, alla fine si può dire che la Lega abbia portato via al Polo tra i venti e i venticinque seggi.» Il danno della Lega al Polo fu diretto e indiretto. In diversi collegi, come quello di Pavia, il Polo era in vantaggio: ma la crescita della Lega gli ha tolto voti, facendo vincere alla fine il candidato dell'Ulivo. Secondo la Swg, l'Ulivo ha guadagnato in questo modo quattro o cinque collegi. «Eppure Bossi era giustamente furioso» mi disse Pessato. «Scoprì infatti che se avesse guadagnato qualche seggio in meno a vantaggio del Polo, i due schieramenti principali si sarebbero trovati in parità e la Lega avrebbe avuto in mano le chiavi della maggioranza parlamentare.»

Singolare la sorte di An. Molti elettori nei sondaggi dicevano che avrebbero votato per Fini, ma nella cabina elettorale non l'hanno fatto togliendo ad An tra i due e i tre punti rispetto alle previsioni. Si è ripetuta, insomma, su scala più vasta l'esperienza delle regionali del '95. «La cosa curiosa» mi disse Pessato «è che quando alcuni giorni dopo le elezioni abbiamo chiesto agli elettori dei nostri campioni come avessero votato, le risposte hanno attribuito al partito di Fini molti consensi in più del reale.» Fini, insomma, ha vinto prima e dopo il 21 aprile. Ha perso soltanto quel giorno.

D'Alema liscio, gassato o...

Nell'estate del '94, dopo l'elezione di D'Alema al congresso, Cuperlo non si limitò a chiedere alla Swg di Trieste di capire le ragioni della sconfitta elettorale di Occhetto e di indagare sul nuovo mercato della politica. Sapeva che l'immagine del Pds era vecchia e ne affidò il rifacimento ad Annamaria Testa. Presidente e direttore creativo di un'agenzia pubblicitaria (Bozel Testa Pella Rossetti), la signora aveva firmato campagne di successo. Nuovo? No, lavato con Perlana e la Gioconda che cambia pettinatura liscia, gassata o... è roba sua. A questo aggiungeva una certa esperienza accademica nel suo campo e un po' di comunicazione politica fatta per i Verdi negli anni Ottanta.

Annamaria Testa non immaginò mai di considerare il Pds un prodotto e D'Alema un testimonial pubblicitario. Ma suggerì certamente al partito nuove chiavi per proporsi. Cominciò con i bambini che giocano in terra (congresso tematico del '95, quello in cui parlò Berlusconi). Concordò con Cuperlo e Velardi i suggerimenti per il segretario cercando di legarne le idee allo stile personale, al volto, all'atteggiamento, al linguaggio. Ebbe qualche incontro con D'Alema. Prese atto che il leader del Pds «è persona di non comuni capacità comunicative», ma che è anche capace di rovinare un'amicizia con una battuta.

Lo convinse senza fatica «a essere pungente là dove serve, senza farlo per puro gusto». «Lo feci restando sempre nei miei confini», mi disse, «e limitandomi a offrire al Pds strumenti utili per le sue strategie.»

Contemporaneamente, Claudio Velardi, con un «trattamento progressivo», trasformò l'abbigliamento di D'Alema da quello del dirigente paleocomunista in qualcosa che facesse ricordare «l'eleganza inglese della vecchia Napoli». Napoletana fu infatti la nuova camiciaia (Anna Mattozzi), napoletano il nuovo sarto (Gino Cimmino). Calabrese – ma per intervento di Marco Minniti – il fornitore di calzature cucite a mano, l'azienda intitolata al cardinale Cesare Firrao.

Dopo alcuni mesi, Velardi constatò che «D'Alema ci aveva preso gusto, si era anzi appassionato a questo nuovo modo di vestire, certo per come può appassionarsi lui alle cose terrene». Eppure la passione portò D'Alema a concessioni impensabili all'humour. Un giorno misurò con uno sguardo di sufficienza la mia giacca, scosse la testa e disse: «Ti starebbe meglio un finto tre bottoni». Ricambiai confuso facendogli i complimenti per le scarpe. «Sono cucite a mano da un'azienda calabrese» mi gelò, quasi a dire che mai avrei potuto elevarmi tanto.

Il momento più delicato arrivò quando il nuovo stile del Pds dovette confrontarsi con quello del Polo. «Il Polo» mi disse la Testa «aveva una grande cultura dello spettacolo e uno stile mutuato da una esperienza indiscutibile. I suoi punti di forza erano l'happy end, i messaggi vincenti, l'offerta di una meta riconoscibile.» Come contrastare tutto questo?

La Testa, Cuperlo e Velardi decisero che rispondere schema su schema sarebbe stata una strategia perdente. Cominciarono allora a demolire, ridendoci sopra, alcuni punti di forza tradizionali della cultura classica della Sinistra: l'autoflagellazione, per esempio. Cercarono poi di rendere più semplice il linguaggio politico di D'Alema, senza farlo scadere nel semplicismo. Al secondo piano delle Botteghe Oscure constatarono che il linguaggio politico tradizionale è molto astratto, le frasi sono costruite con molte parole e pochi verbi. Fu compiuto pertanto il tentativo di renderlo rassicurante e concreto.

Nei suoi colloqui con D'Alema, Annamaria Testa ripetette lo schema seguìto qualche anno prima con Gianni Riotta. Il giornalista doveva condurre un ciclo di «Milano Italia» e le chiese dei consigli. Lei glieli dette, cercando di cavar fuori da Riotta quel che Riotta già aveva.

«Anche con D'Alema sarebbe stato insensato costruire un'altra persona. Era sufficiente che riflettesse su alcuni punti. Lui ha di sé un'immagine di persona seria e rigorosa, ma era molto attento ai nostri suggerimenti. Attento e divertito.»

Fu così che in meno di un'ora il leader del Pds registrò sei spot pubblicitari davanti a un telo bianco messo sulla finestra di quella che fu la stanza di Berlinguer, seduto su una sedia chiesta in prestito al bar di sotto.

Fu così che a noi della televisione D'Alema apparve trasformato all'inizio della campagna elettorale. Ancora a fine gennaio '96, nel primo faccia a faccia con Berlusconi di «Porta a porta», D'Alema aveva mantenuto un tono collaborativo e cortese con il suo interlocutore politico, ma aveva usato qualche sarcasmo di troppo verso il conduttore della trasmissione. Quando tornò pochi giorni dopo per l'avvio ufficiale della campagna elettorale, avvertii Velardi: «Guarda che se D'Alema usa il tono dell'altra volta, sarò costretto a restituirgli la cortesia». Lui sorrise: «Non ce ne sarà bisogno». A D'Alema non scappò infatti una sola battuta di troppo. Sembrava un gentiluomo inglese in visita a un club ospite. Chi lo conosce, sa quanto deve essergli costato.

«Vado a tranquillizzare i mercati»

«Vado a tranquillizzare i mercati» mi disse. Mancavano cinque giorni alle elezioni. Il segretario del Pds non stava all'Hotel Savoy di Londra diretto alla City, ma sotto casa sua, a Gallipoli, un palazzone d'angolo battuto dallo scirocco. Una volta Occhetto, per indicare la periferica irrilevanza del suo delfino, lo chiamò «un deputato di Gallipoli». E D'Alema, che gli schiaffi se li tiene bene attaccati alla pelle per potersene ricordare al momento giusto, fece dell'offesa una croce di commendatore. Aprì a Gallipoli un ufficio per ricevere la gente del collegio. Un ufficio a livello di strada, come fosse un negozio, e attaccò fuori una targa: «Onorevole Massimo D'Alema». In campagna elettorale ha battuto il collegio metro per metro. Undici comuni, undici mercati. Gli immensi mercati del Sud, spalmati per chilometri alla periferia di paesi che sono cittadine. Lo seguii a Casarano, ventimila abitanti come Gallipoli. Zone che avevano sempre votato per la Dc e che già dal '94 il più famoso deputato locale aveva acquisito al patrimonio elettorale del Pds.

«Lo vedi mammà all'onorevole? Onorevole, quando lui ti guarda alla televisione impazzisce.» D'Alema e il bambino (massimo quattro anni) si guardarono increduli. Erano certi di non conoscersi. Il segretario del Pds, tra l'altro, non assomigliava a Gargamella, eroe dei Puffi, e nemmeno a Emilio Fede, che viene subito dopo. Ma prima che l'onorevole potesse rispondere qualcosa, fu strattonato da un'altra massaia: «Ho l'onore di stringerle la mano». E lui, pronto: «E io di chiederle il voto». Nei mercati del Salento, D'Alema si confrontò con il doppio sentimento di un Mezzogiorno dove la disoccupazione raggiungeva il ventidue per cento e quella giovanile il cinquantasei. La speranza e la rabbia. Più rabbia che speranza. «Mio figlio ha diciotto anni, non lavora, ha bisogno di rifarsi i denti, io ho la pensione al minimo, come faccio?» «Sta per chiudere la falegnameria dove lavora il mio fidanzato. Ha ventisette anni e nessuno vuole assumerlo.» «Sono diplomata, non ho mai lavorato, i corsi d'informatica della regione sono a numero chiuso, ho bisogno di una spinta.» «Io un posto l'avevo trovato, ma quando hanno saputo che ero sposata, mi hanno detto che il posto non c'era più.»

Alla rabbia dei frequentatori del mercato si aggiunse quella degli ambulanti, titolari delle «baracche», come le chiamano loro, che ogni giorno cambiano paese. «Che ha fatto lei del mio voto di due anni fa? Lo sa che pago ventimila lire al giorno di occupazione di suolo pubblico e di nettezza urbana senza che il comune ci dia uno straccio di servizio. Se a uno scappa la pipì, deve bussare alle case qui intorno?» «Prima potevamo fare mercato dentro i paesi, adesso ci hanno sbattuto in periferia. Quando piove, non viene nessuno. E piove da mesi.» «Io sono caduto dal camion e sono rimasto fermo per quaranta giorni. Se non c'era mia madre ad aiutarmi, chi avrebbe sfamato la mia famiglia? Perché se un bidello si rompe un piede giocando a calcetto lo stipendio continua a corrergli?»

D'Alema incassò, spiegò, rassicurò, promise. Poi, mentre da Casarano andavamo a Racale, mi disse: «Queste categorie hanno potuto costituire una preziosa economia marginale, con una evasione fiscale spesso di sopravvivenza. Quando ci si è accorti che si stava pagando lo stato sociale a debito, si è fatto un finto taglio alle spese. Si è detto agli enti locali: noi vi tagliamo i fondi, voi aumentate le tasse. È avvenuta così l'impennata locale delle imposte, che per molti comuni in dissesto è di fatto obbligatoria. Ed è avvenuta la rivolta delle categorie commerciali più deboli, che scontano anche la crisi economica. Errori della Sinistra? C'è stato un errore del sindacato: avere spinto il lavoratore dipendente contro quello autonomo».

Arrivammo a Racale (seimila abitanti). Sindaco «popolare», cioè democristiano; vicesindaco pds, cioè comunista, come in molti comuni del Salento. Il sindaco accolse D'Alema come doveva, cioè come l'uomo forte della maggioranza di governo che auspicabilmente si sarebbe costituita. Ascoltando l'onesta solennità di quel saluto, pensai alla rabbia di De Mita che non si rassegna a vedere la Dc sbattuta fuori dalla storia e nemmeno a vederla vivacchiare come un vecchio lupo marsicano protetto, perché innocuo, all'interno del parco nazionale postcomunista. Eppure, per lungo tempo, nessuno avrebbe potuto modificare i nuovi rapporti di forza. E al sindaco già democristiano toccò di chiedere al leader già comunista pane e lavoro, anzi, visto che c'era, anche una maggiore tutela per gli amministratori locali stretti, lamentò, tra l'abuso d'ufficio e l'omissione.

D'Alema mi disse d'immaginare per quelle zone un ruolo di rinascita che vedesse virtuosamente riunite le aziende pubbliche maggiormente dotate di denaro. E un contributo dello Stato per garantire ai lavoratori un salario netto uguale all'attuale, con un minor costo per l'imprenditore.

Salimmo sul suo aereo elettorale, un Falcon con i sedili di alcantara celeste e un'hostess bella e premurosa. Lo avrebbe portato nel Nord e poi di nuovo a Gallipoli per altre visite ad altri mercati. Gli chiesi di Bertinotti. Che avrebbe fatto se i voti di Rifondazione fossero stati determinanti? Mi rispose di sperare in una vittoria dell'Ulivo con un margine largo. «Non è pensabile un accordo con Bertinotti su temi incompatibili. Dopo due mesi salterebbe tutto.» Aggiunse inquieto: «Spero di non esser messo nelle condizioni di dover dire che avevo ragione a sostenere che sarebbe stato meglio non fare le elezioni...».

D'Alema sentiva fin da allora nella pelle le difficoltà che Prodi avrebbe avuto nel confronto con Rifondazione e il pesante ruolo di mediazione che lui stesso avrebbe dovuto assumersi prima del previsto.

Passò l'estate del '96, D'Alema se ne andò in barca in Grecia come sempre con Linda e le bambine. Come sempre, la barca andò in avaria. Più di sempre fu festeggiato dai turisti italiani, sorpresi a vederlo abbigliato come non usa più dal '68: maglietta corta sullo slippino aderente e ai piedi scivoli di gomma di foggia cinese. A Paxos, Linda gli fece un'effusione in pubblico, per fortuna senza cronisti né fotografi, e i turisti italiani se ne andarono rassicurati sul fatto che anche i postcomunisti più severi possano perdere qualche volta (felicemente) i freni inibitori.

Il settembre del '96 trovò Bertinotti (con Bossi) quasi ogni giorno sulle prime pagine dei giornali, con i suoi continui moniti al governo. L'agenzia di stampa inglese Reuter, la più autorevole del mondo per i fatti economici, chiese il testo integrale di una mia ordinaria intervista per «Epoca» al leader di Rifondazione, tanto i mercati fibrillavano a ogni suo sospiro. Eppure D'Alema guardava proprio a sinistra nella costruzione del nuovo partito. La «Cosa due», come si disse.

«Amendola fu il primo a parlarne...»

Accanto all'ascensore centrale del palazzo alle Botteghe Oscure, un busto in bronzo di Antonio Gramsci ricorda insieme il fondatore del Pci e una marcia verso «la nostra vittoria» cominciata nel '21. L'obiettivo fu sfiorato tra il '45 e il '48 e poi di nuovo nel '78. Ma fu raggiunto soltanto il 21 aprile del '96.

Salito al secondo piano, chiesi a D'Alema a quale dei padri avesse pensato portando Veltroni a palazzo Chigi, Napolitano al Viminale e una decina di ministri al governo. Mi rispose: «Più che ai padri fondatori il pensiero è andato al nostro popolo, alle generazioni che si sono succedute. A loro qualcosa era dovuto. È inevitabile che ci sia stato anche qualche elemento familiare. Il ricordo di mio padre, mia madre che la notte del 21 aprile è venuta qui sotto...».

Gli chiesi quali dei vecchi del Pci fosse stato più vicino all'evoluzione che ha portato al '96. Rispose: «Amendola. Fu lui a tirar fuori per primo il problema del rapporto col socialismo europeo e anche l'idea di un grande partito unico della sinistra italiana».

Giorgio Amendola anche per noi cronisti era una figura diversa dagli altri dirigenti storici del Pci. Soltanto Berlinguer, più giovane di quindici anni, ne eguagliava il fascino. Alla fine del '71 promosse lui il primo convegno comunista sull'Europa. De Luca e Agnes, al telegiornale, mandarono me a seguirlo. Amendola parlò a lungo, in apertura e in chiusura. I due «blocchi» erano fortissimi, in Urss Breznev era al culmine del suo regno, il Muro di Berlino aveva appena compiuto dieci anni, Francisco Franco e Marcelo Caetano dominavano tranquillamente la Spagna e il Portogallo e l'eurocomunismo era di là da venire. Amendola dovette fare molte contorsioni per non abiurare, ma lanciò il sogno di un'Europa grande, unita e indipendente e chiuse con queste parole: «Ora l'unità della Sinistra è la prima condizione per giungere a una reale unità dell'Europa».

Negli anni successivi, quando il dibattito su eurocomunismo e compromesso storico riempiva i giornali, Amendola era l'unico dirigente del Pci che per dare un'intervista non chiedeva il permesso all'ufficio stampa del partito. Un giorno Tonino Tatò, braccio destro di Berlinguer e signore assoluto della stampa al Bottegone, mi incontrò mentre uscivo dal palazzo con la troupe. «Da dove vieni?» mi chiese sbigottito. «Ho appena intervistato Amendola.» Impallidì.

Nel '78, due anni prima di morire, Amendola fu avvicinato da Francesco Palladino per il suo libro *Se il Pci va al gover-*

no. In copertina, una vignetta di Forattini mostrava un cavallo di Troia rosso con la coda a forma di falce e martello che chiedeva di entrare nella fortezza democristiana sorvegliata da quattro uomini terrorizzati: Andreotti, Fanfani, Zaccagnini e Piccoli. Disse Amendola a Palladino: «Con il quarantasei per cento dei voti sbriciolati della Sinistra non si può governare il Paese. Il Pci non ha paura di governare senza la Dc, ma ha la responsabilità di non portare l'Italia allo scontro frontale». E aggiunse: «Se il Psi guadagnasse dieci o quindici punti e noi mantenessimo il trentaquattro per cento, l'alternativa sarebbe possibile».

Mi disse D'Alema: «Amendola ebbe la prima intuizione, ma fu Berlinguer ad aprire i rapporti con Willy Brandt e con i socialisti europei. Credo che la storia del Pci faccia parte della storia del socialismo italiano, inteso in senso ampio. Il Pci è stato naturalmente un partito comunista, ma per molti aspetti (i rapporti con le cooperative e il sindacato, per esempio) ha rappresentato l'omologo delle grandi socialdemocrazie europee. Anzi, era più simile il Pci che non il Psi ai grandi partiti socialdemocratici europei».

Però ideologicamente eravate molto diversi. «Certo, c'era una grande diversità ideologica e culturale. E non è un caso se questa diversità abbia comportato che quei partiti hanno governato e noi no.»

Nel '78 incontrai i maggiori leader socialisti europei, dal vecchio Bruno Kreisky, cancelliere austriaco, allo svedese Palme, da Mitterrand a Soares e a Gonzales. A parte la prudenza di Palme, tutti gli altri erano fortemente anticomunisti e avevano in simpatia il nuovo segretario del Psi, Bettino Craxi, perché aveva interrotto la tradizione filocomunista del partito italiano. Come mai?

«Erano anticomunisti perché il socialismo occidentale si era costituito contro il totalitarismo dell'Est. La simpatia verso il Craxi degli anni Settanta fu forte perché lui apparve come il modernizzatore della società italiana...»

Appariva o era? «All'inizio lo era. Il craxismo ebbe due stagioni. L'innovazione affascinò tutta la Sinistra italiana, anche l'estrema sinistra. Poi però tutto questo sfociò in un rapporto di potere con la Dc, via via più estenuato e inquinato fino alla degenerazione...»

«Nel '92 Craxi ci voleva al governo»

Quando nell'89 cadde il Muro, aveste l'occasione per fare il grande partito unico della Sinistra. Non ci fu troppa diffidenza da parte vostra? «Noi annunciammo grandi cambiamenti, il nome e il resto. Fu lui a dire: vabbe', non è cambiato nulla. In realtà non era più un uomo libero. Il condizionamento affaristico e corruttivo era tale che la politica passava in secondo piano.»

Ma si parlò di nuovo di un vostro ingresso al governo...

«Fummo noi a rifiutare. L'offerta che ci veniva fatta era la seguente: Napolitano presidente della Camera, Forlani al Quirinale, Craxi a palazzo Chigi e noi al governo. Occhetto disse di no e tutto il nostro gruppo dirigente fu unito. Scalfaro diventò presidente della Camera e Craxi disse che avevamo rifiutato un accordo globale.»

Avevano già arrestato Mario Chiesa...

«Solo Mario Chiesa. Ma si capiva già da qualche anno che le strutture erano marce.»

E Berlinguer? Invece di pensare al compromesso storico, avrebbe potuto lavorare all'alternativa di sinistra?

D'Alema mi ricordò un suo saggio sulla «drammatica» (così la definì) figura del carismatico segretario del Pci. Un saggio scritto alla fine del '94 nel quale già considerava «essenziale» il rapporto col mondo cattolico e in cui venivano analizzate virtù e contraddizioni di Berlinguer, «un leader comunista il quale ebbe la percezione esatta della crisi del mondo comunista».

Nel nostro incontro aggiunse: «Non c'è dubbio che a metà degli anni Settanta l'Italia fosse pronta per un ricambio delle classi dirigenti. Noi comunisti non sapemmo offrirlo. Il compromesso storico fu un modo di interpretare il cambiamento da parte di un partito che aveva la consapevolezza di non poter rappresentare un'alternativa di governo. Andare oltre quelle colonne d'Ercole significava mettere in discussione non soltanto il rapporto con l'Unione Sovietica, ma la natura stessa del nostro partito. Berlinguer non ci andò».

A ripensarci oggi, c'erano le condizioni perché Berlinguer facesse quel passo? «Rispetto alle esigenze del Paese, noi abbiamo compiuto la svolta con tredici anni di ritardo. Il sistema italiano dei partiti aveva esaurito la sua spinta propulsiva a metà degli anni Settanta. Il compromesso storico ne rappresentò il momento culminante e avrebbe potuto avere un senso diverso se ci fosse stato un accordo per cambiare le regole e avviare la famosa "terza fase" di cui parlava Moro...» E invece? «In quel modo sarebbe stata messa radicalmente in discussione la natura del Pci e l'unità politica dei cattolici. Non a caso siamo arrivati al bipolarismo di tipo europeo quando sono saltati insieme la Dc e il Pci.»

Tu non hai pensato a un partito dell'Ulivo? «No. Fu chiarito fin dall'inizio che il bipolarismo italiano era un partito di coalizione e che soltanto il rispetto dell'identità del Ppi gli avrebbe consentito di venire con noi. Dicono che io sia un tattico, cioè uno che si adatta alle circostanze. Non è vero. Sono invece di una coerenza ferrea e noiosa. Se hai voglia di andarti a rileggere il discorso del giugno '94, quando chiesi la fiducia per diventare segretario del Pds, c'è scritto che non volevo il partito dell'Ulivo.»

«Il partito socialdemocratico? Ci penso dal '94»

Già pensavi al partito socialdemocratico? «Sì, è scritto lì. È scritto che dobbiamo completare la svolta creando un partito saldamente impiantato nella tradizione del socialismo europeo.»

E i rapporti con i Popolari, in prospettiva, quali saranno? «La mia bussola è l'Europa. I Popolari sono una delle grandi correnti politiche dell'Europa democratica. In Europa c'è una Destra molto conservatrice che non ha un grande peso. Poi c'è una Destra liberalconservatrice. E poi ci sono i Popolari. In alcuni paesi europei sono antagonisti dei socialisti. In altri (Olanda, Belgio, Austria) collaborano al governo con i socialisti. I Popolari non collaborano mai con la Destra. Dove c'è una Destra forte collaborano con la Sinistra. Dove non c'è, sono alternativi alla Sinistra. In ogni caso, nessuno immagina che possano confluire nel nostro nuovo partito.»

Ma molti cattolici sono pronti a venire... «Si tratta di altra cosa: la Sinistra cristiana. Anche Jacques Delors, in Francia, è uomo della Sinistra cristiana e sta con i socialisti.»

E Rifondazione? C'è spazio per un partito a sinistra di quello che volete costruire voi? «Non vedo adesso il tema politico di una riunificazione con Rifondazione. L'obiettivo che dobbiamo porci è che in Italia ci sia una grande forza di Sinistra democratica con il trenta per cento dei voti. Noi non vogliamo diventare la sinistra del centrosinistra, perché siamo la forza centrale di questa coalizione. A sinistra c'è Rifondazione, al centro ci sono i Popolari e le altre forze che con essi possono aggregarsi per rendere l'Ulivo più robusto.»

Dove conta di prendere D'Alema i nove punti che gli mancano per arrivare al trenta per cento? Vuole giocare sul terreno di Bertinotti? «Rifondazione non avrà il campo libero. La Sinistra di governo cercherà di conquistare consensi da quella parte, ma sarà aperta a ogni direzione.»

Alcuni socialisti, Amato in testa, sono pronti a far parte della nuova squadra. Ma rivogliono l'onore. Li ho visti sorprendentemente legati al loro passato, non accettano l'annessione, né il ruolo di profughi scampati a un naufragio... «Se si resta legati al passato, non si costruisce il futuro. Anche noi abbiamo molte ragioni per essere orgogliosi del nostro passato. Noi abbiamo parlato della modernità della prima fase di Craxi, però è anche vero che quando la politica italiana è andata decomponendosi il Pci ha costituito una grande riserva morale. Berlinguer aveva intuito in modo straordinario l'intreccio tra politica e affari, l'occupazione dello Stato. Poi dette una risposta debole. Il vero problema era il ricambio delle classi dirigenti. La "diversità" comunista fu una risposta difensiva, ma ha preservato una risorsa morale per il Paese.»

Dunque? «Dunque io ho proposto ai socialisti l'unificazione con il cambio alla pari, col marco uno a uno, come fece la Germania dell'Ovest con la Germania dell'Est. Non ha senso rimettere insieme vecchi pezzi di passato, il vecchio elettorato socialista, il vecchio elettorato comunista. Tutto si è scomposto e ricomposto. E allora chi è stato nel Pci, nel Psi, nel Partito d'Azione, una parte dei repubblicani, la sinistra cattolica sindacale, si mettano tutti insieme e con parità di diritti, senza abiurare, portandosi dietro l'orgoglio del proprio passato per costruire una nuova forza della Sinistra europea. La vera sfida sarà portare con noi i giovani, quelli che non sono mai stati né socialisti né comunisti. È lì che vinci o perdi.»

Come si spiega il tuo rapporto privilegiato con Berlusconi? «Io converso con tutti, con Bossi e Bertinotti, con Fini e Berlusconi. E anche quando le distanze politiche sono molto forti, ho cercato di essere una persona seria. Se dico una cosa, cerco di farla. Berlusconi? Ho sempre pensato che rappresentasse un fenomeno politico interessante e vero perché Berlusconi aveva incarnato una serie di pulsioni sociali e politiche che esistono davvero nella società italiana. Questo mio giudizio è stato clamorosamente confermato dai fatti: Forza Italia non è affatto un fenomeno transitorio e ha preso più del venti per cento, quasi otto milioni di voti. Anche se Berlusconi è arrivato alle elezioni avendo fatto una sequela di errori madornali, tutte le volte da me sconsigliato, senza le leve del governo in mano, con la *par condicio* che ha sicuramente limitato la possibilità di un uso disinvolto del mezzo televisivo. Berlusconi mi starà anche simpatico, ma io l'ho scelto come interlocutore perché l'ho considerato rappresentativo di una vasta realtà italiana. E avevo ragione.»

Le riforme a questo punto si faranno davvero? «In un clima di stabilità sì, se si sfascia la maggioranza di governo no. Non è più tempo di larghe intese, quelle dovevano farsi prima, quando non c'era maggioranza politica...»

Prodi parla di governo di legislatura, ma nel '99 si elegge il nuovo capo dello Stato... «Non c'è dubbio che il '99 sia un tornante. Ci sono le elezioni europee e c'è il cambio al vertice dello Stato...»

... che sarà eletto con un sistema diverso. «Può essere, ma non è detto. Comunque, sia che si vada all'elezione popolare diretta sia che non ci si vada qualche cosa cambierà.»

Per esempio? «La platea. Mettiamo che si riparta dal documento di Fisichella che prevedeva la scelta del primo ministro da parte degli elettori, lasciando il capo dello Stato a una figura di garante. Non è detto che debba eleggerlo il Parlamento con il sistema attuale. Ai deputati e senatori potrebbero aggiungersi i consiglieri regionali, i sindaci. Insomma, cinquemila grandi elettori. Perché altrimenti c'è il rischio che il presidente della Repubblica sia una pura espressione della maggioranza che governa.»

Quando rividi D'Alema a fine settembre, al ritorno dal viaggio negli Stati Uniti, gli dissi che negli incontri precedenti avevo dimenticato la domanda più importante: quando si sarebbe candidato a palazzo Chigi?

«Non lo so» rispose. «Dipende da quando si voterà, dal sistema con cui si voterà. Più in generale, sono convinto che arriverà il momento in cui la Sinistra proporrà un proprio candidato alla guida del governo.» Insistetti: quando? Sorrise: «Quando ci sarà una ragionevole probabilità di vincere».

Il 29 settembre, nell'editoriale del «Corriere», Angelo Panebianco invitò D'Alema ad assumere subito la guida del governo. Ma una cosa era l'irritazione per una legge finanziaria che castrava il rapporto obliquo tra il Pds e i ceti medi. Altro il padre di tutti i ribaltoni...

Walter Veltroni e la nobiltà «rossa»

«Direte al padrone della casa: il Maestro ci manda a domandarti: ov'è la sala dove io posso mangiare la Pasqua coi miei discepoli? E vi mostrerà un cenacolo al piano superiore, grande, con divani e cuscini: e lì apparecchierete» (Luca, 22, 11-12). Nonostante le attente aperture al mondo cattolico, decisive in tempi di elezioni, Walter Veltroni non ebbe modo di ripensare alla raccomandazione di Gesù a Pietro e Giovanni perché fosse preparata in modo acconcio la cena del giovedì che precedette il venerdì del martirio. Con animo più laico e più lieve, il giovane delfino dell'Ulivo varcò – il Giovedì Santo del '96 – la soglia prestigiosa di palazzo Taverna in Roma, dove la principessa Aldobrandini gli aveva predisposto un adeguato cenacolo elettorale. Ma non fu deluso quanto a divani, cuscini e commensali.

Era la prima volta che la nobiltà romana apriva a sinistra. O meglio, che apriva alla sinistra proibita. È vero che molti uomini dell'establishment progressista frequentavano le case di Sandra Verusio, la «contessa rossa». Case splendide, ma borghesi. Quella più piccola a San Salvatore in Lauro, nel centro di Roma. Quella più grande e prestigiosa accanto alla tomba di Cecilia Metella, sull'Appia Antica, dove le mura trasudano ancora la raffinatezza degli antichi proprietari Romolo Valli e Giorgio De Lullo.

Ma per un palazzo gentilizio era un debutto assoluto. Veltroni, d'altra parte, era stato un comunista anomalo. Anche se D'Alema ricorda che il giovane collega è diventato funzionario di partito prima di lui, Veltroni ha sempre usato un linguaggio e un modo di fare più vicini a quelli comuni e comunque più lontani dal «comunistese» che era la lingua corrente al Bottegone.

Ha sempre tessuto con molta abilità i suoi disegni di strategia e di potere. Ma all'interlocutore non veniva di chiedergli quale complessa trattativa politica ci fosse stata dietro la nomina (a suo tempo) di Guglielmi o Curzi alla Rai e quanto più facili fossero state invece nomine più recenti. («Veltroni? Governa con la fantasia, ma comanda col pugno di ferro» avrebbe scritto il quotidiano cattolico «Avvenire» il 3 settembre del '96, paragonando il suo modo d'agire al decisionismo di Craxi.)

Veniva invece spontaneo parlargli dei Kennedy e delle camicie dei Brooks Brothers. Avesse incontrato Kissinger, l'americano sarebbe stato lui, Veltroni. L'altro, al massimo, si sarebbe sentito un ex tedesco.

Se D'Alema colpisce anche gli avversari per la sua intelligenza politica, Veltroni – con la sua eterna faccia da teen-ager – costringe a fare penitenza chi mai avesse pensato che i comunisti, magari in tempi di carestia, mangiavano i bambini. Era dunque l'ideale per far toccare con mano all'avanguardia più spericolata dell'aristocrazia romana che se avesse vinto l'Ulivo i palazzi gentilizi carichi di storia non sarebbero stati confiscati.

I molti frequentatori di quel pranzo meritarono il distintivo di antemarcia. In un Paese come il nostro, dove la parola Destra giaceva da cinquant'anni impolverata (e sotto chiave) nei musei archeologici, la parola Centro faceva arricciare il naso all'intellighenzia e la parola Borghesia produceva diffusi conati di vomito, il Polo – dopo la vittoria del '94 – si trovò davanti il deserto. Subito riempito da tanta gente corsa in aiuto del vincitore, secondo il costume nazionale. Ma pur sempre deserto.

A Sinistra, invece, salotti e terrazze sono stati sempre frequentatissimi: una vittoria dell'Ulivo avrebbe prodotto (come ha prodotto) un affollamento da Ferragosto sulla spiaggia di Ostia. Con annegamenti clamorosi, come quello del giovane e altrimenti geniale Alessandro Baricco che sarebbe caduto in diretta televisiva, tramortito dalle zaffate d'incenso con cui adorava l'amico Walter, fresco vicepresidente del Consiglio.

Di qui la necessità di prenotare il posto per tempo.

Altre cene gentilizie non vi furono per la Sinistra. A meno che non si voglia considerare di sinistra Lamberto Dini, per il quale Donatella Pecci Blunt aprì il suo prestigioso palazzo all'Aracoeli, che reca il segno tardocinquecentesco di Giacomo Della Porta tra il Vittoriano e il Campidoglio.

Era la tarda serata del 18 aprile. A piazza del Popolo l'Ulivo aveva chiuso davanti a centomila persone la sua campagna elettorale e Dini, assai applaudito sul palco, aveva gridato: «La Destra è pericolosa. Chi si sente di Centro deve allearsi con la Sinistra». Chi l'avrebbe predetto al sobrio direttore generale della Banca d'Italia che un giorno avrebbe arringato le folle accanto al segretario del Pds?

Quando verso le ventidue arrivò con Donatella a casa dell'altra Donatella, la contessa Pecci Blunt, quell'angolo di Roma sembrava costruito dal raffinato realismo di Luchino Visconti. Sul Campidoglio, i dioscuri gemelli della coppia che trionfa al Quirinale (e che Michelangelo avrebbe voluto portare qui) erano proiettati in un controluce mozzafiato sulla facciata del palazzo Senatorio. I colombi sembravano scomparsi. Ma quando intorno alla mezzanotte il presidente del Consiglio lasciò il palazzo per tornare alla sua residenza di piazza Borghese, essi uscirono a centinaia non si sa da dove. Resi candidi dall'illuminazione dei monumenti e dal contrasto col cielo notturno, puntarono sulla scalinata severa dell'Aracoeli, sfiorarono le Vittorie rostrate dell'Altare della Patria e scomparvero, lasciando stupiti i sonnolenti pini romani che alloggiano in quell'oasi incantata e accompagnando con felici presagi il sonno prezioso del capo del governo in carica.

Sandra Verusio lasciò invece a Venditti e De Gregori, tornati insieme dopo vent'anni per l'occasione, il compito di celebrare a piazza Vittorio la chiusura della campagna elettorale di Veltroni. Rinviò la cena già fissata per il sabato 20 aprile a martedì 22. «Se i miei candidati vinceranno, saremo in tanti. Se perderanno, saremo in pochi» mi disse. Furono in tanti. Percorsero col cuore che scoppiava di gioia il millenario pavimento dell'Appia Antica fino al Circo di Massenzio e al Mausoleo di Romolo per festeggiare soprattutto Walter, testa di serie tra i candidati del cuore della padrona di casa. Solo quella sera, tra qualche decina di persone liete, capii con esattezza che cosa fosse l'Ulivo. Democristiani e comunisti, repubblicani e liberali, conservatori irriducibili e reduci dell'extraparlamentarismo. Quando arrivò Mario D'Urso, signorile e galante come sempre e per di più fresco parlamentare dell'Ulivo per Capri e Castellammare di Stabia, capii che il progressismo non aveva confini nemmeno sulla Destra. Veltroni cenò al tavolo d'onore tra Lilli Gruber e Giulio Borrelli. La svolta c'era stata.

Walter e Shakespeare contro D'Alema

«Posso vedere?» chiesi. «Prego» rispose Veltroni con un sorriso. Girai il portaritratti sistemato per bene sulla sua scrivania. Immaginavo di trovarci i ritratti di Flavia e delle bambine. Era vuoto. Il Provveditorato dello Stato aveva subito arricchito il tavolo del signor Vicepresidente del Consiglio dei Ministri nonché ministro dello Spettacolo, del Turismo, dello Sport e della Cultura di un regolamentare servizio da scrittoio in pelle Nazareno Gabrielli. Ma lui non aveva avuto ancora tempo di trasferirci la famiglia.

A proposito, in casa come hanno preso la promozione? «È dispiaciuto a tutti che lasciassi il giornale. Vittoria, la piccola che ha sei anni, dice che "l'Unità" era il giornale di papà. E adesso papà fa un altro lavoro. Martina, che ha nove anni, ha capito, mi ha fatto molte domande, voleva sapere che cosa significa fare il vicepresidente del Consiglio.»

«Ciao Walter», l'aveva salutato su «l'Unità» Michele Serra. «Sei stato davvero un bravo direttore perché ti divertivi a fare questo lavoro insieme massacrante e vago, pesante ed evanescente, tutte quelle solenni parole scritte di notte sulla sabbia e cancellate dalla prima onda del mattino.»

Certo, la differenza è forte. La stanza è piccola come prima. Ma al posto del tavolo bianco c'è la scrivania scura. Al posto di Anna Magnani c'è Scalfaro. Al posto di Bob Kennedy, il tricolore. E lui, Veltroni, portava ancora la camicia col collo floscio, ma s'era incollata addosso la giacca.

È duro convivere con Dini e Bertinotti insieme? «Sono alleanze faticose, non incompatibili.» E mi fece l'identikit di un governo inchiodato al proprio programma elettorale, come quei crocieristi che soffrono il mal di mare appena alzano la testa dal cuscino. Ma si confortò subito con un paragone americano: «Si sa che sono appassionato del partito democratico. Be', lì stanno insieme la Destra georgiana e gente come Oliver Stone e Jerry Brown che sono quasi a sinistra di Bertinotti. Più il sistema è bipolare, più c'è bisogno di capacità di tessitura. Prodi e io facciamo questo».

A proposito di partito democratico americano, sbaglio o tu volevi importarlo in Italia? «Finché esiste questo assetto politico istituzionale, non ha assolutamente senso parlare del partito democratico.» E allora? «Allora io credo che l'evoluzione della Sinistra italiana non stia tanto nella ricucitura delle ragioni che hanno portato alla rottura delle tradizioni politico-ideologiche della Sinistra del Novecento, quanto piuttosto nella capacità della Sinistra italiana di mettere nel suo metabolismo suggestioni culturali che sono altro rispetto alla tradizione ideologica.» Traduzione non autorizzata: D'Alema la smetta di inseguire i socialisti e guardi verso il Centro.

Veltroni aggiunse: «Mi riferisco all'ala di formazione liberale e all'ala cattolico-democratica. Il modello socialdemocratico classico ha rivelato la sua inadeguatezza? Allora io penso a una grande Sinistra moderna in cui l'elemento di cultura "liberale" sia molto forte. Ho detto esplicitamente: non penso che un partito socialdemocratico come tale oggi possa prendere da solo la maggioranza del voto degli italiani».

Invece D'Alema? «Ci siamo chiariti. Io all'inizio avevo avuto l'impressione che in lui ci fosse un'eccessiva attenzione nei confronti dell'identità socialdemocratica del nuovo partito e che gli interlocutori che si chiamavano fossero quelli del passato, diciamo così, piuttosto che del futuro. Ora mi pare che le cose si siano definitivamente chiarite.»

(D'Alema e Veltroni si chiarirono di nuovo il primo ottobre, ciudendosi in una stanzetta di Largo di Brazzà, dove Prodi inaugurava la sede dell'Ulivo. Ma non risulta che il segretario del Pds abbia rivisto la natura socialdemocratica del nuovo partito)

Veltroni sull'Ulivo aveva le stesse idee di Prodi: «Vale assai di più della & commerciale che lega tra di loro i partiti che ne fanno parte». E pensa a un'aggregazione permanente di quattro forze: «Un'area di centro cattolica, un'area laico socialista, un'area ambientalista e un'area di sinistra democratica». A differenza di D'Alema, non contava molto sugli ex socialisti: «Difficilmente gran parte del voto laico socialista, per ragioni storiche, per tutto quello che c'è stato, verrà al Pds. Probabilmente ha bisogno di riconoscersi in una identità interna all'Ulivo».

Sbagliò dunque D'Alema a puntare su Amato? «No, perché Amato è una persona di livello. Basta capire che non è solo quella la tradizione alla quale si fa riferimento. Come diceva Shakespeare? Ci sono più cose in cielo e in terra di quante ne contempli la nostra filosofia.»

Napolitano e la presa del Viminale

L'aria al Viminale è cambiata. All'ingresso i poliziotti un tempo svogliati fanno sul serio sorveglianza, invece di indicarti la strada ti accompagnano, il tuo breve tragitto è seguito da cento occhi. E quando arrivi all'anticamera del ministro, ritrovi i commessi in marsina che avevi dimenticato da qualche decennio. «Fu Coronas a dare la prima stretta», mi disse Giuseppe Montebelli che sta lì dai tempi di Restivo irrobustendosi a ogni terremoto. «Sai, Coronas era stato capo della polizia... Ma adesso anche Lui bada molto all'efficienza del servizio.»

Lui è Giorgio Napolitano, primo comunista ministro dell'Interno della storia d'Italia. Napolitano ha sempre avuto l'aplomb di un regnante di ramo cadetto. Parla come un ambasciatore: non una battuta, non una allusione; solo concetti rotondi come se stesse dettando il verbale della Conferenza di Parigi. Ma fa parte del Pci dal '45. Aveva vent'anni, ha conquistato il Viminale a settantuno. In mezzo, cinquant'anni del grande partito un tempo operaio, passato dalla rivoluzione al neoliberalismo.

È l'unico della vecchia generazione in servizio. Ci sarebbe anche Armando Cossutta, ma sta da un'altra parte. Quando Moro e Berlinguer s'incontrarono all'inizio del '78 per decidere se i comunisti dovessero entrare per la prima volta al governo, al centro della foto c'era Napolitano.

«Ugo La Malfa era il più convinto sostenitore di una nostra partecipazione diretta al ministero» mi disse. «Scrisse su "Foreign Affairs" un articolo rimasto famoso, che fece da sfondo alla mia prima missione negli Stati Uniti nell'aprile del '78, quando Moro era già stato rapito.» E perché non entraste? «Per la Dc fu impossibile accettare questa soluzione. Moro ci chiese tempo per riflettere, ma poi negli incontri del gennaio '78, per risolvere la crisi di governo, concluse per il nostro ingresso formale nella maggioranza e non nel governo. Quando ascoltai la registrazione del suo ultimo discorso, all'assemblea dei gruppi parlamentari democristiani, fui colpito dalla difficoltà in cui Moro si era trovato a sostenere anche soltanto quella soluzione subordinata...»

Nel Pci eravate tutti convinti che sarebbe stato giusto entrare al governo? «Sì, senza eccezioni. Avevamo sopportato il peso dell'astensione sul primo monocolore Andreotti tra la primavera del '76 e la fine del '77 con molte tensioni anche nel nostro elettorato. A quella responsabilità non corrispondeva il riconoscimento pieno del nostro ruolo.»

Vent'anni dopo è arrivato invece al Viminale. «Ero convinto che prima o poi saremmo andati al governo e che probabilmente io ne avrei fatto parte. Ma il Viminale no, non avrei mai immaginato...»

E già. Che cosa rappresentava questo palazzo per un comunista? «Il ministero dell'Interno è stato nella storia italiana il luogo massimo dell'esercizio del potere nella gestione dello Stato. Lo è stato nel periodo prefascista, lo è stato con Mussolini che ha occupato questo incarico dal '26 al '43 polverizzando i pur consistenti primati di Giolitti. Fino a tutti gli anni Cinquanta il ministero dell'Interno fu concepito dal Pci – e per parte di quegli anni anche dal Psi – come il luogo da cui partivano concretamente le politiche discriminatorie di negazione dei diritti dell'opposizione e del sindacato che si riconosceva nella Sinistra. Ci furono poi anni migliori, ma il cambiamento radicale avvenne nell'81 quando la legge di riforma dette alla polizia un ordinamento civile e le affidò il compito precipuo di assicurare la tutela dei diritti costituzionali dei cittadini. Arrivò allora la pacificazione col superamento dell'antitesi tra la vecchia opposizione di sinistra e il vecchio modo di essere delle forze di polizia.»

E perché hanno scelto lei per venire qui? «Immagino perché ho svolto ruoli istituzionali dando prova di equilibrio e imparzialità e insieme perché rappresento la continuità storica tra Pci e Pds, anche se si tratta di una continuità vissuta da parte mia in termini sempre più fortemente revisionisti.»

C'è qualche episodio oscuro della storia italiana che s'è riproposto di chiarire arrivando qui? «Ho detto subito che non venivo qui per andare a caccia di ipotetici scheletri negli armadi. Non venivo a fare un'ispezione storica, ma a gestire quest'incarico nella massima trasparenza.»

Mostrai al ministro dell'Interno un suo saggio di vent'anni prima, l'*Intervista sul Pci* curata dallo storico inglese Eric J. Hobsbawm nel '76. L'avevo riletto prima d'incontrarlo ed ero rimasto colpito dal fatto che un «revisionista», come lui stesso si definisce, parlasse ancora di realizzazione del socialismo in Italia. Socialismo inteso come «direzione consapevole». «Questo sforzo di direzione consapevole», disse allora Napolitano, «può pienamente dispiegarsi a mano a mano che si procede sulla via del controllo e, in ultima istanza, della proprietà collettiva dei fondamentali mezzi di produzione e sulla via di uno sviluppo sempre più conseguente della democrazia, del governo del popolo.»

Come mai? «Naturalmente,» mi disse il ministro «sarebbe facile rispondere che tra allora e oggi ci sono di mezzo la crisi e il crollo del sistema sovietico. Ma c'è anche il faticoso superamento della stessa idea di una società socialista alternativa alla società capitalistica.» Cercò un libro, lo sfogliò e aggiunse: «Qui c'è un mio intervento a un convegno dell'89 a Madrid dedicato al futuro del socialismo. Bene, guardi qua: contravvenendo all'impostazione stessa del convegno, organizzato da un partito socialista al governo, dissi che l'idea di una società socialista non reggeva più».

Quando è caduta nel Pci l'idea della società socialista come alternativa? «Parlerei di un lungo periodo di evoluzione non esplicita. Ma è soltanto con la svolta dell'89, con la caduta del Muro, che si è presa la strada del superamento pieno di quella impostazione.»

Ricordai un'altra cosa a Napolitano. Nel '77 facemmo al TG1 una serie di trasmissioni a sessant'anni dalla Rivoluzione dell'Ottobre sovietico. La Doxa accertò che 72 elettori comunisti su cento ritenevano ancora indispensabile o comunque preferibile la proprietà statale dei mezzi di produzione e il 65 per cento riteneva indispensabile o comunque preferibile che il Pci controllasse tutti gli organi dello Stato. Poiché queste percentuali si registravano anche tra gli uomini di età compresa tra i 18 e i 34 anni (37 e 53 anni nel '96), chiesi a Napolitano che cosa potesse significare per gli ex comunisti dirsi oggi socialdemocratici.

«Per un politico non c'è niente di più futile che dire: avevo ragione io. Commemorando all'inizio del settembre '96 Luciano Lama alla festa dell'Unità a Modena, ho detto che c'è stato un lungo periodo in cui era difficile dirsi riformista anche per chi lo era: nel Pci, ma anche nel Psi e nel sindacato. Oggi il Pds ha avuto una tale maturazione da esprimere una visione riformista che non si distingue da quella dei partiti socialisti e socialdemocratici europei...»

Ma che significa essere riformista? «Voler ricostruire lo Stato attraverso una riforma del suo ordinamento. Far diventare l'Italia un Paese normale, anche se ormai può sembrare una banalità. E riproporre il tema sempre più pesante delle disuguaglianze.»

A chi guardate? «A chi fu elettore del Partito socialista e si è allontanato dalla Sinistra. Ma ancor più ai giovani che non sono mai stati socialisti o comunisti.»

E Rifondazione? Si può pescare anche lì? «Penso che non si possono escludere avvicinamenti con quella parte di Rifondazione che vuole davvero il cambiamento attraverso le riforme e assumendosi responsabilità di governo.»

Ci alzammo. Il ministro doveva occuparsi di pentiti di mafia: un esercito pieno di incognite. Passammo accanto a una porticina chiusa nella sua stanza. Gli dissi: «Sa che Maroni teneva custoditi lì, dentro una cassaforte, i fascicoli del Sisde venuti fuori all'improvviso?». Rispose: «Sì, so che durante l'incarico dell'onorevole Maroni ci fu quel problema...». Ne parlava con regale distanza, come un principe di ramo cadetto.

Dall'Emilia rossa al palazzo delle Corporazioni

«Be' insomma, non si poteva passare tutta la vita a costruire asili, magari anche a farli meglio degli altri, ma rimanendo lì nel Ducato...» Nel Ducato? «Sì, nei confini ristretti delle regioni rosse. Rischiavamo di non uscirne più: una Sinistra potenzialmente nazionale veniva relegata dalla storia dei blocchi a essere un'esperienza di Ducato...» Se Giorgio Napolitano è nato e vissuto all'opposizione, Pierluigi Bersani è nato e vissuto al potere, seppure nel Ducato dell'Emilia rossa. Sedici anni assessore regionale, tre anni vicepresidente, poi finalmente presidente della regione. E di lì, senza passaggi parlamentari, un volo diretto qui. Il primo in assoluto per un presidente di regione in carica. Un «comunista» nel palazzo dei Fasci e delle Corporazioni. Varcò il portale di Giuseppe Prini, entrò nella cattedrale dell'ideologia fascista (lo fu più questo splendido palazzo di Marcello Piacentini che lo stesso palazzo Venezia). Entrò nel salone grande, vide le immense vetrate in cui Mario Sironi aveva illustrato la «Carta del lavoro». Guardò il balcone interno dal quale si affacciava il Duce (ognuno ha le sue abitudini) e che ora mi veniva additato sottovoce da un usciere ancora intimidito dalla solennità del luogo. Infine prese posto nello studio grande, solenne, davvero ministeriale, dove potere e lignaggio vengono consacrati da sessant'anni in una *Sintesi veneziana* di Fortunato Depero. «Mi era sempre sembrata un'ingiustizia e anche un danno per il Paese che noi dovessimo passar la vita dentro i confini della regione. E quando entrai per la prima volta qua dentro, pensai all'esercito di persone che non ce l'avevano fatta. E mi tremarono le gambe. Alla grande...»

Bersani viene indicato come l'uomo nuovo del Pds. E anche come l'uomo forte. Ma venni a trovarlo soprattutto per un'altra ragione. D'Alema, Veltroni, Napolitano sono da sempre dirigenti nazionali. D'Alema ha fatto più trincea di partito degli altri e quindi conosce meglio uomini e situazioni. Ma mi interessava la testimonianza di uno che non s'era mai mosso, politicamente, dalla regione rossa per eccellenza: dal Ducato dell'Emilia Romagna, come lo chiama lui. Mi interessava chiedergli che cosa avesse risposto ai suoi compagni che lo vedevano partire per Roma, per i palazzi del potere, chiamato a far parte della prima avventura di governo (a parte il biennio dell'immediato dopoguerra) nei settantacinque anni di storia di quello che fu il Partito comunista italiano.

«Quando dalle nostre parti un amministratore si sveglia al mattino, guarda quello che lui stesso ha fatto il giorno prima e pensa come possa cambiarlo. Il problema era uscire dalla riserva indiana, dalla vetrina che è servita solo a far vedere che i comunisti non mangiano i bambini. E allora i miei mi hanno detto: fa' vedere a quelli di Roma, per esempio, che noi le nostre privatizzazioni le abbiamo fatte cinque-sei anni fa. Chi ritiene insomma che la Sinistra debba fare sempre le stesse cose, seguendo sempre gli stessi schemi, pecca un pochino di provincialismo...»

Già, ma come ha detto ai suoi: ragazzi, è ora che dalla quercia scompaia anche il simbolino della falce e del martello perché bisogna fare il partito socialdemocratico? «Vede, quando io nel '94 ho mandato il mio fax per votare D'Alema, è perché sapevo che il percorso sarebbe stato questo. E il percorso è quello di un partito meno statalista, più liberaldemocratico di quanto non lo siano alcune grandi socialdemocrazie europee. Per me, che sono stato sempre contrario al modello sovietico, questo percorso cominciò l'indomani della nascita del governo Berlusconi, quando convocammo il consiglio regionale e stabilimmo un'intesa tra il Pds e i cattolici. Le assicuro che non fu facile, con gli scontri che avevamo avuto per decenni. E va avanti, quel percorso, adesso che bisogna togliere il simbolino con la falce e il martello...»

Ma non è un trauma per tanti dei suoi? È facile chiamarsi socialdemocratica per una generazione di comunisti che si è formata sui corsivi di Fortebraccio su «l'Unità» in cui i socialdemocratici italiani venivano messi alla berlina e poi fatti a pezzi? «Ma certo, la parola socialdemocratico turba anche me. Per una questione di stile non accetterei mai di chiamare socialdemocratico il mio partito. Mi piace più l'idea di una

Sinistra europea, riformista...» E il simbolino? «Ma guardi che già nella campagna elettorale del '96 D'Alema ha fatto un paio di test nei comizi. Ricordo che ne fece uno a Napoli. E quando disse che era ora di togliere il simbolino della falce e martello, come avrebbe poi ripetuto la notte della vittoria elettorale, la gente restò stupita, forse anche sbigottita. Ma non dissentì.» Aggiunse: «Questa è in realtà un'operazione di straordinario significato politico. Con quel gesto, D'Alema ha salvato l'onore del Pci. Il vecchio militante non vede buttato via tutto quello che ha fatto, non vede sconfessate la fede e l'azione di una vita. Quando Occhetto cambiò il simbolo, il trauma fu fortissimo. Ma poi i risultati positivi si son visti via via. Prima Occhetto e poi D'Alema hanno sottratto la storia del partito alle polemiche della cronaca per consegnarla al sereno esame della storia».

Il nuovo partito secondo lei prenderà più consensi a sinistra o al centro? «È difficile che nell'immediato possa recuperare su Rifondazione. Ma sono convinto che da quella parte non subiremo altri colpi. Mi pare inevitabile che a sinistra ci siano due formazioni.» E al centro? «Accanto a due formazioni nella sinistra, mi piacerebbe vederne un'altra di centrosinistra. Dobbiamo stare attenti alle identità degli altri, a non dare l'idea della sinistra pigliatutto.»

Voi in Emilia avete avuto un rapporto di amore-odio con i socialisti. Avete governato sempre insieme, ma non vi siete mai amati. Adesso come vi mettete con il recupero tentato da D'Alema? «Amore-odio, ha detto bene. Le vecchie ammaccature si vedono ancora. Da noi ci sono elettori socialisti che hanno vissuto con orgoglio l'epoca del craxismo. E abbiamo litigato assai. Loro rivendicavano la famosa autonomia socialista (e in fondo era un filone positivo, quello), ma noi del Pci avevamo difficoltà a interloquire. Poi il craxismo è finito come è finito, quegli elettori sono usciti stremati da quella esperienza e i loro voti si son messi in libertà.» E adesso voi cercate di recuperarli. «Be' insomma, certo non possiamo dire: sei stato craxiano, vai ad Hammamet. Bisogna riannodare un filo, l'autonomia socialista va reinterpretata per presentarci insieme all'appuntamento.»

Mi accompagnò ai saloni che celebrarono il lavoro fascista. «Che cosa sarà questo nuovo partito? Certo non sarà solo un cocktail con una dose di liberalismo, una socialdemocrazia e una scorza d'Ingrao che non guasta mai. Sarà una cosa temperata dall'esperienza di governo...»

A proposito di governo: Pierluigi Bersani è ministro dell'Industria, del Commercio e dell'Artigianato. È ministro, cioè, degli elettori di Berlusconi.

7

C'erano una volta tre socialisti...

«C'era una volta un re che stava tornando da una guerra perduta. Era solo, assetato e senza cavallo. Incontrò un mago che gli offrì un sacchetto con quattro noci...» Era l'estate del '70 e ad Ansedonia pioveva. Giuliano Amato, professore d'università e capo dell'ufficio legislativo di Antonio Giolitti al Bilancio, chiamò i bambini. «Ricordatemi le favole che vi raccontavo quando eravate più piccoli.» Loro presero a raccontare: «C'era una volta un Bluastro, che camminava tutto solo per la città...». Lui trascriveva al computer.

Passarono più di vent'anni, il giovane professore d'università diventò presidente del Consiglio dei ministri e fece una spettacolare manovra da novantamila miliardi nell'autunno della grande svalutazione della lira. A Natale, il suo assistente Gastone Alecci stampò cento copie di un librino raffinato e sottile: *Il drago e la principessa.* Erano le fiabe più belle tra le centinaia inventate ogni sera, per due anni, dal giovane professore che voleva addormentare i bambini.

La dedica era a Giulia, la nipotina, «per colorare i suoi teneri sogni». «Ma adesso i bambini non li addormento più io» mi disse nell'estate del '96. Nel suo ufficio di presidente dell'Antitrust nel quartiere Ludovisi a Roma, Amato ha un quadro con un castello fantastico che sembra voltato via dalle sue fiabe. Cadde così il discorso su quel libro che ricevetti nel Natale del '92 e su altri sogni che caratterizzavano la stagione politica. Primo fra tutti, la ricostruzione di una casa comune per i socialisti crollata parecchie volte: con la scissione livornese del '21 che partorì il Partito comunista di Gramsci e

Bordiga, con la scissione di palazzo Barberini del '47 voluta da Saragat per far nascere il Psdi e anche dopo.

Per rendere pubblica la loro unità d'intenti su questo punto, D'Alema e Amato scelsero, il 2 luglio del '96, la presentazione di un libro di Gino Giugni sul lungo travaglio dell'idea socialista. «Amato: sì, uniamo la Sinistra» titolò l'indomani con sollievo «l'Unità». Più perfido il titolo del «manifesto»: «Giuliano Amato si autocritica e accetta il percorso di D'Alema».

Ma anche D'Alema ricevette le sue gocce di veleno. Claudia Terracina riferì sul «Messaggero» una battuta di Fabio Mussi, presidente dei deputati Pds: «La novità politica di questi giorni è che D'Alema ha convocato il congresso del Psi».

Amato, che è uomo di spirito, disse a D'Alema: «Nonna, che bocca grande hai». Lo disse come esperto di fiabe, ma lo disse per fare il verso alle paure dei suoi compagni socialisti per la possibile egemonia del Pds sulla nuova «cosa».

L'idea di fare un grande partito socialdemocratico non era di Craxi? «Sì» mi rispose Amato. «Ma io chiamo questo nuovo progetto socialista liberale, perché socialdemocratico ne connota più la matrice storica che non i contenuti possibili nel nostro tempo. Oggi un partito socialista diventa maggioritario se è sufficientemente liberale. Questo risultato è alla portata di Tony Blair in Gran Bretagna. Invece il caso dei tedeschi – troppo socialdemocratici e troppo poco liberali – è la medaglia rovesciata.» Ma D'Alema viene da un'altra strada, quella del comunismo. «Se il nuovo partito si collocasse nell'alveo storico del comunismo, potrebbe diventare postcomunista, che è una cosa diversa dall'essere gemello dei partiti della tradizione socialista europea.» Quindi? «Quindi incontrando i socialisti europei nelle riunioni dell'Internazionale, D'Alema ha percepito la differenza tra i fratelli e i cugini. Credo che aspiri giustamente alla possibilità di diventare fratello, cessando di essere cugino.»

E il disegno di Craxi? «Craxi mirava al medesimo risultato: distaccarsi dal Pci senza però chiudersi in un anticomunismo perenne, ma creando le condizioni e le spinte conflittuali per ricondurre anche quella parte nell'alveo europeo. Io stesso dicevo allora che i calci negli stinchi sono a volte più utili delle discussioni accademiche, non per cacciare l'altro ma per convincerlo.»

Però Craxi non cessò mai di essere anticomunista. «E questo fu un errore, dovuto all'apprezzamento che il Psi ebbe per la sua felice ambiguità. Ma non doveva rinunciare alla missione di far diventare riformista e portarsi dietro il grosso della Sinistra italiana. La debolezza del Psi davanti a Tangentopoli è dovuta proprio alla rinuncia a quella missione.»

E quando avrebbe dovuto compierla Craxi la missione? «Nell'89: caduta del Muro, fine del comunismo, sbandamento all'interno del Pci. Ricordo che nel Transatlantico di Montecitorio mi colpiva vedere i dirigenti dell'allora Partito comunista rivolgersi a Craxi come all'inevitabile leader del loro futuro. Pensavano correttamente: hanno vinto loro, i riformisti, il capo del loro partito sarà il nostro capo.»

Chi sbagliò? «Sbagliarono i comunisti sfuggenti verso un destino inevitabile eppure sgradito. Sbagliammo noi che non portammo avanti il discorso. E fu fatale la sostituzione di De Mita con Forlani alla guida della Dc. De Mita era assai attento al Pci e questo portava Craxi a dire: un momento, l'interlocutore dei comunisti debbo essere io. Forlani invece considerava i socialisti, uso parole sue, coassicuratori di un futuro più lungo per la Dc, ne apprezzava il ruolo di argine nei confronti dei comunisti e così nell'89, proprio quando cadde il Muro, finì la nostra felice ambiguità.»

E tra Pci e Psi cadde il gelo. «Sì, ma continuavamo a far parte della stessa famiglia. Ricordo che nel '90, ai funerali di Giancarlo Pajetta, accompagnai Craxi alle Botteghe Oscure. Ed ebbi la netta percezione che noi e i comunisti facessimo parte della stessa famiglia perché ci ritrovavamo quando moriva qualcuno. Al di là del litigio, si percepiva la consanguineità. E Occhetto parlò in anteprima a Craxi del nuovo simbolo del Pds, gli disse che la falce e il martello non poteva levarli, altrimenti i suoi vecchi elettori rischiavano di non riconoscere il simbolo. Craxi capì al volo il rilievo pratico della cosa e lì per lì non fece obiezioni.»

Amato: «Quando perdemmo l'ultima occasione»

Fece una pausa, Amato, cercò nella memoria e aggiunse: «L'ultima occasione per recuperare quello che non avevamo fatto nell'89 ci fu nell'aprile del '91, con la crisi del governo

Andreotti. Uscirono i repubblicani, ma la legislatura andò avanti. Lo chiese il Pds perché aveva cambiato quel benedetto simbolo da troppo poco tempo per poterlo esporre agli elettori. La crisi quindi rientrò. Io insistetti con Craxi perché invece andasse avanti, ma lui mi rispose che non poteva far sempre la figura del Giamburrasca. Fu così che incontrando alla stazione Termini Emanuele Macaluso gli dissi: "Emanuele, far rientrare la crisi è stato un episodio di solidarietà di classe". E lui ammise, scherzando: sì, è vero. Rotolammo così verso il '92».

Amato riteneva dunque che se nel '91 ci fossero state le elezioni anticipate, il Psi avrebbe potuto guadagnare quei punti e il Pci perdere quei punti indispensabili a un riequilibrio tra i due partiti che favorisse la grande aggregazione socialdemocratica. Ma così non fu.

«L'albero senza radici è il primo che cade» riprese Amato parlando della tempesta di Tangentopoli. «Così il Psi si sfaldò.» Come fu possibile questa disintegrazione dopo un secolo di vita? «Non sarebbe stata possibile se il Psi avesse mantenuto le ragioni della sua vitalità storica, come è avvenuto per la Dc colpita da Tangentopoli quanto noi. Il problema è che la presenza dei cattolici in politica uno la può friggere in tutte le salse, ma comunque ha un senso. La presenza dei socialisti era diventata superflua.»

Il Psi si sciolse come se fosse una associazione per delinquere. «Non lo era, ma fu trattato come se lo fosse. Perché? Perché i dirigenti socialisti ebbero il ruolo di antesignani tra gli imputati di Tangentopoli. Per cui l'impatto sull'opinione pubblica dei nomi socialisti coinvolti fu di gran lunga superiore all'impatto degli altri. Essere socialista cominciò a significare essere partecipe di una banda criminale. Le faccio un esempio recente: Franco Bassanini ha preso come capo di gabinetto Nino Freni, vice avvocato generale dello Stato, una persona tanto integra sul piano morale, quanto capace nel lavoro di governo. Freni è stato sempre socialista, anche se non ha una tessera in tasca. Bene, un giornale ha pubblicato una reprimenda al ministro motivando la "indegnità" di Freni esclusivamente con il fatto che avesse collaborato con ministri socialisti.»

Pesa ancora su di lei l'ombra di Craxi? «L'ho sentita pesare molto in questi anni in quanto "braccio destro" di Craxi. Craxi aveva in realtà molti bracci destri, doveva essere come la Dea Kalì. In realtà solo lui padroneggiava completamente il suo lavoro, che divideva poi tra molti collaboratori. È un dato di fatto, comunque, che la definizione di "braccio destro di Craxi" è stata utilizzata come evocatrice di vicende oscure.»

«*Craxi può sbarrarle palazzo Chigi?*»

I tempi della politica erano maturi per un rientro vistoso di Giuliano Amato. Si parlò di lui come presidente del Consiglio quando Scalfaro dette l'incarico a Maccanico, si parlò di lui anche come possibile successore di Prodi. Per questo gli chiesi se il fantasma di Craxi fosse ancora in grado di bloccare la nomina alla guida del governo di una persona altrimenti meritevole.

Mi rispose Amato: «Questo dipende dal permanere o meno di un certo clima di sieropositività presunta. Dico presunta perché ormai son passati anni e l'onestà delle persone oneste è emersa al di là delle presunzioni. Detto questo, è bene che scompaia anche la demonizzazione di Craxi. È troppo facile prendere le distanze da Craxi lasciando desumere che chi prende le distanze non ha mai avuto a che fare con lui. Craxi non si occupò solo di finanziamenti e non fu il solo a occuparsene. La corruzione fu un fenomeno diffuso, e diffuso nelle periferie».

Quando nel '95 andai a intervistare Craxi ad Hammamet, lo trovai sconvolto dall'idea che l'ex Pci fosse uscito praticamente indenne da Tangentopoli. Diceva: ma come, abbiamo spartito certi finanziamenti insieme, io avevo 160 dipendenti a via del Corso e il Pci ne aveva 250 nella sola federazione di Bologna. Chi li pagava?

«Se lei prende la sentenza sulla metropolitana di Milano, al di là delle singole responsabilità penali, vedrà che la lettura di quelle pagine fornisce molteplici argomenti per dimostrare che prima il Pci e poi il Pds (ma soprattutto il Pci, perché quella vicenda in particolare precede la nascita del Pds) erano coinvolti in questa spartizione. E vi sono numerosi procedimenti, non tutti conclusi felicemente, in cui erano rimasti coinvolti amministratori del Pds. Non c'è dubbio peraltro che pesi molto il coinvolgimento in queste cose, reale o presunto, delle supreme leadership di un partito.»

Se prima di Tangentopoli si fosse avviata la costruzione del grande partito della Sinistra, l'esito sarebbe stato diverso? «Posso supporre che la classe politica non sarebbe stata travolta. Vede, la corruzione non è solo una malattia italiana. Episodi da Tangentopoli sono emersi in Francia, in Spagna, in Inghilterra. Chi segue la politica istituzionale degli Stati Uniti sa che ogni anno vengono celebrati processi per corruzione. Nella politica c'è un tasso di inquinamento che raramente arriva allo zero. Il problema è di avere un sistema politico istituzionale capace di purificarsi. È ipotizzabile che se il nostro sistema politico si fosse assestato in modo diverso, questo avrebbe portato alla rottura di alcune solidarietà e avrebbe potuto innescare un ciclo diverso. Ma è una ipotesi.»

Mi par di capire che lei non consideri ancora il Pds un partito socialdemocratico di tipo europeo. «Il problema è di apparato. Un apparato che preserva se stesso, come quello dell'Inps. Quando noi parliamo di partito postcomunista, facciamo riferimento alla impermeabilità dell'apparato che quel partito aveva in quanto comunista, un apparato che tende a renderlo conservatore e scarsamente permeabile all'innovazione. In questo è diverso da partiti socialisti come lo spagnolo, il francese, l'inglese (che sta cambiando faticosamente), permeabili all'innovazione assai più di quanto il Pds sia stato in grado di fare.» E allora? «La questione grossa è la società di fronte alla quale si trova il Pds. Una società nella quale dire lavoro significa ormai dire lavoro autonomo, flessibile, mobile. Nella quale la grande promessa che può essere fatta ai giovani del Sud non è più: vi portiamo giù uno stabilimento per assumervi tutti, ma è: mettete su la vostra impresa. Tutto questo mette in discussione moduli tradizionali di rappresentanza politico sindacale. Come raggiungere i lavoratori se non si trovano più in fabbrica? Un partito leggero come il Psi poteva muoversi con maggiore agilità. Una macchina come quella del Pds...»

«Se D'Alema vuole arrivare al trentacinque per cento...»

Secondo lei D'Alema dove vuole portare la macchina? «D'Alema dice: il Pds così com'è non può raggiungere traguardi ulteriori a quelli che ha già raggiunto. Se vuole andare oltre deve cambiare. Ma se cambia mette a repentaglio il modello organizzativo che gli assicura almeno il ventuno per cento che ha. Allora, vale la pena di muoversi per arrivare al trentacinque per cento? Oppure facendo questo rischiamo di mettere in pericolo il ventuno che ci garantisce l'attuale macchina organizzativa? È lo stesso problema che ha avuto in Inghilterra Tony Blair quando ha cercato di andare al di là dello spazio politico assicuratogli dal legame genetico con i sindacati...»

Ho la sensazione che D'Alema senta molto il problema di Rifondazione. Baget Bozzo dice: in fondo, se ricomponiamo le due parti, ritroviamo il Pci. «Il problema è di non tornare al passato. Occhetto, in fondo, l'atto di coraggio di rompere il Pci e di guardare al futuro l'ha compiuto. Poi la gestione è un altro problema. Ricorda giustamente Piero Fassino che ogni partito di Sinistra europea ha al suo interno un elettorato estremista, massimalista, operaista accanto all'elettorato più moderato, riformista, liberista. Il problema italiano è che questo elettorato è organizzato in un partito come Rifondazione, che perciò ne accentua il peso.»

Lei a D'Alema consiglia di tenersi tranquillo il suo ventuno per cento o di uscire dal guscio per puntare al trentacinque? «Gli consiglierei di giocarsi il ventuno per arrivare al trentacinque. Soltanto così sarebbe in grado di affrontare la sfida che ha in mente. Riportare nel Pds l'elettorato più estremista che se ne è distaccato potrebbe avere un effetto più devastante di quello che avrebbe in un altro partito, in un altro paese. Farebbe riunire umori che l'atto di coraggio della nascita del Pds ha separato. Quando il baricentro di un partito è spostato da quella parte, si è condannati all'opposizione. Si diventa partito di governo quando il baricentro si sposta sull'ala liberista e moderata.»

Quindi nel partito del trentacinque per cento Rifondazione non c'entra. «Non c'entra, questo è evidente.»

E il sogno veltroniano del partito democratico? «Non riesco a capire che cosa significhi. Se è un'allusione al partito democratico americano, è difficilmente traducibile perché rappresenta una tradizione tutt'affatto diversa dalla nostra. Se invece vuole essere un contenitore che trasformi in partito l'albero dell'Ulivo, contrasta con la realtà della politica italiana, dove il centrosinistra è fatto di più forze.»

E il Ppi? «Lo vedo come parte del centrosinistra.»

Tutto? «Non ne ho la più pallida idea. Storicamente in Italia esistono cattolici moderati e conservatori, e cattolici moderati e riformisti. Questa realtà porta i due elettorati a schierarsi nel centrodestra e nel centrosinistra.»

Lei vede un Polo che vada da Dini a Fini? «Fondamentalmente sì. Dini disse onestamente subito dopo le elezioni che alla fine del suo contratto col centrosinistra sarebbe passato al centrodestra. Se lui fa questo, il Polo potrebbe andare davvero da Dini a Fini. Con una unificazione tra i due partitini ex democristiani e Forza Italia e un'alleanza tra questa e una An sempre più destra moderata e sociale e sempre meno destra fascista. Così il Polo sarebbe una potenziale alternativa di governo che verrebbe meno se Fini – ma non lo sta facendo – si limitasse a una opposizione poujadista.»

Insomma, lei vede due alleanze e quattro partiti in tutto. «No. Pensando, come penso, a un sistema elettorale a due turni, che elimini pian piano i partiti che non arrivano al secondo, la mia ipotesi per la Sinistra è aperta: o Rifondazione o i Popolari potrebbero sparire come partiti e lasciare i loro elettori alla scelta del *second-best* al secondo turno. Ma a chi dei due tocchi non lo so». E di quanti anni ha bisogno per nascere il partito socialista liberale? «Anni? Mesi. Se si aspettassero anni, sarebbe la terza occasione storica perduta.»

Craxi: «Amato? Si è comportato da bugiardo»

«Amato a palazzo Chigi? È la prima volta che sento parlare di questo possibile ritorno. È una sua previsione, una sua fantasia? Se così fosse, mi perdoni, non posso correre dietro alle fantasie. Ma può darsi naturalmente che io sia male informato.»

Così all'inizio dell'autunno '96 Bettino Craxi chiuse, per quel che lo riguardava, ogni ipotesi di ritorno alla guida del governo di quello che per quattro anni fu il suo braccio destro a palazzo Chigi. No, non era una mia previsione, né una mia fantasia. E Craxi lo sapeva bene. Sapeva che Amato costituiva una carta di riserva per situazioni di emergenza. L'aveva costituita ai tempi di Maccanico. E anche dopo le elezioni di aprile, si sapeva che il capo dello Stato lo stimava, che lo stimavano il capo della maggioranza, D'Alema, e il capo dell'opposizione, Berlusconi. Nessuno, naturalmente, metteva in discussione il governo Prodi e l'idea delle larghe intese apparteneva ormai a una stagione passata. Ma il nostro, si sa, è il paese delle emergenze. Dunque, anche quando il mare è calmo, conviene sempre tener d'occhio le scialuppe di salvataggio...

Ma da Hammamet si giudicò imprudente un'ipotesi del genere. Era noto che Bettino Craxi non veniva consultato dal Quirinale, né dalle segreterie dei partiti. Era un fantasma e come tale escluso dalle decisioni terrene. Ma si sa che i fantasmi, soprattutto quelli in catene, si divertono a trascinarle con rumore, per seminare inquietudine, talvolta panico. Per questo telefonai al fantasma per chiedergli se nel caso di Amato lo avrebbe fatto e lui rispose di sì.

Quando gli chiesi se avesse fatto bene il suo antico e intelligente collaboratore ad accettare la proposta di D'Alema, la risposta fu gelida: «Da tempo Amato ha rinunciato a essere leader di una forza politica socialista. A parte le sue personali attitudini tecnocratiche, non vedo proprio come potrebbe risolvere i problemi che stanno sul tappeto. Per il resto, io stimo Amato perché è un grande lavoratore e una persona esperta e competente. Ma non posso non lamentare il fatto che, al pari di altri e forse anche più di altri, di fronte alla tragedia socialista si è comportato da bugiardo e da extraterrestre.» Cioè? «Un bugiardo si sa chi è. Un extraterrestre è quel tale che si aggira stralunato sulla scena politica dando mostra di aver vissuto i decenni precedenti sulla luna.» Aggiunse: «Non mi sono nemmeno piaciuti in Amato certi suoi atteggiamenti da moralizzatore. Cosa che non si sarebbe potuto assolutamente permettere. E se mi dà sulla voce, se mi smentisce, gli dimostro perché ho ragione.»

L'avvertimento arrivò pesantissimo. E si estese al resto

della vecchia armata socialista. Quando infatti chiesi a Craxi se gli altri compagni di partito avessero fatto bene a seguire Amato nella sua avventura col nuovo partito di D'Alema, liquidò così la questione: «Non credo proprio. Il problema che riguarda la diaspora socialista non si risolve con espedienti».

La ragione della mia telefonata a Craxi non era comunque motivata dal controllo dei suoi rapporti con Giuliano Amato. Stava per nascere nella Sinistra italiana un partito dichiaratamente ispirato alle grandi socialdemocrazie europee. Il quadro delle testimonianze non sarebbe stato completo senza il parere di chi aveva coltivato per primo questo sogno, da una sponda diversa e spesso opposta a quella del Pci-Pds. Ripresi dopo quasi vent'anni da uno scaffale gli scritti di Pierre-Joseph Proudhon, protagonista della rivolta francese del 1848, e profeta del socialismo pre-marxiano con Babeuf, Filippo Buonarroti, Owen, Saint-Simon, Fourier, Blanc. Craxi fece di Proudhon una bandiera per dimostrare che la lotta contro le classi proprietarie era cominciata assai prima di Marx e dei marxisti. Ritrovai in un'opera di Proudhon (*Idée générale de la révolution au XIXème siècle*) alcuni elementi del programma che lo svedese Olof Palme stava progettando alla fine degli anni Settanta. Craxi voleva insomma restituire al Psi autonomia ideologica anche in campo rivoluzionario. Ma unico leader socialista europeo a essere elettoralmente più debole dei comunisti, voleva una unità socialista che lo vedesse protagonista e non suddito. Nel '79 gli chiesi cosa pensasse dell'idea di Berlinguer di fare dell'eurocomunismo una «terza via» tra il comunismo sovietico e il capitalismo occidentale, lui mi rispose: «Questa terza via non può che collocarsi nell'ambito di un socialismo democratico».

«Quando D'Alema e Veltroni vennero nel mio camper»

Diciassette anni dopo era naturale chiedergli a che cosa avesse pensato quando nell'estate del '96 D'Alema aveva lanciato l'idea del nuovo partito socialdemocratico.

«Ho ripensato» mi rispose Craxi «a un episodio che risale ormai al marzo del '90. In un camper, trasformato in ufficio, nel corso di una manifestazione socialista, avevo ricevuto la delegazione del Pci che era composta, ricordo, da D'Alema e Veltroni. Parlai con loro principalmente di un argomento al quale allora davo una grande importanza. Sapevo che i nuovi dirigenti del Pci si accingevano a cambiare il nome del partito. Ebbene, conversando con loro, io insistetti perché adottassero il nome di "socialista".»

E loro che cosa risposero? «La mia proposta e la mia insistenza crearono sorpresa e imbarazzo. E infatti le risposte furono evasive. Mi dissero che stavano riflettendo sul nome da dare al nuovo partito e che non avevano ancora deciso. La verità era che probabilmente un salto troppo brusco come quello che gli suggerivo era considerato molto rischioso...» La scelta fu infatti diversa. «Nacque infatti un brutto nome da democrazia popolare e cioè quello di Partito democratico della sinistra, mentre la falce e il martello mantennero un loro posticino nel nuovo simbolo.»

Anche voi, un tempo, avevate la vostra falce e il vostro martello. «Sì e infatti anch'io mi ero trovato in qualche difficoltà quando avevo proposto di cambiare il simbolo del Psi. Appena cominciai a muovermi in questo senso, fui preso a male parole da ortodossi nostalgici che, per la verità, conoscevano assai poco la storia del Psi. Il simbolo con la falce e il martello, cui i socialisti avevano aggiunto poi il libro, era infatti un simbolo comunista, anzi un simbolo sovietico. I socialisti lo avevano adottato nel congresso del '19, due anni prima della scissione di Livorno, quando il Psi aveva aderito alla Internazionale di Mosca. Lo avevano deciso i delegati del congresso di Bologna, approvando un ordine del giorno del vicesegretario Nicola Bombacci, divenuto poi deputato comunista e finito per un tragico destino nell'aprile del '45 tra i fucilati di Dongo. L'ordine del giorno suonava così: "Il congresso socialista adotta il simbolo del partito comunista dell'Urss". Eravamo nel '19. Ora siamo nel '96. Nel periodo in cui si svolse l'incontro con D'Alema e Veltroni pensavo già a quella che inutilmente indicai come l'Unità socialista. Mi facevo delle illusioni.»

Gli chiesi se esistessero le condizioni storiche e politiche perché D'Alema portasse avanti il suo progetto. «Bisogna innanzitutto mettere riparo alla diaspora socialista» rispose Craxi. «Il Psi è stato letteralmente distrutto da un'azione politico-giudiziaria violenta e pianificata. Sono state distrutte le sue strutture e le sue organizzazioni. È stata criminalizzata gran parte della sua classe dirigente. Il suo elettorato è stato letteralmente disperso.»

Craxi proseguì inarrestabile: «Molti esponenti socialisti sono stati vittime di vere e proprie infamie e il tutto con un accanimento che ha riguardato principalmente noi, mentre ad altri, come non è difficile constatare, è stato riservato ben altro trattamento. Una campagna di violenza e di odio che sarà un giorno ricostruita per intero.

«Con il sostegno e l'applauso di tanti che ritenevano di trarne vantaggio, sono stati organizzati a tempo di record falsi processi spettacolo con il solo scopo di eliminare una forza politica e i suoi leader e non certo per moralizzare effettivamente la vita pubblica, usando per questo e sino in fondo, come sarebbe stato necessario, soprattutto l'arma della verità.»

Craxi volle rispondere alle mie domande per iscritto. E questo rese impossibile muovergli obiezioni.

Tuttavia quello che fu il leader più potente nella storia del Psi comprese da solo che qualche ammissione di responsabilità doveva pur farla. Ma lo fece così: «In materia di finanziamento illegale ai partiti della politica i socialisti avevano certamente le loro responsabilità, ma non più di altri. In aggiunta, buona parte di loro si è subito piegata e ritirata di fronte all'aggressione. Chi per calcolo, e chi per viltà. Ora questo problema non può essere lasciato a mezz'aria senza essere risolto. E se non si creano per i socialisti dispersi, sconfitti e in molti casi perseguitati, condizioni diverse, almeno per quanto riguarda il grosso dei militanti e degli elettori che avevano votato socialista, tutto rimarrà ambiguo, posticcio e tutt'altro che convincente».

Chiesi a Craxi quando avesse pensato per la prima volta di poter formare un grande partito della Sinistra.

«Io ho sempre pensato che il movimento socialista italiano doveva ritornare sulla strada maestra e certo questa non poteva essere quella comunista. Per far questo bisognava rimuovere tutti gli ostacoli che ancora non lo rendevano possibile. Del resto, nella storia, l'illusione rivoluzionaria e poi l'egemonia comunista avevano sempre portato gran parte della Sinistra italiana sulla via di clamorose sconfitte. D'altro canto l'"autonomismo" socialista e i suoi diversi "corsi", peraltro impegnato a più riprese in alleanze di centrosinistra con forze moderate, non poteva certo da solo risolvere questo problema.»

Era noto che l'elemento che ha sempre frenato Craxi dal costruire in concreto l'alternativa di sinistra fosse la forte disparità elettorale col Pci. Mi disse nel '79, per un libro dedicato al socialismo europeo: «L'unità della Sinistra è legata anche a un riequilibrio delle forze». Quando gliene chiesi conferma nell'autunno del '96, Craxi riportò la memoria esattamente indietro di vent'anni. Nel 1976 De Martino aveva chiesto le elezioni con un Psi completamente appiattito sul Pci. I comunisti trionfarono, i socialisti andarono al minimo storico. De Martino, si disse, aveva scosso l'albero, ma era stato Berlinguer a raccoglierne i frutti. Sulle rovine del Psi, Craxi fu eletto segretario nell'estate. Un segretario debole, provvisorio...

«Ricordo che quando diventai segretario del partito,» mi raccontava ora «mi incontrai una sera, a casa di Gianni Cervetti, che conoscevo dai tempi dell'università, con Giancarlo Pajetta, comunista tutto d'un pezzo.

«Una volta, alla Camera, negli anni di piombo, quando mi ero levato per commemorare Annarumma, ripetendo ciò che aveva scritto Pasolini in difesa della "Polizia assassina", Pajetta mi aveva dato del fascista. Tuttavia nell'animo mio, era un uomo che avevo sempre rispettato perché sapevo quanto aveva pagato di persona per la sua fede comunista [*entrò in carcere la prima volta a sedici anni e ne uscì definitivamente che ne aveva più di quaranta, nda*]. Quella sera facemmo la pace e nacque un'amicizia che è durata poi sino alla sua morte.»

E Pajetta che cosa disse? «In quell'incontro Pajetta mi disse che si rendeva perfettamente conto che i rapporti di forza tra socialisti e comunisti erano troppo squilibrati e che questo costituiva certamente un ostacolo sulla via dell'unità. Allora il Psi era sceso al 9.6 per cento e il Pci aveva raggiunto il 34 per cento. Mi disse a bruciapelo: "Quanto vuoi? Ti basta il 15 per cento?". Credo di avergli risposto: "Mi basta e mi avanza".»

E allora? «I problemi erano di ben altra natura. Anche il Pci berlingueriano in realtà aveva mantenuto un legame ombelicale con l'Urss. Questo non impedì "l'unità nazionale", anche se quest'ultima, insieme con "l'eurocomunismo", aveva fatto nascere un sentimento di diffidenza del gruppo dirigente del Pcus nei confronti del Pci, ma comunque di certo impediva "l'unità socialista".»

Nell'89 (lo ricordava Amato nelle pagine precedenti) dopo il crollo del Muro, molti dirigenti comunisti consideravano fatale un'annessione da parte del Psi. Perché Craxi non ne approfittò?

«Le cose non stanno così. Di fronte al crollo dell'impero comunista io mi posi il problema. Approfittarne e organizzare un attacco frontale ai comunisti italiani o indicare subito una via d'uscita per tutti, che risolvesse a un tempo i problemi ereditati da una storia travagliata e introducesse un nuovo fattore di forza, di stabilità e di progresso nella società politica e nella democrazia italiana. Mi mossi in questa seconda direzione. Non so se per demerito mio o per colpa di altri, questa prospettiva andò incontro a un fallimento. Bisognerà fare degli avvenimenti di quegli anni una lettura non superficiale e non strumentale.»

È vero che fu Craxi a impedire a lungo l'ingresso del Pci e poi anche del Pds nell'Internazionale socialista, di cui D'Alema è diventato vicepresidente nel settembre del '96, in una sessione svoltasi addirittura negli Stati Uniti?

«È vero esattamente il contrario. Sulla richiesta del Pds di adesione all'Internazionale socialista, il presidente Willy Brandt era stato con me chiaro ed esplicito. Mi aveva detto: "Il mio partito è favorevole, ma noi rispetteremo la tua decisione". Altri leader importanti dell'Internazionale invece non erano per nulla favorevoli. Anzi, quando seppero che io mi stavo orientando in senso favorevole, cercarono di dissuadermi dicendo che mi stavo sbagliando e che era meglio lasciare passare un periodo di attesa e di osservazione.»

Quindi? «Di fronte al Congresso dell'Internazionale socialista fui quindi io il relatore proponente. Illustrai alle delegazioni presenti al congresso le ragioni per le quali proponevo di accettare la domanda di ingresso del Pds. In precedenza Psi e Pds avevano siglato un documento comune che conteneva un esplicito impegno di unità. Finì quasi subito nel cestino della carta e non fui certo io a buttarcelo.»

Abbiamo visto come sia stata rimproverata a Craxi la scelta di un accordo privilegiato con la parte moderata della Dc rispetto a quella di sinistra col Pci-Pds. Era possibile una scelta diversa? Craxi contestò la premessa: «Per la verità della storia Andreotti era stato il campione della "unità nazionale". Allora non contavano tanto i socialisti, quanto la coppia Andreotti-Berlinguer. Alla fine degli anni Ottanta io cominciai a tessere una tela a sinistra. I testimoni sono stati tanti e le testimonianze possono essere ancora tante. Ma la tela fu alla fine stracciata. Vi furono in questo anche responsabilità socialiste, ma non mie, quanto di chi indusse i nuovi dirigenti ex comunisti a degli errori di valutazione».

Perché non provocò nell'aprile del '91 la fine del governo Andreotti e nuove elezioni anticipate? «Se lo avessi fatto, da solo com'ero, li avrei avuti tutti addosso. Sarei stato il bersaglio privilegiato, con corredo di stivali e camicia nera, di tutta la campagna elettorale.»

Chiusi con la domanda di rito, che gli rivolgevo ormai per il terzo anno. Sarebbe tornato in Italia e in quali circostanze?

«Da uomo e cittadino veramente libero. Per ora sto dove sono. Mi curo e cerco di rimettermi nelle migliori condizioni perché, onestamente, sono ancora troppo giovane per tirare le cuoia e sento il dovere di deludere chi, per avventura, lo desiderasse.»

L'intera estate del '96, dopo un nuovo drammatico ricovero di Craxi in un ospedale tunisino, fu movimentata dalle voci di una trattativa tra i suoi avvocati e il Pool di Milano per un rientro «umanitario». Borrelli e i suoi mi smentirono ogni ipotesi del genere. E la stessa cosa fece l'interessato.

Bertinotti, tra rivoluzione e Mulino Bianco

«Lo sai che la differenza che c'è tra noi e il centrosinistra di Prodi e D'Alema è molto più grande di quella che c'era trentacinque anni fa tra noi socialisti e i democristiani?»

Era una bella botta, ma Fausto Bertinotti la assestò con il garbo consueto, quello che lo fa adorare da tante signore borghesi più attente alla erre come quella dell'Avvocato e ai seducenti velluti a coste da lui indossati nella stagione fredda, che ai programmi politici partoriti da quel raffinato cervello. Assestò la botta un mattino presto del settembre '96, bevendo il caffè nella sua casa di Vigna Clara, quartiere bene di Roma. Già, come la immaginate la casa di Bertinotti? Lenin e Che Guevara dappertutto? Trofei africani, dono dei partiti rivoluzionari che hanno liberato i loro pesi dal colonialismo? Ricordi di memorabili visite a Cuba? Foto con Fidel? E invece no. Un ladro che forzasse le modeste protezioni del piccolo giardino ed entrasse in casa, a tutto penserebbe tranne di aver violato il rifugio dell'ultimo rivoluzionario dichiarato.

Bertinotti abita in una casa ordinatissima, tranquillissima, dolcissima, normalissima. I soprammobili al loro posto, le foto di famiglia in vista. I tormenti della politica deve lasciarli fuori perché qui non ce n'è traccia. Lo si sapeva monogamo e innamorato della moglie. Basta uno sguardo per averne conferma. «Vuoi un caffè?» mi chiese. Risposi di no per non disturbare. Ma era tutto pronto. Il bricco col caffè caldo, il bricco del tè, i biscotti del Mulino Bianco. La moglie Lella, una bella donna col sorriso solare e innamorato (ma politicamente, se possibile, più radicale di lui), aveva lasciato tutto pronto prima di andare in ufficio. E fu bevendo quel caffè che evocammo i fantasmi della preistoria. Basso, Lombardi, Foa, Vecchietti, Libertini. Stava con loro, allora, il lombardiano Bertinotti e i comunisti doc avvertono ancora la diversità d'origine, il fatto che con lui al massimo si è stati cugini, mai fratelli. Evocammo i contraenti dell'altra parte: Fanfani, Moro, Marcora, il giovane De Mita, il rude Donat Cattin, il saggio Pasquale Saraceno. «Che bel discorso fece Saraceno al convegno dc di San Pellegrino, nell'autunno del '62. Un convegno di fortissima ispirazione riformista. Basti pensare alle cose che si dissero sul Mezzogiorno, sulle riforme...» E Fanfani? «Risentiva ancora molto dell'influenza di La Pira. Pragmatico, con un fortissimo orizzonte internazionalista, molto attento al Mediterraneo. Era tra i più avanzati.» E Moro? «Cautissimo, ipercauto, ma anche lui con una strategia visibilmente riformista.»

Che cosa vi divideva? «Noi pensavamo al socialismo. Nenni in tempi lunghissimi. Lombardi nei termini di una transizione progettata e costruita. Loro pensavano a un riformismo interno alla società capitalistica. Ma concordavamo sul fatto che l'Italia avesse bisogno di una stagione di riforme. I democristiani inoltre pensavano di portare i socialisti sulla sponda dell'integrazione democratica. Ma con Fanfani e gli altri c'erano grosse convergenze.»

E adesso invece? «Adesso è tutto molto diverso. Il rapporto tra noi e il Pds è il prodotto di una rottura e la genesi dell'origine dei rapporti non è secondaria. Questa rottura invece di rimarginarsi si è acuita.» Perché? «Perché il dissenso non si ferma, come accadeva all'inizio del centrosinistra con la Dc, alle ipotesi finali. Investe invece la fase di sviluppo, una diversa interpretazione del progetto in corso.» Cioè? «Il Pds, come quasi tutte le forze della Sinistra moderata, pensa che il processo di globalizzazione dell'economia, di ristrutturazione, di modifica della composizione sociale del lavoro è un processo complessivamente positivo. Che va accompagnato, magari corretto, ma complessivamente sostenuto.» Rifondazione, invece? «Noi pensiamo invece che questa sia modernizzazione senza modernità. Questo processo può mettere in discussione la civiltà europea, l'insieme di culture e di conquiste che il mondo del lavoro ha realizzato nell'Europa che conosciamo. L'Europa dello stato sociale, dei poteri contrattuali dei sindacati, della democrazia di massa.»

«Insomma, D'Alema è come Clinton»

Insomma D'Alema sarebbe come Clinton. «Che fa Clinton? Come tutte le forze di Sinistra moderata quando vanno a dirgli che la spesa sociale è troppo alta, che non si è più competitivi con le tigri asiatiche, resiste un po', ma alla fine cede e magari riduce le protezioni ai poveri. Adesso io forse la sto facendo troppo semplice, ma insomma la situazione è questa.» Differenza a tutto campo con l'Ulivo, quindi. «Se fossimo divisi solo sull'idea di capitalismo, be' insomma non sarebbe incompatibile fare insieme un governo di coalizione. Il problema è che diamo giudizi diversi sull'impianto programmatico.» E allora? «Allora il problema è che Prodi rappresenta per noi l'unica ipotesi di governo che abbia una potenzialità riformatrice. Se fallisse, andrebbe male per lui, ma anche per noi. I risultati che saprà ottenere negli anni sono importantissimi. Non è più vero che quando la gente s'incavola vota a sinistra...» Quando gli chiesi se un'uscita dalla maggioranza gli avrebbe dato il vantaggio di una maggiore libertà di manovra, Bertinotti mi rispose di no: «Noi possiamo crescere come partito se dimostriamo la nostra influenza sul governo».

Mi parlò a lungo del sogno di un'Italia riformata secondo i suoi desideri, anzi secondo quello che un minimo di realismo politico gli consentiva di immaginare. Un'Italia con l'orario di lavoro ridotto per far lavorare più gente, con una evasione fiscale ridotta per dare respiro ai conti pubblici, con uno Stato che rinunciasse alle privatizzazioni e si trasformasse in imprenditore culturale per farsi promotore del risanamento del Mezzogiorno. Gli parlai delle inquietudini del Nord, messe in vetrina da Bossi con la parata sul Po di metà settembre '96, gli chiesi se non temesse un progressivo emigrare dei posti di lavoro, visto che ormai molte lavorazioni di base possono compiersi in Ungheria, in India o in Cina. Mi rispose di no. «È vero che c'è questa tendenza, ma non può andare oltre un certo punto. Ti faccio l'esempio di Del Vecchio, il padrone della Luxottica. Lui ha detto che nemmeno pregato si muoverebbe dai suoi insediamenti veneti perché essi si reggono su una cultura d'impresa, su una integrazione sociale che formano serbatoi di competitività e di produttività difficilmente eguagliabili.»

Parlammo del progetto di D'Alema per la costruzione di un nuovo partito socialdemocratico. «Cominciamo col dire» rispose Bertinotti «che D'Alema ha scartato innanzitutto l'idea di chiamare la nuova creatura partito democratico perché sarebbe stato visto come il partito dell'Ulivo. Ha fatto una scelta di schieramento, prima che di profilo.» E poi? «E poi il Pds deve scegliere un nome che dica chiaramente che animale politico sia. Che significa socialdemocratico? Fino agli anni Sessanta e Settanta significava partito del welfare, dello stato sociale. E anche partito del lavoro. Il partito socialdemocratico tedesco era addirittura il partito degli operai professionalizzati. Non il partito di una classe, ma addirittura il partito del nucleo di una classe.» E oggi? «Oggi questi partiti sono in fase di redifinizione. Si dicono interclassisti, ma questo non impedirebbe di prestare attenzione alle fasce di popolazione più deboli. È vero o non è vero che essi stanno assumendo la cultura liberale come cultura politica prevalente?»

«Sono comunista. Un comunista delle origini»

Ma allora a che cosa pensa D'Alema? «Credo che parli di partito socialdemocratico intendendo un partito strutturato e per chiudere come impraticabile l'idea del partito democratico. Perché il partito democratico, come partito dell'alternanza in un sistema bipolare, sarebbe un'ipotesi disastrosa. Come è disastroso il sistema bipolare maggioritario che delega ai poli una politica separata dal concreto, dalla vita quotidiana con le masse. Ma questo non risolve il problema della definizione e dell'identità del partito di D'Alema.»

Ho la sensazione, gli dissi, che D'Alema immagini di rosicchiare qualcosa al vostro elettorato. È immaginabile in una prospettiva lontana una riunificazione? Dice Baget Bozzo riferendosi ai vostri due partiti: mettili insieme e ritrovi il Pci. «Intanto questo non è vero. E poi è finito in Italia il tempo di una sola Sinistra. Quando esistevano comunisti e socialisti, appartenevano entrambi al movimento operaio, cioè alla lotta di classe. Magari facevano lotte fratricide, ma costituivano una Sinistra. Una, al singolare.» E adesso? «Adesso quella condizione è finita e siamo in due. Due sinistre diverse non soltanto per la linea politica che seguono, ma per la loro stessa struttura ideale. Una, il Pds, è uscita dalla storia del movimento operaio. D'Alema parla di cultura liberale nel suo partito. Una Sinistra liberale di massa non è mai esistita. Il partito repubblicano si diceva liberale e di sinistra, ma era piccolissimo e non c'entra nulla con la storia del socialismo. L'altra, la nostra, è una sinistra antagonista, anticapitalista, radicale che assomiglia ad altre formazioni che vanno aggregandosi in Europa. L'idea che questa forza possa essere assorbita dalla Sinistra moderata è totalmente inesistente.»

Tu vieni dal Psi. Ha fatto bene D'Alema a tentarne il recupero? «Intanto, D'Alema ha sbagliato a non segnare il discrimine del craxismo. Il craxismo non è una prosecuzione della storia socialista.» Nemmeno nei primi anni? «L'errore di D'Alema è nel non vedere la connessione tra la nascita del fenomeno craxiano e il suo esito. Craxi ha fatto sua l'idea della politica come esercizio del potere, l'uso del partito separato dalla società. Berlinguer fece sua una frase di Riccardo Lombardi quando disse che con Craxi il Psi aveva subìto una mutazione genetica.»

A proposito di Berlinguer, il compromesso storico fu un errore? «Sì, per due ragioni. La prima: sembrava rimuovere la reale natura di sistema della Democrazia cristiana, con una commistione del ragionamento sul mondo cattolico (compromesso storico) e sistema di potere della Dc (governo di unità nazionale), senza che fossero nettamente distinti i due elementi.» E la seconda? «Immetteva nel compromesso storico una sorta di patto tra i produttori, ignorando la natura del capitalismo italiano, che voleva una rivincita contro le lotte degli anni Sessanta. Perché dal '69 a oggi il problema è stato sempre quello di cambiare modello di sviluppo.»

Chiesi a Bertinotti un'ultima cosa, che era poi quella sulla quale doveva reggersi ogni suo ragionamento. Che significa la parola comunismo alla fine del secolo? «Per me il significato è quello delle origini: un grande processo storico di liberazione dallo sfruttamento. Naturalmente non lo dico in modo rassicurante perché bisogna fare i conti con questo secolo...» Appunto. Ma lotti ancora per l'egemonia di una classe sulle altre? «Sì. In questo senso sono proprio marxiano. L'egemonia di una classe sulle altre c'è, qualcuno insomma la esercita. Oggi l'egemonia borghese è così forte da chiamarsi pensiero unico. Io vedo un'egemonia diversa. In un processo liberatorio delle classi subalterne, credo che queste – raggiunta l'egemonia – debbano garantire il confronto con culture diverse dalla propria. L'egemonia non può essere immaginata come soffocamento, come cancellazione, come integrazione, come assorbimento, ma come sfida, come propensione a realizzare un prevalente, non un totalizzante.»

E adesso ci sarebbe il totalizzante? «Sì, l'egemonia della classe proprietaria è illiberale.»

Me lo disse con dolcezza, il rivoluzionario Bertinotti, mentre i biscotti del Mulino Bianco preparati con amore da Lella erano ancora lì, uno sull'altro.

In autunno, lo rividi alla Festa dell'Unità, in un dibattito con Fabio Mussi, davanti a cinquemila persone. Parlò delle classi deboli e dell'evasione fiscale dei ricchi, chiese di ridurre l'orario di lavoro e di non privatizzare i gioielli dell'impresa pubblica. Fu sommerso dagli applausi. Ma la maggioranza dell'uditorio, Pds doc, stette zitta, fremendo.

Ripensai ai vecchi dibattiti tra comunisti e socialisti. Le stesse cose le dicevano i dirigenti del Pci quando stavano all'opposizione e i socialisti abbozzavano. Adesso c'era stata la svolta. Governare era duro.

8
Berlusconi, dalla sconfitta al partito nuovo

«Se andrà male in politica, aprirò una gelateria.» Silvio Berlusconi finalmente sorrise. Michele aveva fatto di nuovo centro. Il suo gelato al pistacchio e allo yogurt era straordinario. Il Cavaliere sollevò lo sguardo e gli parve che perfino le Virtù che affrescano il soffitto della sala da pranzo dei duchi Grazioli convenissero sull'eccezionale risultato. Era un mercoledì, l'ultimo giorno del luglio '96. Berlusconi aveva trasferito da qualche settimana la sua residenza romana da via dell'Anima in via del Plebiscito, di fronte all'ala sinistra di palazzo Venezia.

Palazzo Grazioli ha la giusta dignità («opera di nobile semplicità di linee» dice la Soprintendenza ai monumenti) e il giusto spazio. Il Cavaliere ha affittato l'intero piano nobile (1300 metri quadrati) sistemandovi la propria abitazione e nell'ala opposta la presidenza e gli uffici di comunicazione di Forza Italia. Un grande salone attrezzato accoglie alla bisogna i giornalisti, non più costretti agli sfibranti bivacchi sull'acciottolato di via dell'Anima in attesa di sbattere i microfoni sui denti (letteralmente) del Cavaliere.

L'architetto Antonio Sarti, per soddisfare nel secolo scorso le ambizioni un po' palazzinare di Vincenzo Grazioli, ha lasciato poco dell'originario impianto cinquecentesco di Giacomo della Porta. Pazienza. Lo staff del Cavaliere rimpiange inoltre i disagi camerateschi di via dell'Anima dove in cucina Marinella, l'ombra insostituibile di Berlusconi, gli chiamava al telefono questo mondo e quell'altro lavorando su un tavolo a due passi dai fornelli in cui Michele preparava pranzi per un numero di persone variabile senza preavviso da due a ventiquattro.

Il mestiere di cronista mi aveva portato negli ultimi mesi ad avere contatti frequenti con tutti i leader politici e quindi anche con Berlusconi. Ma la cronaca è il racconto dell'oggi e al massimo può spingersi all'indomani, come le previsioni del tempo. Un libro, a torto o a ragione, ha ambizioni maggiori: cerca di guardare oltre l'orizzonte per il futuro. E per il passato fruga sotto i tappeti. Questo richiede agli interlocutori molto tempo e molta pazienza. Il Cavaliere mi aveva fissato un primo appuntamento per l'ultimo venerdì del luglio '96. Nonostante fosse stato operato da poco d'ernia, era tornato al lavoro il giorno dell'intervento per provare a se stesso che nulla gli era mutato nella prestanza fisica e nella forza di volontà da quando, molti anni prima, era stato operato al mattino di cistifellea e al pomeriggio aveva concluso non so bene quale straordinario affare. Mi ricevette nel suo studio e mi fece servire d'ufficio dal silenzioso Alfredo un gelato al pistacchio. Purtroppo l'unico gusto di gelato che non amo è appunto il pistacchio. Ma mentre stavo per rassegnarmi a mandarlo giù come faccio con i caffè che vengono serviti senza preavviso soprattutto negli uffici meridionali o diretti da meridionali, dovetti constatare che anche nel pistacchio Berlusconi ha saputo elevare la propria qualità di vita. Così quando m'invitò a colazione alcuni giorni più tardi per completare il colloquio, la tovaglia di fiandra scarlatta, le alzate d'argento d'epoca, il centrotavola sommerso da un letto di gerbere e naturalmente i commensali furono rallegrati da un nuovo arrivo, a fine pasto, dello straordinario pistacchio di Alfredo. («Ma non trascurare lo yogurt» mi soffiò in un orecchio l'onorevole Bonaiuti, portavoce di Berlusconi, con la solennità complice del frate che conosce ogni segreto del convento e della dispensa, avendo rinunziato a ogni altro piacere terreno.)

Anche se «le grandi malattie dell'anima, come quelle del corpo, rinnovellano l'uomo», come dice D'Annunzio nell'*Innocente*, quel giorno Berlusconi non era sereno. Nel pomeriggio si sarebbe gettato alle spalle la sconfitta elettorale partecipando, come a un rito esorcistico, alla presentazione del libro dedicato dal suo fidato collaboratore Gianni Pilo alle ragioni dell'insuccesso del Polo. Ma era il tam tam di Palermo sul suo possibile coinvolgimento nell'indagine per fatti di mafia a carico del suo amico Marcello Dell'Utri a renderlo furioso. «Io» si sfogò «mi sono imbattuto nella mafia una sola volta nella mia vita. Quando aveva deciso di rapire mio figlio Piersilvio e fui costretto a portare all'estero tutta la famiglia.» Fece una pausa, corrucciò ancor di più lo sguardo e le labbra e aggiunse: «Ma io volevo che i miei figli vivessero e studiassero in Italia, vicino a me. Quando potei portarli indietro, blindai la casa e assunsi quasi un esercito per proteggerli. Eccoli, i miei rapporti con la mafia».

Lo rendeva inquieto, inoltre, l'uso che a suo giudizio il governo faceva di Mediaset per indebolirlo politicamente. «Colpendomi nei miei interessi privati, nell'azienda che ho creato dal nulla, hanno cercato e cercano di condizionare il leader dell'opposizione. Ma non potevano riuscirci, non ci sono riusciti, non ci riusciranno.» Obiettai che questa connessione, virtuosa o perversa che fosse, dimostrava la persistenza del suo conflitto d'interessi. «Certo che esiste, ma al contrario. L'ho sempre detto e questa ne è la conferma. Mediaset è penalizzata al massimo dal suo collegamento con Berlusconi. Ed è inaccettabile che il governo usi il suo potere contro Mediaset nel tentativo di condizionare il capo dell'opposizione parlamentare.»

Entrò Letta, in tempo per il pistacchio

Entrò Gianni Letta, appena in tempo per il pistacchio. Una volta Berlusconi, presidente di Mondadori, guardando fisso negli occhi Franco Tatò, che ne era il terribile amministratore delegato, si sentì un costo da abbattere. È possibile che quando incontra Letta si senta un disoccupato o, peggio, un mantenuto. Letta entrò infatti nella sala da pranzo della famiglia Grazioli con l'aria del fratello maggiore che ha fatto tardi perché lavorava anche per i familiari un po' scioperati che perdono tempo in chiacchiere. Entrò, ricordò con la sua stessa presenza che la ricreazione era finita e che «non di solo pane vive l'uomo» (Matteo, 4,4). Assegnò a ciascuno i compiti del pomeriggio, relazionò sommariamente sullo stato della nazione a quell'ora del giorno e finalmente si rilassò, come può rilassarsi un radar acceso. Letta aveva consumato un intero paio di mocassini marciando per settimane tra l'ufficio di Maccanico, ministro delle Poste, e quello di Micheli, braccio destro di Prodi; aveva parlato con D'Alema e con Bianco, con Mancino e infine con Prodi per evitare che Mediaset fosse penalizzata nel disegno di legge governativo per il riassetto delle televisioni. Aveva rammentato l'esito del referendum vinto dalla Fininvest. Aveva ricordato che la Corte Costituzionale parlava del venti per cento delle reti in esercizio: se oggi le concessioni sono dodici, le reti in esercizio sono quindici (si aggiungono infatti Retemia, Retecapri e Elefante Tv). Il venti per cento di quindici fa tre, andava ripetendo Letta, e quindi Mediaset non deve cederne una. Ma soprattutto aveva cercato di evitare quelle che in azienda giudicarono due tagliole mortali: la riduzione dell'affollamento pubblicitario e soprattutto l'impossibilità di rimediare aumentando le tariffe, vista la proibizione di aumentare il fatturato. «È una rovina» diceva Berlusconi attaccando lo yogurt gelato offeso per lo strepitoso successo del pistacchio. «È come costringere un aereo capace di cento posti a portarne un terzo in meno. I costi restano immutati, gli utili si trasformano in perdite.»

Visto che le assicurazioni di Bianco e l'equilibrio di Maccanico risultarono travolti, Letta ebbe anche nel colloquio con Prodi la sensazione che stesse finalmente consumandosi su Berlusconi la vendetta a lungo meditata dalla sinistra democristiana: non furono nel '90 gli Andreatta, i Mattarella, gli Elia a teorizzare le dimissioni dei cinque ministri della sinistra dc dal governo Andreotti che aveva varato la legge Mammì, imposta peraltro da Craxi a De Mita l'anno precedente negli accordi di governo?

Negli stessi giorni di fine luglio, D'Alema mi disse che come fu un errore fare con la Mammì una «legge sartorialmente cucita su misura a Berlusconi», sarebbe stato «ugualmente negativo fare una legge con scopi punitivi». Se ne sarebbe dunque riparlato in Parlamento. (La proroga delle concessioni al marzo '97 avrebbe allentato notevolmente la tensione, ma il Polo avrebbe considerato quest'argomento una spada di Damocle costante sulla libertà di manovra dell'opposizione.)

«Perché ha perso le elezioni, dottor Berlusconi?»

Poiché è difficile prevedere il peggio, l'avevo visto in condizioni simili esattamente due anni prima nella sua villa in Sardegna. Bossi già gli rendeva la vita difficile, ma era ancora fresco il ricordo delle copertine dei maggiori giornali del mondo che gratificavano il suo straordinario successo elettorale. *L'uomo del miracolo italiano?* («The Economist»), *Il Principe Mercante* («Newsweek»), *Il nuovo campione del cambiamento italiano* («Time»). Lo stesso «Espresso», che della campagna contro Berlusconi ha fatto da anni la sua linea editoriale, era stato costretto a scrivere «Gol!» sul suo faccione dopo il trionfo nelle elezioni europee del '94. Ma la partita era ancora tutta da giocare.

Durante la colazione del 31 luglio il clima era diverso. Vi aveva silenziosamente partecipato Fedele Confalonieri, fresco presidente di Mediaset. Aveva temuto per qualche giorno che i giudici di Milano volessero rovinargli la festa. Ma le nubi sembravano dissolte e ora Confalonieri stava seduto in fondo alla tavola, come quei frati di passaggio in un convento dello stesso ordine che vuotano in fretta la loro ciotola, recitano rapidamente una preghiera e s'alzano per continuare il loro apostolato.

Prima che frate Fidel s'allontanasse, feci in tempo a lanciargli addosso il garrulo anatema dei nemici di Mediaset, secondo cui Berlusconi e i suoi sono artisti del pianto a comando. O meglio, «chiagnono e futtono», come dicono a Napoli per indicare con esemplare sintesi chi si lamenta in apparenza e in realtà gode. «Troppo poco abbiamo pianto» borbottò Fidel, mentre Berlusconi riprese la sua scientifica giaculatoria sui danni subiti dall'azienda in Borsa e sul ricatto politico in atto.

Fu a quel punto che gli feci a bruciapelo la domanda più scontata e al tempo stesso più sgradevole: perché ha perso le elezioni, dottor Berlusconi? Berlusconi rispose per dovere d'ufficio, ma si vedeva che i postumi della lacerazione all'ernia inguinale tornavano a dargli noia. «Abbiamo perso perché nel '94 la Lega era con noi e nel '96 no. Nessuno vuole ricordare che nelle elezioni del '96 abbiamo tutti aumentato i voti: noi, An, il Ccd. Abbiamo preso più voti, ma abbiamo perso perché non c'era la Lega.» Solo per questo? «No. Abbiamo pagato una campagna elettorale moderata: non abbiamo raccolto i voti di quei cittadini esasperati che hanno votato per la Lega. Sono stato moderato in televisione, non ho mai attaccato Prodi per la sua gestione dell'Iri (salvo una volta, senza affondare, in un incontro con molti altri protagonisti), siamo stati massacrati dalla par condicio. Questa non ci ha consentito di far conoscere il simbolo unico del Polo, che era nuovo e ingenerava confusione. La par condicio ha inoltre consentito a Bossi di presentarsi con noi e con il centrosinistra come fosse un terzo partner alla pari. È scattata lì una legge commerciale infallibile. Si chiama *share of voice*, "quota di voce": quando due prodotti sono leader del mercato, la sola apparizione insieme a loro – alla pari – di un terzo prodotto, aumenta la quota di mercato di quest'ultimo.» Ancora? «La sottovalutazione di Rauti da parte di An e la confusione tra il suo simbolo e quello del Polo nel maggioritario.» (Secondo un sondaggio fatto in aprile dalla Diakron di Gianni Pilo, il 21.6 degli elettori di Alleanza nazionale ha fatto confusione su un fac-simile dando a Rauti il proprio voto.) Infine? «Io ero pessimista fin dall'inizio della campagna elettorale. Il momento era sbagliato. Correvamo senza la Lega e contro uno schieramento avversario sostenuto dalle forze più diverse: dai grandi giornali, soprattutto, da certi canali televisivi, dalla grande organizzazione dei sindacati, delle cooperative, dai settecentomila militanti del Pds e di Rifondazione comunista: gente con una lunga storia alle spalle, con una grande organizzazione e una indiscutibile capacità professionale.»

Berlusconi, dunque, non voleva le elezioni. Temeva di perderle. Sapeva che Fini le voleva per la ragione opposta. Quando al rientro dalla Cina fu invitato a colazione da Gaetano Rebecchini, il presidente di An fece capire che per lui le cose sarebbero andate bene comunque: o il Polo avrebbe vinto le elezioni o comunque An si sarebbe rafforzata in maniera determinante. Berlusconi la pensava esattamente allo stesso modo. Pagò l'assenza di un partito nella formazione delle liste. Non erano moltissimi i candidati con il forte radicamento locale richiesto dal sistema maggioritario. Nel suo libro, Gianni Pilo descrive con sdegno le notti di mercato in via dell'Anima. «C'era una concentrazione incredibile di potere staccato dai contenuti. Tatarella in un angolo taceva e fingeva di non occuparsi delle candidature. Ma era lì. Credo che non dormisse mai. Mastella invece se ne occupava. Lui è un vero istrione, e ci sa fare... An tirava la corda a ogni occasione. In mente aveva il sorpasso e forse ricordava la cedevolezza manifestata da Forza Italia nel '94...»

In realtà, Pilo rimpiange la selezione dei candidati del '94 fatta a Milano da Marcello Dell'Utri. Ma rileva al tempo stesso che quando Berlusconi vinse le elezioni, soltanto il 3.8 per cento dei voti furono portati dai candidati. La differenza è tutta qui. Nel '94 bastava il carisma del Capo per trascinare chiunque, nel '96 la gente guardava meglio in faccia le persone. Non a caso, il quaranta per cento dei parlamentari uscenti riproposti da Forza Italia non è stato rieletto. (Scene analoghe a quelle di via dell'Anima accaddero alle Botteghe Oscure dove si trattavano le candidature dell'Ulivo. Il numero maggiore di cespugli moltiplicò anzi la confusione. Ma la presenza di due vecchie volpi come Mauro Zani per il Pds e di Franco Marini per il Ppi fece con facilità strage di galline.)

«Caro Eco, il vecchio ricatto non funziona più»

In compenso, Berlusconi – che giudica migliore la sua attuale squadra parlamentare – fece un colpo magistrale arruolando alcuni tra gli intellettuali italiani di maggior prestigio. Era la prima volta che «professori» di questo calibro accettavano di formare una squadra estranea alla sinistra e anzi a essa contrapposta. Scrisse gasatissimo Renato Pera sul «Foglio» di Giuliano Ferrara: «È vero, Forza Italia è una nuvola, una macchia solare che va e viene, che si aggrega e si disfa a seconda di umori imprevedibili. Ma è fatta di cittadini che vogliono continuare a liberarsi. Dai vincoli della vecchia Italia, dalle burocrazie, dalle nomenclature, dalle assistenze. Liberarsi da Prodi, che è il cappello che D'Alema mette sulla poltrona del potere non potendo occuparla di persona, unico leader di sinistra in Europa. E liberarsi da Dini che è un cappello di paglia di Firenze». Rispondendo agli attacchi di Umberto Eco aggiungeva: «Eco è un intellettuale senz'anima... Sta col potere... e non si accorge che il vecchio ricatto non funziona più: si può essere uomini di cultura, e noi lo siamo quanto lui, e stare dalla parte opposta al Pds. Non è più peccato, non è più tradimento».

Pera, ordinario a Pisa di filosofia della scienza, fa parte di quella variopinta congrega d'intellettuali che hanno scelto il difficile ruolo del battitore libero in un Paese in cui si vince la tappa più facilmente se si indossa una maglia. Puntò sulla lista Giannini nelle elezioni del '92 insieme con Galli della Loggia, Massimo Teodori, Giovanni Negri. Più defilato stava Angelo Panebianco, che pure simpatizzava. Giannini prese quattrocentomila voti, insufficienti per far scattare il quorum e il gruppo fu sconfitto. Da quella sconfitta nacque il Movimento per i Referendum che aveva tre obiettivi: federalismo, presidenzialismo, introduzione del sistema maggioritario. Nei due anni successivi il gruppo si allargò e si restrinse a soffietto, come capita in Italia alle piccolissime minoranze: uscirono ed entrarono Pannella e Teodori, Panebianco e Settembrini. Ci furono contatti con quelli che furono liberali, repubblicani e i socialisti che volevano «restituire l'onore al partito». Fino a quando nel '95 non arrivarono altri intellettuali di peso come Lucio Colletti, Piero Melograni, Sergio Ricossa, Vittorio Mathieu. Con le elezioni anticipate, Marco Taradash fece da tramite tra il gruppo («Convenzione liberale») e Berlusconi.

Colletti e Pera andarono un paio di volte a cena nella casa del Cavaliere in via dell'Anima. Editorialisti del «Corriere» e del «Messaggero», avevano scritto articoli critici su Berlusconi e lui voleva capire le ragioni dei due professori ed esporre le proprie. Fu così che da imprenditore di rango, Berlusconi capì che per dare a Forza Italia e al Polo il blasone intellettuale che integrasse quello degli Urbani, dei Martino, dei Fisichella, bisognava prendere in blocco i professori. Che accettarono. «Non fu Berlusconi ad aver cercato gli intellettuali» mi disse Pera. «Sono gli intellettuali ad aver scommesso su di lui. Così come non è stato Berlusconi ad aver inventato Forza Italia. È stata l'Italia ad aver dato questa opportunità a Berlusconi.»

Pera scappò in Inghilterra per sfuggire alla tentazione

dell'avventura politica, che stavolta era seria. Ma il suo destino, come si dice, era segnato.

Lucio Colletti, invece, mi raccontò così il suo ingaggio: «Facemmo un incontro collegiale con Berlusconi nell'auletta dei gruppi parlamentari alla Camera. Quando uscii, ero per il no. Passai una notte insonne, convinto della vittoria dell'Ulivo. Il Polo aveva commesso troppi errori nei quindici mesi del governo Dini, pendolando tra sfiducia e astensione, additando il capo del governo come nemico numero uno e al tempo stesso cercando di agganciarlo. Eppure la follia della tentazione non mi abbandonava. L'indomani mi chiamò Berlusconi: buongiorno, senatore. Mi sedusse con le sue arti rabdomantiche: non si preoccupi, penso a tutto io, lei avrà un collegio blindato. Mi gettò nella vasca dei piranha e scomparve. Si fece viva qualche giorno dopo una signora che con voce garrula mi disse: il suo collegio sarà quello di Roma Montesacro. Le risposi che alla mia età non intendevo lasciarmi sodomizzare e abbandonare per strada in quel modo. Dissi dunque alla signora di assegnare quel collegio a Mario Valducci [*il dirigente di Forza Italia che si occupava delle candidature, nda*]. Per quel che mi riguardava, la questione era chiusa. Mi chiamò allora Berlusconi: che debbo fare? Mi porti con sé nel proporzionale in Lombardia. Ho fatto una campagna elettorale da imboscato. Non ho portato voti a Berlusconi, è stato lui a portarne a me».

Mi disse Saverio Vertone: «Mi sentivo ridicolo nel continuare a descrivere quel che stava accadendo stando seduto sull'orlo del cratere. Ho preferito buttarmici». Furono eletti in cinque: Pera e Vertone al Senato, Colletti, Rebuffa e Melograni alla Camera. La loro candidatura mandò fuori di testa prestigiosi intellettuali della Sinistra: i professori di Berlusconi furono duramente attaccati, oltre che da Umberto Eco, da Alberto Asor Rosa e Paolo Flores d'Arcais. Per molti altri, invece, quelle candidature ebbero un effetto liberatorio. «C'era una parte della cultura italiana fortemente compressa dentro le università», mi disse Pera, «che finalmente non aveva più paura di non stare a sinistra.»

Il Polo perse per colpa degli «anfibi»

Ma il Polo perse le elezioni. Berlusconi, come abbiamo visto, ne attribuì la responsabilità maggiore all'emorragia di voti verso la Lega soprattutto nel Nord-Est. E quando a fine maggio, dopo un mese e mezzo di silenzio, il Cavaliere venne a «Porta a porta», rimproverò pubblicamente il suo sondaggista di fiducia Gianni Pilo di non avergli segnalato la tempesta che si preparava a Nord-Est. Letta mi confermò più tardi che le dimensioni reali della forza di Bossi non erano state segnalate da nessuno. «Né i sondaggi, né gli osservatori, né i candidati, né i comizianti, né i governanti ci segnalarono che Bossi avrebbe raggiunto in certe aree il trentacinque per cento. Lo stesso Bossi la sera del 21 aprile era incavolato nero perché non aveva realizzato le dimensioni del suo successo.»

Mentre Berlusconi stentava a nascondere la sua rabbiosa ammirazione per l'abilità con cui Bossi era riuscito a marcare lui e Prodi in una «tribuna politica» televisiva, accreditandosi come l'unico valido contraltare di «Roma padrona, Roma ladrona». «Bossi è in politica da diciassette anni, Prodi da trentadue, io da un paio,» mi disse il Cavaliere «e alla fine i nuovi sembravano loro.» Da sardo purosangue, tuttavia, Pilo non dimenticò quel pubblico schiaffo di Berlusconi e in estate mi mandò alcuni grafici dai quali risulta che la tenuta della Lega era stata segnalata fin da gennaio, anche se poi in aprile, all'immediata vigilia elettorale, la situazione sembrava assai più controversa. (L'ultimo sondaggio di Pilo per Forza Italia, a una settimana dalle elezioni del '96, dava la Lega al 7.2 per cento contro il 10.1 reale e raddoppiava la consistenza della lista Pannella: 3.8 contro 1.9.)

Da un punto di vista tecnico, il Polo ha perso per la presenza degli «anfibi»: Pilo chiama così un milionequattrocentomila elettori che hanno votato per i partiti del Polo nel proporzionale e per l'Ulivo nel maggioritario. Tra gli elettori che hanno votato i partiti del Polo nel sistema proporzionale, nel maggioritario 270mila hanno votato per i candidati della Lega, 300mila per quelli di Rauti e 570mila per gli uomini dell'Ulivo. Intervistato dalla rivista della Destra sociale «Area», il politologo Giorgio Galli commentò: «Gli elettori hanno votato per i candidati espressi dall'Ulivo senza sentirsi rappresentati dai singoli partiti [*e questo va a sostegno delle tesi di Prodi e di Veltroni, nda*]. Nel Polo è avvenuto esattamente il contrario».

Le conclusioni per il Polo furono devastanti: in questo modo, secondo Pilo, addirittura, avrebbe perso un centinaio di seggi. Quindici nel Lazio, dodici in Campania e in Puglia, sette in Calabria (tutti a beneficio dell'Ulivo). Nove nel Veneto, otto in Lombardia e in Piemonte (in larga parte a beneficio della Lega). «Se due elettori su cento in più avessero votato per il Polo, questo avrebbe vinto di nuovo le elezioni politiche. Ma la storia non si fa con i se», concluse saggiamente Pilo.

Non c'è dubbio che il Polo sia andato a un passo dalla vittoria e che le divisioni al suo interno siano state complessivamente minori e meno clamorose di quelle che hanno caratterizzato l'Ulivo. Eppure non ha torto Marco Follini, vicesegretario del Ccd, quando scrive sul «Mulino» che «l'Ulivo ha vinto il 21 aprile perché aveva vinto prima, coltivando a lungo il risultato nella serra politico-istituzionale della scorsa legislatura». Scrive Follini: «Il Polo aveva vinto le elezioni del '94 e quasi subito aveva perso la direzione della politica. Era entrato in collisione con i sindacati, con la Banca d'Italia, con la Lega, con il Quirinale. D'altra parte, il Pds aveva cominciato la sua paziente tessitura: sostenendo Dini, alleandosi con i Popolari, mettendo in pista Prodi, offrendosi come elemento di moderazione politica e istituzionale... Tenendo insieme Bossi e Bertinotti, i sindacati e la Confindustria, i cattolici e un pezzo di massoneria».

Follini dà atto a Berlusconi di aver dovuto «scontare sottrazioni non volute»: il Quirinale, la magistratura (chiamala sottrazione...), alcuni circoli economici e finanziari, il giornalismo che non era dalla sua parte, cioè quasi tutto: Pilo ha calcolato che in campagna elettorale i quattro principali quotidiani italiani («Corriere della Sera», «la Repubblica», «La Stampa» e «Il Messaggero») hanno dedicato il 54 per cento delle informazioni all'Ulivo e il 34 per cento al Polo. Follini non tiene forse conto fino in fondo del clima da Comitato di liberazione nazionale che si era creato contro Berlusconi e della sua totale estraneità ideologica e culturale al castello di equilibri complessi e spesso contraddittori che si sono creati nel Palazzo nei cinquant'anni della Prima Repubblica. Ma è difficile non condividere la conclusione del saggio: «L'Ulivo guadagnava in ampiezza quel che il Polo perdeva in spigolosità... Ora che il Polo non era più così nuovo, l'Ulivo non era più tanto antico e l'opinione pubblica non era più così ansiosa di cambiare a tutti i costi, il buonismo sostituiva il nuovismo come categoria dominante della politica italiana».

«No, la novità del Polo non si è esaurita»

Feci mia questa obiezione e la girai a Berlusconi. Che la respinse con molta energia: «No, io non vedo come possa dirsi esaurita la novità, quando ancora il 21 aprile ci hanno votato otto milioni di italiani. Non può esserci un'adesione così rilevante a un'idea e a un movimento che non siano sentiti e riconosciuti come qualcosa di autenticamente nuovo. [*Forza Italia+An+Ccd ebbero nel '96 il 44 per cento invece del 34.5 per cento del '94, quasi dieci punti in più. Nda.*] I valori che hanno ispirato la nostra proposta politica sono condivisi da un numero di italiani che si è mantenuto stabile in tutti i turni elettorali. E adesso che siamo all'opposizione, girando per l'Italia, vedo che questo entusiasmo non solo non si è esaurito, ma cresce ogni giorno di più come reazione spontanea al pericolo di un regime che avanza». Di questo entusiasmo fui testimone sabato 13 aprile seguendo una giornata elettorale del Cavaliere. Mancava ormai una settimana al voto e Berlusconi era stravolto. Pannella l'aveva inchiodato al tavolo dell'inutile accordo da mezzanotte alle cinque del mattino. Alle sette, con la sveglia, l'implacabile Marinella aveva cominciato a passargli le telefonate. In aereo, mentre il Cavaliere tentava di recuperare qualche minuto di sonno, Paolo Bonaiuti parlava al telefono con il presidente della regione Piemonte, Enzo Ghigo, per concordare gli ultimi dettagli dell'intervento del Cavaliere al Lingotto. Bonaiuti trasmette la flemmatica saggezza di un ammiraglio britannico che beve sherry anche sotto le bombe. Fosse stato aiutante di bandiera di Churchill, gli avrebbe detto senza variare il timbro della voce: «Abbiamo respinto la caccia tedesca» oppure «Ci hanno affondato due corazzate». Al Lingotto dai torinesi, gente che abitualmente non si accalora, il Cavaliere ebbe l'accoglienza di un Valentino Mazzola. Ma poco prima, nella suite presidenziale dell'albergo, ancor fresca dei passi di Kohl e di Chirac venuti per il «vertice» europeo, ebbi la netta senzazione che la politica del Polo sullo stato sociale fosse tutt'altro che chiara. Lo stato maggiore piemontese di Forza Italia chiese infatti a Berlusconi di chiarire nel successivo discorso che il nuovo sistema sanitario immaginato dal Polo non avrebbe lasciato per strada i meno ricchi bisognosi di assistenza per gravi malattie croniche, un tumore, un infarto. Il Cavaliere si risentì: «Ma no, ma no» disse. «Noi non vogliamo diminuire i servizi, vogliamo una gestione più efficiente e meno dispendiosa degli ospedali e poi consentire a tutti di poter scegliere tra sanità pubblica e privata con una assicurazione obbligatoria garantita dallo Stato.» Si rivolse a Ghigo, presidente della regione: «Quanto spendete voi per la sanità? Settemila miliardi? In Sicilia ne spendono diecimila per una popolazione di cinque milioni di persone. Due milioni a testa. Per una famiglia di quattro persone fanno otto milioni. Sapete che cosa vi garantisce con otto milioni la più cara assicurazione svizzera? Tutto. Vi garantisce tutto...». Ma secondo gli analisti dell'Ulivo, è stata proprio l'incertezza sullo stato sociale l'elemento che ha portato molti incerti a votare per Prodi.

Il viaggio di Torino, abbiamo detto, avvenne sabato 13 aprile. Quel giorno Berlusconi era ancora convinto del pareggio: l'Ulivo avrebbe vinto al Senato, il Polo alla Camera. Al di là delle cose che andavano dicendosi in televisione, sarebbe nato necessariamente un governo unitario per le riforme. (Quando chiesi a Fini se avrebbe di nuovo ostacolato una ipotesi del genere, mi disse: «Stavolta mettersi di traverso sarebbe un errore grave».) Ancora due giorni prima del voto, i sondaggi riservati in possesso di Berlusconi gli accreditavano diciotto seggi di vantaggio alla Camera. L'impietosa perfezione degli strumenti demoscopici (in questo caso non sbagliarono) gli fece sapere nel fine settimana del 21 aprile che quei diciotto seggi di vantaggio si erano disciolti come un gelato fuori del freezer. La speranza di una Camera senza maggioranza sopravvisse tuttavia fino alla notte della domenica. Il Cavaliere, abbiamo visto all'inizio, non parlò la sera del 21 aprile. Stette in silenzio per tutto il lunedì e solo all'ora di cena fece sapere alle agenzie di stampa che non avrebbe lasciato né la guida del Polo né tanto meno la scena politica.

«Non vedo come ci si possa sottrarre a una responsabilità come quella che deriva dall'aver raccolto la fiducia di quasi otto milioni di italiani per quanto riguarda Forza Italia e di oltre sedici milioni di italiani che mi hanno riconfermato nel mio ruolo di leader del Polo.» (Agenzia Italia, ore 19.24.)

In estate, feci rilevare a Berlusconi che un altro dei temi controversi nella campagna del Polo era stato il fisco. Gli analisti dell'Ulivo – gli dissi – sostengono che voi eravate partiti bene su questo punto e poi l'avete inspiegabilmente trascurato nelle ultime settimane di campagna. Berlusconi dissentì: «Io ho sempre battuto su questo tasto perché la riduzione della pressione fiscale è uno dei punti cardine del nostro programma. Ma i media prendono da un discorso quello che vogliono e i nostri avversari sono stati molto abili nello spostare il discorso sul terreno a loro più favorevole. L'accordo con Pannella è stato un errore? Probabilmente sì per il modo in cui è avvenuto: troppo tardi e dopo una violenta polemica di Pannella che voleva dal Polo ciò che il Polo non poteva concedergli».

Il mercoledì, invitato da Ennio Presutti, Berlusconi andò a colazione con i vertici dell'Assolombarda. Pur essendo Berlusconi l'imprenditore milanese più importante, da quando è in politica non si sente amato dai suoi colleghi. Per questo evitò la visita di rito prima delle elezioni (la fecero sia Prodi che D'Alema). Per questo, a elezioni fatte, disse agli imprenditori riuniti da Presutti intorno al lungo tavolo con la immancabile fiandra bianca che non si sentiva appoggiato e che non credeva il governo dell'Ulivo capace di assicurare al Paese una politica di sviluppo. «I fatti mi daranno ragione» concluse Berlusconi.

Ascesa e caduta di Francesco Cossiga

Nei giorni successivi, l'Ulivo confermò la sua offerta di eleggere un esponente del Polo presidente di una delle Camere. Di fatto l'unica disponibile era il Senato. Sia Giuliano Urbani che Cesare Salvi hanno sperato fino all'ultimo in uno scambio che portasse il capogruppo del Pds al Senato alla guida di palazzo Madama e il professore di Forza Italia alla presidenza di Montecitorio. Ma D'Alema era stato chiarissimo con Letta: «Alla Camera va Violante. A meno che non si decida di nominarlo ministro della Giustizia...». D'Alema sapeva che, a torto o a ragione, il solo evocare questa ipotesi provocava il gelo nei suoi interlocutori. Quando nel '94 dissi a Violante che anche a sinistra si temeva molto la sua influenza sulla magistratura, lui ci restò male e mi fece avere un saggio scritto per «Micromega» in cui criticava apertamente lo strapotere dei pubblici ministeri. Nonostante questo, parlare di Violante come ministro della Giustizia, a torto o a ragione, era come proporre Martin Lutero alla guida della Congregazione per la Dottrina della Fede. Ovvero, come si disse con maggiore brutalità, nominare Dracula presidente dell'Avis, l'associazione dei donatori di sangue. (L'interessato si sarebbe vendicato in silenzio esercitando con straordinaria autorità le funzioni di presidente della Camera e puntando in silenzio al Quirinale. Se per caso a Scalfaro dovesse succedere un presidente postcomunista, questi sarebbe lui. I suoi oppositori lo sanno. E quando Giuseppe De Rita nell'autunno '96 denunciò un intreccio oscuro tra pubblici ministeri, organi di polizia e servizi che inquinava la gestione dei pentiti, Violante fu portato di peso nella polemica che cessò solo quando le prime pagine dei giornali furono riempite dall'arresto di Lorenzo Necci.)

A disposizione del Polo, dunque, restava il Senato. Ma come accade sempre quando si tratta di scegliere un candidato per un incarico rappresentativo, visto che quelli a disposizione si contano sulle dita di una mano, l'accordo nel Polo fu impossibile. Nacque così l'idea di proporre un candidato sul quale sarebbe stato difficile obiettare: Francesco Cossiga. Che mi raccontò così la storia: «Un giorno venne da me Gianni Letta. Ci vedemmo in casa di amici comuni. Mi disse: guardi che vi sarebbe l'idea di portarla presidente del Senato. Io non ci avevo pensato nemmeno lontanamente. Dico sempre che da grande non voglio fare niente, anche perché ho fatto tutto. Risposi comunque che se la cosa fosse risultata oggettivamente utile, l'avrei fatta: a patto che ci fosse stato un accordo delle due parti. Dissi anche che l'accordo era necessario per non mettermi in difficoltà con Carlo Scognamiglio. Perché Scognamiglio poteva andare in quota Polo, io avevo un ruolo diverso. L'incontro con Letta avvenne al mattino. La sera accesi la televisione e vidi che avevano sbattuto in prima pagina il mostro. Cioè io. Mi creda, quando vidi la mia foto riempire lo schermo, lì per lì non capii perché ci fosse. Poi capii. Com'era potuto accadere, visto che io di questa cosa non avevo parlato con nessuno, ma proprio con nessuno?».

Il mistero fu di breve durata. Era scappata la pipì a Berlusconi. Ricordate la storia di Giovanni Bianchi e della candidatura di Prodi a leader dell'Ulivo? La cosa era riservatissima, ma Bianchi, incontrando un giornalista dell'Ansa, gliel'aveva detta. Non voleva dirgliela, ma gliel'aveva detta. Come la pipì. Uno non vuole mai farsela sotto, ma accade che gli scappi. Prodi disse che Bianchi non sa tenersi nemmeno la pipì e la stessa cosa accadde a Berlusconi. Stava a Palermo a parlare di elezioni siciliane, quando un giornalista gli fece una domanda sulla presidenza del Senato e lui rispose che il Polo pensava a un candidato diverso dagli altri, uno super partes. Il giornalista fece: «Cossiga?». Il Cavaliere disse di sì. La notizia esplose in un baleno e a Letta per poco non venne un colpo. «Sei impazzito?» gridò al telefono a Berlusconi. Che solo allora s'avvide del bagnato. Quando Cossiga constatò che la sua foto in televisione era legata alla pipì scappata al Cavaliere, chiamò subito al telefono D'Alema: «Guarda D'Alema, non ti chiamo per conto d'altri. Ti chiamo per chiarire in modo assoluto che io il candidato di una parte non lo faccio. Altro sarebbe se questa parte rinunciasse a proporre un proprio candidato e ne concordasse con l'altra uno indipendente. D'Alema mi rispose: questo tu dovresti trovare il modo di chiarirlo».

Cossiga era a cena dalla sorella che abita in viale delle Milizie. Mentre scendeva in automobile per andare a casa, gli venne in mente di offrire il chiarimento a Ezio Mauro, che proprio quel giorno s'era insediato alla direzione di «Repubblica». Fece fermare l'automobile e chiamò il giornale: «Senta Ezio, io sono qui in macchina e non ho tempo per fare un'intervista vera e propria. Le dirò delle cose, pensi lei ad aggiustarle. Si sappia insomma che io non aspiro a niente, se la mia candidatura serve a raffreddare gli animi come punto di equilibrio va benissimo. Ma io non posso essere il candidato di una parte. Per questo ruolo va benissimo Carlo Scognamiglio».

L'intervista uscì, ma la candidatura di Cossiga cadde. Perché cadde? Gerardo Bianco, segretario del Ppi, la sposò e la sostenne, ma fu sconfitto. Scalfaro ufficialmente si rallegrò, ma quelli del Polo pensarono subito a un campione di pallanuoto: perfetto stile in superficie, ma sott'acqua... D'Alema disse riservatamente alla controparte che gli era difficile far passare quel nome nel suo partito. Berlusconi disse a Cossiga di essere molto dispiaciuto per l'episodio di Palermo. «Ma dire che io non sono stato eletto per l'ingenuità del Cavaliere», riconobbe l'ex capo dello Stato, «significa attribuirgli colpe che non ha.» «Piuttosto» mi disse «credo che il mio nome non abbia trovato il favore di Prodi e di Veltroni per una questione di nuovismo. Quando la mia candidatura cadde, ci fu una frase non proprio elegante di Prodi sulla mia "vecchiezza" che equivaleva a un sospiro di sollievo.»

Chi eleggere allora? Il Pds bruciò involontariamente Scognamiglio (che sapeva non gradito a Berlusconi) rilanciando la sua candidatura e quella di Violante, presidente e vicepresidente uscenti, come «istituzionali». Fu facile al Polo rispondere che era eccessivo consentire all'Ulivo la scelta dei candidati altrui, oltre che dei propri. Fu così che la sera di mercoledì 8 maggio Berlusconi e Letta bussarono alla casa di Marisa Garito in piazza della Pigna dove li aspettava Romano Prodi, con Parisi e Sircana. Era tardi. Gli uomini del Polo avevano capito che si trattasse di un dopocena e invece trovarono un buffet pronto. Berlusconi era senza voce. Cercò di dimostrarsi di buonumore e spiegò: «Ho gridato troppo forza Romano!». Salutando Flavia Prodi, che era lì, il Cavaliere esclamò: «Ecco la signora dai tortellini miracolosi». Si riferiva al pranzo bolognese di Di Pietro in casa del Professore che aveva convinto l'ex magistrato a entrare nel governo dell'Ulivo. Letta fissò il portavoce di Prodi e disse sorridendo: «Lei è Sircana». L'altro rimase di stucco perché era la prima volta che s'incontravano e lui era tutt'altro che una rockstar. Quando a mezzanotte si salutarono, Prodi era convinto che il Polo avrebbe proposto per la presidenza del Senato Ombretta Fumagalli Carulli. Non fece obiezioni e disse che avrebbe accettato anche un altro nome della rosa indicata dal Cavaliere: Enrico La Loggia, Francesco D'Onofrio, Domenico Fisichella. Si dettero appuntamento per l'indomani mattina presto, prima dell'inizio della seduta. Alle otto Prodi si incontrò a palazzo Colonna, in piazza dei Santi Apostoli, con i capigruppo dell'Ulivo e chiamò Berlusconi. «Il nostro candidato è La Loggia» disse il Cavaliere. Aveva deciso per il capogruppo uscente di Forza Italia al Senato. «Bene» disse Prodi. Ma ci fu un equivoco assai grave. Berlusconi era convinto di poter avere La Loggia gratis. Il suo discorso era: loro si votino Violante alla Camera e poi votino La Loggia al Senato. Non intese che mai il Pds avrebbe accettato lo scambio se non in condizioni di assoluta parità. Quando Berlusconi arrivò a Montecitorio, lo bloccai nel «corridoio dei ministri» e dal suo linguaggio che non riesce mai a essere criptico (in questo il Cavaliere non è un «nuovo» della politica, ma un «nuovissimo») capii che c'era stato un accordo su La Loggia. Ma fatti dieci passi, incrociò Fini furibondo. Il presidente di An disse che i suoi non avrebbero mai votato Violante (ignorava l'apertura su Salò che avrebbe fatto il presidente appena insediato). Berlusconi a quel punto l'avrebbe pure votato per portare a casa la seconda carica dello Stato (corresponsabile peraltro delle nomine Rai). Ma il Polo sarebbe andato in frantumi. Fu così eletto il Popolare Nicola Mancino.

«Berlusconi? È un grande inventore...»

Tra la fine di maggio e la prima parte di giugno, Silvio Berlusconi andò spesso in Sicilia dove si sarebbe rinnovato il consiglio regionale. Nonostante sia abituato ai bagni di folla, nonostante venga toccato dalla gente come una Madonna Pellegrina, il Cavaliere non aveva mai amato fino in fondo l'esposizione in pubblico. Non ama le cerimonie ufficiali, non ama le serate mondane, non ama i discorsi. Al di là delle apparenze, il Grande Comunicatore è un uomo piuttosto schivo. Così, quando proprio non poteva ritrarsi, preferiva nettamente le *convention* politiche al chiuso (in quelle promozionali di Fininvest, Standa e Mondadori era stato un maestro indiscusso) ai comizi all'aperto. Capito l'errore di essersi fatto vedere poco in giro nella campagna elettorale delle elezioni politiche (imperdonabile una sola sosta nel Veneto e proprio a Verona dove la Lega è meno forte), Berlusconi si impose di girare tutte le nove province siciliane. Ebbe un formidabile successo personale, il Polo vinse le elezioni conquistando presidenza del governo e dell'assemblea regionali. Ma Forza Italia fu fortemente ridimensionata. Andarono benissimo, invece, Ccd e Cdu. Berlusconi ci rimase assai male e attribuì la responsabilità del parziale insuccesso al totale rinnovamento delle liste. Laddove gli ex democristiani di Casini e Buttiglione avevano indubbiamente beneficiato del radicamento storico del loro vecchio partito. Battendo per la prima volta una regione palmo a palmo, Berlusconi capì perfettamente che cosa vuol dire il controllo del territorio. Così, nonostante la ferita siciliana gli dolesse, la settimana successiva andò a Caserta, a Voghera, a Lodi, a Pavia, dove i candidati del Polo erano impegnati nel ballottaggio delle elezioni amministrative. «Fu lì», ricorda Paolo Bonaiuti, «fu dal contatto con la gente ripetuto e continuo, che in Berlusconi maturò in modo finalmente definitivo l'idea di fare di Forza Italia un partito vero.»

Ora che Berlusconi mi stava di fronte, nei saloni di palazzo Grazioli che assomigliano più a una residenza patrizia che a una sede di partito, mi chiedevo chi fosse davvero il leader di Forza Italia. «Berlusconi non è un imprenditore, né un politico» mi disse un giorno il professor Giuseppe De Luca, penalista famoso e uomo di buon senso. «Berlusconi è un inventore. Uno straordinario inventore. Ha inventato l'edilizia moderna, la televisione commerciale, il nuovo Milan. Ha inventato Forza Italia, il partito che mancava. Quando alcuni magistrati lo accusano di aver seguito certe vicende fiscali fin nei dettagli, non conoscono l'uomo. Lui inventa una cosa e pensa subito alla successiva. Al resto pensano gli altri. Come diceva Napoleone? L'intendenza seguirà. Se mai Berlusconi se ne andrà dalla politica, lo farà dopo aver lasciato un partito grande e forte, come ha sempre fatto per le sue aziende.»

Era questo il Berlusconi che non aveva voluto mezza giornata di convalescenza per dimostrare a se stesso che gli anni non passano? L'uomo che tutti consideravano sconfitto e che invece rappresentava direttamente otto milioni di italiani e indirettamente sedici milioni e mezzo, la maggioranza assoluta dell'elettorato? Un elettorato pronto a seguirlo nonostante l'avversione della Finanza e dell'Industria, del Sindacato e dei Giornali, della Magistratura e della Grande Burocrazia? E che anzi lo seguiva forse proprio per questo? Sarebbe stato capace

Berlusconi di trasformare in un normale partito quello che veniva percepito come una monarchia?

(Ripensai, nel dirglielo, alla gelida analisi di alcuni professori portati in politica da Berlusconi stesso. Mi disse Marcello Pera: «Senza Berlusconi Forza Italia non sarebbe esistita. Ma adesso deve fare un partito leggero, con organi che non siano di nomina prefettizia, che possa andare avanti anche senza di lui. Altrimenti temo la diaspora...». Anche Colletti mi parlò della necessità di avere al più presto un vero direttorio nel partito. E Vertone, che giudica un errore non aver fatto cadere il governo Berlusconi sulla prima proposta di legge sulle pensioni nell'autunno del '94, insisteva sulla necessità che il partito non mirasse «alla esposizione di teorie, ma alla rottura di interessi».)

«Ma quale monarchia!» rispose il Cavaliere

Alla parola monarchia, il Cavaliere aggrottò la fronte. «Ma quale monarchia?» mi rispose. «Esiste un comitato di presidenza e le decisioni che riguardano il movimento vengono assunte da questo organismo. Le decisioni politiche più importanti vengono discusse con i direttivi o addirittura con l'assemblea dei gruppi parlamentari della Camera, del Senato, del Parlamento europeo, che si riuniscono frequentemente e con assiduità. Il nuovo partito che sta per nascere non sarà un partito delle tessere e dei potentati locali, ma un partito veramente aperto, presidenzialista e federalista, un partito di programma di ispirazione cattolico liberale con i coordinatori di collegio e provinciali eletti direttamente dalla base, il presidente eletto dal congresso nazionale e un ufficio politico con responsabilità molto articolate.»

Aggiunse poi, per ribattere all'ironia con cui era stato salutato un suo richiamo a Luigi Sturzo: «Con Sturzo, rimosso dalla cultura democristiana, ci sentiamo in una sintonia particolare. Intendeva la democrazia come antistatalismo, fondata sulla centralità della persona. Ma siamo vicini anche a De Gasperi e alla sua visione europeista. Al liberismo economico di Einaudi. Al federalismo di Gioberti, Rosmini, Cattaneo, Balbo, Salvemini. Questo il nostro patrimonio ideale, queste le nostre radici».

Berlusconi pubblicò il «manifesto» del nuovo partito su «Panorama» del 22 agosto '96. «Vogliamo superare il partito ideologico» disse «in cui la visione del mondo conta più del mandato elettorale. Vogliamo fare un partito degli elettori, degli eletti e una struttura di servizio per essi. Ci ispiriamo al modello del partito americano...». Sullo stesso settimanale, il 5 settembre Sergio Romano condivise l'idea del Cavaliere di fondare un partito cattolico-liberale, in linea con l'ispirazione cristiana delle forze moderate occidentali. Ma osservò che Berlusconi sbaglia immaginando di poter governare un partito e l'opposizione riunendo gente intorno al tavolo da pranzo della sua casa. Il Cavaliere replicò la settimana dopo ribadendo le linee guida del nuovo partito e annunciando una larga campagna autunnale sul territorio, a partire dalla grande convention del 14 settembre che è stata la risposta anticipata di Forza Italia alla «secessione» leghista dell'indomani.

Il primo passo fu la proposta di undici referendum di iniziativa regionale per l'abrogazione di tre ministeri (Industria, Sanità e Risorse Agricole) e del dipartimento Turismo della Presidenza del Consiglio. Tutte le competenze passerebbero alle regioni.

Dall'autunno del '96, alla vigilia della nascita del partito nuovo, l'opposizione di Forza Italia e del Polo trova sostegno in due organismi: uno ideologico-politico, il «laboratorio della libertà» di Paolo Del Debbio; e uno economico-fiscale, l'«agenzia per il buon governo» di Giulio Tremonti. Sono la fonte di progetti di legge alternativi a quelli del governo e di documenti di contestazione alla linea del governo. «Prodi,» mi disse Berlusconi «condizionato com'è dal sindacato e da Rifondazione, ha già dimostrato di non poter procedere sulla strada del rigore. Né ha la mentalità e la cultura per sostenere l'economia italiana e indirizzarla allo sviluppo. Saremo inflessibili sull'occupazione, il fisco, la giustizia. Non dimentichi, a proposito di fisco, che le aliquote che paghiamo sono state fissate nella presunzione di una evasione consistente e di una elusione sistematica. Chi vuole stare in pace con la propria coscienza e con lo Stato deve scontare una tassazione complessiva superiore al sessanta per cento di quel che guadagna. Spesso non ci sono spazi per una gestione utile delle aziende. Molti arrivano alla chiusura.»

Il giorno che Di Pietro mi disse...

Berlusconi stesso mi portò a parlare di giustizia. Vorrebbe parlarne sempre e i suoi gli dicono no, lui su questo deve stare zitto – nonostante la giustizia rappresenti il passaggio più delicato della fase attuale di vita italiana – perché coinvolto personalmente. Gli chiesi dunque se riesce a parlare serenamente di giustizia. A parlarne da leader e non da imputato. «Io credo per la verità di essere sempre sereno» fu la risposta «anche quando ci sono problemi che mi toccano da vicino e che fanno male a me e alle persone che hanno la ventura e la sventura di essersi trovate a operare nella mia sfera politica e imprenditoriale.» Dunque? «Io vedo quel che vedono tutti e cioè che il modo in cui è amministrata la giustizia in Italia è assolutamente indegno di un Paese che dovrebbe essere una democrazia e uno Stato di diritto. Una funzione dello Stato si è trasformata in un Potere. Non un Potere dello Stato, ma un Potere sullo Stato, sulla società, sugli individui. Quel che accade è sotto gli occhi di tutti, non credo di avere una visione inquinata dalle mie vicende personali.» Lei è convinto, gli chiesi, che se non fosse sceso in politica, tutte queste inchieste giudiziarie non le sarebbero piovute addosso? «Ne sono assolutamente convinto.» Ripensai, senza parlarne a Berlusconi, a un pranzo milanese con Antonio Di Pietro. Era il 20 luglio del '93 e Di Pietro arrivò sconvolto all'appuntamento perché quella mattina si era suicidato in carcere Gabriele Cagliari. «Una sconfitta,» mi disse «per noi è una sconfitta terribile.» Parlammo di Mani pulite che viveva la sua stagione più drammatica. E a fine pranzo gli chiesi come mai Berlusconi fosse rimasto lontano dalle inchieste della Procura di Milano. Mi rispose Di Pietro: «Berlusconi finanzia i partiti trasmettendo quasi gratis i loro spot pubblicitari. Ma questo non è reato». Eravamo soli, Di Pietro e io, in un buon ristorante di pesce a Milano. Non ho altra fonte di prova che non sia la mia parola. Ma Di Pietro è un gentiluomo e non smentirà. Anche perché verificai più tardi che prima di allora il Pool di Milano aveva chiesto alla Fininvest informazioni molto dettagliate sulla gestione degli spot televisivi dedicati ai partiti. Allora Berlusconi era un semplice imprenditore. Amico del CAF di Craxi, Andreotti e Forlani, certo, ma pur sempre un imprenditore. La «discesa in campo» sarebbe avvenuta sei mesi dopo, nel gennaio del '94. E quando l'anno successivo chiesi al procuratore capo di Milano se fosse frutto di circostanze casuali la raffica d'inchieste contro il Cavaliere, Francesco Saverio Borrelli riconobbe che «quando qualcuno si mette in vista, le informazioni arrivano più facilmente». Nei nostri incontri dell'estate '96, chiesi a Berlusconi come la sua famiglia stesse vivendo le sue vicende giudiziarie e come avesse vissuto la sconfitta elettorale. «Quando torno in famiglia, cerco di fare come mio padre faceva con noi: teneva per sé le preoccupazioni e sembrava che in casa entrasse il sole. Credo di poter dire che queste vicende non abbiano toccato la mia famiglia, certamente non hanno toccato i miei figli piccoli. Mia moglie condivide naturalmente le mie preoccupazioni, ma ho sempre cercato di presentarle anche a lei attraverso un filtro di serenità e di ottimismo.»

Con D'Alema per evitare il Centro

Il rapporto tra D'Alema e Berlusconi dopo le elezioni non si è interrotto. I due leader si sono visti riservatamente a cena in casa di Letta nel mese di maggio. Hanno poi accettato il mio invito di incontrarsi in televisione il 2 giugno per parlare delle prospettive italiane nel cinquantesimo anniversario della Repubblica. La trasmissione fu più lunga del previsto, D'Alema e Berlusconi prima di entrare in studio parlarono da soli per tre quarti d'ora in un salottino dell'auditorium della Rai al Foro Italico. Infine, si son visti di nuovo in luglio al dibattito pubblico organizzato da Ferdinando Adornato per «Liberal». Più tardi, Berlusconi mi disse di non considerare immaginabile il ritorno alle «larghe intese», progettate quando non c'era una maggioranza e non si prevedeva di andare alle elezioni. Mi confermò anche di essere scettico sulla possibilità che un Ulivo tanto diviso possa trovare una intesa sulle riforme, dopo la bocciatura dell'assemblea costituente proposta dal Polo. L'intesa con D'Alema non è dunque l'anticamera di «inciuci», ma un accordo di metodo che serve alle due parti per preservare i rispettivi partiti da smottamenti non graditi verso il centro. A lubrificare i rapporti tra Forza Italia e il Pds contribuì curiosamente in estate una visita della delegazione dei «professori» guidati da Lucio Colletti. Colletti, che come Vertone è un ex comunista e aveva subìto in campagna elettorale scomuniche di ogni genere da parte degli intellettuali di sinistra, si era sentito assai gratificato dall'attenzione con cui D'Alema aveva seguito il suo primo discorso parlamentare e dalla citazione che ne aveva fatto in aula subito dopo. Lo univa al segretario del Pds il sogno di un sistema con una sola Camera e la convinzione che solo un accordo tra il Polo e il Pds possa portare a un federalismo avanzato e a riforme sostanziali della Costituzione. («Prodi si illude di fare il federalismo aumentando il piè di lista alle regioni» mi disse Colletti. «D'altra parte non è una stella che brilla di luce propria. È un pianeta illuminato da D'Alema. E se D'Alema spegne la luce, Prodi è finito.»)

Fu in questa ottica che, alla luce dell'annunciato progetto del partito socialdemocratico a sinistra, chiesi a Berlusconi quanti partiti avrebbe visto nel futuro del centrodestra. «Io credo innanzitutto che se Forza Italia riuscirà a consolidarsi e a scavalcare il muro di difficoltà comunicativa che la circonda, avrà consensi rilevanti: è un partito nato dalla speranza e dalla voglia di cambiamento, ma dà vita nuova alle tradizioni liberali e del cattolicesimo liberale italiano.» Berlusconi usa sempre parole di apprezzamento quando parla di Casini e di Buttiglione, ma tra i suoi c'è chi vede nella proposta federativa avanzata da Casini una strada per candidarsi in futuro a guidare il partito unificato. Buttiglione, d'altra parte, non ha mai nascosto ambizioni del genere. E Alleanza nazionale è destinata a rimanere distinta da Forza Italia? «Non voglio mettere ipoteche. Credo che Gianfranco Fini tenda realmente a costruire un partito totalmente democratico, liberale e liberista. Quando questo tragitto sarà compiuto fino in fondo, cadranno anche le differenze con Forza Italia. I tempi? Dipenderanno da quanto An impiegherà per liberarsi dalle scorie del passato...»

«Di Pietro? Assolutamente disorganico a Forza Italia»

E i moderati del centrosinistra? I Dini, i Maccanico potranno trovar posto in futuro in un'alleanza strategica con voi? «La posizione di Forza Italia è così chiara nei valori e nel programma che dovrebbe produrre una forza attrattiva nei confronti di singoli protagonisti che si sentono moderati o comunque, se si vuole usare una terminologia che non amo, uomini di centro. Perché non amo queste definizioni? Perché spesso non ne capisco il senso. Che significa destra, centro, sinistra? Prenda alcuni esponenti del Ppi: si dicono di centro, vero? Eppure talvolta assumono posizioni che vanno oltre quelle proposte da Rifondazione...» E allora? «Allora, premesso che queste distinzioni sono superate, le persone che lei mi ha indicato, e altre persone come loro, dal punto di vista del programma, delle convinzioni personali, delle radici culturali potrebbero assolutamente trovare uno spazio in Forza Italia. Poi, certo, nella politica esistono aspirazioni personali, ambizioni di primato, desiderio di avere una propria squadra. Questo contrasta con il sistema bipolare...» Lei sarebbe disposto a cedere la leadership del Polo per favorire la nascita di un grande partito moderato? «Punto primo: non ho ambizioni di potere. Punto secondo: non ho ambizioni di guidare un movimento politico. Io sono dove sono perché in questo momento la storia del mio Paese mi porta a essere l'unica speranza liberale e liberista per quegli italiani che non vogliono essere schiavi di uno Stato partito nelle mani dei comunisti e dei post-comunisti. In questo momento l'unica speranza perché il nostro Paese rimanga una democrazia che garantisca libertà, giustizia e benessere ai suoi cittadini si chiama Polo delle Libertà, Forza Italia e Silvio Berlusconi. Nessuno sarebbe più felice di me se si potessero garantire tutte queste cose con un altro leader che venisse a prendere il mio posto». Ha mai pensato a Di Pietro come leader del centrodestra? «Non ho mai pensato che lui possa diventarlo.» Non è organico al suo elettorato? «È assolutamente disorganico. Gli otto milioni di italiani che hanno votato Forza Italia credono a me e non a Di Pietro. Se avessero creduto alle sue accuse non mi avrebbero più votato.» Ha mai pensato che le sue vicende giudiziarie possano indurla a lasciare? «Le questioni giudiziarie, per quelle che sono e per la serenità di coscienza che io ho, possono semmai indurmi a una scelta contraria, alla perseveranza. Io non credo che le accuse e magari le sentenze di alcuni magistrati che usano, con accanimento, il loro potere per cercare di distruggere un avversario politico possano prevalere sulle scelte democratiche di otto milioni di cittadini che mi hanno votato come leader di Forza Italia e di oltre sedici milioni di cittadini che mi hanno indicato come leader del Polo, dandomi la loro fiducia pur essendo a conoscenza delle accuse che mi sono state rivolte.» Si è mai pentito di aver fatto politica? «Avrei mille ragioni di dichiararmi pentito se penso alla qualità della mia vita e a quella dei miei cari. Ma se guardo a quello che sta accadendo e che potrebbe accadere in Italia, posso soltanto provare soddisfazione e forse anche un po' d'orgoglio per aver avuto il coraggio di fare quel che ho fatto.» Ricorda quando disse a Dini, ripetutamente: vieni a fare il presidente del Consiglio al posto mio? Bene, quante volte ha detto a Gianni Letta: vieni tu a coordinare Forza Italia? «Un numero multiplo delle volte che l'ho detto a Dini. Non so come si possa spiegare bene...» Quando glielo ha detto la prima volta? «Subito dopo aver constatato la sua capacità come sottosegretario alla Presidenza del Consiglio e come coordinatore del Consiglio dei ministri.» Continuerà a dirglielo? «Ormai credo che non ci sia più bisogno. Gianni, quando il problema è nell'aria, lo capisce dal mio sguardo...» In fondo alla tavola dei duchi Grazioli, il silenzioso rossore del volto di Gianni Letta indorò con riflessi di fragola lo straordinario pistacchio di Michele.

9

E Fini si scoprì centravanti

«Pinsi, e la mia pittura al ver fu pari / L'atteggiai, l'animai, le diedi il moto, / Le diedi affetto. Insegni il Buonarroto / A tutti gli altri; e da me solo impari.»

Era il 1816 quando il principe Giuseppe Rospigliosi comprò *La derelitta* dalla famiglia Amigoli di Firenze. E sul retro annotò quest'epitaffio di Annibal Caro «all'autore del presente quadro». E cioè a Masaccio. O almeno come opera di Masaccio il principe lo comprò. Era invece di Sandro Botticelli. O almeno a Botticelli fu a lungo attribuito. Anche da Bernard Berenson che lo conosceva come il palmo della sua mano. Fino a ipotesi più recenti che lo indicano come uno dei capolavori giovanili di Filippino Lippi, sia pure fatto nella bottega di Botticelli e con la supervisione del maestro. Di chiunque sia, *La derelitta* piange da quasi due secoli la sua disperazione nel palazzo romano dei principi Rospigliosi Pallavicini. E lì l'ho vista, nella penombra silenziosa della biblioteca, il pomeriggio del sabato 20 aprile, mentre in più affollati saloni la principessa Elvina Pallavicini dava il consueto ricevimento in onore di Gianfranco Fini, a chiusura della campagna elettorale romana del Polo per le Libertà. Fini era stato ricevuto dalla principessa nel salone del Rubens insieme con lo stato maggiore del Polo. E quando il gruppo s'era spostato nella grande sala da pranzo, con i busti di Scipione l'Africano (scavi di Baia) e di Clemente IX Rospigliosi (Gian Lorenzo Bernini) a far da corazzieri, s'era levato un lungo applauso.

Nei teatri d'opera, il Grande Maestro viene visto e applaudito soltanto dagli spettatori di galleria quando entra nella buca dell'orchestra, per poi mietere la generale ovazione al momento in cui sale sul podio. Così l'applauso per Fini, già forte e convinto, crebbe singolarmente quando una fila dopo l'altra, un salone dopo l'altro, i convenuti sospettarono che alle spalle del prestante leader di An trottasse un altro ignoto cavallo di razza. E l'applauso mutò quasi in un principesco boato, ribalzando da un Rubens a un Carracci, da un Botticelli a un Velázquez fino ai girasoli di Mario Nuzzi nella sala grande, quando l'eletto pubblico s'accorse che il piccolo e ignoto trottatore era nientemeno che il dottor Filippo Mancuso, autentica co-star della serata. Quante legnate al professor Prodi dette Mancuso rispondendo a una contessa che gli chiedeva lumi sulla legge Prodi per il risanamento industriale. «Quasi predestinando il valore del suo autore, fu un fallimento» disse asciutto Mancuso e l'applauso fece tremare l'augusta opera del Bernini presente in sala. Riferì Mancuso a chi lo guardava con la sensuale attrazione che l'italiano medio maschio prova per Valeria Marini: «Un giorno dissi al professor Prodi, trovandomi occasionalmente vicino a lui in una cerimonia per quanto oggi siamo lontani: lei non deve gloriarsi di aver dato il suo nome a una legge inutile e dannosa. E Prodi, in un sussulto d'occasionale sincerità, mi rispose: è vero».

Mentre di là si faceva festa a Fini e Mancuso e si dava comunque per scontato il trionfo di Alleanza nazionale, anche se Berlusconi avesse fatto perdere il Polo, la *Derelitta* restava nella silenziosa biblioteca sola con la sua profetica disperazione. E quando il Polo perse le elezioni e Alleanza nazionale le perse ancor di più, mi tornarono alla mente le parole del Berenson nel confronto tra il dolore della *Derelitta* e quello della *Maddalena penitente* del Caravaggio che sta alla galleria Doria Pamphili. I dipinti parvero indicare, certo senza volerlo, i due stati d'animo dei perdenti. Quello ufficiale assomigliava assai alla Maddalena caravaggesca. «Mentre con gli occhi chiusi e le mani abbandonate in grembo coltiva la propria pena, ella sa che per lei non vi è comprensione né pietà» (Berenson). Ma i gesti della penitente restavano pur sempre sobri e controllati. Lo stato d'animo reale del Polo sconfitto, invece, era perfettamente raffigurato dal quadro del Botticelli o del Lippi o del Masaccio o di chi diavolo fosse. *La derelitta* si disperava come farebbe chiunque di noi quando perde i freni inibitori: testa fra le mani e giù lacrime a catinelle. Ma nella spontanea offerta di simbolismi, quella tavola straordinaria ne proponeva altri di più insidiosi e insospettabili. *La Derelitta* piangeva in secondo piano, avvolta in una tunica di un colore che per intenderci potremmo definire prugna, ma che solo chi ha in mente i panneggi di Masaccio (e a quanto pare di Botticelli, di Lippi e chissà di chi altri) può rammentare nelle sfumature irripetibili. In primissimo piano, su due gradini di pietra, giacevano inanimati tre panni dello stesso colore. Panni che sembravano avvolgere corpi invisibili, tanto vivevano. Anzi, tanto morivano. Perché quei panni in realtà sembravano uccisi, comunque giacevano come tali e a essi sembrava riferirsi il pianto della «derelitta» ignota.

Chi si celava dietro quelle mani che raccoglievano lacrime? Chi si abbandonava a un pianto di rimorsi? La collocazione del dipinto in una casa prestigiosa che più d'ogni altra ha voluto dare il suo patrocinio al presidente di Alleanza nazionale e l'andamento delle elezioni infausto per il Polo forse autorizzavano una lettura ardita.

La Derelitta era forse Gianfranco Fini, che si disperava per aver portato alle elezioni infauste il Polo delle Libertà? E i panni dello stesso tessuto e colore dell'abito protagonista che giacevano in terra non indicavano un'alleanza tra tutti i protagonisti della scena? E i corpi invisibili e sacrificati erano forse quelli di Silvio Berlusconi, Pier Ferdinando Casini e Rocco Buttiglione? Forse.

La verità intera non la sapremo mai. Anche perché Gianfranco Fini, d'istinto, subito dopo il voto, rivendicò la correttezza della linea seguita. «Non c'è niente che non rifarei» disse a «la Repubblica» il 23 aprile. «Le elezioni erano necessarie, hanno fatto comunque chiarezza, restituendo la parola alla politica.»

Fini: Giovane Eroe o Vampiro Fascista?

Eppure fin dall'inizio del '96 Fini, legittimato dall'autunno del '93 (elezioni comunali di Roma) come il vero leader della nuova Destra, veniva di nuovo additato dalla Sinistra come l'Uomo Nero da cui guardarsi. (Nonostante un sondaggio del 10 gennaio lo collocasse in testa alla classifica dei leader che ispirano più fiducia col 61 per cento di gradimento.) La memoria torna a una fredda notte di febbraio. La tramontana faceva scivolare lesti gli ultimi passanti del Corso, sul braccio che porta a piazza del Popolo. Lo Splendido Hotel Plaza custodiva nelle celebri sale da soggiorno qualche smarrito cliente giapponese inconsapevole di evocare, col suo silenzioso e casuale tirar tardi, l'allegro fantasma di Gianni De Michelis che di quel palazzo fu l'incontrastato anfitrione. Fuori, ristretti nei baveri alzati, pochi s'avvedevano di passare all'ombra della superba cupola barocca di San Carlo, là dove Pietro da Cortona invano incoronò un'anonima e più tarda facciata. Nessuno, sfiorando l'edicola d'angolo chiusa ormai da ore, s'avvide della danza nervosa che il vento imponeva a due locandine di giornale, trasformate in schermidori di fioretto: il lesto e un po' sinistro fruscio di una schermaglia seguiva il contatto delle duellanti che arretravano veloci per poi scontrarsi al nuovo schiaffo di tramontana. Le locandine duellanti erano accomunate da un volto, quello di Gianfranco Fini. Un volto, anzi due, che giusto le didascalie rimandavano alla stessa persona, tanto essi erano diversi nelle forme e nell'animo. Il primo faceva pubblicità alla nuova veste grafica del «Secolo d'Italia», che Gennaro Malgieri aveva ormai trasformato in un vero giornale. Fini appariva del tutto estraneo alle sue origini emiliane e comunque latine. Era invece un bel ragazzone americano, con la dentatura bianchissima e quasi perfetta che usa in quel paese, col sorriso e il taglio d'immagine, di occhiali, di capelli, di camicia e cravatta che fanno l'identikit del giovane manager formatosi a Boston e fotografato con gran cura dagli uomini immagine dell'azienda (American Express? Procter & Gamble? United Airlines?) di cui è appena diventato managing director. Il Giovane Eroe determinato ma alla mano, con l'energica e rassicurante strategia che sprizza dagli occhi. Il secondo Fini stampato sulla locandina duellante era invece il Vampiro Fascista resuscitato dalla perfida penna del disegnatore dell'«Espresso» Kruger come un Dracula destato nella sua tomba carpatica da cruente necessità alimentari. In effetti, questo Fini era spaventevole. La dentatura era fatta di soli incisivi, sghembi e sinistri come lapidi inquiete e violate. Le labbra carnose, sanguigne, erano stravolte dal disgusto di un pasto (umano) particolarmente stomachevole (un comunista? un leghista?). Il naso orribilmente adunco sembrava uscire dal disegno come un bisturi assassino, coronato da occhiali mutuati dai più sinistri romanzi dell'orrore per circoscrivere uno sguardo in tono. Le sopracciglia parevano scosse da un vento cimiteriale e introducevano una fronte crudele e capelli la cui tinta scurissima, lungi dal rappresentare un elemento di fascino virile, ne faceva un hangar per corvi famelici.

«Più vicini al Secolo che cambia» diceva invitante la locandina di Malgieri. «Ora e sempre prepotenza» minacciava il disegno dell'«Espresso». Durissimo il ritratto di Claudio Rinaldi: «Il capo di An ha operato per rendere impossibili le intese, larghe o strette che fossero. Aveva un triplice obiettivo: provocare le elezioni anticipate, nella convinzione di ottenere quei sostanziosi aumenti che i sondaggi gli pronosticano; dimostrare l'inutilità del dialogo voluto da Berlusconi, in modo da soffocare sotto un sottile velo di discredito il fondatore del Polo, e da assumere il comando della Destra al suo posto; logorare il centrosinistra, costringendolo a continui ripiegamenti dalle sue posizioni. Il piano è stato attuato con scolastica diligenza e determinazione gelida».

Nelle pagine successive, «L'Espresso» pubblicò un'intervista di Wlodek Goldkorn a George Mosse, massimo studioso vivente del nazismo e ormai, dopo la morte di De Felice, anche del fascismo. Nonostante l'insistenza del giornalista nel suggerirgli una strada diversa, Mosse riconobbe che An, anche se con radici fasciste, è un partito conservatore che si dirige sempre più verso il centro, che in Italia «un regime presidenziale forte sarebbe positivo, come in Francia» e che «Fini ha quel carisma che manca ad altri». Ma complessivamente l'impianto della sezione del giornale dedicata al presidente di Alleanza nazionale era fortemente allarmato.

Anche per i nemici storici di Berlusconi (e «L'Espresso» lo fu fin dalla prima ora) che coccolavano Fini per mettere in ombra il Cavaliere e fargli dispetto, alla vigilia delle elezioni Fini diventava il nemico di ogni possibile intesa e dunque il responsabile principale del clima di tensione che andava creandosi nel Paese, alla vigilia di un incertissimo appuntamento elettorale. Sul «Corriere della Sera», un altro contraddittore politico di Berlusconi, Indro Montanelli, scriveva gelido: «Che Fini voglia rifare un fascismo, non ci credo. Ma che possa rifare una democrazia, ci credo ancora meno».

«Per il Nord Est eravamo il partito romano»

Eppure, i sondaggi annunciavano il trionfo di An. Su «Panorama» del 4 aprile, Maurizio Gasparri confessava a Massimo Franco: «Dobbiamo evitare che un eccesso di consensi ad An faccia dire agli avversari: ecco, ormai il Polo è Fini». Titolo del servizio: «Stravincerei, ma non posso». Lo stesso Fini dichiarava allarmato al «Messaggero»: «Sia chiaro a tutti che anche se prendiamo il venticinque per cento dei voti, non sapremo che farcene». E invece è andata come è andata. Perché? A botta calda, Fini disse a «Repubblica»: «Alleanza nazionale ha sbagliato. Non è riuscita a intercettare il voto degli indecisi, quelli che alla fine votavano sempre Dc, quelli che non ragionano in termini politici, ma si preoccupano per il prezzo del latte e il buco sul marciapiede».

Quando lo incontrai in estate per una riflessione a freddo, mi spiegò: «Ancora la sera prima delle elezioni, i sondaggi riservati ci davano in leggero vantaggio alla Camera, grazie al voto giovanile, mentre l'Ulivo era in vantaggio al Senato. C'era un otto-dieci per cento di indecisi che immaginavamo si sarebbero ripartiti più o meno equamente. E invece in gran parte hanno votato di là o non hanno votato. Non ha votato chi rifiuta ancora la politica, la ritiene inutile, non vuole assumersi responsabilità. Hanno votato Ulivo quelli che all'ultimo momento hanno pensato che una nostra vittoria avrebbe portato a una forte limitazione di certi diritti sociali già acquisiti».

Gli chiesi se si rimproverava qualcosa. E che cosa. «Qualche piccolo errore in campagna elettorale» mi rispose e aggiunse: «È stato forse un errore non arrivare fino in fondo con la questione fiscale che ci aveva portato a Pasqua col vento in poppa. È stato un errore sottovalutare le bugie dei nostri avversari sui nostri attentati presunti allo stato sociale...». E il Nord Est? Sembrava che An crescesse, crescesse fino a esplodere. E invece tutto il concime del malessere ha fatto esplodere la Lega. «E già,» mi rispose Fini «noi siamo apparsi il partito romano. Molti elettori hanno fatto prevalere l'emotività sul ragionamento e hanno votato Bossi che è apparso come autonomo rispetto a noi e all'Ulivo. Ci hanno dato l'ennesimo avvertimento, l'ultimo. Anche perché hanno detto che Bossi la secessione della Padania può scordarsela...»

Nel nostro colloquio di mezz'estate, Fini liquidò con poche parole le «cause tecniche» della sconfitta: il simbolo del Polo nato poco prima delle elezioni e poco conosciuto, il conseguente «errore» di molti elettori che hanno scambiato la fiamma di Rauti per quella di An, l'accordo con Pannella «che ha fatto più confusione che altro». E liquidò con un «no» secco la domanda se avesse mai pensato a un accordo «tecnico» con Rauti. Quel «no» è una risposta formalmente corretta perché Fini non ha mai avuto dubbi su quel punto. E di quanto sottovalutasse la forza del nuovo Msi (o, come dice lui, la confusione degli elettori sui simboli) fui testimone negli ultimi giorni di campagna elettorale. Nando Pagnoncelli, direttore dell'Abacus, mi aveva avvertito che la lista dei partiti del maggioritario prevista nelle nostre tabelle Rai la sera delle elezioni avrebbe avuto una riga in più: Rauti negli ultimi sondaggi superava largamente l'uno per cento. Quando incontrai Fini per una intervista, gli chiesi se la crescita della Fiamma tornasse anche a loro. Lui rispose seccamente di no. E invece alcuni dei suoi erano seriamente preoccupati.

I contatti troncati con Rauti

Mi raccontò Rauti alcuni mesi dopo le elezioni: «Quando si stavano preparando le liste, alcuni dei nostri furono avvicinati da esponenti di collegio di An preoccupati per come stavano mettendosi le cose. Furono avvicinati in particolare Tomaso Staiti di Cuddia a Milano, Roberto Bigliardo a Napoli, Antonio Sabetta a Rieti e i dirigenti della nostra sezione di Ostia. Si parlò di un possibile patto di desistenza, cioè di un accordo per non danneggiarsi a vicenda in alcuni collegi. Io ero contrario, ma non volevo che il mio rifiuto fosse visto come un atto personale di ostilità a Fini perché io l'avevo sostituito nel '90 alla segreteria del Msi e lui s'era ripreso il posto l'anno successivo. Dissi perciò che la trattativa sarebbe potuta andare avanti, a patto che Fini l'avesse avallata ufficialmente. Ma Fini disse di no: aveva paura di tornare indietro rispetto alle scelte compiute a Fiuggi. E ci fece sapere che anche Berlusconi aveva rifiutato questa ipotesi. Non se ne fece niente e fu un massacro. Noi avremmo avuto qualche deputato e il Polo ne avrebbe avuti una trentina in più vincendo le elezioni. Un esempio tra i tanti: il nostro unico deputato uscente Modesto Della Rosa ha preso il diciannove per cento nel suo collegio di Cassino-Sora e nonostante questo è stato battuto. Ma è stato battuto anche il candidato di An, Tofani».

Qualche tempo dopo le elezioni, Rauti ricevette una telefonata da Gianni Letta. I due si conoscono da quarant'anni: quando Letta lasciò la corrispondenza del «Tempo» da L'Aquila per andare nella sede centrale, il capo della redazione province del giornale era Rauti. Attaccò dunque Letta al telefono: «Parlo con l'uomo che ha consegnato l'Italia alle sinistre?». «Solo allora» mi disse Rauti «seppi che Berlusconi non si era mai sognato di porre alcun veto al patto di desistenza con noi e non aveva mai saputo niente della trattativa.» Letta, in realtà, era contrario a un patto che annullasse tutta la forza polemica che il Polo in campagna elettorale aveva scatenato contro l'alleanza elettorale tra l'Ulivo e Rifondazione. Ma Berlusconi, forse, contava su una gestione accorta della questione da parte di Fini. Sarebbe bastato qualcuno degli espedienti di cui sono piene le campagne elettorali e di cui gli elettori non sanno quasi mai niente. Quante volte, per risolvere situazioni spinose, si presenta in ritardo la documentazione su un candidato? Quante volte si commettono errori formali che finiscono per favorire questo rispetto a quello?

Nonostante il mancato accordo con Rauti sia stato determinante nel far perdere il Polo (lo confermò subito dopo le elezioni uno studio della facoltà di sociologia della Sapienza di Roma), resta da capire per quale ragione Fini dette il colpo finale allo sfortunato tentativo di Antonio Maccanico. Quando gli chiesi alcuni mesi dopo le elezioni se fu un errore, la risposta fu questa: «Visto quel che è successo, ci ho riflettuto a lungo. Eppure ancor oggi sono convinto che non ci fossero le condizioni minime che dovevano esserci. Quali? Innanzitutto il fatto di poter dire con chiarezza che il governo nasceva per le riforme. Rischiava invece di nascere con l'intenzione di farle, ma non si poteva nemmeno dire esplicitamente quali perché D'Alema non ha mai sciolto l'equivoco sul presidenzialismo con i Popolari e la storia gli si ripropone adesso che di riforme si torna a discutere. Insomma, il semipresidenzialismo era un'araba fenice: tutti sapevamo che doveva esserci, ma guai a scriverlo da qualunque parte».

«Il pericolo dell'uomo forte»

E poi? «Eppoi si affidava il governo a tempo indeterminato (un anno? due? tre? Va' a saperlo) a uomini che non avevano niente a che vedere con la politica. Perché quello di Maccanico sarebbe stato nei fatti un altro governo tecnico, era impensabile che ci fossero ministri del Pds e ministri di An insieme. Avremmo allora certificato che si poteva fare a meno dei partiti e della politica. Anzi, se vuoi un ragionamento più raffinato, che la politica era indispensabile per garantire maggioranze, ma che le decisioni poi venivano prese non dai politici, cioè dai partiti, ma da altri. Insomma quando si doveva lavorare seriamente – rifare la Costituzione, sciogliere i grandi nodi dell'economia – i partiti erano buoni a dare le truppe, cioè i deputati, ma i ministri non erano politici...».

Fini parlava con la sua voce piana, senza sussulti e senza emozioni; il suo elettrocardiogramma si sarebbe immaginato come quello degli astronauti, perfetto anche in condizioni difficili. Eppure si sa che dietro quell'atteggiamento gestito da un computer s'agitano passioni fortissime e spesso drammatiche. S'agitarono subito dopo le elezioni regionali dell'anno scorso, quando An ebbe la prima cocente delusione. S'agitarono – e per lunghe settimane – dopo la sconfitta nelle elezioni politiche del '96. Mentre i giornali lo processavano implacabili, mentre Berlusconi – al di là dell'indiscussa amicizia personale e della formale solidarietà politica – gli attribuiva in privato la responsabilità principale dell'accaduto, Fini ha rivisto alla moviola le logoranti prime quarantacinque giornate dell'anno ed è tuttora convinto di aver fatto bene.

«Che cosa sarebbe accaduto se il governo Maccanico fosse morto dopo essere nato? Se cioè le riforme non si fossero fatte, se le doppie e le triple maggioranze fossero state pasticciate e lo fosse stata anche la gestione collegiale dell'economia e della società italiana? Che sarebbe successo, insomma, se il bilancio dell'esperimento fosse stato largamente negativo dopo aver suscitato tante attese? Quale sarebbe stata, ancora una volta, la credibilità della politica? Aggiungo una cosa, e se la aggiungo io vuol dire che davvero è cambiato tutto: quali conseguenze avrebbe avuto tutto questo in un momento in cui cominciava ad avvertirsi la tentazione della scorciatoia autoritaria, dell'uomo forte, del "basta, siete incapaci e inconcludenti", dell'"adesso ci penso io"? Cominciava ad avvertirsi e si avverte tuttora, anche se un po' meno...»

Com'era unito il popolo di An nella chiamata alle armi! Nei ricevimenti dell'aristocrazia romana come negli incontri porta a porta con le famiglie d'impiegati non trovavi una sola persona che ti dicesse: accidenti, forse abbiamo sbagliato, chissà come andrà a finire. No. Generale era il sollievo per l'Inciucio mancato, per la Consociazione sconfitta, per la tenuta di Fini rispetto ai dubbi di Berlusconi, per il conto alla rovescia ormai irreversibile.

Nel giardino dello zio Vanja

Non si parlava d'altro domenica 14 aprile nel Castello dei Crescenza, splendido maniero medievale nella campagna romana, passato nel Settecento ai principi Borghese. Non si parlava d'altro attorno al buffet preparato in onore di Filippo Mancuso in un giardino d'inverno che sarebbe stato perfetto per l'allestimento dello *Zio Vanja* di Čechov che proprio in quella stagione si dava all'Argentina. Oddio, si parlava anche delle strane pretese dell'Acea che voleva farsi pagare l'acqua di palazzo Borghese (quello dove abitò Paolina) nella piazza omonima del centro di Roma, ignorando il diritto un po' nepotistico accordato alla famiglia da Paolo V (Camillo

Borghese, per l'appunto) di attaccarsi direttamente alla presa d'acqua. («Gli abbiamo fatto vedere le carte...») Ma tutti pendevano dalle labbra del terribile don Filippo: i principi Borghese e i Massimo, i Pignatelli e i Moncada di Paternò, i Giovanelli e i Granito di Belmonte, la principessa Windsch-Gralz e il marchese Pezzana Capranica del Grillo. Sorridevano alle soavi cattiverie dell'ospite («Avete visto il colorito di Dini? È camitico.» «Prego, eccellenza?» «Camitico, assomiglia a quello del figlio di Cam»). E fremevano di sdegno all'idea che il principe Camillo Aldobrandini avesse aperto a Veltroni, «a un comunista», le sale di palazzo Taverna di cui aveva disponibilità per via della moglie, Stefanina Gallarati Scotti, principessa di Molfetta, la cui madre nasce contessa Taverna.

«Quelli sono stati sempre dei malfidati,» diceva un principe tra le colonne dello zio Vanja «pensi che al referendum votarono per la repubblica.» («Forse mio zio, certamente non mio padre» avrebbe rettificato con annoiata degnazione Camillo Aldobrandini. «Eppoi non dia retta a certi patrizi da operetta.») E non fu anche per lavare l'onta della sponsorizzazione «comunista» che Nicoletta Odescalchi aprì il suo secentesco palazzo romano (contributo del Bernini) a Maceratini e Mancuso, a Fiori e Michelini e Consolo, tutti candidati del Polo?

«Soffriamo. Non possiamo non soffrire» disse don Filippo in quella circostanza. «Uno Stato non fronteggia i propri mali con la violenza. Dobbiamo restituire al nostro Paese un diverso concetto di giustizia. Se è interdetta la critica medesima dell'attività giurisdizionale, che cosa è lecito aspettarsi?» Annuirono Francesco Massimo Lancellotti e Idris di Libia, Judith Caracciolo di Castagneto e la principessa Chigi della Rovere, le duchesse di Selvacapriola e di Gallese, la contessa Calvi di Bergolo e la marchesa Patrizi Montoro. Annuì la regina madre dell'aristocrazia romana, la principessa Pallavicini, accompagnata come sempre dalla principessa Elika del Drago che mi soffiò in un orecchio: «Ahi, quel drago sotto l'ulivo», ricordando l'onta dello stemma di famiglia comparso anch'esso in palazzo Taverna accanto a Veltroni.

Sulle pareti, ignorati dai più, reagirono sconcertati Guido Reni e Gentile da Fabriano, mentre *La caduta di San Paolo* del Caravaggio raramente apparve più drammatica. E la tensione s'allentò solo quando la grazia di Nicoletta Odescalchi depose su un giaciglio di anemoni e ranuncoli una torta con le insegne di Alleanza nazionale.

Un sabato sera con la Piccola Borghesia Incavolata

Se i ricevimenti nei palazzi patrizi di Roma fecero rumore e colore sui giornali, era altrove che il partito di Fini andava a cercare i suoi consensi più massicci. Un piovoso sabato sera di metà marzo, l'auto di Francesco Storace sgusciava con la spericolata destrezza di un motorino tra le colonne di macchine lente e sbuffanti che intasavano le strade del quartiere borghese della Balduina, sulla collina romana di Monte Mario. Lì la remota grandezza dell'Urbe viene rammentata ai passanti dai nomi di pensatori celebri. E l'auto di Storace si fermò appunto in via Seneca. Erano le diciotto precise e il deputato di Alleanza nazionale disse all'autista di ripassare alle venti.

Storace uscì dall'abitacolo con relativa facilità: la dieta che s'era imposta ancora per una settimana stava dando risultati prodigiosi, che sarebbero stati travolti dalle inevitabili abbuffate dell'ultimo mese di campagna elettorale, quando rifiutare un piatto di pastasciutta può far perdere un pugno di voti. Storace è uno dei parlamentari più impertinenti della squadra di Fini. Non si smentì nemmeno nell'autunno del '96, quando diventò presidente della Commissione di vigilanza della Rai. La sua Fede nella Causa merita la maiuscola perché fertile e indiscussa fin dai tempi cupi, quando fare l'addetto stampa del Msi procurava frustrazioni mostruose vista la sostanziale assenza di spazio riconosciuta ai «neofascisti» da giornali e radiotelevisioni. Sicché quando la vittoria del Polo alle elezioni del '94 portò Alleanza nazionale dalle catacombe al governo, Storace – responsabile dei problemi dell'informazione del suo partito – diventò dalla sera alla mattina una pura e semplice Autorità. Si tolse dalle scarpe fior di sassi che ci abitavano da anni fino a costituire un tutt'uno coi piedi. Si prese il nomignolo di *Epurator* per il vezzo di «cambiare le cose alla Rai». Enzo Biagi arrivò a definirlo «un refuso» per la fatale somiglianza del suo cognome a quello di Achille Starace, segretario del partito fascista, illustre figlio di Gallipoli cinquant'anni prima di D'Alema e Buttiglione.

Ma Storace, come diceva la Buonanima, tirò diritto e nella nuova campagna elettorale tenne fede brillantemente alla fama di schiacciasassi maturata nella precedente. Il suo collegio era il ventunesimo di Roma: Aurelio-Balduina-Trionfale. Da queste parti, la Sinistra ha avuto sempre vita grama. La Destra era tradizionalmente forte, ma dominava la Dc. La zona pullula peraltro di istituti religiosi e il grido della campagna elettorale del '96 fu: «Mai il collegio del Papa nelle mani di Storace». Invano. Anche perché Refuso ha martellato i suoi elettori come non s'immagina, andando a salutarne casa per casa almeno settemila. Con questo sistema: ore 18-20, aperitivo; ore 20-22, cena; ore 22-24 (e oltre), uno o due dopocena. Tre o quattro case per sera, tutte le sere per cinquanta giorni.

Al sesto piano della palazzina di via Seneca, pizzette e pasticcini aspettavano Storace al centro di un salone-pranzo con pianoforte verticale e *rack* per lo stereo, tappeti sui marmi lucidi e argenteria nel controbuffet. Ma l'aspettava soprattutto un campione perfetto della Piccola Borghesia Incavolata. Incavolata nera, che teneva repressa la rabbia sotto il vestito grigio e la cravatta d'ordinanza e perciò la sentiva montare montare montare fino a scaraventarla addosso all'onorevole Storace. Che dopo un anno e più di opposizione al governo dei Ribaltoni e dei Rospi, se la lasciava scivolare addosso con la beatitudine di Poppea sotto i getti del latte da bagno.

Incavolata perché? Perché ha dovuto per vent'anni pagare il mutuo della casa («Meno male che avevamo due stipendi») mentre l'onorevole Storace spiegava che la Sinistra ha partorito Affittopoli. Perché non riesce a trovare un posto al figlio («Sapesse che bravo ragazzo»), mentre Refuso-Poppea insinuava che i più furbi hanno inventato per questo Invalidopoli. Perché il microcommerciante monocommesso non riesce più a campare soffocato dagli ipermercati e dagli adempimenti fiscal-previdenzial-burocratici, mentre il fu Epurator assicurava che i suoi concorrenti peggiori sono le

Coop che hanno dalla loro costi inferiori e il professor Fantozzi dell'odiatissimo governo Dini.

«Lo sa quanto prendo di pensione?» sussurrò rassegnata la vecchia signora con la mantellina fucsia. «Cinquecentosessantamila lire e se mi va bene la reversibilità del mio povero marito sarà di centottanta. E con questa miseria debbo pure pagarmi le medicine...» «Io lavoro ai Beni Culturali da venticinque anni» incalzò l'ancor giovane signora con occhiali vezzosi e incavolatura repressa «e mi sono scocciata di essere superata da quelli che non hanno fatto concorsi.» «Io sono funzionario delle Finanze» aggiunse grave il signore postquarantenne coi baffi «e mi vergogno di dirlo: la gente pensa subito che sono corrotto. E invece con una laurea e diciassette anni di servizio guadagno duemilioniquattrocentomila lire al mese.» «Lei guadagna quanto me che ho trentaquattro anni di servizio» gridò dal fondo della sala un signore piccolo e quasi anziano. «Che mestiere fa lei?» «Il sottufficiale dell'Esercito.» «Ma io sono stato quattro anni all'università.» «E io pago ottocentomila lire di pigione.» «Insomma, smettiamola con queste guerre da poveri» li riprese un altro signore che lavora alle Finanze anche lui. «Il problema è che in Italia non c'è orgoglio di lavorare per lo Stato. Ma lo sa che noi non riusciamo a collegarci via computer con l'esattoria comunale di Roma che percepisce duemiladuecento miliardi all'anno? E nemmeno con l'anagrafe comunale?» «E lei lo sa che un colonnello della Finanza mio parigrado guadagna più del doppio di me?» «E quelli delle dogane dove li metti? Hanno un'indennità tripla della nostra.» «È venuto il ministro Fantozzi a sollecitarci di lavorare per il condono. Ha promesso incentivi e non li abbiamo visti.» «Basta di finire sui giornali ogni volta che andiamo a prendere un cappuccino.» «Con che faccia rimproverano a Berlusconi il conflitto d'interessi? E Susanna Agnelli? E Cecchi Gori?» «Sono i poteri forti che guidano la baracca e noi ci siamo scocciati.»

Poppea Storace emerse sorridente dal suo bagno di latte profumato ed ebbe una risposta per tutti. «Vogliamo riformare la burocrazia.» «Faremo la rivoluzione meritocratica.» «Semplificheremo gli adempimenti fiscali.» «Sganceremo la pubblica amministrazione dal potere politico.» «Le partite di calcio sono un servizio pubblico e vanno trasmesse gratuitamente dalla Tv.» Bevuto un bicchiere d'acqua minerale, unico dietetico tributo all'ospitalità degli impeccabili padroni di casa, Storace s'avvide che le venti erano passate da un pezzo e incombeva una cena elettorale.

Sull'uscio gli si avvicinò un signore che sapeva di politica: «Quando vinceremo, che incarico avrà Fini nel governo?». Presidente del Consiglio, avrebbe voluto rispondere l'onorevole. Più saggiamente disse: «Resterà a coguidare la coalizione». L'altro ammiccò: «Ma che coguidare e coguidare. Tutti sanno che la guida già. Allora, me lo dice che ministero piglia?».

Fuori, nella notte piovosa della Balduina, Storace calcolò che la Piccola Borghesia Incavolata era assai più numerosa di quanto non pensasse e ne ricavò ottimi auspici. Frustrati un mese più tardi.

«Ricordi le pastarelle? Be', son finiti i soldi»

«Ricordi l'abitudine domenicale delle pastarelle? Non so dalle tue parti, ma qui a Roma era un rito vero e proprio. Si andava a passeggio e si tornava a casa con il pacchetto delle paste. Be', adesso sono sempre meno quelli che le comprano. Son finiti i soldi.» I voti della Piccola Borghesia Incavolata non sono stati sufficienti a far vincere le elezioni al Polo e hanno premiato An meno del previsto. Ma quando nell'estate del '96, tra un convegno con gli intellettuali e una sterzata al centro del partito, Fini dovette contare idealmente chi stava con lui, non ebbe dubbi nel considerare determinante in ogni prospettiva quello che chiamò il «blocco sociale del centrodestra». «Ai poveri di un tempo, stanno aggiungendosi i nuovi poveri. Chi conta sempre meno. Chi non si sente garantito. La piccola e la media borghesia che vedono scendere sia il proprio decoro sociale che la capacità di acquisto dei propri stipendi. Quante famiglie sono vissute più che decorosamente perché hanno potuto contare sempre su due stipendi? E quante di queste sono passate da una piccola agiatezza alla povertà perché uno degli stipendi è venuto meno? C'è un esercito di gente non sindacalizzata che si sente non protetta. Prendi i piccolissimi lavoratori autonomi che debbono andare a lavorare anche quando sono malati, che avrebbero bisogno di un aiuto e non ce la fanno ad assumerlo. Eccolo, il blocco sociale del centrodestra: i non garantiti e gran parte dei lavoratori del terziario. A questi aggiungi i giovani. Lo sai che a Bologna, dico a Bologna, tra i giovani Alleanza nazionale è il primo partito? Non sono dati miei, lo ha scoperto la federazione bolognese del Pds. E perché il centrodestra è primo, a Bologna e in Italia, nelle fasce giovanili? Perché i giovani vogliono poter dimostrare le loro capacità e non trovano spazio. Perché non ne possono più della vecchia cultura dei diritti garantiti. Perché la Sinistra, anche adesso che sta al governo, offre loro poche certezze, mentre il centrodestra potrebbe offrire molte opportunità. E infine, vogliamo dirlo?, perché li abbiamo aiutati a riscoprire valori di cui fino a poco fa ci si vergognava, come la famiglia, la patria, la religione.»

Ancora una volta, Fini si propose come elemento rinnovatore della politica italiana, in sintonia perfetta – su questo punto – con Berlusconi.

Ma il centrodestra ha un futuro «moderato» o «rivoluzionario»? O per essere moderati in Italia bisogna anche essere in qualche modo rivoluzionari? Il problema fu posto da Pierluigi Battista su «La Stampa» del 24 maggio: «Strano: da che mondo è mondo, i moderati diffidano del "nuovo", temono il "cambiamento" troppo brusco, evitano come la peste discontinuità troppo radicali. I moderati italiani, invece, in un Paese in cui il principale partito d'opposizione amava definirsi insieme rivoluzionario e conservatore, di lotta e di governo, per due anni si sono rappresentati come una forza rivoluzionaria, artefici di una rottura epocale». Per Fini e Berlusconi, non era facile accettare la conclusione di Battista secondo cui «ora quel capitolo è definitivamente chiuso». Nell'Ulivo essi hanno visto il custode dell'immobilismo e della conservazione, confermati – nel giudizio dei due leader – dai primi mesi del governo Prodi. Mai come adesso, dunque, il moderatismo poteva presentarsi come rivoluzionario.

Allo sbocciare dell'estate '96, Fini non si nascose peraltro le difficoltà nel tenere unite le due anime di Alleanza nazionale: quella attratta dalle suggestioni liberali (e liberiste) di Forza

Italia e quella radicata nella «Destra sociale» storicamente rappresentata dal Msi. Il profeta di quest'ultima era Giano Accame, che dopo la sconfitta elettorale riassunse così la questione a Stefano Di Michele dell'«Unità»: «Siamo andati a rincorrere i voti dei bottegai invece di quelli che più s'indirizzano verso la Destra sociale. Il problema è questo, inutile girarci intorno...». Rincarò la dose Pierangelo Buttafuoco, intellettuale giovane e inquieto della nuova Destra: «An deve avere il coraggio di creare un progetto politico che non sia legato alla "pesca delle occasioni". Non è possibile che se i commercianti non vogliono pagare le tasse noi stiamo con i commercianti...».

«Qua nessuno mangia il pollo con le mani»

Queste obiezioni portarono all'identificazione sempre più visibile di una corrente di partito, guidata da Francesco Storace e Gianni Alemanno, e alla nascita di un giornale, «Area», definito senza mezzi termini «mensile della Destra sociale». «L'errore» disse Alemanno a Corrado Incerti («Panorama», 23 maggio) «è stato l'aver permesso all'Ulivo di attaccarci proprio sullo stato sociale, come se la Destra lo volesse smantellare.» Ma Fini sapeva che queste pur nobili istanze, se garantiscono ad An una riserva certa di voti nati dalla protesta delle categorie più deboli (nel '94 passarono al Msi rinnovato intere borgate di tradizione comunista), rischiano di isolare il partito sull'estrema destra escludendolo dal sogno gollista del grande polo conservatore. E sapeva anche che, pur se nessuno discuteva la sua leadership, nel partito s'era aperta una resa dei conti.

«Pare di stare in una monarchia assoluta» andava dicendo Alessandra Mussolini. «Dobbiamo rompere il muro attorno al presidente, cambiare la classe dirigente, troppo staccata dalla base.» Era noto che la Mussolini ce l'avesse con i «colonnelli» del partito e in particolare con Maurizio Gasparri. Ma ai suoi attacchi si sommarono quelli di elementi assai lontani tra loro. Da Nicola Rivelli, un deputato napoletano passato a Forza Italia, a Teodoro Bontempo, il più vicino in An alle posizioni di Rauti, piovvero su Fini accuse convergenti, come quella di aver posto il veto alla nascita del governo Maccanico e di aver bloccato la desistenza con la Fiamma tricolore. «Abbiamo perso l'occasione di essere, dopo quarant'anni di emarginazione, tra i fondatori della Seconda Repubblica» disse Bontempo a «Panorama». «Non dobbiamo perdere l'occasione di costruire un partito nuovo, aperto ai temi della Destra sociale, ai giovani, ai disoccupati, alle periferie.» E anche Bontempo, fin dall'indomani delle elezioni, aveva stangato i «colonnelli» del presidente: «Il nostro è un partito a due velocità» aveva detto alla «Stampa». «Fini va a trecento all'ora, il resto del partito e i colonnelli a trenta all'ora.» E giù legnate a Gasparri, a La Russa, allo stesso Tatarella («Se gli affidi un compito preciso, lui è bravissimo. Se gli metti in mano un gruppo parlamentare, lui estromette tutti»).

Per mettere a confronto tra loro le due anime del partito (quella tradizionalmente missina e quella dei neofiti di An), a fine giugno Fini riunì i cervelli dell'una e dell'altra parte a discutere del futuro della Destra italiana con i professori di Forza Italia. Per quella che fu subito chiamata la «Pontignano della Destra», Fini non scelse un convento come aveva fatto D'Alema per il ritiro ideologico dell'autunno '95, ma il Balletti Hotel tra i boschi di San Martino al Cimino, nel Viterbese. Goffredo Buccini, inviato del «Corriere», tentò una sommaria divisione dei partecipanti che si muovevano tra famigliole olandesi deliziate dagli scivoli della piscina e uomini delle scorte che frugavano tra i pini. Per la già citata Destra sociale c'erano Accame, Storace, Alemanno e il perfido Marcello Veneziani che dissacrò il seminario fin dalla vigilia. Scrisse infatti sul «Messaggero»: «Si sentiranno lamenti fino a Viterbo di gente che maledirà il giorno in cui conobbe Rauti, seguì Almirante, ammirò Le Pen». Queste parole furono musica per Pino Rauti che commentò sul «Corriere»: «Questo seminario è solo la glaciale liquidazione di una cultura. Un'operazione di amnesia». Agli uomini della Destra sociale si opponevano i «colonnelli» di Fini: Gasparri, La Russa, Urso e Marco Zacchera. Alessandra Mussolini e Gaetano Rebecchini vennero catalogati come «frondisti», Maceratini e Servello come «amici di Silvio Berlusconi». C'erano gli «intellettuali di casa»: Fisichella, Armaroli, Cardini e De Turris. Infine gli ospiti d'onore di Forza Italia (Colletti, Vertone, Pera e Rebuffa) e don Gianni Baget Bozzo collocato «a destra di Dio». I giornalisti furono tenuti lontani dai lavori per consentire interventi a ruota libera senza l'incubo della citazione sui quotidiani dell'indomani. Ebbi il permesso di assistere soltanto perché questo libro sarebbe stato pubblicato alcuni mesi dopo il convegno. E ne valeva la pena perché per la prima volta in Italia si confrontavano intellettuali di Destra senza essere sommersi dal disprezzo generale. Disse Maurizio Gasparri: «Che cosa ho io meno di Burlando? Che cosa ha An meno del Pds? Niente. Solo che i nostri intellettuali per quarant'anni venivano cacciati via da tutte le parti». E concluse fieramente: «Insomma, qua nessuno mangia il pollo con le mani». I termini del confronto tra le parti furono riassunti così da un intellettuale della Destra pura, Enrico Nistri, sul «Giornale» del 21 giugno: «Il convegno potrà aiutarci a capire se An debba ridursi a una sottomarca nazional-popolare di Forza Italia o non possa assicurare il suo rilancio sollevando temi cui il Polo è parso mettere la sordina, ma che forse suscitano il consenso popolare più di tanti rebus di ingegneria istituzionale: la difesa dell'identità nazionale dall'immigrazione selvaggia, la tutela dell'ordine pubblico, il ritorno alla serietà degli studi. E potrà anche aiutarci a capire se la Destra debba accettare la logica liberista al punto di abbandonare la tutela dei ceti meno protetti dai contraccolpi del mercato globale».

«La Patria, perdio!» disse Lucio Colletti

«La Patria, perdio!» Disse proprio così, Lucio Colletti. Disse proprio: «La Patria, perdio!» e un fremito di consenso e di stupore attraversò simultaneamente le schiene delle cinquanta persone riunite nella sala Raffaello del Park Hotel Balletti. Perché la Patria è sempre la Patria, ma soprattutto perché a nominarla con quel perdio che sembrava un'alzabandiera era uno dei filosofi italiani più importanti. Già colonna del marxismo e ora ferocemente avverso a qualunque spezia che odori di comunismo anche in modo impercettibile. «L'unità e la storia della nazione appartengono a tutti. E se io sto da una parte diversa dalla vostra, questo non vuol dire che la storia della nazione sia una storia comune.» E ancora: «So bene che siete stati ghettizzati per anni. So bene che anche il fascismo è stato un prodotto della storia nazionale e che quella storia mi appartiene come mi appartiene la storia dell'antifascismo. Vi chiedo pertanto con rispetto se da parte di An non occorra uno sforzo per acquisire i caratteri della Destra di governo in Europa e se An, nel momento in cui si qualifica come Destra sociale, non si trovi tra le mani la patata bollente del ridimensionamento dello stato sociale».

Lucio Colletti stava versando sale sulle piaghe aperte con la convocazione stessa di quel convegno. E nel silenzio assoluto della sala proseguì: «In Inghilterra e in Germania la Sinistra non passa da quindici anni. La Francia si è unita al gruppo più recentemente. E sapete perché? Perché da quindici anni in Europa è esploso un problema: lo stato sociale. La crescita costante del debito pubblico, la necessità di controllare l'inflazione hanno messo quindici anni fa nelle mani dei laburisti inglesi e dei socialdemocratici tedeschi una patata bollente che essi non hanno avuto il coraggio di trattenere. In Italia adesso la patata bollente è in mano al centrosinistra, incapace di una strategia chiara. Non può aumentare le tasse perché altrimenti la secessione del Nord avverrebbe anche senza Bossi, come pura conseguenza dell'istinto di sopravvivenza delle imprese. Non osa tagliare in profondità la spesa pubblica. Non può creare nuovi posti di lavoro nella misura necessaria perché la tecnologia consente agli imprenditori di distribuire la manodopera in paesi dove costa cento volte meno che da noi. E allora? Allora io che non sono un teorico del liberismo debbo dirvi che – se Agnelli può sperare di ottenere da D'Alema quello che ha pensato di non poter ottenere dalla Destra – per il piccolo e per il medio imprenditore la spinta liberista è un tutt'uno con la propria sopravvivenza. Allora io vi dico che, come sostiene Fini, lo stato sociale va ripensato dalle fondamenta. Che voi dovete guardar bene quello che hanno fatto i democristiani in Germania e i conservatori in Inghilterra. Siete sicuri che si tratti di partiti antipopolari? Converrete allora che il Polo sta pagando per le sue fesserie. Per essersi lasciato bollire nei quindici mesi del governo Dini e per aver avuto un atteggiamento curioso in campagna elettorale. Ma come, l'avete aperta denunciando gli eccessi di pressione fiscale a Torino con i commercianti che fischiavano Prodi e applaudivano Fini e l'avete chiusa sdraiati nel terrore che vi accusassero di voler ridimensionare lo stato sociale per un paio d'inchieste pubblicate dal "Giornale" di Feltri?». Com'erano dure queste parole per una platea che fino a ieri era missina. Com'erano dure per Giano Accame che qualche mese più tardi, in un suo saggio intitolato per l'appunto *La Destra sociale,* avrebbe rivendicato «una sensibilità ragionevolmente ereditata dal Movimento sociale», citando quattro punti dell'atto costitutivo del Msi (26 dicembre 1946). Fu così che il vecchio e orgoglioso volontario di Salò (a sedici anni) salì sul podio per pronunciare un discorso anticapitalistico che avrebbe messo in serissimo imbarazzo Bertinotti e Cossutta. Disse dunque Accame che «il 21 aprile ha vinto il blocco storico che lega la grande industria alla Sinistra». «Occorre smascherare le manovre di Agnelli e del grande capitale, della galassia che vuole divorare Enel e Stet dopo aver divorato la Banca Commerciale e il Credito Italiano e vuole le privatizzazioni per consegnare le grandi aziende pubbliche ai Poteri Forti italiani e a Poteri stranieri apolidi e incontrollabili». Citando l'enciclica *Centesimus annus,* parlò di «esecrabile imperialismo del denaro», agitò l'articolo 46 della Costituzione sulla partecipazione dei dipendenti alla gestione delle imprese per «ficcare i lavoratori in quei santuari che sono i loro consigli d'amministrazione». Concluse augurandosi un «riposizionamento di An nel Polo a sinistra della Destra».

Mentre Accame veniva applaudito, Colletti si avvicinò un microfono da tavolo e con garbo gli disse: «Guardi, dobbiamo distinguere ciò che ci piace da ciò che esiste. Personalmente, farei molto volentieri a meno di morire, ma debbo ragionare sul fatto che allo stato delle cose prima o poi questo sgradevole evento si verificherà. Anch'io metterei al muro la Finanza Internazionale, ma so distinguere tra ciò che desidero e ciò che è possibile avere. Non è possibile, caro Accame, l'autarchia economica che lei desidera. E non è possibile avere uno stato sociale che ci garantisca dalla culla alla tomba». Accame replicò orgogliosamente di non volere «l'Europa delle banche e assurdi parametri che per l'ingresso a Maastricht provocherebbero recessione», ma ormai era chiaro che le due scuole di pensiero avevano abbandonato le «convergenze parallele» che furono care ad Aldo Moro per divaricarsi in modo irreversibile. In un altro momento, Colletti prese le difese di Fini. Disse rispondendo a Gianfranco De Turris: «Voi accusate Fini di aver svuotato culturalmente Alleanza nazionale. La realtà è che in nome di una sottocultura ignorate la vera cultura di destra dalla quale occorre ripartire». Fece i nomi di uomini insigni scomparsi dalla pubblicistica e dagli studi: Gaetano Mosca, Vilfredo Pareto, Gioacchino Volpe, Rosario Romeo. E marchiò così gli intellettuali che avevano accusato il presidente di An di averne svuotato la culla ideale: «Voi marciate nelle retroguardie della cultura di sinistra, con le sue salmerie». Lo scontro ideologico si ripetette tra Accame e Saverio Vertone. L'intellettuale torinese («Non sono professore» ripeteva ogni cinque minuti) disse che «il socialismo per salvare a uno a uno gli individui mette a repentaglio la società» e che «la civiltà europea è minacciata dalla persistenza dello stato sociale». Chiarì che il voto a destra non è dovuto alla nascita di un partito liberale di massa come Forza Italia, ma «all'esasperazione civile di massa nata dalla constatazione del crollo dei servizi, dell'amministrazione cittadina, dello Stato stesso». Disse anche che «lo Stato paga il conto degli interessi privati della grande impresa che ha barattato bassi salari in cambio del rispetto della struttura assistenziale sulla quale si fonda il potere dei sindacati». Ma questo non lo salvò dalla scomunica di Accame che, commentando su «Epoca» il suo intervento, attribuì a Vertone «tesi di sapore darwiniano, secondo cui il socialismo, tutelando i deboli, insidia la salute della specie, che verrebbe invece irrobustita da drastiche iniezioni liberiste destinate a riattivare una selezione naturale in cui primeggino i più forti. Visione cruda del patto di cittadinanza su cui sembra difficile far convergere i cattolici».

«Assorbire Forza Italia? Un errore politico»

Fu molto applaudito Gianni Baget Bozzo quando disse di auspicare che dal centrodestra sparisca la parola centro. «Sta lì per commemorare la Dc. Ma il Centro poteva esistere solo col sostegno della Chiesa. E questo non c'è più. Alla Chiesa nell'ultima campagna elettorale s'è sostituita la Caritas. La conseguenza è stata che il voto dei cattolici al Polo è avvenuto a titolo individuale, il voto cattolico pro comunista è stato un voto collettivo.» E mentre Giuliano Urbani cercava di «far cadere le paure» della platea chiarendo che il «liberalismo non è altro che responsabilità individuale verso la collettività», Marcello Pera consumò a nome della comunità dei professori la vendetta degli intellettuali di rango chiamati da Berlusconi a contribuire al governo del Paese e ridotti a fare una opposizione che fu a lungo confusa. E la consumò affondando il bisturi nelle carni di Gianfranco Fini. A lui rimproverò «cinque errori politici che hanno contribuito alla sconfitta elettorale del Polo: 1. La richiesta ripetuta di elezioni anticipate come unica soluzione alla crisi del governo Berlusconi. 2. Approvazione della nuova legge elettorale regionale cara a Elia e a Bassanini (il "Tatarellum") in chiave proporzionalistica. 3. Il rifiuto del lodo Maccanico. Grave nel momento in cui coraggiosamente D'Alema aveva accettato il sistema semipresidenziale. 4. Aver corteggiato Di Pietro, mantenendo un atteggiamento ambiguo sulla Procura di Milano e sostenendo il procuratore di Palermo Caselli. 5. Aver offerto a D'Alema una sponda in contrapposizione alla leadership di Berlusconi». Secondo Pera, alla base di questi errori c'è una sola ragione. «La sindrome del sorpasso. An ha lavorato per superare Forza Italia e Fini ha lavorato per sostituire il suo leader.» Ancora: «Forza Italia senza Berlusconi non sarebbe esistita. È un partito vagamente e inconsapevolmente liberista per esigenze del suo elettorato. Dei cittadini che soffrono lo statalismo, l'assistenzialismo, il burocratismo. Dei cittadini che vogliono fare da sé senza la protezione dei partiti e dei sindacati». Ancora: «Berlusconi non è un leader transitorio. E anche se lo fosse, non è transitoria la spinta che ha creato Forza Italia. Non è stato il Msi a creare il movimento che ha portato al crollo di Tangentopoli. È stata la Lega, è stato il Nord. Per questo Forza Italia è nata dopo Tangentopoli e dopo la caduta del Muro. Per questo non è facilmente assorbibile da An. Per questo il tentativo di assorbirla è stato un errore politico». Ancora: «Che cosa significa il fatto che voi siate Destra sociale? In tutta l'Europa la Destra è individualistica, non sociale. E allora, che cosa difendete? Che differenza c'è tra voi e il Partito popolare? E tra voi e Rifondazione comunista? Volete difendere lo stato sociale delle pensioni di anzianità e della cassa integrazione quando milioni di giovani sanno che lo stato sociale non esisterà più? Parliamo di stato sociale quando milioni di giovani sanno che il posto è morto, che la pensione è morta e che avranno soltanto opportunità di lavoro?».

Fini ascoltò l'arringa prima infastidito, poi interessato, infine partecipe e per alcune ore dopo la fine dell'intervento di Pera i due furono visti insieme a scambiarsi opinioni e sorrisi. Il problema, come commentò Baget Bozzo su «Panorama» del 4 luglio, era che Fini «cerca l'affinità con le posizioni maggioritarie nel Polo e non vuole lasciarsi inserire nel linguaggio della Destra sociale. Senza perdere contatto con i quadri tradizionali del partito, cui il linguaggio della Destra sociale è più omogeneo». In effetti, a fine convegno, fu chiara la mediazione di Fini e la sua presa di distanza dai «boscaioli della politica che operano con l'accetta, sia nella Destra sociale che tra i liberisti». E fece proprie le parole dell'ideologo forzista Luciano Del Debbio: «Lo stato sociale deve rispondere a cinque domande: chi ha bisogno, di che cosa, quanto costa, chi lo gestisce, chi lo paga».

La mediazione del presidente, peraltro, non convinse tutti. Alessandra Longo, la bella inviata di «Repubblica», notò che i due arieti della Destra sociale, Storace e Alemanno, stavano preparando nella hall dell'Hotel Balletti una cartolina prestampata da inviare in molte copie a Fini: «Gianfranco, tieni duro, gli altri sono liberi di essere liberisti, noi siamo liberi di essere noi stessi». Al seminario del Cimino fu assente, polemico, Publio Fiori. Fiori fu tra i fondatori di Alleanza nazionale e si schierò a fianco di Fini fin dall'autunno del '93: alle elezioni comunali di Roma, la Sinistra schierava Rutelli e la Dc di Martinazzoli rifiutò di far scendere in campo Rocco Buttiglione che avrebbe accettato i voti della Destra. «Martinazzoli» mi avrebbe raccontato Fiori «ci disse che non voleva ripetere l'esperimento di apertura a destra tentato da Sturzo. In realtà fin dall'assemblea nazionale del luglio '93, quella che lanciò Rosy Bindi, si stava muovendo verso il Pds.» Vero o non vero che fosse, Fiori – sottosegretario alla Sanità nel governo Ciampi – non accettò la candidatura democristiana del prefetto Caruso e fece campagna elettorale per Fini. «I cattolici liberali voteranno per lui» disse in una intervista al «Tempo». E Fini gli portò molta gratitudine inserendolo a pieno titolo tra i soci fondatori della nascente Alleanza nazionale. All'inizio del '96, Fiori fu tra i nemici più irriducibili del governo Maccanico: «Si sarebbe perso lo spirito dell'alternanza, si sarebbe tornati ai momenti meno nobili della storia democristiana. Era meglio accettare il rischio di essere emarginati per aver perso le elezioni piuttosto che avere la certezza dell'emarginazione politica nel governo Maccanico». In effetti, il Polo perse le elezioni e, nonostante la decisione di giocare sul voto avesse visto uniti Fini e Fiori, i rapporti politici tra i due si raffreddarono molto. I «colonnelli» di Fini attribuirono la freddezza al fatto che l'opposizione e l'assenza di incarichi è dura per chi non ci è abituato. Fiori respinse ovviamente questa poco nobile motivazione e ad Alessandra Longo che lo intervistò a fine giugno per «Repubblica» disse: «I professori di Forza Italia sono venuti per indottrinarci. Se Berlusconi punta all'intesa con D'Alema partendo dalle riforme istituzionali, cercherà di non andare solo nella garçonnière del Pds perché l'altro gli farebbe la festa. Deve portarsi dietro Fini. E se Fini accetta è la normalizzazione, entra a far parte di un centro». Eppoi: «C'è un'unica cosa sulla quale concordo con De Mita: la Dc non è stata un errore. Lui adesso la vuole rifare per essere egemone dentro l'alleanza con il Pds. Mentre io penso di riprenderne i valori dentro An per battere il Pds».

La «fronda» estiva sulla terrazza di Martelli

Per riprendere questi valori, Fiori pregò Gaetano Rebecchini di riunire un gruppo di amici lunedì 17 giugno a pranzo nella cornice appartata e signorile dello Sheraton Golf Club alla periferia di Roma. Parteciparono Luigi Ramponi, già comandante generale della Guardia di Finanza e senatore non rieletto, Pietro Armani (già militante del Pri), il cardiochirurgo Valentino Martelli (origini liberali), Gianfranco Legittimo (matrice cattolica), il fisico Antonio Basini (già vicino al gruppo Segni) e il senatore Pedrizzi (origine democristiana). Per evitare che la colazione suonasse l'avvio di una congiura, furono avvertiti Fini e Gasparri. Il gruppo, arricchito della presenza di Gustavo Selva, si riunì altre tre volte, tra la fine di giugno e la metà di luglio, nella terrazza romana di Martelli, in via delle Botteghe Oscure. La terza volta comparvero Storace, Alemanno e altri esponenti della Destra sociale. Fini tirò un sospiro di sollievo. «Un conto» mi disse «sarebbe stato immaginare la fronda dei dirigenti non missini di An. Altro è la discussione in un gruppo meno omogeneo.» Fiori mi raccontò che il suo obiettivo era quello di «saldare il troncone cattolico di An con la Destra sociale del Msi». E chiarì: «Se la Sinistra si allea con i Poteri Forti, e il sindacato chiede di spendere risorse per garantire i garantiti, serve un partito di Destra che dia rappresentanza a chi sta fuori del processo produttivo o se ne sente ai margini. Come i lavoratori autonomi sempre più colpiti e le piccole e medie imprese sempre più arrabbiate». (Di fatto chiedeva anche maggiore visibilità per il suo gruppo, e Fini in autunno gli ha dato soddisfazione nominandolo coordinatore del partito insieme con Gasparri e Fisichella.) Per dimostrare come si debba dar voce a chi non scende in piazza, Fiori mi citò un episodio che riguarda proprio il vecchio Msi: «Una volta sotto elezioni stavo in macchina con Andreotti e passammo vicino a piazza del Popolo dove parlava Almirante. Gli dissi: Presidè, stavolta perdiamo. E lui: tranquillo, Publio. Stanno tutti là».

Quando rividi Fini nel pieno dell'estate, mi apparve abbastanza distante dallo scontro ideologico tra liberisti e uomini della Destra sociale. «Entrambi gli schemi, presi in sé, mi paiono culturalmente arretrati. È illusorio immaginare di poter risolvere con una iniezione di liberismo o una fiala di solidarismo problemi che ormai coinvolgono tutto l'Occidente. Il futuro di Alleanza nazionale, del Polo, del centrodestra dipenderà dalla freschezza delle risposte che sapremo dare a richieste sempre nuove.» Si ha l'impressione che lo strappo di Fiuggi non sia più sufficiente, che il partito sia in mezzo al guado e che debba guadagnare una riva, quale che essa sia. Rispose Fini: «A Fiuggi decidemmo di abbandonare la forte connotazione ideologica della Destra missina per andare in mare aperto. L'approdo è la centralità della Destra...». Un nuovo partito di centro? «No, figuriamoci. La differenza è questa. Per quarant'anni il Msi ha proposto un'alternativa. Adesso Alleanza nazionale entrerà in competizione con i partiti che si dichiarano di centro.» Che significa? «Guarda il Pds. È un partito di centro? No, ma dialoga col Centro e tende a essere centrale nel centrosinistra. La stessa cosa intendiamo fare noi sull'altro versante.» E il Polo con esattezza che cosa dovrebbe diventare? «Deve trasformarsi da alleanza elettorale in alleanza programmatica. Deve definire il minimo denominatore comune politico culturale che sia la base per accrescere i consensi elettorali. Le diverse identità delle forze del Polo non possono essere rimosse né si possono imporre egemonie di una forza sull'altra. Il secondo tempo di Alleanza nazionale deve nascere da qui.»

Quale sarà la differenza tra la nuova An e Forza Italia? «Bisogna intanto aspettare che Forza Italia definisca meglio la propria identità. Io per esempio ho qualche dubbio sul fatto che sia un partito liberale di massa. So anche che alcuni segmenti di elettorato di Forza Italia sono sovrapponibili ai nostri. Il ceto medio produttivo per esempio, il terziario, il commercio: in certi casi può votare indifferentemente per noi o per il partito di Berlusconi. Forza Italia è invece presente più di noi in certe zone geografiche e nell'alta borghesia. An trova più spazio nelle piccole imprese, Forza Italia in quelle che hanno già una loro struttura corposa.»

«Forza Italia? Non è il partito liberale di massa»

Chiesi a Fini perché rifiuta l'idea che Forza Italia sia un partito liberale di massa? «Perché il partito liberale in Italia ha avuto un consenso molto limitato, anche se adesso non trovi uno che non si dica liberale. Forza Italia invece raccoglie gran parte dell'eredità democristiana e socialista, gran parte delle ostilità nei confronti di qualunque cosa faccia pensare al Pci, al comunismo, a una certa Sinistra ideologica. Non dimentichiamo che Craxi aveva fatto del Psi un partito socialista fortemente anticomunista...» Facendolo assomigliare in questo ai partiti socialdemocratici europei. «Certo, perché la Sinistra europea era anticomunista, mentre quando è arrivato Craxi il Psi era più vicino alle posizioni filocomuniste di Riccardo Lombardi. Quando si valuterà l'azione politica di Craxi al di là di Tangentopoli e delle storie su Alì Babà e i quaranta ladroni, gli si dovrà riconoscere questa svolta. Eppoi in Forza Italia è confluita la maggior parte degli elettori che individuavano nella Dc il partito con certi valori cattolici, anticlassista e con una visione non marxista dell'economia. Forza Italia è nata dall'incrocio di questi due filoni. La storia del partito liberale di massa è roba da giornali...»

In prospettiva è possibile un partito unico del centrodestra? «In prospettiva non può escludersi nulla, ma adesso non ha nemmeno senso chiederselo perché dovremmo passare dal bipolarismo al bipartitismo.» E al bipartitismo non sono pronti nemmeno nell'Ulivo... «Veltroni forse ha pensato al partito unico, immaginando che il Pds potesse sciogliersi nell'Ulivo. Invece D'Alema, se mai pensasse al partito unico, vorrebbe quello della grande sinistra. Lui pensa forse che la contrapposizione bipolare che oggi c'è tra centrosinistra e centrodestra possa mutarsi domani in quella tra Sinistra e Centro. Le sue mosse del secondo semestre '96, l'idea della nuova Cosa, nascondono a mio giudizio il tentativo strategico di non farsi spiazzare se intanto rinasce il Grande Centro, se resuscita la Balena Bianca, se ci fosse insomma la Rifondazione democristiana.»

Ma non è affatto detto che al bipartitismo si arrivi in tempi ragionevoli. «Appunto. Allora è inutile che noi del Polo si discuta se fare il partito unico o stare divisi. Cerchiamo di dare alla coalizione un carattere più strategico e meno tattico, più programmatico e meno elettorale. Tra l'altro: come puoi pensare a un partito unico quando abbiamo sistemi elettorali diversi per la Camera, il Senato, l'Europa, le regioni e i comuni?» È immaginabile che si arrivi a un Polo alternativo alla Sinistra che vada da Dini e Maccanico ad An, passando per Forza Italia e i Ccd-Cdu? «È la vecchia idea di Tatarella. Andare oltre il Polo. Lui dice spessissimo che dobbiamo costruire una casa comune per il sessanta per cento di italiani che non è mai stato comunista, non vuole essere postcomunista e non ha mai avuto niente a che fare con la sinistra ideologica. Ma costruire questa casa non è facile. Perché il venir meno del fattore ideologico rende sempre più labili certe distinzioni. Un esempio: è più a sinistra Andreatta o un dirigente "migliorista" del Pds? Nel Ppi l'ala moderata di Bianco è stata travolta.

Contano i khomeinisti, quelli della vecchia sinistra Dc che odiavano e odiano Berlusconi e si son presi le loro vendette su Mediaset.»

State in ogni caso lavorando su questo progetto? «Certo, il progetto è questo e bisogna lavorarci sopra.» Anche a costo di perdere consensi a destra? «Il rischio c'è. D'altra parte, quando ti muovi per occupare spazi, rischi di lasciarne scoperti degli altri. Ma è un rischio che bisogna saper correre. Intorno a noi si muove parecchia gente singolare. Gente che prima di Fiuggi mi diceva: se tu non perdi Rauti, la svolta non è credibile. E dopo le elezioni mi ha rimproverato di non aver fatto l'accordo con Rauti. Allora ho incominciato a insospettirmi. Perché se qualcuno pensa che An abbia come sua prospettiva quella di fare il cane da guardia sulla destra, non ha capito niente. Il mio compito non è quello di tenere presidiata l'area del ribellismo sociale per evitare che Rauti possa crescere dell'uno per cento. È un ruolo troppo limitativo per un partito che ha il sedici per cento dei voti. Il mio compito è la competizione col Centro, non l'alternativa.»

Il problema di sostituire Berlusconi come leader del Polo è dunque archiviato? «Discutere di queste cose porterebbe il Polo alla divisione e alla paralisi, a prolungare la fase di stordimento che c'è stata dopo il 21 aprile. Le leadership non nascono a tavolino. Nascono sul campo in ragione delle capacità che gli uomini hanno di diventare leader. Berlusconi non è stato nominato leader da nessuno. Ha avuto l'intuizione di fare un partito per raccogliere i consensi di chi non era mai stato di sinistra e non voleva andare a sinistra. Ha avuto l'intuizione di fare la doppia alleanza, al Nord con la Lega e a Sud con noi. Ha pensato e ha fatto quel che nessuno aveva pensato e fatto. Eppoi secondo me non è affatto scontata l'uscita di scena di Berlusconi.» E allora? «Allora il problema non è di leadership. Il problema è di dare al Polo una strategia diversa: a palazzo Chigi non c'è Occhetto, c'è Prodi. E allora occorre portare una minoranza del 44 per cento a diventare maggioranza, facendo un lavoro che non si esaurisca nella scelta del candidato giusto all'ultimo momento o nella bella apparizione televisiva in campagna elettorale. Dobbiamo trovare quel pizzico di voti che ci manca nell'area cosiddetta moderata, in certe fasce del volontariato cattolico...»

Quando il presidente di Alleanza nazionale disse una parte di queste cose alla rivista «Capital» del settembre '96, parlando di «libera competizione» con Forza Italia, successe il finimondo. Ma l'interpretazione più corretta fu quella di Gianni Baget Bozzo sul «Giornale»: «Fini tende a creare una Destra europea a partire dal Msi: e vuole giungere a questo con dei passaggi interni, che conducano Alleanza nazionale a essere legittimata non dall'appartenenza al Polo, ma da se stessa».

Fini guarda anche all'elettorato leghista che doveva essere suo e il 21 aprile del '96 non lo fu: un'indagine del Censis rivelò che quasi un elettore leghista su due si dichiara di destra o di centrodestra. La contromanifestazione del 15 settembre a Milano, data in cui Bossi ha proclamato la nascita dello Stato della Padania, mirava anche ad ammiccare a quei cittadini del Nord che avvertono malessere, ma non son pronti ad andarsene.

«Quante incomprensioni con certi stranieri»

Toccai per ultimo il punto più spinoso per Fini: la mancata legittimazione internazionale. Il fatto che per An sia stato finora impossibile trovare una parentela accettata e riconoscibile con i grandi partiti conservatori europei. È il nervo scoperto e Fini me lo confermò, raccontandomi il disagio di tanti autorevoli giornalisti stranieri che avvicinano il leader di Alleanza nazionale all'estero, lo chiamano neofascista e restano di sale quando Fini dice: guardi, che in Italia non mi chiama così più nessuno. Eppure, se a Fini si aprono le porte dell'ultimo impero comunista, la Cina, del Giappone e degli Stati Uniti, la parentela in Europa resta difficile. «Al Parlamento europeo capita spesso di votare insieme con questo o con quello. Su questioni che riguardano per esempio una visione un po' più solidaristica dell'economia, ci troviamo spesso d'accordo con la Dc tedesca e soprattutto con la sua ala destra. Sulle questioni connesse alla difesa dell'identità europea che non vuol dire razzismo né posizione antioccidentale, ma tanto per capirci: siamo buoni europei perché siamo buoni italiani, registriamo molti punti di contatto con i francesi che risentono dell'«Europa delle patrie» di De Gaulle. Più difficile è il contatto con i conservatori anglosassoni. Se io ripetessi in Italia certe frasi del leader della Destra americana Gringrich, mi tirerebbero le pietre per strada. Poi però appena varchi l'Atlantico e dici che sei anticomunista, tutti ti considerano un amico...»

Che rabbia deve fare a Fini quel D'Alema che fino a pochi anni fa stava sulla barricata opposta e adesso va a cena con i capi di governo socialdemocratici e anzi, secondo Fini, vuole andare lui a palazzo Chigi prima della fine del secolo come leader del nuovo partito socialdemocratico. La legittimazione internazionale della Destra democratica è più dura. Il tedesco Kohl, il francese Chirac, lo spagnolo Aznar, il britannico Major hanno battuto tutti le sinistre. Ma stanno da un'altra parte. Fini lo sa. Sa che il suo vero compito dei prossimi anni è far capire al mondo che il fascismo è lontano, morto, sepolto. Insomma, ci son riusciti i comunisti e alla grande. Perché lui no? «Abbiamo fatto tanta strada in più» dice D'Alema. «Ci siamo mossi prima.» Fini è in marcia.

10
Umberto Bossi, re di Padania

Il pomeriggio di mercoledì 17 luglio 1996 i giornalisti affollavano la tribuna della stampa che domina l'aula di Montecitorio. L'occasione era solenne: si dibatteva delle riforme e del futuro dello Stato. Ma io ero attratto dalla nuova pettinatura di Umberto Bossi. Potevo ammirarla da vicino, visto che la mia balconata s'affacciava esattamente sul suo seggio. La chioma di Bossi assomigliava, come sempre, a una vigna delle Cinqueterre, là dove l'uomo fatica assai per piegare la natura ostile. Ma la topografia mi sembrò più chiara del solito. In cima alla collina stava il terreno per la casa padronale. Sotto di essa, ordinati con dolcezza, prosperavano due filari di vite scoscesi a gradoni e chiusi da un boschetto di recinzione che teneva ben distinti la nuca e il collo del Senatùr.

Lo spettacolo era tale che finii con lo sporgermi troppo, come accade ai bambini affacciati sulle gabbie dello zoo o ai fedeli quando nella processione passa il vescovo o ai loggionisti quando entra il tenore. Riuscii a mantenermi in equilibrio, evitando che la storica seduta fosse sospesa dal presidente Violante per l'abbattersi di un cronista sul capo (in ogni senso) della Lega Nord. Ma dal mio taccuino caddero due fogli volanti: volteggiarono come coriandoli nella solennità dell'aula e sfiorarono i baffi di Roberto Maroni che li sequestrò, consegnandoli a Umberto Bossi. Il caso volle che fossero due fogli riguardanti la Lega. Il primo era un volantino sulla grande manifestazione che il 15 settembre avrebbe consacrato l'indipendenza della Padania. Il secondo era un cartoncino bianco con un ghirigoro apparentemente insensato sul quale avevo scritto «Bossi». Il disegno era in realtà opera di Bobo Maroni. Un autentico falso d'artista. Per spiegarmi la strategia secessionista della Lega, Maroni aveva preso un cartoncino con la scritta «Camera dei Deputati», l'aveva girato e con la morbida destrezza che usa per cavare suoni inconsueti dalla sua tastiera, aveva disegnato un ghirigoro ininterrotto, apparentemente incomprensibile, in realtà geniale. «Quando pensa, Bossi fa così» mi disse. Io presi la preziosa reliquia, autentica pietra angolare di questo volume, e la misi in mezzo al taccuino. Da cui il destino la sfilò il pomeriggio di mercoledì 17 luglio per farla volare sulle teste di Maroni e di Bossi. Bossi guardò il disegno, vi si riconobbe, se lo mise in tasca e me lo restituì. Il progetto originale della rivoluzione padana era salvo.

Maroni: «La storia comincia da lontano...»

«La svolta c'è stata... Aspetta un po'.» Maroni tirò fuori la sua minuscola agendina elettronica, quella che quando eravamo un paese ricco ti arrivava in dodici esemplari ogni Natale e, visto che non sapevi dove mettere le mani, la usavi per fare le addizioni o la regalavi al figlio elettronico. Smanettò dunque l'agendina con le sue dita grasse da monsignore e zac!: «La svolta c'è stata il 3 gennaio '96 alle ore 23». Ero venuto da Maroni per capire dove nascesse la storia della secessione. Sapevo che nasceva anche dall'inatteso risultato elettorale della Lega. E allora bisognava capire per quale ragione Bossi s'era rassegnato a elezioni che non voleva e soprattutto perché – cosa di cui ero personalmente sicuro da un anno – aveva deciso di correre da solo col rischio di sfracellarsi alla prima curva.

Sospettoso e ammirato come Renzo davanti all'Azzeccagarbugli, chiesi a Maroni: «Che è successo il 3 gennaio alle 23?». «È successo che sono andato ad Arcore per incontrare Berlusconi e Urbani. Nessuno voleva le elezioni. Urbani lo diceva chiaramente e insisteva sulla necessità di un'assemblea costituente. Berlusconi si accodava. Non credeva che ci avrebbero mai dato la Costituente, ma se serviva a evitare le elezioni... Lo trovai imbarazzato perché fino a un mese prima aveva chiesto le elezioni a gran voce. Adesso però non era più sicuro di vincerle. Ma c'era un precedente.» Quale? «Un incontro con Letta.» Quando? (Le sue dita accarezzarono di nuovo l'agendina.) «Il 7 dicembre del '95.» A che ora? «Alle 15.30.» Dove? «A Largo del Nazareno, nel suo ufficio. Gli feci vedere un grafico che aveva appena preparato Pagliarini sulla spesa pubblica dall'unità d'Italia a oggi. Letta restò molto impressionato quando si accorse che soltanto due volte il debito pubblico era schizzato al centoventi per cento del prodotto interno lordo, come è capitato adesso.» Quando? «Una prima volta nella crisi che seguì la Grande Guerra. Una seconda tra la metà degli anni Trenta e la metà degli anni Quaranta quando si dovettero finanziare l'avventura coloniale di Mussolini, la politica sociale del fascismo e il disastro postbellico.» I momenti migliori? «Gli anni Venti e soprattutto gli anni Cinquanta.» E Letta come reagì? «Disse: stiamo pagando una economia di guerra senza avere i benefici della pace.» E poi? «Convenimmo che le elezioni sarebbero state un disastro. Berlusconi avrebbe avuto di nuovo i sindacati ferocemente ostili a una politica di severo e reale risanamento. Anche se avesse vinto le elezioni, sarebbe stato sconfitto nell'azione di governo. Soltanto alla Sinistra sarebbe stata consentita una politica in qualche modo impopolare, anche se con indubbie difficoltà.»

Maroni vide di nuovo Berlusconi nell'ufficio di Dotti a Montecitorio e prima di Natale Bossi decise di bluffare: «O elezioni subito o assemblea costituente». Sapeva infatti che le elezioni subito erano improbabili perché alle riserve di Berlusconi (e di D'Alema) si aggiungevano quelle di Scalfaro e di Dini. (Con Scalfaro il rapporto di Bossi è stato sempre ottimo. Nel settembre del '96 ha fatto molto rumore la notizia, contenuta in un libro di Bossi, secondo cui ci sarebbe stato un patto tra il capo dello Stato e il leader della Lega per non sciogliere le Camere dopo la crisi del governo Berlusconi. In realtà, già un anno prima, quando lo incontrai per il mio libro *Il duello*, Bossi mi disse di aver chiesto espressamente a Scalfaro di non sciogliere le Camere in quella occasione e di essersi sentito «garantito» dalla lettura che il presidente dava della Costituzione.)

Dopo la caduta del governo Dini, la Lega fu tenuta completamente all'oscuro dei contatti segreti tra il Pds e il Polo per un accordo istituzionale. «Il 21 gennaio chiamai Bossi per fargli gli auguri», continua Maroni. «Auguri perché?, mi disse lui. Perché è il secondo anniversario del tuo matrimonio, gli dissi. Ah, già, fece lui. Ignoravamo che si stesse trattando sulla bozza Fisichella in casa di Salvi. Il 23 gennaio andai a pranzo con Violante e non mi disse nulla. Il 24 "il Giornale" pubblicò la bozza Fisichella e noi non ne sapevamo niente. Chiamai Franco Bassanini, che teneva i contatti con noi per il Pds, e gli dissi che eravamo molto arrabbiati. L'animo di Berlusconi era ancora diviso a metà tra il voto e il non voto. La metà che non voleva votare cercò l'intesa su Maccanico. Bossi a scanso di equivoci cominciò a preparare le truppe e disse: questi non vogliono le riforme, alle elezioni andremo da soli.»

Il 7 febbraio Bossi, Maroni e i capigruppo Tabladini e Gnutti andarono in delegazione da Maccanico. «Il presidente incaricato» mi raccontò Maroni «ci disse che al primo posto del programma del nuovo governo ci sarebbe stato il federalismo fiscale. Gli rispondemmo che la fregatura l'avevamo già presa da Dini: ci aveva promesso la stessa cosa e poi aveva tagliato i trasferimenti agli enti locali dicendogli di aumentare le tariffe. A questi del federalismo vero non gliene frega niente, ci dicemmo mentre uscivamo. Bossi capì che il tentativo di Maccanico sarebbe fallito e cominciò a disegnare i manifesti elettorali.» Il 28 febbraio si ebbe la certezza che la Lega si sarebbe presentata da sola. Maroni andò a pranzo con Bassanini: «Mi offrì la "desistenza accidentale" dell'Ulivo per farci prendere una quindicina di collegi». Che significa? «Che "accidentalmente" l'Ulivo in questi collegi non avrebbe fatto in tempo a presentare le proprie liste.» Perché in quindici collegi? «Perché il Pds era convinto che non avremmo preso più di cinque deputati e ce ne offriva quindici perché per formare un gruppo autonomo alla Camera occorrono venti seggi. Rifiutammo.» (Diversa la versione di Franco Bassanini: «Avemmo contatti per valutare un accordo in alcuni collegi dove i candidati della Lega fossero persone ragionevoli, non indipendentiste, con le quali avevamo lavorato bene nella maggioranza che sosteneva il governo Dini. Nei collegi dove l'Ulivo non aveva alcuna possibiità di successo, candidati leghisti di questo tipo avrebbero potuto non avere di fronte candidati nostri. Si sarebbe trattato, comunque, di non più di cinque collegi per non dare all'accordo un significato politico».) Quando chiesi a Bossi conferma di questa circostanza, lui mi disse di aver avuto offerte anche da D'Alema e Berlusconi. (Berlusconi, da parte sua, mi aveva detto di aver respinto un'offerta di Bossi di fare un controribaltone per evitare le elezioni subito dopo la crisi del governo Dini.) Secondo Maroni, Bossi era stato sempre convinto di andare da solo per una totale divergenza con la visione degli altri schieramenti. «I tempi che questi qua prevedono per il risanamento dell'economia italiana sono troppo lunghi per andare subito in Europa come vuole il Nord. Meglio allora star fuori da ogni accordo.» Lo ripetette ai gruppi parlamentari in una riunione surreale che si svolse nell'aula del gruppo parlamentare che per vent'anni, quando i dc erano tanti e abitavano lì, fu intitolata ad Aldo Moro e ora invece recava sulla targa il nome di Bruno Salvadori, leader indipendentista valdostano e padre politico di Bossi. La riunione fu surreale perché Bossi diceva a gran parte dei suoi che non li avrebbe ricandidati e loro applaudivano commossi. Soltanto Bastianello si alzò per dire che non era d'accordo. Se ne andarono anche Pierluigi Petrini, l'ex capogruppo poi passato con l'Ulivo e un paio d'altri.

La campagna elettorale cominciava sotto pessimi auspici. Il 30 gennaio, Maroni aveva incontrato a Venezia Giorgio Lago, allora direttore del «Gazzettino», che aveva cavalcato la protesta del Nord Est. «Lago mi disse che avremmo perso. Non conoscete i veneti, sosteneva, siete lombardocentrici. Contro "Roma ladrona", dilagherà Alleanza nazionale.» («È vero» mi confermò Lago. «Avevo moderato a Vicenza un dibattito con Fini alla presenza di millecento imprenditori e il leader di An era stato sommerso dagli applausi in modo così clamoroso da imbarazzarlo.»)

Anche Fini (e non solo) era convinto di portare a casa un eccellente raccolto dal Nord Est. Bossi scosse invece la testa: «Io vado nelle piazze, vedrete».

9 aprile: Bossi spostò la poltroncina

Bossi inventò personalmente gli slogan della Lega e provò con successo in alcuni comizi fatti in marzo la celebre accoppiata «Roma Polo-Roma Ulivo». Ma il Senatùr dette il meglio di sé la sera del 9 aprile nell'incontro tra i cinque leader in «Porta a porta». Quando Bossi viene in televisione, cerchiamo in genere di registrare nel primo pomeriggio perché per nessuna ragione al mondo lui rinuncia a un comizio serale. Ma tutti i grandi confronti avvengono in diretta e Bossi dovette rassegnarsi. Il problema era di come sistemarlo. Se si hanno cinque ospiti, logica vorrebbe che tre poltrone andassero a destra e due a sinistra o viceversa. Così propose infatti il regista Marco Aleotti, che badava giustamente a garantire a tutti parità d'inquadratura e di luce. Ma si poteva far sedere Bossi accanto a D'Alema e Dini? No. E accanto a Berlusconi e Fini? Per carità. Andai in studio con il capostruttura Claudio Donat Cattin e con i miei principali collaboratori (Tamara Gregoretti, Antonella Martinelli, Enrico Basile e Gianna Bellavia) e cominciammo a tormentare le poltroncine Frau della scenografia. Ci accorgemmo drammaticamente che non solo non era possibile sistemare Bossi a destra o a sinistra, ma nemmeno al centro. A dieci giorni dalle elezioni sarebbe stato arbitrario certificare visivamente la centralità politica della Lega rispetto ai due poli maggiori che proprio sul Centro puntavano per la vittoria. Bossi era oggettivamente privilegiato per la sua stessa presenza accanto ai leader di schieramenti assai più rappresentativi e non si poteva andare oltre. Feci allora sistemare la poltrona di Bossi sul versante sinistro, a metà strada tra la mia postazione e quella di D'Alema e Dini. La sinistra fu preferita alla destra perché Bossi aveva causato la crisi del governo Berlusconi ed era stato determinante per la vita del governo Dini, sostenuto anche da D'Alema. Ma la sua postazione era più centrale delle altre due, nel rispetto della sua posizione politica. Quando i cinque leader entrarono, le postazioni parvero a tutti corrette tranne che a Bossi. Voleva stare più al centro. Cominciò allora uno spettacolare gioco tra lui che spostava la poltrona in mezzo allo studio e me che cercavo di rimetterla a posto. Alla fine Bossi guadagnò qualche centimetro, ma la scenografia restò complessivamente salva.

Il capolavoro del Senatùr fu tuttavia un altro. Bossi non si lasciò coinvolgere più di tanto dal dibattito tra Berlusconi e D'Alema, né dalle asprezze che corsero tra Fini e Dini. Sollevò la sua poltrona bianca sopra la contesa e cominciò a beffarsi degli uni e degli altri. Parlò di Roma Polo e Roma Ulivo come di due stazioncine ferroviarie gemelle, intercambiabili e parimenti inutili, perché una volta arrivati a quelle destinazioni i binari non andrebbero più da nessuna parte. Anche se un sondaggio Diakron rileva che metà degli italiani avrebbe avuto la televisione come elemento chiave per i propri orientamenti elettorali, personalmente non ho mai sopravvalutato l'influenza diretta della Tv sul voto. Il controllo cattolico della Rai nei primi anni Settanta non impedì una scelta laica come il divorzio né l'avanzata del Pci di Berlinguer. E in tempi più recenti la Lega riscosse i suoi primi successi nonostante la Rai l'avesse praticamente ignorata. Eppure, la sera di quel 9 aprile, si avvertì quasi fisicamente che Bossi, come dicono a Roma, aveva «svoltato». Se ne ebbe la conferma dodici giorni dopo. Come in una gara dei diecimila metri, restò nel gruppo per nove chilometri e mezzo. Scattò alla fine e raggiunse un traguardo assolutamente impensabile: cinquantanove deputati e trenta senatori. Asssai meno, certo, del '94. Ma alla Camera Bossi correva con Berlusconi e poi aveva imposto di cedergli sette collegi su dieci del Nord.

«La sera del 20 aprile, a poche ore dall'apertura dei seggi,» mi raccontò Roberto Maroni «Pierangelo Ferrari, segretario lombardo del Pds, mi disse: dai nostri calcoli non dovreste prendere più di cinque seggi nel maggioritario e una decina nel proporzionale. La sera stessa incontrai Bossi. Non ci vedevamo da settimane per via della campagna elettorale: ciascuno di noi faceva anche sei comizi al giorno. Lui mi disse: vedo grandi folle, alla Camera prenderemo almeno cinquanta seggi. Dài Umberto, vanno bene anche trenta, gli risposi. Ma era un tasto sul quale non valeva la pena di insistere perché lui era stato l'unico a credere in un successo vistoso, diceva che i nostri avversari non andavano in mezzo alla gente e per noi era meglio cambiare discorso.»

Il 21 aprile accaddero cose incredibili. Uno sconosciuto come Paolo Bampo fece secco Giulio Tremonti che si sarebbe aspettato una diversa gratitudine dagli industriali del Nord Est se non altro per la sua legge. A Trieste, dove la Lega era meno forte, Edouard Ballaman affondò la corazzata «Vittorio Sgarbi». (Tremonti e Sgarbi furono ripescati dal proporzionale.) Maurizio Menegon, uno dei pochi ad aver abbandonato Bossi per tenersi con l'Ulivo il suo collegio sicuro di Oderzo, era tranquillo («Ho otto punti di vantaggio sul Polo»), ma fu battuto in casa da uno sconosciuto signore del suo ex partito. «È successo» mi spiegò Maroni, sempre nelle sue funzioni di Virgilio, «che il Nord Est ha una economia giovane e insofferente. Il Nord Ovest ha la grande industria rassegnata allo Stato centralistico. Visto che deve conviverci, succhia al governo di Roma più vantaggi possibili. Nel Nord Est tutto questo non esiste. I suoi imprenditori debbono confrontarsi con la Baviera e con gli Stati dell'Est che sono più leggeri e aggressivi. Non si sentono con le spalle coperte ed esplodono.»

Le mani di Bernini e la Dc che non c'è più

Ripensai alla parole di Maroni una sera d'estate, su una terrazza romana. Il padrone di casa, avvocato assai noto, aveva invitato un po' di Prima Repubblica, una bella fetta della Seconda e l'immancabile gruppo di polulivisti che ha già prenotato un posto nella Terza. Non visto, godetti dell'armeggiare al telefono di Carlo Bernini. Dopo la morte di Bisaglia e di Rumor, Bernini fu il gran capo dei dorotei veneti e di Tangentopoli. Che poi, prima dell'arrivo del ciclone Rosy Bindi, significava essere capo della Dc veneta e anche della regione veneta. Una regione così «bianca» da poter fare un carosello per il bucato lavato con...

Come erano riusciti la Dc e per essa i dorotei e per essi Bernini ad avere consensi protratti per decenni proprio da parte di quell'inquieto Nord Est che ora venerava Bossi e in suo nome era perfino pronto a secedere dalla madrepatria che tanto sangue aveva versato per stringerselo al petto suo? La risposta mi venne dalle mani di Bernini. Il Doge, così lo chiamavano i suoi, doveva fare una telefonata. Che si fa in questi casi? Si prende la cornetta, si forma il numero e si dice pronto? E invece no. Bernini non toccava il telefono: prima lo sfiorava con gesti ampi e benedicenti, poi lo accarezzava, poi blandiva la cornetta che saltava estasiata nelle sue mani prima che lui potesse prenderla. I numeri, verosimilmente, si formavano da soli, quasi che ogni cosa rispondesse a una silenziosa, magica danza delle ore diretta da quelle mani che erano insieme da cardinale, da monsignore, da parroco e da ministro.

M'illusi di capire che cosa fosse stata la Dc nel Veneto da quei gesti discreti del Doge d'Asolo più che da decine di conversazioni, di interviste, di letture. Una Dc rispettosa e protettiva, madre di tutte le lusinghe e al tempo stesso monumento di pudicizia. Che aveva accompagnato il «modello Veneto», senza disturbo reciproco, ma non aveva saputo creare le condizioni perché una volta cresciuto quello potesse muoversi agilmente in uno Stato moderno, in una burocrazia moderna, in una moderna rete di servizi.

Il ricordo di quelle mani e di quella Dc mi accompagnò qualche tempo dopo a Treviso, mentre salivo lo scalone di Ca' Spineda, opera monumentale tirata su nel Settecento da Giordano Riccati per incarico del signor conte Marcantonio Spineda. In cima a quello scalone, sotto le Virtù Cardinali che ci ammonivano dalle loro cornici di stucco, m'aspettava l'avvocato Dino De Poli, presidente di Cassamarca, che sarebbe la potentissima Cassa di Risparmio trevigiana. De Poli si considera tuttora democristiano e ha fatto politica con la sinistra di «base»: Marcora prima, De Mita poi. «In terra dorotea alle minoranze non si negava mai una legislatura in Parlamento. Toccò anche a me.» Sospirò: «Lei mi chiede perché è caduta la Dc veneta. Perché anche qui il potere era diventato tutto. Prima eravamo il punto di riferimento di artigiani, coltivatori diretti, piccoli imprenditori. Poi son venute le manie di grandezza, le Venezie 2000 e la Dc ha perso i suoi valori. E una democrazia senza valori si sfascia». Sospirò ancora: «Ricorda la Repubblica di Venezia? Bella, grande, magica. Ma egoista. Guardava al mare, non si guardò le spalle. Non costruì difese territoriali. Finì nel nulla». Sospirò fortissimo: «Con Vanoni le priorità erano visibili: occupazione, ricostruzione, emigrazione. Sapevamo dove andare. Come dice San

Paolo? *Dilectio plenitudo legis,* l'amore è nella pienezza della legge. L'amore è il fine di tutto. A un certo punto non s'è capito più quale fosse la strada. Bisaglia, in verità, aveva intuito fin dall'82 l'enormità del fenomeno Nord Est e pensava di costruire una Dc compatta come quella bavarese. Ma è finita come è finita. Potere, solo potere. E s'è sfasciato tutto».

Ero salito a Treviso e a Vicenza perché sabato 4 maggio Bossi aveva detto: «È tempo di scegliere la via cecoslovacca: che si approntino gli strumenti per sedersi intorno a un tavolo per dividere il Paese». L'aveva detto in un villone di Bagnolo San Vito, vicino Mantova. Un villone che affittano per banchetti, sposalizi e comunioni. Ma che affittano anche alla Lega. Gli uomini di Bossi coprono il grande affresco che sta sulla parete di fondo con lo stendardo di Alberto da Giussano ed ecco fatto il parlamento di Mantova. Affittato quando serve, perché è inutile sprecare i soldi tutti i giorni. In campagna elettorale, Walter Veltroni aveva detto: «Non avremo rapporti con la Lega fino a quando non avrà chiuso il parlamento di Mantova». La risposta arrivò il 4 maggio, due settimane dopo le elezioni: basta con federalismo, basta con l'indipendenza, via alla secessione. Con tanto di CLP, Comitato di liberazione della Padania, affidato alle mani paffute e maliziose dell'onorevole dottor Roberto Maroni, già ministro dell'Interno della Repubblica italiana. I giornali fecero un gran baccano, ci fu l'indignazione del Paese. Ma la cosa fece molto rumore anche all'estero. Gli inviati dell'americano «Newsweek» pubblicarono una nuova cartina d'Italia fermando peraltro la Padania appena sotto Firenze, e cioè troppo a nord. L'inglese «Economist», senza eccessivi romanticismi, guardò subito agli *schei,* come nel Nord Est chiamano il denaro. In un primo articolo si accorse che l'Italia del Nord (Emilia compresa) ha ventisei milioni di abitanti e un prodotto per persona di una trentina di milioni. E tutto il resto d'Italia, con una superficie tripla e trentadue milioni di abitanti, ha un prodotto per persona di venti milioni. In un secondo articolo constatò che la provincia di Treviso nel '95 aveva esportato dodicimila miliardi, quanto la Grecia o se preferite quanto l'intero Mezzogiorno d'Italia. Stesso risultato faceva registrare la provincia di Vicenza. L'export delle due province valeva quanto quello dell'Argentina.

Bene, in questo Eldorado, quattro abitanti su dieci hanno

votato Lega. Se si guarda all'intero Nord Est (Veneto, Friuli, Venezia Giulia e Trentino Alto Adige), in 240 comuni il partito di Bossi ha superato il 40 per cento dei voti, in 68 comuni ha superato il 50 per cento e in cinque è andato oltre il 60 per cento.

Un cataclisma improvviso? Una sorpresa imprevedibile? Ilvo Diamanti, lo studioso più attento e autorevole del fenomeno leghista, dice di no. In un saggio scritto per «Micromega», Diamanti ricorda che nell'83, quando ci fu il secondo vero terremoto elettorale del dopoguerra dopo la grande avanzata comunista del '75, la Dc perse in Italia il sei per cento dei voti. Ma perse l'otto nel Veneto bianco e il nove nella bianchissima Vicenza. Chi ne beneficiò? La Liga Veneta. In tredici anni il malessere e la protesta sono cresciuti, alla Liga Veneta s'è sostituita quella di Bossi e il nove per cento è diventato il quaranta. Perché? Torniamo indietro nella storia di queste terre, quando esse erano un fenomeno europeo come oggi, ma in fatto di povertà.

Nel 1881 su centomila ammalati di pellagra, cinquantatremila erano veneti. La pellagra era la malattia dell'insufficienza vitaminica, dovuta all'uso pressoché esclusivo di polenta (e spesso di polenta stantìa). La povertà portò all'emigrazione. Tra il 1887 e il 1888 partirono dalla ragione centotrentaduemila persone, il cinque per cento della popolazione. Tra il 1890 e il 1900 ogni anno partivano tre veneti su cento. In cento anni, il Veneto segnalava la più forte emigrazione italiana. Non ci fosse stato un formidabile numero di nascite, la regione si sarebbe spopolata. Nel '35 emigrarono più di dodicimila persone. Diceva una canzone: «In Mèrica siam rivati / abiàm trovato né palia né fieno / abiàm dormito sol nudo tereno / come le bestie che van a reposar...». Ancora tra il '51 e il '61 trecentoventicinquemila veneti partirono per il triangolo industriale (Torino-Milano-Genova). Complessivamente tra il 1886 e il 1976, su ventisei milioni di emigrati italiani, cinque milioni e mezzo erano veneti e friulani.

Poi, a metà degli anni Cinquanta, cambiò il vento. Alberto Cavallari raccolse questa battuta a Castelfranco Veneto: «Gavemo visto pasar el bum e l'avemo ciapà». La rottura della condizione meridionale avvenne dal basso, con una incredibile «industria da campagna». Ancora a metà degli anni Sessanta il Veneto era la regione più povera del Nord, ma nel decennio del boom l'incremento della popolazione industriale esplose al quarantasei per cento.

Il miracolo era partito. La voglia di resurrezione fu inarrestabile. La fantasia c'era, l'abitudine al sacrificio pure. L'educazione cattolica, la semplicità dei costumi, la parsimonia caratteriale fecero il resto. Vennero il benessere e il trionfo della Dc. In certi comuni del Vicentino (San Pietro Mussolino, Altissimo, Zermeghedo, Nogarole, Montorso) dove la Lega ha preso nel '96 il sessanta per cento dei voti, la Dc ha mietuto per decenni il settanta e anche l'ottanta per cento. Spiega Diamanti: «La Dc aveva svolto un compito supplente, affidando alla Chiesa, alle famiglie e alle associazioni l'integrazione sociale e gli orientamenti culturali e alle imprese quello della gestione del mercato e dell'economia. Essa si era ritagliata uno spazio complementare: di sostegno senza ingerenze, ma anche senza indirizzi privilegiati... È la logica del doroteismo che, come ha osservato Percy Allum, ha trasformato la Dc da partito di identità cattolica a partito degli interessi di gruppo, a livello territoriale. Quando, a partire dagli anni Ottanta, queste realtà hanno cominciato a chiedere di più e meglio, questo modello si è dimostrato incapace di garantire governo e regolazione e sempre meno capace di rappresentare queste realtà e questi gruppi sociali nei confronti del Centro, dello Stato». Questi gruppi sociali sono le piccole imprese e quando si parla di piccole imprese da queste parti si parla dell'intera società. Nel Trevigiano ci sono cinquantaseimila imprese, una ogni otto famiglie. Nel Vicentino le imprese sono ottantamila. Ma nei comuni del collegio elettorale di Arzignano, quelli che ho citato prima, c'è un'azienda ogni due-tre famiglie. I problemi dell'impresa sono dunque i problemi di tutti.

Treviso. «Caberlotto? Consegnò l'Italia ai comunisti»

«Tel chi el leghista, ecco il leghista. Così mi salutò Berlusconi. E aggiunse: siete voi che avete consegnato l'Italia ai comunisti. Porca vacca, disse proprio così. Poi però mi prese sottobraccio: caro Caberlotto, aiutami a capire che diavolo è successo dalle tue parti. Un po' gliel'ho spiegato, poi ho chiamato un professore e gli sto facendo preparare una bella relazione.» Eccolo qua, Giovanni Caberlotto da Montebelluna, Treviso. Industriale di prima generazione, figlio di un venditore ambulante. Autodidatta come lo sono anche i giovani: considerano la scuola una perdita di tempo, vanno garzoni a quindici anni sognando di mettersi in proprio a venti. Geniale anche nell'ammortizzare al massimo il cognome. Con la prima metà ha fondato la Caber, una fabbrica di scarponi da sci: l'ha portata a diventare la seconda del mondo e l'ha venduta. Gli restava la seconda metà del cognome. Che ci faccio?, si chiese il figlio dell'ambulante. E fondò la Lotto: quattrocento dipendenti, cinquecento miliardi d'abbigliamento sportivo distribuiti in ottanta paesi.

Andai a Montebelluna sedotto proprio da una frase di Caberlotto, tirata giù a caldo subito dopo le elezioni del 21 aprile: «Facevo le scarpe da calcio in otto minuti. Adesso sto scendendo a sei. Ma a che serve se poi i miei camion restano bloccati per un'ora e mezza in queste stradine prima di raggiungere l'autostrada?». Era vero. Montebelluna non assomiglia a Mirafiori né alle aree industriali delle grandi città. Qui c'è la più alta concentrazione di aziende che fabbricano attrezzature per il tempo libero del mondo. Vengono a impiantarvisi anche le grandi multinazionali, come se da questi campi piatti sgorgassero brevetti miracolosi. Eppure, se non fosse per i cartelli che ti indicano all'ultimo momento la deviazione, non ti accorgeresti dell'esistenza degli stabilimenti: piccoli, bassi, discreti. In mezzo a un sistema viario che sembra quello romano dell'Olgiata: un quartiere residenziale della periferia nord dove ci sono i dossi artificiali per rallentare la velocità delle auto e dove i sorpassi sono impensabili. Da queste parti accompagnano il cliente fino all'autostrada per non perderlo: fisicamente.

«Io non sono leghista, voto Lega perché è quella che capisce meglio i nostri problemi» disse Caberlotto, sponsor del Milan, al suo amico Berlusconi. Poi mi spiegò: «Vede, qui nel '94 abbiamo votato tutti per Berlusconi e per i candidati del Polo, che allora stava con la Lega. Dicevamo: sono persone serie e capaci, hanno passato una vita nelle aziende, adesso arrivano loro e risolvono tutto. E invece non conoscevano l'acqua di Roma, l'acqua della politica. E sono annegati.»

Soltanto cinque parlamentari dei sedici eletti nel '94 in provincia di Treviso sono stati confermati. Un ruolo determinante nella scelta lo ha esercitato l'Unione Industriali, che qui è potentissima. Chiama prima di ogni elezione i candidati, gli fa sottoscrivere un bell'impegno, poi fa le pagelle e le pubblica sui giornali. Alla fine del '95 scoppiò lo scandalo: la media dei voti per i sedici parlamentari eletti dava quattro.

«È una grande stronzata dire che noi siamo secessionisti e razzisti» mi gridò Caberlotto accanto al robot che fa in sei minuti le scarpe da calcio. «Ma non ne possiamo più di essere trattati da schifo all'ufficio del registro o di perdere una mattinata per il passaporto.»

Un quarto d'ora d'automobile per le stradine del Trevigiano mi portò dai cinquecento miliardi di Caberlotto ai tremila di Benetton (tremila solo nel tessile, l'intero gruppo ne fattura diecimila). Nel silenzio di una campagna aristocratica e squisitamente provinciale, mi apparvero le nuove «fabbriche sospese». Vidi da lontano grappoli di enormi ciminiere virtuali legate come Gulliver da centinaia di cavi verdi che tengono appunto sospesi gli stabilimenti senza pilastri. Nella capitale dei Colori Uniti, apparvero bellissimi questi colossi di cemento senza colore: producono insieme ottanta milioni di capi di cotone e camiceria all'anno.

All'interno la robotizzazione è tale che venti persone bastano a gestire il movimento continuo (ventiquattr'ore, dal lunedì al sabato) di trentamila scatole al giorno di prodotto da spedire in tutto il mondo, negozio per negozio. Guardai qualche etichetta: Sydney, Potenza, Beirut, Chicago, Chieti, Mosca...

I cervelli del gruppo stanno a villa Minelli, la villa veneta dove viene concepito il prodotto. Duecento disegnatori e ricercatori trasferiscono su fibra ottica i loro modelli agli stabilimenti dove avviene il taglio industriale. La confezione viene trasferita a trecentocinquanta aziende esterne e rientra pronta per i controlli di qualità, viene inscatolata in un tunnel robotizzato lungo un chilometro e trasferita in uno spettacolare magazzino senza magazzinieri che riceve ogni giorno quindicimila scatole e ne spedisce altrettante.

Benetton: «Andiamo avanti per conto nostro»

Le belle e giovani signore che mi accompagnavano (non ne vidi una brutta in tutta la Benetton) m'informarono che il direttore dello stabilimento mi cercava via radio: «Mi dispiace che la sua visita sia stata così breve,» mi disse «ma l'ho seguita attraverso i monitor».

Fu così che, tornando a villa Minelli, dissi a Luciano Benetton: «Credo di aver capito il fenomeno della Lega più guardando i monitor e i robot della sua fabbrica che conducendo qualche decina di dibattiti televisivi».

Il capostipite dei Benetton è un signore alto e piacevole che porta camicia e jeans come uno smoking. Ha aperto il primo negozio nel '68 a Belluno. Adesso ne ha settemila in centoventi paesi (due terzi dell'Onu) con una visibilità mondiale seconda soltanto alla Cola-Cola.

Ha perso – o forse non ha mai avuto – la rabbia sanguigna di un Caberlotto, ma mi colpì l'autosufficienza che ormai aveva il suo impero: poteva fare a meno dello Stato, forse, e tuttavia ogni volta che l'incontrava, ne riceveva nuove amarezze.

«Se crolla una villa veneta» mi disse «nessuno dice niente. Ma per restaurarne una a nostre spese, abbiamo dovuto aspettare cinque anni per i permessi. In Germania in cinque anni hanno sistemato una città complessa come Lipsia.»

Mi spiegò come altri le ragioni del passaggio di massa dalla Dc alla Lega, lui che leghista non è e non vuol sentire parlare di secessione: «I politici ci hanno lasciato grande libertà di manovra, per molto tempo abbiamo considerato tutto questo una fortuna. Poi è arrivata la globalizzazione dei mercati, la grande competizione internazionale, e allora ci si accorge di chi ha lo Stato alle spalle e di chi non ce l'ha».

Concluse con un sorriso amaro: «Noi andiamo avanti per conto nostro, dispiace di non essere credibili come italiani. C'è bisogno di Stato, di regole».

Non è peraltro soltanto lo Stato a non funzionare. Il comune di Villorba prese zero nella pagella degli industriali proprio per i bastoni che mise tra le ruote di Benetton per la realizzazione del progetto Fabrica. È questa un'appendice grottesca della storia: Roma Ladrona paga anche per i difetti delle amministrazioni locali. Nel suo libro *Schei*, Gian Antonio Stella racconta che la rivolta antiromana dell'autunno '95 nacque da un incidente nel quale fu distrutta una famigliola a un semaforo di Motta di Livenza, sulla sponda del Piave. Il semaforo era bell'e pronto, ma non funzionava per una bega tra provincia e comune. E nell'ultimo triennio erano morte sette persone.

Bene, che cosa scrisse Giorgio Lago, direttore del «Gazzettino»? Scrisse che «quel semaforo è in realtà l'Italia, il nostro Stato, la nostra pazzia». Ma certo anche Roma non scherza. Un mattino d'estate mi sedetti intorno a un tavolo dell'Unione Industriali di Treviso con il presidente Carlo Tognana (tegole e pavimenti), Domenico Gribaudi (grandi cucine per comunità), Paolo Faenza (Castel Mac, macchine per il freddo), il figlio di Caberlotto e Giovanni Gajo che gestisce partecipazioni nel terziario anche per il gruppo Benetton. Cesare Bernini, il direttore, aveva invitato industriali tranquilli: son piovuti qui inviati da tutto il mondo a guardare la Padania che se ne va e loro alla fine non hanno gradito molto. Bene, la prima cosa che mi hanno sbattuto in faccia è di aver ricevuto come Veneto, nell'ultimo piano di investimenti statale, 470 miliardi contro i 9500 della Campania («Va bene che lì dentro c'è anche l'Alta Velocità, ma insomma...»). Mi parlarono del vecchio sogno della strada pedemontana da Conegliano all'autostrada che non arriva mai e conclusero: «Prima pensavamo che lo Stato non eravamo noi, adesso pensiamo che lo Stato è contro di noi. Il linguaggio di Bossi, cioè il linguaggio dell'ovvio, diventa qui buonsenso spicciolo. E quando parla di Roma Polo e Roma Ulivo fa breccia nel risentimento di tanti».

Vicenza, la rivoluzione di Santa Dorotea

Andai a Vicenza, per visitare il luogo del miracolo di Santa Dorotea. Lei, la santa, se ne stava tranquilla sulle mura infuocate del convento, tra quattro angeli in gloria. E guardava, dal suo bronzo immutabile, quello che fu il seggio elettorale numero 28, presso il rinomato Istituto Farina delle suore dorotee. Lì, il 21 aprile del '96, il candidato dell'Ulivo fu votato dal 91.5 per cento degli elettori. Certo, non si poteva dir di no a un fidato democristiano che le intemperie della storia avevano costretto ad allearsi con i comunisti. Ma a guardar meglio, ti accorgevi che il beneficato non era un nipotino di Mariano Rumor, che tanto bene ha fatto alle suore e tanto ne ha ricevuto. No, le monache di Santa Dorotea hanno votato in blocco per Francesco Bortolotto: laicissimo, verdissimo, ma di quel verde che una volta la Destra chiamava «cocomero»: verde fuori, rosso dentro. A Vicenza città l'Ulivo tenne, il Polo perse dappertutto, la Lega prese in blocco un 36 per cento che qui non si vedeva dai tempi della Dc di Rumor e Bisaglia. (Loro, a dire il vero, prendevano il cinquanta per cento.)

Quando chiesi a Gianni Zonin, uno dei principali industriali vinicoli italiani, di spiegarmi lo storico trasloco, mi allungò un foglietto: era una notifica del principe Carlo di Schwarzenberg, luogotenente per il Lombardo-Veneto dell'Impero asburgico. Scriveva dunque il principe il 9 aprile 1850: «Non senza grave mia sorpresa ho dovuto accorgermi come dei funzionari incaricati di pubbliche ispezioni, sia Regj che Comunali, non esitano ad accettare delle mançe, mancando in tal modo alla delicatezza e al decoro, quand'anche non tralasciassero i loro doveri». Seguiva l'elenco delle sanzioni all'erogatore e al percettore di quella che avrebbe reso popolare una figura geometrica minore: la tangente. La storia dunque parte da lontano. Ma è precipitata solo di recente. «La Dc» mi spiegò Zonin «da queste parti ha avuto molta fortuna perché ha garantito a lungo governi tranquilli a gente tranquilla e la tutela dei valori cattolici a gente molto rispettosa della Chiesa. L'equilibrio non si è rotto qui, ma a Roma. Si è rotto con le leggi sempre più spesso frutto di compromesso, con il lassismo dilagante in nome di una falsa democrazia, con la minore incidenza dei valori cattolici, con lo Stato che funziona sempre peggio. La protesta è nata così.»

Zonin è uno dei tanti (quasi tutti) che non accetta la secessione di Bossi e che vorrebbe capire bene che cosa significa federalismo: «Non vorrei che fosse un analgesico che curasse il mal di testa, lasciando intatte le cause profonde della malattia». E spiegò: «Io ho aziende in cinque regioni del Centro Nord. Bene, per le mie cose debbo seguire cinque procedure diverse. E allora sa che le dico? Che ancora oggi preferisco parlare con i funzionari di Roma».

Chi Roma invece non vuole nemmeno sentirla nominare è Alberto Zamperla. Non sapevo che si potesse diventare miliardari costruendo giostre. Mi ricredetti incontrando questo signore dai capelli rossicci a spazzola: aveva appena emesso una fattura di sei miliardi per il sultano del Brunei che voleva un po' di allegria e si era fatto costruire una giostra fantastica da quelli che le fanno meglio al mondo e stanno ad Altavilla, Vicenza, Italia. I suoi centoventi operai («Metà hanno votato Lega») agli ordini di una schiera di ingegneri meccanici ed elettronici lavorano in continuazione per tutte le Disneyland del mondo. Mentre lui, il capo, mi diceva – dimenticando Felice Maniero – che qui il disastro era cominciato da quando quelli di Roma avevano mandato i mafiosi sul Brenta e gli impiegati meridionali negli uffici. «Sa che fanno gli impiegati meridionali? Prendono facilmente nelle loro università i centodieci e lode e poi vengono a togliere il posto ai nostri ragazzi che nei nostri atenei i voti se li sudano.» Vuole la secessione? «No, ma vuole mettere Messina con Ca' Foscari?» Conosceva poco le tradizioni accademiche siciliane, Zamperla, ma il solo nome di Messina gli guastava la giornata. Il suo sogno? «Roma dia anche al Veneto le risorse delle regioni a statuto speciale e ogni regione faccia i concorsi pubblici per sé.»

Franco Masello dirige la «Deroma» (ironia della sorte) ed esercita «the simple art of terracotta» in cinque stabilimenti: Veneto, Toscana, Danimarca e due in Cina. (Molti dei miei interlocutori hanno stabilimenti in Cina, ma nessuno conosce con esattezza il numero dei propri dipendenti cinesi: costano talmente poco...) Mi disse Masello: «Negli Stati Uniti sono capitato in un posto della North Carolina. Un posto grande che non è voluto diventare città. È rimasto villaggio, insieme con tre o quattro villaggi vicini, perché i suoi abitanti hanno scoperto che risparmiando le spese della città tirano via l'otto per cento di tasse. Ecco, l'autonomia me la immagino così».

Lamentò Massimo Calearo, che a quarant'anni è il maggior produttore italiano di antenne radio per automobile: «Il nostro problema è semplice: siamo competitivi fino ai cancelli dei nostri stabilimenti. Poi perdiamo. Per fare i trentacinque chilometri che separano Vicenza e Valdagno occorre un'ora».

Riassunse così Pino Biscazza, che esporta in tutto il mondo tessere di mosaico e presiede gli industriali vicentini: «Dopo la caduta del Muro di Berlino nell'89, le piccole e medie imprese hanno tratto vantaggio dalla globalizzazione dei mercati. Ma è stato allora che sono venute fuori le nostre insufficienze. I nostri concorrenti hanno alle spalle un'attività di sostegno e di promozione da parte dello Stato che ci è sconosciuta. Inoltre non hanno i nostri intralci burocratici e beneficiano di tassi bancari più favorevoli. Quando torni dall'estero e arrivi a Fiumicino dici: Madonna, sono tornato nel Terzo Mondo. Allora monta l'incazzatura e si vota per la Lega». Tutto qui.

15 settembre, capodanno padano

«Cosa fece Gandhi? Attraversò l'India per andare al mare, si chinò, prese nelle mani un po' d'acqua e gli restò attaccato del sale. Dimostrò che se tutti potevano farlo, nessuno poteva avere il monopolio del sale, nemmeno il governo centralista britannico. La libertà è come il sale del mare...» Parlava adagio, Umberto Bossi. Parlava con solennità, utilizzando sapientemente la sua voce da basso lirico. Mi raccontava perché il 15 settembre del '96 era nata la Padania libera. E lo faceva senza imbarazzi in una stanza del Parlamento di Roma. Lui faceva la Storia, io la annotavo su un taccuino. «Il Po è la spina dorsale della Padania. Siamo andati lì a festeggiare una bambina che è ancora nel pancione della Storia. Una bambina che si chiama Padania. Ha il cuore a Mantova, la testa a Venezia, i nervi disseminati nelle tredici città in cui sorgono i ministeri più importanti.» Quali ministeri, quali città? «Non me lo ricordo.» Lui guarda alle grandi strategie, l'intendenza seguirà. Non so come si regolassero gli apostoli con le parabole del Maestro. Ma certo mi fece una certa impressione sentire Maroni che anche lui mi parlava, separatamente, della Padania come una bimba nella pancia eccetera. «La gestazione durerà un anno» mi disse sibillino e profetico insieme.

Lasciata la Padania nella pancia della Storia, lasciato un momento Bossi a raccontare compiaciuto la disperazione del console italiano a Barcellona quando i giornali locali presentarono Pagliarini come presidente del Consiglio della Padania, andammo sul concreto. Anzi no, perché Bossi mi disse ancora che lui era lì a Roma perché ce lo aveva mandato il CLP della Padania e che lui prendeva ordini dal Comitato di Liberazione. Ora immaginare che Bossi prenda ordini da Maroni, che del CLP è il comandante operativo, o da chiunque altro è come dire che Mussolini prendeva ordini da Ciano o da Starace. Finalmente arrivammo al punto. Per fare uno Stato ci vogliono quattro cose: moneta, toga, feluca, spada. Cioè banca centrale, magistratura, diplomazia, esercito. Da dove cominciamo? «Dalla moneta» mi disse Bossi senza esitazione. E aggiunse: «La nostra è una rivoluzione non violenta. Cominceremo dunque col battere moneta e cercheremo di averne il riconoscimento internazionale». Come si fa, visto che poco prima del 15 settembre l'Europa ha risposto picche? «Intanto cominciamo dalla moneta. È sufficiente che un istituto di credito accetti di cambiare le nostre monete.» Poi mi fece un esempio illuminante. «Ricordi gli assegnini?» Già, gli assegnini, detti anche mini-assegni? Erano gli anni Settanta e, non sapendo quale difficoltà inventarsi, gli italiani pensarono bene di non avere più moneta spiccia, né le cento lire, né le cinquanta. Molti istituti di credito emisero allora dei minuscoli fac-simile di assegni circolari che vennero accettati come normale moneta di scambio e perfino collezionati. «Faremo come si faceva con gli assegnini» mi disse Bossi. E come si chiamerà questa moneta? «Lega.» Già, era scontato. Già qualche giorno prima del 15 settembre ne aveva dato un *centmila* di mancia al portiere di notte del Villa d'Este, a Cernobbio. E quanto dovrebbe valere una lega: «Dieci volte la moneta del Sud». Accidenti, è un cambio pesante per i meridionali. (Bossi esagera sempre un po', per Pagliarini un rapporto corretto sarebbe di uno a quattro.) «No e ti spiego perché. La globalizzazione dei mercati sta facendo saltare il sistema produttivo italiano. Questo è un sistema strano, fatto a sua volta di due sistemi produttivi. Anzi, è fatto da una media tra il sistema del Nord che non sarà quello americano, gli mancherà un po' di tecnologia, ma insomma si potrebbe collocare nella classifica mondiale fra il decimo e il quindicesimo posto...» E quello del Sud? «Quello ha una competitività molto bassa, sarà intorno al centocinquantesimo posto. Uno al decimo-quindicesimo, l'altro al centocinquantesimo. Capisci?» E allora? «Allora, se non sbaglio, la nostra competitività nazionale è al quarantunesimo posto. Il problema è che se i due sistemi produttivi restassero legati dal centralismo, ci sarebbe una spinta che agirebbe sul sistema produttivo del Nord per farlo scendere dal decimo-quindicesimo al quarantunesimo posto. E questo per far salire il sistema produttivo meridionale. Ma il risultato finale sarebbe il crollo di tutto il Paese.»

Bossi si fece pensoso e la sua voce da basso lirico diventò ancora più cavernosa: «I tre poteri rimasti sono la Chiesa, il Capitalismo e la Democrazia. Il più forte dei tre è il Capitalismo, che sarà imbattibile per i prossimi quindici anni. Ma sarà la globalizzazione dei mercati a far superare agli Stati la fase centralistica e a rendersi liberi. Se restiamo fuori da Maastricht, la speculazione internazionale scatenerebbe contro la lira una battaglia tale da costringere lo Stato a consolidare il debito pubblico. Come fece Mussolini». Ma se noi riuscissimo a entrare rapidamente nel sistema della moneta unica, perché l'Italia non potrebbe rimanere unita? Bossi non rispose, continuando nelle sue fosche previsioni: «Se la lira fosse svalutata, i tedeschi e i francesi ci metterebbero di nuovo le barriere doganali per non danneggiare le loro economie. Ci sarebbe l'esplosione del sistema. Quando nel '94 Berlusconi mi propose di governare insieme per vent'anni, gli dissi che se non fossimo entrati nella moneta unica non avremmo avuto un ventennio di governo illuminato, ma una dittatura in piena regola. Eppoi la Padania comunque sarebbe penalizzata. Se non entrassimo, salterebbe la democrazia. Se entrassimo, la Padania perderebbe comunque i benefici della svalutazione e non riuscirebbe a vendere i suoi prodotti. Sarebbe infatti competitiva per i costi vivi d'impresa, ma non sarebbe competitiva aggiungendo i costi delle istituzioni che non funzionano, dei servizi, del denaro».

Quale sistema straniero assomiglia di più a quello che avete in mente? «Quello cecoslovacco. Questa roba qui va fatta senza armi, ma sedendosi intorno a un tavolo e trattando contemporaneamente gli aiuti al Sud.» Quali? «Oltre a dare al Sud un po' di soldi, penso a favorire il decollo pilotato dello sviluppo industriale, produttivo, commerciale, turistico. Ho mandato un professore di Pavia a studiare giù queste cose. C'è bisogno di accordi commerciali, c'è bisogno di aiutare il bravo artigiano della Sila che non riesce a vendere i suoi prodotti perché è escluso dal grande giro internazionale. Certo, c'è il problema delle false pensioni di invalidità, di tutto il mancato sviluppo scaricato sulle spalle dell'Inps. Ma insomma: se il Sud aiuta il Nord a non morire, il Nord deve aiutare il Sud a svilupparsi. Con due monete di valore molto diverso tra loro.» E poi: «Non è possibile mantenere l'assistenzialismo. Se ne accorse per primo Bettino Craxi che era il più intelligente della compagnia quando spinse l'Internazionale socialista ad allargare il numero dei paesi membri della comunità europea prima di fare la moneta unica. Volle che entrassero altri Stati dell'Europa meridionale per scaricare sull'Europa intera il peso del Sud continentale. Ma fu un errore, perché chi ha un'economia debole non deve entrare adesso nella moneta unica. Restandone fuori ha molti vantaggi in più». Ma Roma resterebbe una capitale federale? Ancora una volta Bossi non mi rispose, ma mi fece capire che la cosa non aveva senso: «Due sistemi istituzionali differenti implicano due monete, due banche centrali, due Stati differenti».

«Umberto, e il sangue versato?»

Provai a toccare la corda dei sentimenti. Ma insomma, gli dissi, le guerre d'Indipendenza, il sangue versato anche dalla gente del Sud per liberare il Nord, Garibaldi, Cavour, Cesare Battisti, sono acqua fresca, non ti procurano nessuna emozione? «I leghisti di oggi» rispose Bossi «centocinquanta anni fa stavano a Curtatone e Montanara. Li guidava un certo Montanelli, pronipote, anzi avo del Montanelli Indro. Li guidava lui all'assalto. La commozione sta nei libri. Ma non c'è niente di esterno. Io non ho l'ideologia dello Stato. Lo Stato è arido, l'affettività si basa sui popoli. Certo, l'Italia è parte della Storia che ci appartiene. Ma lo Stato sta finendo, mentre riemergono i popoli. Perché son falliti il nazismo, il fascismo, il comunismo? Perché la matrice culturale era la stessa: la società è basata sull'economia. Ma l'uomo non è una bistecca, non è fatto solo di economia. L'uomo ha i suoi affetti. I giovani si drogano perché non riescono a realizzarsi affettivamente. E allora la Storia sta cambiando direzione. Sta cercando un equilibrio tra valori affettivi e valori razionali. Forse è proprio per la mia coscienza razionale che faccio fatica a soffrire della perdita di uno Stato che si chiama Italia...»

Fece una pausa, mandò giù un biscotto e riprese: «Adesso ti racconto qualcosa che spiega benissimo quel che sta avvenendo. Ricordi la storia di Oreste? Bene, Oreste ammazza sua madre Clitennestra perché aveva tradito suo padre Agamennone. E a chi chiede il permesso Oreste? Ad Apollo. E chi è Apollo? Il dio degli uomini, della razionalità, dell'arrivismo. Apollo gli dà il permesso e Oreste ammazza la madre. Ma non è finita. Perché Oreste, perdendo l'affettività, diventa matto, perché intervengono le Erinni, che sono donne terribili e rappresentano le radici della società. Allora Zeus manda Atena a vedere che diavolo succede. Atena è la dea dell'intelligenza e dell'equilibrio. Fa subito un referendum e vede che il cinquanta per cento della gente dà ragione a Oreste e l'altro cinquanta gli dà torto. Come si fa? Atena, che è intelligente, riesce a placare le Erinni edificando templi nel sottosuolo di Atene, insomma santifica le radici. Dopodiché dà il suo voto ad Apollo. Un voto determinante visto il cinquanta per cento di prima». Guardavo Bossi rapito dal suo racconto, ma lui non se ne dette peso. E proseguì: «Che significa questa storia? Significa che c'è sempre stato nella società il problema di trovare una sintesi tra sentimento e ragione. Tra carne e anima. Una società non è ottanta chili moltiplicati per il numero di abitanti. Io sento di meno lo strappo perché ho già qualcos'altro nell'animo. Insomma, non soffro la perdita dell'Italia, se è quello che volevi sapere».

Tirai giù dalla cannuccia un'intera confezione di tè freddo per guadagnare tempo e riprendermi. Feci riposare mano e penna che s'erano incartate tra Oreste, Erinni e Clitennestra e chiesi: sei sicuro di avere la maggioranza in un eventuale referendum? «Sì, ne sono certo. Indipendentemente dal colore politico, gli elettori voterebbero per la secessione. Non c'è alternativa. Il sistema non tiene più: un anno, un anno e mezzo ed è fatta.» Quali saranno le fasi organizzative? «In testa c'è la Lega. Poi viene il PIU...» Il che? «Il PIU, Padania imprenditori Uniti. E poi il SINPA, il Sindacato Padania. Abbiamo già diciottomila iscritti, arriveremo presto a mezzo milione.» Ma a te pare immaginabile che dovendo scegliere tra l'Italia e la Padania, l'Europa scelga la Padania? Già vi hanno detto di no... «E invece vedrai. La Corte Costituzionale tedesca si è già espressa più volte sul fatto che il marco potrà partecipare alla moneta unica a patto di avere un sistema monetario stabile. L'alleanza monetaria potrà avvenire soltanto tra sistemi produttivi omogenei. Con il Sud d'Italia la moneta unica non parte.» Altro biscotto, altra staffilata: «Nessuno vuole annientare il Sud. È il Sud che annienta per sempre le sue speranze se insiste per entrare in Europa. Una lira troppo rivalutata rispetto al dollaro mette in ginocchio le fabbriche del Nord, ma anche le camere d'albergo del Sud. I tedeschi e i francesi vogliono dentro l'Italia perché hanno paura che una lira debole li metta in difficoltà. Ma se entra anche il Sud, sarà costretto a vivere di elemosine nei secoli. Il Sud può fare invece affari d'oro se diventa una Corea, con una moneta molto svalutata». A proposito: quali sarebbero i confini della Padania? La Toscana sta dentro o fuori? «La Toscana è stata sempre legata al mondo celtico. Come l'Alta Umbria. Le Marche erano la parte bassa della Padania, una regione di confine.» E la bandiera? «Il Sole delle Alpi, simbolo celtico. Sei petali verdi in un cerchio su campo bianco.»

I biscotti erano finiti, il tè freddo pure. Ci alzammo. Lo guardai negli occhi: pensi davvero di farcela? E Bossi, che aveva parlato di Oreste e Clitennestra, di Curtatone e Montanara, ma anche di Voltaire e Marx, di Hitler e Stalin, di Craxi e di Mussolini, tornò il Bossi beffardo di sempre, quello che ne pensa una più del diavolo. «Alla fine mi metterò tre mazzi di carte in tasca come sempre e andrò a trattare.» Rise e mi accompagnò alla porta, dov'era di guardia Graziano Bonardelli, il suo autista-guardia del corpo. Celtico dai capelli a spazzola ai calzini.

«Bossi riuscì a evitare il braccio militare della Lega»

In una stanza vicina a quella del capo trovai Stefano Stefani. È un industriale orafo vicentino, presidente della Lega. Ed è stato il grande organizzatore della festa del 15 settembre. Anzi, le otto feste che in tre giorni hanno reso la Padania libera, ignorando la raccomandazione di Montanelli (quello d'oggi). Sul «Corriere» di Ferragosto, aveva ricordato la celebre telefonata di Pajetta a Togliatti dopo l'occupazione della prefettura di Milano da parte dei comunisti. «Abbiamo occupato la prefettura, compagno Togliatti!» gridò Pajetta. E l'altro, gelido: «E adesso che te ne fai?». Montanelli aveva sconsigliato Bossi dal ripetere l'esperimento con la Padania. Invano.

C'era qualche centinaio di persone quando alle 17.17 di venerdì 13 settembre Umberto Bossi, dopo aver messo per errore il piede sinistro nella sorgente del Po, si chinò a raccogliere un'ampolla d'acqua, la levò al cielo e disse gravemente: «Quest'acqua della Padania, acqua sacra, sarà portata da una staffetta di uomini e d'acqua fino a Venezia».

Sul posto c'era Gian Antonio Stella che scrisse sul «Corriere»: «Affida l'ampolla al primo ampolloforo, un pensionato in braghette e canottiera che sembra il fratello corto di Picasso. Vai. E l'Albino va, con le giunture scricchiolanti, giù verso la grande pianura celtica».

Nella «Tre giorni della secessione» Bossi entrò in territorio lombardo a Cremona e Mantova, sfiorò l'Emilia a Lido Po di Boretto, in provincia di Reggio e proseguì per Chioggia e Venezia. Qui, in Riva dei Sette Martiri, il pomeriggio di domenica 15 settembre, Umberto mise l'abito scuro e pronunciò la frase fatale: «Noi, popoli della Padania, solennemente proclamiamo: la Padania è una repubblica federale indipendente e sovrana». Secondo la polizia, ad ascoltarlo c'erano quindicimila persone. La Lega parlò di cinquantamila. All'immediata vigilia della manifestazione, quando andai a trovarlo nella sua casa di Gemonio, il Senatùr mi assicurò che il 15 settembre sul Po ci sarebbero stati «milioni» di persone. Lo stesso Prodi era convinto che alla Lega non sarebbe stato impossibile raccogliere un milione di persone lungo settecento chilometri di fiume. Le prefetture parlarono invece di centotrentamila partecipanti e – quel che è peggio – ne attribuirono centocinquantamila al comizio che Fini tenne lo stesso giorno a Milano. La Lega disse che la cifra era falsa, ma insomma le masse padane non si mossero.

Sul tavolo di Stefani, a Roma, trovai il primo numero della «Gazzetta Ufficiale della Padania», che portava la data del 21 giugno 1996. C'era bella che stampata la Costituzione. Marche, Umbria e Toscana risultano annesse al Nord. Il capo dello Stato, presidente federale, è eletto dall'Assemblea federale, il Parlamento. Propone al Parlamento di eleggere un primo ministro. Se il candidato è bocciato, il Parlamento se ne sceglie un altro. Il capo dello Stato nomina e revoca i ministri su proposta del primo ministro federale. Le «lingue proprie delle singole regioni e comunità saranno ugualmente ufficiali nei rispettivi territori come l'italiano». La magistratura è indipendente da ogni altro potere e reclutata con selezioni a base regionale. Quel che stupisce leggendo questa Costituzione è la sua assoluta prudenza. Le regioni, per esempio, restano quelle attuali, a meno che due di esse non decidano di fondersi. Lo Stato, com'è normale che sia, ha potestà su tutte le materie tipiche del suo potere. Esiste un ordinamento tributario federale. Insomma, se ho letto bene, i poteri delle regioni corrisponderebbero a quelli che esse avrebbero con il federalismo fiscale sul quale in Italia sono ormai tutti d'accordo. La Costituzione padana recava la firma di Francesco Speroni, presidente del Parlamento di Mantova. (Sulla stessa «Gazzetta Ufficiale» veniva stampato – a firma di Pagliarini, presidente del Consiglio della Padania, e di Zille, ministro delle Finanze – il primo decreto, approvato dal Consiglio dei ministri a Bergamo il 17 giugno '96. Regolava la circolazione dei beni e dei servizi nel territorio padano e conteneva norme assai popolari: nessuna bolla d'accompagnamento, nessuno scontrino, nessuna ricevuta fiscale. Solo l'obbligo di conservare per tre anni la documentazione nell'esercizio per eventuali controlli fiscali.)

La grossa, vera rivoluzione, della Costituzione padana sta nell'espulsione di Roma e del Mezzogiorno. Una espulsione più economica che politica. «La Padania è una regione d'Italia» mi spiegò Bobo Maroni. «Lo ha già scritto nel '92 Marcello Pacini, direttore della Fondazione Agnelli. Ha scritto *Padania, regione italiana in Europa*. E la Padania arriva alle Marche:

vogliamo stare col Nord, mi dicono lì. Mi ha detto il sindaco di Fano, Pds: guarda che il Nord Est ha importato il suo modello dalle Marche. Lì hanno una impresa ogni nove abitanti? Bene, qui ne abbiamo una ogni sette. Formando la Padania, la Lega ha anticipato quello che sarà il futuro dell'Europa. L'Europa delle regioni. Oggi ci sono quindici Stati membri? Domani ci saranno X regioni.» (Maroni mi fece l'esempio del Belgio: uno Stato federale con due regioni e una capitale federale, Bruxelles. Bossi mi ha parlato invece di due Stati sovrani e indipendenti, con due capitali e sostanzialmente nessuna parentela. Il lettore non si meravigli. Quanti mazzi di carte aveva detto di tenere in tasca il Senatùr al momento della trattativa?) Mi spiegò l'ex ministro dell'Interno italiano: «Chi oppone il federalismo alla secessione compie un errore concettuale. Il federalismo è un modello organizzativo, la secessione è un processo che non vi si contrappone. La Padania è una federazione di regioni basata sul sindaco, al quale faranno capo il novantacinque per cento delle risorse e della responsabilità territoriale». E il riconoscimento internazionale? «Avverrà, da parte di più d'uno Stato.» E la banca centrale, la magistratura? «Dopo un anno di gestazione, la bambina Padania nascerà. Avremo tutto.»

Maroni mi fece infine uno strano discorso. Anzi, strano lo sarebbe stato in bocca a un altro. Fatto da uno che all'inizio del '95 era ancora ministro dell'Interno, mi parve inquietante. Mi disse dunque Maroni: «Quando un movimento entra nelle istituzioni, nasce al suo interno un'ala militare. Accadde con l'Ira: al braccio politico (il *Sinn Fein*) si affiancò quello militare. Quando entrammo al governo, c'era il rischio che questo avvenisse. Noi non lo volevamo. Ma solo il carisma di Bossi riuscì a impedirlo. Bossi lanciò in pista Erminio Boso che ridicolizzò questa ipotesi». Si lisciò la barba e aggiunse: «Temo che possa esserci scaricata addosso una nuova strategia della tensione. Che possano esserci addebitate cose nelle quali non entriamo. Un esempio per tutti: Mario Ferramonti, quello di Phoney Money, non era un infiltrato nella Lega?».

Per ora l'ala marziale della Lega si limita alle «camicie verdi». Dico marziale e non militare perché il comandante del Corpo, Corinto Marchini, mi assicurò non solo che i suoi uomini non fossero armati, ma anche che a essi fosse addirittura vietato possedere il porto d'armi.

Marchini ha quarantanove anni e senza la legge che lui stesso da parlamentare (non riconfermato) contribuì ad approvare sarebbe già in pensione col massimo: ha cominciato a lavorare a quattordici anni e ne ha fatti trentacinque. Ultima specializzazione: tecnico progettista d'impianti. «Un mese dopo le elezioni,» mi disse «Bossi m'incaricò di formare la Guardia Nazionale Padana.» Quanti siete? «Diverse migliaia.» Come siete organizzati? «In una struttura piramidale. Ogni capo può cacciare i suoi sottoposti senza appello e sotto la sua responsabilità.» Perché siete nati? «Perché il governo della Padania avrà i suoi ministeri decentrati e questi avranno bisogno di un corpo di vigilanza.» Chi siete? «Tutti volontari, gente con la testa sulle spalle.»

Chi vi fornisce le camicie verdi? «Non posso dirlo.» Come le pagate? «Raccogliamo soldi vendendo gadget della Lega.» E i pantaloni? «Già, non ci avevamo pensato. Credo che per ora utilizzeremo i jeans.»

In realtà, le camicie verdi vengono da un piccolo industriale che ha avuto l'idea di presentarsi con un campionario e che al momento della marcia sul Po ne aveva fornite alla Lega sessantamila. Marchini mi disse che presto le Camicie verdi (politicamente vengono gestite da Maroni) avrebbero cercato una sede diversa da quella della Lega per distinguere dalla Lega stessa il Comitato di Liberazione della Padania, cioè una organizzazione che andrebbe oltre i partiti. In attesa della distinzione, quando dopo la manifestazione del 15 settembre le procure del Nord si mossero in blocco sostenendo che Bossi aveva esagerato, mandarono le guardie per la perquisizione proprio nella sede leghista centrale di via Bellerio a Milano. I parlamentari resistettero e Maroni finì in ospedale.

Ma dall'indomani Bossi tirò fuori di tasca un altro mazzo di carte e cominciò ad attuare la strategia che mi aveva anticipato qualche settimana prima: un conto è la Padania, un altro è l'Italia. Noi – mi disse – siamo stati mandati dalla Padania in Italia e quindi parteciperemo anche alla discussione sulle riforme istituzionali. Trovate un altro giocatore così.

Ascesa, caduta e futuro di Irene Pivetti

Nel mese di luglio '96, Bobo Maroni mi spiegò la contrarietà di Irene Pivetti alla secessione con la necessità di non precludersi «una progressione di carriera istituzionale». E mi parlò di lei come di un candidato (deluso) alla prestigiosa presidenza della Commissione bicamerale antimafia. A metà settembre, quando si svolse la marcia gandhiana sul Po, Irene Pivetti era stata appena sbattuta fuori dalla Lega. «È successo» mi disse lei «che la Lega ha alzato continuamente i toni sulla secessione, ma la linea portante è quella che sostengo io, l'indipendenza. È una parola ambigua, indipendenza, ma debbo usarla perché se parlo di autonomia sembro Bassanini. Io non intendo dare maggiori competenze a comuni, province e regioni perché questo significherebbe mettersi semplicemente in regola con la Costituzione dopo cinquant'anni di ritardi. Il federalismo non è un problema di autonomie locali, ma di finanza pubblica: come riscuoto le tasse, come gestisco il debito pubblico, quale politica d'investimenti perseguo, come faccio circolare i denari per gli investimenti, quali rapporti ho con l'Europa.» Anche i rapporti internazionali? «Quando parlo di rapporti con l'Europa intendo che un gruppo di regioni si riunisce per stabilire le quote del latte e delle barbabietole, la regolamentazione della pesca, la gestione dei fondi comunitari. Indipendenza significa, insomma, gestione complessiva del governo di un territorio, che non implica la frattura con lo Stato.» E il Sud? «Io Padania indipendente posso aiutare il Sud dandogli dei fondi diretti, senza passare da Roma, oppure dandogli fondi attraverso l'Europa. Se i soldi dell'Europa venissero ripartiti secondo criteri di macroregioni europee, il Sud non potrebbe che giovarsene.»

Fu a questo punto che Irene Pivetti tirò fuori la sua metafora. Non una roba truce con Oreste, Clitennestra, Erinni e ammazzamenti. Ma una dolce metafora familiare. «In una famiglia normale si valorizzano le differenze, non le si puniscono. Un padre di famiglia non fa mettere a tutti i figli lo stesso vestito, non pretende che abbiano gli stessi gusti, non impone la stessa scuola. Se un figlio raggiunge prima degli altri la sua autonomia, la sua indipendenza economica, magari si compra l'automobile, nessuno gli nega di restare in famiglia. Magari con l'altro figlio che ha ancora bisogno del sostegno economico dei genitori. Io sono quel figlio maggiore e sono moderata: dico che mi piace restare in famiglia perché mamma e papà non sono poi così cattivi e perché mio fratello è simpatico. Ma se i genitori mi dicono: tu devi rientrare tutte le sere alle nove, la macchina non devi comprartela, il lavoro che fai non ci piace, allora viene la tentazione di mandarli a quel paese. Chiaro?» Chiaro.

Nei sondaggi del ferragosto '96, Irene Pivetti risultava al terzo posto nella classifica delle donne con le quali sognare una fuga d'amore estiva. Al primo posto, la modella cecoslovacca Eva Herzigova (ritratta sui giornali con due tettone da sballo). Al secondo, la ben nota italiana Maria Grazia Cucinotta. Poi la Pivetti seguita da tre pezzi da novanta come Sharon Stone, Valeria Marini e Demi Moore. Settima, Giovanna Melandri, deputata Pds. L'Irene ride di gusto quando le fai i complimenti. Le si accendono gli occhi chiari. Le si valorizzano addosso i vestiti del nuovo *look* indossato l'indomani della sua uscita dalla guida di Montecitorio: restammo sbalorditi sulla tribuna parlamentare della stampa, quando lei entrò (tardi) per votare il nuovo presidente della Camera con i capelli sbirulini e un giacchino-pantalone-casacchina bianchi e gialli, pontifici nei colori, ma sexy assai. L'estate fu sorprendentemente dura per l'Irene. Insultata («La rimando morta in Vaticano» arrivò a dire Bossi, e anche «Se si fa vedere il 15 settembre a Venezia rischia di finire nel Canal Grande»), minacciata continuamente di espulsione, inseguita dalle «camicie verdi» che le impedivano ogni comizio. E costretta a sorbirsi sui giornali la fatale ironia degli ex leghisti che l'hanno preceduta sul calvario e se la son vista peggio di lei. Li sentì Alberto Gentili per «Il Messaggero» del 14 agosto. Gualberto Niccolini, ora deputato di Forza Italia: «Al congresso del Palatrussardi di Milano, nel febbraio del '95, era ancora presidente della Camera e chiamò traditori Maroni e gli altri di noi che si pronunciarono contro il ribaltone». Eppoi: «Bossi mi sputò sulle scarpe in pieno transatlantico». Flavio Caselli, ex senatore di Cuneo, si beccò un vaso di fiori sulla testa e un bel po' di calci dietro il palco. Salvatore Belloni si rifugiò in Svizzera. Mauro Polli: «Mi presero a spintoni in Parlamento». Renato Ellero: «In una telefonata anonima mi dissero che avrebbero bruciato i miei figli». Romano Filippi: «Trovai scritto "traditore" sul citofono di casa». Elisabetta Castellazzi: «Non sei in linea? Allora ti diffamano».

«Voglio rifare il partito di Sturzo e De Gasperi»

Ma già prima dell'espulsione dalla Lega, Irene Pivetti non aveva rinunciato al suo sogno di sempre: costruire il Centro. «Quando ne parlai per la prima volta, in un'intervista a "Time" nel febbraio del '95, mi dissero che ero pazza da legare. Il Centro in un sistema maggioritario e bipolare? Son passati quasi due anni, ma non ho cambiato idea. Anzi, ho cambiato idea sul come costruirlo, non sul se costruirlo. All'inizio pensavo di riunire i soggetti politici ipoteticamente centristi già esistenti all'interno del Parlamento. Stavano nel Ccd, in Forza Italia, nella Lega, nel Ppi, qualcuno perfino nel Pds. La Lega doveva essere parte di questo Centro. Ma quando tra la crisi del governo Dini, il tentativo di Maccanico e lo scioglimento delle Camere siamo andati al dunque, ho visto che c'era in giro troppa fifa per uscire dalla logica dell'incastro all'interno dell'uno e dell'altro schieramento, anche a costo di rinunciare a parti essenziali della propria identità.»

Il discorso più approfondito la Pivetti lo fece con Lamberto Dini. Si videro tre volte e andarono sempre sul concreto. La Pivetti incontrò anche Donatella Dini e ne riportò una eccellente impressione («Una donna intelligente e una brava imprenditrice, attaccata ingiustamente perché non si rassegna a fare da soprammobile»). La signora Dini, come risulta da altri passi di questo libro, non era affatto entusiasta che il marito si schierasse con l'Ulivo, convinta – come la Pivetti – che tra il marito e la Sinistra non ci fosse la più lontana parentela. Dini, d'altra parte, era corteggiatissimo da D'Alema col quale ha sempre avuto un eccellente rapporto personale. E sapeva che Scalfaro, altra persona da lui assai ascoltata, giudicava un errore la dispersione delle forze da opporre al Polo per il quale il capo dello Stato non ha mai nutrito la minima simpatia.

La Pivetti consigliò a Dini di fare il perno di una forza di Centro e arrivò a studiare con lui l'ipotesi di una alleanza elettorale con la Lega. La cosa non era facile perché Bossi non accettava alleanze sul suo territorio. Si studiò l'ipotesi di una non belligeranza o di una connessione tecnica tra la Lega, Dini e qualche altro eventuale supporto centrista. In quella circostanza, come al solito, Bossi giocò su due tavoli. Mentre la trattativa andava avanti, lui parlava male di Dini per impedire un accordo alle sue spalle tra il presidente del Consiglio e la giovane presidente della Camera. Poi le cose precipitarono e la Pivetti seppe dal telegiornale che Dini aveva scelto l'Ulivo. Lo chiamò al telefono: «Che scherzi mi combina?». E lui: «Bisogna unire le forze per battere il Polo». Concluse la Pivetti: «Mi pare un errore. Buona fortuna».

In realtà Bossi teneva d'occhio la Pivetti da molto tempo prima delle elezioni della primavera '96. Quando lo incontrai nella sua casa di Gemonio, all'immediata vigilia della «secessione», mi raccontò: «La Pivetti si è messa fuori della Lega fin dal marzo del '95, quando chiamò Maroni e gli disse: "È arrivato il momento di rompere la Lega. In Vaticano sono pronti". Io mi preoccupai che volessero affondare il movimento portandolo sotto il peso dell'acqua della palude rormana. Lanciai allora l'idea di una Lega di centro, dando spago al centro ideologico della Pivetti che sta in alto e richiamando il centro dell'identità della Lega che parte dal basso, cioè dal popolo».

L'esperienza elettorale ha convinto la Pivetti di aver fatto bene a non apparentarsi con i «soggetti» esistenti. Delusa dal Ccd, è particolarmente risentita con il Ppi: «I Popolari, che dovrebbero essere i più forti perché hanno vinto, in realtà sono i più deboli perché hanno perso tutta la loro identità. Pensi che negli ultimi mesi hanno votato addirittura col Pds su questioni morali, quindi figuriamoci... E anche con Dini, meglio che sia andata così: psicologicamente è un po' fragile, magari dopo avrebbe cambiato idea e avrei messo a rischio la credibilità del progetto». E allora? «Allora lei potrà dire di essere il primo giornalista al quale confido il mio progetto: recuperiamo tutta la parte sana dei cattolici, cioè la stragrande maggioranza, e riscopriamo la loro identità politica. Nell'estate del '94 dissi a Rimini che i cattolici debbono smetterla di fare le crocerossine della società e occuparsi soltanto di sociale, di sanare leggi ingiuste con la carità. I cattolici debbono mettersi a far politica perché non ci siano leggi ingiuste in uno Stato ingiusto.» I cattolici hanno tante sfumature... «Non mi interessano le sfumature. Uniamoci tutti. Da Ernesto Olivero, fondatore del Servizio Missionario Giovani, che raccoglie gli immigrati a Torino ed è candidato al Nobel per la pace ai Legionari di Cristo. Partiamo da tutti quelli che hanno una vocazione sociale e facciamogli prendere coscienza che ci vuole una identità politica.» Lo stesso progetto di De Mita? «Ma no, scusi.» Qual è la differenza con la Dc che vuole rifare lui? «È proprio De Mita e quel che lui rappresenta. La stessa che passa tra De Mita e De Gasperi. Tra Andreotti e Sturzo.» Questo progetto esclude i laici moderati? «No. Il partito al quale penso non è un albergo, dove ciascuno ha la sua stanza. È una grande casa di accoglienza, dove c'è però il padrone di casa.» Una bella padrona di casa... Rise, l'Irene: «Non so se debba essere io la padrona di casa. Le assicuro che non è importante. In una casa servono tutti. In una casa così farei anche le pulizie...». Ci sarebbe posto anche per Rosy Bindi, nella sua casa? «Ma certo. Una volta chiara l'intenzione di fare una casa cattolica, dobbiamo ricordarci che cattolico vuol dire universale.» Una casa cattolica di Centro alternativa ai condomini di Destra e di Sinistra? «Sì perché se io penso al progetto iniziale della Dc del Partito popolare di Sturzo, vedo una formazione politica interclassista, accomunata da valori profondi. La Sinistra, non meno della Destra, riduce tutto a una lettura economica. A problemi di reddito e di gestione dei soldi pubblici. La Sinistra vuole un po' più di stato sociale e di tasse. La Destra vuole meno stato sociale e meno tasse. Come vede, lo spazio per una formazione cattolica interclassista non manca.»

Come era conciliabile tutto questo con la Lega? Irene sorrise malinconica: «Credo che sia molto conciliabile con l'anima popolare della Lega, con le sue istanze più belle. Quando io vado in giro e chiedo: che tipo di società vuoi? Perché vuoi la secessione?, mi rispondono: perché voglio che le scuole dei miei figli funzionino, che funzionino gli ospedali, che la famiglia stia bene, che ci siano città pulite, che rispettino le piccole e le medie imprese, quasi tutte aziende familiari. Vogliono queste cose qui, non la rivoluzione. Le camicie verdi servono ai ragazzi per divertirsi».

In autunno la Pivetti cambiò idea. Sulle Camicie verdi e sulla Lega. L'espulsione la rese triste, ma più libera di coltivare il sogno della grande unità dei cattolici.

11
«Te Deum laudamus». Torna la Dc?

«Te Deum / laudamus...» La voce del papa intonò stracca e solenne l'inno di ringraziamento al Signore. Era passata una settimana appena dalla notte di Natale in cui Giovanni Paolo II aveva levato in San Pietro il suo «Gloria in excelsis Deo», già pallido e sfinito come avrebbero visto l'indomani mattina centinaia di milioni di fedeli collegati in Mondovisione per la benedizione «urbi et orbi» sospesa per un malore dello stesso pontefice.

«Te Deum / laudamus.» Il papa s'era ripreso, era andato perfino a passeggio sull'amato Gran Sasso e ora dominava la secentesca chiesa di Sant'Ignazio gremita di autorità e di popolo per la solenne chiusura dell'anno civile 1995. «Te / Dominum / confiterum» gli fece eco la schola cantorum. «Te / aeternum Patrem / omnis terra / veneratur» seguì pronta l'assemblea. Nel primo banco di destra, Francesco Rutelli seguiva la preghiera con serena e silenziosa attenzione. Avrebbe rivelato di lì a qualche giorno di aver sposato anche in chiesa la sua bella compagna Barbara Palombelli, ora devotamente in piedi alla sua destra. Ma gli parve laicamente prematuro andare oltre il segno di croce già avidamente annotato dai cronisti un paio d'anni prima e seguire con il movimento delle labbra, se non della voce, i versetti annotati sul libretto che le premure del cerimoniale gli avevano fatto trovare sulla sedia.

Sul papa e sulle primissime file di pubblico, distribuite dai cerimonieri di Sua Santità tra le sobrie poltroncine di velluto scarlatto, s'affacciava benedicente la *Gloria di Sant'Ignazio di*

Loyola, dipinta quindici anni prima della fine del Seicento dal gesuita Andrea Pozzo, in un miracolo prospettico che rende altissima, osannante e intimidente una cupola che non esiste. «Tibi / Cherubim et Seraphim / incessabili voce / proclamat.» Nella prima fila, sul lato opposto a quello in cui il sindaco e sua moglie più che un'altra generazione rappresentavano un altro secolo, si muovevano lente le labbra di Amintore Fanfani e Flaminio Piccoli. Il primo, 88 anni, aveva raggiunto il suo posto a fatica, preceduto dal passo impaziente e altero di Mariapia. Il secondo aveva compiuto da tre giorni gli ottant'anni: la moglie Maria lo proteggeva con lo sguardo standosene in disparte tre file più indietro. Insieme, i due vecchi signori facevano dieci anni di segreteria Dc (sette Fanfani, tre Piccoli), che nei vecchi schemi del potere italiano voleva dire dieci anni di guida sostanziale del Paese. Guardandone da lontano le sagome stanche, qualcuno tra il pubblico pensò: ma è possibile che abbiano sbagliato tutto, proprio tutto?

Mentre la schola cantorum di Sant'Ignazio intonava il «Sanctus Dominus / Deus Sabaoth», dovettero porsi in silenzio la stessa domanda i due soli porporati seduti alla sinistra del pontefice: Angelo Sodano, segretario di Stato di Sua Santità, e Camillo Ruini, vicario del papa per la città di Roma e presidente della Conferenza episcopale italiana. Assai diversi per storia, temperamento, inclinazioni personali, Sodano e Ruini hanno combattuto con la discrezione e la dignità richieste dalla porpora una gigantesca e sfortunata battaglia per tenere uniti i cattolici in politica. Al cruccio per l'uscita dalla Dc di Mariotto Segni nell'aprile del '93, seguì quello più forte per la scissione di Casini nel gennaio del '94 e fortissimo quello per la divaricazione tra Bianco e Buttiglione nell'estate del '95. Davvero era finita per sempre l'intuizione di Sturzo, gestita magistralmente da De Gasperi nel dopoguerra? Davvero era inutile il ragionamento che Ciriaco De Mita andava invano ripetendo negli stessi giorni di fine anno? («La Dc ha sconfitto ideologicamente la sinistra e politicamente la destra. Perché deve scomparire, mentre gli sconfitti si contendono la guida dello Stato?») Sodano e Ruini avevano fatto l'impossibile perché la lacerazione non si consumasse, ma bastava uno sguardo alla platea per vedere quanto si fosse frantumata la creatura di Sturzo: lì era seduto Segni, lì Francesco D'Onofrio e Rosetta Jervolino, più indietro Gustavo Selva. E la notte di Natale s'erano visti Buttiglione e Michelini. Sei persone unite per decenni, fino al '93, e ora disperse in sei partiti. Mentre le sagome stanche di Fanfani e Piccoli, leader di correnti in storico conflitto, erano lì a testimoniare insieme una fede incrollabile e una drammatica diaspora.

Il papa ha capito meno di altri la frantumazione dei cattolici italiani: è stato a lungo il cemento dei cattolici polacchi per i quali militanza politica e religiosa insieme ha significato per decenni la pura e semplice salvaguardia di diritti civili elementari: stampare giornali, costruire chiese, parlare alla radio (alla televisione solo in tempi assai più recenti). Eppure, quando dopo la lettura breve («La pace di Cristo regni nei vostri cuori»), il diacono gli porse il microfono per l'omelia, egli disse con rassegnata chiarezza: per i cattolici italiani «l'attenzione ai princìpi e ai contenuti dell'impegno sociale e politico viene prima di ogni considerazione di metodo e di schieramento». «La Chiesa stessa, senza coinvolgersi in scelte di parte, non può rinunciare a proporre con chiarezza la dottrina sociale cristiana. Né si può ravvisare in ciò alcuna forma di integralismo o di minor rispetto della democrazia.»

«La Chiesa non è alla ricerca di nuove egemonie», aveva detto in novembre nel convegno decennale della Cei a Palermo il segretario generale dell'Episcopato italiano, Ennio Antonelli. E Alceste Santini, inviato dell'«Unità», aveva subito annotato: «L'esperienza della Chiesa-partito è ormai alle nostre spalle, in quanto consegnata alla storia del nostro Paese. Né alla Chiesa oggi interessa che essa si ripeta sotto altre forme».

Quattro mesi più tardi, alla vigilia delle elezioni politiche, l'«Avvenire», giornale della Cei, titolò facendo di nuovo proprie le parole di Antonelli, braccio destro di Ruini: «Non siamo nel '48, cattolici liberi». Eppure...

Serata di gelo tra Prodi e Ruini

Eppure la vittoria dell'Ulivo, l'alleanza tra quelli che furono democristiani e quelli che furono comunisti, se vennero accettate, favorite, talvolta perfino patrocinate da moltissimi parroci e molti vescovi, non incontrarono il favore dei gradi massimi della gerarchia ecclesiastica.

Romano Prodi ne ebbe conferma domenica 19 maggio 1996. Il presidente del Consiglio aveva giurato appena da un giorno e volle compiere, da cattolico rispettoso, il primo atto ufficiale nella nuova veste ricevendo ufficialmente il Pontefice che rientrava in Italia da una visita in Slovenia. Partito, come di consueto, con un aereo dell'Alitalia, il Papa sarebbe rientrato con un airbus della compagnia di bandiera slovena Adria. L'arrivo era previsto per le otto di sera, ma i festeggiamenti che trattengono Giovanni Paolo II sempre più a lungo del previsto in ogni angolo del mondo quella domenica non fecero eccezione. Il presidente della Cei, Camillo Ruini, e il presidente del Consiglio non furono avvertiti tempestivamente del ritardo. Si presentarono perciò puntuali a Ciampino e furono accolti nella saletta di rappresentanza. Entrambi, forse, avrebbero fatto a meno di quella sosta forzata. Ruini e Prodi sono stati molto amici. Sono entrambi di Reggio Emilia e a suo tempo il prelato unì in matrimonio Romano e Flavia, un giovane professore d'università e l'ancor più giovane allieva.

Ma Ruini, che all'inizio del '95 aveva preso malissimo la drammatica spaccatura del Partito popolare, prese ancor peggio la candidatura di Prodi alla guida di uno schieramento che aveva nel Pds le sue fondamenta elettorali. I rapporti tra i due diventarono sostanzialmente inesistenti e l'«Avvenire» non mancò di partecipare il suo dissenso al governo e ai cattolici che ne facevano parte. (Il 21 agosto '96 il giornale avrebbe accusato il Ppi di «vassallaggio politico» nei confronti del Pds. «Ci pare che siano gli ingredienti moderati che nel Ppi troppo spesso non si vedono.»)

Seduti in silenzio l'uno accanto all'altro, Prodi e Ruini guardarono i telegiornali, poi qualcosa di sport, infine sentirono con sollievo che il papa stava arrivando.

Qualche mattina più tardi, Prodi – con Flavia e i figlioli – godette della splendida luce dell'alba che taglia piazza San Pietro andando alla messa che prima delle sette il papa celebra ogni mattina nella sua cappella. Di questa visita, assolutamente privata, non si dette notizia.

Il presidente del Consiglio chiese invece subito una udienza ufficiale al Pontefice. Il Vaticano si attendeva una richiesta di visita privata. Privata per modo di dire, naturalmente, perché avrebbe avuto una sua pubblicità e una sua solennità. Ma il protocollo diplomatico indica come «privata» una visita senza inni nazionali, senza discorso dell'ospite, senza ripresa televisiva. Il governo italiano chiese invece esplicitamente la visita più formale, che fu accordata per giovedì 4 luglio alle ore 11. Il bollettino della sala stampa della Santa Sede dette notizia dell'avvenimento con un resoconto di quattro pagine.

«Sua Eccellenza il Signor Presidente del Consiglio dei Ministri della Repubblica Italiana era accompagnato nella visita dalla Consorte e aveva al suo Seguito le seguenti Personalità.» Che erano undici: sei accompagnatori ufficiali e cinque consorti. Il corteo percorse la seconda delle logge di Raffaello e Bramante, ammirò gli affreschi sulla gloria di Cristo e della principesca famiglia Boncompagni e fu introdotto nella biblioteca del Santo Padre. Il quale lesse al professor Prodi un discorso assai formale di sessantacinque righe nelle quali chiese al governo italiano: 1. «Un convinto impegno in favore dei valori morali e spirituali». 2. «Una politica organica in favore della famiglia». 3. «Un valido ed equo sistema scolastico integrato, comprendente istituti statali e non statali».

Prodi rispose con un rispettoso discorso di cui, secondo l'uso, il bollettino della Santa Sede non dette notizia. Riferì comunque l'«Avvenire» che per il presidente del Consiglio «i valori cristiani sono irrinunciabili per l'Italia» e che Prodi assicurò al Papa «tutela alla funzione della famiglia e libertà e possibilità» nei luoghi della formazione. Ci furono lo scambio dei doni, la visita al Segretario di Stato, gli inni nazionali e il commiato.

Nei primi mesi del suo governo, Prodi capì distintamente che i suoi rapporti con la Chiesa si sarebbero svolti su due livelli: il gelo di Ruini e dei vertici della Conferenza episcopale, la «distanza» della Segreteria di Stato, temperata dalla personale considerazione per l'uomo di governo cattolico.

Il presidente della Cei volle rimarcare la sua freddezza col governo anche in un'altra solenne occasione. Veniva riaperta la splendida basilica di San Giorgio al Velabro, offesa dagli attentati dell'estate '93. Veniva riaperta alla presenza di Scalfaro e di Prodi. Ruini non intervenne. Mandò monsignor Remigio Ragonesi, suo sostituto, senza addurre ragioni di impedimento.

Più complesso e delicato il rapporto con il Vaticano.

«Il professore è un buon cattolico, ha una bella famiglia, due bravi figli impegnati nelle attività giovanili. Poiché la Provvidenza ha voluto che la Santa Sede stesse in Italia, ci fa piacere che un cattolico sia presidente del Consiglio. Lo conosciamo da molti anni e lo stimiamo come persona. Ma...» Qui il mio interlocutore si fermò. Era noto che nei palazzi apostolici fossero state vissute con amara trepidazione la diaspora cattolica e l'alleanza di quella che fu la parte più significativa della Dc con quello che fu l'avversario storico della Chiesa.

«È vero» mi fu detto «che il vostro nuovo sistema politico prevede il bipolarismo. Ma la maggioranza degli italiani tradizionalmente non guarda né a Destra né a Sinistra. Guarda al Centro... A noi interessano i valori e non i partiti, ma è certo che i cattolici uniti avrebbero più forza per sostenere i valori nei quali credono. Divisi come oggi sono deboli...»

Fuori, dalla facciata di San Pietro, le statue del Redentore e degli apostoli guardavano Roma e la sua nuova, complessa storia politica.

«Ah, l'"Avvenire"...» sospirò il presidente del Consiglio

«Ah, l'"Avvenire"...» sospirò il presidente del Consiglio. Andai a trovarlo alla ripresa autunnale del '96.

Nel suo ufficio, c'erano bei fiori freschi. Nel grande salotto che fa da anticamera, invece, per risparmiare, da un po' sono finti. Finti, ma belli. Prodi era di buonumore. Aveva la sensazione che il «quadro politico» fosse sotto controllo, anche se Bossi lo preoccupava non poco. Parlava sempre con maggiore convinzione del suo governo in termini di legislatura. Ma la diffidenza di una parte del mondo cattolico lo rattristava. «Diffidenza? Ne vedo poca. Il mondo cattolico è una aggregazione di strutture tra loro diverse, che in gran parte mi sono vicine. All'inizio, a dire il vero, alcune di esse avevano una notevole perplessità nel coinvolgimento in posizione di forza del Pds nel governo. Ma adesso no, è rimasto poco.» E l'«Avvenire»? «Ah, l'"Avvenire". Certo, il giornale della Cei resta diffidente e non è poco. Ma in fondo anche questo fa parte del pluralismo del mondo cattolico. Nella vita quotidiana, il pluralismo della nostra azione viene apprezzato. Tranne dove esistono barriere politiche vere e proprie.»

A proposito di politica, l'Ulivo è un'alleanza elettorale o un'alleanza strategica? «Si fosse fermata alle elezioni, sarebbe stata una cosa. Ma essendo diventata di governo, è diventata necessariamente strategica. Tutto quello che è avvenuto dopo le elezioni è in funzione di una prospettiva futura. Ammettiamo per ipotesi che l'Ulivo fosse solo un'alleanza elettorale: quando si ha un'elezione all'anno, ci si abitua a stare insieme. Chi sta nell'Ulivo lo considera un valore forte. Prendiamo le elezioni comunali: come si fa a improvvisare schemi che ti fanno perdere? Lo stesso discorso vale anche per il Polo.»

L'Ulivo potrebbe trasformarsi nel partito democratico ipotizzato da Veltroni? «Il partito democratico è un sogno. Può essere un grande partito o una coalizione stabile. L'Italia poteva scegliere il modello anglosassone dei due partiti o quello francese delle due coalizioni. Ha scelto il secondo. A mio giudizio sarebbe meglio se le grandi coalizioni si sciogliessero in due partiti. Ma il Pds, il Ppi e dall'altra parte Alleanza nazionale hanno una storia forte. E allora è più facile che restino due coalizioni.»

Una pausa e aggiunse: «Il sogno di un grande partito dell'Ulivo resta. Un partito con un grande pluralismo e i partiti attuali trasformati in correnti che testimoniano la propria storia. Ma è un sogno poco realistico. La coalizione, invece, si sta rafforzando».

Parlammo della riforma dello Stato. «Quindici anni fa cercavo di convincere i partiti piccoli ad accettare lo sbarramento del sistema secondo il modello tedesco. Dissi a Zanone e poi anche ad Altissimo: cominciamo con uno sbarramento del tre per cento. Passiamo al quattro per cento tra cinque anni, al cinque per cento tra dieci anni. Rifacciamo lentamente il sistema. Non fu possibile.» E il presidenzialismo? «Quale? Ce ne sono quarantasette tipi... A me sta bene che si arrivi a un esecutivo forte e a un fortissimo controllo parlamentare. L'unica cosa che non posso accettare è che il presidenzialismo metta ai margini il Parlamento come è accaduto in Francia.»

Chiesi al Professore se il nuovo partito socialdemocratico che vuole disegnare D'Alema fosse compatibile con l'Ulivo. «Certo che è compatibile» mi rispose. «A patto, naturalmente, che non ne abbia l'egemonia.» Che significa? «Significa che una grande componente di sinistra deve essere aperta a tutti i contributi della coalizione che si richiamano al riformismo. Nel momento in cui accentui la tua identità, devi guardare a quello che ti accade accanto. Mi colpì un titolo del "Carlino", il giornale della mia città: "Da Cosa nasce Cosa". Se il Pds fa nascere una Cosa nuova, magari il Ppi ne fa nascere un'altra...»

Come può evitare l'Ulivo che il Pds ne diventi la forza egemone? Prodi chiuse gli occhi, arretrò leggermente la testa, aspettò qualche istante prima di rispondere. Poi disse: «Nel mio disegno il problema si risolve con un aumento fatale della forza della coalizione. Il Pds deve cedere alla coalizione una parte del proprio potere. Lo stesso discorso vale anche a destra. La forza delle coalizioni deve bilanciare quella dei partiti».

E i Popolari? Che ne sarebbe stato? «Se il Ppi ha scelto di essere una nuova Dc non mi interessa. Se invece diventa il nucleo di un raggruppamento di Centro saldamente ancorato al centrosinistra con una alleanza tra laici e cattolici, io ci sto. Popolari e Democratici di Maccanico possono costituire un forte raggruppamento.» Anche un partito? «Dipende dalla classe dirigente del Ppi. Io me lo auguro.»

Gli chiesi perché non avesse accettato la proposta di guidare i Popolari: «Ho privilegiato, com'era mio dovere, l'azione di governo funzionale al disegno strategico. Ho già detto che il raggruppamento di Centro può diventare un partito, con un rinnovamento grande anche in termini generazionali. Anche contro il mio interesse ho spinto fino in fondo Dini, Maccanico e i Popolari a stare dentro la stessa lista. Ma il Ppi ha bisogno di uomini nuovi». Dove dovrebbe prenderli? «Il momento critico è quello delle candidature. C'è bisogno di un rinnovo volontario molto forte e stavolta i nomi li abbiamo visti tutti...» A proposito. De Mita? «Il suo disegno non ha nessuna possibilità di realizzarsi. Ricordo quando i giornali titolavano a nove colonne: Centro, Centro, Centro. Ho rischiato di giocarmi la carriera politica battendo la testa contro quel muro. Ma alla fine s'è visto che non può esserci un Centro egemonizzante. Ha vinto il bipolarismo.»

Non è dunque immaginabile la fine della diaspora democristiana, con il rientro a casa di Ccd e Cdu? «Non parlerei di riunificazione politica dei cattolici. Ma della possibilità di allargare l'incontro di cattolici e non cattolici. All'interno del centrosinistra, naturalmente.»

«D'Alema a palazzo Chigi? Manca tanto tempo...»

D'Alema, dal settembre '96 vicepresidente dell'Internazionale socialista, ha titolo per aspirare a palazzo Chigi? «Più appoggerà il governo e più sarà legittimato. L'Ulivo ha vinto perché ha dato tranquillità al Paese. Se D'Alema fosse stato il candidato premier non avrebbe vinto. Ma se io non avessi avuto il pieno appoggio del Pds, non avrei vinto nemmeno morto. Se il Pds avesse un atteggiamento antagonistico al governo e all'Ulivo, l'elettorato non capirebbe...»

Insistetti: alle prossime politiche, D'Alema può essere il suo successore? «Manca ancora molto tempo alle elezioni» mi rispose. «La grande funzione di una coalizione è di legittimare tutti. La differenza tra noi e Bertinotti è proprio questa.»

A proposito: è duro mettere insieme ogni giorno Bertinotti con Dini e Ciampi? «Meno del previsto. Basta avere in testa chiarezza di disegni.»

Arrivammo al punto più spinoso. Il cattolico Prodi era a palazzo Chigi perché il postcomunista D'Alema non aveva ancora completato il suo percorso. Quando l'avesse completato, sarebbe stato verosimilmente lui a chiedere di guidare il governo. Anche nel Polo i cattolici erano in una posizione strategica, ma largamente minoritaria. Non vedeva Prodi la fine di un'èra, l'emarginazione definitiva dei cattolici in politica paventata proprio da De Mita?

Mi rispose così: «La parola cattolico implica un concetto più profondo rispetto alla presenza politica. Il cattolico può far parte dell'uno o dell'altro schieramento mantenendo la propria autonomia di coscienza. Non legherei le ragioni e le regole di un comportamento cristiano alla militanza in uno specifico partito».

Gli chiesi se avesse mai temuto l'accerchiamento del governo. «L'unico momento in cui mi son posto una domanda del genere è stato quando il "Corriere della Sera" pubblicò l'intervista a Maccanico...»

Era domenica 14 luglio. Prodi aveva rilasciato la sua prima, grande intervista a un quotidiano, scegliendo il nuovo direttore di «Repubblica», Ezio Mauro. «Il mio governo durerà», fu il titolone della prima pagina. L'intervista occupava due pagine intere all'interno con un altro titolo: «Voglio cinque anni di buongoverno». Ma il «Corriere», che più d'un cruccio dette al presidente del Consiglio nei primi mesi del suo mandato, pubblicò lo stesso giorno una clamorosa intervista al ministro delle Poste. «Maccanico: quattro offerte al Polo, subito» fu il titolo a piena pagina. «Mi chiesi che significato avesse e che cosa stesse succedendo» mi disse Prodi completando la risposta. E non aggiunse altro. Il pericolo era scongiurato. Ma quando quell'intervista uscì, Prodi la considerò un attentato in piena regola, una bomba innescata nel cuore del governo dall'interno del governo. Temette una manovra della Fiat, di Romiti e dei «Poteri forti». (I sospetti si rafforzarono per le nuove critiche di Romiti al governo nel seminario di Cernobbio in settembre.) Paventò un tentativo di delegittimazione per aprire la strada a un governo di larghe intese, guidato magari dallo stesso Maccanico. Ma anche in quel caso, come accade spesso in Italia, l'emergenza durò un paio di giorni appena.

Prodi mi parlò ancora del federalismo che aveva in mente, dopo l'accelerazione imposta di fatto da Bossi con la secessione virtuale annunciata a Venezia il 15 settembre del '96. «Il nostro federalismo sarà più marcato di quello tedesco. Lì c'è una tradizione regionale, da noi è più forte quella municipale. La prima cosa che ti dicono i sindaci delle grandi città è contro la loro amministrazione regionale. Più poteri ai comuni, dunque, ma interpretati con molta saggezza.»

Eravamo al commiato. Feci ancora in tempo a chiedergli quando avesse vissuto il momento di solitudine massima, l'abbandono peggiore. «Dopo l'estate del '95» mi rispose. Lo ricordavo nel suo ufficietto a largo di Brazzà a interpretare l'ultimo attacco dell'«Avvenire». Era solo. Il pullman era senza benzina, le elezioni si allontanavano sempre di più. E durante il tentativo di Maccanico? «No, allora no. Allora ero sicuro di vincere. Anche se sembravo il cretino che mangia da solo. Ero convinto che il tentativo sarebbe fallito. E se il governo fosse nato, ero convinto che sarebbe durato due mesi. Dall'inciucio non poteva nascere niente di buono. Oggettivamente, erano troppo contrastanti gli interessi in gioco. E nessuno fa politica per suicidarsi. Vero?»

Maccanico: «Per questo mi mangio i gomiti...»

Antonio Maccanico rinunciò al suo incarico mercoledì 14 febbraio, amarissima festa di San Valentino. Quattro giorni più tardi, Maria Angiolillo volle confortarlo riunendo alcuni amici in una informalissima cena all'Augustea. Era domenica e Ludina Barzini, figlia e nipote dei grandi Luigi, arrivò eccitatissima direttamente dal Ciocco, la tenuta di campagna della Lucchesia dove Willer Bordon aveva tenuto a battesimo un polo laico-moderato fatto apposta per Maccanico. Lui non era andato per non affrettare le cose, ma aveva spedito una lettera d'incoraggiamento. A tavola, la sera stessa, il suo disegno era trasparente. Maccanico – e non solo lui – era convinto che Prodi non fosse in grado di assicurare all'Ulivo i voti moderati indispensabili per la vittoria. Pensava pertanto di costituire un raggruppamento decisivo che avrebbe potuto aprirgli in due casi le porte di palazzo Chigi, appena sbarrategli da Fini e anche dai Popolari: il primo, considerato allora largamente più probabile, di un pareggio tra il Polo e l'Ulivo; il secondo, meno probabile ma da non escludere, che una modesta prestazione elettorale di Prodi valorizzasse il ruolo decisivo del nuovo schieramento costringendo Scalfaro a scegliere il presidente del Consiglio al suo interno. Maccanico e i suoi amici di tavola non sapevano che alla stessa ora un discorso identico lo stava facendo Lamberto Dini: cinque giorni più tardi, sollecitato da Massimo D'Alema, il capo del governo uscente sarebbe sceso in campo. Ma alla fine Prodi avrebbe battuto sia l'uno che l'altro.

Quando lo incontrai alcuni mesi dopo le elezioni nel suo

ufficio di ministro delle Poste, Maccanico fece un atto di fede nelle capacità dell'Ulivo di risolvere i problemi italiani, ma era rattristato da una constatazione: «È paradossale» mi disse «che mentre i valori del riformismo moderato diventano i valori comuni del governo, manchi all'interno dell'alleanza proprio il soggetto politico che possa rappresentarne la continuità storica. È questa la parte più debole, dispersa, frammentata dell'Ulivo». Qual è questo soggetto politico?, gli chiesi. «Non c'è, non esiste.» Quale dovrebbe essere? «Quando decisi di scendere in campo, pensai che l'Unione democratica, cioè una creatura federativa, potesse rappresentare il vero collante della coalizione. Ma i Popolari, gelosi della loro identità, si sono ritratti...»

Maccanico guardava con favore al nuovo partito di D'Alema, «che altrimenti rischia di essere risucchiato dalla sirena Bertinotti». E vedeva in una lunga prospettiva due sole gambe nell'Ulivo: una centrale che andasse da lui e Dini al Ppi e una di sinistra che portasse il nuovo partito di D'Alema a riassorbire progressivamente Rifondazione. «Ma il Ppi deve attenuare questo morboso attaccamento alla propria identità.» E Dini ci sta? «Gli ho parlato. Gli ho detto: guarda, Lamberto, qui dobbiamo rafforzare il centrosinistra. Dobbiamo consolidare l'equilibrio di governo, non frantumarlo. Non c'è posto per partiti giscardiani che sono roba di Destra...» E lui? «Lui mi ha risposto: Tonino, hai ragione. Ma guarda che al partito giscardiano ci pensa Cossiga, non io. Io son d'accordo con te che dobbiamo rafforzare la parte moderata dell'Ulivo, sapendo che si tratta di una alleanza strategica durevole.» (Il 17 luglio Giuliano Ferrara aveva tuonato sul «Foglio»: «Dietro l'autorevole copertura giscardiana si celano le manovre neocentriste degli ex democristiani, volte a seppellire l'ancor fragile democrazia maggioritaria... Forse il solo Francesco Cossiga è sincero nell'invocare l'ex presidente transalpino... che consolidò il sistema bipolare del suo Paese... Lamberto Dini, giscardiano dell'ultima ora, sembra invece di accontentarsi di molto meno...».)

E allora? «Il paradosso è che abbiamo un governo di maggioranza che può fare le cose decisive soltanto se c'è un accordo abbastanza vasto.» Quello che volevi fare tu. «E già. Per questo mi mangio i gomiti...»

Dini: «Il Pds domina il governo»

«E pensare che Lamberto era sul punto di abbandonare la vita pubblica. Sarebbe stato molto bello.» Prego? «Sì, aveva ricevuto un mucchio di offerte per programmi internazionali. Con il suo prestigio e la sua preparazione era molto corteggiato...» Un ritorno alla guida del Fondo monetario internazionale? «Quello sarebbe stato un impegno fisso, vincolante. No, avrebbe scelto alternative di grande livello, ma più flessibili. Avremmo fatto tanti bei viaggi insieme, avrebbe potuto accompagnarmi in Centro America...»

Sorrise, Donatella Dini. E accanto a lei sorrise il marito. Avevo chiesto, se possibile, di vederli insieme. Ed eccoli in un caldissimo giorno di agosto nell'ufficio di lei a San Lorenzo in Lucina. Nell'anticamera, mentre aspettavo che finisse un Consiglio dei ministri, vidi un plastico per una iniziativa immobiliare della signora a Castelnuovo di Porto, vicino Roma. Puntuale era arrivata l'interrogazione parlamentare. «In campagna elettorale hanno costruito parecchie cattiverie su di me, storie completamente inventate. Io sono serena, non ho mai fatto cose storte. E poi so difendermi. Ma so anche lasciar correre...» Il marito aggiunse: «Io agisco in buona fede e mi aspetto un comportamento simile dagli altri. Così son rimasto sorpreso, dispiaciuto. Ma queste interrogazioni finiscono in niente perché son basate su falsità...».

Abituati da molti anni a frequentare i circoli che contano, Lamberto e Donatella Dini si son trovati dall'inizio del '95 alla primavera del '96 ai vertici del potere statale. C'è chi giura che Lamberto sia sceso in politica per restarci e che considera il ministero degli Esteri un prestigioso parcheggio. Lo stesso approccio, per capirci, che Antonio Di Pietro ha con i Lavori Pubblici. Donatella gli è stata molto vicina nella scelta più impegnativa («Formidabile organizzatrice nella campagna elettorale» commentava il marito) e ora lo assisteva nell'ampio giro di orizzonte che avrebbe certamente preceduto un attacco: come i gabbiani che aspettano immobili i pesci sulla superficie dell'acqua.

«Non c'è dubbio» mi disse il ministro Dini «che i primi mesi del governo Prodi siano stati dominati dal Pds. Domina nel governo, domina nello sviluppo della politica. Gli altri partiti dell'Ulivo non hanno avuto il peso che avrebbero dovuto esercitare. Ma debbono muoversi, per evitare che i compromessi politici del governo debbano avvenire sempre con Rifondazione e con i Verdi. E questo sarebbe inaccettabile. Come non dovrebbe essere accettabile, per il Pds, che Bertinotti passi per il difensore delle classi più deboli.» È duro per lei avere Bertinotti nella maggioranza, eh? «Sono stato sempre combattuto da Rifondazione e continuo a esserlo perché cerco di tenere la barra del governo indirizzata al Centro.» Perché lei non risponde a Bertinotti muovendosi per una federazione Dini-Maccanico-Popolari? «Perché non siamo pronti. Prenda i Popolari. Hanno due anime. Una mira a collocarsi a sinistra, tra il Pds e Rifondazione e nel governo è più forte dell'altra moderata e cattolico-liberale. Nel mio partito, Rinnovamento italiano, c'è la componente socialista che immagina probabilmente di convergere nel nuovo partito di D'Alema. Quello al quale mi sento più vicino è Maccanico.» (Nella nostra conversazione, Dini non pronunciò mai la parola Ulivo. Aveva chiarito proprio in quei giorni di non sentirsene parte. Parlò solo e sempre di centrosinistra. La sua cena con Vittorio Emanuele di Savoia a Cavallo, che suscitò mille polemiche, fu un modo per ribadire la sua distanza da Prodi.)

Lei non sta facendo per caso un pensierino sul centrodestra? «Il centrodestra sbaglia se pensa che con me possa fare il ribaltone. Ho fatto un patto con l'elettorato e resto nel centrosinistra perché credo possa garantire il governo migliore. Ma sono un centrista moderato e liberaldemocratico.» Non aveva detto dopo le elezioni che il suo posto prima o poi sarebbe stato altrove? «Non nel breve periodo. Un allargamento della maggioranza con le forze moderate del centrodestra mi farebbe piacere. Ma per frenare lo slittamento del governo a sinistra.» E più in là non spera di diventare il leader di uno schieramento di centrodestra? Una alternativa moderata alla coalizione di centrosinistra fondata sul nuovo partito di D'Alema? «Nel periodo mediolungo dovremo mettere insieme noi di Rinnovamento, i Democratici di Maccanico, una parte dei Popolari, Forza Italia e anche alcune componenti di Alleanza nazionale.» Anche Fini? «Fini sta rivedendo le proprie posizioni. Sogno di fare un grande partito di centrodestra che faccia da contraltare a un forte partito democratico della Sinistra. Forse la mia è una illusione, ma credo che questo assetto farebbe bene al Paese.»

A proposito di Fini: ve ne siete dette tante, poi in luglio avete fatto la pace quando lei è andato alla Festa del Secolo a Rieti. «Mi hanno invitato come ministro degli Esteri e sono andato. Abbiamo ripreso il dialogo. D'Alema forse non parla con tutti?» Di Pietro? «Possiede una grande carica, ha in mente una sua modernizzazione del Paese. Da quel che capisco, non è certo uomo di sinistra. Quindi farà parte certamente delle forze moderate.»

Non le sarebbe convenuto restare un tecnico? «Quell'etichetta cominciava a darmi fastidio.» Perché? «Ero considerato tecnico quando faceva comodo, ero politico perché un governo è sempre politico. Insomma alla fine ho deciso di scendere in campo perché la legittimazione elettorale è insostituibile.»

Lei, l'austero banchiere che grida ai comizi... «È vero, sono stato sempre molto schivo. Ma ho trovato esaltante il contatto con la gente. Pensi che il mio collegio era tra i più popolari di Firenze: San Frediano, Santo Spirito. Io sono nato lì vicino, ma sull'altra sponda dell'Arno. E ho ritrovato tanta gente che avevo perduto di vista.»

A proposito, signora Dini, lei farebbe politica? «Me lo hanno chiesto in molti e qualcuno dice che potrei riuscire. Ma non ci ho mai pensato.» Dottor Dini, sua moglie ce la farebbe? «Vista la determinazione che ha...»

D'Antoni, Marini e l'identità in pericolo

Su Dini, come sappiamo, aveva puntato molto il segretario generale della Cisl, Sergio D'Antoni, pronto anche a lasciare il sindacato per fargli da capomastro nella costruzione della grande casa moderata da contrapporre al Pds. Nei mesi successivi alle elezioni dell'aprile '96, D'Antoni sentì in pieno sulle spalle il peso della nuova situazione. La rotta sindacale veniva sempre di più decisa da Sergio Cofferati, capo della Cgil, in un sottile gioco di sponda con D'Alema e Bertinotti. Pietro Larizza, segretario della Uil, strillava a bordo campo che ormai comandava Rifondazione. Ma era come i matti di paese: dicono la verità, ma nessuno li ascolta. E Sergio D'Antoni viveva con discrezione il dramma del Centro sindacale, grande ma paradossalmente sempre meno influente come il Centro politico. Riuscì soltanto a evitare che la prima Finanziaria della Sinistra toccasse le pensioni baby.

Quando D'Alema fece capire che avrebbe tirato diritto per la costruzione del partito socialdemocratico, D'Antoni mi disse: «I Popolari rischiano di assumere nei confronti del Pds il ruolo che il Ccd ha nei confronti di Forza Italia. Se vogliono evitarlo, Prodi, Dini e il Ppi debbono mettersi insieme e fare l'altra gamba dell'Ulivo. Una gamba che rappresenti insieme il moderatismo moderno e il cattolicesimo democratico. Ma una gamba sola. Altrimenti...».

«Seconda gamba sì, ma Prodi si tira fuori.» Il titolo a piena pagina dell'«Avvenire» del 28 luglio riassumeva in otto parole le aspirazioni e i limiti dell'area moderata dell'Ulivo. A chi gli chiedeva di fare fino in fondo il leader del Ppi, Prodi rispondeva che lui doveva essere il presidente di tutti e non di una parte. Dini condivideva l'analisi, per ragioni opposte: lui vedeva Prodi estraneo a un possibile polo moderato e quindi averlo tra i piedi lo inquietava non poco. Lucidamente, dopo il rifiuto di Prodi, Franco Marini mi disse: «In fondo lo capisco. È rimasto affezionato lungamente all'idea di un partito dell'Ulivo e adesso vede che non cammina...».

Il sogno di Prodi era esattamente opposto a quello di D'Alema. Se mai nascesse il partito dell'Ulivo, il presidente del Consiglio avrebbe ragionevoli possibilità di restare a palazzo Chigi. E Veltroni di seguirlo. Ma se D'Alema riuscisse a portare al trenta per cento il suo partito socialdemocratico, non c'è dubbio che smetterebbe subito di fare il donatore di sangue e vorrebbe essere lui il primo «comunista» capo del governo italiano.

Tra queste due posizioni, cercavano d'infilarsi come un cuneo i Maccanico, i Marini, i Bianco, mentre la posizione di Dini restava più oscillante, non avendo mai smesso lui in prospettiva di pensare a una leadership del centrodestra.

Un osservatore acuto e spietato come Gianni Baget Bozzo scrisse su «Panorama» del 30 novembre '95: «Rimangono nella scena i dc più subordinati ai comunisti come i "dossettiani"

Elia e Andreatta, mentre impallidiscono le figure della sinistra dc tradizionale come Bianco e Marini».

Nell'autunno del '96, Gerardo Bianco era pronto a lasciare la segreteria. Franco Marini, il vero artefice della sconfitta di Rocco Buttiglione nel marzo del '95, sotto un distacco apparente, giocava invece la partita decisiva per l'identità del suo partito: avrebbe avuto ancora un volto parzialmente moderato o avrebbe acquistato una definitiva fisionomia di sinistra che in prospettiva l'avrebbe condotto a una orgogliosa ma fatale subordinazione al nuovo Pds?

Per questo Marini cercava di portare con sé a tutti i costi Lamberto Dini. «Noi» mi disse «non abbiamo mai amato il partito dell'Ulivo, ma non possiamo farci risucchiare dal Pds. Abbiamo il difficilissimo problema di rafforzare l'area non pds della coalizione di governo. Dobbiamo costruire con Dini e Maccanico una formazione moderata. E allora il Ppi potrà anche sfumare la propria identità.» E a sinistra? «Lì si gioca la partita tra D'Alema e Bertinotti. La vera anomalia italiana è che Rifondazione abbia il dieci per cento dei voti. D'Alema dovrà puntare a una riunificazione a sinistra, non a una nostra frantumazione.» E una riunificazione vostra con i fratelli separati del Polo? «Non è realistica. L'elettorato che sta con noi ci vuole nel centrosinistra. Con una forte caratterizzazione e con una differenza visibile rispetto alla sinistra democratica. Ma nel centrosinistra.»

Bianco: «I nostri voti possono finire a destra...»

«Escludo in modo tassativo che il Ppi possa essere indebolito dalla nascita del nuovo partito di D'Alema. Lui finirà per scontrarsi con la crisi della socialdemocrazia, che non offre più risposte adeguate ai problemi...» E voi? «Noi possiamo restare con loro senza timore di rimetterci la testa. Sai che ti dico? Che un elettore "popolare" può essere assorbito più facilmente da una posizione di destra, che non da una posizione socialdemocratica.» Perché? «Alcuni nostri punti di vista, una certa concezione della società, il valore della tradizione sono valori presenti nella Destra. La grande differenza rispetto a loro è il modo di concepire l'organizzazione del potere. Ma nel momento in cui questo dovesse venir meno, il rischio dell'assorbimento a destra è molto più facile. La deriva cattolica verso forme di moderatismo o di clerico-moderatismo è possibile. Sturzo l'aveva capito. Perciò non ho paura a dire che la nostra posizione deve essere di Centro.»

Troverete con difficoltà una persona che vi parli male di Gerardo Bianco. È un gentiluomo un po' pasticcione che si pettina sugli autobus degli aeroporti chiedendo scusa ai compagni di viaggio, ama la buona tavola e si tuffa sui piatti con innocente dedizione, perde molte battaglie, ma mai il buonumore e la proverbiale cortesia.

Quando Marini mise in crisi la segreteria di Rocco Buttiglione, aveva in tasca la leadership del Ppi. Appunto per questo non la volle. Indicò Bianco. E per un paio d'anni Bianco è stato la bandiera moderata di un partito che in larga parte non la pensava come lui. Lui si sentiva garantito da Maccanico e Maccanico fallì. Lui puntò i piedi per Cossiga presidente del Senato e Cossiga restò a casa. Lui disse che mai avrebbe fatto un patto di desistenza con Rifondazione comunista e s'è visto com'è andata.

E adesso che con l'aria da monsignore corrotto da soli peccati veniali mi diceva che mai avrebbe accettato di sostenere ancora un governo che si fosse spostato troppo su Bertinotti, evitai di sparare sulla Croce rossa. Eravamo nella sua casa luminosa e ordinatissima in cima a un palazzo della collina Fleming di Roma. L'ascensore era rotto: c'era rimasto dentro lui la notte precedente e gli fui grato per avermi messo a posto con la coscienza in arretrato dietetico per i sette piani di scale. Si disse convinto che il Pds fosse un partito pienamente europeista e mi intenerì sostenendo che un giorno, sentendo parlare Piero Fassino, sottosegretario agli Esteri e uomo di punta del Bottegone, gli «era parso di ascoltare un ministro democristiano».

E quando gli ricordai che i partiti democristiani dei maggiori paesi europei o erano stati stritolati dal bipolarismo Destra-Sinistra (Francia) o erano conservatori (Germania, Spagna), si aggrappò alla ciambella di salvataggio dell'Austria e dei Paesi Bassi per dire che chi tocca la Sinistra non resta fulminato.

Sul futuro, non riuscì a diradare la nebbia. Sapevo che detesta Buttiglione («È un corpo estraneo alla nostra tradizione»), ma dovetti chiedergli con rigore notarile se fosse da escludere un ritorno a casa di Ccd e Cdu. «Quando Casini e i suoi uscirono dalla Dc,» mi rispose «non furono cacciati, ma accompagnati alla porta. Errori quindi ce ne sono stati nelle due parti. Ma quello che va evitato è proprio un Centro che nasca per allearsi ora a Destra, ora a Sinistra. Noi adesso siamo fidanzati con l'Ulivo. Guardare altrove non sta bene. Noi vogliamo il matrimonio, ma...» Ma? «Ma se la scelta socialdemocratica non fosse in linea con gli interessi del Paese, se il Pds sentisse dalla foresta il richiamo di Rifondazione, se il suo gruppo dirigente finisse col rinnegare Maastricht chiudendosi nella mera difesa degli interessi nazionali...» Allora? «Allora non ci sarebbe più un terreno comune e la rottura starebbe nelle cose.» Sapeva benissimo, Bianco, che quella scelta terribile non gli si sarebbe mai prospettata. E le sue minacce erano vellutate dal sollievo.

De Mita: «Come voglio rifare la Dc»

«Hai capito?» Credo di sì. «Sono stato chiaro?» Diciamo di sì. «Hai scritto?» Poggiai la penna in silenzio, allargai la mano destra in una sobria mossa di ginnastica rieducativa. Avevo scritto.

Avevo anche registrato. Curiosamente, mi fido dei miei appunti più che delle trascrizioni testuali, perché in copisteria (come nelle intercettazioni telefoniche) talvolta le parole cambiano senso. Ma nel caso di Ciriaco De Mita avevo disperatamente controllato che il registratore funzionasse. Lui è lucidissimo. Ma lo è come i pavimenti passati a cera con sadica cura: un momento di distrazione e parte il femore. Eppure il rigore logico di De Mita è indiscutibile. Quando dopo le elezioni lo invitai a «Porta a porta» con Umberto Bossi, fui coperto dalle contumelie di meridionali che non si sentivano rappresentati, di settentrionali che volevano la secessione immediata e di ulivisti che mi accusarono di aver inferto un colpo durissimo alla loro causa. E invece quella trasmissione si rivelò un piccolo evento. Su Canale 5 andavano in onda nel nostro stesso orario i «Telegatti», il programma più visto dell'anno nelle televisioni commerciali. Quel giorno alla Rai nessuno vuole andare in onda. Le vedette del varietà (e non solo) si misero in ferie. Mandarono in onda noi, gli sfigati. E facemmo banco. Lo facemmo perché Bossi e De Mita non erano due uomini politici e nemmeno esponenti significativi di due partiti. Venivano da pianeti diversi: li aveva fatti incontrare un incidente alle rispettive astronavi. Ma in quel confronto c'erano davvero due Italie che non si capiranno mai.

Molti furono colpiti dall'«amico mio, dove avete messo i soldi?» di Bossi. Ma i pochi cultori della politica raffinata seguirono con devozione un discreto campionario dei famosi «ragionamenti» di De Mita.

Che adesso, su un divanetto del Transatlantico di Montecitorio, cercava di farmi capire perché volesse rifare la Dc. Non era un'intervista e nemmeno un colloquio. Era un «ragionamento ad alta voce», interrotto di tanto in tanto da una voce di disturbo: la mia.

«Dalle avversioni riscontrate dalla mia proposta, dalle perplessità manifestate, dalle motivazioni di contrasto che ho raccolto, ho tratto elementi di maggiore sollecitazione a riflettere...» Perché? «Perché l'avversione è fondata su un pregiudizio più che su un giudizio: ritenere che la Dc sia stata nella storia del Paese una sorta di impedimento alla crescita e all'avvento di condizioni di lotta politica più moderne.» E invece? Proseguì senza raccogliere. «Quel che mi turba non è tanto la falsificazione della storia, perché la storia a un certo punto si riscrive, ma questa posizione di conservazione negativa...» E allora? Mi ignorò. «Si discute di Berlinguer e di Togliatti, del compromesso storico e del centrosinistra, del craxismo e dell'esperienza socialista. Trovo singolare che i Popolari non ripensino la loro storia, non per mummificarla, ma per capire dove il processo si è interrotto, se è possibile continuarlo, in che modo e in che forma.» Dunque? «Il problema non è di rifare un partito che occupa il centro della scena escludendo la Destra e la Sinistra. La crisi e la fine della Dc sono venute quando questo partito ha cessato di scegliere e si è accontentato di sopravvivere. Ma...» Ma? «Ma l'idea che la Dc sia stata la non scelta è quanto di più falso si possa immaginare. Dal '48 al '68 la storia della Dc come perno dell'equilibrio democratico del Paese è stata tutta una scelta: in politica estera, in politica interna, in politica democratica. È stata la scelta di un percorso, con grande attenzione a quel che avveniva nel Paese, prima col centrosinistra, poi con la solidarietà nazionale...»

Come lo vivesti il rapporto col Pci? «Dissi allora che la solidarietà nazionale aveva senso soltanto in presenza di un impegno comune di Dc e Pci sul riordino istituzionale in modo che queste due grandi forze popolari potessero poi alternarsi democraticamente nella gestione del Paese.» E perché non fu possibile? «Perché è irreale pensare che il Pci di allora potesse essere collocato come forza di governo in un processo democratico, concependo le istituzioni come garanzia, il mercato come regola dell'efficienza, accettando la collocazione internazionale dell'Italia e l'integrazione europea.» Com'era invece il Pci? «Aveva grandi difficoltà a recuperare l'autonomia dall'Urss, nonostante gli sforzi di Berlinguer che però continuava a ritenere il diritto di proprietà come una sorta di peccato originale e il mercato come la condizione per il trionfo del capitalismo...»

«D'Alema? Una posizione ambigua...»

E adesso? «Tutti pensavano che bastasse introdurre il sistema maggioritario per avere l'alternanza e uscire dalla crisi.» Invece... «Invece non è così. Due anni fa vinse l'involucro del centrodestra e si è dissolto, nel '96 ha vinto l'involucro del centrosinistra che non si è ancora dissolto, ma...» Ma? «Ma se non crea condizioni di equilibrio politico radicato nella società...» Cioè? «Il centrosinistra ha la maggioranza in Parlamento per governare, ma non ha ancora una maggioranza sufficiente di consensi nel Paese. È vero che si governa con un voto in più nel Parlamento, ma quando esiste una maggioranza più consistente nella comunità che si governa.»

Aggiunse: «Nel '94 il centrodestra vinse per il rifiuto del Paese di affidare il governo alla sinistra. Poi ritenne che l'investitura fosse sufficiente a gestire il potere e si è visto come è finita. Non vorrei dire che nel '96 il gioco si è ripetuto a parti invertite, ma insomma...». Insomma? «Il grande capolavoro di D'Alema è stato presentare una Sinistra credibile per il futuro piuttosto che per il passato. E per renderla ancora più credibile ha chiamato a rappresentarla un uomo dell'altra parte democratica. Era l'accordo tra una cosa futura e una cosa presente. E la gente ci ha creduto, ma...» Ma? «Ma l'alleanza è oggettivamente squilibrata. E per riequilibrarla occorre costruire un riferimento credibile nel quale possa riconoscersi una vasta fetta dell'elettorato moderato del Paese.» Di qui la proposta di rifare la Dc. «Appunto. Senza un partito capace di essere riferimento del ceto medio, il centrosinistra va in crisi. Quest'area non ha nel governo un riferimento nel quale riconoscersi.» Non vedi lavori in corso dappertutto? «Ma no, non basta mettere insieme una fetta di Dini, una di Di Pietro, un po' di popolari, un po' di socialisti cercando di ridurre le rissosità personali. È una operazione impossibile.» Perché? «Proprio la moltiplicazione delle sigle e delle ambizioni di rappresentanza, sembra un paradosso, stanno a significare che si è persa la clientela. Se circolano tanti sottoprodotti, vuol dire che si è persa la qualità del prodotto originale.»

La nuova Dc dovrebbe assorbire tutti i moderati, costringendoli a rinunciare alle loro sigle? «Questo potrebbe avvenire un po' più tardi. Per ora i campi da intercettare sono due: quello che si riconosce nella tradizione cattolico-popolare e quello laico-socialista. È stata l'incapacità di rappresentare l'area cattolico-moderata a far nascere i partiti di Casini e Buttiglione. Queste scissioni sono state l'effetto, non la causa.» E adesso Ccd e Cdu dovrebbero tornare a casa? «Quando sono andato in giro, ho trovato una larga disponibilità dell'elettorato tradizionalmente democristiano a riconoscersi in un riferimento comune. Ma al momento del voto si divideva in parecchi tronconi: alcuni si astenevano, altri votavano per Forza Italia, per il Ccd, per il Ppi.» La pensano così dalle tue parti? «Anche fuori. Ricordo una cena in Toscana. C'erano una sessantina di persone. Avevano difficoltà a riconoscersi nelle sigle sul mercato, ma erano disponibili a riconoscersi in un riferimento politico-democratico alto e comune. Erano disposti ad allearsi anche col Pds, ma in una posizione di equilibrio. In una posizione oggettivamente minoritaria, no.»

L'uovo e la gallina. «Appunto. Il centrosinistra vive se c'è il Centro, ma il Centro è difficile farlo in una posizione debole con una Sinistra come l'attuale.»

Dunque? «Il problema è se la costruzione del Centro è più agevole all'interno del centrosinistra o è più agevole costruirlo comunque.» Secondo te? «Secondo me è più facile farlo dentro il centrosinistra. Ho detto che il centrosinistra senza Centro non esiste. Ma fuori del centrosinistra il Centro non ha resistenza, tenuta, paradossalmente non ha autonomia.»

E D'Alema? «La sua posizione è oggettivamente ambigua. Vuole allargare la Sinistra ma pone due problemi. Il primo è che vuole portare in Italia un modello in crisi come quello socialdemocratico. Il secondo è che la sua posizione finisce per l'apparire egemone all'interno del centrosinistra: un neofrontismo moderno, liberato da tutti i fronzoli dell'egemonia culturale e di tutti i rischi che queste esperienze presentavano in passato. Noi vogliamo rafforzare il centrosinistra e lui concorre oggettivamente a indebolirlo.»

Meglio il partito democratico, allora? «No, perché l'Ulivo, come futuro partito democratico, avrebbe le stesse debolezze della socialdemocrazia. Ma l'Ulivo come coalizione pone ai partiti che ne fanno parte la condizione di riscattare la propria parzialità per costruire insieme una ricchezza maggiore. Insomma più partiti insieme vincono più facilmente di un partito solo.»

Parlavamo da un'ora e mezza. Col filo di resistenza superstite, chiesi a De Mita se avesse sofferto per gli ostacoli incontrati dalla sua candidatura.

«No, perché non consideravo quelle difficoltà un ostracismo, ma una motivazione da correggere. E l'ho corretta.» E dopo le elezioni? «Adesso ho vinto io. Perché? Ma perché finalmente si è smesso di discutere su vecchio e nuovo, su Prima e Seconda Repubblica. Si discute su tutta la storia del passato: il Pds, il craxismo, la Destra, la Sinistra, il Centro. Sono tornato in Parlamento per contrappormi alle semplificazioni negative. Adesso potrei andar via.»

Ci alzammo, la mia mano destra era inutilizzabile. «Hai

scritto bene?» mi chiese. Risposi con un cenno rassegnato della testa. Sorrise, ma non mi credette.

Rosy Bindi: «No, non andrei con D'Alema»

«Un ritorno all'unità politica dei cattolici? Nemmeno per idea. Ci sarebbe il rischio della definitiva marginalizzazione della componente cattolica nella politica italiana. Se il bipolarismo fosse tra una Sinistra democratica e un Centro che avesse al suo interno una forte componente di Destra moderata, i cattolici non starebbero tutti certamente dalla parte del Centro. Molti smetterebbero di far politica e se ne andrebbero a casa. Io – checché se ne pensi – sarei forse una di quelli.» Non andrebbe con D'Alema? «Sì, so che c'è qualcuno in giro che sta dicendo: la Bindi potrebbe starci all'operazione di D'Alema. E invece no. La Bindi non ci starebbe. Come non potrei fare un'operazione con Dini. Sarei un elettore dell'uno o dell'altro schieramento, sceglierei sulla base delle persone e del programma. Ma non contribuirei alla costruzione di questi progetti.»

Era dolce Rosy Bindi quella mattina d'agosto. Da quando l'hanno fatta ministro, si veste da donna: un abito ben tagliato, un trucco appena accennato, perfino un filo di perle.

Portava la borsa con garbo e non temetti che mi finisse in testa. Eravamo soli nella sala dei ministri a Montecitorio e lei parlava con un tono pacato. Aveva lasciato fuori della porta le polemiche sui tagli al suo bilancio. Non se la prendeva più di tanto per essere il ministro più impopolare ed era quasi orgogliosa che gli industriali farmaceutici avessero messo una taglia sulla sua testa. Chissà cosa avrebbe dato il mite Aleotti, patron della grande casa farmaceutica Menarini per essere lì solo con lei, senza testimoni. Una disgrazia, sarebbe bastata una banalissima disgrazia... Per la prima volta, invece, Rosy Bindi affrontava con un giornalista il problema del suo futuro politico.

Che fine faranno i cattolici quando un giorno si arriverà davvero alla Seconda Repubblica?

«Il cammino che il Pds sta facendo verso una definitiva europeizzazione della Sinistra italiana è molto positivo.» Ma? «Ma non può farlo a spese del Centro dell'Ulivo.» Il progetto di D'Alema è di portare il ventuno per cento dei voti dell'aprile '96 al trenta per cento. Dove prende il resto? «Attenzione, io vedo due rischi: da un lato il Partito democratico volto ad annullare le identità della Sinistra e del Centro, dall'altro il tentativo di fare della Sinistra il Partito democratico.» E i cattolici? «Il grande merito della Dc fu quello di aver favorito il cammino democratico della Sinistra stando dall'altra parte. L'errore di Buttiglione è stato di andare con la Destra, mentre il ruolo del Ppi è di farla camminare verso i tratti caratterizzanti della Destra europea che adesso le mancano. E già in questi primi mesi di legislatura si notano nel centrodestra forti miglioramenti rispetto alla legislatura precedente.» Giusto, ma intanto D'Alema vuole crescere. «È la Sinistra che torna al suo vecchio processo di autosufficienza. E rischia di regalare ancora una volta il Paese all'altra parte. Ma stavolta non ci sarà più la Dc. Ci sarà una Destra moderata, giscardiana, ma con grandi forze golliste...» Però anche dentro il Ppi si dice che siete subalterni al Pds. «Ma quando mai? Senza di noi, il Pds, la Cosa 2, la Sinistra non faranno mai la formazione politica alla quale gli italiani consegneranno il governo senza il nostro apporto. Siamo noi però a dover rafforzare la componente centrale dell'Ulivo.» Come? «Occorre iniziativa politica, proposta, presenza. Ma perché ci deve andare D'Alema a incontrare gli industriali del Nord Est e non ci deve andare uno del Centro dell'Ulivo?» Già, perché? «Perché deve andare lui a parlare con i lavoratori di Mediaset, a discutere con Berlusconi?» Be', certo, avrebbe fatto più notizia una visita a Cologno di Andreatta e di Rosy Bindi: cari lavoratori di Mediaset, noi non vogliamo spegnervi per vendetta contro la legge Mammì. «Non c'è dubbio, nessuno vuole fare vendette, questa è letteratura. Mediaset è un grande patrimonio italiano. Dobbiamo però pensare a quanti patrimoni non sono nati. Garantire pluralismo non vuol dire ammazzare Mediaset, ma far nascere semmai altre realtà.» Già, ma l'unico che me l'ha detto al momento giusto è stato ancora una volta Massimo D'Alema. A voi chi ha impedito di farlo? «Nessuno. Infatti questa è una mia riflessione autocritica.»

Non c'è il rischio che nel governo i cattolici limitino la loro presenza e i loro interventi ai segmenti più marcatamente etici? «A me lo dice? Io mi occupo dello stato sociale, che è un settore strategico. E mi tocca fare la battaglia in Consiglio dei ministri con esponenti di Sinistra che sono una specie di trasgressori di Destra e mi propongono cose contro le quali ci siamo battuti in campagna elettorale. È in quel momento che sento tutta l'originalità e l'importanza di una componente del popolarismo d'ispirazione cristiana in questo governo. E questo è un altro spazio di Centro enorme...»

La immaginate voi Rosy Bindi che se ne torna a fare la calza a Sinalunga, votando oggi per Dini e domani per D'Alema? Ma no, se deve morire morirà. Ma in battaglia.

Buttiglione nella camera da letto dei Cenci

L'arazzo dei Cenci stava immobile nell'afa dell'ingresso. Non incuriosiva nessuno ai bei tempi, quando al secondo piano del palazzo in piazza del Gesù veniva in processione tutta l'Italia che conta, figuriamoci adesso. E invece proprio adesso i Cenci si son presi la loro vendetta. Sul loro stemma sta scritto: «Fratres in unum», fratelli tutti insieme. Due leoni sostengono abbracciati un vaso con tre fiori bianchi, ciascuno di dieci petali. E invece i tre biancofiori della politica italiana (Ppi, Ccd, Cdu) non hanno seguìto il motto virtuoso dei Cenci, ma la tragedia della famiglia di Beatrice. Distrutta da oltraggi incestuosi e da un parricidio purificatore, che tanto ispirarono le pagine di Shelley e Stendhal, la musica di Rota e di Davis, i quadri di Reni e Delaroche.

«Il professore lavora in quella che fu la camera da letto...» mi sussurrò la segretaria di Buttiglione. Lui non lo sapeva: «Può esser capitato qui il fattaccio? O nell'altra casa al Monte de' Cenci?». Tirò su col mezzo toscano, guardò con sospetto il soffitto a cassettoni e disse: «Per la prima volta provo una certa inquietudine».

Poi, cambiando discorso, mi spiegò: «Il sistema politico europeo ha due pilastri, i democristiani e i socialisti. I primi guidano il blocco moderato al Parlamento europeo, i secondi guidano il blocco di Sinistra. Il blocco moderato è un blocco di centrodestra: il Centro, cioè, di regola non fa accordi con la Sinistra». È accaduto in Austria... «E i democristiani sono stati puniti. Lì c'era una Destra con la quale non potevano allearsi, hanno scelto i socialdemocratici e, quando si è votato, la Sinistra ha tenuto e i dc hanno perso posizioni. Il nostro elettorato non gradisce alleanze a sinistra.»

E in Italia? «L'area del centrodestra europeo comprende certamente Cdu, Ccd e Forza Italia, il partito di Dini, più di metà del Ppi e in prospettiva potrà comprendere An.» E il resto del Ppi? «È la sinistra cattolica, che sta a metà strada tra Pds e Rifondazione. Ricordi che cosa dicevano loro quando c'è stata la rottura con noi? Dicevano: né con An né con Rifondazione. Adesso stanno con Bertinotti. Con una differenza: Fini è postfascista, Bertinotti è comunista.» E allora perché l'hanno fatto? «Perché pensano che l'Ulivo sia una forza di conservazione istituzionale, che magari lasci anche la porta aperta per un certo ritorno al sistema proporzionale. Ma quando si faranno le riforme dovranno scegliere. E stare con Rifondazione per il Ppi sarà innaturale.»

E voi pensate per ora a una federazione con Forza Italia? «Noi e il Ccd potremo federarci con Forza Italia e allearci con Alleanza nazionale in tutte le elezioni amministrative. Ma non vedo perché a livello locale non possa associarsi anche Dini. Ha sempre detto di essere di Centro e di essersi legato alla Sinistra in condizioni particolari. Lo stesso Ppi è andato con Rifondazione per ragioni tattiche o strategiche?»

Buttiglione passò l'intera estate del '96 a fare il menagramo con il governo Prodi, «politicamente morto ma insepolto». Non fu tenero nemmeno con Berlusconi al quale rimproverò di «aver perso la forza propulsiva del suo carisma». Allora, come la mettiamo col Cavaliere? «Noi dobbiamo sganciare il problema della leadership politica del Polo dal dilemma: Berlusconi imperatore o Berlusconi a morte. Dobbiamo arrivare all'integrazione del Cavaliere nel gruppo dirigente del Centro. Potrà ancora essere il leader del Polo, ma dovrà dare una consistenza effettiva al momento della politica rispetto al momento della sua impresa...»

Tu sei amico di Kohl, ma se non sbaglio lui ha cominciato a flirtare con Prodi... «Kohl è il cancelliere federale tedesco e deve avere i migliori rapporti personali e politici col presidente del Consiglio italiano. Anch'io gliel'ho vivamente raccomandato. Ma Kohl è anche capo del Partito democratico cristiano tedesco. E come tale ha interesse che Cdu, Ccd e l'area moderata siano in Italia molto forti e che quest'area moderata porti il maggior numero possibile di deputati nel gruppo parlamentare del Partito popolare europeo.»

Uscendo, mi fermai davanti alla lapide dell'atrio: «In questo palazzo Alcide De Gasperi con limpida fede e perspicua intuizione ispirò e guidò la Democrazia cristiana di essa facendo la forza determinante della rinascita democratica italiana». De Gasperi era assai apprezzato e forse perfino invidiato dal vecchio Adenauer. Ma l'intera Dc italiana era molto ammirata da quella tedesca. Nell'82, quando Kohl diventò cancelliere, in Italia c'era il mito del socialdemocratico Helmut Schmidt, che aveva governato per otto anni dopo i cinque di Brandt. L'idea che dopo quei colossi la Germania fosse caduta nelle mani di un democristiano provocò nella nostra intellighenzia una forte depressione. La stampa italiana presentò infatti il nuovo arrivato come un ragazzone un po' tardo. La Dc sembrava allora imbattibile nei secoli e Ciriaco De Mita, eletto da poco segretario, mi combinò una lunga intervista con Kohl, per un gesto di cortesia nei confronti dell'ospite pressoché ignorato nella sua visita in Italia. «Vedrai che non è come dicono» mi assicurò. Al ritorno lo richiamai: «Vorrei essere prudente, ma mi è parso tutt'altro che scemo».

Casini: «Ma quale rinascita democristiana...»

«Il Polo così com'è è morto» mi disse Pierferdinando Casini. E mai fu più in sintonia con il fratello-coltello Clemente Mastella, che controlla tanti voti nel Sud e ogni volta che Pier va in televisione e lui non c'è la gente pensa che abbiamo tagliato il servizio. Me lo disse mentre preparava il trasloco da Bologna, perché dall'autunno del '96 sua figlia va a scuola a Roma e la famiglia deve stringersi in una casa assai più piccola al quartiere Salario. «Intendiamoci» proseguì Casini, distinguendosi stavolta da Mastella, «i nostri rapporti sono buoni con tutti, ma nella versione 21 aprile il Polo è destinato a perdere tutte le prossime campagne elettorali.»

A proposito: perché perdeste nella primavera del '96? «Perché apparimmo troppo poco nuovi e troppo a destra. Berlusconi ha ottenuto un risultato fantastico con i suoi otto milioni di voti a Forza Italia, noi del Ccd-Cdu abbiamo preso solo quattrocentomila voti in meno del Ppi (5.8 contro 6.8) che schierava Maccanico, i repubblicani, la SudtirolerVP e aveva la sponsorizzazione di Prodi col nome scritto nella scheda...» Dunque? «Dunque, a parte la follia di Rauti che ci ha fatto perdere una quarantina di seggi e le elezioni, ha influito sul risultato la vanità di Fini. Non gliene faccio una colpa, per carità, ciascuno di noi è vanitoso. Ma lui non ha capito che tutti quei faccia a faccia televisivi che lo dimostravano più in forma di Berlusconi accreditavano nell'opinione pubblica che noi fossimo schiacciati sulla Destra...» Perciò... «Perciò abbiamo perso. Noi, tra l'altro, non abbiamo avuto la capacità di sintonizzarci sugli elettori fluttuanti, che si sono sentiti rassicurati dall'Ulivo. E poi non dimentichiamo che una parte della media borghesia imprenditoriale ha fatto un discorso di totale cinismo: la Sinistra, con i suoi rapporti sindacali, ci concederà di fare cose che al centrodestra non sarebbero mai consentite. Ma questi forse oggi hanno cambiato idea.»

Insomma, il Polo così non va. E allora? Deve rinascere la Dc come suggerisce De Mita? «Ma quale rinascita democristiana. Lui dimentica il *vulnus* che c'è stato tra la Dc e il Paese negli ultimi quindici anni. A parte Tangentopoli, la sua colpa è stata il rinvio continuo di problemi che sono scoppiati in mano a Berlusconi, che stanno scoppiando in mano a Prodi e scoppieranno in mano anche al suo successore. La dilatazione fuori misura della spesa pubblica, il cedimento culturale alla Sinistra... Certo, molti oggi dicono: si stava meglio quando si stava peggio. Ma credo si riferiscano a una generazione politica scomparsa.»

E allora? «Noi del Ccd abbiamo il bipolarismo nel codice genetico. E nel bipolarismo è determinante l'elettorato fluttuante, quello di Centro. Quello che ci ha fatto vincere nel giugno '96 le elezioni siciliane, quello che si contendono i candidati alle presidenziali francesi e americane.»

Insomma, dovreste guardare oltre il Polo. «Esattamente. Dobbiamo recuperare una parte dell'alta burocrazia e del mondo economico-finanziario che conta e che ha scommesso sull'Ulivo. Su Maccanico e Dini che lo rappresentano. (Dini tra l'altro ha raggiunto il 4 per cento grazie al soccorso rosso...) Su Segni e il movimento referendario.» E del vecchio Polo che resterebbe? «I moderati italiani, intanto, una casa ce l'hanno già. Se sommi i voti di Forza Italia con quelli del Ccd-Cdu sfiori gli undici milioni di voti, pari al 27 per cento. È quest'area che deve comporre il modello giscardiano che piace a Cossiga.» E Fini? «Deve fare il gollista. Non ha molto senso che dica, sia pure per ragioni tattiche, di spostarsi al Centro. Pensi piuttosto a farsi riconoscere dai partiti conservatori europei che lo lasciano ancora solo come il neofascista francese Le Pen. Invece di andare negli Stati Uniti e in Cina, vada in giro per le cancellerie europee.» Eppure Fini resta molto popolare. «È vero, ma la sua popolarità non trova riscontro nei voti che prende An. Il problema è che al suo indiscusso prestigio personale non si affianca quello di una classe dirigente di partito che è quasi tutta presa in blocco dal Msi.»

E D'Alema? «Quando tenta il recupero socialista, cerca di formare una famiglia che assomigli a quelle dei socialdemocratici europei.» E i Popolari? «Debbono chiarirsi al loro interno. Bianco ha molta buona volontà, ma la Bindi, Mattarella, Andreatta in termini politici sono a sinistra del Pds.»

Nel centrodestra reale e immaginario non c'è un affollamento di candidati leader? «Certo, ma ci sarà una selezione naturale.» E Berlusconi? «Purtroppo rischia di pagare il conflitto d'interessi più oggi che sta all'opposizione di quando era presidente del Consiglio. Comunque, se si pensa agli straordinari risultati elettorali che ha avuto dopo aver subìto due anni di attacchi, la leadership la mantiene non per un fatto di gratitudine, ma perché l'ha conservata sul campo.»

E Cossiga? «In un paese in cui l'establishment istituzionale, politico, culturale, economico e finanziario ha sposato la Sinistra, lui è l'unico che può sedere in questo salotto buono come punto di riferimento ideale del centrodestra. Per noi Cossiga è una specie di madonnina che dobbiamo portare in giro...»

Cossiga e il partito giscardiano

Era martedì 10 luglio e Francesco Cossiga si prestò volentieri a fare da padrino alla nuova rivista di Cesare Zingone, figlio di Donatella Dini e consigliere politico di Lamberto, per quel che gli consente la giovane età. La rivista si chiama «Il confronto», nome tipico dei giornali democristiani di un tempo in cui la guerra tra le correnti si chiamava così. Ma stavolta, grazie al Cielo, gli ideali erano più nobili: si stava fondando la Seconda Repubblica e un confronto tra i costituenti serviva per davvero. Al Centro, in particolare, serviva un semaforo, per evitare ingorghi, equivoci sulle precedenze e magari anche qualche tamponamento.

L'editoriale del giovane Zingone era esplicito fin dal titolo: «Bipolarismo verso centrismo». Già, ma come conciliare le due cose? Cossiga, ospite d'onore, dette un suggerimento: «Occorre un partito giscardiano, figlio della cultura liberaldemocratica che possa confrontarsi con il partito socialdemocratico». E aggiunse secco: «Far rinascere la Dc è impossibile. Meglio una forza nuova».

Accanto a lui sedeva Lamberto Dini che sorrise compiaciuto: «Sono d'accordo con la tesi di Cossiga» disse. «Anch'io penso che si debbano evitare le ideologie più estreme portatrici di disastri e che accanto a un forte partito della sinistra democratica debba sorgere un raggruppamento delle forze moderate, oggi sparse...»

Otto giorni più tardi, Cossiga tenne banco di nuovo. Invitato da Domenico Mennitti, direttore di «Ideazione», fece all'hotel Minerva una lezione politica ai leader del Polo, Berlusconi in testa. Segò le ipotesi di Assemblea Costituente («Non mi pare ci sia aria...»). E ironizzò sulle manovre in corso tra Polo e Ulivo per rendere meno incandescente il clima politico, ricordando il penultimo discorso di Robespierre prima della ghigliottina. «Me lo hanno richiamato le parole di Prodi alla Camera» disse l'ex capo dello Stato. Robespierre temeva l'alleanza contro di lui dei suoi avversari della Montagna e della Palude. Prodi temeva un avvicinamento di Polo e Ulivo per le riforme...

Ora mi spiegava il suo progetto di Seconda Repubblica nel quieto studio di palazzo Giustiniani affacciato sul Pantheon e pieno di libri, di ricordi e di progetti. «Io sono del tutto favorevole alla creazione sulla sinistra di un partito socialdemocratico. È storicamente e ideologicamente una cosa intelligente e politicamente è l'unica possibile perché fa chiarezza di questo centrosinistra che per molti versi si sovrappone al centrodestra.» E sull'altro versante? «La Dc non può rinascere come baricentro con due ali mobili. Il modello che mi pare più appropriato è quello giscardiano, in cui accanto ai repubblicani, ai club, ai radicali moderati c'è quel che resta del vecchio movimento repubblicano popolare cattolico.» I cattolici di nuovo insieme? «No, non stanno insieme nemmeno in Francia. Non dimentichi che Jacques Delors, cattolico di strettissima osservanza, sta con i socialisti.» E Fini? «Bisogna aiutare la Destra a distaccarsi in modo definitivo dalle radici fasciste. L'Italia ha sempre avuto un'anima di Destra: pensi a Crispi, a Sonnino, agli interventisti. Il fascismo è un ramo di questa tradizione. Capisco il problema di Fini e di An che si trovano stretti tra una radice nazionalpopolare e una concezione liberaldemocratica che gli è piuttosto estranea.»

Ma un domani la Destra potrebbe far parte del raggruppamento giscardiano? «Be', no.» Il modello di Fini è il gollismo di Chirac, mi pare. «Lo capisco. Pur essendo l'erede ipotetico della Resistenza, Chirac ripropone una concezione dello Stato nazionalsociale, nazionale e sociale.» Un'alleanza dei «giscardiani» con Fini sarebbe possibile? «Un'alleanza sì. Anche in Francia avviene così. La gente non lo sa, ma per esempio nella Sinistra francese ci sono un mucchio di raggruppamenti alleati.»

E Forza Italia, Berlusconi? «Sa qual è il problema del Cavaliere? Quando nel '94 ha fatto la sua scelta coraggiosa e anche avventurosa, per raccogliere i voti da opporre alla Sinistra aveva un unico contenitore, la sua azienda. Non gli si può fare una colpa di questo. Ora capisco il suo timore di cambiare il contenitore senza buttar via il contenuto: avrei anch'io paura a farlo. Però col passar del tempo, visto che anche da fuori gli assicurano che il contenitore – cioè le reti televisive – vivrà, be' tutto potrebbe essere più semplice.» E il Ppi? «Vede, culturalmente c'è sempre posto per un gruppo di cattolici di estrema sinistra. Ma politicamente? Quando il sistema sarà davvero bipolare, sarà difficile dire: dobbiamo allearci con il Pds per fronteggiare il pericolo Berlusconi...» E allora? «E allora vedo più spazio per il Ccd e il Cdu in una concentrazione moderata. Anche perché a sinistra, quando si avvierà in maniera definitiva l'affermazione di un grande partito socialdemocratico, questo capterà più voti di quanti non ne abbia adesso il Pds.»

Quando si parla del futuro con Cossiga, è difficile dimenticare che lui fu il primo a denunziare la crisi profonda e già allora forse irreversibile della Repubblica nata con la Costituzione del '48.

«Achille Occhetto ha scritto nel suo libro: due sole persone avevano capito esattamente che cosa stava accadendo, Cossiga e io. Ma nel Pds ritennero che io stessi facendo il gioco del Caf e si fermarono agli schieramenti formali.» E la Dc perché non prese l'iniziativa? «Perché ormai era diventata la grande balena bianca. La sua spinta propulsiva si era spenta.» Fece una pausa. «Ebbi una conversazione cordiale, ma tesa con un esponente di spicco della Dc. No, non posso farle il nome. Venne da me, dunque, e mi disse: non capisco cosa sono tutte queste innovazioni che tu vorresti portare. Che cos'è questa crisi del sistema politico di cui vai parlando? Non c'è altro da fare che continuare a gestire. Abbiamo gestito così il Paese per quarant'anni, non si vede perché non possiamo farlo per altri quaranta. Badi: il mio interlocutore non era uno stupido.»

La drammatica notte: Andreotti non firmò

La memoria torna alla notte sul 26 giugno 1991. Dopo oltre cinque anni di silenzio, da sei mesi Cossiga aveva cominciato a esternare, a picconare, a mettere nel tritatutto la Prima Repubblica. La sera del 25 giugno mandò a palazzo Chigi il segretario generale del Quirinale, Sergio Berlinguer, con un plico per Giulio Andreotti, presidente del Consiglio. Nel plico c'era un messaggio alle Camere del capo dello Stato: il modo più solenne, corretto e formale che il presidente della Repubblica ha per rivolgersi al Paese. Andreotti avrebbe dovuto controfirmare quel documento. Era un atto dovuto. Non lo fece. Berlinguer gli sollecitò a nome di Cossiga un parere immediato. Andreotti chiese una notte di tempo, lesse le ottantasette cartelle del messaggio e all'alba scrisse (a mano, come sempre) una lettera drammatica, per come può esserlo Andreotti, con la quale annunciava al capo dello Stato che per la prima volta il presidente del Consiglio rifiutava la controfirma, affidandola al guardasigilli Claudio Martelli.

Rileggere diversi anni dopo il messaggio di Cossiga fa un certo effetto. I mali, le debolezze, le storture di uno Stato cresciuto meno e peggio della società che lo abitava ci sono tutti. E c'è l'incredibile, puntuale, spietata ricostruzione dei tentativi (abortiti) per mettervi rimedio: da quelli del governo Forlani dell'80 alle commissioni bicamerali succedutesi negli anni. Quasi avvertisse nelle ossa il germe del leghismo, Cossiga scriveva: «Insieme a una crescente disaffezione dal nostro sistema di governo, c'è il grave pericolo che questo malessere si esprima, presto o tardi, in un comune sentimento di non accettazione dei principi di "legittimità" che prima ancora di quelli di "legalità" sono il fondamento reale dell'osservanza della legge e dell'autorità dello Stato». I problemi storicamente irrisolti nel messaggio c'erano tutti: dall'ipotesi di regime presidenziale alla stabilità delle maggioranze parlamentari, dall'autonomia tributaria degli enti locali a una migliore organizzazione dell'ufficio del pubblico ministero, dall'inadeguatezza dell'amministrazione al dissesto della finanza pubblica.

Andreotti rispose con una lettera autografa di sei pagine e tre righe che finora era rimasta inedita. Disse che per un atto di riguardo alla persona del capo dello Stato, se fosse stato necessario avrebbe anche firmato il documento, ma che gli sembrava più corretto lasciarlo alla controfirma del ministro della Giustizia. (E così fece.) Andreotti scrisse infatti con chiarezza di non condividere il messaggio. «C'è un tono eccessivamente negativo sulla situazione *corrigenda*. Usi più volte», scrisse a Cossiga, «l'espressione *delegittimazione* (ormai sempre più visibile) e questo potrebbe al limite portare anche alla... legittimazione della disobbedienza civile, dinanzi alla "crisi del regime, comunemente individuata".» «Anche la reiterata contrapposizione tra popolo sovrano e rappresentanza è pericolosa», proseguiva Andreotti, «perché conosciamo storicamente i rischi della soggettiva distinzione tra Paese legale e Paese reale. Del resto il nostro sistema non è poi così chiuso se forze nuove possono emergere anche in misura consistente (le leghe, la Rete siciliana).» Il presidente del Consiglio prevedeva che la parte politica del messaggio avrebbe suscitato reazioni tra i partiti e concludeva: «Dalla spietata fotografia – a mio avviso generalizzante – della situazione presente, mi pare che possa derivare una squalifica generale che sarebbe ingiusta e foriera di incertezze. Non credo sia giusto il tuo pensiero.»

Andreotti: «Forse Cossiga aveva ragione...»

«Forse Cossiga aveva ragione a vedere la catastrofe, ma in quel momento mi parve eccessiva la sua diagnosi di malattia terminale per il sistema italiano.» L'autunno del '96 trovò Giulio Andreotti di buonumore per due ragioni. L'uscita di un suo nuovo libro dedicato ai cinquant'anni dell'Europa e l'andamento del processo Pecorelli. «I diritti sui libri ormai mi servono per pagare le spese processuali» mi disse Andreotti. Nell'estate non aveva fatto vacanze («Una delle poche cose che si possono tagliare») e aveva accolto con sollievo la decisione di Napolitano di alleggerire le scorte. Non ha mai voluto far pesare sul bilancio statale le spese di trasferta dei carabinieri che lo accompagnavano a Palermo e a ogni viaggio partiva qualche milione.

Dei suoi processi, continuava a parlare come se l'imputato fosse un altro. D'altra parte, riusciva a sopravvivere e a mantenere un incredibile equilibrio soltanto dissociandosi dall'omicida (caso Pecorelli) e dal mafioso (processo di Palermo) che venivano convocati nelle aule di giustizia. «Dall'interrogatorio di Buscetta a Perugia compiuto dal mio difensore Franco Coppi» mi disse «è venuto fuori che la vecchia regola secondo cui i mafiosi non dicono bugie è una balla. Lui stesso le aveva dette a Falcone.» Sollevato perché Buscetta negò di aver sentito che Andreotti fosse il committente del delitto Pecorelli (e meno che mai, visto che c'era, di quello di Dalla Chiesa), Andreotti era assai perplesso per i contatti regolari tra i pentiti e i pubblici ministeri prima della deposizione in aula. «È avvenuto sia per Buscetta al processo di Perugia che per Calderone alla ripresa autunnale del processo di Palermo. E lo stesso Buscetta ha detto che i contatti del suo avvocato con quello di Badalamenti sono avvenuti alla presenza di un funzionario della Dia...»

Erano i giorni in cui un uomo insospettabile come Giuseppe De Rita aveva denunciato un «intreccio» inquietante tra organi di polizia e pubblici ministeri che aveva stravolto le garanzie di base dello Stato di diritto. E Andreotti, senza mai fare polemiche, raccontava queste curiose coincidenze.

Tornammo a Cossiga e al messaggio non controfirmato. «Nel governo» mi spiegò Andreotti «non c'era concordia sulle riforme costituzionali. Personalmente, immaginavo che nella legislatura successiva dovesse aprirsi una fase costituente e non mi pareva opportuno anticipare posizioni. Alla fine prevalse nel governo l'interpretazione che la controfirma governativa fosse una specie di certificazione di autenticità della firma del capo dello Stato e allora firmò Martelli, d'accordo con lo stesso Cossiga. Sul messaggio ci furono quattro giorni di dibattito parlamentare, ma il governo non intervenne.»

Andreotti fu sottosegretario di De Gasperi, ministro di Interno, Esteri, Difesa, Industria, Tesoro, Bilancio e Finanze e per sette volte presidente del Consiglio. Era naturale chiedere a lui come nascessero due punti critici dell'Italia di fine secolo, trasformati da Bossi in momenti forti dell'istanza secessionistica: l'esplosione del debito e l'inefficienza burocratica.

«La forte crescita del debito si deve alla teoria del volàno.» Prego? «Ma sì, la teoria del debito come accensione virtuosa dell'economia. L'articolo 81 della Costituzione dice che non si può spendere una cifra se non c'è una entrata corrispondente. Bene, a un certo punto si disse che questo discorso non doveva valere per gli investimenti pubblici che avrebbero prodotto altra ricchezza. Solo che il debito crebbe a dismisura per gli alti interessi. Pensi che nell'89 ogni giorno dovevamo trovare trecento miliardi per pagare i soli interessi sul disavanzo pubblico.» E la burocrazia? «Nel dopoguerra trovammo una burocrazia di buona qualità. Per diversi anni ancora le madri dicevano delle figlie: sai, ha fatto un buon matrimonio, ha sposato uno statale, stipendio sicuro e pensione.

Poi nel Nord l'industria offrì occasioni di lavoro migliori e gli impiegati vennero dal Sud. Quando Bossi lamenta l'eccesso di meridionali nella burocrazia del Nord dimentica che i giovani delle sue parti non partecipavano ai concorsi. L'assenza di mobilità ha fatto il resto. L'Incis nacque proprio per costruire alloggi destinati agli statali trasferiti. Poi hanno detto che era un ente inutile...»

Se chiedete ad Andreotti quale riforma istituzionale preferisce, vi risponde: il ritorno al sistema proporzionale. «Un proporzionale corretto con lo sbarramento del cinque per cento per evitare la frammentazione del voto. Ci provammo tante volte, ma i piccoli partiti non ce lo consentirono mai.» E perché il proporzionale? «Perché altrimenti la situazione è bloccata, porta ad apparentamenti innaturali e impedisce la nascita di una forza moderata.»

Già, ma questo sistema elettorale porta il nome del democristiano Sergio Mattarella... «Sì, ma lui sbagliò i conti. Stipulò una polizza d'assicurazione per i dirigenti del partito che si son messi in lista ai primi posti della quota proporzionale, garantendosi l'elezione. Ma sbagliò completamente la valutazione del peso del Ppi, che nel maggioritario si è rivelata pressoché ininfluente.» Questo avvenne nel '94. Ma nel '96 c'è stato l'Ulivo, la desistenza... «La desistenza è stata una pacchia. Gente che nel vecchio sistema proporzionale stentava a farsi eleggere, ha avuto nel '96 consensi plebiscitari: cinquanta per cento dei voti, addirittura cinquantaquattro per cento...»

Perché lei non mette più piede a piazza del Gesù? «Non ci vado da quando cambiarono il nome di Democrazia cristiana. Sa, sono legato a certi ricordi...»

Che differenza c'è tra la sua Dc e l'attuale Partito popolare? «A parte Gerardo Bianco, l'attuale Ppi equivale alla vecchia sinistra democristiana. Che ebbe un grande ruolo, ma quando la Dc era un partito intero.»

Lei non crede che il Ppi possa avere un ruolo importante nel futuro centrosinistra? «Dipende dal sistema elettorale. Con questo, no. Non c'è spazio per una terza forza di Centro che conti davvero. E poi guardi: il maggioritario non ha garantito la stabilità che ci si aspettava. Berlusconi è caduto subito per colpa della Lega. Prodi è legato a un'alleanza molto estesa... No, per la realtà italiana è meglio il proporzionale.»

E l'alleanza col Pds? «In futuro bisognerà vedere quale posizione prenderà la Sinistra su temi delicati come l'eutanasia, lo sviluppo della bioetica, l'evoluzione della legge sull'aborto. Su questo è difficile che i cattolici possano transigere...»

Lei non vede bene nemmeno l'aggregazione di centrodestra? «No, perché è curioso immaginare improvvisi germi liberali nel partito di Fini. Mi parrebbe quindi singolare un raggruppamento che andasse da Dini a Buttiglione, a Fini. Si dice che il fascismo è morto. Bene. Allora come mi spiega che nel '93 a Napoli ha rischiato di diventare sindaco una signora che si chiama Mussolini? Ha contato il cognome, visto che lei non aveva amministrato nemmeno un condominio. Se la immagina una Mussolini a fare da padrona di casa al G7 di Napoli? Sa che cosa disse un banchiere tedesco ai suoi interlocutori italiani? Disse: quale sarebbe la vostra reazione se al Bundestag noi eleggessimo un onorevole Hitler?»

I richiami di Berlusconi a Sturzo? «Ma perché non lo lasciano riposare in pace? Ognuno tira Sturzo dalla sua parte. Se lo collocano a Caltagirone e parlano della sua polemica anticentralistica, si può capire. Ma che si faccia passare per antipartito uno che ha fondato la Dc...»

E D'Alema? «Abilissimo. Con la desistenza ha fatto la figura di quello che donava collegi a destra e a sinistra. E alla fine invece ha incassato lui.»

Tornò a immergersi nei suoi processi, il senatore a vita Giulio Andreotti. Lo aspettavano ancora anni di pentiti, pentiti, pentiti...

12

Antonio Di Pietro, «'A malafemmena»

Il 28 giugno 1992 era domenica. Alle due e mezzo del pomeriggio, Francesco Merloni stava leggendo il giornale nella sua casa di Fabriano, fortemente indeciso sulla opportunità di una pennichella. La grave riflessione fu interrotta da una telefonata: «Complimenti, ministro!» gli disse un amico. «Ministro chi?» obiettò Merloni pensando di essere caduto nella pennichella suo malgrado. «Ma come, non sai di essere il nuovo ministro dei Lavori Pubblici?»

Merloni non lo sapeva. Giuliano Amato era salito al Quirinale con la lista dei ministri e dei due posti che spettavano agli amici dell'onorevole Forlani, segretario della Dc, uno solo era stato coperto. Gianni Prandini, ministro uscente dei Lavori Pubblici, dopo le prime polemiche sulla sua gestione, aveva capito che non era aria di insistere per tornare nel palazzone di Porta Pia, ma reclamava comunque un ministero. Scalfaro si oppose, quella domenica di fine giugno cercò Forlani senza trovarlo e alla fine seguì il suggerimento di Gerardo Bianco, che era capogruppo alla Camera. «Perché non fate Merloni?»

Lo fecero, lo mandarono ai Lavori Pubblici, ma si dimenticarono di dirglielo. E adesso il senatore marchigiano si trovava nella singolare condizione di chiedersi: «Ma sarà vero?». Era parlamentare da vent'anni, ma non aveva mai avuto grandi velleità politiche, preferendo occuparsi delle floride aziende di famiglia con i fratelli. Dunque?

Lasciò il giornale senza ripiegarlo, accese la televisione, attivò il televideo: la notizia era vera. Per di più, il giuramento del nuovo governo era annunciato per le diciotto di quella stessa domenica. Il ministro guardò l'orologio: mancavano tre ore e lui era a Fabriano.

Cercò l'elicottero dell'azienda, ma era stato scippato dal fratello Vittorio per andare a Capri. Cercò il suo autista, ma constatò che era andato a un matrimonio. Convocò le guardie giurate in servizio festivo a protezione degli stabilimenti. Si presentarono in due: uno aveva la giacca, l'altro no. Merloni scelse d'autorità quello con la giacca e gli disse di mettersi alla guida di un'automobile e di condurlo a Roma, palazzo del Quirinale, dove arrivò puntuale alle diciotto.

Insediatosi al ministero, l'ingegner Merloni scoprì che pochi costruttori provavano l'ebbrezza della concorrenza. Le opere pubbliche si aggiudicavano in due modi: con gli appalti e con la trattativa privata.

Negli appalti, l'amministrazione dello Stato faceva sapere che avrebbe aggiudicato i lavori all'impresa che avesse fatto lo sconto più vicino allo sconto medio di tutti i partecipanti, detratta una quota variabile in genere tra il cinque e il sette per cento. Le imprese partecipanti spesso concordavano in anticipo i rispettivi sconti e stabilivano chi avrebbe dovuto vincere. Se un'impresa non accettava le regole e concorreva per conto suo, restava fuori dal gioco perché il suo ribasso non poteva comunque influire sulla globalità dei ribassi concordati tra le altre imprese, che costruivano così il prezzo medio.

Il pozzo senza fondo era comunque rappresentato dalle opere pubbliche aggiudicate a trattativa privata. Negli ultimi tre anni precedenti all'arrivo di Merloni, il ministero e l'Anas avevano assegnato lavori per sedicimila miliardi. La tangente era cresciuta negli anni come un bimbo di «carosello»: dall'iniziale cinque per cento era salita addirittura al nove. Otto per cento, si diceva, per il ministro. L'uno per i funzionari. La corruzione sui lavori pubblici, a cavallo tra gli anni Ottanta e Novanta, aveva fruttato un migliaio di miliardi ai fortunati percettori ed era costata assai più al bilancio dello Stato. I soldi venivano infatti versati in nero e non essendo fiscalmente detraibili costavano il doppio alle imprese che provvedevano generosamente a ricaricare il costo dell'opera.

Al ministero, l'ingegnere di Fabriano fu accolto con rassegnazione, ma senza isterismi. Le ragioni erano due: i dirigenti sapevano che i ministri passano e i direttori generali restano; inoltre, chi aveva incassato buone tangenti capiva che il problema principale non era incassarne altre, ma salvare il bottino e la libertà personale.

Sul bottino in genere le cose non andarono male, la libertà invece fu spesso perduta. Merloni riuniva ogni sera i dirigenti per assegnare i compiti. L'indomani li chiamava di nuovo: non venivano mai tutti. Non era assenteismo: qualcuno, suo malgrado, al mattino presto aveva iniziato una gita a San Vittore.

Talvolta il ministro scopriva dai giornali dell'indomani che alcuni dei suoi stretti collaboratori erano impediti dall'andare in ufficio. E quando reclamava di voler essere informato tempestivamente degli arresti, gli veniva risposto: «Era per non impressionarla, signor Ministro...». L'ingegnere di Fabriano ormai era abituato all'«impressione»: un giorno gli portarono via una tredicesima di dirigenti, come dicono i librai quando comprano dodici volumi dello stesso titolo e ne ricevono un altro in omaggio dall'editore.

Ma il momento certo più impressionante avvenne per una incresciosa questione che riguardava proprio la regione del ministro, le Marche. Merloni arrivò al ministero appena in tempo per revocare una commessa di spettacolare privilegio attribuita al potente imprenditore marchigiano Longarini per lavori di ripristino dei danni di un terremoto ormai lontano.

All'inizio di ottobre del '92, Merloni fu chiamato in Senato per riferire sulla vicenda. Chiese ai senatori – e ottenne a fatica – di farsi assistere nell'audizione da Filippo Prost, un dirigente del ministero che – assicurò il ministro – della questione sapeva tutto, proprio tutto. Prost fu infine ammesso nell'aula e il ministro fece la sua bella figura.

Merloni aveva revocato la concessione a Longarini il 7 ottobre, l'audizione in Senato avvenne l'8. Nella notte tra l'8 e il 9, Longarini fu arrestato. Ma quel che è peggio, fu arrestato anche l'indispensabile Prost.

Tonino telefonò a Merloni

Si capisce dunque perché in quell'orribile autunno del '92 ogni mattina, guardandosi nello specchio per l'inevitabile rasatura, Francesco Merloni si spaventava, non fidandosi ormai più nemmeno di se stesso.

Aveva stabilito che le gare andassero al massimo ribasso: prima lo sconto non superava mai il quindici per cento, adesso arrivava al quaranta. È vero che la qualità delle opere talvolta era discutibile, ma Merloni ne attribuiva almeno in parte la responsabilità alla mancanza di cultura progettuale: che derivava, secondo il ministro, dall'abitudine a fare progetti imprecisi per poi lucrare sulle inevitabili varianti.

Aveva fatto il possibile per evitare gli imbrogli, eppure – dovendo preparare una nuova legge – Merloni non era tranquillo. Telefonò dunque con un po' di soggezione al signore che gli stava ripulendo il ministero. Antonio Di Pietro fu cortese e alla richiesta di consigli replicò segnalando un saggio appena pubblicato sul numero autunnale della rivista «Micromega»: «Per la riforma degli appalti», era il titolo. Il ministro, se voleva, poteva guardar lì. Merloni, nemmeno a dirlo, imparò a memoria il saggio, constatò che Di Pietro la pensava come lui e soprattutto che lui la pensava come Di Pietro. E il penultimo giorno dell'anno 1992, il Consiglio dei ministri presieduto da Giuliano Amato poté approvare un disegno di legge che ebbe vita assai sofferta e fu varato dalle Camere soltanto un anno dopo, il 13 gennaio del '94 a mezzogiorno. Scalfaro aspettava il voto con la penna in mano, in attesa di poter sciogliere le Camere.

Merloni e Di Pietro si incontrarono di nuovo due volte, nel settembre del '94 e nel settembre del '95, nel consueto appuntamento di fine estate a Villa d'Este di Cernobbio promosso dallo studio Ambrosetti. Ma non si andò al di là dei convenevoli e di qualche superficiale commento alla difficile vita della legge sugli appalti.

Fu così con non poca sorpresa che la mattina del 2 maggio '96 Merloni sentì che gli passavano al telefono Antonio Di Pietro. Tonino, come viene familiarmente chiamato il simbolo di Mani pulite, aveva telefonato già il giorno prima, ma l'onorevole Merloni era andato a ritemprarsi dalle fatiche della campagna elettorale negli amati ozi capresi.

Come sempre, Di Pietro fu sintetico e chiaro: «Mi hanno offerto il ministero dei Lavori Pubblici. Vorrei qualche informazione sull'ambiente». Di Pietro chiamava da un telefonino e si sa che i cellulari hanno molte virtù, ma non quella di garantire la riservatezza. Era mezzogiorno e i due si dettero appuntamento per il primo pomeriggio. Alle dodici e mezzo, Merloni ricevette un'altra telefonata. Era Romano Prodi: «Ho offerto a Di Pietro i Lavori Pubblici, fammi un piacere, vedi di convincerlo. Lui è perplesso, quasi avesse paura...».

Merloni qualche lieve speranza di tornare in quel ministero in cuor suo forse la nutriva, ma alla garbata richiesta del presidente del Consiglio rispose: obbedisco.

Tra il pomeriggio di giovedì 2 maggio e la mattina di venerdì 3, Merloni e Di Pietro si sentirono più d'una volta. La preoccupazione principale di Tonino era il pericolo di incontrare un ambiente ostile tra le legioni di dirigenti e funzionari decimate dalla mannaia di Mani pulite. I superstiti lo avrebbero ostacolato? Merloni lo tranquillizzò: l'unico dirigente in servizio tra quelli colpiti dal Pool di Milano era Mario Gerardo Pelosi, che dalla guida delle opere marittime era stato trasferito al reparto qualità. (Arrestato da Di Pietro, collaborò e fu prosciolto.)

«Le dico in piena coscienza», assicurò Merloni a Di Pietro, «che al ministero lei non avrà niente da temere.» L'ex magistrato chiese che cosa poteva fare subito di concreto. Merloni, che come ogni padre s'affeziona ai figli sofferenti e malvisti, gli suggerì di rimettere in moto la sua legge e di rilanciare le opere pubbliche. «Il suo carisma personale, caro Di Pietro, darà una credibilità maggiore ai suoi indirizzi di ministro. E a lei sarà più facile che a ogni altro ottenere fondi speciali e stanziamenti diversamente impensabili.»

Di Pietro parve convinto e il pomeriggio di venerdì 3 maggio Merloni chiamò Prodi: «Secondo me accetta». Di Pietro infatti accettò e l'indomani scrisse al presidente del Consiglio in pectore la lettera di consenso che fece assai rumore al Quirinale: Scalfaro non gradiva l'ingresso di Di Pietro nel governo e soprattutto era imbarazzato nel leggere sui giornali l'attribuzione di ministeri quando non aveva ancora conferito l'incarico al primo ministro. Ma Tonino ormai si sentiva nel ruolo e con l'animo leggero martedì 7 maggio salì nell'abitazione romana di Merloni al Babuino per far colazione con l'onorevole e sua moglie. L'onorevole lo trovò disteso e al tempo stesso dubbioso.

Ho fatto bene?, si ripeteva Di Pietro. Ho fatto male? E soprattutto: cosa farò da grande? I lavori pubblici ormai non lo preoccupavano più di tanto. La consulenza che aveva prestato all'istituto che monitorava gli appalti per conto delle grandi imprese, l'Igi di Giuseppe Zamberletti, gli rendeva familiare la materia. La nomina a capo di gabinetto di Luigi Giampaolino – capo dell'ufficio legislativo ai tempi di Merloni – gli avrebbe coperto le spalle insieme con il nuovo braccio destro, il magistrato Mario Cicala (dimessosi però l'8 agosto). Certo, i ministri guadagnano solo poco più di quattro milioni e mezzo al mese, assai meno dei magistrati. La signora Di Pietro era preoccupata e Tonino avrebbe dovuto mantenere l'insegnamento all'Università di Castellanza. Ma questi in fondo erano dettagli.

Il futuro, piuttosto? Era questo il problema maggiore. Entrato in un ministero di medio prestigio per non restar tagliato fuori a lungo dal potere politico, Di Pietro non voleva certo finire i suoi giorni nel tetro palazzo di Porta Pia, anche se quella strada gli ricordava una storica breccia che poteva essere di buon auspicio per un ingresso trionfale nel mondo politico. Onorando il buon pranzo fatto preparare da Maria Cecilia Merloni, Tonino parlò di Centro. Era il piatto preferito da lui e dallo stesso padrone di casa che purtroppo non aveva potuto servirglielo.

Ma il cuore dei due commensali batteva lì. Di Pietro ricordò che l'inchiesta di Brescia gli aveva impedito di partecipare alla campagna elettorale e che la presenza di Berlusconi alla guida del Polo gli aveva ridotto le possibilità di movimento. Ma alla fine del pasto, il Centro si era ormai materializzato sulla tavola come la torta nuziale del matrimonio che un giorno si sarebbe celebrato. Di Pietro, come Merloni, aveva infatti deciso di fidanzarsi con il centrosinistra perché non poteva farlo con una Destra che ai due appariva non corretta. Ma in futuro la vera alternanza sarebbe stata non tra Polo e Ulivo, ma tra il Centro e la Sinistra democratica. E allora...

Questo si dissero nella casa di via del Babuino Merloni e Di Pietro martedì 7 maggio. Questo si ripetettero alle nove del mattino di sabato 18, quando prima del giuramento del governo il nuovo ministro dei Lavori Pubblici salì da Merloni per un caffè. Il lunedì successivo, arrivato al ministero alle otto e mezzo del mattino, Di Pietro si tolse la giacca e andò in maniche di camicia a cercare i direttori generali nelle loro stanze solenni e ancor vuote. Ma il sogno era un altro. Un altro...

Berlusconi: «Di Pietro mi disse...»

Di Pietro in politica, dunque. Dopo almeno due anni e un mese di attesa. Mentre scrivevo *Il duello*, infatti, scoprii che già nell'aprile del '94 il magistrato aveva intenzione di cambiare mestiere. Ne parlò con Italo Ghitti, Gip di Mani pulite prima dell'arrivo di colleghi assai più giovani. Ghitti gli chiedeva consiglio circa l'opportunità di candidarsi al Consiglio superiore della magistratura e Di Pietro lo incoraggiò. «Anch'io» gli disse «ho intenzione di lasciare. Finisco il processo Enimont e scendo in politica.» Ghitti restò perplesso. «Per entrare in politica, Tonino, non bisogna avere scheletri nell'armadio» gli disse. E Di Pietro gli rispose tranquillo che non ne aveva.

Nei mesi successivi, il magistrato cominciò i suoi incontri discreti. In maggio, nello studio di Cesare Previti, vide Silvio Berlusconi che voleva offrirgli il ministero dell'Interno. «Mi fece capire che non avrebbe accettato prima che io avessi il tempo di formalizzare l'offerta» mi avrebbe raccontato Berlusconi. «Mi disse: lei e io insieme potremmo prendere l'ottanta per cento dei voti. Capii che era comunque interessato a un incarico istituzionale e che avremmo potuto riparlarne.»

In novembre, quando aveva ancora la toga cucita addosso, Di Pietro vide in segreto Gianfranco Fini. Per garantire ai due la massima riservatezza, Mirko Tremaglia sgomberò per qualche ora con una scusa il suo ufficio del Comitato Tricolore per gli italiani nel mondo in Largo Chigi, 19. Di Pietro rassicurò Fini: non sarebbe mai sceso in campo con la Sinistra. Confermò il suo interesse per un incarico istituzionale.

Il 6 dicembre 1994, in diretta televisiva, Di Pietro si tolse la toga a conclusione della sua requisitoria nel processo Enimont annunciando che non l'avrebbe più indossata. I suoi incontri politici si fecero più fitti. Rivide Fini e Buttiglione, pranzò con Casini: fece capire che avrebbe visto con favore un riavvicinamento al Polo del Ppi di Buttiglione (allora ancora unito). Le elezioni sembravano vicine. Gli interlocutori di Di Pietro capirono due cose: non si sarebbe presentato, ma se il Polo avesse vinto avrebbe gradito un incarico istituzionale, come il ministero dell'Interno.

Nella sua visita delle sette chiese, come dicono a Roma, Di Pietro non trascurò la basilica di Arcore. Fu il pellegrinaggio più clamoroso. A Berlusconi, infatti, Di Pietro fece capire che la sua firma sotto l'invito a comparire rimessogli dal pool di Milano in novembre, mentre presiedeva a Napoli la Conferenza mondiale dell'Onu sulla criminalità, era più o meno un atto dovuto. Solo alcuni mesi dopo il Cavaliere avrebbe scoperto nell'interrogatorio del pubblico ministero bresciano Fabio Salamone che era stato Di Pietro il motore dell'inchiesta milanese e aveva scritto di suo pugno l'invito a comparire.

Berlusconi ha sempre sospettato che quell'avviso di garanzia, notificatogli mentre presiedeva a Napoli la conferenza dell'Onu sulla criminalità, fosse nato per creare uno scandalo di livello mondiale e farlo dimettere. Alla ripresa autunnale del processo nato da quell'inchiesta, il 25 settembre '96, il professor Amodio, avvocato di Berlusconi, ricordò che l'incriminazione dell'allora capo del governo era nata da un «passi» che avrebbe documentato una visita a palazzo Chigi dell'avvocato Massimo Maria Berruti, l'8 giugno del '94. Uscito dall'incontro, Berruti avrebbe chiesto per telefono a un maresciallo della Finanza di intervenire sul suo colonnello perché tacesse sulle mazzette pagate dalla Mondadori per chiudere una verifica fiscale. Berlusconi documentò di essere impegnato in un consiglio dei ministri durante la visita di Berruti e quindi di non averlo incontrato. Ma quasi due anni dopo Amodio si chiese perché quel «passi» fosse stato trovato dal pubblico ministero Gherardo Colombo in uno scatolone privo di sigilli, due mesi dopo la perquisizione nello studio di Berruti e senza che fosse stato redatto un verbale di rinvenimento.

Parlarono anche di politica, naturalmente, Di Pietro e Berlusconi. E quest'ultimo si sentì confermare le cose che i suoi colleghi del Polo conoscevano già: il ruolo istituzionale rivestito in passato non consentiva al simbolo di Mani pulite di presentarsi alle elezioni; lui comunque non si sarebbe schierato con la Sinistra; si disse disponibile ad assumere eventualmente la guida del Viminale o dei Servizi segreti. Si parlò anche di un possibile appoggio dell'ex magistrato al Polo a pochi giorni dalle elezioni, se ve ne fosse stato bisogno.

A Maurizio Losa che gli contestò quella visita, rivelata da Berlusconi nell'aprile del '95 durante una telefonata alla trasmissione «Tempo reale», Di Pietro rispose: «Volevo capire che cosa stesse accadendo nel mondo della politica. Per questo stavo incontrando tutti. Mi sarebbe sembrato scortese rifiutare l'invito di Berlusconi». Losa, inviato del TG1 per «Mani pulite», obiettò che la visita a Berlusconi era più impegnativa, se non altro per la storia dell'invito a comparire. Ma Di Pietro rimase della sua idea: «Non ero più un magistrato. Ero un libero cittadino. Sarei stato scortese a rifiutare l'incontro». Di Pietro ripeté le stesse parole nel libro-intervista di Losa *Un uomo scomodo*, uscito nell'ottobre del '96, facendo un cenno ad altri uomini politici indagati che incontravano magistrati ancora in servizio.

Losa è il giornalista più vicino a Di Pietro ed è una delle persone che l'ex magistrato vedeva più spesso. Come l'avvocato Vittorio D'Aiello. D'Aiello ha lo studio di fronte all'ingresso del palazzo di giustizia. Conosce bene Di Pietro e, da quando il magistrato si dimise, instaurò una specie di rito ogni sabato a pranzo. Scelse prima il ristorante «Stenterello», in viale Monte Nero (Di Pietro è nato a Montenero di Bisaccia, nel Molise). Poi «Stenterello» chiuse e allora D'Aiello si trasferì da «Prospero», un posto elegante in piazza San Pietro in Gessate, proprio davanti al tribunale. Nell'ultima saletta Di Pietro pranzava con Indro Montanelli, Enzo Biagi, talvolta Giorgio Fattori, Paolo Mieli e la squadra di testa del «Corriere»: Ferruccio De Bortoli, Giulio Giustiniani, Antonio Di Rosa.

Di Pietro parlava a ruota libera. I suoi autorevoli interlocutori erano vincolati al silenzio: ma ogni tanto uscivano articoli di fondo scritti da chi sapeva come si sarebbe mosso il simbolo di Mani pulite. O almeno come faceva capire che si sarebbe mosso. Con tutte le varianti di stagione.

«La visita di Di Pietro ad Arcore fu una leggerezza» mi disse Vittorio D'Aiello. «Ma io ho sempre saputo che Tonino non si sarebbe presentato col Polo. Il suo progetto è stato sempre e resta tuttora quello di diventare leader di un movimento moderato che si riconosca nel seguente principio guida: portiamo un po' di moralità nella vita pubblica del Paese. Lui ha carisma, entusiasmo. È un uomo d'ordine, un anticomunista. Se Berlusconi si mettesse da parte, sarebbe lui il leader di una forza che potrebbe comprendere Forza Italia, Ccd e Cdu.»

«Di Pietro nel centrosinistra?» «Tu l'hai detto...»

Nell'estate del '95 Di Pietro cominciò anche a mettere in piedi una bozza di organizzazione. Aprì con Elio Veltri un ufficio al Naviglio Martesano. Era una sede del Movimento per i diritti del cittadino o una segreteria politica?

A sciogliere il dilemma provvide da Brescia Fabio Salamone, indagando Di Pietro per una lunga serie di reati.

I pubblici ministeri bresciani (a Salamone si affiancò subito il giovane Silvio Bonfigli) interrogarono Di Pietro tre volte, tra il 2 luglio e il 29 novembre del '95. Tonino chiuse l'ufficio e capì che a Brescia era in gioco la sua pelle.

«Aprì una vera controinchiesta» mi disse Losa. «Fece il pubblico ministero contro se stesso, leggendo il codice di procedura penale prima per accusarsi e poi per difendersi.»

Tra il 10 settembre e la fine di novembre, presentò ai procuratori di Brescia sette memoriali. Ma il 23 dicembre, Salamone e Bonfigli ne chiesero il rinvio a giudizio per numerose ipotesi di abuso d'ufficio (tra l'altro, prestito dei cento milioni di Gorrini, Mercedes in regalo, intervento in favore dello studio legale della moglie avvocato, attività per far ripianare i debiti di gioco di Eleuterio Rea).

I tre mesi successivi furono tra i più difficili per Antonio Di Pietro. Venne fuori dai verbali un suo progetto per «esportare Mani pulite nel mondo» e «raccogliere prove sul gruppo Berlusconi lasciando ad altri la fase dibattimentale».

Di Pietro rispose con una lettera aperta a Michele Santoro che fu letta nella puntata del 18 gennaio di «Tempo reale»: «Che falsità accusarmi di aver fatto Mani pulite per ambizione!».

Ma i contatti politici non cessarono nemmeno durante l'inchiesta giudiziaria. Fino al mese di settembre '95, Di Pietro aveva visto soltanto uomini del centrodestra. Con D'Alema non si è mai incontrato, né prima, né dopo. Ma il 5 ottobre a Firenze pranzò con Prodi e Veltroni. Rivide Prodi a Bologna, in segreto, l'11 novembre.

Il 17 novembre era un venerdì e il Professore aveva accettato molto amabilmente di presentare in palazzo Feliciani a Bologna il mio libro *Il duello*. Negò di aver visto Di Pietro anche quel giorno, ma i cronisti presenti non ne restarono convinti. In quella occasione, Prodi annunciò la rottura dell'Ulivo con la Lega e disse su Rifondazione quella che si sarebbe rivelata quattro mesi dopo una bugia, peraltro decisiva per salvare l'Ulivo. Scrisse Vittorio Monti sul «Corriere»: «Prodi assicura che con Bertinotti non ci ha nemmeno provato. "Credetemi, non ho mai pensato di accordarmi con Rifondazione comunista. Del programma abbiamo appena parlato venti secondi." Ma la famosa desistenza? "Non so nemmeno cosa sia, non mi riguarda"».

L'unico momento teso di quella piacevole serata fu quando ricordai a Prodi il durissimo interrogatorio al quale Di Pietro l'aveva sottoposto due anni prima. Voleva sapere quanti soldi Prodi aveva dato alla Dc come presidente dell'Iri e il Professore si arrabbiò molto e si spaventò moltissimo: era uso del pool Mani pulite mandare la gente a San Vittore per rinvigorirne la memoria stanca. Nel nostro pubblico incontro di Bologna raccontò: «Uscii arrabbiato. La tensione era stata fortissima». Ma in due anni le cose erano radicalmente cambiate. Riferì Michele Smargiassi su «Repubblica»: «L'abbraccio dell'uomo del Pullman e il signore dalle Mani pulite è cosa ormai fatta. Prodi ci mette ancora qualche cautela. "Di Pietro non ha ancora deciso, però stiamo lavorando seriamente sul programma che è quello dell'Ulivo." Chiese Vespa: "Stai dicendo che Di Pietro, dopo aver trattato con Fini, Berlusconi e Casini, è ormai un uomo del centrosinistra?". Prodi, evangelico: "Tu l'hai detto... Il processo non è ancora concluso, ma è partito con lealtà"».

I giornali spararono la notizia e Di Pietro si arrabbiò.

Il malcostume delle intercettazioni telefoniche passate ai giornali consentì una verifica diretta. Il 19 novembre Di Pietro annunciò al proprio avvocato e amico Giuseppe Lucibello che avrebbe scritto un articolo «durissimo» di risposta a Prodi. Con Piero Colaprico di «Repubblica» fu più preciso:

«Questo [Prodi] la deve smettere di giocare con Di Pietro che sta con l'Ulivo. Di Pietro è Di Pietro».

Nel suo intervento su «Repubblica», Di Pietro se la prese con me («Vuole fare audience»), rimproverò Prodi per aver abboccato al mio amo, gli fece una pubblica rampogna chiedendogli di rispondere a otto domande sulla linea politica dell'Ulivo. (Nel mio piccolo, in chiusura del *Duello*, anch'io m'ero permesso di rivolgere otto domande a Di Pietro, ma fui ovviamente meno fortunato nell'attesa della risposta.) Di Pietro non chiarì né allora né dopo le vere ragioni per cui abbandonò la magistratura. Quando Losa nell'autunno del '96 gli fece di nuovo la domanda sulle dimissioni, Di Pietro lo rimandò all'interrogatorio subìto a Brescia il 2 luglio del '95. Allora Di Pietro disse: «Nessuno mi ha chiesto di dimettermi e io l'ho fatto come scelta personale». Aggiunse peraltro che l'inchiesta nata dalle dichiarazioni di Gorrini (l'uomo dei prestiti) lo indusse alla «scelta finale».

Dalle altre risposte di Di Pietro a Losa si deduce che Tonino abbia voluto farsi trovare dagli sviluppi dell'inchiesta fuori dalla magistratura. «Andandomene ho concentrato su di me il fuoco, ma sono stato libero di difendermi». Torniamo al nostro incontro bolognese con Prodi.

Il Professore rispose immediatamente a Di Pietro e ne accettò tutte le condizioni di Di Pietro. Anche quella del presidenzialismo. E D'Alema si leccò i baffi: non perché fosse presidenzialista, ma perché quando tre mesi dopo Prodi e Bianco dissero che il tentativo Maccanico non andava bene anche per l'ipotesi semipresidenzialista che lo avrebbe sostenuto, fu facile al leader della Quercia ricordare al Professore la sua lettera a Di Pietro.

La richiesta di rinvio a giudizio firmata da Salamone e Bonfigli fu per Di Pietro un colpo forse prevedibile, per l'andamento dell'inchiesta, ma assai duro. Il 22 febbraio arrivò il primo proscioglimento del Gip. Arrivò di sera e Tonino passò la notte in bianco a festeggiare con amici bergamaschi accorsi a Curno. Al mattino fece una doccia e andò all'Università di Castellanza dove lo aspettavano tre allievi che dovevano discutere con lui la tesi. A chi gli chiese un commento rispose: «È solo il primo proscioglimento. Aspetto gli altri».

Poiché la seconda e la terza udienza furono programmate per marzo, il 23 febbraio Di Pietro fece annunciare attraverso Losa dal TG1 che non si sarebbe candidato.

La notizia non meravigliò più di tanto i protagonisti del Palazzo. Irene Pivetti, per esempio, aveva capito che il suo progetto di inserire Di Pietro in un nuovo partito di Centro insieme con Lamberto Dini non avrebbe avuto successo. L'allora presidente della Camera aveva incontrato Di Pietro al Convegno dello studio Ambrosetti a Cernobbio nel settembre del '95. Si erano poi rivisti e in gennaio la Pivetti dichiarava a Franco Recanatesi sul «Venerdì di Repubblica»: «La verità è questa: il nostro è un incontro molto interessante, ma non bisogna farsi prendere dagli entusiasmi: anche le cose belle, positive, vanno ragionate, fatte maturare col tempo e con un po' di buonsenso». Risposta diplomatica, ideale per prendere tempo. Ma Bossi era partito per l'operazione sbarramento e Di Pietro, dopo una incertezza iniziale, aveva rifiutato la nuova avventura. «Per lui era meglio non impegnarsi e aspettare il risultato elettorale» commentò la Pivetti. E ancora: «La sua anima populista lo avvicinava a una certa Destra, quella di Tremaglia, che non esiste più. Era certo, comunque, che non sarebbe andato con Forza Italia. Diceva sempre che non poteva mettersi in lista con i suoi inquisiti».

Il proscioglimento definitivo arrivò a fine mese.

Il 22 febbraio e il 6 marzo, il giudice Roberto Spanò aveva prosciolto Di Pietro dalle accuse di comportamento illegittimo nella vicenda dell'acquisto di prodotti informatici da parte del ministero della Giustizia e di aver esercitato pressioni indebite sull'allora ministro Remo Gaspari per forniture analoghe. Il 29 marzo, il giudice Anna Di Martino proscioglieva Di Pietro dal castello di accuse delle vicende dei prestiti e dei rapporti privilegiati con il comandante dei vigili urbani di Milano, Eleuterio Rea. Sul prestito di cento milioni e il regalo della Mercedes da parte di Osvaldo Rocca per conto di Giancarlo Gorrini, il giudice osservò che le vicende «avrebbero potuto assumere legale apprezzamento solo sotto l'aspetto disciplinare, potendo apparire censurabile l'instaurazione di un prolungato rapporto debitorio con persone che, successivamente all'insorgere dello stesso, ebbero a entrare in relazione con l'ufficio di Procura di Milano». Nessuna conseguenza penale, dunque, ma se Di Pietro fosse rimasto in magistratura, sarebbe stato giudicato dalla sezione disciplinare del Consiglio superiore.

Quando la Di Martino firmò l'ultima sentenza, a Di Pietro non restava che aspettare per vedere chi avrebbe vinto. Ma i contatti continuavano.

Incontro con Fini a casa Tremaglia

A Bergamo, nel tardo pomeriggio di sabato 13 aprile, Di Pietro suonò al cancello della villetta a due piani dove abita Mirko Tremaglia. La costruzione stava per festeggiare i settant'anni: la acquistò alla fine del '26 il padre di Tremaglia, direttore provinciale dell'ufficio del Tesoro. Al primo piano abita la sorella del parlamentare. Tremaglia scese a prendere l'ospite e lo accompagnò al secondo piano. Venti minuti più tardi, alle 19.45, suonò Gianfranco Fini. Anzi, per la precisione suonò il figlio di Tremaglia, Marzio, un giovane e brillante avvocato che dall'estate del '95 era assessore alla trasparenza e alla cultura della Regione Lombardia. Per il partito del padre, Alleanza nazionale. Accompagnava Fini.

L'ingresso di Di Pietro in casa Tremaglia era stato notato dal figlio di Filippo Maria Pandolfi. L'ex ministro democristiano abita a cinquanta metri da Tremaglia, nella stessa via dei Legionari di Polonia. È coetaneo di Tremaglia e ha fatto con lui ginnasio e liceo. Suo figlio vide Di Pietro e poco dopo la scorta di Fini. Corse a dirlo a Giorgio Iannone, dirigente di Forza Italia che a sua volta «non confermò e non smentì» la notizia a un cronista di «Repubblica». Quindi la confermò. Fini e Di Pietro, come abbiamo visto, si conoscevano da tempo, si erano già incontrati, ma soprattutto erano rimasti costantemente in contatto grazie a Tremaglia che negli ultimi quattro mesi era andato a trovare Di Pietro quasi ogni settimana.

Il «ragazzo di Salò» (fu volontario a sedici anni) è stato dal '92 il sostenitore in assoluto più acceso e convinto dell'eroe di Mani pulite. Non lo aveva abbandonato mai, nemmeno nel difficile momento della richiesta di rinvio a giudizio che gli aveva rovinato le vacanze di Natale. Per questo, il giorno stesso del Capodanno '96 Tremaglia aveva interrogato (a risposta scritta) il presidente del Consiglio e i ministri della Giustizia e dell'Interno per sapere come mai Fabio Salamone fosse ancora sostituto procuratore a Brescia, sospettando il deputato che l'indagine a carico del fratello del magistrato, Filippo, da parte della Procura di Palermo potesse trovare origine proprio in atti acquisiti da Antonio Di Pietro.

L'interrogazione non spostò di un millimetro Fabio Salamone dalla sua sede di lavoro, ma dimostrò a Di Pietro quanto Tremaglia gli fosse legato.

Nel colloquio del 13 aprile con Fini, Di Pietro garantì che prima delle ormai imminenti elezioni non avrebbe preso posizione né per il Polo né per l'Ulivo. Fini gli disse che una vittoria del Polo non avrebbe portato automaticamente Berlusconi a palazzo Chigi: lasciava quindi aperto uno spiraglio per una effettiva candidatura ministeriale di Di Pietro. Ma uscì dal colloquio con la convinzione che Di Pietro avrebbe creato un proprio movimento per guardare meglio che cosa sarebbe successo.

Vennero finalmente le elezioni e andarono come andarono. Ma Tremaglia continuava a marcare stretto il suo pupillo. Venerdì 26 aprile andò in casa di Di Pietro a Curno. Tremaglia viene considerato uno di famiglia, il figlio Marzio è collega e molto amico di Susanna Mazzoleni, moglie di Di Pietro, che considera professionalmente molto brava. Il vecchio parlamentare di An era appena arrivato, quando squillò il telefono. Era Vittorio D'Aiello. Quella stessa mattina il «Corriere» aveva pubblicato una intervista all'avvocato, anche lui molto amico di Di Pietro, sotto questo titolo: «D'Aiello: [Tonino] vuol guidare il Polo dopo Silvio». A Venanzio Postiglione che gli chiedeva se Di Pietro avrebbe ceduto agli inviti di Prodi, D'Aiello rispose secco: «Non ci pensa neppure. Mira a ben altro». A che cosa? Secondo D'Aiello, Di Pietro dava per scontato l'abbandono da parte di Berlusconi della leadership di Forza Italia: «Più che conquistare Forza Italia, Di Pietro vuole conquistare il suo elettorato. E qui scatta l'ipotesi più probabile: Tonino crea un movimento e fa saltare il quadro politico... Io non ho dubbi: Tonino raccoglie subito le forze del Centro. Sicuramente Ccd e Cdu, forse anche Dini... E poi, una volta uniti i moderati, si potrà pensare a un accordo con Alleanza nazionale».

Perché tanto spazio alle congetture di un pur famoso avvocato milanese? Perché il 26 aprile, al telefono, Di Pietro disse a D'Aiello: «Vittorio, sei un mostro. Mi precedi sempre su tutto quello che intendo fare». Chiuse il ricevitore e si rivolse a Tremaglia: «Era il mio amico Vittorio D'Aiello. Mi riconosco al cento per cento nelle cose che ha detto lui. Ecco quello che voglio».

Un distacco di Di Pietro dall'Ulivo venne notato anche da Michele Brambilla che rilanciò sul «Corriere» un'intervista data negli stessi giorni da Di Pietro al periodico svizzero «La regione Ticino». Tonino consigliava al Polo «un bagno d'umiltà», libero dai «facinorosi che hanno imperversato in questi due anni di ubriacatura da potere». Ma aggiungeva: «Di uguale bagno d'umiltà ha bisogno anche chi dovrà assumersi l'onere di governare. Non sarà semplice né facile. Soprattutto perché non tutti i componenti della coalizione la pensano allo stesso modo su alcuni punti fondamentali del programma di governo: fiscalità, scala mobile, privatizzazione...». Annotava Brambilla: «Se aspirasse davvero a un ruolo da ministro, perché mai dovrebbe sottolineare le contraddizioni interne al centrosinistra?». Titolo dell'articolo: «Di Pietro guarda al Polo: ma fate pulizia».

A Curno la famiglia di Di Pietro ha due villette distanti cinquanta metri l'una (casa) dall'altra (studio): una micro-Arcore, insomma, e una micro-Macherio. Lo studio è completamente ingombro di carte. Il 26 aprile Tremaglia fu ricevuto lì. Gli disse Di Pietro: «Non dimenticherò mai quel che lei ha fatto per me. Dice mia moglie: quando tutti ti hanno abbandonato, solo Tremaglia ti ha difeso». Si avvicinò a uno scaffale e disse al parlamentare: «Adesso le faccio una sorpresa». Prese un dossier rilegato con la scritta «Tremaglia / Di Pietro» e mostrò all'ospite una raccolta completa di tutte le sue dichiarazioni. «Prima di prendere ogni decisione,» confessò Di Pietro «riguardo sempre queste pagine.»

Quel giorno, Di Pietro confermò a Tremaglia due cose. Sarebbe sceso in campo come soggetto politico autonomo. Avrebbe creato un suo movimento che non pendesse né a destra né a sinistra, in attesa di sviluppi.

Tremaglia gli andò dietro. Quando Di Pietro dichiarò il 24 aprile a «La regione Ticino»: la Destra faccia pulizia, Tremaglia gli fece sponda il 26, due giorni dopo l'incontro di Curno: «Noi faremo pulizia». E Fini completò l'opera dicendo che la posizione di Tremaglia era quella di Alleanza nazionale.

Di Pietro: «E se facessimo un Polo B?»

Mercoledì 1° maggio Di Pietro era impegnato nei festeggiamenti per la comunione della sua bambina Anna. Per questo chiese a Tremaglia che il loro incontro avvenisse nel tardo pomeriggio. Si videro di nuovo nello studio. Tremaglia gli consegnò un regalino per Anna e parlarono della situazione politica. I due avevano concordato un incontro tra Fini e Di Pietro, decidendo di aspettare la designazione dei nuovi presidenti delle Camere. Quando Tremaglia aveva proposto di nuovo la sede riservata di Largo Chigi, Di Pietro aveva risposto di preferire un incontro «alla luce del sole» nel palazzo di San Macuto, dove hanno sede alcune commissioni speciali.

I giorni tra il 26 aprile e il 1° maggio erano stati fittissimi di incontri. Di Pietro aveva ricevuto dal suo vecchio collega Angelo Giorgianni – un giudice eletto in Sicilia con la Lista Dini e diventato poi sottosegretario all'Interno nel governo Prodi – l'invito a presentarsi alle elezioni siciliane di giugno. Aveva incontrato lo stesso giorno Clemente Mastella e il neodeputato del Ccd Gabriele Cimadoro, cognato di Di Pietro, a pranzo al ristorante bergamasco «Il pianone», che guarda la città vecchia. E aveva detto subito a Tremaglia che non avrebbe partecipato alle elezioni in Sicilia. Tremaglia aveva rilanciato: «Perché come trampolino di lancio non fa il sindaco di Milano?». E Di Pietro: «Sarebbe bello, ma fare l'amministratore mi costringerebbe a rinunciare a ogni aspirazione politica nazionale».

La sera del 1° maggio, mentre nella villetta accanto si faceva ancora festa alla piccola Anna, Di Pietro disse per la prima volta a Tremaglia di aver ricevuto una offerta per entrare al governo. Di Pietro giudicò «indecente» la proposta di andare alla Funzione Pubblica e impraticabile l'idea di diventare ministro delle Poste: «Andrei lì a fare l'odiato nemico di Berlusconi». Parlò anche dell'offerta dei Lavori Pubblici. Avrebbe riferito Tremaglia: «Di Pietro sapeva naturalmente che ero contrario a un suo ingresso nel governo Prodi e quindi mi rispondeva in termini problematici». Tremaglia ricordò all'ex magistrato tutte le perplessità avanzate da Di Pietro sulla struttura stessa dell'Ulivo (da De Mita all'alleanza con Bertinotti), il suo attacco su «Micromega» alla desistenza indicata come espressione del potere per il potere come avveniva nella Prima Repubblica. Poi gli disse: «Questa gente non appartiene alla sua cultura politica. Lei è presidenzialista, Bianco e Bertinotti sono nettamente contrari, D'Alema lo è a metà...». Poi mise da parte ogni prudenza residua e sparò: «Guardi, Tonino: se lei va dall'altra parte si sputtana e nel giro di pochi mesi non trova più i suoi elettori virtuali».

Di Pietro cercò di avere da Tremaglia un parere sui Lavori Pubblici, ma l'altro tagliò netto: «Non si tratta di prendere questo o quello. Lei non deve entrare al governo».

Fu a quel punto che Di Pietro aprì un discorso nuovo: «Se io potessi diventare il catalizzatore dell'opposizione, non potremmo fare una cosa diversa?». «Cioè?» chiese Tremaglia. E Di Pietro: «Un Polo B». «E che cosa sarebbe?» «C'è sempre il problema di creare una posizione centrale, moderata, che possa poi allearsi con An. Dobbiamo togliere le etichette e fare una formazione unica.» A Tremaglia si allargò il cuore: «Lei vuole fare quel che voleva fare Fini, ma poi rinunciò. Lei dice in sostanza: sono un soggetto politico autonomo, rilancio il discorso presidenzialista. Ma guardi che è proprio la strategia che Fini voleva adottare con Segni, con Adornato...».

Il discorso si fermò lì, Di Pietro e Tremaglia si abbracciarono e prima di uscire (erano ormai le otto di sera), il vecchio parlamentare indicò al suo amico lo scaffale: «Attento al mio dossier» gli disse.

Tremaglia capì, tuttavia, che qualcosa non quadrava. L'indomani, 2 maggio, chiamò al telefono Susanna Mazzoleni, moglie di Di Pietro: «Sono preoccupato» le disse. Lei prese nota e non seppe dargli chiarimenti. Poi chiamò Fini: «Di Pietro è indeciso» gli disse. E mentre glielo diceva sapeva di sottovalutare la realtà.

La sera del 3 maggio le agenzie di stampa anticiparono

un'intervista di Di Pietro al quotidiano «La Prealpina» di Varese. «Ecco un'altra storia inventata di sana pianta» disse Tonino a proposito delle voci che prevedevano la fondazione di un suo partito o movimento. E quando il cronista comasco gli chiese se sarebbe entrato nel governo, arrivò una ammissione indiretta: «Nessuno mi ha imposto una professione di fede» disse. «Si può fare un'esperienza restando neutrali.»

Un Tremaglia furioso chiamò al telefono Gabriele Cimadoro, cognato di Di Pietro e parlamentare del Ccd. Era sera tardi, Cimadoro non sapeva niente e restò gelato. «Fino alle 16 del 1° maggio mi aveva assicurato che avrebbe costituito un soggetto politico autonomo e avrebbe poi valutato un'alleanza di centrodestra» disse il povero Cimadoro. Tremaglia osservò che lo stesso giorno alle 18.30 Di Pietro gli era apparso più che dubbioso. Che cos'era successo in quel ristretto arco di tempo?

La frittata, comunque, ormai era fatta.

D'Alema impose il «contrattino»

L'annuncio ufficiale tardò di un giorno su richiesta di D'Alema. Il leader del Pds aveva sempre fatto notare di essersi astenuto dal partecipare alla dilagante corte a Di Pietro. Sulle intenzioni di quello che fu il simbolo di Mani pulite aveva letto tutto e il suo contrario. Impose quindi precauzione. Di Pietro voleva entrare al governo? Bene. Ma facesse una pubblica dichiarazione di fede al programma dell'Ulivo. Di Pietro la fece l'indomani con una lettera a Prodi: «Mi riconosco nei punti fondamentali del tuo programma, che sono proprio quelli che abbiamo tracciato nell'autunno scorso e resi pubblici con reciproci interventi sulla stampa». Di Pietro aveva dimenticato di essere favorevole al presidenzialismo, mentre Prodi non lo era e il programma dell'Ulivo non lo prevedeva. Ma il clima festoso fu guastato solo dall'irritazione di Scalfaro per il merito e il metodo della scelta. Nemmeno la Destra apprezzò. «Di Pietro con i partitocrati» titolò «Il Secolo d'Italia». Il «Giornale» pubblicò uno spassoso duetto tra Vittorio Feltri e Mirko Tremaglia. Feltri fu micidiale con Di Pietro. «Il fatto che Di Pietro, pur di assicurarsi uno stipendio all'altezza, si sia abbassato a baciare la pantofola di Romano Prodi non mi sorprende: anche gli eroi tengono famiglia.» Ma poi se la prese con Tremaglia che mettendo la mano sul fatto che mai Di Pietro sarebbe andato col centrosinistra se l'era carbonizzata. Feltri raccontò un alterco che aveva avuto a tavola con Tremaglia.

«Se Di Pietro non fosse un opportunista,» gli disse «avrebbe incastrato anche i comunisti e i pidiessini. Invece ha colpito qualche scartina, ma ha risparmiato i carichi...» Secondo il racconto di Feltri, «Mirko rischiava di esplodere nella giacca sempre più stretta...».

Tremaglia si sfogò l'indomani, 8 maggio con una lettera al «Giornale». Parlò dei suoi contatti con Di Pietro e concluse: «Sono stato fregato. Il mio non è stupore, ma una grande amarezza con rabbia».

Quando in marzo Di Pietro era stato assolto in via definitiva, Tremaglia gli aveva mandato una bottiglia magnum di champagne. Sulla scatola aveva scritto questa frase di Ezra Pound: «Se un uomo non sa rischiare le sue opinioni, vuol dire o che le sue opinioni non valgono niente o che non vale niente lui». Concluse: «Di Pietro non ha saputo rischiare. Quella bottiglia non la beviamo. Rimane a lui come mio saluto e come lezione di moralità politica».

Tremaglia si chiese a lungo che cosa fosse successo il pomeriggio del 1° maggio. «Posso dare due interpretazioni» mi disse. «Quella volgare è che si va coi vincitori. Quella benevola è che Di Pietro abbia dovuto subire un intervento esterno, forse straniero. Preferisco la benevola.»

Tremaglia esagera spesso con la dietrologia. Quando lesse nel *Duello* i dettagli dell'incontro segreto tra Di Pietro e Fini nel novembre del '94, mi disse: «Certo, tu devi avere ottimi rapporti con i servizi segreti». Ignorando che la mia fonte era più semplicemente un suo amico carissimo.

È possibile che immaginando un intervento straniero su Di Pietro abbia esagerato allo stesso modo. I due, comunque, non si sentirono per qualche settimana. Ma pochi giorni dopo il suo articolo sul «Giornale», Tremaglia ricevette una lettera di Di Pietro. Il ministro non giustificò la sua scelta, né la spiegò. Concluse così: «Non ci siamo dati del tu quando eravamo amici, ti dò io del tu arbitrariamente perché all'affetto non si comanda».

«Remember Cincinnatus?»

«Remember the Roman consul, Cincinnatus?» Questa domanda era stata rivolta ai suoi lettori dal settimanale inglese «The Economist» un paio di settimane prima delle elezioni. Titolo dell'articolo: «Cincinnatus Di Pietro?». Il corrispondente del prestigioso giornale aveva raccontato la storia del console che nel 458 avanti Cristo fu richiamato a furor di popolo dai campi per salvaguardare la grandezza di Roma e aveva proposto un coraggioso parallelo con il condottiero di Montenero di Bisaccia. La patria, d'altra parte, duemilacinquecento anni dopo chiamava ancora. Che fare?

Di Pietro sapeva quanto fosse pericoloso restare fuori dal governo dell'Ulivo. Andreotti forse non è il suo leader preferito, ma una volta ha detto una cosa incontestabile: «Il potere logora chi non ce l'ha». Tonino fece dunque un discorso simile e parallelo a quello di Lamberto Dini: non mettiamo ipoteche sul futuro. Si può andare a dirigere il centrodestra se la massima cattedra del Polo si renderà vacante. Si potrà aspirare al Quirinale. Ma per intanto bisognava tenere la scena e, perché no?, anche un po' di potere. Gli Esteri per Lamberto? Perché non l'Interno per Tonino?

Di Pietro era convinto di poter scegliere. Non era stato invitato da Berlusconi a occupare quel posto? L'invito non gli sarebbe tornato – semmai attraverso Fini – se il Polo avesse vinto di nuovo e Berlusconi avesse fatto il gran gesto di rinunciare a palazzo Chigi? Se il simbolo di Mani pulite si benignava di fare un passo a sinistra, la Sinistra avrebbe dovuto farne due a destra. O no?

La Sinistra rispose no. D'Alema è un professionista serio. Prova le sue emozioni, gioca perfino col computer di Ornella, ma sul lavoro non scherza. Di Pietro non gli era mai piaciuto. Ma sapeva benissimo che non poteva lasciarlo in giro a fare la mina vagante. Doveva insomma ingabbiarlo pagando un biglietto ridotto. Dargli il ministero della Giustizia era impensabile. A parte la inopportunità di mandarvi uno che fino a ieri faceva il magistrato (e che magistrato), Prodi aveva puntato i piedi su Giovanni Maria Flick, i Popolari volevano Gargani e il Pds ci avrebbe mandato d'ufficio Violante, se fosse sorto qualche ostacolo per la presidenza della Camera.

Il ministero dell'Interno era ancora più impensabile. Perché? Ma perché è il ministero simbolo del potere. Quando i dirigenti del Pds erano comunisti hanno guardato sempre al Viminale come alla vera controparte storica. E allora, dopo cinquant'anni vincono le elezioni, inghiottono signorilmente il rospo di mandare un cattolico a palazzo Chigi perché non sono ancora legittimati (ma per poco) e debbono rinunciare anche al Viminale? Non se parla nemmeno. Lì ci va proprio Giorgio Napolitano, comunista dal '45, simbolo vivente e autorevole della lunga marcia del Pci-Pds dall'opposizione al potere.

Abbiamo visto che la sera del 26 aprile Di Pietro ricevette Tremaglia a Curno e gli fece il famoso discorso del Polo B. Ma lo stesso giorno Di Pietro aveva pranzato con Prodi nella casa bolognese del Professore (Berlusconi avrebbe parlato di «tortellini miracolosi» con Flavia Prodi). Di che avevano parlato? Chi conosce Di Pietro sa che Tonino non si espone mai al rischio di un rifiuto umiliante. Non chiede, fa capire. E nemmeno direttamente. Un accenno di Giorgianni, una battuta di Ernesto Stajano, una telefonata di Flick, un sospiro di Veltri. Insomma Prodi aveva capito perfettamente che Tonino voleva andare all'Interno. Ma contropropose, come abbiamo visto, Funzione Pubblica e Lavori Pubblici. Da chi ebbe l'idea? Dalla nipote Silvia, ingegnere nucleare, che chiamò lo zio e gli disse: ma perché non lo mandi in uno dei due settori più disastrati da riorganizzare, la pubblica amministrazione che lo è da sempre e i lavori pubblici che lo sono diventati dopo Tangentopoli? Al Professore si accese la lampadina, chiese prima aiuto a Claudio Demattè, l'ex presidente della Rai che insegna a Castellanza come Di Pietro e poi, come abbiamo visto, a Francesco Merloni. Alla fine, sentito D'Alema, disse a Di Pietro: «Facciamo un contrattino?». E Di Pietro firmò.

E Di Pietro cedette la poltrona a Nobili

«La notte, le luci dell'ufficio di Di Pietro sono sempre accese. I romani che mangiano il gelato sotto Porta Pia guardano il ministero illuminato e, cinici come sono, scuotono le spalle: "*Se crede già d'esse' er Duce*". In realtà crede di essere Di Pietro: *l'uomo di Mani pulite*, dice agli altri quando parla di sé. Infatti, non fa finta.» Così su «La Stampa» del 29 maggio 1996, Massimo Gramellini dipinse i primi dieci giorni di lavoro del nuovo ministro.

Più che un ministro, Di Pietro fu un ciclone. Dormiva talvolta in casa della sorella a Ciampino (dove nel '95 incontrò Cesare Previti), ma più spesso si fermava in ufficio: un letto, una sedia, qualche pianta messa dalla mano soccorrevole di Sonia Mancini, la bella portavoce scelta tra i giornalisti disoccupati. Ricevette centinaia di richieste d'intervista, tutte negate. La proposta di interpretare se stesso in un film, accantonata forse a malincuore. Fece tremare dirigenti, impiegati, dattilografe e uscieri. Litigò con il sindaco di Roma, Francesco Rutelli, per la gestione dei tremila miliardi delle opere per l'Anno Santo. Ebbe qualche dissenso anche col Vaticano. Portò il governo sull'orlo della crisi per la sua determinazione nel volere la variante di valico autostradale tra Firenze e Bologna nonostante l'opposizione del ministro dell'Ambiente, Edo Ronchi. E la spuntò. Richiamò a incarichi di grande responsabilità un alto e onesto dirigente, Federico Cempella, emarginato da Gianni Prandini.

Sollevò enormi polemiche con la proposta di accertare il patrimonio di tutti i dipendenti pubblici. Scrisse Indro Montanelli sul «Corriere»: «Di Pietro torna a cingere l'elmo e la corazza del San Giorgio contro l'idra della corruzione». Commentò Giuliano Ferrara sul «Foglio»: «I veri corrotti stiano attenti a non ostentare ricchezze: magari ci andrebbe di mezzo qualche scroccone, di quelli che ricevono una Mercedes in regalo o un prestito senza interessi di un centinaio di milioni per comprarsi casa». L'allusione, assai esplicita, al ministro fu un episodio della guerra di Ferrara a Di Pietro che a fine settembre '96 portò Tonino alla querela e Giuliano alla controquerela.

Di Pietro promise la riapertura di tanti cantieri e questo lo portò a diretto contatto col mondo dei grandi costruttori che aveva arrestato o inquisito.

Questo mondo, peraltro, Di Pietro l'aveva frequentato assiduamente dal maggio del '95, come consulente dell'Istituto per le Grandi Infrastrutture presieduto da Giuseppe Zamberletti. Democristiano di Varese e grande amico di Francesco Cossiga, Zamberletti fu uno dei ministri più popolari negli anni Settanta e il fondatore della moderna protezione civile italiana.

Nell'87, quando uscì dal governo, Ettore Bernabei lo chiamò e gli disse: «Per seguire le grandi opere c'è bisogno di coordinamento. L'Ance guarda agli interessi delle società private, l'Intersind si occupa delle società pubbliche, la Lega del mondo delle cooperative. Ma non c'è nessuno che tenga insieme tutto».

Nacque così l'Igi che ebbe i suoi momenti di gravissima sofferenza tra il '92 e il '94 quando quasi tutte le grandi imprese italiane di costruzione furono colpite dal ciclone di Tangentopoli.

Zamberletti e Di Pietro avevano in Cossiga un amico in comune. Quando Di Pietro si dimise dalla magistratura, Zamberletti gli fece sapere che l'Igi voleva costituire un osservatorio per gli appalti superiori a quindici miliardi. «Lei ha conosciuto a fondo questa materia» gli disse Zamberletti. «Perché non viene a presiederlo?»

Pochi giorni dopo, nel gennaio del '95, Di Pietro partecipò all'Università di Castellanza a un convegno su come uscire da Tangentopoli. Parlò pubblicamente dell'offerta che gli era stata avanzata dall'Igi e disse che l'avrebbe accettata.

In platea c'era Barbara Wagner, nipote di Zamberletti, che si precipitò a chiamare lo zio. L'indomani Di Pietro si scusò per la dichiarazione intempestiva che gli era scappata e confermò di accettare l'incarico. A maggio avvenne l'insediamento e per un anno hanno collaborato con Di Pietro due magistrati amministrativi, Luigi Giampaolino e Giuseppe Faberi (il primo diventerà suo capo di gabinetto al ministero).

I risultati furono immediati. I comuni e gli uffici pubblici che rispondevano malvolentieri alle lettere dell'Igi, da quando le richieste furono firmate da Di Pietro si precipitarono a fornire tutte le informazioni necessarie. Mi disse Zamberletti:

«Di Pietro non voleva apparire come colui che aveva messo in crisi un settore così importante dell'economia italiana. Voleva che Tangentopoli non fosse per le costruzioni una condanna, ma una occasione di rilancio».

Quando Di Pietro diventò ministro, il mondo dell'edilizia fu attraversato da sentimenti contrastanti. Da un lato, per molti era difficile accettare un interlocutore che aveva arrestato una intera classe imprenditoriale e conosceva sulle singole persone assai più di quanto non fosse apparso sui verbali delle inchieste. Dall'altro, c'era la fondata speranza che l'indipendenza e il peso personale di un uomo come Di Pietro potessero davvero rimuovere ogni ostacolo per la reale ripresa delle grandi opere pubbliche. Dopo Tangentopoli, infatti, i ministri «politici» avevano paura di firmare qualunque cosa. I costruttori avevano contestato a Francesco Merloni eccessi di cautela e speravano ora che un uomo venuto dall'altra parte del fronte si comportasse diversamente.

Il 10 luglio del '96, il nuovo ministro partecipò all'assemblea dell'Igi. Quando gli fu presentato il consiglio direttivo, strinse la mano a diversi uomini che aveva inquisito durante Mani pulite: Paolo Pizzarotti, Enrico Maltauro, Dario Crespi dell'Impregilo. Fu molto gentile con tutti e cedette perfino la poltrona a Franco Nobili, che rappresentava la Vianini.

Nobili fu arrestato da Di Pietro quando era presidente dell'Iri. L'ingegner Tomich di Italimpianti, interrogato a Milano, aveva dichiarato in sostanza quanto segue: «Nel primo semestre del '90 – incontrando Nobili in un luogo che non ricordo – gli ho riferito che un dirigente della Techint, Scarone, mi ha detto che bisognava dare seicento milioni a Vincenzo Balzamo, tesoriere del Psi, per un appalto Enel. Nobili non fece un cenno, non disse una parola. Mi ritenni autorizzato».

Nobili fu arrestato il 13 maggio del '93. I suoi difensori dissero subito che l'offerta Italimpianti era del 1987, l'appalto Enel fu aggiudicato nel maggio dell'89 e che Nobili era diventato presidente dell'Iri solo il 18 novembre di quell'anno. Non poteva, quindi, aver avuto alcun ruolo nei retroscena della trattativa.

Restò tuttavia detenuto per tutti i novanta giorni previsti per la custodia cautelare: settantasette a San Vittore, tredici agli arresti domiciliari. Gli amici di Nobili sanno che l'ex presidente dell'Iri conserva nel portafoglio un foglietto con l'interrogatorio di Di Pietro e Ghitti, avvenuto trentuno giorni dopo l'arresto. Quindici righe di verbale in cui Nobili escluse di saper nulla di fondi neri, scagionò per quanto ne sapeva il suo predecessore Prodi e il vicepresidente Armani ed escluse di aver mai dato una lira di tangente. Nei corridoi di San Vittore (dove in quel periodo si uccise Cagliari) si diceva che gli uomini di Mani pulite volessero sapere da Nobili qualcosa su Andreotti e Cossiga. Ma erano voci.

Tre anni e mezzo dopo il processo era ancora in corso. Gli amici di Nobili riferirono che la fede gli fu di grande aiuto.

Borrelli: «Di Pietro politico? Non so se ne abbia le doti...»

«Perché avrebbe dovuto sentirsi a disagio nell'incontrare i suoi inquisiti? Son loro che dovrebbero provarne.» Chissà se gioca a tennis, Piercamillo Davigo. Ma se gioca, appena voi gli mandate una palla d'assaggio, vi risponde con un tiro da punto. Negli ultimi mesi, tra i colleghi del pool, Davigo era stato quello destinato a mantenere i contatti meno sporadici con Antonio Di Pietro. A lui l'ex magistrato aveva telefonato la sera del 29 novembre subito dopo la conclusione dell'ultimo interrogatorio reso ai procuratori di Brescia Salamone e Bonfigli. Nella telefonata – intercettata dalla polizia, pubblicata in parte dalla Adn Kronos del 22 gennaio e completata da «Panorama» del 1° febbraio 1996 – Di Pietro disse a Davigo di prevedere un'iscrizione di Francesco Saverio Borrelli nel registro degli indagati per la vicenda della pubblicazione sul «Corriere della Sera» del 24 novembre '94 del mandato a comparire a Berlusconi.

Quella vicenda fu ricostruita con molti particolari inediti nel primo capitolo del mio libro *Il duello.* Di Pietro ne lesse un brano anticipato dal «Corriere» del 24 ottobre 1995 e il primo novembre inviò una memoria-esposto-querela di due cartelle al procuratore della Repubblica di Brescia. Di Pietro chiedeva di indagare sulla fuga di notizie che avevano permesso al giornale di anticipare il provvedimento contro Berlusconi, sollecitando l'acquisizione dei tabulati telefonici dei cellulari di alcuni giornalisti e riservandosi di costituirsi parte civile. La cosa clamorosa fu il destinatario dell'esposto. Non la Procura di Milano, dove era in corso già da un anno l'inchiesta sull'argomento, ma la Procura di Brescia alla quale spetta di indagare sui magistrati di Milano.

Di Pietro metteva nel conto evidentemente che la fuga di notizie potesse venire da uno di loro.

Eppure, quando andai in Procura a Milano nell'estate del '96, il clima nei confronti del nuovo ministro era tutt'altro che risentito.

Tutti i sostituti del pool si erano visti da poco nella casa nuova di Gherardo Colombo che aveva dato una festa per i suoi cinquant'anni.

«Era molto in palla» mi raccontò Francesco Greco. «Ci disse che non va mai ai ricevimenti romani, tranne una volta, all'ambasciata d'Italia presso la Santa Sede. E usò un linguaggio molto colorito per dire che aveva incontrato monsignori e belle signore.» Di Pietro si riferiva alla cena offerta dall'ambasciatore Bruno Bottai ai diplomatici stranieri e alle autorità italiane e vaticane interessate al Giubileo. Di Pietro aveva incontrato quella sera tutti i suoi più autorevoli interlocutori in fatto di opere pubbliche per le celebrazioni del 2000: da monsignor Re, sostituto della Segreteria di Stato, al sottosegretario di Prodi, Enrico Micheli, dal sindaco Rutelli al capo dell'organizzazione vaticana per il Giubileo, monsignor Sebastiani.

Chiesi a Greco che cosa avesse in mente il politico Di Pietro. «Una Destra pulita» mi rispose. «Lui è molto più avanti di noi. Nel '94 era una delle persone più famose del mondo. Chi al suo posto non avrebbe perso la testa? Lui ha avuto un piccolo sbandamento, ma poi è tornato perfettamente in palla.» Intervenne un altro pubblico ministero, Carlo Nocerino: «In politica i tecnici e gli intellettuali sono un disastro. Lui non è né l'uno né l'altro».

Chiesi a Greco: lei gli affiderebbe l'Italia? «Io sì. Antonio è così diverso dal mondo politico romano...». Aggiunse Davigo: «Perché si meraviglia? Averne cento come lui...».

Assai più freddo, com'è nel suo carattere, il commento di Francesco Saverio Borrelli: «Antonio è così caparbio e così ingenuo...». Fece una lunga pausa e aggiunse: «Io mi chiedo se abbia quelle doti di prudenza, di astuzia e di flessibilità che in genere vengono ritenute essenziali perché un soggetto dotato di ascendente carismatico possa nei tempi lunghi mantenere capacità di direzione politica». Un'altra pausa, più breve: «Mi auguro di sbagliarmi».

Alcuni mesi più tardi, Di Pietro fu di nuovo chiamato in causa accanto ai suoi ex colleghi. Fabio Salamone, smentito da tre sentenze di proscioglimento nelle udienze preliminari contro Di Pietro, cercò di prendersi una sottile, raffinatissima vendetta. Il 23 settembre '96 cominciò davanti alla seconda sezione penale del Tribunale di Brescia il processo contro Paolo Berlusconi, Cesare Previti e gli ispettori ministeriali Ugo Dinacci e Domenico De Biase. Berlusconi e Previti erano accusati di aver manovrato perché Di Pietro si dimettesse dall'ordine giudiziario o comunque lasciasse perdere le inchieste di Mani pulite. Lo stesso Di Pietro aveva negato che i due fossero alla base delle sue dimissioni (decise, come sappiamo, almeno dalla primavera del '94), ma i magistrati di Brescia avevano deciso in senso contrario. (Alla prima udienza, Di Pietro produsse un nuovo colpo di scena costituendosi parte civile e in ottobre Salamone disse in aula che Di Pietro si sentiva ricattato.)

Che fece dunque Salamone? Trasformò di fatto la parte lesa Di Pietro in imputato virtuale. Chiese infatti l'ammissione di 184 testimoni che erano tutti i protagonisti, nessuno escluso, del «caso Di Pietro». La lista si apriva con lo stesso Di Pietro invitato a riferire sulle quindici circostanze che erano state alla base dei procedimenti a suo carico nella Procura di Brescia. E si chiudeva con un centottantacinquesimo nome aggiunto all'ultimo momento: quel Pierfrancesco Pacini Battaglia arrestato una settimana prima dai magistrati di La Spezia e scampato senza un solo giorno di carcere al ciclone di Mani pulite.

Il duello tra Salamone e Di Pietro, dunque, era lontano dal concludersi. Lo stesso Di Pietro disse a Losa per il suo libro, a proposito dei veleni che l'avrebbero colpito: «Ma tu sei così convinto che tutto sia finito?».

«Femmena, tu si' 'na malafemmena...»

Di Pietro non sa star fermo e tra l'estate e l'autunno del '96 andò a raccogliere applausi dappertutto. Cominciò a fine luglio alla Festa del Secolo d'Italia a Rieti. La grande rottura con Alleanza nazionale si ricompose facilmente. A fine maggio, Tremaglia e Di Pietro si incrociarono accanto al banco del governo. Tremaglia allungò la mano, Di Pietro la prese e disse: «Grazie, grazie». L'altro rispose: «Sì, ma aspetto ancora le spiegazioni». Andarono alla buvette con Alessandra Mussolini. Di Pietro ordinò: «Una camomilla per Tremaglia, una cicuta per Alessandra». La Mussolini è una grande sostenitrice di Di Pietro. ma il 24 settembre '96, nove giorni dopo l'arresto di Lorenzo Necci, «Il foglio» di Giuliano Ferrara mise in relazione questo sostegno con il fatto che il marito della Mussolini fosse Mauro Floriani. Questi era un brillante ufficiale della Finanza, strettissimo collaboratore di Di Pietro e investigatore chiave nella vicenda della colossale tangente Enimont (150 miliardi, secondo le dichiarazioni dello stesso Floriani al processo Cusani). Sergio Cragnotti disse a Di Pietro di avere spartito una tangente di cinque miliardi, pagati da Pierfrancesco Pacini Battaglia, con Lorenzo Necci e Raul Gardini. Nonostante l'autoaccusa di Cragnotti, Di Pietro ha sempre sostenuto di non avere trovato riscontri per procedere contro Necci e Pacini Battaglia. Due anni dopo la vicenda Enimont, il capitano Floriani si dimise dalla Finanza e fu assunto con un incarico dirigenziale in una società delle Ferrovie dello Stato, guidate da Lorenzo Necci. A Enzo d'Errico che le chiedeva chiarimenti per il «Corriere» (26 settembre), la Mussolini rispose: «Mauro sarebbe rimasto nella Finanza. Sono stata io a spingerlo sulla nuova strada: abbiamo una figlia e bisogna pensare al futuro».

Ma torniamo ai nuovi incontri fra Tremaglia e Di Pietro. Il 2 giugno i due vecchi amici si abbracciarono in Transatlantico. Tremaglia invitò Di Pietro alla Festa del Secolo. «Debbo qualcosa a Tremaglia?» si chiese retoricamente il ministro. «Tutto» rispose l'altro. Di Pietro andò. E fu un trionfo.

Anche se il nuovo leader dei giovani di An, Basilio Catanoso, disse a Guido Tiberga della «Stampa»: «Uno come Di Pietro non può essere un punto di riferimento per i giovani della Destra. Nessuno lo vede come l'uomo della Provvidenza, anzi...». Ma Catanoso era in minoranza. Scrisse sullo stesso giornale Edmondo Berselli riprendendo le cronache della giornata: «Sotto il vestito, tutto: torace, pettorali, addominali. Poi, acconciatura da uomini sodi, occhiali scuri da indagine su un cittadino. Ecco l'uomo perfettamente a suo agio tra quella che Sergio Romano ha definito "la politica dell'impolitico". Tema: poche storie. Svolgimento: io posso accettare di non saper parlare, non posso accettare di non essere capito».

Il trionfo si ripeté tra fine agosto e la metà di settembre alla Festa della Vela del Ccd a Telese, alla Festa dell'Unità del Pds a Modena, alla Festa dell'Amicizia dei Popolari a Scandiano. Qui Di Pietro disse la storica frase: «Mi sento a casa mia».

Ma quale sarà davvero la sua casa se lo Zingaro deciderà di fermarsi, se il Vendicatore appenderà al chiodo la cintura con le pistole? Nel libro di Losa, Di Pietro confermò di volere fare un movimento autonomo. «Voglio essere un uomo delle istituzioni» disse. Né a Destra, Né a Sinistra.

«Di Pietro sarà l'erede di Prodi», scrisse a fine luglio «The Economist», «è un populista che sa quel che la gente vuole.» Negli stessi giorni, il ministro cenò a Montenero di Bisaccia con cinque parlamentari amici: Luigi Occhionero, Giovanni Di Stasi, Luigi Biscardi, Federico Orlando e Gabriele Cimadoro. Si disse che quella sera Di Pietro aveva lanciato l'idea del proprio partito. Pietro Colaprico, giornalista di «Repubblica» e amico dell'ex magistrato, presente per caso, ricostruì così la frase incriminata: «Io sono per il bipolarismo, ma nessuno ha stabilito che i poli siano questi due. Il bipolarismo lo fanno le urne: ci può essere uno schieramento A, uno schieramento B, C, D. Chi vince diventa un polo, chi perde diventa un altro polo. O no?». Era un ritorno al famoso «Polo B» ventilato a Tremaglia la sera del 1° maggio '96. Chissà.

Nell'attesa di capirlo, il «ragazzo di Salò» cantava malinconico: «Se avissi fatto a n'ate / chello ch'aje fatto a me / st'omm' t'avisse accise / e vuo' sape' pecché?... Femmena, / tu si' 'na malafemmena. / Quest'uocchie aje fatto chiagnere / lacreme e 'nfamità... / Ma po' 'sta faccia d'angelo / te serve pe' 'ngannà / ... M'aje 'ntussecate l'anema / non pozzo cchiù campà. /Tu si' a cchiù bella femmena / Te voglio bene e t'odio / Nun te pozzo scurdà».

13
La Gazzella, il Leone, il Cavaliere

La Gazzella apparve come un miraggio. L'appuntamento era per le tre a un caffè di piazza Cavour a Milano. «Ci son dei tavoli, parleremo lì.» Me lo aveva detto al telefono con la sua voce incerta e ansiosa, dopo aver cambiato idea un paio di volte sulla città e il luogo dell'incontro. Insomma non ero sicuro che arrivasse. E invece eccola riflessa nella vetrina della libreria Cavour, come se un regista avesse deciso di far entrare in campo la protagonista di questa storia in modo inconsueto. Tanto che sembrò un miraggio. Mi girai, infatti, e lei non c'era più. La cercai con lo sguardo, uscii sulla strada. Niente. Infine me la vidi alle spalle, con un ragazzo della scorta. Era arrivata prima, s'era seduta a un tavolo della galleria, poi s'era alzata per venirmi incontro.

Una donna fatale? Di primo acchito, non mi parve. Una donna elegante, questo sì. Portava una camicia bianca a collo aperto sotto un gilet verde e sopra pantaloni verdi più scuri. Dev'essere stata bella. I lineamenti erano corretti, ma stanchi. Lo sguardo inquieto. Le mani nervosissime, tozze e sensuali. Le belle labbra condannate dall'angoscia a muoversi in silenzio per ripetere le frasi dell'interlocutore.

Stefania Ariosto entra in questo libro non perché abbia fatto arrestare Renato Squillante, capo dell'ufficio dei giudici per le indagini preliminari presso il tribunale di Roma. (Il problema è semmai di capire come nascono esattamente i miliardi accumulati all'estero da Squillante.) La Ariosto c'entra perché ha dichiarato ai procuratori di Milano che Silvio Berlusconi metteva a disposizione di Cesare Previti, suo avvocato da vent'anni e poi ministro della Difesa per Forza Italia, fondi per corrompere magistrati allo scopo di orientare lo svolgimento di processi. Ci entra anche perché tra l'autunno dell'88 e la primavera del '96 è stata la donna di Vittorio Dotti, già capo dei deputati di Forza Italia; perché Vittorio Dotti era a conoscenza delle denunce della Ariosto e non ne informò Berlusconi, portando alla rottura del rapporto che lo ha escluso dalla candidatura per le elezioni politiche del '96. Con un ripescaggio tentato all'ultimo momento da Lamberto Dini, ma impedito da Romano Prodi e Massimo D'Alema.

La prima deposizione dell'Ariosto fu del 21 luglio 1995. L'arresto di Squillante e dell'avvocato Attilio Pacifico, uomo chiave di questa vicenda, avvenne il 12 marzo del '96. Dopo i primi quindici mesi di indagini, nell'autunno del '96, non era risultato alcun passaggio di denaro di Berlusconi a Previti, alcun processo per il quale questo passaggio sarebbe avvenuto, né era saltato fuori alcun magistrato che avesse avuto da Squillante denaro per conto di Previti su mandato di Berlusconi. Le indagini, peraltro, continuano.

Esiste invece una testimonianza dell'Ariosto su un supposto passaggio di denaro tra Previti e Squillante in due circostanze (al Circolo Canottieri Lazio e in casa dello stesso Previti), smentite dagli interessati, che hanno fatto seguire denunce per calunnia. Nella primavera del '96 e nel suo libro *La gazzella e il leone*, uscito nell'estate, la Ariosto ha dichiarato che lei voleva denunziare da tempo le cose che ha denunziato, ma che soltanto adesso era arrivato il momento storico-politico per dirle. Che significa?

«Il riferimento politico è meramente casuale,» mi disse la Gazzella stringendo la sua tazzina di caffè «se riguarda l'arresto di Squillante proprio all'inizio della campagna elettorale. Mi riferivo invece alle condizioni createsi negli ultimi anni perché si potesse denunciare una cosa del genere a qualcuno che potesse raccogliere questa testimonianza. Quando si parla di terzo potere dello Stato è difficile ipotizzare di poter denunciare qualcuno con tanta facilità.» Perché si tratta di un magistrato? «Perché bisogna capire come si comporta quello che raccoglie la denuncia, se può raccoglierla. Comunque si son create le condizioni per poter fare questa testimonianza.»

Quando si sono create con esattezza queste condizioni? «Quando è scoppiata Tangentopoli, nel '92, nel '93. Però capisce che anche lì è difficile alzare il telefono. Sì, avevo scritto nell'agenda i nomi di Colombo e Di Pietro, mi pare nel '93, poi però non sono mai andata. Se non fossi stata chiamata per la storia dei libretti al portatore, probabilmente non avrei mai reso questa testimonianza.» (Vittorio Dotti mi raccontò così la storia dei libretti al portatore: «Come avvocato della Fininvest, emettevo le parcelle a fine anno. Una volta ebbi bisogno urgente di denaro liquido, anche per certe necessità di Stefania, e chiesi a Berlusconi se poteva anticiparmene. La formula più semplice fu un prestito personale: Berlusconi autorizzò un prelievo da uno dei suoi libretti al portatore, mi fece avere il denaro, poi a fine anno, quando mi fu liquidata la parcella, restituii la somma». I giudici di Milano arrivarono per la prima volta alla Ariosto nella loro indagine sui libretti al portatore di Berlusconi.)

La prima testimonianza di Stefania Ariosto avvenne, abbiamo detto, il 21 luglio del '95. Il verbale della deposizione parla di «presentazione spontanea della signora per rendere al pubblico ministero Francesco Greco dichiarazioni in ordine alle indagini condotte dalla Procura di Milano sulla corruzione di alcuni appartenenti alla GdF». Greco, in realtà, in quei giorni non era in servizio. Se ne stava al mare in Sardegna e fu richiamato d'urgenza. Quando un anno dopo gli chiesi se un rientro così brusco fosse dovuto alla comparsa nell'indagine del nome di Berlusconi, Greco – napoletano di poche parole – mi disse di no. «Anche quest'anno sono rientrato prima...» Nessuno crede naturalmente che il dottor Greco sia rientrato di corsa a Milano per raccogliere imprecisate dichiarazioni di una imprecisata signora. Ma dal primo verbale questo non risulta. Risultano invece le indecisioni della Ariosto. «Poiché alcune informazioni in mio possesso potrebbero arrecarmi un grave pregiudizio anche nei miei rapporti sociali, chiedo un differimento del mio esame testimoniale in quanto devo ancora maturare tale mia scelta.» Rinvio accordato. Letto e sottoscritto.

«Mi attaccano per pregiudicare la posizione di Dotti»

È possibile che la decisione dell'Ariosto di presentarsi in Procura sia stata favorita da un articolo di Luigi Ferrarella, comparso sul quotidiano milanese «Il Giorno» cinque giorni prima, il 16 luglio 1995. Titolo a piena pagina: «Nel ricco jet set milanese il rebus di via Montenapo: furto perde, rapina vince». Più chiaro l'occhiello: «La contessa Ariosto, il suo legale Dotti, la sparizione di preziose opere d'arte e la lite da due miliardi con i Lloyd's».

Ferrarella raccontava una complessa vicenda che si può riassumere così. Il 29 dicembre del '93 dal negozio di antiquariato che la Ariosto aveva in via Montenapoleone furono rubati una testa d'Epicuro del II secolo avanti Cristo e un codice miniato francese del Quattrocento. Prezzo d'acquisto, 872 milioni. Valore assicurato, due miliardi e cinquanta milioni. Come furono rubati i due pezzi? Fu un furto o una rapina? I Lloyd's dissero che era furto e non vollero pagare, Dotti e la Ariosto parlarono di rapina e fecero causa. La lunga contesa portò, tra la fine del '94 e l'inizio del '95, prima al sequestro e poi al dissequestro giudiziario di beni dei Lloyd's. Le cose stavano a questo punto quando uscì l'articolo del «Giorno».

Dopo le indecisioni del 21 luglio, infatti, in un successvo interrogatorio avvenuto quattro giorni dopo, l'Ariosto fece riferimento all'articolo di Ferrarella. E motivò la decisione di presentarsi ai magistrati sia con ragioni etiche sia per contrastare una «campagna di delegittimazione della mia persona». Qui venne citato l'articolo, «tendenzioso» e scritto, secondo l'Ariosto, «forse perché qualcuno, attaccandomi, riesce anche a pregiudicare la posizione politica del mio compagno, avvocato onorevole Vittorio Dotti». La teste dichiarò anche di ritenere che dietro la resistenza della compagnia di assicurazione inglese si nascondesse la Fininvest e disse di avere «la netta sensazione che mi vogliano strangolare economicamente anche per condizionare il mio compagno».

Fu in quella occasione che l'Ariosto mise il nome di Previti e del suo collega Attilio Pacifico accanto a quello di Squillante e di altri magistrati e disse che Previti, servendosi di Squillante come «collettore», usava fin dai primi anni Ottanta corrompere i magistrati. «Se ne è vantato con me» precisò l'Ariosto ai pubblici ministeri Greco e Taddei. Aggiunse anzi di aver visto Squillante mentre riceveva il denaro in contanti sia in casa Previti sia al Circolo Canottieri Lazio. Altri magistrati corrotti, secondo l'Ariosto, avrebbero attinto denaro direttamente da Efibanca, si presume per il tramite di Previti.

L'Ariosto parlò di molte altre vicende, pubbliche e private; ammise di essersi pesantemente indebitata con i cambisti delle case da gioco per una forma autodistruttiva che la portava a giocare tutte le sere al casinò di Campione e a restare al tavolo da gioco fino a quando non avesse perso tutto. Disse – e questo è importante per i successivi sviluppi della storia – di aver avvertito Dotti della sua decisione di deporre e dei termini della deposizione. Per la quale chiese e ottenne il segreto.

Quando incontrai la Ariosto, a fine luglio '96, le chiesi se aveva manifestato a Dotti i suoi dubbi sulle supposte iniziative di Previti fin dai primi tempi della loro conoscenza, nell'88. Rispose: «Dopo un primo periodo di conoscenza superficiale, una coppia si ritrova a parlare, nel letto e fuori, di tante situazioni... Mi faccia una domanda più precisa». Lei ha detto ai magistrati che Previti riceveva fondi da Berlusconi per pagare i magistrati. «Sì.» Lo ha detto fin dall'inizio. «Certo.» Anche a Dotti? «Anche a lui, sì. Io credo che l'atteggiamento di Dotti vada sviluppato in un contesto più ampio. Penso che debba esserci un riferimento soprattutto al rapporto che c'è sempre stato tra Dotti e Previti. Credo che questo abbia determinato...»

Dotti e Previti, fratelli coltelli

Il rapporto tra Dotti e Previti, dunque. Dotti conobbe Berlusconi negli anni Settanta, quando il Cavaliere si occupava soltanto di edilizia. C'era stato il fallimento Caltagirone, Berlusconi doveva valutare se valesse o no la pena di rilevare il patrimonio immobiliare dei costruttori romani e si rivolse a Dotti, specialista in procedure fallimentari. Vennero insieme a Roma, parlarono col giudice delegato al fallimento, Dotti dette parere contrario e l'affare cadde. Negli stessi anni a Berlusconi fu prospettato l'acquisto della villa Casati di Arcore. La famiglia Casati era assistita da un noto civilista romano, Cesare Previti. Berlusconi acquistò la villa – dove tiene attualmente il suo quartier generale – e Previti diventò consulente del gruppo.

Fu Dotti, comunque, a gestire gli affari principali della Fininvest: Canale 5, Rete 4, Italia 1, l'acquisto della Standa. Fu proprio la Standa a produrre la prima grossa incrinatura nei rapporti tra Dotti e Previti. Il primo ne curò l'acquisto, il secondo si assicurò la gestione. L'avvocato milanese protestò, ma la polpa dell'affare andò al collega romano. Dotti rimase comunque l'avvocato di riferimento della Fininvest, tanto da essere nominato consigliere delegato per gli affari legali e procuratore alle liti.

I due avevano caratteristiche professionali assai diverse. Dotti è un avvocato tradizionale: scrive memorie e comparse, cioè atti scritti del processo per conto del cliente. Da politico ha scritto anche la traccia di qualche intervento di Berlusconi. Previti non scrive niente. «Ho fatto l'ultima comparsa dieci anni fa» mi disse nell'estate del '96. «Un capolavoro da bacio accademico. Ma era lunghissima... Da allora se ne occupano i miei collaboratori.» Ma ha rapporti eccellenti con il mondo giuridico-forense romano (e non solo) e per ogni causa importante metteva su collegi di difesa di altissimo livello, con i migliori specialisti italiani. Dotti non ha mai sopportato di dover scendere a Roma su convocazione di Previti per queste grandi riunioni collegiali di avvocati.

La rottura definitiva tra i due avvenne al momento della discesa in politica di Berlusconi. Dotti aveva ambizioni di vita pubblica, si era già presentato alle elezioni col gruppo Segni, ma aveva dovuto accontentarsi di poche centinaia di voti. Quando Berlusconi fondò Forza Italia, Dotti ebbe subito la candidatura in un collegio milanese sicuro. Previti non poteva sopportare una discriminazione del genere e chiese un seggio anche lui. Berlusconi nicchiò fino a due giorni dalla scadenza della presentazione delle liste. Offrì il seggio a Gianni Letta. Ma questi gli disse che era stato sempre assolutamente contrario alla discesa in campo del Cavaliere (caldeggiata invece da Dotti) e per quanto lo riguardava personalmente pregò Berlusconi di lasciarlo a occuparsi dell'azienda insieme con Fedele Confalonieri, che anche lui aveva visto la nascita di Forza Italia come il fumo negli occhi. «Cedi il mio posto a Cesare che ci tiene tanto» disse Letta. E Berlusconi accettò.

Dopo le elezioni i rapporti si invertirono. Dotti fu eletto capogruppo di Forza Italia alla Camera, incarico di altissimo prestigio. Ma Previti, che avrebbe dovuto ottenere lo stesso incarico al Senato, era candidato al governo. Berlusconi lo voleva ministro della Giustizia e soltanto alla fine accettò di fare lo scambio con Biondi, destinato alla Difesa. Vedere il suo rivale al governo fu per l'avvocato milanese un colpo mortale mai digerito. La rivalità tra i due diventò una guerra. Mai dichiarata, talvolta nascosta, ma pur sempre guerra.

«Pensavo che Dotti, abbattuto Previti...»

Nei verbali del 21 e del 25 luglio 1995, dai quali è partita l'indagine contro Berlusconi, Previti e Squillante, non compare mai il nome di Vittorio Dotti e tra i verbalizzanti non compare quello di un altro dei magistrati del Pool, Piercamillo Davigo. In realtà, a una delle due udienze – quella del 25 luglio in cui fu rilasciata la deposizione di denuncia a carico di Previti – erano presenti entrambi.

Davigo avrebbe successivamente chiarito di trovarsi per caso nella sede del nucleo di polizia giudiziaria della Guardia di Finanza dove stava l'Ariosto. La teste era indecisa se deporre o no, chiamò Dotti sul cellulare, il suo compagno arrivò subito, i due si appartarono e dopo il colloquio l'Ariosto accettò di deporre. Questa versione si ricava da alcune dichiarazioni degli interessati. Un'altra versione dell'Ariosto (riportata anche nel suo libro) dice invece che Dotti arrivò dopo la deposizione, quando la donna era indecisa se firmare il verbale oppure no («Buon Dio, parliamo di Berlusconi e Previti, lui deve essere messo a conoscenza») e l'avrebbe firmato dopo essersi consigliata col suo compagno.

Nel suo libro *La gazzella e il leone*, l'Ariosto scrive che quando chiamò Dotti, questi fu informato dai magistrati del «fatto» e che Davigo avrebbe promesso, «nei limiti delle sue possibilità istituzionali, un'operazione di ingegneria giuridica al fine di dare la massima discrezione al progetto».

Resta da chiedersi perché in un verbale così importante non si sia dato atto della presenza di Dotti, che è risultata comunque determinante per la deposizione stessa o – nell'ipotesi più riduttiva – per la sottoscrizione del verbale.

Anche nel nostro incontro nella galleria Cavour, l'Ariosto era profondamente amareggiata per l'atteggiamento del suo compagno: Dotti sparì dopo l'arresto di Squillante e dichiarò pubblicamente chiusa la storia con l'Ariosto due giorni dopo in un'intervista televisiva a Enzo Biagi.

Mi disse l'Ariosto: «L'avvocato Dotti avrebbe dovuto prendere una posizione chiara fin da quando ci incontrammo al palazzo di giustizia di Milano il 25 luglio del '95. Se avesse voluto sospendere il rapporto con me, avrebbe dovuto farlo allora. E non comunicarmelo la sera del 14 marzo '96 per televisione nella trasmissione di Biagi. Non lo sopporto, è ingiusto. Io con lui sono stata sempre onesta, gli ho sempre dimostrato la massima lealtà. Lui ha taciuto, ha continuato la sua vita come sempre, senza prendere nessuna decisione. Lui conosceva gli sviluppi della situazione, sapeva di alcuni miei risentimenti morali, conosceva situazioni la cui gravità io probabilmente avevo sottovalutato. E allora perché l'ha fatto? Perché voleva presentarsi come il salvatore di tutto?». Salvatore? «Una volta abbattuto Previti, l'avvocato Dotti – supportato dal potere parlamentare che prevedeva di avere – avrebbe certamente costruito un Centro e avrebbe assistito Berlusconi, come ha sempre fatto, onestamente. Non riesco a spiegarmi diversamente il suo comportamento. Perché noi fino all'8 marzo abbiamo cenato insieme, siamo stati insieme [*l'arresto di Squillante è del 12 marzo, nda*] e poi lui il 14 sera va da Biagi e dice "La nostra storia è già scritta"? Che ragione c'era di staccare questo rapporto platealmente, di dire: io me ne lavo le mani, nulla so, nulla sapevo. La verità è che sono stata utilizzata da una persona...»

«Quali i processi da comperare? Non stavo attenta...»

Le risulta che Dotti volesse costituire un partito suo?

«No. Lui voleva una "cuccia" di centro nella quale potesse avere la visibilità che gli sembrava giusta. E voleva portare Forza Italia sempre più verso il Centro. Era un progetto onesto, ma vedeva fantasmi dappertutto. Vedeva i "falchi" alle sue spalle, vedeva Pisanu – vicepresidente del gruppo – come un controllore. Aveva una insicurezza che non so da che cosa fosse determinata.»

Come ha maturato la convinzione che Previti corrompesse i magistrati per conto di Berlusconi? «Lo ha sempre affermato l'avvocato Previti. Diceva di avere fondi infiniti a disposizione...» Per comprare quali processi, per corrompere quali magistrati? Alla fine degli anni Ottanta, ai quali si riferisce la testimonianza di Ariosto, Berlusconi non aveva problemi giudiziari in genere e in particolare a Roma...

Questo Stefania Ariosto non ha mai saputo dirlo. E non seppe dirlo nemmeno a me, giustificandosi così: «La corruzione era determinata da situazioni consuetudinarie e nessuno era legittimato a parlarne. Chi ascoltava questi fatti doveva semplicemente concludere che questa era una manifestazione di forza e che le persone che facevano queste cose erano persone forti». Insistetti: l'avvocato Previti o eventuali altre persone le hanno detto per quali processi e per quali magistrati sarebbero serviti quei soldi? Rispose la Ariosto: «Il mio interesse non era così attento a capire di quali processi si trattasse. Sono diventata teste per caso, non avevo bisogno di assumere informazioni precise».

Lei ha parlato di un passaggio di denaro tra Previti e Squillante in casa dell'avvocato e al Circolo Canottieri Lazio. Ne è sicura? «Assolutamente.» Ricorda le circostanze? «È già tutto scritto negli atti processuali, non vorrei che lei mi sottoponesse a un nuovo incidente probatorio.» Mi hanno detto che quando si va a giocare a tennis o a calcetto al Circolo Canottieri Lazio, si usa lasciare denaro, orologio, portafoglio in buste che vengono consegnate al custode. È possibile che lei si sia confusa vedendo quelle buste? «No, Silvana Previti aveva una busta diversa con del denaro dentro.»

Nella deposizione del 28 luglio '95, la Ariosto affermò di

aver visto Previti, dopo una partita di calcetto al circolo (fine '88-inizi '89), consegnare a Squillante una busta piena di denaro dicendogli: «A Renà, te sei dimenticata questa».

Tre mesi dopo, in un altro verbale, aggiunse di aver raccolto quella sera le preoccupate confidenze di Silvana Previti per il denaro da consegnare al magistrato. L'altro pagamento di cui l'Ariosto si è dichiarata testimone sarebbe avvenuto in casa Previti, durante una cena a base di aragoste e champagne per festeggiare una vittoria giudiziaria: la teste avrebbe assistito a «un passaggio illecito di denaro» tra Previti, Pacifico e Squillante davanti a un tavolo sul quale c'erano mazzette fascettate di banconote.

Tra il 24 maggio e il 1° giugno '96, la Ariosto fu sottoposta a una durissima serie di contestazioni dai difensori degli imputati in un incidente probatorio davanti al Gip Rossano. La teste manifestò numerose incertezze sulle date degli episodi ai quali dice di aver assistito, il Gip manifestò qualche perplessità, ci furono momenti drammatici come quello in cui l'avvocato Ignazio La Russa le gridò: «Lei mente sapendo di mentire. Lei sta scappando, la sua è una fuga. Vergogna!». La «gazzella» svenne e il pubblico ministero Davigo s'indignò: «In vent'anni non ho mai visto un testimone trattato così».

La Ariosto cercò di spiegarmi la confusione dell'incidente probatorio: «Che sia stato l'87, l'88 o l'89 poco cambia. Non mi sento nemmeno colpevole di qualche brutta figura fatta nell'incidente probatorio. Il fatto oggettivo non cambia».

«*Vittorio non è un uomo da amare*»

Dinanzi a informazioni così gravi come quelle che lei dice di aver ricevuto dall'avvocato Previti e che coinvolgevano Silvio Berlusconi, lei non ha mai detto negli anni a Dotti, suo compagno di vita e avvocato di Berlusconi, perché non ne parlasse con il Cavaliere? «Sempre gliel'ho detto. Sempre. Quando poi vidi che c'erano sviluppi all'interno dell'indagine gli dissi: scusa, Vittorio, schierati. O ti schieri con Forza Italia e dici quello che devi dire o ti schieri con un altro movimento. È inutile rimanere all'interno per poi rimanere senza niente, come in effetti poi è rimasto.» Da quando lei ha conosciuto Dotti, ha visto Berlusconi in più d'una occasione. Perché non gli ha detto: guarda, Silvio, sta succedendo questo... «Ci ho pensato. Ma poi ho pensato anche che le donne della Fininvest parlano a Berlusconi attraverso i loro uomini. E io l'avevo detto a Vittorio. Gli avevo detto: tu devi parlare al dottor Berlusconi.» Lei sa che si dice? Che la Procura di Milano le abbia promesso una specie di immunità, che qualcuno l'abbia aiutata anche finanziariamente... «Non vedo di quale immunità si parli. Io non ho commesso reati. So che il dottor Rosario Priore [*il magistrato del caso Ustica ha denunciato l'Ariosto per calunnia a proposito di un viaggio negli Stati Uniti organizzato da Previti e Squillante in occasione di un premio americano a Craxi, nda*] ha mandato la sua denuncia al Servizio per la protezione dei pentiti. Ma io non sono un pentito, non ho commesso reati, sono soltanto un teste. Ho una questione con il mio condominio perché debbo pagare 71 milioni. Sa che cosa mi hanno fatto? Il giorno dell'incidente probatorio mi hanno mandato, come pressione psicologica, una istanza di fallimento per i 71 milioni del condominio. Quando l'ufficiale giudiziario è stato allontanato dall'aula, lui ha aspettato fuori che finisse l'udienza perché c'era scritto che dovesse notificarmi l'atto proprio quel giorno, prima dell'incidente probatorio.»

Stefania Ariosto è stata una volta in barca con Previti e Berlusconi. Poi ha partecipato con Dotti alle cene di fine anno in cui il Cavaliere faceva regali alle mogli dei suoi collaboratori più stretti. In queste occasioni ha scattato decine di fotografie. Scoppiato l'affare Squillante, «L'Espresso» le ha pubblicate per settimane. Perché l'Ariosto le ha consegnate al giornale? «Ho fatto quel gesto in una condizione psicologica emotiva perché tutti mi davano della pazza in televisione e volevo dimostrare almeno che c'era una verità fotografica. Poi sono stata incentivata dall'"Espresso" con la promessa che avrebbero versato dei fondi all'associazione per la fibrosi cistica.» Ha più sentito l'avvocato Dotti? «Mai più. Continua a telefonare a tutti i miei amici per sapere come sto, ma non l'ho più sentito. Sapeva che molte cose scritte dai giornali – e di cui aveva conoscenza diretta – non erano vere. Ma non ha osato smentirle.» Lei spera di ristabilire un rapporto con lui? «In questo periodo sono stata all'inferno. Ma non voglio tornare nel purgatorio in cui sono stata con lui per otto anni. Un purgatorio dove non si muove niente, non succede niente. Io speravo che lui prendesse posizione. Quando nel luglio del '95 la Procura di Milano mi fece assegnare la scorta e Berlusconi lo seppe, aveva l'occasione per raccontargli tutto. Io mentre lo vedevo parlare con Berlusconi dicevo, mio Dio, questo passa sopra... Anche quando mi chiamarono per i libretti al portatore gli dissi: Vittorio, chiama Berlusconi. Niente. Non è un uomo da amare, non si può amare.» Pianse.

«Dotti? Un Tristano. Hai presente Tristano?»

«Tristano. Hai presente Tristano? Bene, Vittorio Dotti è stato percepito dall'immaginario collettivo come un Tristano che si sacrifica per l'innamorata. E questo ha portato alla Sinistra seicentomila voti.» Compiaciuto dell'ardito paragone letterario, Nicola Piepoli lo festeggiò con una delle sue risatine sinistre, che espongono al raccapriccio degli astanti l'orrida dentatura e collocano il mago dei sondaggi Cirm a metà strada tra la Signora Omicidi e il vecchietto dei western classici.

Dotti come Tristano? Stefania Ariosto come Isotta? Potenza dell'immaginazione e dei sondaggi. Ecco dunque il mite, obliquo e misterioso avvocato della Fininvest vestire i panni alati del principe dugentesco di Cornovaglia che condivide per error fatale un filtro d'amore con Isotta, vergine dai capelli d'oro invano promessa al re di lui zio che scoprendo l'inganno si commuove dinanzi al legame irrinunciabile della coppia e la benedice procurandone il pentimento (che per i due però giunge tardivamente) fino a morire l'una sull'altro per fatali equivoci in nome di un Amore mai lecito eppure invincibile. Ecco i drammatici e liberatori colloqui di Isotta Ariosto con la maga Boccassini, dai capelli rossi seducenti e sinistri, abbandonarsi a confessioni di lirismo crescente, tanto che in più d'una occasione le volte sorde del palazzo di giustizia di Milano sembrarono risuonare del canto irresistibile del *Tristano* di Wagner, che Thomas Mann definì sublime e morboso, struggente e suggestivo, iniziato a tutti i più malefici e più angusti misteri del romanticismo. E che lo stesso sommo compositore maledisse per la sua orrida bellezza augurandogli esecuzioni pessime, ché «quelle perfettamente buone farebbero impazzire la gente».

«Un Tristano. Ti assicuro che il sacrificio di Dotti è stato percepito dalla gente come quello supremo di Tristano» insisteva Piepoli in un mesto pomeriggio di fine marzo, mentre per le denunce d'Isotta il giudice Renato Squillante festeggiava la sua seconda settimana di detenzione e la campagna elettorale aveva un nuovo motivo per rendersi incandescente.

Mentre Piepoli scrutava i suoi alambicchi elettronici, la sera di venerdì 15 marzo Vittorio Dotti entrava con aria assai cupa nell'abitazione romana di Silvio Berlusconi, in via dell'Anima. Trovò ad aspettarlo il Cavaliere e Gianni Letta. I giornali riportavano la notizia che Squillante era stato arrestato tre giorni prima su indicazione di Stefania Ariosto, da otto anni compagna di Dotti, che aveva tirato dentro la storia in modo pesantissimo, come abbiamo visto, sia Cesare Previti che Silvio Berlusconi.

Il Cavaliere disse: «Vittorio, tu sei da anni consigliere delegato della Fininvest per gli affari legali. Tu sai che quello che ha detto Stefania non è vero. Ti prego di fare una smentita piena delle affermazioni della signora». «Non posso farlo» rispose Dotti. «Io non so nulla di quello che ha detto. Stefania ha la sua testa, il suo mondo. Non potete dirmi: è la tua donna, ne rispondi oggettivamente. Come se ne fossi il padrone. Bel modo di concepire i rapporti umani.»

Il lunedì successivo, 18 marzo, scadevano i termini per la presentazione delle liste elettorali. Per Berlusconi sarebbe stato piuttosto imbarazzante riproporre agli elettori il compagno della donna che l'accusava di tenere a libro paga magistrati per aggiustare processi e lo faceva per mezzo di un altro esponente autorevole di Forza Italia, Cesare Previti, già ministro della Difesa. Avallando la tesi che Dotti non sapesse una parola delle accuse gravissime della sua compagna. Lui che da vent'anni conosceva vita, morte e miracoli di tutti i processi che riguardavano la Fininvest. Disse allora Berlusconi: «Vittorio, evitiamo traumi. Rinuncia alla candidatura». Dotti disse che ci avrebbe pensato. Berlusconi lo pregò di dargli una risposta l'indomani mattina: avrebbe consultato al telefono i membri del consiglio di presidenza di Forza Italia sulle decisioni da prendere. L'indomani, sabato 16 marzo, Letta chiamò per tre volte al telefono Dotti, ma non ottenne risposta. A mezzogiorno e mezzo Forza Italia decise di escludere dalla competizione elettorale il proprio capogruppo alla Camera. Domenica 17 venne fuori la notizia che Dotti era stato interrogato per tre volte dai giudici di Milano e che conosceva le accuse della Ariosto almeno fin dal mese di luglio '95, quando aveva letto il verbale del primo interrogatorio della sua campagna.

Telefonò Billia: «Dini ti vorrebbe con sé»

Il pomeriggio di quella domenica, l'avvocato ricevette nella sua abitazione di Milano una telefonata di Gianni Billia. Presidente dell'Inps e già direttore generale della Rai, Billia è il più ascoltato consigliere di Lamberto Dini. Nel governo Prodi, Dini avrebbe chiesto per sé gli Esteri e per Billia le Poste, ottenendo su questo punto un rifiuto. Quando Dini fece nell'auditorium della Confindustria la prima convention di Rinnovamento italiano, nella sua stanza trovai due persone: la signora Donatella e Gianni Billia. Billia chiamò dunque Dotti a nome di Dini e gli offrì una candidatura in Rinnovamento italiano.

Per una coincidenza assai singolare, proprio quella domenica il «Corriere della Sera» aveva titolato in testa alla seconda pagina: «La Ariosto candidata per un'ora. L'Uds, partito di Bordon e di Ayala, l'aveva scelta per le sue liste autonome. Poi invece è ritornato con Prodi. La superteste: un dispetto al Cavaliere. L'Ulivo teme l'effetto boomerang». Dotti non sentiva Stefania ormai da una settimana. E se una candidatura di quella che fu la sua compagna per otto anni certo gli avrebbe creato qualche problema, non aveva affatto rinunziato alla sua. Aveva anzi messo in conto che Forza Italia non lo ricandidasse e aveva pregato un amico di presentare per suo conto, naturalmente senza che si sapesse, un simbolo autonomo: Civiltà liberale. Quando gliene chiesi le ragioni, Dotti mi disse che temeva un siluramento per ragioni politiche: «I falchi come Previti mi avevano allontanato da Berlusconi. Dopo il fallimento di

Maccanico, nel partito l'asse s'era spostato in loro favore. Mi tenevano ai margini anche nella formazione delle liste».

In realtà è possibile che Dotti temesse che il caso Squillante gli scoppiasse in mano da un momento all'altro. Per sua sfortuna, scoppiò solo sei giorni prima della chiusura dei termini per le liste, mettendolo nell'impossibilità di studiare qualsiasi contromossa. «Entro due ore ti darò la risposta» disse Dotti a Billia. Ci fu un nuovo scambio di telefonate e nel tardo pomeriggio la risposta fu positiva: Dotti sarebbe stato un candidato indipendente nella lista di Rinnovamento italiano. Com'era immaginabile, la cosa non passò sotto silenzio. Dotti prese molto male i prevedibili commenti di Emilio Fede e di Paolo Liguori sui loro telegiornali della Fininvest. Ma alle riserve dei due direttori si aggiunsero quelle, ben più influenti, di Romano Prodi e di Massimo D'Alema. Come riferì Alberto Caporale sul «Messaggero», Dini cercò di resistere fino all'ultimo. Puntava sul «ni» ricevuto nella tarda mattinata dalle Botteghe Oscure e cercò di contrastare il no secco di Prodi motivandolo con la supposta gelosia del Professore per il supposto rafforzamento di Rinnovamento italiano. Dopo una serata assai agitata, e un parere esplicitamente negativo dello stesso D'Alema, alle due del mattino Dotti chiamò l'Ansa per mettere a disposizione di Dini la sua candidatura e finalmente all'alba rinunziò. «La notte probabilmente è stata creata per migliorare l'umanità» scrisse il 19 marzo sul «Foglio» Giuliano Ferrara in un editoriale dal titolo: *L'avvucate 'nnammurate*. Aggiungendo perfido per commentare l'atteggiamento politico-giudiziario di Dotti: «Un Peppino De Filippo al suo meglio, insieme con Totò, Vittorio e la malafemmena, non avrebbe saputo far di meglio nell'arte della commedia».

Quando nell'estate successiva incontrai l'avvocato per raccoglierne una testimonianza diretta, mi trovai di fronte un uomo molto provato. Cercava di mantenere rapporti politici, si sentiva spesso con Dini, s'era incontrato con lo stesso D'Alema commentando la sua strategia verso Giuliano Amato. Ma mi apparve distrutto dalla vicenda Ariosto. «Non ho mai avuto odio personale per Previti» mi disse. «Lui è molto bravo nel lavoro di relazioni giudiziarie. Vantava rapporti con magistrati di altissimo livello. Questo non va visto come un illecito. In tutti i tribunali esistono avvocati che fanno questo lavoro. Anche se avevo sentito dire che lui fosse in grado di acquistare i favori dei giudici.»

Gli chiesi se in coscienza gli risultasse che Berlusconi avesse mai detto di pagare un magistrato per sistemare un affare: «No» mi rispose. «Per le vicende che ho seguito io no e per quanto è a mia conoscenza no.» Stefania Ariosto ha detto: Vittorio mi ha armato la mente in questa vicenda. «È pazzesco. Che significa? Che mi sfogavo per le difficoltà che incontravo nel gruppo parlamentare? Perché Berlusconi preferiva parlare con Pisanu piuttosto che con me? Perché Taradash, Vito, Calderisi, la Maiolo mi attaccavano più di Previti che vedevo meno perché lui stava al Senato? Io vedevo Stefania soltanto nel week-end. Che ne sapevo che durante la settimana aveva fatto verbali interminabili?» Eppure, come abbiamo visto, Dotti sapeva tutto fin dall'inizio, fin dalla prima deposizione del luglio '95 e secondo l'Ariosto conosceva la delicatezza del problema già da prima.

«Vittorio ha sempre saputo». «Non è vero»

Chiesi a Dotti: perché nel '91, quando la Ariosto sostiene che due finanzieri durante una verifica le promisero una qualche immunità fiscale (da qui, smentite e denunzia degli ufficiali) in cambio di notizie sul gruppo Berlusconi, non ne parlasti col Cavaliere?

«Perché lo considerai un fatto di costume, non gli detti peso. Ne parlavamo a tavola, lei ne parlava a compagni di gita. Una volta a un party incontrammo un altissimo ufficiale della Finanza e quando gli raccontammo l'episodio lui non si scompose. Ci disse, anzi, che erano previsti dai regolamenti incentivi per le persone che davano una mano alle indagini.»

Già, ma dopo il '91 sono arrivate le deposizioni del '95. Tu fosti chiamato in Procura per parlare con l'Ariosto... L'avvocato parlava malvolentieri della vicenda e a questa domanda si mosse infastidito sul divano nella saletta d'albergo che ci ospitava: «Intanto non pensai mai a un legame tra le vicende del '91 e le denunce del '95. Eppoi io ignoravo che cosa l'Ariosto dicesse di Previti. Io non sapevo quanto sapesse Stefania. Lei è una che parla pochissimo di sé e vuole sapere molto degli altri...». E questa storia che la Fininvest avrebbe agito sui Lloyd's per strangolare finanziariamente l'Ariosto e condizionare politicamente te? Dotti allargò le braccia, in silenzio.

Il 22 ottobre 1995 e l'8 marzo 1996, Dotti fu interrogato per tre volte da Ilda Boccassini, Gherardo Colombo e Piercamillo Davigo.

Il 4 ottobre '95, otto giorni prima dell'arresto di Squillante, Stefania Ariosto disse alla Boccassini che, pur senza essere scesa nei dettagli, aveva riferito a Dotti, prima di presentarsi all'autorità giudiziaria, che Silvio Berlusconi aveva a libro paga dei magistrati per mezzo di Cesare Previti. Secondo l'Ariosto, Dotti disse che la decisione di denunziare questi fatti alla magistratura gli pareva giusta. La donna aggiunse che nel corso dei mesi aveva tenuto il suo compagno al corrente dei frequenti colloqui con i magistrati milanesi.

Dotti dichiarò invece di essere rimasto totalmente estraneo alle iniziative della sua compagna e di averla pregata di non riferirgli niente di quanto andava dichiarando ai procuratori di Milano. Escluse che l'Ariosto gli avesse detto che Previti operava per conto di Berlusconi.

Nell'estate del '96 chiesi a Dotti se non provasse disagio, in coscienza, per aver taciuto così a lungo con Berlusconi al quale lo legava una vecchia amicizia e qualche motivo di gratitudine. Dotti fece una lunga pausa. Poi rispose: «L'Ariosto mi aveva detto espressamente: sta' tranquillo, il tuo Berlusconi non lo tocco». Già, ma poi l'ha toccato, e tu stesso fosti interrogato nell'ottobre del '95: «L'unico punto in cui si è parlato di Berlusconi è stato quando lui mi chiese perché era stata assegnata una scorta a Stefania. Chiesi ai giudici se potevo parlarne con Berlusconi e loro mi dissero di no. Anzi scrissero all'istante un decreto di secretazione che mi fecero firmare. Mi dissero: a questi verbali abbiamo accesso solo noi magistrati». Ancora una pausa: «Avrei dovuto dire a Berlusconi di stare attento a Previti? Non conoscevo il grado di completezza delle deposizioni della Ariosto». Poi una mezza ammissione: «Forse avrei dovuto parlare con Berlusconi, rischiando una denuncia per favoreggiamento». Infine uno sfogo: «Non accetto che si dica che io sia il suggeritore della

Ariosto. Non è vero. Non fa parte della mia cultura. Io sarei il Grande Vecchio di questa storia? Il Grande Vecchio che si taglia i...? E già, perché son l'unico che ha pagato...».

Previti: «L'Ariosto, un teste costruito a tavolino»

«Lei qua dentro non è venuta mai. Capito? Mai. Non è stata nemmeno in grado di farne una descrizione sommaria, il suo comportamento ha letteralmente indignato il Gip che guidava l'incidente probatorio. Non è possibile, diceva il giudice, chi è stato in un appartamento è in grado di farne una descrizione. E ha chiuso l'incidente probatorio dicendo: afferma di aver conosciuto, visto, frequentato magistrati, di aver assistito a scambi di denaro e non è nemmeno in grado di descrivere i luoghi in cui tutto questo è accaduto.»

Era furibondo, Cesare Previti. Abbronzato, ma furibondo e ormai deciso a dedicare i prossimi anni della sua vita a Stefania Ariosto e a Vittorio Dotti, cause diretta e indiretta, a suo dire, della pesantissima vicenda giudiziaria che lo coinvolgeva. Ha navigato poco, il mitico *Barbarossa* nell'estate del '96. Publio Fiori era stato profetico: «Con quello che sta capitando a Cesare, quest'anno in barca staremo larghissimi». E infatti, appena una puntata di Ferragosto in Grecia e poi prima che l'autunno raffreddasse i colori del mare, via a Roma, nello studio di via Cicerone, a preparare la Grande Offensiva.

Via Cicerone è un luogo chiave di questa storia. Fino all'87, Previti ha abitato al piano superiore dello studio. È lì, in casa, che Stefania Ariosto ha detto di aver visto in una cena piena di magistrati (e con Gianni Letta) un passaggio di denaro tra Previti e Squillante. Ribatte l'ex ministro: «Lei colloca questo avvenimento nell'estate dell'88, in base a coordinate strettissime. Il fatto è avvenuto dopo il suo tentativo di costruire un campo da golf (vicenda esaurita nell'87) e prima che lei conoscesse Dotti (fine dell'88). Ma io ho già dimostrato ai giudici che in quel periodo abitavo già in piazza Farnese e che per l'intero '88 l'appartamento in cui avevo abitato in via Cicerone era sottosopra per lavori di ristrutturazione: sarebbe stato affittato dai proprietari ad altre persone. Che cosa ha fatto dunque la Ariosto in questo e in altri casi? Ha trasformato in modo radicale fatti realmente avvenuti, ma in luoghi diversi, in circostanze diverse e con persone diverse». Cioè? «Prendiamo il caso dei soldi dati in casa mia. Lei dice che la consegna sarebbe avvenuta in una serata in cui si festeggiava una grande vittoria giudiziaria. Si festeggiava con aragoste e champagne. Un episodio simile è avvenuto in realtà tre anni dopo, il 24 gennaio del '91, quando è uscita la sentenza che ci dava ragione nella causa Mondadori. Quando seppi che la sentenza era stata depositata, mandai un mio collaboratore a prenderne copia e invitai nel mio studio gli avvocati che avevano seguito la causa: Agostino Gambino, Carlo Mezzanotte, Romano Vaccarella e Vittorio Dotti. Poiché la sentenza tardava ad arrivare dissi a tutti: andiamo a casa mia, facciamo colazione e aspettiamo la copia. Vennero anche Gianni Letta e Fedele Confalonieri.» Non c'erano magistrati? «Ovviamente no.» Signore? «Nemmeno. Eravamo in sette, cinque avvocati e i due dirigenti Fininvest. Dice l'Ariosto: in quella cena famosa fecero telefonate a Berlusconi. È vero: nel pranzo avvenuto tre anni dopo chiamammo Berlusconi, Galliani, l'avvocato Bonomo che ci aveva seguito da vicino. Insomma, tutti quelli che avevano vissuto con noi la vicenda.» E allora? «Allora che ha fatto l'Ariosto? Per togliere Dotti dalla scena, ha tolto tutti gli avvocati sostituendoli con magistrati e ci si è messa lei. Ma non basta. Lei ha detto di essere venuta a trovarmi in barca a Porto Ercole nell'estate dell'88, di aver visto che anche allora avevo la casa piena di magistrati e di essere venuta con noi a cena a Capalbio con Enrico Manca. Bene, ancora una volta si è messa lei al posto di Dotti. Perché nell'estate dell'88 è venuto Dotti a trovarmi, l'ho ospitato in barca perché non avevo posto in una casa che allora era di ottanta metri quadrati e non c'era nessun magistrato. Con Dotti, e non con lei, andammo a cenare a Capalbio con Manca.»

L'Ariosto sostiene di aver visto alla Canottieri Lazio la borsa di tua moglie con i soldi per Squillante. «Noi l'abbiamo denunciata per calunnia. Il problema è che lei non sa descrivere la sede del circolo. Nessuno l'ha mai vista alla Canottieri Lazio. Nell'incidente probatorio il Gip ha perso la pazienza perché lei aveva detto di essere stata solo due volte nel circolo, mentre prima aveva detto di esserci stata molte volte di più. Inoltre non ha saputo indicare il nome di magistrati presenti alla Canottieri Lazio, mentre prima aveva parlato di una lobby di magistrati. È o non è un'attività professionale di calunnia?» Ma perché sarebbe avvenuto tutto questo? «Io ho dimostrato che l'Ariosto è un teste costruito a tavolino.»

«Dotti voleva approfittare delle difficoltà di Berlusconi»

A tavolino? «Capisco che è difficile far passare un messaggio così forte. Però questa è la verità, che prescinde completamente dall'indagine che si vuole fare nei miei confronti. Facciano pure, se hanno altre tremila cose contro di me le tirino fuori. Non me ne frega niente. Ma su questo punto ho il diritto che, mentre si indaga sul mio conto, si indaghi anche sul come e sul perché è stato costruito a tavolino un testimone falso. Perché Dotti viene chiamato durante le prime audizioni dell'Ariosto, non si capisce se il 21 o il 25 luglio '95, e la sua presenza non viene messa a verbale? Perché l'Ariosto nel suo libro parla dell'impegno del pubblico ministero Davigo di ricorrere a una qualche forma di ingegneria giuridica per sistemare le cose? E tutte le menzogne che ho documentato poco fa? L'Ariosto è un teste costruito in laboratorio, a prescindere dalle indagini sulla mia figura di corruttore del secolo.»

Tornai a chiedere: perché tutto questo? «Naturalmente me lo chiedo anch'io. Guardiamo intanto al percorso politico di Dotti. La stessa Ariosto, nel suo libro, dice che Dotti si sente emarginato politicamente e mi considera responsabile di questo. Non gode della fiducia e della confidenza di Berlusconi e me lo addebita. Io non ho mai avuto grande considerazione per Dotti, ma qui abbiamo superato la misura. In realtà, Dotti aveva un disegno politico in mente: voleva approfittare delle difficoltà giudiziarie di Berlusconi. Io non so se questa storia è nata nella testa di Dotti, della Ariosto o di qualche altro politico importante. Perché non dimentichiamo che qui l'accusa è di aver agito insieme, Berlusconi e io...» (Dotti, naturalmente, negava con energia ogni ipotesi del genere.)

«Mi si fiondarono in barca per Berlusconi...»

A proposito: i giudici di Milano sospettavano che questi fondi transitassero per Efibanca. «Efibanca ha dimostrato che non esistono presso l'istituto conti correnti di nessun genere. Efibanca non ha conti correnti.» Credo che si riferiscano a certificati di deposito: «Hanno fatto una ricerca e hanno scoperto che non ho mai avuto un certificato di deposito presso Efibanca». Tu potevi attingere soldi a Efibanca? «No, nella maniera più assoluta. Hanno fatto un'indagine approfondita, hanno sentito testimoni, raccolto valigie di documenti. Hanno trovato centinaia di pratiche di cui io mi sono occupato per Efibanca come avvocato. Hanno trovato parcelle importanti perché io ero l'unico avvocato di Efibanca. Niente di più. Che cos'altro ci vuole per dimostrare che tutto questo discorso si basa su falsi?»

Come mai hai ospitato spesso la Ariosto nella tua barca? «Un cazzo, ho ospitato.» Ma come, lei ha riempito un album di fotografie... «Ma figurati se mi veniva in mente di ospitare Dotti e l'Ariosto. Adesso mi spiego. Dopo che io ero andato da Sangermani per farmi costruire la barca, c'è andato Dotti e ne ha presa una usata. Barca io, barca lui, è capitato d'incontrarci in Sardegna. Una volta stavano ormeggiati vicino a noi e allora li abbiamo invitati a fare il bagno. È quella volta di cui parla lei anche nel libro, quando racconta che era caduta in acqua e le ho salvato la pelle.» E le foto quando le ha fatte? «La seconda e ultima volta che Dotti e la Ariosto sono saliti sulla mia barca è stato quando ho invitato Berlusconi. Tu stai attraccato a un molo, inviti un amico importante, il vicino di molo è un amico comune. Dotti, comunque, si propose da solo. Aveva con sé la Ariosto e la portò. Si fiondarono. E vennero con una coppia di amici loro.»

È possibile che tu abbia fatto alla Ariosto confidenze sulla corruttibilità di alcuni magistrati? O che discorsi su questo argomento siano stati per qualche ragione interpretati male? «Escludo categoricamente di aver fatto con lei qualunque discorso confidenziale di questo genere. Innanzitutto perché non ho mai avuto a libro paga un magistrato. Eppoi perché non ho mai avuto con la Ariosto questo grado di confidenza.»

Come conoscesti la Ariosto? Perché la frequentasti? «La

Ariosto mi fu presentata da Giorgio Casoli, un ex magistrato poi diventato parlamentare del Psi e infine avvocato, col quale lei si accompagnava allora. Casoli mi era stato presentato da Enrico Manca e nell'85 insistette perché Manca e io partecipassimo all'inaugurazione di un negozio dell'Ariosto a Milano. Manca allora era un personaggio di rilievo.» E poi? «Casoli poco tempo dopo mi disse che l'Ariosto era interessata a mettere su un campo da golf e mi chiese di presentarla al direttore di Efibanca. Io l'accompagnai. Il direttore fece un'istruttoria molto veloce e dopo qualche giorno mi telefonò. Guarda, Cesare – mi disse – questa è una storia molto fumosa, non c'è niente di concreto. Quando e se metteranno a fuoco le cose, le manderemo avanti. Riferii la risposta all'Ariosto e lei mi pregò di farle fare da Efibanca una lettera di impegno. Il direttore di Efibanca mi disse: niente in contrario, ma è meglio se non la facciamo perché questi davvero debbono fare tutto. L'Ariosto insistette ed Efibanca le fece una lettera di due pagine in cui diceva in sostanza: preso atto che non avete comprato il terreno, non avete chiesto le licenze, non avete un piano né le autorizzazioni, quando avrete messo a posto tutte queste cose, prenderemo in esame la vostra pratica.» Tutto qui? «Tutto qui. Poi la storia del golf saltò, l'Ariosto e i suoi soci vennero denunciati per truffa, qualcuno ci rimette le penne, invece lei la salvano e se la ritrovano prima come confidente e ora come testimone.»

(Sulla vicenda del campo da golf, Alberto Rizzoli dichiarò di aver trattato con l'Ariosto e i suoi soci la vendita del terreno. Occorrevano miliardi, ma Rizzoli si accorse che gli acquirenti non li avevano.)

«Per quanti giudici pagasti il viaggio in America?»

Uno degli elementi che hanno fatto avanzare sospetti sui tuoi rapporti con alcuni magistrati romani è il famoso viaggio negli Stati Uniti organizzato da Squillante in occasione di un premio dato a Craxi dalla Niaf, la potentissima organizzazione degli italo-americani, che nell'autunno del '96 ha invitato anche Prodi. Per quanti giudici Previti pagò biglietto e soggiorno? «Per nessuno. Io mi sono interessato per fare alcune prenotazioni su indicazione di Squillante. È possibile che se ne sia occupata la sorella dell'Ariosto, che era un'impiegata dell'Alitalia. Ma ho pagato soltanto il mio viaggio. Gli altri? Sono personalmente convinto che qualche magistrato se lo sia pagato da solo e che qualche altro biglietto sia finito nel calderone delle spese del gruppo Craxi.» L'Ariosto annotava minuziosamente i suoi appuntamenti sulle agende, acquisite dalla magistratura di Milano. I tuoi avvocati – dissi a Previti – hanno avanzato pesanti sospetti sulla scomparsa dell'agenda del '95, che l'Ariosto sostiene di aver consegnato ai procuratori di Mani pulite. Questi hanno dichiarato invece che l'agenda del '95 è ininfluente. «Ininfluente? Ci dicano allora che cosa c'era scritto. In realtà, lì dentro c'erano tutti i rapporti politici di Dotti nei quali è intervenuta lei e che hanno portato dove hanno portato. C'è la storia dei primi interrogatori, della presenza di Dotti ai primi verbali, le bugie di Dotti a Berlusconi sulle ragioni per le quali all'Ariosto fu assegnata una scorta. Questa storia della scorta poi è incredibile. Nell'estate del '96 l'hanno ridotta a Berlusconi e tolta a tanta altra gente per risparmiare uomini e almeno all'inizio l'avevano lasciato all'Ariosto perché sarebbe insidiata da Berlusconi e Previti. Roba da pazzi.»

Un'ultima cosa, che peraltro non riguarda Berlusconi, ma coinvolge te in modo diretto. La questione dei ventuno miliardi che ti sono stati pagati in Svizzera dagli eredi del petroliere Nino Rovelli. Tu sostieni che è stato onorato un vecchio impegno, i magistrati milanesi sospettano che siano soldi destinati magari alla corruzione di magistrati. «Quando si hanno sospetti del genere, bisogna confortarli con elementi di prova. E tutti gli eredi Rovelli hanno dichiarato che il loro congiunto li aveva incaricati prima della morte di onorare un obbligo nei miei confronti. Hanno aggiunto di aver ricevuto questo denaro prima della morte di Nino Rovelli per scopi leciti. La vedova è arrivata a dire che il marito era capace di tutto, ma che se quei soldi avessero avuto una causale illecita, non l'avrebbe mai coinvolta in questa vicenda.»

I versamenti svizzeri dei Rovelli sono avvenuti per due diversi tipi di beneficiari. Da un lato gli avvocati che si sono fatte liquidare all'estero le loro parcelle, dall'altro tu, Pacifico e Acampora. Si tratta di partite diverse.. «E infatti per me non si è trattato del pagamento di una parcella. Ma di fondi per il pagamento di terze persone, nessuna delle quali è un magistrato e nessuna delle quali è un pubblico ufficiale.» Scusa l'ingenuità, ma perché questi pagamenti non venivano fatti alla luce del sole, magari anche con una bella serie di fatture, invece che attraverso versamenti misteriosi estero su estero? «Rovelli aveva un impero economico del valore di migliaia di miliardi. Quando ha avuto le disavventure che ha avuto, ha cominciato a operare all'estero prima per salvare il salvabile e poi per ricostruirsi una situazione economica e finanziaria. Io l'ho accompagnato in queste vicende e mi sono ritrovato esecutore di certi impegni.» Di quale natura? «Di natura assolutamente commerciale e imprenditoriale. Perché senza parcelle? Ma perché allora la legge italiana vietava certe operazioni estero su estero. Eppoi io non posso mettere in piazza situazioni professionale di terzi, anche non italiani, se queste persone non ritengono di presentarsi loro o se i giudici non ci arrivano attraverso le loro indagini.»

Sei davvero sicuro che tra i beneficiari di queste operazioni non ci fosse nessun magistrato? «Assolutamente.»

14
Il sorriso di Ilda la Rossa

Per andare in Procura, passi davanti alla banca – m'avevano detto –, è la strada più breve. Era un tardo pomeriggio di fine luglio, nel '96. I corridoi del palazzo di giustizia di Milano erano deserti. Per questo, forse, mi colpì il cristone che stava impalato davanti all'ingresso chiuso della BNL, con le braccia che sfioravano il marsupio legato alla pancia e la rivoltella che ci stava dentro. Ancora due passi e vidi un altro giovanotto nello stesso atteggiamento. Perché la banca interna a un palazzo di giustizia era così protetta? Vidi infatti un terzo uomo gemello degli altri e cercai con lo sguardo la ragione di tanta cura. Mi accorsi così di una figura minuta che stava operando al bancomat. Era di spalle, aveva i capelli rossi, i pantaloni e le scarpe senza tacchi. Si girò e mi sorrise. «Venivo da lei» le dissi.

Ilda Boccassini non è fotogenica. Almeno non lo sono i suoi atteggiamenti. Viene ripresa sempre circondata dagli uomini della scorta, con la faccia scura, tesa, professionale. Ma di quel professionale amaro che rende certi giudici diversi dai cittadini comuni e ha contribuito a farne dei miti, con tutto il sollievo che questo comporta all'inizio e tutti i rischi che comporta quando i miti sono durevoli e rischiano di soppiantare le istituzioni su cui si fonda la democrazia. Mi aveva colpito (negativamente) una copertina dedicatale dall'«Espresso». *Forza Ilda*, era il titolo. Perché forza? Un magistrato ha bisogno degli incitamenti che si danno a una squadra di calcio? Gioca una partita? È dunque una parte? Non bastano la sua serenità, il suo equilibrio, la sua riservatezza, la sua forza d'animo a fargli distinguere il lecito dall'illecito? Non il bene dal male: per quello ci sono i confessori, per chi crede, o il giudizio sociale. I magistrati hanno (dovrebbero avere) come unico interlocutore la legge, i codici, che non sono buoni né cattivi, non profumano e non puzzano. I codici non hanno odore, non hanno colore. Almeno non dovrebbero averne. E mentre guardavo la Boccassini e il sorriso, bellissimo, che ora mi dispensava di nuovo nella sua stanza, la più blindata del palazzo di giustizia, con cinque uomini di guardia fuori della porta, mi chiedevo se noi cittadini e soprattutto noi giornalisti non avessimo caricato questo e altri uffici giudiziari d'Italia di compiti impropri, mettendoli al posto dei confessori, dei grandi moralisti laici, al posto dello stesso domineddio per sapere assai più della differenza tra il lecito e l'illecito, per giudicare il Bene e il Male, i vivi e i morti, così da sentirci tutti possibili imputati e anzi da sentirci i soli innocenti a gridare contro la putredine – reale o virtuale, non importa più – di un Paese di soli imputati.

Eppure Ilda la Rossa, come la chiamano per i suoi capelli e perché la definizione aggiunge mito al mito, non mi sembrò affatto, quel pomeriggio, l'Angelo Sterminatore della copertina dell'«Espresso». Mi parlava lucida e serena dei suoi processi – in particolare di quello Berlusconi-Previti-Ariosto che m'interessava –, era convinta delle sue ragioni, ma non dava giudizi, non affondava lame, seguiva una pista fidando che fosse quella giusta. Le dissi che in questa inchiesta, per quanto mi pareva di capire, mancavano la testa e la coda. Non c'era prova, fino a quel momento, che Berlusconi finanziasse Previti per corrompere giudici. Né si conoscevano, a quel momento, i destinatari delle corruzioni di Squillante e i processi che in virtù di queste avessero avuto un corso diverso da quello dovuto. Non mi smentì. Mi disse che Squillante era sospettato di essere un collettore di tangenti e che Previti era sospettato di fornirgli il denaro attraverso l'avvocato Attilio Pacifico, anch'egli arrestato. E l'Ariosto? Sapevo che la «teste Omega» aveva sempre il cellulare acceso anche perché lei, la dottoressa Boccassini, potesse chiamarla in qualsiasi momento. E infatti quando nella tarda mattinata le avevo telefonato per l'appuntamento nella galleria Cavour, stava nella sua stanza. Mi chiesi quanto fosse stretto il rapporto tra queste due donne, quanto il sorriso magnetico di Ilda la Rossa avesse dolcemente sollecitato le clamorose e devastanti dichiarazioni della «teste Omega» e quanto poi l'avesse sostenuta, confortata, protetta nei momenti delle contraddizioni, delle ricostruzioni incerte, dei collegamenti temporalmente improbabili. Tutto questo rientrava nelle corde investigative della Boccassini. Lei fa il pubblico ministero e non potrebbe fare altro. Deve sentirsi parte fin nel midollo. Nonostante i codici prescrivano tuttora che il pubblico ministero deve cercare anche le prove a favore dell'imputato e non soltanto quelle a suo carico.

Anni fa, a un seminario di giudici organizzato a Frascati dal Consiglio superiore della magistratura, Ilda Boccassini rivelò e difese una sua scelta di segno diverso: un pentito di mafia aveva detto che in una certa abitazione era stato nascosto per un certo periodo un enorme quantitativo di esplosivi. Lei non fece il riscontro, disse, perché se la notizia si fosse rivelata inesatta, la credibilità del pentito si sarebbe indebolita.

Le chiesi dell'Ariosto, dunque, e lei mi rispose: «L'Ariosto non è stata manovrata e non è manovrabile». Mi confermò che l'esperienza antimafia le era di grande aiuto. «Quando ci trovavamo dinanzi a un pentito, non ci chiedevamo perché parlasse. Parlava per vendetta? Fatti suoi. Era un delinquente? Non contava. Contava solo la sua attendibilità.» Era certo difficile chiedere a un procuratore di Milano se Stefania Ariosto, la «teste Omega», fosse attendibile. Ma come vedremo anche nel colloquio con Piercamillo Davigo, i procuratori sapevano benissimo che un processo fondato esclusivamente sulla testimonianza dell'Ariosto non avrebbe fatto molta strada. Ecco dunque la necessità di altre indagini e di altri riscontri. Andiamo per gradi. Il nome più prezioso fatto dalla Ariosto alla Boccassini è stato – secondo i giudici – quello di Pacifico, considerato a Milano uomo chiave dell'inchiesta per i suoi rapporti con Previti e Squillante.

Dopo la morte di Rovelli, gli eredi pagarono due serie di conti, in Svizzera. Uno riguardava le colossali parcelle (trentacinque miliardi) degli avvocati Are e Giorgianni, per la loro lunga assistenza al finanziere. L'altro, compensi di natura imprecisata a tre professionisti: Attilio Pacifico (trentatré miliardi), Cesare Previti (ventuno), Giovanni Acampora (tredici). In tutto, per quest'ultima partita, 67 miliardi, pari al dieci per cento del colossale risarcimento (678 miliardi) ottenuto dalla famiglia Rovelli per una causa civile contro l'IMI cominciata nel 1982 e conclusa in modo singolare in Cassazione dodici anni dopo: non si trovò la procura speciale che legittimava il ricorso dell'IMI e restò in piedi una vecchia sentenza della Corte d'Appello di Roma favorevole ai Rovelli.

Una parte dei trenta miliardi erogati a Pacifico – undici, per l'esattezza – furono versati presso l'Istituto Bancario Ticinese. A che servivano? Mi disse la Boccassini: «Uno spallone svizzero, uno di quelli che portano valuta oltre le frontiere, ci ha detto di conoscere Pacifico da quindici anni e ci ha aiutato a ricostruire i movimenti di valuta degli ultimi due. [*Il trasporto dalla Svizzera in Italia fu curato da Alfredo Bossert, titolare della ditta Intercambi di Lugano, nda.*] Le disposizioni di Rovelli vengono eseguite nel '94. Contemporaneamente, tra il '94 e il 22 dicembre del '95, i corrieri di valuta recapitano agli indirizzi romani di Pacifico (via Col di Lana nel '94 e viale Mazzini nel '95) importi in contanti variabili tra i centoventi e i cinquecento milioni per volta. Per un totale di undici miliardi, pari alla consistenza di uno dei conti svizzeri». E Pacifico come vi ha spiegato questa roba? «Lui dice che siamo sulla pista sbagliata, che quelli erano movimenti professionali, la corrispondenza del conto svizzero al trasferimento dei fondi in Italia è una pura coincidenza. Ma non ci ha autorizzato a vedere i conti.»

Ai conti i magistrati di Milano sarebbero arrivati con la collaborazione del procuratore generale svizzero Carla Del Ponte («Ci ha fatto risparmiare tre anni» mi ha detto più d'uno). Chi sono i beneficiari dei soldi di Pacifico? E chi sono i professionisti pagati da Previti per conto di Rovelli? Nessun magistrato, nessun pubblico ufficiale? Qualche partito? Chissà. La battaglia giudiziaria, nonostante la corsia preferenziale della Del Ponte, durerà almeno fino al morire del secolo. Il 13 agosto '96, la Cassazione ritenne i giudici di Milano incompetenti sulla vicenda. Pur considerando «sicuramente inquietante» il versamento da parte di Rovelli di somme enormi senza ragione apparente, giudicò immotivato l'arresto di Pacifico perché i magistrati del Pool non sarebbero andati oltre «mere congetture»: non erano cioè riusciti, fino a quel momento, a dimostrare che con quei soldi Pacifico aveva corrotto qualche magistrato per ottenere una sentenza favorevole ai propri clienti o qualche pubblico ufficiale per far sparire la procura speciale, che in Cassazione determinò l'annullamento del ricorso dell'IMI.

E l'Ariosto? «Ci ha fatto conoscere Pacifico. Un uomo chiave» mi rispose la Boccassini con un sorriso.

Alle sue spalle, due targhe d'argento ricordano il lavoro antimafia in Sicilia. E i dieci *crest* appesi alla parete? «Erano di Giovanni Falcone. Me li ha dati Maria, la sorella. Riteneva giusto che li avessi io.» Già, Falcone, l'uomo che ha cambiato la lotta alla mafia. Che ha inventato i pentiti. Ma lui i pentiti sapeva pesarli, vero? Il sorriso di Ilda Boccassini diventò una piega amara: «E già. Ma lui era diverso. Quanti Gauguin nascono? Quanti Matisse? Quanti Einstein?». Poi, quasi tra sé, mormorò: «Era difficile accettarlo da vivo, figuriamoci da morto».

Quando aprimmo la porta, dieci occhi ci saltarono addosso. Cinque mani sfiorarono i marsupi con le rivoltelle.

«L'Ariosto? Un teste ormai inconferente»

«Ah sì, eh? Adesso il problema è diventato l'agenda del '95 dell'Ariosto che non si trova. Bene, venga con me... Guardi qua... Venga, scusate, guardi... No, non è finita, eccone un'altra... Venga, venga, questa è la quarta... Eppoi c'è questo ripostiglio. Va bene?»

Le gambe di Piercamillo Davigo sembravano ruote di una bicicletta, mentre mi trascinava a spasso per i corridoi di mezza procura, tra cancellieri perplessi, coadiutori imbarazzati e carabinieri attoniti. In meno di due minuti mi mostrò l'archivio di Mani pulite. Cinque stanze, qualche migliaio di fascicoli che cominciano in quella che fu l'area Di Pietro (ereditata appunto da Davigo) e poi dilagano dappertutto.

Già, gli chiesi. Ma intanto l'ultima agenda dell'Ariosto è sparita. Può succedere, intendiamoci, ma è sparita. Chi conosce il perfezionismo di Davigo sa che trovare il Pool anche con un solo cucchiaino di marmellata in mano lo fa impazzire. Ma per difendersi, come sempre, giocò d'attacco: «Quell'agenda è ininfluente e questo baccano non ha senso. Ricorda di quando non si trovava l'originale di un appunto manoscritto di

Mario Chiesa a Di Pietro? Bene, fu scatenato l'inferno. Poi l'originale venne fuori e si dimostrò irrilevante».

A guardarli così, seduti a un tavolo di trattoria fuori del palazzo di giustizia in uno dei pochi giorni in cui Milano consente di pranzare all'aperto, i giudici di Mani pulite sembravano un gruppo d'impiegati qualunque in pausa mensa. Chi è del ramo intuiva che quei ragazzi seduti due tavoli più in là erano cronisti giudiziari, condannati dalla sorte a tallonare da anni questi magistrati. E che quegli altri giovanotti formavano forse una scorta. Non c'era la Boccassini, che da sola avrebbe messo in allarme l'intera strada. Ma Piercamillo Davigo e Francesco Greco, Carlo Nocerino, Margherita Taddei e quell'altra collega graziosa arrivata da poco non sembravano far parte di un gruppo ristretto che ha tenuto in pugno l'Italia e in parte ancora la tiene.

Sono gli occhi senza pace a tradirli. Gli occhi e, per le donne, il colore della pelle. Pallido. La Taddei era pallidissima. Una caratteristica, una scelta, una missione? «Sa ascoltare, non interrompe, ascolta incidendo con i begli occhi bruni» scrisse di lei l'Ariosto. E aggiunse per Davigo: «Nella sua mente c'è complessità, vivacità, intelligenza viva e creativa... Un moderno Montesquieu». Laddove invece «il pubblico ministero Greco sa di sale, e la sua voce è bassa, professionale, rappresenta la legge!».

«L'Ariosto? A questo punto dell'indagine è inconferente» mi disse Davigo usando un termine giuridico per significare la sostanziale irrilevanza della teste nel processo. «È stata utile solo per un paio di dritte» confermò Greco. «Soprattutto per Pacifico. Un uomo determinante.» Davigo è fluviale per quanto Greco è parco di parole. Per questo mi colpì quando disse: «Mentre leggevo con Ilda Boccassini le carte dell'inchiesta Imi-Sir per la prima volta ebbi la sensazione di essere intimorito. Ilda mi tranquillizzava, diceva che esageravo, ma io pensai che stavamo toccando qualcosa di inedito e di inquietante».

«Le urla di Davigo mi ricordano quelle dei gerarchi»

Davigo parlò a ruota libera. Ebbi ancora una volta la sensazione che questo magistrato intelligente, capace e implacabile, che conosce perfettamente il codice e assai meno il dubbio, non avesse mai smesso di sentirsi in trincea. La Trincea degli Onesti. Una trincea che lui vedeva accerchiata dalla corruzione e dal compromesso ed era il virtuoso avamposto di una guerra certo lunga, forse eterna.

«Mi invitarono a un Rotary» mi disse «e il presidente mi avvertì: guardi, qualcuno la contesterà. Risposi: nessun problema, basta che ci mettiamo d'accordo sul settimo comandamento: non rubare.»

Davigo lamentò la superficialità con cui vengono criticate le decisioni giudiziarie: «Nessuno legge le duemila pagine di una sentenza per capire se uno è colpevole o no. Quello che fa effetto è lo slogan, la dichiarazione. Allora quando si dice che i magistrati dovrebbero stare zitti e parlare con i loro provvedimenti, si direbbe una cosa giusta se qualcuno i provvedimenti li leggesse. Ma in una società in cui vende chi dice di lavare più bianco, se si vuole legittimazione è inevitabile agganciarsi a uno slogan forte. Scendere su questo terreno è tuttavia molto pericoloso, perché rischiano di prendersi non le decisioni più corrette sotto il profilo logico giuridico, ma quelle più vendibili per l'immagine. A questo punto tanto varrebbe introdurre le giurie, come negli Stati Uniti, dove ti dicono che sei colpevole o innocente senza motivazione, ma con una manifestazione di volontà del popolo sovrano».

Già, ma voi avete esagerato con gli slogan. Il proclama letto da Di Pietro contro il decreto Biondi – che pure era criticabile – falsò i ruoli. I vostri continui interventi su qualunque ipotesi di legge dividono le forze politiche e finiscono per paralizzare il Parlamento... «Ma scusi, se si deve fare una legge sui trapianti, si sente il parere del cardiochirurgo o no? E allora non è normale che i magistrati dicano la loro opinione?»

Il problema è che i cardiochirurghi non rivestono una funzione costituzionale, non sono un potere dello Stato. Voi sì. «Sbaglierei se criticassi un'iniziativa politica in una sentenza. Ma fuori dell'aula sono un cittadino come gli altri, assolutamente libero di esprimere la mia opinione.»

Gli avvocati dicono che spesso travolgete la legge, abusando del diritto d'interpretarla. «Hanno torto, visto che le nostre sentenze sono confermate negli altri gradi di giudizio. Ma qui il problema drammatico è un altro, quello dell'avvocatura. L'avvocato come singolo professionista ha il dovere di fare tutto ciò che è lecito e possibile per tutelare il suo cliente. L'avvocato come operatore di giustizia non può mai diventare l'apologeta del delitto. Stiamo vivendo una cosa diversa da quello che è l'avvocatura di tutto il resto del mondo. E questo deve farci preoccupare.»

Lei parla così degli avvocati, ma sa benissimo che quasi tutti loro quando si trovano dinanzi a voi si sentono intimiditi. Sa che cosa mi ha detto un illustre professore di diritto? Mi ha detto: quando sento le urla di Davigo, mi pare di riascoltare quelle dei gerarchi fascisti...

«Ma non scherziamo. Di che cosa possono avere paura? Davvero credono nella possibilità dell'arbitrio? Non facciamo noi provvedimenti motivati e censurabili in altri gradi di giudizio? La verità è che la gente era abituata alla totale impunità. Peggio: alla deferenza e alla sudditanza. E quando viene trattata come accade nel resto del mondo, scopre con dolore che l'impunità è finita.»

Rifletta su un punto, dottor Davigo. Prima bastava un avviso di garanzia a distruggere l'immagine di una persona, oggi il cosiddetto «accanimento giudiziario» ha portato a una sorta d'indifferenza collettiva. Prenda Berlusconi: non gli avete mandato nemmeno una cartolina fino alla fine del '94 e oggi nemmeno lui sa in quante inchieste è coinvolto. Una dozzina, pare...

«C'era un errore prima, c'è un errore adesso. Prima si faceva un atto di fede: se un magistrato procede nei confronti di un signore, evidentemente questi è colpevole. Discorso inaccettabile. Adesso si ragiona al contrario: siccome io credo in quest'uomo, qualunque accusa gli sia mossa, può essergli stata mossa solo per ragioni politiche. Io ho un innocente perseguitato o al più un colpevole come tutti gli altri perché tutti hanno fatto quello di cui è accusato lui e quindi non c'è più discrimine. Alla fine, chi ne risente è il Paese, che smarrisce non soltanto la percezione del giusto e dell'ingiusto, ma il confine tra il giusto e l'ingiusto.»

Tra qualche anno, quando sarà possibile scrivere finalmente la storia di Mani pulite fuori delle emozioni e dei contrasti della cronaca, non la leggerà più nessuno. Per ingiusto che sia, il desiderio di rimozione è forte. Nessuno accetta di vivere in un Paese in cui la devianza è norma e non esiste politico, imprenditore, pubblico ufficiale che non sia colpito da una condanna, da un'inchiesta o almeno da un sospetto. Purtroppo.

«Saverio? Com'è dolce Saverio...»

«Saverio.» Com'è difficile riferire sul tono col quale Ilda Boccassini rispose all'unica telefonata che le passarono durante la nostra conversazione. Era Borrelli. Lei lo chiamò Saverio, ma certo non col tono col quale si chiama Rossi o Bianchi un collega d'ufficio e nemmeno con l'indoratura del tu che si usa verso i superiori con i quali si è ammessi al tono confidenziale. Nel pronunziare «Saverio», la Boccassini arrotondò la parola con un'inflessione sensuale. Fossi entrato in quel momento in una sala cinematografica senza sapere chi fossero la protagonista e il suo interlocutore, avrei pensato a un amante di lei assai più avanti negli anni, al quale la donna fosse legata da stima, gratitudine e anche da un visibile coinvolgimento sensuale.

«Sapesse com'è dolce, Saverio» mi disse la Boccassini dopo la breve conversazione. «È la nostra forza, siamo fortunati ad avere un capo come lui. E siamo fortunati a essere tutti, mi passi il termine, abbastanza famosi per non correre il rischio di essere gelosi l'uno degli altri.»

Eccolo, Francesco Saverio Borrelli. Ha chiesto di andar via, gli piacerebbe fare il procuratore nazionale antimafia. Ma adesso stava qui, nello spazioso ufficio di sempre.

Ha spostato il salotto? No, ricordavo male. Nel fondo della grande stanza resta da anni ritratta una signora ottocentesca, testimone incredula di episodi che tra la scrivania e i divani verdi hanno sconvolto la vita italiana dell'ultimo decennio del secolo.

Con Borrelli, l'attacco è d'obbligo. «Certo,» dice «aprire la stagione '97 della Scala con l'*Armide* di Gluck è un po' dura.

Comunque...» Da Gluck a Berlusconi il passo fu breve. Girai anche a lui l'obiezione mossa a Davigo. Fino alla fine del '94 Berlusconi era vergine, sotto il profilo giudiziario. Due anni più tardi, aveva due processi avviati (le accuse riguardano i cento milioni ai finanzieri e il contributo di dieci miliardi al Psi di Craxi attraverso la società All Iberian) e un'altra decina di inchieste in corso. Una vita immacolata e poi un biennio da mostro?

«Non si tratta di accanimento giudiziario» mi rispose Borrelli. «Ma se si indaga su un punto, è naturale che man mano vengano fuori altri elementi.» La risposta integrava quella di un anno prima: quando qualcuno si mette in vista, le informazioni a suo carico arrivano più facilmente.

Dissi al procuratore: più d'uno vi ha accusato di aver trascurato la criminalità comune per dedicarvi a tempo pieno a Mani pulite.

«Sa, le risorse sono quelle che sono. Ho cinquanta sostituti e ne ho chiesti altri trenta. Ma per fermarci alla sola delinquenza organizzata, dal '90 a oggi abbiamo ottenuto risultati impensabili, scoprendo insediamenti mafiosi di origine calabrese nell'hinterland di Milano e mandando a giudizio parecchie centinaia di indagati.»

Chiesi a Borrelli le ragioni della persistente ostilità dei procuratori a una revisione dei reati di falso in bilancio e di abuso d'ufficio. Due reati in qualche modo speculari e propedeutici a molti degli altri di Tangentopoli: per finanziare i partiti, le imprese hanno dovuto provvedersi di partite in nero e quindi alterare i bilanci. D'altra parte, non c'è pubblico amministratore che non rischi ogni giorno di vedersi trasformare in reato una inadempienza amministrativa. Infine, l'abuso d'ufficio è una specie di grimaldello per arrivare alla carcerazione preventiva quando manchi qualunque altro motivo: drammatico fu l'esempio dell'ex senatore del Ccd, Carmine Mensorio, suicidatosi alla fine dell'estate '96 per sfuggire a una cattura motivata appunto con l'abuso d'ufficio.

«L'idea di sanare il falso in bilancio non poteva attecchire» mi rispose Borrelli. «Le istituzioni del capitalismo possono reggersi e gratificarsi eticamente se mantengono un coefficiente di trasparenza e di chiarezza. Se si bara nei santuari del capitalismo, si getta scompiglio nelle Borse, si disamorano i risparmiatori. Il falso in bilancio è il sintomo e lo strumento di atti reali di infedeltà per la creazione di fondi neri e per evadere il fisco. Altro che cancellare, quindi. Su questo fronte occorre intensificare i controlli.»

E sull'abuso d'ufficio? «Il cattivo funzionamento della pubblica amministrazione non si esaurisce nella concussione o comunque nel passaggio di denaro. L'abuso d'ufficio colpisce quella sfera di corruzione che matura senza uno specifico corrispettivo. Perché non dovremmo perseguire chi procura vantaggio a una persona vicina con una certa norma di piano regolatore? Detto questo, nessuno vuole sostituire i tribunali amministrativi con le procure della repubblica. Lei non ha idea di quante decine di esposti al mese archiviamo. E tutti invocano l'abuso d'ufficio...»

Per una riforma dell'abuso d'ufficio, il procuratore suggerisce di definire meglio i confini del reato. «Bisogna partire dall'analisi di una certa massa di decisioni della Cassazione.»

Arrivammo al problema cruciale: il potere di supplenza della magistratura e gli squilibri che ha determinato nella gestione dello Stato. Borrelli rispose con molta franchezza: «Le cose si sistemeranno quando ci sarà un potere esecutivo forte, come conseguenza di una maggioranza forte». Era nato da qualche mese il governo di Romano Prodi e Borrelli chiarì: «Non mi riferisco all'esecutivo presente». Poi sorrise, per attenuare l'impatto della prima affermazione: «Non vorrei peraltro indurre in tentazione chi volesse ridimensionare gli spazi della magistratura». Aggiunse: «Se la magistratura ha grandeggiato, non l'ha fatto perché volesse, ma per l'arretramento e l'involuzione degli altri poteri, avvenuti anche per cause indipendenti dalla giustizia». Osservò: «Non passa settimana in cui noi non siamo investiti dall'esposto del consigliere comunale o dell'esponente politico che ci invita a indagare sulle *vere* ragioni per le quali sarebbe stato compiuto un atto amministrativo. Si scaricano sulle spalle dei giudici problemi che non sono loro. Perciò resto molto perplesso quando sento parlare di una magistratura che deborda per confiscare poteri altrui».

Obiettai che questo circuito perverso portava gli amministratori pubblici a non firmare più alcun atto. «C'è una parte di verità,» ammise Borrelli «ma c'è anche una sorta di ricatto morale verso la magistratura accusata di provocare la paralisi dell'amministrazione pubblica terrorizzando i burocrati. In realtà, è l'atteggiamento mentale del cittadino medio che deve cambiare. Non si può attribuire alla fase iniziale delle indagini un significato definitivo di condanna. Si tratta spesso di mere ipotesi alle quali non si deve dare la valenza che non possono avere.»

Già, ma quando uno vede il proprio nome nel titolone del giornale, ha qualche difficoltà a dire: guardate, si tratta di mere ipotesi.

«E infatti il problema non è dell'avviso di garanzia, è del modo con cui lo si presenta. Se il titolo del giornale è forte, l'avviso acquista un significato che non ha.»

«La magistratura divorerà se stessa»

C'era un'altra ragione, più delicata, che mi aveva portato a chiedere il colloquio con Borrelli: i rapporti con la Procura di Roma.

Tre gradi di giudizio diranno se Renato Squillante è un magistrato corrotto, se i suoi capitali esteri sono frutto di tangenti, per opera di chi e in cambio di quali favori essi sono stati accumulati.

Il problema personale del giudice romano, pur nella sua enormità per il grado che ricopriva, è marginale rispetto a un altro problema.

Tra il '92 e il '96 la magistratura ha spazzato via quasi per intero la classe politica della Prima Repubblica e ha avuto sotto schiaffo i capi dell'età di mezzo: basti rammentare che nell'autunno del '96, sia pure in situazioni radicalmente diverse tra loro, erano sotto inchiesta giudiziaria il presidente del Consiglio, Prodi, il capo della maggioranza, D'Alema e il capo dell'opposizione, Berlusconi. Lo stesso capo dello Stato aveva molto sofferto per la vicenda dei fondi neri del Sisde.

S'è dunque avanzato il tremendo sospetto che avesse esito la «maledizione di Giacalone». Davide Giacalone, nonostante la giovane età (è nato nel '59), fu alla fine degli anni Ottanta uno dei massimi esperti di frequenze televisive. Come assistente del ministro delle Poste Mammì, fu inquisito e arrestato per un giro di tangenti che volteggiavano sul suo ministero. Alla fine del '93, scrisse nel suo libro *Cogitabondo*: «Per divorare il mondo politico, la magistratura ha dovuto cominciare a divorare il mondo economico. Adesso, per continuare a divorare il mondo economico, sarà costretta a cominciare a divorare se stessa. Perché l'equilibrio si reggeva sul consenso e la complicità della magistratura è stata totale». E concludeva: «Quando il terzo pilastro avrà divorato se stesso, che cosa resterà?».

Il rancore di Giacalone verso i giudici era motivato con quella che a suo dire era l'applicazione a fini carcerari di norme desuete e addirittura retroattive. Ma al di là del problema personale del giovane inquisito, a tre anni da quelle parole conveniva chiedersi se all'interno della magistratura non fosse cominciato un regolamento di conti unico nella storia delle democrazie moderne. Un regolamento di conti che sistemava vecchie partite all'interno della Sinistra (corrente giustizialista dei «Verdi-Movimenti Riuniti» vincente contro «Magistratura democratica», storica colonna della Sinistra giudiziaria), ma andava assai al di là delle ideologie tradizionali per costituire nuove cordate trasversali di giustizialisti ai danni di quel che restava del vecchio moderatismo giudiziario, anch'esso trasversale alle ideologie.

Sbagliava, in questa ottica, chi parlava ancora di «toghe rosse» alla Procura di Milano. «Toga rossa Borrelli? Ma scherziamo?» mi disse Davigo, che per parte sua è catalogato a destra dai colleghi ed ebbe dall'onorevole La Russa (An) un invito a entrare nel governo Berlusconi. Una toga rosso antico sarà quella di Gerardo D'Ambrosio, avrà un rosso più acceso quella di Gherardo Colombo, ma queste catalogazioni non contano più niente all'interno di un Pool unito su altri princìpi.

Al di là dell'arresto di Squillante, furono questi princìpi a determinare il sospetto di una guerra tra procure. A far sì che i procuratori di Milano negassero al procuratore capo di Roma di avere qualcosa a che fare con la microspia messa in un bar del quartiere Prati, frequentato dal capo dei Gip. Determinando l'indignata reazione di Michele Coiro, capo della Procura romana, che di fronte al diniego di Francesco Greco incontrato a un convegno, gli gridò: «A me dovete dirlo. Sono pur sempre il procuratore della repubblica di Roma». E quando Greco tornò a Milano, i suoi colleghi già sapevano della richiesta di Coiro, ma vollero che fosse il sostituto procuratore a raccontarlo in un rapporto, per verificarne la spontanea fedeltà a un indirizzo generale.

Furono questi princìpi, insieme con una interpretazione assai rigorosa e forse anche assai restrittiva del codice, a far sì che una mattina di marzo Ilda Boccassini e Piercamillo Davigo andassero a prelevare il capo dei giudici per le indagini preliminari di Roma senza che il capo della più importante Procura italiana ne sapesse niente. E a mettergli a soqquadro l'ufficio con una minuziosa perquisizione, parallela a quella di casa, senza che ne fosse informato il presidente del tribunale («Arrivò tardi in ufficio» mi spiegarono a Milano. Ma Virginio Anedda la prese male. E quando dal Csm gli annunciarono un'ispezione, decise di lasciare la magistratura a partire dal 2 ottobre '96).

Vennero inquisiti, per la loro amicizia con Squillante, due giudici di Magistratura democratica, come Raffaele De Luca Comandini e Francesco Misiani. Si disse che al primo, subito scagionato, si volesse far pagare l'arresto mancato di Gianni Letta, che avrebbe dovuto pareggiare quello di Carlo De Benedetti. E al secondo la candidatura vincente come procuratore aggiunto a Milano. Uno di Roma a Milano e in quel posto chiave? Mai. E mai fu.

«Avvertire Coiro? Ci ponemmo il problema»

Voci gratuite? Calunnie? Chissà. Ma questi dubbi lacerarono i pilastri, una volta compatti, di Magistratura democratica. E non solo. Molti mesi dopo quell'arresto e quegli episodi, il palazzo di giustizia di Roma ne portava ancora i segni, forse incancellabili.

Per questo chiesi a Francesco Saverio Borrelli perché non avesse avvertito Coiro di quello che stava avvenendo intorno a lui: «Ci ponemmo questo problema» rispose il procuratore di Milano. «La decisione di non dirgli nulla è stata travagliata.

Non avevo mai avuto occasione di stringere con Coiro un'amicizia, ma i nostri rapporti erano buoni. Alla fine abbiamo scelto la nostra linea di condotta per ragioni di principio. Se esiste la segretezza di certi atti, essa deve essere mantenuta con tutti. Se avessimo derogato con Coiro, del quale potevamo fidarci, avremmo dovuto usare una disparità di trattamento nei confronti di un'altra persona meno affidabile. Dunque...»

Aggiunse: «Penso che per lui sia stato meglio non sapere. La nostra inchiesta ha coinvolto colleghi a lui molto vicini, legati da vincoli di amicizia. Sapere che a un collega così si ascoltano le telefonate...». Fece una pausa: «Personalmente, preferirei non conoscere una notizia del genere. Certo, saprei mantenere il segreto, ma avrei un conflitto tra sentimenti e dovere».

La sua decisione è stata determinata anche dalla guerra tra le due procure? Borrelli non alterò il tono della voce, ma era infastidito: «Si è parlato, in modo estremamente volgare, di una guerra per bande. Io non credo che esistano conflitti di questo tipo e comunque, anche nel caso della "teste Omega" non sono esistiti contrasti di potere tra le procure di Milano e di Roma».

Non trova che quelle perquisizioni in un ufficio giudiziario siano state traumatiche sotto ogni profilo? «Le prime perquisizioni dovevano avvenire contestualmente alla cattura di Squillante. Le successive furono comunicate in anticipo. Ero malato, ma tenni contatti al telefono con Coiro, col presidente del tribunale Anedda e col presidente aggiunto dei Gip, Sarzana.»

Coiro: «Io Borrelli l'avrei avvertito...»

Il cortile d'accesso alla Procura della repubblica di Roma era deserto. Nel pomeriggio d'agosto, solo un paio di giovani carabinieri controllavano che nessuno turbasse quell'ordine irreale. Mi fermai all'inizio del corridoio che porta alle stanze dei capi degli uffici giudiziari romani. Quando fu costruito quest'orrido palazzo «democratico» (i selci stradali al posto dei marmi del vecchio Palazzaccio di piazza Cavour), decisero di concentrarli in una stessa ala.

Quel pomeriggio portavo con me il sospetto e la sfiducia – tacita, ma nemmeno troppo – che i procuratori di Milano avevano per i colleghi romani. Le battute di Davigo a Greco, che queste stanze ha frequentato da uditore. La lettura che Davigo mi aveva fatto, con sofferto compiacimento, di un passo di *Corruzione a palazzo di giustizia* di Ugo Betti, facendo sua la voce di Erzi: «Fu così che quel giudice pose a servizio di un padrone e dell'ingiustizia una mente acuta e dominatrice. Falsò decisioni, tradì segreti, alterò destini umani; sparse qui un turbamento che presto inquinò l'intiero palazzo...».

Mi chiesi se le scivolate di qualche mascalzone avessero il diritto di sporcare il lavoro di migliaia di magistrati onesti. («Anche voi avete avuto qualche problema di trasparenza» dissi a Davigo con riferimento all'arresto di Diego Curtò e al trasferimento d'ufficio del procuratore aggiunto Poppa. «Vuole mettere?» mi rispose piccato.)

Mi chiesi anche quante e quali connivenze col potere avessero avuto storicamente i capi degli uffici romani. La risposta non sempre fu rassicurante. Per anni certa magistratura ha coperto gli amici. Poi è cambiato il vento e l'ala vincente dei procuratori – stavolta fuori di Roma – ha utilizzato il potere per combattere e talvolta distruggere gli avversari. Naturalmente sempre con il codice in mano, ci mancherebbe.

Nella solitudine della sua grande stanza, Michele Coiro – che non è alto – sembrava ancora più minuto. Malinconico e offeso. Lo schiaffo di Milano gli era ancora ritratto sulla guancia. E lo indignava l'idea di essere sottoposto a un processo disciplinare dal Consiglio superiore. Lui, colonna storica della magistratura di sinistra. Lui, socio fondatore di Magistratura democratica. Gli si rimproverava forse d'aver retto con equilibrio l'ufficio più delicato d'Italia? Coiro non volle parlare. Almeno non volle che scrivessi. Disse soltanto: «Si fossero invertite le parti, la prima cosa che avrei fatto sarebbe stata di avvertire Borrelli. Pensi che il vecchio codice di procedura penale prescriveva esplicitamente che in casi del genere fossero informati i capi degli uffici». Una pausa e poi, a bassa voce: «Mi dispiace che non si siano fidati di me. Non avrei fiatato con nessuno».

Non aggiunse altro, Coiro, ma nei corridoi del piano nobile di piazzale Clodio la voce corrente era che la Procura di Milano avesse sotto tiro la Procura romana da una decina d'anni, da quando cioè fu trasferito a Roma il processone sui fondi neri dell'Iri. Se ne occupava Gherardo Colombo. Colombo voleva arrestare Ettore Bernabei, presidente di Italstat. Bernabei fu salvato da un provvidenziale ricovero in ospedale. Poi il processo arrivò a Roma. Ci fu qualche rinvio a giudizio, poi il Parlamento votò un'amnistia e la questione per Bernabei e altri si chiuse, tra amnistie, proscioglimenti e prescrizioni con una interpretazione sul ruolo di Italstat divergente da quella di Milano. Colombo sentì aria di scippo. Nell'estate del '96 un alto magistrato mi disse che Marco Boschi, allora procuratore capo di Roma, voleva assolutamente che il processo restasse a Milano. Poi il professor De Luca, difensore di uno degli imputati, segnalò un'aggravante per portare il processo a Roma ed ebbe partita vinta. Boschi subì una violenza che non gli dispiacque? Chissà. È certo che il procuratore dormiva col codice sotto il cuscino. Quando Domenico Sica, magistrato di punta dell'antiterrorismo, gli diceva: capo, ci sarebbe un terrorista da arrestare stasera, Boschi rispondeva: aspetta un momento, c'è una interessante sentenza della Cassazione, diamole un'occhiata. E i testimoni dell'epoca giurano che il procuratore abbia sempre mantenuto il fiato sul collo dei magistrati che si occuparono dei fondi Iri.

Registrai, in quelle stanze semideserte, un altro profondo elemento di malessere. «Siamo stati i primi ad assegnare i processi con il computer» mi disse Coiro. «Qui non esistono sostituti di serie A e di serie B. L'unica facoltà che ha il procuratore capo è quella di assegnare un processo a se stesso o di darlo a un procuratore aggiunto. Ma sono casi eccezionali. Una volta assegnato a un sostituto, il processo non può essergli tolto. Poi le carte passano a uno di due Gip di sezioni predeterminate a rotazione biennale. Abbiamo messo sotto processo la Stet e la Fiat, la Rai e la Fininvest, la Fiat e la Olivetti, tutto il comparto delle telecomunicazioni, l'Aima, il Cipe, la Sace. Che altro dovevamo fare? Sia in Procura che nell'ufficio Gip i meccanismi garantiscono il massimo della trasparenza. Noi applichiamo le regole. O dovremmo aggirarle?»

Quei corridoi risuonarono ancora delle urla di Maria Cordova contro Antonio Di Pietro. L'una di faccia all'altro, a litigarsi il processo sulla telefonia. I reati – come spesso accade in questo campo – erano stati commessi a Roma, ma Milano aveva trovato il modo di richiedere la competenza (poi respinta dalla Cassazione). La Cordova, che non usa perifrasi, aveva rinfacciato a Di Pietro la proposta di dividere tra Roma e Milano i processi per corruzione, concordandone la distribuzione a tavolino e scrivendo perfino un appunto autografo che la Cordova mandò al procuratore generale della Cassazione.

Fu evocata, in quei corridoi semideserti di piazzale Clodio, l'ironia partenopea di Vittorio Mele, il procuratore di Roma che resse l'ufficio prima di Coiro e che fu chiamato in causa dall'Ariosto (ma lei ammise poi d'essersi sbagliata). Diceva Mele: «Togliere un processo a Milano è come rubare un gioiello alla Madonna di Pompei».

Arrivò Francesco Misiani, detto Ciccio. Chiamato Cicciuzzo anche da Renato Squillante che l'ha trascinato, lui che non ha una lira in tasca e avrebbe messo sotto processo anche la madre, in una storia di favoreggiamenti legati alla torbida vicenda del capo dei Gip. Il tutto per un'amicizia personale mai rinnegata.

Misiani era assai amareggiato perché i procuratori di Milano avevano fatto passare per intercettazione di un colloquio al bar tra lui e Squillante gli appunti trascritti da un sottufficiale nascosto tra i clienti. (La questione arrivò ai giornali un mese dopo e a fine settembre tre consiglieri del Csm chiesero l'apertura di un procedimento disciplinare contro i procuratori di Milano per questa vicenda.)

Misiani, anche lui come Coiro colonna di Magistratura democratica, mi spiegò così la differenza tra le procure di Roma e Milano: «I milanesi hanno una sintonia totale con l'ufficio del Gip. L'armonia si estende anche al tribunale del riesame, così non hanno problemi. A Roma c'è invece una dialettica spesso feroce tra gli uffici.

«Loro possono chiamare il Gip anche a mezzanotte. Noi non abbiamo mai potuto permetterci provvedimenti ad horas: se ci provassimo, ci manderebbero a quel paese. A loro l'interrogatorio in carcere serviva per acquisire prove che non avevano. E il sistema ha funzionato. Ma poi il legislatore ha dovuto proibire che il pubblico ministero interrogasse l'arrestato prima del Gip. Che faceva Di Pietro? Arrestava uno e il giorno dopo sui giornali uscivano la confessione e le chiamate di correo. Anche se ha funzionato, paradossalmente era un segno di debolezza. Perché? Perché senza quelle confessioni i processi rischiavano di abortire.»

Coiro intervenne con la voce bassa e paterna. «Ciccio, sei sicuro di voler dire questo perché lui lo scriva?» E Misiani: «Ma sì, tanto ormai che me ne importa più?...».

La prudenza di Coiro, quel giorno d'estate, era motivata da un dubbio: resisto o vado via? Andò via a metà settembre, in modo onorevole. Giovanni Maria Flick, ministro della Giustizia, gli offrì la direzione dell'amministrazione penitenziaria. Coiro usciva dai ruoli della magistratura, il Consiglio superiore dovette smettere di processarlo. L'ex procuratore espresse poi tutte le sue riserve sulla gestione del potere nel mondo giudiziario in un duro articolo su «l'Unità» che lasciò profonde ferite nella magistratura di sinistra.

«Italia amara», Necci in carcere

Sabato 28 settembre 1996, tre pezzi da novanta del pool di Mani pulite di Milano fecero una lunga trasferta a La Spezia. Ilda Boccassini, Gherardo Colombo e Francesco Greco andarono in visita a due giovani sostituti spezzini, Silvio Franz e Alberto Cardino.

Gianluca Di Feo, uno dei più informati cronisti giudiziari milanesi, riferì sul «Corriere» di domenica 29 settembre: «Le registrazioni di Pacini Battaglia sono ricche di potenziali trappole. Anche perché, da un certo momento in poi, Chicchi sapeva di essere sotto controllo. E potrebbe aver consapevolmente distribuito ordigni. Da maneggiare con estrema cura. L'atmosfera è elettrica...».

L'inchiesta di La Spezia, che nell'autunno del '96 tenne per settimane le prime pagine dei giornali, era certamente più delicata e insidiosa di tante altre.

Domenica 15 settembre Lorenzo Necci, amministratore delegato delle Ferrovie dello Stato, se ne stava come ogni fine settimana a godersi una patriarcale colazione con amici e congiunti nel bellissimo giardino della sua villa di Marina Velca, dove il Lazio si fa più etrusco. La colazione fu interrotta da alcuni uomini del Gico, il gruppo investigativo speciale della Guardia di Finanza. Perquisirono la villa, fecero altrettanto con l'abitazione romana di Necci e con i suoi uffici e poi lo accompagnarono a La Spezia, in stato d'arresto. Nelle stesse ore, analogo trattamento veniva riservato al finanziere Pierfrancesco Pacini Battaglia, che stava nella sua bella villa all'Argentario, e all'affarista Emo Danesi, arrestato a Roma dove fu presa anche la segretaria di Pacini Battaglia, Eliana Pensieroso.

Con l'eccezione dell'omicidio, i capi d'imputazione avrebbero fatto arrossire Giovanni Brusca: associazione per delinquere, corruzione, abuso d'ufficio, truffa ai danni dello Stato, peculato.

Perché investigatori di Firenze agivano per ordine di magistrati di La Spezia arrestando gente che avrebbe commesso a Roma la maggior parte dei reati contestati? Perché il giro era estremamente più complesso di quanto non apparisse. L'inchiesta era infatti partita da Firenze dove anni prima la Guardia di Finanza si era occupata di un giro di auto di lusso rubate che poi venivano caricate su container e smistate all'estero, in partenza da La Spezia. Il procuratore di Firenze, Pier Luigi Vigna, aveva trasferito già nel '95 gli atti nella città ligure, dove sarebbe maturato un intreccio corruttivo che avrebbe coinvolto Eni, Ferrovie e industria militare (fu arrestato anche l'amministratore delegato della Oto Melara, Pierfrancesco Guarguaglini, scarcerato alcuni giorni dopo).

Gli arresti fecero enorme rumore per molte ragioni. Innanzitutto per l'incarico e la personalità di Lorenzo Necci. L'amministratore delegato delle Ferrovie (che cumulava con la carica principale anche quella di presidente della Tav, Treno ad alta velocità) era al momento del suo arresto il più importante imprenditore italiano. Negli ultimi quattro anni del secolo, la sua firma avrebbe reso esecutive commesse superiori ai centomila miliardi: una somma pari all'intero bilancio annuale di Fiat, Fininvest, Olivetti e Pirelli messe insieme.

Necci aveva inoltre eccellenti rapporti con i politici più in vista dei diversi schieramenti. «Era rispettato da tutti i poli e i partiti» scrisse il giornale del Cdu, «La discussione». D'Alema e Berlusconi, Fini e Buttiglione, Maccanico e Dini ascoltavano con interesse questo affascinante signore repubblicano, nostalgico di Ugo La Malfa. Nel '90 fu Craxi a volerlo al vertice delle Ferrovie. Ma gli uomini della Transizione lo confermarono senza difficoltà. Giulio Andreotti dice che i matti si dividono in due categorie: quelli che pensano di essere Napoleone e quelli che pensano di risanare le ferrovie. Ma certamente negli ultimi anni il bilancio e il servizio ferroviario erano migliorati, con l'organico sceso in cinque anni da duecentoventimila a centoventicinquemila dipendenti. Anche grazie alla capacità di Necci di stabilire eccellenti rapporti sindacali, ottenuti talvolta con la fulminea promozione di sindacalisti a incarichi dirigenziali di notevole responsabilità.

Occhi chiari, sguardo profondo, appassionato di giardinaggio e di poesia («Italia amata (amara?)»), Necci era ormai attratto dalla politica. Amico di Maccanico, sarebbe stato uno dei pilastri del suo governo. Valutò una candidatura parlamentare. Si parlò per un momento di lui anche come possibile presidente della Rai. «I giudici arrestano l'ascesa di Necci» scrisse «il Giornale» il 17 settembre. E mai titolo fu più indovinato.

Necci deve la sua rovina ai rapporti con Pacini Battaglia. Lunedì 23 settembre, «Il Foglio dei Fogli» abbozzò il seguente ritratto del finanziere, con un collage di articoli di Renato Pezzini («Il Messaggero») e Giorgio Zicari («Extra»): «Un uomo di 62 anni, alto, volgare. Pisano, cinque by-pass. Ai bei tempi giocava al casinò, faceva feste a Forte dei Marmi. Dice di aver fatto da giovane l'operaio in una fabbrica di refrattari. La famiglia era ricca e con i soldi di casa Pacini Battaglia fece da giovane un po' di speculazioni immobiliari. Come ha fatto a conoscere gente tanto potente? "Perché andavo a caccia, me li portavo a caccia." Ha conosciuto i manager dell'Eni andando a caccia? "Sì, andando a caccia." I funzionari dell'Eni gli fecero capire che c'era da guadagnare con le intermediazioni del petrolio. Significa questo: quando un paese produttore di petrolio aveva da vendere una partita particolare di greggio, Pacini Battaglia faceva da intermediario e intascava i soldi dell'intermediazione. Nelle compravendite di petrolio tutti prendono tangenti, a partire dai ministri dei paesi produttori o dagli stessi principi regnanti. Pacini Battaglia s'arricchì, si fece una grande villa all'Argentario, vicina a quella di Suni Agnelli, di cui divenne amico».

Aprì una banca a Ginevra, la Karfinco, diventata poi Banque des Patrimoines Privés. I magistrati di La Spezia sospettarono che la banca di Pacini Battaglia fosse la camera di compensazione di molte tangenti. Conosciute e no.

Dalla fine del '95, la Guardia di Finanza fiorentina allestì uno spettacolare sistema di intercettazioni ambientali, riempiendo migliaia di pagine che furono alla base degli ordini di custodia cautelare. Poiché nelle prime settimane dell'inchiesta le intercettazioni non furono affiancate da altri riscontri, qualche cronista giudiziario amico dei magistrati di Mani pulite arricciò il naso dicendo in privato che a Milano senza riscontri non si sarebbero mossi.

Stipendi, prestiti o che cos'altro?

Le intercettazioni rivelarono peraltro traffici impressionanti. Interlocutore principale di Pacini Battaglia era Emo Danesi. Negli anni Settanta, Danesi era uomo vicinissimo al capo della Dc veneta Antonio Bisaglia. Deputato, arrivò alla segreteria amministrativa e alla vicesegreteria politica della Dc. A un certo punto Bisaglia lo trovò ingombrante e incaricò due giovani amici emergenti, Pierferdinando Casini e Marco Follini, di fare da filtro. Nell'81 il suo nome fu trovato nelle liste della P2 e la discesa politica di Danesi fu piuttosto rapida. Politica, non affaristica, come avrebbe dimostrato il suo rapporto fiduciario con Pacini Battaglia. (Dopo il suo arresto, Craxi scrisse da Hammamet che il finanziere pisano – contro il parere del segretario del Psi – era uomo di fiducia di Balzamo, tesoriere del partito.) Dai colloqui tra Pacini e Danesi, intercettati dalla Guardia di Finanza, veniva fuori una impressionante strategia di occupazione del potere e degli affari, di cui parleremo più tardi. Ma anche la convinzione che Pacini Battaglia distribuisse milioni a piene mani, quasi fosse il signor Bonaventura del terzo millennio.

Quando le intercettazioni finirono sui giornali, i lettori restarono impressionati dalla schiettezza delle istruzioni contabili di Pacini Battaglia alla signora Pensieroso, sua premurosa segretaria. «Non avevo segnato i venti milioni per Necci», diceva lei «perché erano quelli fissi del mese, glieli avevo portati io, si ricorda?, a casa... Le volevo chiedere, siccome lei aveva fatto scrivere un quaranta milioni Necci con un punto interrogativo, lei vuole che glieli lasci se dovesse andare per domani o dopodomani?...» E lui: «Sì, ce li hai quaranta?». Lei: «Sì». Lui: «Me li lasci...».

Necci riceveva, dunque, da Pacini Battaglia venti milioni al mese. I magistrati spezzini sembravano convinti che il capo delle ferrovie italiane fosse a libro paga dello spregiudicato finanziere. In realtà, pochi giurano che un uomo come Necci stesse a stipendio. Sia lui che Pacini negli interrogatori hanno parlato di prestiti. E di prestiti il finanziere ha parlato anche dei soldi finiti ad Antonio Sernia, già membro della giunta dell'Eni; a Rocco Trane, già segretario del ministro dei Trasporti Claudio Signorile; allo stesso Danesi. Per l'amministratore delegato della Tav, Ercole Incalza, Pacini Battaglia parlò del pagamento di una scommessa calcistica. Giustificò anche i soldi dati all'ex presidente della Snam, Pio Pigorini. E parlò ancora di prestito per i trenta milioni consegnati, stando alle intercettazioni, al procuratore della Repubblica di Grosseto, Roberto Napolitano, vecchia conoscenza di Pacini Battaglia, arrestato insieme con il procuratore di Cassino, Orazio Savia, interessato a una più complessa operazione finanziaria. (Pacini parlò a Danesi di duecento milioni per Savia, non si capì se si trattasse o no della quota della vendita di una casa a Punta Ala).

Ma il sospetto, almeno per manager e affaristi, fu presto un altro. Scrisse Liana Milella su «Panorama» del 3 ottobre: «Oggi Pacini si limiterebbe a versare a Necci e compagni gli interessi dei loro stessi soldi depositati nella Karfinco. Non solo: quel denaro avrebbe un alto potenziale di ricatto nei confronti dell'attuale vertice dell'Eni, che si è limitato ad allontanare i manager finiti sotto inchiesta, senza individuare dove sia finito il denaro».

Si arriva così al cuore del problema e alle ragioni per cui l'inchiesta di La Spezia veniva seguita con trepidazione dai procuratori milanesi di Mani pulite. (Essi erano interessati anche alla vicenda di Renato Squillante. Nelle intercettazioni, Pacini Battaglia mostrava di disprezzare il capo dei Gip romani, accennava a pagamenti in cambio di interessamenti di vario genere e di visite ossessive in casa di Necci dopo la scoperta della microspia al bar Tombini, il 21 gennaio '96, cinquanta giorni prima dell'arresto dell'alto magistrato.)

Nello stesso articolo del 3 ottobre, la Milella ricordava che l'Eni avrebbe costituito tra l'84 e il '92 seicento miliardi di fondi neri all'estero. Quaranta miliardi furono versati ai partiti tra l'89 e il '92. Degli altri si sarebbe persa traccia. Che siano finiti nella banca di Pacini Battaglia?, si chiedeva «Panorama».

Lo stesso giorno, Leo Sisti scrisse su «L'Espresso» un articolo intitolato: *Un uomo sotto ricatto*. Si riferiva a Necci e pubblicava il testo di una intercettazione di Pacini che sembra quasi una dettatura a verbale. «E poi vogliamo parlare di chi ha salvato Lorenzo da Tangentopoli? Io e soltanto io. Ora ti racconto. Doveva essere interrogato Sergio Cragnotti. Gli telefono. Gli dico: ahò, scordati quella mazzetta di sei miliardi divisa con Lorenzo e finita alla Karfinko, mi raccomando. Non ho mai creduto che lo facesse. E infatti non l'hanno portato nemmeno in cella che già vomitava la storia. E chi è che lo ha contraddetto? Io. A chi ha creduto il Pool? A me. Sono stato io ad aver salvato Lorenzo, ricordatelo...»

Necci era presidente di Enichem dall'85 e di Enimont dall'89. (Passò alle Ferrovie nel '90.)

Cragnotti, amministratore delegato Enimont, fu interrogato da Di Pietro il 29 novembre del '93. Prima di lui, a «somme non contabilizzate» e a Necci aveva accennato Raffaele Santoro, amministratore delegato dell'Agip. La tangente sarebbe stata pagata dalla società Tpl di Roma per una commessa di cinquecento miliardi per la costruzione di un impianto Enimont (produzione di etilene) da realizzare a Brindisi. Il presidente della Tpl, Mario Maddaloni, fu avvicinato da Gardini che gli chiese un «impegno» e chiamò Pacini Battaglia perché anticipasse i cinque miliardi necessari a onorarlo. Anticipo fatto e restituito con interessi e ricche commissioni.

Di Pietro: «Il Pool non protesse Pacini Battaglia»

I rapporti giudiziari tra Antonio Di Pietro e Piefrancesco Pacini Battaglia eccitarono Giuliano Ferrara. Lunedì 23 settembre, «Il Foglio dei Fogli» titolò così un imbarazzante collage di pezzi pubblicati sull'argomento da diversi giornali: «Pacini Battaglia, un maestro del pentimento a rate. In base a quale logica, quando fu interrogato da Di Pietro, salvò Necci e affondò tutti gli altri?».

Ferrara pubblicò i brani di due articoli di Marcella Andreoli e di Daniele Martini apparsi su «Panorama» del 26 settembre: «Nel 1993 Pacini Battaglia, essendo ricercato da Di Pietro per l'affare Enimont, si mise in caccia di un avvocato. Chiese consiglio proprio a Sesti. [*Franz Sesti, già procuratore generale a Roma, era diventato amministratore unico di una società del finanziere. Nda.*] "Sesti mi disse che non andava cercato un principe del foro, ma un avvocato di Milano che fosse sveglio e in contatto con la Procura." Fu scelto per questo l'avvocato Giuseppe Lucibello, grande amico di Di Pietro. [*"Il Foglio" del 25 settembre pubblicò una lettera di Luca Josi, giovane collaboratore di Craxi, con i tabulati delle telefonate tra Di Pietro, Lucibello e tra questi e alcuni inquisiti che conoscevano bene Di Pietro. I tabulati rilevano decine di telefonate tra il 17 febbraio del '92, giorno dell'arresto di Mario Chiesa, e il maggio dello stesso anno. I tabulati furono consegnati a Craxi dall'ex capo della polizia, Vincenzo Parisi. Nda.*] Come è noto, grazie alla bravura di Lucibello, Pacini Battaglia se la cavò con undici ore di interrogatorio, sputtanò definitivamente Craxi e i democristiani e se ne tornò a casa». Le modalità della scelta di Lucibello furono rivelate dallo stesso Pacini Battaglia al sostituto procuratore di Brescia, Fabio Salamone, il 31 ottobre '95. Scrisse Daniele Martini a proposito dell'incontro tra Di Pietro e Pacini Battaglia: «In quell'interrogatorio Di Pietro chiese a Pacini Battaglia se fosse vera la storia di una tangente di cinque miliardi che si erano equamente divisi Necci, Cragnotti e Gardini. La storia della tangente l'aveva confessata Cragnotti. Pacini Battaglia la negò e salvò Necci. Parola contro parola, Di Pietro credette a Pacini Battaglia».

Nello stesso numero, «Il Foglio dei Fogli» riportò il seguente brano di uno sfogo telefonico (intercettato) di Pacini Battaglia, l'11 gennaio '96: «Noi siamo usciti da Mani pulite, voi siete usciti da Mani pulite, io sono uscito da Mani pulite solo perché si è pagato. Non cominciamo a rompere i coglioni, quelli più bravi di noi non ci sono nemmeno entrati, forse se io avessi studiato la strada prima non sarei nemmeno entrato in Mani pulite». Appena i giornali pubblicarono questa frase, Francesco Saverio Borrelli minacciò il finimondo. Ma un istante dopo, Giuseppe Lucibello – legale di Pacini Battaglia – disse che la frase («ho pagato») andava interpretata in senso metaforico. Peraltro, il 20 settembre, Paolo Colonnello aveva riportato sul «Giorno» questo scambio di battute con Borrelli: «Dottor Borrelli, non pensa che tutto sommato Pacini Battaglia se la sia cavata fin troppo bene?». «È vero, è così. Non posso che confermarlo». Osservò il giornalista: «Obiettivamente, rispetto a lui, altri imputati di minore importanza hanno pagato più duramente». «È vero» rispose Borrelli. «Perché?» «A volte, in inchieste così complesse, possono sfuggire tante cose. Non siamo infallibili.» Disse Colonnello: «Però tre giorni prima di essere arrestato, Pacini Battaglia è stato visto qui a palazzo, mentre entrava nell'ufficio del dottor Colombo». Rispose il procuratore: «Una coincidenza».

Di Pietro non poteva tacere. E la sera del 23 settembre rilasciò una fluviale intervista a Maurizio Losa, inviato del TG1: «Basta illazioni. Nessuno nel Pool favorì Pacini Battaglia, non c'è mai stato nessun interesse privato o personale tra me e lui. Non sono stato io a rimetterlo in libertà, c'era il parere favorevole di tutto il Pool. Io ho lasciato la Procura il 7 dicembre '94, non il 6 perché come ultimo atto ho chiesto il rinvio a giudizio di Pacini Battaglia».

Il 26 settembre si apprese che Lucibello era indagato per peculato. Il presidente della Camera penale di Milano, Gaetano Pecorella, gli chiese subito di far chiarezza. «Se un legale è indagato per peculato, si deve scoprire chi è il magistrato beneficato» disse al «Corriere». Ma Lucibello affermò di aver dimostrato immediatamente la sua correttezza professionale, esibendo ricche parcelle ai magistrati spezzini. E il Pool querelò Pecorella.

Lo stesso giorno, il professor Federico Stella rinunciò alla difesa di Necci denunciando minacce. Stella segnalò attacchi contro di lui e contro Franco Bernabè, presidente dell'Eni. Stando alle intercettazioni, Pacini Battaglia puntava a far riacquisire il controllo dell'Eni da persone amiche con l'aiuto delle «vittime» di Bernabè (Antonio Sernia, Gianni Dell'Orto, Pio Pigorini, Raffaele Santoro). Stella è uno degli avvocati che hanno ottimi rapporti con il Pool e come difensore di Bernabè aveva svolto un ruolo determinante nei delicati rapporti tra il nuovo presidente dell'Eni e i magistrati milanesi. Il 3 ottobre «Il Messaggero» pubblicò una lettera scritta il 9 marzo '94 da Pigorini al direttore generale del Tesoro, Mario Draghi, in cui diceva che Bernabè era a conoscenza dei fondi neri Eni.

Due giornali contro Prodi e Di Pietro

La guerra del «Foglio» a Di Pietro proseguì con indagini sui primi anni di attività dell'ex magistrato. Gli anni Settanta in cui Di Pietro era dipendente di un'azienda di apparecchiature militari (il nome del proprietario, Michele Merlo, figurava in una intercettazione di Pacini Battaglia) e gli anni Ottanta, quando Di Pietro era commissario nel quarto distretto di polizia a Milano. Qui, secondo «Il Foglio», avrebbe agito «quasi alla luce del sole una rete criminale» che venne a galla per iniziativa della magistratura di Firenze. Come la nuova storia centrata su Pacini Battaglia.

Negli stessi giorni, «il Giornale» di Vittorio Feltri apriva una polemica a tormentone contro Romano Prodi. Si era appreso infatti che nel '92 Prodi era stato nominato da Necci «garante dell'Alta Velocità». Il contratto non prevedeva compensi. Lo stesso anno veniva stipulato un altro contratto di quasi nove miliardi con Nomisma, l'istituto bolognese fondato da Prodi, per una ricerca sull'alta velocità. Feltri sospettava che il contratto fosse troppo generoso e si offrì di pubblicare a puntate la ricerca per farne valutare agli esperti e al pubblico la consistenza.

L'inchiesta spezzina fu guardata con qualche sospetto dal mondo politico. Scrisse Stefano Rodotà su «l'Unità» del 20 settembre: «Questa volta i magistrati non sono accompagnati dal consenso dichiarato dell'opinione pubblica». Sappiamo che i giudici dovrebbero essere soggetti soltanto alla legge e restare indifferenti a consenso o dissenso popolari. Fu comunque assai tiepido, nelle prime settimane dell'inchiesta spezzina, il consenso politico, soprattutto quando a un sostituto procuratore – poi smentito dal suo capo – parlò di politici coinvolti.

L'inchiesta scoppiò quando nella sinistra stavano mutando alcuni atteggiamenti a proposito dell'organizzazione giudiziaria. Un uomo influente come Cesare Salvi, capo dei senatori del Pds, s'era dichiarato a favore della separazione delle carriere dei pubblici ministeri da quella dei giudici.

Sul fronte opposto, un senatore del Polo, Marcello Pera, aveva pronunciato a palazzo Madama una durissima requisitoria contro i magistrati di Mani pulite, accusati «di aver proceduto contro politici e imprenditori in modo selettivo e mirato e di avere stravolto il sistema del diritto penale e delle garanzie della difesa». Disse Pera: «Ieri non si potevano criticare i giudici, oggi l'onorevole D'Alema parla di destabilizzazione da parte della magistratura. Ieri non si poteva criticare l'uso della custodia cautelare, oggi l'onorevole Folena ammette che si usò il carcere per estorcere confessioni».

Il dibattito sarebbe ripreso in momenti più calmi. Per definire la vicenda di La Spezia, la magistratura avrebbe chiesto i suoi tempi. Sarebbero occorsi anni per stabilire la verità giudiziaria, l'innocenza o la colpevolezza definitive.

Ma fu assai inquietante, nelle intercettazioni telefoniche di La Spezia, la scoperta di un mondo di affaristi senza scrupoli che parlavano della politica nazionale, dell'amministrazione della giustizia e degli appalti pubblici come fossero cosa loro. Gente che si chiedeva se un eventuale ingresso in politica di Necci sarebbe stato utile o dannoso per i loro affari. Che voleva garanzie che al posto di un signore andasse l'altro, che un ministro avesse quel tale capo di gabinetto certamente «flessibile», che quell'inchiesta giudiziaria cambiasse magistrato o città. E la storia si fece più intricata e inquietante in ottobre quando la Procura di Aosta – nell'inchiesta «Phoney Money» – inquisì Necci per avere fatto parte di una «associazione segreta».

L'Italia non è fatta di Pacini Battaglia. Ma fu doloroso leggere questo titolo sull'«Economist» di Londra (28 settembre '96): «*Same old story?*», la stessa vecchia storia di Tangentopoli? Nel suo piccolo, si fa per dire, questa era perfino peggiore. Non c'era, infatti, nemmeno l'alibi del «costo della politica».

Post scriptum

Seconda Repubblica. Quando?

Il miracolo è avvenuto alle 17.20 di mercoledì 17 luglio nell'aula di Montecitorio. Massimo D'Alema stava parlando della necessità di un accordo sulle riforme che prescinda dalla maggioranza di governo: «O riformiamo lo Stato o falliremo insieme». Silvio Berlusconi lo seguiva con grande attenzione e con severo compiacimento, dettato dalla gravità dell'ora. Avrebbe parlato di lì a poco e teneva stretti tra le mani i fogli del suo discorso. D'un tratto il suo volto s'illuminò. S'illuminò fuori di metafora, nel senso che s'accese, come fosse la lampada.

Nessun regista, nessun direttore della fotografia aveva ordinato che uno spot direzionale illuminasse il volto del Cavaliere. Meno che mai Miti Simonetto, responsabile dell'immagine di Berlusconi, la cui autorità si fermava fuori dell'aula.

Era accaduto che un raggio di sole, peraltro invisibile, forasse l'impenetrabile lucernario di spesso cristallo liberty dell'austero palazzo e andasse a benedire quel volto, soltanto quel volto, tra i circa ottocento presenti, tra parlamentari, funzionari, giornalisti e pubblico delle tribune.

Un volto, un volto solo. Ed era quello del Cavaliere.

Seduto nella tribuna della stampa, assistetti in silenzio al prodigio che curiosamente era sfuggito a tutti i presenti. E mentre m'interrogavo sul ruolo del Soprannaturale in politica, venni garbatamente strattonato da Claudio Velardi, stretto collaboratore di D'Alema, che mi sedeva a fianco. «Hai visto Berlusconi?» mi chiese sbigottito. «Ho visto» gli risposi gravemente. «E ho visto anche che D'Alema è rimasto al buio.» Velardi sorrise amaro. La vistosa assenza di *par condicio* dovette disturbarlo. Ma per quel senso di rispettosa rassegnazione verso il Soprannaturale che colpisce anche i laici, ricavò dall'incredibile benedizione capitata all'ignaro Cavaliere un segno benevolo per i rapporti tra Maggioranza e Opposizione.

Poco dopo, infatti, D'Alema concluse il suo alato discorso e Berlusconi annuì compiaciuto, come se avesse parlato un Fini, un Casini, un Buttiglione. Annuì e nel suo intervento, riappropriatosi dello stimolo alle riforme, fece da sponda al capo della maggioranza di governo consentendo al garbato titolista del «Giornale» di sparare in prima pagina, l'indomani, giovedì 18 luglio: «Prova di inciucio tra Polo e Ulivo». Sommario: «Fini e Berlusconi mettono da parte l'idea di una Costituente per le riforme e accettano la proposta D'Alema di una Bicamerale».

Nei mesi successivi gli esegeti della politica si chiesero a lungo – e inutilmente – quali fossero davvero i rapporti tra Berlusconi e D'Alema. Il primo era sceso in politica per non farsi distruggere la Fininvest e aveva disintegrato la gioiosa macchina da guerra di Achille Occhetto. Aveva inoltre inventato il bipolarismo italiano, dando dignità politica a sedici milioni di italiani moderati che di fatto non avevano casa e soprattutto non avevano voce.

Il secondo aveva trascorso trent'anni della sua ancor giovane vita dietro le bandiere rosse del Pci, e ora si proponeva di completare il passaggio del guado avviato da Occhetto dopo la caduta del Muro costruendo sulle ceneri di Gramsci, di Togliatti e di Berlinguer un grande partito socialdemocratico italiano, ultimo acquisto del riformismo europeo.

Che cosa avevano in comune quei due, se non l'amicizia con Gianni Letta? O forse, venuti da due mondi che più lontani non si può, stava proprio nelle loro mani la costruzione di quel bipartitismo altrimenti impensabile per l'Italia, il paese che riuscì a soppiantare i dodici partiti della Prima Repubblica con le trentacinque formazioni (diciannove ufficiali) dell'Età di Mezzo? E se l'orribile Inciucio altro non fosse che il tentativo di arrivare al più presto a una divisione netta di ideali e di responsabilità?

La sera successiva al «miracolo di Montecitorio», giovedì

18 luglio, Gianni Letta arrivò con ritardo minore del solito alla cena nel giardino del villino Giulia alla Trinità dei Monti, dove Maria Angiolillo riuniva gli amici prima del commiato estivo. Guardò distrattamente il numero del tavolo che gli era stato assegnato e poi si tuffò nei saluti, essendo l'unico – a parte naturalmente la padrona di casa – a conoscere personalmente tutti gli altri trentaquattro convitati. Infatti si accorse subito che gli ospiti di Maria non erano trentacinque, come previsto, ma trentaquattro. All'ultimo momento Enrico Micheli, braccio destro di Prodi a palazzo Chigi, era stato trattenuto dal Professore.

Letta se ne dolse in silenzio: gli avrebbe chiesto ragione dell'inserimento nel disegno di legge Maccanico di un paio di paroline che rischiavano di costare a Mediaset un migliaio di miliardi. Sfiorò con le labbra la mano di una signora pensando che nulla era cambiato nella sinistra Dc da quel giorno del '90 in cui cinque ministri di quell'area si ritirarono dal governo per protestare contro la legge Mammì, partorita da Andreotti, ma il cui concepimento era stato imposto l'anno prima da Craxi a De Mita. («È un problema razziale», avrebbe commentato qualche giorno dopo Marcello Dell'Utri. «Ci trattano come si trattavano gli ebrei...») Poi andò a sedersi al tavolo principale, alla sinistra della dama di maggior prestigio protocollare, Vittoria Leone, che avrebbe dovuto dare la destra a Enrico Micheli.

Fu allora, forse, che a Letta venne in mente la sequenza iniziale di *Dead Man*, il film in bianco e nero di Jim Jarmusch premiato a Cannes nel '95. Johnny Depp, il giovane protagonista, attraversava in treno territori sterminati degli Stati Uniti dell'Ottocento, e nell'alternarsi del giorno e della notte incontrava paesaggi e stagioni diverse, la neve dei monti e l'arsura dei deserti, pellerossa e cacciatori di bisonti. Aveva in testa qualche progetto, ma non sapeva dove il destino lo avrebbe portato. Letta guardò le mirabili conchiglie in cui Maria, con la raffinatezza che ormai non s'incontra in nessun'altra tavola, di casa o di palazzo, aveva costruito un letto di rose e lilium. Guardò le candele da cui stillavano gocce di cera sui candelabri di bronzo. Guardò gli ospiti di Maria. E dovette sentirsi un po' il Johnny Depp della politica italiana. Il suo era un punto d'osservazione unico e irripetibile dei mutamenti che da Roma avevano per decenni, e avrebbero ancora a lungo, condizionato la vita del nostro grande e amato Paese.

In quei tre tavoli del giardino alla Trinità dei Monti, a immergere delicatamente i loro preziosi cucchiai nella porpora gelata della *borchtch à la polonaise*, a conversare amabilmente tra un *poulet à la périgourdine* con *sauce demi-glace* e un garbato bicchiere di Château Pontet-Canet dell'89, erano riunite le singolarità e le incertezze della politica italiana. Letta dovette pensare che soltanto tre anni prima, in quel giorno e a quell'ora, mai avrebbe immaginato di fare da alter ego politico a quello che era semplicemente il suo datore di lavoro. E invece in un lasso di tempo così breve l'aveva accompagnato all'ingresso e all'uscita di palazzo Chigi e ormai da un anno e mezzo era tornato a orientarlo, novello Johnny Depp, attraverso le nevi e i deserti di un viaggio imprevedibile. E che dire del suo mancato dirimpettaio, Enrico Micheli, che solo poche settimane prima faceva il direttore dell'Iri e ora guidava la sala macchine di palazzo Chigi?

In fondo al tavolo, a far da corona a Maria, avrebbero mai immaginato due brillanti professori d'università della Luiss e della Bocconi, Giovanni Maria Flick e Giuliano Urbani, di essere le anime liberali dell'Ulivo e del Polo dall'avvenire insondabile per entrambi? E quel distinto signore, appena arrivato dal Quirinale al braccio della sua bella moglie, ma sì Lamberto Dini, avrebbe mai immaginato di tornare, nel giro di due anni, da ministro del Tesoro, da presidente del Consiglio, da ministro degli Esteri nel salotto della sua cara amica Maria, che l'aveva confortato negli anni difficili della Banca d'Italia? Quale strada avrebbe scelto domani? Il Polo, l'Ulivo, il nuovo inafferrabile Centro o che cos'altro? Molta acqua sarebbe passata sotto i ponti del Tevere. I pini di Roma sarebbero stati scossi da nuove tempeste, prima tra tutte la nuova Tangentopoli dell'autunno '96. Un imprevedibile asse Prodi-Veltroni-Bertinotti avrebbe spiazzato D'Alema con una durissima Finanziaria che avrebbe allontanato il Pds dai ceti medi. Ma quella sera Gianni Letta non poteva immaginarlo.

Sentì alle sue spalle il fruscio lieve di una livrea: accanto al cristallo ancora tiepido per lo Château d'Yquem, gli riempirono quello più alto di Roederer Brut-Premier dell'88. Era il momento del brindisi informale. Letta incrociò con affetto gli occhi incantevoli di Maria, alzò lo sguardo al cielo stellato che sovrastava quell'angolo di paradiso. E constatò che da tanto tempo, ormai, la Prima Repubblica non s'incontrava più sotto i palmizi della Trinità dei Monti. Un giorno avremmo visto certamente la Seconda. Già, ma quando?

Indice dei nomi

«La svolta»
di Bruno Vespa
Collezione I libri di Bruno Vespa

Arnoldo Mondadori Editore

Finito di stampare nel mese di ottobre 1996
presso Arnoldo Mondadori Editore S.p.A.
Stabilimento NSM di Cles (TN)

Stampato in Italia - Printed in Italy

I libri di Bruno Vespa

Bruno Vespa

LA SFIDA

DAL PATTO ALLA CRISI E OLTRE

RAI·ERI

MONDADORI

Dello stesso Autore

nella collezione I libri di Bruno Vespa

Telecamera con vista
Il cambio
Il duello
La svolta

Nella collezione Oscar Bestsellers
Telecamera con vista
Il cambio
Il duello

ISBN 88-04-43346-9

I edizione ottobre 1997

Indice

La sfida

«La crisi più pazza del mondo.»
Romano Prodi, ottobre 1997

I

La crisi più pazza. O no?

Mai più al «Costanzo Show»

«Fausto, se esci dalla maggioranza, ti isoli, non conti più niente. Non t'inviteranno nemmeno al "Maurizio Costanzo Show".» Ama i paradossi, Massimo D'Alema, e per convincere Fausto Bertinotti a non aprire «la crisi più pazza del mondo», come la definirà un incredulo presidente del Consiglio, accanto ad argomenti ideologici e politici, usa anche mezzi spicci. Come chi per spegnere un incendio getta sul fuoco acqua, coperte e ogni altra cosa gli capiti sotto mano.

Venerdì 3 ottobre a Roma è ancora una giornata di piena estate. I meteorologi sono indecisi nello stabilire se non faccia così caldo da cento o duecento anni. Ma insomma fa caldo: otto gradi più della media. Fa caldo anche alle otto e mezzo del mattino, quando D'Alema e Bertinotti s'infilano separatamente nel palazzetto dei gruppi parlamentari, in via degli Uffici del Vicario. L'incontro deve restare segreto. Vengono valutate diverse sedi e alla fine viene rispettata la classica regola dell'*intelligence*: il luogo più anonimo è quello pubblico. E il luogo più pubblico per due deputati è appunto la Camera.

I due leader usano una sola accortezza: per incontrarsi usano uno dei vecchi passaggi segreti che mettono in contatto alcuni piani con altri all'interno del labirinto a ostacoli di via della Missione. Ai tempi del ribaltone, fu preziosissimo quello che nella Prima Repubblica metteva in comunicazione gli uffici del Pci con quelli della Dc. Ora la Dc è scomparsa, i Popolari ne hanno ereditato un sesto dei voti e un quarto dei seggi e nella loro vecchia sede abita la Lega. La sala «Aldo Moro» è diventata la sala «Bruno Salvadori»: ma insomma il passaggio è rimasto e fu di gran comodo a Bossi, D'Alema e Buttiglione che fecero qui la festa a Berlusconi, salvo ratificarla mangiando pane e sardine nella cucina proletaria del pied-à-terre romano del Senatùr.

Quando i due leader attraversano piazza Colonna, nell'edicola vicina i giornali gridano a tutta pagina titoli di guerra. «Corriere della Sera»: «Prodi-Bertinotti, guerra di nervi». La «Repubblica»: «Assedio a Bertinotti». «La Stampa»: «Cresce il rischio di elezioni anticipate». Il «Giornale»: «Bertinotti vuole tutto. Prodi gli dà di più».

Rifondazione ha ormai deciso di uscire dalla maggioranza. D'Alema lo sa ed è convinto che c'è poco da fare. Ma cerca di mandare di traverso la giornata a Bertinotti dando fondo a quel po' di sarcasmo che anche quando non ce ne sarebbe bisogno conserva prudentemente in tasca in una scatolina da pastiglie. Come gli ammalati di angina pectoris fanno con le compresse di *Carvasin* sublinguale. «Vedi, Fausto,» dice a Bertinotti «non illuderti di poter evitare il voto anticipato. Se alle elezioni l'Ulivo vince, tu non esisterai più. Certo, avrai un po' di deputati, farai le tue battaglie. Ma sarai considerato un arnese da museo. La gente dirà: guarda, c'è anche Bertinotti. Verrà a visitarti, ma la cosa morirà lì. Se invece l'Ulivo perde, sarai inseguito nei secoli dalla maledizione della sinistra. Berlusconi torna al governo e qualunque cosa sciagurata faccia, la colpa ricadrà su di te. Pensaci, Fausto, pensaci...»

Bertinotti non si lascia incantare. La sua scelta l'ha fatta da tempo ed è una scelta irreversibile. Basta leggere all'inizio di settembre *Le due sinistre*, scritto con il suo braccio destro Alfonso Gianni, per capire che Bertinotti considera chiusa la sua storia col governo Prodi. Vuole rifarsi una vita, seguire i suoi ideali, cavalcare la sinistra «antagonista», mandare al diavolo la guerriglia sui parametri di Maastricht. Lui è un gentiluomo e vuole una di quelle separazioni che fanno dire agli amici: ma guarda come sono civili quelli là. E se la sposa e i parenti della sposa strillano, strepitano e fanno piazzate sui giornali, pazienza. Al cuore non si comanda.

Mi racconta Ersilia Salvato, vicepresidente del Senato e voce solista nella microscopica minoranza riformista di Rifondazione: «Il ragionamento che Bertinotti e Cossutta fanno fin dall'estate è questo: al di là dei contenuti della legge finanziaria, dobbiamo preoccuparci del futuro del partito. Noi siamo nati come forza alternativa. Di questo passo viene messa in discussione la nostra identità. Il contrattualismo senza respiro politico ci soffoca. C'è il rischio dell'omologazione».

D'Alema e Prodi capiscono subito che l'aria stavolta è diversa. Si vedono a fine agosto a palazzo Chigi e stabiliscono due cose: il governo terrà al corrente gli alleati dell'Ulivo informalmente sull'andamento della Finanziaria, mentre «il tavolo del Welfare», cioè la riforma dello stato sociale, resta di stretta competenza delle «parti sociali», cioè degli imprenditori e dei sindacati. Una volta raggiunto un accordo in questa sede, è escluso che in sede politica si riapra la trattativa. Traduzione: Bertinotti si scordi di poter umiliare la Cgil e Cofferati ottenendo con un ricatto politico quel che il sindacato non ha ottenuto attraverso la trattativa.

Martedì 2 settembre incontro a lungo il presidente del Consiglio e lo trovo molto sereno, ma in un particolare stato d'animo. È convinto che il governo durerà, sa tuttavia che Rifondazione gli procurerà più problemi del solito, ma è determinato a seguire una strada a senso unico: «Non ho alternative» mi dice. «La Finanziaria può essere soltanto una. E avendo soltanto una strada da percorrere, sono sereno e determinato a fare il mio cammino.»

La sera dopo Prodi invita Bertinotti e Cossutta a cena a palazzo Chigi. La mensa dei presidenti del Consiglio non trova posto negli annuari della cucina internazionale. Ma la cena del 3 settembre sarà ricordata come particolarmente indigesta.

Cofferati: «Io vado. Ma Prodi non mi scavalchi»

Alla crisi non crede ancora fino in fondo nemmeno Massimo D'Alema. È vero che un suo confronto con Bertinotti, nelle stesse ore in cui Prodi mi riceve, finisce come peggio non potrebbe: la strategia di Rc è il passaggio all'opposizione. Ma il segretario del Pds, pur prendendone atto, si consola con tre valutazioni dettate dall'esperienza. Uno: la crisi non basta annunciarla, bisogna aprirla. Due: è possibile che Bertinotti voglia fare soltanto la voce più grossa del solito col sindacato. La terza valutazione è quasi un'avvertenza di D'Alema a se stesso: è possibile che il segretario di Rifondazione usi con me questi toni perché tra noi il livello di scontro è stato sempre piuttosto alto, ma è possibile che con Prodi le cose vadano meglio. Finito il colloquio con Bertinotti, prende il telefono a chiama il presidente del Consiglio.

D'Alema mette difficilmente in conto la possibilità di sbagliarsi. E infatti, se spazza via la prudenza di rito, non sbaglia. Anche a palazzo Chigi capiscono, infatti, che Bertinotti e Cossutta stanno facendo rullare tamburi di guerra. Se ne avvede in particolare Enrico Micheli, il sottosegretario alla Presidenza del Consiglio che conosce da molti anni Bertinotti. Rilascia un'intervista al «Messaggero» e dice: attenti, non è un bluff.

In quei giorni il Partito comunista cinese decide di ridimensionare la presenza dello Stato nell'economia e annuncia il licenziamento di trentamila operai. Bertinotti commenta che comunismo e licenziamenti non vanno d'accordo e D'Alema, ospite del «Costanzo Show», prende atto del fatto che «per ora il compagno Bertinotti si accontenta di mettere in crisi il governo cinese».

Per un paio di settimane, il Pds mette in campo i pompieri. La crisi viene esorcizzata, ma le preoccupazioni crescono. I Popolari, in particolare, sono infastiditi da quella che considerano una rissa nella complicata famiglia della sinistra. Bertinotti e D'Alema, dicono, si parlano poco. Il clima rischia di prevalere sul merito delle questioni. Troppi ponti stanno saltando, si profila una nuova Albania.

D'Alema è convinto che la partita principale non si giochi a palazzo Chigi, ma in corso d'Italia, dove abita la Cgil. Se i sindacati sposano la politica del governo, per Bertinotti la vita si fa dura. Ecco dunque il segretario del Pds inventarsi a tavolino un incontro con i segretari di Cgil, Cisl e Uil in una sede altamente simbolica: la festa nazionale dell'Unità a Reggio Emilia. Nel pomeriggio di mercoledì 17 settembre, Cofferati, D'Antoni e Larizza hanno un dibattito con Marco Minniti, numero due del Pds e gran negoziatore della segreteria sul fronte di Rifondazione. L'orario slitta e i tre possono incontrarsi con D'Alema. Qui Cofferati anticipa l'apertura sulle pensioni che provocherà la frattura irreversibile con Rifondazione e la trasformazione di un segmento importante di crisi in un duello tra il segretario della Cgil e Bertinotti. «Io sono pronto a fare un passo avanti sulle pensioni di anzianità,» dice Cofferati a D'Alema «ma debbo avere la garanzia assoluta che Prodi non ci scavalchi.» D'Alema gli risponde secco: «Questa garanzia c'è. Esco di qui e chiamo palazzo Chigi».

Dall'auto diretta all'aeroporto di Parma dove è in attesa il piccolo jet che lo avrebbe riportato a casa, il segretario del Pds chiama prima Prodi, che gli assicura di condividere l'impegno appena preso, e Bertinotti, con il quale c'è uno scambio di informazioni.

Due giorni dopo, venerdì 19 settembre, i due segretari s'incontrano nel primissimo mattino alle Botteghe Oscure. Bertinotti vorrebbe affiancare un tavolo politico di maggioranza sullo stato sociale al tavolo dove lo stesso tema è trattato da sindacati e imprenditori. Prodi e D'Alema gli rispondono che non è possibile: il tavolo politico taglierebbe le gambe a quello sociale e il vasellame finirebbe per terra.

È in quell'incontro a quattr'occhi che D'Alema si convince che non esistono margini per evitare la crisi. Bertinotti non sta giocando al rialzo: ha messo in discussione la strategia del partito e vuole riconquistare lo spazio della sinistra antagonista. Il leader di Rifondazione, peraltro, nega e negherà sempre la natura ideologica della crisi. «Affermare una cosa del genere,» mi dirà quando la frattura sarà ricomposta «significa non aver capito niente della cultura politica di Rifondazione. L'alfa e l'omega della nostra scelta sono state sempre il programma. È attraverso il programma che si esprime la nostra natura politica. Se non si comprende questo, non si capisce nemmeno perché siamo poi arrivati a un'intesa.» Ma lo stesso Bertinotti sa che l'opinione largamente prevalente è tutt'altra. La scelta ideologica, se tale è stata, è una scelta limpida e nobile. Che poi sia anche una scelta rovinosa per il primo governo della sinistra nella storia repubblicana è un altro discorso.

Quando si presenta al colloquio con D'Alema, Bertinotti ha le spalle coperte. Nel giro di qualche giorno, quella settimana, la linea della rottura viene approvata quasi all'unanimità dalla direzione (su quarantasette membri, votano contro soltanto la Salvato e Antonio Carcarino, un senatore che ha fatto l'operaio alla Fiat di Pomigliano d'Arco). Compatti i gruppi parlamentari. Unanime la segreteria del partito: Bertinotti ha con sé Franco Giordano e Paolo Ferrero, Cossutta conta sul capogruppo alla Camera Oliviero Diliberto, su Marco Rizzo, Graziella Mascia, Claudio Grassi. Il nono membro, Aurelio Crippa, si divide tra le due correnti che almeno nella fase iniziale della crisi marciano compatte.

La linea è talmente dura che in direzione viene bocciata una proposta di Giuliano Pisapia di aggiungere al documento di base un capoverso che consenta di non rompere tutti gli spazi.

«Inno alla gioia» per Bertinotti

Dopo l'incontro con D'Alema, Bertinotti parte per Reggio Emilia dove lo aspetta, alla Festa dell'Unità, un dibattito con Marco Minniti. Testimone della serata come coordinatore della discussione, assisto a una scena imprevedibile che dimostra come per il popolo della sinistra sia spesso complicato mettere il cuore e il cervello sulla stessa lunghezza d'onda. Il cuore della base «comunista» del Pds rimpiange l'opposizione, quando gridare alla disoccupazione, all'evasione fiscale, all'alleanza tra governo e padroni assumeva per le orecchie di gente pure temperata dalla bonomìa emiliana la potenza liberatoria dell'*Inno alla gioia* nella Nona sinfonia di Beethoven. Ma il Pds è al governo e il cervello non può cantare: «*O Freunde, nicht diese Tone!...*».

Minniti, dunque, dovrebbe star tranquillo. L'ospite della serata è pur sempre quello che sta per sfrattare il Pds da una storica esperienza di governo e anche di potere, viste le migliaia di nomine «amiche» fatte in un anno e mezzo a tutti i livelli. E invece quando entriamo nell'arena, Bertinotti viene acclamato come Toscanini alla riapertura della Scala nel '46 o come Eva Perón quando s'affacciava nei suburbi di Buenos Aires. È vero che robuste truppe rifondatrici d'occupazione rifondarola sono state inviate fin dal pomeriggio a presidiare la parte centrale e strategica della platea (anche Fini, in questo senso, qualche giorno prima aveva fatto del suo meglio). Ma lo stesso Minniti ammette sportivamente che gli applausi vengono anche dal popolo del Pds. Altro che sindrome di Stoccolma. Altro che Patricia Hearst, che s'innamorò dei guerriglieri simbionesi che la rapirono e arrivò a combattere al loro fianco. Minniti nel dibattito recupera bene e in sala si avverte che il cervello ogni tanto ha la meglio sul cuore. Mentre Bertinotti spiega di dritto e di rovescio come manderà in pezzi la maggioranza. E la memoria di chi scrive torna indietro di una quindicina d'anni, quando al posto di Bertinotti c'era un Pajetta e al posto di Minniti un Martelli. E scorreva sangue, tanto sangue, di cui le lotte interne della sinistra hanno bagnato copiosamente la storia moderna.

D'altra parte la strategia di Bertinotti è proprio questa: far assumere al partito della Rifondazione comunista il ruolo che fu del Pci, al Pds quello del Psi e far diventate una rinnovata Democrazia cristiana qualcosa che nasca da una joint-venture tra Forza Italia, Ppi, Ccd, Cdu con uno spruzzo di pattisti e di diniani. Anzi, uno dei rimproveri di Bertinotti a D'Alema è proprio di voler impedire a Franco Marini di rifare la Dc. Il Pds teme insomma che dietro le tesi e le richieste di Rifondazione, si nasconda il rifiuto definitivo del bipolarismo, la nostalgia del sistema proporzionale e di un assetto in cui la sinistra «antagonista», come è stato a lungo il Pci, possa finalmente fare un'opposizione dura e pura.

Sfogliando in quei giorni il nuovo libro di Bertinotti, Minniti s'accorge anche di come i miti possano trasformarsi in beffa. O se volete, di come si abbiamo gli stessi punti di riferimento ideale persino quando la lotta tocca i livelli di massima asprezza.

Nella prima pagina di *Le due sinistre* sta scritto, infatti, un motto di Rainer Maria Rilke, poeta tedesco che nei primi due decenni di questo secolo s'angosciò dinanzi al problema esistenziale dell'uomo moderno: «Resistere!». Il caso vuole che fosse di Rilke anche lo slogan dell'ultimo congresso del Pds: «Il futuro entra in noi prima che accada».

Quando domenica 21 settembre D'Alema chiude la Festa dell'Unità, cerca ancora una strada unitaria. Certo, deve dimenticare gli attacchi di Cossutta («I tuoi figli leggeranno sui libri di storia che hai fatto fallire la prima esperienza della sinistra di governo»). Ingoiare le nostalgie di Nerio Nesi («Il primo Fanfani è migliore di Prodi»). Mettere da parte la diffidenza dei suoi collaboratori delle Botteghe Oscure («Bertinotti sta riportando indietro l'orologio della storia»). E spingere ancora verso una soluzione unitaria. Anche se non concede nulla sulle tre richieste chiave di Rifondazione: non toccare le pensioni di anzianità per il resto dei secoli, portare l'orario di lavoro a trentacinque ore settimanali per legge, ordinare all'Iri di assumere trecentomila giovani nel Mezzogiorno.

Ma ormai D'Alema ha chiaro l'obiettivo di Bertinotti: a suo giudizio, poiché il Pds non si adatterà a mollare il potere copiosamente acquisito, grida alle elezioni, ma è pronto a stringere un patto con Berlusconi. In questo caso il calvario dell'opposizione diventa per Bertinotti un'autostrada per i Campi Elisi.

Giovedì 25 settembre Micheli telefona a Bertinotti a nome di Prodi: «La Finanziaria è pronta, vieni con la delegazione del tuo partito per discuterla». Rifondazione non ha infatti ministri e deve essere messa al corrente di quanto accade per altre vie. Bertinotti rifiuta: non posso, uno dei capigruppo è in viaggio. Viene allora improvvisata una conferenza telefonica con Prodi, Veltroni, Micheli e alcuni ministri. È allora che Bertinotti dice: «Solo Dio può salvare il governo». Pronunciata da un non credente, sia pure con grande rispetto, questa frase non semina molte speranze.

Sabato 27 settembre, il segretario del Pds decide di trascorrere l'ultimo fine settimana dell'anno sulla sua nuova barca *Ikarus* ormeggiata al Lido di Traiano, vicino a Civitavecchia. Un'occhiata al calendario gli dice che da allora a dicembre sarà difficile trovare altri spazi. Il tempo è splendido e D'Alema veleggia verso il Giglio per poi fermarsi sulle coste dell'isola di Giannutri. Nella tarda serata di sabato c'è un tentativo di mandargli di traverso la gita. Il giornalista dell'Ansa Paolo Corallo avverte il portavoce del segretario, Fabrizio Rondolino, che l'indomani Bertinotti avrebbe annunciato l'assassinio della Finanziaria appena deposta nella culla del Parlamento dal ministro Ciampi. Rondolino avverte D'Alema e Minniti, gli rovina il sabato sera, ma è un falso allarme perché l'indomani Bertinotti diffonde un documento del genere: torturo il nemico, ma lo lascio in vita.

«Io metterei in discussione la Nato»

La sentenza di morte è peraltro soltanto rinviata. Tra lunedì 29 e sabato 30 settembre la direzione e i gruppi parlamentari di Rifondazione giudicano la Finanziaria «inemendabile». Difficilmente parola può essere più cruda e letale. È come se una donna orrida andasse dal chirurgo estetico che con grande fatica ora le ha dato un minimo di forma al seno, ora le ha riportato a dimensioni umane la pancia e quando finalmente c'è da intervenire sul luogo primario, cioè il viso, le dicesse: «Signora, il suo viso è inemendabile».

Qualcuno dice che il presidente del Consiglio voglia rispondere prendendo dritta la strada del Quirinale. Prodi me lo nega con decisione. Ma insomma, se inemendabile significa inemendabile, c'è poco da fare.

È allora che Marco Minniti (ormai ha un orecchio rosso per le telefonate quotidiane a Bertinotti e a Cossutta) chiede a D'Alema un ultimo incontro con il leader di Rifondazione.

Arriviamo così a venerdì 3 ottobre e al dialogo segreto in cui si parla anche del «Maurizio Costanzo Show».

I punti su cui si incentra tutta la discussione sono tre. Possibilità di ricucitura. Rapporto col governo. Legge finanziaria.

Il colloquio va male su tutta la linea. D'Alema capisce subito che attraverso la crisi Bertinotti vuole ripensare la collocazione strategica di Rifondazione. «Vedi, Massimo,» gli dice «la mondializzazione dell'economia, l'integrazione europea, l'omogeneità che nei fatti si riscontra tra centrodestra e centrosinistra richiedono che una sinistra antagonista lavori per una prospettiva diversa nel futuro. Soprattutto adesso che, grazie anche a te, la destra non è più la bestia nera pericolosa di un tempo.»

D'Alema prova a rilanciare. «Ma allora entrate nel governo. Cercate di portare lì i vostri progetti. Voi chiedete il ritiro della legge finanziaria e Prodi non può farlo. Ma se nasce un altro governo con Rifondazione, la Finanziaria va necessariamente riscritta...»

Bertinotti sorride e scuote la testa: «No, Massimo. Non è possibile. Se entrassimo al governo, dovremmo chiedere la disdetta di Maastricht. E una ridiscussione dello stesso ruolo della Nato che con la caduta dei blocchi sta assumendo il dominio del mondo. No. Il nostro ingresso al governo non è immaginabile.»

È a questo punto che Bertinotti presenta a D'Alema i suoi tre punti non rinunciabili: i trecentomila posti di lavoro dell'Iri nel Mezzogiorno, le trentacinque ore settimanali per legge e naturalmente il blocco di ogni revisione delle pensioni di anzianità per il futuro.

D'Alema capisce che non esistono margini. Ma prova a contrattare. «I trecentomila posti di lavoro dell'Iri messi così sono impensabili. Può nascere, invece, un'agenzia che crei le condizioni per un certo sviluppo...»

E Bertinotti risponde che l'agenzia non gli sta bene perché nascerebbe nell'ottica della ristrutturazione delle imprese in crisi che verrebbero perciò affidate al mercato.

«Ma l'alternativa è la nascita di una gigantesca rete clientelare» replica D'Alema. E Bertinotti ribatte che almeno in parte si potrebbe provvedere con il collocamento.

Anche sulle trentacinque ore le posizioni sono distanti. (San Jospin non ha ancora fatto il miracolo che consentirà di sbloccare la situazione.) D'Alema parla di un percorso lungo e di incentivi alle imprese. Bertinotti lo mette in guardia dal fare favori ai padroni che incassano benefici senza aumentare posti di lavoro. Disaccordo pieno anche sulle pensioni di anzianità.

È a questo punto che D'Alema fa il discorso delle elezioni e del rischio per Bertinotti di diventare un pezzo da museo e di perdere perfino gli inviti di Maurizio Costanzo.

«Fausto, rischi davvero di uscire dal gioco.»

«Ho messo in conto anche questo» risponde Bertinotti. «Credo che alla fine voi potreste non fare un governissimo e che Scalfaro potrebbe sciogliere le Camere.» Ma per la politica di una sinistra antagonista una radicale perdita di seggi non sarebbe un problema gravissimo.

Su un solo punto i due si trovano finalmente d'accordo.

Dice Bertinotti: «Non farei saltare le alleanze periferiche. La sorte delle giunte è stata sempre distinta da quella del governo centrale...».

D'Alema: «D'accordo. L'omologazione non esiste ormai da decenni. Noi siamo stati nelle giunte locali con il Psi durante tutto il centrosinistra...».

Chiuso il colloquio, D'Alema ne riferisce l'esito disastroso ai tre collaboratori più stretti, Minniti, Velardi e Rondolino. Chiama Prodi, lo informa e gli manda le due cartelline di appunti che gli ha lasciato Bertinotti. Poi chiama Scalfaro e Veltroni. A tutti dice: «Parlate voi con Bertinotti. Per me la situazione è compromessa, ma con voi il colloquio può essere meno influenzato dall'ideologia.»

Poi se ne va a una riunione dei Laburisti di Spini e da lì lancia un nuovo appello a Bertinotti. Nel pomeriggio parla a un'assemblea ambientalista del Pds e poi parte per Capri, dove l'indomani è atteso un suo intervento al congresso dei giovani imprenditori in coppia con Gianfranco Fini.

A Capri è estate piena. Il mare è pieno di barche e di bagnanti, i faraglioni ancora non acquistano la luce fredda e nobile dell'autunno. D'Alema sale ad Anacapri, dove il fido Velardi soggiorna in lunghi fine settimana. Due tavoli per dodici accolgono l'ospite all'Europa Palace, che ha una magnifica vista sull'isola. D'Alema cena con amici capresi e pugliesi che fanno sosta qui prima di scendere verso casa. Si parla della crisi e delle elezioni.

Nelle stesse ore, i giovani imprenditori offrono agli ospiti una cena ufficiale nella cornice aristocratica del Quisisana. E mai contrasto fu più forte tra la dolcezza dell'ambiente e del clima e la tensione che si respira nei tavoli, dove si teme fortemente che la crisi faccia saltare la legge finanziaria e l'ingresso in Europa.

Le ultime illusioni cadono l'indomani, quando Gianfranco Fini dice che il Polo non voterà gratis la legge. L'unica prospettiva sono le elezioni, concorda D'Alema.

Nello stesso fine settimana, Prodi incontra il premier francese Jospin a Chambery: i due affermano che si può lavorare a un progetto sulle trentacinque ore, ma Bertinotti giudica subito insufficiente questa proposta.

Nel tardo pomeriggio di venerdì 3 ottobre, mentre scende in auto verso Capri, D'Alema viene raggiunto da una telefonata di Scalfaro che suggerisce un immediato incontro plenario e solenne tra il governo e una delegazione di Rc. D'Alema è d'accordo, Prodi è d'accordo, Bertinotti accetta. L'incontro viene fissato per lunedì 6 ottobre.

Domenica 5 dai titoli di tre giornali emergono i diversi stati d'animo delle tre principali sinistre italiane. Il pessimismo di quella riformista si esprime attraverso «l'Unità»: «Rifondazione alza il prezzo. Trattative sul binario morto». Il «manifesto» incarna le speranze di una sinistra alternativa, ma che non vuole la caduta del governo: «Un giorno lungo un anno. Ci si arriva con grande affanno, ma anche con qualche speranza». «Liberazione», il giornale di Rc, abbassa la saracinesca: «Cantiere di crisi».

L'incontro di lunedì è in effetti un fallimento, nonostante la solennità dell'apparato e il grande ruolo politico che viene pubblicamente attribuito a Rifondazione. Dal Pds esce una battuta perfida: «È il riconoscimento delle Brigate rosse». Ma non serve. La crisi, di fatto, è aperta.

«Fausto, mi ripaghi così?»

Lunedì 6 ottobre è per Prodi una giornata molto amara. Al di là delle gravi conseguenze politiche, il presidente del Consiglio vive la rottura con Bertinotti come una ferita al suo animo. «Ho investito molto sul rapporto personale con lui,» dice ai suoi collaboratori «nessuno come lui è stato informato così nei dettagli, ho pagato pesantemenetre anche in termini personali l'esposizione del governo verso Rifondazione e vengo ricambiato così? È vero che Bertinotti mi ha detto che questo è un governo di galantuomini e che un altro così non ne capiterà più. Ma insomma...»

Un aspetto della trattativa procura a Prodi particolare amarezza. Il presidente era convinto che si dovesse modificare il sistema pensionistico passando dal sistema retributivo al sistema contributivo: tanto versi, tanto ricevi. Per venire incontro alle richieste di Rifondazione accetta di cancellare questa ipotesi. Ma Bertinotti gli dice: «Questa concessione non vale niente perché in nessun caso saresti riuscito a portarla a casa». E Prodi ci resta malissimo.

Si tira un po' su soltanto la sera, quando il suo vecchio amico Silvio Sircana gli manda una poesia. «In questo Fausto dalla erre moscia / un'intuizione mi coglie e ancor mi angoscia». Segue una rima baciata irriferibile e poi la rassegnata conclusione: «Con questi grandi scogli scatenati/il rischio è uno: finire scoglionati».

Prodi resta in ufficio fino a notte per calibrare il discorso dell'indomani. Con lui ci sono Micheli, Parisi, Pizzetti, il nuovo portavoce Ricardo Franco Levi.

Fin dalla settimana precedente Fini aveva messo in mora la maggioranza chiedendo una verifica parlamentare. Scalfaro era riuscito a rinviare tutto fino a martedì. Ma ormai la resa dei conti è arrivata.

Mi dice il presidente del Consiglio: «Ci sono momenti in cui stacchi e rifletti. Il primo è stato quello dei due discorsi alla Camera che per me poi sono un discorso solo. È allora che mi son chiesto: posso andare più avanti? No. Questo è il punto fermo. Posso guidare un governo di larghe intese? No. Non è il mio mestiere».

Il vecchio orologio della Camera segna le 19.29 del 7 settembre 1997 quando il presidente del Consiglio prende la parola in un'aula gremita. Tiene alla sua sinistra Veltroni, Bersani, Visco, Bassanini, Ronchi e Rosy Bindi. Alla sua destra Dini, Napolitano, Flick, Ciampi, Berlinguer e Treu.

Cambia gli occhiali e comincia a leggere. Bertinotti, che siede tra Cossutta e Diliberto, apre le prime tre dita della mano destra a fasciare la fronte in segno di attenzione. Marini si accarezza la bocca con la mano chiusa a pugno. D'Alema appoggia due dita della mano sinistra sulla guancia. Poi comincia a giocare con fogli di carta bianca costruendo degli origami. Fini e Berlusconi prendono appunti.

Prodi pronuncia un discorso orgoglioso, forse il migliore della sua ancor breve carriera parlamentare. «Il Paese non capirebbe questo abbandono, ora che il percorso è quasi concluso... Il Paese non capirebbe questo rotolare indietro.»

Quando dice che nel corso di un anno «è stata fatta una manovra di dimensioni enormi, quale la storia d'Italia non aveva ancora visto compiere in un periodo così breve», l'opposizione rumoreggia. La maggioranza applaude. D'Alema s'associa con un po' di ritardo e la faccia di circostanza, tanto che il mio vicino di tribuna commenta: «Ha applaudito con maggiore convinzione il gol di Balbo all'ultima partita della Roma». La conclusione è solenne: «Una cosa sola non vogliamo fare: venir meno agli impegni assunti e riportare l'Italia indietro al tempo delle coalizioni continuamente mutevoli e degli equilibri sempre incerti». Le belle signore che stenografano l'intervento annotano sul verbale di seduta: «Vivi, prolungati applausi...» e via con l'indicazione di querce e cespugli della maggioranza. I deputati di Rifondazione restano ostentatamente immobili e il loro gelo impressiona, visto che a due metri da Bertinotti siedono i plaudenti D'Alema e Mussi.

La sentenza arriva per bocca di Bertinotti alle 18.37. «Avremmo voluto dire: ce l'abbiamo fatta... Avremmo voluto dire a un lavoratore di Brescia... a un giovane disoccupato... Ho sentito nelle parole del presidente del Consiglio l'eco di queste aspettative, non le soluzioni». Prodi l'ascolta senza guardarlo. È pallidissimo, la bocca piegata all'ingiù, le braccia conserte, gli occhi rivolti al cielo. Accanto a lui Dini non sembra particolarmente prostrato: che il destino gli riservi qualche sorpresa?

Ma il banco del governo – dodici ministri più il presidente del Consiglio – assomiglia a un surreale Cenacolo che ascolta la sentenza di condanna alla Croce letta personalmente da Giuda. Un Giuda nobile e del tutto disinteressato, naturalmente, perché nessuno ha mai messo in dubbio la portata ideale e la trasparenza dell'attacco di Bertinotti.

Poiché dopo il discorso di Prodi s'è sparsa la voce che Cossutta abbia preso le distanze da Bertinotti, ecco che alla fine dell'intervento quelle che sul verbale di seduta vengono annotate come «molte congratulazioni» all'oratore, sono in realtà abbracci di Cossutta, Diliberto e degli altri rifondatori dinanzi ai quali scompaiono quelli tributati nel febbraio del '97 nello stadio londinese di Wembley dagli azzurri a Gianfranco Zola che dopo vent'anni aveva restituito all'Italia l'orgoglio di battere gli inglesi in casa loro.

La sera stessa Prodi è atteso al Quirinale. Incrocio il Professore nel «corridoio dei ministri», parallelo al Transatlantico di Montecitorio, un minuto prima delle 21, quando è atteso l'annuncio delle dimissioni. Sta per rientrare in aula. Incrocio anche Fabrizio Ferragni, il giornalista del TG1 che segue il Quirinale. Ha il telefonino all'orecchio e sta parlando col Colle: «Prodi parla quindici secondi e poi sale da Scalfaro». Mi precipito in tribuna stampa, ma per tre quarti d'ora non accade niente. È successo che il presidente del Senato Mancino, probabilmente d'accordo col capo dello Stato, ha ricordato l'impegno di Prodi a ripetere l'indomani il discorso a palazzo Madama. La seduta è dunque rinviata a giovedì a mezzogiorno. In realtà si vogliono guadagnare trentasei ore nella speranza del miracolo.

«Massimo, è la crisi»

Giovedì mattina nella stanza delle riunioni attigua all'ufficio di D'Alema in via delle Botteghe Oscure, il segretario riunisce i suoi collaboratori per un incontro riservato con i responsabili di tre importanti istituti demoscopici. Come in un consulto, al medico di famiglia che è Roberto Weber di Swg vengono affiancati Nando Pagnoncelli (Abacus) e Renato Mannheimer. Gli esperti concordano su tre punti: gli italiani non capiscono la crisi e non hanno voglia di votare; in diciotto mesi di governo, l'Ulivo, senza Rifondazione, ha quasi raggiunto il Polo; l'effetto Di Pietro esiste, ma non è eccezionale e va quindi valutato con estrema prudenza.

Di Pietro è forte presso la popolazione di bassa scolarità, soprattutto nel Mezzogiorno. Può dunque rubare voti al Polo, ma sarebbe un errore confondere la sua popolarità con il potenziale elettorale. In questo senso, Di Pietro assomiglia per qualche verso a Gianfranco Fini: la fiducia degli italiani in lui sfiora il sessanta per cento del campione, ma i voti per An nei sondaggi migliori non superano il diciotto per cento. Attenzione, quindi, dicono gli esperti a D'Alema.

E Rifondazione? È possibile che il partito di Bertinotti alle elezioni non guadagni nemmeno un seggio dei 475 assegnati col sistema maggioritario alla Camera, con piccole incognite in Toscana. E che stenti a superare i quindici seggi nel proporzionale.

L'incognita delle elezioni è comunque forte. I collegi marginali, dove ci si gioca tutto con tremila voti, sono un centinaio. In trenta o quaranta collegi ci si gioca il seggio addirittura per un migliaio di voti. Ultima valutazione: un eventuale indebolimento della Lega nel Nord favorirebbe i candidati del Polo. Orientativamente Polo e Ulivo sono intorno al quaranta per cento (il Polo sta un po' meglio), Rifondazione e Lega intorno al dieci per cento, con una forbice di due punti in favore di Bertinotti.

D'Alema è immerso in queste valutazioni, quando alle dieci la sua segretaria Ornella Massimi entra nella stanza e annuncia che Veltroni è al telefono. «Massimo, è la crisi.»

D'Alema chiama subito Bertinotti: «Fausto, ci hai pensato bene?».

«Massimo, abbiamo deciso.»

La crisi si consuma due ore dopo alla Camera. Il Pds vuole dare l'impressione fisica della sua forza di governo e dell'enormità della crisi che sta per compiersi a causa di Rifondazione. I sei posti alla sinistra di Prodi sono occupati da Veltroni, Napolitano, Visco, Bassanini, Turco, Berlinguer e Finocchiaro, al cui banco si appoggia mestamente Gianmaria Flick.

Invece del cappuccino, Prodi ha fatto colazione con una bistecca di tigre (l'espressione è di Montanelli). Il discorso è perfino più orgoglioso di quello di due giorni prima. Dopo trentacinque minuti, il presidente del Consiglio guarda Bertinotti e gli ribalta addosso i tre casi emblematici sui quali è maturata la crisi: «Dipende da lei, onorevole Bertinotti, il futuro dei malati cronici, dei lavoratori di Brescia e dei disoccupati del Sud».

Seguono applausi da stadio e il silenzio di Rifondazione. Bertinotti riunisce i suoi. Esce Nerio Nesi, preziosissimo pesce pilota per i giornalisti. Non parla, ma tiene il pollice verso come Nerone. La sentenza viene affidata a Diliberto, che pronuncia un discorso durissimo. Avrebbe dovuto farlo comunque, in quanto capogruppo, ma qualcuno vede nel suo intervento il rinnovarsi dell'immutabile rituale comunista per cui una posizione deve essere sostenuta con grande forza proprio dal compagno che la condivide meno.

E il Polo? Martedì 7 ottobre aveva parlato Silvio Berlusconi, esponendosi nell'offerta di una sponda in uno scenario politico nuovo: «Se dall'interno dell'ex maggioranza si indicherà una formula nuova di governo e un nuovo esecutivo che siano capaci di mettere a frutto per un tempo determinato le intese sulla riforma dello stato sociale e della Costituzione, il nostro appoggio non mancherebbe». Aveva anche ricordato che senza il Polo il governo sarebbe entrato in crisi sull'Albania e non sarebbe stato fatto un passo in avanti sulle riforme. Aveva inoltre detto di non temere le elezioni, ma di dubitare che da esse potesse nascere una maggioranza stabile.

Giovedì tocca al capogruppo di Forza Italia, Beppe Pisanu, ripetere più o meno le stesse tesi, che erano state accolte con scetticismo soprattutto da Fini. Appena finito di parlare, Pisanu riceve un segnale di complimenti dal presidente della Camera, Violante, pronto – come vedremo – ad assumere un incarico esplorativo.

Cena autunnale in casa Letta

Nell'ufficio di Pisanu si riuniscono tutti i leader del Polo. Entrano prima Urbani e poi Casini. Portano un messaggio di La Malfa e un mezzo invito di De Mita: è la vostra grande occasione, votate la legge finanziaria. Letta – che in un incontro di pugilato, incurante dei pugni, baderebbe soltanto ad asciugare il sudore dell'avversario – suggerisce subito di accettare.

Nonostante il clima negli ultimi mesi sia sensibilmente peggiorato, Letta non ha abdicato al ruolo di leader della trattativa a ogni costo. All'inizio dell'autunno ha riunito segretamente a casa sua Berlusconi e D'Alema (mai più cene con troppa gente, dopo i pasticci di giugno). Si è riparlato di Bicamerale, del difficile cammino del governo, di possibili elezioni. Si è parlato del più e del meno. Ma insomma, il canale privilegiato che funziona ormai da due anni è riaperto.

Sulla proposta di votare «gratis» la legge finanziaria, nello studio di Pisanu, Letta viene sommerso dai no dei quattro segretari. «Bisogna pensare a un altro incarico» dicono tutti. E Casini fa capire che Violante è pronto, si discute se il Polo possa appoggiarlo in tutto o in parte. «O si fa un governo istituzionale» dice Fini «o si va alle elezioni.»

(Mi dirà Berlusconi: «Se avessimo regalato i nostri voti a Prodi per varare la Finanziaria, non sarebbe cambiato niente come non è cambiato niente dopo l'Albania. I sondaggi ci dicevano che l'87 per cento dei nostri elettori era contrario a che sostenessimo il governo in carica. Naturalmente ne abbiamo parlato tra noi per senso di responsabilità. Ma siamo stati unanimi nella decisione».)

In questi giorni, in verità, si parla anche di «governo tecnico». Qual è la differenza tra governo tecnico e governo istituzionale? Nel primo ci si illude di mettere in fila ministri politicamente asessuati, ma provvisti di grande perizia nelle rispettive materie. Nel secondo ci si affida a una delle alte cariche dello Stato. Entrambi, ovviamente, sono governi di transizione. Un governo tecnico, nato a destra e sostenuto a sinistra, fu quello di Lamberto Dini. E nei giorni di crisi Dini, che ha sempre mantenuto un eccellente rapporto con Letta, lo chiama e gli si confida: sono nato nel Polo e faccio parte dell'Ulivo. Faccio parte dell'Ulivo, ma ne sono la parte più vicina al Polo. Ho inoltre una buona reputazione internazionale. Insomma, se si deve scegliere una persona di comune gradimento e al di sopra delle parti, chi c'è meglio di me? Letta annuisce, ma sa che difficilmente Fini accetterebbe una premiership del ministro degli Esteri.

Poiché tuttavia i politici si sono accorti da tempo che i tecnici sono alla fine più politici di loro, la soluzione più probabile sembra un governo istituzionale. In questo senso, Luciano Violante è in pole position. Mancino, che pure sarebbe assai caro a Scalfaro, è bruciato da un sospetto fatale che cadrebbe sul Quirinale: vogliono rifare la Dc. Violante è presidente della Camera, è uomo eminente del Pds, è legatissimo a D'Alema, ha capacità indiscusse e magari riesce a tenere a freno perfino i pubblici ministeri più scatenati. Dunque, perché non lui a presiedere un governo polulivista che approvi la legge finanziaria, cambi la Costituzione e faccia una legge elettorale finalmente priva di ambiguità? Inoltre Silvio Berlusconi potrebbe essere nominato presidente della Camera...

Anche il ministro dell'Interno, Giorgio Napolitano, è nella rosa dei candidati possibili. Augusto Minzolini della «Stampa» giura di averlo sentito mormorare al telefonino: «Si fa il mio nome», suscitando proteste, smentite e indignazioni. Ma non c'è dubbio che, se indicato, Napolitano non rifiuterebbe.

Il candidato ideale del Polo resta comunque Mario Monti, rettore dell'Università Bocconi di Milano e commissario europeo. E Monti potrebbe essere il candidato premier del Polo in caso di elezioni, visto che Berlusconi ha annunciato di voler fare il padre nobile del centrodestra senza concorrere di nuovo all'incarico di palazzo Chigi.

Berlusconi, in realtà, parla in questi giorni di un candidato misterioso, da rivelare soltanto a Camere sciolte. È Vittorio Feltri, titola «L'Espresso» del 23 ottobre '97. Errore. È Gianni Letta. Quando parla di incarichi per Letta, Berlusconi – con rispetto parlando – sembra Charlie Brown. Come la deliziosa creatura di Charles M. Schultz, il Cavaliere si prodiga, si convince e s'illude, ma alla fine Lucy Letta gli rifila sempre la fregatura.

Un giorno l'avevo invitato a «Porta a porta» e lui mi disse: «Guardi, al mio posto le manderei Gianni Letta. Da oggi è il mio alter ego e la sua trasmissione è un'eccellente occasione per farlo sapere a tutti». Il problema è che non lo sapeva Letta, il quale ama restare nella sua dimensione di puro spirito: senza incarichi, senza seggi, ma con un riconosciuto ruolo di ambasciatore. In questi giorni di crisi, per fare un esempio, Letta sale al Quirinale più di D'Alema e Prodi messi insieme.

Berlusconi, dunque, annuncia ai suoi che Letta è il candidato premier e gli altri annuiscono, salvo riparlarne. Ma è l'interessato ad attaccarsi a tutti i campanelli dicendo che non è utile, né possibile, né opportuno. «Il merito del risanamento del Paese viene riconosciuto a Ciampi. È lui, insieme con Dini, a godere del credito internazionale e della fiducia dei mercati finanziari. Ma poiché l'uno e l'altro sono nell'Ulivo, l'unica persona che il Polo può proporre è Mario Monti, vera garanzia per l'Europa. A me in Europa chi mi conosce?»

Il pessimismo che Letta porta su di sé lo induce anche a raffreddare gli entusiasmi elettorali di Berlusconi. «Caro Gianni, stavolta vinciamo. Nel '96 abbiamo preso più voti di Ulivo e Rifondazione messi insieme, figurati adesso che sono divisi. Vinciamo a mani basse.» Replica il Grillo Parlante: «Caro Silvio, rischi di sbagliare per quattro ragioni. Prima. Nel '96 l'Ulivo non aveva Di Pietro. Seconda. Anche se tu sei vittima di una persecuzione giudiziaria, potrebbe diminuire la percentuale di elettorato neutro in grado di sostenerti. Terza. Tu hai vinto nel '94 perché gli italiani non hanno voluto consegnare il governo alle sinistre. Adesso che l'Ulivo sta contro Rifondazione, questa è un'arma scarica. Quarta. Non siamo pronti a votare tra un mese, mentre Forza Italia sta ancora costruendo un radicamento periferico».

«La scelta più difficile della mia vita»

Giovedì sera, 9 ottobre, Fausto Bertinotti e Marco Minniti partecipano alla trasmissione «Moby Dick» di Michele Santoro. Discutono come si conviene, escono insieme e sulla porta Bertinotti dice a Minniti: «La scelta di oggi è stata la più difficile della mia vita». Il braccio destro di D'Alema avverte che il leader di Rifondazione è molto provato e sotto pressione. Quando gli conferma che il Pds punterà con estrema energia sulle elezioni, mentre Cossutta tarda a crederci, Bertinotti gli risponde: «No, vi capisco. È una prospettiva possibile e per voi sarebbe una scelta ineccepibile».

Sempre giovedì sera, al vertice dell'Ulivo, tutti i leader sono favorevoli alle elezioni, tranne Lamberto Dini. Franco Marini, detto «il santo degli impossibili», chiede a D'Alema carta bianca per portare in due giorni Casini e Mastella nell'Ulivo. La proposta è questa: venite, approviamo la Finanziaria, in primavera votiamo con voi nell'Ulivo. D'Alema concede carta bianca, ma Casini strappa il foglio. Va bene che Mastella (e non solo) è in crisi terminale d'astinenza dal potere. Ma c'è un limite a tutto.

Venerdì 10 ottobre Violante sale da Scalfaro. Il capo dello Stato sente continuamente D'Alema al telefono e gli dice con chiarezza che lo scioglimento non può essere immediato. «Se non me lo chiede la maggioranza del Parlamento, non posso farlo.» Esclude, dunque, un reincarico a Prodi e si orienta verso un mandato esplorativo affidato al presidente della Camera. Sempre venerdì 10 Scalfaro chiama Bertinotti e gli fa invece capire che lo scioglimento delle Camere alla fine resta la soluzione più probabile, con tutto quel che ne consegue per le sorti elettorali di Rifondazione.

(Mi dirà D'Alema: «Violante sarebbe stato una garanzia. Avrebbe fatto un giretto e avrebbe preso atto che lo scioglimento delle Camere era l'unica scelta possibile». Mi permetterò di dissentire: Violante sarebbe capace di fare un governo anche con Arafat e Netanyahu con l'appoggio esterno di Gheddafi e Fidel Castro.)

Venerdì pomeriggio, improvvisamente, la segreteria di Rifondazione decide di rilanciare: facciamo il patto per un anno. La prima reazione di Prodi e D'Alema è molto scettica.

In quelle ore Minniti è a Napoli. Lo avvicina il segretario campano di Rifondazione, Migliore: «Attenti,» gli dice «questa è una apertura vera». Nel mondo complesso e chiuso di Rifondazione sta capitando qualcosa di grosso.

«In aprile,» mi dirà Minniti «Bertinotti non volle aprire la crisi sull'Albania perché il suo elettorato non l'avrebbe seguito. Annunciò fin da allora che l'avrebbe aperta giocando in casa sullo stato sociale. Non poteva prevedere che in sei mesi il governo si sarebbe enormemente rafforzato. Se Prodi fosse stato nelle condizioni di aprile, la crisi di ottobre sarebbe stata certa. E invece...»

In quella seconda settimana di ottobre, Bertinotti e Cossutta capiscono che vertice e base del partito la pensano diversamente, molto diversamente.

Venerdì 10 ottobre il titolo del «manifesto» è uno schiaffo: «Facciamoci del male». Scrive il giornale comunista: «Rifondazione comunista apre una pessima crisi che viene da lontano e che poteva e doveva essere evitata da tutti i protagonisti della maggioranza». Ingrao profetizza una «rottura per sempre» tra le due sinistre. Rossana Rossanda sconfessa Rifondazione. Ma è nella base operaia che matura la rivolta decisiva. La Fiom, il sindacato metalmeccanici della Cgil, punto di forza della lotta operaia, spinge per l'accordo.

Mi dice Piero Fassino, sottosegretario agli Esteri del Pds e per molti anni dirigente del Pci torinese: «A Mirafiori molti esponenti di Rifondazione si sono messi in mutua pur di non affrontare la discussione con i compagni del Pds».

Mi spiega Armando Cossutta: «Avevamo messo in conto anche una rottura non superabile. Ma sentivamo il dovere di cercare una via d'uscita e abbiamo rilanciato. Certo, il nostro è un partito d'opinione e si è avvertita una divergenza tra la posizione del gruppo dirigente e quella del nostro popolo. Hanno avuto peso la posizione della Fiom, quella del "manifesto" e di leader come Ingrao e Rossanda. L'imbarazzo del Quirinale a sciogliere immediatamente le Camere ha dato alla discussione un certo respiro. E poi c'è stato il miracolo di San Jospin...».

Nello stesso fine settimana, infatti, il primo ministro francese decide di proporre la riduzione per legge dell'orario di lavoro. E questo consente sia a Rifondazione che al governo di fare un passo in avanti. Ma naturalmente per raggiungere l'accordo, Bertinotti deve votare la Finanziaria «inemendabile» così com'è. Mi dice un alto dirigente del Pds: «Portare fino in fondo una sfida e poi saperla capovolgere. Solo i grandi comunisti e i gesuiti riescono a farlo. E Cossutta l'ha fatto».

Quando arriva l'imprevista retromarcia di Bertinotti, Micheli ha appena rilasciato un'intervista molto dura al «Messaggero». Il sottosegretario richiama il giornale, parla con Umberto La Rocca, capo del servizio politico e lancia un segnale molto deciso a Rifondazione: quando si usa il linguaggio che ha usato ieri alla Camera Diliberto, c'è poco da fare. Insomma, se la vostra è una proposta seria, fatecelo capire meglio. La stessa tesi Micheli sostiene nel successivo intervento in diretta nel TG3 delle 19.

Sabato è una giornata in cui tutto il lavoro si svolge sottotraccia. Minniti chiama al telefono Cossutta e lo sente dire: «La destra sta rialzando la testa». I due, che hanno in comune parecchi anni di militanza comunista, si capiscono al volo. È un segnale di disponibilità che può essere tradotto convenzionalmente in accordo lavorando sulle trentacinque ore del modello Jospin.

Questo segnale cifrato di apertura viene confermato sabato pomeriggio da Bertinotti e Cossutta a Scalfaro nell'udienza di consultazione al Quirinale. «Dal nostro punto di vista non sono né auspicabili né obbligate le elezioni anticipate. Meno che mai una sorta di ribaltone. Meglio riposizionare il nostro rapporto col governo Prodi su "equilibri più avanzati" [*frase celebre usata da Francesco De Martino, segretario del Psi nella prima metà degli anni Settanta, per indicare un centrosinistra più riformatore*] con un nuovo accordo di programma.»

Mi dice Prodi: «Di fronte all'improvvisa apertura di Bertinotti mi son chiesto se non convenisse fare ogni sforzo per chiudere pur non andando fuori da quel che si voleva. Così sabato mi son preso quattro ore di stacco andando al mattino in bicicletta sulla Raticosa. Poi ho chiamato Micheli e gli ho detto: visto che sia tu che Bertinotti domani siete in Umbria, perché non lo chiami?».

In casa Micheli, a Montefalco

Bertinotti è in Umbria per una amarissima marcia della pace.

Domenica 12 ottobre nelle zone del terremoto il segretario di Rifondazione viene severamente contestato. Pur partecipando allo stesso corteo di D'Alema, non lo incrocia. È la prima volta che questo accade in una manifestazione. E il segnale per Bertinotti è preoccupante perché i gruppi pacifisti che si riuniscono ad Assisi sono spesso più vicini a Rifondazione che al Pds.

A metà mattinata la marcia è già finita e Micheli raggiunge al telefono Bertinotti che sta entrando in auto a Foligno. «Possiamo vederci?» chiede il sottosegretario. «Meglio domani» risponde Bertinotti. «Fausto, io sto a Montefalco, quaranta chilometri da dove sei tu. Perché non vieni subito?»

Bertinotti arriva alle 13.30 nella casa paterna di Micheli, affacciata sulla cascata delle Marmore. È con la signora Lella che s'intrattiene con Maria Rita Micheli, moglie del sottosegretario, mentre i due uomini salgono al secondo piano della casa.

«Caro Fausto,» gli dice Micheli «tu rappresenti un partito anche numericamente importante. Se vuoi contare nella sinistra italiana non isolarti. Ragioniamo sul possibile.»

«Il problema, caro Enrico,» gli risponde Bertinotti «è che io non mi riconosco più in un governo così tiepido sulle riforme.»

«Capirei» ribatte Micheli «se tu avanzassi queste richieste dopo il nostro ingresso in Europa e in condizioni economiche assai più solide delle attuali. Se posso fare un paragone medico, l'Italia sta facendo le ultime applicazioni di chemioterapia per uscire da una malattia gravissima. Quando sarà arrivato il momento della riabilitazione fisica, potremo riparlarne.»

In quel colloquio non si definisce niente di concreto. Ma Micheli capisce che Bertinotti è preoccupato del confronto elettorale e che il mutamento d'opinione del venerdì sera rispetto al giovedì pomeriggio è frutto di una riflessione seria e tormentata. Sono quasi le sedici quando i due scendono a pranzo. Maria Rita ha preparato all'improvviso qualcosa, alla tavola si uniscono il figlio di Micheli, Massimiliano, con la sua ragazza.

Il sottosegretario parte per Roma al tramonto. A sera, a palazzo Chigi, c'è un vertice dell'Ulivo. D'Alema delinea i confini della trattativa: la Finanziaria non si tocca, il governo è disponibile a far propria la proposta di Jospin sulle trentacinque ore, va bene il patto di consultazione chiesto da Bertinotti, ma è meglio se Rifondazione entra con uno o due ministri nel governo. Prodi si oppone a quest'ultima proposta: «Lasciamo perdere. Bertinotti rischia di prenderla per una provocazione e magari salta tutto di nuovo». Ma il presidente del Consiglio capisce anche che se salta anche questa ultima trattativa, Scalfaro è pronto a dare l'incarico a Violante.

Mi dice Prodi: «Il secondo momento in cui ho deciso di staccare e riflettere è stato lunedì. Sapevo che la grande maggioranza degli italiani non voleva le elezioni. Non possiamo chiamare i cittadini ogni anno a votare. E allora bisognava stringere, senza rinunciare a niente».

Lunedì mattina, 13 ottobre, l'Ulivo va al Quirinale e si sente confermare l'ipotesi Violante. A ora di pranzo Minniti chiama Cossutta e Micheli chiama Bertinotti. Bisogna stringere. Il segretario di Rifondazione sale verso via Massimi a Monte Mario, dove abita il sottosegretario di Prodi. È inseguito dai giornalisti, prova a fare una deviazione verso la sua casa di Vigna Clara, ma poi rinuncia.

Micheli lo riceve in salotto, poi i due si trasferiscono nello studio arredato con mobili rinascimentali umbri della Val Nerina. Sia Micheli che Bertinotti hanno avuto i pieni poteri per chiudere la trattativa. Si comincia a discutere sui diversi punti dell'accordo (progetto per l'Europa, approvazione della Finanziaria, consultazione sistematica, trentacinque ore e così via). Bertinotti suggerisce di riassumere l'accordo in un documento. Micheli prende dallo scrittoio un foglio dal blocco dove sta scrivendo (a mano, con un roller) il suo quinto romanzo, *Le scale del Paradiso*, che sarà preceduto nella pubblicazione presso Rizzoli da racconti surreali sotto il titolo *L'uomo col panama*. La stesura del documento va avanti senza problemi. (Dirà Micheli a un amico: «A ogni riga temevo che Bertinotti mi fermasse. Non l'ha fatto».)

Alle 17 i due telefonano a Prodi e Veltroni, che ha svolto un ruolo efficace nella parte decisiva del negoziato. Il presidente del Consiglio sta ricevendo una delegazione della

Fiom di Brescia che lo stimola a cercare un accordo. Già fatto, grazie.

Il fax di due paginette scarse all'indirizzo di D'Alema parte da palazzo Chigi alle 20.14. A quell'ora il segretario del Pds è arrivato da poco a Saxa Rubra per la registrazione di «Porta a porta». Quando con il direttore del «Corriere», Ferruccio De Bortoli, cerchiamo d'incalzarlo con la fatidica domanda: chi ha perso la faccia?, D'Alema pattina sul burro della diplomazia. Lunedì mattina è infatti fissata la direzione di Rc che deve ratificare l'accordo. Meglio evitare incidenti e mangiare il riso squisito cotto in studio da Gianfranco Vissani per una lezione in diretta a D'Alema, ripreso in una volenterosa esercitazione culinaria nella famosa casa di Nicolino La Torre al Testaccio dove pochi giorni dopo quella cena, in luglio, D'Alema avrebbe accettato la richiesta di Di Pietro di presentarsi nell'Ulivo.

Lunedì, al telefono con D'Alema, Bertinotti da quel grande contrattualista qual è, tenta di giocare al rialzo sulle pensioni. D'Alema gli risponde picche e passa la palla a Minniti che chiama Cossutta, l'uomo che nella fase finale ha giocato di più sull'accordo. «L'accordo c'è o non c'è?» chiede Minniti. E Cossutta: «Ti garantisco che c'è».

Resta da chiedersi perché Bertinotti ha accettato tra venerdì e lunedì quel che gli era parso inaccettabile giovedì.

«Perché un leader non può allontanarsi dalla sua base», mi risponde Prodi.

«Perché le concessioni sulle trentacinque ore rendono più visibile la nostra battaglia,» mi risponde Bertinotti «ma anche perché correvamo un pericolo reale d'isolamento, grazie a un sistema d'informazione che ha portato ad additare come nemico il produttore di instabilità. Il tempo ci dirà se quel che è stato indotto a pensare il cittadino che legge due giornali è lo stesso che sente di suo il cittadino di Sesto San Giovanni o di Tor Bella Monaca a Roma.»

Bertinotti ripete queste tesi alla direzione del suo partito martedì 14 ottobre: il mutamento di linea è stato determinato dallo scarto tra gruppo dirigente ed elettorato e da un mix perverso di pressioni politiche, sindacali, industriali sulla «stampa di regime».

Giovedì 16 ottobre un abbraccio tra Prodi e Bertinotti chiude la partita. Due giorni dopo il presidente del Consiglio parte per un viaggio commerciale di sei giorni in Estremo Oriente («Sono orgoglioso di fare il commesso viaggiatore per il mio Paese»). Torna appena in tempo per vedere la grande manifestazione nazionale di Rifondazione, sabato 25 ottobre.

Una marcia programmata per aprire una stagione di lotte, dall'opposizione. «E che invece» mi dice Bertinotti «è diventata uno spot. Lo spot di una politica nuova, dove il partito cede il testimone al movimento.»

Accanto alla bandiera di vicepresidente del Senato, Ersilia Salvato scuote la testa: «La partita vera è ancora tutta da giocare. Quale sarà il futuro della sinistra nel nuovo secolo?».

Al ritorno dall'Oriente, Prodi trova sul tavolo due cose. La prima è la grana con sindacati e Confindustria sulle trentacinque ore («Hanno le loro ragioni» mi dice). La seconda è una poesia inedita di Silvio Sircana che si chiude così:

«Com'è andata davvero?, mi domando.
Forse lo sanno solo Fausto e Armando.
Comunque è certo, caro presidente,
Va cancellato il poema precedente.
Non era forse di grande dimensione
Lo scoglio (volgarmente lo scoglione).
Per come s'è concluso 'sto teatrino
Più che uno scoglio mi sembra uno scoglino.»

II

Sinistra contro sinistra

Il recinto di Tatò

Ricordate Tatò? Ma no, non il capo dell'Enel. Lui si chiama Franco, detto Kaiser Franz perché ha fatto vedere i sorci verdi anche ai tedeschi quando lavorava in casa loro. E perché ascolta gli audiolibri (in tedesco) di Musil mentre passeggia (in tedesco) in montagna. Quando era in Mondadori per scucirgli una lira dovevi andare con il lanciafiamme. «Sto seduto sulla cassa» diceva. *Usque ad finem*. Se fissava Berlusconi, il suo azionista di riferimento, il Cavaliere mormorava: «Mi sento un costo da abbattere».

«Vedrà, presto lo sarà anche lei» dissi una sera d'estate a Chicco Testa che si godeva il ruolo di presidente ecologista dell'Enel su una terrazza romana. Sorrise, ma il gelato gli andò di traverso. Poco distante, Tatò – il suo capo azienda – pensava che utilizzare la rete elettrica solo per fatturare bollette della luce era uno spreco e stava decidendo di farci passare anche le telefonate. E quando nell'ottobre del '97 avrebbe deciso di tagliare gli sconti alle imprese si sarebbe trovato contro tutto il Parlamento.

Il Tatò di questa storia si chiama invece Tonino e lo ricordano in pochi. Era il Gran Sacerdote del Bottegone, segretario di Enrico Berlinguer e suo uomo stampa. Alto. Bello. Potentissimo.

Il Pci degli anni Settanta comandava quanto e più della Dc. La Dc aveva le banche e divideva con i socialisti e gli alleati più piccoli le presidenze degli enti pubblici. Ma senza il Pci non poteva muovere un passo, approvare una sola legge di spesa, fare un qualunque straccio di riforma. E il Pci, per parte sua, non doveva dividere con la Dc il potere nelle università, nei giornali, nelle case editrici, in ogni settore artistico.

Su tutta la nomenclatura comunista vigilava Tonino Tatò, con lo sguardo e la spada dell'arcangelo Gabriele. Un'intervista con Berlinguer veniva trattata, centellinata, lucidata in ogni virgola con la cura che un miniaturista medievale avrebbe riservato a una bolla pontificia. Interviste rarissime, perché nella Prima Repubblica nessuno di nessun partito sentiva il bisogno di spiegare quasi niente.

Tatò amministrava anche gli altri. Volevi Pajetta? Ti mandava Bufalini. Chiedevi di Napolitano? Arrivava Ingrao. Come se oggi, con rispetto parlando, chiedessi un'intervista a Macaluso e al telefono ti rispondesse Gloria Buffo dicendo che fa lo stesso. O se nel momento di un possibile massacro invece dell'invitato Minniti a rappresentare la segreteria arrivasse Claudio Petruccioli. Misteri e grandezza del Centralismo Democratico.

Solo Giorgio Amendola se ne impipava e Tatò non se ne dava pace. Un giorno lo incontrai all'ingresso del Bottegone. Lui entrava, io uscivo col corredo di luci e telecamere. Impallidì. «Sono andato da Amendola.» Impallidì ancora di più.

Quando la riforma della Rai sciolse i cani da riporto (cioè Italo Moretti del TG2 di Andrea Barbato e chi scrive per il TG1 di Emilio Rossi), i congressi della Dc e del Psdi del marzo '76 furono sanguinosi. Andarono in onda i fischi a Tanassi e a Rumor. Nel primo caso dovetti barricarmi in una stanza difeso fisicamente da Pierluigi Romita e – solo per stretto dovere d'ufficio – da Giampiero Orsello che era vicepresidente della Rai. Nel secondo, Tatò capì che perfino a via Teulada era cambiata l'aria. Capo del servizio politico al TG1 era Ugo Guidi, detto Pallino. Era talmente cauto che se gli dicevi: guarda Pallino, questa virgola potrebbe cambiare la linea politica del giornale, lui prudentemente la toglieva. Bene, in quelle settimane perfino Pallino diceva a noi ragazzi: facciamo un giornale piatto, così quando parte la riforma ci godiamo i fuochi d'artificio.

Quel che aveva fatto saltare i nervi a Tatò erano gli arrembaggi. Moretti e io eravamo convinti di vendicare vent'anni di «l'onorevole, dal canto suo» assaltando letteralmente gli oratori alla fine dei loro interventi o durante i discorsi degli altri. Parlava Fanfani? E tu correvi da Andreotti. Interveniva Piccoli? Tutti sotto il naso di Moro. Moro era l'unico che riusciva ad affondarci senza nemmeno spostare lo sguardo. Quando la situazione congressuale s'era incartata gli chiesi: «Onorevole, lei che è un grande mediatore...». Lui mi trafisse gelido, socchiudendo appena le palpebre da Grande Elefante che lavora per la storia: «Io non sono un mediatore, io rappresento posizioni politiche».

Poteva immaginare Tonino Tatò un'irruzione del genere nella vita politica di Berlinguer? Che odiava le dirette per non macchiare con un aggettivo sbagliato – disse a Villy De Luca – quarant'anni di onorata carriera. Che per non subire più di tanto le mie garbatissime domande senza telecamera durante l'elezione del successore di Giovanni Leone non si mosse più dall'aula col rischio di fare pipì sotto il banco. Che lasciava contrattare da Tatò i termini dell'intervista fino allo spasimo pur essendo lui, Berlinguer, il solo in grado – con Andreotti e Almirante – di rispondere con perfetta sintassi televisiva a qualunque quesito, foss'anche sulle guerre puniche.

Non poteva. Il «recinto» nacque così. Il Grande Serraglio delle Telecamere e dei Giornalisti. Tutti lì dentro senza possibilità non dico di fare arrembaggi, ma nemmeno di muoversi. Volevi intervistare Bufalini? E lui ti portava Tortorella. Volevi Ingrao? Magari dimenticava di dirglielo. L'unico che continuava a impiparsene era Amendola che veniva nel «recinto» e parlava con tutti.

I giornali, minaccia per la democrazia

Per vent'anni il «recinto» scomparve, salvo ricomparire un bel giorno di febbraio del '97. Berlinguer e Tatò se ne erano andati l'uno dopo l'altro, come se quell'uomo alto e bello si sentisse a disagio a restare sulla terra senza il suo capo. Se ne era andato anche il vecchio Pci. Sulle macerie del Muro di Berlino era nato il Pds, ma il suo fondatore Occhetto era stato cacciato nel '94 dopo le vittorie di Berlusconi. Al suo posto c'è Massimo D'Alema, quel «deputato di Gallipoli» che s'era permesso di definirlo «tecnicamente obsoleto».

Quanti secoli sono passati dagli anni di Pisa e della grande contestazione, gli anni in cui D'Alema e Mussi nei cortei della Fgci cantavano «Ingrao, Ingrao / sei il nostro Mao / e Occhetto / è il tuo Lin Piao», come avrebbe perfidamente ricordato sul «Corriere» Gian Antonio Stella durante il congresso del '97?

Adesso il ragazzo della Fgci è l'uomo più potente d'Italia. Da quando nel novembre del '95 è entrato in casa di Maria Angiolillo facendo cadere gli ultimi calcinacci del Muro di Berlino, è conteso da tutti i salotti che contano e incontra tutte le persone che contano: banchieri e imprenditori, intellettuali e gran dame inebriate dal profumo del potere rosso.

La sua freschissima nomina a presidente della Bicamerale poi, come temeva Gianfranco Fini, lo ha portato alla definitiva incoronazione. È vero che il Pci ha già conosciuto quel ruolo con Nilde Iotti. È vero che con la stessa Iotti, con Ingrao, Napolitano e infine con Violante ha governato a lungo la Camera. Ma mai il privilegio di presiedere un così delicato e autorevole organismo era stato concesso a un segretario di partito in servizio.

Eppure, D'Alema continua a non amare giornali e giornalisti. Sicuramente sottoscriverebbe, in cuor suo, il tenero giudizio col quale, secondo Mark Twain, il direttore della «Valanga» di Memphis raccontava il lavoro di un suo corrispondente: «Mentre scriveva la prima parola del suo articolo, piazzando i tagli alle *t*, i puntini sulle *i* e un bel punto fermo in fondo al periodo, sapeva di mettere insieme una frase colma di infamie e fetida di falsità».

«I giornali? È un segno di civiltà lasciarli in edicola» (a Lucia Annunziata, «Prima Comunicazione»). «In quel salone triste che è il Transatlantico» il segretario del Pds ha orrore «di quelle chiacchiere svaccate, di quell'amalgama quotidiano, di quella mistura impropria e umiliante» tra giornalisti e politici (Alessandra Longo, «la Repubblica»). «Tra notizie gonfiate e politica raccontata dal buco della serratura, è minacciata non solo l'informazione, ma un punto nevralgico della democrazia moderna, perché cade una difesa immunitaria» (Stefano Di Michele, «l'Unità»). [*Li difenderà soltanto il 20 ottobre '97, dalle accuse di aver massacrato Rifondazione durante la crisi di governo. Ma sarà una difesa sospetta.*]

Può dunque immaginare, Massimo D'Alema, che un microfono o un taccuino impertinenti vadano a stuzzicargli i baffi all'improvviso dopo una battuta di Veltroni o una smorfia di Occhetto? Come lo sfigatissimo e intemerato cronista di una ignota emittente della periferia romana che sbucato dal buio lo apostrofò così all'angolo di una strada: «Onorevole, e i disoccupati?», ricevendone la seguente risposta, nell'occasione ineccepibile: «Spero che lei vada presto ad accrescerne il numero».

«Dimenticare è uscire dalla mente, scordare è uscire dal cuore» scrive Fabrizio Rondolino, portavoce del segretario, nel sesto capitolo del suo romanzo d'amore *Un così bel posto*. E riassume in quella frase dedicata ai sentimenti di due innamorati il nocciolo del suo quotidiano travaglio: far dimenticare ai giornalisti quel che di loro dice il segretario, senza farne uscire irreparabilmente il Pds dal cuore.

«Tu dovresti essere la nostra quinta colonna presso la stampa e invece sei la quinta colonna dei giornalisti in queste stanze» lo apostrofa il segretario. Che comincia ogni mattina alle 8.45 la lettura dei giornali, presenti anche Velardi e Cuperlo (prima di trasferirsi alla Bicamerale), con l'elogio del «Sole-24 Ore» e del «Foglio» di Giuliano Ferrara, da cui peraltro talvolta è costretto a dissentire, e con l'invito a Rondolino a denunciare ora questo ora quel giornale. Minacce spesso disattese, ma che furono invece implacabili quando «L'Espresso» pubblicò la piantina del suo nuovo appartamento in via Avezzana, al quartiere Prati. (Senza venire per fortuna successivamente a conoscenza di un imbarazzante infortunio che frustrò la generosità di Alfio Marchini. Per adornare la terrazza del segretario, il bellissimo costruttore gli mandò una gigantesca pianta d'ulivo. Venne convocato per l'elevazione un gigantesco braccio meccanico, ma forse l'eccessiva dimensione dell'albero, forse l'amore contenuto che D'Alema ha sempre nutrito per quel tipo di pianta, ne produsse l'impossibile collocazione e il conseguente, immediato rigetto.)

Come il bacio di Lady D.

Ecco dunque, vent'anni dopo Berlinguer, il congresso del Pds protetto dal Grande Recinto. Rumoreggiano i telecronisti, esplodono i fotografi quando vedono un solo, esile uomo con gli occhiali avvicinarsi liberamente al Palco Proibito. È

Roberto Koch, agenzia Contrasto, diventato fotografo personale di D'Alema da quando nell'estate del '94, come racconta sul «Messaggero» Marida Lombardo Pijola, «Velardi girava inquieto per Botteghe Oscure tormentandosi che bisogna migliorare l'immagine del leader e invocando la Foto con la maiuscola. Cuperlo cercava, sondava, selezionava, finché rimase colpito dal lavoro di quel trentunenne dell'agenzia Contrasto un po' impacciato che aveva chiesto di fotografare D'Alema quando ancora non era segretario...».

Ecco dunque Koch muoversi da solo a un passo dal leader, spiarne soddisfazioni e inquietudini, le occhiate a Veltroni e l'abbraccio a Occhetto, eseguire dall'angolazione del privilegio le foto che tutti vorrebbero e che in effetti scattano. Ma la distanza fa la differenza fatale, come se solo Koch – novello Mario Brenna – riuscisse a inquadrare le labbra della sfortunatissima Lady D. che toccano quelle di Dodi Al Fayed, lasciando agli altri soltanto l'ambiguo e innocente sfiorarsi dei corpi.

Rispetto al vecchio apparato congressuale del Pci, la nuova scenografia è assai più in linea coi gusti dei media, che oggi contano più della base. È vero che «L'Espresso» evoca «...la sensazione che tutto preluda a un'apparizione ultraterrena, quella del Capo... le parate a Norimberga, Hitler che compare di colpo al centro del cono di luce». Ma si sa che quel giornale non ama D'Alema e non ne è certo riamato.

In realtà, la strategia politica e d'immagine da proporre nel congresso di fine febbraio viene studiata dagli uomini di D'Alema fin dall'autunno. All'inizio, come spesso accade, tra il segretario e lo staff c'è qualche apparente incomprensione. «Noi pensiamo a una convention» dice Velardi. «D'Alema teme che vogliamo montargli intorno uno spettacolo di suoni e luci col rischio di farne un fenomeno da baraccone.»

Delle luci abbiamo detto. E i suoni? Nell'autunno del '96 Velardi incontra Ennio Morricone, musicista insigne da sempre vicino al partito. «Ci fai un inno?» Anzi no, cancelliamo la parola inno che qui dentro suona come una bestemmia. «Ci fai un tema musicale per la sinistra?» Morricone, che avrebbe accettato pure di fare l'inno, accetta sull'istante di fare il tema musicale per la sinistra di governo.

Già, e il testo? Cosa rischiosissima il testo di un tema musicale per la sinistra. «Qui c'è il rischio che ci prendano tutti per il culo» si dicono senza perifrasi gli uomini dello staff. E vanno sul sicuro. Il testo viene commissionato a Sergio Bardotti, paroliere insigne, anche lui tradizionalmente vicino al partito.

Mentre a Roma s'avvia il congresso del Pds, io mi godo Bardotti al festival di Sanremo. Dico mi godo perché Bardotti vale il viaggio. Il mondo della canzone è pieno di figli di buona donna assai più del mondo della politica. Nel senso che uno come me tornando a Montecitorio prova il sollievo della bimba che rientra dalle Orsoline dopo una inquietante passeggiata nel bosco. Se sopravvive a tutto questo dai tempi in cui scriveva *In via dei matti numero zero* per Gino Paoli e i versi giusti per Lucio Dalla e il mai sufficientemente compianto Luigi Tenco, anche Bardotti deve avere la sua bella pelliccia sullo stomaco. Ma non lo dà a vedere. Ha sempre gli occhi lucidi, il sorriso che gli spunta dalla barba bianca come a Babbo Natale e l'entusiasmo di un bambino che deve comporre un'ode per il compleanno della maestra. E poi è un avanguardista: ha scritto nel '61 una canzone rimasta inedita: *L'ulivo...*

La mela di Biancaneve

Bene, i versi del tema musicale per la sinistra vengono affidati a Bardotti che li scrive in aereo tornando dal Brasile e recandosi con frequenza insolita alla toilette, sotto lo sguardo allarmato delle hostess. Egli sa infatti che si sta giocando la virtù. Se una musica è brutta, pazienza. Ma con le parole sbagliate ti sputtani per la vita e amen.

Appena ricevuto il testo, con sovrana perfidia gli uomini di D'Alema lo mandano in visione riservata a Veltroni. Il lettore deve sapere che la cosa più innocua che possano scambiarsi il secondo piano di Botteghe Oscure, dove abita D'Alema, e il terzo piano di palazzo Chigi, dove abita Veltroni, è la mela di Biancaneve.

I versi di Bardotti sono tutt'altro che avvelenati, ma Velardi e i suoi vogliono evitare di morire annegando nella critica musicale del vicepresidente del Consiglio che, come è noto, è uno del ramo. Anche Veltroni approva.

Accade così che all'ora di pranzo di un giorno di fine gennaio una rispettabile delegazione del Pds esca dal palazzone rosso di via delle Botteghe Oscure e compia a piedi i pochi passi che portano allo stupendo attico di Ennio Morricone in via dell'Aracoeli. D'Alema è accompagnato da Cuperlo, Rondolino e dal giornalista dell'«Unità» Alberto Leiss.

Morricone si mette al piano, Bardotti canta i suoi versi. D'Alema approva. Morricone chiede una garanzia: «Non è che tra sei mesi questa roba non vi piace più e ve ne fate un'altra?». D'Alema garantisce. La pausa pranzo s'esaurisce con l'esecuzione di temi cari a Morricone e alla sinistra, da *Novecento* a *Sacco e Vanzetti*.

C'è adesso il problema della presentazione e di una voce recitante all'altezza della situazione. A chi pensiamo noi della Rai quando ci serve una voce recitante per i cinquant'anni di sacerdozio del Papa? A Vittorio Gassman. A chi pensano gli uomini del Pds per trattare alla pari il Papa Rosso? A Vittorio Gassman.

Il vecchio, grande attore viene invitato a colazione. Cuperlo chiama Ettore Scola. Scola chiama Gassman. Tra le pareti affrescate della «Vecchia Roma», che videro riuniti a tavola Prodi, D'Alema, Veltroni per battezzare ufficialmente l'Ulivo all'indomani delle elezioni regionali del '95, il segretario del Pds, presente Scola, offre a Gassman la parte recitata della *Cantata per l'Europa*. La cantata offre brani di De Gasperi, Adenauer, Schuman, i padri fondatori, e anche di De Gaulle e di Churchill, che pure dell'Europa ebbero un'altra idea. Gassman accetta.

E a chi scrive questo racconto l'episodio produce una sensazione strana. Quanta diffidenza ebbero i comunisti per l'Europa? Quante battaglie fecero contro il primo mercato comune, insieme con i grandi industriali protezionisti, e contro la decisione democristiana di darvi vita?

Si scosse per primo il solito Amendola. Era il 23 novembre del '71 e Biagione Agnes mi disse: «I comunisti fanno una cosa sull'Europa. Fai un *servizzietto*». Me lo disse, come sempre, con la doppia zeta avellinese. Andai. I carri armati sovietici avevano normalizzato la Primavera di Praga soltanto da tre anni. L'eurocomunismo era di là da venire. E forse non mi accorsi che si stava staccando un piccolo, impercettibile pezzetto d'intonaco da un angolo nascosto del solido e invincibile Muro di Berlino.

Adesso D'Alema può parlare a tavola d'Europa con l'autorità di vicepresidente dell'Internazionale socialista («Siamo al governo in tredici paesi su quindici», dirà dopo le vittorie di Blair e Jospin), mentre la storia italiana ha relegato in cucina i democristiani che la fondarono.

«Lascia a Walter la relazione»

Nell'autunno del '96, insieme con il tema musicale per la sinistra, nasce anche la strategia congressuale di D'Alema.

Il pomeriggio di giovedì 12 dicembre, il segretario sta andando sulla Thema grigia d'ordinanza ad ascoltare la relazione d'apertura di Fausto Bertinotti al congresso di Rifondazione. In auto con lui sta Claudio Velardi che gli dice: «Se diventi presidente della Bicamerale, evita di leggere la relazione al nostro congresso. Falla fare a Veltroni, tu riservati la replica». Sul momento D'Alema non sembra convinto e lo sfotte, autoironico: «Vuoi farmi portare il saluto dell'Italia?». Nei giorni successivi gli vengono dubbi di sostanza: «Se faccio io la relazione, si può discutere con chiarezza. Se la fa Walter, viene privilegiato l'aspetto unitario e spettacolare e la discussione resta sacrificata». Teme insomma che la scena castri il dibattito (a congresso concluso si ricrederà). Ma alla fine l'idea di limitarsi alla replica comincia a piacergli.

D'Alema non ama le lunghe relazioni scritte. Sa che le repliche a braccio gli riescono molto meglio e sa che Veltroni non starà nella pelle nel fare lui una relazione governativa alta e nobile. E infatti il vicepresidente del Consiglio accetta subito. (Dirà Francesco Cossiga, commentandola: «Ho chiuso gli occhi e mi sono ritrovato in un vecchio congresso della vecchia Dc, quando Mariano Rumor vantava i successi di uno dei suoi tanti governi».)

Ma secondo gli uomini di D'Alema c'è un'altra ragione per cui Veltroni coglie al volo la proposta di un congresso unitario: il problema della conta dei voti.

È noto che nella visione strategica del segretario il rafforzamento del partito (la Cosa 2 è ancora una nebulosa senza confini precisi, ma che certo proverà ad allargarsi) prevale su qualunque alleanza di governo. Veltroni al contrario vede il futuro del Pds all'interno dell'Ulivo.

Il problema che fin dalle iniziative precongressuali dell'estate '96 si pone è il seguente: occorre contarsi sulle due posizioni oppure no? A sinistra un sostenitore dei documenti alternativi è Aldo Tortorella, a destra Emanuele Macaluso e lo stesso Achille Occhetto che si muove con prudenza sapendo quanto sarebbe imbarazzante (e rischioso) guidare in prima persona una contrapposizione al segretario.

All'inizio D'Alema è per un congresso unitario. Il Pds è il partito di maggioranza relativa, differenze fondamentali con Veltroni non ci sono, vuole mettere il governo al riparo del dibattito congressuale. Memore dei congressi democristiani che portavano regolarmente a nuovi equilibri, a rimpasti, talvolta a crisi di gabinetto.

Certo, la chiarezza del dibattito vorrebbe che si votasse su un paio di mozioni: una socialista (D'Alema), l'altra ulivista (Veltroni) votata anche da Occhetto. Il rapporto di forza tra maggioranza e minoranza sarebbe chiaro, anche nelle sue possibili oscillazioni. Ottanta a venti? Settanta a trenta? Al secondo piano delle Botteghe Oscure si guarda con sorprendente attenzione alla storia e all'evoluzione della Dc per non ripeterne gli errori. E si constata che a piazza del Gesù le maggioranze hanno avuto in media i due terzi del partito e le minoranze un terzo.

Veltroni, tuttavia, non parla di una sua mozione. Che senso avrebbe dunque imporre la conta? Eppure c'è qualcosa nell'atteggiamento del vicepresidente del Consiglio che non convince il segretario. «Formalmente si dice d'accordo su tutto» brontolano nello staff del Bottegone. «Poi però basta aprire un giornale e si vede subito che nelle interviste Walter prende le distanze.»

C'è un episodio, in particolare, che rischia di far saltare ogni ipotesi unitaria. All'inizio dell'estate '96 Veltroni, da poco al governo, va a commemorare Berlinguer a Padova, la città in cui il leader del Pci morì dopo un drammatico comizio. E attacca D'Alema. O almeno dice cose che a D'Alema non piacciono affatto.

Poco prima, partecipando con Giuliano Amato alla presentazione di un libro di Gino Giugni nella sede della stampa estera, D'Alema aveva riconosciuto che il primo Craxi, quello degli anni Settanta, aveva intuito con notevole intelligenza politica i nuovi bisogni della società italiana, dalla modernizzazione alla tutela dei diritti individuali. Nella stessa occasione, Amato aveva sostenuto che l'unico approdo di quell'esperienza fosse il nuovo partito ipotizzato da D'Alema, cioè un grande partito socialdemocratico di marca europea (la Cosa 2).

Amato s'era preso di risposta un bel fax di diffida da Hammamet (fax dopo fax Craxi è riuscito a togliere il nome del suo ex delfino dall'elenco dei fondatori del nuovo partito dalemiano). E D'Alema adesso si prende da Padova la reprimenda di Veltroni.

E Veltroni molla Occhetto

Tu vuoi mettere insieme chi ha creduto in Berlinguer e chi ha creduto in Craxi?, dice in sostanza Veltroni al segretario del suo partito. L'accostamento è esplosivo. Berlinguer è infatti tuttora il dirigente comunista più amato dalla base del Pci-Pds, Craxi il nemico più odiato e Berlinguer il dirigente comunista più anticraxiano che si ricordi. E mentre D'Alema prova a far cessare il vecchio ostracismo socialista, riportando a sinistra almeno una parte dei voti di quell'area che sono finiti al Polo, Veltroni gli risponde citando Berlinguer.

Il segretario s'arrabbia di brutto. Nel congresso reale delle sezioni la gente si confronta su un impianto unitario e assiste invece sui media a un altro congresso virtuale.

È qui che D'Alema viene toccato dalla tentazione di andare alla conta. Di fare chiarezza una volta per tutte, con una maggioranza e una minoranza. Ma viene dissuaso dai suoi e si riprende il lavoro su una mozione unitaria.

Veltroni minimizza lo scontro: «Dopo il mio discorso di Padova,» mi dice Veltroni «nella direzione del partito D'Alema fa una correzione di rotta abbastanza consistente. Il documento congressuale nasce allora.»

Lo staff del segretario nega la correzione di rotta. In luglio la direzione del partito, che si apre con una relazione di Marco Minniti, decide comunque in senso unitario: D'Alema avrebbe presentato una mozione, la sinistra e gli ulivisti avrebbero presentato gli emendamenti, il segretario avrebbe deciso se accettarli e inglobarli nel documento unitario oppure no.

Cuperlo cura la prima stesura raccogliendo opinioni e suggerimenti dalle diverse anime del partito: da Alfredo Reichlin e Beppe Vacca ad Aldo Tortorella e Giorgio Napolitano. Minniti si occupa della gestione politica del documento tenendo contatti con Veltroni e il capofila degli occhettiani, Claudio Petruccioli.

Già nella prima versione, prima degli emendamenti, l'impianto dalemiano è aperto verso l'Ulivo. Il segretario, in fondo, rivendica a se stesso il merito di aver capito dopo la sconfitta del '94 che senza l'apporto di una parte dei voti che furono democristiani la sinistra non avrebbe mai vinto. «Chi se non io ha inventato l'Ulivo?»

Ma gli emendamenti sono sempre in agguato. A che servono gli emendamenti? A modificare la linea del partito? A tirare il segretario per la giacca in direzione della sinistra o dell'Ulivo?

Quando a fine ottobre ne parlano nella stanza di D'Alema, saltando il pranzo per giocare al computer o concludendo allo stesso modo le giornate davanti alla scrivania di Ornella, il segretario e i suoi cominciano ad avere un sospetto. Negli organismi dirigenti nati dal congresso del '91, la sinistra ebbe il trenta per cento dei posti per evitare che l'emorragia verso Rifondazione fosse più grossa. Un altro dieci per cento scarso è andato via via ai sostenitori più accesi dell'Ulivo. Rappresentanze del genere – soprattutto quella della sinistra – sarebbero irreali oggi che quasi tutto il partito è con D'Alema.

Vuoi vedere, si dicono gli uomini del segretario, che il gioco degli avversari interni è un altro? Essi sanno benissimo che chi tocca D'Alema muore e che presentare mozioni alternative sarebbe suicida.

Ma chi impedisce di presentare emendamenti suggestivi e popolari, che scuotono la base congressuale, prendono magari il trenta per cento di voti in modo da autorizzare chi li ha presentati a chiedere il trenta per cento dei posti negli organismi dirigenti? Su questo per alcuni giorni dibattono il «centro» dalemiano del partito, la sinistra di Gloria Buffo,

Aldo Fumagalli, Alfiero Grandi e Fulvia Bandoli, la destra di Claudio Petruccioli, Emanuele Macaluso e Claudia Mancina.

Il documento del segretario viene presentato per la prima volta nella storia del partito come base congressuale al consiglio nazionale del 4 ottobre. Si decide che entro un mese dovranno essere presentati gli emendamenti.

E anche l'ottobre trascorre nel clima di ambiguità discreta che caratterizza l'intera fase precongressuale e che tanto disturba il segretario.

Il mattino decisivo – siamo ormai alla vigilia della festa di Ognissanti e mancano trentasei ore alla scadenza dei termini per la presentazione delle proposte – D'Alema esamina nella sua stanza con Minniti e Velardi gli emendamenti arrivati. Una dozzina di provenienza ulivista possono essere accettati e raccolti nella mozione unitaria, altri sono superati, quelli minori possono essere respinti. A un certo punto si sparge la voce che Veltroni vuole firmare un emendamento (graditissimo anche a Occhetto) che cerca di spostare l'accento del congresso dal partito alla coalizione dell'Ulivo. Sarebbe la divisione netta. Si dice anche che alcuni ministri del Pds – in particolare Vincenzo Visco, Luigi Berlinguer e Pierluigi Bersani – abbiano firmato lo stesso emendamento o stiano per farlo. Minniti va da Veltroni. Riscrive con lui l'emendamento, togliendo un po' della patina nuovista che sarebbe inaccettabile per D'Alema. A quel punto il segretario può farlo proprio. Dice D'Alema: «L'Ulivo sono io, più di Prodi e di Marina Magistrelli». (*È questa una combattiva insegnante marchigiana che presiede i Comitati dell'Ulivo.*)

Berlinguer fa sapere intanto che non ha firmato niente. Lo seguono poco dopo Bersani e ancora più tardi Visco.

Occhetto, che vedeva nel documento di Veltroni l'apertura di quella dialettica congressuale a lungo invocata, tenta di tamponare la mossa immaginando di convocare una conferenza stampa. Ma l'annuncio che Veltroni e D'Alema hanno raggiunto l'accordo lo precede.

Veltroni mi smentisce con energia di aver ipotizzato un documento concordato con Occhetto: «Un'ipotesi mai esistita, mai comparsa. Ripeto: la mia perplessità era nata nel giugno del '96 quando avevo avuto la sensazione che D'Alema e la direzione del partito non avessero colto per intero il significato strategico dell'Ulivo». A dimostrazione del carattere unitario del congresso mi rivelerà un piccolo inedito: «Nella relazione introduttiva ho posto il problema della flessibilità dei contratti di lavoro e della revisione dello stato sociale sulle quali Cofferati rispose duramente e sulle quali D'Alema replicò con efficacia riaffermando la necessità di quelle scelte. Bene, né D'Alema conosceva la mia relazione né io conoscevo le sue conclusioni. Vede, per quante differenze possano esserci tra me e Massimo per carattere, sensibilità, atteggiamento, curiosità, quando ci misuriamo sulla sostanza della politica, finiamo per intenderci. E alla fine io ho apprezzato la posizione che lui ha preso sulla Cosa 2. D'Alema, cioè, ha tenuto conto di due osservazioni che avevo fatto: la paura di veder rispuntare un partito socialista che fosse un ritorno al passato e l'idea che la Cosa 2 potesse mettere l'Ulivo in secondo piano. Queste due paure sono state rimosse».

Eppure tra novembre e gennaio l'inquietudine del segretario non si attenua. Egli si sente stretto suo malgrado tra un congresso che si annuncia «bulgaro» e ambiguità che non riescono a venire alla luce. Dice in gennaio in una intervista alla rivista di Macaluso «Le ragioni del socialismo», con trasparente allusione a Veltroni: «Se qualcuno pensa che non ci si debba integrare nella sinistra europea, ma si debba costruire una sorta di partito americano, benissimo: però avrebbe il dovere morale di presentare un documento alternativo». E poi: «Abbiamo aspettato mesi che qualcuno scrivesse un documento alternativo e questo non è accaduto. È positivo un congresso unitario, ma le furbizie non servono a nessuno».

D'Alema otterrà l'88 per cento dei voti congressuali (era entrato con il 97 per cento, a dimostrazione di quante ambiguità ci fossero state nei precongressi). Sinistra e ulivisti avranno rispettivamente il quindici e il dieci per cento degli incarichi negli organismi dirigenti. Occhetto, a torto o a ragione, si sente abbandonato da Veltroni, che aveva sostenuto nel '94 come candidato alla segreteria contro D'Alema, e si chiude in un isolamento sdegnoso e sdegnato.

Il segretario ripensa forse a quel brano della *Ginestra* di Leopardi che aveva dedicato a Occhetto tre anni prima, al momento della contesa per la segreteria: «...Stolto crede così qual fora in campo / Cinto d'oste contraria, in sul più vivo / Incalzar degli assalti / Gli inimici obliando, acerbe gare / imprender con gli amici / E sparger fuga e fulminar col brando / Infra i propri guerrieri».

«Ho trovato Cofferati più chiuso, più sordo...»

Quando nel tardo pomeriggio di sabato 22 febbraio D'Alema entra nel cono di luce del suo congresso, si gode certo il trionfo di quello che in certe occasioni torna a essere «il grande popolo comunista». Si gode il saluto di Francesca Borri, sedici anni, che lo riporta indietro di trentaquattro: giovane pioniere lui con Togliatti al congresso del '63, giovane pioniera o come si chiamano adesso i ragazzini della sinistra, con D'Alema al congresso del '97. Si gode l'autorevole parterre degli ospiti di lusso: ci sono tutti, da Fini a Bertinotti, passando naturalmente per il Cavaliere, l'ospite più ospite di tutti.

Gode del trionfo annunciato, Massimo D'Alema, ma in testa deve ronzargli la prima pagina che gli ha dedicato «il manifesto». «O di qua o di là» scrive il quotidiano comunista, montando il profilo di Berlusconi contro quello di Cofferati.

D'Alema va di là. Cerca di rassicurare Fini e Bertinotti («Il bipolarismo non vuole tagli delle ali», «Non vogliamo dividere il Polo per fare il pentapartito della Seconda Repubblica»). Chiarisce il rapporto con Berlusconi («Io non ho alcun sospetto su di me», «Meglio l'antagonismo collaborante della consociazione rissosa»). Ammonisce gli ulivisti trionfanti («La nostra vittoria politica è stata quasi miracolosa in un Paese che non va verso il centrosinistra»), ne ottiene l'applauso convinto («Craxi divise la sinistra e si alleò con la destra dc. Noi abbiamo unito la sinistra alla parte più avanzata del mondo cattolico per governare il Paese»). E li gela nelle prospettive («Non vogliamo una integrazione forzosa nell'Ulivo, senza rispetto della nostra identità. La prima e inattesa vittima degli ideologi dell'Ulivo sarebbe l'Ulivo stesso»).

Ma la polpa dell'intervento è altrove. I baffi di D'Alema tirano la barba di Cofferati come nessun segretario comunista o post-comunista avrebbe immaginato di fare col segretario della Cgil.

Il giorno prima il leader della Cgil ha detto che «nelle politiche del governo il lavoro è oggi una cenerentola». «I ritardi in materia di occupazione sono clamorosi... mentre in questo vuoto suona l'elegia della flessibilità.» «È incomprensibile che la sinistra alimenti un conflitto generazionale, quando nel nostro Paese ci sono sette milioni di pensionati che vivono con meno di un milione e centomila lire al mese.»

D'Alema ha visto crollare il Palaeur sotto i suoi occhi per gli applausi. E adesso risponde per le rime. Da nuvole impercettibili d'alito, le sue parole diventano ciottoli, sassi, macigni. Ciascuna di loro, cadendo in platea, produce un tuono. Un tuono sordo, minaccioso, irreversibile che strappa al tempo stesso l'applauso e il cuore del popolo della sinistra.

«La nostra è una società chiusa... La nostra è una società largamente organizzata contro i giovani e deve essere la sinistra a porre questo grande problema.» «Ho sentito Cofferati – a differenza di altre occasioni – più chiuso e più sordo rispetto a un'esigenza di riflessione critica, non riguardo soltanto al sindacato, riguardo anche alla sinistra.»

«Sento anch'io l'enorme vergogna di due milioni di italiani che nel Mezzogiorno lavorano in nero, ma non sono sicuro che sia soltanto un problema di polizia e di ispettorati del lavoro. Non sono sicuro che se li scopriamo avremo settemila miliardi di entrate in più. Io temo che se li scopriamo, alcuni pagheranno le tasse, ma altri chiuderanno e forse avremo un milione di disoccupati in più in giro nel Mezzogiorno.»

Mentre D'Alema parla, la cortesia degli apparati di sicurezza mi consente d'infilarmi tra le delegazioni dei partiti. Mi siedo accanto a Buttiglione che fuma il sigaro nonostante il divieto e prende appunti su carta intestata del Comune di Padova con la sua calligrafia larga e armonica.

Davanti a me sono Berlusconi e Fini. Il Cavaliere indossa, tanto per cambiare, il doppiopetto scuro e prende appunti come in una lezione di bella scrittura, tenendo ben distante il braccio dal corpo. Riempie con ordine molte pagine grandi, lasciando larghi spazi tra una riga e l'altra. Il Cavaliere firmerebbe volentieri larga parte del discorso dell'«amico Massimo» e quando questi dice «non è ragionevole che noi sospettiamo di noi stessi», gli scappa tra i denti un «bravo» di sollievo. Quante volte ha dovuto dire ai suoi che i colloqui con D'Alema non avrebbero portato a «inciuci»? Quante volte è stato lì lì per rifiutare i dibattiti televisivi con il leader della maggioranza, temendo reazioni negative presso il popolo moderato dei suoi elettori?

Anche Fini prende appunti, ma più nervosamente. Poco più in là vedo scuotersi la testa di Fausto Bertinotti.

Alla fine esco con loro. Gianni Letta sembra Santa Teresa colta dal Bernini al culmine dell'estasi. Berlusconi parla di un «discorso da statista» e giura che «di Massimo ci si può fidare».

Bertinotti e Cossutta sono fuori di sé. Il vecchio Armando è talmente arrabbiato che si calza bene in testa la lobbia grigia di buona memoria brezneviana e tace. Bertinotti vorrebbe dire cose assai meno signorili del solito. Si limita a raggiungere Gianfranco Fini: «D'Alema vi ha scavalcato a destra». L'altro annuisce: «Evidentemente ha ascoltato i nostri consigli».

L'indomani «Liberazione», quotidiano di Rifondazione, commenta il discorso con un titolo in perfetto stile bertinottiano: «D'Alema celebra la nuova identità centrista del Pds». Il «manifesto» pubblica su tutta la prima pagina una grande foto di Cofferati durante il suo intervento congressuale con il timbro «Espulso». Scrive Rossana Rossanda: «Era meno monolitico il Pci che espulse me». Armando Cossutta, dopo una notte agitata, si lascia andare: «Imbroglione, avventurista, è come la Vispa Teresa a caccia di farfalle: prima ha cercato di acchiappare Buttiglione, poi Di Pietro, poi Dini e ora Berlusconi». E dice al «Corriere» che D'Alema vuole espellere Rifondazione dalla maggioranza perché glielo ha chiesto Kohl.

La domenica mattina, in congresso, D'Alema s'acconcia a subire come un cireneo tutte le riserve dei compagni della sinistra. Ma quando un uomo del sindacato, Pietro Marcenaro, lo accusa di ripetere «cose già dette dal presidente di Confindustria», corre al microfono ed esplode: «Non possiamo accettare che chi vuole innovare la sinistra e trovare risposte nuove alla questione dello stato sociale sia tacciato di essere un traditore...».

In piazza con Bertinotti

Poiché l'unico vero strappo che D'Alema teme è quello con la Cgil, un mese più tardi fa la pace con Cofferati. Approfitta della comune presenza a un convegno del 19 marzo sulla funzione pubblica e afferma: «Lo dico in maniera autocritica: al congresso sono stato ingeneroso nel non riconoscere alla Cgil un impegno avanzato per il governo della flessibilità». Aggiunge, per attenuare l'impatto: «Certo, se Sergio avesse rivendicato più chiaramente le scelte del sindacato, la discussione sarebbe stata meno spigolosa...». Cofferati tende la mano. («Discutere in quel modo è servito... Non ho perso il sonno per le critiche... Semmai ho provato un po' di imbarazzo a sentirmi descritto come un radicale...») La pace è fatta.

E come gli strateghi militari chiudono un fronte per scatenare l'offensiva sull'altro, nello stesso giorno e nella stessa occasione, D'Alema rilancia l'offensiva contro Bertinotti: «È sbagliato teorizzare l'esistenza di due sinistre. Oggi più che mai credo che ce ne possa essere una, con posizioni più o meno radicali o conservatrici».

Ma se il giorno di San Giuseppe lavoratore D'Alema si scusa improvvisamente con Cofferati, non è solo per un costruttivo consiglio del suo angelo custode.

Si dà infatti il caso che tre giorni più tardi, il 22 marzo, il sindacato abbia indetto una marcia per l'attuazione dell'accordo sul costo del lavoro. Poiché l'attuazione dipende dal governo e dalla maggioranza di centrosinistra, la marcia sarebbe «contro» di essi. Lo stesso D'Alema, criticando Bertinotti, lo sbeffeggia: «Manifesterà contro se stesso, visto che i ritardi nell'attuazione dell'accordo sul costo del lavoro sono dovuti anche alla sua opposizione».

In realtà, poiché al governo non c'è Berlusconi, ma Prodi e l'Ulivo che i sindacati hanno generosamente sostenuto, la marcia non potrà essere contro nessuno. E poiché Bertinotti ha annunciato la sua partecipazione, D'Alema non può permettersi di regalare la Cgil a Rifondazione. Di qui la pace con Cofferati. Di qui la sua improvvisa decisione di marciare anche lui. Spiegata così in un articolo per «Il Messaggero»: «Oggi sono in piazza con i lavoratori e con il sindacato, come ho sempre fatto. Troverei curioso il contrario». Finisce così in piazza sottobraccio a Bertinotti: alla persona dalla quale si sente divisa più che da ogni altra, il leader che considera intimamente – e non solo – il suo vero avversario politico.

D'Alema: «Elezioni sempre possibili»

«Bertinotti ha coltivato a mio giudizio, in una certa fase, il disegno politico di spingerci verso un governissimo con il centrodestra, considerando in questo modo di poter portare Rifondazione a diventare un partito del 15-16 per cento.» Così mi dice D'Alema nell'estate del '97 e spiega: «Per noi sarebbe un errore enorme: ne pagheremmo un prezzo molto alto come partito e soprattutto daremmo un colpo al bipolarismo. Si riprodurrebbe cioè in Italia una copia della "democrazia zoppa" che abbiamo avuto per tanti anni. Rifondazione certo non avrebbe il peso che ebbe il Pci, ma insomma avremmo una specie di centrosinistra allargato e una sinistra fuori dell'area della governabilità».

Fin dai primi mesi del '97 ha seriamente pensato a una rottura con Rifondazione e a elezioni anticipate. D'Alema conferma: «Abbiamo studiato questa possibilità e continuiamo a monitorare uno scenario del genere. Vista la politica di Rifondazione, i suoi scarti, le sue irresponsabilità (l'Albania è stato il caso più clamoroso), è bene considerare anche l'ipotesi che il centrosinistra debba affrontare le elezioni senza Rifondazione. Resto convinto che questa prospettiva deve essere sempre considerata possibile. È l'unico modo per gestire il rapporto con Rifondazione».

Come uscirebbe Bertinotti da una rottura con l'Ulivo?

«Rifondazione sa di puntare una pistola scarica. È in una posizione comodissima perché può condizionare il governo facendo parte della maggioranza in modo determinante, ma non si assume pienamente le proprie responsabilità. Ma il giorno in cui dovessero separarsi dall'Ulivo, io le dico che non prenderanno il dieci per cento, prenderanno il sei.» *(La crisi di ottobre confermerà in effetti che la pistola di Rifondazione è scarica. Bertinotti e Cossutta non saranno convinti del contrario, ma sarà la loro base a togliere dal tamburo tutti i proiettili.)*

Cade per ora, dunque, il sogno dalemiano di riassorbire l'altra sinistra facendone la corrente più forte del Pds. Procede con qualche fatica la costruzione del partito nuovo – la Cosa 2 – che non avrà più la falce e il martello nel simbolo «perché il comunismo non esiste più» mi dice un collaboratore del segretario, e che dovrà puntare al trenta per cento dei voti «per legittimare l'enorme potere che abbiamo» confessa la stessa fonte.

«Quello sul nome» mi dice D'Alema «è un falso dibattito. Non ci chiameremo partito socialdemocratico perché in Italia c'è già stato e c'è ancora. Solo un pazzo potrebbe immaginare di dire: sai una cosa? Oggi ho fondato il partito socialdemocratico. Ma se bisogna guardare al futuro, credo che nemmeno in Germania, se oggi dovessero fondare un nuovo partito, lo chiamerebbero partito socialdemocratico. Tutto il socialismo europeo è teso a rinnovarsi profondamente».

Quindi?

«Quindi noi siamo un partito del socialismo europeo. Al congresso dell'Internazionale socialista di Malmö, nel giugno '97, hanno fatto parlare le undici persone che considerano importanti. C'erano Blair, Jospin, Delors e c'ero anch'io. Coesistono dunque due verità e non ha alcun senso metterle l'una contro l'altra. Primo: noi siamo un partito socialdemocratico, nel senso che facciamo parte della socialdemocrazia europea. Secondo: noi non fonderemo un partito socialdemocratico perché lo siamo già e perché il problema della socialdemocrazia europea non è quello di essere socialdemocratica, ma semmai di allargare i suoi confini.»

Già, ma raggiungere il trenta per cento non è uno scherzo. Con quali forze pensate di arrivarci?

«Siamo in cammino, guadagniamo voti elezione dopo elezione. Il consenso dei cittadini ci arriva e non perché altre forze si sommano alla nostra.»

Ma intanto Giuliano Amato, che avrebbe dovuto essere il fiore all'occhiello del nuovo partito, non ci sarà.

«Amato ci sarà. Non avrà una funzione politica di primo piano perché non la vuole avere, ma sarà uno degli intellettuali di riferimento di questo partito.»

(Amato, in realtà, punta a compiti operativi di alto livello, politici ma estranei alla politica italiana: gli piacerebbe, forse, presiedere la Comunità europea, se dopo più di vent'anni quest'incarico tornasse a un italiano, e ha la credibilità internazionale e gli appoggi interni per riuscirci.)

Il nuovo partito di D'Alema non annuncia, dunque, acquisizioni strategiche di grande rilievo. Servirà a mettere ordine nelle piccole sigle personali che hanno sempre gravitato nel mondo della sinistra. Ci saranno Pierre Carniti e i comunisti unitari di Famiano Crucianelli usciti da Rifondazione, i laburisti di Valdo Spini e le vecchie glorie della sinistra socialista Giorgio Ruffolo e Antonio Giolitti, lo spezzone socialdemocratico di Gianfranco Schietroma e gli amici di Amato come Luigi Covatta. In più, una parte rilevante dell'anima socialista del sindacato, da Epifani della Cgil a Larizza della Uil.

«È il primo segnale in controtendenza rispetto alla frantumazione politica degli ultimi anni» mi dice Marco Minniti, il segretario organizzativo del Pds (e di fatto vice di D'Alema), che si occupa della questione. «Riusciamo inoltre a costruire un partito che ha tradizioni più ricche e complesse della sola tradizione comunista. Il gruppo dirigente del Pds viene dal Pci. Con il nuovo partito della sinistra, verrà anche da altre tradizioni politiche.»

Obietto che non saranno persone pur assai rispettabili come Carniti e Giolitti a far cambiare fisionomia al Pds. «Non cambia la fisionomia,» risponde Minniti «ma si allargano i contorni.»

Quando a fine agosto '97 Alberto Asor Rosa denuncia su «l'Unità» che il Pds ha un leader senza partito, Minniti conviene che il problema esiste. Si è avvertito già nei primi mesi dell'anno, dopo il seminario «ulivista» di Gargonza, quando si forma nel Pds una corrente di maggioranza: è la prima volta nella tradizione comunista.

«Questa corrente» mi dice Minniti «ha il compito di far funzionare il partito. Ma il suo obiettivo principale è di costruire un nuovo gruppo dirigente. Oggi il Pds ha un leader e molte individualità, non ha ancora un gruppo dirigente organizzato. È un problema delicato, che non abbiamo ancora risolto.»

Il problema esplode durante i momenti più difficili della Bicamerale. «Un partito» dice Minniti «esiste nel momento in cui il gruppo dirigente trova un comune terreno di coesione, che fa diventare anche le differenze politiche un punto di ricchezza. Ma se a queste differenze non corrisponde la coesione del gruppo dirigente, esse diventano divaricanti. Non può esistere, insomma, un leader circondato soltanto da individualità: un punto di forza diventa così un elemento di debolezza.»

Il grande solista

La sera di martedì 21 gennaio del '97 Giuseppe Prencipe, primo violino di Santa Cecilia, attraversò il palcoscenico con piccoli, rapidissimi passi. Sfiorò il pavimento senza rumore, quasi fosse in pantofole. Piccolo di statura, voleva confondersi – nero su nero – con l'orchestra già schierata. Ma i capelli canuti lo tradirono. Il pubblico che gremiva la sala lo vide e lo applaudì.

Il costume sinfonico non prevede che il primo violino sia applaudito prima del concerto. Semmai gli sarà dedicato a fine d'opera il vibrare più intenso e personalizzato dell'applauso quando il Maestro, secondo l'uso, scenderà dal podio per stringergli la mano.

Ma prima no. Quella sera Prencipe fu applaudito. Non si sa perché, ma fu applaudito. Rispose con un inchino profondissimo e definitivo e dette rapidamente ai suoi colleghi in attesa la tonalità del primo brano in programma.

Quando entrarono insieme Giuseppe Sinopoli e Uto Ughi il pubblico li sommerse con un'ovazione e a Prencipe non badò più nessuno. Da quel momento, lo strumento del primo violino cedette il passo a quello della star, che conquistò il pubblico con una memorabile esecuzione del *Concerto in re maggiore per violino e orchestra* di Beethoven. Tanto che Ughi meritò il pubblico abbraccio di Sinopoli.

Prencipe e gli altri violinisti dell'orchestra fecero benissimo l'opera loro, così come i titolari degli altri strumenti a corda e degli ottoni. E conquistarono il pubblico stipato nell'auditorio Pio con la *Settima sinfonia* di Beethoven, dove non era prevista naturalmente la presenza di Ughi.

Senza i violini non può esistere la *Settima*. Ma senza il Violino non esiste il *Concerto in re maggiore*, là dove nel *larghetto*, ogni volta che l'orchestra tenta di soggiogare il Legno Divino, esso si sottrae all'abbraccio e con un magico colpo di reni torna a dominare la scena.

Preso da altre cure e ancora ebbro degli abbracci del Chiapas e di Fidel, il subcomandante Fausto non intervenne alla serata. Ma qualcuno tra gli spettatori più usi a decrittare gli oscuri segni della politica vide nel concerto di Santa Cecilia, nel magico Ughi e nell'ottimo e inconsapevole Prencipe destino, gloria e dannazione del governo di Romano Prodi.

L'orchestra di Santa Cecilia, col suo prestigioso direttore, i suoi solisti e i suoi violini di fila, impersonava agli occhi di costoro il governo e la maggioranza dell'Ulivo. Che salvo gli svarioni di quelli che Franco Bassanini definì «dilettanti allo sbaraglio» erano in grado di eseguire senza apporti esterni moltissime opere. Moltissime, ma non tutte. Per suonarne alcune occorreva un contributo esterno, il Grande Solista: Fausto Bertinotti. Senza di lui l'orchestra di Prodi non poteva operare. Ci aveva provato una volta, sulla Stet: era andata male. Ci avrebbe provato un'altra volta sull'Albania e il rischio sarebbe stato ben peggiore.

Il Grande Solista lo sapeva. E il prezzo d'ingaggio diventava alto, sempre più alto, altissimo, quasi inarrivabile. Ma senza di lui, chi avrebbe potuto suonare?

Tra Leonardo e Paolo di Tarso

Adesso che sono nella sua stanza, mi chiedo chi avrebbe mai immaginato tanto potere nelle mani di Fausto Bertinotti. Un comunista vero e senza ambiguità, che ha come modelli Fidel Castro e il subcomandante Marcos, che nel libro *Le due sinistre* uscito da Sperling & Kupfer nell'autunno del '97 dice ad Alfonso Gianni: «Noi riproponiamo la questione comunista non semplicemente come orizzonte, come fede o come etica. Il comunismo è invece riproposto oggi dalla gigantesca mondializzazione capitalistica. Ne abbiamo avuto la netta percezione quando abbiamo incontrato Fidel Castro e Marcos, avvertendo che esperienze differenti, persone diverse e così lontane: possono in fondo essere accomunate... da una ricerca comune che prende le mosse dai guasti che produce sull'umanità questa nuova fase dello sviluppo capitalistico e le politiche neoliberiste».

Un comunista che s'ispira a Paolo di Tarso («Siamo in questo mondo, ma non siamo di questo mondo»). Ha tentato l'assalto al cielo e dice che «pur non avendocela fatta, non per questo bisogna smettere di provare ancora». Ha eletto a simbolo del suo congresso Leonardo da Vinci, non perché ami più di tanto la *Gioconda* o *La vergine delle rocce*, ma perché Leonardo è l'uomo della macchina volante, «figura emblematica del tentativo millenario dell'uomo che cerca di volare, prova e riprova e alla fine ci riesce».

La stanza di Bertinotti nella palazzina di Rifondazione sul viale del Policlinico è ampia allegra luminosa e ripercorre con i suoi simbolismi i tentativi di conquistare il cielo che la sinistra italiana unita ha compiuto per quarant'anni. Dividendosi dopo la caduta del Muro sull'idea stessa di cielo: qual è l'oggetto delle nuove conquiste?

«Lei mi chiede perché abbiamo scelto questa zona, lontana dai palazzi della politica? Perché siamo tra la città universitaria e il quartiere di San Lorenzo» mi dice Bertinotti evocando due luoghi simbolo della sinistra storica: studenti e operai.

Una gigantesca scultura di Eliseo Mattioni e una grande stella di Gilberto Zorio dominano ricordi di grandi battaglie spesso perdute. «Quel manifesto purtroppo è dell'80.» *Irresponsabile decisione della Fiat. No ai licenziamenti mascherati. Fiom. Fim. Uilm.* «Il colore dominante è il verde perché speravamo in una soluzione che non ci fu. Ricorda la storia? La Fiat aveva annunciato quattordicimila licenziamenti, il ministro del Lavoro Foschi aveva fatto una proposta conclusiva che prevedeva la cassa integrazione a rotazione per tutti gli operai. Nella fase decisiva intervenne Cossiga, presidente del Consiglio. I sindacati accettarono, la Fiat assunse un atteggiamento interlocutorio. Poi una domenica fece l'elenco nominativo di ventiquattromila lavoratori da mettere in cassa integrazione. Non più la rotazione, ma ventiquattromila nomi secchi. Avevamo un'alternativa drammatica: se fossimo andati al lavoro il lunedì, i ventiquattromila automaticamente sarebbero rimasti fuori. Allora meglio fuori tutti.» Trentacinque giorni di sciopero e di picchetti duri ai cancelli. Enrico Berlinguer che si espone in prima persona e va a parlare a Mirafiori. Poi la marcia dei quarantamila, la maggioranza silenziosa che solleva Torino, la grande vittoria della Fiat e dell'industria, la sconfitta più bruciante per il sindacato e la sinistra.

Fausto Bertinotti viene da lì. E non lo dimentica. L'approdo alla politica militante è recentissimo e me lo racconta chi l'ha battezzato, Armando Cossutta.

Come nasce la strana coppia

«Quando nasce il Pds nel '91, Bertinotti è contrario alla nuova formula del partito. Vota no allo scioglimento del Pci insieme con me, con Ingrao, Natta, Tortorella. Poi qualcuno se ne va in silenzio, come Natta. Altri restano nel Pds, come Ingrao e Tortorella. Altri ancora – Sergio Garavini, Ersilia Salvato, Lucio Libertini, Lino Serri – vengono a costituire il partito della Rifondazione comunista. Bertinotti arriva più tardi per uno scrupolo personale. È il leader della corrente "Essere sindacato" della Cgil e per un po' rimane nel Pds, avendo avuto i voti di aderenti alle due componenti. Si iscrive in silenzio a Rifondazione nella primavera del '93.»

Poco dopo Sergio Garavini si dimette dalla segreteria e il partito resta senza leader alla vigilia del congresso. O meglio, un leader storico c'è, ed è l'Armando, presidente del partito. Ma senza segretario non si può certo stare.

A Cossutta viene in mente di fare la proposta a Bertinotti. Lui nicchia, poi nell'autunno, a pranzo nella trattoria «Da Armando» (quando si dice...) al Pantheon e in un successivo colloquio nella sua casa di Vigna Clara, finisce con l'accettare. Quasi tutto il gruppo dirigente concorda con la proposta di Cossutta. Libertini è morto da poco, ma Lucio Magri e la Salvato sono favorevoli. Si oppone la frangia che fa capo a Guido Cappelloni. «Con un sindacalista, Garavini, abbiamo già sbagliato una volta. Bertinotti non viene dalla nostra storia.» Cappelloni propone per la segreteria Antonino Cuffàro, ingegnere, figlio di uno dei fondatori del Pci, che s'è occupato di ricerca scientifica nel vecchio Partito comunista.

«Un'opposizione un po' settaria» sospira Cossutta, che porta comunque la sua creatura al successo. Al secondo congresso del dicembre '93, Cuffàro non viene presentato come candidato alternativo. Magri fa la relazione, Cossutta l'intervento chiave e lancia la palla a Bertinotti che debutta e segna.

«Prendiamo due voti in meno ciascuno su novecento votanti a scrutinio segreto» dice Cossutta. «La coppia nasce lì.»

Una strana coppia per davvero. Ogni tanto si dice che l'uno tira l'altro per la giacca. Eppure quando provo a scavare nelle divergenze tra i due, ricevo sorrisi e cenni scoraggianti con la testa.

«Abbiamo origini, storia e caratteri diversi» mi dice Cossutta. «Lui è espansivo e cordialissimo. Io sono gentile, perché così mi ha educato la mamma. Sono compìto, ma non mi prodigo. Lui è brillante, io sono grigio. Lui è portato all'entusiasmo, io al ragionamento. Ma siamo sempre sulla stessa lunghezza d'onda. Arriviamo al punto di leggere i resoconti dei nostri discorsi senza esserci fatti una telefonata: concordano non solo sulla linea, ma anche nei giudizi e perfino negli aggettivi. Qualcuno è sorpreso, qualcuno è arrabbiato e vorrebbe seminare zizzania. Nel Pds mi dicono: ma come fai tu, un vecchio comunista, ad andare d'accordo con uno che viene da una storia antagonista e alternativa? Nello stesso Pds dicono a Fausto: ma come puoi tu, uomo della sinistra alternativa, andare d'accordo con un filosovietico come Cossutta?

«Eppure... Anche nel nostro quotidiano "Liberazione" la direttora che s'è dimessa era Manuela Palermi, amica di Bertinotti, e il vice Carlo Benedetti, cossuttiano, già corrispondente dell'"Unità" da Mosca e marito di una figlia di Kruscev...» (*Abbastanza vicino a Cossutta è anche il nuovo direttore, Piergiorgio Bergonzi.*)

Cossutta fa una pausa: «Questo atteggiamento perfettamente complementare non esiste in nessun partito degli attuali e non è mai esistito nemmeno nel grande Pci. Si è parlato di ruoli complementari tra Togliatti e Longo: il primo provvisto di grandi intuizioni strategiche (la svolta di Salerno, il rapporto con Badoglio, la caduta della pregiudiziale antimonarchica, il voto all'articolo 7 della Costituzione sul concordato); il secondo provvisto di una grande fantasia organizzativa che rendeva evidenti e attuava le grandi intuizioni di Togliatti. Ma a parte la statura del segretario che sovrastava ogni altra, lui e Longo avevano la medesima cultura politica. Io e Fausto, invece...».

Fa un'altra pausa: «In effetti una grande differenza c'è anche tra noi. Fausto è milanista, io sono interista. Berlusconi in

Bicamerale si complimentava con me e si doleva con lui per l'arrivo di Ronaldo. E poi, detto tra noi, Bertinotti finge di intendersi di calcio, ma non è affatto vero».

È a questo punto che il vecchio comunista, l'uomo di Mosca, il dirigente che porta con inossidabile dignità cappotti e cappelli in perfetto stile brezneviano, apre il portafoglio e ne estrae un cimelio.

Una dedica di Stalin? Una confidenza di Kruscev? Una lettera d'amore di Breznev? No. Armando Cossutta mi allunga con orgoglio la tessera del Club Interista-Leninista di Ravenna. Neroazzurra, ovviamente, con i profili di Moratti e di Lenin affiancati come nelle icone sovietiche dei bei tempi. «Ecco, la differenza con Fausto è tutta qui.»

Quanto costa Bertinotti

«Nel nostro sistema per ottenere una maggioranza elettorale si deve concedere spazio a minoranze dichiaratamente non omogenee sui programmi. Accade così che queste minoranze esercitano un vero e proprio diritto di veto e operano contemporaneamente come partiti di lotta e di governo, ottenendo per di più grande visibilità senza alcuna responsabilità e frenando di fatto chi vorrebbe diventare partito di governo e non più di lotta. Ciò mette a rischio la governabilità e blocca la modernizzazione.»

Sarà pure «rudimentale», come scrive il braccio destro di Bertinotti, Alfonso Gianni. Sarà pure una «visione padronale». Ma questa analisi tracciata dal presidente di Confindustria, Giorgio Fossa, all'assemblea del 22 maggio '97 e messa in apertura del libro a quattro mani *Le due sinistre* è un credibile identikit dei rapporti tra Rifondazione e Pds nel quale lo stesso Bertinotti non fatica affatto a riconoscersi.

La vittoria comune in Francia di socialisti e comunisti guidati da Jospin contro i conservatori guidati da Chirac e Juppé ha gasato Rifondazione convincendola definitivamente che D'Alema è una rovina per la sinistra italiana.

Dice Bertinotti: fino a ieri il socialista spagnolo Gonzales, il laburista inglese Blair e l'ex comunista e ora socialdemocratico italiano D'Alema formavano un asse radicato sulla convinzione che per andare al governo bisognasse conquistare il centro di ogni sistema politico e sociale. L'esperienza francese dimostra invece che i socialisti vincono anche quando scelgono l'alleanza con i comunisti su un programma estremamente avanzato, che prevede la revisione di Maastricht e la riduzione dell'orario di lavoro a parità di retribuzione.

Anticipatore dell'esperienza francese, pur senza commettere l'imprudenza di mandare ministri al governo («Se proprio dovessi andarci, chiederei gli Interni» mi dice un giorno Cossutta, immaginando la faccia del suo vecchio compagno Napolitano), Bertinotti nei primi diciotto mesi di vita del gabinetto Prodi ha contrastato almeno venti volte su questioni chiave il programma del governo, minacciando ripetutamente la crisi, aprendola virtualmente sulla questione albanese e sulla legge finanziaria del '98.

Il settimanale «Il Mondo» si è premurato di contabilizzare il costo in Borsa di quindici mosse di Rifondazione tra il luglio del '96 e il marzo del '97: il totale dà settantasettemila miliardi. Naturalmente larga parte di queste perdite è stata recuperata, ma a Stefano Romita che lo interpella per il giornale economico l'ex ministro delle Finanze del Polo, Giulio Tremonti, dice: «Il ribaltone di Bossi costò, per stessa ammissione successiva di Dini, circa ventimila miliardi. Non so dire quanto abbia inciso Bertinotti».

Eppure sarebbe del tutto arbitrario mandare all'indirizzo di Bertinotti una specie di fattura morale a risarcimento dei danni provocati dalla sua politica. Per la semplice ragione che Bertinotti non si riconosce affatto nella politica di Prodi e di D'Alema. Sostiene il governo perché lo giudica più accettabile (o meno inaccettabile) di un governo del Polo. Ma la sua testa, i suoi progetti, le sue ambizioni stanno da tutt'altra parte. Scrive sul «Mondo» Piero Ostellino, commentando i «costi» di Bertinotti: «Che cosa avevano in comune l'Unione Sovietica di Stalin e le grandi democrazie liberali? Assolutamente null'altro che il nemico, il nazifascismo. Che cos'hanno in comune Rifondazione e l'Ulivo? Assolutamente null'altro che il nemico, il Polo». Con un'aggravante: secondo Bertinotti, D'Alema sta cercando di battere il Polo sul suo stesso terreno: «Il Pds ha smesso di rappresentare un fattore di contrasto per Forza Italia, cioè per l'espressione più compiuta della modernizzazione capitalistica della società italiana, per diventare suo concorrente nell'assumere questa stessa modernizzazione come base di una competizione per conquistare il governo del paese».

Bertinotti rimprovera a D'Alema (e a Blair) di aver creato il cittadino «medio», «indistinto», eliminando l'antagonismo tra le classi sociali, trovandosi a essere «culturalmente incapace» di intendere le critiche moderne al capitalismo. E al Pds, in particolare, contesta «di non vedere spesso il pericolo della destra quando si manifesta sul terreno sociale».

Per questo, lungi dal rassegnarsi a rappresentare una costola ribellista della nuova sinistra dalemiana, Rifondazione punta a diventare partito di massa della «sinistra antagonista».

«Lo stato di necessità» mi dice Bertinotti «costringe D'Alema ad assumere atteggiamenti che gli sarebbero estranei per cultura. Ed è questa una cosa radicalmente diversa dall'accettare il terreno del confronto.»

Per esempio? «I livelli del confronto sono tre. Il più alto considera la diversità una ricchezza. Siamo in due? Meglio che uno. Avrebbe detto Franco Rodano: il problema è di cogliere la verità interna dell'altro. Secondo livello. Pensi che l'altro sbaglia, ma ti convinci al tempo stesso che le cose che dice sono la spia di una situazione dalla quale guardarti.

«Esempio: dice cose diverse dalle tue sulle politiche neoliberiste, ma convenite entrambi che le politiche neoliberiste sono sbagliate. Terzo livello: vorresti che l'altro non esistesse, lavori per demolirlo, ma siccome c'è lo stato di necessità questo ti impone di cercare una convergenza. D'Alema è su quest'ultima posizione.»

Voi contestate a D'Alema di aver cambiato opinione, dicendo che l'idea delle due sinistre era sua.

«La sostenne nel '96 al convegno che si tenne nell'abbazia toscana di Pontignano. Tant'è vero che i nostri amici del "manifesto" temettero che ci fosse un'alleanza tra me e D'Alema. Adesso ha cambiato idea. Ha fatto un'inversione psicopolitica. In fondo, a ben vedere, c'è una componente integralista. Lui non accetta più l'idea delle due sinistre perché gli imporrebbe un confronto. E lui si va convincendo che esista una sola ipotesi possibile, la sua. Badi bene: non una ipotesi migliore, ma una sola ipotesi possibile.»

In queste condizioni, allora, il vostro rapporto non ha prospettive, è condannato allo stato di necessità permanente?

«Questa domanda è davvero drammatica. A meno di una modificazione dell'asse strategico del Pds, mi son fatto l'idea che i rapporti tra le due sinistre siano rapporti di costrizione.»

Di fatto, però, in questo modo voi continuerete a essere i battitori liberi della maggioranza, a ignorare le posizioni del Pds e a esercitare sul primo governo della sinistra continue pressioni che spesso vengono vissute come ricatti.

«Su alcuni punti questo continuerà ad accadere. Il Pds su certe questioni sociali non ha una propria fisionomia dentro la maggioranza e la dialettica si esaurisce nel confronto tra la posizione di Rifondazione e quella del governo, come quando abbiamo detto no ai tagli su sanità e pensioni. Questi elementi hanno determinato il vantaggio di Rifondazione, non una speciale propensione verso di noi del presidente del Consiglio. Che doveva fare Prodi? Chiunque al suo posto avrebbe cercato un compromesso senza il quale il governo avrebbe cessato di esistere. Se si riproducesse una situazione analoga, la risposta sarebbe la stessa.»

Tra la primavera e l'autunno del '97 questo scontro è stato tuttavia meno visibile.

«È vero, ma c'è una spiegazione. Nella dialettica è entrato un terzo elemento che prima non c'era: il sindacato. Invece di appiattirsi sul governo, ha mantenuto una sua autonomia. Ma se un domani, per assurdo, il sindacato concordasse col governo il taglio delle pensioni, la crisi avverrebbe un minuto dopo.» Così è stato giovedì 9 ottobre. Salvo un ripensamento ventiquattro ore dopo.

«D'Alema ha una visione militare della politica»

Nasce così il tempestoso rapporto con D'Alema.

«La differenza tra Prodi e D'Alema è questa. Prodi ha un ottimismo intrinseco e una notevole generosità personale. D'Alema ha un atteggiamento di tipo militare: se non accetti, ti spezzo. Se non fai così, faccio scendere in campo le armate e alle prossime elezioni non ci saranno più alleanze. Certe volte nei nostri confronti si fanno delle forzature perché si dice che in nome del realismo politico alla fine accettiamo tutto. E invece no: su questo punto vorrei essere chiaro. La coerenza è il rapporto tra il sistema di valori che si propone e i comportamenti che si tengono. Se gli interessi di massa che rappresentiamo fossero scaraventati fuori dalla politica, la coerenza ci porterebbe a difenderli costi quel che costi. Nel braccio di ferro, perderebbe il governo.» Un esempio, per favore. «Le pensioni. Noi diciamo che il quadro europeo migliora, che l'accresciuto potere della sinistra europea sta cambiando il quadro e così via. Se ci si risponde tagliando le pensioni, arriva per forza la crisi.»

Gli fa eco Cossutta: «D'Alema non perde un colpo quando vuole darci la lezione. Su tutto, perché lui sa tutto. Prodi non ha questa esigenza, a lui interessa far durare il governo. D'Alema sente il bisogno di rispondere a se stesso, deve rimordergli la coscienza. Ha atteggiamenti paradossali. Sul piano umano riesco a stabilire un rapporto più cordiale perfino con Occhetto, che pure ho contrastato con grande durezza alla Bolognina e al congresso di Rimini. Con lui posso usare dell'ironia, ma lo faccio senza livore. Con D'Alema è diverso. Lui ci voleva distruggere. Quando ci fu il contrasto decisivo sul governo Dini quattordici deputati nostri su trentotto andarono con lui. E se ne andarono perché D'Alema contrattò la loro rielezione. Lui non mi ha mai smentito su questo perché avrei fatto i nomi di coloro che me l'avevano detto. Per questo al momento delle elezioni noi ponemmo la condizione che nessuno dei quattordici fosse rieletto nel collegio che fu di Rifondazione. Nessuno, tranne Garavini che è stato il primo segretario del nostro partito. Ci vedemmo con Fausto e D'Alema un dopocena a casa di Veltroni. La mia famiglia e quella di Walter si conoscono da molti anni. Veltroni ci offrì un gelato. In mezz'ora l'accordo di desistenza era fatto».

Riprende Bertinotti: «Quando c'è stata la crisi albanese, D'Alema ci ha prospettato la rottura tra il centrosinistra e Rifondazione come rottura irreparabile. Ci ha fatto capire che avrebbe lavorato in via definitiva per l'autosufficienza del centrosinistra, anche se fosse dovuto passare per mille sconfitte. Questa incompatibilità tra Rifondazione e l'Ulivo si sarebbe determinata non solo a Roma, ma dovunque come conseguenza di un processo ineluttabile».

E lei non ci ha creduto. «Non credo mai che queste cose accadano così. E poi la questione albanese non avrebbe sopportato un conflitto dirimente del rapporto tra le due sinistre italiane.»

E soprattutto non l'avrebbe sopportato la base di Rifondazione che era molto, molto perplessa...

«Nella segreteria del partito siamo stati sempre uniti. C'è stata in effetti una preoccupazione maggiore nel gruppo dirigente allargato, parlamentari, segretari di federazione. Una parte dei compagni pensava che la crisi avrebbe portato alle elezioni anticipate e temeva che non saremmo stati capiti. Si stava in campagna elettorale per le amministrative di primavera, i sondaggi ci davano in flessione per il nostro atteggiamento sull'Albania. Rompere sulle pensioni sarebbe stato un'altra cosa. Ma sull'Albania certo D'Alema avrebbe avuto una forza di mobilitazione formidabile contro di noi, scaricandoci addosso la responsabilità di aver fatto fallire il primo governo delle sinistre. In ogni caso io non ho creduto alla crisi nemmeno per un momento.»

Cossutta mi conferma l'assoluta identità di vedute con Bertinotti sull'Albania, mentre sulle questioni sociali osserva con un pizzico di civetteria che «il cliché che mi vede più prudente andrebbe rovesciato».

Tra Ersilia e Marcos

La diversità di vedute con Bertinotti non viene nascosta, invece, da Ersilia Salvato. Campana di Castellammare, insegnante e sindacalista, iscritta al Pci dal '74 («L'indomani della strage di Brescia» mi dice), fondatrice di Rifondazione con Cossutta e gli altri. Oggi seduta con solennità accanto alla bandiera nel suo studio di vicepresidente del Senato.

«Il mio disagio è serio» spiega. «Non deriva dalla linea politica, ma dal continuo lanciare allarmi forti per poi tornare indietro. Produrre fibrillazioni costanti nella maggioranza non mi sembra il modo più idoneo e più forte per portare avanti il difficile ruolo che ci eravamo assegnati: stare in una maggioranza sapendo che molti punti del programma di questo governo non erano condivisi, ma i nostri voti erano indispensabili.»

Come sono nate queste incomprensioni? «La decisione di appoggiare il governo all'inizio della legislatura fu frutto di una discussione molto bella e condivisa con grande larghezza. Avevamo un percorso obbligato, ma ci proponevamo anche una sfida: vedere fino a che punto sarebbe stato possibile spostare avanti il programma di governo. Oggi non possiamo ritagliarci il ruolo di quelli che allarmano l'opinione pubblica ma alla fine sono costretti a dare i voti.»

La disturba, insomma, abbaiare sempre senza mordere mai? «L'espressione non mi piace, ma il senso è quello. Vorrei che riuscissimo a coniugare meglio radicalismo e saggezza.»

Le pesa la gestione della crisi albanese? «Condividevo le ragioni di fondo contrarie all'invio delle truppe italiane. Ma all'esterno tutto si è mescolato in una sorta di indifferenza nostra verso il precipitare della crisi. Dobbiamo evitare di trovarci dinanzi a decisioni già prese. Nel caso albanese, la direzione del partito fu convocata quando la decisione era già stata resa pubblica. Vedo disincanto nell'opinione pubblica che ci è più vicina: in alcuni disaffezione, in altri delusione, in altri ancora allarme. Prenda la vicenda dei finanziamenti alla scuola privata: fa una certa impressione ricevere lettere come quella che mi ha mandato l'editore Zanichelli: tenete duro, ne va del futuro della scuola pubblica.»

E il domani?

«Non è semplice navigare con questo Ulivo, anche se paradossalmente tutti – Polo compreso – hanno interesse a tenere insieme a tutti i costi la barca. L'Ulivo sta cambiando fisionomia, il Pds ne sta cercando una propria. In Bicamerale faceva impressione vedere il partito di D'Alema diviso su tutto e l'intreccio continuo tra Popolari, Ccd, Cdu. Non le sembri un paradosso: nonostante tutti cerchino di salvarlo, nell'Ulivo il rischio di implosione è molto forte.»

Quale sarà il futuro delle due sinistre? Bertinotti punta al partito di massa, Cossutta non crede molto al nuovo partito che D'Alema sta preparando.

«Si fossero uniti il vecchio Pci e il vecchio Psi sarebbe stata una cosa grande a livello europeo. Ma così, con Ruffolo, con Spini... Quanto contano questi elettoralmente? Gli elettori di Craxi se ne sono già andati...»

Bertinotti rimpiange i tempi del Pci e della Dc. Ebbene sì, anche della Dc.

«Sono forze che si sono contrastate, ma almeno nella parte sociale trovavano entrambe la loro ispirazione nella Costituzione. Il punto di convergenza, pur nella diversità, era altissimo. Adesso la Bicamerale ha rovesciato l'arco costituzionale. Nel '47 dentro i comunisti e fuori i neofascisti. Adesso dentro An e fuori noi comunisti...»

Siamo sulla porta. Bertinotti è un padrone di casa esemplare, sorridente, garbato, cortesissimo. («Gli perdonate tutto solo perché ha la erre moscia...» sibila D'Alema.) Non dico che vesta come un rotariano qualsiasi, questo no. Ma come un raffinato rotariano un po' dirazzato che abbia delle buone terre in Piemonte, una bella *joint-venture* agricola in Borgogna e sia pronto a discutere sul ruolo internazionale del barbaresco, questo sì.

Scusi, Fausto. Ma Marcos? «Ha un fascino straordinario. Il fascino che viene dalla tradizione Maya precolombiana, un mix ineguagliabile di antico e di moderno, il cavallo e Internet. Un guerrigliero che non crede al futuro sulle canne del fucile... Marcos insegna che la mondializzazione dell'economia può essere modificata dal basso. La sua è una originalissima proposta politica del nostro tempo. Utile anche per noi...» A Prodi e D'Alema questa mancava.

III
«Si può votare il 15 giugno...»

Un sabato mattina, a Dublino

Alle otto del mattino di sabato 14 dicembre 1996, Romano Prodi sta facendo colazione nella sala da pranzo di un grande albergo di Dublino, il Jury's Tower. Secondo l'abitudine, si adatta all'uso del paese che lo ospita e qui dà fondo a un robusto breakfast. («Ne ho fatto uno memorabile con Major» mi racconterà «a base di carne bovina dopo la storia della "mucca pazza". Se la mangiava lui...»)

Non sono giorni facili per il presidente del Consiglio italiano. Già il nome dell'albergo («Torre della Giuria») non lo mette di buonumore, ricordandogli che tre sabati prima, il 23 novembre, il pubblico ministero di Roma, Giuseppa Geremia, ne ha chiesto il rinvio a giudizio per la vendita della Cirio. C'è stato poi un sondaggio della Swg di Trieste che valutava al 67.9 per cento gli italiani scontenti del governo (in settembre erano il 56 per cento). Infine, proprio due giorni prima il presidente della Fiat, Cesare Romiti, aveva parlato di «momento tragico» per l'Italia, di «sfiducia», di classe dirigente «priva di personalità e incerta nelle proprie basi culturali». Il Professore sa da quindici anni che Romiti non gli vuole bene. (Ne avrà conferma a fine ottobre '97 quando Romiti accuserà Prodi di aver violato i patti sociali del '93 pur di accontentare Bertinotti.) Litigarono quando l'uno voleva l'Alfa Romeo (che alla fine ebbe) e l'altro, appena diventato presidente dell'Iri, non voleva dargliela. Da allora non gli vuole bene nemmeno Mediobanca, cioè Cuccia (al quale viene attribuita una feroce battuta, forse di fantasia, quando Prodi inciampa nell'inchiesta Cirio: «Siamo nelle mani della

Peppa», riferita alla Geremia). Ma appena sbarcato a Dublino, Prodi è costretto a dire: «Non si è visto mai un industriale privato interferire così pesantemente».

Giorni amari, dunque. Così quando il suo giovane portavoce Francesco Luna entra con la faccia scura nella sala da pranzo con la rassegna della stampa italiana appena arrivata per fax, il Professore rimane con una fetta di pancetta a mezz'aria.

Titola «la Repubblica»: «"Sì, difenderò Romano, ma non sono soddisfatto." Le critiche di D'Alema per governo e maggioranza». Dice il segretario del Pds a Federico Geremicca: «Difenderemo governo, stabilità e legislatura con le unghie e i denti. Ma sono abbastanza insoddisfatto per il punto al quale ci troviamo... L'Ulivo non può ridursi a una forza di gestione e resistenza contro il "paese cattivo", che non capisce... Se andassimo avanti solo rovesciando olio bollente su chi ci assedia, non andremmo avanti ancora molto».

Prodi legge l'intervista e resta in silenzio. È dispiaciuto. Una importante occasione di politica estera cederà ancora una volta il posto a polemiche di politica interna. Luna gli dice che i giornalisti sono fuori della sala per registrare una replica. Prodi va, dice che il discorso di D'Alema è molto articolato e non privo di riflessioni giuste. Ma poi gli assesta la botta: «Nel governo ci sono nove ministri del Pds». Insomma, guarda anche in casa tua.

Ancora una volta, l'albero dell'Ulivo soffre per opera della sua radice più robusta. E forse al Professore capita di ripensare a una pagina del *Trionfo della morte* di Gabriele D'Annunzio: «Si vedeva l'alberello agitarsi con un moto quasi circolare, come sotto lo sforzo di una mano che volesse sradicarlo...».

Quella di Dublino è una delle infinite stazioni del calvario che dall'inizio del '96 alla primavera del '97 ha segnato il rapporto tra Prodi e D'Alema. I due si riconoscono reciprocamente delle qualità, ma hanno caratteri strutturalmente inconciliabili. Prodi non sopporta che D'Alema si creda il più furbo di tutti. D'Alema non sopporta che Prodi aspetti regolarmente che passi la tempesta invece di affrontarla. I ritmi che Prodi imprime al governo sono diversi dai ritmi della politica che piacciono a D'Alema.

I primi malintesi cominciano alla ripresa autunnale del '96. Alla Festa dell'Unità di Modena, D'Alema fa un discorso coraggioso sullo stato sociale: «Non è più tempo di rincorse demagogiche» dice. Prodi, che era stato informato in precedenza dal segretario del Pds, apprezza. Ma nell'autunno, pressato da Bertinotti, rinvia di un anno gli interventi sulle pensioni. D'Alema resta spiazzato e teme di perdere consensi sulla sinistra.

I rapporti tra i due sono gestiti da un congelatore. I loro collaboratori non si amano, i silenzi tra i leader sono lunghissimi.

«Il Professore è stato sempre convinto che D'Alema non avrebbe aperto la crisi perché il suo elettorato non avrebbe capito» mi dice uno strettissimo collaboratore di Prodi. «Ma per poco meno di un anno il Pds si è limitato a darci una specie di appoggio esterno.»

Ribatte uno strettissimo collaboratore di D'Alema: «Il segretario ha tenuto in piedi il governo senza un briciolo di ambiguità. Ma al tempo stesso aveva perso ogni speranza che Prodi fosse l'innovatore che ci si aspettava».

«Tra i due c'è stata una lunghissima incomunicabilità» sostiene un amico di Prodi. «È come nella barzelletta di Pasquale. Giuseppe ha bisogno di una bicicletta e decide di chiederla a Pasquale. Poi pensa che Pasquale tiene la bicicletta come fosse un figlio, sempre lucida, sempre a posto. Deve esserne gelosissimo. Finisce che non me la presta, conclude Giuseppe. Che si carica di risentimento nei confronti dell'inconsapevole Pasquale, va sotto le finestre dell'amico, lo chiama e quando questi si affaccia gli grida: Pasquà, va' a farti fottere tu e la bicicletta. Ecco, i rapporti tra Prodi e D'Alema sono stati a lungo questi.»

«Nessuna maschera. Sono Prodi e basta»

Chi ha sempre cercato di far sì che Giuseppe e Pasquale non litigassero per la bicicletta è Enrico Micheli, sottosegretario alla Presidenza. Micheli era direttore generale dell'Iri quando Prodi ne era presidente. E poiché, come dice un suo amico, «il Professore è un uomo libero e felice, ma non dirgli di occuparsi della macchina», una volta a palazzo Chigi Prodi ha tolto il macchinista dall'Iri. Preferendolo a due candidati «politici»: Roberto Pinza, un avvocato popolare di Forlì e Claudio Burlando, uomo forte del Pds a Genova. «Avrebbero avuto una doppia fedeltà» dicono a palazzo Chigi. «Meglio Micheli, che di fedeltà ne ha una.»

Quando si formò il governo, gli osservatori ritennero che il braccio operativo di Prodi fosse l'altro sottosegretario, Arturo Parisi. Ordinario di sociologia politica a Bologna, Parisi è uno dei cervelli della casa editrice «il Mulino». E per insediarsi felicemente a palazzo Chigi, ha dovuto neutralizzare una specie di maledizione che lo storico nume tutelare di Prodi, Beniamino Andreatta, gli tirò addosso quando partì il pullman dell'Ulivo: «Lei ha già rovinato Segni, rovinerà anche quest'uomo». Cioè Prodi. Che è stato suo allievo all'università (e in politica) e, nonostante sia adesso suo presidente del Consiglio, gli dà ancora del lei.

«Siamo assolutamente complementari» mi diranno insieme Prodi e Parisi. Lo sono probabilmente nelle grandi strategie sul futuro. Ma chi decide che cosa si porta in tavola a pranzo e a cena è Enrico Micheli, un ternano che ha l'aspetto del protagonista del suo ultimo romanzo di fantapolitica, ma che la lunga e assai tormentata navigazione all'Iri ha dotato di un singolarissimo quanto prezioso realismo politico.

I frequentatori del mondo politico che il 20 maggio '97 assistono al teatro dell'Opera di Roma all'esecuzione della *Terza sinfonia* di Brahms diretta da Wolfgang Sawallisch si dicono convinti di aver incontrato da qualche parte il maestro bavarese per poi constatare una impressionante rassomiglianza con Micheli. Hanno entrambi una espressione impassibile del viso (Micheli sembra un tantino più bavarese dell'altro). E se il maestro agita nell'aria le mani con uno stile addirittura partenopeo, può solo immaginarsi quali frenetici movimenti debbano fare ogni giorno sotto il tavolo le mani di Micheli per salvare il governo dalle infinite incomprensioni possibili.

Col passar dei mesi Micheli diventa il canale privilegiato di D'Alema e di Letta per Berlusconi, costruisce un buon rapporto con Fini e soprattutto cerca di fare in modo, con risultati alterni, che Bertinotti non esca troppo spesso dal seminato.

Fin dal mese di luglio '96 Micheli disinnesca la prima mina seminata da Rifondazione sulla strada del governo (il tetto degli aumenti contrattuali in rapporto all'inflazione, che porta il governo nella prima bufera). Poi nell'autunno partecipa a riunioni drammatiche con Bertinotti e Cossutta che entrano nella trattativa dopo l'Ulivo e riescono a ottenere sempre qualcosa di più. La criticatissima tassa sull'Europa («Una imposta bulgara, un esproprio» mi dice Dini che pur l'ingoia) nasce dal veto dei segretari della Cisl, D'Antoni, e della Uil, Larizza, a toccare le pensioni baby nel pubblico impiego che Rifondazione avrebbe invece accettato di tagliare non essendone i percettori suoi fan. («Ma toccare quelle pensioni non sarebbe stato sufficiente» ammette Micheli.)

Insomma una via crucis perpetua, con Bertinotti che dice «Se toccate i miei ideali, rompo sul mio terreno»; il Professore che non crede alla crisi; il Polo che grida al governo dei comunisti; e D'Alema che non sopporta il trattamento privilegiato che palazzo Chigi, a suo giudizio, riserva a Rifondazione.

Naturalmente Prodi e D'Alema giudicano diversamente questi lunghi mesi difficili.

«Il governo si poneva come mediatore dei rapporti tra il centrosinistra e Rifondazione,» mi dice D'Alema «quasi con l'idea che il problema di Rifondazione fosse un problema del Pds. Come se Prodi dicesse: ma insomma, adesso ci ho questo Bertinotti che litiga con D'Alema e mi tocca mediare un po' con l'uno e un po' con l'altro. A mio giudizio questo atteggiamento era sbagliato e ha comportato dei prezzi da pagare.»

Per esempio? «Per esempio le misure per l'occupazione. Sono rimaste impantanate in Parlamento per mesi e mesi, dopo che era stato fatto un accordo con tutti: i sindacati e le associazioni degli industriali, dei commercianti, degli artigiani, dei contadini... Con tutti, insomma. Secondo me, su una cosa del genere il governo doveva mettere la fiducia. Nella sua prima fase, insomma, il governo ha rischiato di perdere ritmo, prigioniero di una eccessiva mediazione tra le diverse forze della maggioranza.»

Ribatte placido Prodi: «È vero, sembravo l'uomo di Rifondazione. Ho pagato un prezzo caro, per un anno sono stato su tutte le vignette. In campagna elettorale ero la maschera di D'Alema, poi sono diventato la marionetta di Bertinotti. Ma il tempo mi ha dato ragione. Sono Prodi e basta. Nego d'aver inseguito Bertinotti. Ho seguito semplicemente una linea di politica economica coerente».

Già, ma Bertinotti ha dato proprio l'idea di contare parecchio.

«Ha visto che è successo in Francia? Ha vinto il socialista Jospin che adesso ha i comunisti nel governo. S'è capito così che il problema non è italiano, ma europeo. Ogni coalizione ha i suoi problemi e noi non abbiamo avuto sbandamenti. In realtà l'immagine spesso travisa i fatti. Quando all'inizio dell'autunno '97 ho chiesto di avere rapporti più frequenti e corretti con l'opposizione, si è subito gridato all'inciucio. Sbagliando, ancora una volta.»

Mi spiega Veltroni: «Tutti pensavano che Prodi e io corressimo dietro a Bertinotti. In realtà, durante la prima finanziaria del nostro governo, la nostra preoccupazione era di non andare a un confronto devastante con i sindacati. Il governo ha avuto al suo interno una compattezza esemplare e se entreremo in Europa, lo dovremo anche alle manovre da centomila miliardi votate da Rifondazione».

D'Alema da Kohl. Un giorno prima

«Sa qual è la prima cosa che mi ha chiesto Kohl? Quanto duri? Me l'hanno chiesto anche alla prima riunione del G8. Alla seconda riunione hanno detto: ehi, per la prima volta l'italiano è lo stesso dell'anno scorso. Sorridevano tutti, il giapponese era molto divertito. Quanto duri? Non me lo chiedono più dalla primavera del '97.» Con una vistosa parentesi autunnale.

Sorride placido il professor Prodi nel salotto del suo studio a palazzo Chigi quando gli chiedo della sua visita al cancelliere tedesco del 7 febbraio '97. Che sarebbe una ordinaria visita di stato se il giorno prima lo stesso cancelliere non avesse visto Massimo D'Alema, leader del partito di maggioranza.

Ne nasce un caso politico gigantesco. «D'Alema anticipa Prodi e va da Kohl» titolano insieme «Corriere della Sera» e «Messaggero». «Repubblica» piazza in prima pagina una micidiale vignetta di Forattini. Si vede Prodi in bicicletta vestito da prete, come sempre nelle vignette di Forattini, che arranca verso Bonn. D'Alema lo sorpassa in auto. «Dove vai?» gli chiede Prodi in un bagno di sudore. «Affankohl!» gli risponde garbatamente l'altro.

«Una settimana di differenza tra un viaggio e l'altro sarebbe stata opportuna,» mi dice Prodi «ma la visita di D'Alema non mi ha danneggiato. Anche qui il tempo ha fatto giustizia di tutto. Abbiamo ruoli diversi, non c'è stata interferenza reciproca. Domande su Rifondazione? La Germania è interessata alla nostra stabilità. Quanto duri? mi ha chiesto Kohl. E io gli ho risposto che questo governo avrebbe avuto lunga vita.»

Mentre l'incontro di Prodi con Kohl è una normale visita di stato, il viaggio di D'Alema in Germania è frutto di mesi di lavoro compiuto con estrema riservatezza. Se ne occupa Umberto Ranieri, un deputato cinquantenne di Napoli che si è formato alla scuola di Giorgio Amendola e ha cominciato per tempo il sofferto trasloco dalla destra comunista alla socialdemocrazia. Cominciando da un libro su Eduard Bernstein, riformatore socialdemocratico tedesco del pensiero marxista.

Nell'ottobre del '96, Ranieri prende i primi contatti con l'ambasciata tedesca a Roma e con il nuovo ambasciatore italiano a Bonn, Enzo Perlot. D'Alema informa il leader socialdemocratico tedesco Lafontaine spiegandogli che l'Italia si prepara a compiere scelte decisive con un governo frutto dell'alleanza tra le grandi forze popolari del Paese, quella cattolica e quella che viene dal comunismo. «Sarà un incontro utile» gli dice Lafontaine.

Il viaggio di D'Alema viene di fatto concordato in dicembre in un incontro riservato tra il segretario del Pds e il portavoce di politica estera della Cdu, il partito di Kohl, Lamers. Lamers non va a palazzo Chigi, ma chiede un appuntamento a D'Alema. Il viaggio è fissato, ma poiché già si parla del vertice italo-tedesco tra il cancelliere e Prodi, le due ambasciate concordano di spostare più in là l'incontro con D'Alema.

A fine novembre, Ranieri riceve una telefonata dal ministro Mattei Hoffmann, dell'ambasciata tedesca: «Il cancelliere sarebbe lieto di incontrare l'onorevole D'Alema alle 9.30 del 6 dicembre». Ranieri ringrazia e obietta: «Ma l'indomani il cancelliere non incontra il nostro presidente del Consiglio?». Hoffmann: «Sì, certo. Ma per noi non è un problema. Mi faccia sapere».

Ranieri si trova a Napoli, cerca D'Alema che ha avuto un

analogo messaggio attraverso la sua segreteria, i due s'incontrano l'indomani e la prima risposta è di forte perplessità. Ranieri va a trovare l'ambasciatore tedesco a Roma, Dieter Kastrup: «Due visite a poche ore una dall'altra possono creare delle incomprensioni. Non con Prodi, ma certamente con la stampa italiana».

«Capisco,» risponde l'ambasciatore «ma le suggerisco di accettare l'invito. Altrimenti chissà quando sarà possibile un nuovo appuntamento.» Pressioni favorevoli arrivano anche dalla segreteria di Kohl a Bonn.

Ranieri riferisce a D'Alema, che si trova alla Camera. Il segretario del Pds chiama Prodi e poi Dini dal suo stesso banco alla Camera. Poi avverte Ranieri: «Prodi ci invita a incontrare Kohl. Ha detto che ogni contatto con la leadership tedesca in questa fase è utile e mi ha invitato a non perdere l'occasione».

In realtà, Prodi la prende malissimo. Trova maliziosa la coincidenza determinata da Kohl e inopportuna la decisione di D'Alema di accettare. Dinanzi a una richiesta di permesso da parte del segretario del Pds, non può dirgli di no. (Glielo dirà, come vedremo, durante la crisi albanese.) Ma vorrebbe dichiarare irricevibile la richiesta stessa, quasi a dire: fa' come ti pare, valuta tu con la tua testa se ti pare opportuno andare oppure no. Prodi infatti sa benissimo che cosa diranno l'opposizione e i giornali: Kohl ha voluto incontrare prima D'Alema per farsi spiegare le cose da quello che comanda nella maggioranza. E la cosa, naturalmente, non può fargli piacere.

Con una assoluta eccezione sulle abitudini italiane, il Pds riesce a mantenere il segreto sulla notizia fino al momento dell'incontro. La sera del 5 dicembre D'Alema arriva in aereo a Francoforte, trova un'automobile della nostra ambasciata e va a cena a Bonn a casa di Perlot. Felice della riuscita dell'embargo, D'Alema dice al suo portavoce Fabrizio Rondolino che ha studiato filosofia a Berlino e l'accompagna : «Per la prima volta ho la prova che lavori per noi e non per quei criminali dei tuoi colleghi».

L'indomani Kohl lo riceve nel suo ampio studio dove c'è una lunga scrivania ingombra di libri e giornali. Alle pareti due ritratti di persone care al cancelliere, François Mitterrand e Konrad Adenauer. Kohl offre agli ospiti (D'Alema e Ranieri) caffè e biscotti, li intrattiene assai più del previsto. I due convengono sul fatto che l'unione europea non può essere soltanto un'operazione monetaria. Ma Kohl dice a D'Alema: «Dovete capire noi tedeschi quando abbiamo paura di scambiare il marco con l'euro. Abbiamo ancora in mente la terribile inflazione che dopo la prima guerra mondiale travolse la nostra economia e la nostra società spianando la strada al nazismo. Mio nonno aveva i suoi risparmi in titoli dell'imperatore. Perse tutto. Per noi marco significa sicurezza e coesione».

D'Alema resta colpito da un altro racconto familiare di Kohl che riferirà anche nel suo libro: «Il fratello di mia madre si chiamava Walter e morì nella prima guerra mondiale. Mia madre chiamò Walter il suo primo figlio, mio fratello, che cadde sul fronte russo durante la seconda guerra mondiale. Mio figlio si chiama Walter ed è vivo. Questo significa per noi tedeschi l'Europa. Innanzitutto la pace. Per troppo tempo tedeschi e francesi hanno badato solo a darsene di santa ragione». E mostra a D'Alema i ritratti di Adenauer e Mitterrand.

D'Alema gli parla dell'alleanza italiana tra nuovi socialdemocratici e cattolici che sta portando stabilità politica ed economica, lo rassicura sulle riforme e sul risanamento del bilancio. Kohl ne approfitta per un parallelo tra la Dc italiana e la sua Cdu, «più laica, come ho sempre detto agli amici italiani». Chiede naturalmente di Rifondazione (non avrebbe mai previsto di trovarsi pochi mesi dopo i comunisti al governo in Francia), fa capire che il suo cuore resta democristiano e moderato e che Berlusconi non è tra i suoi parenti stretti.

D'Alema esce dal colloquio colpito dalla statura di Kohl e ripensa forse ai luttuosi sberleffi con i quali il Pci ne accolse nell'82 la successione a Schmidt. Raccoglie Rondolino che ha atteso in anticamera parlando al telefono con Pierluigi Battista di «Panorama» (il quale però non sapeva dove si trovasse il portavoce di D'Alema), entra in auto e dal cellulare chiama Prodi: «L'incontro è andato bene».

L'incidente di Gargonza

All'inizio di marzo l'Ulivo riunisce settanta politici e cinquanta intellettuali nel castello di Gargonza, in Toscana. È una replica del seminario indetto dal Pds nel dicembre del '95 nel convento di Pontignano. In entrambi i casi, partecipazione selezionatissima a inviti. Unica differenza, a Pontignano c'erano anche esponenti di Rifondazione e del «manifesto», a Gargonza no.

Gargonza, per quanto riguarda D'Alema, rappresenta anche la pietra tombale dei seminari. Dopo il suo esito, ha giurato che non parteciperà più a roba del genere. Uscendo da Gargonza ha avuto infatti molta solidarietà con Dante Alighieri che entrando in quel castello senese all'inizio del suo esilio, notò «*come sa di sale lo pane altrui e come è duro calle lo scendere e 'l salir l'altrui scale*». (Da allora, il segretario del Pds mangia sciapo.)

L'idea di Gargonza è di Omar Calabrese, semiologo bolognese e padre fondatore dell'Ulivo, che se ne occupa con Marina Magistrelli, biondo avvocato marchigiano e presidente del Movimento dell'Ulivo (di cui nell'occasione si distribuiscono tessere), e Tana de Zulueta, già corrispondente dall'Italia dell'«Economist» di Londra, che scriveva così male di Berlusconi da meritare d'ufficio un seggio ulivista al Senato.

Tema della due giorni gargonzese, dice la Magistrelli, la «verifica delle compatibilità culturali che debbono diventare compatibilità politiche».

Quando riceve l'invito, D'Alema è assai perplesso sulla opportunità di partecipare. Non capisce con esattezza a che cosa serva il convegno. Velardi lo sconsiglia, chiama Antonello Soro, capo della segreteria politica di Marini, e vede che nemmeno i Popolari sono convintissimi: «Se non va D'Alema,» dice Soro «non va nemmeno Marini».

All'idea di una doppia defezione del genere, Calabrese e la Magistrelli tremano e suonano tutte le campane. Alla fine D'Alema cede (la stessa cosa fa Marini), ma dice ai suoi: «Vado, ma non parlo». E parte con Minniti, inseguito dagli improperi di Velardi.

I giornalisti restano fuori delle mura del borgo medievale, Romano Prodi fiuta l'aria e dice che è un po' troppo chic, Veltroni e D'Alema ne approfittano per differenziarsi ancora una volta. Secondo quanto riferisce sul «Corriere» Maurizio Caprara, infatti, par di capire (il dibattito è a porte chiuse) che Veltroni giudichi l'Ulivo «sicuramente molto di più di un cartello elettorale e in un sistema compiutamente bipolare potranno esserci il partito dell'Ulivo e il partito del Polo».

D'Alema si irrita. Non per l'intervento di Veltroni in sé, quanto per l'impostazione «nuovista» dell'intero convegno. Quando avverte che nel castello dei Guicciardini l'Ulivo viene considerato una cosa moralmente superiore ai partiti che lo compongono, chiede di parlare e son dolori. («È il più umorale e il meno cinico di tutti noi,» mi dice uno dei suoi «quando gli girano le scatole dice senza alcuna prudenza quel che pensa. E così fa a Gargonza.»)

«Voi mi scuserete se questo discorso potrà contenere qualche risposta un po' spigolosa» comincia. E versa subito sale sulla piaga: «L'Ulivo è una aggregazione instabile e in fondo nessuno di noi può dire con certezza che cosa diventerà. Oggi è il luogo di raccolta delle correnti politiche fondamentali che hanno dato vita alla repubblica democratica del dopoguerra»

All'Ulivo, «luogo di raccolta» non l'aveva mai detto nessuno.

A D'Alema non è piaciuto il clima di sufficienza verso i partiti che ha respirato a Gargonza. E risponde così: «Noi non siamo la società civile contro i partiti. Noi siamo i partiti. È una verità indiscutibile. Non possiamo raccontarci queste storie tardosessantottesche».

Infine, una lezione provocatoria di realismo politico. «Il vero grande problema è che noi [*i partiti dell'Ulivo*] che rappresentavamo la quasi totalità del popolo italiano abbiamo perduto negli ultimi quindici anni quindici milioni di voti.»

«Noi non abbiamo vinto le elezioni. Le abbiamo perdute, anche numericamente. Tra il '94 e il '96 le forze politiche che si sono poi raccolte nell'Ulivo hanno preso due milioni di voti in meno... Abbiamo sfruttato l'effetto del maggioritario, mettendo in campo il fatto che noi eravamo una minoranza, ma l'unica in grado di offrire al Paese un progetto di governo...»

Il discorso di D'Alema porta il gelo nell'esclusivo circolo di Gargonza. Umberto Eco, uno degli ospiti più illustri, dice: se continua così, me ne vado.

«Dopo quel discorso ho avuto un senso di tristezza» mi racconta nell'autunno successivo Romano Prodi al quale i giornalisti di Gargonza attribuirono un commento sferzante («Una caricatura»). «Ci vidi molto di esagerato, di provocatorio. Non ero contento di quelle parole, ma mi convinsi che a partire da quel momento si sarebbe rafforzata la coalizione. Il dibattito non oppose i partiti, ma le persone. E un confronto libero è sempre utile.»

Gargonza finisce l'indomani, domenica 9 marzo, come si dice, a tarallucci e vino. Nella notte tra il sabato e la domenica il fantasma dell'Alighieri non riesce a prendere sonno, disturbato dal canto delle «osterie». In primissima linea Umberto Eco e il filosofo torinese Gianni Vattimo. «Non a caso» mi dice Prodi molto divertito «erano entrambi dirigenti dell'Azione Cattolica tra gli anni Cinquanta e i Sessanta.»

Tre giorni più tardi, mercoledì 12 marzo, il testo integrale del discorso di D'Alema viene pubblicato in una intera pagina del «Corriere della Sera», con una nota (e una foto) di Omar Calabrese.

Claudio Velardi arriva come sempre in ufficio alle otto. La sua stanza è una specie di *junior suite* nell'estremo angolo orientale al secondo piano del Bottegone. Diversissima dalle altre. (Rondolino occupa quella che fu di Berlinguer e tiene un ritratto di Togliatti nella parete centrale.) Il sapore è a metà strada tra uno studio di architettura e uno di pubbliche relazioni. Alle pareti, un regolamento delle Due Sicilie, un poster di palazzo Donn'Anna a Napoli e una foto di Blair che in tempi non sospetti fu mostrata all'interessato. Il salvaschermo del computer forma disegni criptici, come quelli che traccia il titolare, mentre ascolta musica classica.

Velardi apre il «Corriere» e gli viene un colpo. Alle 8.45 arriva D'Alema dopo aver portato i figli a scuola e viene un colpo anche a lui. Arriva più tardi anche Rondolino e si apre il consiglio di guerra.

Come sempre gli accade in questi casi, D'Alema pensa a immediate iniziative giudiziarie. «Bisogna denunciarli.» Rondolino è più prudente: «Guarda Massimo che ci hanno regalato uno spot. Il testo è abbastanza curato, la pagina è ben fatta. Chi pensava di crearci un problema ha sbagliato». Viene giudicata «plastica» la differenza tra il discorso di D'Alema e il commento di Calabrese pubblicato in calce. Ma il segretario è furibondo e commissiona ad Antonio Soda, deputato di Melfi ed ex magistrato di Cassazione, una nota (cinque cartelle) sul diritto alla riservatezza.

D'Alema invoca tre ragioni. La prima: è un convegno a porte chiuse, quindi il testo può essere stato passato soltanto da qualcuno attrezzato a registrarlo. Gli organizzatori sono dunque i più sospettati. La seconda: ho il diritto alla tutela della mia firma. Un testo di rilievo non può essere stampato su un giornale, peraltro così importante, senza che l'autore ne sappia niente e lo abbia rivisto. La terza: molti pensano che noi ne abbiamo autorizzato la pubblicazione.

E infatti poco dopo arriva la telefonata di Veltroni: «Perché lo avete passato?». Lo stesso Prodi teme una iniziativa di D'Alema e Parisi comincia a fare telefonate.

Un amico del Professore che conosce bene il mondo della stampa d'acchito dice: «È stato Velardi». Poi compie una indagine e arriva agli stessi risultati raggiunti con un'altra indagine da Rondolino: il testo è stato passato al «Corriere» da Omar Calabrese. Calabrese nega. Nasce così a palazzo Chigi un'interpretazione che sistema tutto: qualcuno aveva lasciato il telefonino aperto...

«Si potrebbe votare il 15 giugno...»

L'incidente di Gargonza avviene dopo le prime settimane di lavoro della Commissione bicamerale per le riforme e in un momento di forte diffidenza di Prodi per i lavori in corso. La nomina di Marini al vertice del Ppi lo inquieta. («Avevo un così buon rapporto con Bianco, era comprensibile che tifassi per lui» mi dirà Prodi in autunno. «Ma non ho interferito nella scelta nemmeno con una parola e adesso va benissimo anche con Marini.»)

Lo inquieta, soprattutto, il clima di dialogo che si è stabilito tra Berlusconi e D'Alema sulle riforme. «Governo e Bicamerale sono fratelli gemelli» mi dice tuttavia il Professore. «Ero preoccupato per il suo avviarsi faticoso. Non capivo dove ci avrebbe portato. Ma se dovessi giudicare cinicamente il suo rapporto col governo, i tempi costituzionali sono così lunghi... No, siamo stati complementari, non concorrenti.»

Eppure, all'inizio della Bicamerale anche Veltroni mette in guardia Prodi da D'Alema. E nei primi mesi dell'anno, anche per opera di Bertinotti, il rapporto tra governo e Pds non carbura. Me lo conferma lo stesso D'Alema: «Prodi pensava forse in quella fase di doversi emancipare dal rischio di una presenza soffocante del partito maggiore. Era diffidente, all'inizio, perché pensava che noi cercassimo di metterlo in difficoltà, temeva che la Bicamerale fosse un modo trasversale per creare problemi al governo, per aprire la strada a nuovi, possibili scenari. Temeva che noi volessimo spingerlo a uno scontro con Bertinotti per poi far pagare a lui il prezzo con una crisi di governo e raccoglierne noi il risultato. Era sospettoso. Sì, c'è stato un periodo in cui Prodi ha sospettato di noi. Poi ha capito che noi non volevamo usare la Bicamerale per far saltare il governo».

Le cose tra Prodi e D'Alema stanno appena cominciando a sistemarsi, quando scoppia la crisi albanese e Bertinotti decide di non votare per l'invio delle truppe italiane incaricate di una missione umanitaria e di un controllo territoriale che consenta le elezioni albanesi.

Si arriva così al 6 aprile, domenica in Albis. Titola in prima pagina «l'Unità»: «D'Alema: se si apre la crisi, siamo pronti alle elezioni». Nell'intervista a Vittorio Ragone, il segretario dice: «Se Bertinotti continua su questa strada, si va a votare... Bertinotti sostiene: "Io perderò qualche deputato, D'Alema perderà le elezioni". Ma non me ne importa nulla. Ci sottovaluta, noi non abbiamo paura. In un passaggio drammatico come la crisi italiana, non si può avere paura». E conclude: «Ai militanti e ai dirigenti del Pds dico: preparatevi».

Il segnale di D'Alema è per Bertinotti, naturalmente, ma anche per il Polo: non illudetevi, dice il segretario del Pds, se si apre la crisi non ci saranno nuove maggioranze. È un bluff? È una minaccia con «la pistola scarica» come dice da giorni Cossutta?

La mattina del 6 aprile Claudio Velardi, capo dello staff di D'Alema, vorrebbe godersi gli ozi di Anacapri, come fa spesso durante il fine settimana. Ma viene svegliato dallo squillo del cellulare che non si fermerà per l'intera giornata. «I germi del doroteismo ci sono anche tra noi» sospira Velardi, toccando con mano il terrore di una nuova campagna elettorale in chi ha un qualunque incarico di governo. Telefonano molti sottosegretari, segretari di sottosegretari, insomma una parte cospicua della nomenklatura postcomunista arrivata al governo sull'onda del 21 aprile. D'Alema fa sul serio?, chiedono tutti. E Velardi li trafigge rispondendo di sì.

L'intervista a «l'Unità» non è frutto di un momento di irritazione di D'Alema per il precipitare della crisi albanese, ma la conclusione di un'analisi politica attenta e riservata cominciata esattamente un mese prima. Quando gli albanesi ancora non invadevano le coste italiane.

D'Alema non ha mai pensato che Bertinotti potesse mettere in crisi il governo. «Non ha retto allo *show-down* sul governo Dini [*dopo una notte drammatica, ritirò l'annuncio di crisi*], figuriamoci se regge a uno *show-down* su Prodi» dice ai suoi.

Ma col passar delle settimane, il ruolo assunto dal leader di Rifondazione comincia a stargli sempre più indigesto.

Non gli piace, in particolare, il costume da Robin Hood che Bertinotti indossa sempre più spesso. È un'anomalia che rende fragile l'immagine internazionale del governo e ne rallenta pesantemente l'azione.

Il Pds ha un monitoraggio costante dei flussi d'opinione, affidato fin dal '94 alla Swg di Trieste. In dicembre uno studio diretto da Roberto Weber e Maurizio Pessato riscontra i fermenti più moderni e innovativi negli elettorati del Pds e di Forza Italia. Ma per l'Ulivo le cose vanno male. Le difficoltà autunnali della Finanziaria e il grande successo della manifestazione popolare indetta dal Polo contro il governo hanno ribaltato nei sondaggi della Swg i risultati elettorali del '96.

All'inizio di marzo l'Ulivo recupera un po': il Polo è accreditato di un 40 per cento, l'Ulivo di un 32, che diventa 40 con l'8 per cento di Rifondazione. Decisivo, come sempre, l'8 per cento della Lega.

Il vertice del Pds è interessato a questo punto a capire che cosa accade se l'Ulivo va alle elezioni senza Rifondazione. Rispondono da Trieste: Bertinotti viene penalizzato, non porta con sé nei collegi del maggioritario tutto il patrimonio dei voti di lista del proporzionale. Ma i rischi per l'Ulivo sono forti.

Prodi contro Berlusconi? Meglio D'Alema...

Altro scenario. Se si va alle elezioni, D'Alema può candidarsi in prima persona o deve di nuovo cedere a Prodi? Nell'ipotesi di un confronto diretto tra il Polo guidato da Berlusconi e l'Ulivo (senza Rifondazione) guidato da Prodi, il Polo vincerebbe per 40 a 32. Nell'ipotesi analoga, ma con l'Ulivo guidato da D'Alema, la forbice si restringe parecchio: Berlusconi è dato vincente di soli tre punti, 38 a 35. D'Alema recupera cioè una parte dei voti di Rifondazione («meglio votare per un "comunista" come lui che per un "democristiano" come Prodi») e toglie a Berlusconi una certa quota di voti moderati, soprattutto quelli che vengono dalla ex Dc. Gli uomini del segretario si convincono che portando le simulazioni sul terreno dello scontro elettorale, l'Ulivo – anche senza Prodi e Bertinotti – può vincere le elezioni e cambiare completamente lo scenario politico italiano.

Al secondo piano delle Botteghe Oscure si comincia dunque a lavorare seriamente su un'operazione di «igiene politica» che purifichi il centrosinistra dal virus di Rifondazione.

«Andiamo alle elezioni,» dice D'Alema a Minniti «così ti ricandidi.» Il numero due del Pds non è infatti deputato. Leader indiscusso del partito in Calabria, si è ritagliato per dare l'esempio un collegio perdente a Reggio (380esimo in ordine di «sicurezza» con il Polo dato vincente per 60 a 40), convinto di entrare con un forte resto. Ma l'affermazione del partito è stata superiore a ogni attesa, non ci sono stati resti e Minniti è stato battuto per poche centinaia di voti.

La decisione operativa di votare viene presa nei primissimi giorni di aprile, poco prima dell'intervista a «l'Unità». D'Alema gioca al computer e parla ad alta voce. L'idea della sfida lo entusiasma. «Altro che pistola scarica» dice. «Abbiamo una chiave per uscire da questa situazione incredibile. La partita si gioca davvero.» E rifila all'inconsapevole Bertinotti la dama di picche, decisiva nel trafiggere l'avversario del «bridge a perdere».

D'Alema indica anche la possibile data della consultazione: 15 o 22 giugno. Ma il 15 giugno gli piace di più. Per il Pci fu una data storica: il 15 giugno del '75 ci fu la prima clamorosa vittoria comunista alle elezioni amministrative: quasi tutte le grandi città italiane ebbero un sindaco «rosso» e una giunta di sinistra.

Come fa D'Alema a essere così sicuro che Scalfaro avrebbe sciolto le Camere? La ragione è semplice: senza il Pds non è possibile nessuna maggioranza parlamentare. Al Bottegone sono anche convinti che i rapporti tra il capo dello Stato e il presidente del Consiglio non siano idilliaci come un tempo. Uno degli elementi di frizione è stata la decisione del governo di abolire il Cai, il servizio aereo dei servizi segreti, senza informare il Quirinale.

D'Alema sa quanto tenga Scalfaro a essere messo al corrente di tutto. Sa quanto si sia sentito in «esilio interno» durante i pochi mesi del governo Berlusconi, quanto si sia adoperato perché cadesse, quanto tenga al ruolo di «traghettatore» dalla Prima alla Seconda Repubblica e di padrino della nuova Dc rinata di fatto con l'Ulivo.

D'Alema sa tutto questo e prima dell'intervista a «l'Unità» sale al Quirinale.

Bertinotti viene informato riservatamente da Cesare Salvi sul fatto che D'Alema non scherza, con una battuta molto esplicita: «Quello è pazzo, vuole votare sul serio».

Sul taglieggiamento costante di Bertinotti-Robin Hood si è intanto innescata la crisi albanese. All'inizio il Polo non è orientato a correre in soccorso dell'Ulivo.

Berlusconi sembra favorevole a una crisi che porti a una maggioranza diversa, legando ancora una volta (come per Maccanico) la maggioranza di governo alla maggioranza che si avvia a riformare la Costituzione. Ma un duro discorso di Fini lascia capire a D'Alema che quella strada non è percorribile. «Rischiamo di ripetere il copione di Maccanico» dicono al Pds. «Fini ci farà fare qualche giro di valzer e poi ci porterà alle elezioni in una situazione poco limpida. Meglio giocare d'anticipo.»

Al vertice del partito vengono valutate le diverse posizioni. Minniti è contrario alle elezioni: sa che è facile addossarne la colpa a Rifondazione, ma il Pds fallisce nell'occasione storica di tenere insieme il primo governo del nuovo centrosinistra. Prova a sondare la possibilità di un governo senza Rifondazione e senza elezioni. Ma D'Alema non è convinto.

Minniti prova a chiamare Bertinotti per sondare se ci sono possibilità di ripensamento sul voto. È una telefonata piena di cortesia e d'imbarazzo. Al Pds sanno che non tutti in Rifondazione condividono la durezza del segretario. Ma Bertinotti risponde di no.

Mussi e Minniti provano a forzare senza rompere. Nell'intervista all'«Unità» del 6 aprile D'Alema dà atto a Berlusconi e al Polo di aver imboccato una strada più responsabile sull'Albania, fa capire che se si aprisse una crisi non ci sarebbe posto per governissimi e suona la carica: con le elezioni salterebbero anche le riforme costituzionali alle quali Berlusconi tiene molto.

Al tempo stesso, nella votazione sull'Albania, D'Alema vuole evitare l'umiliazione del centrosinistra. Pur di salvare il governo, infatti, Micheli ha fatto sapere di accettare che l'Ulivo voti la mozione del Polo. Ma D'Alema cerca una soluzione più dignitosa. Fa sapere intanto a Bertinotti che gliela farà pagare. «Non faccio cadere il mio governo per colpa tua,» questo è il senso del messaggio «ma cercherò di isolarti sullo stato sociale e di punirti con la legge elettorale.» (D'Alema s'innamora in questi giorni del progetto Sartori che penalizza i partiti che corrono da soli.)

Nei giorni successivi, il voto del Polo disinnesca la mina, il segretario si convince dell'opportunità di soprassedere con uno dei suoi «processi carsici» di riflessione.

Mi dirà mesi dopo D'Alema: «Sull'Albania Bertinotti ha fatto un errore molto grande. La gente dimentica, ma lui aveva votato contro la missione dicendo che saremmo andati a difendere Berisha. Abbiamo invece garantito le elezioni, ha vinto la sinistra, lui ha poi votato per la permanenza delle nostre truppe. Insomma, una figuretta. Bertinotti commise l'errore di isolarsi dimostrando di aver costruito un rapporto amichevole con il governo in chiave polemica contro di noi. Contro il suo nemico principale che non è il capitalismo come potrebbe immaginarsi, ma il Pds».

Ma prima d'archiviare il caso, c'è ancora un incidente grave. Stavolta con Prodi.

«Questa linea non può passare»

Roma vive una singolare stagione. Marzo è stato soleggiato in modo inconsueto: un sole caldo e imprevisto ha sciolto i colori dei palazzi attenuando il grigiore della stagione politica. Si sono poi avuti molti giorni di pioggia e la Pasqua, a fine mese, è stata d'umore incerto, mentre nerissimo era quello del governo per il tragico speronamento della nave albanese nel canale d'Otranto.

Nei primi giorni d'aprile è tornato il sole. Un sole diverso da quello di marzo, un sole gelido al mattino e al tramonto, che scalda la città soltanto nelle ore centrali della giornata. Tanto che giovedì 10 aprile, dopo aver pronunciato in Senato un discorso definito alternativamente «offensivo» e «incommentabile» da Popolari e Pds, Romano Prodi s'avventura con Arturo Parisi ed Enrico Micheli in una passeggiata a piedi fino al Pantheon, temperando in un celebrato caffè le angosce della giornata.

«Ma insomma, che si vuole da me?» stride il Professore. Già, che si vuole da lui? E soprattutto, che cosa sta accadendo? Torniamo indietro di ventiquattro ore. Mercoledì 9 aprile il governo Prodi si salva alla Camera perché sull'invio delle truppe italiane in Albania il Polo sostituisce i propri voti a quelli di Rifondazione. (Mi dirà Berlusconi: «Questo non è vero. Se il Polo avesse fatto mancare i suoi voti, il governo avrebbe ritirato il provvedimento. Non ci sarebbe stata la crisi, ma l'Italia – che aveva preso un impegno con l'Onu – sarebbe uscita dal G7 e non avrebbe certo potuto chiedere l'ingresso al Consiglio di sicurezza».)

La sera stessa Prodi sale al Quirinale per riferire al capo dello Stato. Di fatto la maggioranza di centrosinistra non c'è più e Scalfaro vorrebbe fare una rapida verifica. Chiama D'Alema che lo sconsiglia: «Se facciamo una verifica, non sappiamo come andrà a finire. Rischiamo soltanto di fare una passerella per Bertinotti. Perché o la verifica è finta o bisogna prendere atto delle irrimediabili divisioni con Bertinotti sullo stato sociale. Meglio andare avanti al più presto».

Prodi naturalmente è dello stesso avviso e il presidente lo rinvia la mattina dopo alle Camere per richiedere la fiducia, sapendo che, passata l'Albania, Bertinotti non l'avrebbe negata. (Scalfaro farà una ironica telefonata a D'Alema dopo la sorpresa del discorso di Prodi al Senato. E resta sorpreso anche Nicola Mancino, che era d'accordo con Scalfaro per una verifica più lunga. Sapendo che se per caso la verifica fosse andata male e si fosse aperta la crisi di governo, Scalfaro avrebbe pensato a lui come a capo di un governo «istituzionale» che garantisse le riforme.)

Nonostante gli abbia risparmiato la grave incognita di una verifica, D'Alema è piuttosto irritato col presidente del Consiglio. Ritiene che il governo abbia sottovalutato all'inizio la gravità della crisi albanese e abbia complessivamente gestito male la questione.

La mattina di giovedì 10 aprile D'Alema si scontra col pessimismo del suo staff sulla governabilità della situazione, poi convoca il comitato politico del Pds nella stanza del capogruppo Cesare Salvi al Senato. «Sentiamo il discorso di Prodi e poi facciamo una valutazione collegiale.»

Arrivano Marco Minniti, Fabio Mussi, Claudia Mancina, Marco Fumagalli e Mauro Zani. Veltroni è al banco del governo, Salvi in aula.

D'Alema s'aspetta un discorso conciliante con l'opposizione, ha parlato al telefono con Berlusconi e Fini, la sera prima c'è stato un durissimo scontro alla Camera tra Bertinotti e Mussi definito «giovane balilla».

Insomma, ci si aspetta una ferma risposta al partito della maggioranza che, senza il soccorso dell'opposizione, avrebbe fatto cadere il governo.

Tra l'altro, agli uomini del Pds arriva l'informazione (inesatta) che Prodi avrebbe letto il discorso in Consiglio dei ministri ricevendo il plauso di Dini. Il presidente si è invece limitato a una generica informativa.

Alle 12.35 Prodi comincia il suo discorso. «Signor presidente, onorevoli senatori...» D'Alema è attentissimo. Prodi racconta della decisione di Scalfaro di rinviarlo alle Camere. Poi prosegue: «In questi giorni dalla parte opposta dello schieramento politico ho sentito rivolgere verso di noi richiami alla dignità. Ho sentito dei buttafuori della politica accusarmi di non avere qualità morali...». Francesco Luna, portavoce del presidente del Consiglio, che segue l'intervento da un'altra parte, scatta sulla sedia. L'espressione «buttafuori della politica» è sua, l'ha suggerita al Professore in altra occasione e ha visto che Prodi non spreca niente.

«...E vi confesso che quando il livello di decenza della polemica scende fino a questo punto, la tentazione di scendere allo stesso livello di volgarità è molto forte.» Nella stanza di

Salvi al Senato i dirigenti del Pds cominciano a essere nervosi. Alleanza nazionale rumoreggia in aula.

«...La dignità è non reagire alle basse provocazioni di una opposizione che cerca solo di riconquistare un potere che ha malamente gestito e altrettanto malamente perduto...» Nella stanza di Salvi, D'Alema è immobile. «Ha la faccia scolpita» dice uno dei suoi. Mussi sbotta: «Ma li sta prendendo a calci in faccia», e giù una serie di colorite espressioni toscane. Gli altri lo guardano: tra i dirigenti del Pds presenti, il capogruppo alla Camera è certamente quello più vicino al governo. D'Alema annuisce in silenzio alle battute di Mussi.

«...Lo voglio dire con forza a chi, anche ieri, nell'aula di Montecitorio, con tono irriguardoso e in verità assai poco adatto a un dibattito parlamentare, mi ha accusato di non vedere, di non sentire, di non parlare. Non tema, l'onorevole Fini, che vedo, sento, parlo, ma soprattutto cerco di pensare prima di parlare.» Nella stanza di Salvi dice Minniti: «Adesso sta menando sull'opposizione, tra poco arriverà l'affondo su Bertinotti». Claudia Mancina si associa.

Prodi s'intrattiene invece a lungo sui meriti del suo governo nell'opera di risanamento economico e ringrazia le forze politiche di centrosinistra, nessuna esclusa. Non dimentica la Rete, i socialisti del SI e perfino il Patto Segni che sul presidenzialismo va raccordandosi con Fini e Cossiga. Dà atto anche a Rifondazione comunista «che sostiene questo governo» di avere stretto con l'esecutivo, come gli altri citati, «un rapporto politico significativo».

Nella stanza di Salvi al Senato sono arrivate intanto copie dattiloscritte del discorso di Prodi. C'è una corsa a sfogliare le pagine in anticipo sulla lettura per cercare le bastonate a Rifondazione e tranquillizzare l'uditorio. Niente.

Quando il presidente del Consiglio esaurisce il suo discorso, il primo commento di D'Alema è: «Vedrete i giornali». È salito intanto Cesare Salvi, infuriato. «I senatori sono sconcertati» dice. «È impensabile starsene zitti.» C'è uno scambio di battute tra i presenti: con una unanimità ormai rara del Partito democratico della sinistra, tutti giudicano il discorso del presidente del Consiglio una resa senza condizioni. «Prodi è un Ercolino-sempre-in-piedi» sospira Minniti. Alla fine D'Alema dice: «Questa linea non può passare». Non si può subire nella speranza di accomodare. Dieci minuti dopo arriva la convocazione dei capigruppo del Senato e Salvi non va. Per la prima volta, in quel momento, gli uomini di Prodi temono sul serio la crisi di governo.

«Pigliamo un po' d'aria» dice D'Alema ai suoi. Escono a piedi dal Senato e s'avviano al Bottegone.

«Forse mancava il J'accuse!...»

Appena D'Alema entra nella sua stanza, Ornella gli passa una telefonata. È Micheli, da palazzo Chigi, che cerca di mettere la prima pezza: «Mi rendo conto che il discorso è potuto apparire inadeguato. Prodi non ha avuto tempo di limarlo, l'ha letto mentre andava in aula...». D'Alema ha maturato un buon rapporto col sottosegretario e sarà merito di Micheli se dalla primavera migliorerà sensibilmente l'intesa tra Prodi e il segretario del Pds. La sua risposta, dunque, non è aggressiva. Per il discorso dell'indomani alla Camera suggerisce a Micheli di eliminare gli attacchi all'opposizione (in fondo, se il governo vive, il merito è del Polo) e di far intendere nei passaggi sullo stato sociale che il governo si muove così perché ne è convinto e non perché glielo ha chiesto Bertinotti.

D'Alema attacca la cornetta con Micheli e Ornella gli passa Veltroni: «Massimo, non ne sapevo niente, non conoscevo il discorso». D'Alema è di ottimo umore. Quando la situazione gli sfugge di mano, diventa ilare e prodigo di battute. Ma ormai ci sono meno di ventiquattr'ore per rimettere in piedi la baracca.

Il punto centrale è questo: è possibile che il presidente del Consiglio abbia letto in Parlamento un delicatissimo discorso preparato dai suoi consiglieri, scorrendolo soltanto all'ultimo momento? Non è possibile. Quel discorso è infatti frutto della personale impostazione di Prodi, di una meditata discussione collegiale con il suo staff e di una stesura che il presidente del Consiglio ha condiviso in pieno.

Il sabato precedente, 5 aprile, Prodi era andato in visita alla Dalmine e aveva pronunciato un discorso durissimo nei confronti di Rifondazione. Con lui c'era Silvio Sircana, suo amico e portavoce nella interminabile campagna elettorale dell'Ulivo, che poi non ha voluto seguirlo a palazzo Chigi preferendo restare a Milano con una propria, brillante attività di pubbliche relazioni. Sircana capisce che il Professore nei giorni successivi sfiderà la sua maggioranza all'insegna di un motto che gli è ormai caro: «Vivere, non vivacchiare». Perché allora il discorso è cambiato? Uno che conosce bene Prodi mi dice: «Nella notte precedente deve aver prevalso una vecchia abitudine democristiana di Romano: mediare con se stesso».

In realtà, nella notte sul 10 aprile al discorso ha lavorato Franco Pizzetti, ordinario di diritto costituzionale nell'Università di Torino, a suo tempo collaboratore di Goria a palazzo Chigi e ora consigliere del presidente per gli affari istituzionali.

Nella serata Pizzetti ha partecipato a una riunione collegiale con Prodi, Micheli, Parisi, il portavoce Luna, il consigliere economico Franco Mosconi e il capo della segreteria Domenico Porpora. Nella discussione Luna sostiene che c'è lo spazio politico per picchiare su Rifondazione. «Si può essere duri» dice. «Si deve esserlo» lo interrompe Parisi. Micheli, come sempre, è il più prudente. Conosce Bertinotti da quando l'uno dirigeva l'Iri e l'altro era in Cgil. Lo ha chiamato al telefono: «Fausto, dimmi sinceramente: vuoi la crisi?». E l'altro: «Sinceramente no. Preferisco affrontare il rischio nella trattativa sullo stato sociale, che è il mio terreno. Se il governo cade lì, ho la coscienza tranquilla».

Alla vigilia del voto alla Camera, Micheli aveva cercato di fare perno sulla mozione degli affetti: «Pensa al popolo del 21 aprile, alla delusione che gli diamo». L'altro, addolorato, gli aveva detto che non poteva recedere. Ma adesso Micheli invitava di nuovo tutti alla prudenza.

Prodi detta la frase su Fini: il paragone con le tre scimmiette fatto il giorno prima dal leader di An lo aveva offeso profondamente. Pizzetti si ritira nel suo piccolissimo studio a scrivere. Poi, quando il personale va via, continua a lavorare al computer nella sua casa di via Nazionale. Alle otto del mattino torna a palazzo Chigi con il dischetto, fa stampare il discorso che fino alle dieci viene riletto prima dallo staff e poi da Prodi «con la piena consapevolezza politica di quel che era stato scritto», come mi dirà Arturo Parisi.

Quando Micheli gli riferisce la reazione di D'Alema, Prodi resta incredulo. «Nessuno mi capisce, che si vuole da me?» sbotta. È convinto di aver fatto un discorso duro. «Forse mancava il *J'accuse*» dice Micheli, che è uomo di lettere e pensa al celebre scritto di Emile Zola sul caso Dreyfus.

«In effetti ci sorprendemmo» mi dirà Parisi. «Volevamo fare un discorso di patti chiari e amicizia lunga con Rifondazione. Capimmo poi che la qualità delle parole e il tono del discorso non erano sufficienti. Il passaggio su Fini orientò negativamente il giudizio, aumentando enormemente il peso della seconda parte e facendo diventare l'opposizione molto più esigente.»

Pizzetti si mette di nuovo al lavoro per correggere il discorso dell'indomani alla Camera. Micheli suggerisce un inciso a favore delle privatizzazioni (terreno arduo per Rifondazione), Parisi chiede di rendere esplicito che il documento di programmazione economica e finanziaria dovrà esprimere la linea del governo. Prodi inserisce, corregge, cancella. Toglie ogni accenno polemico al Polo, inserisce sei righe per marcare «lo strappo compiuto da voi, deputati di Rifondazione comunista, uno strappo così grave...».

Nelle stesse ore D'Alema si riunisce col suo staff per preparare il discorso da pronunciare nel dibattito alla Camera. La raccolta dei materiali è curata da Claudio Caprara (viene dal successo di copie di «Sabato sera», un giornale di cooperativa di Imola), che ha sostituito Cuperlo e che D'Alema aveva apprezzato nella preparazione di un convegno sulla sicurezza a Milano.

Quando venerdì 11 escono i giornali, mi dice Sircana, «prima mi sarei messo a piangere, poi mi sono infuriato». Chiama Prodi: «Perché non hai fatto al Senato il discorso di Dalmine?».

E Bertinotti si regge la pancia

C'è sole anche il venerdì 11 aprile. Ma il presidente del Consiglio non ne gode, chiuso alla Camera a rappezzare una maggioranza che a leggere i giornali sembra essersi sciolta nella notte, come la neve delle Dolomiti quando l'aggredisce un tepore improvviso: il bianco è lì e della neve ha l'apparenza. Ma si tratta di un miraggio: l'apparire è diverso dall'essere e quella neve non può più fare l'opera sua, si rivela molle e inaffidabile al primo tocco.

Prodi – con l'aiuto di Pizzetti e degli altri – ha fatto comunque riserva di ghiaccio nella notte e al mattino spara neve gelata alla Camera dando alle sue parole un tono e una consistenza che al Senato poche ore prima non c'erano.

Poi si incolla al banco del governo, aspettando che gli sciatori arrivino a giudicarla.

C'è un'aria fiacca alla Camera, nonostante la gravità del momento e la ripresa televisiva diretta. L'aula è semivuota, soprattutto nei banchi della Destra. C'è un fuggevole lampo di vivacità all'ingresso di Berlusconi: il Cavaliere avanza sempre a passo svelto e sempre seguito da deputati di scorta. Parla Bertinotti, attento a salvare il governo dalla crisi e l'anima dal diavolo. «Oggi rivive il nostro consenso» annunzia. Prodi lo sa e non batte ciglio. D'Alema guarda il grande lucernario liberty e corruccia ogni tanto il volto nelle smorfie di cattiveria che lo resero celebre in anni vicini, ma ormai dimenticati. Si scuote per mettere gli occhialini e cercare una penna solo quando Bertinotti, che doveva stuzzicare il Pds senza affondi, si chiede se quel partito sia ormai rinunciatario nella difesa dello stato sociale.

Quando il segretario di Rifondazione finisce, applaudono soltanto i suoi. Sui banchi confinanti del Pds non vola una mosca e gli abbracci, eccessivamente espansivi, dei Cossutta, dei Diliberto e degli altri rifondatori appaiono una danza di vittoria esaltata dal gelo degli uomini di D'Alema, compagni di fede della stirpe dei Cossutta per settant'anni e fino alla svolta di Occhetto.

Parla Bossi, con la camicia verde sotto un'approssimativa grisaglia. «Il suo è un governo più adatto all'accademia della Crusca» sibila contro Prodi, avventurandosi in una spericolata esegesi linguistica delle contraddizioni della maggioranza. Ma il presidente del Consiglio non se ne avvede nemmeno, Veltroni continua a telefonare, la Bindi ad alzarsi e sedersi, Gianmaria Flick a chiedersi in silenzio che cosa mai farebbe se il governo cadesse.

«Non si può governare a vista senza finire nelle secche»

esclama Franco Marini quand'è il suo turno: tace molte delle cose che pensa, comprime la rabbia di sentirsi prigioniero di un'architettura che lui stesso ha contribuito a costruire, invoca la riforma delle pensioni perché i pensionati possano continuare a percepirle. È in gabbia, Prodi lo sa e non batte ciglio.

S'alza Pinuccio Tatarella: «Onorevole presidente del Consiglio, quando Fini l'ha paragonata alle tre scimmiette, non voleva offendere né lei né le scimmiette... Onorevole D'Alema, abbiamo atteso che nascesse la Bicamerale, poi che lei ne diventasse presidente, poi che il Pds facesse il congresso e che lei fosse confermato segretario, poi che sistemasse gli organismi interni, poi che formasse la sua corrente di partito. Adesso basta. Che cos'altro dobbiamo aspettare, onorevole D'Alema, perché lei si decida a chiarire la sorte di questa maggioranza che non c'è? Bertinotti entri nel governo oppure cerchiamo tutti insieme soluzioni alternative...».

D'Alema guarda il soffitto liberty, Prodi sfoglia carte, Veltroni passa il telefono alla Bindi, Flick pensa che tutto sommato la crisi non si fa e lui resta ministro.

Parla Berlusconi: «Sono dispiaciuto e addolorato per questo spettacolo desolante». Silenzio. «Gli uomini di Rifondazione sono i guastatori dell'economia di mercato.» Bertinotti scoppia in una risata silenziosa e al tempo stesso appariscente. «Brontosauro della cultura di sinistra» gli dice il Cavaliere. Altra risata. «Sostenete la più vecchia e inservibile ideologia contemporanea.» Bertinotti ormai si regge la pancia, mostrando nella risata aperta una apparente assenza di denti e quindi una bocca senile che non gli appartiene.

Il Cavaliere sposta lo sguardo su D'Alema: «Avete deciso di incerottare un governo al quale nemmeno voi credete più. Gli italiani non ve lo perdoneranno». I banchi del Pds incassano in silenzio.

Mentre i deputati del Polo si complimentano con Berlusconi, D'Alema estrae il microfono dal suo banco e aspetta che Violante gli dia la parola. Se Fabio Mussi, che gli siede accanto, facesse il giro dell'aula e delle tribune della stampa con il cappello in mano esigendo un contributo senza il quale il segretario del Pds se ne starebbe zitto, incasserebbe moltissimo denaro.

Tutti sono infatti certi che D'Alema stia per pronunciare un discorso memorabile, da televisione a pagamento.

Lui non ha mai amato né Prodi né Bertinotti. Lo disturba il fatto che a palazzo Chigi ci sia un uomo senza partito laddove tutti i suoi colleghi dell'Internazionale socialista, quando vincono le elezioni, vanno a governare. Non è soddisfatto del governo e tanto meno del presidente del Consiglio. Non ritiene accettabile che l'Italia vada sui giornali di tutto il mondo come il paese in cui comanda Bertinotti, unico comunista d'Occidente a reggere una maggioranza parlamentare (il governo Jospin non è ancora arrivato).

Giudica paradossale che il Polo abbia dovuto salvare il governo e che Prodi non gli sia stato nemmeno riconoscente. Ma la cosa più intollerabile è che la fonte di tutti i suoi guai stia alla sua sinistra: una sinistra che rimprovera all'altra sinistra – la sua – di essere cedevole e di non saper tutelare gli interessi dei cittadini più deboli. (Proprio su questo tema nell'autunno successivo Bertinotti avrebbe scritto addirittura un libro.)

Ora, in diretta televisiva, D'Alema avrebbe finalmente potuto assaporare il suo piatto preferito: la vendetta. Non prevedendo la legge esecuzioni sommarie che il segretario del Pds eseguirebbe volentieri con le sue mani «spezzaferro», D'Alema s'appresta a sguainare la sua lingua che talvolta è perfino più tagliente e micidiale.

Tutti gli astanti avvertono i brividi che colgono collettivamente i testimoni d'una esecuzione capitale. I deputati distratti chiudono i giornali e le carte di collegio. Veltroni e la Bindi smettono di telefonare, Flick trascura il suo futuro. Il sottosegretario alla Presidenza, Enrico Micheli, assume l'espressione di sinistra solennità che lo fa di nuovo assomigliare per un momento a Gustav, il protagonista un po' sinistro del suo ultimo romanzo. (Sul titolo, *La gloria breve*, Romano Prodi fece riservatissimi scongiuri.)

San Petronio resuscita Prodi

Infine, Prodi. La vittima designata assume uno specialissimo atteggiamento. Scosta la sua poltrona dal tavolo, appoggiandola allo scranno che tiene al vertice l'inflessibile Luciano Violante. Incrocia le braccia sul petto, abbassa il mento, socchiude gli occhi. La concentrazione del presidente del Consiglio è assoluta, irreale, mistica.

Lo spirito del Professore in quel momento abbandona l'aula e vola a Bologna, la città sua e di San Petronio. Vola in piazza Maggiore, entra in basilica per la Porta Magna – opera distinta di Jacopo della Quercia –, corre alla navata di sinistra e superando la preziosa cancellata di Francesco Tibaldi s'infila nella seconda cappella eretta da Alfonso Torreggiani a gloria del vescovo santo, difensore indimenticato delle libertà felsinee.

Giunto a destinazione, lo spirito pio del Professore prega. Prega San Petronio. Lo prega di rinnovare un miracolo che fu al tempo stesso un prodigio di carità.

Mentre D'Alema sistemava il microfono con le sue mani forti e un brivido correva nell'aula semivuota di Montecitorio, il Professore – come accade nei momenti decisivi della vita – aveva avuto infatti una visione. Non una di quelle consuete, per le quali era noto che a suo giudizio tutto nel Belpaese andasse bene anche quando andava malissimo e che ancora quella stessa mattina dell'11 aprile aveva fatto gridare a molti giornali, come riconobbe egli stesso, che «Prodi era pazzo».

Fu invece una visione mistica. Gli tornò in mente come d'incanto una sua antica visita alla Galleria delle Carte Geografiche in Vaticano, dove, accanto alle straordinarie riproduzioni dell'universo mondo, c'è un affresco che mostra un prodigio di carità. Nel quarto secolo del Signore, un operaio edile bolognese stava costruendo un tempio, ma una colonna gli rovinò addosso e l'uccise.

Prodi pensò che, dopo il suo discorso del 10 aprile al Senato, il governo era morto esattamente come l'operaio, schiacciato non già da una colonna infame, ma da un discorso suicida. Che cosa avvenne nel quarto secolo del Signore allo sfortunato operaio? Passò San Petronio in abiti vescovili, con tanto di mitria bianca e bastone pastorale, si mosse a compassione per la terribile sorte del suo concittadino e lo resuscitò.

Perché, si chiede Prodi, quel che fu possibile a lui non è possibile a me che di San Petronio, con rispetto parlando, son più devoto dell'oscuro e inconsapevole muratore?

Questo deve aver pensato il Professore con le braccia raccolte, il mento basso e gli occhi socchiusi, mentre D'Alema comincia il suo discorso, secondo il galateo parlamentare, con un «Signor presidente (della Camera), signor presidente del Consiglio, colleghi deputati...».

È in quel momento che San Petronio scende ad accarezzare i baffi del potentissimo padrone delle Botteghe Oscure. E millecinquecento anni dopo, il prodigio di resuscitare un defunto si ripete.

I fogli dove la nervosa grafia del segretario aveva annotato una sentenza di morte si riempiono di aggettivi dolci e di farfalle primaverili, come negli amati quaderni della figlia Giulia.

«Mettete dei fiori nei vostri cannoni» diceva una canzone della *beat generation*. Così fa D'Alema. Ammette che il caso albanese è «un fatto serio», si è infatti «determinato un dissenso profondo». Ma chiarisce subito, a scanso di equivoci, che «il Paese non può permettersi una crisi di governo». Spara poi alcune pallottole a salve contro Rifondazione, allineatasi con «i residui dello stalinismo» francese, greco e portoghese. Impallina Armando Cossutta dicendo che non poteva aspettarsi un «pacifismo integrale» da lui che – sottintende – era stato un fiero sostenitore dell'Armata rossa e delle sue «gite fuori porta». Cossutta arrossisce appena, come un cacciatore sorpreso sul terreno altrui e umiliato da una rosetta di pallini sul sedere sparati dal figlio del vicino. Ma sono pallini, appunto.

Schiaffeggia con ironico garbo le aspirazioni del Cavaliere dicendo che non ci sarebbero stati governissimi o larghe intese, ribalta sull'opposizione le divisioni della maggioranza, chiama il Polo a una non chiara «responsabilità comune senza consociazione».

Al quindicesimo minuto, Violante gli toglie la parola secondo regolamento e gli spegne il microfono. Viene forse sacrificato un moccolo contro Rifondazione, ma il miracolo di San Petronio è ormai compiuto. Prodi esce dalla crisi mistica e constata con sollievo di essere resuscitato. San Petronio, patrono di Bologna, ha fatto il miracolo.

Quando il presidente del Consiglio esce da palazzo Chigi, il tramonto romano è freddo e sereno. Nuvole nere avrebbero voluto guastarlo, ma la tramontana le ha ricacciate indietro.

«Io pago. A fine mese, ma pago»

Quando nell'autunno del '97 invito il professor Prodi a ripensare a quei momenti difficili, lui rivendica per intero la coerenza del suo comportamento: «Esiste anche la dignità. Avevo il dovere di dare una risposta politica ed emotiva ad attacchi di una arroganza unica. Si confonde una certa bonarietà del mio carattere con la disponibilità ad accettare tutto, che non esiste. Si paga a fine mese, ma si paga. Quel discorso doveva ristabilire la serietà e la dignità del governo».

Ma non era un discorso un po' squilibrato?

«No. Dall'esterno poteva sembrarlo, dall'interno era coerente con le scelte e le alleanze che avevamo compiuto. Rifondazione ha poi votato la fiducia al governo, quel che ha fatto in un attimo si è perduto... La questione albanese si è risolta bene, le elezioni si son fatte nel giorno che avevamo stabilito, sono stato attentissimo a informare il leader dell'opposizione Fino delle richieste del presidente Berisha e viceversa. Ho bloccato D'Alema quando voleva andare in Albania. Guai se i partiti italiani avessero interferito in quelle elezioni...»

Prodi nega che in quei giorni si sia davvero sfiorata la crisi. «Parlammo di questa possibilità con Veltroni e Parisi in corridoio, avviandoci al dibattito parlamentare. Ma non ci ho mai creduto fino in fondo. È difficile aprire una crisi quando la gran parte dell'opinione pubblica è favorevole alla decisione che si prende.» E non ha mai creduto alla crisi in qualunque momento: «Abbiamo passato giornate difficili, ma quando durante la Finanziaria vedevo arrivare in aula per il voto i parlamentari più vecchi e acciaccati, gli infartuati, ho capito che l'Ulivo lancia un messaggio davvero forte».

A giudizio di Prodi, l'Ulivo italiano è stato trapiantato anche all'estero. «Il nostro è un fatto nuovo, credo che abbia permesso anche alla sinistra francese di vincere. La nostra sperimentazione ha dimostrato la compatibilità di programmi di centro e di sinistra.»

Ma socialisti e comunisti francesi non si alleavano per la prima volta... «Sì, ma nel '97 è stato diverso. Si è visto lo sforzo di una sinistra postmarxista.» «Non creda» mi dice «che io non abbia capito l'inquietudine del Pds nei primi mesi di governo. Dov'era l'altra sponda? Ci saremmo arrivati? Ciampi e io decidemmo di raccogliere la sfida dell'Europa fin dall'estate del '96. Ma capisco che al Pds si chiedessero: dove ci porta questo governo? Che prezzo pagheremo politicamente? Che succede se il nostro disegno fallisce?»

E Rifondazione? «La Finanziaria del '98 è il completamento di un disegno che non mi ha mai visto al servizio di Bertinotti. Sa quando ho capito che avrei dovuto agire con gradualità? Quando gli scioperi per le pensioni hanno paralizzato la Francia di Juppé. Aveva ragione lui, quei provvedimenti andavano presi. Ma non dalla sera alla mattina, ci vuole tempo...»

E il nuovo partito di D'Alema, la Cosa 2, non la spaventa?

«Ma no, anzi prima la fanno meglio è, così potrà riprendere visibilità il dibattito nell'Ulivo stesso. Da troppi mesi le bandiere dell'Ulivo non appaiono a una manifestazione. Stanno a casa per non intralciare la Cosa 2. Ma è ora che tornino in giro, visto che la forza sta nella coalizione.»

«È giusto che D'Alema punti a palazzo Chigi»

Sogna il partito dell'Ulivo?

«Ho sempre sognato una progressiva maggiore coesione. Ma il partito non è per oggi né per domani. E non ha senso parlare di concorrenza tra Cosa 2 e Ulivo.»

Già, ma D'Alema punta al 30 per cento, i numeri son quelli che sono, se si rafforza la sua radice, le altre si indeboliscono.

«La Cosa 2 al trenta per cento? E dove lo prende?»

Un maggiore impegno di Prodi nel Ppi? «Sono parlamentare di quel partito. Se per maggiore impegno intende che io possa diventarne segretario, è escluso. È invece vero che il governo sta rafforzando il centro dell'Ulivo.»

Mai pensato alle dimissioni? «Mai.»

È giusto che la prossima volta D'Alema si candidi lui a palazzo Chigi? «Certo. È la bellezza del bipolarismo. Uno dei grandi meriti del mio governo è stato di aver fatto cessare il veto nei confronti di una candidatura alla guida del Paese del Pds e di Alleanza nazionale. Per An il merito è anche di Berlusconi.»

A proposito di Berlusconi, nell'autunno del '97 è riesplosa la polemica sul suo conflitto d'interessi. «Il conflitto d'interessi pesa molto su Berlusconi e sul futuro della politica italiana. È una faccenda che bisogna risolvere. È un problema del Polo, non mio. Anzi, a me in fondo il conflitto d'interessi di Berlusconi può fare anche comodo.»

Lei è uno del ramo, ha assistito tante grandi aziende nella sua vita. Che gli consiglierebbe? «La sua è una scelta. Se vuole far politica, vada in una banca d'affari e venda tutto.»

Mica facile.

«Guardi, è difficile acquistare. Vendere è facilissimo. E poi dai tempi di San Francesco esistono tanti modi per disfarsi della proprietà. Scelga lui.»

Lei è terribilmente fortunato, i suoi compagni di scuola le grattavano la testa prima dell'interrogazione.

«È vero, ci scherzo, mi aiuta a sdrammatizzare i problemi. E poi la fortuna bisogna saperla guidare.»

So che ha pensato di portare la bici a Roma...

«Ma non l'ho fatto perché qui non ci sono le strade adatte. Tranne che...»

Sorride. E io che già so la risposta lo interrompo: «A Castel Porziano, nella tenuta del capo dello Stato...».

«Già, a Castel Porziano. Ci son cascato come un pollo.»

E adesso che c'è cascato, non pensa che sarebbe bello andare al Quirinale se non altro per ragioni ciclistiche?

«No, guardi, il ruolo di garante non mi piace. Mi piace la macchina, il giorno per giorno...»

Un suo amico m'ha detto che le è sempre piaciuto fare il presidente del Consiglio. (*Quando si dimise Amato, Scalfaro voleva fare l'accoppiata Prodi presidente, Segni vicepresidente. Segni non accettò. «Se rinunci tu, chiama me» disse a Prodi. E invece chiamò Ciampi.*)

«Non l'ho mai nascosto. Ma il garante no. Può darsi che invecchiando...»

...Punta al Quirinale?...

«Capisco che l'utilizzo ciclistico di Castel Porziano non è una ragione sufficiente.»

IV

Una sera d'ottobre...

Una sera d'ottobre, giocando al computer

È una sera di metà ottobre '96: D'Alema come di consueto soffia il posto alla segretaria Ornella Massimi davanti al computer nella piccola stanza che introduce nel suo ufficio. Non ha documenti da leggere, né archivi da consultare. Le sue famose dita «spezzaferro» conducono rapidamente il «mouse» alla «cartella» dei videogiochi.

Ne sono disponibili diciannove: otto nella prima e nella seconda fila, tre nella terza. D'Alema ne usa in genere soltanto due. Il secondo da sinistra nella prima fila («Golf») è un solitario. Quella sera sceglie il secondo da destra («Hearts»), il famoso «bridge a perdere» che gli ha portato fortuna la notte del 21 aprile.

I suoi avversari scelti dal computer sono Corrado, Roberto e Sergio. Insieme con Ornella, D'Alema decide di chiamare Pluto la propria posizione.

Rifila a uno degli avversari la tremenda regina di picche che da sola fa perdere tredici punti, distribuisce con equità la fregatura contenuta nelle carte di cuori (un punto ciascuna). Incamera il resto e vince la partita restando a zero punti, sotto lo sguardo ammirato di Ornella che si esercita ogni tanto anche lei con notevole successo.

Nella piccola stanza ciondolano Claudio Velardi e Fabrizio Rondolino. Manca Marco Minniti, il numero due del partito, che in genere resta in piedi, con le braccia conserte, accanto alla finestra. Velardi è capo dello staff del segretario: definizione quasi veltronian-clintoniana per indicare quello che nella Prima Repubblica sarebbe stato il capo della segreteria politica. Rondolino è il portavoce di D'Alema.

Quando avevano i capelli, l'uno era bruno, l'altro biondo. Ora che li portano rasati, per scelta o per necessità, D'Alema li chiama naziskin, convinto che sotto l'assente capigliatura il cervello di entrambi li porti a sposare cause di destra. Velardi gli risponde dandogli regolarmente del comunista. In realtà, i due sospettano che le ingiurie politiche servano al segretario quale alibi psicologico per coprire scelte che un tempo si sarebbero definite conservatrici, se non addirittura «di destra», e oggi invece sono il ragionevole calvario delle nuove responsabilità di governo del Pds.

Rifilando al computer l'ultima carta di cuori, quella sera di metà ottobre D'Alema sospira: «Adesso dice che debbo fare il presidente della Bicamerale». Lascia quel «dice» senza soggetto, non perché voglia nasconderlo, ma per annegare l'impegnativa affermazione nell'anonimato di una chiacchiera casuale.

In realtà, non si tratta di una chiacchiera e tanto meno di una affermazione lasciata scivolare per gioco tra una donna di picche e una carta di cuori. L'invito a presiedere la commissione che dovrebbe rivoltare lo Stato come un calzino viene nientemeno che da Oscar Luigi Scalfaro e da Luciano Violante. Quella sera D'Alema non lo rivela ai suoi, ma Velardi e Rondolino capiscono che dietro il «dice» si nascondono una forte probabilità e anche un sicuro desiderio.

Nell'autunno del '96 il segretario del Pds si trova infatti in una singolare condizione psicologica. È indiscutibilmente l'uomo più potente d'Italia, ma le ultime scorie del fattore K (*Kommunism*), gli ultimi calcinacci del Muro di Berlino gli hanno impedito l'ingresso a palazzo Chigi. Né lo consola il ricordo della ferrea tradizione democristiana, secondo cui l'uomo più potente del Paese non univa mai la segreteria dc alla presidenza del Consiglio, memore del fatto che lo strapotere portava all'immediato declino: da De Gasperi a Fanfani, fino a De Mita.

D'Alema si sente ormai cuciti addosso gli abiti del maggioritario e della tradizione socialdemocratica europea, ai quali pure il Pci è stato rigorosamente estraneo. Gli sembra stravagante non rappresentare il proprio governo nei vertici dei capi della sinistra europea (ne soffrirà assai più dopo le vittorie di Jospin in Francia e di Blair in Gran Bretagna). È dunque comprensibile che una investitura istituzionale come la presidenza della nuova commissione per la riforma dello Stato sia un riconoscimento gradito, in attesa di altri tuttora riposti nel grembo di Giove. (Lo ammetterà lui stesso quasi un anno più tardi nel libro *La grande occasione*, scritto con Gianni Cuperlo: «Non avevo nient'altro da fare», dopo la vittoria elettorale e la decisione di non occuparsi a tempo pieno degli affari di governo.)

«È un casino, ti bruci se la commissione fallisce» gli dice subito Velardi. D'Alema non si nasconde le difficoltà dell'impresa e sorprendentemente ne intuisce anche la sorgente più insidiosa.

«Non mi preoccupano né il Polo, né Rifondazione. Mi preoccupano i nostri.» Si riferisce all'Ulivo e soprattutto al Pds.

In quei giorni, la schermaglia sui giornali è con Bossi, con Bertinotti, con Fini. D'Alema tranquillizza i Popolari: «Meglio l'indicazione del premier che il presidenzialismo». Ma sa che la partita è tutta da giocare, soprattutto in casa.

«Massimo, fatti pregare»

«Non dire niente» insiste Velardi. «Fatti pregare.»

Nelle settimane successive, l'ipotesi che D'Alema possa guidare la Bicamerale incomincia a diffondersi nel partito. Gli uomini più vicini al segretario – i Minniti, i Folena, gli Zani – sono prudentissimi. Alcuni segretari regionali manifestano inquietudine: «E il partito? Chi lo guiderà in quei mesi?».

Ma D'Alema ormai è lanciato. Il ruolo di leader del partito di governo senza stare al governo gli brucia come la tunica bagnata col sangue di Nesso sulla pelle d'Ercole. E se la commissione dovesse nascere, lui sarebbe pronto a presiederla.

Ma nascerà? Berlusconi e Fini sono perplessi. E D'Alema ne trova conferma in una delle cene a tre con il Cavaliere in casa Letta, riprese nella più assoluta riservatezza dopo la vittoria elettorale dell'Ulivo.

Il 2 giugno, incontrandosi in televisione per i cinquant'anni della Repubblica, D'Alema e Berlusconi si erano trovati su posizioni opposte: il primo insisteva per la nascita di una commissione di deputati e senatori, il secondo per l'assemblea costituente che D'Alema mai e poi mai avrebbe concesso, non intendendo mettere in gioco con una nuova votazione la striminzita vittoria dell'Ulivo alle elezioni del 21 aprile.

È così che il 30 ottobre D'Alema lancia un amo che lui si rifiuterà sempre di considerare tale, ma che indubbiamente su Berlusconi esercita una certa attrazione. I due s'incontrano al San Michele di Roma per la presentazione del mio libro *La svolta* e si mostrano profondamente convinti della necessità di avviare insieme un processo riformatore: uniti oggi per dividerci domani. Rispondendo a una mia domanda, D'Alema dice: «Non c'è dubbio che il disegno strategico costituzionale abbia la prevalenza persino sull'attività di governo». Questa frase fa esplodere i sospetti di Prodi sulla lealtà del suo partner principale (lo riconoscerà implicitamente lo stesso D'Alema nel suo libro dell'autunno '97), ma suona dolcissima all'orecchio di Berlusconi: il Cavaliere per alcuni mesi spererà infatti che dalla Bicamerale possano nascere condizioni per un governo diverso.

Subito dopo quell'incontro, mentre Fini firma il progetto di Segni per la Costituente, D'Alema intensifica il suo pressing su Berlusconi perché accetti la Bicamerale. Il Cavaliere torna a chiedere «tempi brevi, certi e definiti» e mostra di aderire alla proposta di D'Alema, quando questi assicura che in un semestre tutto sarà compiuto.

La commissione viene votata dal Parlamento il 22 gennaio '97. «Se falliremo,» avverte D'Alema «un'intera classe dirigente sarà giudicata e spazzata via dai cittadini.»

E Marini va a casa Letta

Nei giorni precedenti le basi operative vengono tracciate ancora una volta in una cena riservatissima a casa Letta, rimasta segreta. Per la prima volta c'è un quarto commensale, Franco Marini, da pochi giorni nuovo segretario del Partito popolare.

Marini gioca in casa. Abruzzese come Letta, lo conosce dalla fine degli anni Cinquanta. Muovevano entrambi i primi passi ad Avezzano, l'uno come giornalista, l'altro come sindacalista. E Letta scrisse uno dei primi articoli sull'attività di Marini.

Gli altri due commensali del tavolo inglese alla Camilluccia sono conoscenti più freschi, ma estimatori solidi di Marini. D'Alema è andato a salutarlo in piazza del Gesù subito dopo l'elezione alla segreteria dei Popolari, e Marini ha ricambiato l'incontro alle Botteghe Oscure. Berlusconi lo ha ricevuto con calore a palazzo Grazioli. Al di là della simpatia personale, il segretario del Pds spera di trovare in Marini una sponda per bilanciare la love-story tra Prodi e Bertinotti, mentre Berlusconi – odiato storicamente dalla sinistra democristiana – spera che il nuovo capo dei Popolari sia un interlocutore più aperto.

Quella sera di fine gennaio a casa Letta ciascuno dei leader sventola la bandiera. Berlusconi insiste per il semipresidenzialismo sul modello francese, Marini obietta che il suo partito non accetta la centralità così forte di una persona: «È una continuità con il gollismo che non ci piace. È poi in Italia la coabitazione non funzionerebbe». Marini sa anche che il semipresidenzialismo si tirerebbe dietro il doppio turno nella legge elettorale, e per impedirlo i Popolari sono pronti alle barricate. D'Alema non mostra una predilezione particolare per l'uno o per l'altro sistema. Ha accettato l'elezione diretta del capo dello Stato (legata al doppio turno nelle elezioni politiche) ai tempi di Maccanico, ma sa che la maggior parte dei suoi alleati preferisce fare del primo ministro la figura centrale della nuova Costituzione.

Tra un piatto e l'altro, quella sera il premierato cresce come un soufflé, di cui Letta è un esperto perché consuocero di Amedeo Ottaviani, proprietario del ristorante «Le jardin» del Lord Byron, dove li fanno buonissimi. (I casi della vita politica sono infiniti. Chi scrive scoprirà infatti che un soufflé di eccezionale livello viene servito da «Jean George», famosissimo ristorante della Trump Tower sul Central Park a New York, a pochi passi dall'abitazione di Giovanni Sartori, il maestro della scienza politica che proverà a gonfiare e sgonfiare decine di soufflé sulla nuova Costituzione italiana e se ne ritornerà sdegnato in America gettando il suo prestigioso cappello da cuoco di riforme.)

E alla comparsa della famosa crostata di Maddalena Letta, il gonfissimo soufflé del premierato ha i seguenti ingredienti: indicazione sulla scheda, quindi elezione diretta, investitura obbligata del capo dello Stato o primo ministro per il vincitore, formazione del governo senza la fiducia delle Camere, poteri di scioglimento del Parlamento affidati al premier.

Eppure, quando Letta accompagna i suoi ospiti alle automobili in attesa nel cortile interno della palazzina, si è stabilito più il metodo che il merito. D'Alema ha infatti concordato con i suoi ospiti la nascita dei comitati sulle diverse e spinose questioni da esaminare. E per quanto riguarda la presidenza ha detto: «Non facciamo questione di nomi. La prenda lei, Berlusconi, o la prenda Urbani. Se voi prendete la presidenza, c'è la garanzia che la Bicamerale non fallirà».

Fini: «Silvio, perché hai cambiato idea?»

A Berlusconi la presidenza farebbe certo piacere. L'amarezza durevole di un'uscita da palazzo Chigi così repentina e sofferta verrebbe lenita da un incarico istituzionale di quel prestigio. Ma il Cavaliere non può correre rischi. Sa infatti che alla cena con D'Alema e Marini in casa Letta assisteva un convitato di pietra. Gianfranco Fini era stato forzato ad accettare la nascita della commissione, non faceva mistero di non crederci, e il leader di Forza Italia temeva che avrebbe fatto di tutto per affondarla. Il fallimento per mano di Fini di una commissione presieduta da Berlusconi avrebbe portato alla disintegrazione del Polo.

Nel mese di gennaio '97 si verifica infatti tra il presidente di Forza Italia e il suo collega di An uno dei momenti di incomprensione più gravi nella storia del Polo. Fini ritiene che al rientro di Berlusconi dalle vacanze di Natale in Messico non sia maturata nessuna delle condizioni che il leader del Polo ha posto in dicembre per la nascita della Bicamerale. E quando nei primi giorni dell'anno Gianni Letta va a trovarlo in via della Scrofa, chiamano insieme al telefono Berlusconi oltreoceano e sentono parole più che dubbiose.

Fini si convince così che anche Berlusconi vuole uccidere la Bicamerale e trova Segni e Cossiga che gli offrono un'occasione dorata per nascondere l'assassinio dietro una nobile morte naturale. Essi invitano il Polo a far mancare in Parlamento la maggioranza dei due terzi alla legge istitutiva della commissione, in modo da sottoporne l'esito a referendum popolare. Il Pds vede nella proposta un omicidio annunciato e lo stesso Fini riservatamente ne conviene.

Subito dopo l'Epifania il presidente di An si convince di avere il gioco in mano. Né muta parere dopo una telefonata incoraggiante di Massimo D'Alema. «Lui e io» scriverà il leader del Pds nel suo libro «eravamo i due leader politici più interessati a un mutamento di sistema. Abbiamo una storia che ha segnato profondamente le nostre biografie, le ideologie con cui siamo cresciuti sono morte... È giusto che noi due, più di altri, lavoriamo con impegno per la riuscita della Bicamerale...» Ma Fini continua per la sua strada. Fino al rientro di Berlusconi dal Messico. Traumatico per il presidente di An.

Quando i due si incontrano a palazzo Grazioli, residenza romana del Cavaliere, quelli che a Fini nella telefonata dal Messico erano apparsi dubbi decisivi sulla Bicamerale da parte di Berlusconi sono sostanzialmente scomparsi.

Lo scontro è durissimo. «Dimmi che hai cambiato idea e mi arrendo. Ma non dirmi che al telefono ho capito male» fa gelido Fini.

E Berlusconi: «No, guarda, ci ho pensato bene, voglio andare a vedere, voglio verificare le intenzioni di D'Alema...».

Fini lo incalza: «Silvio, hai avuto le garanzie che chiedevi?».

«Quali garanzie?»

«Quelle sulla giustizia, per esempio... Perché i casi sono due. O hai avuto garanzie che non conosco e allora hai il dovere di dirmelo. O le garanzie non le hai avute e allora devi spiegarmi che cosa è successo da quando ci siamo sentiti al telefono dal Messico in presenza di Gianni Letta.»

Quando gli si parla di garanzie sulla giustizia, Berlusconi ripensa forse alla storia della fenice, il leggendario uccello del deserto arabico che ogni cinquecento anni si getta nel rogo risorgendo dalle proprie ceneri. Che ci sia ognun lo dice, dove sia nessun lo sa...

Come avrebbe dimostrato la storia della Bicamerale, oltre

che riceverne, è tecnicamente impensabile chiedere garanzie individuali sull'uso del codice penale. Si parlasse d'amnistia, nel mondo politico e imprenditoriale si compirebbero d'incanto volteggi di festa nel cielo come fanno gli uccelli migratori al mutare delle stagioni. Ma così...

«Non ci sono garanzie» risponde dunque Berlusconi. «È che siamo senza alternative. Ci accuserebbero di volere lo sfascio, di essere un gruppo di irresponsabili. Ricorda, Gianfranco, che abbiamo ancora nella carne le polemiche per l'uscita dal Parlamento durante la discussione della legge finanziaria.»

«Perché dovremmo incoronarlo noi?»

Come spesso accade a palazzo Grazioli, le riunioni politiche si svolgono nella sala da pranzo disegnata il secolo scorso dall'architetto Sarti. Alfredo, il maggiordomo, serve quel giorno i piatti del cuoco Michele anche a Casini, Mastella e Buttiglione. Ma quel che i coltelli della pregiatissima argenteria di casa tagliano con maggiore difficoltà è l'atmosfera. Fini accusa infatti Casini di pensare a un «ribaltino» con Franco Marini. Casini gli risponde dandogli dell'arrogante e del produttore di sconfitte in serie.

Al caffè, come nell'uso, la diplomazia di Berlusconi e di Letta ha il sopravvento.

«E va bene» si arrende Fini. «Votiamo la Bicamerale. Ma a un patto. Dobbiamo presentarci all'assemblea plenaria del Polo con dei punti irrinunciabili...»

È il primo pomeriggio di martedì 14 gennaio. La sera stessa i parlamentari del Polo votano unanimi un documento che considera irrinunciabili l'elezione diretta del capo dell'esecutivo (sia esso il presidente della Repubblica o il primo ministro), il federalismo e una riforma della giustizia penale in senso garantista.

«In quei giorni ho sbagliato,» ammette Fini «ma anche chi credeva di poter fare trattative separate ha messo in difficoltà il Polo. Questa volta ha vinto la ragione.»

Oltre alla ragionevolezza politica, che sarà premiata sei mesi più tardi dall'esito della commissione, un'altra ragione ha indotto Silvio Berlusconi ad attenuare le sue riserve partecipate dal Messico a Fini all'inizio dell'anno: il problema della leadership del Polo.

Berlusconi non ha mai dimenticato che Fini ha affondato (con l'aiuto di Casini) il tentativo di Antonio Maccanico e ha insistito per le elezioni anticipate del '96, perse dal Polo. L'idea di trovarsi un'altra volta pronto un piatto cucinato in via della Scrofa (su ricetta di palazzo Giustiniani, dove risiede Cossiga) non deve essergli piaciuta. Lo riconosce lealmente lo stesso Fini: «Col senno del poi» mi dice «l'affondamento della Bicamerale poteva apparire una scelta suggerita da Cossiga e da me pienamente avallata alla quale Berlusconi, al rientro dalle vacanze, avrebbe dovuto accodarsi. In quelle settimane i giornali titolavano: la leadership nelle mani di Fini, Berlusconi non controlla il Polo. È comprensibile che a un certo punto lui abbia detto: un momento, la Bicamerale si vota».

Già il 15 gennaio Berlusconi, Casini e Buttiglione si esprimono a favore di una presidenza D'Alema. Anche qui Fini resiste e per la prima volta il 5 febbraio, al momento di votare il presidente, Forza Italia si distingue da Alleanza nazionale su una questione di alto valore politico.

La sera del 4 febbraio si constata che il Polo può restare unito solo astenendosi sul nome di D'Alema e facendolo passare con i voti del centrosinistra. Fini dice a Berlusconi: «Questo ormai è diventato il re Mida della politica, trasforma in oro tutto ciò che tocca, gli stanno facendo l'arco di trionfo perché ha portato la sinistra al governo, si avvia a celebrare un congresso plebiscitario. Mi spieghi perché anche noi dovremmo contribuire all'incoronazione?».

È a quel punto che D'Alema telefona a Letta: «Se vi astenete, mi esponete al rischio di essere il presidente di una sola parte». Forza Italia, Ccd e Cdu sono possibilisti. Alleanza nazionale non ci sta.

Il mattino successivo, poco prima del voto, Berlusconi chiama D'Alema: «Guardi, Massimo, noi siamo pronti a votarla. Ma sarebbe utile una sua telefonata a Fini».

Risponde D'Alema: «Io posso fare una dichiarazione nella quale ribadisco che le riforme non si faranno a colpi di maggioranza e che non esisteranno vincoli di maggioranza».

D'Alema fa la dichiarazione e intanto chiama Fini al telefono ripetendogli le stesse cose.

Berlusconi incontra di nuovo Fini: «Gianfranco, l'astensione non ha molto senso. O si vota a favore o si vota contro. Noi votiamo a favore».

Fini: «Una richiesta tardiva e una telefonata frettolosa poco prima del voto non cambiano le cose. Tu fa' quel che credi, io rimango fermo sull'astensione».

D'Alema viene eletto con cinquantadue voti a favore e dieci astenuti. I sei leghisti indicano uno dei loro (Rolando Fontan, segretario comunale di Siror, nel Trentino) e abbandonano la Bicamerale. «Sono convinto che ce la faremo. Che Dio ce la mandi buona» dice D'Alema. Poi si chiude nella bella stanza d'angolo che gli ha riservato Luciano Violante e festeggia sobriamente con i suoi.

Come Paolo Stampa con i mulini a vento

Massimo D'Alema non conobbe mai Paolo Stampa. Né mai seppe d'aver mutuato come nessuno l'arte sua nel muovere con l'ingegno ciò che altrimenti sarebbe restato immobile. Forse veleggiando per le Egadi tra Favignana, Marettimo e Levanzo avrà visto, un giorno, da lontano, fantasmi giganteschi piantati nel cuore delle saline di Trapani.

Forse guardando quei mulini a vento, inquietanti proprio perché immobili, avrà pensato che l'inconsapevole Prodi avrebbe potuto far sua contro l'inconsapevole Berlusconi la sfida di Don Chisciotte quando incontra il primo mulino nel second'atto dell'opera di Massenet: «Gigante, mostruoso Cavaliere, se il vostro cuore non è corazzato di valore, fateci luogo, altrimenti alla daga, alla lancia, vi lancio una sfida, io, l'Alto Cavaliere...».

Certamente D'Alema non s'ancorò accanto ai mulini. E non vide i giganti muoversi tutt'insieme perché il comproprietario delle saline, Tonino D'Alì, senatore di Forza Italia, ordinò lo spettacolo una sola volta, quando il Cavaliere d'Arcore venne per davvero.

Certamente non conobbe l'arte di Paolo Stampa, ultimo erede di una dinastia di maghi che dal 1508, quando il viceré spagnolo autorizzò la costruzione delle saline e degli indispensabili mulini a vento, montò nei secoli vele marinare su ciascuna delle sei pale di ciascun mulino. Costruendo poi ingranaggi di solo legno, perché il ferro sarebbe stato corroso dalla salsedine. Alternando tronchi d'albero teneri e durissimi per dosare la trasmissione della forza secondo la potenza del vento. Regolando l'intero meccanismo con una leva a mano mossa con sudore e fatica per secoli dagli uomini del mulino di tacca in tacca, per orientare le enormi pale del «mostruoso Cavaliere» secondo la direzione del vento.

Non servivano quei mulini a sollevare le acque, come tanti loro confratelli, ma a macinare il sale. Tutta l'opera di Paolo Stampa e dei suoi antenati serviva a muovere l'enorme macina di pietra perché frantumasse il sale marino.

«I vostri grandi gesti esaltan vieppiù il mio coraggio» gridava Don Chisciotte al mulino. E quelli delle saline consumavano invece al loro interno la sfida secolare: la forza del sale quasi arrestava l'immensa macina di pietra e quando sarebbe stato lecito aspettarsi da questa la resa o almeno una sosta, il sale veniva infine frantumato e la macina riprendeva l'opera sua con sollievo e quasi con allegrezza.

Non conosceva Paolo Stampa, Massimo D'Alema, e mai aveva visto le saline di Trapani se non veleggiando da lontano. Non sapeva dunque che per cinque interi mesi del '97, dal principio di febbraio alla fine di giugno, come presidente della Bicamerale egli avrebbe dovuto costruire meccanismi poderosi e delicati come quelli dello Stampa. Meccanismi impermeabili alle insidie delle infinite sostanze corrosive che invadono i palazzi romani, grazie anche a improvvise e fatali infiltrazioni padane. Pronti a muoversi solo a prezzo di fatiche disumane e sempre vicini ad arrestarsi, vinti da forze superiori, per poi riprendersi e continuare la corsa fino all'arrivo del nuovo ostacolo.

Uomo di mare, D'Alema per cinque mesi visse ogni giorno la lotta tra la macina e il sale. E più d'una volta temette che la resistenza del sale vincesse la forza della macina, che la Commissione per la riforma costituzionale, da lui caparbiamente voluta e presieduta, finisse in secca per la stolta debolezza di un'ancora. S'arenasse, insomma, come l'incrociatore lanciamissili *Vittorio Veneto*, nave ammiraglia della flotta italiana, dinanzi al porto di Valona. E lui fosse costretto a «chiedere e ottenere» lo sbarco, come il capitano di vascello De Fanis, lanciato verso prestigiosi ammiragliati e ricondotto a terra dalla sorte avversa.

Segue dunque il racconto di come l'intrepido velista di Gallipoli si risolse a prendere il mare, nonostante la burrasca annunciata e infatti presente per l'intera navigazione, conducendo il timone della Bicamerale con maggior perizia (o forse con maggior fortuna) di come abitualmente conduceva il suo *Margherita*, segnalato da tutte le capitanerie del Mediterraneo quale fonte perpetua di avarie e di naufragi discreti, come quello definitivo del Capodanno '97 a Crotone: auspicio pessimo per gli imminenti lavori della Commissione, ma causa di un nuovo e più prestigioso acquisto che dall'estate successiva avrebbe solcato i mari a maggior gloria del timoniere, assistito da tali e tanti strumenti elettronici che perfino i piccoli Giulia e Francesco certo avrebbero naufragato meno di papà. Che pure fu accusato, dai soliti ignobili giornalisti, d'essere riuscito ad arenarsi anche con *Ikarus*. Laddove invece, con atto di prudenza togliattiana e d'umiltà inedita per il suo carattere, s'era appena risolto a chiedere doverosa assistenza a una pilotina per guadare bassi e insidiosi fondali di Sardegna.

Avete presente Woody Allen?

Ai più giovani: avete presente la New York di Woody Allen (*Everybody says I love you*)? Ai meno giovani: ricordate la Manhattan delle inquadrature notturne nei film anni Cinquanta? Quella che Gaetano Afeltra, redattore capo del «Corriere» mai uscito dalla direttrice Amalfi-Milano, raccontava senza averla mai vista a Indro Montanelli che stava a New York e gli diceva: «È proprio come me la racconti tu, Gaetanino»?

Bene, Giovanni Sartori abita lì. Appena bussate di sera a casa sua, un piano altissimo di Central Park West, vi pare di entrare in un film. Fuori dalle enormi finestre, i grattacieli illuminati sembrano un poster attaccato al muro: più il buco da coprire è brutto, più il poster è bello.

Sartori è il papà della scienza politica italiana. (Se lui è il padre, io sono almeno lo zio, direbbe subito Domenico Fisichella.) Se ne è andato dall'Italia nel '76 perché non c'era posto per un liberale come lui nella nostra università, dopo ventisei anni di onorato insegnamento al «Cesare Alfieri» di Firenze. («Arrivano i rinoceronti», così Sartori definì l'assalto alla cattedra dei precari stabilizzati dalla riforma, «rinoceronti per diritto di carica e di corno».) E accettò gli inviti prima di Standford, California, e poi di Columbia, New York.

Toscano della specie più corrosiva, lui non l'ammetterà mai, ma l'idea di vendicarsi dell'ingratitudine del suo Paese rifacendogli la Costituzione deve averlo intrigato assai. Avesse fatto fortuna in America come costruttore, sarebbe tornato ricco a casa regalando al parroco una chiesa. Avendo fatto fortuna come scienziato della politica, può permettersi soltanto di offrire una riforma dello Stato.

Sartori ci prova già all'inizio del '96. Caduto Dini, Maccanico sta provando a mettere insieme riforma costituzionale e governo appoggiato sia dal Polo che dal Pds. Il professore ritiene che possa funzionare perfettamente in Italia il sistema francese unito a una legge elettorale su due turni. Incontra D'Alema e Maccanico, poi li sente al telefono. Il progetto piace. Sartori non incontra Berlusconi, ma sa che il progetto gli pare accettabile. Il segreto della formula Sartori sta nello scambio tra due esigenze: il Polo vuole l'elezione diretta del capo dello Stato, il Pds vuole il doppio turno elettorale perché nel ballottaggio (come hanno dimostrato dal '93 in poi le elezioni dei sindaci) la sinistra si accorpa più facilmente della destra. Quando si è a un passo dall'accordo, Maccanico salta e si va alle elezioni.

I contatti di Sartori con D'Alema riprendono in autunno (i due si incontrano a un ricevimento a New York) e si fanno più intensi quando il segretario del Pds diventa presidente della Bicamerale. Io non ho cambiato idea, dice Sartori, il mio progetto è sempre lo stesso.

Martedì 18 marzo 1997 il professore viene invitato a esporlo in commissione. In due parole è questo. Il presidente della Repubblica viene eletto dai cittadini e dura in carica sette anni. I deputati sono eletti a doppio turno e al ballottaggio vanno i primi quattro partiti o quelli che hanno superato la soglia del sette per cento. A questo punto, le forze politiche che desistono invitando a votare per il candidato più vicino al proprio hanno diritto a un premio in seggi. Il vantaggio del sistema, dice Sartori, è che i piccoli partiti continuano a esistere, ma non hanno più la forza di condizionare la maggioranza.

Sartori è per far passare al ballottaggio i primi quattro partiti, D'Alema quelli che hanno superato la soglia del sette per cento. «Gli spiego» mi racconta il professore «che sui numeri è più difficile mettersi d'accordo. Ma insomma una soluzione si può trovare.»

Sartori ritiene che su questa base possano raggiungere un accordo Pds, Forza Italia e Alleanza nazionale. Sorprendentemente chi si manifesta più soddisfatto dopo l'audizione è Fini. Non fa in tempo a rallegrarsi di persona perché Sartori deve correre a Parigi dove lo aspettano in televisione, ma l'indomani gli scrive un biglietto di plauso.

Una settimana prima, Sartori ha pranzato da Ranieri, in via Mario de' Fiori, con Giuliano Urbani e Giuseppe Tatarella. Urbani è da sempre favorevole al doppio turno. E Sartori capisce che le riserve di An derivano da un equivoco formidabile: l'aver sospettato che il ballottaggio si sarebbe limitato a due soli candidati costringendo An, partito in genere più debole di Forza Italia, ad accordi preventivi penalizzanti. Il professore chiarisce che al primo turno ciascun partito prende i suoi voti con la propria bandiera e che al secondo turno il ballottaggio è a quattro. «È la formula francese integrale, con maggiori garanzie nel sistema elettorale» racconta Urbani. «Tatarella dimostra una disponibilità ai confini dell'entusiasmo.»

«Il professor Sartori deve essersi confuso...»

Eppure c'è una sorprendente difficoltà in agguato. D'Alema dice a Sartori che Berlusconi ha avuto un ripensamento e non vuol sentir più parlare di presidenzialismo. Avrebbe infatti paura di stendere il tappeto rosso per Antonio Di Pietro sulle scale del Quirinale. Al professore la cosa sembra strana: posso controllare?, chiede. D'Alema autorizza.

Sartori comincia così quello che a Roma si chiama «il giro delle sette chiese».

Il 21 marzo, giorno di San Benedetto, va a cena a casa di Giuseppe Gargani alla Camilluccia. Ospiti, Giuliano Urbani e Franco Marini. È il colloquio più difficile: i Popolari sono contrari a ogni tipo di presidenzialismo e temono di lasciare la pelle nel doppio turno. Ma Sartori ha deciso di giocare le sue carte fino in fondo e prova a convincere il segretario. Marini discute sempre con un pragmatismo mimetico che chi lo conosce poco può scambiare per disponibilità. Se gli proponete, per esempio, di sponsorizzare la candidatura di Natalia Estrada come ministro della Difesa, invece di mandarvi al diavolo, potrebbe rispondervi sorridendo: certo, sarebbe una scelta innovativa, parliamone. Così con molto garbo fa intuire a Sartori che va bene parlare di semipresidenzialismo, ma di qui a convincere il partito ce ne vuole. E quando Sartori s'accalora a dirgli che in parecchi collegi il Ppi potrebbe entrare tra i quattro candidati al ballottaggio, Marini risponde: «Mi sento lusingato, professore, ma se poi non ce la facciamo?».

Il 25 marzo Sartori va a trovare Fini e Tatarella in via della Scrofa e li trova perfettamente d'accordo sul progetto. La sera dopo va a cena a palazzo Grazioli con Berlusconi, Letta e Urbani.

Il Cavaliere smentisce i timori di D'Alema e si dice favorevole al semipresidenzialismo. Sartori cerca di tranquillizzarlo anche su Di Pietro. «Nel semipresidenzialismo italiano chi conterà sarà il primo ministro. Senza un partito alle spalle in ogni caso il potere di Di Pietro sarebbe molto limitato.»

Berlusconi è più perplesso sul doppio turno. Già durante le trattative del gennaio '96 Urbani gli aveva detto che esistono tanti tipi di doppio turno e che si può trovare quello giusto anche per il Polo. Quando ora dinanzi ai piatti serviti da Alfredo, silenzioso e inappuntabile maggiordomo di Berlusconi, Sartori gli rinnova la proposta, Berlusconi risponde: «Mi faccia riflettere. Il problema di fondo, professore, è questo. Diamo per scontato che i primi tre partiti che arrivano al ballottaggio a quattro suggerito da lei siano Forza Italia, Pds e An. Se il quarto è Rifondazione, lei può star sicuro che un accordo col Pds lo trovano. Ma se fosse la Lega e la Lega avesse già ottenuto al primo turno un soddisfacente numero di seggi, lei può star sicuro che Bossi farebbe presentare il suo candidato pur di farci perdere».

È a quel punto che il diabolico professore toscano matura un'idea che – se fosse attuata – sarebbe promossa sul campo «madre di tutti gli inciuci». «Ma insomma,» dice Sartori «se temete tanto la Lega e dovete fare un patto costituente con l'Ulivo, fatelo anche nei collegi dove la Lega può funzionare da forza di disturbo. Voglio dire: si tratta di cento collegi? Bene, in cinquanta vi presentate solo voi del Polo senza Ulivo, in altri cinquanta si presenta l'Ulivo senza il Polo e la Lega non disturba più.»

La proposta cade nel silenzio. Ciascuno degli altri tre commensali sa quanto sarebbe inattuabile una vera metastasi dell'inciucio.

Sartori comunque esce rassicurato da palazzo Grazioli. Berlusconi, che in genere esaurisce in pochi minuti anche gli argomenti più spinosi, lo ha sottoposto a un interrogatorio di tre ore per verificare pregi e difetti di ogni proposta. E il professore se ne va nella notte convinto di avere quadrato il cerchio. Berlusconi vuole innanzitutto il semipresidenzialismo, Fini accetta il doppio turno, Marini non vuole né l'uno né l'altro, ma non farà certo barricate. Berlusconi ha inoltre autorizzato Sartori ad andare da D'Alema dicendogli che per lui il semipresidenzialismo non è un problema.

«Quando il 4 aprile torno a Botteghe Oscure,» mi racconta Sartori «dico a D'Alema che il giro delle sette chiese è andato bene e c'è il via libera di Berlusconi e Fini. Ma lui risponde d'aver cambiato idea e di preferire l'elezione diretta del primo ministro. Io divento terreo. E rimango malissimo quando D'Alema mi dice: lei faccia il professore e lasci a me la politica. Ci congediamo così e del mio progetto non si parlerà più.»

L'ultimo giorno di agosto, di passaggio a Roma prima di rientrare a New York, Sartori trova tra la corrispondenza *La grande occasione*, il nuovo libro di D'Alema, inviatogli dall'autore.

A pagina 116 legge: «La mia sensazione è che, almeno in questo caso, Sartori si fosse un po' confuso. Non era vero che Berlusconi avesse scoperto l'intima bontà del doppio turno, semmai qualcuno nel Polo si era appassionato all'idea che l'accordo istituzionale con il Pds potesse far saltare il governo di centrosinistra. Ma questo era un calcolo miope. Per questo dissi a Sartori che il suo consiglio scientifico era acuto e brillante, ma avevo l'impressione che si stesse facendo coinvolgere troppo in una *politique politicienne*, in cui le sue ipotesi istituzionali venivano utilizzate per disegni politici di corto respiro...». Seguono parole di stima.

Sartori legge, evita una reazione alla toscana, ma ci resta male. L'idea di passare per un vecchio rincitrullito che si presta ai giochetti dei politici senza capirli non lo diverte. E lo sorprende che alla base del fallimento del suo progetto D'Alema metta l'aspirazione del Polo di approfittare della Bicamerale per cambiare maggioranza di governo.

Il professore sostiene infatti che fin dai tempi del tentativo Maccanico si era messo nel conto che un accordo sulle riforme potesse portare a un accordo di governo. Sapeva bene, ora che il discorso s'era ripreso, che un eventuale accordo tra Pds, Forza Italia e An sul semipresidenzialismo e soprattutto sul doppio turno avrebbe creato un fortissimo problema con Bertinotti (Cossutta aveva definito la proposta Sartori frutto di «una visione leninista della politica». E lui se ne intende). Ma Sartori aveva sempre ritenuto che D'Alema avesse messo in gioco questa possibilità. A lui, presidente della Bicamerale, dovevano interessare soprattutto le riforme. Se la sarebbe sentita Bertinotti di mettere in crisi il primo governo della sinistra per un disaccordo sulla Bicamerale? E in questo caso, non era vero che in marzo si parlava di un governo di larga maggioranza presieduto dallo stesso Prodi?

Questo rimugina Sartori martedì 2 settembre salendo sull'aereo per New York. E non si dà pace per quanto è successo.

«Gianfranco, è presto per il Quirinale»

All'inizio di aprile, D'Alema comunica alla Bicamerale la sua preferenza per il governo del premier rispetto al modello semipresidenzialista. Annuncia comunque che al momento del voto presenterà una proposta in grado di raccogliere un gran numero di consensi.

Ma la situazione s'è incartata. Per dirla chiara, Fini non si fida di D'Alema e di Berlusconi. Non dimentica che la commissione (e la presidenza D'Alema) sono frutto di una intesa tra i due e nonostante le assicurazioni quotidiane di Berlusconi e di Letta ha il sospetto che la disponibilità del Cavaliere nei confronti del segretario del Pds nasconda oscuri accordi sulla giustizia e sulle frequenze televisive di Mediaset.

Nelle prime settimane di lavoro, Tatarella e Nanìa hanno giocato duro nell'ufficio di presidenza e non sono mancati scontri diretti tra Fini e D'Alema.

Quando Berlusconi mostra di riflettere troppo a lungo sulla proposta dalemiana di potenziare il primo ministro rinunciando all'elezione diretta del capo dello Stato, Fini sbotta: «Ma insomma, Silvio. Noi abbiamo innalzato la bandiera del presidenzialismo e adesso dobbiamo rinunziarvi lasciando che fuori di qui la sventolino Segni e Cossiga, magari con l'aiuto di Di Pietro?».

Berlusconi gli risponde che lui non vuole ammainare niente, ma gioca sottilmente sulle ambizioni di Fini: «Hai ragione, Gianfranco. Nessuno capirebbe una nostra resa dopo una così lunga battaglia di principio. Ricorda però che se si elegge direttamente il primo ministro, tu puoi correre. Converrai, invece, che nonostante la legittimazione che ti sta dando la Bicamerale, sarebbe presto per candidarti al Quirinale se passa l'elezione diretta del capo dello Stato...».

Ma Fini non si lascia incantare: «Avevo l'impressione» mi dirà «che si cominciasse a discutere seriamente solo di premierato. E se il semipresidenzialismo fosse rimasto lì come un'opzione nessuno si sarebbe dannato l'anima. Anzi, in alcuni momenti sembrò addirittura che l'asse D'Alema-Berlusconi fosse proprio basato su questo. Be', lavoriamo intorno a un bel premierato, il presidenzialismo resta una bandiera... A quel punto io potevo solo far sì che la bandiera restasse alta fino alla fine accettando di ammainarla soltanto dopo un voto».

Gli alberi della Camilluccia avevano portato fino alla terrazza di Gianni Letta i primi profumi della primavera quando una sera, riuniti in uno dei numerosi incontri a tre di questa storia, Berlusconi dice a D'Alema: «Senta, Massimo. Fini sospetta che noi ci vediamo in segreto per trattare intorno a chissà che cosa. Perché non lo coinvolgiamo nelle nostre discussioni?».

D'Alema non obietta e pochi giorni più tardi, sempre nel mese di aprile, i tre principali leader della politica italiana si vedono in quattro. Il quarto non è Gianni Letta che fa parte della casa e quindi non conta. Il quarto, in questi casi, è sempre Giuseppe Tatarella, che per Fini è assai più della coperta per Linus. Un giorno ormai lontano Almirante, che gli voleva bene, disse a Fini: «Gianfranco, litiga con tutti, ma non farlo mai con Tatarella». E Fini ha sempre tenuto fede a quell'impegno, tanto da far dire a Vanni Sartori: «Tatarella è un grande tessitore. In fondo rappresenta per Fini quel che Letta è per Berlusconi».

La cena si svolge serenamente, Fini mostra di non essere sospettoso, si discute degli scenari possibili. Lui ha sposato da qualche settimana l'idea del doppio turno cara a Sartori (lo stesso sistema elettorale verso il quale Berlusconi è diffidente, forse a causa dei sondaggi di Pilo che secondo Sartori «non hanno né babbo né mamma», ma che dicono al Cavaliere: col doppio turno il Polo non vincerà più). E non capisce perché D'Alema ha mutato atteggiamento sul semipresidenzialismo. Il segretario del Pds cerca di tranquillizzarlo: «Come sapete, io non sono pregiudizialmente contrario al semipresidenzialismo. Ma non c'è la maggioranza per votarlo. Un premierato forte verrebbe incontro anche alle esigenze del Polo». Fini resta della sua idea, ma in questa cena non si mostra totalmente chiuso. Si conviene che nel voto finale di indirizzo il Polo si pronuncerà per il semipresidenzialismo. «Ma se vincesse il premierato,» dice Fini «mi impegno a collaborare lealmente.»

«...e D'Alema va per fratta»

Sabato 3 maggio Berlusconi e Fini partecipano alla grande manifestazione elettorale di Milano per sostenere la candidatura a sindaco di Gabriele Albertini. Lunedì 5 Berlusconi entra al San Raffaele per una delicata operazione che lo terrà lontano da Roma fino alla fine del mese.

Telefonate discrete, ma assai frequenti, partono dal palazzo rosso di Botteghe Oscure in direzione dell'ufficio di Gianni Letta al largo del Nazareno per aggiornamenti sullo stato di salute del Cavaliere. In attesa di Berlusconi, infatti, la Bicamerale annaspa.

Il 14 maggio D'Alema propone di accantonare il semipresidenzialismo e di approfondire soltanto le norme sul governo del primo ministro. A nome del Polo, Fini si oppone con durezza. D'Alema ne prende atto e manda a Giuliano Urbani questa poesia scritta a mano su carta della Camera dei Deputati: «*La frittata. Contro il frutto della fretta / qui si scaglia una gran frotta / la Bicamerale è fritta / e D'Alema va per fratta*».

Gli risponde Urbani: «Da ex marxista, sei il miglior sostenitore della *mano invisibile* di Adam Smith: segui il mercato e vedrai che il comportamento individuale, mosso dall'egoismo, porta al risultato migliore anche sul piano collettivo. Ma nelle transazioni politiche le convenienze debbono essere esplicite...».

Al di là degli scambi epistolari tra D'Alema e Urbani, la commissione rischia di saltare in aria a giorni alterni. I dirigenti di Forza Italia restano molto impressionati da una frase pronunciata da Tatarella in uno dei vertici del Polo: noi rimaniamo in Bicamerale per farla fallire; con le dovute maniere, ma la faremo fallire.

Quando si rinvia il voto sulla forma di governo, gli uomini di Forza Italia hanno la sensazione che Fini voglia forzare la mano e votare. Se vincesse il premierato, la Bicamerale potrebbe avviarsi al fallimento. Se vincesse il semipresidenzialismo con il voto determinante di Achille Occhetto e di altri dirigenti dell'Ulivo, sarebbe difficile evitare la crisi di governo...

Gli stessi Ccd sono di pessimo umore. Alcuni dei loro alleati sospettano che abbiano mandato deliberatamente allo sbaraglio Francesco D'Onofrio con una proposta troppo avanzata di federalismo quasi per sfidare tutti gli altri, nel Polo e nell'Ulivo, e poter dire: vedete, se si fallisce non è per colpa nostra.

Col passar dei giorni, Casini e Mastella cominciano a temere che il semipresidenzialismo sia l'anticamera del doppio turno. Fanno riunioni con Marini e trovano una sponda nei Verdi e in Rifondazione. Secondo i forzisti, sperano di perdere sul primo punto e vogliono comunque impegnare gli alleati a non accettare il secondo. Poiché Fini è quello che si è più esposto sul doppio turno, su di lui si esercita la pressione dei Ccd. Che succede se passa il semipresidenzialismo?, gli chiedono Casini e Mastella, in un vertice del Polo riunito nell'ufficio di Beppe Pisanu alla Camera. Non passa, risponde

Fini. E se passa? Fini è costretto a promettere battaglia contro il doppio turno.

Nell'agitatissima giornata del 26 maggio, nuova lettera manoscritta di D'Alema a Urbani. «Caro Urbani, devi per piacere sentire, nell'intervento di Rotelli, che il gruppo di F.I. non insulta solo me. Certo, se si mettono insieme le esternazioni di Rebuffa, quelle di Rotelli, le impuntature di Calderisi, le virulenze della Parenti [*Ettore Rotelli, Giorgio Rebuffa, Giuseppe Calderisi e Tiziana Parenti sono parlamentari di Forza Italia*], si fa fatica a considerare tutto ciò come espressione di un gruppo "moderato". L'unica significativa eccezione a questa somma di fondamentalismi è il distacco anglosassone del presidente Urbani.»

Manca un mese alla fine dei lavori. Tutti, ormai, nel Polo sono rassegnati a rinunciare all'elezione diretta del presidente della Repubblica. Intanto la Lega...

V

Pds senza D'Alema. Ma non lo seppe

«Salti allora l'inciucio romano»

«Guarda, Umberto: ho fatto due conti e ho visto che i nostri voti sono determinanti per decidere la forma di governo.»

Non sappiamo che tipo sia il capo della segreteria politica del «Sinn Fein» a Londra: il motore organizzativo del partito indipendentista che dal 1906 cerca di strappare l'Irlanda del Nord agli inglesi. Ma Alberto Morandi deve somigliargli parecchio. I capi *lumbard* l'hanno paracadutato a dirigere l'ufficio della Lega a Roma e lui apparentemente vi conduce una normale vita da italiano. Ma nel retrobottega ha la radio ricetrasmittente e sabato 31 maggio stabilisce il contatto diretto con la casa madre di Gemonio.

Quando sente che può dare una fregatura ai partiti «romani», Umberto Bossi assume l'espressione di Nino Manfredi di fronte al profumo di caffè.

«Vieni su domani con Maroni» grugnisce.

«A che ora?»

«Subito dopo pranzo.»

Che ore sono «subito dopo pranzo»? Nelle Langhe l'una e mezzo, nelle Eolie le quattro e mezzo. Casa Bossi, a Gemonio, gode invece di una particolarissima extraterritorialità geografica, politica e logica.

Maroni e Morandi bussano infatti alle due, ma la signora Emanuela dice che il Senatùr sta dormendo. Non è la pennichella, l'Umberto sta consumando ancora il sonno notturno.

I due non fanno una piega e aspettano in salotto tra il camino, il fax che vomita di tutto visto che Bossi non risponde mai al telefono, un glorioso Telegatto e un ancor più glorioso ritratto di Alberto da Giussano.

Finalmente alle tre dai piani superiori della casa arrivano segni di risveglio. Maroni e Morandi li accolgono con l'entusiasmo che gli abitanti di Pompei riservavano normalmente al risveglio del Vesuvio.

Di che umore sarà Vulcano? Come il celebrato dio dei romani (nessuno è perfetto), Bossi infatti può svegliarsi indifferentemente benefico nume del focolare e distruttore di tutto quello che gli capita a tiro.

Quella prima domenica del giugno '97 l'umore di Bossi è medio. Salta il pranzo, beve tre caffè, mette a tutto volume la musica anti-intercettazioni ambientali e comincia a discutere della deliziosa congiura lasciatagli intravedere da Morandi, mentre Roberto, Renzo ed Eridano Sirio (l'unico dei figli ad aver pagato col nome un prezzo politico) giocano agli indiani attraversando di corsa il soggiorno per passare dal giardino alla cucina.

«Allora, com'è la storia?» Morandi porta i conti: il governo del primo ministro può passare al massimo con tre o quattro punti di scarto, l'Ulivo ha qualche dissidente, ma il Polo non farà una tragedia se perde. Insomma, forse c'è già una specie di accordo. «Noi leghisti in commissione siamo sei e possiamo ribaltare il risultato.»

«E tu Roberto che ne dici? Quali conseguenze possono esserci?»

«Mandare all'aria gli accordi tra Berlusconi e D'Alema.»

Bossi s'illumina: «Salti allora l'inciucio romano». Vulcano ha deciso per il pollice verso: sarà una nuova Pompei.

Alla votazione mancano due giorni. L'indomani, 2 giugno, è la festa della Repubblica che per i leghisti equivale più o meno a quel che per gli irlandesi è la riconquista di Cromwell del 1649, cioè un giorno di lutto stretto. Il voto è fissato per il pomeriggio di martedì 3 giugno.

Il problema è come arrivare all'appuntamento senza che trapeli niente. Grazie alla sua pur breve esperienza di ministro di polizia, Maroni sa bene che, al di là della fama di compattezza militare, in certe operazioni di commando la Lega, più che a una falange macedone, assomiglia – con rispetto parlando – all'esercito di Francesco II di Borbone, non a caso detto Franceschiello.

«Non è mai successo che una cosa decisa da noi fra più di due persone sia rimasta segreta per più di mezza giornata» dice Maroni. «Speriamo bene.»

Convoca con urgenza gli altri cinque leghisti della commissione bicamerale: Francesco Tabladini, Pietro Fontanini, Rolando Fontan, Luciano Gasperini e Guido Brignone.

Dice a tutti che martedì pomeriggio a Roma c'è una riunione importantissima alla quale per nessuna ragione possono mancare. «Rientriamo in Bicamerale?» chiede qualcuno. «Nemmeno per idea» ribatte Maroni.

Alle 13 di martedì 3 giugno cinque dei sei congiurati si trovano nell'ufficio di Domenico Comino, capogruppo della Lega Nord alla Camera. Maroni spiega la strategia ordinata da Bossi e poi dice: «Guardate, gli emendamenti in votazione sono tanti e potremmo confonderci. Noi non votiamo niente fino al momento giusto. Voi guardate sempre me. Quando io alzo la mano, alzatela anche voi». Qualcuno chiede come potrà giustificare ai colleghi degli altri gruppi il rientro in aula dopo quattro mesi di assenza. «Diremo che siamo degli osservatori» dice Maroni e aggiunge: «Sperando che qualcuno ci creda».

Presidente «romano» contro capo tribù

In realtà, pochi giorni prima, il 22 maggio, i leghisti Tabladini e Fontan s'erano presentati in aula come «osservatori» restando muti: ma veniva illustrato il progetto federalista di D'Onofrio e Bossi aveva mandato i due a sentire per poter sparare a zero contro una soluzione giudicata insoddisfacente.

Lo stesso D'Alema aveva incontrato Bossi e Maroni per indurli a rientrare in commissione. Bossi gli aveva chiesto di far ammettere la proposta di legge sul referendum propositivo per l'autodeterminazione della Padania che il presidente della Camera, Violante, si era perfino rifiutato di far stampare. Ma D'Alema non s'era impegnato. «Io non posso schierarmi» aveva detto. «Voi intanto rientrate.» Bossi aveva giudicato il prevedibile atteggiamento del presidente della

Bicamerale come la richiesta di una resa senza condizioni e aveva rifiutato. Il colloquio era avvenuto in un clima molto formale, del tutto inconsueto negli incontri tra Bossi, Maroni e D'Alema. Al Senatùr il segretario del Pds era apparso una persona diversa da quella che mangiava allegramente formaggio e alici nella cucina romana di Bossi dove era stato messo in padella il governo Berlusconi.

Glielo aveva anche detto, prima del congedo: «Non sei più il leader del Pds che conoscevo. Ormai sei un presidente romano nel suo ufficio pieno di quadri e di stucchi».

(Avrebbe scritto D'Alema nel suo libro: «Non avevo di fronte il leader di una forza politica rappresentata in Parlamento, ma il capo di una tribù straniera che veniva a trattare con Roma. [Bossi] era scontroso, in preda a un cupo isolamento estremista».)

Eppure D'Alema si era adoperato molto perché la Lega rientrasse. La politica è assai più imprevedibile di quanto, con ogni sforzo, non si riesca a immaginare. E così, proprio da parte di Alleanza nazionale, che dopo il voto leghista del 4 giugno sposerà in pieno il ruolo della commissione contribuendo al suo successo, era venuto il più forte fuoco di sbarramento al rientro della Lega. Al punto da indurre D'Alema a scrivere a Urbani un furibondo biglietto: «Questa idea che la Lega deve essere tenuta fuori di qui è rivelatrice di una cultura. Sono fascisti. Malgrado i vostri sforzi, restano tali». In realtà all'inizio Alleanza nazionale temeva che D'Alema volesse ancora una volta utilizzare Bossi contro il Polo. Ma quando il Senatùr si accorge che il federalismo di D'Onofrio non solo cancella ogni idea di Padania, ma attribuisce alle regioni fortissime autonomie, capisce di rischiare due fregature. La prima: scompare Roma ladrona. La seconda: rischia di passare una legge elettorale fortemente punitiva per la Lega.

Per questo Bossi vuole far saltare i giochi. Per questo dice ai suoi di tornare in aula. I cinque si presentano puntualmente alla ripresa pomeridiana dei lavori, martedì 3 giugno, ore 16.30. Saranno raggiunti più tardi dal trafelato senatore Gasperini che ha appena finito di difendere, al processo di Venezia, Luca Peroni, Flavio e Cristian Contin, tre dei sei «serenissimi» autori dell'assalto al campanile di San Marco.

Appena Maroni entra nella sala della Regina incrocia al tavolo della presidenza lo sguardo di Giuseppe Tatarella.

Se l'editore lo consentisse, gli occhi di Maroni e Tatarella meriterebbero da soli un fondamentale saggio di costume. Maroni è di Varese, Tatarella di Bari. Hanno storie personali e politiche che non potrebbero immaginarsi più diverse. Ma i loro occhi, sommati, fanno l'Italia. Vi leggi l'intelligenza condita talvolta di genio e l'italico buonsenso, ma anche spregiudicatezza e inaffidabilità levantine arricchite da uno spruzzo di cinismo. Che in politica, come è noto, non guasta.

Tatarella parla poco, soprattutto in pubblico. Ma quando sgrana gli occhi non c'è Ruggero Ruggeri, non c'è Macario, non c'è Totò che riescano a tenergli testa. E Maroni? Nonostante l'origine rigidamente lumbard, sembra un ministro siriano di Assad. E gli occhi liquidi, intriganti, morbidi come quelli di un cucciolone e affilati come una scimitarra sono di Omar Sharif o di Renato Salvatori?

Basta. Maroni guarda Tatarella, Tatarella guarda Maroni. Un istante dopo i due si appartano in fondo alla sala dove ci sono caraffe di bevande a disposizione dei commissari.

Come Totò con Peppino

Tatarella ha un approccio ammiccante, morbido, principesco: «Che cazzo siete venuti a fare?».

«A votare per il semipresidenzialismo» risponde Maroni.

Qualunque parlamentare della Repubblica (italiana o padana fa poca differenza) avesse udito da Maroni una risposta del genere, difficilmente gli avrebbe creduto. Ma con Tatarella il discorso è diverso. L'avvocato missino di Bari e l'avvocato leghista di Varese sono legati da quello che Maroni chiama «un patto di sangue»: la parola è la parola.

Perciò a Tatarella basta tirarsi gli occhiali sulla fronte, aspirare una boccata dalla sigaretta perpetua come fosse l'ultima succhiata d'ossigeno, spalancare gli occhi in silenzio come avrebbe fatto Totò con Peppino. Maroni risponde: «È la verità, ma non dirlo a nessuno».

A Maroni s'avvicinano altri esponenti del Polo. S'avvicina D'Onofrio, relatore del progetto federalista. S'avvicina Peppino Calderisi che gli dice allusivo: «Ricordate che il semipresidenzialismo è incompatibile con il premio di maggioranza». Calderisi tocca un nervo scoperto della Lega, che teme il premio di maggioranza più dello stesso doppio turno. Ma Maroni resta sul vago. Nel Polo il senatore brianzolo Rotelli, ambasciatore di Forza Italia presso la Lega, deve aver saputo qualcosa e dà la notizia a Berlusconi e a Fini. Ma i due non ci credono perché si sparge la voce che altri leghisti hanno assicurato agli uomini dell'Ulivo che avrebbero votato per il governo del primo ministro. Invece dell'Ulivo non si fa vivo nessuno con Maroni. Solo Bertinotti gli s'avvicina, ma viene respinto con un garbatissimo sorriso.

La sera arriva senza il voto che conta, con i leghisti fermi e muti al loro posto, come sei sfingi.

Sul tardi chiamo al telefono Bossi che è rimasto a Milano. «Allora che fate?» domando. «Andiamo a far saltare i giochi romani» mi dice, e non aggiunge altro.

Provo a bluffare con Maroni: «Ho parlato con Bossi...».

«Allora sai tutto...» dice lui. In realtà non sapevo niente. Maroni capisce, mi racconta due frottole e stacca il cellulare.

Mercoledì 4 giugno «il Giornale» di Feltri titola in prima pagina: «E se vincesse il semipresidenzialismo?». Ma nessuno gli dà retta.

D'Alema è convinto che Bossi voglia far saltare la commissione votando contro entrambi i sistemi per affossarli e dimostrare che la Bicamerale non serve a niente. Il pomeriggio precedente, in verità, Cesare Salvi ha avuto il sospetto che qualcosa bollisse nella pentola di Bossi. I partiti sapevano che D'Alema avrebbe rinviato il voto sulla forma di governo. Maroni no. Quando il presidente ha detto: «Passiamo alla forma di governo», nessuno se ne è dato peso perché tutti sapevano che di lì a un istante D'Alema avrebbe proposto il rinvio. Maroni, che ignorava l'accordo, ha mandato a chiamare i suoi colleghi che erano in corridoio a fumare. Che fare?, si erano chiesti i membri del Pds. Rinviare il voto a tempo indeterminato sarebbe stato devastante dinanzi alla pubblica opinione. S'era dunque deciso di non fare niente e di sperare nella buona sorte. Sulla volontà distruttrice di Bossi c'erano pochi dubbi. Sul fatto che volesse dare una mano a Berlusconi e a Fini ce ne erano moltissimi.

Quando alle dieci del mercoledì entrano in aula i leghisti, Antonio Soda del Pds prova a sondare Maroni. Niente. Ci prova anche il popolare Bressa. Niente. Fini ha chiesto intanto a Tatarella conferma della voce di Rotelli. Tatarella ha confermato spalancando gli occhi in silenzio come Totò con Peppino. Ma Fini vuole fare una verifica diretta. Chiama Maroni nell'ufficio della Lega e non lo trova. Maroni viene informato e richiama immediatamente. Fini gli chiede: «Allora è vero?». L'altro annuisce. Ma il presidente di An si guarda bene dal dirlo a Berlusconi perché il Cavaliere racconta lui stesso un difetto che gli attribuisce la moglie: ogni cosa gli entri nell'orecchio gli esce immediatamente dalla bocca. Dirlo a Berlusconi e dirlo all'Ansa sarebbe stata più o meno la stessa cosa. Per fortuna, quando Urbani gli dice che secondo lui la Lega può votare bene, il Cavaliere non gli crede. Eppure un buon motivo per dirlo Urbani ce l'avrebbe. Quando Maroni ha preso posto con le altre cinque sfingi, si è visto recapitare un biglietto da Urbani, che presiede il comitato per le garanzie: «Se passa il premierato, avrete un sistema elettorale basato sul premio di maggioranza. Quindi se non volete quella roba lì, dovete per forza votare il semipresidenzialismo». Letto il biglietto, Maroni ha fatto un cenno affermativo con la testa, ma Urbani naturalmente non gli ha creduto.

D'Alema tenta l'ultima carta. Spogliandosi dei panni del presidente, pronuncia un'autentica orazione a favore del premierato che fa infuriare Fini, Tatarella, Casini e Buttiglione, oltre a Bertinotti e Cossutta. Berlusconi tace. Ma D'Alema ha cercato di ricondurre a casa i cinque ulivisti contrari al premierato (Occhetto, Spini, Boselli, Rigo e Dondeynaz).

L'unico modo per impedire alla Lega di affondare entrambi i sistemi è di fare votazioni alternative. Dopo la bocciatura di un testo proposto da Rifondazione, D'Alema mette ai voti il premierato che riceve trentuno voti. (Si sono astenuti Occhetto e Passigli e nel Polo Fisichella, che fin dai giorni del tentativo Maccanico si era detto contrario all'elezione diretta del capo dello Stato. D'Alema si dirà convinto di aver persuaso Occhetto a non votare contro grazie al suo discorso. Prima del voto, l'ex segretario dice a Nanìa: «Mi astengo. Finirà trentuno pari». Qualcuno nella Lega ritiene invece che Occhetto sia stato avvertito all'ultimo istante della vittoria del semipresidenzialismo, in modo da poter arretrare su posizioni di partito più prudenti. Naturalmente la tesi ufficiale resta la prima.) Il semipresidenzialismo a questo punto dovrebbe essere battuto per un solo voto.

E infatti trenta mani si alzano, ma appena Marco Boato, che funge da segretario, accenna a cominciare la conta, Maroni alza la sua, seguito all'istante dagli altri cinque commissari leghisti. L'elezione diretta del capo dello Stato batte il governo del primo ministro per 36 a 31.

D'Alema è terreo. Il suo assistente Cuperlo ha assistito alla tragedia dalla tenda che separa l'aula dall'angolo dei rinfreschi. Non ha perso d'occhio Maroni e ha visto levarsi quella mano paffuta, assai nota agli appassionati di *soul* per saper spingere egregiamente i tasti dell'organo Hammond nel «Distretto 51. The Capric Horns with the Sweet Soul Sisters». Nei banchi di An scoppia un entusiasmo da curva sud. Berlusconi si gira verso Fini: «E adesso che succede?». E l'altro: «Succede che abbiamo vinto».

Fini, la notte dell'Innominato

«...e il tormentato esaminator di se stesso... si trovò ingolfato nell'esame di tutta la sua vita. Indietro, indietro, d'anno in anno, d'impegno in impegno, di scelleratezza in scelleratezza: ognuna ricompariva all'animo consapevole e nuovo, separata da' sentimenti che l'avevan fatta volere e commettere... S'alzò in furia a sedere, gettò in furia le mani alla parete accanto al letto... Tutt'a un tratto, gli tornarono in mente parole che aveva sentite e risentite: "Dio perdona tante cose per un'opera di misericordia"...»

Non sappiamo se nella notte tra il 4 e il 5 giugno del '97 Gianfranco Fini abbia avuto gli incubi e i trasalimenti virtuosi dell'Innominato nei *Promessi sposi*. Ma certo il giorno dopo l'inopinata vittoria del semipresidenzialismo egli è un uomo del tutto diverso da quello che il mercoledì fatale era entrato nella sala della Regina a Montecitorio. L'avesse incontrato sull'uscio di via della Scrofa un novello cardinal Federigo, certo gli sarebbe andato incontro «con un volto premuroso e sereno, e con le braccia aperte, come a una persona desiderata».

Dov'è finito il «signor No»? L'uomo gelido e inflessibile che ha affondato con un sol colpo Antonio Maccanico e ogni ipotesi di sposalizio costituzionale tra D'Alema e Berlusconi? L'uomo che ha imposto al Polo elezioni perdute? E ha certificato, contro le proprie attese, la minorità numerica di Alleanza nazionale rispetto a Forza Italia? E ha impedito, rifiutandosi di votare Violante alla Camera, che il Polo avesse la presidenza del Senato con tutto quello che essa comporta? E ha cercato d'affondare la Bicamerale? E ha tenuto spesso in soggezione il suo fratello maggiore, quel Berlusconi che solo al momento di votare per D'Alema presidente è riuscito ad affrancarsi da una sorta di minorità psicologica?

Quell'uomo è morto nella notte sul 5 giugno. Al suo posto, dentro le stesse membra giovani e atletiche, al mattino è apparso un uomo diverso, politicamente convertito alla costruzione della casa comune e spiritualmente mondato d'ogni impurità.

«Da quel momento,» scriverà D'Alema nel suo libro «Gianfranco Fini, l'uomo che più di altri era stato riluttante nel prendere posto nella sala della Regina, si convinse che bisognava lavorare per il buon esito della commissione.»

(Un primissimo segno di conversione l'aveva notato in verità Cesare Salvi subito dopo il voto fatale.

«Adesso che fai?» aveva detto a Fini. «Qui può saltare tutto.» E l'altro: «Perché dici questo?».

«Perché hai fatto saltare tutto già altre due volte.»

«Scommettiamo una cena che stavolta va tutto in porto?»

«Scommettiamo.»)

D'Alema, per parte sua, non ha da stare allegro. Quando con i suoi assistenti Velardi e Cuperlo rientra nella bella stanza di presidente con vista sull'obelisco di piazza Montecitorio, la sconfitta gli brucia. E gli brucia averla subìta per opera di quel «capo tribù» con il quale ha flirtato in lungo e in largo per ben tre anni.

Gli torna forse in mente la Festa dell'Unità di Modena, settembre '94. Bossi sta al governo con Berlusconi, ma viene applaudito come uno di casa. E ricambia così: «Il presidenzialismo? Fini e il Cavaliere se lo possono scordare. Noi stiamo nel Polo anche per voi». E cinque mesi dopo, al congresso della Lega, dopo il ribaltone, è D'Alema a essere acclamato. «Caro

Bossi,» gli dice «grazie di esserci.» Fino all'ultima telefonata tranquillizzante del Senatùr pochi giorni prima del voto.

E lui, che detesta i giornali, già si sente nella pelle lo stritolamento dell'indomani che infatti avviene con larghezza. (Il «Corriere» pubblicherà un pezzo intitolato: «Togliatteggiando. Come Archimede Pitagorico, quasi quasi pareva un genio». Testo: «L'apprendista stregone ha evocato il mostriciattolo che l'ha sbranato...».)

Appena rientrato nella sua stanza, D'Alema chiama Marini. Sa che senza un accordo con i Popolari, contrarissimi da sempre a ogni forma di presidenzialismo comunque condita, la commissione rischia di saltare e l'Ulivo di andare in frantumi.

Con sorpresa mista a sollievo D'Alema si sente dire: «Guarda, Massimo, nel momento in cui ho visto alzarsi il braccio di Maroni, ho pensato che dobbiamo trovare una soluzione largamente accettata. Bertinotti dice che dobbiamo ribaltare il risultato, ma noi non possiamo dargli retta. Qui è minacciata l'unità del Paese. Posso muovermi anche a nome tuo?». D'Alema acconsente.

A sera il segretario del Pds scarica la tensione giocando al computer al tavolo di Ornella. Velardi e Rondolino ciondolano per la stanza per poi sedersi di fronte alla scrivania, Minniti sta accanto alla finestra con le braccia conserte. Ornella va a leggere uno dei suoi libri nella stanza del segretario. «Se resta il semipresidenzialismo,» dice D'Alema «occorre il doppio turno nella legge elettorale per il Parlamento.» Il segretario del Pds sa bene che il suo partito è l'unico nel centrosinistra favorevole al doppio turno, che sacrifica le forze minori. Ma sa altrettanto bene che è inaccettabile far ingoiare al primo partito di governo una doppia sconfitta, sia nella guida dello Stato che nella legge elettorale.

Nella piccola stanza di Ornella, la quercia bonsai che da una mensola di marmo assiste al gioco del computer abbassa le chiome. «Se il Polo accetta, bisognerà allacciare le cinture di sicurezza» dice Minniti. E nel silenzio generale, ciascuno dei presenti mette in conto elezioni anticipate.

D'Alema: «Berlusconi è sleale!»

D'Alema non ha il tempo di formalizzare la proposta perché l'indomani il Polo già la boccia. Il segretario del Pds vola a Malmö, in Svezia, per partecipare al congresso dell'Internazionale socialista e resta colpito dalla posizione netta e bloccata del centrodestra: semipresidenzialismo e turno unico. Berlusconi propone inoltre l'aumento della quota proporzionale portandola da un quarto dei seggi, com'è adesso, a un terzo.

Con D'Alema in Svezia sarebbe dovuto andare anche Minniti. Ma quando il numero due dice al numero uno: «Che dici, è il caso che resti?», D'Alema non obietta di certo.

Il clima, nel Pds e fuori, è molto pesante. E nel Polo Berlusconi è bloccato. Non è un mistero che avrebbe accettato di buon grado anche la vittoria del premierato. E non perché non gli piacesse più l'elezione diretta del capo dello Stato (la strada maestra verso il Quirinale, nelle sue inconfessate aspirazioni). Ma perché sapeva da tempo che D'Alema avrebbe imposto in questo caso il doppio turno, come ai tempi dell'accordo Maccanico. Dopo la vittoria prodotta dalla Lega, nel vertice del Polo Mastella fa il diavolo a quattro contro il doppio turno, seguito di buon grado da Casini e da Buttiglione. E nonostante Fini, come abbiamo visto, si sia lasciato convincere dalla quadriglia di Sartori nel ballottaggio, da qualche giorno le elezioni francesi hanno definitivamente convinto il Cavaliere che con il doppio turno il Polo è destinato a perdere sempre.

Berlusconi infatti ritiene che Bossi sia il Le Pen italiano. E ha visto che in Francia i conservatori, pur essendo più forti della sinistra, hanno perso perché al secondo turno gli elettori di Le Pen non li hanno sostenuti.

«Quello di D'Alema è un bluff» dice asciutto Fini. «Tutto l'Ulivo, a eccezione del Pds, è contrario al doppio turno. E allora chiediamogli di fare la proposta a nome di tutti. Vediamo se se la sente.»

Urbani va oltre: «Ci sono due ipotesi possibili e noi abbiamo da guadagnare in entrambi i casi. La prima: si tratta realmente di un bluff, D'Alema alza il gioco, poi non riesce a sostenerlo e noi otteniamo il risultato di sgomberare per sempre il campo da un possibile doppio turno perché lui, una volta rimangiatasi la proposta, non può avanzarla più. Ma se D'Alema non bluffa e vuole davvero il doppio turno, anche contro l'Ulivo? È ovvio che salta il governo e salta l'Ulivo. E a noi regala la crisi su un piatto d'argento».

Nel poker bluffare e vedere il gioco dell'avversario sono decisioni supreme, prese in totale solitudine e in totale assunzione del rischio. In un gioco di squadra, qual è necessariamente quello di una coalizione, è più difficile rischiare. E infatti il Polo non rischierà, salvando la compattezza dell'Ulivo.

Il puzzo di bruciato deve arrivare anche a palazzo Chigi se con notevole sprezzo del pericolo sabato 7 giugno, intervenendo a Napoli a un convegno promosso dal mensile «Liberal», Walter Veltroni spara: «Azzeriamo tutto, non si cambia la Costituzione con le goliardate».

Fini replica gelido che in questo caso Alleanza nazionale abbandonerebbe la commissione, ma tocca a Minniti sconfessare a nome di D'Alema il vicepresidente del Consiglio in un confronto pubblico dell'indomani, domenica 8 giugno, a Montecatini dove Maccanico ha riunito il suo gruppo.

Veltroni, in realtà, non è impazzito. Sa bene che se il Polo accettasse il doppio turno la maggioranza di governo andrebbe in pezzi. A suo giudizio, dunque, meglio l'incoerenza del Pds di una crisi di governo.

Rientrato a Roma, lunedì D'Alema conferma che il Pds intende rispettare il pronunciamento della commissione, a patto che ci sia anche il doppio turno. Berlusconi gli risponde nel pomeriggio con una mia intervista per il TG1.

Lo incontro dopo la pennichella pomeridiana impostagli dai medici. Nel sole pieno di giugno, i giardini di Arcore sembrano quelli di Ravello. I prati all'inglese sono perfettamente rasati, la piscina deserta aspetta che qualcuno lasci le cure politiche per farci un tuffo. Il Cavaliere è in buona salute, ma assai corrucciato. Non sembra il vincitore di una battaglia storica (immaginate in Italia un presidente eletto dal popolo, dopo cinquant'anni di insondabili alchimie?). Teme che ogni intesa salti e lui vuole invece che le riforme si facciano. «Col doppio turno il Polo non vincerà mai» mi dice. Poi, più diplomaticamente, davanti alla telecamera dichiara che il doppio turno non gli piace e che D'Alema non può permettersi di andare contro la sua coalizione.

Al segretario del Pds saltano i nervi. «Vogliono un semipresidenzialismo alla ciociara» grida provocando vibrate proteste in provincia di Frosinone. Incrocio D'Alema l'indomani, martedì 10, nel corridoio del Bottegone. Elegantissimo in un abito blu assai luminoso che fa risaltare in modo impressionante il pallore del viso, grida: «Sleale! Berlusconi è un uomo sleale». D'Alema si rifà agli accordi di un anno prima con Maccanico: semipresidenzialismo in cambio di doppio turno. Ma allora si sarebbe trattato di uno scambio (e sul tipo di doppio turno il Cavaliere avrebbe trattato allo spasimo). Oggi il negozio sarebbe imperfetto: Berlusconi ha già avuto in regalo da Bossi il presidenzialismo. Perché dovrebbe contraccambiare qualcosa a D'Alema che il semipresidenzialismo invece ha contrastato?

Sei bottiglie contro il doppio turno

Mentre i giornali mostrano la matrigna e le sorellastre di Cenerentola che vanno trionfanti alla festa, in casa della fanciulla i topini virtuosi agli ordini di una fata preparano in silenzio il lieto fine.

Quando sabato 7 giugno Veltroni propone di azzerare tutto, Franco Marini e Gianfranco Fini si trovano ospiti dei giovani industriali all'annuale convegno di primavera a Santa Margherita Ligure. La loro presenza è invero offuscata da quella di Fausto Bertinotti. In una sala in cui si registra pro tempore la più elevata quantità di ricchezza nazionale per metro quadro, ci si aspetterebbe nei confronti del subcomandante Fausto non dico ostilità, ma una cortese freddezza. E invece no. I giovani imprenditori sono così entusiasticamente trasgressivi che a un certo punto il presidente di Confindustria, Giorgio Fossa, può temere ragionevolmente che l'elegante rivoluzionario torinese gli rubi il posto, dopo avergli rubato la scena, e magari gli rubi anche l'azienda per donarla al suo amico Marcos. Tra gli applausi dei giovani imprenditori presenti.

Quando arriva la proposta di Veltroni («Azzeriamo tutto»), Bertinotti vi si associa festoso e Fini dice: «Bene, noi ce ne andiamo».

Dopo il dibattito, Fini offre a Marini un passaggio sull'aereo privato col quale rientra a Roma. «Grazie, guadagno mezza giornata» risponde l'altro. Salgono in quattro: oltre ai due segretari ci sono Publio Fiori e Checchino Proietti, l'assistente di Fini. Il discorso cade subito sulla Bicamerale.

Marini: «Gianfranco, voi avete ottenuto il semipresidenzialismo e noi non vogliamo azzerare niente. Ma sia chiaro che oltre l'elezione diretta non andiamo. Non potete pretendere che il capo dello Stato abbia poteri di governo».

Fini ascolta in silenzio.

Interviene Publio Fiori: «E invece noi lavoreremo perché il presidente della Repubblica abbia anche questi poteri...».

Fiori viene interrotto da Fini: «Publio, mi spieghi dove trovi in Parlamento i voti per sostenere un'idea del genere?».

Fiori non risponde. Marini capisce che l'accordo è possibile.

Perché Fini subisce nel giro di poche ore la conversione dell'Innominato? Le ragioni sono almeno tre. La prima è semplice realismo politico. Incontrando qualche giorno dopo Gerardo Bianco a Strasburgo, il presidente di An lo tranquillizza: «Nel momento in cui voi accettate l'elezione diretta del capo dello Stato, mi rendo conto che non possiamo chiedervi di più. Lavoreremo per un modello italiano».

La seconda è la consapevolezza di essere al momento critico di «Lascia o raddoppia?». Raddoppiare all'infinito porta fatalmente a una perdita irreversibile. Già affondando il tentativo Maccanico, Fini aveva dato un calcio alla legittimazione della destra italiana come forza costituzionale. Esclusi dal patto del '47, rifiutato il patto del '96, i postmissini capiscono che il fallimento di questa Bicamerale li rigetterebbe pericolosamente indietro nella storia.

La terza ragione la chiarirà lo stesso Fini intervenendo all'inizio di luglio alla Festa dell'Amicizia di Scandiano in un dibattito con Marini, Casini, Minniti e chi scrive. «Temevo che potesse rinascere la Dc.» Il fallimento della Bicamerale o l'adozione di soluzioni troppo penalizzanti per le forze minori avrebbe potuto produrre infatti un ricompattamento tra i diversi tronconi cattolici con la distruzione del bipolarismo.

Quando sente la disponibilità di Fini, Marini procede spedito con la sua esplorazione. Fin dal primo giorno ha detto a D'Alema che avrebbe cercato di congelare il più possibile la figura del capo dello Stato (che invece del tutto congelata non sarà, tra forti poteri di scioglimento delle Camere e leadership in politica estera) e di potenziare quella del capo del governo (esattamente la soluzione temuta da Sartori).

Va in visita da Berlusconi a palazzo Grazioli, trovando porte spalancate, sa di poter contare sulla sponda di Casini e Buttiglione nel Polo. Incontra Cossutta alla Camera e scopre che, al di là della battaglia di principio, a Rifondazione – come ai Verdi – interessa soltanto una legge elettorale che non li penalizzi. Ma ancora una volta per tirare le fila è necessaria una cena a casa Letta.

Si vedono in sei: oltre al padrone di casa, D'Alema, Berlusconi, Marini, Fini e l'inseparabile Tatarella. D'Alema, che è stato sempre tenuto informato da Marini sull'andamento delle sue esplorazioni, conferma di accettare il semipresidenzialismo, ma insiste nel chiedere una legge elettorale con doppio turno nei collegi. È Marini a dirgli subito di no. Lo sostiene Fini: «D'Alema, sta' attento ai tuoi. Son tutti contrari». Marini ricambia la cortesia inviando al domicilio del presidente di An tre preziose bottiglie di trebbiano d'Abruzzo e tre di cerasuolo di Edoardo Valentini, vignaiuolo in Loreto Aprutino (Pescara).

Al momento della crostata, si decide di affidare a quattro esperti (Mattarella, Salvi, Nanìa e Urbani) lo studio di un sistema elettorale adatto a far convivere semipresidenzialismo ed elezione diretta della maggioranza di governo, incluso naturalmente il primo ministro. (Poche ore prima, in una riunione riservata a casa Salvi, i due delegati dell'Ulivo avevano avuto il mandato a trattare da Cossutta per Rifondazione e da Pieroni per i Verdi.)

È la vendetta del fantasma democristiano. All'inizio del '96 – quando si riunisce segretamente un'altra commissione – nel salotto di casa Salvi in Prati sono invitati Bassanini, Fisichella e Urbani. Né Ccd né Cdu né – soprattutto – Popolari. D'Alema, Fini e Berlusconi cercano un accordo alle spalle dei loro alleati.

Stavolta è un ex democristiano dell'Ulivo come Franco Marini a guidare il gioco – approfittando della sua esperienza sindacale di negoziatore – e quel che è bello, si muove anche a nome degli ex democristiani del Polo.

Un pomeriggio, sulla terrazza di Urbani

«In quel pomeriggio il Pincio era quasi deserto. Nell'aria sorda morivano i romori rari...» Come nel dannunziano *Trionfo della morte*, i rumori del tramonto che illumina la piazza del Popolo non hanno la forza di salire fin sulla terrazza della piccola casa romana di Giuliano Urbani.

Accade a molti parlamentari che vengono da fuori di poter costruire a Roma quel che impegni di famiglia e di status non gli consentono nelle città d'origine. Così, se le case di residenza abituale risentono quasi sempre della stratificazione dei decenni e dei compromessi familiari, i *pied-à-terre* romani sono il ritratto delle aspirazioni più trasparenti dell'anima. Quando il proprietario apre la porta, vi dice – senza dirvelo – ecco, se potessi vivrei così. Ordine e buongusto, semplicità e raffinatezza in pochi metri quadrati e in genere una terrazza che molti romani sognano senza potersela permettere.

Intorno al bel tavolo di pietra della terrazza Urbani, con l'occhio che spazia da San Pietro all'Altare della Patria, dalle sei del pomeriggio di giovedì 12 giugno, i quattro negoziatori studiano per tre ore la quadratura del cerchio.

Vengono valutate tre ipotesi possibili di legge elettorale. Noi ve le risparmieremo. Se avete avuto la forza di seguirci fin qui senza mal di testa, non ci pare garbato ricambiarvi con un'emicrania. Dietro il nostro semplice segno sulla scheda, si nascondono calcoli che procurerebbero le vertigini al ragioniere generale dello Stato. Ogni meccanismo semplice e puro va infatti fatalmente inquinato dalle convenienze di questo e di quello, in modo che alla fine non esca il metodo ragionevolmente più funzionale, ma quello che offre il maggior numero di garanzie al maggior numero di contraenti.

Anche se il destino spesso si prende le sue vendette. Il sistema elettorale in vigore fu inventato, per esempio, da Sergio Mattarella come salvaguardia della decisiva centralità democristiana che invece fu immediatamente distrutta nelle elezioni del '94. (Ha funzionato invece il recupero proporzionale come assicurazione sulla vita per la nomenklatura dei partiti più deboli.)

Nella notte tra il 12 e il 13 giugno, colpito forse anche lui da un eccessivo tecnicismo della discussione, Giuliano Urbani viene colto da dolori lancinanti. Deve operarsi immediatamente di calcoli alla cistifellea. Incontrando Fini e Berlusconi a colazione lo stesso giorno 12, Urbani aveva promesso di rinviare l'intervento alla fine della Bicamerale, ma la crisi notturna lo costringe ad abbandonare il campo.

«Gianni, dobbiamo rivederci con gli altri lunedì 16. Al posto mio vai tu» dice Urbani telefonando a Letta. «Ma io non sono un tecnico» obietta l'altro. «Non preoccuparti, la parte tecnica l'abbiamo esaurita nel primo incontro. Adesso bisogna scegliere fra i tre progetti sulla base di simulazioni.»

Il doppio turno di collegio proposto da D'Alema è ormai fuori gioco. Urbani e Nanìa hanno spiegato così a Salvi e Mattarella che la cosa è improponibile: «Ammettiamo che nei collegi del Nord Italia vengano ammessi al secondo turno i tre candidati che superano la soglia di voti più alta: uno del Polo, uno dell'Ulivo e uno della Lega. È dimostrato che quando si è in tre vince sempre l'Ulivo. Ammettiamo ora che si faccia un ballottaggio a due, tra il candidato del Polo e quello dell'Ulivo. È dimostrato che l'elettorato leghista non vota prevalentemente per noi. Se invece andiamo al doppio turno di coalizione a livello nazionale e c'è il confronto Polo-Ulivo, è possibile che l'elettorato leghista resti a casa. Nel voto politico nazionale, tuttavia, e nella quota in cui sceglie, sceglie più noi che voi. In ogni caso, il peso della Lega a livello nazionale è enormemente meno influente di quanto non lo sia nei collegi del Nord. Non potete quindi chiederci una legge elettorale che sarà pure la migliore del mondo, ma che vi fa vincere le elezioni».

Nella seconda riunione dei quattro negoziatori, che si svolge in un ufficio riservato di Salvi al Senato, prevale quella che sarà la proposta finale. Attualmente i deputati vengono eletti per tre quarti nei collegi uninominali a turno unico e per un quarto nella quota proporzionale. L'innovazione è questa: i collegi uninominali maggioritari assegnati al primo turno scendono dal 75 per cento al 55 per cento, la quota proporzionale resta al 25 per cento: al primo turno viene assegnato così l'ottanta per cento dei seggi totali. Se una delle due coalizioni maggiori raggiunge complessivamente al primo turno il 51 per cento dei voti, il restante 20 per cento dei collegi si assegna a tavolino garantendo alla coalizione vincente la maggioranza assoluta utile per governare. Se – come è accaduto nelle elezioni del '94 e del '96 – entrambe le coalizioni sono sotto la maggioranza assoluta, gli elettori saranno chiamati a scegliere una di esse al secondo turno.

L'accordo si raggiunge anche perché Marini e Fini hanno tranquillizzato Rifondazione. Parlando con Cossutta, Nanìa capisce che in cambio di una legge elettorale tranquillizzante, Rifondazione non avrebbe fatto le barricate sull'elezione diretta del capo dello Stato. Questa garanzia viene data a Cossutta sia da Fini che da Urbani e il lavoro di Marini, che tiene anche lui a una legge elettorale che tuteli le forze minori, diventa più facile.

(Quando la Bicamerale conclude la prima parte del suo lavoro il 30 giugno approvando questo testo, restano da definire molti delicati dettagli di ordine tecnico e politico, legati alla figura del premier e al ruolo del Senato. E su questi la commissione ha ripreso il lavoro tra l'inizio di settembre e la fine di ottobre, consegnando infine alle Camere i testi da votare per due volte ciascuna, trattandosi di norme costituzionali.)

«Fabrizio, Minzolini insegue D'Alema!»

«Claudio, sono Rondolino. Mi cercavi?»

«E certo che ti cerco. Hai sentito D'Alema?»

«No. Però ho sentito due clic sulle segreterie telefoniche del cellulare e di casa e ho capito che era lui. Che succede?»

«Succede che Minzolini lo sta inseguendo in motorino. D'Alema sta andando a casa di Letta ed è piuttosto seccato.» (*Naturalmente Velardi, da buon napoletano, usa un linguaggio assai più colorito.*)

Sono le otto e mezza di sera di mercoledì 18 giugno. Claudio Velardi, capo dello staff di Massimo D'Alema, comunica a Fabrizio Rondolino, portavoce del segretario, che il giornalista più informato e più pettegolo di Montecitorio ha scoperto il vertice plenario sulla Bicamerale addirittura prima che si tenga.

In verità, ha provato a dirglielo lo stesso D'Alema, mentre il suo autista cercava di seminare il motorino di Minzolini. Ma Rondolino è uomo di formazione e di abitudini mitteleuropee più che mediterranee. Quando rientra in casa, dopo aver cercato di arginare i danni all'immagine del segretario sui giornali dell'indomani, attiva le segreterie telefoniche, parla con la moglie, gioca con i figli e pensa alle cascate dell'Iguaçú, al confine tra Brasile e Argentina, dove ha ambientato la storia d'amore del suo ultimo romanzo. Ogni tanto ascolta i messaggi. Chi lo cerca con urgenza, gliene lascia regolarmente. Quando Rondolino sente «clic», capisce che lo cerca D'Alema. Sentendo la segreteria telefonica, infatti, il segretario sarebbe portato a lasciare messaggi in linea con il suo umore. Ma per non guastarsi il rapporto con Rondolino, al quale vuole bene, evita.

In ogni caso, l'idea di andare a un vertice «riservatissimo» e decisivo con Minzolini alle calcagna procura a uno come D'Alema lo stesso disagio che proverebbe Marianna Scalfaro se rimanesse in sottoveste all'inaugurazione della Scala.

Se abitasse a Londra, Parigi o New York, Augusto Minzolini (definito nel suo libro da D'Alema «maestro in notizie riservate, confidenze esclusive e sussurrate, qualche volta inventate») verrebbe fermato ogni giorno dalla polizia. Ha infatti l'espressione sinistra e al tempo stesso coinvolgente di un killer di altissimo livello. Un tiratore scelto da utilizzare in attentati presidenziali. Un uomo con un assoluto controllo di sé: spara un solo colpo, naturalmente infallibile, svita la canna dal fucile di precisione, rimette in ordine la valigetta professionale e poi va tranquillo a bere uno scotch all'Harry's bar.

A Roma la polizia lo conosce e sa che al massimo uccide qualcuno sulle colonne della «Stampa». Lo lascia quindi circolare liberamente. E Minzolini circola in motorino. Alle 19.45 di quel mercoledì parcheggia il suo Velocifero in via del Plebiscito, davanti all'abitazione romana di Berlusconi. E incrocia Gianni Letta.

«È vero che c'è un vertice stasera?»

«No.»

«Non mi freghi?»

«Ma no, Augusto. C'è ancora del lavoro istruttorio da fare, non siamo pronti.»

«Me lo garantisci?»

«Te lo garantisco.»

Letta sale e dice a Berlusconi: «Le cose si mettono male. C'è già Minzolini qua sotto. Allora guarda: io esco con la tua macchina e cerco di depistarlo. Poi te la rimando».

Letta esce, saluta Minzolini dal finestrino e il giornalista lo segue fino al Senato. Letta entra e congeda l'autista di Berlusconi. Aspetta dieci minuti all'interno del palazzo, poi esce da un altro ingresso alla ricerca di un taxi. Sul marciapiede incrocia Cesare Salvi. Visto il buon lavoro dei quattro negoziatori, Letta ha proposto di invitare anche loro a cena e ha detto di preparare un tavolo per nove: oltre al padrone di casa, D'Alema, Berlusconi, Fini, Marini, Tatarella, Nanìa, Mattarella e Salvi.

«Che fai da queste parti?» chiede sorpreso Salvi a Letta che già immaginava a casa a controllare la cottura della crostata.

«Sono entrato dall'altro ingresso per seminare Minzolini che è in giro» risponde Letta. «Di' a D'Alema di tardare una decina di minuti.» I due si congedano per andare nelle rispettive abitazioni. Salvi con l'auto di servizio, Letta in taxi.

Minzolini ha visto l'auto di Berlusconi tornare indietro, segno che il Cavaliere ne avrebbe avuto bisogno. Sa che Berlusconi non va mai a cena fuori, se non in casi assolutamente eccezionali. Ma – quel che è peggio – ha visto Letta parlare con Salvi. E allora indirizza il motorino verso il quartiere Prati dove a poche centinaia di metri di distanza abitano Salvi e D'Alema.

«È qui la festa?»

Salvi aveva dato appuntamento a casa sua a D'Alema. «Parliamo un po' e poi andiamo insieme» gli aveva detto. E D'Alema, che come tutti ormai non si fida più dei telefoni, aveva risposto: «Mi dici poi dove dobbiamo andare», evitando di pronunciare il nome di Letta.

Al mattino il «Corriere della Sera» era uscito con un articolo di Francesco Verderami che lasciava intuire la possibilità di un vertice. Ma incontrando il giornalista alla Camera alle cinque del pomeriggio, anche D'Alema – come Letta – aveva smentito. «Si vive tutto sulla scena, niente segreti» gli aveva detto. Ma Verderami non aveva abboccato. Una «gola profonda» (il più sospettato è Nanìa, ma lui ha sempre smentito) gli aveva sussurrato: «Ci sarà un vertice. Stasera o domani». E lui resta al giornale in attesa di conferme.

D'Alema s'era dunque avviato tranquillo a casa Salvi, ma il suo amico lo aveva informato della presenza in pista di Minzolini. Il quale – avendo intuito che Letta sarebbe andato a casa – va a controllare i movimenti degli altri possibili invitati. Un vertice senza D'Alema non è un vertice, si dice Minzolini. E va in via Avezzana, dove abita da pochi mesi il segretario del Pds con grande gioia della moglie Linda. Sotto casa di D'Alema non vede nessuno. Si sposta a casa Salvi e lì nota la scorta del segretario del Pds e l'auto di servizio del capogruppo al Senato, che intanto è rientrato.

Salvi non ha fatto in tempo a salutare D'Alema che lo chiama l'autista: «Presidente, c'è Minzolini in motorino». Salvi s'affaccia e vede sotto il portone le auto di servizio, gli autisti, gli uomini della scorta. E a cinquanta metri di distanza Minzolini sul motorino che sembra Sylvester Stallone quando arriva sulla scena dell'azione e sta per lanciare i missili dalla motocicletta.

«Che facciamo con questo?» chiede Salvi ridendo.

«Che vuoi fare?» risponde D'Alema. «Facciamolo almeno faticare. Partiamo verso due direzioni diverse. Io come se andassi a casa mia e tu dal lato opposto. Magari può pensare che tu hai un appuntamento da un'altra parte.»

Minzolini segue naturalmente l'auto di D'Alema che si dirige prima verso via Avezzana, poi piega su viale Mazzini e infine s'incarta deliberatamente in una serie di strade strette intorno al viale. A quel punto l'auto di scorta di D'Alema si ferma davanti alla pizzeria Tesone bloccando la carreggiata, mentre l'auto col segretario prosegue. È un vecchio trucco che la polizia usava anche con Berlusconi presidente del Consiglio per fermare i giornalisti troppo intraprendenti.

L'inviato della «Stampa» capisce, si ferma a cento metri di

distanza, spegne le due luci del suo Velocifero (ormai è notte) e aspetta. La scorta di D'Alema non lo vede più e riprende la marcia, seguita a distanza dal giornalista. Sulla salita della Farnesina, in prossimità di casa Letta, Minzolini viene raggiunto da Claudio Tito dell'agenzia Asca. Sfortunatissimo perché la sua agenzia chiude alle nove e le nove sono appena passate.

D'Alema arriva per ultimo a casa Letta. Lo aspettano in terrazza il padrone di casa e gli altri sette ospiti. È stato appena servito l'aperitivo quando la scorta di Berlusconi chiama Letta: «Dottore, qua sotto ci sono i giornalisti».

Mentre Minzolini e il suo Velocifero inseguivano la Thema grigia di Massimo D'Alema, la «gola profonda» di Verderami aveva mantenuto la sua promessa. Aveva chiamato il giornalista del «Corriere»: «Il vertice è stasera. Via della Camilluccia...».

Verderami guarda l'orologio: le 21.15. Finisce di scrivere un pezzo sulle telecomunicazioni e il consueto corredo di polemiche. Prega la bella collega Paola De Caro di aggiungere due righe al suo servizio politico annunciando il vertice già per la prima edizione del giornale, prende il suo motorino e parte per casa Letta.

«È qui la festa?» chiede a Minzolini. E il giornalista della «Stampa», che ha appena dettato un pezzo per la prima edizione del giornale torinese, capisce che l'esclusiva è saltata.

Ma altri colleghi sono in allarme. In serata, infatti, Verderami ha chiamato Nino Bertoloni Meli del «Messaggero». «Novità?» gli ha chiesto. Quando un cronista chiede a un collega se ci sono novità, vuol dire che qualche cosa si sta muovendo. Bertoloni parte anche lui verso casa Letta, seguito a ruota da Vittorio Ragone dell'«Unità» e da Virman Cusenza del «Giornale». Alla fine dei quotidiani principali mancherà soltanto «la Repubblica» dove, si dice, verrà avviata un'inchiesta d'archivio interna per scoprire se nei vent'anni di vita del giornale era mai capitato di prendere un «buco» così grosso da cinque concorrenti.

Letta ha i giornali nel sangue. L'unica vendetta che può prendersi è far scendere i suoi ospiti quando anche l'ultima edizione è chiusa. Tatarella va via per primo, seguito da Salvi e da D'Alema che ignora i giornalisti anche con lo sguardo.

Escono poi Marini e Mattarella, Fini e Nanìa. Berlusconi scende per ultimo alle due e un quarto del mattino. Si ferma, apre il finestrino, parla. L'auto blocca la cellula fotoelettrica del cancello e Letta, che non vuol farsi vedere, prega la scorta di fargli cenno con i fari di andare. Ma il Cavaliere, al contrario di D'Alema, è di buonumore.

«In fondo a D'Alema è andata bene» commenterà con il suo spontaneo cinismo tre mesi dopo Augusto Minzolini. «Il mio inseguimento poteva finire come quello della povera Diana.»

«Va bene Fini. Ma senza Berlusconi...»

D'Alema avrebbe definito nel suo libro quella cena un «errore di immagine». Fini invece la difende. «Ma insomma,» mi dice «non capisco dov'è lo scandalo. Anche i costituenti del '47 hanno riconosciuto che si incontravano riservatamente in casa di questo o di quello.»

Tra i fusilli ai funghi e il vitello tonnato offerti dalla casa (Michele, il cuoco di Berlusconi, non ha mai cucinato da Letta), D'Alema e Salvi cercano di rilanciare il doppio turno, Marini e Mattarella stanno zitti lasciando agli uomini del Polo il compito di affondarlo. Al tempo stesso, Berlusconi e Fini capiscono che non possono tirare troppo la corda e che non è immaginabile far presiedere dal capo dello Stato il Consiglio dei ministri. Si riconosce però al capo dello Stato una certa leadership nella politica estera e della difesa che il Parlamento, nell'approvazione definitiva della norma, avrebbe dovuto meglio definire per evitare conflitti di competenza pericolosi con il presidente del Consiglio e i ministri interessati.

Sul delicatissimo problema dello scioglimento delle Camere, Fini ottiene un successo rilevante: se il Parlamento, poniamo, ha una maggioranza di centrodestra (o viceversa) e il capo dello Stato eletto dal popolo in un momento successivo è di centrosinistra (o viceversa) può sciogliere le Camere e indire nuove elezioni.

La figura del nuovo presidente della Repubblica verrà così tratteggiata da D'Alema: «Un capo dello Stato in grado di esercitare un ruolo di leader effettivo quando può contare sulla maggioranza parlamentare, o di garante, compiendo un passo indietro rispetto a un ruolo di governo, quando la maggioranza in Parlamento è di diverso segno politico».

Quel che colpisce di più i commensali è l'atteggiamento di Fini, completamente mutato dopo «la notte dell'Innominato».

«Paradossalmente si erano rovesciati i ruoli» mi confermerà l'interessato. «Prima l'ostacolo alle trattative era il mio forte scetticismo che aveva una certa influenza sulle strategie del Polo perché Berlusconi capiva perfettamente che senza l'unità della coalizione un accordo con D'Alema sarebbe stato molto più difficile. Ora invece che Alleanza nazionale aveva ottenuto con l'elezione diretta del capo dello Stato una bandiera nella quale la sua identità si riconosceva perfettamente, io lavoravo in senso opposto, cioè per raggiungere un'intesa. E poiché alla fine l'intesa la volevano tutti, arrivarci in poco tempo è stato facile.»

Fini conferma dunque con molta schiettezza che fino al voto a sorpresa della Lega, Alleanza nazionale era insoddisfatta di come stavano andando le cose e puntava implicitamente al «fallimento morbido» previsto da Tatarella.

Il giorno successivo alla cena, in Bicamerale, Fini pronuncia un discorso che vale come verbale di accordo, rivendicando la necessità di un equilibrio di poteri tra presidente, governo e parlamento, riconoscendo i meriti di Marini per aver accettato la legittimità del voto a sorpresa sul semipresidenzialismo. «Ho messo in bella copia l'accordo di casa Letta» mi dice Fini. E riceve l'apprezzamento generale.

A lavori conclusi, Scalfaro fa i complimenti a D'Alema, ma innalza Fini sul podio del vincitore. Non c'è dubbio che senza l'accordo di Fini la Bicamerale sarebbe fallita. Ma è altrettanto indiscutibile che sarebbe fallita senza la presidenza di D'Alema. E ha ragione anche Letta quando mi dice: «Senza Berlusconi la Bicamerale non sarebbe mai nata. Senza Berlusconi D'Alema non sarebbe mai diventato presidente. Senza Berlusconi la Bicamerale sarebbe fallita, seppure in modo ovattato».

E D'Alema pensa di lasciare la segreteria

Massimo D'Alema è riuscito a chiudere la Bicamerale senza arrivare a una catastrofe più volte sfiorata. Come Paolo

Stampa nei mulini a vento di Trapani, quando la macina stava per fermarsi vinta dalla resistenza del sale, ha trovato il meccanismo giusto per lo sforzo finale. Che nell'ultima fase è stato un prudente e appartato ruolo notarile, esercitato mantenendo peraltro uno strettissimo contatto con Franco Marini che a sua volta aveva convinto i suoi ad accettare qualcosa di più di quel che accettabile sembrava.

Eppure, alla fine, D'Alema non può abbandonarsi al sollievo. Non solo e non tanto per la coda drammatica del rinvio delle norme sulla giustizia, che vedremo nelle prossime pagine, quanto per l'indifferenza, l'ingratitudine, addirittura l'ostilità che crescono in ampie fasce del gruppo dirigente del suo partito.

Nel momento più difficile, D'Alema viene lasciato solo. Lui, per carattere, non chiede mai aiuti. Gli viene delegato molto, forse troppo, e lui carica le deleghe su di sé senza battere ciglio. Come un navigatore solitario, assume in proprio meriti e rischi dell'impresa. «Almeno finora» mi dice Minniti «quando la partita si è fatta difficile, ha rilanciato e ha vinto.»

Quando cade il governo Berlusconi e il Cavaliere indica Dini come proprio uomo alla guida del governo, D'Alema capovolge lo scenario. Il segretario del Pds, scopriamo adesso, fu molto contrariato dalla decisione di Scalfaro di designare quello che era stato il ministro del governo Berlusconi più duro verso la sinistra. E invece Dini è entrato nell'Ulivo.

Dopo il fallimento di Maccanico, D'Alema è andato a elezioni non volute e le ha vinte. È riuscito a non far fallire la Bicamerale e a consolidare al tempo stesso il governo Prodi: ipotesi giudicata all'inizio illogica prima che impossibile. E sopravvissuta, contro ogni attesa, anche alla «pazza crisi» di ottobre

Ha portato Di Pietro dalla sua parte.

Eppure il partito non gli serba gratitudine. Dopo l'accordo con il Ppi e il Polo sulla forma di governo (e sulla legge elettorale, che trova anche il favore di Rifondazione e Verdi), Claudio Petruccioli dichiara al «Corriere della Sera»: «Se fossi D'Alema, mi suiciderei». Il segretario s'aspetta una reazione del partito. Nessuno apre bocca. Deve intervenire Minniti con una durissima intervista rilasciata all'«Unità» il 24 giugno, mentre viaggia con Marini verso la Festa dell'Amicizia di Scandiano.

Veltroni propone di «azzerare tutto», esponendo il presidente della Bicamerale al rischio di una delegittimazione disastrosa.

Napolitano dichiara: «Non capisco bene che cosa stia accadendo». Gli altri ministri si chiudono nel recinto di palazzo Chigi. D'Alema sente meno vicini di quanto vorrebbe anche i capigruppo Salvi e Mussi, che pure pubblicamente ringrazia. Su ogni questione si apre nel partito tutto il ventaglio delle soluzioni possibili, il Pds riassume spesso in sé tutto il frastagliatissimo arco politico nazionale. Dice Mauro Zani: «Tre correnti vanno bene, tre partiti no».

La notte del 2 luglio D'Alema fa un discorso durissimo ai gruppi parlamentari. Dice di essere stato poco appoggiato dal partito durante la Bicamerale (ma ringrazia Prodi). Attacca gli «ulivisti» e la sinistra. E quando Claudio Sabbatini, uomo della sinistra, gli dice – secondo il racconto di Augusto Minzolini sulla «Stampa» – «Massimo, devi essere più tollerante, perché sei l'uomo più potente d'Italia», D'Alema gli risponde: «Sarò pure l'uomo più potente d'Italia, ma non nel mio partito». E aggiunge, secondo Umberto Rosso di «Repubblica»: «La società è migliore del Pds, è molto più avanti».

L'8 luglio si annuncia una direzione tempestosa. Invece tutto fila liscio, Veltroni – rientrato da un lungo viaggio in Sudamerica – approva l'esito della Bicamerale, le minoranze chiedono un'assemblea congressuale che viene subito accordata.

Ma D'Alema non è sereno. Non sente una vera solidarietà. E pensa di lasciare. Decide di dimettersi da segretario del Pds conservando l'incarico di presidente della Bicamerale.

Non ne parla con nessuno, nemmeno con i suoi collaboratori più stretti perché sa che non saranno d'accordo. Matura da solo la decisione di dimettersi e poi – dopo una riflessione di giorni – quella di soprassedere, per non ricambiare l'ingratitudine del partito con una crisi senza sbocchi. Ma non è sereno. E soprattutto si sente ancora solo.

VI
Giustizia. O politica?

Una sera d'agosto, a Positano

Praiano sta appollaiato sulla collina di sinistra, come un presepe messo lì dal buon Dio perché di qua se ne potesse godere la vista completa del braccio di mare e dei golfi che portano ad Amalfi. Sulla destra c'è il presepe di Positano che digrada verso una fuga d'insenature interrotte all'orizzonte dai faraglioni di Capri, tremuli nella luce del tramonto.

«Non ero mai stato qui, è un posto straordinario» dice Federico Grosso, vicepresidente del Consiglio superiore della magistratura. Sorridono compiaciuti Luciano Santoro, procuratore distrettuale antimafia aggiunto di Salerno e Alfredo Greco, procuratore della repubblica di Vallo della Lucania. Prendiamo l'aperitivo sulla terrazza dell'hotel San Pietro, circondati da roseti e buganvillee. Visto da qua il mondo è un altro mondo. Non ci fossero i magistrati a ricordarcelo, sembrerebbe un mondo senza guai.

In questa sera dell'agosto '97 è programmata a Positano la presentazione del mio libro *La svolta*. Sono stato invitato con altri autori a questa manifestazione che fu inventata da Salvatore Attanasio, patron del San Pietro, uomo di genio imprenditoriale e di grande ottimismo, e che adesso, dopo la sua morte, viene portata avanti con molta signorilità dalla sorella Virginia. Se ne occupa Enzo D'Elia, un pezzo da collezione del mondo italiano del libro. Dice giustamente Fernanda Pivano, anche lei ospite di Positano: D'Elia è capace di fare incontrare due persone che alla stessa ora stanno in due città diverse.

Un giorno mi leggono il manifesto che D'Elia ha fatto affiggere per la presentazione del mio libro. «Intervengono Giancarlo Caselli, Ilda Boccassini, Federico Grosso, Gaetano Pecorella, Alfredo Greco e Luciano Santoro.» Chiamo la Mondadori a Milano: «Fermate quel pazzo di D'Elia. Figuriamoci se Caselli, la Boccassini, Grosso e tutti gli altri vengono alla presentazione del mio libro».

Invece vengono. Potenza di Greco e di Santoro, che sono di questa parte della costiera e hanno influenza nell'Associazione magistrati.

Santoro è un uomo cortese, ha una moglie piacevole e una bella figlia che farà il magistrato perché, giustamente, non capisce quale strada si debba seguire per fare il giornalista.

Anche davanti a un aperitivo i magistrati, soprattutto quelli delle procure, ti fanno sentire un po' a piede libero. È l'inverso dei mariti cinesi: tu non sai quello che hai fatto, loro sì.

«Ho letto con grande attenzione il suo libro» mi dice Santoro mentre socchiudo gli occhi per vedere meglio i faraglioni di Capri, tremuli nella luce del tramonto. Grazie, molto gentile. «Ma stasera la contesterò.» Grazie ugualmente.

Non avevo capito. Quando introduce la discussione sul mio libro, Santoro non fa una presentazione, né una contestazione: pronuncia una requisitoria. Fin qui poco male.

Un autore deve essere pronto a subire critiche aspre e serrate. Il libro non deve certo piacere a tutti. E quando non piace a un pubblico ministero, fatalmente la costruzione sintattica delle sue obiezioni assume il carattere di una requisitoria.

Il problema è di capire di quale libro il dottor Santoro stia parlando. «Dunque, cominciò il giudice sfogliando il quaderno e chiedendo a K. ma piuttosto in tono affermativo: lei fa il pittore decoratore? No, rispose K., sono il primo procuratore di una grande banca.»

Mentre Santoro parla del mio libro, mi sento come il protagonista del *Processo* di Kafka. Con chi ce l'ha il magistrato? Chi ha scritto quelle cose? Chi ha sostenuto quelle tesi?

Non c'è dubbio che il libro che lui sfoglia sia mio, o almeno così appare. Riconosco la copertina, c'è il mio nome e quello dell'editore. Ma il testo? È ragionevole pensare che la

Procura distrettuale antimafia di Salerno abbia fatto delle interpolazioni? Non è ragionevole. Ma io quelle cose sono sicuro di non averle scritte. Eppure Santoro le legge...

Quando il magistrato conclude, mi rivolge una domanda e io starei per rispondergli come K. nel *Processo*: «La sua domanda, signor giudice, è davvero significativa del modo in cui si procede contro di me... Continui pure a leggere, signor giudice, non ho davvero paura di questo registro di delitti...».

Ma poi vado sul pratico e gli dico: adesso capisco che cosa voglia dire stare sotto un pubblico ministero. Quando infatti Santoro mi allunga cortesemente la sua copia del libro, vedo che ha evidenziato in giallo molte frasi isolandole da quello che mi sembrava il loro contesto naturale. Non c'è dubbio che quelle frasi siano mie e che quella copia del libro sia autentica. Ma il magistrato – in assoluta buonafede, naturalmente – ne ha stravolto completamente il senso. Così mentre le leggeva con la partecipazione emotiva e l'enfasi tipiche della requisitoria, io non capivo quale fosse l'oggetto della controversia o addirittura il delitto, essendo io peraltro – come il protagonista del *Processo* kafkiano – «il primo procuratore di una grande banca» e non «il pittore decoratore» col quale evidentemente ce l'aveva l'inquisitore, a Praga come a Positano.

Se Caselli e la Boccassini avessero usato lo stesso criterio, credo che avrei dovuto scrivere questo nuovo libro con l'assistenza permanente di uno studio legale. Per fortuna con loro avremmo parlato in termini più generali di giustizia, ma l'impostazione professionale e culturale dell'ottimo Santoro mi ha fatto capire meglio di tanti saggi e di tanti articoli di giornale quanto possa essere profonda la divergenza interpretativa tra chi compie un atto e il magistrato inquirente che deve occuparsene.

Perché il pubblico contesta Ferrara

La decisione del Parlamento di riscrivere gli articoli della Costituzione che riguardano la magistratura nasce da qui. Non da Santoro e da Positano, evidentemente, ma dalla constatazione, per dirla in termini rozzi, che i pubblici ministeri – lo vogliano o no – sono diventati i padroni del processo e soprattutto di quella delicatissima parte preliminare che conta paradossalmente più della sentenza.

È l'avviso di garanzia che infatti finisce sui giornali, sporca l'immagine dell'inquisito dinanzi alla pubblica opinione, lo fa scendere di stato, avvilisce la sua famiglia, espone i suoi figli ai lazzi dei compagni e l'inquisito stesso all'imbarazzo degli amici, all'esultanza dei nemici, al discreto fregarsi le mani dei colleghi e dei concorrenti. Se l'inquisito sarà riconosciuto colpevole e condannato, questo sarà un prezzo accessorio. Ma se sarà assolto o prosciolto nelle fasi preliminari o condannato per infrazioni infinitamente minori di quelle contestategli all'inizio dell'inchiesta?

L'emergenza italiana ha portato all'inquisizione di massa. Sia pure per situazioni diversissime quanto a merito e gravità, sono inquisiti il presidente del Consiglio, il leader del Pds e della maggioranza parlamentare, il leader di Forza Italia e dell'opposizione. Il capo dello Stato e il presidente del Senato sono usciti senza conseguenze, ma stremati, dall'inchiesta sui fondi neri del Sisde. Cancellata l'intera generazione dei più alti manager pubblici della Prima Repubblica, scomparse imprese colossali come la Ferruzzi e l'Enimont, suicidi Raul Gardini, Gabriele Cagliari e tanti altri, restano in servizio, ma condannati, i presidenti della Fiat e della Olivetti, i capi delle principali imprese di costruzione, mentre il gruppo Fininvest ha subìto centinaia di perquisizioni, sta subendo e subirà decine di processi. Chiunque sfogli le cronache regionali di qualsiasi quotidiano troverà situazioni variabili, ma analoghe nella sostanza.

Quando una volta all'anno, ormai da diversi anni, parlo di queste cose con un magistrato come Piercamillo Davigo duro fino al paradosso e alla provocazione, ma intelligente, cortese e disponibile, lui mi dice regolarmente: «Se non dobbiamo più arrestare i ladri, lo si dica chiaramente».

La classe dirigente italiana, la vecchia e anche la nuova, è dunque una gigantesca associazione per delinquere? O alla massa indiscussa e indiscutibile delle ruberie di stato si è aggiunta una presunzione inquisitoria per la quale chiunque occupi un certo posto «non possa non sapere» tutto quello che accade in un larghissimo raggio d'azione intorno a lui? Si è data rilevanza penale anche a infrazioni amministrative? Si è fatto un uso generalizzato del falso in bilancio e dell'abuso d'ufficio? Sono state compiute le acrobazie più spettacolari per forzare le leggi della competenza territoriale? Si è usata spesso la carcerazione preventiva come mezzo istruttorio, per ottenere da un imputato ormai a pezzi la conferma di accuse altrimenti indimostrabili e la chiamata di complici reali o supposti per riacquistare la libertà e far riaprire dal nuovo detenuto la catena di Sant'Antonio? I giornali sono entrati nelle inchieste come mezzi di pressione psicologica?

La struttura dei pool organizzati come squadre compatte ha oggettivamente intimidito il giudice per le indagini preliminari chiamato a decidere da solo – e in tempi spesso ristretti – su provvedimenti proposti da un'intera procura della repubblica, elevata spesso dai giornali a congregazione dei santi? Quanti hanno coraggio di bestemmiare? Quanti se la sentono di affrontare da soli le reazioni dei colleghi procuratori e della pubblica opinione che attraverso i giornali conosce bene i magistrati dell'accusa e non accetta che un oscuro, singolo giudice mandi per aria il lavoro svolto per mesi da decine di investigatori? Quando i magistrati sbagliano, il Consiglio superiore della magistratura ha la forza per riconoscere i loro errori e stabilire le sanzioni necessarie?

Alcune pagine di questo libro sono dedicate alla storia di persone note e meno note, la cui vita è stata travolta da carcerazioni ingiuste e da processi sbagliati. Nessun risarcimento sarà possibile per loro e per le loro famiglie. Quante storie simili non si conoscono?

Sono queste, forse, alcune delle ragioni che hanno indotto l'intero Parlamento a voler ripensare gli articoli della Costituzione che stabiliscono le regole di base per amministrare la giustizia. E che hanno prodotto nel mondo politico e nella pubblica opinione strappi più forti di qualunque altro tema. Scrive D'Alema in *La grande occasione*: «Una larga parte della società civile si avvicina a queste tematiche in modo inadeguato e assai poco civile. Molti italiani non riescono a separare la sfera dei principi – e la giustizia è forse il più sacro tra i principi – dagli umori e dalle passioni più immediate. E questa è l'anticamera dell'invocazione della giustizia sommaria, del facile moralismo che invoca severità per gli altri e indulgenza per sé... Una parte della sinistra è stata partecipe di questa cultura:

non soltanto non l'ha combattuta, ma se ne è imbevuta e ha assorbito il peggio di uno spirito pubblico aggressivo e volgare».

Quando la sera del 15 settembre Giuliano Ferrara annuncia al «Maurizio Costanzo Show» la sua candidatura al Mugello contro Antonio Di Pietro, una parte consistente del pubblico grida «buuuuuu» non perché ha le prove che quel che Ferrara dice è falso (o è vero), ma perché non accetta che venga messo in discussione il mito dell'Italia pulita che ha incarcerato l'Italia sporca.

«Caro Boato, ti suiciderai prima che ti ammazziamo...»

Si capisce, dunque, con quanta difficoltà da febbraio a fine giugno del '97 e poi di nuovo a fine ottobre dello stesso anno, la Commissione bicamerale abbia affrontato temi comunque laceranti.

Ne sa qualcosa Marco Boato, relatore della commissione sul tema delle garanzie e parafulmine di ogni contestazione. Boato è un trentino cinquantenne che viene dal Movimento studentesco e dalla dirigenza di Lotta continua. È stato radicale, ha sfiorato i socialisti, è parlamentare dei Verdi. Chi lo conosce sa che è un garantista vero. D'Alema lo conosce da anni e senza dirglielo lo propone come relatore per la giustizia. L'idea è di Antonio Soda, *sherpa* del Pds. Al Bottegone sanno che sulla giustizia si rischia grosso, non vogliono esporsi direttamente, ma al tempo stesso non vogliono scherzi.

Un giorno D'Alema incrocia Boato all'ingresso di Montecitorio e gli dice: «Ho proposto la tua nomina, ma non so se passa». In effetti nell'Ulivo s'accende uno scontro trasversale. Chi non conosce Boato, lo teme. Chi lo conosce, è fiducioso. Tra questi ultimi c'è il popolare Ortensio Zecchino, presidente della Commissione giustizia del Senato. Ha lavorato con Boato, lo sostiene. Alla fine Boato passa. Lavora molto sott'acqua riprendendo decenni di proposte di riforma d'ogni partito e mai passate. Ma appena riemerge, i cecchini cercano di farlo secco.

Partono in tre: «L'Espresso» e due settimanali di opposta fazione, «Avvenimenti» a sinistra e «il Borghese» a destra. Gli ultimi due sparano qualche botto e poi si chetano. «L'Espresso» corre invece la maratona. Boato conta dodici numeri consecutivi, dodici settimane di botte. La sostanza, secondo il settimanale, è che sulla giustizia comanda Forza Italia e che Boato rappresenta lo squallido strumento delle pastette tra D'Alema e Berlusconi. L'interessato prova a replicare: «Se sono uno strumento, si sono dimenticati di dirmelo». Ma serve a poco.

Quando a lavori finiti vado a trovarlo nel suo piccolo ufficio alla Camera, Boato – che da vecchio rivoluzionario conserva tutto e ricorda tutto – mi porge un fascicolo rosa. C'è qualche lettera di consenso che viene soprattutto dalle carceri. Per il resto, centinaia di insulti e di minacce. Qualche condanna a morte, qualche garbato invito alla cautela quando attraversa la strada, accuse di essere servo di Gelli e di Berlusconi. Scrive un anonimo signore: «Innanzitutto saluto il Venerabile che Dio lo uccida presto», Boato o Gelli fa lo stesso. Un altro anonimo è schematicamente profetico: «Ti suiciderai prima che ti ammazziamo noi». Si firma, onore al coraggio, la signora Marta Viresci di Rovigo: «Piccolo rompicoglioni, lei vuole imprigionare i giudici». In compenso il Grande Scrivano Bolognese, Luigi Preti, gli spedisce messaggi d'encomio e d'incoraggiamento destinati ad annegare nel resto.

Boato abbozza. Ma quando ai primi di aprile sfila «l'Unità» dalla mazzetta dei giornali comincia ad allarmarsi sul serio. Alberto Asor Rosa, uno dei santoni del comunismo italiano, si chiede in prima pagina chi lo abbia nominato. È difficile che l'insigne letterato sia stato così assorbito dai suoi studi per non sapere che Boato è una creatura di D'Alema. Dunque attacca D'Alema. Dunque il gioco si fa duro. Anche perché Asor Rosa si meraviglia di come i magistrati se ne stiano zitti.

«Quell'articolo» mi dice Boato «è come un segnale.» Come uno di quei razzi illuminanti che vengono lanciati per illuminare l'obiettivo e facilitare il lavoro dei bombardieri. Che infatti arrivano subito sul teatro delle operazioni.

Boato diventa così strumento di Cossiga e attua i piani di Gelli e di Craxi. Cordova evoca la P2, Borrelli e Davigo lanciano bombe megatoniche. Boato trova il coraggio di rispondere: posso ascoltare il cittadino Borrelli, non il procuratore di Milano che mi resta indifferente. Ma teme che si stiano organizzando le forze giuste per farlo dimettere.

La sera di mercoledì 16 aprile Boato è uno degli ospiti di «Porta a porta», dedicata alla giustizia. Poco prima della trasmissione, mi prende da parte e mi dice: «Cinquantanove senatori dell'Ulivo hanno firmato un documento di Bertoni contro la mia bozza». Raffaele Bertoni, ex segretario dell'Associazione nazionale magistrati, senatore del Pds e leader del «partito dei giudici», è uno dei più tenaci avversari di riforme che mettano in discussione il ruolo dei pubblici ministeri. Boato ritiene che l'iniziativa sia stata presa contro Cesare Salvi, capogruppo dei senatori pds, e soprattutto contro D'Alema, alla vigilia dell'audizione in Bicamerale di Elena Paciotti, presidente dell'Associazione nazionale magistrati.

Il giorno precedente, martedì 15 aprile, Boato ha depositato la seconda di quelle che a settembre diventeranno sette «bozze» di riforma. La distinzione di ruoli tra giudici e pubblici ministeri è molto evidente. Colpisce che sia il Polo sia l'Ulivo concordino sull'opportunità che il passaggio dall'una all'altra funzione possa avvenire soltanto per concorso, dopo dieci anni di permanenza nel ruolo che si vuole abbandonare e con il trasferimento in un'altra regione. (Alla fine i dieci anni scompariranno.) E che entrambi gli schieramenti vogliano rivedere sia la composizione del Consiglio superiore della magistratura, aumentando il numero di membri non togati di nomina politica, sia la sezione disciplinare che funziona male.

(Ha detto il procuratore generale della Cassazione, Galli Fonseca: «In dieci anni su 998 sentenze del Csm a carico di magistrati, 267 sono state di condanna e 731 di assoluzione. Questo dà l'impressione di una giurisdizione domestica».)

Giovedì 17 aprile Elena Paciotti parla in Bicamerale. Sostiene che le riforme possono farsi con legge ordinaria (sulla quale è più facile intervenire) a «Costituzione invariata» e mette in guardia dalle modifiche allo studio in commissione. La Paciotti è abilissima, come nei suoi interventi televisivi, quando scarica le situazioni indifendibili come la promozione da ruolo requirente a ruolo giudicante all'interno dello stesso distretto di corte d'appello. Parla con toni equilibrati e molti commissari ne subiscono il fascino intellettuale. D'Alema riceve un forte impatto psicologico e tende la mano ai giudici, convincendo Berlusconi a fare altrettanto (solo la Parenti strilla).

Ma chi spera in una composizione della vertenza o almeno in una tregua si sbaglia. L'indomani la magistratura associata si riunisce in un seminario a Roma. La Bicamerale, il suo presidente, il relatore sulla giustizia sembrano passanti sperduti nel corridoio dei cecchini di Sarajevo. Boato è presente, trattato col massimo garbo formale. Quando ha in corpo più colpi di San Sebastiano, si avvicina alla Paciotti. Mi racconta: «Le dico: Elena, se sei corretta, devi dire adesso quello che ieri hai detto a noi in commissione. Lei non accettò. Uscii, lo dissi ai giornalisti».

Ma il botto più grosso c'è il giorno successivo. Mille magistrati si riuniscono in assemblea negli uffici romani di piazzale Clodio. Scende in forze il Pool di Milano. La bozza Boato viene messa nel tritacarne, poi nella centrifuga, infine nel frullatore. A Piercamillo Davigo viene attribuita la frase famosa: «Siamo i migliori». (Quando qualche mese più tardi gli chiedo come gli sia saltato in mente di dire una cosa del genere, Davigo mi risponde: «Infatti non l'ho detta. Ho detto un'altra cosa: ma insomma, vogliono modificare il nostro assetto disciplinare quando nelle altre amministrazioni vengono riammessi in servizio i corrotti? Noi sotto questo profilo siamo i migliori, da noi quando uno viene condannato per corruzione viene rimandato a casa. Allora perché si comincia da noi ancora una volta?».)

Chi alza il tiro sui veri obiettivi politici è Francesco Saverio Borrelli. Il «Corriere della Sera» attribuisce al procuratore questa frase pronunciata a margine dell'assemblea: «Berlusconi è una persona, una testa, non governa lui la Bicamerale. Credo che la commissione avrà l'autonomia per valutare ciò che deve essere fatto senza stare ai diktat di Berlusconi», con il quale non intende polemizzare perché «è anche un imputato del nostro ufficio».

Il Polo s'indigna. Berlusconi risponde: «Se un magistrato sbaglia cinque volte, deve cambiare mestiere». Si indigna (e si allarma) anche il Pds. Il ministro della Giustizia Flick ipotizza un'azione disciplinare: una delle tante che non avranno seguito. Il vignettista del «Corriere», Giannelli, mostra il ministro sorridente mentre Borrelli con la scure in mano sta per decapitare Berlusconi sul ceppo. Dice il procuratore: «Sono per la separazione delle carriere: mezzo alla politica, mezzo alla Fininvest».

«Caro Gianmaria, sei il quinto birillo...»

La sera di mercoledì 7 maggio nel villino Giulia di Maria Angiolillo resta vuoto un posto a tavola. In ogni sua cena, Maria ha sempre trentacinque ospiti divisi in tre tavoli da dodici. Pur essendo i suoi amici persone assai impegnate, non accade mai che qualcuno non arrivi. Maria è un'ospite perfetta e non accetterebbe defezioni o ritardi. Ma quella sera di maggio, solo quando nel quinto bicchiere di cristallo d'epoca che sta ritto dinanzi a ogni commensale è stato appena versato lo Château d'Yquem che saluta in modo trionfale la fine del pranzo, la sagoma imponente di Cesare Salvi s'affaccia nella sala da pranzo. Salvi si dirige verso la padrona di casa, saluta gli altri ospiti del suo tavolo e appena seduto vede materializzarsi al tavolo di fronte l'immagine di Giovanni Maria Flick. Quando il Guardasigilli fa gli occhi da cocker significa che è successo qualcosa, e infatti il sorriso affaticato di Salvi, che viene da una pesantissima giornata di Bicamerale, si spegne immediatamente.

Viene servito in quel momento un bellissimo soufflé. Mentre Salvi, che non ha mangiato altro, ne apre nervosamente il cuore, chi gli siede accanto lo sente borbottare: «È stato zitto per sei mesi. Adesso si sveglia perché ha parlato Borrelli».

Il soggetto inespresso di questa frase di Salvi è naturalmente Flick. Che lascia intatto il soufflé per divorare con gli occhi il presidente dei senatori pds. La morbida poltroncina da pranzo di casa Angiolillo si trasforma infatti per il Guardasigilli in una sedia da fachiro. E Flick, che fachiro non è, ne soffre vistosamente.

Quando finalmente Maria si alza perché i sigari appena offerti possano esaurirsi nelle conversazioni del piano superiore, i due eminenti politici si cercano e s'incollano come i protagonisti di *Attrazione fatale*, mentre qualcuno dei commensali mormora: «Se un ministro va contro la sua maggioranza deve dimettersi». Salvi dice al ministro quanto ha già deciso di dichiarare l'indomani ai giornali. Riporterà su «La Stampa» Maria Teresa Meli: «Trovo singolare» ha detto il capogruppo della sinistra democratica al Senato «che il ministro, e non è la prima volta che ciò accade, invece di venire in Parlamento mentre si fanno le leggi, per dirci il suo punto di vista, intervenga di fatto contro la maggioranza. E interviene a seguire in tempo reale le dichiarazioni della Procura della Repubblica di Milano».

Si sta discutendo in Parlamento la modifica del famoso articolo 513 del codice di procedura penale che consentiva, nella versione precedente, ai pubblici ministeri di far valere in aula la testimonianza di un imputato a carico di altri imputati per lo stesso reato, anche se il teste si rifiutava di presentarsi al dibattimento, sottraendosi al controinterrogatorio della difesa dell'accusato. La grande maggioranza del Parlamento è favorevole a che la modifica valga anche per i processi in corso. Le procure di Milano e di Palermo sono nettamente contrarie e il ministro della Giustizia si colloca dalla loro parte contro la sua stessa maggioranza parlamentare. Il Polo ne chiede inutilmente le dimissioni e la bufera passa senza conseguenze. Ma i sospetti su un eccesso di condiscendenza del ministro verso il procuratore di Milano cresceranno fino all'autunno del '97, quando Borrelli – chiedendo l'arresto del deputato forzista Cesare Previti per l'affare Imi-Sir – farà dipendere dall'esito (negativo) della domanda il suo giudizio sulla moralità del Parlamento. In quella occasione, Forza Italia accuserà apertamente il ministro di essere sotto schiaffo da Milano, ricevendo una durissima replica da Flick («Se avete le carte, tiratele fuori»). Flick è diventato ministro della Giustizia per una fermissima decisione di Romano Prodi. Si sarebbe candidato volentieri con l'Ulivo alle elezioni del '96, ma non gli si trovò un seggio e la responsabilità rimpallò a lungo tra Prodi, Marini e D'Alema. Al momento della formazione del governo, il segretario del Pds voleva quel posto per uno dei suoi. Quando Cesare Salvi (Pds) e Giuliano Urbani (FI) volevano diventare rispettivamente presidenti del Senato e della Camera, D'Alema impose alla Camera Violante. A chi protestava, si rispondeva: «Lo volete ministro della Giustizia?». Allora sembrava impensabile che il fondatore del «partito dei giudici» andasse in via Arenula. Col senno di poi, non si può escludere che con la sua autorevolezza avrebbe potuto gestire con polso fermo l'uscita delle procure dalla lunga supplenza politica.

Promosso Violante alla Camera, Salvi sarebbe andato volentieri alla Giustizia, anche se D'Alema preferiva la candidatura di Anna Finocchiaro, un magistrato siciliano alla sua quarta legislatura nel Pci-Pds e dotato di fascino e di polso. Ma Prodi impose Flick.

Flick e Borrelli sono amici da anni. Hanno scritto insieme un libro di riflessioni su Tangentopoli, si frequentano stabilmente nelle vacanze di Courmayeur. Quando faceva l'avvocato e il professore alla Luiss, Flick era il capofila di quanti cercavano una soluzione pulita, ma sollecita, per uscire dagli ingranaggi perversi di Tangentopoli, ventilando perfino un'amnistia. Ma i panni del riformista furono riposti e Flick decise d'indossare quelli di un ministro certo più attento alla linea delle procure che a quella del Parlamento e della stessa maggioranza che l'aveva votato.

Due giorni dopo la cena a casa Angiolillo, il ministro se ne sente ripetere le ragioni da Ottaviano Del Turco a casa di un vecchio amico comune che ha invitato Flick per verificare se davvero non c'è più traccia di tanti discorsi garantisti fatti insieme per anni. «Caro Gianmaria,» gli dice Del Turco, mentre il fumo del suo sigaro s'incrocia con quello della pipa del Guardasigilli, «io ti capisco, sei il quinto birillo e cerchi di restare in piedi.»

Flick guarda Del Turco con aria allarmata e interrogativa. «Sai giocare all'italiana?» incalza il presidente dell'Antimafia. «L'italiana è un gioco del biliardo in cui vince chi riesce a far cadere tutti e cinque i birilli. La Procura di Milano ne ha fatti cadere quattro: Martelli, Conso, Biondi e Mancuso. Quattro birilli, quattro ministri della Giustizia. Tu sei il quinto birillo. Ti capisco, Gianmaria, ti capisco.»

Prima che Flick possa replicare qualcosa, gli squilla il telefonino. E Del Turco, che ha pronto un paragone per qualunque circostanza, commenta: «Lo stesso squillo di Matt Helm».

Prego?

«Ma sì, Matt Helm, *Il silenziatore*, con James Bond.»

Quando Flick finisce la telefonata, Del Turco – che ormai ha il gioco in mano – fissa allusivamente un piccolo quadro con i «tagli» di Lucio Fontana e rovina definitivamente la serata del ministro: «Non sai che botte arriveranno dalla Procura di Palermo...».

«Presidente, siamo stati sotto ricatto...»

Boato continua intanto a sfornare bozze e a offrirle come si fa con i sigari: l'Associazione magistrati e il Consiglio superiore aprono la scatola, annusano il tabacco, palpano la consistenza del sigaro, sfiorano le foglie per misurarne la stagionatura, arricciano il naso, infine chiudono la scatola senza prendere niente. E dicono al sigaraio di ripassare con altra merce.

A metà maggio si svolge nella bella sala del Refettorio a San Macuto un convegno di magistrati e docenti universitari. Boato viene fatto a pezzi. Gli si avvicina Marcello Pera, professore d'università e testa d'uovo del Polo per le questioni di giustizia, che aveva sempre guardato con spirito critico alle iniziative di Boato e gli sussurra: «Adesso ho capito. Ti difenderò a spada tratta».

Sono i giorni della quinta bozza, seguita il 27 maggio dal testo base del relatore, quello definitivo.

All'inizio di giugno, la Bicamerale deve vedersela con il voto leghista che fa approvare a sorpresa il semipresidenzialismo e la giustizia passa per alcuni giorni in sott'ordine.

Riesplode il 25 giugno quando D'Alema teme che i Popolari si accordino col Polo per votare alcune norme che riaprirebbero la guerra con le associazioni dei magistrati. In particolare, il Pds non può accettare che l'articolo «I giudici e i magistrati del pubblico ministero sono soggetti soltanto alla legge» perda per strada «i magistrati del pubblico ministero», premessa – si teme – per una successiva ed eventuale limitazione di autonomia.

Il 26 giugno è un giorno drammatico. La Lega torna in aula e si sa che torna per votare la separazione delle carriere tra magistrati giudicanti e pubblici ministeri, richiesta dal Polo. D'Alema sa anche che cinque parlamentari dell'Ulivo sono pronti a votare nello stesso modo: Enrico Boselli (socialista), Natale D'Amico (Lista Dini), Mario Rigo (Lega delle Regioni), il valdostano Guido Dondeynaz e il sudtirolese Karl Zeller.

Alle cinque del pomeriggio, quando sta per arrivare la resa dei conti, D'Alema manda un biglietto a Urbani: «Spero ti sia chiaro che se passa la separazione delle carriere (e magari l'elezione dei pubblici ministeri) con il voto della Lega, salta tutto. Nel senso che noi voteremo contro il testo finale». L'elezione dei pubblici ministeri secondo il sistema americano è una vecchia utopia leghista che nessuno pensa di mettere in votazione. Ma è certo che la separazione delle carriere passerebbe. La commissione deve infatti stabilire se votare o no gli emendamenti presentati dai vari gruppi o limitarsi all'approvazione del testo base di Boato.

Salvi va a trattare con gli ulivisti dissidenti. Gli dicono che, se ci si limita alla bozza Boato, loro votano a favore. Se invece il Pds insiste per votare i propri emendamenti, loro si riservano di votare secondo coscienza.

Alle nove della sera, a quasi dodici ore dall'inizio della seduta, si capisce che, se si votano gli emendamenti degli opposti schieramenti, la Bicamerale salta. Basta sentire su quali e quante virgole si giochi il futuro dei pubblici ministeri: una parola aggiunta o tolta dalla Costituzione può aprire al legislatore ordinario strade opposte per ridisegnare l'assetto giudiziario italiano. È a questo punto che Sergio Mattarella propone di votare soltanto il testo base, rinviando all'autunno la discussione sugli emendamenti. D'Alema sospende la seduta e i venti minuti che seguono sono i più convulsi nella storia della commissione.

Si formano capannelli eterogenei. Marini va a mediare col Polo, Fini con l'Ulivo. Mi dice Berlusconi: «Non ho creduto alla minaccia di D'Alema di far saltare tutto, come ha scritto nel biglietto a Urbani. Ma certo capivo che dopo essere stato sconfitto sul semipresidenzialismo e sulla legge elettorale, non avrebbe potuto accettare una sconfitta anche sulla giustizia».

Al presidente di Forza Italia si avvicina Boato che lo sollecita ad accettare la proposta di Mattarella. Berlusconi sa di avere i numeri per forzare, ma sa anche che in Parlamento l'Ulivo, con la legge dei numeri, può stabilire ritorsioni su altri punti della Costituzione. Mi dice il Cavaliere: «I Popolari ci fanno sapere di essere stati richiamati con durezza e di non poter andare oltre un certo limite. In ogni caso, non possono votare con noi come era sembrato al mattino. Se nel voto perdessimo, non avremmo i numeri per rimontare in Parlamento. Se accettiamo di rinviare, abbiamo il tempo per trovare una soluzione equa che si avvicini di più alle nostre posizioni».

Il Polo accetta il rinvio. Tiziana Parenti, in lacrime, si dissocia e parla per annunciare le sue dimissioni: «Mi dispiace di aver votato per lei, onorevole D'Alema, come presidente della Bicamerale. Lei non è stato il presidente di tutti. Lei è stato il presidente di alcuni e soprattutto è stato il presidente dei magistrati. Abbiamo vissuto in una commissione costantemente sotto ricatto...». Fini si dissocia: «Io non l'ho votata, presidente, ma debbo dire che se la Bicamerale questa sera decide di non votare gli emendamenti sulla giustizia, lo fa non perché questo organismo parlamentare sia ricattato, bensì perché liberamente decide di non farlo». D'Alema lo ringrazia.

Manca poco più di un'ora a mezzanotte quando si vota per mantenere solo il testo base di Boato. Il gruppo di Rifondazione è l'unico contrario.

Davigo: «Ma Boato chi rappresenta?»

«Sono forse io custode del fratel mio?» Quando gli chiedo una previsione sul futuro di Di Pietro, Piercamillo Davigo mi risponde come Caino rispose al Signore che gli chiedeva dove fosse finito Abele. All'interno del Pool, Davigo è da sempre l'amico più stretto di Di Pietro. Si infastidì, come i colleghi, quando ascoltando la televisione scoprì che Di Pietro era andato a casa di Berlusconi ad Arcore e gli aveva detto che con l'avviso di garanzia di Napoli aveva poco o niente da spartire. Ma non c'è dubbio che quando torna in procura a Milano, Di Pietro entri innanzitutto in questa stanza che sta all'inizio dell'interminabile corridoio su cui si affacciano gli uffici degli altri sostituti. Era la sua stanza, l'ha ereditata Davigo che adesso la divide con un giovanissimo uditore. «La sua vita e la sua carriera saranno segnate per sempre da questa esperienza» dico al giovanotto. Davigo sorride, sorride anche lui, ma si guarda bene dall'aprire bocca. Sarà il testimone muto delle due ore del nostro colloquio.

Fu a casa di Gherardo Colombo che a Pasqua del '95 Di Pietro cercò di ricomporre il rapporto con i suoi vecchi colleghi. Ma due anni più tardi, quando Colombo ha sposato la sua compagna, Di Pietro non c'era. C'erano tutti gli altri e Davigo mi racconta una storia che gli è capitata in treno con un collega. «Una signora ci riconosce, ci chiede del matrimonio, vuole sapere se Alessandra, la moglie di Gherardo, è bella. Noi rispondiamo che è bellissima. Lei sgrana gli occhi: ma come ha fatto a sposare quel mostro di Colombo? È cieca, le spiega il mio collega, inventando all'istante una storia struggente. La giovane virtuosa che suona il piano e s'innamora del magistrato... La signora aveva le lacrime. Ma io a un certo punto non ce l'ho fatta e sono esploso in una risata...»

Senta dottor Davigo, Boato ha lamentato pressioni forti sulla commissione da quei pochi magistrati che sono sempre sui giornali e alla televisione. Condivide?

«Pochi? Io faccio parte del comitato direttivo centrale dell'Associazione magistrati perché la componente cui appartengo è presente nella giunta. Siamo sostanzialmente tutti d'accordo su tutte le deliberazioni che sono state prese su questo tema. Quindi c'è una coincidenza di vedute. Forse sui mass media finiscono i due-tre colleghi che vengono definiti l'altra campana della magistratura e dietro ai quali effettivamente non c'è nessuno. E poi io sono stato eletto, nella mia lista sono il secondo degli eletti a quattro punti dal primo. Boato è il secondo degli eletti nella sua lista? Questo a proposito di rappresentatività.»

Le battute gli scappano come copie di giornale a una rotativa. Eppure quando vai a ricordargli quelle incancellabili, dice che non sono sue. Nemmeno quella sull'Italia «da rivoltare come un calzino».

«I diritti d'autore su quella battuta spettano a Giuliano Ferrara. Era l'estate del '94, c'era stata una serie di arresti di militari della Guardia di Finanza e di imprenditori che avevano versato denaro. Ferrara, ministro del governo Berlusconi, disse al TG1 una frase del genere: visto che qualcuno ha pagato la Guardia di Finanza, non possiamo rivoltare l'Italia come un calzino. Io osservai: vi pare possibile che un ministro della Repubblica possa dire una cosa del genere? Allora che dobbiamo fare? Permettere che continuino a pagare la Guardia di Finanza?»

E quella su certi politici che come le Brigate rosse cercano di non farsi processare?

«Nemmeno quella. Ho detto: ogni tanto ci imbattiamo in soggetti che anziché difendersi nel merito, come è sacrosanto, giocano a non farsi processare. Allora, come è avvenuto quando le Brigate rosse cercavano di impedire i processi, lo

Stato deve impiegare maggiori energie perché, oggi come allora, non si può accettare che qualcuno riesca a non farsi processare.»

Be', se non è zuppa...

«Nella mia opinione, il fatto che qualcuno riesca a non farsi processare ha un carattere eversivo dell'ordinamento, perché manda in frantumi la scritta *La legge è uguale per tutti.*»

E l'altra ancora secondo cui il problema politico dell'Italia sarebbe che la classe dirigente non ha accettato il principio di uguaglianza davanti alla legge?

«Questa l'ho detta. La nostra legislazione è fatta in modo differenziato a seconda della categoria sociale di appartenenza del possibile imputato.»

Per esempio?

«Prenda il pubblico ufficiale. Si dice che il componente del consiglio d'amministrazione delle Ferrovie dello Stato non è un pubblico ufficiale. Le Ferrovie sono una società per azioni, il consiglio non ha poteri autoritativi, certificativi, eccetera. Poi però si scopre che il signore che controlla i biglietti sul treno è un pubblico ufficiale. Allora mi domando: il signore che fora i biglietti è o non è alle dipendenze di un consiglio d'amministrazione che lo ha assunto e può licenziarlo, trasferirlo, punirlo anche per come fora i biglietti sul treno? Come fa il bigliettaio a essere un pubblico ufficiale e il consigliere d'amministrazione no?»

Mi pare più sorprendente definire Pippo Baudo incaricato di pubblico servizio.

«Sono d'accordo, ma il problema di cui sto parlando è un altro. Come può una classe dirigente avere la fiducia e il rispetto dei subordinati se non sottopone se stessa alle regole che valgono per loro?»

Ho la sensazione che invece alcune procure abbiano una speciale attenzione per le persone in vista.

«Le giro un'osservazione del procuratore aggiunto di Torino, Marcello Maddalena, quando a proposito del falso in bilancio gli avvocati della Fiat gli obiettarono che alcune decine di miliardi sono niente di fronte al fatturato dell'azienda e comunque non ne intaccano l'essenza patrimoniale. Maddalena rispose: ma allora perché i vostri servizi di vigilanza denunciano gli operai che rompono un bullone? Se i parametri di riferimento sono alcune decine di miliardi, dovreste lasciar perdere e accontentarvi dei provvedimenti disciplinari...»

«I ministri non hanno la polizia a disposizione?»

Davigo non manda giù che si parli per i pubblici ministeri di carriere separate o distinte. «Fino all'89 i pretori cumulavano le due funzioni. Eravamo allora un paese di selvaggi?»

E considera aberrante parlare di queste cose prescindendo dal sistema costituzionale nel quale si vive.

«C'è differenza tra un sistema politico in cui il capo dell'esecutivo sia anche il capo della maggioranza parlamentare e un sistema, per esempio quello americano, in cui il presidente può trovarsi contro la maggioranza del Congresso. Nel primo caso le garanzie d'indipendenza dell'ordine giudiziario devono essere aumentate.»

Anche il nostro sistema prevede che il primo ministro sia capo della maggioranza parlamentare (è accaduto con Berlusconi). Ma accade normalmente in Francia, in Gran Bretagna, in Germania...

«E infatti molti in questi paesi si dolgono della inadeguatezza delle garanzie d'indipendenza della magistratura...»

Dottor Davigo, sono sistemi di democrazia forte. In ogni caso voi siete molto più tutelati...

«Per questo vorremmo evitare di passare a una posizione meno tutelata.»

In ogni paese le carriere dei pubblici ministeri e quelle dei giudici sono separate.

«Da noi il pubblico ministero e il giudice fanno lo stesso lavoro. Noi pubblici ministeri abbiamo il compito di far rispettare la legge, che è esattamente la stessa funzione che l'ordinamento affida al giudice. In questa ottica, perché non separare allora la carriera del giudice per le indagini preliminari da quella dei giudici di tribunale e di corte d'assise? Come vede, o c'è confusione oppure le finalità perseguite da chi vuole dividerci dai giudici sono diverse da quelle dichiarate. E poi chi vuole ridimensionare in questo modo i Pm è un suicida.»

Suicida?

«Ma sì, tra le righe del testo di Boato approvato in commissione si legge l'idea di fare un'unica struttura del pubblico ministero. Una struttura di duemila persone diretta gerarchicamente. Le chiedo allora come potrà un giudice non tenere in estremo conto il parere di un organo che ha tutta la forza di un pubblico ministero unitario e gerarchizzato quando dirà: ma tu, modesto giudice di provincia, vuoi discutere questa mia posizione che è stata deliberata dal procuratore nazionale dopo attente valutazioni dei nostri uffici studi?»

Lei prevede la nascita di un procuratore nazionale?

«Per la mafia c'è già. Il documento di Boato parla di coordinamento dell'attività delle procure che è l'esatto contrario della linea di tendenza che c'è stata finora e cioè il potere diffuso per evitare al massimo le gerarchie.»

Quindi la commissione ha sbagliato?

«Non sta a me dire se questa tendenza sia giusta o sbagliata. Il problema è un altro. Si dice che i singoli magistrati del pubblico ministero stanno acquisendo troppo potere e un'ottica eccessivamente inquisitoria? Ma allora si faccia il contrario. Si dica che dopo cinque anni il pubblico ministero deve tornarsene in un collegio giudicante. Se invece si fa un corpo separato, tra qualche anno si dirà: ma questi pubblici ministeri non possono mica esercitare un potere così senza rispondere a nessuno.»

Lei dice quindi che una organizzazione del genere sarebbe l'anticamera del controllo del governo sul pubblico ministero.

«Inevitabilmente.»

Come Montanelli per una battuta è disposto a rompere un'amicizia, quando Davigo s'innamora di un'idea la porta inevitabilmente al paradosso. Parliamo del sistema francese e lui mi ricorda che lì il ministro della Giustizia può ordinare al pubblico ministero di procedere all'azione penale (non può ordinargli di non procedere). Gli dico: pensi che succederebbe in Italia se il ministro avesse lo stesso potere...

«Perché, i ministri da noi non ce l'hanno?»

Prego?

«Dico: da noi i ministri non possono ordinare di procedere? Qual è il problema? In Italia ci sono molti ministri che hanno un corpo di polizia a disposizione...»

Ma non la polizia giudiziaria. Siete voi comunque a dover decidere se il rapporto di un poliziotto, di un carabiniere o di un finanziere – in sintesi: di un ufficiale di polizia giudiziaria – ha rilevanza oppure no.

«Perché, si può omettere di procedere se c'è un rapporto che conclude in un certo modo? Bisognerà avere degli argomenti...»

Di fronte alla tesi che alcuni dei nostri ministri possono di fatto promuovere l'azione penale mi arrendo. E cambio discorso.

Davigo naturalmente non condivide nemmeno l'idea che per cambiare funzione (da pubblico ministero a giudice) il magistrato debba cambiare distretto. E quando obietto che non sarebbe elegante frequentare lo stesso ambiente, giudicare i colleghi di ieri, mi risponde: «Lei pensa davvero che un collega assolve o condanna qualcuno per fare un favore a me? Ma non scherziamo».

S'indigna dinanzi all'ipotesi che venga depenalizzato il falso in bilancio: «Se lo faccio per fregare i creditori sono punito con la reclusione fino a cinque anni, se lo faccio per fregare tutti i cittadini, alterando le commesse pubbliche e il gioco democratico, commetto solo una violazione amministrativa? Ma non scherziamo».

A proposito: perché arrestate per il falso in bilancio quando le carte truccate, se ci sono, stanno lì e nessuno può ripulirle?

«Il documento sta lì, è vero. Ma io posso cambiare la rappresentazione della realtà che riferiscono i testimoni, i coimputati, altre persone. Se io sono l'amministratore delegato di un'azienda è difficile che i miei dipendenti possano testimoniare sinceramente se mi vedono in circolazione.»

Naturalmente la cosa ha una valenza diversa quando il reato si riferisce ad anni lontani, come spesso accade, ma è più facile spostare il Monte Bianco di un metro che Davigo da un'opinione.

«Niente amnistie. La corruzione è virulenta»

Si è abbassato il livello della corruzione?

«È diminuita certamente quella politica, almeno nelle forme più virulente. Prima c'era un imprenditore che raccoglieva denaro da tutti i colleghi della cordata e lo dava a un esponente politico per tutti i partiti. Adesso in modo così sfrontato non accade più. C'è una cautela maggiore e non se ne può più parlare apertamente.»

E nella pubblica amministrazione?

«Ho la sensazione che lì il fenomeno sia ancora virulentissimo. Vede, lì non si tratta di finanziare il costo della politica. Lì si tratta di finanziare il proprio tenore di vita. C'è gente che guadagna due milioni al mese ed è abituata a vivere con venti. È duro riabituarsi a vivere con due. Qui si riapre il vecchio discorso su quale tipo di pubblica amministrazione vogliamo: pochi funzionari ben pagati e stimati per le loro qualità professionali o tanti impiegati mal pagati perché la pubblica amministrazione deve tamponare la disoccupazione?»

Nemmeno l'arresto e le condanne frenano la corruzione?

«La sanzione penale è abbastanza efficace per i politici perché presentarsi alle elezioni con il marchio di una condanna li porta a scomparire. Ma per i funzionari no. Le possibilità di essere presi sono irrisorie, se vieni preso patteggi, se patteggi vieni riammesso in servizio. Ma scusi, perché uno non dovrebbe rubare? In certe amministrazioni dello Stato possono accumularsi decine di miliardi, fare il salto di qualità per sé e per la propria discendenza di generazioni. Durante il governo Dini, il ministro delle Finanze disse che su ottantaquattro condannati per corruzione e concussione con sentenza definitiva solo uno è stato destituito, gli altri hanno ripreso servizio. E non mi dica che la legge prevede questo. Le commissioni ministeriali di disciplina possono destituire i dipendenti infedeli. Perché non lo fanno?»

Secondo lei, quindi, la chiave del problema sta nella pubblica amministrazione.

«Che senso ha la lotta per il potere se si arriva al vertice e poi la pubblica amministrazione non ubbidisce perché è gravemente deviata in alcuni suoi gangli? Per questo la classe politica dovrebbe avere nella magistratura il suo migliore alleato e invece il problema siamo noi. Se a Milano abbiamo arrestato centoventuno appartenenti alla Guardia di Finanza e se è difficile che tutti i cattivi si siano dati convegno a Milano, è un problema mio o è un problema grave dell'esecutivo? Lei sente qualcuno discutere di questo? No, si discute di separazione delle carriere. E guardi, io non credo che questo avvenga per complicità. Avviene per miopia e mi spaventa ancora di più. L'Europa non richiede il rispetto dei soli parametri economici, ma anche di quelli corruttivi e criminali.»

Quindi niente amnistie.

«Le amnistie servono quando un fenomeno è finito, non quando è virulento. Dovrà pure arrivare il momento in cui saranno create le condizioni per commettere meno delitti. Lei si è mai chiesto che cosa significa per un giovane funzionario entrare in un'amministrazione dove i suoi superiori prendono i soldi e glieli mettono in mano? Eppure su questo non c'è un serio dibattito parlamentare. Mentre ce ne è uno serio sulla giustizia. E allora: riusciamo a capire la differenza tra causa ed effetto o si sogna l'impossibile restaurazione senza i magistrati che danno fastidio?»

Nella stanza che fu di Di Pietro entra il sole del tramonto. L'uditore ha bevuto due ore di conversazione senza battere ciglio e senza aprire bocca. Chiedo a Davigo: quando voi sei del Pool ve ne andrete e al vostro posto verranno altri sei magistrati, essi lavoreranno con la stessa energia, la stessa solidarietà di gruppo?

«Sarò un ottimista inguaribile, ma sono convinto che le ultime leve di magistrati sono migliori della nostra.»

Il Pool di fine '97 è lo stesso di cinque anni prima? Un magistrato mi risponde con questo paragone: «Siamo all'evoluzione della specie. Corrotti e corruttori sono come gli animali predatori della giungla. Nel '92 erano sazi, grassi e lenti. Bastava far cadere la rete ed era fatta. Adesso le leggi della giungla hanno fatto il predatore più agile, accorto e veloce. Ogni tanto ne catturiamo qualcuno. Ma è dura».

Nordio: «La Bicamerale è stata intimidita»

«Ma che bella novità, questa» osserva Carlo Nordio quando gli dico che nel nostro dibattito di Positano Giancarlo Caselli e Ilda Boccassini non erano ormai più contrari alla distinzione delle funzioni tra pubblici ministeri e giudici. «Se torna indietro di un anno, vedrà che a proporre anche il minimo controllo nel passaggio da una funzione all'altra si rischiava, come è capitato a me, di prendersi del craxiano e del piduista.

Poi finalmente anche il Pds ha capito che così non si poteva andare avanti e adesso si riesce a discutere. Tutto chiaro.»

Nordio è un cane sciolto della magistratura italiana. Abbaia con una inflessione veneta assai signorile e si diverte a rappresentare nei mass media l'«altra campana» dei giudici, quella che Davigo considera senza seguito. Ma è vero? Sul «Corriere della Sera» del 18 aprile, alla vigilia della grande assemblea dell'Associazione nazionale magistrati a Roma, Rosario Priore – il giudice di Ustica, dell'attentato al papa e di Emanuela Orlandi – dice a Paolo Foschini: «Sono favorevole alla separazione delle carriere perché la *forma mentis* di giudici e pubblici ministeri è diversa. Ricordo personalmente un magistrato inglese che ebbe un moto di indignazione osservando da noi che giudici, pubblici ministeri e avvocati prendevano gli stessi ascensori. E badi, a pensarla così è la maggioranza silenziosa dei giudici».

Nordio ha cinquant'anni, è in magistratura da venti e da quindici fa il pubblico ministero a Venezia. Ha fatto condannare per le tangenti venete democristiani e socialisti e in una indagine sul Pds spedì un avviso di garanzia a D'Alema. La notizia fu data ai giornali dallo stesso segretario.

Nordio ha sostituito Di Pietro come consulente della Commissione parlamentare sul terrorismo e le stragi. Restarono tutti spiazzati dal fatto che la proposta fosse partita dalla Lega. I suoi attacchi ai procuratori di Milano e di Torino gli son valsi un procedimento dei probiviri dell'Associazione magistrati. Lui si è rifiutato di presentarsi e ha scritto: «La vostra decisione dimostra, una volta di più, che i pericoli denunciati nei miei scritti esistono e che i timori di molti cittadini sono fondati: per una parte della magistratura ogni dissonanza dal coro deve essere ignorata e, se questo non è possibile, soppressa... Avete scelto la via del bastone? Seguitela fino in fondo».

Nell'estate del '97 è stato promosso consigliere di Cassazione per gli automatismi che regolano ancora la carriera dei magistrati. Poiché c'era aria di reintroduzione dei concorsi, il Csm fu straordinariamente rapido nel promuovere tutti quanti ne avessero i requisiti anagrafici. Roba da un minuto a testa. Per Nordio occorsero ore. Quando chiesi al vicepresidente Grosso come spiegasse questa eccezione, lui mi disse che s'era aperta una battaglia «politica» su un altro magistrato e che questo s'era trascinato dietro Nordio.

Quando ripensa all'episodio, il procuratore veneziano sorride: «In realtà nel Csm ci sono un paio di consiglieri che mi detestano e sono ricambiati. Poiché la seduta era pubblica, ho chiesto a Radio Radicale le cassette della registrazione integrale in modo da poter riascoltare per bene le falsità inaudite che sono state dette sul mio conto. Le mie vendette arrivano tardi, ma arrivano. Come col Pool di Milano».

Nordio mi ricorda un episodio vecchio di due anni: «Fu intercettata illegittimamente una conversazione di Craxi col suo avvocato. L'avvocato gli disse che il pubblico ministero veneziano che indagava su di lui era una persona affidabile, nel senso che non si lasciava condizionare. Io avevo infatti indagato tutti, democristiani, socialisti, comunisti. L'intercettazione venne passata ai giornali e finì dappertutto in prima pagina. Io dissi che era una barbarie, che il Pool sapeva benissimo che quella intercettazione era illegittima, i milanesi si chiamarono fuori, andammo al Csm che chiuse tutto dicendo che avevamo un po' esagerato».

Sulla separazione delle carriere Nordio è categorico: «Intanto non bisogna aver paura delle parole. La chiamino separazione, distinzione, come vogliono, non capisco la differenza. Ma deve essere stabilito un principio di civiltà, consacrato anche da una pronuncia del Parlamento europeo, che impedisca il passaggio automatico e incontrollato da una carriera all'altra. Il cittadino non può essere giudicato da un tizio che fino al giorno prima nella stessa aula faceva il pubblico ministero. Lei sa che accade a Venezia?».

Che accade a Venezia?

«Un magistrato lavora come pubblico ministero con me a un'inchiesta sulla corruzione nel Veneto. Firma con me una autorizzazione a procedere contro Bernini e De Michelis sostenendo nella sostanza che s'erano spartiti molti affari del Veneto. Poi diventa giudice e si trova a giudicare altri democristiani della corrente di Bernini. Altra gente, un altro processo, la forma è rispettata. Ma lei pensi alla faccia di quelli che si son trovati di fronte a un magistrato che già s'era pronunciato in un certo modo sul loro capocorrente. E infatti si son presi una batosta spaventosa.»

Viene mossa l'obiezione che un corpo separato dei pubblici ministeri diventa troppo potente.

«Anche questa è una novità. Non s'era detto fino a ieri il contrario, e cioè che la distinzione o la separazione fossero il primo passo verso la soggezione del pubblico ministero al governo?»

E infatti i pubblici ministeri diventerebbero tanto potenti da far dire al potere politico che serve qualcuno che li controlli...

«E neanche questa tesi regge. La formazione di un nuovo ordine requirente, quello dei pubblici ministeri, non porterebbe affatto né a un nuovo organismo svincolato da controlli né a un organismo controllato dal potere politico. Il controllo dovrebbe essere fatto da magistrati del pubblico ministero svincolati dal potere politico, ma vincolati alla legge. L'importante è dividere chi accusa da chi giudica. Ci sono commistioni infinite...»

Per esempio?

«Il lavoro dei magistrati viene giudicato dal consiglio giudiziario. I procuratori generali, che sono pubblici ministeri, danno di diritto il loro parere su giudici giudicanti. E già non va bene. Poi ci sono i pubblici ministeri e gli altri giudici eletti nel consiglio. Quando, alcuni anni fa, io ero membro del consiglio giudiziario del Veneto e facevo il pubblico ministero, mi capitava di dover chiedere al mattino al signor giudice la condanna o l'assoluzione di questo o di quello e al pomeriggio mi trovavo in consiglio giudiziario a giudicare il giudice che al mattino magari mi aveva dato torto. Stabilendo se meritava la promozione o il trasferimento ad altro incarico.»

Secondo lei la Bicamerale ha potuto muoversi serenamente sulla giustizia?

«Era partita bene. Ma ho avuto l'impressione che nell'ultima parte dell'estate sia stata molto intimidita dalle reazioni dei magistrati. A mio giudizio questo è molto grave perché il Parlamento trae la sua legittimazione dalla volontà popolare e non deve tener conto non solo delle pressioni, ma neanche delle opinioni della magistratura.»

C'è stata una sollevazione contro l'ipotesi che nascessero due consigli superiori della magistratura, che infatti in settembre è caduta.

«Guardi, io non discuto le scelte legislative. Che ci siano

due Csm o due sezioni di un solo Csm è un fatto tecnico. L'importante è che chi giudica i pubblici ministeri sia un organismo diverso da quello che giudica i magistrati giudicanti.»

Il Consiglio superiore è stato carente in campo disciplinare?

«Le do un giudizio storico, per evitare di essere a mia volta convocato di nuovo davanti al Csm. E allora, pur se nessuno ha il coraggio di dirlo, anche al nostro interno il giudizio storico è che i consigli superiori abbiano costituito una sorta di camera di compensazione tra i simpatizzanti dell'una e dell'altra corrente.»

I procedimenti vengono però aperti dal ministro o dal procuratore generale della Cassazione.

«E infatti il Csm non può procedere d'ufficio. Deve aspettare che uno dei due promuova l'azione. Ma bisogna dire che anche quando è stato investito di situazioni particolarmente pesanti il Csm non ha avuto la coerenza e il coraggio di decidere.»

Per esempio?

«Per esempio, alla Corte d'appello di Milano lavora un magistrato che è stato condannato in via definitiva per calunnia nei confronti di un altro magistrato. Un reato doppiamente pesante. E io questo lo trovo di una gravità inaudita.»

Si sostiene che alcuni pubblici ministeri hanno svolto un ruolo politico.

«Credo che la volontà di perseguire un disegno politico si sia verificata raramente. Escludo un disegno strategico messo in opera da una parte della magistratura, sia pure a fin di bene, anche se è possibile che qualche pubblico ministero, qualche cane sciolto, in cuor suo abbia perseguito un disegno politico. Però...»

Però?

«Però è sicuro che i pubblici ministeri hanno svolto oggettivamente un lavoro politico. Le loro inchieste hanno avuto un profondissimo significato politico. Per due ragioni. La prima: quando si indagano e si condannano esponenti politici come Craxi, Forlani e via dicendo, oggettivamente si demoliscono i loro partiti. Inoltre, attraverso una pericolosissima e perversa commistione di moralismo, di giustizialismo e di volontà di pulizia tra stampa e magistratura inquirente, si è voluto affermare per lungo tempo il principio che l'indagato dovesse dimettersi dalle cariche pubbliche. E questo è stato devastante perché si è stravolto il significato dell'avviso di garanzia. Ed è stato devastante anche per noi.»

Per voi?

«Certo. Se io so che spedendo un avviso di garanzia all'onorevole tal dei tali, cioè facendo un atto dovuto, produco una grave conseguenza politica, comincio a riflettere. Che succede? Cade il governo? Lui si dimette? E invece non dovrei riflettere nemmeno un minuto perché è un atto dovuto fatto addirittura a garanzia dell'indagato. Capisce a che punto siamo arrivati?»

Pentiti: istruzioni per l'uso

Giovedì 24 luglio Giancarlo Caselli con un articolo su «Repubblica» dichiara guerra al Parlamento. Lo accusa di aver abrogato la mafia, per via delle modifiche all'articolo 513 del codice di procedura penale (ne abbiamo parlato più sopra). La decisione può avere effetti enormi su molti processi e crea qualche oggettiva difficoltà ai gestori dei pentiti di mafia. Ma Caselli non usa mezze misure e scrive quel che l'indomani Giuliano Ferrara definisce sul «Foglio» «un contrattacco violento, intellettualmente brutale, moralmente ricattatorio». Due giorni dopo, Luciano Violante gli risponde duramente sul «Corriere» (La riforma del 513 «è un primo passo per costruire una strategia moderna di lotta al crimine»). Violante e Caselli sono professionalmente (e politicamente) fratelli. Dei due, Violante è il maggiore. Lo fu a Torino, quando entrambi lavoravano presso il tribunale (Violante come giudice istruttore, Caselli come sostituto procuratore). Lo è adesso, dal vertice delle istituzioni. Se Violante prende le distanze da Caselli, vuol dire che Caselli ha esagerato. Anche D'Alema ha un ottimo rapporto con Caselli. Lo sente spesso al telefono e anche in questo caso l'intemerata del procuratore non lo lascerà insensibile. Il segretario del Pds sulla giustizia deve muoversi come sulle uova. A uomini prudenti e garantisti, come Cesare Salvi, Giovanni Pellegrino ed Emanuele Macaluso, si contrappone l'ala dura di Raffaele Bertoni, Carlo Smuraglia, Salvatore Senese, Giovanni Russo e soprattutto

Pino Arlacchi, prima di essere chiamato al vertice dell'Onu lasciando ad Antonio Di Pietro l'ormai mitico collegio senatoriale del Mugello. Tra duri e garantisti i rapporti sono spesso tesi. Bertoni è arrivato a usare contro Pellegrino in pieno Senato frasi tali che l'altro si è alzato, s'è tolto gli occhiali e ha reagito pesantemente.

Eppure a D'Alema, in fondo, non dispiace di avere in casa anche i duri. Per le ragioni che abbiamo esposto all'inizio di questo capitolo, la base del Pds è tuttora largamente giustizialista. La concorrenza di Rifondazione per attrarre le simpatie di alcune procure calde (Palermo, Bari, Reggio Calabria) è molto forte e in Commissione antimafia un uomo pure tendenzialmente garantista come il vicepresidente Niki Vendola svolge con costanza un lavoro alternativo, tanto per cambiare, a quello dell'altra sinistra.

Ma il messaggio di Violante a Caselli è chiaro (letto in controluce può avvertire che dal 513 parte una nuova fase dei rapporti tra magistratura e politica). E sposta su un fronte più prudente una parte dei pendolari del partito, a cominciare da Luigi Saraceni, fondatore a suo tempo di Magistratura democratica con altri giudici dal destino diverso e talvolta sfortunato: Michele Coiro, Francesco Misiani, Franco Marrone, Gabriele Cerminara.

Nella stessa estate del '97, d'altra parte, Violante aveva dato proprio a Palermo il segnale che era ora di cambiare strada. C'era un convegno del Pds sulla mafia, che fu concluso dallo stesso D'Alema. Il partito portò con sé un pezzo rilevante di Stato, come non era mai capitato nemmeno alla Dc dei tempi d'oro. Alle dieci parlò Berlinguer, ministro dell'Istruzione. Alle undici Bersani, ministro dell'Industria. A mezzogiorno Violante, presidente della Camera. Alle cinque del pomeriggio, Napolitano, ministro dell'Interno, mentre il nuovo presidente della Consob, Luigi Spaventa, dette le coordinate sul sistema finanziario. Caselli lanciò il consueto grido di dolore sulla forza della mafia e il rischio di abbassare la guardia. Dinanzi a una sala che un testimone definisce «irrequieta e datata (sembravano gli anni Cinquanta)», Violante fece un intervento molto pragmatico: questo modo di ragionare, disse in sostanza, aveva un senso quando noi stavamo all'opposizione. Adesso è cambiato tutto, quindi calmatevi. Lo stesso D'Alema disse: stiamo esagerando, adesso siamo al governo noi, adeguiamo il linguaggio ai tempi nuovi, confortando Ottaviano Del Turco, socialista e presidente della Commissione antimafia che aveva detto ai presenti: signori, voi comandate, non potete parlare più come se al governo ci stessero gli altri.

Del Turco è presidente dell'Antimafia per uno di quei sottili calcoli politici che hanno portato Marco Boato a occuparsi di garanzie. Abruzzese di Collelongo, dove torna ogni fine settimana con la bella moglie, pittore egregio, ex segretario generale aggiunto della Cgil e socialista sopravvissuto a Craxi, Del Turco è un garantista vero. Fu preferito a Pino Arlacchi che non se ne dette mai pace. Ma scegliendo lui, il Pds ha potuto dialogare con tutti, là dove con Arlacchi avrebbe dovuto ordinare elmetti e artiglieria pesante.

Del Turco si trova a presiedere l'Antimafia in un momento assai delicato. Da un lato i successi investigativi contro Cosa nostra sono i migliori da molti anni, dall'altro la gestione dei pentiti diventa sempre più incontrollabile. Quando Balduccio Di Maggio chiede mezzo miliardo per deporre, la Montinaro, vedova di un poliziotto ucciso in una strage di mafia, grida in pubblico: io non riesco ad arrivare alla fine del mese e chi ha ammazzato mio marito è pieno di soldi. Il Cirm di Nicola Piepoli lancia un sondaggio: il 78 per cento degli interpellati non vorrebbe che i pentiti prendessero dallo Stato una sola lira, il 48 per cento vorrebbe addirittura che ai «collaboratori» fosse tolta anche la protezione. E la polemica riesplode a fine ottobre '97 quando si scopre che pluriomicidi liberi, come Di Maggio (l'accusatore di Andreotti) hanno di fatto ricostruito le loro cosche.

In Commissione antimafia si scontrano due linee trasversali: una guidata da Filippo Mancuso di Forza Italia e da Romano Misserville di An dice basta con i pentiti, l'altra condotta dal rifondatore Niki Vendola e da Michele Florino di An sposa invece la tesi di Caselli che vuole lasciare intatta la legge.

La Procura di Palermo, com'è giusto, ha avuto dallo Stato tutti i mezzi necessari per combattere la mafia al miglior livello possibile: i più bravi uomini della polizia, la migliore «squadra catturandi» d'Italia, i carabinieri più selezionati. Le richieste di Caselli vengono accolte in ventiquattr'ore e questo ha determinato una sorta di «gelosia sociale» – così la chiama il ministro della Giustizia – da parte degli altri procuratori (Cordova di Napoli, innanzitutto) esposti contro la criminalità.

Ma se da un lato c'è la lotta alla mafia, dall'altro c'è la lotta politica fatta al riparo della mafia. Anche nell'autunno del '97 Del Turco si espone molto nel dividere il grano dal loglio e sul «manifesto» del 18 settembre il suo vicepresidente Vendola lo attacca a nome di Rifondazione. Dice Vendola a Daria Lucca e Guido Ruotolo: «Erede della commissione Parenti che aveva l'incarico di fare terra bruciata intorno ai giudici, questa commissione ha passato più tempo a delegittimare i magistrati che ad analizzare le modifiche in corso della nuova mafia».

Dietro queste posizioni, i dietrologi vedono il regolamento di conti che può nascere dal processo Andreotti. C'è chi dice che tra Milano e Palermo s'è formata una tenaglia per stritolare i simboli della Prima Repubblica. A Milano sono stati demoliti Craxi e il Psi, a Palermo Andreotti e la Dc. Ma col passare degli anni (perché di anni ormai si tratta) il processo Andreotti comincia ad assumere aspetti assai problematici. È evidente che se alla fine non si dimostrasse una partecipazione attiva del senatore alle attività della mafia, l'immagine della Procura di Palermo e il castello che è stato costruito sopra l'inchiesta rischierebbero di franare.

Di qui la lotta sull'uso dei pentiti e sulla necessità di richiamarli in aula a confermare le accuse (513). Di qui la richiesta autunnale di Berlusconi (grande corruttore per la Procura di Milano, in odore di mafia per quella di Palermo) di non considerare valide le accuse dei pentiti se non corredate di riscontri oggettivi, visto che ancora non è chiaro come e da chi i pentiti vengano gestiti. (Enzo Tortora fu incastrato da una decina di collaboratori che si firmavano a vicenda la patente di credibilità.)

Così quando in estate incontro Caselli a Positano, gli chiedo di spiegarmi una frase pronunciata il 16 novembre del '96: «Riscrivere Mani pulite a colpi di maglio significa demolire le basi su cui si è costruita la nuova classe politica... Se passa la delegittimazione di Mani pulite, si va a fondo tutti». Traduzione: voi siete lì, disse il procuratore ai politici, perché ci siamo stati noi. Se cadiamo noi, cadete anche voi. La frase fu interpretata come un monito alla maggioranza di centrosinistra (copriteci, altrimenti guai a voi), ma sia Caselli a Positano, sia in un altro momento D'Alema mi spiegano che essa non ha nulla di minaccioso e si riferisce alla credibilità dell'intera nuova generazione politica.

E quando chiedo al procuratore capo di Palermo se negli ultimi anni la magistratura abbia svolto un ruolo di supplenza alla politica, la risposta è questa: «Supplenza non significa aver invaso ambiti di competenza altrui. Il fatto è che, adempiendo al suo dovere, la magistratura italiana si è occupata di cose di cui normalmente non dovrebbe occuparsi. E pur sapendo di sovraesporsi, non ha fatto marcia indietro. Ma poiché la magistratura non ha alcuna voglia di continuare a far supplenza, è giusto che la politica riacquisti il suo primato e provveda a fare controlli amministrativi efficienti. Così i giudici torneranno a occupare un alveo ridotto rispetto a quello che finora hanno doverosamente occupato».

Non so se sono riuscito ad avvicinare il lettore all'enormità di questo problema italiano. Alla ripresa autunnale, Polo e Ulivo hanno trovato una prima intesa su un nuovo documento Boato. La sinistra l'ha spuntata ottenendo che non si parli in Costituzione di due consigli superiori, uno per i giudici, l'altro per i pubblici ministeri. Se ne discuterà semmai con una legge ordinaria. Il Polo ha ottenuto la creazione di un procuratore generale scelto dal Senato che possa avviare d'ufficio l'azione disciplinare nei confronti dei magistrati, che diventa obbligatoria. Tutti i magistrati (i giudici, ma anche i Pm) sono soggetti solo alla legge e quindi indipendenti.

Non sarà certo questo l'ultimo atto di una battaglia costituzionale, ma soprattutto politica, che durerà anni. Sperando che non s'avveri nel frattempo la maledizione di Filippo Mancuso: «Questa storia finirà quando l'ultimo magistrato avrà arrestato il penultimo».

VII
Uno scimpanzé al Polo Nord

In vino veritas

«Che senso ha far nascere uno scimpanzé al Polo Nord?» Così Edoardo Valentini liquidò uno dei problemi più controversi della moderna filosofia enologica: dove si può produrre chardonnay senza bestemmiare? Battaglia persa, visto che questo vitigno – importato un tempo in quello che fu il placido Nord Est italiano – si trasferì poi d'ufficio in Piemonte, rendendo assai più della cara barbera e perfino in Sicilia dove i conti Tasca d'Almerita ne cavano uva e vino lussuosissimi.

Valentini ha il carattere dell'orso marsicano, pur essendo di Loreto Aprutino, la parte dolce dell'Abruzzo che degrada subito verso la marina dannunziana. Non ama i compromessi, vende il suo vino soltanto a chi gli sta simpatico e non ha problemi di cassa. Produce il miglior trebbiano del mondo, secondo i critici del «Gambero Rosso» e il mio maestro di bicchiere Luigi Veronelli. Fa inoltre un cerasuolo e un montepulciano d'Abruzzo che sembrano pagine di D'Annunzio: ci trovi sempre qualcosa d'eclatante che non t'aspetti. Conta poco che si commuova chi scrive, uomo della montagna abruzzese, abituato a più basse enologie. Valentini vende infatti in tutto il mondo sulla carta, a scatola chiusa. Chi mi ama, mi segua. Lo seguono in tanti.

Lo segue Franco Marini, abruzzese di montagna anche lui, che adatta alle contingenze politiche due frasi dell'amato vignaiuolo. Una provocatoria («Che senso ha far nascere uno scimpanzé al Polo Nord?») e l'altra misteriosa e intrigante

(«Faccio il mio vino seguendo la maieutica socratica: aiuto a far venir fuori dall'uva quello che è già dentro»).

I democristiani orgogliosi del Ppi sono scimpanzé al Polo Nord nell'alleanza strategica con Rifondazione? Oppure Marini sta silenziosamente scavando negli acini del suo partito per farne venire quello che già sta dentro? E c'è davvero il signorile, affascinante, micidiale subcomandante Fausto nell'anima di quell'uva?

Marini e Bertinotti si sono confrontati per decenni nel sindacato. L'uno era l'anima moderata della Cisl, l'altro l'anima alternativa e movimentista della Cgil. Entrambi conoscono da molto tempo Ritanna Armeni, che fu redattrice sindacale del «manifesto» prima di passare all'«Unità». «Le facevamo tutti la corte» ammette Marini.

Una sera della primavera '97, la Armeni invita a cena i due amici del sindacato, diventati inaspettatamente (?) leader politici. Marini vuole stanare Bertinotti sullo stato sociale, superare il fuoco d'artiglieria classico di Rifondazione: se toccate le pensioni, è la crisi. Ignora quanto profetica sia questa frase.

Quando diventò segretario del Ppi, nel gennaio del '97, Marini disse a Prodi: «Bertinotti può vincere novantanove volte. La centesima no». Ma nemmeno in quella serata conviviale il leader di Rifondazione si lascia andare: «Non vengo per litigare in pubblico, ma non posso non litigare». E descrive così l'atteggiamento di Marini sui temi chiave dello stato sociale: «Non potendo sostenere che certe nostre tesi sono sbagliate, dice che sono di attuazione impossibile».

Amando il rischio, in casa Armeni Marini vuole elevare la sfida a un autentico *no limits*: il vino. Un abruzzese che sfida un piemontese sul vino è come il vostro cronista che vuol fare ingoiare a Tyson l'orecchio della sua vittima. «Vinco ad occhi chiusi» dice Marini al suo Tyson. Bertinotti risponde con signorile, garbatissimo, micidiale scetticismo.

E come fino a qualche anno fa i francesi del rugby mandavano la seconda squadra a incontrare la nazionale italiana, Bertinotti non scomoda né un barolo, né un barbaresco per demolire l'imprudente collega: si presenta a casa Armeni con qualche bottiglia di aglianico del Vulture. Basterà.

Marini porta il trebbiano e il cerasuolo di Valentini, senza nemmeno scomodare il formidabile montepulciano d'Abruzzo, che va in bottiglia dopo almeno cinque anni.

«Al trebbiamo i commensali si guardano, al primo bicchiere di cerasuolo crollano.» Così racconta Marini e Bertinotti signorilmente conferma. Con il vino al leader popolare è andata bene, ma in politica quanti scimpanzé possono nascere al Polo Nord?

Il Cireneo va in Paradiso

Franco Marini comincia a scavare negli acini del suo partito fin dall'inizio del '95. Nelle elezioni del '92 ha dimostrato la sua forza elettorale con i voti della Cisl battendo a Roma, sul suo terreno, Vittorio Sbardella, il potentissimo proconsole andreottiano: 116mila preferenze contro 112mila. Il democristiano più votato d'Italia.

Passano un paio d'anni e Marini si consolida. A dicembre del '94 c'è stato il ribaltone che ha fatto cadere il governo Berlusconi. Bossi ha avuto da Scalfaro la garanzia che per un anno non si sarebbero sciolte le Camere. Al Cavaliere era stato promesso il voto l'11 giugno del '95, ma pazienza. Come sale sulla piaga, ha avuto lo stesso giorno il referendum sulle televisioni. L'avesse perso, Emilio Fede – e non solo – sarebbe in un pensionato per ex mezzobusti.

A mangiare sardine nella cucina romana di Bossi, oltre a D'Alema c'era andato Buttiglione, allora segretario del Ppi. E chi aveva portato il filosofo amico del Papa alla guida dei Popolari? Marini, giocando sull'interdizione reciproca tra Andreatta e Mattarella e facendo il dispetto finale a Mancino che infatti da allora non lo ama più. («Che fortuna però» mi confidò una sera Mancino, smentendo la sua acrimonia per Marini, mentre il naso gli si allungava un pochino. «Quando mai sarei diventato presidente del Senato?»)

Quando nel febbraio del '95 Giovanni Bianchi, Nino Andreatta, Rosy Bindi, Sergio Mattarella e Nicola Mancino annunciano la candidatura di Romano Prodi, si dimenticano di dirlo al segretario del partito. Temono che Buttiglione stia segretamente flirtando con Berlusconi. Il professore risponde andando sul serio a via dell'Anima, dov'è ancora la residenza romana del Cavaliere e viene licenziato in marzo da un drammatico consiglio nazionale.

Mentre passeggiamo nel salone del consiglio in attesa dei risultati del voto, Buttiglione mi dice che non prende in considerazione l'ipotesi di una sconfitta. Dieci minuti dopo è fuori del partito. Chi ha guidato l'operazione? Marini. Quella sera scommetto una cena che sarà lui il nuovo segretario. La perdo. Marini, decisivo nell'abbattere l'uomo che aveva fatto nominare segretario, non vuole prenderne il posto.

Fa nominare Gerardo Bianco, il più moderato della squadra, in modo che una operazione di sinistra non appaia tale.

Marini si ritaglia un ruolo apparentemente più defilato: segretario organizzativo. Di fatto controlla tutto l'apparato del partito e gestisce le mosse più delicate. È stato lui, mi confesserà, che ha autorizzato all'ultimo istante l'alleanza di Badaloni con Rifondazione per le elezioni regionali del Lazio, sapendo che senza l'Ulivo avrebbe perso. (E infatti Badaloni vinse su Michelini per uno scarto simbolico.) È stato lui che ha promesso agli uomini di Bertinotti un ruolo di governo prima delle elezioni nel suo Abruzzo, pur pretendendone la presidenza per un suo uomo, monsignor Antonio Falconio, un bravo e curialissimo giornalista, rivoluzionario come poteva esserlo Mariano Rumor. (E anche in Abruzzo l'Ulivo vinse le regionali per una incollatura.)

Laddove Gerardo Bianco, che ancora tarda a prendere sonno pensando di essere stato additato come lo schiavo di Bertinotti, mi dirà di avere impedito un'alleanza simile nella sua Campania, a costo di perdere il governo della regione.

Marini ha un ruolo chiave anche nel decidere le candidature per le politiche del '96. Impone il patto di desistenza con Rifondazione, sul quale il partito non è unito, porta la croce del Cireneo nelle logoranti trattative per i collegi elettorali.

«Quando vediamo che Rifondazione riesce a ottenere molti collegi in cui il Pds è forte,» mi dice Gerardo Bianco «Marini fa un piccolo capolavoro puntando su molte situazioni incerte. E lì vinciamo.»

Marini tratta dunque col Pds. Tratta all'interno del partito. Si fa molti amici e qualche autorevole nemico.

Emilio Colombo, settantasette anni portati in modo spettacolare, vuole ricandidarsi nella sua Lucania dopo un paio di legislature di riposo. Bianco non ha il coraggio di dirgli apertamente che non è il caso e qualcuno gli sussurra in un orecchio che tutto è nelle mani del segretario organizzativo. Accade così che una domenica sera alle 22.30 qualcuno bussi al citofono di casa Marini ai Parioli. «Sono Emilio Colombo» dice una voce lirica e bene educata. Marini è uomo freddo, dice alla moglie di vestirsi e apre. Riceve Colombo in salotto, si sente chiedere la candidatura e risponde: «Presidente, tu sei nella storia di questo Paese. Che cosa aggiunge una candidatura parlamentare a un uomo come te?». Colombo è stato infatti ministro innumerevoli volte, è stato presidente del Consiglio, primo presidente del Parlamento europeo e come parlamentare nel '72 fu eletto nel suo collegio lucano con il 73 per cento dei voti.

Non sappiamo se Colombo esce convinto dall'abitazione di via Lima, ma certo difficilmente nelle sabbie mobili della politica una fregatura viene rifilata con maggiore rispetto.

Marini non è mai stato uomo della sinistra politica democristiana. Viene semmai dalla sinistra sociale di Carlo Donat Cattin, che era tutt'altra cosa. Mandando via Buttiglione, ha acquistato sicure benemerenze da quella parte. Ma non basta. L'occasione per dividere il gruppo dirigente storico della sinistra dc arriva con la formazione del governo Prodi. Nino Andreatta vuole restare capogruppo, ma Marini lo convince ad andare al governo. Si libera così il posto per Sergio Mattarella che gli serba gratitudine.

Rosy Bindi, la pasionaria che ha terrorizzato generazioni di segretari democristiani, è destinata al governo, ma le riservano un ruolo poco operativo come gli Affari Sociali. Marini si impunta e la Bindi diventa ministro della Sanità. Altra alleata importante. Prova a chiedere un incarico di sottosegretario per Giuseppe Gargani, ma lì il rifiuto dei «nuovi» per qualunque cosa sappia di Prima Repubblica prevale e Gargani resta a casa. Ma apprezza lo sforzo e si dedica ai problemi della giustizia.

Gerry White, Rifondazione Bianca

Nel partito si apre intanto la resa dei conti post-elettorale. Il risultato ha due facce. Il Ppi incassa cinquantotto deputati e tutti danno atto a Marini di aver svolto un ruolo magistrale nella stipula col Pds di un vantaggiosissimo contratto sui collegi buoni. Ma arrivano pochi voti, meno del sette per cento, appena un punto in più di Casini e Buttiglione.

Il partito cerca una strada sicura. Ha subìto due scissioni (prima quella di Casini nel '94, un anno dopo quella di Buttiglione). Vuole uscire da una transizione logorante e infinita, ma – osserva qualcuno – «mentre ci si allacciano le scarpe, è difficile vedere che tempo fa».

Si mette in discussione la linea di Gerardo Bianco, il bonario Gerry White delle vignette, accusato di essere diventato, proprio lui, un fondamentalista. Di aver trasformato un partito da un'immagine rassicurante in una specie di «Rifondazione bianca». Di essersi appiattito sul governo, rassegnandosi troppo presto al ruolo egemone di Fausto Bertinotti. «Gerardo sa gestire il consenso, non arbitrare lo scontro» mi dice un amico di Marini.

Bianco non ha mai mandato giù queste accuse. È accaduto che un paio di volte in televisione abbia reagito male a mie domande sul ruolo di Bertinotti, che una volta giudicò perfino «surrettizie», animando una divertente polemica politico-filologica.

Da quel galantuomo che è, ne fa ammenda quando ci incontriamo per questo libro nell'estate del '97. «Le sue domande mi facevano infuriare, ma erano giuste. In realtà ero io a sentirmi in contraddizione.»

Allo sbocciare dell'estate '96, fatte le elezioni e fatto il governo, nel Ppi matura la voglia di crescere e di cambiare. Si pone con urgenza il problema delle due cifre, cioè di andare sopra il dieci per cento (problema imbarazzante per un partito che in quasi cinquant'anni è stato sempre tra il trenta e il quaranta). De Mita grida che sotto il quindici per cento non ha senso fare politica. Nello sguardo dei dirigenti si legge il terrore di morire cespugli senza essere mai diventati alberi.

Il 21 e il 22 giugno '96 la prima svolta avviene a Montesilvano, sulla costa pescarese. Tutti, ancora una volta, sono addosso a De Mita: «Se il Pds vuole occupare il centro, io rifaccio la Dc». E non si accorgono che Franco Marini e Pierluigi Castagnetti hanno cominciato a muoversi.

Deputato europeo di Reggio Emilia, la città di Prodi, Castagnetti è stato capo della segreteria politica di Martinazzoli, l'ultimo segretario della Dc e il primo del Ppi. E quando Martinazzoli si è chiuso tra le mura leonine di Brescia, Castagnetti è stato adottato dalla parte dura e pura della vecchia sinistra democristiana, quella degli Andreatta e degli Elia, che pensano subito a lui come al successore di Bianco. Castagnetti viene sollecitato anche da Roberto Pinza, amico di Prodi, e da molti dirigenti dell'Emilia, del Veneto, della Lombardia. È anzi al congresso regionale emiliano che Andreatta pone formalmente il problema della successione a Bianco. Il quale ci resta malissimo.

Marini compie un percorso apparentemente più lungo. Di fatto si candiderà alla segreteria soltanto all'ultimo momento utile del gennaio '97. Ma già a Montesilvano mette a punto la sua strategia.

Un mese prima dell'assemblea abruzzese, chiama al suo fianco due nuovi collaboratori, Michele Dau e Giuseppe Sangiorgi. Il primo, già braccio destro di De Rita al Censis, è consulente del Cnel per i problemi istituzionali. Il secondo, già braccio destro di De Mita alla segreteria dc, conosce bene il potere senza essere in prima persona un uomo di potere.

Scrivono per Marini alcuni documenti, base per un intervento scritto che in effetti Marini prepara, ma non legge. Il presidente del partito, Bianchi, in un lunghissimo e appassionato discorso, anima la platea e spiazza il segretario organizzativo. Che butta i foglietti, parla a braccio, fa capire che si aprirà un gioco nuovo. E lui sarà puntuale al tavolo. E capisce che potrà contare su Mattarella e la Bindi.

A Montesilvano torna in primo piano Sergio D'Antoni. Ma viene gelato dalla freddezza di Bianco e di Mattarella. Il primo non gli perdona la simpatia per Dini anche in campagna elettorale. («I nostri segretari del Veneto e della Calabria tenevano per lui» mi dirà amareggiato l'ex segretario.) D'Antoni rimprovera d'altra parte a Bianco di aver lasciato cadere una sua vecchia offerta di «mettersi a disposizione del partito per spirito di servizio».

Mattarella, che vede come il fumo negli occhi la vecchia ambizione di D'Antoni di salire alla segreteria del partito, sbarra la strada a ogni ipotesi di rilancio. «Non si può entrare e uscire quando si vuole dai congressi della Dc» gli manda a dire. (Alla fine D'Antoni starà in parcheggio con Marini, che ha affiancato a lungo al vertice della Cisl.)

Il secondo semestre del '96 scorre tranquillo tra il convegno di Frascati e la conferenza programmatica di Genova. Bianco accumula in silenzio molte amarezze e beve l'amaro calice dell'ingratitudine, soprattutto da parte della sinistra che l'ha voluto segretario per attenuare nell'opinione pubblica l'impatto dell'uscita traumatica di Buttiglione. Mi dice alla vigilia del congresso del gennaio '97: «C'è qualcuno che adesso mi invita a rinviare. È tardi, avevo preso un impegno, voglio mantenerlo. Sono mesi che si dice: grazie, Bianco, ma occorre un ricambio generazionale. D'accordo, hai fatto duecentoventimila chilometri in giro per l'Italia, ma in televisione non sfondi. Castagnetti lamenta scarsa visibilità dei Popolari, Andreatta ha posto il problema della leadership, altri mi accusano di essere un ostaggio di Bertinotti. Basta, meglio lasciare».

Bianco è parlamentare europeo come Castagnetti. I due s'incontrano spesso a cena nelle noiose serate di Bruxelles. E quando un giorno un amico di Castagnetti, Graziani, sostiene che occorre insistere sulla candidatura di Bianco, il segretario uscente dice: «Ci deve essere un passaggio per Marini. È l'uomo che ha trasferito il partito dalla gestione di Buttiglione alla nostra, è l'uomo al quale dobbiamo il nostro successo parlamentare».

Ma Castagnetti, Andreatta, Elia e l'ala dura del partito non ne vogliono sapere. «Non vorrei che si ripetesse il film già visto dopo le elezioni del '94, quando vinse Buttiglione» mi dice Castagnetti alla vigilia del congresso. «Non vorrei che qualcuno mettesse in testa a Marini l'idea che l'alleanza di governo è sbagliata.» Negli stessi giorni Marini mi giura che «in questa legislatura» non farà ribaltoni, ma a sinistra gli credono in pochi. (Mi confermerà Castagnetti sei mesi dopo il congresso: «Debbo dare atto a Marini di essersi comportato correttamente, ma alla vigilia del congresso eravamo convinti che Prodi potesse rimanere vittima di una operazione analoga a quella che ha portato alla caduta di Berlusconi. Per noi sarebbe stato un suicidio».)

Quando subito dopo l'Epifania del '97 si apre il congresso del Ppi, ci sono attese, speranze e tensioni di segno diverso. Palazzo Chigi è nervosissimo, D'Alema al contrario non vuole che a piazza del Gesù vada un uomo molto vicino a Prodi come Castagnetti. (Dice D'Alema a De Mita subito dopo le elezioni del '96: «Abbiamo bisogno di un interlocutore politico a piazza del Gesù», lasciando intendere di considerare Bianco troppo appiattito sul governo.) Anche Berlusconi tifa per Marini. Con gli altri la porta sarebbe sbarrata per sempre, con lui chissà. «Oggi con Prodi, domani chissà» titola anche «il manifesto» riassumendo le inquietudini della sinistra.

«Gerardo, ti candidi o no?»

All'immediata vigilia del congresso, tra Capodanno e l'Epifania del '97, Bianco si ritira per quattro giorni nella sua casa ordinata e tranquilla in cima alla collina Fleming, un quartiere residenziale di Roma Nord. La stessa in cui mi riceve placido nell'estate successiva, con la testa ormai tutta rivolta alla collaborazione lessicografica su autori latini per il monumentale dizionario biografico della Treccani.

In questa casa Bianco lavora otto ore al giorno alla stesura del discorso d'apertura che in effetti gli esce bene. Quando grida ai nemici storici del partito: «Non volevate morire democristiani? Bene, sappiate che non ci rassegneremo a morire pidiessini», cade giù il soffitto per gli applausi.

Marini sa che se si ripetesse il miracolo del conclave e una colomba bianca portasse stretto nel becco un biglietto col nome di Bianco, il segretario uscente non si tirerebbe indietro. Ma le ore passano e la posizione del segretario uscente non si chiarisce. Dopo il bel discorso d'apertura, Marini va da lui: «Gerardo, pensaci questa notte. Domani facci sapere. Se ti candidi tu, io non mi presento». La frase sarà duramente rimproverata a Marini da De Mita: «Se ti avesse risposto di sì, cosa avremmo fatto?». Ma Bianco non risponde né sì né no.

Con la freddezza che l'ha reso celebre («Spara col silenziatore» dicono i suoi avversari), la sera stessa di quel giovedì 9 gennaio, Marini mette a segno un colpo psicologicamente magistrale.

Si trova con Bianco ospite di Lucia Annunziata in «Prima serata» al TG3 e gli spara a bruciapelo: «Gerardo, ti candidi o no?». «Ci rimasi malissimo» mi confesserà Bianco. «Marini aveva inteso evidentemente la mia relazione come quella di chi aveva lasciato aperta la porta a una ricandidatura.» Comunque risponde: «Io non mi candido, ma sono a disposizione del partito». Che significa? «Significa che nel '95 decideste di farmi segretario senza interpellarmi. Le condizioni per quanto mi riguarda non sono mutate.»

Il venerdì, secondo giorno del congresso, Mancino tenta la carta decisiva per confermare Bianco. Riunisce l'intero gruppo dirigente del partito: Nino Andreatta, Lapo Pistelli, Giuseppe Gargani, Rosa Russo Jervolino, Guido Bodrato, Francesco Russo e naturalmente Marini, Bianco e Castagnetti.

Mancino, Bodrato e la Jervolino sollecitano Bianco a presentarsi. Castagnetti tenta il colpo di teatro e bluffa: «Se si presenta Gerardo, io mi ritiro». Gli amici di Marini sentono puzza di bruciato e Gargani interviene: «Se c'è una candidatura di Castagnetti, allora ce n'è anche una di Marini».

Lapo Pistelli e Francesco Russo, amici di Prodi, cercano un nome nuovo per ricompattare il partito. E Bianco? Bianco che fa?

Dice Rosy Bindi ai colleghi: «Voi non avete capito la posizione di Bianco. Lui dice: io non mi candido perché non sono candidato. Non ero candidato nemmeno nel '95 quando mi ha candidato l'intero gruppo dirigente. Ma non mi pare che le cose stiano andando nello stesso modo».

Lo scioglilingua della Bindi è risolutivo. Bianco prende la parola e dice: «Rosy ha rappresentato correttamente il mio pensiero. Avrei accettato una investitura congressuale o una designazione unitaria del gruppo dirigente. La Bindi ha già dato una risposta e io sono d'accordo con lei».

Commenta avvilito Mancino: «Gerardo, hai fatto come Alfredo De Marsico in una celebre arringa. Invece di difendere il suo cliente, parlò a favore dell'avversario...».

Uscendo, Bianco lascia cadere quasi incidentalmente una frase: «Come voi sapete, io non mi ricandido...». Contestualmente, parte la raccolta delle firme per formalizzare il confronto tra Marini e Castagnetti.

A sera tarda Bianco torna a casa. Gli telefona Mancino: «Gerardo, c'è ancora tempo per una tua candidatura». Ma ormai è tardi. Marini sa che è l'ultima occasione politica della sua vita e che da perdente la sua progressiva emarginazione nel partito sarebbe inevitabile. («Franco, non hai molte strade» gli dice un amico. «O diventi segretario o torni a giocare a bocce sotto il Gran Sasso, a San Pio delle Camere. Scegli tu.» E lui risponde: «Le bocce», mentendo anche a se stesso.)

È tardi anche per il ritiro di Castagnetti. Quando nell'estate successiva gli chiedo se avrebbe mantenuto in piedi la sua candidatura per opporsi a quella di Bianco, ammette onestamente di sì.

Al congresso romano del Ppi, arriva il giorno della conta. Il rituale prevede che parli prima Castagnetti e poi Marini. Emilio Colombo, che presiede l'assemblea, si sbaglia e inverte l'ordine. Si sbaglia o gli torna improvvisamente in mente la candidatura mancata?

Parla Marini e ha un successo scontato. Parla Castagnetti e ha un successo superiore alle attese. Che si riversa nelle urne: 58 per cento a Marini, 42 per cento a Castagnetti che conquista un risultato impensabile alla vigilia.

Gliene dà atto tempo dopo lo stesso Marini: «Hai avuto il 42 per cento, lo stesso risultato che ebbi io alla Cisl contro Carniti. So quello che significa».

«Romano, vuoi una crisi per il Cnr?»

Eletto con uno scarto di voti inferiore alle attese, Marini si conferma un abilissimo uomo di macchina schivando condizionamenti pesanti e recuperando in poche settimane la sostanziale unità del partito. Evita che Castagnetti diventi vicesegretario unico o presidente. Lavora per Bianco presidente, superando alcune resistenze interne («Ma come, lo volevate segretario e adesso non lo accettate come presidente?») e gli fa assegnare la stanza più bella di piazza del Gesù. Nomina vicesegretari due giovani brillanti, Dario Franceschini ed Enrico Letta (nipote di Gianni e uomo della sinistra interna). Accetta che Giampaolo D'Andrea, amico di Colombo, gli subentri come segretario organizzativo. In meno di un mese, il partito è pacificato. Già, ma su quale linea?

Il partito di Marini acquista maggiore visibilità rispetto al partito di Bianco. Nei primi mesi successivi al congresso, soprattutto, Prodi sa che il nuovo segretario è un uomo col quale si deve trattare. Nel dibattito alla Camera sull'Albania, dopo il no di Bertinotti all'invio delle truppe italiane, quando vede che Luciano Violante toglie regolarmente la parola a tutti gli oratori appena scaduto il tempo disponibile, Marini getta via i foglietti e comincia il suo intervento dalla fine: «Qui serve una verifica...». Il sottosegretario Micheli, che sta accanto a Prodi al banco del governo, fa uno scatto e mormora il suo stupore all'orecchio del presidente.

Marini cerca di tranquillizzare il suo elettorato facendo da contraltare alle proposte di Bertinotti anche in un coraggioso confronto a «Porta a porta» («Nessuno potrà più sostenere» mi dice «che i Popolari sono a sinistra del Pds»).

Preso in contropiede dalle nomine al vertice della Stet con l'improvviso benservito a Ernesto Pascale e Biagio Agnes, diventa un cerbero quando si parla di consigli d'amministrazione. Sa che il mondo cattolico soffre per lo strapotere di Luigi Berlinguer e del Pds sulla scuola e sull'università e impone un suo uomo (il professor Lucio Bianco, fratello di Gerardo) alla guida del Consiglio nazionale delle ricerche. «Quell'incarico è una bandiera politica e culturale del nostro partito» dice a Prodi quando bisogna sostituire il presidente uscente, Enrico Garaci. E quando il presidente del Consiglio prova a percorrere strade diverse, Marini lo ferma: «Vuoi la crisi di governo?».

In realtà, Marini sa bene che una crisi di governo sulla presidenza del Cnr sarebbe stata impensabile e che con i consigli d'amministrazione si salvano la faccia e un po' di potere, ma non si fa una politica.

E la politica vede presto il Ppi in mezzo al guado. Da un lato il segretario deve ingoiare il cucchiaio di olio di ricino che D'Alema gli offre in estate con la candidatura nel Mugello di Di Pietro: l'uomo che simboleggia il massacro giudiziario della Dc. Dall'altro, cerca di recuperare il seguito elettorale di uomini della Prima Repubblica che non entreranno nei libri di storia, ma non hanno rubato e sono stati formidabili conoscitori della insondabile macchina amministrativa dello Stato. È il caso di Remo Gaspari che Marini va a festeggiare a Città Sant'Angelo, in Abruzzo, rendendogli l'onore delle armi per non aver lasciato a Bruxelles un solo centesimo dei miliardi comunitari destinati all'Abruzzo. Invece di lasciarlo bocciare dagli elettori, se avessero voluto, la magistratura lo ha incriminato contestandogli un passaggio abusivo in elicottero.

«C'è stata molta nostalgia in quell'incontro,» mi dice Marini «ma con la nostalgia non si fa politica.»

Giusto. E con che si fa?

Mi dice Castagnetti: «Bisogna riflettere su quanti ci dicono che non possiamo muoverci col sei per cento dei voti, come se ne avessimo ancora il quaranta. Che non possiamo restare paralizzati sulle pensioni d'anzianità immaginando che la maggior parte dei lavoratori della Cisl voti ancora per noi. Che non possiamo fare il discorso sull'eccessivo carico fiscale come se fossimo stretti tra una massa di elettorato fatto di lavoratori dipendenti che paga tutte le tasse e una massa di elettorato che le evade. Sa che cosa ci dicono? Avete i voti che quasi prendeva da sola la vecchia sinistra democristiana. Svegliatevi. Datevi un target».

Già, ma quale? Col passar dei mesi Marini ha ricondotto a unità il suo partito cementandolo con la prudenza e la certezza ormai acquisita che il Ppi non avrebbe fatto scherzi al governo Prodi. «Il nostro posto è nel centrosinistra» mi dice. Un posto subordinato al Pds? «Con me non lo è.»

Esiste in voi l'aspirazione di guidare un domani uno schieramento moderato alternativo alla sinistra, come avviene ai democristiani tedeschi e spagnoli? «Nelle mie aspirazioni questo disegno non c'è.»

E se mai ci fosse, non sarebbe così imprudente da dirmelo.

De Mita: «D'Alema è un sovrano...»

«Posso chiederle una cortesia?»

Prego.

«Può evitare di farmi domande?»

Prego?

«Le domande mi bloccano la costruzione del ragionamento.»

Scusi, come si fa un'intervista senza domande?

«Naturalmente nella stesura lei le metta pure.»

Me le invento all'istante?

«Non si preoccupi, le domande adesso me le faccio da solo.»

Non sarebbe nell'uso, ma proviamo.

«Un'altra cortesia, per favore.»

Oddio, quale?

«Vede, mentre io costruisco, lei scrive.»

La disturba?

«No, ma scrivendo lei mi costringe quasi alla dettatura.»

E allora?

«Nella dettatura debbo essere stringato, nella riflessione libera sarei più articolato. Mi rilegge per favore l'ultimo periodo?»

Ciriaco De Mita vale sempre il viaggio. So bene che il solo evocarlo fa venire l'orticaria alla grande maggioranza degli italiani. Ma un cronista non deve cercare strade comode e popolari. E De Mita, piaccia o no, è una testa pensante. Anzi, se mi si perdona la bestemmia, una delle più pensanti che stiano su piazza. Il fatto di essere una delle più autorevoli incarnazioni della Prima Repubblica (segretario della Dc dall'82 all'89 e nell'ultima fase anche presidente del Consiglio) lo ha messo ai margini. Ma dai margini De Mita pensa. Non so se cerchi rivincite. Sicuramente cerca risposte. E per capire dove diavolo vada il Partito popolare una chiacchierata nella sua biblioteca non è affatto inutile.

De Mita si muove molto. Ha contatti privilegiati nel centrodestra e nel centrosinistra. È stato il grande sponsor di Marini al congresso del Ppi e lo ha presentato a Berlusconi.

Iniziativa straordinaria, questa, se si pensa che durante il suo lungo regno a piazza del Gesù, se avesse dovuto scegliere tra Berlusconi e il diavolo, avrebbe certamente scelto il secondo.

Il Cavaliere allora era soltanto un imprenditore e per potenziare le sue Tv andava spessissimo nella sede della Dc. De Mita era convinto che Berlusconi avesse promesso di cedere Rete 4 al suo amico Calisto Tanzi e che poi non avesse mantenuto la parola. Sta di fatto che poiché si trovava spesso Berlusconi e Confalonieri nei corridoi di piazza del Gesù senza saperne niente (altri, evidentemente, erano i contatti dei due imprenditori), il segretario democristiano dette ordine agli uscieri del palazzo di negar loro l'accesso. Ma in politica, si sa, le cose cambiano. E nell'autunno del '97 l'ex segretario democristiano viene addirittura indicato come consigliere di Berlusconi.

(A proposito: quando era il padrone d'Italia – seppure in parziale condominio con l'odiatissimo Craxi – De Mita amava i lunghi monologhi, i famosi, ininterrotti «ragionamendi» che nessuno dei giornalisti di sinistra che andavano in processione a Nusco osava disturbare, in omaggio all'alta considerazione in cui De Mita era tenuto a via delle Botteghe Oscure e alla pubblica storia d'amore tra lui ed Eugenio Scalfari. Allora pensavo che fossero una forma d'arroganza. Visto che li ripete adesso, quando nessuno lo cerca più, constato che rappresentano un modo di essere e di pensare. Discutibile, ma sincero. Meglio così.)

«Ricorda quando al penultimo congresso del Partito popolare i delegati si spellarono le mani al discorso di D'Alema?»

Certo, fu un'accoglienza perfino imbarazzante.

«No, perché gli applausi non andavano a D'Alema, ma alle cose positive che D'Alema diceva sull'esperienza storica della Dc. Quell'intesa nasceva comunque dal fatto che il nuovo centrosinistra era ipotizzato come l'alleanza tra forze popolari che conservavano la loro tradizione storica e politica e si univano per dare la risposta più credibile alle nuove esigenze. Guardavano al nuovo senza inventarselo, insomma. La vittoria elettorale del '96 venne all'Ulivo proprio dalla capacità di aver fatto convergere su un comune impegno di governo opinioni diverse tra loro.»

Bene, e allora?

«Dopo le elezioni D'Alema ha progressivamente mutato lo scenario. L'invenzione del suo nuovo partito, quello che viene chiamato la "Cosa 2" lo ha cambiato in modo graduale, impercettibile, ma non ha motivato l'indicazione principale della sua linea politica.»

Come?

«La sinistra viene di fatto organizzata come un momento alternativo. Conta poco che per ora si sia ridotta alla raccolta individuale di personaggi quasi tutti collocabili all'interno della esperienza della sinistra italiana. Il problema è che non si fa politica limitandosi a rinnegare i propri errori, a conservare la memoria che conviene e a gestire il potere in modo sempre più disinvolto. Se questo disegno rimane, potrebbe risultare rischioso alla durata del centrosinistra.»

Perché?

«Perché D'Alema si comporta oggettivamente come un sovrano che stabilisce che cosa politicamente è legittimo e che cosa non lo è. Le scelte non sono frutto di una convergenza sul progetto, ma appaiono più come un condono, una sentenza di assoluzione, il rilascio di un salvacondotto. In questo senso la scelta di Di Pietro come candidato del centrosinistra tocca il fondo di questa contraddizione.»

«Il centro non s'improvvisa con Dini e Di Pietro»

Dica la verità: non le è andata giù, eh?

«La sola utilità di questa scelta è l'illusione di catturare emotivamente un pezzo di elettorato moderato. Ma anche qui c'è una contraddizione: certe opinioni sono espresse emotivamente non da chi si propone di assumere un comportamento politico, ma da parte di chi spera in un miracolo politico. L'eroe è tale finché non fa la guerra... Nella cultura plebiscitaria i problemi vengono utilizzati per catturare l'emotività della gente, non per spiegare alla gente come i problemi possono essere risolti. E poi...»

E poi?

«Chi ha dichiarato che il consenso conquistato con una attività diversa dalla politica non si può automaticamente trasferire alla politica, viene calato nella politica attraverso comportamenti clandestini scoperti per caso e non su un palcoscenico chiaro, limpido, trasparente, con il coinvolgimento dei soggetti che concorrono a dare vita alla coalizione.»

(Tra De Mita e Di Pietro c'è un vecchio conto aperto nell'agosto del '96. Il ministro dei Lavori Pubblici nella sua rubrica su «Oggi» muove un attacco durissimo a De Mita accusandolo di avergli chiesto favori per il restauro di una chiesa del suo collegio elettorale. De Mita è in vacanza a Praga. Lo raggiunge al telefono Peppe Sangiorgi, il giornalista che fu suo portavoce. Gli legge il pezzo. De Mita resta interdetto. Lo colpisce, in particolare, una frase che allude a una sua vicenda giudiziaria conclusasi con l'assoluzione e che suona più o meno così: «Si è salvato per la legge, ma gli resta l'ombra».

«Avevo incontrato Di Pietro alla Camera» mi racconta De Mita «e gli avevo parlato di due problemi. Il restauro di una chiesa aveva avuto due finanziamenti: era possibile unificare l'appalto per guadagnare tempo? Una galleria è pronta, ma ci sono problemi per l'accensione delle luci: si può accelerare? Di Pietro fu molto disponibile, disse che avrebbe trasferito i funzionari responsabili se avesse riscontrato negligenze gravi, mi pregò di dettare un appunto alla sua segreteria.» Dopo la tempesta estiva, in ottobre a Parolise – nella zona terremotata di Lioni – s'inaugura la galleria. Alla cerimonia interviene il ministro dei Lavori Pubblici. «Ci sono anch'io» mi dice De Mita «e Di Pietro mi fa chiamare sul palco. Quando mi avvicino gli dico: mi spiega perché ha combinato tutto quel casino? E lui: mi hanno detto che lei mi aveva attaccato.»)

In questa nuova situazione, resta da chiedersi quale sia la prospettiva dei Popolari.

«Se D'Alema continua a muoversi lungo una linea che assomiglia al neofrontismo, il dilemma che si pone agli alleati è drammatico: la ribellione o l'assorbimento.»

Non starà pensando a resuscitare il centro come polo autonomo diviso dalla destra e dalla sinistra?

«No, non immagino di inventare spazi diversi. Il bipolarismo è nei fatti, anche se non è una novità. Fino al '68 in Italia si è votato per coalizioni alternative. È dopo quella campagna elettorale che in Italia si è determinato un misto di consociativismo diffuso e di esasperazione delle parzialità politiche.»

E allora?

«Il Polo e l'Ulivo hanno riavviato un processo bipolare, ma non sono coalizioni politiche solide. Nella nuova linea del Pds, il centro è al tempo stesso una necessità e una cosa indeterminata. Non è che siccome il centro serve al centrosinistra uno si alza la mattina e lo fa. Il consenso non si compra al mercato, bisogna conquistarselo. Quest'area non si può riempire con personaggi improvvisati, non per le loro qualità personali, ma per la loro storia, le loro tradizioni: ieri Dini, oggi Di Pietro, domani le casalinghe. Il Ppi ha significato se recupera culture, storie, tradizioni, rinnovando le classi dirigenti...»

E lo sta facendo?

«Il centro ha le sue difficoltà, ma tutto viene complicato dalle oscillazioni del Pds che di volta in volta vuole essere qualcosa, ma vuole essere anche tutto. Il nuovo partito della sinistra. Il partito che recupera la tradizione comunista. Il partito che entra nell'Internazionale socialista. Il partito che occupa le posizioni moderate attraverso la pratica di governo. E qui il Pds deve stare attento: non si diventa moderati perché si tratta con chi rappresenta gli interessi contraddittori di una comunità. Si ha una cultura moderata se si sceglie la "governabilità possibile" rispetto a quelli che non vogliono mai cambiare niente e a quelli che per cambiare vogliono la rivoluzione. La moderazione non è soltanto un interesse economico. È un modo di essere, un'aspirazione, un difetto, un pregio, una virtù: insomma, l'insieme delle complessità che caratterizzano la nostra vita e determinano i nostri comportamenti.»

E i moderati che fine faranno?

«Il processo che avevamo immaginato di avviare col centrosinistra, oggi lo vedo in difficoltà.»

Che cosa può accadere?

«Se l'enorme fetta di cittadini che vengono classificati come moderati non trova nel sistema politico un riferimento più preciso, possono nascere problemi.»

Per esempio?

«La semplificazione sulle estreme – destra, sinistra – è un errore. Non possiamo di botto imporre agli italiani tradizioni politiche di paesi europei che hanno una storia radicalmente diversa dalla nostra.»

E allora?

«Se il polo di sinistra sarà caratterizzato dalla prospettiva di rinnovare il socialismo, la parte moderata non vi troverà posto. E anche per il polo di destra sarà altrettanto difficile recuperare in positivo quest'area.»

Visto che non c'è posto per un terzo polo, chi vincerà?

«Vincerà il polo che darà all'area moderata un rilievo consistente e non subalterno. Se D'Alema dovesse continuare a muoversi con disinvoltura, metterebbe a rischio il ruolo del Partito popolare. Perché nel centrosinistra, il centro o lo facciamo noi o non lo fa nessuno.»

Dini, tra Otello e Don Chisciotte

«Ardirò ancor tra i desinari illustri / Sul Meriggio inoltrarmi umil cantore...» È un mercoledì di maggio quando salgo i gradini della Trinità dei Monti per raggiungere – col Parini nell'orecchio – gli ospiti che da un paio d'ore allietano la mensa di Maria Angiolillo nel villino Giulia sulla Rampa Mignanelli. Vengo per il caffè dopo «Porta a porta» avevo detto. Ma i commensali tirano tardi a tavola e Maria mi ritaglia un posto alla sua sinistra perché prenda un dolce.

L'ospite d'onore, alla sua destra, è Lamberto Dini. «Chi ha avuto come ospite?» mi chiede garbato. Fausto Bertinotti, rispondo. Dini trafigge con un improvviso, secco, crudele colpo di forchetta la *Bavaroise aux fruits de bois* che giace con innocente lascivia sul suo piatto nell'attesa di più acconce carezze. E annega in un ruvido sorso di *Sauternes* il disappunto che gli sale su per la gola. «Bertinotti, ancora Bertinotti» ruggisce tra sé.

Ecco, per trovare un'altra anima inquieta dell'Ulivo, basta percorrere i quattro chilometri che separano casa De Mita, nel cuore della Roma politica, dal palazzo littorio che tre eminenti architetti concepirono come sede suprema del Fascio nella campagna della famiglia Farnese e che oggi, come Farnesina, ospita il ministero degli Esteri.

Diciotto mesi dopo la nascita del governo Prodi, Lamberto Dini mantiene rapporti cordiali con tutti, ma comincia a chiedersi quale destino gli riservi il centrosinistra per la fine del secolo. «Meno male che ho Dini di riserva» ringhiò D'Alema nel febbraio del '96 quando Prodi s'era messo di traverso al tentativo di Maccanico. Lo tenne di riserva fino al momento delle elezioni, ordinò a un po' di compagni duri e puri di fare una generosa iniezione ricostituente a Rinnovamento italiano perché raggiungesse il quattro per cento, soglia della sopravvivenza e della dignità. E poi? Poi Dini cominciò a soffrire. Prodi lo trascurava come leader politico, mentre Bertinotti dettava legge oltre l'immaginabile. «Nessuno poteva immaginare che Rifondazione avrebbe costituito un ostacolo così grosso. Un ostacolo di tipo ideologico. Vede, io ho molta simpatia per Bertinotti e so bene che le pensioni sono basse, gli ospedali funzionano male e le scuole non sono bene attrezzate. Ma è sui rimedi che casca l'asino. Bertinotti guarda all'interesse immediato delle classi a lui più vicine e dimentica quelle compatibilità economiche che domani saranno utili anche a loro.»

Ma non è il peso di Rifondazione l'unico cruccio del ministro degli Esteri. La decisione di presentarsi da solo alle elezioni comunali di Milano e Torino nel '97 per Dini è stata rovinosa. («Un errore di presunzione da parte nostra,» mi dice il ministro «da parte di chi ha creduto che ci fosse un elettorato di opinione disposto a non votare per il Polo, né per il Pds.») Le lezioni di morale per l'incontro al caffè Greco tra il suo ministro Augusto Fantozzi e il commercialista Sergio Melpignano sono state pesantissime. E soprattutto, è arrivato il colpo di grazia della candidatura di Di Pietro: «Perché è venuto? Sì è offerto lui? L'hanno chiamato? Non aveva avuto i suoi flirt con la destra? Non aveva detto che non sarebbe entrato in politica fino al momento in cui fossero stati risolti i suoi problemi giudiziari? E perché ci è entrato senza smentire certi suoi comportamenti?».

Com'è lontana, nel secondo anno di governo dell'Ulivo, quella cena riservata di un martedì di dicembre in casa Dini. A quell'ora erano chiuse le bancarelle di stampe e libri antichi che danno colore alla piazza. Sonnecchiava il palazzo dei principi Borghese, frutto forse della mano cinquecentesca del Vignola e poi all'inizio del Seicento così ben curato nei dettagli dal cardinal Camillo che ancora oggi gli eredi vanno all'Acea con le carte del tempo in mano: guardate, l'acqua è da quattro secoli a presa diretta nel palazzo, non dovete mandarci le bollette dei consumi.

Al torpore del celebre palazzo gentilizio fatto a forma di cembalo, s'opponeva, sul lato destro della piazza, il rigoglio di luci che piovevano da un appartamento (con piscina) dell'ultimo piano. Donatella Dini e Linda Giuva legarono subito, Massimo D'Alema e Lamberto Dini avevano legato da tempo. Se infatti era stato Gianni Letta a inventare nel '94 la carriera politica di Lamberto, era stato D'Alema nel '95 a farsene patrono.

E adesso? Sono altri gli amori del segretario del Pds? La sua lussuria poligama è senza freno? Il suo harem è destinato a riempirsi di bellezze sempre nuove dalla più disparata origine? Non si cura, il sultano, ch'esse possano odiarsi e combattersi, preso dall'ansia che solo acquisti sempre nuovi possano dissetare la sua virilità?

Come il serpente che offre la mela, porgo a Dini la domanda avvelenata: non sarà che Di Pietro serva ad aggregare forze moderate di qua e di là per rendere ininfluente il partito di Bertinotti? La risposta è gelida: «Se le cose andassero in questa direzione, dovrebbero preoccuparsi tutti i moderati del Polo e dell'Ulivo. Io non so se D'Alema vuole una tenuta di questa maggioranza. Ma sappia che se lui e Marini non riusciranno a gestire questo signore e lo lasceranno andare nella direzione che lei ha indicato, mettono a rischio il governo. Tutto qui».

E così Dini aspetta il giorno in cui «anche in Italia si opporranno un partito socialdemocratico e un polo liberaldemocratico». Lui starebbe naturalmente da quest'ultima parte, ma il processo è lungo, «servono scomposizioni e ricomposizioni politiche» e intanto Dini rimprovera al Polo di «non aver colto le occasioni per creare nuove maggioranze in Parlamento».

Il Polo, per parte sua, non ha mai cessato di mantenere con Dini un rapporto sotterraneo e aspetta anch'esso pazientemente fatti nuovi. Ha fatto suo il motto di San Paolo, evocato da Berlusconi memore delle vittorie giovanili nelle gare salesiane di catechismo: «Quel che oggi ci appare misterioso, domani lo vedremo in una luce di chiarezza». Aggiunse il Cavaliere all'inizio del '97: «Ho l'impressione che l'enigma Dini un giorno si scioglierà».

È passato molto tempo da allora, ma la situazione non cambia. Quando incrocia ogni mattina il viso di Lamberto Dini pronto alla rasatura, lo specchio continua a dirgli: «Anche oggi sei un enigma, vero?». Il ministro degli Esteri risponde compiaciuto: «E già». Lo specchio sa che ogni indagine sarebbe infruttifera e lascia perdere, fino all'indomani.

Berlusconi, in cuor suo, fa come lo specchio di Dini. Sperando di poter ripetere un giorno, con esiti migliori, quel che Don Chisciotte disse di Dulcinea: «Ella m'ama e tornerà da me, con gli occhi molli di pentimento...». E di udire dalle labbra livide del suo amico Lamberto la pronuncia della condanna dell'Ulivo, come Otello nel quinto atto: «Chiamatemi assassino onorato. Niente ho fatto per odio, tutto per amore».

Fanfani: «È arrivato il loro momento»

«È arrivato il loro momento.» Amintore Fanfani mi soffiò questo breve messaggio nell'orecchio destro. Era la mattina di giovedì 6 febbraio 1997 e quello che fu l'uomo più potente (e più temuto) d'Italia riceveva l'omaggio di autorità e amici nella sala Zuccari del palazzo Giustiniani: là dove le mani del Fontana, del Maderno e infine del Borromini misero insieme le pietre che avrebbero visto nascere nel '47 la prima Costituzione italiana.

Fanfani compiva gli ottantanove anni, sfiorando ormai la soglia dell'età più veneranda dell'umana condizione. Aveva seguito partecipe la breve orazione del presidente del Senato, Nicola Mancino. Aveva lasciato intuire una distrazione soltanto momentanea quando la vigile Maria Pia gli aveva dato la parola («Tocca a me?») e aveva letto con voce insospettabilmente ferma il testamento politico dell'ora, racchiuso in una paginetta.

«Qualcuno» disse «cerca di presentare la storia italiana degli ultimi decenni come la storia di un fallimento continuo. Ma questo non è assolutamente vero. Oggi son qui presenti amici che, pur facendo riferimento agli stessi ideali, dopo la scomparsa della Democrazia cristiana hanno preso strade diverse e amici che non sono mai stati democristiani, ma con i quali chi è stato democristiano ha condiviso in passato e può condividere tuttora gli stessi valori di democrazia, di libertà e di giustizia sociale restando fedeli ai quali è stato possibile assicurare all'Italia tanti decenni di progresso, di benessere e di pacifica convivenza. In un momento difficile come quello che stiamo vivendo non ha senso guardare al passato. E questa non è una riunione politica, tanto meno una riunione di nostalgici. Però, ricambiando i vostri auguri con sentimenti di sincera amicizia e gratitudine, credo di poter dire che se tutti coloro i quali continuano a credere in quei valori saranno capaci di superare le attuali divisioni, forse sarà più facile garantire all'Italia, che tutti amiamo, un futuro migliore.»

Applaudirono insieme Nicola Mancino e Gaetano Gifuni, Giulio Andreotti ed Emilio Colombo, Franco Marini e Gerardo Bianco, Leopoldo Elia e Gianni Letta, Ettore Bernabei e Biagio Agnes, Pierferdinando Casini e – attraverso un messaggio del suo portavoce Rotondi – Rocco Buttiglione.

Il messaggio del Cdu era del tutto esplicito: «Con vent'anni di meno, Fanfani sarebbe l'uomo giusto per riaggregare un'area moderata ancora in cerca di una organizzazione definitiva».

«È arrivato il loro momento» mi soffiò a questo punto Fanfani nell'orecchio destro. Quale momento?

Ai democristiani vecchi e nuovi, stiano al governo, all'opposizione o addirittura ai vertici dello Stato, la fine traumatica della Prima Repubblica e la cancellazione per ignominia del loro partito non è mai andata giù. Nessuno di loro pensa seriamente di rifare la Dc, perché i tempi ormai son cambiati, ma nessuno di essi accetta l'idea di morire lasciando la guida del Paese agli eredi dell'avversario di mezzo secolo: il Partito comunista italiano.

Se l'obiettivo (almeno ideale) è chiaro, i modi per raggiungerlo – quando sono delineati – schizzano nello spazio da destra a sinistra, senza un briciolo di coordinamento apparente. Eppure...

Un esempio per tutti. Se c'è una persona insospettabile di intelligenza col nemico, questa è il presidente del Senato Nicola Mancino. La sera del 30 luglio '97 Mancino incontra i senatori del Ccd-Cdu prima delle vacanze estive e sapete che gli dice? «Se passa il doppio turno nella nuova legge elettorale, ci costringerà a rimetterci insieme. Potrebbe essere una soluzione provvidenziale.»

In attesa della Provvidenza, ciascuno coltiva i suoi disegni. De Mita, per esempio, vorrebbe portare il Ccd nell'Ulivo per sfiorare con i Popolari quel famoso quindici per cento sotto il quale a suo giudizio non ha senso far politica e costruire insieme un'alternativa alla sinistra.

Affida le sue riflessioni a lunghe corrispondenze con Marco Follini, vicesegretario del Ccd e suo vecchio amico. Ma Follini è scettico sulla possibilità di uno sganciamento del Ppi dall'asse ferreo col Pds: «La calamita sta là» mi dice. «Per quale miracolo dovrebbe avvenire di punto in bianco che una collaborazione che non ha incrinature entri in crisi rivoltando il Centro contro la Sinistra?» E ricorda che alle elezioni amministrative della primavera '97 in nessuno degli oltre cento comuni con più di quindicimila abitanti in cui si è votato c'è stata collaborazione tra Ppi e Ccd. «Un centrosinistra che sta a metà strada tra Giovanni Malagodi e Lelio Basso,» dice Follini «messo alle strette, sceglie la sua identità originaria, che è la sinistra.»

Resta (inquieto) al suo posto anche Clemente Mastella, presidente del Ccd e leader del «partito corsaro», accusato a giorni alterni di voler risolvere una volta per tutte le progressive crisi d'astinenza da potere con una definitiva endovena di Ulivo. Dopo l'arrivo di Di Pietro anche lui ha capito che nel centrosinistra ormai si è arrivati ai posti in piedi. Mastella dice in modo quasi ossessivo che «il Polo è morto», ma come accadde probabilmente con Mao, si rifiuta di dettarne il necrologio per mancanza di alternative.

Il problema del Polo – dice ancora Follini – è far diventare valore politico l'opposizione che di fatto in Italia non è mai esistita, tranne che in gruppi «profondamente ideologizzati o sovversivi». Sostenere un'opposizione a tempo indeterminato, comunque, spaventa molti. La crisi di mezz'estate alla regione Calabria governata dal Polo dove sette ex democristiani hanno tentato un ribaltone con l'Ulivo è il segno di una oggettiva propensione – almeno in periferia – a vigilare sulle scialuppe di salvataggio in modo da approfittarne immediatamente al primo rollio della nave.

Casini e la ruota di Berlusconi

«E invece non è detto che la lunga marcia dell'opposizione non finisca col premiarci» mi dice Pier Casini. «In Spagna, in Irlanda, in Inghilterra, in Francia non ha vinto la sinistra, ha perso chi governava. Se noi del Polo ci mettiamo il cuore in pace e adottiamo una strategia di lunga scadenza senza sperare che qualcuno ci tolga le castagne dal fuoco o che ogni due minuti s'affacci la speranza del ribaltino o del ribaltone, tornerà il tempo giusto anche per noi. In questo senso la scelta di Di Pietro di andare di là ci facilita, togliendoci di torno una miccia pericolosa.»

Casini sostiene di non essersi meravigliato della scelta di Di Pietro, nonostante sia stato – come vedremo nei capitoli successivi – uno dei protagonisti del flirt dell'ex magistrato con il centrodestra. «Aveva dimostrato di essere inaffidabile» mi dice «già entrando nel governo dell'Ulivo. E poi nell'attuale situazione italiana a sinistra si sta più comodi, soprattutto se si è al centro di vicende giudiziarie. È stato folgorato per strada come San Paolo. Solo che l'apostolo ha proseguito a piedi, Di Pietro a cavallo. Comunque, se Di Pietro ha fatto una pessima figura, una ancora peggior l'ha fatta D'Alema. Se vuol fare lo statista, deve uscire da questi giochetti di bottega.»

Il segretario del Ccd è convinto che Di Pietro «resta l'esempio del presidenzialismo contro i partiti che non esiste in nessuna parte del mondo. Negli Stati Uniti la candidatura di uno come lui sarebbe impensabile».

Casini è un bel bolognese col sorriso aperto e il carattere socievole. È amico di Scalfaro, col quale ebbe pure un semestre di gelo dopo le elezioni del '96. È amico di Prodi che vede una volta al mese a cena nelle case bolognesi di Piero Gnudi dell'Iri e di Franco Corlaita. («Dal numero di telefonate del presidente del Consiglio, controllo le condizioni di salute del governo. Ha chiamato spessissimo nell'autunno del '96 quando sperava che gli dessimo una mano nelle votazioni alla Camera. Ha smesso di chiamare dalla primavera del '97, segno che il governo sta bene.») Ma ha ripreso in autunno, se non altro per dare riscontro ai durissimi attacchi di Casini e Mastella a Berlusconi. E ha proseguito con una serie di urbane urgenti in ottobre durante la crisi con Bertinotti.

Casini è naturalmente amico anche di Berlusconi. «Siamo nati grazie a lui. Se non ci fosse stata Forza Italia non ci sarebbe stato il Ccd. Ma questa non è una buona ragione per continuare in eterno a succhiare la ruota di Berlusconi.» Prego? «Vede, io vado volentieri a mangiare a casa sua, Michele è un ottimo cuoco, ma Forza Italia deve stabilire una volta per tutte un criterio normale di selezione della classe dirigente.» Anche per questo, quando gli chiedo se accetterebbe l'ipotetica offerta di fare il segretario di una federazione tra Forza Italia, Ccd e Cdu con Berlusconi presidente e leader, risponde di no. «Fino a quando nell'Ulivo c'è il Ppi, nel Polo deve esserci il Ccd-Cdu, che ormai è probabilmente più forte del partito di Marini. Soltanto quando di là dovesse nascere il partito dell'Ulivo, qui sarebbe logico rispondere federandoci con Forza Italia. In ogni caso, fare il segretario nelle attuali condizioni significherebbe avere poca autonomia e molte grane. Meglio il primo in Gallia che il secondo a Roma.»

Casini insiste nell'utilità della dote del suo partito al Polo, anzi sulla dote comune del Ccd-Cdu ormai in via di unificazione. Insiste nell'utilità delle «tre gambe del Polo» con Forza Italia e An e sostiene che Marini condivide l'idea di un bipolarismo secco che non permetta pasticci.

«Certo, lui è andato a cena a casa Letta e io no. Ma che dovevo fare? Offendermi come ha fatto Dini o difendere il menu? Abbiamo preferito difendere il menu. Alla fine, anzi, siamo stati i difensori più forti del menu, contro malumori che s'erano determinati anche in Forza Italia e in Alleanza nazionale.»

Buttiglione: «Berlusconi come Garibaldi»

«Sa che cosa ho detto a Berlusconi?»

Non riesco a immaginarlo.

«Gli ho detto: devi fare in politica quello che hai fatto nella tua impresa, passare da Fininvest a Mediaset.»

Non vedo il nesso.

«E invece c'è. Devi passare, gli ho detto, da un'azienda familiare in cui sei tutto – il capo, il vice, quello che prende le iniziative e quello che le controlla – a un'azienda quotata in Borsa, in cui sei il socio di maggioranza, ma devi rispondere ad altri soci veri. Un'azienda, insomma, in cui non puoi agire di testa tua, ma devi rispettare i loro diritti. In un Centro così vengono tutti. È chiaro?»

È chiaro.

«Nelle condizioni attuali, invece, sono giuste le obiezioni di Mastella.»

Mastella obietta sempre.

«Obietta che se facessimo la federazione di centro nelle condizioni attuali, entreremmo in una cosa gestita unicamente da Berlusconi. Lui si alza una mattina e dice: è cambiata la linea, andiamo con Bertinotti. E andiamo tutti con Bertinotti. Oppure: andiamo con Rauti. E andiamo tutti con Rauti. Occorre stabilire delle regole e chiarire come vengono prese le decisioni. L'obiezione di Cossiga è l'obiezione di tutti.»

Quale delle tante?

«Cossiga non darà mai il suo patrocinio di padre nobile a

una cosa che non si capisce se sia un partito o una banda di avventurieri.»

Addirittura.

«Pensi a Garibaldi.»

Garibaldi?

«Gli eserciti di volontari, come quello di Garibaldi, corrono sempre il rischio di trasformarsi in una banda di avventurieri. Forza Italia ha un problema simile a quello che si presentò allo Stato italiano dopo il 1861: trasformare l'esercito di volontari in un esercito regolare.»

Tutto si può dire di Rocco Buttiglione, tranne che non parli con chiarezza. È stato il primo segretario post-democristiano del Ppi. Ha sedotto D'Alema in un ristorante di Gallipoli. Si è fidanzato con Bossi davanti a un piatto di sardine. Ha fatto con entrambi il ribaltone contro Berlusconi. Poi si è messo col Cavaliere facendosi scomunicare dai suoi, che tuttora non vogliono vederlo. (È Angelo Sanza, trovatosi un mattino leader della destra lucana, mentre Emilio Colombo nottetempo lo era diventato della sinistra, che mantiene i contatti.) Ma l'idea di fare il Centro della Destra non l'abbandona mai.

«Dopo il fallimento dei referendum di Pannella, Berlusconi ha abbandonato definitivamente l'idea di fare di Forza Italia un partito liberal-radicale sostanzialmente antidemocristiano. Sa che cosa dice il capogruppo di Forza Italia al Senato, La Loggia?»

No.

«Dice quello che dico io: non si può costruire il centrodestra in Italia sul rifiuto dell'esperienza democristiana. Perché la nostra memoria storica del centrodestra è De Gasperi più Einaudi più Saragat. Di qui la necessità della federazione di centro con le caratteristiche e le garanzie di cui parlavamo poco fa. Chi lancia la linea prende la leadership. E Berlusconi è nelle condizioni migliori per lanciare la nuova linea. Visto che può sostenerla con gli otto milioni di voti di Forza Italia.»

E Fini?

«Se non fa la federazione di centro, Berlusconi si appiattisce sulla destra e perde la leadership. E poi c'è la questione di Di Pietro.»

Anche lei?

«Attaccando Di Pietro, Berlusconi ha messo in gioco la propria popolarità. È vero che schierandosi con l'Ulivo Di Pietro ha perso consensi. Ma ne ha persi anche Berlusconi. Quelli di Fini, invece, sono rimasti intatti.»

E allora?

«Allora Berlusconi ha capito che non si può vivere di soli sondaggi e di sola popolarità. Deve camminare su due gambe come Fini. E qual è l'altra gamba?»

Qual è?

«Un'organizzazione politica vera che finora non c'è stata. È la federazione di centro di cui ho parlato prima.»

Tira il sigaro, il professor Buttiglione, soddisfatto.

Cossiga: «Se Berlusconi mi cedesse la Fininvest...»

«Credo che nelle attuali condizioni storiche Togliatti avrebbe approvato questa evoluzione del partito post-comunista. Non credo Berlinguer.» Chissà se Massimo D'Alema bollerebbe anche questa affermazione di Francesco Cossiga come «una delle sue idee per metà sconnesse e per metà pericolose» (così ha definito in *La grande occasione* la proposta dell'ex presidente di far saltare con un referendum la Bicamerale a favore di un'assemblea costituente).

Ma se Cossiga evoca i post-comunisti, lo fa per parlare dei post-democristiani.

«Lei mi chiede quale sia la funzione del Ppi. È quella di rappresentare l'anima di sinistra-centro del mondo cattolico. Badi, ho detto di sinistra-centro, non di centro-sinistra. Una funzione significativa e importante perché è l'anello di congiunzione e di mediazione del partito post-comunista con una parte del mondo cattolico.»

Quindi una riaggregazione dei vari spezzoni della Dc è impensabile...

«La riaggregazione dovrebbe avvenire su basi moderate e alternative alla sinistra democratica. Tutto questo è già stato rifiutato nel '94, forse anche giustamente. Vede, nel mondo cattolico esistono due giudizi sul comunismo: uno lo considera il male, che non perde il suo carattere di male anche se è visto come bene in molte latitudini. L'altro giudizio considera il comunismo come un cristianesimo impazzito che aveva tanto di bene...»

In Italia qual è il giudizio prevalente?

«L'Italia è il paese in cui è più forte la componente che considera il comunismo un cristianesimo impazzito e non un male.»

Quindi?

«Quindi escludo che da noi il Ppi possa essere destinato a fare da contraltare al nuovo partito socialdemocratico di D'Alema come avviene invece per gli altri partiti cristiano-democratici europei.»

Quando parli con Francesco Cossiga non sai mai se hai di fronte un pensionato di rango che ha accumulato, caso unico nel dopoguerra, tutti gli incarichi di maggior prestigio e potere (ministro dell'Interno, presidente del Consiglio, presidente del Senato, presidente della Repubblica), o un giovanotto senza età pronto a nuove e imprevedibili avventure politiche. Quando glielo chiedo, mi risponde asciutto: «Non ho spazio».

E la volontà?

«La volontà ha senso se esistono delle occasioni. Altrimenti è velleitaria. Io sono un realista.»

E allora?

«Allora in politica non ho voglia di fare più niente. Mi piacerebbe invece collaborare alla pubblicazione di cinquanta libri che costituiscono l'ossatura del pensiero cristiano moderno per i giovani.»

Lei accetterebbe di candidarsi di nuovo alla guida dello Stato?

«Non ci pensa nessuno.»

E se qualcuno ci pensasse?

«Sarebbe pericoloso che quel seggio fosse occupato da qualcuno che non avesse alle spalle una forza politica intesa come organizzazione di valori e di interessi. Questo tanto più, come mi auguro, se prevarrà una forma di semipresidenzialismo in cui il capo dello Stato sarà partecipe della formazione dell'indirizzo politico del governo. Io sono fuori da tutto questo.»

Un presidente con poteri maggiori di quelli che ha esercitato lei?

«Contrariamente a quel che si crede, io ho avuto pochissimi poteri e non ne ho esercitato nessuno, se non la facoltà di parlare.»

Che non è poco...

«E infatti le mie parole mi hanno scatenato addosso l'opposizione della Dc e del Pci. A ripensarci, sarebbe difficile chiedersi se il mio più fermo oppositore sia stato la Dc o il Pci.»

Siamo sufficientemente rispettosi dell'autorità dello Stato per eleggere direttamente il presidente della Repubblica?

«È questo invece proprio uno dei motivi per eleggerlo. Il nuovo presidente dovrà infatti impegnarsi proprio nella ricostruzione del senso dello Stato e nel ripristinare la divisione dei poteri.»

A che si riferisce?

«Guardi, io rispetto i motivi della ribellione ricorrente di alcuni magistrati alle decisioni del governo e del Parlamento. Arrivo qualche volta a comprenderne i motivi. Ma saprebbe citarmi un altro paese in cui questo avviene? Tenuto conto che da noi la magistratura è un ceto burocratico e il Parlamento è espressione della forza popolare? Io mi limito a denunciare un fenomeno. Non ne faccio una questione di merito. Anzi, può darsi che nel merito i magistrati abbiano ragione.»

Lei sta dicendo che negli ultimi anni la magistratura ha esercitato di fatto un potere politico?

«La magistratura da ordine si è trasformata in potere e non vi è potere che non sia politico.»

C'è stato un contributo della magistratura alla vittoria politica della sinistra?

«Da un punto di vista fattuale, sì. Ma a mio giudizio la sinistra avrebbe vinto anche senza l'aiuto della magistratura. Anzi, la sinistra aveva vinto da tempo, ma non poteva formalizzare la vittoria per i noti motivi della divisione dei blocchi. Caduti quei motivi, ha potuto trasferire sul campo del governo l'egemonia nella cultura e nell'informazione che aveva da almeno trent'anni.»

A proposito, la Bicamerale l'ha delusa?

«Non mi aspettavo di più.»

Ma perché lei ha insistito tanto per avere l'assemblea costituente?

«Sarebbe servita a coinvolgere e interessare la gente nella rifondazione etica e culturale dello Stato.»

E perché la proposta è caduta?

«Perché era contro l'idea ormai imperante che conta lo Stato dei Partiti e non lo Stato dei Cittadini. Lo Stato dei Partiti ha avuto il suo trionfo nella cena a casa Letta...»

A proposito, lei si è dichiarato un ammiratore della crostata della signora Maddalena...

«Posso farle una confidenza? Un paio di settimane dopo la famosa cena dell'accordo, a casa Letta sono stato invitato io. Con chi? Con Berlusconi. È lì che ho mangiato la crostata. Buonissima.»

Crostata a parte, come andò la cena? Berlusconi le ha chiesto di collaborare a qualche suo disegno?

«Non me lo chiede mai. Sono io che gli ho suggerito di non dare un valore generale a polemiche su fatti singoli di giustizia. Di smetterla con la storia del complotto. Perché guardi: si denunziano i complotti quando la denunzia serve a bloccarli. Ma se c'è stato complotto contro Berlusconi, esso ha avuto successo. E allora è meglio smetterla.»

Quale consiglio darebbe al centrodestra?

«Si interroghi su che cosa vuol fare.»

E secondo lei che vuole fare Berlusconi?

«Credo che voglia fare qualcosa, ma non ho capito che cosa.»

Se Berlusconi un domani le chiedesse di fare il leader del Polo, lei accetterebbe?

«Le suggerisco di farmi un'altra domanda: se domani il presidente degli Stati Uniti le proponesse di fare il segretario di Stato... Ci sono le stesse probabilità.»

Ammettiamo che gliela faccia.

«Non potrei accettarla. Non si può essere chiamati a fare i leader di una forza politica. Bisogna esserne l'espressione. Anzi...»

Anzi?

«Credo che potrei prendere in considerazione l'offerta se mi trasferisse il pacchetto di controllo di Fininvest. Le è piaciuta?»

«Penso a un'alleanza di tipo giscardiano»

In attesa che il Cavaliere gli ceda il controllo di Fininvest (che a sua volta controlla Mediaset), Cossiga non perde tempo. A metà settembre va a Brescia, ospite di Mino Martinazzoli, sindaco della città. Martinazzoli è stato sempre uomo di punta della sinistra democristiana (anche Cossiga lo fu, sembrano passati secoli). Ma l'idea che il Ppi da lui fondato debba starsene rincantucciato all'ombra della Quercia lo intristisce. Martinazzoli, che già di suo allegro non è, si trova d'accordo con Cossiga nell'idea di muovere i moderati di quello che una volta era il vecchio centrosinistra e farne qualcosa di vivo e di autonomo. Ci hanno provato in tanti, si dirà. Ma quando venerdì 19 settembre compare su un'intera pagina della «Stampa» un'intervista di Cossiga a Ugo Magri, giovane e bravo capo della redazione romana, per alcuni giorni l'intero mondo politico entra in ebollizione.

Perché? Qualche pagina addietro, in questo libro, Cossiga ci ha detto di non credere che il Ppi possa fare da contraltare al polo di sinistra dominato dal Pds perché costituito prevalentemente da uomini che hanno sempre considerato il comunismo «un cristianesimo impazzito che aveva tanto di bene». D'altra parte, vede il centrodestra bloccato da Berlusconi e indeciso sulla strada da prendere. E allora? Allora dice a Magri: «Non vedo lo scandalo se in Italia si affaccia un centro liberaldemocratico che domani potrà rappresentare l'alternativa alla sinistra... Un centro nel quale porteranno la loro esperienza culturale cattolici, laici, repubblicani, liberali, ma anche socialisti non legati al marxismo... Penso a qualcosa come l'Udr giscardiana, un'alleanza non soltanto elettorale, ma anche politica tra varie componenti... Fini? Come non è illegittima l'alleanza del Pds con Rifondazione comunista, allo stesso modo si può ipotizzare un'alleanza tra il centro e An. In fondo, una tradizione nazionale in Italia è sempre esistita, da Crispi in avanti».

Casini e Buttiglione esultano, Fini (che ascolta molto Cossiga) è d'accordo, e per non guastarsi il rapporto col Cavaliere dice che Berlusconi ha lo stesso progetto. Il problema è un altro. Nel progetto di Berlusconi non c'è Cossiga e nel progetto di Cossiga non c'è Berlusconi.

VIII

Come Giorgio e Ippolita

Ma D'Alema è un dio o no?

«Signore hai detto: invocatemi e io vi esaudirò. Noi ti invochiamo, Signore, come hai ordinato. Tu sei colui che sempre mantiene la promessa.»

La sera di giovedì 17 aprile Silvio Berlusconi è a Viterbo, dove dieci giorni dopo si vota per il sindaco. Non ha dunque modo di aprire il pacchettino delle novità Einaudi, di cui – attraverso la Mondadori – è l'editore. In quel pacchettino c'è un bel volume curato da Enzo Bianchi, fondatore e priore della Comunità monastica di Bose. S'intitola *Il libro delle preghiere* e reca a pagina 73 l'invocazione sopra riportata.

È una preghiera musulmana, ma potrebbe adattarsi benissimo alle religioni cristiana ed ebraica, autorevolmente rappresentate nel libro di Bianchi. E anche alla religione dalemiana che il Cavalier Berlusconi professa da tempo con innegabile trasporto e con fede rimasta integra nonostante le insidie continue.

Come i tre pastorelli della regione portoghese di Santarém furono testimoni muti ed emozionati del prodigio di Fatima nel '17, all'autore di questo libro toccò in sorte di assistere all'esplosione di fede tra Berlusconi e D'Alema nello studio di «Porta a porta» nel gennaio del '96.

I due rinnovarono in pubblico il prodigio altre quattro volte nello stesso anno, fino al 30 ottobre quando vollero addirittura benedire insieme un libro (*La svolta*), semplice e casuale testimonianza di un evangelista scelto dalla sorte.

Tra l'autunno del '96 e l'inizio del '97, D'Alema e Berlusconi si rividero poi riservatamente in casa Letta e la comunione spirituale fu di nuovo pubblicamente sancita il 5 febbraio, quando il Cavaliere – distinguendosi per la prima volta in una scelta politica rilevante da Gianfranco Fini – votò per il segretario del Pds come presidente della Commissione Bicamerale per la riforma della Costituzione.

Da allora, Berlusconi ebbe la sensazione di essere rimasto solo a pregare. La religione «consolare» era diventata rigidamente monoteistica: D'Alema era la divinità, Berlusconi si limitava sempre di più solo a invocarla. Lascia Bertinotti, o Signore, abbandona Prodi al suo destino, fa' che l'Italia abbia un capo dello Stato eletto dal popolo secondo il sistema semipresidenziale di tipo francese. Donami una legge sulla televisione che non mandi Emilio Fede in esilio sul satellite. Non mettermi più di tanto le corna con Cecchi Gori.

Concedi, infine, all'Italia una riforma giudiziaria che non consenta più ai pubblici ministeri di condizionare la magistratura giudicante, emettendo sentenze inappellabili fin dalla fase preliminare delle indagini. Conservami per sempre Gianni Letta e – se possibile – clonalo. Amen.

Per propiziare la benevolenza di D'Alema, il Cavaliere aveva fatto in Parlamento un sacrificio spettacolare. Altro che vitello grasso: Berlusconi aveva salvato il governo Prodi votando per l'invio della missione militare in Albania, bocciata da Rifondazione comunista e quindi sprovvista della copertura politica della maggioranza.

Ma dal secondo piano delle Botteghe Oscure venivano segnali sempre più incerti e inquietanti. Fino al congresso del Pds, in febbraio, D'Alema incarnava tutte le virtù umane e divine. Come Atena, combatteva per il buon diritto (*Promachos*), vigilava sulla salvezza delle città (*Polias*) e infine portava alla vittoria (*Nikiphoros*).

Poi, tra il marzo e l'aprile, aveva creato tra fedeli e infedeli la confusione che causò tra i greci l'importazione del culto di Iside dall'Egitto: un giorno aveva le sembianze di Era e l'indomani quelle di Demetra, s'identificava con Afrodite per diventare un momento dopo Selene e perfino Io. Insomma, una confusione gravissima e pericolosa.

Uno dei più esperti sacerdoti del Transatlantico, Augusto Minzolini, scrive proprio quel 17 aprile sulla «Stampa» un articolo causticamente intitolato: «Il gambero rosso». Dice Minzolini: «Speriamo che i quattro o cinque D'Alema che si sono avvicendati negli ultimi tempi sul palcoscenico della politica siano parti in commedia di quella campagna elettorale che si concluderà fra tre settimane. Se, invece, per ragionare sulla politica del leader bisognerà rifarsi solo alle sue ultime uscite, c'è il rischio di perdere la bussola».

Il 5 febbraio, infatti, nel discorso d'insediamento come presidente della Bicamerale, D'Alema aveva detto: «Per noi ci sono prima le riforme istituzionali e poi la maggioranza di governo».

Il 16 aprile c'è stata l'inversione di marcia: «Qualcuno pensa che io voglia buttare a mare la stabilità di governo per fare le riforme costituzionali. Io, che sono un uomo prudente, dico che non sono d'accordo...».

«C'è qualcosa di straordinario nella rapidità della trasfigurazione dell'immagine pubblica di D'Alema» nota l'indomani sul «Corriere» Paolo Franchi. «Ieri gli venivano attribuite virtù taumaturgiche assimilabili a quelle dei re capetingi, oggi viene raffigurato come una specie di Re Tentenna...» Lo stesso giorno, un autorevole osservatore interno al Pds, Emanuele Macaluso, scrive sul «Mattino» che dopo il congresso del Pds in febbraio D'Alema veniva «incensato e adulato al limite del culto della personalità», per diventare, nel giro di soli due mesi, «un pulcino nella stoppa, un leader dimezzato e contestato, mallevadore di inciuci indigeribili, ondivago da far apparire tetragono il vecchio Occhetto...».

D'Alema, in effetti, si era caricato in poco tempo di pesi tali da far impallidire le fatiche di Atlante, il Titano condannato da Zeus a pagare un peccato di superbia sostenendo sulle spalle l'intera volta celeste. Come nota sul «Corriere» Paolo Franchi, egli s'è assunto il compito di recitare insieme le seguenti parti in commedia: «segretario del Pds, fondatore di un nuovo e più vasto partito della sinistra, azionista di maggioranza della coalizione di governo, leader ombra dell'opposizione, riformatore principe della Carta costituzionale...». Poteva non pagare dazio per tutto questo?, si chiede Franchi. No, non poteva.

Eppure, nei primi mesi dell'anno, D'Alema dovette tapparsi le orecchie per non essere stordito dalle acclamazioni di consenso che gli venivano da ogni parte, anche opposta alla sua. Un nuovo Togliatti, dicevano al Bottegone. Un nuovo De Gasperi, acclamavano tra piazza del Gesù e i nuovi vicini uffici di Berlusconi, in via del Plebiscito. Un Titano, per l'appunto. Come Atlante, che fu punito per l'eccesso d'ardimento.

Chissà se in quel periodo D'Alema si sia trovato nella condizione del giovane Wagner al quale, annota il biografo Aldo Orberdorfer, «l'incenso dell'ammirazione era necessario più del pane, per resistere». E chissà se al contrario, nell'aprile dello scetticismo e del dissenso, egli abbia trovato – come capitò al genio musicale tedesco, secondo un testimone, il Pecht – chi possa dargli «il conforto di non sentirsi assolutamente solo, di sapersi intorno qualcuno che aveva fede in lui, che costituiva un minuscolo cenacolo del quale, egli, indiscutibilmente era il centro».

Fa perno ancora sul Cavaliere tale cenacolo? Questo è il problema. È vero che Ornella, la segretaria di D'Alema (dietro l'atteggiamento marziale ha una sua profonda dolcezza), si scioglie quando sente i messaggi di Gianni Letta sulla segreteria telefonica e quando ne riceve i cioccolatini. È intuibile che D'Alema farà nel suo libro di Letta un monumento nazionale e renderà onore allo stesso Berlusconi. Ma qual è il senso politico di queste buone relazioni, oltre a quello – civilissimo ed essenziale – di far partorire una vera Seconda Repubblica dall'interminabile travaglio della Transizione?

«Vinceremo!» dice Ferrara scodellando i rigatoni

Per capire i rapporti tra Berlusconi e D'Alema bisogna tornare ai primi mesi del '96. Come accade tuttora in molti paesi, soprattutto del Mezzogiorno, la sera del funerale del defunto, gli amici più stretti preparano la cena per i congiunti. Il pretesto è umanitario, presumendosi che le lacrime della giornata mal si conciliano con la preparazione della pastasciutta. Ma una volta a tavola, i profumi di vita che salgono dai piatti, pur non attenuando i dolori della perdita – considerata per l'appunto irreparabile – favoriscono i discorsi sul futuro della famiglia.

La sera dei funerali del tentativo Maccanico, Silvio Berlusconi e Gianni Letta portano un lutto troppo stretto per cenare in casa. Vanno perciò in via della Lupa, dove abita ancora per poco Giuliano Ferrara, e siedono alla sua mensa. Anselma, moglie di Giuliano, tiene il Cavaliere alla destra e Lucio Colletti alla sinistra. Giuliano, a capotavola, scodella i rigatoni da una grande zuppiera.

Con scarsissimo rispetto per il lutto dei suoi ospiti, Ferrara inneggia alla morte del tentativo Maccanico. «Meno male» dice con l'allegria che lo travolge quando sente il profumo della battaglia. «Così andiamo alle elezioni e le vinciamo.»

Gianni Letta è di parere opposto. Quando gioca a tombola, non tiene nemmeno i fagioli, tanto è convinto di perdere. E se rileva che i primi tre estratti gli hanno fatto vincere un bel terno, non lo annuncia nemmeno, pensando a un errore di chi cura l'estrazione.

«Caro Giuliano,» dice «io sono convinto di tre cose. La prima: abbiamo perso una grande occasione per risanare il Paese e fare insieme le riforme costituzionali. La seconda: credo che perderemo le elezioni. La terza: se le vincessimo, non riusciremmo a muovere un passo perché i sindacati ci scaraventerebbero di nuovo la piazza addosso come hanno fatto nel '94. Adottare certe misure di risanamento economico sarebbe difficile per la sinistra, figurati per noi...»

«Se hai paura di vincere, è finita» si scalda Ferrara versandosi con generosità altri rigatoni nella scodella.

«Non ho paura di vincere,» ribatte Letta «dico semplicemente che solo un grande sforzo unitario del centrodestra e del centrosinistra potrebbe garantire le condizioni per entrare in Europa.»

«È consociativismo, è inciucio!» ribatte Giuliano che Anselma non osa interrompere quando si versa di nuovo i rigatoni. (Dopo la nascita della Bicamerale, Ferrara sarà invece tra i più accesi sostenitori del patto costituente tra D'Alema e Berlusconi.)

E il Cavaliere? Mangia con molta parsimonia e si colloca a mezza strada tra l'amico del cervello (Letta) e quello dell'istinto (Ferrara). «Non dobbiamo avere paura» dice pronto alla battaglia. Ma ha fatto di tutto per convincere Fini e Casini a benedire l'accordo con Maccanico, essendo convinto – come Clemente Mastella – che il rischio di perdere le elezioni era fortissimo.

«L'Ulivo al governo più a lungo del giusto»

«La sera stessa del fallimento di Maccanico» mi dice Berlusconi «pensai che avremmo dovuto dare vita a un'assemblea costituente e lo dichiarai pubblicamente, impegnandomi a presentare un disegno di legge in tal senso. Cosa che feci il mese seguente. Ma la sinistra non fu mai d'accordo. E quando si è deciso di fare la Bicamerale, siamo passati attraverso assemblee dei parlamentari del Polo per varare la nostra linea.»

È vero che Fini ha fatto sempre resistenza fino al voto leghista che vi ha dato il semipresidenzialismo?

«Rimase incerto per alcuni mesi. Io gli ricordavo che dalla riuscita della Bicamerale avrebbe ricavato molti vantaggi. Alleanza nazionale si sarebbe costituzionalizzata, avremmo ottenuto l'elezione diretta del capo dello Stato o del primo ministro e finalmente la ricostruzione dello Stato di diritto. Se avessimo fallito, saremmo stati delegittimati come classe dirigente. Durante i cinque mesi di lavoro della Bicamerale (e poi nella ripresa d'autunno) non ho cessato di impegnarmi per il successo del comune lavoro.»

Nella fase preparatoria della Bicamerale e nei primissimi mesi di lavoro, Forza Italia ha l'impressione che l'andamento dei lavori possa portare a un «clima diverso» e quindi a una diversa maggioranza di governo.

D'Alema nega di aver mai avuto questa intenzione. Così quando nell'estate del '97 gli chiedo se non ci sia stato un suo mutamento d'opinione (il «gambero rosso» di cui abbiamo parlato), mi risponde così: «Quando dissi che le riforme sono più importanti del governo, feci una considerazione scontata. Le riforme segneranno tutta una fase della storia dell'Italia democratica e non c'è dubbio che la nuova Costituzione sia più importante del governo. Se il centrosinistra mancasse con le riforme, verrebbe meno a una grande occasione storica. Successivamente, ho detto anche una cosa diversa: se cade il governo, non avremo più le riforme e non avremo più la legislatura. Ho sempre pensato, cioè, che le riforme costituzionali e il governo si sostenessero a vicenda. Fare le riforme garantisce stabilità al governo almeno fino a quando il ciclo riformatore non si sarà concluso. La stabilità di governo serve a sua volta a fare le riforme. Questa verità elementare io l'ho detta fin dall'inizio, ma nessuno mi ha ascoltato perché si ritiene che le cose che si dicono sono ipocrisie per nascondere disegni inconfessabili. Non si è capito perciò quello che poi è successo. Le riforme hanno rafforzato il governo».

Diverso il parere di Berlusconi: «In effetti chi era favorevole al nostro ingresso in Bicamerale» mi dice «considerava che in commissione le forze meno estremiste si sarebbero incontrate sui punti principali e che quindi si sarebbe naturalmente formata una maggioranza costituente diversa dalla maggioranza di governo, una maggioranza che, successivamente, avrebbe potuto anche diventare maggioranza di governo. Per la verità, io non ricordo impegni assunti pubblicamente in questo senso da D'Alema, ma certamente il clima, l'atmosfera, le argomentazioni di chi voleva far nascere la commissione andavano in questo senso».

Scrivendo *La grande occasione*, D'Alema ha avuto un atteggiamento bifronte con il Polo. È stato prodigo di riconoscimenti per Berlusconi, per l'ultimo Fini, per Letta, Urbani e ha invece sempre trattato il centrodestra nel suo complesso come una coalizione di livello inferiore all'Ulivo, inadeguata ai problemi da affrontare. Lo conferma anche nella nostra conversazione: «Corriamo il grave rischio che il centrosinistra debba governare per molti anni, più di quanto sarebbe giusto fisiologicamente. Questo rischio non deriva dalla cattiveria di D'Alema o come si è scritto nell'estate del '97, dalla nostra volontà di creare un "regime". Il rischio nasce dalla confusione grave, dallo sbando della destra che non appare in grado di dare credibilità alla sua politica. Non c'è nessun cittadino italiano dotato di buonsenso, nemmeno tra quelli che votano il Polo, che pensa al centrodestra come a una vera alternativa di governo. L'incapacità del Polo di dare all'opposizione coerenza e prospettiva è un fatto negativo per l'Italia. Se lo immagina lei un conservatore inglese che difende la proprietà comunale della centrale del latte contro la sinistra che vuole privatizzare? Nell'estate del '97 il Pds ha vinto da solo a Roma un referendum contro Rifondazione comunista, Alleanza nazionale, Forza Italia per privatizzare il latte. È vero che c'è anche nel centrosinistra un certo grado di confusione, che soffriamo per Bertinotti. Ma il centrosinistra ha un asse di governo. Si capisce che cos'è. Non si capisce sinceramente che cosa sia il centrodestra».

Berlusconi risponde a nuora perché suocera intenda. Parla a D'Alema, ma allude alle crescenti intemperanze autunnali di Casini.

«È comprensibile che affermazioni del genere le faccia la sinistra per indebolirci. È inaccettabile che le facciano esponenti del Polo. Noi abbiamo sempre prodotto una opposizione decisa e responsabile, siamo persino arrivati a disertare le aule del Parlamento presidiandole soltanto con i capigruppo e con i relatori, affinché, vedendo in televisione quelle aule vuote a metà, gli italiani potessero capire che il governo e la maggioranza stavano calpestando la Costituzione perché non consentivano all'opposizione di difendere i diritti e gli interessi dei cittadini. Abbiamo organizzato la più grande manifestazione di moderati della storia italiana, sfilando nelle strade e nelle piazze di Roma con centinaia di migliaia di persone che, per la maggior parte, mai prima di allora avevano partecipato a un corteo. Abbiamo organizzato cento Convegni per la libertà in cento città d'Italia. In trecentomila abbiamo manifestato in piazza Duomo a Milano contro le tasse e per il lavoro. Abbiamo presentato in commissione e in aula migliaia di emendamenti. E non parliamo degli interventi di tutti noi sui giornali e sulle televisioni.»

Qualche volta avete anche votato per il governo...

«Certo, quando il governo ha fatto propri alcuni punti del nostro programma li abbiamo votati. Purtroppo in molte altre occasioni non abbiamo disposto della maggioranza necessaria per far passare i nostri progetti. Ma vorrei fare una affermazione precisa. Se il governo presentasse un provvedimento che ricalcasse una nostra proposta e il nostro voto negativo fosse sufficiente a produrre la crisi, noi non esiteremmo a votare contro il governo. Non saremo mai la stampella di Prodi.»

Mi bemolle e conflitto d'interessi

Campane d'argento innevate accoglievano gli ospiti all'ingresso. Era il 17 dicembre del '96 e Maria Angiolillo riceveva, come ogni anno, gli amici per gli auguri di Natale. Sui tre elegantissimi tavoli da pranzo, bacche gelate valorizzavano le orchidee, fiori assai amati dalla padrona di casa. Sui tavoli, corni d'argento offrivano fiori ghiacciati, deliziando la memoria di Courtois Frère, che nel 1816 riuscì a ritorcere il mi bemolle nel corno solista. E rese felice Ravel quando assegnò alla tuba il famoso a solo «Bydlo», orchestrando i *Tableaux d'une exposition* («Quadri di un'esposizione») di Modest Petrovic Mussorgskij, grazie all'aggiunta geniale di un pistone alla tuba standard.

Inconsapevole di tube, pistoni e mi bemolle ritorti, Antonio Maccanico, ministro delle Poste, godette della serata in compagnia della principessa Boncompagni. Al brindisi, ringraziò chi s'era complimentato per il rilevante successo politico appena conseguito con l'accordo sul futuro delle televisioni e spese parole assai natalizie per i rapporti tra maggioranza e opposizione.

Da buon artificiere, Maccanico – prima e dopo quella cena assai raffinata al villino Giulia – aveva disinnescato una per una le infinite mine che la legge sulle televisioni comportava. Non immaginando che nove mesi più tardi, nel settembre del '97, sarebbero stati due uomini del Polo, Pierferdinando Casini e Clemente Mastella, a farne esplodere una fragorosamente. Era capitato che alla ripresa autunnale Gianni Letta fosse andato in visita al presidente del Consiglio. S'era parlato di molti argomenti dell'agenda politica di fine anno. Ma anche delle prospettive Fininvest nel complesso e redditizio mondo delle comunicazioni telefoniche, sconvolto dall'arrivo all'Enel di Franco Tatò e della sua immediata proposta di trasformare la rete elettrica anche in rete telefonica.

Berlusconi replicò che il problema non si poneva neppure perché il governo e la maggioranza avevano già deciso di assegnare la concessione all'Enel. Ma Casini e Mastella profittarono dell'occasione per accusare il Cavaliere di essere in qualche modo condizionato dal conflitto d'interessi.

«Vorrei stendere un velo su questo argomento» mi dice Berlusconi che definì «miserabile» il sospetto che era stato avanzato a questo riguardo.

Un paio di mesi prima avevo affrontato lo stesso problema chiedendo a Berlusconi se la politica gli avesse salvato l'azienda. E il Cavaliere mi aveva dato in un primo momento la consueta risposta negativa: «La politica ha portato solo negatività al mio gruppo. Per cominciare, con la mia discesa in campo è venuto meno l'apporto di chi ne era il principale propulsore.

«Le ritorsioni politiche sono state tante. Si è reso necessario, per fare solo un esempio, cedere Euromercato. I centri commerciali erano disertati da chi mi considerava un avversario politico, anzi un nemico. Sorsero dei "comitati" con il compito di boicottarli. Una volta passati ad altri, i negozi sono tornati a riempirsi...»

Mi dette invece una risposta diversa quando gli ricordai la situazione del '93. «Certo, allora la sinistra diceva di voler distruggere gli avversari... Non so, forse in quel senso la vittoria del Polo mi ha aiutato a non essere distrutto.

«Certo sarebbe stato più facile adeguarsi al vento che spirava, consegnando alla sinistra la linea editoriale di due televisioni. Ma non mi sarei più potuto guardare allo specchio, avrei rinnegato i miei principi e tutto il mio passato di libero imprenditore.»

Ogni volta che si parla di conflitto d'interesse lei si arrabbia e parla di menzogna...

«Infatti è una menzogna.

«Vogliamo metterla in chiaro una volta per tutte?

«Allora, esiste certamente il rischio che chi comanda, chi è al governo, possa dare vita a dei provvedimenti che favoriscano i suoi interessi, il suo studio professionale, le sue aziende.

«È un pericolo che va assolutamente evitato. Occorre quindi una legge che regoli la materia e noi, quando eravamo al governo, abbiamo appunto presentato al Parlamento un disegno di legge al riguardo.

«I due governi della sinistra che si sono succeduti, quello di Dini e quello di Prodi, l'hanno bloccato. A loro ha fatto e fa comodo non avere alcun limite. Noi invece insistiamo affinché la legge venga approvata al più presto. Del tutto diversa è la situazione per chi è all'opposizione. Anziché avere la possibilità di favorire i suoi interessi, le sue aziende, chi è oppositore, chi sta all'opposizione, si trova esposto al rischio che chi è al governo usi il potere di cui dispone per colpire, per danneggiare, per penalizzare, magari anche per distruggere le aziende del suo avversario politico. O tenti magari, anche più semplicemente, di condizionarne l'azione politica di opposizione minacciando ritorsioni sulle sue proprietà private. Sembra un paradosso ma questa è la realtà. Altro che conflitto di interessi per Berlusconi. Ci sarebbe bisogno di una legge che garantisse, a lui e alla sua azienda, di stare al riparo dai danni che il governo e la maggioranza potrebbero volergli infliggere.

«In conclusione: chi parla di conflitto di interessi del leader dell'opposizione è, fuor di ogni dubbio, in malafede.»

In Sardegna, tra ulivi e ulivastri

«Sa che cos'è quello?»

«No.»

«Un *Junìperus...*»

«Sarebbe un ginepro.»

«Non un ginepro qualunque. Quello è un ginepro con un portamento diverso dagli altri. Facciamo una passeggiata?»

Capisco che palazzo Chigi dovesse sembrargli una prigione. Capisco anche che palazzo Grazioli gli sembri un convento di clausura. Silvio Berlusconi non riesce a star fermo. Sono venuto a trovarlo a Porto Rotondo, lui è al telefono, il maggiordomo mi chiede, come fa con tutti gli ospiti, se voglio fare una doccia e se posso consentire che mi si stiri l'abito: come si fa a restare con i vestiti stazzonati dal viaggio per una intera giornata?

«La certosa» resta la più bella tra le ville sarde del Cavaliere. Quand'era presidente del Consiglio stava per venderla a un arabo che gli aveva offerto una fortuna. Non lo fece, meglio per lui. Lì c'è Mortoro, quel rettangolo di ghiaccio è Tavolara, la fontana di pietra di Andrea Cascella le rende una specie di saluto militare. Intorno, molte decine di ettari di macchia mediterranea proteggono la casa.

Il Cavaliere mi aspetta leggendo i giornali, indossa una tuta bianca da casa, è appena tornato dal mare, ma sulla poltrona del patio non resiste che pochi minuti. Le dispiace se mi muovo?, prego, io resto seduto col taccuino.

È vero che Forza Italia senza Berlusconi non esisterebbe più?

«No. Si diceva la stessa cosa della Fininvest. E la realtà ha ampiamente smentito questa previsione. L'équipe dei dirigenti che ho formato in tanti anni di collaborazione e le nuove generazioni stanno facendo benissimo...» Gli si illuminano gli occhi quando parla di Marina, la figlia maggiore, che a quanto pare è una tosta, sa quel che vuole e soprattutto, dopo il passaggio di Fidel Confalonieri a Mediaset, sta rivoltando la holding Fininvest come un calzino.

In politica, dunque?

«In politica avverrà la stessa cosa. Naturalmente c'è bisogno di tempo. Oltre cento congressi provinciali che si stanno svolgendo faranno emergere una nuova classe dirigente per Forza Italia e per il Paese. Metteremo un grande impegno nell'approfondimento formativo, in sintonia con gli insegnamenti dei grandi pensatori cattolici e liberali. Abbiamo riscoperto Don Sturzo e Luigi Einaudi che l'egemonia culturale della sinistra aveva messo in un angolo negli ultimi trent'anni. Siamo l'unica forza politica che non ha responsabilità nel passato da farsi perdonare.»

Ripensando agli ultimi anni, crede di aver sottovalutato la politica?

«No, ho sempre guardato alla politica come a una grande speranza. Forse ho sottovalutato l'infingardaggine, la slealtà, la cattiveria di certi politici... Il salto da zero a palazzo Chigi è stato quasi miracoloso. Se il governo fosse durato un'intera legislatura avremmo davvero ammodernato il Paese. Già nei primi mesi stavamo riprogettando la previdenza, il fisco, l'amministrazione pubblica, la scuola e soprattutto, utilizzando per primi in Europa la leva fiscale, stavamo dando impulso allo sviluppo dell'economia con la conseguente creazione di nuovi posti di lavoro. Questo, della mancata possibilità per tanti giovani di sperare nel futuro e di realizzarsi, è il rammarico più grande che mi è rimasto dentro da allora...»

E invece?

«C'è stato un golpe di palazzo, un golpe giudiziario e sono stati traditi gli elettori. C'è stato un attentato al governo, è stato violato l'articolo 289 del codice penale, appunto, si è inferto un colpo mortale al bipolarismo, ed è stata cambiata la storia d'Italia con una violazione grave della nostra democrazia.» (Ne parleremo a proposito dei rapporti tra Berlusconi e il Pool di Milano.)

Ma lei davvero pensava di governare cinque anni con Umberto Bossi?

Sospira: «Questo era il mandato degli elettori. E anche quelli della Lega prima o poi se ne convinceranno. La secessione non conviene a nessuno. Si renderanno conto di aver consegnato il nostro Paese, il nostro benessere, la nostra libertà nelle mani delle sinistre. I problemi del Nord non si risolvono fondando un'altra repubblica. I voti di protesta e di disperazione contro il fisco, la burocrazia, l'inefficienza degli apparati pubblici, la carenza di infrastrutture non si riconquistano con la retorica patriottarda. Si deve dare una risposta concreta in termini di autonomie reali, di statuti speciali, di riforme fiscali ed amministrative».

Facciamo una lunga passeggiata nel parco. Berlusconi passa in rassegna le amate piante: «Ulivastro... lentischio... corbezzolo... mirto... oleandro... ulivo».

Scommetto che le piace più l'ulivastro che l'ulivo...

«...Buganvillea... pitosforo, poligola, verbena, mesobrianteno, arbelia, rosmarino, dipladenia...»

Ma il giardiniere di casa non è sua moglie?

«Mia moglie ha fatto cose straordinarie a Macherio. Di questa tenuta mi sono occupato personalmente.»

E conosce a memoria tutte le piante?

«Certo, ci sono una cinquantina di varietà. Quello è un tappeto di portulaca, fiori d'ogni colore che si aprono al mattino e si chiudono al tramonto. Quella è una pianta di gestroemia, quello è un *Hibiscus*.»

E quel fiore vermiglio?

«Si chiama Veronica, come mia moglie.»

A tavola con la famiglia Berlusconi

Compare la signora Berlusconi. È sempre molto bella. Scese a Roma due o tre volte quando il marito era presidente del Consiglio, ora non scende più. Palazzo Grazioli è diventato quel che è stato sempre Arcore: un grande ufficio dove si può pranzare, dormire, ospitare gente, ma pur sempre un ufficio.

Arrivano i bambini. Barbara ha tredici anni e i colori della mamma. Nuota, gioca a pallacanestro, studia recitazione e suona piano e sax niente male. Negli hobby assomiglia al padre. Anche Eleonora, undici anni, ha i colori della mamma, nuota e gioca al basket come la sorella (mi pare di aver intuito un minimo di competizione), suona l'arpa e il pianoforte. Luigi ha compiuto nove anni a fine settembre, è il ritratto del padre. Se suona il pianoforte, forse è perché papà gli ha spiegato che da giovani serve a fare conquiste. Luigi pesca, gioca al calcio, tifa Milan ma grazie a Dio non ha perso spirito critico.

Luigi chi vince lo scudetto?

Pausa. «Il Milan e la Juve. Secondo l'Inter.» Così abbiamo accontentato il papà nelle forme e fatto capire nella sostanza che il Milan è fuori gioco.

Come tutti i bambini, i figli di Berlusconi non sopportano più di tanto i grandi che a tavola tirano tardi, chiedono il permesso di alzarsi, tra poco arrivano gli amici e dalla piscina saliranno grida da derby.

Berlusconi si guarda intorno, gli dispiace non aver tempo di godere quel che ha costruito e soprattutto la famiglia. D'altra parte non ha detto D'Alema, che pure non fa il pendolare: «Mia moglie Linda è una vedova bianca»?

È a questo punto che gli chiedo quanto tempo della sua vita pensa di dedicare ancora alla politica. Berlusconi fa una pausa, poi mi dice: «Continuerò fin quando sarò certo che non ci siano più rischi per il nostro benessere, la nostra democrazia, i nostri diritti di cittadini, la nostra libertà.»

Altra pausa: «Lei parla di politica. Non ho in testa una definizione piuttosto che un'altra. Oggi, nel nostro Paese, io la sento come una grande speranza, come l'impegno di tutta la gente – che è tanta, le assicuro, tanta – che vorrebbe far vivere i propri figli in un Paese autenticamente libero e liberale».

Si sente motivato?

«Ogni tanto, le confesso, mi piacerebbe fermarmi e fare quel che non ho mai fatto, gustare le cose belle che mi sono sfuggite via, stare di più con le persone che amo. Il clima e il panorama politico attuale sono angoscianti. Trovo il coraggio di fare quel che faccio perché sento che ho il dovere di farlo. Il dovere di contribuire alla salvezza del mio Paese – glielo dico senza iattanza – dal populismo giustizialista, dal populismo secessionista, dal rischio di un regime. Credo spetti soprattutto a me e a Forza Italia di convincere la gente del

Nord a non seguire le follie separatiste della Lega e tanti italiani a non credere al populismo autoritario di certa sinistra.»

Non mi dica, dottor Berlusconi, che non sta facendo un pensierino al Quirinale.

«Credo di averglielo già confidato: non ho alcuna ambizione al riguardo, proprio nessuna.»

E il rischio di coabitazione?

«Non mi preoccupa affatto. Un'eventuale coabitazione tra un capo dello Stato eletto dal popolo e un pur forte presidente del Consiglio, anzi, mi metterebbe più tranquillo in un periodo difficile di transizione come questo.»

Già, ma può candidarsi al Quirinale Silvio Berlusconi con i suoi problemi giudiziari?

Mi dice Walter Veltroni: «Per quanto mi riguarda, sì. Il problema è sempre quello dell'uso che la classe politica fa dei provvedimenti giudiziari. C'è l'avviso di garanzia? Bene. C'è il rinvio a giudizio? Ne riparliamo dopo il processo di terzo grado».

Quindi se per ipotesi Berlusconi dovesse essere condannato due volte...

«...per me potrebbe ugualmente concorrere alla carica di capo dello Stato. Naturalmente ci sarebbero valutazioni di opportunità, ma queste spettano ai singoli.»

Un giudizio più o meno equivalente viene da Massimo D'Alema: «Si è colpevoli solo a sentenza definitiva, su questo non c'è il minimo dubbio. Quanto all'opportunità di candidarsi per una persona che fosse condannata in primo e in secondo grado per reati che abbiano una certa gravità, ci sarebbe un problema politico delicato, anche perché poi si dovrebbe essere eletti dai cittadini. Ma un impedimento giuridico non c'è».

(Il quesito riguarda una pura ipotesi di scuola, perché Berlusconi è convinto di poter dimostrare la sua innocenza fin dal processo di primo grado per la corruzione di alcuni finanzieri, processo ripreso daccapo dopo la rinuncia del presidente del collegio del tribunale che aveva confidato in aula, durante una pausa, al pubblico ministero d'udienza, l'opportunità di usare con l'imputato ora il bastone ora la carota, erigendo all'istante un monumento almeno alla distinzione delle funzioni tra magistrati.)

«Cossiga? Un leader lo fanno gli elettori»

A fine settembre '97, come abbiamo visto nel capitolo precedente, Francesco Cossiga riprende il piccone appeso al chiodo nel '92 e chiede una licenza di demolizione. Oggetto: Forza Italia e Berlusconi, visto che, come dice lui stesso, «Forza Italia senza Berlusconi non esiste».

E il Cavaliere? Ignora demolizioni e paradossi e risponde così a una mia domanda sulla possibilità di convivere con l'ex capo dello Stato: «Cossiga ha una grande esperienza politica. Se ai partiti di centrodestra che oggi esistono se ne affiancasse un altro che avesse in Cossiga il suo leader, io non vedrei alcuna difficoltà a collaborare. Se Cossiga si metterà a capo di un nuovo partito cattolico, non credo che il suo programma potrà essere diverso da quello di Forza Italia. Una collaborazione non solo è possibile, ma è assolutamente auspicabile».

(I sondaggi riservati di fine settembre accreditano a Cossiga un partito di almeno l'otto per cento, con l'assorbimento di Ccd, Cdu e Patto Segni e una erosione di un punto e mezzo su Forza Italia e di altrettanto sul Ppi.)

Ma lei sarebbe disposto a cedere a Cossiga la guida dell'alleanza? Berlusconi allarga le braccia: «Ma come possono inventarsi questi discorsi? La leadership la decidono gli elettori. Il leader di una coalizione non può essere altri che il leader del partito che ha più voti nella coalizione».

Quindi se Fini...

«Ma certo. Se Alleanza nazionale ottenesse più voti di Forza Italia sarebbero gli elettori ad aver consegnato a Gianfranco anche la leadership del Polo.»

E lei?

«Sarei un alleato leale e disciplinato. Non mi si potrebbero certo mai addebitare comportamenti o dichiarazioni tali da diminuire il leader, disorientare gli elettori o indebolire la coesione dell'alleanza.»

È possibile che si crei un asse politico-generazionale tra D'Alema e Fini?

«Non credo che convenga a nessuno emarginare il centro moderato. E l'opinione pubblica non sopporterebbe l'unione di due culture che vengono una dal comunismo, l'altra dal fascismo.»

Senta, presidente: il Polo è nato per governare e molti dicono che non ce la farà a reggere a una lunga opposizione.

«Non è facile, certo, tenere insieme una squadra quando tante aspettative sono state deluse, tante ambizioni frustrate. Ma stiamo imparando, e imparando bene.

«Forza Italia ha conquistato dieci milioni di voti alle Europee del '94 e otto milioni di voti alle elezioni politiche del '96. In questi mesi si sta trasformando da movimento elettorale in movimento politico, con una organizzazione aperta e leggera, ma radicata in modo capillare su tutto il territorio per attuare una iniziativa politica più continuativa e per condurre le prossime campagne elettorali in modo più efficace rispetto al passato, anche a dispetto di provvedimenti ingiusti come la "par condicio" televisiva. Ricordo che le norme sulla "par condicio" ci hanno concesso meno del cinque per cento dello spazio in televisione, quando alle Europee avevamo avuto il trenta per cento dei voti...

«La trovata della "par condicio", un provvedimento fantasma neppure mai discusso ed approvato dal Parlamento, fatto apposta contro di noi, per favorire le piccole e le nuove formazioni politiche, in primis quella di Dini, è di segno opposto al bipolarismo. Anzi dopo il tradimento della Lega e il mancato scioglimento delle Camere, la "par condicio" fu un altro colpo mortale al bipolarismo, perché la pari visibilità determina una grande frammentazione delle forze politiche anziché consentire ai grandi partiti di rafforzarsi così come meriterebbero se fosse a loro consentito di utilizzare uno spazio proporzionale alla loro forza elettorale, come sarebbe logico e corretto in una vera democrazia.»

Ma sta nascendo per davvero il nuovo partito?

«Per la verità è nato e cresciuto da tempo. È il partito della gente, è il partito del leader e della gente, è il primo ed essenziale baluardo della libertà nel nostro Paese. E i centoquindici congressi provinciali che si stanno svolgendo confermano che nessun altro movimento politico in Italia è espressione così diretta della propria base.»

In che senso?

«Nel senso che il coordinatore provinciale e gli otto membri della sua giunta sono eletti direttamente dagli azzurri della base, gente che si avvicina per la prima volta alla politica e che assegna il suo voto a chi ritiene più in grado di svolgere un buon lavoro per il movimento. E le assicuro che le scelte stanno avvenendo davvero sulla base della qualità delle persone, del loro livello culturale, della loro tensione morale, della loro passione civile.»

Sta nascendo un partito più liberale o più cattolico?

«Forza Italia è un movimento cattolico-liberale. Il 67 per cento dei nostri aderenti si dichiarano cattolici. E tra i militanti prevalgono i giovani con una grande voglia di fare politica. Preoccupati soprattutto che possa nascere un regime illiberale e soffocante.»

In conclusione che futuro assegna al Polo?

«Se si vuol continuare a credere nel bipolarismo, il traguardo di un unico grande partito liberaldemocratico.»

«Menzogna, menzogna!» gridò il Cavaliere

«Uscimmo da palazzo Grazioli senza sapere che cosa avremmo incontrato...» Così Paolo Bonaiuti comincia il racconto di quel che accadde nel pomeriggio del 9 novembre '96, la giornata in cui il Polo fu protagonista a Roma della manifestazione antigovernativa più memorabile della sua storia pur breve.

È passato un anno da allora. (E nell'anniversario, l'8 novembre, '97, il Polo programma una manifestazione gemella.) I rapporti tra Berlusconi e il Ccd sono pessimi. (Berlusconi tarda a varare un governo ombra perché l'idea di doverci mettere Mastella gli toglie il sonno.) E prima di verificare come sono quelli con Fini conviene rivedere per un momento la giornata più forte del Polo all'opposizione, quella di massima coesione, che fece tremare Prodi e preoccupò non poco D'Alema. Torniamo dunque al racconto di Bonaiuti.

Prima di diventare deputato di Forza Italia e portavoce di Berlusconi, Bonaiuti faceva il giornalista e ha raggiunto gli alti gradi della professione. Ma poiché le redazioni sono come le caserme e vi si scambiano ordini secchi, conditi di mòccoli, è difficile pensarvi coinvolto questo fiorentino che lo è nell'accento più che nel linguaggio all'arsenico della sua città.

Fosse stato conosciuto da Tolstoj, Bonaiuti avrebbe avuto

certo un posto di rilievo nello stato maggiore del generale Kutuzov in *Guerra e pace*, impegnato nel tracciare mappe e nell'immaginare strategie, ma anche – e con maggior gusto – nella selezione dell'annata di champagne da servire in tavola.

«Berlusconi, Fini, Casini, Buttiglione e noi che li accompagnavamo fummo subito pressati da una folla assai più intensa e calda di quella che aspettavamo. Dovemmo fare una sosta in un albergo vicino alla stazione per riprendere fiato. Poi uscimmo di nuovo, per un chilometro andammo a piedi. Ma c'era una marmellata di folla, il servizio d'ordine fu travolto, tutti volevano toccare Berlusconi. C'era il rischio di restare schiacciati, furono chiamate le automobili per proseguire.»

La folla andava ingrandendosi ancora e nella strada che porta a San Giovanni, dov'era previsto il grande concentramento nella piazza storica dei comunisti dai tempi di Togliatti, un nuovo blocco costrinse il corteo a fermarsi. Fu chiesto asilo a palazzo Brancaccio, dove si stava celebrando una festa di matrimonio. Gli sposi furono lieti della sorpresa, reclamarono e ottennero di essere fotografati con i leader inattesi, fu socchiuso un balcone perché la giornata autunnale era calda. Berlusconi s'accostò ai vetri e seminascosto dai tendaggi guardò nella strada. Si vedeva la testa del corteo, poi la folla piegava in un'ansa all'altezza di palazzo Brancaccio e si perdeva senza che dal balcone il Cavaliere potesse scorgerne la fine. Berlusconi restò sorpreso dall'enormità dell'affluenza, del tutto inattesa nonostante l'ottimismo del generale Giannattasio che aveva curato la manifestazione. Restò sorpreso anche dal gran numero di bandiere di Forza Italia e apprezzò la bellezza di alcune ragazze militanti del suo partito che passavano in quel momento. A Bonaiuti, toscano, fece piacere una fortunata circostanza: mentre Berlusconi guardava fuori dal balcone, semiprotetto dai tendaggi, sfilavano le delegazioni di Firenze, Livorno, Piombino. «Se questa è la Toscana...» si compiacque il Cavaliere, pensando a quanto sia «rossa» la regione del suo portavoce.

Rientrò e andò a sedersi a un tavolo con Bonaiuti. Fini era seduto in un altro tavolo con la moglie Daniela e il portavoce Salvatore Sottile. Casini e Buttiglione passeggiavano nella stanza. Fu Buttiglione che incautamente accese un televisore.

Nella sala risuonò un grido ripetuto: «Guardate, guardate!».

Era la voce strozzata di Berlusconi. La diretta che il TG3 stava dedicando alla manifestazione mostrava in quel momento un gruppo di naziskin che cantavano un inno da naziskin.

Chi conosce Berlusconi, anche soltanto attraverso la tv, non l'ha mai visto in pubblico senza il doppiopetto d'ordinanza. Nessuno dei suoi collaboratori porta giacche sgargianti, capelli in disordine e cravatte fuori posto. C'è anzi il sospetto che qualcuno di loro, nel terrore di dimenticarlo, vada a dormire con l'abito scuro.

Quel giorno di novembre, il cuore del Cavaliere s'era aperto vedendo una folla immensa e ordinata che sfilava dietro le bandiere del Polo. Poteva accettare che, sia pure per un momento, i telespettatori immaginassero una manifestazione della destra estrema? Non poteva. E gridava: «Guardate, guardate!». Purtroppo, in quel momento il telecronista parlò della partecipazione di due-trecentomila persone, mentre ai dirigenti del Polo arrivavano dati vicini al milione (i giornali parleranno di ottocentomila partecipanti). «Menzogna, menzogna!» gridava Berlusconi. Casini e Bonaiuti cercavano inutilmente di calmarlo, Sottile chiamava Lucia Annunziata, arrivò una troupe del TG3 e la protesta del Cavaliere dilagò.

Sui tavoli, le foglie sempreverdi essiccate, coriacee, dentate, orgogliose di essersi trasformate per Berlusconi in un profumatissimo tè, videro raffreddarsi irreparabilmente il frutto della loro stessa esistenza.

Berlusconi e Fini come Berenson e Caravaggio

L'autunno del '96 è un momento felice per il Polo. I sondaggi (anche quelli commissionati dal Pds) lo danno vincente. Uno studio riservato della Swg di Trieste per Botteghe Oscure trova in una quota rilevante degli elettori di Forza Italia e in una percentuale appena maggiore di chi vota Pds la parte più moderna della società italiana. La parte più europeista, più innovativa, più aperta alle sperimentazioni scientifiche e – quel che sorprende per la sinistra – con un forte senso di identità nazionale.

La stessa drammatica scelta di allontanarsi dall'aula durante le votazioni della Finanziaria («l'Aventino del Polo») è frutto della frustrazione della base parlamentare del centrodestra che non riesce a portare nella discussione d'aula la forza del consenso dimostrato dalla manifestazione di novembre. (Lo stesso D'Alema rimprovera riservatamente a Prodi un eccesso di deleghe al governo.)

Pure uniti nella visione politica d'insieme e in una relazione personale sempre improntata alla massima cortesia reciproca, Silvio Berlusconi e Gianfranco Fini rischiano di oscillare tra il rapporto che Bernhard Berenson ebbe col Caravaggio e quello che Giorgio ha con Ippolita nel *Trionfo della morte*.

Se il grande critico ammise che l'inquieto genio del Merisi per lungo tempo non venne a far parte della sua «intima cerchia anche dopo ripetuti incontri», il rimprovero di Giorgio all'amante nel romanzo dannunziano dipinge bene il rischio d'incomprensione reciproca dei due leader in alcuni momenti importanti. «Tu provi in fondo all'anima una inquietudine, una specie d'impazienza vaga, che tu non sai soffocare. Standomi vicino, tu senti che qualcosa in fondo all'anima ti si leva contro di me...»

E gli uomini del Polo che a cavallo dell'anno visitano la mostra antologica di Alberto Burri nel romano palazzo delle Esposizioni, trovano sinistri presagi nel passaggio dai volenterosi rammendi dei primi «sacchi» al tormento delle successive «combustioni» di lame sofferenti e composte che evolvono tragicamente nel «tutto nero».

Quando incontro Gianfranco Fini per un bilancio dell'anno politico del Polo che si è chiuso con l'estate del '97, lui mi parla davvero di Caravaggio Berlusconi come fosse Berenson: lo frequenta, ma non lo conosce.

Prendiamo il discorso alla larga parlando del futuro di Alleanza nazionale.

«Faremo un altro congresso,» mi dice Fini «ma non per stabilire nuovi principi dottrinari: quelli del '95 a Fiuggi sono validi oggi e lo saranno per il futuro. Le nostre coordinate culturali restano quelle. Fiuggi ha definito i valori, adesso dobbiamo definire meglio il nostro programma politico tenendo presenti due necessità. La prima: dobbiamo sottolineare meglio concetti già espressi, ma non tanto da diventare patrimonio politico comune nell'elettorato.»

Per esempio?

«Le privatizzazioni. Se tuttora mi sento chiedere se siamo favorevoli o contrari alle privatizzazioni, evidentemente la colpa è nostra che non siamo riusciti a spiegarci a sufficienza.»

E la seconda necessità?

«È quella di dimostrare la nostra capacità innovativa sui temi chiave del futuro: economia liberale, solidarietà, stato sociale, libera iniziativa.»

Fini: «Forza Italia? Non capisco che cosa sia»

Vorrei capire in che cosa la nuova Alleanza nazionale sarà diversa da Forza Italia. È qui che Gianfranco Fini diventa Bernhard Berenson.

«Non lo so. Non ho capito qual è il programma di Forza Italia. Esiste un programma elettorale del Polo e in quello ci riconosciamo tutti. Ma il semplice fatto che Forza Italia non abbia mai fatto un congresso conferma l'impossibilità di una risposta alla sua domanda. Mentre dopo la nostra conferenza programmatica sarà facile capire dove il cammino di An sarà continuo o discontinuo rispetto al passato (non voglio più parlare di strappi di dottrina), per Forza Italia questo discorso è impossibile. Non esistono i precedenti...»

Ma esisteranno pure delle basi sulle quali un elettore del Polo sceglie An piuttosto che Forza Italia e viceversa.

«Prendiamo il Nord. Chi vota An ha un atteggiamento antisecessionistico molto maggiore dell'elettore di Forza Italia. I nostri consensi al Nord sono numericamente inferiori a quelli che abbiamo nel Centro-sud non per ragioni storiche [*Resistenza e Repubblica di Salò*], perché anche lì è passata molta acqua sotto i ponti. Accade invece che l'identità nazionale venga avvertita nel Nord meno che altrove. La vera differenza con Forza Italia sta qui, piuttosto che nelle venature più o meno liberiste del partito di Berlusconi. Se i parlamentari di Forza Italia eletti al Nord sono, come credo, lo specchio dei loro elettori, li sento pronti a riallacciare il discorso con la Lega. Lo stesso Berlusconi lo farebbe. Si ferma perché capisce che la secessione è una bestemmia. Ma lo fa a malincuore.»

È l'unica differenza?

«L'altro aspetto presente invece su tutto il territorio nazionale è che il nostro elettorato avverte più di quello di Forza Italia la necessità di un rinnovamento politico profondo e ha una maggiore avversione verso il riciclaggio di certi personaggi della Prima Repubblica. Questo accade soprattutto per i quadri periferici di Forza Italia. Naturalmente questo non è un fatto negativo di per sé...»

E i vostri quadri periferici non sono sostanzialmente quelli del Msi?

«In alcune zone è così. Ci sono città in cui i voti del Msi sono passati da uno a cinque e anche da uno a dieci con la nascita di An, ma il gruppo dirigente è sempre lo stesso. Questo, per la verità, non è sempre frutto di una resistenza del vecchio gruppo ad aprirsi a forze nuove. In molti casi non c'è stata la disponibilità di quella che viene chiamata la società civile a entrare nella nuova squadra. Soprattutto i democristiani hanno fatto una certa resistenza. E questo è comprensibile. In certe zone lo scontro in passato è stato frontale e Tangentopoli lo ha acuito. È evidente che gli ex democristiani che hanno preferito il centrodestra per continuare a far politica abbiano preferito un terreno vergine come Forza Italia.»

Ma insomma, lo stato di salute del Polo qual è?

«Se debbo guardare a quello che è accaduto tra l'estate del '96 e l'estate del '97 vedo luci e ombre. La luce sta nel fatto che il Polo non si è sfaldato. Dopo il voto nelle politiche del '96, molti scommettevano sull'effetto calamita. Questi, dicevano, cioè noi, non riescono a stare insieme, non hanno progettualità, perderanno le amministrative, il Polo ormai è finito... E poi quell'altro volo di fantasia...»

Quale?

«Ma sì, il taglio delle ali. Si voleva ricomporre il bipolarismo emarginando la destra e la sinistra di Bertinotti...»

D'Alema e la «tenaglia del regime»

E le ombre?

«Avevamo detto: occorre andare oltre il Polo. E non ci siamo andati. Anzi, abbiamo visto che con la sua spregiudicata strategia togliattiana c'è andato D'Alema. Prima arruola Di Pietro, poi arruola i socialisti per la Cosa 2. Insomma, dico nei comizi, fa come le offerte speciali dei supermercati: con l'Ulivo paghi due e pigli tre. Eppure, come dice Cossiga...»

Che dice Cossiga?

«...Cossiga non fa mai osservazioni banali e dice che mentre all'apparenza D'Alema sembra prendere più soldati possibile da schierare in battaglia, in realtà persegue una strategia molto più raffinata.»

Sarebbe?

«Sarebbe che centro, destra e sinistra, le tre categorie della politica, le trovi tutte nell'Ulivo o comunque nella coalizione di centrosinistra che sostiene il governo Prodi. Bertinotti fa l'opposizione sociale, i moderati tranquillizzano i mercati. Si creano i presupposti reali per ricostruire quel modello che fece della Dc il partito-Stato.»

D'Alema come i capi democristiani?

«D'Alema sta cercando di fare del centrosinistra il luogo obbligato della mediazione come era la Dc. Ci sono stati momenti in cui il governo democristiano presentava certi provvedimenti e i parlamentari democristiani vi si opponevano. Ricorda la legge sulle televisioni o i registratori di cassa proposti da Visentini?»

Il modello sarebbe questo?

«Queste sono le prove di regime, come ha scritto Angelo Panebianco. Per cogliere la pericolosità del progetto e capire le differenze di fondo rispetto all'epoca democristiana, bisogna guardare al ruolo di Berlinguer nella scuola e al ruolo delle procure della repubblica.»

Per esempio?

«La Dc perde la sua battaglia storica nel momento in cui lascia alla sinistra l'egemonia, intesa proprio in senso gramsciano, all'interno della magistratura e all'interno della cultura. La tenaglia che sgretola il vecchio sistema politico è formata dai provvedimenti dei giudici e dalla mobilitazione degli intellettuali. Forse drammatizzo, ma se tu hai da un lato una maggioranza onnivora che comprende il centro, la destra e la sinistra e dall'altro l'asse tra procure della repubblica, mondo dell'informazione e mondo della cultura... La Turco pensa ai giovani in chiave di famiglia, Berlinguer in chiave scolastica, Veltroni in chiave di spettacolo...»

E il Polo?

«Il futuro del Polo sta nella capacità di non confondere l'accordo con il centrosinistra in Bicamerale con un armistizio. Se non stiamo attenti, rischiamo di contribuire alle prove generali per il prossimo regime...»

Dopo le picconate autunnali di Cossiga, anche lei sogna di sciogliere Forza Italia?

«Nemmeno per idea. Guardi che neanche Cossiga vuole farlo. Sa benissimo che non è possibile, fino a quando Berlusconi resterà in politica.»

E allora?

«Usa questa provocazione per far capire meglio il suo disegno: la nascita di un nuovo contenitore di centro. Lui vuole mettere in moto un meccanismo che riunisca i cattolici moderati. I seguaci di Dossetti – in questo Cossiga ha ragione – resteranno necessariamente dall'altra parte. Vuole creare un centro che sia autosufficiente come alternativa alla sinistra.»

Autosufficiente significa che pensa di dare il benservito ad Alleanza nazionale.

«Cossiga vede il rapporto del nuovo centro con noi come quello dell'Ulivo con Rifondazione. Oggi senza Rifondazione il centrosinistra non vince, ma spera di vincere domani. Così chi lavora per un nuovo centro a base cattolica immagina un'alleanza con noi se siamo indispensabili, sperando poi di farne a meno. Credo che sia lo stesso disegno immaginato sulla lunga distanza da De Mita e Martinazzoli.»

E lei che fa?

«A me che il centro si riorganizzi e diventi più forte va benissimo. Il mio compito è di rafforzare la destra in modo che il centro non sia autosufficiente.»

Ma Cossiga e Berlusconi potranno mai collaborare?

«Cossiga vuole trainare Forza Italia. Le due personalità sono molto forti, ma la loro collaborazione è obbligata.»

IX

«Ma quale Padania. Viva la Serenissima!»

Il Castello di Utopìa

Nel tramonto della tarda estate il Mulino del Sale domina la lingua di terra di Formentera, l'isola catalana dove la libertà profuma nei paesaggi, negli abiti, nel cibo e nell'amore. Chi guarda verso Ibiza vede spuntare nella caligine della sera un castello incantato. Sulle mappe viene indicato come un'isola, l'isola di Vedrà, un enorme triangolo di pietra appoggiato sul mare.

Chi su una barca voglia sondarne da vicino il mistero riconoscerà presto il profilo grifagno di Gianfranco Miglio scolpito nella roccia. Ma poco dopo, quando il lato superiore del triangolo s'impenna sulla destra, compare senz'ombra di dubbio il profilo minaccioso e sacrale di Umberto Bossi.

Quella che le mappe indicano come l'isola di Vedrà, è infatti uno dei Castelli di Utopìa. L'Utopìa Secessionistica di Bossi che vola inquieta ora qui in Catalogna, ora in Scozia dopo il referendum autonomista voluto da Tony Blair nell'autunno del '97.

I catalani hanno una loro storia e una loro lingua, ben distinta sulle insegne da quella castigliana di Madrid. Gli scozzesi parlano ancora in qualche distretto il gaelico, furono un regno che fece guerra e pace con l'Inghilterra e una regina come Maria Stuarda ci rimise anche la testa.

E la Padania, amata anche dai sudisti lettori di Gianni Brera detto Giuanìn, non sarà forse soltanto un luogo dello spirito?

Bossi sveglia Maroni: «Sono i servizi»

Alle quattro del mattino di venerdì 9 maggio 1997 Umberto Bossi si trova inaspettatamente l'Utopia stampata sul televideo. Il Senatùr è rientrato da poco in casa. Per lui la notte è il cuore della giornata: scrive, legge, lavora. Andrà a letto allo spuntar dell'alba. Accende il televisore e guarda il televideo. Guardare il televideo alle quattro del mattino richiede un notevole sforzo di volontà. A quell'ora nel mondo non accade assolutamente nulla. In America la giornata è finita, in Estremo Oriente è appena cominciata, l'Europa dorme. Può sempre capitare che un aereo sia precipitato in Australia. O che sia saltato in aria il Quirinale. Improbabile, ma possibile. Nel dubbio, Bossi accende. Accende e gli viene un colpo. «Commando del Veneto Serenissimo Governo ha occupato il campanile di San Marco.»

Bossi si attacca al telefono, sfonda la segreteria telefonica perpetua di casa Maroni, racconta a Roberto la storia e gli dice: «Ci sono dietro i servizi. Questa è una provocazione. Voglio scoprire il loro gioco. Dobbiamo rispondere e denunciare questa manovra. Chiama Roma».

Riaggancia con Maroni e sveglia Stefano Stefani, presidente della Lega e veneto di Vicenza, gli racconta la storia, chiama in causa i servizi e la provocazione, ma non gli dice di chiamare Roma. Stefani infatti non è stato ministro dell'Interno come Maroni: è un imprenditore orafo che da quando si trova ingabbiato in Parlamento conta ogni giorno i soldi che perde, nonostante tenga la moglie al pezzo.

Maroni non trova nessuno di quelli che vorrebbe trovare (il capo della polizia è in volo, di rientro dall'America), chiama prefetture e questure, ma insomma il golpe non gli si materializza in mano.

«Appena quelli del commando vengono catturati» mi racconta «proviamo un sollievo immediato. Il mio timore era che li tenessero a cuocere lì sopra per un paio di giorni e che magari poi ci scappasse il morto.»

Ma Bossi mette in campo l'artiglieria. S'è fatto appena giorno che detta alle agenzie: «È una roba da matti. Una provocazione. Chiedete al Viminale per saperne di più».

E da Washington, dove la notizia dell'attacco a San Marco

gli ha mandato di traverso una cena in ambasciata, il ministro dell'Interno Napolitano ribatte: «Quello di Bossi è un delirio».

Mentre Gianfranco Miglio si duole di non essere stato anche lui sul campanile, ai leghisti del Veneto la reazione del Senatùr non va giù. Enzo Flego, ex deputato veronese, uno di quelli che se Bossi gli ordinasse di annegare nell'Adige non batterebbe ciglio, si sfoga con Maroni: «Umberto stavolta sbaglia. Siamo sommersi da telefonate e fax di protesta. La nostra gente sta con quelli del campanile».

Si scopre, infatti, che molti veneti sono stati disturbati dall'immagine pluritrasmessa in tutto il mondo del carabiniere del Gis che strappa la bandiera di San Marco dal finto blindato del commando.

Maroni continua a non vederci chiaro. «La storia dei Gis che non avevano l'aereo pronto e son dovuti andare in pullman non mi convince. È possibile che abbiano voluto guadagnare tempo» mi dice ancora a fine estate. Sospetta che qualcuno dei servizi si sia realmente infiltrato in questa storia, ma la campagna contro la provocazione finisce subito. E quando qualche mese più tardi incontro Bossi, lui non si rimangia quasi niente sul Viminale, ma è più prudente col commando.

«Una robetta, un teatro come quello del campanile può aprire il varco alla strategia della tensione. Per fortuna io lo dissi subito, bloccando manovre che potevano avvenire, anche se qualche bombetta vicino a sedi della Lega poi si trovò. Io sono convinto che chi fa i complotti nel modo migliore è lo Stato. Come diceva Silone, rendono di più e non hanno i rischi dei complotti veri. C'era il pericolo che, per spaventare la gente, tirassero delle bombe magari accusando noi.»

Ma gli uomini del San Marco hanno sbagliato o no?

Qui Bossi, memore delle reazioni venete, si fa prudentissimo: «La risposta sta nella terra di nessuno. Rispetto alla necessità di sostenere l'indipendenza della loro terra, non hanno sbagliato. Rispetto ai mezzi usati, secondo la legge vigente hanno sbagliato. Se oltre al cuore non ci si mette il cervello e qualcos'altro, si resta bambini».

E quelli ci hanno messo il cuore...

«Sì, ma questo ha avuto una sua importanza. Il coraggio dell'azione, per quanto sgangherata, resta. E poi si è dimostrato quel che io sapevo: il popolo non vuole aspettare più.

Quelli di San Marco son diventati simpatici a tutto il Nord e questo deve rendere cauti. Quando il popolo ritiene necessaria un'insurrezione, questa riesce. E se il popolo sorride dinanzi a un'operazione simbolica, vuol dire che ha maturato dentro di sé una certa convinzione.»

Cioè sarebbe pronto a insorgere?

«Tutti, tranne i ciechi che non vedranno mai, sanno che al Nord c'è un popolo favorevole dentro la sua coscienza ad accettare l'insurrezione. E se il popolo sente questi meccanismi come assolutamente necessari, l'insurrezione può riuscire.»

Ma attraverso questa via si può arrivare alla secessione?

«Il Nord è potentissimo. In due settimane prende a calci in culo tutti. Basta, finito, non puoi resistere. Il Nord è una potenza sterminata come l'oceano. Puoi separare l'oceano? Quando si passa dalle parole ai fatti secondo me mettono il fazzoletto verde anche i carabinieri. E se Scalfaro insiste, mettono il fazzoletto verde anche a lui. [*I leghisti ci proveranno, quasi, domenica 21 settembre a Verona e successivamente a Brescia, a Mestre e in altre città «padane»*.] Però...»

Però...

«Però io rispetto la forza dello Stato.»

La forza o l'autorità dello Stato?

«La forza fisica. Di autorità lo Stato non ne ha più. Sono ciarlatani, truffatori, statalisti. Il peggio che c'è sulla faccia della terra sta qui.»

Riepiloghiamo: il Nord, se vuole, in due settimane mette il fazzoletto verde anche a Scalfaro, ma Bossi rispetta la forza fisica dello Stato. Qual è allora la strada per la secessione e l'indipendenza della Padania?

«La secessione avverrà attraverso la legalità democratica, cioè attraverso il voto della gente. La Padania unisce tutto, la destra e la sinistra. Se la gente comincia a percepire Berlusconi come antipadano, lui qui chiude baracca e deve comprare casa a Roma.»

Quanti anni ci vorranno?

«Siamo arrivati.»

La prima tappa, come previsto, è la proclamazione della «doppia legalità», a Venezia il 15 settembre, giornata della «Repubblica Federale Padana». E quando l'ormai famosa signora Lucia gli sventola il tricolore dal balcone, lui le grida:

«Buttalo nel cesso», prendendosi il mese dopo un nuovo avviso di garanzia.

Una notte di maggio, a San Marco

«Sono orgogliosa di lui.» Com'è minuta, Graziella Corvi sposata Peroni. Più minuta della foto grande che sta appesa nella parete del tinello. Luca sposa Graziella e dove la porta in viaggio di nozze? A Famagosta, porto orientale di Cipro. C'era da giurarci. «Grande battaglia, una delle più grandi» mi spiega Luca Peroni. «1570, anzi no, 1571 perché l'assedio dei turchi è cominciato nel '70 ed è durato dieci mesi.» Chi è l'eroe veneziano ucciso a Famagosta? Marcantonio Bragadin. Come si chiama il figlio appena nato di Luca e Graziella? Marcantonio. E se fosse stata una femmina? Serena, come la Veneta Repubblica.

«Dopo quattro mesi che ero incinta facemmo l'ecografia e sapemmo che era maschio» mi dice lei. «Ma i due nomi erano già pronti.»

Luca sfoglia un gran libro sui Dogi con la tenerezza con cui sfiora il suo Marcantonio. «L'ho comprato insieme con un amico, costa più di un milione. Ha visto che bel libro sulla Serenissima ha fatto il Poligrafico dello Stato italiano?»

Marcantonio Peroni dorme. Non sa che per nome porta un'idea. E soprattutto non sa che il suo papà per quell'idea s'è beccato quattro anni e nove mesi di reclusione per sequestro di persona, dirottamento, porto abusivo d'armi da guerra, occupazione di piazza San Marco a fini eversivi. Due mesi esatti di carcere, poi gli arresti domiciliari con divieto assoluto di contatto con l'esterno. (Ho potuto incontrarlo qui nel tinello di Caldiero, provincia di Verona, soltanto con un permesso del sostituto procuratore Rita Ugolini che al processo ha sostenuto l'accusa.)

Marcantonio è ancora nella pancia di Graziella quando il 6 maggio Luca scompare. «È partito per lavoro» mente Graziella alla madre («Altrimenti mi linciava»). Torna a casa per pochi minuti la sera del 9. «Andiamo a prendere il campanile di San Marco» le dice. Lei col pancione gli risponde come fanno le mogli di chi va in guerra: «Sta' attento, torna». Ma sia Luca che Graziella sanno che sta per cominciare uno scherzo senza ritorno. Almeno nell'immediato.

Lei va a dormire in casa della mamma, ma resta con gli occhi fissi al soffitto. Marcantonio le nuota nella pancia, lei pensa al papà. Alle sei del mattino si alza piano, accende il televisore, vede il blindato in mezzo a piazza San Marco, che qui tra i «serenissimi» chiamano familiarmente «tanko», sa che Luca sta lì dentro insieme con un ragazzo più giovane, Cristian Contin, e si lascia scappare: «Finalmente l'ha fatto». Arriva la mamma, scopre in diretta quella che sembra una tragicommedia, non lincia Graziella e invece esclama: «Finalmente c'è uno che ha due marroni così». I fratelli non apprezzano. «È un pazzo, gli daranno l'ergastolo.»

Il «tanko» è un blindato fatto in casa nell'arco di oltre dieci anni: la sua stessa esistenza ne ha fatto a lungo prima un convitato di pietra della rivoluzione serenissima e poi la ragione stessa per operare. Ma quando in casa di Graziella Corvi sposata Peroni si accende il televisore alle sei del mattino, dentro il serenissimo campanile di San Marco ci sono altri sei uomini.

Il capo del commando è Fausto Faccia di Agna (Padova), trent'anni compiuti in carcere a fine ottobre. Lavorava col padre in un'azienda per la costruzione di macchine agricole. Gilberto Buson, capelli lunghi, quarantasei anni, moglie e cinque figli a Cartura (Padova), artigiano tessile, è uno dei capi del gruppo. Come Flavio Contin, zio di Cristian, che ha una ditta di impianti elettrici, vive da scapolo con la madre novantunenne a Casale di Scodosia (Padova) ed è stato uno dei fondatori della Liga Veneta, dalla quale si dimise presto. In casa sua si è costruito il «tanko». L'artefice principale ne fu Luigi Faccia, fratello maggiore di Fausto. Perché un «tanko»? «C'è chi si fa un complesso rock, chi un "tanko". Mio fratello ha scelto il "tanko".»

Nel campanile, con radio, sacchi a pelo e vettovagliamento da assedio, ci sono anche Antonio Barison (trentuno anni, Conselve, Padova), assemblatore di materiale elettrico. Moreno Menini, vent'anni, studente modello di Casale di Scodosia (Padova), rifiutato dalla Lega – scrive Alvise Fontanella nel suo libro *Il ritorno della Serenissima* – perché considerato una testa calda (ma a fine settembre prenderà un bel 28 all'università). Infine, Andrea Viviani (ventisei anni, Colognola ai Colli, Padova), operaio alle Vetrerie Riunite.

Saranno arrestati in un secondo momento Giuseppe Segato, l'ideologo del gruppo, che avrebbe dovuto trattare con lo Stato italiano la restituzione di San Marco. Luigi Faccia, fratello di Fausto, uno dei fondatori del gruppo. E Severino Contin, padre di Cristian, che accompagna il commando fino all'imbarco di piazzale Roma.

Da Radio Padova al TG1

Il gruppo passa all'azione a fine estate del '96, ma nessuno se ne accorge. «Ci sarebbe piaciuto diffondere via radio messaggi nel Veneto, ma quando provammo a sfondare su Radio Padova nelle modulazioni di frequenza, ci accorgemmo di non avere la potenza sufficiente.» Il racconto è di Fausto Faccia, che incontro nel carcere di Modena. Faccia è un bel ragazzone che parla bene e come vedremo ha idee molto chiare e assai meno estremiste di quelle di Umberto Bossi. «Bossi aveva annunciato per il 15 settembre del '96 la proclamazione della Padania e noi volevamo anticiparlo. Riuscimmo a inserirci per quindici giorni sulle onde medie, ma sono poco ascoltate e dei nostri messaggi non si accorse nessuno.»

Esperti di elettronica, i nipoti della Serenissima fanno una scoperta clamorosa: inserirsi nel TG1 della Rai è più facile che disturbare Radio Padova. «Ci piaceva fare azioni non violente. Il fantasma che colpisce e fugge. Lanciammo il primo messaggio nel TG1 la sera del 17 marzo '97, facendo un errore madornale per eccesso di scrupolo.»

Faccia attrezza la sua Land Rover con le apparecchiature radio, la carica in modo che il tetto dell'auto sia alto: vuole che i custodi del parcheggio di piazzale Roma a Venezia siano costretti a permetterne la sosta sul terrazzo del garage e non all'interno. La targa è quella regolamentare. «Avremmo dovuto mettere una targa falsa,» mi dice «ma avevamo paura che il computer del garage fosse collegato con quelli della polizia e che in questura si accorgessero presto dell'irregolarità, mandando subito una pattuglia.»

Alle venti in punto, Faccia, Peroni e Cristian Contin lanciano nell'etere il loro messaggio: «Questa non è la Rai. Chi vi parla è l'organo ufficiale del Veneto Serenissimo Governo, istituitosi fin dal 1987 e operante in forma semiclandestina come in questo momento, al solo scopo di liberare la Veneta Patria...». Segue un lungo (e assai ambiguo) messaggio (per esempio, si parla dell'«umiliazione subìta dalla Serenissima Veneta Patria occupata dalle forze italiane che la invasero centotrent'anni or sono senza diritto alcuno, provocando guerre d'aggressione, lutti, miserie», che è una lettura quantomeno innovativa del Risorgimento). E si annuncia la convergenza, il 12 maggio '97, in piazza San Marco di «tutti i veneti che si riconoscono nella Veneta Serenissima Repubblica per bloccare l'infame quanto sciagurato tentativo, da parte delle forze d'occupazione e dei lacchè veneti che a esse si sono venduti, di festeggiare i duecento anni della cosiddetta "caduta" della Veneta Serenissima Repubblica».

In realtà, come riconosceranno nei nostri colloqui gli stessi componenti del Serenissimo Commando, se lo Stato italiano compie una mancanza, non è quella di «festeggiare» il passaggio del Triveneto all'Austria con il trattato di Campoformio (12 maggio 1797) in cambio del passaggio alla Francia delle Fiandre austriache e del riconoscimento della Repubblica Cisalpina, a conclusione della campagna di Napoleone in Italia. Festeggiamento peraltro mai avvenuto.

Il difetto imperdonabile è quello d'ignorare la storia patria, seme d'ogni orgoglio e radice. Così i romani pensano che Cola di Rienzo sia soltanto il nome di una strada dove si vendono scarpe, siciliani e sardi ignorano che le loro isole furono scambiate tra austriaci e Savoia come fossero album di figurine, dall'Abruzzo alla Puglia si sente parlare di Federico II senza un perché, i lombardi conoscono (in grande minoranza) Carlo Cattaneo soltanto di nome (come capita a Firenze per i Medici e a Parma per Maria Luigia), mentre nelle scuole venete non s'insegnano i secoli d'oro della Serenissima.

Fausto Faccia, dunque, lancia i suoi proclami da un'auto regolarmente targata e quando l'indomani scoppia il pandemonio la polizia, con notevole efficienza, lo individua in pochi giorni.

I proclami vengono ripetuti da varie città del Veneto tra la fine di marzo e l'inizio di aprile, i giornali nazionali pubblicano la notizia ormai su una colonna nelle pagine interne, i ministri allargano le braccia dicendo che non c'è niente da fare per impedire l'imbarazzante disturbo. E invece nel Profondo Serenissimo Veneto la Digos ha già individuato Fausto Faccia, Andrea Viviani e Cristian Contin.

La casa di Faccia viene addirittura perquisita. «Tremai» mi dice «all'idea che andassero da Flavio Contin e trovassero il "tanko". Fu una delle ragioni per accelerare l'impresa di San Marco.» Gli altri due ragazzi si trovano le auto civetta sotto casa in maniera scoperta.

«La moglie di un nostro simpatizzante, Franco Licini,» continua Faccia «la fece proprio sporca perché consegnò ai carabinieri, l'abbiamo saputo dopo, una busta con alcuni nostri documenti. Documenti si fa per dire, perché c'erano gli schizzi del famoso "tanketto" [*un altro mezzo non utilizzato nell'azione*] e un nostro piano.»

Un mese prima dell'azione di San Marco, dunque, il commando è stato scoperto. E resta da chiedersi perché non sia stato fermato, visto che aveva fatto sapere di voler colpire nel cuore di Venezia fin col primo annuncio del 17 marzo. Anche se Faccia sostiene che bloccare il commando prima che agisse non era possibile: «Come facevano ad arrestarmi? A che titolo l'avrebbero fatto? La stessa sera dell'azione a Venezia, se mi avessero fermato, avrei detto che andavo a trovare una donna».

Vistisi pedinati, comunque, i Serenissimi decidono tre cose: smetterla con i disturbi al TG1, condurre una vita del tutto normale e anticipare di tre giorni l'azione a San Marco: al 12 maggio sarebbe stato difficile arrivarci, nonostante la polizia mostri sorprendentemente di non intervenire.

All'attacco, col Serenissimo Tanko

Gli uomini del commando si riuniscono tre giorni prima dell'azione in un luogo rimasto estraneo all'inchiesta. Con loro, finalmente pronto, c'è un simulacro di mezzo blindato (il famoso «tanko») che darà al mondo l'immagine fisica dell'occupazione militare di San Marco, visto che poggiare quattro ruote su quel serenissimo acquatico pavimento è una roba da sturbo.

Mi racconta Cristian Contin, che ha compiuto in agosto ventitré anni: «In casa dello zio Flavio ho visto quel "tanko" in costruzione quando avevo sei o sette anni. Mi dicevano che era una ruspa da portare alla fiera di Padova. Poi quando ne avevo quattordici, una decina d'anni fa, mio zio ha cominciato a farmi capire a che cosa serviva».

Il «tanko» è un mezzo blindato vero e proprio, che al posto dei cingoli ha le ruote. Le bocche da fuoco sembrano perfettamente funzionanti, in realtà per l'azione di San Marco non saranno messe in condizione di sparare.

«Lo costruimmo» mi spiega Fausto Faccia «negli ultimi anni della "guerra fredda" pensando ad azioni di autodifesa, se ci fosse stato qualche problema con l'Est.» Pur mettendo in conto la sindrome da «soglia di Gorizia» che da queste parti è stata sempre piuttosto forte, resta improbabile la prospettiva che il «tanko» di Faccia, Contin e Buson potesse opporsi alle colonne corazzate di Breznev, sia pure passando alla storia come i ragazzi di Budapest e quelli di Tien-An-Men a Pechino. Più realistica mi pare l'altra ipotesi avanzata da Fausto Faccia nel nostro colloquio autunnale nel carcere di Modena: «Abbiamo avuto per qualche tempo l'idea di fare un'azione dimostrativa davanti a una caserma. Andare col "tanko", seminare un po' di confusione e scappar via. Ma si rischiava troppo».

Il sogno vero, in realtà, era un altro: riprendersi militarmente Palazzo Ducale, sede del governo dei Dogi. Mi dice Luca Peroni, il padre di Marcantonio: «Il palazzo è enorme. Abbiamo pensato di occupare qualche sala, appendendo cartelli e bandiere. Ma serviva troppa gente. E abbiamo rinunciato». Mi racconta Fausto Faccia: «Ci eravamo stancati di fare volantinaggio e di attaccare manifesti che un minuto dopo gli autonomi tiravano via. Avevamo pensato perfino di comperare un elicottero per fare volantinaggio sulla piazza come D'Annunzio su Vienna. Ma costava troppo. Già così ci siamo dissanguati...».

Resta il campanile di San Marco: un obiettivo più facile, meno carico di simboli, ma più spettacolare. La sera in cui si parte, Cristian Contin si trova davanti al «tanko» con lo zio

Flavio e col padre Severino, che accompagnerà il commando fino al Tronchetto, luogo d'imbarco («Ero l'unico abilitato a condurre un autotreno» mi dice). Flavio consiglia al ragazzo di andar via. «Io resisto, voglio partecipare a tutti i costi» mi racconta Cristian. «Mio padre mi lascia libero di decidere.» Severino, anche lui nel carcere di Modena, conferma sospirando: «I figli seguono sempre le orme dei padri».

Venerdì 9 maggio – la mezzanotte è passata da venti minuti – gli otto si presentano all'isola di Tronchetto, dove sta partendo l'ultimo traghetto per il Lido. Ordinano al comandante Giovanni Girotto di far salire il «tanko» e il camion di supporto. Girotto li scambia per «lagunari», un reparto speciale dell'esercito di stanza a Venezia, e obbedisce. Fausto Faccia ha un mitra, un vecchio moschetto automatico Beretta. («Stava nascosto in una cisterna e l'ho preso» mi dice.) Tutti i testimoni dichiareranno al processo che Faccia non punta mai l'arma contro le persone, ma la tiene rivolta sempre verso l'alto.

Il tragitto dura venti minuti ed è tranquillo. A bordo del traghetto ci sono soltanto tre inconsapevoli passeggeri che restano chiusi al bar. A San Marco, il commando trova ad aspettarli carabinieri e polizia. 112 e 113 sono stati messi in allarme da due telefonate, sei e dieci minuti dopo l'attacco al traghetto.

«Soltanto quando ho visto che dei carabinieri stavano per salire a bordo,» mi racconta Faccia «ho inserito il caricatore per far vedere che facevamo sul serio.»

Dirà un militare al processo: «Faccia gridava: "Ve tiro zò tuti, ve copo!"». («Vi stendo tutti, vi ammazzo.») Ma l'arma resta provvidenzialmente rivolta al cielo.

Carabinieri e polizia desistono, in attesa di ordini. Sei del commando guidati da Faccia e da Buson salgono ai diversi livelli del campanile, Cristian Contin e Luca Peroni guidano il «tanko» davanti alla basilica e creano l'inquadratura che fa il giro del mondo.

Mentre comincia la trattativa e i carabinieri antiterrorismo del Gis partono da Pisa, Contin e Peroni dall'interno del blindato dicono che occorre aspettare l'«ambasciatore» della Serenissima Repubblica. Sarebbe Umberto Segato, l'ideologo del gruppo, che sarà arrestato più tardi e che in effetti arriva, ma nessuno se ne accorge perché già alle otto e mezzo del mattino il Serenissimo Commando sarà tutto ingabbiato.

Ho chiesto ai sei uomini che ho incontrato nell'autunno successivo (i tre più giovani agli arresti domiciliari, gli altri nel carcere di Modena) come potevano pensare che lo Stato se ne sarebbe rimasto tre giorni con le mani in mano a perdere ogni reputazione col mondo intero in attesa del fatidico 12 maggio, anniversario della caduta della Serenissima. E nessuno ha saputo darmi una risposta convincente. Per prender tempo avrebbero dovuto minacciare il monumento o prendere un ostaggio. Ma questo sarebbe stato in contraddizione con il loro amore per Venezia e il carattere non violento dell'azione.

I collegamenti radio tra il «tanko» e i diversi piani del campanile dove si sono sistemati i sei del commando sono perfetti. Alle sei e mezzo, chi sta guardando Rai Uno sente questo annuncio: «Attenzione. Il Veneto Serenissimo Governo ha occupato il campanile di San Marco, Viva San Marco. Viva la Serenissima».

«Non fare scherzi. Ti sparo in testa»

Alle otto arriva il sindaco, Massimo Cacciari. Faccia scende nella parte bassa del campanile e il sindaco gli dice: «Ormai la notizia ha fatto il giro del mondo, le immagini della piazza col blindato sono state trasmesse da tutti i telegiornali della terra, avete raggiunto il vostro obiettivo. Che senso ha insistere?».

Poi il sindaco chiede garanzie sulla sicurezza del monumento. Mi racconta Faccia: «Cacciari mi chiedeva se c'erano rischi di incendio e io gli rispondevo di no. Signor sindaco, gli dicevo, veda di prendere in mano la situazione lei, che abbiano un po' di pazienza... Gli stavo dicendo questo quando mi hanno chiamato via radio Luca e Cristian dal "tanko". Io prima gli avevo detto di non farsi intimorire, di avere più energia, di mettere in moto, ma capivo che la stanchezza stava arrivando anche per loro. Poi i rumori. Allora ho capito che stavano entrando. Mi sono affacciato sui gradini e ho visto tre mitra spianati. Ho detto: è finita».

Faccia: «Aspettate, stiamo parlando col sindaco...».

Gis: «Non ce ne frega niente. Non fare scherzi, altrimenti ti spariamo nella testa».

Faccia: «Non sparate. Ci sono le taniche di benzina!».

Gis: «Peggio per te. Noi abbiamo le tute ignifughe».

Faccia: «Voglio parlare di nuovo col sindaco».

Gis: «Va bene, allora mandaci un altro al posto tuo».

Arriva Flavio Contin con le mani alzate e si consegna ai Gis.

«Andai verso la porta» mi racconta Faccia «per vedere se Cacciari c'era ancora. Ma invece del sindaco, trovai altri tre Gis con i mitra spianati. Mi hanno preso, buttato fuori e il discorso si è chiuso lì.»

Mi racconta Luca Peroni, che sta con Cristian Contin nel blindato: «Dalla feritoia del "tanko" vedevo i Gis sulla piazza. Dal megafono continuavo a dire di stare tranquilli, non avremmo fatto del male a nessuno, bastava aspettare l'arrivo del nostro ambasciatore. Stavo parlando via radio con Andrea Viviani nel campanile, quando ho sentito un gran rumore. Viviani mi ha detto: sono arrivati, ciao, chissà quando ci rivedremo. Allora ho detto a Contin che era con me: che facciamo, andiamo via anche noi? In quel momento ho sentito che strappavano i fili del mitico lanciafiamme, un Gis è saltato su da dietro, noi abbiamo detto: ci arrendiamo, siamo disarmati e siamo usciti con le mani alzate». (*Secondo Alvise Fontanella, uno dei Gis disse ai due ragazzi: «Stiamo applicando l'esplosivo», facendoli schizzare come molle.*)

Mi racconta Gilberto Buson: «Sentiti i rumori, stavo tranquillizzando gli altri che nella cella campanaria dove stavo io la situazione era sotto controllo. Scesa una rampa di scale, ho visto una immagine che mi ha offeso: Antonio Barison completamente nudo con le mani dietro la nuca, gli avevano sfilato i pantaloni, tolto tutto, lo percuotevano. In quel momento sono arrivati alle mie spalle due Gis. Ho fatto in tempo a vedere soltanto la loro testa. Mi hanno ordinato di fermarmi e di poggiare in terra quello che avevo, un paio di binocoli e una ricetrasmittente. Mi hanno legato le mani dietro la schiena con materiale da elettricisti e pensavo che fosse finita lì. Ero con la faccia rivolta al muro, loro erano alle mie spalle. Ho sentito allora un colpo terribile sull'orecchio che mi ha fatto perdere conoscenza. Mi sono ritrovato non so come alla base del campanile».

(Secondo quanto ha ricostruito Fontanella, a seguito delle testimonianze nel successivo processo e delle perizie giudiziarie, è possibile che Barison abbia subìto una perquisizione ruvida e che il grave malore da lui accusato subito dopo sia frutto di un colpo ricevuto al collo al momento dell'arresto. Secondo i carabinieri, invece, Barison avrebbe avuto il malore alla vista dei Gis. Sembra comunque accertato un suo tardivo ricovero in ospedale. Gilberto Buson, secondo il perito medico della Corte d'assise, ha subìto la «perforazione di tre millimetri del timpano destro provocata da un colpo».)

Due mesi più tardi, gli otto del commando vengono giudicati in Corte d'assise a Venezia. I più vecchi (Faccia, Buson, Barison e Flavio Contin) vengono condannati a sei anni, i più giovani (Cristian Contin, Menini, Peroni e Viviani) a quattro anni e nove mesi con il beneficio degli arresti domiciliari.

Pane e salame con i «patrioti Contin»

Arrivo all'ora di pranzo a casa di Cristian Contin. Sul tavolo del tinello c'è una copia del «Gazzettino» del 15 settembre '97: «Bossi: Padania nata, Italia divisa». Nessuno sembra interessato. Cristian è agli arresti domiciliari a Urbana, un paese del profondissimo Veneto, tra Padova, Verona, Vicenza e Rovigo. Mi accompagna il suo difensore, Luciano Gasperini, che è anche senatore della Lega e ha una bellissima Mercedes cabrio da «gran rimorchio» che guida serenamente a sessanta all'ora. Il padre di Cristian, Severino, e lo zio Flavio, fratelli gemelli, sono in prigione. Il primo è sotto il procuratore di Verona, Papalìa, per reati di sovversione, il secondo è uno dei serenissimi di piazza San Marco. La famiglia (moglie e cinque figli) viene mantenuta per ora dalla figlia maggiore Jessica e da Valentino, il fratello più vecchio di Flavio, che ha girato il mondo a mettere le luci ai negozi Benetton e adesso è rientrato a prendere in mano l'aziendina elettrica dei fratelli. Lui non può entrare in casa perché uno zio non è parente stretto e gli arresti domiciliari sono severi. Mi racconterà più tardi che Flavio, scapolo, vive con la mamma di novantuno anni. Quando è partito per l'avventura di San Marco, ha provato a farle credere che andava in Svizzera. Ma lei aveva capito tutto e gli disse: «Flavio, qualunque cosa tu faccia, cerca di non farti del male e soprattutto non farne a nessuno».

La signora Contin ci prepara pane e salame, mette in tavola un vino rosso leggero conservato in una grande bottiglia dell'acqua minerale. La casa è piccola, modesta, ordinata. Fino al maggio del '97 deve essere stata anche serena.

Intorno alla tavola, con Cristian e la mamma, ci sono le quattro sorelle: Jessica ventun anni, Jenny diciannove, Teresa quattordici, Veronica sette.

Non sapevano niente di quello che stava per capitare addosso alla famiglia. L'hanno scoperto alle sette del mattino del 9 maggio. Il racconto è collettivo: «Quelli della polizia hanno bussato alle sette del mattino. Madonna come picchiavano forte sulla porta. Aprite, aprite! Nascondete armi? C'è droga in casa? Signora Contin, suo figlio si buca? La mamma piangeva, non sapeva niente, non capiva niente. Jenny era andata scuola, Veronica e Teresa stavano per andarci, ma sono rimaste bloccate in casa. Nessuno poteva uscire. La polizia è stata qui tre ore e poi è andata via portando papà alla questura di Padova dove è stato interrogato dal procuratore di Verona, Papalìa. [*Severino Contin sarà arrestato successivamente e giudicato alcuni mesi dopo gli otto del commando per reati di sovversione.*] Non è potuta andare al lavoro nemmeno Jessica, che sta in una cooperativa di pulizie dell'ospedale di Montagnana. Papà è tornato alle sette di sera. La mamma piangeva, lui era preoccupato per noi e per Cristian che stava già in carcere. Ci ha detto di non preoccuparci. Lo zio Flavio e Cristian sanno quel che fanno. E se l'hanno fatto, l'hanno fatto anche per noi e per i nostri figli».

Ma hanno fatto bene? Jessica e la madre, loquace la prima per quanto è taciturna la seconda, mi rispondono di sì. «Hanno fatto più che bene» dice la ragazza. «Non si poteva più andare avanti così» sospira la madre. E non capisco se si riferisce al disagio del popolo veneto o al disagio di una famiglia che è vissuta per dieci anni con un «tanko» tra i piedi che prima o poi bisognava pur muovere.

«È stata dura sentirsi chiamare terroristi» mi dicono. «È stato doloroso leggere sui giornali che odiamo i terroni.» Jessica: «Ho tante amiche meridionali».

Cristian: «La nostra azienda ha tanti clienti nel Sud».

Faccio a Jessica una domanda insieme scontata e infame: si sente italiana?

«Più veneta che italiana.»

Le due cose non possono andare d'accordo?
Jessica sorride imbarazzata e resta in silenzio.
Interviene Cristian: «Rispondi sì o no».
Jessica: «Non credo che possano andare d'accordo. Non con l'Italia che c'è oggi».
Cristian taglia corto: «Io sono veneto e basta».
Veronica, la piccola, sorride. Dice Cristian: «Veneta anche lei, crescendo capirà».
Jessica: «L'estate scorsa Veronica doveva fare i compiti delle vacanze. Mi ha chiesto una spiegazione e io gliel'ho data in veneto. E lei: in italiano come si dice?».
Interviene Cristian: «Per imparare l'italiano c'è tempo quando si cresce. Anche nella mia scuola tutti parlavano veneto. Il veneto non è un dialetto, è una lingua. A scuola mi piacevano tanto le storie della grande Roma. Ma nessuno mi ha detto che esisteva una grandissima Repubblica veneta. Quando l'ho scoperta, è stata una cosa stupenda. Una cosa che uno si sente dentro».
Mangerei tutti i panini rimasti sul tavolo, ma è tardi, fuori lo zio Valentino che non può entrare mi aspetta con l'auto. Chiedo alla mamma: «Signora, ne valeva la pena?». E lei: «Sì, valeva la pena di avere problemi così grossi con una famiglia come la mia». Sulla porta mi raggiunge Jessica: «Noi ci vogliamo molto bene. Io sono orgogliosa di lavorare per loro».
Sulla credenza c'è, appena arrivata, una targa preziosa, dono della Lega di Merlara, il paese del Carroccio: «Quinta festa per l'indipendenza della Padania. Nel paese che il Po e l'Adige riga / alla tua giovinezza rendi onore / fuori d'Italia sali il campanile / e lascialo cantare il mio motore. Ai patrioti Contin».

«La Padania? Se l'è inventata Bossi»

Quando arrivo alla Pieve di Colognola ai Colli, a pochi chilometri da Verona, Andrea Viviani sta preparando il pranzo in una bella cucina di quelle che sognano gli sposi sfogliando i dépliant. «Pastasciutta e patate lesse. Si mangia a mezzogiorno e un quarto.» La mamma non torna, è lavoratrice stagionale alla Sanson, sta preparando il pandoro per Natale.

Rientra il papà, pensionato, un omone con gli occhi lucidi. Come ha saputo? «Mi viene il mal di testa solo a pensarci. *Ero fora de mi*, mai visto la polizia in vita mia e invece arrivano alle sette, tutti armati, quattro qui dentro e due volanti fuori. Dopo un'ora m'hanno detto che Andrea stava dentro il campanile...»

Andrea controlla la cottura della pasta e parla di Bossi: «Ce l'abbiamo con la Lega. È una forza politica che non sa sfruttare le proprie potenzialità, qualche volta non sa fare le cose per le quali ha preso tutti quei voti. Dovrebbe battersi di più, aveva i suoi uomini nei posti chiave del governo... Ci avessero dato il federalismo, magari tutto quello che abbiamo fatto non sarebbe successo. Ma ci hanno obbligato a farci sentire. Noi non vogliamo che il Veneto diventi come l'Irlanda e la Spagna [*con l'Ira e con l'Eta che combattono per l'indipendenza con il terrorismo*]. Ma vogliamo essere liberi di prendere le nostre decisioni, non dipendere da altri governi con i quali non ci identifichiamo. Vogliamo essere protagonisti del nostro futuro».

All'interno dell'Italia?

«Sarà l'Italia, saranno le trattative a decidere, se mai ci saranno. Certo, nei nostri cuori resta l'indipendenza. Il Veneto lo è stato per mille anni.»

L'indipendenza della Padania?

«Ma quale Padania. La Padania non è mai esistita, se l'è inventata un giorno Bossi, non ha radici storiche e culturali. La Padania è un'ideologia. Altra cosa è il Veneto...»

Mi dice Luca Peroni, nel suo tinello di Caldiero, mentre Marcantonio di là dorme: «Abbiamo cambiato per sempre il corso della nostra vita, forse le cose potevano andare meglio, ma poteva anche finire a colpi di pistola. Eppure dovevamo farlo. Dovevamo fare qualcosa di eclatante per la nostra gente che non conosceva la propria storia. Adesso, se tutto il Veneto ha riscoperto la Serenissima, lo si deve agli uomini del campanile che hanno dimostrato che non sanno solo e sempre lavorare agli ordini degli altri».

E Bossi?

«Ci aspettavamo di più, anche se l'opinione della gente ha fatto cambiare l'atteggiamento dei *capociòn* come Bossi e Maroni. Mia moglie, i miei genitori, hanno ricevuto congratulazioni da tutti. Anche se la gente si tiene dentro la gioia, come se avesse paura di manifestarla...»

«Abbiamo visto due volte la cometa di Hale Bopp»

«Non accetto che la nostra azione venga presa come un momento di pazzia, come il frutto di una campagna senza valori, come un'iniziativa stravagante istigata dagli isterismi di Umberto Bossi. Essa è stata il frutto dello spirito veneto che non è morto e che ha saputo germogliare ovunque nel mondo, da Arborea, la colonia sarda dove ci mandò Mussolini, fino al Brasile.»

Parla chiaro Fausto Faccia nel carcere di Modena, sotto gli occhi attenti di due guardie. Parla chiaro e non vuol sentire nominare Umberto Bossi: «Per me vale quanto un D'Alema o un altro qualsiasi politico padano. No, non è un punto di riferimento. La Padania è un'assurdità. Adesso ci mettiamo a inventare stati nuovi, mentre la storia torna indietro a riscoprire le origini degli stati esistenti e delle regioni che li formano».

Frutto dell'ala scissionista della Liga Veneta nella prima metà degli anni Ottanta, il gruppo di San Marco non ha mai avuto ambizioni politiche: «Non aveva senso fare il partitino, il piccolo movimento che magari prende il sindaco, anche se questa può sembrare una scelta antidemocratica. Noi volevamo che i veneti riscoprissero chi sono. Vede, per me vale più un ideale che un conto in banca. Eppure, non creda, le comodità mi piacciono...».

A un bel ragazzo che rischia di farsi sei anni di carcere (e la sentenza fu tutt'altro che dura, tecnicamente avrebbero potuto dargli il doppio) viene da chiedere se prima di partire il gruppo abbia valutato le conseguenze processuali.

Faccia risponde: «Guardi, un rapinatore si fa i conti. Un idealista no. Abbiamo lavorato per tanti anni intorno a un obiettivo ideale, dovevamo essere coerenti con la nostra vita. E l'azione del campanile le ha dato un senso. Sapevamo che la nostra gente avrebbe capito. E infatti ci ha molto aiutato. Sapevamo poi che avremmo trovato i primi nemici in casa. Come la Lega. Che poi ha fatto marcia indietro».

A metà settembre '97 il presidente della regione Veneto, Galan, ha chiesto per voi la grazia.

«Stare in galera non fa piacere a nessuno. Ma non ci piace nemmeno quel chiedere la carità per noi, come se fossimo un branco di stupidotti. Dietro il nostro gesto ci sono tremilacinquecento anni di storia veneta.»

Come ha votato nella sua vita?

«Una volta da ragazzo per Almirante. Poi per la Liga Veneta. Da quattro, cinque anni non voto.»

Come disegnerebbe la carta geografica d'Italia?

«Come fece qualche anno fa la Fondazione Agnelli. Un certo numero di macroregioni aggregate mettendo insieme storia, società, economia. Un'Italia logica, insomma. Indipendenza? Sì, ma non con la secessione.»

«A me la politica di Bossi non interessa e la parola secessione non piace» mi dice Gilberto Buson. Ha cinque figli, «una moglie che sta più lei in galera di me», una famiglia «circondata dall'affetto dei vicini di casa e di tanta gente che ci aiuta». («Non hanno problemi» mi conferma l'avvocato Arman che è venuto a trovarlo. «Li aiutano la Life, la Liga Veneta, la stessa Lega Nord, tante altre piccole organizzazioni e tanti gesti di solidarietà personale.»)

«Non mi piace la secessione e non mi piace parlar male dei meridionali. Vede, nella mia sezione, qui in carcere, ci sono siciliani e calabresi. Il contadino siciliano e il contadino veneto seminano insieme il grano e insieme vanno a raccoglierlo. Voglio dire che se noi veneti vogliamo che vengano riconosciuti i nostri valori, dobbiamo innanzitutto riconoscere quelli degli altri.»

Le piacerebbe un Veneto autonomo dentro l'Italia?

«Come è sempre esistito nei secoli scorsi. Cesare voleva cavalli veneti...»

La storia veneta, la grandezza della Repubblica Serenissima sono un'ossessione per il gruppo di San Marco. «Lo sa come è cominciata questa storia?» mi dice Buson. «È cominciata vent'anni fa quando andando con mia moglie a Venezia m'è venuta un po' di curiosità sul passato. Siamo andati all'Archivio di Stato e abbiamo visto che era aperto al pubblico soltanto due mesi all'anno. Quando siamo riusciti a entrare, abbiamo visto che eravamo i soli italiani. E quando abbiamo chiesto alla direttrice perché non si pubblicizza l'apertura dell'archivio e quello che ci sta dentro, mi ha risposto che lei aveva fatto mettere venti manifesti in tutta la regione. Venti in tutto il Veneto? Non avevano altri soldi. Capito?»

È duro, Buson. Ma all'ultima frase sorride: «Ha visto la cometa di Hale Bopp? L'ultima volta era passata duemila anni fa. Bene, i veneti l'hanno vista due volte».

«*Caro Bossi, ecco le mie medaglie*»

«Senatùr, tenga duro e resista come abbiamo resistito noi partigiani negli anni dal '43 al '45.» Chissà cosa avrà detto Carlo A. Ferrazzino, partigiano leghista di Alassio vedendo le polemiche sul tricolore dell'autunno del '97. Forse avrà dato ragione a Bossi ancora una volta, come fece un anno prima, quando scrisse al capo della Lega questa lettera appesa nell'anticamera di Bossi in via Bellerio a Milano.

«Sono un ex partigiano combattente dall'8 settembre '43 alla Liberazione. Ho sempre apprezzato il coraggio fisico e morale e a lei non mancano né l'uno né l'altro. Per questa ragione mi permetto di farle un modesto dono simbolico, le mie Croci delle campagne di guerra. Lei merita davvero più di una medaglia. Auguro per il 15 settembre [*la prima festa sul Po*] una giornata radiosa e piena di speranza. A conclusione un modesto consiglio: non si fidi mai di sua Eminenza Scalfaro, Sacrae Romanae Ecclesiae Cardinalis nomen Quirinalis collis.»

Chissà se nella lettera di risposta il Senatùr ha chiarito al partigiano latinista di Alassio che lui da Scalfaro non ha preso mai fregature: all'inizio del '95 Bossi s'azzardò a far cadere Berlusconi solo nella convinzione che il capo dello Stato non avrebbe sciolto le Camere per un anno. Altrimenti la Lega sarebbe stata stritolata. E così avvenne. Da allora molta acqua è passata sotto i ponti del Po e la lettera è tra i cimeli più cari del Senatùr. Lì le medaglie di Ferrazzino, lì «la spada di Toledo che non perse mai una battaglia», lì un guerriero scozzese dell'Highlander Clan Ales («È l'Europa antistatalista e libertaria che si unisce» mi spiega Bossi). Sull'altra parete, stampe antiche di Pontida e foto leghiste della stessa. Infine, Alberto da Giussano accanto a Giuseppe Verdi, che invano gli spiritisti invocano per sapere se *Va' pensiero...*, considerato per un secolo il canto risorgimentale (e quindi unitario) per eccellenza, è stato scritto con profetica ispirazione protoleghista e separatista.

Quando vai a fare due chiacchiere con l'Umberto lascia pure a casa l'orologio. Lui sa che a un certo punto fa giorno e molto più tardi fa notte. (Lo sa, peraltro, in modo piuttosto confuso perché dorme di giorno e lavora di notte.) Per il resto, le ore non hanno senso. Così cercare nelle sue risposte un riscontro a quel che gli hai chiesto è roba da «Giochi senza frontiere».

Gli chiedi di D'Alema e parte da Lenin, gli chiedi di Berlusconi e parte da Hegel. Non gli chiedi niente e parte così.

«Perdemmo un casino di tempo a parlare di rivoluzione, tra il '79 e l'81. Quelli che venivano da sinistra facevano fatica a capire la differenza tra rivoluzione e colpo di stato. Da sinistra venivano Maroni e altri. Eravamo in tutto una ventina, la Liga Veneta stava appena strutturandosi, il resto non era strutturato affatto. I socialisti volevano impedirci di nascere... Eppure fu un periodo importante. Io posi la questione a quelli di sinistra: i bolscevìchi che in Russia cacciano via lo zar e ne prendono il posto, non fanno una rivoluzione ma un colpo di stato. Lo Stato restava infatti quello di prima, cambiava solo il comandante. Il Risorgimento invece fu rivoluzionario perché si dissolsero alcuni stati e ne nacque un altro. Anche lì però... I piemontesi s'unirono al Sud e s'accorsero di quel che era: il Medioevo in presa diretta. Cavour si mise le mani nei capelli: madonna, che abbiamo fatto. Speriamo che i padani salvino questo Paese. Fu fregato dai Savoia. Morì federalista.»

E adesso?

«Adesso l'unica cosa votata sul serio dalla Bicamerale è stata Roma capitale. Che poi facciano il colpo di stato, che arrivino i fascisti, i nazisti, i comunisti, i marziani, non gliene frega niente. Basta cambiarsi il colore della camicia. *Caput Italiae* significa che lì arrivano i soldi, il controllo dell'economia. Il resto non conta. Ma l'ordine statalista...»

L'ordine statalista?

«...porta fatalmente alla crisi. La Lega è nata così.»

Così come?

«Uno Stato che magna troppo fallisce. E allora la rivoluzione è possibile. Me ne convinsi fin dall'inizio. La Lega nacque nella convinzione che si potesse fare la rivoluzione. Su questo avvennero i primi scontri. Su questo i primi ci lasciarono. Chi? Alcuni piccoli imprenditori di Milano...»

Ma se nasce uno Stato federale, come ha deciso a settembre '97 la Bicamerale, se gran parte dei soldi raccolti al Nord vengono spesi al Nord, perché continuate a parlare di secessione e di parlamento della Padania?

«Perché di fatto non cambia niente. Roma vuol fare la mediatrice tra Nord e Sud, tra Padania ed Esperia. Una mediatrice onnivora, che mangia di tutto e mangia molto. D'Onofrio aveva proposto un minimo di decentramento fiscale, ma anche lì era inaccettabile che alla fine dell'anno lo Stato avesse la possibilità di fare una tassa di compensazione sulla base delle proprie necessità.»

Tra Hegel e Berlusconi

La Bicamerale ha avuto quattro protagonisti: D'Alema, Berlusconi, Fini e Marini. Quali rapporti hanno avuto con la Lega? Cominciamo da Berlusconi, visto che con lui dopo un lungo periodo di freddezza Bossi ha ricominciato a dialogare.

«Che cosa diceva Hegel dello Stato?»

Parlavamo di Berlusconi...

«In un momento di paranoia totale, Hegel si convinse che lo Stato era un'incarnazione dell'idea divina sulla terra. Ah, il potere teocratico della Chiesa. Ma lei lo sa che fece Gregorio IX?»

Con Berlusconi?

«No, con Federico II. Si fece mediatore tra l'imperatore e i liberi comuni del Nord. Ora i liberi comuni del Nord potevano annientare Federico come volevano. E infatti lo fecero più tardi, appena ebbero messa su una Lega. Allora il papa disse ai comuni: guardate, io parlo bene di voi con Federico e vi faccio restare liberi a patto che diventiate dei buoni cattolici. Insomma gli chiese di fare arrivare da queste parti la Santa Inquisizione. E cominciarono a bruciare la gente anche qui.» (*Ma poi Gregorio IX scomunicò per due volte Federico II.*)

E Berlusconi?

«Adesso ci arrivo. Ma apro un inciso perché successe allora esattamente quello che sta accadendo adesso. Allora Atea Romana Chiesa vendeva le indulgenze, che sono pezzi di carta di puro valore spirituale, ma diventarono denaro. La

Chiesa fu la prima a inventare la moneta oscillante, libera nel mercato. Se su un pezzo di carta scrivi che vai in paradiso... Un pezzo di carta che non valeva niente era diventato come gli assegni: lo firmavano, lo giravano, lo trasferivano. Questo fece incazzare enormemente i tedeschi. E fu per questi brogli che la Chiesa cattolica perse il Grande Nord, la Germania, la Scandinavia...»

Forse la storia sarà stata un po' più complessa. Ma tutto questo non sarà successo per colpa di Berlusconi? Non mi meraviglierei, visto tutto quel che gli addebitano.

«Tutto questo assomiglia maledettamente a quello che sta avvenendo oggi. Nei tempi moderni il potere teocratico attraverso la Democrazia cristiana ha inventato le nuove indulgenze che sono i titoli di stato. E cinquecento anni dopo Lutero, lo Stato perde la Padania per i brogli delle nuove indulgenze. Purtroppo Hegel...»

Ancora.

«...con la sua infinita follia, Hegel dice che lo Stato è l'incarnazione delle idee divine sulla terra. E allora la Chiesa non crede ai propri occhi. Ma insomma, dice, questi son proprio matti. Dopo tutto quel che abbiamo fatto con i roghi vogliono che torniamo? E sa che fa?»

Chi, Berlusconi?

«No, la Chiesa. Si riprende il potere teocratico non più con il Papa Re, ma con la Dc, il partito dei cattolici. Piatto ricco mi ci ficco. Poi arriva la Lega che inventa nell'88 il voto di protesta e fa venir giù baracca e burattini. È allora che Berlusconi...»

Finalmente.

«...viene mandato a riprendersi il potere con un voto di gelatina e a riportarlo a Roma. E sa da chi ha avuto i primi soldi Berlusconi?»

Da Hitler, come minimo.

«Nessuno lo spiegherà mai. Ma allora si disse che vennero dalla Chiesa. Il fatto è che Berlusconi è un imprenditore e gli imprenditori non sono mai favorevoli alle ideologie.»

Ci sono ancora ideologie in giro?

«Ce ne sono quattro, ma la prima – il nazismo, o almeno i suoi residuati – in Italia non c'è.»

Meno male, e le altre?

«Ci sono residuati di fascismo. A mio parere, Fini continua

a restare un fascista. Può simulare, adattarsi, ma statalista era e statalista resta.»

Fini lo nega e poi l'equivalenza tra statalismo e fascismo mi pare un po' spericolata. Comunque andiamo avanti.

«La terza ideologia presente in Italia è il comunismo. D'Alema è comunista. Con me si è sempre dichiarato bolscevìco. Nato bolscevìco, rimasto bolscevìco. Magari non condivide più i metodi dei bolscevìchi, ma il rapporto con lo Stato è uguale a quello di Fini.»

Anche D'Alema avrebbe qualcosa da obiettare, ma non sottilizziamo. La quarta ideologia?

«Il potere teocratico della Chiesa, tornato con la Dc nel '45. Sturzo, che era un siciliano di grande lucidità, capì che il Papa Re non sarebbe potuto tornare e che per riprendersi il potere la Chiesa doveva fondare un partito. Lo disse nel 1905, ci aveva visto giusto e finì in esilio, come tutti quelli che dicono la verità. In questo la Bicamerale ha fotografato in modo incredibile il momento storico che viviamo.»

Sarebbe?

«Le tre ideologie si sono unite perché se fossero rimaste isolate la Lega le avrebbe portate nel water della storia. Ha presente un tubo di scarico?»

Più o meno.

«Un serpentello per volta sarebbe stato buttato giù dalla Lega senza misericordia. Soltanto unite le ideologie hanno formato un nodo più grosso del diametro del tubo di scarico della storia e riescono a resistere. Ma la Lega cercherà ugualmente di farcele passare disperdendole per sempre nella storia.»

Incontri segreti con D'Alema e Berlusconi

Ipotesi insieme colorita, temeraria e suggestiva. Ma Berlusconi...

«I partiti cercarono di fermare la Lega facendo il sistema maggioritario. Sa a che cosa serve il maggioritario?»

Me lo spieghi lei.

«Se i partiti si presentano insieme, per noi diventano un bersaglio grosso e facile da annientare. Allora si dividono in due e fanno il bipolarismo. E quando la Lega, cioè la società, attacca una collina, l'altro polo l'aggredisce alle spalle. Così puntano a far vincere il centralismo. Poi cercarono di fermarci col Pool di Mani pulite.»

In che senso?

«Il Pool è servito a scoprire certe marachelle romane, ma colpì solo i segretari del pentapartito che non volevano andarsene. Poi colpì la forza di liberazione, cioè la Lega. Ma la Lega non aveva chissà che da nascondere e sarebbe passata comunque. Perciò costrinsero Berlusconi a scendere in politica per riportare a Roma il consenso elettorale della Padania.»

Adesso ho capito...

«Anch'io ho capito subito che cosa voleva Berlusconi.»

Che cosa voleva?

«Dopo le elezioni del '94, come si sa, voleva fare il governo con noi. Ma io volevo appoggiarlo da fuori, senza entrare. Gli dissi: io ti do una mano da fuori, quando hai bisogno di voti mi telefoni e io te ne mando a quintali, qualunque cosa tu faccia, anche se vuoi svaligiare la Banca d'Italia. Ma non voglio entrare, voglio andare a Mantova per costringerti da lì a fare i cambiamenti necessari.»

E lui?

«Lui mi costrinse a entrare, minacciando di fare subito un'altra volta le elezioni. La gente non avrebbe capito. Ma io lo avvertii: così non cambierai una virgola, c'è la depressione, la crisi economica, potrai solo tirare a campare e allungare per cinque anni l'agonia del Paese.»

Ed è andata com'è andata. Ma poi vi siete rivisti...

«Ci siamo rivisti perché anche se lui è un'anomalia sociale è pur sempre più vicino alla società di comunisti, fascisti e del potere teocratico della Chiesa...»

Che vi siete detti con Berlusconi?

Vi risparmio la risposta, che meriterebbe un altro libro. Non so se davvero Bossi abbia introdotto con Berlusconi il discorso come di nuovo lo introduce con me. (L'autonomia territoriale regalata dai longobardi al Nord, l'Atea Romana Chiesa che chiamò i franchi, il Sud disgraziato che ebbe la Santa Inquisizione, l'amico che gli ha mandato uno studio sugli eretici che venivano bruciati con la stoppa nei capelli, i domenicani che inquisivano e i francescani che pregavano, il rapporto tra popoli e nazionalità, la forza brutale dei Savoia...)

Ma se l'ha fatto, la faccia del Cavaliere doveva essere da televisione a pagamento. Dopo aver riempito un taccuino di storia patria rivista dall'Umberto, lo imploro di ridiscendere tra le umane cose.

Allora, di che avete parlato in questi incontri segreti?

«Be', io gli dissi di non fare il premio di maggioranza nella riforma elettorale, che non esiste da nessuna parte del mondo e assomiglia maledettamente al giochetto fascista. Mussolini andò al potere legalmente, rifece la legge elettorale e arrivò al partito unico con una aggregazione economico-sociale in ogni collegio. Oggi stanno facendo la stessa cosa. La contrapposizione non è destra-sinistra, ma Roma-Padania...»

Quanti incontri avete avuto?

«Tre o quattro.»

Dove?

«Da lui, poi andammo una volta in un ristorante di periferia... Gli dico sempre: cosa diavolo ti metti insieme a Fini, quelli sono statalisti, sono passati. L'accordo fallo con la Lega e lascia fuori tutto il resto. Però capisco che la realtà meridionale è drammatica. Esperia è nel cuore, ma fa fatica a nascere.»

(Sui colloqui con Bossi la versione di Berlusconi è diversa. Il presidente di Forza Italia mi parla di due o tre incontri avvenuti sempre ad Arcore. «Volevo che Bossi riconoscesse di aver sbagliato consegnando l'Italia ai comunisti. Lui convenne che una secessione della Padania dall'Italia non è realistica. Allora io gli dissi che non poteva continuare con i gazebo, a portare le ampolle dal Po, a fare disegni nel vento. La gente vuole meno tasse e meno burocrazia, gli dissi, soltanto se i moderati si uniscono è possibile fare un vero federalismo. Ma prima che si potesse davvero scendere nel concreto, mi son cadute le braccia...» In realtà, Berlusconi sa che l'elettorato della Lega è più moderato del suo capo e punta a riconquistarlo, anche attraverso alleanze. Bossi sa che la Lega non può restare isolata a tempo indeterminato e ogni tanto lancia un amo al Cavaliere. A metà luglio lo ha chiamato: «Caro Berlusconi, non legarti a un carro soltanto perché possiamo venirci incontro». Uno degli incontri tra i due avvenne a metà maggio, ad Arcore, quando la convalescenza del presidente di Forza Italia dopo l'intervento era cominciata da poco. Bossi gli disse, come fa sempre: non capisci niente di politica. Berlusconi, come sempre, gli rinfacciò di aver rovinato l'Italia. Bossi aveva incontrato D'Alema una settimana prima. «Vi siete messi d'accordo?» chiese a Berlusconi. «Nemmeno per idea» rispose l'altro. «Siamo e restiamo presidenzialisti.» Finito il colloquio, Bossi e Stefani che l'accompagnava risalirono in auto con Aurelio, l'autista milanese del Senatùr. Bossi chiese al presidente della Lega: «Che ti pare?». E Stefani: «Mi ha convinto». Bossi non disse nulla, ma l'indomani richiamò Stefani: «Guarda che D'Alema e Berlusconi si son messi d'accordo». Non era vero, ma Bossi guardava sempre avanti...)

Torno a chiedere al segretario della Lega: quante volte vi siete visti riservatamente con D'Alema?

«Un paio. Dove? Non mi ricordo bene. Forse una volta al gruppo della Lega a Roma e un'altra a casa mia. Mi chiese di rientrare in Bicamerale e anche di votare per il governo del premier. Io dissi che erano tutte barzellette per far passare la legge elettorale col premio di maggioranza per fregare la Lega. E il premierato sarebbe stata la strada maestra per fare quel broglio legalizzato.»

E poi?

«Lui vuole fare dei passettini, ma di fatto propone di non cambiare nulla. La mia tesi è che la sua scelta D'Alema l'ha fatta due anni fa, mettendo insieme il potere teocratico, cioè il Ppi, i comunisti e i sindacati. Ha fatto il quarto partito-Stato della storia italiana. Ci sono stati Giolitti, il fascismo, la Dc e adesso la Balena Rosa...»

Prego?

«Ma sì, l'Ulivo, come lo chiamano. Berlusconi non può governare. Il sindacato sta dietro il Pds, la Chiesa dietro i Popolari. Come fa?»

E dietro di voi chi c'è? È vero che ci sono i conservatori bavaresi?

«Questa roba dei buoni rapporti con i bavaresi la diceva Miglio. Ma io onestamente non l'ho mai sentita.»

Ho sentito che Gnutti sarebbe un tramite...

«Fa piacere saperlo. Grande Bavaria. Teodolinda, regina dei longobardi, era bavarese...»

Avete finanziamenti dall'estero?

«Magari. In realtà all'estero l'Italia ci minaccia con i suoi ambasciatori. Ha una paura boia. Una volta che Pagliarini andò in Catalogna e fu presentato come primo ministro della Padania l'ambasciatore d'Italia armò un casino...»

Che futuro ha la Lega?

«Mentre la Padania conquista la sua legalità, noi della Lega resteremo a Roma a rompere i coglioni ai centralisti, agli statalisti, ai neofascisti, ai comunisti. Sarà difficile per D'Alema mettersi in orbace, oddio per la verità già ci si è messo. La Lega a Roma sarà come Leonida alle Termopili, mentre la Padania se ne andrà libera.»

Se lei fosse un consulente politico, che consiglio darebbe a Berlusconi e a D'Alema?

«I centralisti di Roma cerchino il danno minore per loro che è quello di una confederazione. Ma debbono accettare la doppia legalità, quella italiana e quella padana. Non possono opporsi con la forza. Centocinquantamila poliziotti al Nord non possono fare niente contro trenta milioni di abitanti. E se chiamano i soldati, quelli di leva se gli dici di andare contro il popolo girano il moschetto. Io sono un grande estimatore della forza dello Stato. Però...»

Bossi fa una pausa, poi sorride. Insomma fa quella cosa che in un'altra persona sarebbe un sorriso.

«La Padania sta entrando nel canale del parto, sta per nascere, eccola.»

Prendiamo in braccio la Padania e saliamo in macchina.

A Cisliano, dove c'era la Dc

Poiché il mio lavoro consiste nel battere le strade d'Italia per vedere che cosa arriva in giro di quel che si cucina a Montecitorio, ho chiesto a Bossi di seguirlo in un comizio. Anzi, in un comizietto piccolo di un piccolo centro: uno dei duecento comizi «qualunque» che fa Bossi in un anno. Voglio guardare in faccia la Lega fuori di Pontida e del rituale delle camicie verdi. Che però ci sono anche qui e fanno un servizio d'ordine assai più duro dei caramba. (Anzi, scopro di avere anch'io un'inflessibile scorta in camicia verde: «Stia tranquillo, ci siamo qui noi». «Grazie, non credo servirà.»)

Il Senatùr mi porta a Cisliano, centro agricolo di tremila abitanti vicino a Corsico e Abbiategrasso: uno degli ottantadue comuni della provincia del Ticino. Qui erano democristiane anche le mucche. C'era il grande Giovanni «Albertino» Marcora, che per giudizio unanime di amici e avversari aveva due cosi grossi così e se non fosse morto troppo presto sarebbe stato certo un segretario dc. E dopo di lui hanno dominato la Coldiretti e Pisoni, eurodeputato democristiano. Poi è successo quel che è successo, è arrivata la Lega, ma i democristiani debbono essere ancora forti se il comune è in mano a una giunta che mette insieme un po' di uomini dc polulivisti.

La mia mania di contare sempre il pubblico annota sul taccuino un migliaio di persone. Non credo siano tutti leghisti, ma le famigliole di Cisliano son venute a prendere un po' di fresco dopo cena. Il discorso di Bossi (un'ora e quaranta) sarà interrotto quarantasette volte dagli applausi e mai dai fischi. Il giradischi suona *Va' pensiero*, Bossi canta con la mano sul cuore, a me vengono un po' di brividi di padana emozione e mi consolo sperando che Verdi si rotoli nella tomba come una trottola a sentire gli ebrei del *Nabucco* che cantano la secessione.

Mi siedo in fondo al tendone, accanto a una signora che fa la maglia e a un'orda di bimbi che mangiano patatine. E mi godo l'Umberto Bossi Show. Altro che Costanzo, ragazzi. Questo è spettacolo puro di volo acrobatico. «I Maya...» grida il Senatùr calcando con l'accento gutturale sulla frase sospesa. I miei bambini restano con la patatina in aria e lui ha già cambiato continente: «I Persiani...». «*Historia magistra vitae...*» e i ragazzini più grandi sgranocchiano patate, lieti che il latino in fondo serva a qualche cosa. «C'è un'intesa tra D'Alema e le Grandi Famiglie per non cambiare niente...» Dio mio, quali famiglie sono? «Fini non è più fascista di manganello, ma fascista di stato.» Bene, qui il discorso si fa più chiaro.

«La Chiesa è il serpente più grosso...» M'aspetto qualche malumore post-democristiano. Invece i leghisti applaudono. «Atea Romana Chiesa», e qui ricomincia la giaculatoria della resina, dei roghi, dei domenicani e dei francescani, di Gregorio IX e del Papa Re. (Alla fine dirò a Bossi: «È il discorso più anticlericale che abbia mai sentito. Togliatti si sarebbe fatto il segno della croce...». Lui prenderà la mia osservazione per un complimento.)

Per un'altra ora, come sempre, lui si siede su un panchetto

e firma autografi, magliette, banconote e assegni padani. Un vecchio agricoltore gli porge un biglietto italiano da centomila lire per farselo firmare. Lui firma e poi dice: «È fuori corso». L'altro ricaccia dentro il panico, riprende le centomila e scompare. Poi il Senatùr bacia. Ma come piace alle donne questo Bossi... Vecchie e giovani, toste e ormai mollacchione. Un bacio a tutte, cameratesco o appassionato. Posso fare la foto?, prego, grazie, clic.

Mi apparto in un capannello leghista un po' eterogeneo.

Permette? La Fauci Benito di Messina, dipendente degli aeroporti milanesi. No, non ho perso l'accento. Perché sono leghista? Perché dopo quarant'anni passati a Cesano Boscone ho capito che certe cose me le può dare soltanto il Nord. E la secessione? Va benissimo. Una signora cambia discorso: il governo vuole la gente ignorante. Un uomo: non ci spiegano perché ha torto Pagliarini quando fa i conti tra Nord e Sud. Altra donna: l'assistenzialismo è la rovina dell'Italia. Il signor La Fauci Benito: vogliamo l'indipendenza per vivere anche quando andiamo in pensione. La signora di prima: le Coop che prendono i giovani, caro lei, li sfruttano senza pagarli. E questo sarebbe il lavoro interinale? S'avvicina un signore triste: sette anni fa mi è morto un figlio di droga, ho bussato a tante porte, le ho trovate tutte chiuse. Un altro: la burocrazia deve essere al mio servizio, se entro in un ufficio sono io al servizio della burocrazia. Un militante in camicia verde: lei è venuto a scrivere il capitolo sulla Lega del suo libro. Ma perché un capitolo solo? Già, il suo è un libro italiano.

Andiamo a tavola. Bossi è circondato da donne. Mangiamo anatra alla celtica, arrosto alla longobarda, roast-beef scozzese e nervetti alla Papalìa, in onore del procuratore di Verona che processa la Lega. I miei commensali mi raccontano l'ultima. In un ospedale del Nord, tre gestanti sono in sala parto e i mariti aspettano con emozione l'esito. Uno è padano, uno meridionale e il terzo negro. Esce il medico con i tre bimbi in braccio. È pallidissimo. Tutto bene, dice, ma abbiamo scambiato i bambini. Il padre padano afferra il negretto e si mette spalle al muro. Finché non si trova il terrone, grida, tengo questo.

Risate leghiste. Fratelli d'Italia...

X

Chi sfascia chi?

La Verità svelata dal Tempo

È bella la Verità. È una giovane in fiore, che lascia esplodere la sua grazia senza paura. È invincibile la Verità. Ma è figlia del Tempo. E il Tempo la partorisce vecchio, sfinito, tenuto in piedi solo dalla missione celeste di svelare, alla fine, la Verità.

«Il tempo scoprirà la verità» mi sussurra Silvio Berlusconi la sera di mercoledì 23 aprile. Siamo nello studio di «Porta a porta», un tecnico gli infila il microfono sotto il doppiopetto grigioferro d'ordinanza e lui sussurra quella frase misteriosa e drammatica, accennando con dieci parole senza seguito alla vicenda oscura di Felice Maria Corticchia, l'ex carabiniere appena scarcerato dopo ottanta giorni passati a Forte Boccea. Accusato di calunnia dal Pool di Milano per aver cercato di indebolire le tesi dell'accusa al processo Berlusconi e di minacce a una giornalista perché denunziasse ricatti sessuali di Di Pietro, ritenuti falsi.

«Io non so chi sia Corticchia,» mi dice il Cavaliere «ma ha toccato Di Pietro e s'è fatto quasi tre mesi di fortezza. Ma sulle vicende di questi anni il tempo scoprirà la verità.»

Chissà se Berlusconi ha visto il grande quadro di Francesco Ruschi, pittore romano del Seicento e alunno di un altro Cavaliere, quello d'Arpino, conservato al secondo piano di palazzo Sciarra. Lì il Tempo è vecchissimo, ma la Giustizia lo consola del travaglio passato nella scoperta della Verità.

Certo il presidente di Forza Italia non ha potuto vedere la *Verità svelata dal Tempo* del Bernini, custodita da settant'anni nella Galleria Borghese che sarebbe stata riaperta soltanto due mesi dopo. Quella Verità non ha certo scolpite nel viso l'angoscia divina di una Dafne inseguita da Apollo, né la disperazione di una Proserpina rapita da Plutone, che raccolgono nelle sale vicine i mormorii stupefatti del pubblico. Né il sorriso di nobile degnazione della *Paolina* del Canova che fa gli onori di casa nella galleria.

La *Verità* berniniana è felice, illuminata dal Sole che tiene nella destra, femmina più di *Paolina*, prorompente, limpida e invincibile. L'avesse vista, il Cavaliere ne sarebbe rimasto tuttavia turbato. Mentre vi lavorava Bernini patì, infatti, molte sofferenze ingiuste dovute al successo, e per tredici anni rinviò l'opera più drammatica: cavare dall'inquietante blocco di marmo, dal quale nasce la giovane, la figura del Tempo che l'ha disvelata. E alla fine lasciò l'opera incompiuta, come monito al primogenito della sua famiglia, che tramandò l'opera per quasi trecento anni.

Quanto dovrò attendere?, si sarebbe chiesto l'onorevole Berlusconi se avesse conosciuto quella scultura. Ma per sua fortuna, forse non ha avuto ancora il tempo di vederla.

Di Pietro: «Posso venire a Napoli?»

Quel mercoledì 23 aprile, il «Corriere della Sera» titola così un articolo di Gianluca Di Feo: «Di Pietro pronto a tornare in politica. Tremaglia: prepara un grande progetto presidenzialista con Segni, Cossiga e Moratti».

Quando incontro una prima volta Berlusconi per questo libro a mezz'estate del '97, i giochi sono andati diversamente e il Cavaliere rifà la storia dei tre Di Pietro: «Quello che voleva dimostrarmisi amico, quello che voleva sfasciarmi e il terzo, quello che ormai coltiva un disegno personale».

Il discorso parte da lontano, da quel sabato 7 maggio 1994, quando nello studio di Cesare Previti, Di Pietro previene Berlusconi che vuole offrirgli il ministero dell'Interno, ultima carta concordata con gli alleati per non dare il Viminale alla Lega.

«Di Pietro» racconta Berlusconi «mi dice subito: guardi, io non posso lasciare la magistratura. Mi confessa che avrebbe accettato se Scalfaro non fosse intervenuto su Borrelli per fermarlo. Di Pietro lo ha detto anche a Cirino Pomicino.»

(*Mi dice Cirino Pomicino: «Nel luglio del '94 al Palazzo di Giustizia di Milano, Di Pietro mi raccontò che avrebbe accettato di entrare nel governo Berlusconi se Scalfaro non glielo avesse impedito». Scalfaro da solo o Scalfaro attraverso Borrelli? «Lui mi parlò di Scalfaro.»*)

Il 22 novembre del '94, dopo sei mesi di governo, Berlusconi riceve il celebre invito a comparire dal Pool di Milano mentre presiede a Napoli la Conferenza mondiale dell'Onu sulla criminalità organizzata. È noto che dopo aver firmato il documento, Di Pietro va a Parigi per la vicenda Mach di Palmstein. Scrive la giornalista Rosanna Santoro su «Panorama» del 14 agosto 1997: «"Questa è una guerra. Solo uno ne uscirà vivo: o io o lui." Era il 22 novembre 1994. Antonio Di Pietro passeggiava nervoso in una pungente notte parigina, visibilmente irritato per la fuga di notizie sulla clamorosa iscrizione di Silvio Berlusconi nel registro degli indagati di Milano. Quella dell'eroe di Mani pulite sembrava allora una battuta. Che però oggi, a quasi tre anni di distanza...».

Quella sera Di Pietro non avrebbe voluto essere a Parigi, ma a Napoli. Aveva chiesto infatti di poter partecipare alla Conferenza mondiale presieduta da Berlusconi.

Mi racconta Franco Frattini, deputato di Forza Italia, presidente del Comitato parlamentare di controllo sui servizi segreti e confermato nel '94 da Berlusconi alla segreteria generale di palazzo Chigi dove era arrivato con Ciampi: «Nel giugno del '94, in un incontro tra Berlusconi e Clinton, matura l'idea di dimostrare al mondo che l'Italia è in prima linea nella lotta al crimine transnazionale. Si decide di organizzare una conferenza mondiale a Napoli come premessa alla creazione in Italia, sotto l'egida dell'Onu, di un'Alta Scuola di Polizia per funzionari di tutto il mondo. Berlusconi decide di presiedere i lavori per dimostrare il nostro impegno al più alto livello. Vengono incaricati dell'organizzazione due magistrati, Francesco Di Maggio, che era stato rimosso dall'incarico di vicedirettore degli istituti penitenziari (e che non era certo un amico del Polo) e Liliana Ferraro, rimossa dalla direzione degli Affari penali del ministero di Grazia e Giustizia. Il problema degli inviti italiani è legato a un complesso cerimoniale internazionale. Decidiamo di invitare i soli procuratori generali che sono meno di trenta, per non creare discriminazioni tra i procuratori della repubblica che sono centinaia. Personalmente, da ex magistrato, sono costretto a rifiutare l'invito a colleghi molto autorevoli. Di Maggio è amico di Di Pietro: si conoscono da anni, hanno lavorato insieme a Milano. La Ferraro assiste a una telefonata tra i due: Di Pietro insiste per essere invitato. "Non sono forse il simbolo di Mani pulite nel mondo?" Di Maggio gli spiega i criteri, poi mi parla della richiesta di Di Pietro e io dico di no. Tra l'altro, so che Di Pietro è stato invitato da Berlusconi a far parte del suo governo e questa è una ragione di più per non mostrare un trattamento di favore. Avverto Berlusconi soltanto dopo aver chiuso la questione. Il presidente è sorpreso. "Me lo potevi almeno dire," obietta "però hai fatto bene. Anch'io ho avuto tante richieste di deroga..." Di Maggio mi avverte che avrei ricevuto una telefonata di Di Pietro per una ulteriore insistenza, ma Di Pietro non mi chiama».

«Disse a Di Maggio: potremmo non arrestare Paolo...»

Entra a questo punto in scena Antonio D'Adamo, un imprenditore che conosce Berlusconi da molti anni e che un tempo ha lavorato per una delle sue società. D'Adamo è da anni anche amico intimo di Antonio Di Pietro. Glielo ha presentato Eleuterio Rea, capo della Mobile di Milano prima di diventare capo dei vigili urbani, insieme con Giancarlo Gorrini, Paolo Pillitteri, Maurizio Prada, Claudio Dini e Sergio Radaelli (diventeranno tutti imputati di Tangentopoli).

Mi racconta Berlusconi: «Quando ricevo l'avviso a comparire, mi chiama D'Adamo: Dottore, non si preoccupi. Di Pietro sta dalla sua parte, non consentirà a quelli del Pool di mettere in atto il loro disegno».

«Non mi meraviglio» prosegue «perché D'Adamo da prima che io formassi il governo e fino all'autunno del '95 mi portava i saluti e le attestazioni di amicizia di Di Pietro. Anche nei giorni drammatici del luglio '94, Di Maggio ci fece sapere che Di Pietro aveva pronta una nuova richiesta di arresto per mio fratello Paolo, ma che era disposto a rinunciarvi se io avessi ammesso di conoscere le vicende per cui volevano incriminare mio fratello. Io non ero al corrente di nulla, ovviamente, e obiettai che se il presidente del Consiglio avesse fatto una dichiarazione del genere avrebbe dovuto dimettersi. Risposta di Di Pietro, sempre attraverso Di Maggio: è vero, ma nascerebbe subito un secondo governo Berlusconi perché non sarebbero possibili altre soluzioni. Ciò che emerse successivamente, mi fece invece capire che Di Pietro mirava assolutamente a farmi dimettere convinto com'era che avrebbe ricevuto lui l'incarico di formare il nuovo governo.»

Mi dice Gianni Pilo, deputato di Forza Italia, notissimo al momento della «discesa in campo» di Berlusconi come uomo chiave dei sondaggi: «Nel maggio del '95 Gabriele Cimadoro, cognato di Di Pietro e deputato del Ccd, mi chiese un appuntamento perché doveva parlarmi. Venne a casa mia e mi disse: "Se Berlusconi si toglie di mezzo, Tonino è pronto a fare il capo del Polo. Fammi sapere". Restai così sbalordito che la cosa finì lì».

Mi dice Franco Frattini: «Per almeno due volte, tra l'estate e l'autunno del '94, Di Maggio mi disse che Di Pietro puntava alla presidenza del Consiglio. Erano amici e Di Maggio prendeva queste affermazioni per battute: "Cose dell'altro mondo," mi disse un giorno "ma lo sai che va dicendo in giro Di Pietro? Che lui sarebbe diventato presidente del Consiglio". Né Di Maggio né io demmo peso a queste battute. E infatti non ne parlai mai con Berlusconi. Quando arrivò in piena Conferenza di Napoli la notizia dell'avviso a comparire, Di Maggio – che non era certo un simpatizzante politico di Berlusconi – mi disse: "La scelta di questo momento è il più formidabile colpo basso che si potesse dare alla Conferenza". Di Maggio capì che della proposta italiana dell'Alta Scuola di Polizia, già approvata dalla Conferenza, non avrebbe parlato più nessuno. E così avvenne. Tutto il mondo parlava ormai solo dell'avviso a comparire per fatti di corruzione al presidente del Consiglio italiano».

(Nel novembre del '96, un ex deputato del Ppi, Michelangelo Agrusti, indirizza a Berlusconi una lettera in cui gli rivela una frase di Raffaele Tito, magistrato casertano che Agrusti conosce da molti anni e che ha lavorato nel Pool dopo la vittoria elettorale di Berlusconi: «O arriviamo prima noi a colpire Berlusconi, o arriverà prima lui a rafforzarsi e a normalizzare la situazione».)

Mi dice Berlusconi: «Come può un sostituto procuratore della Repubblica ambizioso come Di Pietro rifiutare il ministero dell'Interno se non ha l'aspettativa di un incarico più importante? Di Pietro, d'altra parte, non ha fatto mistero di queste sue ambizioni con i suoi amici di allora, da Gorrini a D'Adamo. Gorrini gli disse: "Non ti sarai montato la testa?". E quando D'Adamo gli parlò della possibilità di fare il ministro, lui gli rispose: "Soltanto il ministro?"».

Dall'autunno del '94 all'estate del '95, Berlusconi è convinto che Di Pietro stia dalla sua parte. Anche dopo l'invito a comparire di Napoli, D'Adamo glielo conferma: «Dottore, Di Pietro non c'entra, anzi la prega di rimandare la sua comparizione perché non vuole essere lui a interrogarla.»

«Me lo confermò lo stesso Di Pietro nel colloquio che avemmo ad Arcore, quando venne a trovarmi il 18 febbraio '95» racconta Berlusconi. «Mi disse che se il Polo glielo avesse offerto, lui sarebbe stato pronto ad accettare il ministero dell'Interno o un alto incarico investigativo istituzionale. E sarebbe stato disposto a dare notizia di questa sua disponibilità una settimana prima delle elezioni».

Mi dice Pierferdinando Casini: «Nei primi mesi del '95, quando Di Pietro ha lasciato il Pool ed è consulente della Commissione stragi, viene a colazione a casa mia. Mi spiega che lui ha abbandonato il Pool perché riteneva che vi fosse stata un'azione persecutoria contro Berlusconi. Ricordo le parole esatte che mi disse: Berlusconi non è certo uno stinco di santo, come tutti gli industriali avrà fatto carne di porco, però l'accanimento di carattere politico del Pool non lo posso condividere».

Dice Berlusconi: «Il 25 luglio del '95, durante un interrogatorio a Brescia, scopro che è stato Di Pietro a insistere perché mi fosse mandato l'invito a comparire. Rimango stupefatto. Chiamo D'Adamo che insiste: non è assolutamente possibile. D'Adamo mi dirà poi di essere andato a trovare di notte Di Pietro che confermò la sua precedente versione e si impegnò a una dichiarazione di smentita.»

A essere increduli, per la verità, sono i colleghi di Di Pietro al Pool di Milano che sanno bene come nacque l'avviso a comparire e restano di sale quando rimane senza smentita una dichiarazione di Berlusconi a «Tempo reale» il 13 aprile '95. (Dice il Cavaliere: «Di Pietro ha firmato quell'avviso di garanzia solo perché è consuetudine che i provvedimenti si firmino collegialmente. Non sono così sicuro che fosse d'accordo».)

Il vero ruolo di Di Pietro nella storia dell'avviso a comparire diventa di pubblico dominio nella seconda metà dell'ottobre '95, quando esce il mio libro *Il duello*. Nel libro viene ricostruito anche lo «scoop» del «Corriere della Sera» che dà per primo la notizia dell'avviso di garanzia a Berlusconi in piena Conferenza di Napoli. Lette le anticipazioni del mio libro su quella circostanza pubblicate dallo stesso «Corriere», Di Pietro presenta una denuncia contro ignoti alla Procura di Brescia per la fuga di notizie. Brescia, come è noto, è titolare delle indagini sui magistrati in servizio a Milano. Di Pietro ha dunque il sospetto che dietro la fuga di notizie verso il «Corriere» possa esserci un suo collega.

Su questa fuga, in verità, la Procura di Milano apre un'inchiesta fin dalla fine del '94. Trasmette poi gli atti per competenza a Brescia: al di là dall'esposto di Di Pietro, è possibile in astratto che un magistrato milanese sia coinvolto nella vicenda. Ma Silvio Bonfigli, il sostituto procuratore bresciano che se ne occupa, non trova elementi contro i colleghi di Milano, né contro i loro collaboratori. Chiede il rinvio a giudizio di Goffredo Buccini e Gianluca Di Feo, autori dello «scoop», per la pubblicazione di atti coperti dal segreto e chiede l'archiviazione per la rivelazione di segreto d'ufficio perché non è riuscito a individuare nessun pubblico ufficiale responsabile. (L'archiviazione è stata decisa dal Gip il 13 ottobre e i due giornalisti hanno definito la loro posizione con il pagamento di una pena pecuniaria.)

Personalmente, mi convinco negli anni successivi che deve esserci stato un ultimo passaggio mancante nella mia pur scrupolosa ricostruzione. È possibile, cioè, che nella notte tra il 21 e il 22 novembre 1994 la direzione del «Corriere» abbia avuto un avallo più autorevole della «gola profonda» di medio calibro di cui parlo nel *Duello*. Ma visti gli esiti dell'inchiesta, ogni illazione resta tale.

D'Adamo scrive due paginette...

Riprendiamo il colloquio con Berlusconi. «Nel settembre del '95, Fedele Confalonieri mi chiama per dirmi che, intervenendo nel seminario autunnale di Villa d'Este, Di Pietro ha fatto capire di voler far politica. L'8 ottobre 1995 con un articolo su "Repubblica" dal titolo "Berlusconi, quante frottole", Di Pietro si toglie la maschera e si schiera apertamente dall'altra parte.»

In realtà, con quell'articolo scritto in difesa della Procura di Milano e delle sue indagini, Di Pietro manda al mondo politico un messaggio cifrato, ma di facile lettura. Scrive l'ex magistrato: «Berlusconi sa – per averglielo confidato io direttamente – come mi senta vicino col cuore agli elettori di Forza Italia. Ho detto a Lui [*con la maiuscola*] ciò che è sotto gli occhi di tutti: molti cittadini italiani hanno dato fiducia a questa nuova formazione politica appunto perché dava l'impressione di rappresentare una svolta nel panorama politico italiano. Doveva cioè rappresentare il nuovo. Questo desiderio di rinnovamento ha contagiato molti e, confesso, anche me. Ho l'impressione, però, che se Berlusconi continua a raccontare frottole agli italiani, prima o poi in molti saranno costretti a rivedere la propria posizione. Tra questi, anch'io».

Quali frottole avrebbe raccontato il Cavaliere? Secondo Di Pietro, sono frottole le accuse al Pool di avercela con lui, di non aver indagato a fondo sul Pds, i sospetti su interessi politici di Di Pietro collegati alle sue indagini su Berlusconi («Posso mettere la mano sul fuoco che non l'ho fatto per fini politici, ma solo perché quello era il mio dovere, anche se mi dispiaceva...»).

Berlusconi capisce subito che dietro l'annuncio di «rivedere la propria posizione» c'è l'orientamento di Di Pietro a cambiare cavallo. E lo capisce anche D'Adamo.

Sentiamo Berlusconi: «Dopo l'articolo su Repubblica dell'8 ottobre '95 D'Adamo finalmente si convince che, prendendo in giro me, Di Pietro ha preso in giro anche lui. Si indigna e si sfoga, raccontandomi dei cento milioni, del telefonino, della Dedra, dell'appartamento vicino al Duomo, dei miliardi di Pacini Battaglia e della sua promessa a Di Pietro di riservarne quattro e mezzo a lui al momento della restituzione. Per i primi cento milioni, di cui D'Adamo non attendeva in alcun modo una restituzione, sono convinto che Di Pietro li abbia invece restituiti non solo perché temeva gli ispettori del ministero, ma anche e soprattutto perché pensava di essere in procinto di diventare il presidente del Consiglio incaricato».

Dopo il colloquio con Berlusconi, D'Adamo scrive di pugno un memoriale di due paginette con il racconto dei suoi favori a Di Pietro e lo consegna a una terza persona. Questo memoriale, come vedremo, arriverà alla Procura di Brescia soltanto nella primavera del '97.

Passa un anno. L'ultimo trimestre del '96 segna momenti di altissima tensione. Il 2 ottobre Berlusconi guadagna un punto di sostegno alla sua convinzione di non essere amato dai giudici di Milano. Un microfono lasciato acceso nell'aula del processo al Cavaliere (sciaguratamente o provvidenzialmente, fate voi) registra – come abbiamo già visto nei capitoli precedenti – una frase incauta del presidente del tribunale, Carlo Crivelli, che, conversando con il pubblico ministero Gherardo Colombo, gli dice di usare «al massimo» con gli imputati «la tecnica del bastone e della carota».

L'ultima settimana di settembre è ripreso intanto a Brescia il processo contro Cesare Previti e Paolo Berlusconi accusati dalla procura di aver manovrato per far dimettere Di Pietro dalla magistratura (verranno entrambi assolti). Formalmente Di Pietro è parte lesa, ma i tre interrogatori a Brescia ai quali è stato sottoposto dai sostituti Fabio Salamone e Silvio Bonfigli sono stati molto drammatici. E nessuno si meraviglierebbe che alla fine anche Di Pietro finisse sul banco degli imputati.

I legali dell'ex magistrato sono molto preoccupati. Una settimana prima della ripresa del processo, il 19 settembre, viene intercettata una telefonata tra il difensore di Di Pietro, Massimo Dinoia, e un magistrato del tribunale di Teramo. L'intercettazione avviene perché Dinoia si trova nello studio del professor Federico Stella, sotto tiro per la questione Necci (l'amministratore delegato delle Ferrovie è stato arrestato tre giorni prima). Il magistrato abruzzese chiede se Salamone continuerà il processo e Dinoia gli risponde di no. «Sicuramente no.»

In effetti, dopo alcune udienze preliminari, il 17 ottobre il procuratore generale di Brescia, Marcello Torregrossa, toglie il processo a Salamone per «grave inimicizia» nei confronti di Di Pietro. Viene tirato in ballo un rapporto processuale tra Di Pietro e il fratello di Salamone, Filippo, che fa l'imprenditore in Sicilia, è stato arrestato dalla Procura di Palermo ed è pieno di guai. (Verrà arrestato di nuovo nell'autunno del '97 dalle Procure di Palermo e di Catania come raccoglitore di tangenti per i politici e per associazione mafiosa.)

Secondo Fabio Salamone, Di Pietro incrocia per caso il nome del fratello: gliene parla in un interrogatorio il costruttore Lodigiani, riferendo cose già note alla Procura palermitana. Il magistrato non iscrive l'imprenditore siciliano nel registro degli indagati, trasmette correttamente la dichiarazione di Lodigiani a Palermo, dove peraltro gli uomini di Caselli sanno giù tutto. (Questa versione contrasta con quella di Mirko Tremaglia, il deputato di An amicissimo di Di Pietro, che a Francesco Battistini del «Corriere», l'8 dicembre '96, parla di quaranta-cinquanta interrogatori condotti da Di Pietro sul fratello del pubblico ministero bresciano.)

L'iniziativa di Torregrossa fa scalpore. È la prima volta nella storia giudiziaria italiana, infatti, che un pubblico ministero viene sollevato dall'incarico per inimicizia grave nei confronti della parte offesa. Deve lasciare il processo anche Bonfigli: a lui non si contesta niente, ma poiché la gestione dell'accusa passa alla Procura generale, è l'intero ufficio della Procura della repubblica di Brescia – gerarchicamente inferiore – che viene esautorato.

Di Pietro incamera così un vantaggio: un processo in mano a Salamone sarebbe stato duro nei confronti di Previti e Paolo Berlusconi, ma sarebbe stato una mina vagante per l'uomo di Mani pulite. Ma lo perde su un altro fronte pochi giorni dopo.

«Quei due mi hanno sbancato»

Due frasi intercettate a Pierfrancesco Pacini Battaglia hanno infatti messo in moto la Procura di La Spezia (che indaga sui rapporti tra Necci e Pacini) e quella di Brescia, competente sui reati dei magistrati in servizio a Milano. Le frasi sono: «Quei due, Di Pietro e Lucibello, mi hanno sbancato» e «Abbiamo pagato per uscire da Mani pulite». I magistrati delle due procure si incontrano in segreto a Parma per scambiarsi gli atti e il segmento d'inchiesta che riguarda Di Pietro passa a Brescia. Che indaga Di Pietro, Lucibello e D'Adamo (vedremo poi perché) per concussione e corruzione.

Di Pietro è da maggio ministro dei Lavori Pubblici del governo Prodi. Aveva chiesto la vicepresidenza del Consiglio e il ministero dell'Interno, ma era impensabile che il Pds – dopo una marcia di cinquant'anni verso il governo – vi rinunziasse. La popolarità di Di Pietro resta comunque enorme. Il 13 novembre i giornali pubblicano un clamoroso sondaggio Directa: oltre metà degli italiani voterebbe per Di Pietro dovunque si collochi politicamente (56.7 per cento lo voterebbe alla guida del centrosinistra, il 53.7 per cento alla guida del centrodestra e il 51.5 per cento alla guida di un partito suo).

La sera dello stesso giorno esce la notizia della nuova indagine bresciana su Di Pietro. Il ministro è a Istanbul, viene a sapere la novità dal TG5, si chiude in albergo e scrive una durissima lettera di dimissioni dal governo. Una lettera con sette «basta!». (Il primo è per i magistrati bresciani «invidiosi e teorizzatori».) La lettera viene passata alle agenzie di stampa il pomeriggio dell'indomani, 14 novembre. Prodi ne viene informato così. Di Pietro scompare in montagna, non lascia recapiti a nessuno. Prodi riceve un fax di scuse, ma non trova il mittente, D'Alema riuscirà a parlargli dopo un paio di giorni. (All'inizio di dicembre, Michele Santoro gli attribuirà questa frase nella prima puntata della trasmissione «Moby Dick»: «Ho deciso di dimettermi quando ho sentito che Craxi parlava a Vespa di un bottino». La mia intervista a Craxi, di cui parlerò più avanti nel libro, è andata in onda in «Porta a porta» il 12 novembre, la sera prima che si sapesse della nuova inchiesta bresciana e che Di Pietro scrivesse la lettera di dimissioni.)

Pochi giorni dopo la botta più forte. Alle sei e un quarto del mattino, duecentotrenta finanzieri compiono contemporaneamente sessantotto perquisizioni in sette regioni italiane. Case e uffici di Di Pietro a Curno, a Roma e a Montenero di Bisaccia, nel Molise, vengono rivoltati come un calzino. Stessa sorte a case e uffici di Antonio D'Adamo, Maurizio Prada, Giuseppe Lucibello e di altri imprenditori. Perquisita anche l'abitazione del maresciallo Salvatore Scaletta, il più stretto collaboratore di Di Pietro. Secondo quanto scrive Marisa Fumagalli sul «Corriere» del 7 dicembre, Scaletta «è l'anello di congiunzione tra la gestione di Di Pietro e quella di Piercamillo Davigo: è stato lui a raccogliere le confidenze fuori verbale di Pacini Battaglia. Un argomento sul quale si discuterà a lungo». (*La polemica sarà sull'uso di Pacini Battaglia come fonte confidenziale.*)

La perquisizione ha un'eco enorme. Viene lamentato il grande impiego di forze, l'ingresso all'alba in casa di Di Pietro (che non si trova in nessuna delle sue abitazioni) con grande spavento della moglie Susanna e dei bambini. I nemici dell'ex magistrato parlano di nemesi storica: «Quante volte la polizia giudiziaria mandata da Di Pietro ha sconvolto il sonno e la giornata di mogli e figli?».

Il giurista Vittorio Grevi si chiede sul «Corriere» a che cosa sia servita l'«ostentata spettacolarità» della perquisizione. Nell'estate successiva rivolgo la stessa domanda al capo della Procura di Brescia, Giancarlo Tarquini, che dirige l'inchiesta con i sostituti Silvio Bonfigli, Antonio Chiappani e Francesco Piantoni. (Bonfigli è un giovane magistrato di buonsenso che garantisce la continuità operativa con Salamone, Piantoni ha fama di equilibrio e di prudenza, Chiappani ha buoni rapporti con il Pool di Milano.) Tarquini è in magistratura da trent'anni, ha fatto quasi tutta la carriera in Emilia, detesta il protagonismo dei magistrati, non gli cavi una parola sulle inchieste. È costretto a trattare «alcune centinaia» di inchieste ogni anno che riguardano i suoi colleghi di Milano, lamenta di avere pochi sostituti, ammette che il moltiplicarsi delle denunce deriva dal fatto che la magistratura è al centro della vita pubblica italiana, non avverte su di sé il peso dell'attenzione generale. E quando gli chiedo se valeva la pena di mettere in campo tanta gente per le perquisizioni, mi risponde asciutto: «O son fatte così o non hanno senso».

«Io quello lo sfascio»

I giornali di Sant'Ambrogio pubblicano pagine intere sull'inchiesta Di Pietro. La sera alla Scala s'inaugura la stagione lirica con un'opera assai raffinata e di rarissima esecuzione, *Armide* di Gluck. Francesco Saverio Borrelli, che ha la virtù d'essere melomane, prende posto come sempre in una poltrona del settore sinistro. Ma alla fine del primo atto Armide, seguendo la magica bacchetta di Riccardo Muti, non ha fatto in tempo a dire «Perseguiamo fino alla morte il nemico che ci offende» che vado a placcarlo, seguendo le migliori tradizioni rugbistiche della mia città d'origine. Borrelli è molto pallido e lo sembra ancora di più perché il volto «spara» sul nero dello smoking. «Credo che Tonino abbia avuto qualche amicizia discutibile, non altro» mi dice. «La perquisizione? Sia la benvenuta. Adesso si dovrà fare per forza chiarezza. Indietro non possono tornare.» Poi lascia la sala per affacciarsi sul foyer e viene inghiottito dalle telecamere in attesa.

Nell'estate del '96, Borrelli mi aveva manifestato qualche perplessità sulla scelta dell'opera di Gluck per inaugurare la massima stagione d'opera italiana. Pochi giorni prima della rappresentazione era andato a deporre al processo di Brescia contro Previti e Paolo Berlusconi. E raccontando come Di Pietro fosse determinato ancora pochi giorni prima delle dimissioni da magistrato a condurre l'interrogatorio dell'indagato presidente del Consiglio Silvio Berlusconi, aveva rivelato una frase del suo ex sostituto destinata a una durevole notorietà. «Io quello lo sfascio» gli aveva detto Tonino nel franco linguaggio dei giovani focosi d'ogni latitudine che scongiurano gli amici di «tenerli» per evitare una strage. («Reggèteme!», sarebbe la libera traduzione romanesca, e «tinitimi!» quella più letterale siciliana.)

Quando la sera di Sant'Ambrogio il procuratore torna alla sua poltrona, una signora veneta che gli siede davanti è l'inconsapevole testimone – seppure di spalle – di un amaro sfogo. E a me viene d'immaginare che il dottor Borrelli si senta nei confronti di Di Pietro come Rinaldo, eroe maschile dell'opera di Gluck, si sentiva nei confronti di Armide: «Avvinto dai suoi incanti e non dalla sua persona». Borrelli vorrebbe forse far sua, in qualche momento, l'ira di Armide. Come nella scena terza del terzo atto, quando la terribile eroina grida: «*Venez, venez, Haine implacable!*» (Venite, venite, Odio implacabile!) Subito obbedita dall'Odio che esce dagli inferi con il suo seguito.

Qualche giorno prima, questi versi debbono aver ronzato nelle orecchie di Di Pietro perché, come riferisce Francesco Battistini sul «Corriere» dell'8 dicembre, Tonino avrebbe confidato all'amico barista di Curno Giuseppe Pelizzoli: «Dopo quello che ha detto Borrelli [*"Io quello lo sfascio"*], vedrai che mi renderanno la vita dura...».

Mentre Susanna Mazzoleni partecipa a Curno a una fiaccolata di solidarietà al marito, Di Pietro s'infuria perché il «Corriere» pubblica alcuni verbali del Gico e dichiara («la Repubblica», 9 dicembre): «Questa storia è una barzelletta». Le accuse contenute nel rapporto della Finanza sono «una volgare menzogna e una squallida vendetta».

Per Di Pietro, nonostante i sondaggi continuino ad assicurargli un solidissimo consenso popolare, è questo uno dei momenti più difficili (anche se prima della fine dell'anno si prenderà la bella soddisfazione di veder bocciare le perquisizioni dal tribunale del riesame di Brescia).

Se ne accorgono, con grande sorpresa, gli stessi milioni di spettatori che nei telegiornali della sera del 16 dicembre assistono alla mancata deposizione di Di Pietro al processo di Brescia in cui è parte lesa. «Un Tonino mai visto, quasi impaurito e smarrito davanti al tribunale, alla fine è costretto ad andarsene senza poter leggere, come chiedeva, una breve spiegazione del perché si avvale – come fecero decine di suoi inquisiti – della facoltà di non rispondere.» È il racconto di Luigi Crovi sul «Corriere». Ma ancora una volta è la televisione il diffusore più implacabile. Dopo una serie di inviti a chiarire se vuole o no rispondere alle domande, ai quali Di Pietro replica cercando di leggere un suo documento, il presidente va per le spicce: «Sì o no, dottor Di Pietro?». Di Pietro risponde con una frase imprevedibile: «Non... Mi perdoni... Non... Sono una persona». Una persona. Il pubblico dei telespettatori, che in larga maggioranza vorrebbe ancora Di Pietro primo ministro non importa se a sinistra, a destra o al centro purché sia Di Pietro, scopre all'improvviso che chiunque si sieda dinanzi a una corte di giustizia e non abbia il coltello dalla parte del manico, anche se si chiama Antonio Di Pietro, diventa una persona. Debole come tutti, esposto all'autorità come tutti, bisognoso di comprensione come tutti.

Dalle «gorrinate» a Pacini Battaglia

Tre giorni dopo, il 19 dicembre, Berlusconi viene convocato a Brescia. Nell'incontro con Tarquini e i suoi sostituti riferisce tutti i movimenti compiuti da Di Pietro per convincerlo della sua buona fede e del ruolo marginale da lui avuto nella storia dell'invito a comparire di Napoli. Berlusconi riferisce anche delle «gorrinate» di Di Pietro raccontategli da D'Adamo.

Prima che nascesse Mani pulite, cioè tra l'89 e il '90, Di Pietro aveva ricevuto da un suo caro amico, Giancarlo Gorrini, presidente della Maa Assicurazioni, una serie di benefici: i cento milioni in prestito, la famosa Mercedes a prezzi di saldo (poi rivenduta a Lucibello), l'intervento in favore di un altro amico, Stefano Eleuterio Rea, capo dei vigili urbani di Milano soffocato dai debiti del gioco dei cavalli e così via. Su questo avevano già indagato i procuratori di Brescia e avevano chiesto anche il rinvio a giudizio di Di Pietro. Ma il 29 marzo del '96 – tre settimane prima delle elezioni politiche – il Gip Anna Di Martino aveva invece prosciolto il suo ex collega. Pur avanzando talvolta riserve sul «discutibile *modus operandi* del Di Pietro» (se non si fosse dimesso dalla magistratura, difficilmente il Csm avrebbe potuto evitargli una sanzione), la Di Martino afferma che «manca una qualunque traccia di una condotta concussoria da parte del Di Pietro il quale – secondo la stessa prospettazione del Gorrini – non ebbe mai a fargli intendere che avrebbe orientato i propri poteri d'ufficio esclusivamente in funzione di ottenere dallo stesso le utilità in discussione». In ogni caso, al momento dei favori, Gorrini non è inquisito da Milano e, quando lo sarà, Di Pietro non si occuperà di lui.

Nemmeno Antonio D'Adamo è inquisito da Di Pietro al momento dei favori. Siamo tuttavia in un periodo molto più caldo, il '92-93, Mani pulite è nel suo pieno e drammatico fulgore. Anche D'Adamo subirà pesanti inchieste, ma su di lui Di Pietro chiederà espressamente di astenersi. E sarà l'unico caso.

Che cosa concede D'Adamo a Di Pietro? Si muove con maggiore larghezza di Gorrini. Cento milioni in prestito anche qui (restituiti senza interessi a fine '94 in una scatola di cartone che è stata consegnata dall'imprenditore ai magistrati bresciani). L'uso di una Lancia Dedra. L'uso di uno splendido piccolo appartamento affacciato sul Duomo di Milano, che Di Pietro trova sempre a posto e con il frigorifero ben fornito. La disponibilità di un residence a Roma. La possibilità di ritirare abiti di ottimo taglio da Tincati, una delle boutique più eleganti di Milano e in un altro negozio di abbigliamento. La disponibilità di biglietti aerei sulla tratta Milano-Roma.

Quando decide di candidarsi alle elezioni autunnali del '97 in un seggio toscano del Pds, Di Pietro riconosce di aver commesso delle leggerezze. In uno dei suoi rarissimi colloqui con un giornalista, confessa a Marco Travaglio per «Il Messaggero» del 19 settembre '97: «Eh, quante volte me ne sono pentito... Per me era un normale prestito di chi stava comprando casa e che avrebbe restituito – come ho restituito – appena ho potuto. Vorrei che tutti fossero messi in lavatrice come hanno fatto con me e poi vediamo chi può scagliare la prima pietra».

Resta da chiedersi perché D'Adamo sia stato così generoso, visto che gli imprenditori non sono dame devote al culto di San Vincenzo de' Paoli. L'interessato fornisce una versione allo stato indimostrabile. Molti sono convinti che Sergio Radaelli, plenipotenziario del Psi nella «Milano da bere» degli anni Ottanta, abbia avuto da Di Pietro un trattamento di particolare riguardo nell'inchiesta sull'azienda tranviaria milanese alla fine dello scorso decennio. Radaelli, dice più o meno D'Adamo, era un mio socio occulto e – quel che più conta – era il «braccio armato» di Craxi e di Pillitteri. Lui mi faceva lavorare, Di Pietro è stato gentile con lui, io sono gentile con Di Pietro. Naturalmente Di Pietro nega di essere stato gentile con Radaelli e la tesi di D'Adamo resta appesa a se stessa.

Ma dai colloqui privati tra D'Adamo e Berlusconi (e dalle tre deposizioni-fiume dell'imprenditore davanti ai procuratori di Brescia del luglio '97, alle quali è seguita una di tredici ore il 26 settembre successivo) vengono fuori un'altra storia e un altro nome, quelli di Pierfrancesco Pacini Battaglia, il padre di tutte le intercettazioni.

Pacini si costituisce a Di Pietro il 10 marzo del '93 rientrando dall'estero con l'evidente assicurazione di un salvacondotto per la sua collaborazione. Prima di partire per l'Italia, il banchiere dice infatti alla moglie: «Ho avuto garanzie che vado e torno con le mie gambe». E così è. Pacini incontra Di Pietro e il Gip Italo Ghitti in una caserma, viene arrestato, depone, viene scarcerato e se ne torna a casa in Svizzera. Tutto nella stessa giornata. (Secondo «L'Espresso» del 21 marzo '93, Pacini avrebbe parlato dei fondi neri dell'Eni e dei finanziamenti illeciti a Dc e Psi.) È possibile che in questo colloquio Pacini decida di usare per l'Eni quello che sarà sospettato di essere un doppio binario: l'Eni da buttare a mare e l'Eni da salvare.

Pacini nomina come difensore Giuseppe Lucibello, un pittoresco avvocato meridionale amicissimo di Di Pietro. E come chiarirà agli stessi procuratori di Brescia nell'ottobre del '95, non lo nomina perché lo ritenga l'erede naturale dei maestri italiani del diritto, da Beccaria a Calamandrei, ma piuttosto per il suo saper vivere. «Meglio un avvocato sveglio e in contatto con la procura che un principe del foro» gli avrebbe detto un suo autorevole consulente, l'ex procuratore generale di Roma, Franz Sesti, che nell'autunno del '97 smentisce invece ogni indicazione del genere.

Di Pietro e le carte Gsm svizzere

Come riferisce Maria Antonietta Calabrò sul «Corriere» del 9 dicembre '96, quando viene interrogato a Brescia da Salamone e Bonfigli il 2 luglio del '95, Di Pietro dichiara: «Allorché venne emesso il mandato di cattura nei confronti di Pacini Battaglia, io, proprio per evitare accuse di favoritismo, spiegai agli altri colleghi del Pool che gestissero direttamente loro i contatti con l'avvocato Lucibello».

Durante le indagini, i magistrati bresciani si convincono che Di Pietro può non aver detto la verità su questo punto. Essi ritengono infatti che l'ex magistrato abbia interrogato molte volte Pacini alla presenza di Lucibello.

A Brescia mettono insieme diversi elementi che, pure in modo ipoteticamente casuale, accostano i nomi di Pacini e di Di Pietro. C'è innanzitutto la vecchia storia della scomparsa del nome di Pacini Battaglia dall'inchiesta sulla cooperazione del nostro ministero degli Esteri con i paesi del Terzo Mondo, che fu al centro di uno spettacolare giro di tangenti. Il pubblico ministero romano Vittorio Paraggio conduce l'inchiesta e Pacini è tra gli indagati. Gli scrive Di Pietro, che si sta occupando della stessa vicenda. Secondo «Il Messaggero» del 16 ottobre 1996, gli parla di «inopportune sovrapposizioni di indagini». Fatto sta che Paraggio cancella il nome di Pacini dall'elenco degli indagati dell'inchiesta romana e trasmette gli atti a Milano. Ma a Milano il fascicolo non arriva mai. Pacini è uscito dall'inchiesta romana, senza entrare in quella milanese.

Nel settembre del '96, quando Pacini viene arrestato, stavolta su ordine della Procura di La Spezia, insieme con Necci, durante una perquisizione viene trovata nei suoi uffici una informativa di reato del nucleo di polizia giudiziaria della Guardia di Finanza di Milano: l'informativa riguarda Pacini e i finanzieri l'hanno mandata all'attenzione di Di Pietro. Nel documento ci sono anche accuse all'amministratore delegato dell'Eni, Bernabè.

Risulta inoltre che nei primissimi mesi del '95 (Di Pietro si è definitivamente dimesso dalla magistratura nell'aprile di quell'anno) l'ex magistrato abbia usato carte per cellulari Gsm provenienti da Pacini Battaglia. Pacini ha acquistato queste carte in Svizzera e le ha intestate al suo autista che formalmente paga la bolletta degli utilizzatori. Queste carte, che rendono la telefonata non intercettabile, vengono distribuite a numerose persone: alcune vanno a Lucibello, due a Cesare Previti, una a Emo Danesi e una Antonio Di Pietro.

Pacini si chiama fuori da ogni rapporto con Di Pietro. Rinuncia a insistere nel dire che la frase «quei due mi hanno sbancato» fosse un errore di trascrizione rispetto a «sbiancato» o «stangato»: la registrazione è chiarissima e non ammette equivoci. Ai magistrati di Brescia spiega che intendeva riferirsi alla severità delle indagini di Di Pietro (ma perché allora «quei due», visto che le indagini non le faceva anche Lucibello?).

Pacini Battaglia si chiama fuori anche dalla storia dei Gsm non intercettabili: io ho dato le carte telefoniche al mio difensore Lucibello. Che ne so a chi le ha date lui?

Di Pietro viene interrogato a Brescia una prima volta nel febbraio del '95, una seconda nel luglio successivo. Tra le due date smette di utilizzare la carta Gsm di Pacini Battaglia.

Quando i giornali pubblicano l'elenco dei favori di D'Adamo a Di Pietro, l'ex magistrato non smentisce. Ma s'infuria e spara querele quando si comincia a parlare di un'altra storia raccontata da D'Adamo a Berlusconi e poi ripetuta in modo fluviale ai magistrati di Brescia.

Tra le sue attività di alterna fortuna, D'Adamo ha una casa

editrice che si occupa prevalentemente di libri scolastici: la D'Adamo Editore. A metà del '93 la casa editrice va malissimo e D'Adamo chiede aiuto a Pacini Battaglia che acquisisce il controllo dell'azienda e versa nove miliardi a D'Adamo senza alcuna solida garanzia di restituzione. Mette peraltro un suo uomo dentro la casa editrice e questi non può far altro che constatarne la struttura a colabrodo. Per tapparne le falle, D'Adamo chiede altri tre miliardi che vengono versati da Pacini ed effettivamente perduti con drammatica rapidità. Nei primi mesi del '94 anche una persona naturalmente portata a opere benefiche come Pacini Battaglia si irrigidisce e chiede a D'Adamo di riprendersi la società e di dargli indietro i nove miliardi (i tre aggiuntivi sono ormai andati in fumo). Ma l'imprenditore amico di Berlusconi e di Di Pietro non li ha più. Concorda infatti la restituzione della metà (quattro miliardi e mezzo), ma finisce per liquidare a Pacini soltanto una somma simbolica: duecento milioni.

Perché tra Pacini e D'Adamo si è parlato soltanto di quattro miliardi e mezzo? Perché, sostiene D'Adamo, l'accordo con Pacini sarebbe stato di tenere l'altra metà a disposizione di Di Pietro. Accusa che, fatta così, è pura calunnia: Pacini nega del tutto la circostanza, Di Pietro è fuori di sé e lo stesso D'Adamo sostiene di non aver versato effettivamente una lira al magistrato, né quando era in servizio, né dopo. Su questo delicatissimo passaggio e sulla versione che ne fornisce l'imprenditore, esiste una nitidissima registrazione compiuta durante il racconto di D'Adamo da persone dell'entourage di Silvio Berlusconi.

Pacini deve peraltro chiarire come mai una persona navigata come lui va a perdere dodici miliardi in un'azienda stracotta senza alcuna garanzia di quelle che una banca ti chiede anche per prestarti centomila lire. (Dirà che era interessato a certe attività del costruttore nel mondo petrolifero.) E bisogna pur chiedersi perché D'Adamo, dopo anni di silenzio, vada a scavarsi la fossa con una versione così forte, se non fosse in grado di documentarla. (Nell'autunno del '97, «L'Espresso» scrive che le società di Berlusconi sarebbero venute incontro a D'Adamo. Ma gli ultimi rapporti tra i due gruppi si fermerebbero invece al '94.)

Nuovo dossier del Gico su Di Pietro

Nella primavera del '97, prima del secondo interrogatorio di Berlusconi a Brescia, le due famose paginette scritte di proprio pugno da D'Adamo nell'autunno del '95 vengono consegnate alla Procura di Brescia. Nello stesso periodo, l'imprenditore fa sapere ai magistrati bresciani di essere pronto a collaborare. Chiede tuttavia di poter aspettare qualche mese (sarà interrogato in luglio) perché i giudici della sezione fallimentare del tribunale di Milano che stanno trattando alcune sue cause non siano condizionati negativamente.

Per proseguire nelle loro indagini, i procuratori bresciani debbono chiedere il permesso al Gip, essendo scaduto a maggio il primo termine. Nella richiesta, essi dimostrano di aver trovato la documentazione del passaggio dei dodici miliardi da Pacini a D'Adamo. Una rogatoria svizzera con l'uomo di fiducia del banchiere, Kees Van der Poel, ha dato esito favorevole. Tarquini e i suoi scoprono anche un'altra cosa. Con una complicatissima trafila, quattrocento milioni sono passati da Pacini a una parente di Lucibello. Il passaggio avviene nella primavera del '93, poco dopo che Lucibello ha assunto la difesa di Pacini. Attraverso la sua Karfinco, il banchiere bonifica quattrocento milioni alla Banca Commerciale che a sua volta li trasferisce alla sua filiale di Vallo della Lucania (il paese di Lucibello) sul conto della mamma della moglie del fratello dell'avvocato.

Una parcella troppo generosa, visto che Lucibello era stato appena nominato difensore di Pacini? L'avvocato nega che si tratti di questo, dice che la cognata è vissuta a lungo in Venezuela e gli ha chiesto come far rientrare in Italia i risparmi di una vita. Allora, sostiene Lucibello, l'ho messa in contatto con Pacini. La vicenda meriterà comunque un chiarimento: se si trattava di un semplice rientro di denaro, avrebbe potuto provvedere direttamente la Banca Commerciale che ha una filiale a Caracas senza disturbare la Karfinco e Pacini.

Berlusconi torna a Brescia sabato 31 maggio. Conferma che quanto è scritto nelle due paginette del memoriale coincide con quanto gli ha raccontato D'Adamo nell'autunno del '95 e allarga il discorso alla parte più delicata: i rapporti tra D'Adamo e Pacini Battaglia con Di Pietro sullo sfondo, secondo il racconto che gli ha fatto l'imprenditore.

Il 2 giugno si riunisce il consiglio comunale di Milano. Berlusconi lo presiede come consigliere «anziano», cioè più votato. La seduta finisce alle dieci di sera. Subito dopo Berlusconi incontra nella sede di Fininvest in via Rovani l'ingegner D'Adamo e gli rende noto di aver confermato ai magistrati di Brescia il contenuto del memoriale e il resto. «Ero un teste, non potevo sottrarmi», gli dice Berlusconi. D'Adamo preoccupato per i procedimenti giudiziari che vedono implicate le sue aziende e che sono in corso a Milano, teme ritorsioni e quasi si dispera. L'indomani l'avvocato Ennio Amodio, su incarico di Berlusconi, informa i magistrati di Brescia dell'incontro con D'Adamo.

Nel mese di luglio D'Adamo viene convocato per tre volte a Brescia e scoppia la bomba dell'estate. Ma i procuratori di Brescia ricevono l'impressione che le deposizioni fiume di D'Adamo non siano la conseguenza diretta delle deposizioni di Berlusconi. Quando scopre per esempio che la sua confessione sui supposti quattro miliardi e mezzo a disposizione di Di Pietro è stata registrata, ci resta male, ma va molto oltre nel suo racconto, intrecciandolo con i riscontri già in possesso dei magistrati bresciani. Racconto almeno in parte falso e calunnioso? Il nodo della questione sta proprio qui. Nell'ottobre del '97 il Gico di Firenze deposita alla Procura di Brescia una corposa relazione nella quale ritiene di aver documentato un particolare trattamento di favore che Pacini Battaglia avrebbe ottenuto da Di Pietro dal suo primo arresto (10 marzo '93) fino alle dimissioni del magistrato (6 dicembre '94). Il periodo coincide con i finanziamenti di Pacini a D'Adamo. Di Pietro si è sempre difeso sostenendo di aver chiesto il rinvio a giudizio di Pacini. Per far questo, tornò in ufficio il 7 dicembre '94, giorno successivo all'abbandono della toga.

Articolo 289: «È punito con la reclusione...»

Berlusconi si è convinto che sia stato perpetrato contro il suo governo il reato di cui all'articolo 289 del codice penale: «Attentato contro organi costituzionali... È punito con la reclusione non inferiore a dieci anni, qualora non si tratti di un più grave delitto, chiunque commette un fatto diretto a impedire, in tutto o in parte, anche temporaneamente, al presidente della Repubblica o al governo l'esercizio delle attribuzioni o prerogative conferite dalla legge...».

«Di Pietro» mi dice Berlusconi «ha chiarito personalmente in uno dei suoi interrogatori a Brescia di aver avuto un preciso progetto politico: attaccare la Fininvest attraverso i suoi colleghi del Pool, occupare le strutture dello stato, modificare gli assetti politici, esportare Mani pulite nel mondo. Ricorda quell'intervista in cui Borrelli si diceva pronto a rispondere a un'eventuale chiamata di Scalfaro? Ricorda quell'altra intervista del procuratore capo di Milano pubblicata dal "Giornale" il 22 dicembre '94, giorno della caduta del mio governo? Diceva Borrelli: "Di Pietro è un uomo sicuramente al di fuori dei giochi politici e proprio per questo potrebbe riscuotere la fiducia di tutti i gruppi politici e di tutti gli schieramenti... La scelta dei partiti a favore di Di Pietro riceverebbe l'appoggio popolare verso questa figura che ha assunto ormai delle connotazioni carismatiche di gestore della giustizia".»

Secondo Berlusconi, non si capisce ciò che accade per tutto il '97 se non si torna indietro di cinque anni, al '92: «Quando alcuni pubblici ministeri di Milano alzano contro la corruzione politica quella bandiera del moralismo che avevano tenuto ripiegata dentro un cassetto essendo essi stessi protagonisti della "Milano da bere"».

Però la corruzione politica c'era...

«Certo che c'era. Il finanziamento illecito ai partiti non era un mistero per nessuno. Il sistema obbligatorio di concussione comprendeva tutti i partiti. Ma vada a guardare chi è stato colpito. I socialisti di Craxi, ma non quelli della sinistra. I democristiani moderati, ma non quelli della sinistra. I liberali. I repubblicani. Ma non il Pds che fruiva di un suo sistema di capitalismo interno - le cooperative rosse - e in passato aveva fruito dei finanziamenti di una potenza amica. E quando veniva arrestato qualche dirigente, l'educazione rigida della scuola comunista lo induceva ad assumere interamente su di sé la responsabilità delle proprie azioni. Prenda Greganti: arrestato, reo confesso, scarcerato e salutato dai pidiessini come "eroe comunista". Chi voleva indagare a tutto campo, come Tiziana Parenti e Carlo Nordio, fu messo in condizione di non farlo.»

«Quel che successe lo sanno tutti. Il Pool di Milano scese in campo per abbattere Berlusconi e il suo governo prima che si consolidasse. C'è una dichiarazione esplicita in tal senso di uno dei pm del Pool, asseverata da diversi testimoni. Si diede un colpo mortale all'immagine mia e del governo con l'invito a comparire inviatomi proprio a Napoli durante la conferenza dell'Onu sulla criminalità organizzata che io presiedevo, per utilizzare la cassa di risonanza più ampia e ottenere l'effetto più clamoroso.»

Secondo lei, perché?

«Vediamo. Eliminata l'intera classe politica, fu varata nell'agosto del '93 la legge elettorale maggioritaria che consente a una minoranza organizzata di prendere il potere. Occhetto chiese a Scalfaro di sciogliere le Camere, certo della vittoria elettorale sulla via spianata dai giudici. Ma ci fu la sorpresa Berlusconi, il miracolo di un partito costruito in due mesi, il miracolo della coalizione con la Lega e Alleanza nazionale. Il Polo delle libertà vinse le elezioni e si insediò a palazzo Chigi. La sinistra dopo un primo momento di sbandamento, coalizzò tutti i cosiddetti poteri forti, dalla grande industria, con i suoi giornali, ai sindacati, dalle istituzioni alle procure rosse contro quel governo. Il disegno era chiaro: bisognava abbatterlo in fretta, prima che si consolidasse, prima che potesse realizzare quei risultati che il passato di Berlusconi accreditava come possibili. Nessun altro governo mai si trovò a essere oggetto di così tanti attacchi concentrici. E si arrivò a concretizzare un piano preciso per cambiare la maggioranza uscita dalle urne. Si promise a Bossi (che dopo il "tradimento" nei sondaggi veniva accreditato del 2.3 per cento dei voti) che non si sarebbero sciolte le Camere per un anno, come invece sarebbe stato obbligatorio fare con il nuovo sistema del maggioritario, dando così anche un colpo mortale al bipolarismo. Mi si consigliò di fare un passo indietro. Il resto è storia recente. Ma intanto contro Berlusconi e la Fininvest ci sono sessanta procedimenti penali, sono stati eseguiti ventisette mandati di cattura nei confronti di dirigenti del gruppo, sono state effettuate centinaia di perquisizioni, sono stati sequestrati più di due milioni di documenti. Sa quante udienze si stanno svolgendo tra il settembre e il dicembre del '97, con Berlusconi, idealmente, alla sbarra? Cinquantaquattro. Tolga il sabato e la domenica, un'udienza ogni giorno e mezzo. Neppure il più grande criminale di tutti i tempi ha mai dovuto subire un trattamento del genere. E il ritornello è sempre lo stesso. Da un lato il presidente di un gruppo con cinquecento società che "non poteva non sapere" anche nel dettaglio che cosa accadesse dentro ciascuno di loro. Dall'altro la trasformazione di dirigenti concussi che avevano subito una violenza in corruttori e l'attribuzione di rilevanza penale a situazioni contabili che non hanno procurato una lira di danno a nessuno, l'accusa di falso in bilancio un reato ipotizzato a tutela degli azionisti, relativamente a società di proprietà al cento per cento di un unico azionista, la Fininvest, per risibili errori contabili che non hanno prodotto danno alcuno non solo all'unico azionista ma neppure a creditori, a clienti, all'erario, a un qualsivoglia soggetto terzo.»

«In nessuno di questi procedimenti c'è una firma, un documento, un contratto, una dichiarazione, una testimonianza, una denuncia, una chiamata in correità che mi coinvolge, che mi chiama appunto in causa direttamente. Sono chiamato in causa per un inedito principio, quello della responsabilità oggettiva, non potevo non sapere perché ero il presidente del gruppo Fininvest. Principio che naturalmente vale solo per Berlusconi. Non vale per nessun altro, al vertice di un'azienda o di un partito che sia. Anche per quelli, e sono tanti, che non sono stati messi sotto accusa per importi molto rilevanti, in qualche caso di decine o centinaia di miliardi. Berlusconi no, doveva sapere tutto anche di somme modestissime corrispondenti a trenta secondi dei movimenti finanziari delle sue società.»

Un tempo Berlusconi s'accalorava in questi racconti. Adesso ne parla come se riguardassero altri. E si indigna solo per pochi istanti anche quando «L'Espresso» del 2 ottobre gli annuncia che sarebbe iscritto nel registro degli indagati per l'accusa di alcuni pentiti che attribuisce a boss mafiosi l'intenzione di investire 10 miliardi nella televisione. Caselli smentisce, «L'Espresso» conferma e rilancia, Berlusconi inserisce anche questa vicenda nel contesto politico.

«Questa magistratura ha legittimato per sua diretta ammissione la nuova classe politica. [*L'allusione è alla frase di Caselli, da noi riferita nel sesto capitolo, che diceva in sostanza ai politici: voi siete qui perché ci siamo noi, se cadiamo noi, cadete anche voi.*] E adesso torna in campo per assestare il colpo definitivo all'opposizione moderata colpendola nel suo leader. A Ottaviano Del Turco, presidente dell'Antimafia, qualcuno ha chiesto: lei ritiene che Silvio Berlusconi sia il capo della mafia? Ha commentato Del Turco: che Paese è quello in cui si possono fare domande del genere?»

In effetti, un insondabile incrocio di pentiti (abbiamo perso il conto di quelli che i procuratori di Palermo considerano credibili e di quelli che invece non lo sono) ha chiamato in causa Berlusconi per pretesi rapporti con la mafia.

«Un giorno sono il capo della mafia, un altro sono sovvenzionato dalla mafia, il terzo sono io a sovvenzionare la mafia, il quarto sono l'ispiratore della strage di Capaci, il quinto della bomba di via dei Georgofili a Firenze... Si parla di miei giganteschi affari immobiliari nel centro di Palermo. Io non vi ho acquistato nemmeno un mattone. In quarant'anni di attività imprenditoriale, io non ho mai fatto non dico un affare, ma nemmeno una trattativa, un incontro, una telefonata in Sicilia.»

La mafia può averla intimidita facendo saltare in aria la Standa di Catania?

«Vogliamo parlare dei miei... be' diciamo "incontri" con la mafia? Il primo risale a ventitré anni fa. Compro la tenuta di Arcore, ho bisogno di un fattore che si intenda di campi e di cavalli perché nella tenuta c'è un impianto ippico con tanto di scuderia, di maneggi e di ippodromo. Nessuno di coloro che rispondono alle nostre inserzioni dispone delle qualifiche richieste. Il mio segretario, e amico, Marcello Dell'Utri, palermitano, si ricorda del parente o amico di un ragazzo della sua squadra di calcio in Sicilia che, per quanto gli dicono, risponde ai requisiti auspicati. Lo sente al telefono e questo accetta. Vittorio Mangano, così si chiama, arriva ad Arcore con madre, moglie e due figlie piccole, che diventano compagne di gioco di Piersilvio e Marina, loro coetanei. Mangano li fa giocare e li porta a spasso tutti insieme. È serio e competente, svolge con impegno e assiduità il suo lavoro, nessuno ha nulla di cui lamentarsi. Una sera un mio ospite che rientrava a Milano dopo una cena da me ad Arcore subisce un tentativo di sequestro. Le indagini sul caso portano a scoprire che Mangano è pregiudicato. Il rapporto di lavoro si risolve e tutta la sua famiglia lascia Arcore, in lacrime. [*Mangano è stato arrestato negli anni scorsi per associazione mafiosa. Nel suo libro* Attentato al governo Berlusconi, *Giancarlo Lehner riporta questa frase attribuita il 28 febbraio 1997 a Maria Anna Imbronciano, moglie di Mangano: «La Procura di Palermo vuole che mio marito accusi Berlusconi».*] Qualche mese dopo mio figlio viene minacciato di morte attraverso una serie di messaggi di sicuro stampo mafioso. Il maresciallo Oscuri, esponente di rilievo della polizia a Milano, responsabile delle indagini al riguardo, mi consiglia: dottore, qui c'è di mezzo la mafia, non si può scherzare. Le consiglio di trasferire la sua famiglia all'estero, in una residenza sconosciuta. Comincia la nostra "fuga in Egitto". Dopo un sofferto peregrinare per far perdere le nostre tracce, approdiamo in Spagna. Io vivo una vita d'inferno. Raggiungo i miei la domenica e, per tenere segreta la destinazione, faccio scali in varie città europee utilizzando voli di linea. A un certo punto non ce la facciamo più: a parte la lontananza, gli addii, i disagi, ci sono i miei figli che disegnano dappertutto bandierine tricolori. Decidiamo di rientrare in Italia, mettiamo inferriate a porte e finestre, assumiamo un gruppo di specialisti della sicurezza, acquistiamo auto blindate. Un giorno telefonano a casa dalla scuola: signora, come mai Marina e Dudi non sono ancora qui? Erano usciti in orario ma l'auto si era bloccata. Ma mia moglie stette malissimo. E da quel giorno decidemmo che i nostri figli studiassero in casa. È chiaro? In casa, fino all'ultimo anno di liceo. Questo è stato il primo "rapporto" che ho dovuto subire come vittima, da parte delle organizzazioni criminali. Tralascio un'altra storia relativa a un tentativo di sequestro che sarebbe stato organizzato nei miei confronti da parte di una banda di criminali calabresi che erano poi, fortunatamente, finiti in carcere per altri reati e di cui ebbi informazioni dalla Procura di Milano diversi anni fa.»

E la Standa?

«E siamo al secondo episodio. Alcuni anni fa la Standa di Catania fu distrutta da un incendio che risultò appiccato intenzionalmente. Né prima né dopo l'incendio venne rivolta a Standa alcuna richiesta di denaro. I dirigenti Standa contribuirono alla scoperta dei responsabili e, per un certo periodo, furono anche protetti da una scorta della polizia. Non ci fu un'estorsione? Come mai non si concretizzò una estorsione? Mi pare chiaro. Credo che i mandanti dell'attentato volessero lanciare un avvertimento provocando un piccolo incendio. Qualcosa non funzionò e la sede Standa andò completamente distrutta. La minaccia non aveva più senso. Se avessero chiesto dei soldi e Standa li avesse pagati, lo avremmo dichiarato senza remora alcuna, come d'altronde aveva già fatto la Rinascente. Ricordo, se ce ne fosse bisogno, che Standa era una società quotata in Borsa.»

Ritiene davvero che Forza Italia in Sicilia sia al centro di attenzioni sospette da parte della Procura di Palermo?

«Riflettiamo su cosa è successo al presidente della provincia di Palermo. Arrestato, distrutto politicamente, infine scarcerato dal tribunale del riesame. Lei non ha idea di quanti siano i cittadini a cui è stata offerta una candidatura, che non solo non hanno accettato per timore di ritorsioni giudiziarie, ma che hanno pregato chi gliela offriva di non fare neppure trapelare la notizia dell'offerta. D'altronde quando un candidato alla carica di sindaco sente il dovere di informare il procuratore della repubblica dell'offerta ricevuta, c'è qualche cosa che non funziona. Non è più possibile che si prendano per buone le dichiarazioni dei cosiddetti "pentiti" e che vengano diffuse a mezzo stampa senza che si sia verificata l'esistenza di riscontri oggettivi. Ci impegneremo per cambiare la legislazione su una situazione così paradossale. Non è possibile che le procure possano continuare a disporre di un enorme parco di pentiti da utilizzare a gettone, a gentile richiesta, come sostegno di loro teoremi accusatori. Che cosa ha da perdere un malavitoso che non ricorda nemmeno se ha ucciso cinquanta o cento persone? Non c'è menzogna che non sia disposto a raccontare pur di compiacere i pm da cui dipende in tutto e per tutto. Io dubito davvero che esistano le condizioni minime di una vera agibilità democratica, con questa tenaglia delle procure di Milano e di Palermo che agisce nell'indifferenza colpevole del ministro della Giustizia.»

Una pausa e la conclusione: «Da questa situazione si può uscire soltanto con regole diverse per quanto riguarda l'amministrazione della giustizia, con una riscrittura in senso garantista della seconda parte della Costituzione, con una serie cospicua di leggi ordinarie di modifica del processo penale e del fenomeno del pentitismo, accompagnando il tutto con un provvedimento – un indulto o un'amnistia – che tolga di mezzo tutti i veleni che ammorbano la vita civile e politica e che risalgono ormai a un lontano passato».

Mi accompagna alla porta. «Ricorda che diceva Sant'Agostino?»

Che diceva?

«Mi piace dedicarmi all'approfondimento della verità.»

(Il Cavaliere non se ne accorge. Ma dietro un tendaggio dei saloni di palazzo Grazioli, dove abbiamo tenuto quest'ultima conversazione autunnale, comincia a materializzarsi un fantasma. Prima un sole, poi una mano, infine una vergine nuda e alle sue spalle un misterioso blocco di marmo non finito. È la *Verità svelata dal Tempo* di Gian Lorenzo Bernini. L'avessero tenuta ancora un poco per sé quella scultura, gli eredi del Bernini, come voleva il loro avo, Berlusconi l'avrebbe comperata di corsa. Ah, come l'avrebbe comperata...)

XI
Di Pietro a sinistra. O no?

La Madonna in tribunale

L'ultimo incontro era del '93. La mattina del 20 luglio s'era ucciso in carcere Gabriele Cagliari, presidente dell'Eni fino al momento dell'arresto, il 9 marzo. Centotrentatré giorni di San Vittore, un record anche per Mani pulite. Un uomo prudentissimo come il ministro della Giustizia Conso, abituato a centellinare anche i sospiri, disse in Parlamento che Cagliari era stato «dimenticato in carcere».

Di Pietro arrivò tardi al nostro appuntamento. Pensavo che non sarebbe più venuto, viste le circostanze. Si scusò invece per il ritardo con una telefonata e poi arrivò. Si lasciò cadere sulla sedia del ristorante e disse: «È una sconfitta». Era sconvolto. Pallidissimo. Per lui Cagliari poteva uscire, ma il suo collega Fabio De Pasquale agì con quella che il difensore del suicida, Vittorio D'Aiello, definì «una violenza inaudita».

Cagliari aveva confessato tangenti Eni per ventisette miliardi, poi aveva parlato degli accordi tra Craxi e Ligresti per altre provvigioni ai partiti sulle polizze Sai per i dipendenti Eni. Lo fece perché aveva capito che De Pasquale lo avrebbe fatto uscire. E invece questi respinse la richiesta e se ne andò in vacanza. (Il suo comportamento fu peraltro ritenuto legittimo.) Cagliari rispose mettendo la testa in un sacchetto di plastica. «Non si può promettere e non mantenere» mi disse Di Pietro. Mi colpì che avesse accettato d'incontrarmi nonostante mi fossi dimesso da poco dalla direzione del TG1 e contassi meno di niente.

Nei quattro anni successivi, Di Pietro è stato sulle prime pagine dei giornali quasi quanto il calendario. Ma non dette mai interviste, né partecipò a trasmissioni televisive. Ci ritrovammo una mattina del luglio '97 davanti alla porta del giudice per le indagini preliminari di Bergamo. Mi ci aveva portato lui con una querela. Lì scoprii, anzi, che erano due querele gemelle. Come accade nei parti gemellari dispettosi, la seconda stava nascosta dietro la prima e non la vidi.

Avevo intervistato Benedetto Craxi (così si chiama negli atti giudiziari) per «Porta a porta», e quando gli avevo girato una domanda di Di Pietro su dove avesse messo un bottino da trenta miliardi, lui aveva risposto insinuando che un bottino ce l'avesse il clan «del dottor Di Pietro». Era una calunnia e l'avevo tagliata. Ma Craxi chiamò «Porta a porta» in diretta e la ripeté. E io ripetetti che si trattava di una calunnia. Secondo Di Pietro, avrei dovuto impedire che lo dicesse (prima querela) e non avrei dovuto riproporre la frase, ormai nota, in una successiva trasmissione (seconda querela), nonostante lo avessi fatto per chiedere ai più incondizionati difensori di Di Pietro presenti in studio (Mirko Tremaglia, Elio Veltri e Federico Orlando) una lettura politica di quell'attacco di Craxi, pur ripetendo che esso era calunnioso.

Il pubblico ministero aveva chiesto l'archiviazione del caso, Di Pietro si era opposto e ora ci trovavamo davanti alla porta del giudice che avrebbe dovuto pronunciarsi (la causa fu peraltro rinviata).

Anche quel mercoledì del luglio '97 Di Pietro era pallidissimo. Mi allungò la mano, gliela strinsi. Rispose con un sospiro e una smorfia, quasi fosse insidiato da un dolore fisico. Era la seconda volta che venivo querelato ritenendo di aver difeso il querelante. La prima mi capitò da ragazzo quando un professore della commissione di maturità al liceo classico dell'Aquila dette di matto, creò un caso clamoroso che raccontai su un quotidiano, credo, con una certa umanità. Fui prosciolto dall'accusa di «falso pietismo».

Queste situazioni fanno parte del mestiere e a Bergamo dunque non provavo né disagio né rancore verso un uomo che non ritenevo affatto di aver danneggiato. Di Pietro aveva sporto qualcosa come duecentocinquanta querele, alcune fondate, altre meno. Più che una vittima, mi sembrava ormai un caso. Frequentava i tribunali di Bergamo e Brescia più degli avvocati del foro locale, nessuno si meravigliava, nessuno si girava, il suo difensore Massimo Dinoia aveva inserito da tempo un signorile pilota automatico e rispondeva a tutti con un sorriso in ciclostile, i cronisti avvertivano ormai il peso frustrante di taccuini e microfoni: quanta routine in attesa della prima pagina.

Fu così che quella mattina, incrociandolo di nuovo nei corridoi del Palazzo di Giustizia bergamasco, gli chiesi della sua simpatia verso il movimento presidenzialista di Segni (e Cossiga) a una cui riunione quella mattina stessa aveva inviato un caloroso messaggio. La Commissione Bicamerale s'era appena chiusa e Di Pietro si era completamente dissociato dalle sue conclusioni.

Subito dopo avergli fatto la domanda, capii di aver sottovalutato la situazione. Lui mi guardò in silenzio come se avessi sbagliato persona e solo in quel momento rammentai perché tanto spesso l'uomo che restava ai vertici italiani di popolarità veniva paragonato alla Madonna.

Fui testimone io stesso di una di queste circostanze. Quando nel dicembre del '92 uscii con Di Pietro da un altro ristorante (l'avevo invitato io, volle pagare lui il conto), ci fermammo sul marciapiede per aspettare che passasse il tram. Appena lo vide, la gente che stava sopra la vettura si comportò esattamente come di fronte a un'apparizione. Schiacciò il naso contro i vetri e godette muta dell'evento.

La Madonna appare quando vuole, parla pochissimo e non sta bene rivolgerle domande. Ve li immaginate i pastorelli di Fatima farle un'intervista sul Terzo Mistero? Nel 1858 Bernadette Soubirous, figlia del mugnaio di Lourdes, aspettò la diciassettesima apparizione per chiedere alla Signora come si chiamasse. «Sono l'Immacolata Concezione» rispose lei educatamente. E la cosa finì lì.

Mi sentii come uno che chiede per strada una sigaretta alla regina d'Inghilterra o come un fantasma che pretende di essere riconosciuto e di avviare una conversazione. Capii all'improvviso il significato dell'espressione *lesa maestà* che mi aveva colpito molto da bambino. Rimasi insomma come un salame.

Un'intervista sul Terzo Mistero di Fatima

Dotato di un'ingenuità patologica, caddi di nuovo nella trappola tre mesi dopo, in ottobre, durante la campagna elettorale di Di Pietro che aveva trovato del tutto naturale candidarsi per l'Ulivo in un collegio così rosso che al confronto la copertina di questo libro diventa di un rosa impercettibile.

Franco Marini mi aveva invitato a coordinare un dibattito tra Di Pietro e i due vicesegretari del Ppi, Letta e Franceschini. Il partito aveva messo in campo la squadra giovanile perché, sia pure con garbo postdemocristiano (e senza la potenza della vecchia guardia), qualche calcetto negli stinchi è in grado di assestarlo. Laddove Marini aveva ancora sullo stomaco l'olio di ricino anestetico che gli aveva fatto bere D'Alema il 16 luglio comunicandogli di aver chiamato a rappresentare l'Ulivo – e quindi anche i Popolari – l'uomo che aveva distrutto la Dc. (La quale Dc gli ha dato una bella mano, anche se Forlani non ha mai capito perché a lui Di Pietro fece venire la bava alla bocca – elevandolo a simbolo mortale della Prima Repubblica – mentre Craxi fu trattato dallo stesso pubblico ministero come la principessa Sissi al gran ballo delle debuttanti di Vienna.)

I Popolari, ingenui pure loro, volevano che anche il giornalista coordinatore facesse qualche domanda. Ma Di Pietro mi ricusò. Disse a Marini che si era proposto di non fare dibattiti con gente che aveva querelato e questo significa quasi azzerare la categoria, togliendo per esempio di mezzo i principali direttori di giornale. In realtà, come sarebbe rischioso e penoso per una persona operata agli occhi ricevere improvvisamente la luce di mezzogiorno allo sparir delle bende, dopo quattro anni di silenzio Di Pietro non era pronto alle domande. Intendiamoci: non avrei rovinato la festa ai Popolari attingendo una qualunque delle cose contenute nel precedente capitolo di questo libro. Ma forse qualcuna delle domande «politiche» contenute in questo capitolo, be', forse mi sarei permesso di porgergliela, seppure servita in una porcellana d'epoca di Limoges su un vassoio settecentesco preso dalla collezione d'argenti di Sotirio Bulgari.

Di Pietro rifiutò e aveva ragione. Ve li immaginate i pastorelli di Fatima fare alla Vergine un'intervista sul Terzo Mistero?

«Mirko, non ho visto D'Alema...»

Alle otto e mezzo del mattino di martedì 16 luglio 1997 Mirko Tremaglia entra nella clinica milanese «La Madonnina». Ha settantuno anni e porta sulle spalle otto legislature, un'intensa vita professionale di avvocato e una ancora più intensa carriera politica cominciata nel '43 con i ragazzi di Salò. Il medico gli ha prescritto un check up in anestesia totale, ma alle dieci e mezzo il vecchio leone è sveglio, alle tredici rientra nella sua casa di Bergamo, alle 15.45 prende il volo per Ciampino con Gabriele Cimadoro, deputato del Ccd e cognato di Antonio Di Pietro.

Di Pietro è a Roma. Tremaglia lo ha sentito al telefono alle quattordici e gli ha dato appuntamento per le diciotto.

Ma quando alle 16.40 Tremaglia e Cimadoro escono dalla pista di Ciampino, trovano dopo la porta a vetri Di Pietro con un agente di scorta che aspettano d'imbarcarsi sul volo delle 17.25 per Bergamo.

Tremaglia è sulle spine. Sul «Messaggero» quella mattina è apparso un articolo di Carlo Fusi, «Di Pietro a casa di Ferrara?», che riferisce di un incontro riservato di Di Pietro in un condominio del quartiere Testaccio dove abita da poco anche il giornalista. Ma a Montecitorio comincia a girare la voce che l'ex magistrato abbia incontrato il leader del Pds. E Tremaglia comincia a soffrire: tra gli amici di Di Pietro, è quello di più antica data e di più provata fedeltà. Quando Di Pietro entrò nel governo Prodi, lui si sentì tradito. Un nuovo colpo sarebbe decisivo.

«Hai visto D'Alema?» chiede a bruciapelo Tremaglia a Di Pietro.

«No, ho visto soltanto Bargone» risponde l'altro, che si sfoga: «Sai, Mirko, i casi sono due. O me ne torno a Montenero e chiudo con queste aggressioni che vogliono troncarmi la carriera politica o scendo in campo. E la presenza di Berlusconi mi impedisce di schierarmi col Polo».

Tremaglia: «Entra in politica con una tua iniziativa autonoma».

Di Pietro: «Ci penserò, comunque entro questa settimana debbo decidere».

Per Di Pietro sono forse i giorni più duri da quando ha lasciato la magistratura. I favori di Gorrini, che pure fecero tanto rumore, sono uno scherzo rispetto a quanto sta dicendo Antonio D'Adamo. Con la differenza che se Gorrini vale dieci come amico di Di Pietro, D'Adamo vale cento.

Prendiamo i titoli di «Repubblica», giornale tradizionalmente vicino all'ex magistrato.

Venerdì 11 luglio: «D'Adamo, quei soldi di Pacini... Il memoriale contro Di Pietro da due anni nelle mani di Berlusconi. Il costruttore: "Gli regalai auto, telefonino, garçonnière e più di cento milioni per favorire gli amici indagati". Ma ci sono altre accuse».

Sabato 12 luglio: «Brescia, la storia dei quindici miliardi [*in realtà erano dodici*] nelle confessioni di D'Adamo: avevo bisogno di soldi. "Chiesi aiuto a Di Pietro e lui disse: vai da Pacini".»

Domenica 13 luglio: «D'Adamo racconta tutto. Interrogato fino a notte su Di Pietro e i miliardi del banchiere». Lo stesso giorno Pacini Battaglia dice a Giuseppe D'Avanzo, sempre su «Repubblica»: «Io Di Pietro non l'ho pagato, quante volte lo debbo dire?». Conferma di aver perso tutti i dodici miliardi versati a D'Adamo, salvo gli interessi, dice che teneva d'occhio altre società dell'imprenditore, sapeva che D'Adamo era in forte difficoltà e che era amico di Di Pietro ma aggiunge: «D'Adamo non m'ha detto: mi manda Di Pietro».

Di Pietro replica con durezza, presenta nuovi esposti alla magistratura, il suo avvocato Dinoia si chiede come mai Berlusconi si sia tenuto così a lungo le confidenze di D'Adamo e il Cavaliere risponde: «Ho prove formidabili». Comincia infatti a girare la voce che sia stato registrato il racconto in cui D'Adamo parla dei quattro miliardi e mezzo a disposizione di Di Pietro.

L'ex magistrato ha dunque più di una ragione per pensare di essere di fronte a una svolta nella propria vita. Ma Tremaglia si sente rassicurato dalle parole dell'amico e va a Montecitorio.

«Tonino, non puoi prendermi per il...»

Appena arriva, conoscendo i suoi rapporti con Di Pietro, tutti vanno a dirgli perfidamente che il suo amico la sera prima al Testaccio ha incontrato Massimo D'Alema, in previsione di un passaggio all'Ulivo.

Tremaglia azzarda una risposta da galantuomo: «Non è vero, ho appena visto Di Pietro e mi ha detto che non è vero».

Gli si avvicina Sandra Miglioretti del Giornale Radio Rai: «Guardi che l'ha visto per davvero». E lui: «Non è possibile».

In quel momento Tremaglia deve sentirsi come le povere vittime del terremoto di Assisi. Nonostante la basilica superiore sia gravemente lesionata, entrano credendo all'assenza di pericolo. Poi comincia a sbriciolarsi la vela di Cimabue, loro guardano su e prima di rendersi conto che il pericolo c'è per davvero vengono sommersi dalle macerie.

Coperto di calcinacci, la sera di martedì 15 luglio alle venti, quando la notizia filtra ormai anche dai telegiornali, Tremaglia chiama furibondo Di Pietro: «Tonino, non puoi prendermi per il culo. Tutti dicono che hai incontrato D'Alema e io faccio la figura che faccio andando in giro a dire che non è vero!».

Di Pietro risponde con la voce alta e un po' nasale nota a tanti destinatari dei suoi interrogatori: «Ti dico che non è vero. Ho visto soltanto Bargone».

Tremaglia gli crede ancora. L'indomani la lettura dei giornali per lui non è agevole. Titola «la Repubblica» il servizio di Stefano Marroni: «"Grazie Massimo, ho voglia di politica." L'incontro di lunedì tra depistaggi, smentite e mezze ammissioni».

Nel primo pomeriggio sto scrivendo un commento al caso D'Alema-Di Pietro per il gruppo «La Nazione»-«Il Resto del Carlino»-«Il Giorno» quando dal giornale fiorentino mi avvertono: «Guarda che qui gente del Pds ci dice che Di Pietro avrà un seggio al senato da D'Alema».

Chiamo Fabrizio Rondolino, portavoce del segretario. Lui risponde: «Non ne so niente. M'informo e ti richiamo». In realtà Rondolino sa tutto, ma il Pds aveva deciso di ritardare la notizia di alcuni giorni per dare il tempo a Pino Arlacchi, senatore uscente destinato all'antidroga dell'Onu, di avanzare formalmente la proposta a Di Pietro.

Passano tre quarti d'ora e Rondolino mi richiama: «Non è vero. È un'ipotesi che non si può escludere per il futuro, ma allo stato non c'è niente». In quei tre quarti d'ora D'Alema ha fatto numerose telefonate paracadute informando dell'accordo con Di Pietro alcune persone che non ne erano a conoscenza. E ha deciso di farlo perché, negli stessi minuti della mia telefonata, Giuseppe Scozzari, deputato agrigentino della Rete e amico di Di Pietro, ha cominciato a diffondere la voce a Montecitorio.

Passano pochi minuti e Rondolino mi richiama molto correttamente: «Scusami, ho dovuto dirti una bugia perché avevamo deciso di tenere riservata la notizia. Ma poiché sta filtrando e tra poco uscirà sulle agenzie, volevo avvertirti che la candidatura di Di Pietro in Toscana è vera».

Nello stesso arco di tempo, Mirko Tremaglia riceve una telefonata più o meno identica da Antonio Di Pietro: «Scusami, Mirko, prima che tu venga a saperlo dalle agenzie volevo dirti che scenderò in campo al posto di Arlacchi in modo autonomo e indipendente». (In realtà, la prima condizione postagli da D'Alema e accettata da Di Pietro è di presentarsi sotto il simbolo dell'Ulivo con una dichiarazione di fedeltà al programma dell'Ulivo.)

Il vecchio cuore di Tremaglia deve essere di ferro se resiste anche a questo. Non conosciamo le parole usate per commentare la scelta dell'amico. Lui mi dirà d'avergli fatto quella che Fini chiama una «tremagliata», e cioè, secondo l'autentica traduzione dell'interessato, «parole in libertà, insulti senza un coordinamento logico».

C'è un momento della conversazione in cui Tremaglia perde letteralmente la testa. È quando Di Pietro gli motiva la scelta per contrasti con il «tuo Berlusconi». Si deve sapere che Tremaglia, ragazzo di Salò, si sente più vicino a Bertinotti che a Berlusconi e che il Cavaliere considera l'avvocato di Bergamo come un insolente residuato bellico.

«Porca puttana, non puoi offendermi così con tutto quello

che ho fatto io per te!» gli grida Tremaglia. E Di Pietro: «No, Mirko, ti chiedo scusa».

Il pensiero del vecchio parlamentare torna alla fregatura presa nel '96. «Il 1° maggio mi disse che non sarebbe entrato nel governo e l'indomani s'è accordato con Prodi.» Scrisse in quella occasione Michele Brambilla su «Sette»: «Tradire, passare dall'altra parte, è una cosa che Tremaglia non ha mai accettato. Proprio per questo a diciassette anni si arruolò nella Repubblica sociale... Quel re che fa l'armistizio e poi scappa non gli va giù. E oggi non gli va giù questo Di Pietro che è di centrodestra, che s'incontra con Fini... e poi va a fare il ministro di Prodi».

Dopo la candidatura del suo amico al Senato, Tremaglia scrive sul «Corriere» del 18 luglio '97: «Io sono Bertoldo e sono vittima, ma come me lo sono i milioni d'italiani che hanno creduto in Di Pietro... Di Pietro ha perso il controllo di se stesso». La stessa frase che due sere prima dice a Montecitorio. Piangendo, scrivono i giornali. Senza lacrime, ribatte lui.

Ma quando lo stesso 18 luglio incrocio Tremaglia al consiglio nazionale di An, il vecchio avvocato è ancora furente, ma Di Pietro sta ancora nel suo cuore. «È una persona pulita» mi assicura. «Auto, telefonini? Ma insomma la moglie di Di Pietro era o non era l'avvocato di D'Adamo? I prestiti senza interessi? Nemmeno io ho mai chiesto a un amico una lira di interessi...»

Quella sera Fini a Scandiano...

Torniamo indietro di un mese. Il 13 giugno si celebra a Castellanza il «Di Pietro Day». Interviene Fini: e fin qui niente di male, visto l'enorme lavorìo che Tremaglia ha fatto sugli inviti (Berlusconi naturalmente manca). Ma interviene anche D'Alema. E la cosa viene interpretata come un segnale al Polo: attenti, se bisogna giocare pesante, Di Pietro me lo piglio io. In effetti, entrando all'università, Fini capisce che il clima è un po' cambiato. D'Alema è indiscutibilmente l'ospite d'onore e il clima dei lavori va verso una direzione che sorprende e indispettisce i leader politici.

Introduce Scozzari, amico di Di Pietro e deputato della Rete. «Usa un tono» mi racconta Fini «che poteva essere agevolmente quello dei dirigenti periferici del Msi dieci anni fa. Partitocrazia ladrona e così via, tanto che lo stesso D'Alema sente il bisogno di dire: da questa parte del tavolo non ci sono degli usurpatori, ma dei leader politici. Per questo il mio intervento è molto duro: non accetto lezioni antipartitocratiche da chi la partitocrazia non l'ha mai combattuta. C'è una politica nuova e legittimata. Replico duramente anche a Davigo quando mi pare d'aver capito che secondo lui i diritti dell'imputato sono subordinati a quelli della vittima. Tant'è vero che Di Pietro interviene a mettere una pezza. Sono convinto che la repubblica giudiziaria sia finita, che la nuova classe politica sia più forte e pulita di quella che stava in un Parlamento con il sessanta per cento di inquisiti. Ma a Castellanza ricevo l'impressione che una politica che riprenda in mano le redini del Paese dia fastidio a qualcuno.»

Tremaglia è deluso dall'andamento dei lavori di Castellanza che aveva contribuito a organizzare. «Si risolsero in un discorso sulla Bicamerale con l'incoronazione di D'Alema» mi dice. È deluso e protesta con Di Pietro.

L'ex magistrato capisce e cerca di recuperare il rapporto con Fini, al quale Tremaglia annuncia un intervento favorevole del suo amico su «Oggi». E infatti il presidenzialista Di Pietro puntualmente scrive che l'unico leader presidenzialista convinto è Fini. Fini ringrazia. E ricambia con un messaggio spedito a Di Pietro la sera di lunedì 23 giugno dalla Festa dell'Amicizia di Scandiano, in Emilia.

Sto coordinando un dibattito con Fini, Marini, Minniti e Casini e verso la fine, parlando dei poteri del presidente della Repubblica, il presidente di Alleanza nazionale avanza una proposta del tutto nuova: sia consentito anche a un certo numero di cittadini di proporre i candidati al Quirinale. Gli altri leader politici riuniti intorno al tavolo vengono presi in contropiede e si dicono contrari alla proposta. Proprio per evitare candidature populiste, la Bicamerale aveva infatti previsto una serie di filtri istituzionali (per esempio consigli comunali, provinciali, regionali) in modo che il candidato venisse dalla base, ma non dalla luna.

Ma Fini, naturalmente, non ha parlato a caso. L'indomani, infatti, Tremaglia prende la pagina di «Repubblica» con il resoconto di Scandiano e la manda per fax a Di Pietro, vero potenziale beneficiario della proposta del capo di An. Passano alcuni giorni e alle 8.39 di lunedì 7 luglio la segreteria di Di Pietro a Castellanza manda all'attenzione di Tremaglia l'anticipazione dell'intervento di Di Pietro che due giorni dopo sarebbe apparso su «Oggi».

Come usa tra uomini di mondo, Di Pietro scrive da solo (almeno in questo caso) sia le domande dei lettori che le risposte. Da un immaginario corrispondente si fa dunque chiedere: «Caro Di Pietro, con i suoi interventi sul presidenzialismo, lei mi sembra si sia spostato su posizioni di destra. Però fra le reazioni dei partiti, anche Fini ha preso le distanze. Insomma, lei è solo, che cosa pensa di fare?».

La domanda serve a Di Pietro per ristabilire un rapporto con Fini. E infatti sostiene, come aveva fatto a Scandiano il presidente di An, l'opportunità che i candidati al Quirinale vengano scelti «anche da candidati indicati direttamente dai cittadini... Questa soluzione è stata fatta propria anche dal leader di An, Fini, tanto è vero che ha autorizzato alcuni suoi parlamentari a presentare un apposito emendamento in Parlamento. Ciò dimostra che sul terreno delle cose da fare non mi sembra proprio che Fini abbia preso le distanze da me».

Tremaglia sottolinea quest'ultima frase, scrive sul fax di Di Pietro «Personale. Riservatissimo per Fini» e lo spedisce a sua volta al fax di Rita Marino, segretaria del leader. Due giorni dopo, in contemporanea con l'uscita su «Oggi», il «Secolo d'Italia» pubblica l'intervento dell'ex magistrato sotto il titolo: «Di Pietro: sul presidenzialismo ho la stessa posizione di Fini». L'articolo è corredato di una grande foto del simbolo di Mani pulite.

«E la testa di Di Pietro se ne va»

La prima settimana di luglio vede un Di Pietro ondeggiante. Riguardiamo i titoli di «Repubblica».

Mercoledì 2 luglio: «Di Pietro sfida la Bicamerale. Sarà bocciata dai cittadini». È uno schiaffo a D'Alema e allo stesso Fini che nell'ultimo mese della Bicamerale è stato uno dei padrini più convinti. (Ma nelle prossime pagine spiegheremo una interessante smentita di Di Pietro.) È una sponda, invece, al Pool di Milano e al «partito dei procuratori» che non ha mai mandato giù le proposte della Commissione sulla giustizia.

Venerdì 4 luglio: «Di Pietro, colpo di freno: non salgo su nessun carro».

Sabato 5 luglio i giornali riportano un durissimo attacco di Berlusconi all'ex magistrato: «Un altro sarebbe già in galera».

Martedì 8 luglio D'Adamo viene interrogato una prima volta a Brescia e rivela i regali, i favori, la storia dei miliardi di Pacini.

Mi dice Tremaglia: «Quando Berlusconi rivendica il merito di aver convinto D'Adamo a parlare, la testa di Di Pietro se ne va. Ma io continuo a difenderlo accanitamente». La prima sparata di D'Adamo compare sui giornali dell'11 luglio. Lo stesso giorno, Tremaglia consegna alle agenzie di stampa un durissimo attacco a Berlusconi: ventiquattro righe micidiali, non concordate con Fini. «Nonostante la situazione sia tutt'altro che facile,» mi dice «io mi espongo molto per Di Pietro.» Dice la nota: «Tremaglia – caso Di Pietro. Verrà smontata pezzo per pezzo ogni falsità. È scorretto politicamente il comportamento di Berlusconi verso Alleanza nazionale. Non può prendere iniziative così gravi senza concordarle con l'alleato». E poi: «Questo è solo un tentativo di Berlusconi di renderci servi dei suoi interessi e delle sue vendette».

Venerdì 11, mentre Tremaglia legge al telefono a Di Pietro la sua dichiarazione contro il Cavaliere, Arlacchi conferma la decisione di lasciare il seggio al Senato per andare all'Onu.

Domenica 13 Tremaglia, come quasi ogni fine settimana, raggiunge Di Pietro a Curno.

«Hai visto?» gli dice. «Fini non ha smentito la mia dichiarazione.»

«Ho visto,» risponde Di Pietro «ma mai e poi mai potrò schierarmi con Berlusconi.»

Tremaglia: «Hai ragione, fa' un tuo movimento trasversale».

«A quel punto» mi racconta il parlamentare «Di Pietro mi dice: hai ragione, è la soluzione giusta.» In realtà, l'appuntamento segreto dell'indomani a Roma con D'Alema è già fissato. Dice Tremaglia: «Esattamente lo stesso scherzo che mi fece quando decise di entrare nel governo Prodi. Di Pietro non ha il coraggio di discutere con un amico le sue decisioni».

«In realtà» mi spiega Fini «la tecnica di Di Pietro è quella di usare con l'interlocutore di turno il linguaggio a questi più gradito. Tremaglia si è illuso che Di Pietro volesse costituire un movimento politico autonomo dai due Poli, basato sul presidenzialismo e sulla moralità pubblica. In questo io stesso ho sbagliato in pieno la previsione. Due giorni prima che annunciasse la sua candidatura nell'Ulivo, mi ero detto convinto che Di Pietro avesse scelto la strada di non pagare dazio, di dividere le ragioni e i torti, insomma di non intaccare con una scelta di campo una popolarità elevatissima.»

E invece...

«E invece ha trovato comoda la protezione dall'ennesima polemica giudiziaria che gli ha offerto D'Alema. Ha scelto in stato di necessità. Ma non sono certo di come si comporterebbe una volta passata la bufera. Non me lo vedo tranquillo nel suo banco al Senato a votare come gli suggerisce Cesare Salvi, il capo dei senatori del Pds. Io lo vedo impegnato a costruire comunque un movimento destinato a destabilizzare il bipolarismo...»

«Ha visto da dove è stato spedito il fax?»

Chiedo a Tremaglia: «Ha visto da dove è stato spedito il fax in cui Di Pietro fa da sponda a Fini?».

«Da Castellanza.»

«Da Castellanza è stata spedita la copia per lei. Guardi invece l'originale per il direttore di "Oggi".»

«Da Brindisi, il 6 luglio.»

«Il 6 luglio era domenica.»

«Scusi, Vespa. Come fa a ricordarselo?»

«Perché è una data speciale. Chi tra gli amici di Di Pietro vive a Brindisi?»

«Non lo so.»

«Antonio Bargone, amicissimo di D'Alema, importante dirigente del Pds, diventato amico di Di Pietro quando questi era ministro dei Lavori Pubblici e Bargone sottosegretario.»

«E allora?»

«Il 6 luglio Bargone ha compiuto gli anni. Di Pietro era da

lui. E se Di Pietro ha scelto di fare il senatore dell'Ulivo in quota Pds il merito è di Bargone.»

Tremaglia ha già di suo grandissimi occhi chiari. Ma quando gli racconto questa storia, rimane con il fax in mano e li spalanca in silenzio ancora di più, come se volesse risucchiare e dimenticare per sempre quest'ultima amara novità.

Domenica 6 luglio è proprio una sera speciale. Tant'è vero che Mino Nobile decide di dare fondo alle scarse riserve di Patriglione, nobile e rarissimo vino di Cosimo Taurino di Guagnano, provincia di Lecce, frutto di vendemmia tardiva di uve negroamaro e malvasia nera che nelle annate '85 e '88 arrivò a guadagnare i «tre bicchieri» del «Gambero rosso».

Nobile è il simpatico proprietario della «Lanterna», eccellente ristorante di Brindisi, ed è amico di Bargone. Il quale Bargone, avvocato, è nel Pci-Pds da vent'anni, ha fatto tutta la trafila in provincia, è stato alla Camera per tre legislature e nel '96 si è visto soffiare il seggio per millenovecento voti da Valentino Manzione di Alleanza nazionale.

D'Alema lo mandò ai Lavori Pubblici come sottosegretario. Si disse che Bargone avrebbe dovuto gestire un ministro imprevedibile come Di Pietro e invece scopro che la sua nomina è caldeggiata anche dalle grandi associazioni dei costruttori: Dario Crespi (Impregilo) presidente dell'Agi, Giuseppe Zamberletti e Federico Titomanlio, rispettivamente presidente e consigliere giuridico dell'Igi, oltre che dall'Ance e dagli ordini professionali di ingegneri e architetti. Un plebiscito, a quanto pare, motivato da due ragioni. La prima è che dal '92 il mondo dell'edilizia è alla canna del gas, quasi tutti i grandi costruttori sono stati arrestati, le loro imprese si sono sciolte, fuse, riorganizzate alla bell'e meglio e hanno un disperato bisogno di interlocutori politici che contano. Se a palazzo Chigi invece di Prodi ci fossero andati Bertinotti o Rauti non avrebbero battuto ciglio. Né avrebbero potuto. La seconda è che in effetti Bargone conosce ormai il settore meglio di ogni altro. È stato relatore delle diverse leggi Merloni sulla gestione dei lavori pubblici dopo Tangentopoli, ha collaborato con il ministro Paolo Baratta ed è stato l'interlocutore privilegiato del settore durante il governo Dini.

Arrivato al ministero dei Lavori Pubblici, Di Pietro entra subito in contatto con Bargone. Il tramite è l'Igi, che raggruppa le grandi imprese di costruzione. L'Igi, abbiamo visto, sponsorizza la candidatura di Bargone e ha avuto Di Pietro come consulente subito dopo le sue dimissioni dalla magistratura. «Ci accomunava una notevole capacità di lavoro» mi racconta Bargone. «Arrivavamo alle otto del mattino e nei nostri uffici c'erano ancora le imprese di pulizia.» Distrutto da Tangentopoli, il settore delle costruzioni aveva bisogno di nuova fiducia. «Di Pietro aveva contribuito a toglierla, Di Pietro doveva restituirla» dice Bargone. Viene così gradualmente eliminata la «sindrome della firma», che aveva paralizzato per quattro anni i ministri dei Lavori Pubblici, vengono «riaccesi i motori». Di Pietro si appoggia alla competenza parlamentare di Bargone, giorno dopo giorno nasce un'amicizia consolidata dalle pause alla tavola calda – oggi chiusa – davanti al ministero o dalle cene al «Chianti».

In quei sei mesi di lavoro comune, Bargone parla spesso a Di Pietro dell'Ulivo e del suo programma. Il ministro si sente fedele al patto sottoscritto, ma fa capire che il suo cuore non batte per l'albero di Prodi. «Cercare di coinvolgerlo allora» mi dice Bargone «sarebbe stato sbagliato.»

Quando il 14 novembre '96 decide di dimettersi, dopo la spettacolare perquisizione ordinata dalla Procura di Brescia, Di Pietro si trova in Turchia e non chiama nessuno. Quella sera Bargone si trova a Francavilla Fontana, nel suo collegio, a fare un comizio per le elezioni locali. Prima che la notizia esca sulle agenzie, lo chiama Luigi Giampaolino, capo di gabinetto di Di Pietro: «La notizia è riservata, il ministro si è dimesso». Bargone chiama immediatamente D'Alema che si trova in aula a Montecitorio. Anche lui non sa niente, esce dall'emiciclo, prova a chiamare Di Pietro. Niente. Dirà Di Pietro a Bargone: «Mi sono dimesso per non creare difficoltà al governo. I casi erano due: o Prodi mi difendeva e avrebbe attirato sul governo le reazioni negative o avrei dovuto difendermi da solo. Ho scelto la seconda strada».

Passano cinque mesi e nell'aprile del '97 Bargone comincia a sondare Di Pietro: «Che intenzioni hai?». L'altro è ancora turbato e ferito per le sue questioni. «Incoraggiarlo a saltare il fosso in quel momento sarebbe stato sbagliato.»

Ma i segnali di fumo tra Di Pietro e D'Alema diventano sempre più frequenti ed espliciti. Bargone continua col suo lavoro politico ai fianchi dell'amico. Non può permettersi che Di Pietro spari contro la Bicamerale di D'Alema, gli spiega che il ruolo dei partiti è irrinunciabile, gli sconsiglia ogni iniziativa antiparlamentarista.

Ma nonostante gli incredibili rapporti mantenuti con Tremaglia, la strada di Di Pietro verso l'Ulivo è in discesa. Il 9 maggio Di Pietro e il segretario del Pds si scambiano pubblici attestati di stima a un convegno delle Federcasalinghe organizzato dalla diabolica Federica Gasparrini, da quindici anni presidente del potentissimo movimento che ha saputo traghettare da Andreotti all'Ulivo via Polo. Il convegno di Castellanza (13 giugno, festa di Sant'Antonio, onomastico di Di Pietro e Bargone) è l'incoronazione di D'Alema fatta alla presenza (sorpresa e indispettita) di Fini. («Fu uno spot alla Bicamerale di D'Alema» mi dice uno dei più stretti collaboratori del segretario «e anche lì c'era la regia occulta di Bargone.»)

Il segretario del Pds va al «Maurizio Costanzo Show» e dice di essere convinto dell'innocenza di Di Pietro, gli scrive una lettera di solidarietà che colpisce profondamente l'ex magistrato. E nei colloqui politici con Bargone, questi comincia a convincerlo che in un sistema bipolare la trasversalità è un'illusione, come lo è l'idea di mantenere un rapporto con il Polo prescindendo da Berlusconi. Si arriva così alla sera del 6 luglio.

Domenica sera, festa a sorpresa

Antonio Bargone compie cinquant'anni l'8 luglio. Ma il martedì il sottosegretario è a Roma e così la moglie Margot decide di festeggiarlo la domenica precedente. Dove? Alla «Lanterna», naturalmente. Con chi? Da sola. In realtà, da parecchi giorni la signora lavora sott'acqua e ha contattato in segreto una cinquantina di amici. Alcuni sono quelli di sempre. Altri sono persone legatissime al festeggiato, ma disperse dalla vita. Viene rintracciato per esempio uno scienziato che Bargone non vedeva da trentuno anni. E viene invitato anche Di Pietro.

Mino Nobile, proprietario della «Lanterna», ha preparato in giardino. Ma con discrezione, in modo che nemmeno entrando Bargone s'accorga di niente. E quando Di Pietro arriva poco dopo le otto viene dirottato in un tavolo d'angolo, a sinistra dell'ingresso, sotto un venerando albero di mandarini.

Quando arriva Bargone, gli amici gli vanno incontro e lui s'emoziona. Di Pietro resta nascosto sotto il mandarino e si mostra per ultimo, quando Margot e Nobile dicono al festeggiato: «Le sorprese non sono finite». Il sottosegretario si commuove, prende posto con Di Pietro e alcune signore, il grado di cottura dell'ex magistrato nella pentola dell'Ulivo ha una brusca accelerazione.

Bargone è un politico della vecchia scuola. Sa aspettare. Dice all'amico anche quella sera: «Caro Tonino, il trasversalismo non ha prospettive. Metterti al centro dei due poli è velleitario. Anche per le tue legittime aspirazioni personali». Ma non lo forza.

Di Pietro ascolta. Mangia gli antipasti caldi di mare, i tubettini alla *sciapicòta* (dal quartiere brindisino di Sciapìche, dove abitavano i pescatori), il dentice in crosta di sale, la frutta fresca composta. Ride e applaude quando Bargone spegne da solo (gioca a calcio e ha un buon fiato) le cinquanta candeline azzurre dell'enorme millefoglie, consegna all'amico un regalo d'argento e all'una di notte si ritira.

Ma le parole di Bargone gli ronzano nelle orecchie. Mi dirà il sottosegretario: «Avevo cominciato in effetti a essere più insistente. Anche se non sei un uomo di sinistra, gli avevo detto, puoi venire con noi. L'Ulivo è l'unica alleanza che può consentirti di fare quello che hai in testa di fare».

Naturalmente Bargone ha tenuto informato Massimo D'Alema di tutti questi colloqui. Il segretario per anni si è vantato di essere l'unico leader politico a «non aver avuto rapporti con il dottor Di Pietro». Ma poi ha cominciato a nutrire nei suoi confronti una simpatia simile a quella che ha per Berlusconi e per Bossi, accomunati – nell'ottica di D'Alema – da un curioso carattere extrapolitico. Per Bossi e per Di Pietro s'aggiunge un singolarissimo carattere popolano che a D'Alema piace. Il segretario sa da tempo che l'ex magistrato gioca contemporaneamente su più tavoli, ma gli riconosce anche tratti d'ingenuità. E poi per uno come D'Alema valgono soprattutto due stimoli. Il primo è che la politica prevale su ogni altro interesse e i sondaggi gli dicono che Di Pietro conta, soprattutto nella prospettiva (concretizzatasi nell'ottobre

'97) di una possibile rottura con Rifondazione. Il secondo è che l'uomo è attratto dal rischio delle sfide decisive: puntò su Dini che era l'uomo più duro del governo Berlusconi e riuscì a strapparlo al Polo; adesso vuole togliere Di Pietro dalle tentazioni di andarsene con Tremaglia o più probabilmente di fare un movimento pasticciato e populista.

«Caro Di Pietro, niente spighe...»

D'Alema s'accorge di poter controllare l'ex magistrato già il 2 luglio. Quando Di Pietro, come abbiamo visto, dice che i cittadini bocceranno la Bicamerale, D'Alema chiama Bargone e gli chiede di sollecitare una smentita a Di Pietro. E Di Pietro provvede.

La situazione ha una svolta giovedì 10 luglio.

Il sottosegretario nota che l'amico è cambiato. Appena un paio di giorni prima, quando l'ha sentito per ringraziarlo di essere intervenuto alla festa di Brindisi, Di Pietro si è mantenuto sulle generali. Ma ora i nuovi attacchi sempre più duri e circostanziati di Berlusconi hanno colpito nel segno. Bargone sa che martedì 8 Antonio D'Adamo è stato interrogato per la prima volta a lungo dai pubblici ministeri di Brescia. E anche se nei suoi colloqui con Di Pietro sorvola sulle questioni giudiziarie, sa che le confessioni di D'Adamo pesano su Di Pietro cento volte quelle di Gorrini. In questa conversazione con Bargone, l'ex magistrato parla esplicitamente di dossieraggio politico ai suoi danni da parte di Berlusconi. «Nel Polo» dice «c'è gente inaffidabile. Non può esserci per me alcuna compatibilità politica. Da voi si gioca pulito. Vengo con voi.» In quelle stesse ore, «Panorama» anticipa alle agenzie il contenuto del memoriale D'Adamo. Di Pietro grida: «Non ci sto», e salta il fosso.

Contrariamente a quanto si è scritto, Di Pietro si offre in questo momento senza sapere della disponibilità del collegio di Arlacchi. Bargone ne è a conoscenza, ma non gliene parla. Gli dice infatti: «Se ci fosse un collegio disponibile, l'Ulivo potrebbe certamente considerare questa tua possibilità». E si riserva di dargli una risposta molto sollecita.

L'indomani sera Bargone incontra a Gallipoli D'Alema,

rientrato come ogni fine settimana d'estate (e non solo) nel suo collegio elettorale. Gli dice che Di Pietro ha fatto il salto e D'Alema non se ne meraviglia. Sa da parecchi giorni che la situazione era ormai matura, sa che Di Pietro si trova in una condizione difficilissima per gli attacchi di Berlusconi.

L'appuntamento viene fissato per il tardo pomeriggio di lunedì 14 luglio in casa di Nicolino La Torre, segretario di Bargone, che abita alla scala C di un enorme condominio di piazza dell'Emporio al Monte Testaccio. A Roma, che sta al livello del mare, ogni dosso viene chiamato monte. Stessa sorte è toccata al Testaccio, una collinotta di cinquanta metri formatasi con gli scarichi degli insediamenti annonari dell'antichità, forata di grotte scavate nei cocci e adoperate come cantine, usata nei secoli come luogo di carnevalate e di sacre rappresentazioni, frequentata dai bovari quando un secolo fa vi fu aperto un bellissimo mattatoio ad archi retti da colonne tuscaniche e ora luogo di abitazioni alla moda.

La Torre è un funzionario della Cassa di Risparmio di Puglia, è stato sindaco di Fasano tra il '91 e il '93 ed è legato a Bargone da una fedeltà assoluta. «Le chiavi dell'appartamento? Ma certo che ce le ha Tonino. Lui ha tutto di me. Anzi, ha me...»

Meglio la casa di La Torre al Testaccio che la mia a Monteverde, pensa Bargone. (A Monteverde, D'Alema e Di Pietro si erano incontrati quasi per caso molto tempo prima. Bargone aveva un appuntamento con Di Pietro e quando questi arrivò gli chiese se avrebbe avuto piacere di salutare D'Alema. Che passò poco dopo, parlò di politica, ma né lui né Di Pietro si esposero più di tanto.)

Purtroppo nel grande condominio di La Torre abita da una settimana anche Giuliano Ferrara. Così quando arriva Di Pietro e due ragazzini lo riconoscono, pensano che sia andato a trovare il suo nemico più aspro (che gli sta preparando un altro scherzo per il numero successivo di «Panorama»). Poi vedono D'Alema e chiamano «Il Messaggero»: «A casa di Ferrara al Testaccio c'è una riunione con Di Pietro e D'Alema». Il centralinista risponde: «E er papa nun c'è?». Viene invece presa in considerazione un'altra telefonata. È un informatore di questura che fa ugualmente i tre nomi e indica lo stesso posto. Carlo Fusi, notista politico, dice al suo capo

Umberto La Rocca: «Forse è meglio dare un'occhiata». Arriva in un quarto d'ora a piazza dell'Emporio e trova soltanto due inconfondibili «scortaroli» seduti vicino alla fontana. Ma gli uomini di scorta, come si conviene, sono sordomuti. Dal portone del palazzo indiziato esce un ragazzo. «Qui abita Ferrara. Non so altro.» Per Fusi è una novità, visto che il trasloco è avvenuto da pochi giorni. Esce un uomo di mezz'età: «È vero, qui abita Ferrara».

È possibile che i due seduti vicino alla fontana scortino Di Pietro, ma di D'Alema non c'è traccia.

In casa di La Torre, intanto, il colloquio tra il segretario del Pds e Di Pietro, presente Bargone, dura quarantacinque minuti. L'ex magistrato conferma la richiesta di entrare nell'Ulivo e D'Alema gli offre il seggio di Arlacchi nel collegio di Firenze 3 (che per due terzi non è Mugello). Un collegio rosso e blindato. Di Pietro espone il suo progetto politico: «Io non sono di nessun partito. Ma credo nella possibilità di svolgere in Parlamento, all'interno dell'Ulivo, anche con la formazione di un mio gruppo parlamentare, il ruolo di aggregatore di forze di centro, con l'ambizione di attrarre i moderati del Polo».

D'Alema approva in pieno, ma tronca sul nascere il prevedibile tentativo di Di Pietro di presentarsi alle elezioni con un simbolo suo. «Niente spighe» gli dice D'Alema. «La candidatura è possibile soltanto se corri sotto le insegne dell'Ulivo.» Di Pietro accetta.

Finita la discussione, D'Alema s'avvicina alla finestra e vede Fusi. Chiama il suo portavoce Rondolino sul portatile e gli dice: «Fabrizio, qua sotto c'è Fusi. Che facciamo?».

E Rondolino: «Qua sotto dove?».

D'Alema è infatti abbottonatissimo e quando ha un appuntamento riservato non lo dice nemmeno alla moglie.

(Dopo questo episodio, che segue un'analoga situazione in occasione della cena a casa Letta, Rondolino cercherà di spiegare al suo capo che gli incontri segreti vanno preparati meglio, studiando a tavolino le contromisure per i giornali.)

D'Alema ha per fortuna la scorta sul retro e quindi può uscire senza essere visto. Di Pietro invece incontra Fusi e smentisce tutto.

Il segretario del Pds prosegue per un altro vertice al quale tiene più di quello appena concluso. Incontra infatti alcuni amici di barca per discutere di una scelta assai impegnativa: di lì a pochi giorni *Ikarus* dovrà veleggiare per la Sardegna o la Corsica?

Dall'auto, D'Alema richiama Rondolino. «Smentiamo?» chiede il segretario. «Se ti hanno visto, mi pare difficile» obietta il portavoce. Per fortuna, Fusi non ha visto e scrive per «Il Messaggero» dell'indomani un «indiscreto» in neretto dal titolo: «Di Pietro a casa di Ferrara?».

L'indomani mattina D'Alema e Rondolino s'imbarcano prestissimo su un volo di linea per il Veneto dove il segretario del Pds deve prendere parte a un convegno. Appena arrivato, D'Alema chiama Prodi per dirgli che l'incontro della sera prima è andato bene. (Prodi sapeva dell'appuntamento.) Poi entra in sala. A metà mattinata, mentre sta parlando il sindaco di Venezia Massimo Cacciari, il cellulare di Rondolino squilla due volte. La prima chiamata è di Amati dell'agenzia Asca, la seconda di Minzolini della «Stampa». Un amico di Amati ha visto sia Di Pietro che D'Alema entrare nel grande condominio. Lì abita inoltre una figlia di Ingrao. I testimoni cominciano a essere parecchi.

Rondolino smentisce, chiama subito Bargone, gli dice di chiedere a Di Pietro di tacere, ancora a ora di pranzo l'incontro non esiste. Nel primo pomeriggio viene confermato in modo indiretto: «Da fonti parlamentari del Pds si apprende che...». C'è ancora l'intenzione di costruire la sceneggiata di Arlacchi al quale l'angelo custode ha suggerito di offrire il seggio a Di Pietro. L'indomani, invece, la notizia della candidatura straripèrà.

«Sandro, c'è D'Alema al telefono»

«Sandro, è D'Alema.» Nonostante conosca il segretario del Pds da una vita, Bruna Curzi è emozionatissima quando alle dieci di un mattino di fine settembre passa la cornetta al marito.

D'Alema ha chiamato direttamente, senza chiedere a Ornella, la segretaria, di cercargli Curzi. E l'avvio della telefonata è molto amichevole: «Sandro, ma che ti è venuto in mente? Tu rappresenti tanto della nostra storia... Adesso che si è candidato Ferrara, il tuo compito è riuscito. Volevi che Di Pietro non avesse un plebiscito? Con un avversario forte non ce lo avrà. Quindi puoi tranquillamente ritirarti».

Curzi: «Massimo, è proprio la candidatura di Ferrara che invece mi convince a resistere. Sono l'unico uomo di sinistra in lizza. Sia Di Pietro che Ferrara sono di destra...».

D'Alema: «Ma come puoi rinnegare tutta la vita? Quale avvenire ti si apre? Capisci tu stesso che dopo una campagna elettorale fatta contro il nostro candidato difficilmente nel partito per te ci sarebbe posto. Va bene che sei un compagno scomodo, ma insomma: hai deciso di fare il capolista di Rifondazione da qualche parte?...».

Curzi: «Dammi ventiquattr'ore per riflettere, Massimo. Ma non credo che cambierò idea».

D'Alema: «In questo caso, Sandro, sappi che mi costringerai a venire nel Mugello a fare la campagna elettorale per Di Pietro».

Sandro Curzi mi racconta la telefonata con un misto d'orgoglio e di tristezza. Anche per un «compagno scomodo» lo strappo non è stato facile. Formalmente il vecchio Kojak, come lo chiamiamo noi del mestiere, ha messo le cose in modo da rendere dura la vita a chi voglia espellerlo. Niente simbolo di Rifondazione sulla scheda, chi vota Curzi in apparenza vota soltanto lui. Ma insomma...

Ci incontriamo a Firenze in un bellissimo sabato d'autunno. Nelle vigne qui intorno si sta facendo quella che s'annunzia come la vendemmia del secolo e dal roof del Baglioni, dove Curzi tiene il suo quartier generale prima di spostarsi in un albergo più modesto, il campanile di Giotto è di una bellezza struggente, soprattutto al pensiero delle ferite d'Assisi.

Curzi ha sessantotto anni e conosce sia D'Alema che Ferrara (figli entrambi di importanti genitori comunisti) da quand'erano ragazzi. D'Alema aveva partecipato con Veltroni alla festa dei suoi sessantacinque anni, al roof del palazzo delle Esposizioni in via Nazionale. Poi il segretario l'aveva invitato a cena a casa sua con Stefano Balassone (braccio destro di Angelo Guglielmi a Rai Tre) nei primi mesi del '96 per offrirgli un seggio alla Camera.

«Risposi di no» mi racconta Curzi «perché volevano mandarmi non so più dove. Candidatemi al collegio di Roma centro dove abito io. L'indomani Zani mi chiamò dicendomi che quel posto era destinato ai cattolici. Poi invece il candidato cattolico rinunciò e andò Veltroni a battersi con Mancuso. Meglio così, avevo deciso di morire giornalista come Montanelli.»

Da allora, per un anno e mezzo, Curzi e D'Alema non s'erano più visti. E adesso, finita la telefonata, Bruna frigge. Che t'ha detto? Non sarai stato un po' sgarbato? Perché gli hai risposto così? Vuoi pensarci?

Sandro deve essersi sentito come un cattolico che ha deciso di passare alla Chiesa anglicana e riceve una paterna e severa telefonata del papa: che farai, figliolo, lontano dalla tua Chiesa? Con la prospettiva di una scomunica.

Curzi ci pensa, ma l'indomani prende un foglio di carta intestata e scrive di pugno una paginetta. «Caro Massimo...»

E comunica a D'Alema che la scelta di presentarsi nel Mugello è irreversibile, l'errore è stato del Pds nel candidare Di Pietro, speriamo di ritrovarci in situazioni diverse.

Poi compie con uno stato d'animo diverso da sempre il tragitto fatto mille volte dalla casa ai Fori Imperiali fino alle vicine Botteghe Oscure e consegna personalmente la lettera ai compagni della vigilanza che stanno dietro un tavolone a sinistra dell'ingresso e dal tipo di gente che arriva capiscono che significa stare al governo.

«A Sa', che tu e Massimo ve scrivete lettere d'amore?» Curzi saluta con un sorriso insieme allegro e imbarazzato e se ne va.

Una sera di luglio, a Parigi

La discesa in campo di Sandro Curzi comincia la sera di mercoledì 16 luglio alle ore 20. Il giornalista si trova con la moglie a Parigi dove possiede un piccolo appartamento nella zona intrigante di place des Vosges e dove – da gauchista incallito – è andato a festeggiare due giorni prima l'anniversario della Bastiglia. Nel '97 la festa è stata grande perché da poche settimane la sinistra è tornata al potere. Anche se la Rivoluzione francese nacque dalla borghesia, la sinistra l'ha sempre considerata cosa sua. Così Sandro e Bruna Curzi hanno ballato tutta la notte nelle strade e nelle piazze del Marais, dove l'aristocrazia parigina risanò una palude per farvi una delle oasi urbanistiche più raffinate della città. E ballando hanno ritrovato *les italiens*, i compagni eurocomunisti francesi di un tempo seguaci della svolta di Berlinguer che l'arcigno partito di Marchais aveva messo ai margini.

Ma anche in vacanza il mestiere è mestiere. Così la sera alle otto Sandro Curzi si mette davanti al televisore per guardare il TG1. Accende e alle otto e un minuto gli viene un colpo. Di Pietro scende in campo con l'Ulivo e D'Alema gli assegna il collegio di Firenze 3, così rosso che più rosso non si può.

«Quella sera» mi racconta Curzi «sto con Miriam Mafai, che per me è una sorella. E insieme conveniamo che la candidatura di Di Pietro è proprio una gran boiata, anche se poi Miriam mi bacchetterà. L'idea di candidarmi contro Di Pietro nasce in quel momento.»

La moglie Bruna gli dice che è una follia, la Mafai lo implora di non mettersi contro tutto il partito (Curzi è iscritto al Pci dal '44). Niente. Curzi rientra a Roma dove trova l'incoraggiamento della figlia Candida, capo dei servizi giudiziari dell'Ansa. Chiama Enrico Boselli, segretario dei socialisti del SI e Luigi Manconi, leader dei Verdi. Entrambi lamentano che D'Alema non li abbia consultati, ma le risposte sono diverse. «È un'idea stupenda» dice Boselli. «Il mio appoggio ce l'hai,» risponde Manconi «ma vedrai che nel mio partito ci saranno difficoltà.» E infatti i Verdi dopo un po' di storie decideranno di appoggiare Di Pietro.

Curzi chiama al telefono Fausto Bertinotti. «Hai visto che vergogna?» si dicono. Parlano del più e del meno, Bertinotti invita il giornalista a cena, Curzi non gli parla dell'idea di candidarsi, ma gli chiede di vederlo subito al partito.

Quando va a trovarlo nella sua stanza ampia e luminosa di viale del Policlinico, Curzi non scopre subito le carte. Aspetta che Bertinotti parli della «degenerazione grave» determinata dalla candidatura di Di Pietro su proposta del Pds, di un «cambiamento di stile politico».

«Stiamo pensando di rispondere con un candidato locale,» dice ancora Bertinotti a Curzi «anche se sarebbe bello se corresse un personaggio come Rossana Rossanda.»

È a questo punto che il «compagno scomodo» dice: «Per la verità, sono venuto a proporti la mia candidatura».

Bertinotti accoglie la proposta con favore, ma chiede due giorni di tempo per consultare i suoi. Poi la candidatura diventa pubblica e scoppia la bomba nel Pds: va bene le due sinistre, ma che Rifondazione debba fare la guerra al Pds utilizzando uno dei suoi iscritti più noti e di più antica data...

Il primo a telefonare a Sandro Curzi per complimentarsi è Claudio Petruccioli che accoglie con refrigerio qualunque notizia dia fastidio a D'Alema. Curzi e Petruccioli sono in freddo da quattro anni.

Mentre mangia una scaloppina davanti al campanile di Giotto, Curzi mi rivela un retroscena dell'estate '93 sulla sua estromissione dalla guida del TG3. «Era arrivato alla Rai il Consiglio d'amministrazione dei "professori". Petruccioli, braccio destro di Occhetto allora segretario del Pds, telefonò a Paolo Murialdi, membro del consiglio, per sollecitare il ricambio alla guida del TG3. E io fui cacciato.»

E a Curzi telefona Occhetto

Dopo quattro anni di gelo, Petruccioli si fa vivo con una telefonata: «Restituisci dignità a tutti noi, mi dice. E io ringrazio imbarazzato» mi confida Curzi.

Telefona anche Achille Occhetto: se per Petruccioli i dispetti a D'Alema sono un refrigerio, per Occhetto sono un piacere sessuale.

Poco dopo Curzi riceve una telefonata meno calorosa. È Claudio Velardi, capo dello staff di D'Alema, che gli dà appuntamento nel Transatlantico di Montecitorio.

«Il segretario fino a quel momento era stato zitto» mi racconta Velardi «e, visto che sarebbe andato di lì a poco a Firenze con Di Pietro, volevamo sapere come si sarebbe mosso Curzi. Gli chiesi di ripensare alla sua candidatura visto che Di Pietro andava via via chiarendo la sua posizione politica nel centrosinistra. Curzi mi sembrò possibilista e ci demmo appuntamento di lì a qualche giorno. Un paio d'ore dopo arriva attraverso le agenzie di stampa la conferma della sua candidatura.»

Ai suoi compagni del Pds (e poi allo stesso D'Alema) Curzi dice che la candidatura Di Pietro gli fa tornare alla mente un'operazione inventata da Togliatti nel '53: Alleanza democratica nazionale.

«Ho poco più di ventitré anni» mi racconta «e il Pci deve affossare il primo tentativo di rendere i governi stabili con il premio di maggioranza: la "legge truffa". Sto nella Federazione giovanile comunista con Enrico Berlinguer quando mi chiama Pajetta. Da oggi, mi dice, non sei più comunista. Mi prende un colpo. Che ho fatto? Mi viene subito in mente un'avventura sentimentale: evidentemente al partito non è piaciuta. Ma Pajetta va oltre: non sei più comunista, sei un giovane liberale. E mi manda da Togliatti: cosa assolutamente inconsueta per i tempi. Togliatti mi spiega che per battere i democristiani e la loro legge truffa bisogna mettersi insieme anche con persone molto lontane da noi. Da oggi, mi dice, sei il segretario di Epicarmo Corbino. Io resto secco perché abbiamo impiccato in varie manifestazioni il fantoccio di Corbino, ministro del Tesoro liberale. Mi spiega anche che da Roma in su viene fondata l'Unione popolare che mette i comunisti insieme con Codignola, Parri, Calamandrei. Da Roma in giù nasce Alleanza democratica dove stiamo insieme alla destra. Dopo due settimane passate a Roma come segretario di Corbino, vengo spedito in Sicilia. Lavoro con una principessa, tre o quattro generali, non so quanti colonnelli. Prendiamo venticinquemila voti, un'enormità. Il meccanismo della legge truffa non scatta per un soffio e io ricevo un biglietto di plauso di Togliatti.»

E Di Pietro?

«Con Di Pietro D'Alema sta facendo la stessa operazione, ma i tempi sono cambiati. Gliel'ho detto: Massimo, tu pensi di rifare Alleanza democratica nazionale, ma guarda che alla fine Di Pietro non lo controlli.»

E come i Testimoni di Geova ricevono tante porte in faccia mentre predicano la loro Verità, Curzi si accorge sulla sua pelle di vecchio comunista quanto sia difficile fare campagna in casa del Pds contro il Pds. Il vecchio Kojak, grande volpe della politica, si presenta con una scusa qualsiasi, non annunziato, alle Case del Popolo, ai circoli dell'Arci e nelle altre parrocchie storiche del Pci-Pds. Entra a bere un bicchier d'acqua, chiede se può fare pipì. Poi si siede accanto a quelli che giocano a carte e comincia a parlare. Qualcuno borbotta che ha tradito, qualcun altro lo sta a sentire, qualcuno è pronto perfino a dargli ragione. «Ma alla fine tutti mi dicono: se D'Alema ha deciso così, vuol dire che così sta bene.»

E nessuno meglio di Sandro Curzi può comprendere le ragioni del centralismo democratico. Lui si consola con i clandestini: «Una volta in un bar vedo tre uomini che fanno finta di non riconoscermi. Esco e nella notte sento tre ombre che si avvicinano. Sono loro, m'incoraggiano ma mi dicono che non possono farlo in pubblico».

Dopo due mesi di campagna elettorale «leggera», a metà luglio Giuliano Ferrara si dimette da direttore di «Panorama».

Una delle ultime copertine del settimanale aveva portato la foto di Curzi in copertina con la scritta: «Forza Sandro!». Curzi non aveva ringraziato Ferrara e approfitta delle dimissioni da «Panorama» per chiamare il vecchio compagno. (La madre di Giuliano è stata segretaria di Togliatti, il padre Maurizio uno dei principali giornalisti dell'«Unità».)

«Caro Giuliano, mi dispiace che tu vada via. Grazie della copertina, anche se naturalmente mi hai inguaiato.»

«Caro Sandro, appunto per non crearti difficoltà il tono degli articoli era particolarmente moderato.»

La conversazione si chiude con Curzi che s'interroga sul candidato del Polo e Ferrara che scherzando dice al vecchio collega che sarebbe andato a fare campagna elettorale per lui.

Nel pomeriggio i cronisti delle agenzie di stampa che assistono alla registrazione del «Maurizio Costanzo Show» annunciano che Ferrara ha accettato la proposta di Berlusconi di candidarsi nel Mugello. E Sandro Curzi capisce che il film cambia protagonista.

La malandrinata di Berlusconi

«Ci sono soltanto due cose che invidio nella vita» mi dice Silvio Berlusconi. «La capacità di Fedele Confalonieri di suonare il pianoforte e la capacità di scrittura di Giuliano Ferrara. Confalonieri anche da giovane era così bravo che io ho dovuto smettere di suonare e ho cominciato a cantare. Ferrara mi ha fatto venire in mente una malandrinata...»

Quando il pomeriggio di mercoledì 16 luglio le agenzie battono la notizia che Di Pietro si candida in Toscana per l'Ulivo, Giuliano Ferrara è appena arrivato a Bisceglie in casa dei suoceri. Il mercoledì è per «Panorama» il giorno di chiusura. Il giornale viene stampato nella notte e distribuito l'indomani in tutta Italia in modo da essere puntualmente nelle edicole fin dal primo mattino del venerdì.

E come il presidente degli Stati Uniti viaggia portandosi al seguito la valigetta nera con i comandi della guerra nucleare, il direttore di «Panorama» ha sempre con sé un computer portatile che gli consente di seguire la lavorazione del giornale dovunque si trovi.

Quel numero di «Panorama» è particolarmente delicato. Dopo aver pubblicato la settimana precedente il resoconto del primo interrogatorio di Antonio D'Adamo («Per una Dedra in più»), stavolta si stampa un'altra durissima storia. In copertina sotto il titolo: «Il grande scroccone», c'è la foto di Di Pietro con una bella ragazza ripresa nella garçonnière di D'Adamo a un passo dal Duomo. Didascalia: «Una simpatica immagine di Di Pietro quando Milano "era da bere"».

Mentre a «Panorama» mettono in copertina sulla foto di Di Pietro un richiamo all'ultima intervista a Versace, ucciso qualche ora prima di quello stesso giorno, arriva la notizia della candidatura dell'ex magistrato. Ferrara sta lavorando nello stanzino messogli a disposizione da un parente sacerdote, don Mauro Cozzoli, docente di teologia morale nella Pontificia Università Lateranense. Ma lascia immediatamente il computer e telefona a Berlusconi, il quale ha appena rilasciato al settimanale un'intervista durissima e rivelatrice contro l'ex magistrato. «Vado io a candidarmi contro Di Pietro!» grida Ferrara. Ma è una battuta. «Come fa? Lei è direttore di "Panorama"...» replica infatti il Cavaliere.

Passano due mesi esatti e giovedì 11 settembre una inserzione pubblicitaria sui quotidiani annuncia che l'indomani i lettori di «Panorama» troveranno allegata al giornale una videocassetta con una sintesi della deposizione di Stefania Ariosto nell'incidente probatorio della primavera '96 nel processo contro Cesare Previti e Renato Squillante. L'udienza dal Gip si è svolta a porte chiuse, ma il controinterrogatorio dei difensori degli imputati è stato registrato da una telecamera.

L'Ariosto chiede il sequestro della cassetta, ma quando il provvedimento viene notificato il giornale è già in distribuzione. Alle otto e mezzo del mattino di venerdì 12 le sessantacinquemila copie del video Ariosto sono esaurite (il giornale non è riuscito a tirarne di più) e per l'intera giornata in tutta Italia gli edicolanti vengono sottoposti a richieste pressanti da parte dei clienti abituali perché trovino in ogni modo l'introvabile allegato di «Panorama».

Fin dal mattino, Ferrara chiede di ristampare il video in barba alle prescrizioni del tribunale civile, ma la direzione aziendale si oppone e lo stesso Berlusconi, editore di riferimento di Mondadori, non se la sente di forzare.

Ferrara esce dal giornale furioso e va a cena alla «Nuova Arena», in piazza della Lega Lombarda, dove è atteso per il compleanno di Vichi Festa. Alle undici e mezzo di sera prende il vagone letto per Roma e alle nove e mezzo del mattino successivo, appena arrivato nel nuovo appartamento al Testaccio, annuncia le sue dimissioni dal giornale nell'ordine al condirettore Pierluigi Battista, al vicedirettore esecutivo Massimo Donelli e all'amministratore delegato di Mondadori, Maurizio Costa.

«Tutti sapevano che prima o poi avrei lasciato perché non ce la facevo a reggere "Panorama" e "Il foglio",» mi racconta Ferrara «ma certo la vicenda Ariosto ha accelerato i tempi. E siccome anche in Mondadori sanno che sono un po' matto, capiscono che non è il caso di insistere.»

Berlusconi viene informato immediatamente, chiama Ferrara e trova un muro. Stessa sorte per Fedele Confalonieri.

Ferrara se ne va al mare nella sua casa in Maremma, sale in barca, ma lo scirocco lo fa arenare. Lì ha una casa anche Paolo Mieli, direttore editoriale del «Corriere» e suo vecchio amico.

Pigi Battista deve avergli soffiato la notizia, ancora riservata, e Mieli chiede a Ferrara il permesso di farla uscire sul suo giornale. «Divieto assoluto» risponde l'ormai ex direttore di Panorama. Ma Mieli, che è un furbo di tre cotte, la fa uscire ugualmente, fingendo che essa sia filtrata in serata da Venezia, dove tutto lo stato maggiore Mondadori è riunito per il premio Campiello.

Domenica, nuova telefonata di Berlusconi, un po' più tesa di quella del sabato. Ferrara gli dice: «Guardi, presidente: me ne vado senza sbattere la porta. Resto in casa a collaborare, anche perché non sono molti gli editori che mi vorrebbero con il carattere che ho. Ma non insista».

Dopo di che detta alle agenzie la lettera di dimissioni, stacca il telefonino e scompare.

Lunedì pomeriggio, 15 settembre, Ferrara sta andando da Maurizio Costanzo che l'aveva invitato per presentare «Il Foglio finanziario», supplemento dell'ormai unico giornale dell'ex direttore di «Panorama». Nell'auto, accanto all'autista mandato da Costanzo, ha preso posto Anselma, la moglie di Giuliano. Dietro ci sono Ferrara e Sergio Scalpelli, consigliere d'amministrazione del «Foglio».

A piazza Santiago del Cile, «un minuto e mezzo prima di arrivare», arriva la telefonata di Berlusconi. «Mi parla di proposta malandrina» mi dice Ferrara «perché fino al giorno prima c'eravamo un po' scontrati.»

«Adesso che non è più direttore di "Panorama",» chiede il Cavaliere con la voce del serpente tentatore nel film *Il libro della giungla* «vuole candidarsi contro Di Pietro?»

«Sì,» grida Ferrara «a due condizioni. Che lei mi faccia mettere a disposizione una Mercedes bianca [*per emulare la famosa Mercedes data da Gorrini a Di Pietro*] e che dica subito a Marinella [*la mitica segretaria di Berlusconi*] di prenotarmi una suite al Savoy di Firenze.» (Mi dirà più tardi Ferrara: «Al Savoy non c'era posto e ho preferito comprarmi da solo una vecchia Mercedes».)

Berlusconi chiama subito Fini (non Casini con cui è in freddo) e quando Ferrara annuncia in trasmissione che ha deciso di candidarsi, Costanzo gli porge un biglietto con il consenso del presidente di Alleanza nazionale.

«Di Pietro nun vo' giocà il cacio vinto»

Nelle ultime due settimane di settembre, Giuliano Ferrara tenta invano di incontrare il rivale. «Non potrà sfuggirmi per quaranta giorni» dichiara. Ma Antonio Di Pietro risponde: «Con lui solo confronti in tribunale». Un paio di irruzioni di Ferrara per «stringere la mano» a Di Pietro vengono respinte. «Quello nun vo' giocà il cacio vinto» gli dicono i sostenitori del Mugello alludendo alla riprovazione che suscita al tavolo di briscola chi non vuole rischiare nella rivincita la pizza di formaggio già vinta. «Significa» mi spiega Ferrara «che Di Pietro non vuole mettere a rischio in un confronto pubblico con me la popolarità acquisita quando faceva il magistrato.»

In ottobre il giornalista si rassegna: «Di Pietro è diventato un grande pupazzone che parla, non ascolta, non interroga e non è interrogato. Come si fa a fare campagna elettorale così?».

Così il 20 ottobre partecipa soltanto con Sandro Curzi al mio «Porta a porta» sul Mugello.

Ferrara si consola sfruculiando i sostenitori dell'avversario e gettandosi in analisi politologiche sul comunismo toscano.

«Tutti i politici professionali, anche quelli che lealmente hanno sostenuto Di Pietro durante la campagna elettorale, riconoscono in me un interlocutore. Di Pietro ha qualità organolettiche di un vino ancora poco maturo...»

Eppure D'Alema lo apprezza. Prodi ne è un consumatore abituale... A proposito, a palazzo Chigi avete parlato soltanto di fringuelli?

«A palazzo Chigi portai le istanze dei cacciatori. Ma parlammo anche di politica. Di Pietro? Prodi è consapevole dei suoi limiti...»

E i compagni della Toscana?

«Nell'inconscio i vecchi compagni hanno simpatia per me» mi dice. «Di Pietro è un democristiano venuto dal Molise e imposto dall'apparato, anche se conserva una sua carica di uomo del Sud. Io sono pur sempre un figlio del partito...»

Magari un po' dirazzato...

«Certo, mi porto dietro da diciotto anni l'immagine di rivoltagiubbe. Ed è curioso che me lo rimproveri gente pronta a votare Nerio Nesi. Ma nel Pci questo è accaduto sempre: se approdi a un riformismo di destra, sei dannato; se ti perdi in un'utopia di sinistra, sei accettato. Io sono un giornalista che ha sostenuto Craxi, Nesi ne era il banchiere. [*«Era il presidente della Bnl» lo corresse Fausto Bertinotti incontrando Ferrara a «Moby Dick».*] Eppure lui è accettato e io no. Qui si vive in una nuvola di follia ideologica...»

Ferrara è stimato da D'Alema, «l'Unità» lo intervista e non usa toni comparabili con quelli dell'«Espresso» che lo sbatte in copertina chiamandolo «la donna barbuta del Mugello» e in ottobre pubblica sondaggi per dimostrare che Ferrara fa perdere voti al Polo. Ma il sostegno del segretario del Pds al suo candidato è pieno e assoluto.

D'Alema: «Di Pietro messaggio ai giudici e a Berlusconi»

«Candidando Di Pietro» mi dice D'Alema «ho trasformato un pericolo in una risorsa.»

In che senso?

«Di Pietro poteva costituire un pericolo per il fragile bipolarismo italiano, nel senso che qualcuno poteva immaginare di scagliarvelo contro, ricostruendo intorno a lui una sorta di centro che sostituisse con il carisma di Di Pietro le capacità di mediazione che ebbe la Democrazia cristiana. In questo senso la sua candidatura è una cosa molto importante per l'evoluzione democratica del Paese. Anche se ci vorrà tempo per capirlo (e Prodi è stato il primo).»

È stato anche un segnale alla magistratura?

«C'è stato un messaggio forte e chiaro anche in questo senso, ma debbo premettere una considerazione che aiuta a capire anche la psicologia di questa scelta. Quando in Bicamerale abbiamo fatto riforme concordate con i nostri avversari, abbiamo pagato qualche prezzo.»

Per esempio?

«Per esempio, io avevo proposto il governo del primo ministro anche perché Berlusconi mi aveva detto che gli andava bene. E invece mi è stato imposto il semipresidenzialismo contro il quale non avevo nulla, ma se all'inizio mi avessero detto che quella era l'unica strada che il Polo avrebbe voluto seguire, io forse mi sarei mosso diversamente. Nella ricerca di una intesa, quindi, io ho preso anche qualche bastonata.»

E sulla giustizia?

«Sulla giustizia io sono sinceramente un garantista e credo che si debba fare un certo mutamento di rotta, trovare un equilibrio più convincente tra tutela della legalità e difesa delle garanzie individuali. Naturalmente tutto questo alimenta sospetti. E poiché io ho parlato sempre di "antagonismo collaborante" con i nostri avversari, c'è bisogno di collaborazione ma anche di antagonismo.»

E siamo arrivati a Di Pietro...

«Appunto. La candidatura di Di Pietro è una bella iniziativa antagonistica, un messaggio forte e chiaro anche nei contenuti: vuol dire che l'Ulivo difende l'operato dei magistrati che hanno combattuto la corruzione nel nostro paese. E nel momento in cui sostengo un'attenzione maggiore alle garanzie individuali, voglio dimostrare che questa svolta garantista non è la resa di conti contro il Pool di Milano e contro Mani pulite.»

Eppure la candidatura di Di Pietro è stata vista come una mossa spregiudicata.

«Lo dicono gli intellettuali di sinistra o almeno certi salotti di sinistra che arrivano sempre dopo. La stragrande maggioranza dei cittadini ha invece capito chiaramente il messaggio. Altro che mossa spregiudicata: raramente una candidatura ha avuto un valore programmatico come questo. Un messaggio che infatti è stato compreso dal settanta per cento degli italiani.»

È stata anche una candidatura contro Berlusconi?

«È stata una risposta anche a Berlusconi. Per ragioni che mi sfuggono completamente, dopo la chiusura della Bicamerale, Berlusconi ha avviato una campagna planetaria contro la magistratura. (Dico planetaria perché adesso ce l'ha pure con gli spagnoli.)

È una cosa profondamente sbagliata e controproducente: un leader politico, uno statista non litiga con i giudici e se ha problemi con la magistratura li affronta con sobrietà.»

«Vede,» aggiunge D'Alema «non voglio portarmi ad esempio, ma io sono oggetto di un'indagine giudiziaria che considero totalmente infondata e condotta con metodi incredibili. Da due anni un'indagine cerca di stabilire se una cooperativa veneta mi ha dato dei soldi o no. Non c'è una testimonianza, non un pezzo di carta. È una cosa sconcertante. Ma io non ho fatto di questa indagine un oggetto di campagne perché penso che un leader politico debba avere pazienza. Se io fossi un cittadino qualsiasi le assicuro che farei il diavolo a quattro, ma essendo il leader di un grande partito, so di non poterlo fare.»

Bisogna riconoscere, però, che Berlusconi ha ricevuto dai magistrati un trattamento più massiccio del suo...

«Io non entro nel merito di queste cose, ma mi ha preoccupato la sensazione che una parte dell'opinione pubblica potesse pensare che l'accordo in Bicamerale fosse il via libera a Berlusconi di poter attaccare la magistratura proprio in quanto rafforzato da questo accordo. Bisognava dare per questo un segnale che il via libera non c'era stato. La candidatura di Di Pietro è servita anche a questo.»

«Un movimento Di Pietro? L'errore della sua vita»

Lei si è vantato a lungo di non aver avuto rapporti con «il dottor Di Pietro». Poi improvvisamente ha cambiato parere anche sulla persona.

«Antonio Di Pietro è un uomo simpatico. Esprime una potenza comunicativa, rappresenta in modo significativo una parte della nostra società, del carattere degli italiani, degli uomini del Sud. La cosa che temo di più è che intorno a Di Pietro possano muoversi degli scrocconi, degli adulatori, della gente che cerca di utilizzarlo per fargli fare il suo movimento sperando di avere un seggio alle prossime elezioni. Se Di Pietro capisce che stando nell'Ulivo conta di più che mettendosi alla guida di un suo movimento autonomo, se accetta la disciplina democratica del bipolarismo, svolgerà una funzione essenziale. Lui ha scritto che scegliendo di mettersi con una parte ha pagato un prezzo di popolarità. Vuol dire che ha capito.»

Di Pietro dunque è passato dall'antipolitica alla politica?

«Questa è una storia curiosa. Giovedì 17 luglio, insieme con l'annuncio della sua candidatura, il "Corriere della Sera" ha pubblicato un editoriale in cui massacrava me e lui e il supplemento "Sette" con un articolo beneaugurante per la sua discesa in campo alle prossime elezioni amministrative con il suo movimento "Democrazia e legalità" che si sarebbe opposto a tutti i partiti. Al giornale andava bene un Di Pietro che si presentava sotto un'etichetta da Sudamerica degli anni

Cinquanta e non il candidato dell'Ulivo che invece suscitava indignazione.»

Le perplessità sono nate dal fatto che un uomo di destra si candida a sinistra.

«Ma queste sono obiezioni tipiche dei salotti di sinistra. La sinistra in Italia rappresenta un terzo dell'elettorato e in questo modo è destinata a perdere le elezioni. Per governare deve allearsi con un certo numero di estranei. Mi pare un ragionamento elementare, eppure a volte ho l'impressione che una parte della sinistra non mi perdoni di aver vinto le elezioni, che consideri l'affermazione del 21 aprile '96 come un peccato. Di Pietro non è un uomo di sinistra, ma un servitore dello Stato che ha combattuto la corruzione e su questo piano può incontrare la sinistra. Naturalmente avrebbe potuto incontrare anche la destra, ma nel sistema maggioritario vince chi riesce ad acquisire il consenso di quanti sono collocati in un'area di frontiera.»

Non crede che difficilmente Di Pietro rinuncerà a fondare un movimento proprio?

«La sua idea iniziale era quella di presentarsi alle elezioni con un suo movimento appoggiato dall'Ulivo. Ma d'accordo con Prodi gli ho spiegato che questo non era proponibile. Nessuno, tuttavia, gli proibisce di fare un movimento una volta eletto. Nell'Ulivo ce ne sono già tanti, forse troppi. Ma se lo facesse, commetterebbe un errore. Secondo i sondaggi, il movimento di Di Pietro vale fra il 3 e il 4 per cento. Di Pietro nell'Ulivo vale il 55 per cento. Per quale ragione uno che vale il 55 per cento deve organizzarsi per valere il 4 per cento? Da consulente abbastanza esperto della materia potrei dirgli: guardi, lei sta per fare l'errore della sua vita. Ma lui naturalmente è libero di fare quel che vuole.»

E se facesse un gruppo parlamentare?

«Non ho idea di chi possa fare un gruppo parlamentare con Di Pietro, ma se vuole può fare anche questo. Mi pare un problema secondario. Quando sostenni Dini, poco mancò che mi annunciassero un suo colpo di Stato. Mi tormentarono dicendo che lui sarebbe stato il capo della destra e il candidato del Polo. Si è visto come è andata. Anche i problemi paventati per Di Pietro si risolveranno.»

Bertinotti: «Di Pietro è imbevibile»

«Di Pietro per noi resta l'uomo mascherato. Il magistrato è fuori discussione. Il politico è imbevibile.»

Nella guerra autunnale tra le «due sinistre», tra pensioni e lavoro, crisi di governo e rese dei conti, la candidatura di Antonio Di Pietro nel rosso collegio del Mugello resta insopportabile.

«La nostra è una battaglia politica condotta con inquietudine» mi dice Bertinotti. «La collocazione politica di Di Pietro ci offende, la sua indicazione verticistica contraddice tutte le istanze nuoviste di cui si era fatto portavoce soprattutto l'Ulivo. Di Pietro deambula nella politica italiana evitando una sola cosa: la declinazione del proprio programma politico. Dice: "la politica c'est moi" e quindi non ho bisogno di dire i miei programmi, dovete fidarvi di me.»

Ma c'è un altro aspetto che disturba Bertinotti.

«L'elemento più inquietante è che D'Alema e il Pds hanno sostituito con il mercato gli elementi che rendono decifrabile la politica. Tu dici una cosa e per questo sei di destra, di centro o di sinistra. D'Alema ha scelto il mercato che non ha valori, non declina programmi e si misura sulla base del risultato. È buono quel che si vende. Non importa se inquina o fa male alla salute.»

Perché dalla candidatura di un uomo pure importante fate discendere riflessioni così generali?

«Perché torniamo al trasformismo italiano, che è la cifra più antica del paese. Dalla Resistenza all'altro ieri i partiti di massa avevano vietato le trasmigrazioni, bollando le rarissime persone che le facevano con l'accusa infamante di tradimento.»

Non era un sistema un po' rigido?

«Sì, lo riconosco, ma era un antidoto efficace per un paese come l'Italia. Siamo ritornati agli anni che precedettero il fascismo, al notabilato che da Crispi a Giolitti era la modalità per realizzare il trasformismo. Ecco, io vedo con Di Pietro riemergere il trasformismo italiano.»

XII
Lettere dal carcere

Pomicino: «Chiesi a Di Pietro l'orazione funebre»

«Caro dottor Di Pietro, anch'io, una volta che non ero più deputato, ho chiesto legittimamente a un mio carissimo amico un prestito di settanta milioni per transigere con la Montedison. Un prestito restituito dopo appena venti giorni per il semplice fatto che Montedison non accettò la mia offerta. Ebbene, per quel prestito io sono stato arrestato con l'accusa di estorsione e sono ancora dinanzi ai giudici del tribunale dei ministri di Napoli...»

Vittorio Feltri pubblica sul «Giornale» del 21 luglio 1997 una lunga lettera aperta di Paolo Cirino Pomicino ad Antonio Di Pietro. Titolo di prima pagina: «Caro dottore, io per un prestito fui arrestato». È appena esplosa la nuova polemica sui prestiti dell'imprenditore D'Adamo al pubblico ministero di Mani pulite e Pomicino ne approfitta per ricordare che a lui un prestito è costato carissimo.

Cirino Pomicino è uno dei dirigenti più importanti della «vecchia Dc» o, se preferite, della Prima Repubblica. È andato sotto processo parecchie volte per Tangentopoli, ma – dice lui stesso al «Corriere» il giorno dopo la lettera apparsa sul «Giornale» – «tutte le procure che hanno indagato su di me, Milano compresa, hanno avuto modo di accertare che i contributi ricevuti sono stati destinati tutti alle attività politiche ed elettorali».

Pomicino appartiene a quella cerchia di persone che quando hanno una battuta sulla lingua non rinuncerebbero a dirla per nessuna ragione. Eppure il suo rapporto con Di Pietro è ottimo. Tanto è vero che quando nel gennaio del '97 sembrava che un infarto se lo portasse via, Di Pietro corse al Gemelli per visitarlo.

La notizia m'incuriosì. Chiamai e mi rispose una figlia. «Papà sta molto male e deve essere operato a Londra.» Lasciai i miei auguri.

Il 5 marzo Pomicino mi richiamò dal suo letto di un ospedale inglese. La voce era stanca, ma lo spirito era inconfondibile: «Anche stavolta non sono morto. Il mio problema è stato sempre la precocità. Prenda Agnelli e Biagi: anche loro hanno avuto un secondo intervento di by-pass, ma a settantatré anni perché il primo infarto l'hanno avuto a sessanta. Io me lo sono preso a quarant'anni, a quarantasei ho avuto i primi quattro by-pass a Houston, poi ho avuto il secondo infarto a cinquantotto anni, nel gennaio del '97, e a febbraio m'hanno messo altri due by-pass. Adesso sono disarmato. Di Pietro? Un giorno ne parliamo».

Quel giorno arriva nell'estate del '97 e la storia merita di essere raccontata.

«Giovedì 23 gennaio alle dieci di sera mi viene l'infarto. [*Pomicino è medico, quando è diventato deputato a ventisette anni ha lasciato una promettente carriera di neuropsichiatra.*] Sono solo in casa a Roma con un giovane amico che mia figlia Ilaria mi aveva pregato di ospitare. Avverto Ilaria, chiamo un taxi e salgo ormai semisvenuto. Andiamo al Gemelli. Lì, secondo la tradizione ospedaliera italiana, mi mettono su una sedia a rotelle e mi dicono: aspetti un momento. Allora dico al ragazzo che mi accompagna: buttami dentro la medicheria. Vi entro di colpo sulla sedia a rotelle dicendo: sono Cirino Pomicino, ho quattro by-pass e l'infarto in corso. Detto questo, ho un arresto respiratorio, mi fanno di corsa un'iniezione e mi portano nell'unità coronarica. La mattina dopo la notizia comincia a circolare. Prego allora Ilaria di avvertire due persone: Giulio Andreotti e Antonio Di Pietro.»

Ma che c'entra Di Pietro?

«Adesso ci arrivo. Ilaria gli lascia la chiamata, lui molto carinamente dopo un paio d'ore richiama e Ilaria gli dice: guardi, papà sta male, molto male e mi ha detto di ricordarle quell'impegno.»

Quale impegno?

«Un momento. Di Pietro le dice: io sono a Milano, prendo un aereo e in due ore sono a Roma. A mezzogiorno e un quarto arriva nell'unità coronarica. Il professor Masari mi sta visitando, lo fa aspettare venti minuti e poi lui entra. L'incontro è molto toccante...»

E l'impegno?

«L'impegno con me Di Pietro lo ha preso all'inizio di gennaio del '95. Lui si è tolta la toga qualche settimana prima, io sono ancora imputato nel processo Enimont [*verrà condannato a due anni e sei mesi per finanziamento illecito al partito*], lo cerco, lui mi riceve nella sua casa vicino al Duomo e io gli dico: sto andando a Houston per fare una coronografia di controllo. Spero di rientrare e di avere il tempo per sconfiggere nell'immaginario collettivo il ruolo di grande profittatore che mi è stato cucito addosso. Ma se non tornassi, io non potrei lasciare alla mia famiglia il marchio di corrotto. Poiché lei sa che io ho preso soldi solo ed esclusivamente per finanziare la politica del mio partito, le chiedo l'impegno di pronunciare l'orazione funebre davanti alla mia bara.»

E Di Pietro?

«Accetta.»

«Ma poi decisi di non morire»

E che cosa avrebbe dovuto dire nell'orazione funebre?

«Che io non ho rubato. Di Pietro sa – e la Guardia di Finanza ha accertato – che i finanziamenti ricevuti dalla Ferruzzi sono andati solo ed esclusivamente alla corrente del mio partito.»

Quanti soldi?

«Poco meno di sei miliardi.»

Tutti alla corrente andreottiana?

«Tutti alla corrente dell'allora presidente del Consiglio. Le cose andarono così. Quando Raul Gardini uscì dalla Ferruzzi, Carlo Sama e Giuseppe Garofano [*Sama, cognato di Gardini, era rimasto nella società di famiglia diretta da Garofano*] volevano riaccreditarsi con il sistema politico. Nel maggio '91 Sama venne da me e mi disse: Agnelli finanzia il Partito repubblicano e la Dc, De Benedetti il Pri e il Pci, Berlusconi è vicino al Partito socialista. Noi della Ferruzzi non abbiamo avuto mai un rapporto strutturato con una componente politica e vogliamo farci carico delle necessità elettorali della corrente del presidente del Consiglio. Era il periodo in cui Cossiga minacciava di sciogliere le Camere e di far svolgere le elezioni anticipate nel '91. Ebbe per questo una forte polemica con la Iotti e con Scalfaro e al congresso socialista di Bari anche Craxi ventilò l'ipotesi di fare le elezioni anticipate.»

E i Ferruzzi finanziarono voi andreottiani.

«I sei miliardi furono distribuiti tra i deputati della corrente. Ma la questione Enimont era di otto mesi prima, questo finanziamento non c'entra niente e Di Pietro lo sa.»

Sama confermò?

«Ci vedemmo davanti a Di Pietro per un confronto nel dicembre del '93. Io dissi quello che le ho appena detto. Sama disse di non ricordare. Ma Di Pietro sa come stanno le cose. Tanto è vero che nel 1996, quando lui era ministro dei Lavori Pubblici, gli scrissi una lettera in cui gli ricordavo che quando io volevo fare una transazione con Montedison offrendo settecento milioni, lui mi disse: ma perché glieli deve dare? Sono loro che son venuti a offrirle il contributo.»

Che cos'altro avrebbe dovuto dire Di Pietro nell'orazione funebre?

«Che è sbagliata anche la richiesta di rinvio a giudizio per corruzione nel processo Enimont. Ma Di Pietro mi disse: guardi, io ho sbagliato a mettere il suo nome nella richiesta, la prego di avvertire Davigo e gli altri, io purtroppo non sono più magistrato, ma insomma è stato proprio un errore mio. Un errore materiale.»

Non glielo poteva dire lui a Davigo che si era sbagliato?

«Di Pietro mi disse che glielo avrebbe detto, ma mi suggerì di farmi interrogare sull'argomento. Nessuno mi ha mai interrogato. Insomma Di Pietro sa che il finanziamento è finito interamente ai deputati della mia corrente, che i soldi mi sono stati offerti con la motivazione detta da Sama e che io non c'entro niente con Enimont. Per questo avrebbe dovuto pronunciare l'orazione funebre. E per questo l'ho chiamato a testimoniare davanti alla Corte dei conti.»

Di Pietro testimone?

«Certo. La Corte ha promosso nei miei confronti un'azione di risarcimento e io ho chiamato a deporre Di Pietro che sa come stanno le cose.»

Lei ha chiesto a Di Pietro di assumere l'impegno nel gennaio del '95. Prima dell'incontro di due anni dopo in ospedale non vi eravate più rivisti?

«Ci siamo rivisti a Pasqua del '95. Ci incontrammo per caso vicino all'albergo Santa Chiara, qui a Roma, tra Camera e Senato. Lui mi disse che stava per diventare garante del "Telegiornale" di Gigi Vesigna, un quotidiano che sarebbe uscito di lì a poco [*e che cessò prestissimo le pubblicazioni*], in modo da aspettare un po' prima di fare direttamente politica. Io gli risposi: se lei vuole scrivere sulle collezioni di vasi cinesi del periodo Ming, capisco che questo può essere un passatempo prima di entrare in politica. Ma se la sua attività pubblicistica tocca temi squisitamente politici, be' in politica c'è già entrato, magari senza accorgersene.»

E lui?

«Era molto incerto. Lui sapeva che la popolarità è un po' come il vecchio potere: se non lo si usa, si consuma con l'andar del tempo. Per questo lui aveva accettato di fare il ministro dell'Interno di Berlusconi...»

Accettato?

«Lui mi disse che avrebbe accettato se Scalfaro non glielo avesse impedito. Questo me lo disse nel luglio del '94.»

Dove?

«Al Palazzo di Giustizia di Milano quando andai a parlargli dei settecento milioni da restituire alla Montedison e lui mi disse: ma insomma, perché? Lei a questo punto si chiederà perché Di Pietro parlasse di queste cose con me.»

Mi ha letto nel pensiero.

«La ragione è semplice. Il 30 novembre del '93, quando mi interrogò per la prima volta sulla vicenda Enimont, io gli spiegai che una volta sputtanati e spazzati via noi moderati della vecchia classe dirigente, lui sarebbe dovuto entrare in politica come Rudolph Giuliani a New York. E siccome la politica per chi non la fa è come una sirena, ne abbiamo riparlato sempre. Con lui ho sempre mantenuto un ottimo rapporto.»

Come mai?

«Perché lui ha agito nei miei confronti con correttezza professionale. Non ha fatto come i suoi colleghi napoletani che mi hanno scaricato addosso la corruzione, la concussione, la camorra, l'iradiddio.»

Scusi, Pomicino. Posso chiederle come vive?

«Faccio il giornalista e come free-lance guadagno discretamente.»

Lei usa molti pseudonimi... «Yanez per "Il Tempo", Geronimo per "il Giornale" [*quando Pomicino fu arrestato, Feltri fece scrivere subito un articolo a firma Geronimo per coprirlo*], Forrest Gump per "Il Messaggero", ma lì ho smesso perché la linea del giornale è troppo vicina al Tesoro. Infine, Seneca per un settimanale economico napoletano.»

A proposito: lei non è più morto.

«Per la verità la sera del 24 gennaio, poco dopo la visita di Di Pietro, i medici dissero a mia moglie che avevo soltanto poche ore di vita e mi fecero impartire l'Estrema unzione. Chiamai allora mia moglie Wanda, le mie figlie Claudia e Ilaria, mio genero Antonio Tropeano e feci una specie di pistolotto pieno di raccomandazioni. Alla fine dissi: però, scusate, per certi miei calcoli scaramantici, io stavolta non muoio. E così fu.»

Aldo Ferrua, un giudice nel tritacarne

«Invece di un prestito, io ebbi uno sconto sull'automobile da un venditore che gli sconti li faceva a tutti e che insistette moltissimo perché io comprassi. Per questo fui condannato e poi assolto. Contro Di Pietro non ho niente e sono contento che sia stato assolto nei processi penali. Ma per favore, non paragonatemi a lui, come hanno fatto i giornali. Io non ho avuto ricchi favori da persone importanti rivelatesi poi imputate di reati gravissimi. I nostri casi non hanno niente in comune. Hanno rivoltato la mia vita, mi hanno chiesto le ricevute per i lavori di ristrutturazione della mia casa nel '75 e, quando le ho portate, mi hanno detto che non servivano. Ma intanto hanno mandato fior di investigatori a casa di artigiani che avevano lavorato per me più di vent'anni fa. Hanno minacciato di accompagnamento coatto un idraulico che aveva giurato di essere stato sempre saldato regolarmente. Hanno interrogato tre volte un falegname: tutto a posto anche lì. Sono andati a un ristorante di Asti dove ogni anno offrivo un pranzo ai dipendenti della mia procura per vedere se pagavo il conto. Sempre. Ma tra le carte processuali non ne hanno messa una a mio favore. Tutto questo mi è costato un cambiamento d'ufficio, una crisi depressiva, due infarti e tre by-pass. E dopo l'assoluzione, il Csm mi ha ammonito perché avevo accettato dei biglietti omaggio per le partite del Torino e un paio di cassette di bottiglie di vino senza sapere che me le aveva mandate il mio accusatore. Qualche bottiglia nel Monferrato, capisce?, dove a Natale si regalano fiumi di vino. Eppure ho avuto la forza di riprendere con serenità il mio lavoro, il primo settembre '96 presso la Corte d'Appello di Torino. Perché guardi: io alla giustizia ci credo.»

Aldo Ferrua, nato a Mondovì il 5 febbraio del '41, dimostra un po' più dei suoi anni. Probabilmente non è mai stato un Rodolfo Valentino, ma la storia dell'Alfa 33 comprata con lo sconto gli ha distrutto la vita e stava per mandarlo al cimitero.

Me la racconta una sera dell'autunno '97, quando mi fermo un paio d'ore nella sua casa di Nizza Monferrato, tra Alessandria e Asti, per capire come possa essere forte l'accanimento giudiziario contro un giudice qualunque. Uno dei tanti procuratori della repubblica senza correnti e senza potere che fa il suo dovere con scrupolo e diligenza, pur senza apparire sempre in Tv e sui giornali, che vive nella profonda provincia piemontese, ha avuto il nome sui giornali soltanto quando hanno trovato le armi in casa di Graziano Mesina che si era stabilito da queste parti e ha assaporato a sue spese la perversione di certe inchieste. Un magistrato messo nel tritacarne dai suoi colleghi e che ancora adesso si guarda intorno incredulo di essere nuovamente «il signor giudice» (anche se al posto di procuratore capo presso la Pretura circondariale di Asti ha rinunciato per dovere di trasparenza, come si dice, al momento della condanna che pure riteneva ingiusta e inaccettabile), ma insomma contento di essere tornato una persona rispettabile. Anche se non aveva fatto nulla per non esserlo più.

Capito a ora di cena e la signora Egle, con l'aiuto della mamma, mi prepara un banchetto piemontese d'altri tempi.

Chissà come, mi torna il pensiero alla ricostruzione del Friuli. Anche le anime di questa casa sono state devastate da un terremoto e adesso si festeggia la ricostruzione. Durante la cena – davanti ai suoi ragazzi Elena e Andrea e all'amico di sempre Bruno Dalmasso – Aldo Ferrua, figlio di una famiglia semplice di operai, dove l'onestà e lo stare all'onore del mondo non avevano mai fatto rimpiangere la mancanza di lauree o diplomi, mi racconta così la sua storia. Un po' parlando e un po' leggendo qua e là dalla bozza del libro che ha cominciato a scrivere con il titolo *Giudice, alzatevi!*

Se è innocente, perché piange?

«Ho deciso di scrivere questo libro» mi dice «dopo che quest'estate mi hanno tirato in ballo giornali e televisioni per confrontare il mio caso con quello di Di Pietro.» Si è stufato di dire che l'errore giudiziario è un fatto fisiologico del processo, e di sentire mezze verità sulla vicenda.

«Aldo, alzati, mi disse l'avvocato Bruno Dalmasso, mio vecchio compagno di scuola che mi difendeva insieme al professor Gilberto Lozzi. Stavano per leggere la sentenza, io sapevo bene che bisogna alzarsi, quante volte l'avevo ricordato a imputati che restavano seduti? Eppure in quell'aula del tribunale di Milano non ci riuscivo. Avevo la testa altrove, ero uscito da cinque giorni dall'ospedale dopo un infarto e un pesante intervento alle coronarie. Finalmente mi alzai e non riuscivo a rassegnarmi del fatto che fossi io, un giudice, a star lì con gli occhi bassi ad ascoltare un verdetto di condanna a due anni. Un giornale scrisse che battevo la mano sul banco. Non me ne accorsi. Mi dispiace d'averlo fatto, ma ero profondamente indignato. E disperato. Avevo voglia di piangere, ma mi trattenni pensando a una frase terribile che mi aveva detto Giovanna Ichino, il pubblico ministero di Milano, durante il primo interrogatorio: lei insiste nel dire che è innocente e poi piange; come si spiega?

«Ha presente Beppe Fenoglio in *La malora*? Quando la madre del protagonista riceve una notizia terribile, commenta: è come quando d'estate ti tempesta sulla vigna. Sulla mia vigna la tempesta arrivò il 22 luglio 1994, nel campeggio Saragozza di Vignola Mare, in Sardegna dove teniamo da anni la nostra roulotte. Mi telefonò un amico di Asti dicendo: non è ancora ufficiale, ma quei due ti hanno denunciato. "Quei due" erano due pubblici ministeri di Asti, Saluzzo e Monti, con i quali avevo avuto seri problemi di convivenza, tanto che a Saluzzo avevo perfino tolto il saluto. Che significa: ti hanno denunciato?, dico io. Significa che hanno raccolto una denuncia contro di te e l'hanno trasmessa a Milano, competente a giudicare sui magistrati di Asti. Ma chi mi ha denunciato? E perché? Quella sera non cenammo. Mia moglie, mio figlio e io ce ne stemmo chiusi nella roulotte.»

Ferrua legge qua e là dalla bozza del suo libro. Preferisce non anticipare certe cose: gli argomenti più intimi e delicati vuole essere lui a raccontarli in prima persona, soprattutto quelli che riguardano la sua vita; ma anche temi delicati che riguardano i pentiti (come il Torello che lo ha denunciato), la separazione delle carriere dei magistrati, l'attività della polizia giudiziaria.

«L'indomani mattina chiamai Borrelli, il procuratore di Milano. Tra colleghi ci si dà del tu. Io gli diedi doverosamente del lei: in quel momento capii che ero diventato un'altra persona. L'indomani ero a Milano, per presentarmi spontaneamente. Quel Palazzo di Giustizia che avevo visto soltanto in televisione mi apparve orribile. L'inchiesta era affidata alla Ichino. Non mi disse chi erano i miei accusatori, né di che cosa mi accusavano. Mi chiese invece se potevo documentare come avevo acquistato e ristrutturato la casa in cui vivevo, se ero solito pagare i fornitori e i meccanici, come e perché avevo comprato un'automobile dal concessionario dell'Alfa Romeo di Asti, Guido Torello, se questi mi avesse mandato qualche bottiglia di vino. I miei avvocati avevano capito l'aria e mi dissero a voce alta: così non va, lascia che ti muovano addebiti precisi, che il giudice scopra le sue carte in modo che tu possa difenderti. Io non li ascoltai, ma avevano ragione loro. Soltanto sei mesi più tardi seppi di che cosa ero accusato. Lo seppi con la richiesta di rinvio a giudizio, che conobbi da giornali e televisioni prima che dalla Procura di Milano.»

«Una sola pagina contro di me»

«Il mio accusatore si chiama Guido Torello. Piccolo, grassottello, sorridente, arguto. Pentito. Dopo il fallimento della sua concessionaria d'auto, mi aveva denunciato insieme con altre decine di persone. Una sola pagina contro di me su venti di verbale. Ma bastava. Avevo incontrato Torello all'inizio del '92 attraverso uno zio meccanico. Un giorno si presentò in casa mia, qui a Nizza Monferrato dove abitava anche lui. Venne senza preavviso dicendo di essere stato truffato e chiedendomi come si presentasse una querela. Anche se nei piccoli centri si usa chiedere subito al pretore come riparare a un'ingiustizia, io gli dissi di cercarsi un avvocato. Pochi giorni dopo presentò la querela dicendo di essersi rivolto a un tizio per un prestito e di avergli firmato delle cambiali che l'altro avrebbe messo all'incasso senza versargli il denaro pattuito. Chiedeva dunque il sequestro di tutte le cambiali. Seguendo la prassi del mio ufficio e con l'avallo del Gip sequestrai soltanto la prima cambiale, poi tentai una conciliazione senza riuscirvi, infine procedetti senza istruttoria e senza proteste da parte dell'indagato al sequestro delle altre cambiali alla scadenza, autorizzando peraltro una banca a procedere civilmente contro Torello non appena me lo chiese.

«Che c'entra tutto questo? C'entra perché, dopo il primo sequestro, Torello mi aveva mandato in modo del tutto anonimo e con una bolla di consegna rivelatasi falsa un paio di cassette di vino che mia suocera ripose nella dispensa senza nemmeno avvertirmi. Successivamente, quando seppe che ero tifoso del Torino, Torello si offrì di girarmi alcuni biglietti in omaggio per le partite che lui non utilizzava, di quelli che tutte le società calcistiche regalano a centinaia per ogni partita.»

«Successivamente decisi di sostituire una vecchia Talbot che avevo comperato di seconda mano nell'82. Cercai in giro un'altra auto usata e stavo per comprare una Fiat Tipo in ottimo stato da un brigadiere della Finanza per dodici milioni e mezzo. Quando Torello lo seppe, mi disse che allo stesso prezzo mi avrebbe venduto un'Alfa 33 nuova. Io dissi che preferivo la Tipo, lui insistette, mi disse che se gli avessi dato i soldi subito nel giro di un paio di giorni avrei avuto l'auto. Mi disse, calcolatrice alla mano che lui ci guadagnava ancora bene, perché aveva occasioni speciali. E io tanto gli credetti che dissi il prezzo pagato a tutti gli amici, spiegando che se avessero comprato da lui avrebbero fatto un affare. Gli diedi quel che mi chiese: un assegno da quattordici milioni e mezzo, con uno sconto di sei milioni. Era riuscito così a farmi pagare due milioni in più rispetto a quello che avevo preventivato per la Tipo. Ma l'auto non arrivava. Dopo un mese, quando gli avevo detto di restituirmi il denaro e annullare la vendita, mi arrivò la macchina. Ma era senza targhe. Temevo che non avrei visto più né soldi né auto.

«Ancora un mese e arrivarono anche le targhe. Ma non c'era il foglio complementare sicché temetti che la 33 non fosse nella sua disponibilità e che io fossi stato truffato. Dopo un altro mese ottenni il foglio complementare, ma pagandolo a mie spese. (Al dibattimento Torello ammise che si faceva negare perché aveva speso i soldi diversamente.) L'auto comunque aveva un mucchio di difetti: non funzionavano né la radio né il condizionatore e dovetti sostituire integralmente la centralina elettronica.

«Inoltre al dibattimento emerse che nel 1992 su centoventi auto vendute, Torello ne aveva cedute una ventina sottocosto e almeno trenta, come la mia, al prezzo di costo, tanto che l'Alfa Romeo aveva dovuto richiamarlo ufficialmente per aver fatto concorrenza sleale agli altri concessionari. Risultò anche che quello stesso anno Torello aveva regalato vino per nove milioni.»

«Cominciarono a venirmi brutti pensieri»

«L'incriminazione per concussione, abuso d'ufficio e omissione di atti d'ufficio in un paio di mesi distrusse la mia vita. I miei figli Andrea ed Elena cominciarono a saltare le sessioni d'esame all'università. Pur facendo di tutto per tranquillizzarmi, mia moglie Egle reggeva la situazione, ma cominciò a preoccuparsi per me. Dimagrii improvvisamente, tanto che dovetti andare a un supermercato (di soppiatto per non farmi vedere dalla gente perché mi vergognavo e non uscivo più di casa) a comprarmi qualcosa di taglia 48, perché il 52 era ormai eccessivo. Non pensavo più al processo. I miei pensieri erano diventati altri. Pensieri brutti, sempre più brutti. A volte erano pensieri puerili, con accenti di magia e superstizione che non mi erano mai appartenuti. Ma erano sempre assillanti e orribili. In una delle mie tante notti di insonnia, mentre tutti in casa dormivano, mi venne la curiosità di controllare se in un cassetto chiuso a chiave c'era ancora una pistola di piccolo calibro che tenevo per difesa personale. Mi alzai piano per rovistare nella biancheria ma avvertii una mano leggera sulla mia spalla. Era Egle: "Vieni a letto, tanto non c'è più".

«Il mio cervello lavorava a getto continuo, ma aveva quasi interrotto i contatti con la parola. Mi usciva ogni tanto di bocca qualche cosa di tronco e privo di senso. Se mi chiedevano che cosa stessi dicendo, rispondevo che non avevo parlato. Quando mi dissero, con mille giri di parole che sarei dovuto andare da uno psichiatra, urlai che io non avevo bisogno di niente e andai a chiudermi in camera mia. Poi per fortuna, parecchio tempo dopo, quando effettivamente mi sentivo al lumicino e non avevo più la forza di oppormi, cedetti e accettai le cure, e in due mesi riemersi.

«A Milano la Ichino intanto aveva fatto controllare tutti i miei conti bancari, concludendo poi che era tutto assolutamente regolare, ma costringendomi a passare una notte sveglio per darle spiegazione di alcuni piccoli versamenti di nessunissima importanza di alcuni anni prima.

«Ma quando sembrava che il mio processo stesse per essere archiviato, la Procura della repubblica presso il tribunale di Asti sospettò qualcosa di illecito nel fatto che io non avessi disposto l'autopsia su un tizio che alla mia Procura risultava morto in un normale incidente stradale (secondo le indagini svolte da un mio sostituto, e stando al responso di tre certificati medici e di due rapporti dei carabinieri), ma che secondo le recentissime investigazioni dei miei colleghi Saluzzo e Monti pareva fosse stato finito da due killer, intervenuti a incidente avvenuto. (La Ichino ha poi chiesto l'archiviazione di questo "incomprensibile" procedimento a mio carico, ma lo ha fatto solo un paio di mesi fa; in compenso, però, del famoso processo contro i presunti autori di quell'ipotetico omicidio fino a ora non si è saputo più nulla.)

«Nel gennaio del '95 arrivò però la richiesta di rinvio a

giudizio per la storia di Torello. Poiché vi erano altre inchieste su altri magistrati di Asti per altre vicende, giornali e telegiornali si scatenarono: "Quattro giudici dalla doppia vita", "Asti, soldi e sesso in Procura", "Toghe nel fango" e così via.

«Il Gip Maurizio Grigo, quello di Mani pulite, su richiesta della Ichino e accogliendo integralmente le sue istanze, senza che mai io fossi posto a confronto con il Torello, aveva deciso che io fossi processato per concussione e abuso per i biglietti omaggio del Torino, per le bottiglie di vino e per aver chiesto in regalo la 33, adattandomi a versargli poi un prezzo ridotto! Nei suoi interrogatori Torello aveva detto una ventina di falsità, tutte smentite al dibattimento ma che avrebbero potuto essere smascherate già prima quando io le avevo puntualmente evidenziate, se solo si fosse indagato in merito.

«La mia immagine, inoltre, risultava particolarmente offuscata davanti ai giudici milanesi, per i riferimenti che la pm faceva loro in merito alla questione della omessa autopsia, mentre ad Asti, Procura e polizia continuavano a indagare su quell'incidente stradale.»

«Vergogna infinita, famiglia umiliata»

«La prima udienza del mio processo davanti ai giudici di Milano era fissata per il 12 maggio del '95 e io, sicuro com'ero di me, riuscii a non farla rinviare solo facendo leva sulla mia precaria salute, perché era in atto uno sciopero degli avvocati e il rinvio sarebbe stato pressoché obbligatorio.

«Mi avevano fatto pochi giorni prima un'angioplastica con sette *stent*, una ferraglia che si usa per tenere aperte le coronarie. Lo stress in quell'anno era stato forte: tutta la mia vita analizzata al microscopio, analisi bancarie su di un conto fatto di soli stipendi, una vergogna infinita, una famiglia forte e incrollabile ma umiliata. I medici mi dicevano che avevo soltanto bisogno di tranquillità, ma che era assolutamente necessaria per evitare il peggio. Io credevo nel dibattimento, ne ero sicuro. Ma ci misi poco a perdere la mia sicurezza. Bastò una mia battuta scherzosa a un teste, che la Ichino riferì subito la cosa al presidente Gamacchio, e quasi mi fecero un processo nel processo. Di lì cominciai a capire che avevo poche probabilità di uscirne indenne.

«Dopo la condanna arrivarono da ogni parte messaggi di solidarietà, ma io continuavo a ripetermi come un automa: che vergogna! La mia famiglia in apparenza era tranquilla e nascondeva la sua rabbia. Ma i ragazzi all'università perdevano colpi. Poco prima del processo morì mio padre che aveva più di novant'anni. Andavo a trovarlo ogni giorno: non leggeva più i giornali, ma quando mi guardava fisso negli occhi avevo il terrore che avesse saputo tutto anche se io non gli avevo detto niente. Sperando di evitare la sospensione, chiesi il trasferimento alla Corte d'Appello di Torino, come semplice consigliere, rinunciando alla mia funzione direttiva di Procuratore della Repubblica.

«Ricordo la foga con cui un giovanissimo consigliere del Csm mi disse che in quei casi il trasferimento bisognerebbe chiederlo per sedi molto ma molto più lontane. Se un giorno lo incontrerò gli dirò ciò che in quella sede e in quella circostanza non ho potuto rispondergli. In ogni modo fui sospeso dall'ufficio a tempo indeterminato e il mio stipendio fu ridotto di un terzo.

«Quando nel settembre del '95 furono depositate le settantaquattro pagine della sentenza in cui, tra l'altro, il mio accusatore veniva marchiato con giudizi pesantissimi, ebbi la certezza che, a dispetto del dispositivo di condanna, quel documento sanciva inequivocabilmente la mia innocenza. Le pagine di vera motivazione erano solo le ultime quattro, ma gli argomenti non stavano in piedi. Mi venne da commentare con il linguaggio di Di Pietro: "Quello che si dice non è vero, ma anche se si ammettesse che lo fosse, per puro amore di discussione, che ci azzecca con il reato di abuso per cui sono stato condannato a due anni?".»

Due infarti, una assoluzione

«Nel febbraio del '96 ebbi il secondo infarto: al contrario del primo questo era grosso, come i medici avevano temuto. Il cardiochirurgo entrando in sala operatoria disse a mia moglie: "Farò il possibile, ma non le assisuro niente". Fui operato d'urgenza, con tre by-pass, rimasi una settimana in sala di rianimazione, un mese in ospedale e quindici giorni in riabilitazione. Proprio in quei giorni Elena discuteva la tesi in ingegneria al Politecnico di Torino, figurarsi con quale entusiasmo.

«Il 27 giugno del '96 fui assolto in appello, perché il fatto non sussiste, senza necessità di assumere testi o produrre documenti. Bruno aveva i lacrimoni e andò dal presidente a dirgli: "Avete assolto un galantuomo". Quello rispose secco: "Il diritto è diritto, l'udienza è tolta".

«Mia moglie mi abbracciò ma non riuscimmo a dire una parola. Mio figlio era militare: quando gli diedero la notizia scoppiò in un pianto dirotto davanti a tutto il plotone. La sentenza sancì tra l'altro che io, nel processo che riguardava Torello come parte lesa querelante, avevo compiuto atti non solo legittimi, ma doverosi. Il procuratore generale non impugnò nemmeno la sentenza di assoluzione.

«Tornai al Csm per la revoca della sospensione. Nessuno al palazzo dei Marescialli mi strinse la mano o si rallegrò per l'esito del mio processo. Ripresi il lavoro.

«Ma il 22 luglio del '97 dovetti tornare davanti alla disciplinare: mi si contestava non di aver già acquistato quell'autovettura, ma di aver sfruttato quei biglietti omaggio per le partite del Torino e di non aver restituito quelle bottiglie di vino inviate a mia insaputa dopo le feste di Natale, così "mancando ai propri doveri di correttezza e fedeltà, rendendosi immeritevole della considerazione e della fiducia di cui doveva godere, compromettendo il prestigio dell'ordine giudiziario". Ritenevo (e ritengo) di avere validissimi argomenti per contestare quell'addebito così pesante, ma mi ero comunque chiesto se si sarebbe messo sul piatto della bilancia anche quanto già avevo personalmente sacrificato sull'altare della giustizia relativamente alla mia vita pubblica e privata. Invece, nonostante l'appassionata difesa del mio collega Maurizio Laudi, mi è stata inflitta l'ammonizione, la più leggera delle sanzioni, ma pur sempre una sanzione.

«Non appena mi sarà notificata la motivazione, presenterò ricorso contro di essa alle sezioni unite della Corte di Cassazione come previsto dalla legge.

«Il 18 settembre '97 ho ripreso il lavoro dopo la pausa estiva, la pubblicità sui mass media e il Csm. È toccato a me presiedere la terza sezione penale della Corte d'Appello di Torino (come delegato del presidente), così come ho già fatto nei tre quarti delle udienze cui ho partecipato in un anno. Nonostante tutto, non ho perso né fiducia né sicurezza. Nella giustizia ci credo ancora, io.»

Sta per partire il vagone letto per Roma. Mi accompagna Andrea. Sulla porta, Ferrua mi dice: «Se mai decidessi di pubblicare il mio libro, mi farebbe la prefazione?».

Certo, giudice, certo.

Manette brevi, manette lunghe

Quando viene interrogato a Brescia nel '95 da Salamone e Bonfigli, Di Pietro spiega la sua amicizia con Antonio D'Adamo e dice che il costruttore gli ha presentato alcuni degli uomini chiave di quella che fu chiamata «la Milano da bere». Tra questi, Di Pietro fa amicizia con Sergio Radaelli e Maurizio Prada, che si riveleranno i «cassieri» del Psi e della Dc. Radaelli è stato consigliere d'amministrazione della Cassa di Risparmio delle Provincie Lombarde (la Cariplo) e il magistrato, come molte persone che contano, ottiene dal Fondo pensioni dell'istituto un appartamento a equo canone nel centro di Milano.

Sia Radaelli che Prada vengono difesi da Giuseppe Rosario Lucibello, l'avvocato amico intimo del pubblico ministero.

Radaelli viene arrestato il 5 maggio del '92, ma tutte le formalità vengono risolte in poche ore nella caserma dei carabinieri di via Moscova. Alle dieci del mattino Lucibello chiama Radaelli, il quale è ancora libero. Radaelli chiama Lucibello alle otto e mezzo di sera, già agli arresti domiciliari. Un paio d'ore più tardi, Di Pietro chiama per due volte Lucibello.

Come risulta dai tabulati Sip di cui entrò in possesso Bettino Craxi e che diffuse a fine giugno del '95, nei giorni precedenti i contatti tra Di Pietro, D'Adamo e Lucibello sono frequentissimi. E lo sono anche i contatti di Radaelli con il costruttore D'Adamo e con il suo avvocato. Di Pietro e Radaelli, invece, in questo periodo non si sentono.

Il 30 aprile vengono annotate dieci telefonate fra i quattro.

Il primo maggio, giorno festivo, Di Pietro chiama Lucibello quattro volte. Il 2 maggio una sola volta e una volta Radaelli chiama Lucibello. Il 3 maggio Di Pietro chiama tre volte Lucibello e Radaelli. Il 4 maggio Lucibello viene chiamato tre volte da D'Adamo e una da Di Pietro.

Il 5 è il giorno dell'arresto di Radaelli e del suo invio agli arresti domiciliari.

L'indomani Lucibello è chiamato tre volte da Radaelli, due da Di Pietro e una da D'Adamo. Meno di mezz'ora dopo la chiamata di Di Pietro a Lucibello, ne viene annotata una di Lucibello a Radaelli.

Se il percettore di tangenti per conto del Psi milanese non passa nemmeno un'ora a San Vittore, quello che svolge lo stesso servizio per la Dc vi passa una sola notte, contro il parere di Di Pietro che voleva evitargliela.

Il 4 maggio Maurizio Prada sente che le cose si mettono male, nomina proprio avvocato Bruno Senatore e l'indomani fa sapere a Di Pietro che intende essere ascoltato sull'inchiesta. Lo stesso giorno Di Pietro e Ghitti decidono di arrestarlo.

L'indomani mattina, 6 maggio, Prada viene perquisito e nel pomeriggio è interrogato dai due magistrati in stato d'arresto nella caserma dei carabinieri Monforte. Ricorda di essere stato nominato segretario della Dc milanese nel '79, dice che i partiti stanno nella Costituzione e non campano d'aria, ammette di aver quindi contribuito a raccogliere tangenti per il loro finanziamento, nega di aver mai costretto qualcuno a pagare o di aver fatto intimidazioni di sorta. L'avvocato Senatore e il pubblico ministero Di Pietro riconoscono all'unisono «il leale comportamento processuale dell'imputato» e ne chiedono gli arresti domiciliari. Ghitti si riserva di decidere, Prada passa la notte in carcere, ma l'indomani viene mandato a casa. Alla sua difesa si è intanto associato l'avvocato Lucibello.

Gabriele Cagliari si è ucciso dopo centotrentacinque giorni di carcere, Franco Nobili e Clelio Darida sono rimasti mesi a San Vittore senza essere sostanzialmente interrogati o almeno senza aver detto nei brevissimi incontri con i magistrati quel che i magistrati si attendevano che dicessero.

Basta questo a giustificare sorti tanto diverse? È così che quando incontro Piercamillo Davigo gli chiedo: è normale che ci siano persone trattenute tre ore in caserma e poi mandate a casa e persone che siano rimaste mesi in carcere senza essere interrogate?

«Certamente sì,» mi risponde il pubblico ministero «perché la giustizia consiste nel trattare in modo uguale casi uguali e in modo diverso casi diversi. Diversa è la posizione di chi arriva e fa muro, nome cognome e numero di matricola e l'altro che dice: va bene, mi hai preso, mi dispiace di essermi lasciato indurre sulla strada del crimine, adesso ti dico che cosa ho fatto.»

È permesso dire: non ho fatto niente?

«Certo, ma il problema è che uno non resta dentro perché dice di non aver fatto niente, il problema è dei legami che mantiene fuori. Se Buscetta smette di essere mafioso perché si pente, spiega com'è strutturata Cosa nostra e viene messo fuori, gli altri non possono dire: ci tenete dentro perché non parliamo. Loro restano dentro perché restano affiliati a Cosa nostra.»

Davigo mi ripete la tesi di Mani pulite che mi è stata illustrata negli anni tante volte da Francesco Saverio Borrelli. Poiché la legge non consente di trattenere in carcere una persona che si rifiuta di rispondere o risponde in modo non soddisfacente per i magistrati, la tesi di Mani pulite è che questo infatti non accade. Accade invece che le persone che non rispondono non sono affidabili sulla loro volontà di redimersi e poiché la legge prescrive l'arresto per chi potrebbe commettere di nuovo lo stesso reato, ecco che chi non parla come ci si attende che parli può legittimamente restare in carcere per evitare che commetta di nuovo un reato.

Resta da chiedersi perché esistono persone che vengono interrogate immediatamente dopo l'arresto e solo in caserma, altre che vengono interrogate in carcere dopo cinque giorni allo scadere dei termini prescritti dalla legge, altre ancora che vengono arrestate il venerdì in modo che possano auspicabilmente maturare durante il fine settimana. Ma questo è un altro discorso.

«Caro Nobili, ci racconti dell'Iri»

«Il 18 aprile 1920 padre Agostino Gemelli disse a padre Pio di essere venuto a esaminare le stimmate. Sicuramente pensava che quello gli avrebbe risposto: ma certo, si accomodi, quale onore, per lei questo e altro, o qualcosa del genere. Padre Pio invece si limitò a domandargli se aveva l'autorizzazione scritta del Sant'Uffizio. Il Gemelli non ce l'aveva, anzi era sicuro che senz'altro per lui si sarebbe fatta un'eccezione, vista la sua autorevolezza. Comunque rispose solo di no. E padre Pio fece altrettanto, andandosene. Padre Gemelli lo prese come un affronto e se lo legò al dito. Incassò e partì, dopo un: "Va bene, padre Pio. Ci rivedremo".»

Mi dice Franco Nobili: «Quando lessi nella biografia di padre Pio scritta da Rino Camilleri la persecuzione che il frate subì per opera di padre Gemelli, mi misi tranquillo e il carcere non mi pesò più».

Nobili è un uomo schivo e dopo alcune conversazioni che abbiamo avuto nell'estate del '97 sulla sua carcerazione di San Vittore, probabilmente prova disagio a vedere il suo nome e la sua storia stampati su queste pagine. Ma poiché Nobili è stato arrestato quando era presidente dell'Iri, le sue questioni hanno acquistato fatalmente una dimensione pubblica. E il fatto che il pubblico si sia dimenticato di quell'arresto, non toglie che esso meriti qualche riflessione.

«Vennero qui il 12 maggio del '93 alle sei di mattina. Avevo ricevuto poco prima una telefonata muta. Avevo risposto io. Erano sicuri che fossi in casa. Erano finanzieri, molto gentili. Avvertii il mio avvocato, prendemmo il caffè qui in salotto, mi dissero quali sono le cose che un detenuto porta abitualmente con sé. Andammo poi nel mio ufficio all'Iri. Prendemmo un secondo caffè. Dissi che avevo una cassaforte dietro la scrivania, ma che era vuota. Al momento della nomina avevo consegnato le chiavi al direttore competente. Ma quella mattina non si trovavano le chiavi. Va bene, mi dissero i finanzieri, se lei dice che la cassaforte è vuota, ci crediamo. No, dissi, voglio che verifichiate. Chiamammo un meccanico, la cassaforte fu forzata, era vuota. Erano intanto arrivati l'amministratore delegato dell'Iri, Michele Tedeschi, il segretario generale della programmazione economica, Corrado Fiaccavento, e il consigliere d'amministrazione Lamberto Cardia. Pensai di dimettermi immediatamente dalla carica. Non volevo che una mia sostituzione decisa dal governo fosse vista come un avallo al provvedimento di carcerazione.

Mi dimisi anche da tutte le altre cariche estranee all'Iri. Tedeschi e Cardia mi accompagnarono all'automobile: stia tranquillo, mi dissero.»

Nobili fu arrestato da Di Pietro e Ghitti. L'ingegner Fulvio Tomich, dirigente di Italimpianti, una società dell'Iri, interrogato a Milano, aveva nella sostanza dichiarato quanto segue: «Nel primo semestre del '90, incontrando Nobili in un luogo che non ricordo, comunque non nella sede dell'Iri, gli ho riferito che un dirigente della Techint, Scarone, mi aveva detto che bisognava dare seicento milioni a Vincenzo Balzamo, tesoriere del Psi, per un appalto dell'Enel. Nobili non mi rispose né con un cenno, né con una parola. Mi ritenni autorizzato».

Tomich non ricordava né il luogo, né la data di quest'incontro che Nobili negò fosse mai avvenuto. Ma lo collocò all'inizio del '90. L'amnistia che comprendeva anche il finanziamento illecito dei partiti copriva i reati commessi fino al 29 ottobre dell'89. Nobili fu designato il 3 novembre successivo e si insediò il 18 novembre. L'indicazione della data fatta da Tomich era assolutamente generica, ma sufficiente a escludere per pochi giorni Nobili dall'amnistia.

I difensori del presidente dell'Iri obiettarono, peraltro, che l'offerta di Italimpianti per l'appalto Enel era del 1987, l'appalto fu aggiudicato nel maggio 1989 e Nobili aveva sostituito Romano Prodi alla presidenza dell'istituto soltanto sei mesi più tardi. Avrebbe dunque autorizzato con il silenzio una tangente retroattiva.

A San Vittore, dopo la trafila che seguono tutti i detenuti, Nobili fu assegnato al braccio dei «politici»: trovò Clelio Darida, già sindaco di Roma e ministro della Giustizia, il segretario amministrativo del Pci Cappellini, il capo della finanza Fiat Mattioli, il segretario di Claudio Martelli, Restelli, quello di De Michelis, Casadei, un deputato liberale di Torino.

«Mi misero in cella con Vincenzo Santisi, un capomastro calabrese accusato di omicidio. Non ho mai capito se sia stato lui l'autore del delitto o se ne fosse incolpato per salvare un fratello più giovane. Vincenzo era molto affettuoso. Appena mi vide, disse: sarò il suo attendente. Anzi, il tuo, perché in carcere ci si dà subito del tu. Cucinava benissimo: riso, spaghetti all'amatriciana. Spesso offriva il pranzo anche a

Darida. Le guardie erano molto disponibili, potevo comperare quel che volevo allo spaccio, fare la doccia anche ogni giorno.»

Nobili fu visitato subito da Ghitti, il Gip dell'inchiesta condotta in Procura da Di Pietro, Colombo e Davigo. Durante l'incontro, Di Pietro si affacciò senza parlare e senza fermarsi.

Qualche giorno dopo, ci fu un breve interrogatorio con Colombo. Nobili era assistito dai due difensori di Roma, Paolo Roscioni e Maria Rosaria De Mucci e dall'avvocato Giuseppe Bana di Milano.

«Lei è qui per raccontarci tutte le nefandezze dell'Iri» gli disse Colombo. E Nobili: «Non le conosco. Desidero affermare, anzi, che sono stato io a inviare alla Procura della repubblica di Roma la pratica di Italsanità [*una tentata truffa ai danni di questa società dell'Iri per un programma di case di riposo*] con il parere favorevole di due consiglieri d'amministrazione dell'istituto, Cardia per la Corte dei conti e Azzariti, vice avvocato generale dello Stato».

(L'amministratore delegato della Stet, Giuliano Graziosi, dirà che quando il dominus della telefonia di Stato Giuseppe Parrella aveva sollecitato tangenti per assegnare all'Iri certi appalti, Nobili aveva ordinato che si rifiutassero i lavori.)

Prodi, Di Pietro e «i soldi alla Dc»

La Procura di Milano riteneva evidentemente che Nobili fosse depositario di segreti importanti sulle tangenti pubbliche. Era noto infatti che la Dc e il Psi si erano divisi con le presidenze dell'Iri e dell'Eni le principali aree di influenza sugli enti pubblici. Ma se l'Eni per fatturato, liquidità e possibilità di agire all'estero si era trasformato in un pozzo senza fondo, l'Iri aveva maggiore facilità ad agire sul piano della clientela e del consenso elettorale, controllando gigantesche attività soprattutto nel Mezzogiorno.

Questo non autorizza schematismi per i quali l'Eni era il mondo del peccato e l'Iri quello della virtù, ma certo il ruolo strategico delle due holding era profondamente diverso. Nonostante questo, i procuratori di Milano restarono a lungo convinti che l'Iri fosse per la Dc quella tesoreria che l'Eni era per il Psi.

Anche Romano Prodi restò impigliato in questa ragnatela di sospetti e ne uscì soltanto dopo una reazione molto ferma. Era stato presidente dell'Iri dall'82 all'89 (quando cedette l'incarico a Nobili) e poi era stato di nuovo richiamato da Ciampi nel '93. Il Professore aveva collaborato proficuamente con Gherardo Colombo negli anni Ottanta per la questione dei «fondi neri» dell'Iri e aveva recuperato anche dei quattrini. Questo non impedì che nel giugno del '93 subisse un interrogatorio di clamorosa durezza per opera di Antonio Di Pietro. Il pubblico ministero era partito da un'inchiesta su alcune aziende manifatturiere, era risalito fino ai rapporti tra la Stet e l'Azienda di Stato per i servizi telefonici e aveva interpretato in un certo modo un verbale d'interrogatorio di Giuliano Graziosi, che pure è stato definito «il verbale di un gentiluomo».

Interrogando Prodi in quel mese di giugno, Di Pietro entrava e usciva dalla stanza gridando: «I soldi alla Dc chi glieli ha dati?». Prodi si indignò e rientrato a Roma andò a lamentarsi da Scalfaro per la violenza del trattamento subìto. Il presidente intervenne con un monito pubblico e quando Prodi tornò per tre volte in segreto nell'ufficio di Di Pietro, non c'erano giornalisti fuori della porta ad annotare le urla del pm e soprattutto non c'erano più le urla. Era il periodo di quelle che furono chiamate le «Davigonomics», cioè le teorie di Piercamillo Davigo che vedeva nelle inchieste del Pool un momento di pulizia dell'intero sistema economico nazionale. E testimone discreto della vicenda fu Filippo Mancuso, consulente giuridico dell'Iri dopo aver lasciato la carica di procuratore generale presso la Corte d'Appello di Roma. E chissà che non sia stato un rapporto di lavoro riservato a creare un silenzioso e imbarazzato momento di gelo quando alla fine della campagna elettorale del '96 Prodi e Mancuso si trovarono di fronte nel faccia a faccia di Polo e Ulivo nel salotto televisivo di Lucia Annunziata.

(Nessuno, allora, avrebbe immaginato che Di Pietro sarebbe diventato ministro di Prodi e alla fine del '97 senatore dell'Ulivo. I due si rividero in segreto a Milano all'inizio del '95 a casa dell'ex presidente della Rai, Claudio Demattè, e poi a

Roma a casa di Marisa Garito, amica dei Prodi. Mi racconta un testimone: «Di Pietro fece subito suo il motto di Cuccia: le azioni non si contano, si pesano. Prodi lo corteggiava sapendo che il suo antiberlusconismo non lo avrebbe mai mandato nel Polo. Di Pietro, che era anche profondamente anticomunista, con la sua furbizia contadina, diceva: mi metto al centro e poi pesiamo le azioni...».)

Da via Rasella ad Andreotti

Torniamo a Nobili: «In carcere mi trovai bene. Venivo trattato con garbo e con cura, ricevevo regolarmente libri (in quelle settimane ne ho letti un centinaio) e giornali, scrivevo appunti, rispondevo a molte lettere [*durante la carcerazione ne ricevette tremilacinquecento*], mi fu consentito di frequentare il cappellano, don Giorgio Caniato. Andavo a messa quasi ogni giorno, la funzione domenicale veniva celebrata nella rotonda, il luogo sul quale convergono i diversi bracci del carcere. Dopo qualche tempo convinsi anche Cappellini a venirci [*dichiarerà il segretario amministrativo del Pci: «Nobili ci ha insegnato in carcere la dignità dell'uomo»*]. Vedevo raramente Cagliari perché lui aveva preferito stare in un altro braccio. Ci salutavamo con affetto incrociandoci nelle sale dei colloqui con gli avvocati. "Con questi magistrati non si ragiona" diceva. Io cercavo di fargli coraggio, ma era molto depresso. Quando a fine maggio venne a trovarmi il dottor Francesco Scopelliti, lo psicologo del carcere, mi disse: "Ma lei sta benissimo". Avevo 65/105 di pressione ed ero molto sereno. "Se non le dispiace," aggiunse "ogni tanto vengo a fare una chiacchierata con lei."».

Una volta alla settimana Nobili incontrava i familiari: «Dopo l'incredulità dei primi istanti, avevano reagito con molta forza d'animo». Il quadro che ci sta di fronte, nell'attico romano sulla Salaria, fu comprato in un negozietto in piazza Farnese dalla figlia di Nobili, Susanna, che fa l'architetto. «Il ragazzo ritratto sono io. Abitavo a palazzo Taverna e lì c'era lo studio del pittore Barberis, posavo per lui e mi dava cinque lire l'ora.»

Nobili è del '25, figlio di un sindacalista del Partito Popolare profondamente antifascista. Cominciò a far politica clandestinamente già al liceo, partecipando agli incontri con Spataro, Scelba, Gronchi all'Istituto De Merode in piazza di Spagna e al liceo San Gabriele dei Parioli. «Curavamo lo scambio dei messaggi tra i capi del Cln. Sono andato tante volte a San Giovanni in Laterano, territorio pontificio e per questo inviolabile, da monsignor Ronca che teneva nascosti in seminario De Gasperi, Nenni, Vassalli.»

Indossando la divisa del Sovrano Militare Ordine di Malta, Nobili nel '44 prelevava armi nelle caserme con la complicità di ufficiali antifascisti e le faceva uscire con un'ambulanza dell'Ordine di Malta.

Il 23 marzo del '44, giorno dell'attentato di via Rasella, Nobili doveva distribuire stampa clandestina, cattolica e di sinistra, subito dopo l'attacco. Ma mancò il coordinamento e quando esplosero le bombe si trovava in casa di Giorgio Sacerdote che custodiva i fogli proibiti. «Portammo le copie in terrazza dove c'erano i cassoni dell'acqua, scendemmo in strada attraverso le terrazze, andai al De Merode dove parlava Gronchi e la riunione fu immediatamente sciolta.»

Il 4 giugno del '44, il giorno della liberazione di Roma, Nobili fece parte della redazione che pubblicò il primo numero ufficiale del «Popolo»: c'erano Guido Gonella, Giovanni Sangiorgi, Ferdinando Storchi, Manlio Contri, Giuseppe Sala. E c'era Giulio Andreotti. Nacque l'amicizia di una vita. Nobili, che come presidente della Cogefar ha guidato per decenni la principale impresa di costruzioni italiana nel mondo, fu chiamato all'Iri dal governo Andreotti. E questo, probabilmente, gli fu fatale.

In carcere a Salerno, per sbaglio

Dopo un mese di detenzione a San Vittore, Nobili fu interrogato da Di Pietro. È un verbale di due paginette che Nobili porta sempre con sé nel portafoglio. Una pagina e mezza è riservata alle formalità. Nell'altra mezza pagina, l'ex presidente dell'Iri esclude che qualcuno gli abbia mai parlato di denaro o di favori chiesti da politici in relazione ad appalti e commesse dell'Iri, esclude di aver ricevuto consegne in questo senso dal suo predecessore Prodi e dal suo vice Armani, di aver mai disposto pagamenti illeciti o di aver consentito a chiunque di farne. Letto, confermato e sottoscritto.

In questo verbale non c'è ombra di contraddittorio e di contestazione. Ma Nobili rimase in carcere. Lui non si lamentava, ma mangiava poco e Vincenzo, il suo «attendente», gli diceva sempre che «chi fa la dieta perde chili e cervello».

A fine giugno, quando l'avvocato Bana andò da Di Pietro a chiedere quanto tempo il suo cliente sarebbe dovuto ancora restare a San Vittore, venne a sapere che a carico di Nobili c'era un nuovo ordine di arresto della Procura di Salerno.

Nobili cadde dalle nuvole: l'unico rapporto che aveva con Salerno era di esserne professore onorario nell'università. Fu comunque prelevato da un cellulare sabato 3 luglio e portato in Campania con un viaggio, assai pesante, di sette ore.

«A Salerno» mi dice Nobili «mi colpirono tre cose. L'accoglienza dei detenuti comuni. (Arrivammo la sera, quando la cena era già stata distribuita. E loro mi mandarono in cella d'isolamento spaghetti, carne e insalata.) Il fatto che mi tolsero gli occhiali, temendo che potessi farmi del male. E il fatto che, arrestato di sabato, mi abbiano interrogato soltanto il martedì successivo.»

Chi ha la fede di Nobili sopporta questo e altro, anche perché il cappellano Riccardo Sommella gli portava tutti i giorni la comunione in cella.

Ma quando sentì la contestazione, a Nobili caddero le braccia. Era accusato di aver pagato non so quale tangente per non so quale lavoro della Cogefar tra il dicembre dell'89 e il gennaio del '90. «Ma io ero presidente dell'Iri da due mesi» obiettò Nobili. Si erano evidentemente sbagliati, ma ammetterlo fu complicatissimo. Nell'istruttoria il nuovo pubblico ministero ne chiese il proscioglimento («Hanno arrestato un innocente» disse), ma il Gip, prudentemente, lo rinviò a giudizio.

Scarcerato dal tribunale della libertà, Nobili tornò a San Vittore dopo una settimana con un altro cellulare.

Era il 10 luglio. Il 20 si suicidò Cagliari, il 23 si suicidò Gardini, il 27 – senza che fosse intervenuto alcun fatto nuovo – dissero a Nobili che l'indomani sarebbe andato a casa. Dopo settantasette giorni di carcere, se ne fece tredici di arresti domiciliari per completare i novanta giorni canonici di carcerazione preventiva.

«Vennero a prendermi mia moglie, mia figlia Susanna e l'avvocato Bana. Li fecero entrare nel cortile del carcere e non mi dettero nemmeno il tempo di un saluto a chi lasciavo. Tutto si svolse in gran fretta. Avevo perso sei chili» mi dice Nobili che è filiforme. «Non ebbi mai un momento di disperazione. Non mi è mai venuta meno la serenità. Era come se fossi stato in vacanza.»

Ma se Nobili porta nel portafogli l'interrogatorio di Di Pietro, se ha ogni dettaglio di questa vicenda annotato in un'agenda comprata nello spaccio di San Vittore, quella vacanza deve avergli segnato la vita.

A proposito. Il 10 luglio del '96 il ministro dei Lavori Pubblici Antonio Di Pietro presenziò all'assemblea dell'Igi, l'Istituto grandi infrastrutture di cui Nobili è vicepresidente. Incontrò molti imprenditori che aveva inquisito. Fu gentile con tutti. A Nobili cedette la poltrona.

Arresto a mezzo stampa

Il 20 marzo 1997 la quarta sezione penale della Corte d'Appello di Roma ordina al ministero del Tesoro di liquidare cento milioni all'ex ministro di Grazia e Giustizia Clelio Darida per l'ingiusta detenzione subìta quattro anni prima per ordine della magistratura milanese.

Nell'estate successiva, Darida mi racconta così la sua storia: «Vennero a prendermi all'alba del 7 giugno 1993. Non li aspettavo. Un paio di settimane prima avevo letto sull'"Espresso" una storia che mi riguardava, l'avevo smentita e visto come si muoveva il Pool di Milano avevo messo in conto un avviso di garanzia. Ma l'arresto no. Il settimanale aveva riportato un interrogatorio del capo dell'ufficio di rappresentanza romano della Fiat, Umberto Belliazzi. Questi aveva sostenuto che incontrandolo durante un ricevimento io gli avrei riferito lamentele dei partiti che non erano soddisfatti del comportamento della Fiat Impresit a proposito dell'appalto della metropolitana di Roma *[l'inchiesta Intermetro]*. Secondo Belliazzi, io lo avrei messo in contatto con Crescenzio Bernardini, un vecchio commercialista romano, socialista, che avrebbe poi incontrato Antonio Mosconi, capo del settore delle costruzioni Fiat, e questi, attraverso un suo dirigente, Enzo Papi, gli avrebbe versato una tangente di un miliardo e settecento milioni consegnata poi alla segreteria amministrativa del Psi.»

E lei?

«Per quel che mi riguarda la notizia era inventata di sana pianta. Già nell'ordine di arresto il Gip Italo Ghitti non mi accusava né di aver chiesto né di aver preso una lira. Io sarei stato "l'ideatore dello schema di ripartizione" delle tangenti. Una cosa piuttosto curiosa, visto che io non ero più sindaco di Roma dal '76, non ero più ministro delle Partecipazioni Statali dall'87; della Roma democristiana si era impadronito, come si sa, Vittorio Sbardella dall'88. Quindi oltre a mancare la prova di quel che io avrei fatto, mancava anche la logica. Quando danno tangenti, le imprese non fanno beneficenza. E come avrei fatto io a esserne il gestore se ero fuori da tutto? Avrei capito una convocazione come teste, ma l'arresto...»

L'uomo chiave mi pare il commercialista romano.

«Nel '93 Bernardini aveva settantotto anni ed è morto nel '96 anche in seguito a questi stress pazzeschi. Aveva settantotto anni e nonostante questo fu portato a San Vittore. Prima tre giorni di detenzione, poi lo riportarono a Roma, poi lo riarrestarono per un giorno...» (Quando chiesi al Gip Italo Ghitti se l'arresto di un uomo si settantotto anni fosse una forma di tortura, il magistrato mi rispose: «Ma lo liberammo subito».)

E Bernardini che disse?

«Disse che lui la tangente dalla Fiat l'aveva presa e l'aveva versata alla segreteria amministrativa del Psi. La cosa fu confermata da Mosconi, da Papi e da un funzionario socialista, visto che il segretario amministrativo Balzamo era morto. Ma disse anche: Darida non mi ha chiesto niente, io non gli ho chiesto niente, io non gli ho dato niente.»

Torniamo all'arresto.

«Vennero cinque persone della polizia, tre di Milano, due di Roma. Avevano un ordine di perquisizione, ma sa, videro la casa piena di libri... Ho la sensazione che non cercassero niente. Ho consegnato l'agenda, la rubrica telefonica, il libretto degli assegni. Non sapevano nemmeno che avevo un ufficio a

Roma. Ce li ho portati io, hanno dato un'occhiata in giro... Per la verità ho anche un buco al Terminillo e una casa in affitto a Palo dove avrei potuto nascondere tonnellate di documenti. Ma non glielo dissi sennò avremmo passato la giornata in giro per il Lazio. Masone, che allora era questore di Roma, mentre eravamo in macchina ci dirottò in un ufficio di piazza dei Cinquecento perché in questura già c'erano i fotografi. Sulla strada di Milano ci fermammo a prendere il caffè, poi pranzammo. Prima di entrare a San Vittore mi dissero di mangiare qualcosa perché la cena era già stata distribuita.»

E a San Vittore?

«Il medico mi disse: la ricoveriamo in una cella dell'infermeria. Era un lurido bugigattolo con i soliti letti del carcere, materasso di plastica e cuscino di plastica, un detenuto infermiere mi dette le sue lenzuola che erano nuove, mi misi a dormire. Fui svegliato durante la notte e trasferito d'urgenza in un braccio. Nel corridoio dell'infermeria ero stato salutato ironicamente da un brigatista rosso che aveva detto: ah, adesso ci hanno portato questo che ci applicò l'articolo 90, il padre dell'attuale 41 bis, cioè il carcere duro. E allora mi trasferirono nella cella dove sarei rimasto due mesi.»

«Come Attila al confronto con Belliazzi»

L'interrogatorio di Darida fu condotto da Ghitti.

«Avrebbe dovuto partecipare anche Di Pietro, ma tardava, Cominciò il Gip che mi chiese: ha letto l'ordine di custodia cautelare. Risposi: sì, ne ho letto la sintesi sull'"Espresso" di un paio di settimane fa. Ghitti non mise la frase a verbale, io per ragioni di opportunità non insistetti. L'interrogatorio fu fulmineo. Che cosa ha da dire? Respingo ogni addebito, mi dichiaro innocente, non ho altro da dire. Letto, confermato e sottoscritto. Poi è arrivato Di Pietro. Ha detto: mi dispiace, avevo da fare. Mi ha dato la mano, ha letto il verbale, rapido come il pensiero. Chiuso. Il mio rapporto con Di Pietro è cominciato ed è finito qui. Non l'ho più visto nei miei due mesi di carcere.»

E il suo accusatore?

«Dopo il suicidio di Cagliari e di Gardini, e cioè dopo una quarantina di giorni dal mio arresto, i magistrati del Pool decisero frettolosamente di fare il confronto con Belliazzi. Ognuno restò sulle proprie posizioni, ma Belliazzi disse: guardate, Darida non mi ha mai chiesto quattrini nella maniera più assoluta. Allora, poiché nemmeno i magistrati di Milano mi accusavano di aver preso soldi, io sarei stato una specie di Caritas delle tangenti... La cosa divertente è che io e Belliazzi avremmo fatto il famoso discorso incontrandoci per caso nel salotto della signora Antea Navarra che usa far firmare un registro agli ospiti dei suoi ricevimenti e quindi mi ha consentito di ricostruire tutto. Insomma questa storia è piena di aspetti comici...»

Darida aggiunge un dettaglio sul suo confronto con Belliazzi: «Mi accorsi subito che i carabinieri stavano filmando l'incontro con il mio accusatore. Perché? Ma per fare quel che si fa nei film: cogliere il tremare delle mani, l'incertezza dello sguardo, la paura, lo sgomento, lo scoramento... E invece io sono arrivato lì come Attila e sa che è successo? Quando hanno dovuto trasferire gli atti a Roma, hanno mandato soltanto il verbale di Gherardo Colombo. Chissà come, la videocassetta non è stata mandata».

Nell'ordine di cattura, Ghitti scrive che «le dichiarazioni del Belliazzi sono credibili perché plausibili sul piano logico».

Ma ci furono altre indagini?

«A quanto è risultato dopo, Belliazzi ha fatto il mio nome soltanto al terzo interrogatorio e mentre era in carcere. Io penso che ci fosse una qualche volontà di coinvolgermi perché i miei avvocati mi hanno detto che sono stati interrogati, anche in stato di detenzione, molti imprenditori interessati a vario titolo alla costruzione della metropolitana di Roma. Alla domanda se io avessi chiesto o ricevuto del denaro, tutte le risposte sono state negative. Ma dai verbali non risulta nulla, il mio nome non c'è. Io sono sicuro che se qualcuno avesse detto che io avevo sollecitato del denaro, questa dichiarazione si sarebbe trovata nei verbali. Insomma, contro di me non c'era niente.»

E allora?

«Il mio avvocato milanese, Salvatore Catalano, mi disse: se te la senti di restare in carcere, alla fine dovranno arrendersi visto che contro di te non hanno niente. Allora io mi son fatto l'idea che qualcuno possa aver pensato: questo è un signorino, se ne va un po' in cottura a San Vittore e vedi che miniera di notizie diventa. Mi feci mandare un po' di libri da casa e cominciai a leggere.»

Vedeva Nobili e Cagliari?

«Con Nobili la cosa era comica. Lui aveva la cella di fronte alla mia. Ma se nel corridoio le guardie ci vedevano parlare, ci allontanavano. Poi invece ci facevano prendere l'aria insieme. Se c'era una persona che io non avrei dovuto assolutamente incontrare, questa era Nobili, perché eravamo imputati nello stesso processo [*per Nobili la pubblica accusa avrebbe chiesto il proscioglimento*]. E invece ci limitavamo a dire: ma noi, con Intermetro, che cosa c'entriamo?» *(Nobili fu arrestato dai magistrati milanesi anche per l'inchiesta sulle tangenti Intermetro e per la centrale Enel di Montalto di Castro. Quando chiesi a Ghitti un giudizio sulla disparità di trattamento fra lui e i Prodi e i Radaelli, la risposta fu che questi due fecero clamorose confessioni, mentre per Nobili i pubblici ministeri impiegarono del tempo per fare luce sulla sua intera gestione. Indagini, si può osservare, che non portarono a nulla.)*

E Cagliari?

«Cagliari era un uomo molto chiuso e molto triste. Lui era separato da noi perché aveva chiesto di non stare in un braccio speciale. Il nostro era speciale perché c'eravamo noi politici e c'erano i detenuti comuni a rischio: i pedofili perché i carcerati, soprattutto i meridionali, sono capaci di rappresaglie terribili contro chi tocca i bambini. C'erano i "femminielli" per salvarli dallo scherno. C'erano i delatori perché difficilmente noi li avremmo sgozzati su commissione. Incontrai Cagliari in sala avvocati la sera prima che si suicidasse. Poiché in carcere tutti sanno tutto di tutti mi disse: ma che ci fai ancora qui? Contro di te non hanno niente. Non immaginai nemmeno lontanamente che potesse uccidersi. Quando si ammazzò in carcere scoppiò una rivolta. I detenuti comuni incendiarono i materassi, durante la notte venivano battute le porte. Poi si uccise Gardini e allora i signori magistrati si accorsero che forse anche la mia situazione era un po' anomala e si precipitarono a organizzare il confronto con Belliazzi.»

Risarcimento per ingiusta detenzione

Poi il processo arrivò a Roma...

«Lo spostamento fu chiesto dal commercialista Bernardini. E la Cassazione gli dette ragione. D'altra parte, scusi, Milano aveva fatto uno scippo. Dove si fa la metropolitana? A Roma. Dove sarebbero avvenuti i reati? A Roma. E allora Milano che c'entrava?»

E qui Belliazzi cambiò spartito...

«A Roma, Belliazzi scrisse una ritrattazione generale, motivandola con le condizioni in cui si trovava in carcere a Milano.»

Prima dell'udienza preliminare, in effetti Belliazzi scrisse una lunga memoria ai pubblici ministeri Francesco Misiani e Antonino Vinci: «Desidero rivelare a lor signori con sincerità il mio stato d'animo e il mio tormento su quanto mi è accaduto in quest'ultimo terribile anno. Continuando a rileggere i verbali dei miei interrogatori resi a Milano e a Roma, mi son reso ben conto di aver fatto affermazioni talvolta non chiare... le mie cattive condizioni di salute... le mie varie dichiarazioni in condizioni ambientali obiettivamente traumatiche qual è la detenzione... mi son trovato chiuso in un carcere con l'unica ossessiva aspettativa di riacquistare la libertà fisica...». Disse in un'altra occasione: «La mia concitazione non mi ha consentito di rendermi conto del fatto che le mie dichiarazioni rese a verbale non traducevano il mio pensiero: la verità è – per dirla in breve – che non vedevo l'ora ogni volta di porre termine a un'esperienza per me traumatica». (Cinque giorni dopo l'arresto di Darida, il professor Aldo Aureggi certificò a Belliazzi, visitato d'urgenza, «un grave stato di ansia depressiva» oltre a disturbi cardiocircolatori. Scrisse «L'Espresso» a proposito dell'interrogatorio del dirigente Fiat: «Di Pietro comincia a massaggiarsi il polpaccio, come fa quando è irritato, e taglia corto: "Cerchi di ricordarsi meglio. Intanto torni a San Vittore"».)

Darida lasciò il carcere dopo il confronto con Belliazzi. Rimase a San Vittore dal 7 giugno al 31 luglio '93 e restò agli arresti domiciliari fino al 9 settembre, fino cioè allo scadere dei novanta giorni previsti come massimo per la misura cautelare. È molto probabile che sul suo rilascio abbia influito un intervento di Sergio Cusani. Il finanziere fu arrestato il 23 luglio '93, giorno del suicidio di Gardini, e fu sistemato a San Vittore in una cella vicina a quella di Darida.

«Ci incontravamo tutti i giorni durante l'ora d'aria» mi racconta Cusani. «Darida era molto scrupoloso, doveva fare ogni giorno degli esami medici e quindi quando gli chiedevo come stava, mi rispondeva: bene, ho fatto gli esami. Poi una mattina mi rispose: non ho fatto gli esami, ma va bene ugualmente. La stessa cosa l'indomani. Capii che stava cedendo. Allora poiché avevo un buon rapporto col giudice Ghitti, quando lo incrociai in sala avvocati gli dissi: guardi, lei mi ha chiesto di segnalarle se qualche detenuto sta male, allora le dico che Darida sta cedendo. Fu scarcerato due giorni dopo. Mi mandò un messaggio di ringraziamento attraverso il direttore del carcere.»

Il 25 luglio del '94 Darida fu prosciolto dal Gip di Roma Adele Rando per «la completa assenza di elementi probatori in ordine alla partecipazione dell'imputato all'accordo criminoso e alla sua attuazione».

Il 13 giugno '96 il pubblico ministero romano del processo, Francesco Misiani, dichiarava a Massimo Martinelli del «Messaggero»: «All'epoca delle ispezioni ministeriali ordinate da Biondi a Milano [*autunno 1994*] il collega del Pool Francesco Greco mi chiamava per parlarmi del caso dell'ex ministro Darida, per il quale io avevo chiesto il rinvio a giudizio. Loro erano accusati dagli ispettori di averlo perseguitato dal punto di vista giudiziario. Allora Greco mi disse che era bene che non si chiudesse il procedimento contro Darida almeno fin quando c'era l'ispezione in corso. Io avevo già chiesto il rinvio a giudizio, ma il Gip Adele Rando aveva prosciolto tutti. Quindi Greco mi ricordava che se ci fosse stato appello contro il proscioglimento, era bene che fosse fatto anche per Darida. Ripeto, eravamo amici. Io feci appello perché ero convinto di farlo, non mi scandalizzai, come credevo che non si scandalizzasse lui». (*Misiani si riferisce alla sua richiesta del gennaio 1996 a Greco su chi avesse messo la microspia al bar Tombini di Roma all'inizio dell'inchiesta Squillante. Greco riferì il fatto e questo fu uno dei motivi per i quali Misiani, esponente storico insieme con Coiro di Magistratura democratica, fu trasferito d'ufficio dal Consiglio superiore della magistratura.*)

Greco negò di aver fatto pressioni su Misiani, questi confermò. Rispondendo a una interrogazione del capogruppo Ccd alla Camera, Carlo Amedeo Giovanardi, il ministro Flick rispose che l'indagine ministeriale aveva dovuto arrendersi, «atteso l'insanabile contrasto tra le versioni rese dai due magistrati».

In realtà, Misiani non fece appello contro il proscioglimento di Darida. Appellò invece la Procura generale e fu battuta in secondo grado e in Cassazione.

Nella sentenza che condanna il ministro del Tesoro a risarcire Darida con cento milioni i giudici ricordano i termini assolutori delle diverse sentenze, il trauma dell'ingiusta detenzione per chi è stato ministro della Giustizia. E affermano che anche se Darida fosse stato colpevole, l'arresto in ogni caso non sarebbe dovuto avvenire per l'equivalenza processuale tra elementi attenuanti e aggravanti.

XIII
Storia di Chiara

Era piena di amici

La protagonista di questa storia si chiama Chiara. Era una ragazza bella e credo che lo sia rimasta, a vent'anni. Ha letto centinaia di libri e molti restano nel suo cuore. Era molto forte e non lo è più. Era piena di amici, una leader, come si dice, e adesso non ha molto tempo per vederli. Molti, gli opportunisti, li ha persi.

Quasi nessuno conosce Chiara, nemmeno io che ne parlo. Sono stato a casa sua nell'estate del '97, sono entrato nella sua stanza piena di bambole, di scritte e di cuscini e non sapevo che fare.

Sono nato nel periodo sbagliato. Credo ancora nei simboli, ma non usa più. Nei saloni al primo piano di palazzo Chigi che introducono allo studio del presidente del Consiglio, saluto con un piccolo cenno del capo la prima copia della Costituzione repubblicana. Al Quirinale faccio la stessa cosa con i corazzieri e la bandiera. Un cenno impercettibile, sperando che nessuno mi veda e pensi che non mi senta bene.

Nella stanza di Chiara volevo salutare in qualche modo la sua presenza invisibile, dirle che mi sembrava insopportabile il prezzo che stava pagando. Ma non ho detto nulla, non sapevo come fare.

Mi sono fermato a lungo a guardare le scritte col pennarello sulla porta bianca e gli armadi bianchi. Sull'uscio c'era Richard Bach, il padre del «gabbiano Jonathan»: «...gli altri gabbiani si rifiutavano di aprire gli occhi per vedere...». Sull'armadio, fra tante frasi scritte in momenti felici, mi colpì questa, presa da Carlo Dossi, lo scapigliato lombardo del secondo Ottocento: «Il falso amico è come l'ombra che ci segue finché dura il sole».

I falsi amici e le false accuse a suo padre hanno tolto qualche petalo a questo fiore biondo. L'hanno portata lontano dalla famiglia e ogni due settimane il padre fa un lungo viaggio per starle vicino. Sperando che Chiara possa tornare presto nella sua camera piena di bambole, di scritte e di cuscini.

Il padre di Chiara si chiama Vito Gamberale, è il capo di Tim, la società dei telefonini.

«*Gamberale Vito? Dobbiamo arrestarla...*»

«Vennero a prendermi a Roma la sera del 27 ottobre del '93 alle 20.45. Ero appena rientrato a casa dal lavoro, m'ero seduto a tavola in cucina. Laura, mia moglie, mi serviva la cena. Chiara era con i suoi amici in salotto, non aveva ancora diciassette anni. Matteo, il piccolo di nove anni, giocava in camera sua. Bussarono, andai ad aprire. Tre signori mi dissero: lei è Gamberale Vito? Dobbiamo arrestarla per ordine della Procura di Napoli.

«Per un momento fui preso dal panico. Tornai in cucina, mi sedetti, respirai profondamente, poi dissi a mia moglie: sono venuti ad arrestarmi. Laura è una donna forte. Restò immobile e muta. I ragazzi non si erano accorti di nulla. Pregai i carabinieri di muoversi con discrezione. Furono molto gentili. Non mi misero le manette, in auto mi fecero viaggiare da solo nel sedile posteriore, mi prestarono il cellulare perché avvertissi il mio avvocato ed Ernesto Pascale, presidente della Sip, la società di cui ero amministratore delegato.

«A Napoli, in una caserma dei carabinieri, mi consegnarono l'ordine di custodia cautelare. Ero accusato di aver intimidito i dirigenti di una società fornitrice della Sip minacciando una riduzione delle commesse se non avessero assunto alcune persone segnalate dal deputato socialista Giulio Di Donato [*vicesegretario nazionale del Psi, è stato coinvolto nella Tangentopoli napoletana*]. Mi si contestava anche di aver tagliato poi effettivamente il lavoro alla ditta, la Ipm di Napoli, visto che "la vittima non aveva aderito alla richiesta". Sapevo che non c'era niente di vero e m'illusi di poter chiarire tutto immediatamente. Anzi, gli stessi carabinieri che mi accompagnavano dissero: "Se arriviamo presto a Napoli, troviamo ancora il magistrato, così lei chiarisce tutto subito e se ne va". Il magistrato non c'era, dormii in caserma, l'indomani mi accompagnarono al carcere di Poggioreale.»

Nella casa vicino alla Cristoforo Colombo, Gamberale tiene nello studiolo una grande foto del *Quarto Stato* di Pellizza da Volpedo, simbolo del socialismo italiano. «Lei è stato sempre socialista?» gli chiedo. «Sì, fin da ragazzo» e m'indica un'altra foto: Agnone, il suo paese nel Molise, il primo trenino degli anni Trenta, sommerso dalla neve, il padre che posa con altri in primo piano.

«Sono stato sempre socialista, ma forse un po' anomalo, stando a quello che il 31 agosto del '93 dichiarò a Di Pietro un importante imprenditore che si era rivolto al segretario amministrativo del Psi, Vincenzo Balzamo, per intervenire su di me: "Balzamo mi disse che Gamberale era un personaggio un po' strano e che già in un'altra occasione non li aveva favoriti...".

«L'indomani – 28 ottobre – mi portarono al carcere di Poggioreale. Ero frastornato, la procedura d'accoglienza durò sette ore. Impronte digitali, foto, apertura della valigia, consegna di quello che non si può portare in cella, visita medica. La mia cella era la numero 14, nel padiglione Torino, quello a cinque stelle. Dividevo quei pochi metri con un giovane medico campano, che non aveva fatto niente nemmeno lui, ma uscì con cinque giorni di ritardo perché, si disse, il Gip era andato in vacanza. Accesi il televisore. Il TG1 delle 18 dette notizia del mio arresto. Poi alle 20 ci furono ampi servizi. L'indomani – 29 ottobre – mi svegliai all'alba. Cercai il TG5 del mattino (quello che tra le 6 e le 9 si ripeteva ogni quindici minuti) per vedere il rullo dei giornali: stavo dappertutto in prima pagina. Capii che i pubblici ministeri che mi avevano arrestato, anche se avessi dimostrato da subito la mia innocenza, si erano esposti troppo per chiedermi scusa e lasciarmi andare. Dissi a voce alta: è impossibile che lo facciano. Venne a interrogarmi un magistrato (erano le 13 del 29 ottobre). La psicologia di un detenuto suggerisce accostamenti arditi. La notte in cui venni portato a Napoli – era la notte tra il 27 e il 28 ottobre – pensai alla marcia su Roma. E adesso che mi trovavo di fronte un bel ragazzo alto e biondo, lei non mi crederà, ma lo vidi realmente in divisa da ufficiale nazista.»

Un teste già indagato

«Gli spiegai la mia storia: le assunzioni non le aveva fatte la Ipm, ma la Sip che in quel periodo, tra la fine del '91 e l'inizio del '92, assumeva 2300 persone all'anno. Avevo detto le stesse cose il 6 ottobre, tre settimane prima del mio arresto, ai pubblici ministeri presso la Pretura circondariale di Napoli che mi avevano interrogato come teste. In assenza del mio avvocato, i magistrati mi richiamarono più volte a dire la verità minacciando di mandarmi in carcere. Quando arrivai a Roma, bussarono i carabinieri per una perquisizione. Leggendo l'ordine, vidi che esso era stato trasmesso prima che cominciasse il mio interrogatorio come teste. Ero dunque già indagato, ma i magistrati mi avevano interrogato senza il difensore. Le racconto questo precedente perché in quella occasione furono sequestrate alla Sip centinaia di schede con i candidati alle selezioni. Con il mio riferimento ce ne era soltanto una con sette nomi, cinque dei quali proposti da Di Donato. Erano tutti ragazzi diplomati con voti eccellenti, li avevo passati all'ufficio del personale (che non dipendeva da me, ma da un altro amministratore delegato) che alla fine ne scartò due e ne assunse tre.»

E l'Ipm che c'entra?

«La Sip stava rinnovando, dall'87, l'intera rete telefonica pubblica e della fornitura si occupavano due sole ditte specializzate, la Ipm di Napoli e la Urmet di Torino. Questa esclusività aveva portato la Sip a dividere alla pari, di fatto, le commesse tra le due imprese. Il programma prevedeva picchi di lavoro per i primi anni e suoi progressivi cali al saturarsi della nuova rete.

«Sicché, verso la fine del '91, la Ipm, al primo verificarsi della prevista flessione di ordini, si rivolse, come emerge dagli atti istruttori, all'onorevole Di Donato, prospettandogli una corrispondente caduta dei livelli occupazionali. La questione mi venne trasferita da Di Donato, in una sua prima telefonata del gennaio '92.

«Io colsi quella occasione, con determinazione aggressiva, per invertire i termini del problema. Dall'ottobre '91, e con sviluppo geometrico, dilagava, infatti, una pericolosa truffa a danno della Sip, consumata attraverso i telefoni pubblici: con del comune nastro adesivo si rendeva di durata infinita una qualsiasi scheda telefonica. Le perdite per la Sip erano intollerabili, oscillando da circa 1 miliardo alla settimana dell'ottobre '91, ai circa 2,5 miliardi alla settimana per il periodo dicembre '91-marzo '92.

«Occorreva che le imprese fornitrici individuassero il rimedio e modificassero gli apparecchi nelle zone a rischio.

«Dissi a Di Donato che non poteva prospettarmi i problemi di un'azienda, i cui prodotti avevano concorso a procurare alla Sip già 38 miliardi di perdite nel '91 e che rischiavano di darne oltre 100 miliardi nel '92.

«Eravamo furibondi perché le due ditte concessionarie, nonostante gli accordi, non erano riuscite a evitare questi clamorosi inconvenienti.»

Però la Ipm ebbe una caduta nelle commesse.

«Al magistrato che mi interrogò il 29 ottobre '93 ho esibito la documentazione aziendale circa l'andamento degli ordini nel periodo '89-'93, da dove emerge che la Ipm non solo non è stata (né poteva essere) penalizzata, ma anzi, negli anni '92 e '93, in presenza di progressivi minori fabbisogni Sip, ha visto decrescere un po' meno della Urmet le proprie forniture, sia pure permanendo un equilibrio tra le due.»

Eppure Di Donato le disse nella famosa telefonata di «aver terrorizzato» quelli della Ipm.

«I magistrati pensarono che quella frase alludesse a pressioni per le assunzioni che invece furono fatte dalla Sip. Di Donato in realtà si riferiva alle mie lamentele per il pessimo funzionamento dei telefoni Ipm che, oltre alle frodi, si guastavano in media otto volte all'anno, invece di una volta, come garantito dalla società.»

Carabinieri senza mandato

Contro di lei testimoniarono pesantemente gli uomini della Ipm.

«Il titolare della ditta, Paolo De Feo, e il suo direttore generale, Carmine Meloro, furono interrogati una prima volta come testimoni l'8 ottobre. In quella sede esclusero mie richieste di assunzioni per conto di Di Donato e confermarono i forti contrasti che c'erano stati per le frodi alla telefonia pubblica.

«Il 27 ottobre furono arrestati per falsa testimonianza. In carcere cambiarono versione, tirando fuori, suggestionati dalla interpretazione riportata loro di una telefonata che gli era estranea, un'ipotesi accusatoria contro di me e furono rilasciati. Subito dopo essere uscito dal carcere, Meloro andò a casa di un suo carissimo amico, Domenico Petriccione, e alla moglie di costui disse di sentirsi un verme, perché per tornare libero aveva stravolto la verità. E il 5 novembre successivo, mentre io ero a Poggioreale, Meloro si presentò allo studio dell'avvocato Manfredi e davanti a quattro persone disse: sono in una crisi di coscienza profonda, ho dovuto ritrattare il vero e dire il falso, non pensavo che per questo sarebbe stato arrestato un innocente, vorrei riparare all'ingiustizia. Seppi che i presenti restarono interdetti: gli dissero di parlare subito con il suo difensore, ma per mesi non accadde nulla.»

Lei ritenne irregolari anche le modalità del suo arresto?

«Mi accorsi subito di una cosa gravissima. Io fui arrestato alle 20.45 del 27 ottobre. Guardi bene l'ora. I pubblici ministeri fornirono al Gip l'interrogatorio di Paolo De Feo alle 22, sicché solo dopo quell'ora il Gip poté redigere l'ordine di arresto per me. Io dunque sono stato arrestato prima che maturassero le prove a mio carico e prima che il Gip firmasse l'ordine di arresto. Ma parecchi mesi dopo scoprii una cosa ancora più grave. Ai carabinieri che vennero a prendermi, io non chiesi l'ordine di custodia cautelare. In realtà non ce l'avevano perché sarebbe stato firmato dopo. Ripensandoci, immaginai che i carabinieri fossero partiti da Napoli intorno alle 17, il tempo per partire da Napoli e venire a casa mia. Invece...»

Invece le cose andarono diversamente. Durante il processo di primo grado, Gamberale denunciò al Consiglio superiore della magistratura il comportamento dei magistrati di Napoli, che a suo giudizio era stato illecito e scorretto. Il Consiglio archiviò la pratica, sostenendo in sostanza di non poter entrare nel merito di una pura attività giurisdizionale.

Gamberale si rivolse allora al Tribunale di Salerno, competente a giudicare i magistrati di Napoli (Napoli giudica quelli di Salerno, esiste in molte procure abbinate – per esempio tra Brescia e Milano – una reciprocità di giudizio per cui un magistrato dell'una riflette assai prima di inquisire il collega dell'altra, potendo a sua volta finire sotto il suo giudizio).

Denunciò due pubblici ministeri, Rosario Cantelmo e Nicola Quatrano, e il Gip che aveva firmato l'ordine di custodia cautelare, Luigi Esposito. Chiamati a testimoniare, i due carabinieri che avevano arrestato Gamberale dissero di essere partiti da Napoli per Roma il 26 ottobre, il giorno prima dell'arresto, con l'incarico di arrestare l'ingegner Gamberale. Ritennero, inoltre, di aver capito che l'ordine di custodia cautelare fosse già pronto e di dover andare a Roma per eseguirlo. I carabinieri confermarono di essere saliti a casa Gamberale sprovvisti dell'ordine di custodia cautelare e riconobbero che era la prima volta che si trovavano in una situazione del genere.

Ricordiamo, infatti, che secondo Gamberale il Gip avrebbe firmato l'ordine di custodia cautelare soltanto successivamente alle dieci di sera. In calce all'interrogatorio di Paolo De Feo, diventato il teste chiave dell'accusa, sta scritto a mano: «Atto consegnato a mani del Gip Esposito in data 27/10/'93, ore 22.00 circa». Al processo di Salerno, Esposito disse di aver firmato prima l'ordine di arresto per Gamberale e che alle 22 gli era stata presentata soltanto la richiesta di De Feo di tornare libero, col parere favorevole del pm. Mentre il pubblico ministero di Salerno incriminava anche i due carabinieri per abuso d'ufficio e arresto illegale, il Gip di Salerno ha dato ragione ai magistrati napoletani archiviando il caso. Ma la Procura generale ha fatto ricorso in appello. La difesa di Gamberale sostiene infatti che solo a tarda sera del 27 ottobre De Feo aveva incastrato Gamberale, mentre i carabinieri erano partiti per Roma un giorno prima dell'interrogatorio decisivo per l'arresto dell'amministratore delegato della Sip.

Torniamo al carcere di Poggioreale.

«I primissimi giorni cercai di resistere, di trovare una soluzione, seguendo il mio carattere. "Io mi devo intendere con il pm. Credo fermamente nella giustizia. Hanno commesso un errore. Lo capiranno ben presto" dicevo ai miei avvocati, chiedendo di non ricorrere né al Tribunale della libertà né alla Cassazione. Ma uno di loro mi gelò: "Ingegnere, lei qua non può fare il manager. Lei non ha capito in che guaio è capitato. Qui lei non sta alla Sip. Qui comando io". Gli risposi amaramente: lei già mi tratta da detenuto.»

E i suoi familiari? Gamberale tira fuori da un enorme pacco di messaggi di solidarietà una lettera della moglie. «È la prima e insieme arrivò questo biglietto di Chiara.»

«La nostalgia è una sofferenza fragile...»

Chiara ancora una volta aveva trovato la citazione giusta: «La nostalgia è una sofferenza fragile e gentile, essenzialmente diversa, più intima, più umana delle altre pene: è un dolore limpido e puro, ma urgente. Pervade tutti i minuti della giornata, non concede altri pensieri e spinge alle evasioni. Primo Levi». In calce aggiunse questa frase, molto usata dagli americani: «Proprio quando il gioco si fa più duro, i duri cominciano a giocare». Due punti esclamativi, tre crocette che nel linguaggio giovanile sono forse un rafforzativo dell'affetto e poi la firma, Chiara, larga e allegra, con la «a» che lascia scendere una treccia con un cuore appeso.

Di Donato si fece vivo?

Gamberale cerca sul tavolo un grande quaderno. Dalla prima pagina, comincia il suo diario di carcerato, scritto naturalmente a mano, ma con lo scrupolo e la cura formale tipica dell'ingegnere, i giorni perfettamente incolonnati, gli spazi bianchi al posto giusto e le ore segnalate con una «h».

Alla data del 30 ottobre, ore 11.20, c'è la visita di Di Donato.

«Era parlamentare, poteva entrare, ma pensai che fosse impazzito; e poi, in quei giorni, cominciavo a provare amarezza e delusione verso le istituzioni. Era venuto in realtà sollecitato dalla moglie di un dirigente socialista abbandonato da tutti. Ma quando si affacciò alla mia cella lo respinsi. Tu, gli dissi, sai che mi sono sempre comportato onestamente. E poi non voglio incontrare il rappresentante di un Parlamento che permette che accadano queste cose. Non gli strinsi nemmeno la mano.»

Poco oltre, alla data del 6 novembre, ore 10, sta scritto: «Durante l'ora d'aria ho avuto uno spasmo coronarico. Mi ha salvato il Professor B., un clinico famoso detenuto per l'inchiesta sui prezzi dei farmaci. Gli altri compagni hanno fatto capannello, perché le guardie non si accorgessero di niente. Non volevo andare in infermeria, nel padiglione San Carlo, quello dei tossici, dei sieropositivi e degli ammalati di Aids. Tornato in cella, mi ha accolto Raffaele, un imprenditore che è il mio nuovo compagno. In carcere la solidarietà viene solo da una parte».

Alla data dell'indomani, 7 novembre, ore 20.22, Gamberale annota: «Il telegiornale ha fatto un servizio sulle prossime elezioni comunali di Napoli. E ha intervistato soltanto il pubblico ministero Vincenzo Piscitelli. Ha parlato del voto di scambio».

8 novembre, ore 9.20: «Posso prendere la seconda doccia da quando sono qui».

9 novembre, ore 12.30: «Al termine del colloquio con i miei legali, mi portano in una stanza con cinque guardie e mi fanno denudare completamente per una perquisizione personale».

11 novembre, ore 8.00: «Ci buttano fuori dalle celle per la conta e la perquisizione personale completa».

Ore 9.30: «Oggi c'è il giudizio al Tribunale del riesame. Non riesco a pensarci. La giustizia non esiste».

Ore 23.00: «Le guardie mi annunciano che ho avuto gli arresti domiciliari. La notizia mi rattrista e mi innervosisce. È il modo peggiore per uscire».

Alza gli occhi dal quaderno: «L'indomani mandai un telegramma ai miei familiari e agli avvocati, rifiutando gli arresti domiciliari. Ma la burocrazia carceraria mi disse: "Caro Gamberale, durante gli arresti domiciliari vitto e alloggio sono a carico del detenuto. Se ne deve andare"».

Tornò a casa su un'auto civile dei carabinieri. Non aveva voluto che i suoi andassero a trovarlo a Poggioreale. S'illudeva di tornare libero, dovette aspettare il 25 febbraio dell'anno successivo, centoventidue giorni di detenzione complessiva. Eppure, Ernesto Pascale, presidente della Sip, riuscì a conservargli il posto: Gamberale non volle mai dare le dimissioni, nonostante sapesse quanto queste fossero gradite ai pubblici ministeri di molti processi eccellenti. Fin dal 5 novembre, Pascale aveva difeso il suo amministratore delegato con un comunicato al personale: trentanove righe di totale solidarietà e di piena convinzione della correttezza del suo principale collaboratore.

«Figlia di carcerato»

Ma in casa Gamberale le cose non andavano bene. Non tutti i compagni di scuola di Chiara, al liceo Socrate, erano stati comprensivi. Qualcuno l'aveva chiamata «figlia di carcerato».

L'appartamento vicino alla Colombo, sempre pieno di ragazzi, cominciò a vuotarsi. «Chiara sta perdendo gli amici per colpa mia» diceva Gamberale. La figlia cercava di tranquillizzarlo: «Non è vero, papà, sono io che non ho voglia di uscire».

Venne Natale. Il portiere della palazzina sulla Colombo portò il pranzo alla famiglia Gamberale. Sotto il piatto del padre, Chiara mise questo biglietto rosso: «Vi è una nuova specie di paura e cioè la paura di quello che possono dire i giornali. E questa è altrettanto terrificante della medievale caccia alle streghe. Quando il giornale decide di far fare da capro espiatorio a una persona assolutamente innocua, i risultati possono essere gravissimi». Era di Bertrand Russell, che morì nel '70, prima di vedere il peggio.

Gamberale è amico di don Luigi Ciotti che si offrì di portargli a Natale quelli che si chiamano i «conforti religiosi». Ma il Gip non dette il permesso: per il detenuto «non ricorrevano indispensabili esigenze di vita».

Per tutto questo il 3 gennaio '94, Gamberale scrisse al capo dello Stato, al ministro della Giustizia e al procuratore generale di Napoli. «Il mio avvocato, Titta Castagnino, era totalmente contrario. Mi diceva: ci macineranno tutti e due. Alla fine gli dissi: Titta, io la lettera voglio scriverla. Se non sei d'accordo lo faccio da solo.»

L'avvocato si convinse. Gamberale raccontò la storia e concluse: «Avendo svolto il mio ruolo con il dovuto rigore, non ho nulla da barattare sul consolidato tavolo del "mercato della libertà"».

Un mese dopo Scalfaro scrisse al ministro della Giustizia Conso. Ne richiamò l'attenzione sul caso, trovò incredibile la storia di don Ciotti e concluse con una frase scritta di pugno: «Purtroppo più che di giustizia si ha la sensazione dell'arbitrio!!». Con due punti esclamativi.

Il caso finì sui giornali, qualcuno seguì «il manifesto» che fin dal 30 dicembre aveva parlato dei «dimenticati di Tangentopoli», Gamberale fu sommerso da lettere di persone che non vedeva da decenni e un suo appello a cento uomini di cultura ebbe sessantacinque risposte.

Il 25 febbraio del '94 il Tribunale della libertà ordinò la scarcerazione di Gamberale. Il 18 luglio del '96 il Tribunale lo assolse «perché il fatto non sussiste». Il Collegio ascoltò dieci testimoni dell'accusa, venti della difesa e nove convocati durante il dibattimento. «Vincemmo trentanove a zero. I più forti testimoni di difesa furono i testi convocati dall'accusa e dal Tribunale. Ma né mia moglie, né Chiara poterono venire a Napoli per l'udienza finale. Lo stesso giorno mia figlia aveva gli esami di maturità. Dopo la prima liceo, volle abbandonare il Socrate. Fece la seconda al Dante, molto lontano da casa nostra. Era molto stanca e non andò a scuola gli ultimi quindici giorni, ma era andata bene e fu promossa. Tornò al Socrate, vicino casa, per la terza liceo, in un'altra sezione. Nonostante fosse stressatissima, si diplomò con sessanta sessantesimi. Quel giorno mi regalò un nastro di canzoni che porto sempre in auto con me.»

Finora Gamberale non aveva mai parlato. Il giorno che decide di farlo, nell'estate del '97, mi dice: «La fase istruttoria del processo andrebbe ripulita della teatralità e del protagonismo attuali. Accusa e difesa dovrebbero avere gli stessi poteri, le stesse possibilità d'intervento. Ho sperimentato che l'onere della prova non tocca all'accusa. È l'onere dell'innocenza che spetta alla difesa. La condizione peggiore in cui possa trovarsi un imputato è difendersi da innocente. Se nella mia vita di manager avessi fatto un solo atto di quelli che ho subìto io, non sarei più un manager. Loro fanno ancora i magistrati. Mi auguro che la mia esperienza possa servire anche ai pubblici ministeri che mi hanno perseguitato».

Fa una pausa, pulisce gli occhiali e aggiunge: «In questi anni ho riflettuto molto su quanto sia delicato gestire il potere sugli uomini e su quanto facilmente esso possa degenerare in arbitrio. Io non posso smettere di aver fiducia nella Giustizia, ma lo Stato deve garantirne una più giusta».

Un'altra pausa e la conclusione imprevista: «Credo che questa esperienza mi abbia cambiato in meglio. Forse può essere un regalo della vita».

Andiamo nella stanza di Chiara. Nel drammatico San Silvestro del '93, la ragazza scrisse ai genitori: «Mamma e papà, è stato un anno bellissimo. E il prossimo sarà ancora migliore».

Per lei non fu così. Cominciò a star male, a lottare con se stessa. La ragazza delle tante letture e dei sessanta sessantesimi dovette trascurare l'università e conoscere tanti medici. Chiedo al padre perché l'esito felice, dopo tre anni, della sua drammatica vicenda giudiziaria non abbia aiutato la figlia. «Non si può aggiustare un bicchiere lesionato» rispose. «Ma vado ogni settimana qualche giorno da Chiara per combattere con lei anche questa battaglia e per vincerla. Come vincemmo insieme l'altra.» Si commuove: «Chissà che alla fine questa esperienza non sarà un regalo della vita anche per lei».

Telefona Matteo dalla vacanza-studio in Inghilterra.

Chiara stasera non telefona.

XIV

I ciechi di Bruegel

Con Cusani, a San Vittore

«Può forse un cieco guidare un altro cieco? Non cadranno tutt'e due in una buca?» Così chiede il Signore ai suoi discepoli (Luca, 6,39).

«Ricorda i ciechi di Bruegel?» mi chiede Sergio Cusani. Per parlare della situazione dei carcerati, mi rimanda alla drammatica tela del maestro fiammingo conservata nel museo napoletano di Capodimonte. Sei ciechi pretendono di camminare offrendosi l'un l'altro l'estremità di un bastone. Cade il primo e gli altri lo seguono nella malasorte.

I volti dei carcerati hanno dunque le orbite vuote o spente come quei disgraziati viandanti fiamminghi?

«Ignorano ogni loro diritto, a cominciare da quello di dover tornare liberi se non vengono interrogati entro cinque giorni dall'arresto. Quando la Corte costituzionale ha stabilito una pronuncia su questo tema, duecento detenuti sono venuti a chiederne una copia. In carcere si agisce invece sull'opportunismo e l'acquiescenza. Se ti comporti bene, guadagni una caramella.»

Per questo Cusani ha fondato all'interno di San Vittore un gruppo di lavoro per una «Carta europea delle comunità carcerarie». Prima sulla carta intestata c'era scritto «Centro archivio e documentazione giuridica San Vittore», poi Cusani ha dovuto togliere il logo perché i permessi della direzione del carcere e del ministero andavano e venivano. Nei sette mesi trascorsi da Cusani come detenuto definitivo, mentre

Michele Coiro dirigeva il mondo carcerario, i due stabilirono un rapporto molto proficuo. Morto Coiro, ha dovuto ricominciare tutto da capo col suo successore. Ma la costanza non gli fa difetto. Lo sa bene il direttore di San Vittore, che è tra i migliori del ramo. Cusani gli sta smontando la struttura, ha messo in piedi una specie di rispettosa direzione alternativa. Lavora con quattro compagni: uno condannato per bancarotta, due spacciatori di droga, un piccolo trafficante sieropositivo, tutti condannati a pene medie e piccole. Fa orario di sportello, «uno sportello pregiuridico e documentale» dice lui. Riceve le segnalazioni, fornisce consigli, sforna documentazione, elabora proposte (dall'accredito dei vaglia agli interpreti per i detenuti stranieri), ha fondato per corrispondenza uffici analoghi in altre carceri italiane, pare che i risultati siano rivoluzionari. Ogni tanto un colpo di regolamento gli chiude l'ufficio, ma poi si trova il modo di riaprirlo. Altrimenti a San Vittore scoppierebbe una rivolta.

A fine maggio '97 ha trasmesso a D'Alema, come presidente della Bicamerale, una proposta articolata sulla riforma della giustizia. Per esempio: «Riteniamo opportuno che non possa accedere alla funzione di Gip un magistrato che abbia svolto una funzione inquirente nei primi cinque anni della carriera». È un modo per evitare i «Gip ragazzini», per evitare che chi ha acquisito una mentalità inquirente non si trovi troppo presto a svolgere il ruolo di giudice nei momenti più delicati. Venga a cessare, inoltre, «l'innaturale convivenza tra pubblico ministero e Gip che ha creato uno strapotere dell'accusa, con conseguenze spesso aberranti».

A fine luglio '97 sarebbe potuto uscire. Affidamento in prova al servizio sociale significa lavorare di giorno e rientrare in carcere per la notte. Lui ha proposto di invertire: otto ore di lavoro gratuito in carcere, la notte a casa. Com'era prevedibile, non glielo hanno concesso. Ha preferito rimanere dentro.

È ricomparso in pubblico il 20 settembre '97, sfilando nella grande manifestazione antileghista di Milano alla testa di quaranta detenuti, dietro un cartello della «Agenzia di solidarietà per il lavoro». Un passante che ama Bossi ha commentato: «Ecco chi sfila, i delinquenti della galera». Cusani gli ha risposto: «Sì, siamo delinquenti che hanno maturato un permesso premio. Ma anche se reclusi, facciamo parte integrante della società civile». Sabato 11 ottobre ha avuto un cordiale colloquio in procura con Francesco Saverio Borrelli e ne ha richiamato l'attenzione sull'attività dei sostituti nella gestione di alcune norme penitenziarie.

Sergio Cusani è entrato a San Vittore il 13 novembre '96: deve scontare quattro anni di carcere per le tangenti del processo Eni-Sai. Passare in tre anni dall'istruttoria di un processo alla sentenza definitiva della Cassazione è un record assoluto della giustizia italiana: funzionassero per tutti così le cose, i tribunali non avrebbero un solo arretrato. Ma Cusani è un caso speciale. «Sono l'uomo più odiato d'Italia dopo il mostro di Firenze» disse nella primavera del '94 rispondendo a Di Pietro durante il processo Enimont.

Adesso me lo trovo davanti in una stanzetta di San Vittore. È un bell'uomo, dimostra meno dei cinquant'anni che sta per compiere, ha la barba di un giorno, indossa un gilet di pelle sulla camicia a scacchi. All'altezza del taschino, molto visibile, il suo numero di matricola: 039925.

«Con te è finita Mani pulite»

Mi aveva colpito una sua frase: «Strana fine, quella di una Repubblica che si chiude con un atto giudiziario». Che significa?

«È una frase che mi disse Italo Ghitti, il Gip col quale avevo stabilito un buon rapporto personale. Mi disse: con te è finita Mani pulite. Lui mi dava del tu, io del lei. Mi disse che sarebbe andato via: forse gli interessava la direzione delle carceri.»

Erano i primi mesi del '94. Ghitti considerava conclusa dopo due anni la sua esperienza con Mani pulite. Nel *Duello* rivelammo che in aprile Di Pietro disse a Ghitti che finito il processo Cusani avrebbe voluto fare politica. E il giudice gli rispose di provare, se non avesse avuto scheletri nell'armadio, perché anche lui avrebbe lasciato Milano (nel frattempo gli era stato offerto un seggio al Consiglio superiore della magistratura).

«La mia vicenda» dice Cusani «è stata costruita a tavolino.

Dopo due anni di attività frenetica, di arresti su arresti [*tra la primavera del '92 e l'autunno del '93 la Procura milanese aveva già arrestato trecentoquindici persone*] alcune forze politiche attraverso i giornali chiedevano le prime conclusioni. Si gridava: al processo, al processo! Ricordo che nel settembre del '93, mentre io ero in carcere, alla festa dell'Unità il giudice Palombarini sembrò alludere alla necessità di un processo simbolo che desse un senso a Mani pulite.»

E capitò a lei.

«Sì. E tutto comincia da una frase di Borrelli. Ricorda? "Abbiamo acceso un faro su Mediobanca." La frase era stata costruita da Francesco Greco, il sostituto specialista in reati finanziari, ma fu detta da Borrelli. Come rispose Mediobanca? Dando il consenso a Guido Rossi perché mollasse l'osso della Ferruzzi. Così venivano lasciati in pace i poteri forti. E quando hanno avuto bisogno di fare il processo esemplare chi è stato scelto nella folla di Tangentopoli? Un soggetto-oggetto eclatante di suo: ex sessantottino, amico di Craxi, amico di Gardini. Insomma ero perfetto. E così hanno deciso per il giudizio immediato.»

Torniamo indietro di qualche settimana. Lei venne arrestato il 23 luglio 1993.

«Sì, dopo aver dormito una notte fuori casa. Io non mi sono mai sottratto all'arresto. Dormii fuori soltanto la notte del 22 luglio perché il 23 volevo partecipare ai funerali di Cagliari che si era appena suicidato. E se fossero venuti a prendermi al mattino, non sarei potuto andare. Si parlava in quei giorni della grande retata, si diceva che Greco avesse chiesto l'arresto dell'intera famiglia Ferruzzi e che il Gip Pisapia si fosse opposto. Poi intervenne Ghitti e decisero di arrestare soltanto me. Durante i funerali di Cagliari, si sparse la voce che Gardini si era ucciso.»

Che rapporto aveva lei con Gardini?

«Gardini confidava a me e soltanto a me i suoi segreti. Lei lo ha conosciuto? Le pareva il tipo che andava a raccontare gli affari suoi ai manager? Sa come li chiamava lui i manager? Cani da riporto. Per questo Sama e Garofano sono innocenti [*in una certa fase furono rispettivamente amministratore delegato e presidente di Montedison*]. Ero io il suo unico confidente. Col suicidio ha fatto una scelta di silenzio e ha scaricato tutto su di me.»

«S'è ucciso per salvare Eleonora»

Lei se l'aspettava?

«No.»

Perché l'ha fatto?

«Secondo me, l'ha fatto per la figlia Eleonora. Per caricare su di sé tutta l'onta della vicenda, per salvaguardare la famiglia e in particolare Eleonora che stravedeva per il padre. Con gli altri due figli lui aveva un rapporto meno intenso, ma il rapporto con Eleonora era fortissimo.»

Si è detto che un uomo orgoglioso come lui non avrebbe retto all'umiliazione del carcere.

«No, non è vero. A me tante volte lui disse che voleva dare battaglia. All'inizio diceva: me ne vado all'estero e da lì pianto un casino. Voleva giocare la partita da protagonista...»

E invece?

«Invece la Procura l'ha tenuto a bollire: i suoi avvocati chiedevano incontri e i procuratori li negavano. Gardini era diventato un personaggio comodo, spendibile. La spaccatura della famiglia Ferruzzi lo aveva indebolito, ma anche da ex potente lui era famoso nel mondo. Un bell'uomo, un grande velista internazionale, uno dei maggiori imprenditori italiani. Per i media internazionali sarebbe stato l'arresto del secolo. Gardini amava la caccia in botte e quando passava l'anatra lui diceva che era una bella preda. Per la Procura di Milano, era diventato lui la bella anatra da buttare giù.»

Le aveva mai parlato dell'ipotesi di finire in carcere?

«Di finire in carcere no, ma di poter affrontare seriamente i problemi giudiziari sì. Lui era convinto di subire lo stesso trattamento di Romiti e De Benedetti, pensava che la Procura si sarebbe accontentata di un memoriale di poche pagine presentato con decoro in questura. Pensava insomma che sarebbe stato rispettato il copione classico di Tangentopoli: salvaguardare l'economia e i poteri forti che sono i produttori di denaro e colpire gli intermediari politici.»

Ma per Gardini non andò così.

«No, perché Gardini non aveva valutato la cosa più importante. Non era più un potere forte dopo la spaccatura della Ferruzzi. Certo, la sua Gardini srl era una società ricca e importante, ma non con il potere ramificato che conta.»

Che giudizio dava Gardini dei politici e della necessità di finanziarli?

«Gardini è stato sempre sprezzante nei confronti del mondo politico, né ha mai inteso pagarlo per la vicenda Enimont. Mi disse: gli diamo una paghetta, un tanto al mese. Lui aveva vinto la partita. Aveva scalato Enimont, aveva la maggioranza, aspettava le assemblee dell'autunno per buttar fuori il consigliere dell'Eni e prendere la maggioranza del consiglio. Il gestore di Enimont era Sergio Cragnotti, un suo uomo. Così lui pensava di portare a compimento la conquista della chimica: legalmente, senza dare una lira a nessuno e pronto a trattare da vincitore, una volta chiusa la partita. Era questa la sua logica lucida e determinata.»

Che cosa avrebbe ceduto al settore pubblico?

«Forse avrebbe frazionato Enimont, lasciando al settore pubblico alcune aziende alle quali il mondo politico era interessato. Ma l'avrebbe fatto ben volentieri, perché a lui interessava mettere dentro Enimont le aziende che aveva preso in America: Aimont, l'Ausimont e l'Erbamont. Portando in Enimont la chimica fine americana, lui avrebbe cambiato faccia alla holding.»

E invece?

«Invece il 9 novembre 1990 Gardini capì all'improvviso di aver perso la partita. Il giorno precedente l'Eni aveva chiesto al tribunale civile di Milano il fermo temporaneo delle azioni Eni e Montedison. Il provvedimento fu adottato immediatamente dal presidente vicario del tribunale civile, Diego Curtò, che nominò custode giudiziario delle azioni con diritto di voto l'avvocato Vincenzo Palladino, vicepresidente della Banca Commerciale. Fu un segnale pessimo perché Gardini aveva chiuso i rapporti con la Comit. Lui rimase sconvolto perché i suoi avvocati avevano escluso un colpo di mano del genere. Il tribunale è presidiato, gli avevano detto. E invece quando andarono da Curtò un paio di giorni più tardi a depositare una memoria, lui disse: siete venuti a discutere del sequestro delle azioni? Bene, parliamone subito. Gli avvocati vennero via senza nemmeno depositare le memorie. Se ci fosse stato il sequestro delle azioni, il tribunale sarebbe diventato padrone di Enimont e ne avrebbe nominato gli amministratori. Davanti a Gardini comparve lo spettro della

Mondadori che era rimasta paralizzata per due anni nella "guerra di Segrate". C'era la guerra del Golfo e l'azienda perdeva ottanta miliardi al mese. Due anni di paralisi sarebbero costati duemila miliardi. Enimont sarebbe morta. Gardini capì di essere stato colpito attraverso la magistratura.»

(Cusani raccontò per la prima volta questa storia al pubblico ministero di Brescia Guglielmo Ascione il 10 settembre del '93. Ne parlò a Brescia e non a Milano perché – disse – veniva sentito da «libero» come a suo giudizio avrebbero dovuto fare i milanesi, non essendosi mai sottratto «né al giudice, né al processo, né al carcere in caso di condanna». Si scoprì che, per alcune settimane di lavoro, Palladino aveva incassato sette miliardi di parcelle, di cui tre non fatturati. Portato in carcere, il banchiere dichiarò di aver consegnato una tangente di quattrocentomila franchi svizzeri a Curtò, che fu arrestato insieme con la moglie.)

«Diamo la paghetta ai politici»

Persa la battaglia per Enimont, Gardini capì che per rilanciare doveva pagare il mondo politico.

«Il fermo delle azioni Enimont venne deciso il 9 novembre. Una decina di giorni più tardi la famiglia Ferruzzi decise di vendere le proprie quote, Gardini s'infuriò e si dimise da tutte le cariche. Fece nominare il figlio Ivan presidente della Ferruzzi con Garofano amministratore delegato e Garofano presidente di Montedison con Sama amministratore delegato. Ma il leader del gruppo restava lui.»

E la chiamò per comunicarle la nuova strategia.

«Lui mi voleva sempre vicino. Eravamo a Roma, lui mi chiamò nel suo appartamento all'Aracoeli e mi disse: adesso bisogna tenere a bada il mondo politico, altrimenti ce la fanno pagare. Abbiamo trentamila miliardi di fatturato in Italia e dobbiamo difendere le aziende. Abbiamo restituito alla politica la greppia di Enimont. Adesso diamogli la paghetta. Come dissi ai giudici di Brescia, bisognava favorire la soluzione finale pagando un ampio arco di soggetti che bussavano a cassa con insistenza, ai diversi e più singolari livelli, approfittando dello stato di debolezza di Enimont. Eravamo assediati dai cercatori d'oro, con i quali potevamo giocare soltanto al ribasso.»

Gardini era sempre informato?

«Certo, nei dettagli. Chi conosceva Gardini sa che non avrebbe dato un mandato in bianco nemmeno se si fosse trattato di cambiare una cima a una delle sue barche. Diceva che bisognava tenere a paghetta i politici, altrimenti ci avrebbero reso difficile la vita anche sullo zucchero, con l'Eridania.»

Come reagì Gardini alla nuova situazione?

«Male. Entrò subito in depressione, fece cure pesanti. Ricorda la sua frase famosa "La chimica sono io"? Uscire dalla chimica per lui era devastante. Fu per questo che decise la rivalsa, sul piano dell'immagine personale. Fondò la dinastia Gardini decidendo di cancellare il nome Ferruzzi dalla faccia della terra. Ma i Ferruzzi naturalmente si ribellarono e ci fu la separazione.»

Lei non ha mai detto come sono state distribuite le tangenti.

«Se sono qui in carcere è perché non l'ho detto. Altrimenti non mi sarei fatto un minuto di galera. La logica è questa.»

(Disse Cusani al pubblico ministero bresciano Ascione nella sua deposizione del '93: «Parlare solo per sé, accreditando o sviluppando diversamente i temi dell'accusa proposti con le ordinanze di custodia cautelare, non è mai sufficiente. Per essere creduti – anche quando si dichiarano solo mezze verità o mezze bugie – e per non cadere nella rete di misure restrittive della libertà a catena, occorre aggiungere sempre nuove accuse contro altre persone e per altri reati. Se cioè non si alimenta la crescita ad infinitum dell'inchiesta verso qualsiasi nuovo approdo, è inutile parlare».)

Lei teneva per sé una quota, diciamo professionale, dei soldi distribuiti?

«Intanto i denari venivano distribuiti da ben altre persone. E poi, come è risultato dal processo, io non ho tenuto per me nemmeno una lira. La mia attività di banchiere d'affari andava a gonfie vele, guadagnavo benissimo di mio, avevo fatturato in tredici anni di attività centosessanta miliardi pagandone quindici di imposte...»

Ma all'inizio l'appropriazione indebita le fu contestata.

«All'inizio cercarono di piegarmi le ginocchia sparandomi cinque mandati di cattura in un mese. Il pubblico ministero Greco mi disse: attento, qui c'è l'ipotesi che lei abbia fatto un'appropriazione indebita di cento miliardi. Io risposi che non avevo preso nulla.» (*Nella famosa requisitoria del 22 aprile '94, Di Pietro dette atto a Cusani di aver aiutato i magistrati a recuperare sedici miliardi.*)

Arrestato il 23 luglio del '93, poche ore dopo il suicidio di Gardini, Cusani ammise immediatamente di aver contribuito a eseguire le sue disposizioni per la distribuzione delle «paghette», ma si rifiutò subito di fare chiamate di correo. Lo stesso atteggiamento tenne nei tre interrogatori successivi ai quali fu sottoposto nell'ultima settimana di luglio.

Il 26 agosto fu interrogato da Di Pietro a cui dettò un lungo memoriale, confermando le ammissioni già fatte e denunciando quelle che gli parevano una serie di violazioni normative.

«E Di Pietro mandò a prendere il whisky»

«L'interrogatorio avviene in questa stanza» mi dice Cusani, nel nostro colloquio di San Vittore. «A un certo punto si rompe la stampante. Io dico: non fa niente, se crede possiamo riprendere domani. Di Pietro dice: no, aspettiamo un'oretta e riprendiamo. Capisco che vuole agganciarmi. Mi chiede: lei al posto mio che farebbe? Gli rispondo: mi affretterei a ricucire lo strappo fatto alle norme. Altrimenti lo faranno gli altri. Se lei sa guidare il convoglio, sa anche dove finisce. Ha ragione, dice Di Pietro, vuole un caffè? No, grazie, semmai la sera mi manca un dito di whisky. Subito, dice Di Pietro, e manda una guardia a prenderlo al bar. Anzi, guardi, l'agente è quello...»

Cusani l'intravede dietro la blindatura della porta, lo chiama, l'altro arrossisce e non risponde.

«Fu allora che Di Pietro mi disse: abbiamo deciso di venirle incontro sulla data del processo. Io quel giorno avevo chiesto che il mio processo si facesse subito. Mi riferivo a un processo normale. Di Pietro si riferiva invece al rito del processo immediato. Giocò sui sinonimi, io avrei capito soltanto il giorno dopo leggendo "Repubblica" dove il cronista giudiziario Pietro Colaprico scrisse che non ci eravamo accorti di essere stati messi nel sacco. Chiesi comunque a Di Pietro: quanto durerà il mio processo? Lui aprì tre dita della mano. Tre anni?, chiesi io allarmato. Tre giorni, rispose lui.»

Il processo Cusani fu uno dei maggiori spettacoli televisivi del secolo e durò esattamente sei mesi, dal 28 ottobre del '93 al 28 aprile del '94.

La rapidità dell'istruttoria è irripetibile. Arresto, 23 luglio. Richiesta di processo immediato presentata dalla Procura il 27 agosto e accolta dal Ghitti il 6 settembre. Prima udienza, 28 ottobre. In realtà, non ci volle molto a capire che si trattava del «processo esemplare». Il giudizio immediato viene infatti accordato quando la prova è inconfutabile: lo spacciatore preso con la droga in mano, l'omicida arrestato con la pistola calda in pugno. Nel caso di Cusani c'era la sua ammissione di colpevolezza per quanto riguardava il ruolo svolto, ma come si vide nelle cinquanta udienze, esso era il processo alla Prima Repubblica. Roba, cioè, di tutt'altro genere.

Giuliano Spazzali, il difensore di Cusani diventato famoso presso il grande pubblico proprio con quel processo, capì la trappola e chiese fin dal 30 agosto che il processo al suo assistito fosse riunito a quello dei tanti coimputati, sospettando che si volesse lanciare un messaggio del genere: vedete chi non parla che fine fa? Ma la macchina ormai era inarrestabile.

«Di Pietro» mi dice Cusani «aveva deciso fin dal giorno precedente il suo ultimo interrogatorio di separare il mio processo dagli altri. Sul verbale, infatti, fu cancellato il numero 8655/92 che caratterizza tutti i processi di Mani pulite. Io dovevo essere giudicato da solo.»

Cusani assistette ai primi due mesi del processo da detenuto: restò infatti a San Vittore cinque mesi. Per le sue responsabilità dovrà alla fine scontare molti anni di carcere, ma è difficile sostenere che dovesse fare una così lunga carcerazione preventiva per impedirgli di inquinare le prove, di ripetere lo stesso reato o di scappare perché il singolarissimo comportamento dell'imputato andava esattamente nella direzione opposta.

Diverso trattamento per Craxi e Forlani

La giornata memorabile di questo processo è il 17 dicembre, quando vengono interrogati Arnaldo Forlani e Bettino Craxi sui finanziamenti illeciti ricevuti dalla Dc e dal Psi. Forlani sceglie una strada perdente: dice di non sapere niente di finanziamenti non registrati. Craxi usa la tecnica opposta: ne ero a conoscenza, dice, fin da quando portavo i pantaloni alla zuava. Al di là delle dichiarazioni, colpisce il differente atteggiamento di Di Pietro nei confronti dei due illustri testimoni.

Tre sociologi, Pier Paolo Giglioli, Sandra Cavicchioli e Giolo Fele, hanno pubblicato all'inizio del '97 per il Mulino un saggio dal titolo *Rituali di degradazione. Anatomia del processo Cusani.*

Scrive Fele nel complesso linguaggio dei sociologi: «Nell'interrogatorio di Forlani possiamo vedere all'opera l'intero ventaglio di tecniche di discredito...: coercitività delle domande, aggravamento del formato interrogativo, uso strategico dei silenzi, domande di sfida...».

Scrive la Cavicchioli sulla «relazione Craxi-Di Pietro»: «Ciò che ha soprattutto infastidito nell'atteggiamento di Di Pietro è stata una certa complicità manifestatasi nel lasciar debordare l'eloquio di Craxi – in particolare sui rapporti tra il Pci e i paesi dell'Est – nel sorridere e nell'approvare troppo spesso, nel confermare che quanto veniva dicendo era confermato da documenti. In definitiva, nel sanzionare positivamente i costanti allontanamenti dal *topic* processuale».

E a proposito del rapporto Di Pietro-Cusani: «Durante la requisitoria, Di Pietro farà uso di quella che è una chiara strategia di provocazione. A Cusani, e con veemenza, darà del ladro, del quadruplice traditore, del camaleonte... Aggiungerà una sanzione morale assolutamente negativa, una sfida tale da convincere l'accusato a raccontare quanto sa in modo da ristabilire un'immagine più positiva».

(Mi dice Craxi, quando lo incontro ad Hammamet nell'estate del '95 e nel novembre del '96: «Ero lì, ma Di Pietro non mi chiedeva niente. Perché non mi ha torchiato sui conti esteri del Psi?».)

Mi dice Cusani a San Vittore: «In quel momento io mi sentii tradito da Ghitti. Come le ho detto, avevamo stabilito un buon rapporto personale. Mi disse: "Mi raccomando, ci stiamo avviando alla fine del processo, tieni il livello alto". Cominciava infatti a girare la voce che io sarei diventato un bastone per colpire altri. Dissi a Ghitti: lei sa che non è vero, non mi faccio usare da nessuno, mi prendo le mie responsabilità, ma ho tagliato col passato e sto per i fatti miei. Lui mi disse: "Guarda che questo l'ha capito anche Di Pietro, vedrai che ti farà un riconoscimento pubblico". Io in effetti mi aspettavo una frase di rispetto: era vero che non avevo collaborato con la Procura, ma avevo messo a disposizione tutti i miei conti, avevo procurato ai pubblici ministeri tutte le carte necessarie, avevo scritto un memoriale di centodiciassette pagine. Così quando mi arrivò in faccia quella valanga di insulti: traditore, bugiardo, ricattatore, io restai a bocca aperta. Ghitti mi disse: non so spiegarmelo. Ma da allora tagliai i rapporti: e su Ghitti oggi debbo dare un giudizio tremendamente negativo». (*Mi dice Ghitti: «Di Pietro usò in effetti un linguaggio inammissibile. Quelle cose non si possono dire a nessuno. Il "tre volte traditore" detto a Cusani fu frutto di un impulso incontrollabile».*)

«Due persone sono state salvate»

Cusani non perdona a Ghitti un altro particolare: «Io sono stato giudicato anche per appropriazione indebita. Ho scoperto soltanto nel '96, per caso, richiedendo un fascicolo in cancelleria, che per quella imputazione Ghitti, su richiesta della Procura, aveva deciso l'archiviazione il 12 novembre del '93 per infondatezza della notizia di reato. Il processo era in corso, io avevo confidato a Ghitti che per altre questioni avevamo accettato la modifica del capo d'imputazione perché non mi andava l'idea di passare la vita in un'aula giudiziaria. Lui sapeva di aver archiviato, ma non mi ha detto niente». (*L'accusa archiviata fu riproposta in aula da Di Pietro nel febbraio del '94. Cusani fu condannato in primo grado e in appello anche per appropriazione indebita. Quando nell'ottobre del '97 chiedo a Ghitti perché non avesse avvertito la difesa di quell'archiviazione, il magistrato mi risponde: «Francamente, non ricordo. Ma perché avrei dovuto avvertirla?»*)

Resta da chiarire un altro aspetto non marginale della vicenda. La differenza di fondo tra le tesi dell'accusa e quelle della difesa nel processo Cusani-Enimont è questa: secondo Di Pietro l'enorme tangente pagata ai partiti serviva a favorire la conclusione dell'affare Enimont, secondo Cusani – come abbiamo visto – è stata pagata dopo perché Gardini, sconfitto dall'Eni, era assediato da richieste di denaro dai partiti e cedette per tenerli buoni.

Un paio dei molti miliardi distribuiti da Gardini (75 al Psi, 35 alla Dc, le briciole agli altri) furono versati da Pacini Battaglia su un conto della Ubs di Zurigo. Al processo si parlò di due versamenti fatti il 23 ottobre e l'11 novembre 1990. Un testimone (l'avvocato Agostino Ruju), interrogato durante il processo Cusani, disse che era stata falsificata la data: 1990 invece che 1989. In questo caso cambierebbe tutto. Secondo la difesa di Cusani, l'alterazione è visibile. E l'intercettazione telefonica di un colloquio tra Pacini e il suo difensore Lucibello lascerebbe qualche dubbio. Di qui la denuncia di Cusani alla Procura di Brescia.

Cusani rispose con una lunga autodifesa alla requisitoria di Di Pietro. Ma se il pubblico ministero ne aveva chiesto la condanna a sette anni, il tribunale ne dette otto a Cusani (più i quattro che sta scontando per l'affare Eni-Sai). E in appello la condanna è stata confermata.

Quando chiedo a Cusani quale ruolo ha avuto in questa vicenda Pacini Battaglia, lui mi risponde di aver conosciuto il finanziere a Roma quando il tribunale di Milano andò in trasferta a interrogarlo (a porte chiuse, allora Pacini voleva rendersi invisibile).

È vero che ci sono altre due persone che hanno avuto un ruolo superiore a Pacini e non sono state toccate?

«Sono due persone molto importanti che a Milano hanno avuto un trattamento particolare. Se avessi commesso io i loro reati, avrei avuto una condanna a vent'anni. Loro hanno patteggiato una miseria e son contento per loro.»

Può dirmi chi sono?

«Non posso.»

Con Craxi ha fatto affari?

«Mai. Eravamo soltanto amici. Lo conobbi tanti anni fa perché era amico di Aldo Ravelli, un famoso patriarca della Borsa italiana. Io ho fatto il mio percorso, Craxi faccia il suo. I magistrati lo giudichino senza pregiudizi.»

Se fosse stata usata con altri la cura che è stata riservata a lei, come sarebbe andata?

«Avrebbero dovuto mettere i detenuti a San Siro. O in uno stadio cileno.»

XV
Previti e Ariosto al duello finale

«Nessun versamento al dottor Squillante»

Onorevole Previti, perché mi ha detto una bugia?
«Quale bugia?»
Nel settembre del 1996, per il mio libro *La svolta*, le chiesi se lei aveva mai pagato dei magistrati o dei pubblici ufficiali. Lei mi rispose: mai.
«Le confermo: mai.»
È la metà di ottobre del '97 quando vado a trovare Cesare Previti nel famoso studio di via Cicerone a Roma, a pochi metri da piazza Cavour e dal «palazzaccio» della Cassazione. Quando in questo stabile c'era l'abitazione di Previti, Stefania Ariosto sostiene di aver partecipato a una cena in cui il denaro per Squillante era sul tavolo. Ma la difesa del deputato di Forza Italia le contesta di non averci mai messo piede: sbaglia anno, dice, non sa descrivere gli ambienti.

Qui, nel '94 per lui felicissimo, Silvio Berlusconi non fece in tempo a offrire il ministero dell'Interno ad Antonio Di Pietro che venne anticipato da un rifiuto. Qui Di Pietro è tornato due volte a incontrare Previti dopo le sue dimissioni dalla magistratura. Qui capita ogni tanto Pierfrancesco Pacini Battaglia, vecchio amico di Previti e suo vicino di villa, quasi, all'Argentario. Qui, nell'autunno romano del '97, tardivamente mossosi al freddo, Cesare Previti combatte il suo duello finale contro i procuratori di Milano che lo vogliono in manette. Migliaia di atti processuali entrano ed escono dalle porte di legno chiaro, nessuno bada più allo spettacolare Ponte della Vittoria sul Tevere progettato nei primi decenni del secolo da Adolfo Coppedè e appeso alla parete nobile dello studio.

Previti è il capitano di questa grande nave nella tempesta. La sua plancia è una poltrona di pelle chiara, non siede da anni dietro il tavolo da sartoria del Quattrocento che la mamma calabrese gli regalò all'inizio della professione. Ci appoggio in compenso il mio quaderno e avvio la conversazione sulla bugia negata.

Se lei non ha mai pagato un magistrato, onorevole, posso chiederle perché nella richiesta di arresto inviata dalla Procura di Milano alla Camera dei deputati nel settembre del '97 si parla di un versamento di 434 mila dollari, pari a mezzo miliardo di lire, fatto a suo nome sul conto svizzero di Renato Squillante il 6 marzo 1991?

«Io quel versamento non l'ho fatto al dottor Squillante. Le spiego perché. Vede questi fogli? Qui sono raccolti tutti i rapporti finanziari per i quali ho utilizzato il mio conto svizzero dall'87 all'inizio del '96. Vediamo un po'... Trentaquattro operazioni per pagina... Cinque pagine... Bisogna togliere qualche annotazione... Diciamo che sono circa centoventi-centotrenta operazioni. Di queste circa un terzo sono passate attraverso l'avvocato Pacifico.»

E Squillante?

«Aspetti. Il rapporto con Pacifico era molto lineare: mi faceva pervenire il denaro in contanti in Italia e io compensavo la rimessa accreditandogli l'importo equivalente sui conti svizzeri secondo le sue indicazioni.»

Posso chiederle che tipo di denaro?

«Denaro che mi veniva versato all'estero per la mia attività professionale in diversi paesi e che io facevo trasferire attraverso l'avvocato Pacifico in Italia, in base alle mie esigenze di spese.»

Come avvenivano questi movimenti?

«Sempre allo stesso modo. Pacifico mi diceva di inviare gli accrediti all'attenzione del dirigente di banca suo fiduciario. Le somme entravano quindi nella disponibilità dell'avvocato Pacifico che le utilizzava e le smistava, anche mediante compensazioni, in base alle esigenze della sua attività di gestore di capitali per conto di molti clienti. Così è avvenuto per i miei versamenti a Pacifico presso la Società Bancaria Ticinese dove mi sono sempre limitato a indicare come referente il signor Dionigi Resinelli, che non conosco, in conformità alle indicazioni ricevute dallo stesso avvocato Pacifico. Nel marzo '91 io ho trasferito a Pacifico, estero su estero e attraverso Resinelli, cinquecento milioni di cui avevo bisogno in Italia e lui è venuto a consegnarmi l'equivalente a Roma nel mio studio. Così si realizzava l'operazione trasferimento da me verso Pacifico in Svizzera e da questi a me, in Italia.»

«Una compensazione fatta a mia insaputa»

E Squillante?

«Naturalmente non mi passava neppure per l'anticamera del cervello di pensare a Squillante e ai suoi possibili conti all'estero e, ancor di più, di immaginare che avesse un conto nella stessa banca di Pacifico, né che Pacifico gestisse, tra i tanti, anche conti di magistrati e un conto di Squillante.»

Né Squillante né Pacifico glielo avevano mai detto?

«Non vedo perché avrebbero dovuto dirlo proprio a me.»

Lei lo ha scoperto dopo l'arresto di Squillante?

«Ovviamente sì. »

Lei giocava a calcetto con Squillante, aveva un rapporto fiduciario con Pacifico e non sapeva niente?

«È così. Guardi che al di là delle partite di calcetto, io non frequentavo il dottor Squillante. Quanto all'avvocato Pacifico, non era certo tenuto a raccontare a me quali erano i suoi clienti. Soltanto da poco sono venuto a sapere che gestiva i conti anche di magistrati romani come Filippo Verde e Antonino Vinci.»

Torniamo al suo versamento. Come arriva sul conto di Squillante?

«È semplice: Pacifico doveva accreditare dei fondi a Squillante nell'ambito di loro rapporti. Rapporti, sottolineo, assolutamente loro. Avendo ricevuto da me cinquecento milioni, ha operato, attraverso Resinelli, una compensazione diretta, naturalmente e logicamente a totale mia insaputa, nell'ambito dei suoi normali rapporti bancari e alle sue evidenti convenienze. Infatti non era logico spostare una somma dalla Svizzera all'Italia e un'altra, all'inverso, dall'Italia alla Svizzera. Il risultato è stato che io ho avuto i miei soldi in Italia e

Squillante i suoi in Svizzera. Una classica operazione di compensazione.»

Converrà, onorevole, che non ci crede nessuno.

«Non ci crede chi non vuole crederci. Ma è la pura verità che del resto ritengo di poter assolutamente provare.»

Scusi, non è per mancanza di fiducia. Lei dice di poterlo provare?

«Certo: basta che i magistrati lo chiedano all'avvocato Pacifico, al dottor Squillante e al signor Resinelli. Se a Resinelli l'ordine di versare sul conto di Squillante è venuto da Pacifico, questa è già una prova. Ma per quanto mi riguarda, io ho raccolto la documentazione per dimostrare come ho speso quei 500 milioni. Ho reperito, nel mio archivio, la documentazione per almeno 380 milioni. Queste spese, per contanti e con ricevuta, sono state effettuate nei giorni immediatamente successivi all'arrivo dall'estero del denaro. Poiché, in quegli stessi giorni, non ho fatto alcun prelevamento dai conti italiani, questo prova in modo assolutamente certo che quel denaro speso non può essere che quello che ho prelevato dalle mie disponibilità estere e ricevuto in Italia tramite l'avvocato Pacifico.»

Non l'aiuta, tuttavia, il fatto che sul conto di Squillante fossero stati versati nel corso di una decina d'anni nove miliardi.

«Come non mi aiuta? Che c'entro io con i depositi del dottor Squillante? Non so nulla delle disponibilità di Squillante, so solo quello che ho letto sulle carte processuali. Ripeto: io non ho dato una lira né direttamente, né attraverso l'avvocato Pacifico, né al dottor Squillante, né ad alcun altro magistrato. Ribadisco: la gestione da parte dell'avvocato Pacifico di conti del dottor Squillante è una vicenda a me sconosciuta e che non mi riguardava nel modo più assoluto.»

Quindi i cinquecento milioni contestati a lei sarebbero stati versati in Italia da Squillante a Pacifico che doveva trasferirli all'estero e che invece utilizzò, sempre in Italia per versarli a lei. E questo sia Squillante che Resinelli e Pacifico possono confermarlo?

«Su questo non ho il minimo dubbio. Non ho parlato con nessuno di loro, ma ne sono certo. Ho chiesto ai magistrati di sentirli, come le ho detto, e posso provare di aver ricevuto quei cinquecento milioni in contanti, proprio negli stessi giorni in Italia. Che posso chiarire di più? Più che provare la natura dei miei rapporti con l'avvocato Pacifico e la ricezione del denaro in Italia con la documentazione dell'avvenuta spesa, che posso fare? Tuttavia c'è poi un altro discorso indiretto...»

Indiretto?

«Certo. È un dato di fatto che sono sempre in attesa che i magistrati di Milano contestino le ragioni, le causali che sarebbero alla base di quel versamento. Io non ho mai avuto rapporti professionali con il dott. Squillante [*l'avvocato Previti si è sempre occupato di diritto civile, Squillante ha fatto sempre il magistrato penale*]. I miei clienti non ne hanno avuti. Io ho dato una spiegazione esauriente. I magistrati devono dimostrare il contrario. Altrimenti è difficile difendersi in assenza di un fatto specifico a cui si riferisca la corruzione che si pretende sia avvenuta.»

Poi ci sono i conti in Italia. In varie banche lei ha versato complessivamente diciassette miliardi e mezzo e ne ha prelevati quattro e mezzo in contanti?

«Così è stato scritto. Non sono ancora in possesso della documentazione bancaria, ma se è stato scritto così, è possibile che sia vero. I movimenti dei conti riguardano un periodo di ben dieci anni.»

Posso fare una banale osservazione del cittadino comune? Questo traffico di soldi in contanti non è una violazione costante delle leggi valutarie?

«No, la legge che proibiva questo tipo di operazioni è stata abrogata da quasi dieci anni. Oggi avere un conto in Svizzera è consentito.»

Già, ma lei avrebbe potuto dire alla sua banca svizzera di accreditarle i soldi sul conto italiano senza disturbare Pacifico. Lei invece versava ogni volta diciannove milioni e mezzo per star fuori delle segnalazioni e dalle tasse...

«Le segnalazioni bancarie sono un residuato della legislazione antiterrorismo. Per quanto mi riguarda, ho regolarizzato attraverso i condoni la mia posizione con il fisco. La cosa importante è un'altra. È vero che i soldi in entrata sono molti, ma sono molti anche i soldi in uscita. Io tutto quello che ho ricevuto l'ho speso e non ho fatto nessun versamento per corrompere nessuno. Quando i procuratori di Milano hanno interrogato la mia collaboratrice che si occupa di amministrazione, lei ha confermato che ci è possibile documentare praticamente tutto, anche se, in assenza di specifiche contestazioni, non spetta a noi l'onere della prova.»

Prestazioni all'estero per il gruppo Fininvest

L'indagine di Milano nei suoi confronti parte da Stefania Ariosto. L'Ariosto disse che lei poteva disporre di «fondi illimitati» messi a disposizione da Silvio Berlusconi per corrompere magistrati romani, attraverso Renato Squillante. Per un anno e mezzo, dal marzo del 1996 all'ottobre 1997, è stata dimostrata soltanto la rilevante disponibilità di denaro in Svizzera di Renato Squillante (*i figli del magistrato, Mariano e Fabio, corrispondenti della Rai da Londra e della «Stampa» da Bruxelles, sono stati accusati dai magistrati di aver aiutato il padre nella gestione di denaro di provenienza illecita. Dopo alcuni mesi di riflessione, si sono costituiti a Milano il 14 ottobre 1997 e hanno ridimensionato il loro coinvolgimento nell'interrogatorio del 17*). Lei, onorevole Previti, nega che i cinquecento milioni di cui abbiamo parlato poco fa siano un suo versamento a Squillante. Non sono stati trovati, allo stato, versamenti di Squillante a magistrati...

«...Non è stato trovato, e tanto meno provato, nulla di nulla. La cosa fondamentale è che non è stato fatto il nome di un solo magistrato che abbia avuto soldi dal dottor Squillante e tanto meno da me o, per mio tramite, da altri. Né potrà mai essere trovato o provato per la semplice ragione che il fatto non sussiste.»

Esistono versamenti compiuti all'estero in suo favore collegabili al Gruppo Fininvest?

«Certamente e anche per importi rilevanti.»

Posso chiederle quanto rilevanti?

«Per le numerose prestazioni professionali effettuate, estero su estero e lungo l'arco di molti anni, credo che le mie competenze siano ammontate a oltre tredici miliardi di lire. Ho diretto, sovrinteso e coordinato tutte le questioni legali inerenti ai rapporti del gruppo con la Francia (La Cinq), la Spagna (Telcinco), la Germania (Telefünf) e gli Stati Uniti (MGM). La cifra di riferimento per il calcolo degli onorari professionali, solo in Europa, è superiore ai mille miliardi. A questi deve aggiungersi un'azione di recupero di 160 miliardi dalla MGM-Credit

Lyonnais andata a buon fine. Nell'espletamento di queste attività ho intrattenuto rapporti economici e contatti operativi con una infinità di soggetti diversi e con molti studi professionali. Credo che altri avvocati avrebbero richiesto onorari ben più elevati. Si tratta quindi di compensi esteri per attività svolte all'estero, per conto di società estere che operavano nel circuito Fininvest. Per conto dei miei clienti all'estero ho anche svolto il ruolo del mandatario e del tesoriere, specialmente per i rapporti con avvocati stranieri.»

I procuratori di Milano le hanno mai mosso una contestazione precisa a proposito dei suoi rapporti finanziari con Berlusconi e con la Fininvest?

«No, nell'interrogatorio del 23 settembre 1997 i nomi del presidente Berlusconi e della Fininvest non sono mai stati fatti. Vede, quella del 23 settembre fu una mia presentazione spontanea. Fu decisa dopo che la Camera ebbe restituito al mittente la richiesta d'arresto della Procura, richiesta che aveva bisogno dell'avallo del giudice per le indagini preliminari. Mi sono presentato ai pm spontaneamente dietro suggerimento dei colleghi del Polo ai quali andavo spiegando le mie ragioni. Mi dicevano: se le cose sono queste, devi andare a raccontargliele. Un atto di sottomissione in fondo non guasta... Io rispondevo: guardate che è inutile, contro di me è in atto una vera persecuzione. È una inchiesta *ad explorandum*, alla continua ricerca, contro ogni regola, di qualcosa che possa rendere credibile la mostruosa calunnia che è stata costruita contro di me. Alla fine, tuttavia, sono andato. Il 23 settembre i procuratori si sono trovati in imbarazzo, mi hanno rivolto poche contestazioni di scarsa rilevanza, riportandosi alla documentazione trasmessa in Parlamento. Tutto questo risulta chiaramente dal mio interrogatorio.»

E non le hanno parlato di Berlusconi.

«No, nessun cenno né al dottor Berlusconi né ai "fondi illimitati" che mi sarebbero stati messi a disposizione presso l'Efibanca. Cosa naturalmente risultata assolutamente falsa. Io mi sono reso disponibile per rispondere a qualunque contestazione, ma nessuno mi ha accusato di aver corrotto qualcuno, in che modo, per quale motivo e in quale circostanza. Chi, perché, come e quando. Sarei anche disposto a una sorta di prova negativa, per ritornare ai cinquecento milioni di

Squillante. Non è vero che li ho dati, ho ricevuto soldi miei e li ho spesi in direzioni documentate. Anche per le restanti somme ritirate in contanti, sono in grado di documentare la destinazione di spesa. Nessuna corruzione quindi, ma affari privati, corretti, regolari che sarebbero dovuti rimanere riservati, almeno sino alle mie spiegazioni. Ripeto: nessuna attività di corruzione, nessun corruttore, nessun corrotto. Solo introiti e spese private, operazioni assolutamente lecite, che avrebbero dovuto restare private e totalmente riservate.»

«A chi ho dato diciannove miliardi»

Veniamo ora alla questione Imi-Sir per cui lei ha ricevuto dalla famiglia Rovelli una somma di ventuno miliardi.

«Nell'interrogatorio milanese del 23 settembre ho ricostruito questa storia nei dettagli. Alla fine degli anni Settanta ci fu un'aggressione della magistratura romana nei confronti dell'ingegner Nino Rovelli e del suo gruppo chimico Sir. Un'aggressione che coinvolse i presidenti delle maggiori banche italiane e che toccò i vertici della Banca d'Italia accusati di aver agevolato Rovelli nei percorsi di certi finanziamenti. Il direttore generale Mario Sarcinelli [*attuale presidente della Bnl*] finì in carcere per diciassette giorni e il governatore Paolo Baffi fu inquisito pesantemente. Rovelli divenne presto il demonio, come lo sono diventato io in questa storia. Fu inseguito in mezzo mondo dai mandati di cattura internazionali e la sua azienda andò distrutta: valeva qualcosa come diecimila miliardi. Io ho assistito il presidente dell'epoca di Bnl e Efibanca per gli aspetti civilistici, insieme con il professor Flick [*attuale ministro della Giustizia*], presente per gli aspetti penalistici. Dopo lunga persecuzione, sia i presidenti di banche sia Rovelli vennero prosciolti da ogni accusa. Mi piace sottolineare che in quella occasione il mio ruolo di civilista con una rilevante esperienza in diritto bancario fu importante, forse determinante. Per questo anche Rovelli mi fu molto grato e prese a utilizzare le mie competenze professionali per i suoi affari esteri.»

Torniamo a Imi-Sir.

«Con il recupero della sua libertà Rovelli aprì un dialogo con l'Imi per riprendere l'attività produttiva, si creò un consorzio, vennero sottoscritti dei patti rispettati da Rovelli e non dall'Imi che si nascose dietro un dito sostenendo che chi aveva firmato le carte non aveva poteri per farlo. Nacque la causa che alla fine venne vinta da Rovelli con un risarcimento di cinquecento miliardi, che si raddoppiarono per gli interessi, e che è molto inferiore al danno subito.»

Alla fine, però, i Rovelli vinsero la causa per una procura sparita.

«Quella procura non fu mai allegata agli atti. E io sono convinto che se la procura fosse stata regolarmente depositata, alla fine – visti i fatti e i misfatti che mi sono stati raccontati successivamente – si sarebbe trovato il modo di non far vincere ai Rovelli quella causa o di costringerli a una transazione perché c'era la potenza dell'Imi e dell'intero sistema bancario contro una sola famiglia che chiedeva giustizia.»

Nino Rovelli le affida un mandato fiduciario: la incarica, cioè, di onorare debiti con alcune persone. Quando avviene questo?

«A metà del 1990. Rovelli muore alla fine di quell'anno e dice ai figli che debbono onorare gli impegni che lui mi ha chiesto di rispettare. Il figlio di Nino Rovelli, Felice, mi informa di questa decisione del padre e mi dice di aspettare l'esito della causa per il saldo.» (*Felice Rovelli e la madre rivelarono ai magistrati l'esistenza di questo mandato. Felice fu arrestato negli Stati Uniti ed estradato in Italia dove giace in prigione senza essere neppure stato interrogato dai pm.*)

Mi scusi, onorevole. Se Nino Rovelli le affida un mandato a metà del '90, prima dell'esito definitivo della causa che è dell'inizio del novembre '90, evidentemente dispone anche dei soldi per onorarlo. Perché il figlio Felice aspetta di incassare il risarcimento per saldarla?

«Io non sono mai entrato nel merito di questa vicenda che, le confesso, non era nemmeno in cima ai miei pensieri. Aspettavo che si facessero vivi loro.»

E quando si fecero vivi?

«Dopo la vittoria in Cassazione. Ma Felice mi disse nuovamente di aspettare l'incasso del risarcimento per provvedere. All'inizio del '94 mi richiamò dicendo di essere pronto.»

E lei provvide.

«Io feci verificare attraverso le banche che i nominativi che avevo avuto da Nino Rovelli fossero corretti, che le persone fossero vive e provvide.»

Posso chiederle chi sono i beneficiari dei ventuno miliardi?

«Dei diciannove, perché due sono una mia parcella. Dieci miliardi sono andati a tre avvocati stranieri di cui sono tenuto a non fare il nome per il dovere del riserbo professionale, ma che sono conosciuti dai magistrati di Milano. Nove sono stati versati a una società, la Codava. Soltanto da poco ho scoperto che faceva capo ad Attilio Pacifico.»

Pacifico? Ma lui non ha avuto trentatré miliardi di suo dai Rovelli? Nonostante i vostri rapporti così stretti, lei non sapeva che la Codava era sua?

«I miei rapporti erano stretti sul piano dell'amicizia personale, ma non su quello professionale dove l'unico punto di contatto era quello relativo al trasferimento di denaro dalla Svizzera all'Italia e talvolta viceversa.»

E perché Rovelli non ha dato quei soldi direttamente a Pacifico?

«È quel che mi chiedo anch'io. Non conoscevo quali fossero i rapporti di Pacifico e di Acampora con Rovelli.» (*Giovanni Acampora ricevette dagli eredi Rovelli tredici miliardi. Complessivamente Pacifico, Previti e Acampora ebbero sessantasette miliardi, pari al dieci per cento dei 678 miliardi del risarcimento Imi, al netto delle tasse. Altri 33 miliardi furono versati dai Rovelli in vie ufficiali agli avvocati Are e Giorgianni per la loro lunga assistenza professionale al finanziere.*)

Battaglia sui debiti di Stefania Ariosto

I procuratori di Milano hanno una profonda gratitudine per Stefania Ariosto perché fu lei a fare per prima il nome dell'avvocato Pacifico, fino a quel momento sconosciuto e certamente personaggio centrale dell'inchiesta. Ma l'Ariosto disse anche che Previti aveva dato del denaro in contanti a Squillante (una volta in casa dell'avvocato, un'altra al Circolo Canottieri Lazio). E l'ex ministro ha sempre smentito con indignazione queste circostanze. Quando il difensore di Squillante, Gaetano Pecorella, la interroga davanti al Gip e ai pubblici ministeri a fine maggio del '96, insieme con il difensore di Previti, Grazia Volo, per venti minuti l'Ariosto sfoglia le sue famose agende del 1987 e del 1988, ma non riesce a risalire alla data della cena fatale in casa Previti. Non ricorda se fosse estate o inverno, né chi le sedeva accanto.

«I procuratori di Milano» accusa Previti «hanno elevato un confidente bugiardo come l'Ariosto al rango di testimone. Ma l'Ariosto ha mentito su tutto. Non ne ha azzeccata una nemmeno per sbaglio. Non è mai stata a casa mia, nessuno l'ha mai vista ai Canottieri Lazio. E credo che questo ormai sia emerso con chiarezza. Bisogna allora chiedersi come nasce questo personaggio. Lei nasce certamente portando sulle spalle una situazione giudiziaria pesantissima per una serie di contestazioni molto gravi, dalla bancarotta fraudolenta al falso, dalla falsa testimonianza alla truffa in danno di una assicurazione. Badi che le dico quel poco che ho letto sui giornali, visto che una indagine approfondita su questo punto non è stata mai possibile. Nasce poi con una situazione debitoria pesantissima per alcuni miliardi. Come li paga? Con la vendita di imprecisati gioielli di famiglia come dice nel corso dell'incidente probatorio?

«La verità potrebbe emergere solo se un magistrato, in vena di fare il suo dovere, facesse una semplice indagine patrimoniale sui conti di questa donna. Io sono vittima di terrificanti indagini a tappeto su tutta la mia vita professionale e privata con centinaia di rogatorie e costanti messe in piazza dei fatti miei più riservati e derivati da una intensa attività di lavoro cui ho dedicato tutta la vita, mentre chi mi ha calunniato, non solo può continuare indisturbata nella sua opera, ma non è chiamata neppure a rendere conto dell'improvvisa sistemazione dei suoi gravissimi problemi giudiziari ed economici, in coincidenza con l'aver iniziato a raccontare le bugie all'origine di quest'indagine.»

La difesa di Previti e di Squillante ha sempre molto insistito sulla difficile situazione economica dell'Ariosto, sospettando – come traspare dalle parole dell'ex ministro – che la teste sia stata aiutata a sistemare almeno in parte i suoi conti. Nell'incidente probatorio del 25 maggio '96, davanti al giudice delle indagini preliminari di Milano, l'Ariosto dichiara che nel luglio del '94 i suoi debiti ammontavano complessivamente a due miliardi e novecento milioni. L'Ariosto ha avuto una vita assai avventurosa e per anni è andata tutti i giorni a giocare al casinò di Campione, perdendo somme rilevanti e cumulando debiti per un miliardo e mezzo con i «cambisti», cioè con professionisti del denaro che lo prestano a giocatori in bolletta. Poiché il gioco oltre un certo limite diventa una droga, i «cambisti» assomigliano molto agli spacciatori. Durante il controinterrogatorio condotto con una calma glaciale dall'avvocato Gaetano Pecorella, viene ricordata alla teste una sua dichiarazione secondo cui una parte del debito sarebbe stata estinta con la vendita di gioielli di famiglia. Quando Pecorella chiede a chi la signora abbia venduto i gioielli, in aula scoppia il pandemonio. L'Ariosto dice di sentirsi violentata nel suo privato, il pubblico ministero Davigo sostiene che nessuno può essere costretto a raccontare la sua vita se la cosa non ha rilevanza penale. Ilda Boccassini gli dà manforte con la sua voce energica e indignata, Davigo dice di non aver mai visto un interrogatorio così duro, il Gip Alessandro Rossato dice che in effetti ci sarebbe il problema dell'attendibilità del teste, ma insomma alla fine i pubblici ministeri si oppongono e la domanda di Pecorella viene ritirata. L'episodio, pure abbastanza marginale all'interno del monumentale incidente probatorio, mi colpisce. E quando un anno dopo chiedo per inciso a Davigo come mai lui e la Boccassini si siano battuti all'arma bianca sulla storia dei gioielli, per la prima volta in tanti anni mi pare di scorgere un velo d'imbarazzo sul volto di Davigo. Ma forse mi sbaglio, visto che Davigo, anche nei momenti di maggiore disponibilità, non lascia al dubbio il minimo spazio.

«L'Ariosto» dice Previti «sostiene di essere stata avvicinata nel '91 da due ufficiali della Guardia di Finanza che le avrebbero promesso una specie di impunità fiscale in cambio di informazioni sui famosi libretti al portatore di Silvio Berlusconi sui quali allora nessuno sapeva niente? Qui i casi sono due. O la Ariosto, per una volta, ha detto la verità e allora si tratta di attività spionistica perché la Guardia di Finanza parla con la Ariosto di fatti non ancora emersi in sede giudiziaria. O ha mentito, come sostengono i finanzieri, e allora non si capisce perché non venga perseguita.»

(L'Ariosto parlò di una persecuzione della Guardia di Finanza ai suoi danni, con molti avvisi di garanzia, decine di pagine di verbali e un accertamento di due miliardi e 700 milioni da pagare.)

Previti e sua moglie hanno denunciato fin dalla prima metà del '96 l'Ariosto per calunnia, ma i processi sono stati congelati dalla Procura di Milano in attesa che si definisca quello principale ai danni dell'ex ministro. (All'inizio dell'ottobre '97 il sostituto procuratore della Repubblica di Milano, Alfredo Robleto, ha chiesto l'archiviazione della denuncia per calunnia di Previti contro la Ariosto. Robleto mi spiega cortesemente due cose. La prima: la richiesta è stata fatta seguendo una giurisprudenza costante della Procura milanese. La seconda: prima di stabilire se un teste ha calunniato l'indagato, occorre accertare se abbia detto o no la verità nel processo principale. «Questo si fa» mi dice Robleto «per evitare che due magistrati si occupino parallelamente dello stesso caso.» Alla fine del processo principale che vede Previti indagato, se le accuse risulteranno infondate, il pubblico ministero richiamerà la denuncia archiviata dall'ufficio del Gip e valuterà se procedere contro la Ariosto.

Si può osservare che l'inconveniente di questa procedura sta nel far attendere anni al calunniato, se riconosciuto tale, prima di ottenere giustizia. Bisogna infatti aspettare il verdetto della Cassazione. In altre città si segue una procedura diversa: le due inchieste si svolgono parallelamente e per evitare duplicazioni vengono spesso affidate allo stesso magistrato.

Priore si rivolge al Servizio pentiti

Ma Previti sostiene di non capire per quali ragioni non siano andati avanti i procedimenti che interessano altre persone.

«Siffatta procedura è semplicemente illegale. Sembra che i procedimenti per calunnia e falsa testimonianza contro la Ariosto, siano più di venti. Esistono delle archiviazioni a favore di alcuni calunniati, perché quindi non si procede?

«Prenda il caso di Vittorio Mele, l'attuale procuratore generale della Corte d'Appello di Roma. L'Ariosto l'accusa in sostanza non solo di essere in busta paga di Previti ma anche di essersi lasciato corrompere da Marcello Dell'Utri, amico di Berlusconi, con un quadro che sostiene avergli visto alle spalle. Ma dice il falso. Se ne accorge. Rettifica solo sul quadro. Il procedimento contro Mele viene archiviato. L'Ariosto deve rispondere di calunnia o di falsa testimonianza, ma non succede niente. E perché un magistrato come Rosario Priore, anche lui calunniato dall'Ariosto a proposito del viaggio in America con Craxi e indicato come in busta paga di Previti, non perseguito per alcuno di tali reati, ma diffamato da questa donna, deve vedere la sua denuncia per calunnia derubricata a false informazioni al pm e mandata in Pretura?

«Gli esempi sono tantissimi e il risultato è sempre lo stesso: l'Ariosto non solo è immunizzata per le sue malefatte, ma ancora di più lo è per le sue bugie.»

Rosario Priore è il giudice istruttore dei misteri italiani: dal caso Moro a Ustica, dall'attentato al Papa alla scomparsa di Emanuela Orlandi. (È lui che trovò vuoto il fascicolo dell'«operazione Panters», predisposta dal ministro dell'Interno Francesco Cossiga dieci giorni dopo il sequestro Moro e per la cui soppressione nella seconda metà dell'ottobre '97 Giulio Andreotti è stato indagato dalla Procura di Roma.) Nella primavera del '96 decide di promuovere due azioni contro Stefania Ariosto. «La prima» mi racconta «è una denuncia per calunnia che la Procura milanese derubrica in false comunicazioni al pubblico ministero e trasferisce in pretura da dove in un anno e mezzo non ho saputo niente. La seconda è una citazione civile. La cosa buffa è che per me la seconda udienza è prevista al tribunale di Roma ventisei mesi dopo l'apertura della causa, mentre l'Ariosto, che mi ha controcitato, l'ha avuta in dieci mesi dal tribunale di Milano.»

Per Priore il problema si pone quando deve notificare l'atto di citazione all'Ariosto. Dove abita la signora? Su richiesta del magistrato romano, l'avvocato Giuseppe Zupo chiede all'Anagrafe di Milano il rilascio del certificato che consenta di conoscere il nuovo indirizzo. Ma al suo corrispondente milanese, l'avvocato Remo Vitelli, gli impiegati dell'Anagrafe rispondono che non possono rilasciarlo per «ordine della magistratura». Zupo ritiene che questo ordine sia legittimo soltanto sulla base di due leggi del '91 e del '93 che tutelano i pentiti. Fa notificare allora la citazione al Servizio centrale di protezione, presso la direzione centrale della Criminalpol. «Lì,» mi racconta Priore «l'atto venne regolarmente accettato. E io non me ne meravigliai perché avevo letto che la signora aveva debiti per circa tre miliardi e che la sua situazione era particolarmente curata dalla Guardia di Finanza.» Ma pochi giorni dopo, il «servizio pentiti» restituisce al mittente la citazione. Se l'Ariosto non è gestita dalla polizia, dice Zupo, l'Anagrafe di Milano non può trincerarsi dietro nessun ordine della magistratura. Parte una nuova richiesta senza alternative: o mi date il certificato, dice l'avvocato di Priore, o mettete per iscritto quale magistrato e perché vi impedisce di rilasciarlo. Il certificato arriva.

Torniamo a Previti. Gli chiedo se può spiegarmi la natura dei suoi rapporti con Pacini Battaglia.

«Lo conosco da più di vent'anni e ho cominciato a frequentarlo più assiduamente da quando ha comprato una villa all'Argentario da Susanna Agnelli. Io ne ho una poco lontana. Da un punto di vista professionale gli ho affidato nel '95 un paio di operazioni finanziarie con la Svizzera del genere di quelle fatte con Pacifico. Con un vantaggio: Pacifico chiedeva una commissione, Pacini me le ha fatte gratis.»

Un'ultima questione. Lei è stato ministro della Difesa ed è stato sul punto di diventare ministro della Giustizia. Non pensava che tutti questi movimenti finanziari con l'estero avrebbero potuto metterla in imbarazzo?

«Francamente no. Per due ragioni. Da un punto di vista fiscale c'era stato il condono. Ma da un punto di vista, diciamo così, deontologico, credo che non esista un avvocato del mio livello che non abbia avuto rapporti finanziari con l'estero. Tenga conto che io soltanto negli ultimi anni ho cominciato a svolgere la mia attività professionale prevalentemente in Italia. Ma prima stavo ogni mese a New York e a Rio de Janeiro in un'attività professionale tanto frenetica quanto ricca di soddisfazioni.»

Mentre un esercito di efficientissimi collaboratori di Cesare Previti fotocopia migliaia di atti da inviare ai parlamentari d'ogni partito esperti del ramo, a un chilometro da qui, nel palazzo di Montecitorio, autorevoli esponenti del Pds si chiedono – indipendentemente dalle valutazioni di merito – se non sia un precedente pericoloso far arrestare un deputato dell'opposizione con un voto della sola maggioranza.

XVI
Il tamburo di latta

Una sera, un fantasma

Com'erano stati bravi i truccatori. Fosse stato un film, il fantasma sbucato dall'auto nella notte invernale di piazza Cavour avrebbe richiesto ore di lavoro e di pazienza: prima il cerone chiaro per il pallore, poi il fondotinta scuro per scavare le guance, infine il lattice per segnare le rughe. Solo quando il fantasma sorrise, capimmo che non si stava girando un film.

L'espressione, dolorosa e intimidita anche nel sorriso, era quella di Lorenzo Necci. Manager prodigio dell'industria italiana, signore delle Ferrovie con sette governi d'ogni colore e presidente dell'associazione mondiale del ramo, amico un tempo di Ugo La Malfa e negli ultimi anni di Berlusconi, D'Alema e Maccanico, riserva d'oro della repubblica, sopravvissuto ai cicloni dell'Eni e della chimica, stroncato da una intercettazione ambientale nello studio di Pierfrancesco Pacini Battaglia.

Il fantasma di Necci veniva da quarantanove giorni di cella a La Spezia e diciotto giorni di arresti domiciliari in Liguria.

Tutti gli avevano chiesto un'intervista e lui aveva scelto «Porta a porta», all'inizio del gennaio '97. Avrebbe risposto sui punti più scottanti: i prestiti di Pacini Battaglia e le accuse di Sergio Cragnotti sulle tangenti della chimica, il carcere e alcune amicizie discutibili e infatti discusse.

All'ultimo istante i suoi avvocati gli chiesero di tacere: era in attesa di giudizio il ricorso in Cassazione per annullare l'accusa di associazione per delinquere e l'ordine di carcerazione. Consigliavano prudenza.

Rinviammo l'appuntamento a questo libro. E nell'estate ritrovo un uomo che assomiglia molto al Necci di prima: gli occhi celesti che sanno diventare di ghiaccio, i gesti eleganti e cortesi, che diventano lenti e sobriamente sacerdotali nella preparazione del «martini».

«Sa dove ho imparato? A Bruxelles, tanto tempo fa. Avevo ventisei anni, ero come si dice un giovanotto brillante, lavoravo per un'azienda belga, la Sofinal. Conobbi un inglese che operava in Belgio per una società americana. Preparava splendidi cocktail, prendeva il ghiaccio con le mani, cenava con cinque "martini" e parlava di Barbra per notti intere.»

Barbra? «Barbra era sua moglie, più giovane di vent'anni, se ne era andata alle Baleari per dipingere. Lui lavorava per mantenerla a Ibiza, ma la vedeva una sola volta all'anno. Questi erano i patti. Ne parlava ogni giorno, ogni notte. Barbra... Era la metà degli anni Sessanta, cominciavano a volare regolarmente i primi jet. Cominciava a pendere forma allora la nuova economia mondiale. Io l'ho vista nascere.»

«Conosce Il giardiniere appassionato?»

Necci va a sedersi su un divano. Tiene il «martini» nella mano destra, prende con la sinistra un libro di Adelphi con la copertina azzurra. «Conosce *Il giardiniere appassionato*?» Sfoglia il bel saggio di Rudolf Borchardt, scritto in Italia poco prima che la guerra distruggesse i giardini d'Europa.

«Il giardino» dice Necci «è la ricerca di qualcosa che l'uomo ha perduto, la ricerca di un nuovo rapporto con la natura, il tentativo di ricomporre intorno a sé un'armonia fittizia.» Fittizia? «Certo, perché nella costruzione del giardino la natura viene forzata, l'armonia è fittizia perché decisa dall'uomo secondo la sua cultura. Una cultura diversissima tra Oriente e Occidente. Gli orientali tendono a una visione mistica e bloccata. Nei loro giardini di sabbia e di roccia c'è lo spirito divino. Il nostro giardino è fatto di eleganza e di fiori. Il giardino di piante cambia con le stagioni, il giardino di fiori cambia ogni momento.»

Mentre Necci parla, s'intuisce che il suo cervello è da un'altra parte. È approdato a Marina Velca, vicino Tarquinia, all'amatissima villa di campagna dove riuniva ogni domenica il clan familiare e qualche amico di passaggio, in un giardino costruito «con un gioco intellettuale, inserendo nei rigidi schemi orientali la cultura occidentale del cambiamento e dei fiori. Un giardino in cui le piante povere come i cavoli e i cardi sono di una bellezza incredibile».

Fu lì, in quel giardino amatissimo, che domenica 15 settembre 1996 accadde tutto.

«Alle tre del pomeriggio, stavamo ancora a tavola in giardino, quando arrivarono una decina di persone in borghese, sconosciute. Non so nemmeno come fossero entrate. Mi mostrarono un ordine di perquisizione, qualificandosi come finanzieri, e rovistarono ovunque per molte ore. Raccolsero trecento reperti d'ogni genere. Avevo quasi completato un libro e presero il manoscritto. "Così la conosceremo meglio" dissero. Presero lettere d'ogni genere, qualunque carta in cui fosse nominato un uomo politico appena noto, fotografie, conti da pagare. Non capii a che cosa servissero. Quando pensai che avessero finito, mi dissero che dovevamo andare a Roma per un'altra perquisizione. Risposi che avevo un impegno e non potevo seguirli, avrei mandato qualcuno ad assisterli. Fu a quel punto che dissero: dobbiamo arrestarla.

«Restammo tutti sconvolti. Chiesi di poter parlare con il mio avvocato di Milano, il professor Federico Stella. Non me lo consentirono. L'atteggiamento di palese ostilità verso quel mio difensore fu la prima cosa che mi colpì. A tavola con noi c'era l'avvocato Paola Balducci. La nominai mio difensore, ma non le fecero leggere l'ordine di custodia cautelare.

«Mi portarono in carcere a La Spezia e non capivo che cosa c'entrasse La Spezia. Durante il trasferimento, mi rifiutai anche di leggere le ragioni per cui il giudice m'arrestava. Pensai che si trattasse di una montatura scandalistica per farmi fuori dalle Ferrovie e dalla politica. Non riuscii nemmeno a preoccuparmi troppo.

«Quando subito dopo l'arrivo in carcere mi presero le impronte digitali, mi sembrò d'interpretare un film sull'Inquisizione. Mi portarono in una cella singola di qualche metro quadrato. Era ormai notte e quando chiesi di poter spegnere la luce mi dissero che non era possibile. Restò accesa per tutti i quarantanove giorni della mia detenzione. Montarono di servizio quattro guardie di una squadra speciale mandata da Roma. Ogni sei ore si davano il cambio. Sedici guardie si occupavano soltanto di me. Entrando avevo contato undici cancelli. Immaginare una fuga sarebbe stato difficile. Mi dissero che la vigilanza serviva alla mia sicurezza. Così fecero per i pasti. Non mi consentirono di comprare niente da fuori, come usa in carcere. Dopo qualche giorno in cui mangiavo il vitto del carcere, mi portarono un pasto speciale. Abbiamo paura che qualcuno l'avveleni, mi dissero. Chiesi perché. Non mi risposero. Era un sottile gioco psicologico. D'altra parte, durante la detenzione un giorno trovai in cella una cinta...

«Preparando la roba per il carcere, avevo dimenticato i libri. Appena entrato ne chiesi uno in prestito. Fui fortunato, mi portarono il *Tamburo di latta* di Gunther Grass. Dopo un po' cominciai a scrivere.»

Accanto al *Giardiniere appassionato* compare una dozzina di quaderni d'ogni tipo scritti a mano. Saggi, poesie, favole, appunti sulla detenzione. In tutto duemila pagine.

«Ammetti qualcosa, così esci...»

«Scrivevo dalle nove del mattino alle nove di sera, dopo i primi giorni spesi soltanto a dormire. Ero lontanissimo dalla realtà. Quando venivano i miei a trovarmi, ero quasi infastidito di dover tornare sulla terra. Anche quando mi scarcerarono...» Necci mi allunga alcuni fogli quadrettati e sciolti. La calligrafia era ordinata e poco decifrabile al tempo stesso, la *p* e la *r* erano laureate, altre lettere s'erano fermate alle elementari. Non a caso, nella storia singolarissima di quest'uomo nato a Fiuggi da una famiglia di ferrovieri e arrivato giovanissimo al successo.

«Lorenzo» mi raccontò un suo compagno di scuola «prese la licenza elementare dopo aver saltato la prima, la seconda e la quinta. Completò gli studi regolarmente e si laureò in legge in tre anni. A scuola veniva messo regolarmente fuori classe per non umiliare i compagni di scuola. Se guardava una pagina di libro per quaranta secondi, la imparava a memoria. Leggeva in tre giorni *I fratelli Karamazov* ed era in grado di citarne ogni pagina. I suoi esami universitari erano uno spettacolo e talvolta un gioco. All'esame del diritto commerciale il professore gli citava un articolo del codice e lui partiva con l'argomento. Oppure il professore citava l'argomento e Lorenzo l'articolo. Li conosceva tutti, sono più di seicento...»

«Eppure non sapevo scrivere» mi dice lui la sera del «martini» e di Barbra. «Cioè scrivevo in stampatello. I professori mi facevano riempire pagine di *O*, come in prima elementare. Nell'estate del quinto ginnasio decisi di imparare.»

E imparò la calligrafia che ho ritrovato in questi quaderni dal carcere, minuta, modesta, con poca grazia e molta energia.

«Nella cella non ebbi mai un tavolino, se non negli ultimi giorni. Scrivevo seduto sul letto. Le guardie per molto tempo restarono in piedi. All'inizio provarono a controllare i miei appunti, poi rinunciarono. Dopo un po' di giorni cominciarono ad appassionarsi alle favole. Qualche volta ci sedevamo tutti insieme sul letto, io leggevo le favole, loro mi ascoltavano. Avevamo ormai un po' di confidenza. Ma all'inizio non riuscivo ad abituarmi alla loro presenza continua, giorno e notte, anche nei momenti più intimi. Non andai in bagno per dieci giorni.»

(Diceva Oskar, il protagonista del *Tamburo di latta* ristretto in un manicomio: «Il mio infermiere mi osserva di continuo, quasi non mi toglie gli occhi di dosso perché nella porta c'è uno spioncino, e lo sguardo del mio infermiere non può penetrarmi, perché lui ha gli occhi bruni, mentre i miei sono celesti... Ho preso a volergli bene, a questo controllore appostato dietro lo spioncino. Appena mi entra nella stanza, gli racconto vicende della mia vita; così, nonostante lo spioncino che gli è d'ostacolo, impara a conoscermi. Il brav'uomo sembra apprezzare i miei racconti...».)

Necci – abbiamo detto – aveva nominato suo difensore l'avvocato Balducci, che era a tavola con la famiglia al momento dell'arresto. Ma per giorni in carcere gli fu impedito di incontrare i suoi difensori. «Non immaginavo che si potesse esercitare una negazione così assoluta della libertà. Mi dissero che i miei avvocati avrebbero potuto non essere neutrali e condizionarmi nelle dichiarazioni "spontanee" al magistrato. Entro cinque giorni un detenuto ha diritto all'interrogatorio di garanzia. Fu quasi allo scadere del tempo che potetti incontrare il professor Stella e l'avvocato Balducci, pochi istanti prima che entrassero i magistrati. Stella mi disse: sono sicuro che non ce l'hanno con te. Era teso e preoccupato. "Io devo rinunciare alla tua difesa, perché qui anch'io forse sono sotto accusa. Per quel che ti riguarda, non sappiamo di che cosa si tratti. Ma in questi casi se si ammette qualcosa, si ottiene prima la libertà." Questa storia che non ero io l'obiettivo principale dell'inchiesta mi era stata già detta e mi fu ripetuta successivamente dall'avvocato Marco Franco, collaboratore dell'avvocato Balducci, al quale le stesse cose erano state riferite nel corso della perquisizione a casa mia a Roma.»

Secondo Necci, fu questa la ragione per cui parlò del prestito di Pacini Battaglia, oltre al fatto che ritenne di non aver nulla da nascondere trattandosi di un rapporto esclusivamente personale.

«Io avrei potuto dire che non ne sapevo praticamente niente. Ma in quelle condizioni, capisce... Ritenevo che il problema si sarebbe risolto in tempi brevissimi. Mi avevano arrestato per una operazione che non avevo mai fatto. Nell'avvocato Stella avevo – e ho – una grande fiducia, anche se non è chiaro perché abbia lasciato la mia difesa. Quando nel '92 mi rivolsi per la prima volta a lui, finì quel colloquio con una frase che mi colpì molto: "Caro Lorenzo, tu per me sei praticamente indifendibile davanti a dei giudici, perché non hai nulla da dare". A me fin da allora parve di aver dato molto.»

Necci fu arrestato con le seguenti imputazioni: peculato, corruzione aggravata, abuso d'ufficio, falso in bilancio, truffa, associazione per delinquere con Pacini Battaglia e il mediatore d'affari Emo Danesi. Un anno più tardi sarebbe rimasta in piedi soltanto l'ipotesi di corruzione. La truffa sarebbe diventata tentata truffa e sarebbe caduta, con l'associazione per delinquere, anche la validità dell'arresto.

Durante i nostri incontri Necci è stato sempre reticente nell'approfondire i problemi giudiziari. «Non intendo parlarne» mi dice «perché sono cose che tratto esclusivamente con i giudici e di cui si potrà discutere soltanto dopo le loro decisioni.»

Un manager a disposizione?

Al momento dell'arresto, a Necci venne contestato di essere «destinato a recepire le direttive di Pacini Battaglia e di Danesi in merito all'organizzazione complessiva, anche futura, delle Ferrovie dello Stato e a permettere l'esecuzione materiale di singoli episodi». Il manager in sostanza sarebbe stato «a disposizione» dei due affaristi. I famosi «venti milioni fissi del mese» di cui si parla nelle intercettazioni di Pacini sarebbero stati il prezzo della corruzione. E il solo episodio concreto che dimostrerebbe la partecipazione di Necci al giro corruttivo sarebbe la tentata vendita alle Ferrovie italiane della società Contship. Questa azienda multinazionale voleva convogliare nel porto di Gioia Tauro il traffico delle grandi navi portacontainer dirette ai porti del Nord Europa, caricando i container sui vagoni ferroviari e facendo risparmiare agli spedizionieri tre giorni di viaggio. Contship voleva insomma trasformare la Calabria nel primo centro intermodale dell'Europa meridionale, con un traffico previsto di cento coppie di treni al giorno. Naturalmente il progetto non era amato dagli altri grandi porti italiani (Genova Voltri, in particolare) e anche da interessi stranieri contrastanti.

Nel primo interrogatorio del 18 settembre '96, Necci difese la scelta sostenendo che le Ferrovie avrebbero fatto un affare eccellente acquistando Contship (che sarà venduta a un gruppo straniero a un prezzo molto più elevato di quello richiesto alle Ferrovie). Chiarì che Danesi rappresentava Contship, ma escluse qualunque interessamento in favore suo o di Pacini che lo sosteneva nell'affare il cui fallimento – secondo Necci – è stato una grande perdita per l'Italia, le Ferrovie e il Mezzogiorno.

«Nonostante tutti questi vantaggi,» mi dice Necci «l'operazione non fu portata a termine proprio per una mia decisione, poiché ritenevo che le Ferrovie da sole non potessero gestire l'impegno manageriale che l'operazione avrebbe comportato.»

Necci si assunse la responsabilità del prestito di Pacini incassato dalla moglie e si sfogò dicendo al giudice: «Ma le pare che gestendo decine di migliaia di miliardi mi sarei messo per pochi soldi nelle mani di Pacini Battaglia?».

In effetti, l'aspetto che più colpì la pubblica opinione fu proprio questo: Lorenzo Necci, un grande passato di manager nel ricchissimo mondo della chimica e poi capo delle Ferrovie di Stato, aveva bisogno di prestiti di amici (vedremo poi se e quanto disinteressati) per tirare avanti?

«Da quando mi dimisi da Enimont, nel '90,» mi dice Necci «io cessai di avere una retribuzione che mi consentisse di fare una vita di relazioni adeguata ai miei incarichi. Il mio stipendio alle Ferrovie era di duecentocinquanta milioni lordi all'anno, diventati trecento negli ultimi anni. Al netto siamo alla metà. Una dozzina di milioni al mese senza tredicesima, senza liquidazione, senza pensione, senza assistenza sanitaria e con la possibilità di essere licenziato dalla sera alla mattina. Capisco che in un momento di crisi economica generale una somma del genere può sembrare comunque rilevante. Ma chiunque conosce i costi di una normale vita di relazioni sa che essa non è sufficiente.»

E per provvedere bisognava ricorrere a Pacini Battaglia? Se un prestito è indispensabile, non bastano le banche?

«E infatti all'inizio mi rivolsi alle banche. Nel '91-'92 alla Banca di Roma. Poi mi rivolsi alla Banca Nazionale del Lavoro che mi concesse un prestito a tassi d'interesse regolari, com'era giusto che fosse. Quando mia moglie scoprì che avevamo mezzo miliardo di debito con la Banca di Roma a un interesse del 19-20 per cento, mi disse che ero pazzo. Non dormiva più, nacque una tragedia familiare. Tenga conto che per migliorare la mia situazione chiesi di essere assunto dalle Ferrovie. Ma la Corte dei conti rifiutò di accordare il permesso. La stessa Corte che dopo il mio arresto lo ha accordato (giustamente) al mio successore Giancarlo Cimoli. [*Il nuovo capo delle Ferrovie che subentrò a Necci ha una retribuzione molto più forte e adeguata al rilievo dell'incarico. Quando nell'agosto del '97 Necci rivelò che il suo stipendio era al centoventesimo posto nella classifica aziendale, Cimoli disse che il suo stipendio era di un miliardo lordo all'anno, meno di quanto guadagnasse nel suo precedente lavoro.*]

«Da quando diventai presidente della Tav, la società che si occupa dell'alta velocità, mi sarebbe inoltre spettata una forte indennità di carica. Rifiutai d'incassarla perché, volendo entrare in politica, volevo evitare che mi si contestasse di aver voluto la Tav per guadagnarci dei soldi.»

«Chiedi a Pacini, è una persona seria»

E Pacini? «Guardi, io sono amico da molti anni di Susanna Agnelli. Eravamo entrambi repubblicani. [*Necci fu giovanissimo segretario regionale del Pri nel Lazio. A 36 anni entrò nella giunta esecutiva dell'Eni, a 41 diventò presidente di Enichem.*] Eravamo entrambi molto legati a Ugo La Malfa. Incontrai Pacini Battaglia alcune volte negli anni Ottanta anche con Susanna Agnelli: erano amici, avevano insieme casa all'Argentario, dove Suni fu anche sindaco per il Pri. Alcuni amici mi dissero di rivolgerci a Pacini se avessimo avuto bisogno di aiuto. Così quando con mia moglie facemmo il quadro delle nostre disponibilità, anche alla luce di esigenze della sua famiglia, io le dissi che non potevo provvedere. Prova con Pacini, le dissi, mi pare una persona seria. E la cosa non è stravagante, visto che Pacini non mi ha mai chiesto niente e quando nel '94-'95 mia moglie ebbe dei soldi in prestito, lui era uscito con grande forza da Mani pulite.» (*Nell'estate del '97 questa circostanza ripropose la natura dei rapporti tra Pacini Battaglia e Di Pietro. Il 10 marzo del '93, come abbiamo visto nel decimo capitolo, il banchiere si costituì al magistrato rientrando dall'estero con l'evidente garanzia che la sua collaborazione gli sarebbe valsa un salvacondotto. Dopo l'arresto di Pacini, Necci e altri nel settembre del '96, Di Pietro fu chiamato di nuovo in causa, subì una serie di spettacolari perquisizioni, ma il tribunale del riesame di Brescia – dove l'inchiesta era stata trasferita – a fine anno le trovò immotivate.*)

Obiettai a Necci che la sistematicità dei versamenti faceva pensare alla possibilità che Pacini Battaglia versasse al presidente delle Ferrovie interessi su una tangente della chimica gestita all'estero dalla Karfinco, pozzo senza fondo di oscure transazioni.

«Ma chi è così scemo da farsi versare una tangente o gli interessi su una tangente a piccole rate mensili? Se avessi voluto dei soldi, avrei potuto farmi liquidare da Gardini, uscendo da Enimont, decine di miliardi. E le Ferrovie? Abbiamo dato lavori in appalto per decine di migliaia di miliardi. Se avessi chiesto un prestito cospicuo o un generoso contributo personale, pensa che me lo avrebbero negato? E le grandi banche che hanno gestito il passaggio di tutti questi soldi? La verità è che mia moglie si è rivolta a Pacini perché era un amico il più esterno possibile al mio mondo e nell'arco di un anno e mezzo ha avuto duecento milioni.»

A leggere le conversazioni intercettate tra Pacini Battaglia ed Emo Danesi vengono tuttavia i brividi. Essi sembrano i grandi burattinai della Seconda Repubblica.

«Quanta gente è stata nominata da Pacini...»

«Se legge tutte le intercettazioni di Pacini, vede che lui parla di me una sola volta con la sua segretaria per la storia dei venti milioni, un paio di volte con Danesi e un'altra ventina di volte dice che è meglio che io vada via dalle Ferrovie perché non gli faccio fare affari. Poi parla a ruota libera di tutti, uomini della Tav, uomini di governo e altri ancora. Allora, se Pacini è credibile, dovrebbero incastrare tanta di quella gente... Se non è credibile, non capisco perché hanno preso me.»

(*Dice Pacini a Danesi, a proposito dell'ambizione di Necci di diventare ministro delle infrastrutture nel costituendo governo Maccanico, febbraio 1996: «È vero che te dici in sei anni lui non è stato capace nemmeno... in due anni ai trasporti non farà una sega, questo è verissimo, sono d'accordo». La «disfunzionalità del Necci rispetto alle finalità perseguite dal Pacini Battaglia e dal Danesi» è stata riconosciuta nella primavera del '97 dalla Cassazione che ha scagionato il manager dall'associazione per delinquere, ritenendo illegittimo il suo arresto.*)

È vero che a giudicare dalle intercettazioni, Pacini Battaglia e Danesi non si fidano molto delle sue capacità di procurare affari ai suoi amici. Ma in altri punti danno l'impressione di poter fare ciò che vogliono, almeno nel mettere gente loro al posto giusto. *(Dicono Danesi e Pacini: «Un capo di gabinetto glielo si mette noi... se lui rimane alle Ferrovie noi gli si fa questo organigramma e gli si fa passare...»)*

«Pacini è un megalomane. Per dimostrarsi forte ha detto un mucchio di cose che non stanno in piedi, come si vede bene dal complesso delle intercettazioni. Danesi? Aveva un ottimo rapporto con Publio Fiori, ministro dei Trasporti nel governo Berlusconi. Credo fossero compagni d'università. Avemmo uno scontro quando io, con l'aiuto del governatore della Banca d'Italia Fazio, decisi di cedere la Banca delle Comunicazioni.»

Vuol sostenere che Pacini Battaglia non ha fatto affari con le Ferrovie per conto proprio o di altri?

«Quando alla fine degli anni Ottanta ci fu il grande processo alla gestione delle Ferrovie, con Ludovico Ligato, un consigliere d'amministrazione designato dal Pci, Caporali, disse in udienza che una quota degli appalti ferroviari andavano a tutti i partiti. Credo che le dimissioni di Mario Schimberni dalla carica di amministratore straordinario siano derivate dallo spavento che si prese per quella situazione.»

Sta dicendo che sotto la sua gestione dalle Ferrovie non è uscita una lira di tangenti? «Per evitare che si ripetesse questo fenomeno fortemente deviante sia sul piano dei risultati aziendali sia ovviamente sul piano etico e giuridico, dovendo gestire lo sviluppo di un'azienda che durante il mio mandato aveva in programma investimenti per oltre cinquantamila miliardi, ritenni indispensabile far partecipare i privati al rischio dell'investimento medesimo. [*Il sessanta per cento della Tav è posseduto da quaranta banche, ventinove italiane, undici straniere. Il quaranta per cento è delle Ferrovie dello Stato.*] E perché ciascuno si assumesse la responsabilità di quel che faceva, tutte le imprese che lavoravano per noi dovettero sottoscrivere questo protocollo.»

Necci mi allunga un documento. È una sua delibera del 30 giugno '92. Ordina alle Ferrovie di esigere dalle imprese appaltatrici l'accettazione di una «clausola di trasparenza»: un impegno scritto a non pagare mediazioni di alcun genere, pena la risoluzione del contratto, e a tenere una contabilità separata per i lavori ferroviari mettendo le scritture contabili a disposizione delle Ferrovie per eventuali controlli.

«Per un'azienda è terribilmente complicato mettere in piedi una contabilità separata per un singolo lavoro, seppure molto importante. Se si teme che siano state pagate tangenti, si vada a vedere nelle contabilità separate delle singole aziende. Dovrebbe esserci annotata ogni lira d'uscita e ogni lira d'entrata.»

La liquidazione offerta da Gardini

Necci viene interrogato altre tre volte a La Spezia tra la fine d'ottobre e l'inizio di novembre del '96.

I pubblici ministeri ricostruiscono la sua vita, anche se la vita di ciascun imputato – fosse anche quella di un santo (e nel caso di Necci è soltanto quella di un manager) – è del tutto irrilevante ai fini giudiziari.

Il nocciolo del processo, nella sostanza, resta questo. Secondo i magistrati spezzini, a partire dal '94 per una ventina di milioni al mese, il presidente delle Ferrovie si sarebbe venduto a due affaristi per essere «a disposizione». I due erano peraltro scontenti del rendimento di Necci, ma questi avrebbe potuto dare una mano per far vendere alle Ferrovie la società Contship che voleva fare di Gioia Tauro il porto chiave del Mediterraneo per la distribuzione delle merci al Nord.

Necci ribatte che la vendita non fu mai conclusa, non esisterebbero atti che dimostrano un suo anomalo interessamento, il prezzo ipotizzato sarebbe stato più che congruo visto che, come abbiamo visto, successivamente lo stesso affare è stato concluso a un prezzo molto più elevato. Insiste sul suo ruolo strategico nelle Ferrovie («Non potevo decidere le misure del mio tavolo, ma potevo portare le Ferrovie italiane dal Sud America in Europa»). E sui venti milioni risponde che Pacini era un amico che mai l'ha condizionato, certo non era una dama di San Vincenzo e quei prestiti lasciavano immaginare che sperasse in una certa benevolenza per il futuro, ma che se lui, Necci, avesse voluto percorrere la strada dell'arricchimento e della corruzione avrebbe potuto spillare miliardi su miliardi a destra e a manca in varie fasi della sua vita. A cominciare dalla «liquidazione» più che generosamente offerta da Raul Gardini al momento della rottura su Enimont.

Alla più grossa vicenda della chimica italiana (quella che produsse la «madre di tutte le tangenti», centinaia di miliardi ai partiti politici) viene riservato uno degli interrogatori di Lorenzo Necci a La Spezia.

Membro della giunta dell'Eni su designazione del Pri, Necci diventa nell'85 presidente di Enichem, il polo pubblico della chimica. (Dirà ai pubblici ministeri di La Spezia: «Prendevo seicento milioni all'anno di stipendio ed ero autorizzato ad addebitare all'azienda tutte le spese personali di rappresentanza. Alle Ferrovie, invece, ero al centoventesimo posto nella graduatoria delle retribuzioni aziendali e pagavo di tasca mia tutti i conti dei pranzi di lavoro. C'erano stati prima del mio arrivo gli scandali delle carte di credito aziendali e delle lenzuola d'oro. Con me le Ferrovie si costituirono per la prima volta parte civile in quel procedimento».)

Quattro anni più tardi, si decide di formare un unico colosso italiano della chimica fondendo il polo pubblico (Enichem) con quello privato (Montedison). Capitò a me di darne l'annuncio al telegiornale intervistando in diretta i due presidenti, Franco Reviglio e Raul Gardini che firmarono le ultime clausole del protocollo d'intesa un quarto d'ora prima della trasmissione nello studio di Nuccio Fava, allora direttore del TG1, mentre Fava e io aspettavamo fuori della porta.

Nel settembre dell'89, Necci viene nominato presidente della nuova società, Enimont. Quanto valeva la quota Montedison, cioè la quota di Gardini? Questa domanda rimbalzerà per quasi un decennio sui giornali e nelle aule di giustizia, poiché da quella quota derivano verosimilmente le centinaia di miliardi pagati da Gardini ai partiti politici.

Il processo per le tangenti Enimont nasce a Roma e nel 1993, al pubblico ministero Ettore Torri, Necci dichiara che a suo giudizio la quota di Gardini – concordata tra Eni e Montedison prima della sua nomina a presidente della nuova società – fu sopravvalutata di una somma compresa all'incirca tra seicento e ottocento miliardi.

Tra la fine di luglio e l'inizio di agosto del '97, «il Giornale» rilancia la questione: parla di una sopravvalutazione di seicento miliardi, cita le deposizioni di Sergio Cragnotti, già amministratore delegato della società, e di Alberto Grotti, membro di giunta dell'Eni, che parlarono di valutazione superiore alle attese. E chiama in causa il presidente dell'Eni, Franco Bernabè: secondo «il Giornale», non poteva non conoscere questo passaggio cruciale, visto che al momento della trattativa era direttore della programmazione, una delle figure chiave del vertice Eni. (*Prima di Bernabè l'incarico di direttore della programmazione fu ricoperto da Giorgio Mazzanti, che divenne poi presidente dell'Eni, e da Leonardo Di Donna che fu a lungo il plenipotenziario socialista nella società, con un potere ta-*

le che pur di non dover fare un logorante braccio di ferro con lui Umberto Colombo restò alla presidenza dell'Eni poche settimane.)

Alle accuse del giornale di Feltri, Bernabè risponde con una querela, parlando di questioni note e già chiarite, e con una citazione per danni che viene notificata a tempo di record un paio di giorni dopo la conclusione della campagna.

«*Quando dissi di no a Gardini*»

Ai magistrati di Perugia, dove il suo processo è stato trasferito da La Spezia, nel maggio del '97 Necci dichiara che quando nel gennaio '93 Bernabè seppe dell'apertura presso la Procura della repubblica di Roma di una inchiesta sulla tangente Enimont (Necci era stato appena sentito come testimone da Ettore Torri, procuratore aggiunto di Roma) gli disse che riteneva vi fossero maggiori garanzie a Milano piuttosto che a Roma. Il trasferimento avvenne il mese successivo. Subito dopo Necci ebbe un avviso di garanzia rimasto senza conseguenze, ma che gli costò probabilmente la presidenza dell'Eni («Quell'avviso te l'ho mandato io» gli disse scherzando il presidente del Consiglio, Giuliano Amato, che lo aveva designato).

Nominato presidente di Enimont nel luglio dell'89, già in settembre Necci verifica che l'uomo forte dell'operazione è Gardini e che l'Eni sembra destinato a passargli la mano.

Il governo aveva infatti immaginato Enimont come una società in cui solo apparentemente il socio pubblico Eni e il socio privato Montedison avessero la parità di azioni, di diritti e di gestione. Quando si stabilì che ciascuno dei due soci avesse il quaranta per cento delle azioni e che il venti per cento restante andasse «sul mercato», si posero le premesse perché queste azioni fossero facilmente rastrellate da Gardini, consentendo a Montedison di acquisire il controllo totale di Enimont.

All'inizio del nuovo anno, infatti, Gardini chiese che nel consiglio d'amministrazione della nuova società sedessero due rappresentanti in più degli «azionisti terzi», controllati già da Montedison: in questo modo, il cerchio si sarebbe chiuso. «Ne parlai con Cagliari, presidente dell'Eni,» mi racconta Necci «e lo trovai arrendevole.»

Necci non se ne meraviglia. «Gardini aveva tentato subito di arruolarmi» dice «e insieme con Cagliari mi aveva detto che se non mi fossi messo dalla parte del socio privato, cioè di Gardini-Montedison, mi avrebbero tagliato la testa.»

Il 12 gennaio arriva la richiesta formale del comitato direttivo del sindacato di controllo Enimont di convocare l'assemblea per la nomina dei nuovi consiglieri. Necci si oppone.

Il 19 gennaio Gardini gli scrive una lettera durissima, intimandogli la convocazione, dettandogli l'ordine del giorno e richiamandolo alla «gravità» delle sue resistenze.

L'indomani, 20 gennaio, Necci scrive a Cagliari una lettera di sette righe formalissime in cui chiede all'azionista Eni di confermare l'accordo con la posizione di Gardini. Cagliari gli risponde lo stesso giorno con quattro righe affettuose («Caro Lorenzo...»), ma nette: provvedi.

Il comitato esecutivo nomina i due nuovi consiglieri che l'assemblea dei soci dovrà ratificare. «In comitato» racconta Necci «non mi fanno entrare fisicamente.»

Il 27 febbraio, data prevista per l'assemblea, tutto si svolge secondo copione. Ma Necci esce dalla tenaglia con una lettera di dimissioni con effetto immediato scritta lo stesso giorno. Accusa la Montedison (cioè Gardini) di «mettere in discussione programmi e patti a suo tempo stipulati». Ventila la possibilità che si arrivi a un «aperto conflitto, anche per le diverse strategie» e lascia.

Due giorni dopo, il primo marzo, Gardini gli dà un gelido riscontro, inviandogli una lettera a casa, a Roma. Respinge «l'illazione relativa a una pretesa volontà del gruppo Montedison di mettere in discussione programmi e patti a suo tempo stipulati» e parla di decisioni «a Lei ben note e concordate».

Necci si dimette convinto di poter far saltare l'accordo tra Gardini e Cagliari. «Mi ritenevo molto più forte di quanto in realtà non fossi» mi dice. «Alessandra Carini scrisse su "Repubblica": il grande tessitore è caduto nella tela.»

Necci sostiene – abbiamo detto – di non aver ricevuto una lira di liquidazione da Enimont e ricorda un rapporto complesso con Gardini. «Lui chiamava i manager "cani da riporto". [*Doveva essere una espressione abituale, visto che anche Cusa-*

ni mi ha ricordato la stessa definizione.] Lui controllava in modo ferreo i rapporti delle società con i fornitori e i manager dovevano portargli indietro l'osso. L'unica azienda chimica con la quale avevo avuto rapporti era la Tpl. Ne ero stato capo del servizio legale dal '70 al '79 e mi ero dimesso al momento di entrare nella giunta dell'Eni. Presentai a Gardini il capo dell'azienda, Maddaloni, che aveva rapporti con l'Anic e con Sernia. Ma l'affare sulla chimica a Brindisi di cui si è discusso si concluse due mesi dopo le mie dimissioni.»

Anche su questa vicenda i giudici di La Spezia chiedono chiarimenti a Necci. Su di essa infatti aleggia una tangente di cinque o sei miliardi mai chiarita e considerata in ogni caso lecita dalla Procura di Milano in quanto transazione tra privati.

In occasione dell'affare di Brindisi tra Enimont e Tpl, Gardini chiede a Maddaloni una somma da distribuire in questo modo: due miliardi allo stesso Gardini, due a Cragnotti e uno a Necci. A quale banchiere Maddaloni chiede i soldi? A Pacini Battaglia. È stato Necci a presentare Cragnotti a Pacini?, chiedono i giudici. No, risponde Necci, convinto invece che fosse proprio Pacini il trait d'union tra Cragnotti e Maddaloni.

Arrestato da Antonio Di Pietro nel quadro dell'inchiesta Enimont, Cragnotti racconta la storia, ammette di aver preso i due miliardi e conferma che un miliardo è andato a Necci, attraverso Pacini. Di Pietro convoca Pacini e questi dice di aver dato i soldi a Cragnotti e a Gardini, ma non a Necci. Di Pietro crede a Pacini e non a Cragnotti e lascia perdere. Ma essendoci l'accusa di Cragnotti, Necci esce malconcio dalla storia, tanto è vero che al momento dell'arresto, nel settembre del '96, più d'uno sospetta che i «venti milioni del mese» di cui parla Pacini nelle intercettazioni siano in realtà il versamento di interessi o siano comunque legati a fondi illeciti gestiti da Karfinco per conto del capo delle Ferrovie italiane.

È vero che in un'altra intercettazione Pacini dice che Necci «è l'omo più onesto del mondo», ma di questa si perdono le tracce e comunque il dubbio resta.

Soltanto otto mesi dopo l'arresto, Necci scopre l'esistenza di un'altra intercettazione mai pubblicata. In una conversazione del febbraio '96, Pacini Battaglia dice: «Che Cragnotti abbia dovuto dare un terzo a Gardini, un terzo a me e un miliardo a Necci, lui se l'è fatto come giustificazione per non entrare nella corruzione... Questo miliardo non c'entra col povero Necci, se vuoi la verità, proprio non c'entra nulla, te lo dico da uomo, cioè quando mi hanno interrogato ho detto questo. Non è cosa di Necci».

Tra Maccanico, D'Alema e Berlusconi

Lorenzo Necci entra in un libro politico perché a metà di questo decennio – e segnatamente nel 1996 – è stato uno dei pochissimi uomini chiave della transizione italiana dalla Prima alla Seconda Repubblica. Necci era uomo potentissimo e le Ferrovie gli stavano strette. Una volta lo incontrai per un'intervista. Immaginavo che avremmo parlato di treni e di alta velocità. Necci se la cavò con un paio di battute e poi cominciò a parlare del «progetto Paese» per l'Italia.

Ricorda Gianni Letta: «Quando nel '94 presentai il suo ultimo libro nella sede dell'Associazione Bancaria Italiana, il salone era gremito e c'erano tutti quelli che contano. Non avevo mai visto tanta gente importante insieme».

Nel gennaio del '97, quattro mesi dopo l'arresto di Necci, ospitai Antonio Maccanico in «Porta a porta». Dopo la trasmissione della breve intervista con Necci di cui abbiamo parlato all'inizio di questo capitolo, gli chiesi quale ruolo avrebbe avuto l'ormai ex capo delle Ferrovie se fosse nato il suo governo. Maccanico rispose di non averci mai pensato. Fu una risposta affrettata.

In realtà, nel gennaio del '96, quando stava per nascere il governo Maccanico di unità nazionale, Necci era un interlocutore importante sia per D'Alema che per Berlusconi. Si parlava per lui dell'incarico di sottosegretario alla presidenza del Consiglio (incarico chiave del governo) oppure di superministro per le infrastrutture, incaricato di occuparsi di trasporti e di lavori pubblici insieme.

Repubblicani entrambi, Maccanico e Necci si frequentano da oltre vent'anni. Alle elezioni presidenziali del 1978 Craxi si rifiutò di far passare l'ipotesi che Ugo La Malfa fosse il successore di Giovanni Leone, preferendogli alla fine Sandro Pertini. A Pertini La Malfa chiese di prendere come segretario generale Maccanico, che restò al Quirinale anche nella prima parte della presidenza Cossiga, diventando poi per un breve periodo presidente di Mediobanca.

La militanza politica nel Pri ha portato Necci a conoscere Massimo D'Alema quando questi era segretario dei giovani comunisti. Ad avere rapporti costanti con Giuliano Amato e Gianni De Michelis (con Craxi e Martelli Necci si vedrà soltanto dopo la nomina al vertice delle Ferrovie). Per conoscere Berlusconi dovette aspettare il '94, quando il Cavaliere sale a palazzo Chigi. Li presentò Gianni Letta. Il rapporto tra i due fu subito ottimo e l'intesa parallela con D'Alema fece di Necci un interlocutore politico a tutti gli effetti.

Dopo la scarcerazione, Necci ha avuto attestati di stima da D'Alema e da Berlusconi, oltre che da Letta e da Maccanico. Ne chiedo conferma ai diretti interessati. «È caduto in una macchina infernale» mi dice Berlusconi. «Un uomo intelligente, pieno di idee» mi dice D'Alema. Il segretario del Pds disse il 17 settembre del '96, alla Festa dell'Amicizia di Scandiano, subito dopo l'arresto di Necci: «Si è davanti a una vicenda dagli sviluppi inquietanti, che è diversa da Tangentopoli anche per la qualità della persona coinvolta». Commentò Bertinotti da Strasburgo: «Necci non può essere considerato uomo di parte per il significativo grado di consenso che aveva. Ha sempre goduto di uno stato di grazia e perfino i sindacati hanno avuto con lui un rapporto di benevolenza».

«È il momento che Pacini dica la verità»

È per questo che quando viene arrestato dalla Procura della Spezia, Necci non capisce che cosa sia successo. E quando il pubblico ministero Cardino gli obietta che accettando prestiti ci si trova fatalmente a essere condizionati, Necci gli risponde: «Mi dispiace contraddirla. Se lei guarda la mia vita, vedrà che ho servito il mio Paese e sono uno dei pochi che ne ha sempre parlato con la fronte alta. Non mi sono mai lasciato condizionare dai presidenti del Consiglio, figuriamoci se mi sono venduto per i venti milioni di Pacini Battaglia. Lei capirà bene, dottor Cardino, che avrei potuto avere decine di miliardi da qualunque appalto, avrei potuto chiamare i mille, i cinquemila appaltatori delle Ferrovie auno a uno... Io posso restare in carcere anche dieci anni, a condizione che il processo di sviluppo delle Ferrovie riprenda il suo cammino. Ma debbo anche chiederle perché mi tiene qui. Se io avessi tre tesori da darle e gliene dessi uno come hanno fatto tutti, sarei felice. Ma non posso darle niente. Debbo ricominciare tutto da zero. Non ho pensione, liquidazione, conti in banca. Quanto vuole che le dica che mi hanno dato? Dieci? Cinquanta? Cento? Ho detto ai miei: la metta il dottor Cardino la cifra. Io sono sicuro che lei è in buona fede. Adesso ci mettiamo qui, dottor Cardino, trattiamo su quanto mi ha dato Pacini Battaglia e buonanotte. Tanto il mio sogno è finito. Ma io ho bisogno di capire che cosa è successo».

A oltre un anno dall'arresto, il desiderio di chiarezza e di riscossa per Necci si è moltiplicato. Nella grande crisi seguita al crollo della Prima Repubblica, l'ex amministratore delle Ferrovie è stato uno degli uomini di cui si è parlato meno e che hanno contato di più. È stato a un passo dalla grande politica. È caduto, ma non si darà pace fino a quando non avrà capito perché. Vive tra Roma e Parigi, dove lavora per una multinazionale finanziaria. I suoi ex colleghi che guidano le principali ferrovie del mondo, dopo le dimissioni da presidente operativo della loro unione, lo hanno lasciato presidente onorario.

Il desiderio di rinascita diventa sempre più forte. I momenti di depressione sono lontani. «Lei mi chiede se ho pensato al suicidio in prigione» mi dice Necci. «Certo che ci ho pensato. È un'idea che non può non venire, quando senti che la violenza ti schiaccia e tu non sai come opporti, ma arriva il momento in cui lo scenario cambia. E più il comportamento degli altri diventa assurdo e opprimente più ti viene voglia di reagire, e allora dici: vediamo chi la vince.»

I cattivi pensieri son passati da tempo quando, dopo l'interrogatorio di fine agosto, l'inviato del TG1 a Perugia, Pino Scaccia, riferisce quella che sarebbe stata una confidenza di Necci, attribuendogli questa frase: «Se mi succede qualcosa, non sarà per causa mia». Quando a metà ottobre chiedo a Necci di commentarla, la risposta è questa: «Be', diciamo che in effetti è successo di tutto. Si tratta di situazioni che hanno aspetti inquietanti. Ci si muove in un terreno paludoso e mi pare che non si possano trovare sicurezze».

Quando è tornato a Perugia il 28 agosto, terminate le sette ore di interrogatorio, ha commentato: «È passato un anno da quando è iniziata questa vicenda inverosimile. Qui vengo ascoltato in un ambiente professionale più sereno e penso che arriveremo presto a un chiarimento definitivo».

A quell'interrogatorio, due giorni dopo «il manifesto» dedica una grande «cover story»: «Nell'album di Lorenzo». Sottotitolo: «Dini, Maccanico, Prodi, Burlando, Gifuni, La Malfa, Cassese, De Rita, Lipari, Masone, Pollari, Squillante, Castellucci, Susanna Agnelli. I tanti consulenti. Il Quirinale. Palazzo Chigi, la Guardia di Finanza. Botteghe Oscure. Il porto di Gioia Tauro, l'assorbimento della Tirrenia, l'alta velocità Milano-Genova. Dalla deposizione di Lorenzo Necci ai magistrati di Perugia affiora una stagione di grandi alleanze e di grandi affari, incardinati intorno alla biografia di un ex potente che oggi si sente abbandonato e anche minacciato. Per questo parla, allude, avverte. E qualcuno perde subito la calma».

Necci si rifiuta categoricamente di parlare di questo interrogatorio. Ma secondo «il manifesto», il filo conduttore della lunga deposizione del 29 agosto sono ancora una volta le intercettazioni di Pacini Battaglia. Alla fine di maggio, chiedendo di poter proseguire le indagini, i procuratori perugini avevano lamentato che i colleghi della Spezia avevano trasmesso soltanto «trascrizioni parziali e inidonee» di quanto aveva detto il finanziere. Ora che il quadro è più completo, Necci entra nel dettaglio delle singole questioni, smentendo Pacini quando è necessario, confermando in altri casi e ricostruendo comunque la complessa ragnatela di rapporti che c'è dietro la vita di un manager che ha guidato due società colossali, come Enichem e le Ferrovie.

Dai giornali emerge che in quell'interrogatorio, e nel successivo del 22 settembre '97, a Necci vengono chiesti anche chiarimenti sul ruolo di Andrea Rigoni, un ufficiale della Guardia di Finanza che fu assunto alle Ferrovie come capo del settore auditing, preposto alla certificazione dei bilanci. Rigoni fu segnalato a Necci da Nicolò Pollari, un alto ufficiale della Finanza oggi vice direttore del Cesis (servizi segreti) e provvide ad assumere altri finanzieri di sua fiducia. «Mi sembrava la scelta più professionale,» mi dice Necci «per controllare la trasparenza dei bilanci delle aziende che fanno capo alle Ferrovie.»

In realtà, Rigoni ha cercato spazi sempre maggiori e più d'una volta s'è trovato in contrasto con l'amministratore delegato.

Ma è da Pacini Battaglia che Necci vuole la verità: «I discorsi in libertà di Pacini con persone che non gli sapevo così familiari hanno distrutto la mia vita professionale, personale e politica e hanno danneggiato la mia vita familiare. Mi sorprende che su questo non abbia avvertito il dovere di dire una parola di chiarezza».

Secondo lei, Pacini Battaglia sapeva di essere intercettato?

«Non lo so. Ma in ogni caso Pacini deve ristabilire la verità sulle Ferrovie e su di me. Sono avvenute tante vicende giudiziarie complesse, in questi anni. Ma non era mai capitata una strumentalizzazione montata con tanto cinismo e sprezzo della verità come questa.»

Pensa che Pacini si deciderà a parlare?

«Pacini ha fatto tante interviste. Si è espresso con chiarezza sull'Eni, su Di Pietro, sul Pool di Milano. Su di me non ha detto niente. Lui sa che la nostra amicizia non si è mai basata su contropartite. Ma il suo prestito ha avuto sulla mia vita interessi troppo alti. Adesso può chiarire tutto in un modo semplicissimo: dica la verità. La dica su Eni, Enimont, Ferrovie. In questa storia, Pacini mi ha *sbancato*.»

XVII

«Ciao, Giorgio»

«Trentacinque anni di silenzio»

«Ciao, Giorgio.» Pietrostefani sorrise. La guardia chiuse la porta e scomparve. E adesso? Era inutile dirsi: come stai?

Come si fa a riempire trentacinque anni di silenzio con una frase?

Non era cambiato, Giorgio. Quando la guardia lo introdusse nella biblioteca del carcere «Don Bosco» di Pisa, rividi la nostra foto di prima elementare. Convitto Nazionale «Domenico Cotugno», L'Aquila. L'unica scuola che prendesse gli esterni anche a cinque anni. Anno scolastico 1949-50. Accanto alla classe, Pia Tozzi, grande e orgogliosa maestra. Lui in seconda fila, alto e massiccio, i capelli chiari, forti e ricci. Io in prima, con i più piccoli, i capelli scuri, lisci e fragili.

Non era cambiato, Giorgio. Alto e reso più massiccio dalla camicia a quadri grandi. I capelli chiari, forti e ricci, erano appena imbiancati. Lo stesso sorriso, ironico, intelligente, forse involontariamente beffardo.

Se non ci amammo, un po' fu colpa del maestro Colantoni. La Tozzi ci lasciò in terza (allora si usava che gli ultimi due anni li facesse un insegnante maschio). I due maestri del «Cotugno» erano Colantoni e Bologna. Entrambi anziani, o almeno tali apparivano a noi bambini. Magro e ruvido il primo. Pingue e bonario il secondo. Ci toccò Colantoni.

Stravedeva per Giorgio e teneva me sotto tiro. Ammirava la sua intelligenza e anche la sua robustezza fisica (in nome di questa, distribuendo in classe a Natale il torrone che gli portavamo, dava sempre a lui il pezzo più grosso). E non dimenticava che il padre di Giorgio era una Autorità: viceprefetto. Il mio, invece, era un piccolo rappresentante di commercio.

Al ginnasio ci separammo: lui scelse la sezione B, gran parte di noi andò alla A. Ma frequentavamo lo stesso circolo del tennis.

«Guarda», gli dissi a Pisa. Misi sul tavolo una *Storia del tennis aquilano. 1921-1995*. A pagina 25 c'era il nostro anno, il '60. Lui diciassette anni, io sedici. Non ci amavamo nemmeno allora, caratteri troppo diversi. Ma una qualche attrazione reciproca doveva esserci, se decidemmo di fare coppia nei tornei.

Lui era più bravo, come a scuola. Aveva un ottimo dritto incrociato. Io ero un pallettaro micidiale. Quando gli avversari scendevano a rete, li facevo secchi con pallonetti millimetrici. Se cercavo di passarli con un dritto lungo linea, spesso sbagliavo. E a ogni mio errore, Giorgio ruggiva.

Vincemmo i campionati aquilani juniores e poi quelli abruzzesi. Lui vinse anche il singolare (lasciandomi appena due giochi in semifinale).

«Guarda: "Pietrostefani-Vespa battono Silvi-Silvi 6-1, 1-6, 6-2".»

«Non ricordavo che avessero vinto un set», disse asciutto.

Ci tornarono in mente, filtrando dalla grata del carcere, L'Aquila, i nostri amici del tennis, la nostra giovinezza dimenticata. «Ricordi Franco Totani?», mi disse. «Certo, fa l'avvocato.» «Mi telefona a Parigi. Sono Franco Totani, sto qua qualche giorno e sto rintracciando tutti gli aquilani. Vicino a te abita Franca Squarciapino, no? Che tipo...» «Brava costumista, Franca, ha vinto anche un oscar, no? Belle gambe, bel gioco. Forse però giocava meglio Laura, la sorella, sempre in pantaloni lunghi...»

Prendemmo la maturità nel '62 e non ci vedemmo più. Lui fece ingegneria a Pisa, io legge a Roma. La scelta delle città avrebbe segnato la nostra vita.

«Io una volta ti ho visto», mi disse. «Doveva essere il '70, a un comitato centrale della Cgil. Tu stavi lì per il telegiornale, io facevo politica da tempo. Stavo per chiamarti, ma poi...»

«Giorgio, che cosa è successo dopo la maturità?» Eravamo tutti in giacca e cravatta, il preside Bruno aveva il doppiopetto blu e gli sembrava una stravaganza che non lo portassimo anche noi. Ci dava del lei. «Loro vogliono che parli delle proprietà del carbone?» Era un chimico e appena un insegnante era indisposto, veniva lui in aula a sostituirlo. Riempiva la lavagna di formule senza che un solo baffo di bianco violasse il blu dell'abito. Già, e Tommaso Fanci che pensava in greco? Pensava in greco e la sua distanza accademica dagli altri era così abissale che per tutta la vita considerò umiliante sottoporsi a un concorso. Finché perse la cattedra...

Giorgio, che cosa è successo dopo la maturità?

«Andai a Pisa, le facoltà scientifiche erano una colonia di aquilani. Io stavo al collegio Toniolo, quello in cui aveva studiato Gronchi. Con me venne Berardi, quel tuo compagno della sezione A con i capelli rossi. Gli altri aquilani stavano al Pacinotti, l'equivalente della Normale. Una bella colonia...»

E poi?

«Per due anni ho fatto lo studente modello. A scuola ero bravino, no? Feci subito il biennio. Poi nel '64 mi trovai coinvolto nella grande occupazione dell'università. Un'occupazione a oltranza per chiedere le dimissioni del rettore. Entrai nell'Ugi, l'unione degli studenti di sinistra, vincemmo le elezioni universitarie, facemmo la prima giunta unitaria che andava dai cattolici a quelli che stavano a sinistra del Pci. Ebbi un incarico in giunta, m'iscrissi al Pci. Cominciò così...»

Fece una pausa, guardò sulla mia faccia il sole che entrava dalla grata. «Fui molto impressionato da Pisa. Una città di provincia, come L'Aquila. Eppure c'era un'aria così diversa dalla nostra. È curioso. Per noi aquilani andare a Roma, nella metropoli, non rappresentava una rottura. Era quasi uno sbocco naturale. Invece Pisa con il Pacinotti, la Normale, la grande tradizione della sinistra... Lì si respirava ideologia. Ci si nutriva di marxismo. Noi studenti ci accostavamo alla classe operaia con un fervore quasi religioso...»

E nel Pci che aria c'era?

«Il partito faceva una corte serrata a noi studenti perché l'Università di Pisa era molto importante. E perché guardavamo con interesse agli operai.»

Ma poi tu lasciasti il Pci...

«Lo scontro politico arrivò nel '67, quando conobbi Sofri. Lui allora stava a Massa, facemmo un giornaletto politico che si chiamava "Il potere operaio", con l'articolo, da non confondere con "Potere operaio", che nacque successivamente con Toni Negri a Padova. Sofri portò gli operai, noi pisani portammo gli studenti e i tecnici universitari. Smisi allora di studiare. Dicevamo che per fare la rivoluzione non serviva la laurea...»

Abbassò lo sguardo e la voce. Accennò un sorriso: «Era un discorso estremistico e infantile. Per cambiare il mondo bisogna studiare, laurearsi, essere preparati...».

Lo guardai sorpreso. Lui, con quel percorso politico alle spalle, mi ripeteva le parole che annoiano invano i miei figli?

«Venne il '68 e col '68 arrivò la conferma dei nostri sogni e dei nostri progetti: studenti e operai insieme per cambiare la società. Nacque l'idea di Lotta continua, io nel '69 mi trasferii prima a Torino con Adriano, poi lui restò lì e io andai a Milano con Mauro Rostagno che veniva da Trento.»

E i tuoi genitori come reagirono?

E i tuoi genitori come reagirono?

«Mio padre era prefetto a Caltanissetta. Prefetto della repubblica, a quei tempi. Allora non sapevo che anche i figli del ministro dell'Interno Taviani erano diventati militanti di Lotta continua. Me l'hanno scritto loro recentemente. Ma allora... Avesse avuto soltanto un figlio comunista, per mio padre sarebbe stata dura, ma insomma... No, scoprì che suo figlio era stato espulso dal Pci per frazionismo. Insomma, s'infuriò. Mi chiamò in Sicilia con un imbroglio. Sono molto malato, vieni a trovarmi. In realtà stava benissimo. Mi disse: da domani ti trasferisci all'Università di Catania. Il giorno dopo, invece, me ne tornai a Pisa.»

Come vivevi?

«A Pisa, prima del trasferimento al Nord, vivevamo tutti insieme. Sofri aveva già moglie e figli, mangiavamo a casa sua. Anche a Milano, nel '69, vivevamo in una specie di comunità: operai, intellettuali, studenti, giovani, una vita molto libera e molto bella. Tanto fanatismo...»

E i soldi?

«I soldi li metteva chi li aveva. In fondo, non serviva molto. Mangiare, fumare... Si fumava molto durante le riunioni. La cosa più importante era fare volantinaggio. Servivano i ciclostili, la carta...»

Senti, Giorgio. Si è molto discusso sul tuo ruolo in Lotta continua. Che cosa facevi con esattezza?

«Innanzitutto mi interessavo delle fabbriche. Per me era una religione. A Torino andavo alla Fiat di Rivalta, a Milano alla Pirelli e all'Alfa Romeo. Ci si alzava alle quattro del mattino per incontrare gli operai del primo turno, alle sei, si faceva il volantinaggio, poi le riunioni a fine turno e così via.»

Ma facevi anche molto d'altro...

«Certo, ero io a tenere i fili dell'organizzazione. Aprivo nuove sedi, spostavo i responsabili quando mancavano, se chiamavo uno dicendogli: da domani vai in Sardegna perché bisogna fare Lotta continua anche lì, quello non batteva ciglio e partiva. Non siamo stati un partito, ma a un certo punto avevamo decine di migliaia di iscritti. Eppure non mi sono mai occupato del servizio d'ordine, come sta scritto invece in tutti gli atti processuali.»

È possibile che ti abbiano accusato di essere il capo del servizio d'ordine perché questo dipendeva dall'organizzazione?

«Ma no, guarda. L'accusa è nata da un buco nelle indagini.»

Cioè?

«A un certo punto l'accusa si è trovata senza quello che nel gergo terroristico si chiama il responsabile logistico. Negli atti si parla di un famoso Luigi che avrebbe organizzato tutto...»

A proposito, chi è questo Luigi?

«Luigi non esiste. In un primo momento si disse che io e Sofri eravamo i mandanti dell'omicidio del dottor Calabresi, Bompressi l'esecutore materiale, Marino quello che guidava l'auto di Bompressi e Luigi l'organizzatore di tutto: l'inchiesta preliminare sull'esecuzione del dottor Calabresi, l'assistenza logistica a Bompressi e Marino e tante altre cose.»

Giorgio non disse «Calabresi» come avrebbe fatto chiunque di noi in una normale conversazione. Disse «il dottor Calabresi», quasi stesse dettando un verbale o volesse, forse istintivamente, risarcire la memoria del commissario delle straordinarie violenze, almeno verbali, con cui Lotta continua lo perseguitò dal giorno della morte di Pinelli. Giorgio mi colpì anche con un'altra parola: *esecuzione*. I terroristi parlavano così delle loro vittime e io non capii se nel linguaggio di Pietrostefani quella parola terribile fosse il residuo di un fraseggio ormai ripudiato oppure la presa di distanza, anche verbale, da quella che era stata davvero l'esecuzione di una sentenza scritta da tempo.

Come uscì dall'inchiesta questo Luigi?

«Lo cercarono a lungo. All'inizio pensarono a Luigi Bobbio, torinese, figlio di Norberto, uno dei primi contestatori che occupò nel '67 Palazzo Campana, perché la mia prima moglie è vissuta con lui una decina d'anni. Poi hanno capito che non poteva essere lui e cercarono altrove. Si convinsero a un certo punto che Luigi fosse Gigi Noia che ormai s'era trasferito in India e lavorava nella nostra ambasciata. I carabinieri andarono a Nuova Delhi e chiesero all'ambasciatore di aiutarli. Ma lui stimava Noia, si rifiutò e avvertì per cablo il ministero. Gigi si precipitò in Italia per presentare il suo alibi al magistrato...»

Come era possibile dopo tanti anni ricostruire un alibi ineccepibile?

«Il giorno della morte di Calabresi per noi di Lotta continua non fu un giorno qualsiasi. Tutti quelli che avevano partecipato alla campagna contro di lui ricordavano bene dove stavano e che cosa avevano fatto. Gigi Noia faceva il tipografo e riuscì a dimostrare che proprio quella mattina firmato un contratto per l'acquisto di certe macchine...»

E allora?

«Allora Luigi scompare dall'inchiesta»

«Allora Luigi scompare dall'inchiesta e io da semplice mandante divento un esperto di armi e il capo del servizio d'ordine di Lotta continua che si occupa dell'attentato. Tu sai che Marino sostiene di aver avuto da me e da Sofri, il 13 maggio a Pisa durante un comizio di Lc, l'ordine di uccidere il commissario. Io a Pisa non c'ero perché su di me pendeva un ordine di cattura per un'altra storia e non potevo certo andare a un comizio di Lotta continua. *[Pietrostefani era ricercato per apologia di reato compiuta inneggiando al sequestro di*

Macchiarini da parte delle Br. Si costituì l'8 luglio del '72, quasi due mesi dopo il delitto Calabresi.] Marino, infatti, sulla mia presenza a Pisa cambiò versione tre volte e quando il presidente della Corte gli chiese: "Ma insomma, Pietrostefani c'era o non c'era a Pisa?", lui alla fine rispose: "Non ho memoria". Nell'ultima sentenza sta scritto che Marino "non ha memoria", ma che non è stata dimostrata la mia assenza dal comizio di Pisa. La mia assenza, capito? Roba da pazzi.»

(Nell'ultima e decisiva sentenza, confermata dalla Cassazione il 22 gennaio del '97, la Corte d'Appello di Milano si dice convinta dell'esistenza di «Luigi». A proposito della presenza di Pietrostefani al comizio di Pisa, la sentenza afferma: «Se non è stata raggiunta la prova della presenza di Pietrostefani a Pisa il 13 maggio del '72, manca altresì la certezza della sua assenza. È una circostanza assolutamente neutra, né provata, né smentita. Non è consentito quindi strapparsi le vesti per le rettifiche del Marino in proposito, né sopravvalutarle».)

È possibile che i giudici ti abbiano considerato il capo del servizio d'ordine di Lotta continua perché – come confermò lo stesso Sofri – tu avevi la responsabilità del coordinamento complessivo di Lc a Milano?»

«Il servizio d'ordine era un'attività specifica e non una struttura parallela. Certo, c'erano persone che si prestavano a fare questo lavoro durante le manifestazioni. L'ho fatto anch'io. Ho fatto picchetti duri, ma non ero il capo del servizio. Non perché il mio grado in Lotta continua fosse superiore, ma semplicemente perché facevo altre cose. Il mio ruolo formale nell'organizzazione era di responsabile della commissione operaia. Ma in tutto il processo io sono stato il capo del servizio d'ordine.»

(A sostegno di questa tesi, la Cassazione riporta nella motivazione dell'ultima sentenza un brano del libro A viso aperto *di Renato Curcio: «Proprio sulla questione del servizio d'ordine di Lotta continua ci fu un incontro scontro... Da parte loro ci arrivò la richiesta di un colloquio per discutere lo sviluppo dei nostri rapporti. Mi incontrai con due loro dirigenti: Giorgio Pietrostefani, responsabile del servizio d'ordine, ed Ettore Camuffo. Volevano sondare le possibilità di un'eventuale fusione o meglio la nostra disponibilità a confluire nel loro gruppo. Si trattava, in pratica della proposta di diventare il loro braccio armato. Io non me la sentii di reagire subito e*

risposi che avrei discusso la cosa con i miei compagni...». Nella sentenza si ricorda che il ruolo di Pietrostefani come leader dell'ala «militarista» di Lc fu confermato dalle testimonianze del brigatista Alberto Franceschini, che lo incontrò per incarico di Curcio, e di Luigi Cassina.)

Però Marino ha sempre detto che eri tu quello che sosteneva le attività illegali del movimento...

«Lotta continua non aveva attività illegali...»

Nemmeno le rapine per autofinanziarsi?

«Non escludo che qualcuno dei nostri abbia fatto stupidaggini di questo genere. Marino, per esempio, ha confessato di aver fatto rapine fino all'87, un anno prima dei suoi racconti ai carabinieri... Comunque è vero che mi interessavo anche dei problemi di finanziamento.»

Dove trovavi i soldi?

«I soldi li metteva chi li aveva. Quando nacque il quotidiano, molti proprietari di appartamenti che stavano con noi li vendettero e consegnarono il denaro all'organizzazione. Ci aiutavano molti artisti, gente del cinema. Nel '68 andai a Roma perché Godard voleva darci dei soldi: andai nel suo albergo, mi parlò della lotta operaia e alla fine mi dette del denaro che girai alla persona che si interessava della cassa. Io non ho mai avuto la cassa.»

Ma allora come è nata la tua fama di duro?

«Storie giornalistiche e storie giudiziarie. Tu sai che non ho mai avuto un ottimo carattere. Sono molto brusco, anche se più nella forma che nella sostanza. Insomma se dovevo dare un ordine a qualcuno, lo facevo in maniera secca, dura...»

Fece di nuovo una pausa, Giorgio. Mi fissò imbarazzato: «Ormai abbiamo superato i cinquanta e se mi volto vedo tanti errori. Capisco che la durezza non serve a niente, la gente ti giudica più per le sensazioni che per i fatti, e anche se c'è il rischio di passare per ipocriti sarebbe meglio essere dolci. Ma insomma, è andata così».

«È caduto? S'è buttato?»

Come nacquero quegli orribili articoli su Calabresi pubblicati da «Lotta continua»?

«Nacquero a Milano. Nacquero quando il povero Pinelli cadde dal quarto piano, cadde dalla finestra dell'ufficio del dottor Calabresi. Io non so che cosa sia successo in quella stanza. È caduto? S'è buttato? Lo avevano fatto sedere sul davanzale? Gli è scappato di mano? Non ci sono prove. Era naturale, comunque, che nella logica estremistica di quei tempi si dicesse: Pinelli stava nella stanza di Calabresi, è caduto dalla finestra, Calabresi è il commissario dell'Ufficio politico, l'attuale Digos, e poi della questura, Calabresi ha buttato di sotto Pinelli, Calabresi è un assassino. Cominciò così.»

Tu scrivesti qualcuno di quegli articoli?

«No, io ho avuto sempre un ruolo marginale nella redazione del giornale. Mi occupavano di fabbriche. Solo nel '71 fui più vicino, quando facemmo la campagna contro la candidatura di Fanfani al Quirinale. Ricordi? Il Fanfascismo...»

Converrai che quegli articoli ebbero un certo peso nel demonizzare Calabresi.

«Fu una campagna di stampa assurda. In uno Stato di diritto, in uno Stato che tuteli il rispetto della persona, non puoi fare una campagna di quel genere contro un uomo senza avere una sola prova. Quei toni, quelle parole. Però...»

Però?

«Però quella campagna non la facemmo soltanto noi. Adesso non voglio fare nomi, ma i nomi ci sono. Nomi di estremisti che hanno sempre cercato il protagonismo e che furono protagonisti anche in questo.»

Non mi sentii di chiedere quei nomi al mio vecchio compagno di scuola. Comunque non credo che ne avrebbe fatti. Il pianeta dell'estremismo degli anni Settanta si è frantumato in una miriade di schegge volate in direzioni diversissime e spesso opposte, ma rimaste legate da una solidarietà di fondo unica e sbalorditiva.

Non fu soltanto «Lotta continua» a demonizzare il commissario dell'Ufficio politico alla questura di Milano. Negli appelli contro il «torturatore responsabile della morte di Pinelli» troviamo ottocento nomi tra i più prestigiosi della cultura, del giornalismo, del cinema. A rileggere oggi quegli appelli pubblicati dall'«Espresso» nel giugno del '71 non si capisce perché un uomo come Calabresi potesse sopravvivere nell'Italia che avrebbe ammazzato oscuri capireparto della Fiat, ignote guardie carcerarie, magistrati e giornalisti colpevoli soltanto di aver firmato inchieste pulite e articoli coraggiosi.

Eppure, nella sincera autocritica di Giorgio Pietrostefani, comparve un dubbio.

«Io davvero non so se ci sia un rapporto diretto tra la campagna di stampa contro Calabresi e il suo assassinio.

Però ci sono ipotesi che non sono mai state prese in considerazione. Ricordi tanti anni fa quell'inchiesta sulle intercettazioni telefoniche illegali nella quale fu coinvolto anche Tom Ponzi?»

E allora?

«Bene, quando un pm di Roma interrogò una signora e il marito pensando che sotto ci fosse soltanto una questione di corna, si sentì rispondere dall'uomo che invece l'unica ragione che poteva venirgli in mente per essere spiato era il fatto di aver visto l'assassino di Calabresi e di aver dichiarato di poterlo riconoscere. Il magistrato romano trasferì l'inchiesta al collega milanese che indagava sul delitto, ma fu considerata irrilevante. Il dottor Calabresi indagava anche su un traffico d'armi in Friuli. E anche quella pista non fu approfondita. Insomma le indagini si svolsero a senso unico. Poi arrivò il miracolo. Un miracolo chiamato Marino...»

Come mai da dieci anni è scattata intorno a voi la solidarietà totale di tutti gli ex militanti di Lc? Gente che ha preso strade opposte e che si ritrova unita nell'assistervi, firma appelli in vostro favore...

«Lotta continua è stata fin dall'inizio una storia di amicizia. E poi Lotta continua si è sciolta bene. Nel '76 ci siamo sciolti al congresso di Rimini per non litigare. Non eravamo più un gruppo omogeneo, avevamo in mente ipotesi diverse, a un certo punto abbiamo detto: tutti a casa. L'utopia è morta, ci abbiamo creduto, è stato bello, però non riusciamo ad andare avanti. Ognuno ha preso la sua strada, ma ci siamo sempre rivisti. E sai quando? Ai funerali e ai matrimoni, come una grande famiglia che si ritrova. Tra Enrico Deaglio e Paolo Liguori c'è una bella differenza, no? Eppure io sono amico di entrambi. Ho avuto anche la fortuna di fare un altro mestiere e non lavorando per i giornali o la televisione ho avuto il privilegio di non dovermi schierare.»

Tu hai fatto il manager industriale.

«Ripresi la strada medio borghese che avevo interrotto. Già, nel '72 quando vidi che cambiava l'aria mi laureai in tre sessioni in architettura al Politecnico di Milano. Insegnai un po' di matematica nelle scuole medie, poi entrai all'Eni, alla Snam Progetti. Conoscevo bene le lingue, mi mandarono all'ufficio commerciale. Cominciai subito a viaggiare: Inghilterra, Africa, Medio Oriente. Tutta l'epoca del terrorismo io non l'ho seguita. Quando fui arrestato nell'88, in camera di sicurezza i carabinieri mi dissero: il tuo caso è uguale a quello di Ramelli *[Sergio Ramelli era un ragazzo simpatizzante del Fronte della gioventù e fu ucciso a sprangate sotto casa a Milano. Ma gli autori del delitto, una volta identificati dopo molti anni, si dichiararono colpevoli e furono tutti condannati]*. E io non sapevo chi fosse.»

Come si arrivò all'arresto?

«Un mese prima che mi arrestassero ero stato nominato amministratore delegato delle Officine Reggiane dell'Efim, a Reggio Emilia. Dovevo partire per Gibuti. Hai presenti le cartoline di Gibuti? Be', si vede sempre una enorme gru per scaricare i container. Quel giorno avevo appuntamento con il presidente di Gibuti perché dovevamo vendergliene un'altra.»

E invece arrivarono i carabinieri.

«Aspettavo alle sei l'autista che doveva accompagnarmi all'aeroporto. Alle quattro arrivarono trenta carabinieri armati fino ai denti...»

Trenta?

«Ma sì, una cosa da pazzi, come se si prevedesse uno scontro armato. Io vivevo solo. Forse non ti ho detto che ho due figlie. Una grande, ventisei anni, del primo matrimonio, e una piccina di sei, perché mi sono risposato nel '90, dopo l'inizio di questa storia.»

«Quando suonarono i carabinieri...»

Vennero dunque i carabinieri...

«Quando suonarono, io guardai dallo spioncino e mi preoccupai. Non erano in divisa, avevano la barba non fatta. Insomma, con tutto il rispetto per i sardi, pensai che fosse una banda di sardi venuta a sequestrarmi, anche se non capivo perché visto che non avevo una lira. Ma va a capire in quei momenti, ero pur sempre il direttore di un'azienda.»

E quando apristi?

«Mi dissero che dovevano fare una perquisizione. Io pensai istintivamente che qualche mio predecessore alla guida dell'azienda avesse combinato dei pasticci. Comunque dissi prego, fate il vostro lavoro. Un'ora dopo mi dissero se volevo l'avvocato. E io risposi: no, voi siete dell'Arma, noi in azienda abbiamo rapporti continui con l'Arma, mi fido, ci mancherebbe altro...»

E invece?

«Il gruppo era comandato da un nostro paesano, un capitano di Ovindoli. Guarda le coincidenze della vita... A Ovindoli non ci andavo da quando ero piccolo, mi ci portava a sciare mio padre quando non c'era Campo Felice, non c'era niente. A un certo punto il capitano mi disse di sedermi perché doveva farmi una comunicazione importante. Io non capivo e lui insisteva perché sedessi. Disse a un carabiniere: porta un bicchiere d'acqua al dottore. Poi con grande gentilezza mi disse: dobbiamo notificarle un ordine d'arresto. Perché? Calabresi. Tu non ci crederai, Bruno, ma io risposi: vi sbagliate perché io con la Calabria non ho niente da spartire, non ho rapporti, non ci sono mai andato, anzi sì, una sola volta al mare tantissimi anni fa, non tratto partite commerciali con calabresi. Finché il capitano mi interruppe: no, guardi, si tratta dell'omicidio del commissario Luigi Calabresi. Mi portarono in caserma, dove i carabinieri degli uffici mi guardavano esterrefatti. Mi conoscevano benissimo, non sapevano niente del mio passato. D'altra parte sarebbe stato curioso che io andassi a raccontare in giro: guardate che ero uno dei capi di Lotta continua.»

Se ti volti a guardare quella lunga parentesi della tua vita durata una dozzina d'anni, che giudizio ne dai?

«Ti ho raccontato tutto quello che mi è successo dalla maturità classica a oggi. Io mi misi in disparte già nel '75 e se rientrai in Lotta continua nell'ultimo anno lo feci per evitare che tanti ragazzi, studenti e operai, prendessero la strada del terrorismo. Poi una piccola minoranza la prese ugualmente. Li ricordo bene, quegli strani discorsi che mi facevano. Io me ne ero già andato, lavoravo a Milano, mi richiamarono a Torino perché c'era una manifestazione per ricordare Tonino Micciché, un operaio della Fiat che era stato ucciso durante l'occupazione delle case. E sentii questi strani discorsi che cercai di bloccare perché eravamo convinti, tra l'altro, che il terrorismo avrebbe portato alla sconfitta politica delle nostre idee.»

Chi erano questi ragazzi, che discorsi facevano?

«Erano quelli che fondarono Prima linea. Parlavano di rivoluzione violenta. Intendiamoci, anche noi di Lc parlavamo di violenza, avevamo addirittura una canzone intitolata *La violenza*. Avevamo i nostri miti, più il "Che" che Mao. Anzi, noi Mao lo chiamavamo "il giallone". Però quei ragazzi volevano forzare la situazione con "azioni esemplari", le sciocchezze con le quali cominciarono anche le Brigate rosse. Eppure ne ho convinti tanti a non prendere quella strada...»

Non sei stato quindi un «cattivo maestro»? Non hai qualche ragazzo sulla coscienza?

«No, non in questo senso. Abbiamo detto tante sciocchezze, abbiamo fatto tante cose sbagliate, commesso illegalità, atti sconsiderati. Atti che non rifarei e che condanno. Ma non abbiamo ammazzato il commissario Calabresi.»

Mi colpisce la vostra convinzione di uscire presto di qui.

«Tu sai che io potevo non entrarci. Sono tornato da Parigi per venire in carcere. Il mio avvocato mi aveva detto: lei non è estradabile. La legge francese – a differenza di quella italiana dove l'accusa per i reati di omicidio non si estingue mai – prevede che non puoi accusare di omicidio una persona se per dieci anni non hai indagato su di lei. E di qui di anni ne erano passati sedici. Ma ho comprato il biglietto d'aereo ed eccomi qui.»

«Bruno, io sono innocente»

Si è detto che qualcuno di voi ha pensato al suicidio.

«Vedi, a modo mio, sono credente. E quando mi vengono in mente certe cose, penso che la vita è sacra. No, credo che le iniziative dei nostri amici porteranno alla revisione del processo. Ma...»

Ma?

«Se dovessimo uscire per qualche artifizio istituzionale, io continuerei a vivere per recuperare il mio onore.»

Mi guardò fisso: «Bruno, io sono innocente».
Per questo non chiederai la grazia?
«Certo, un innocente non chiede la grazia. Guarda, potrei farti un lungo elenco delle cose di cui mi pento. Cose molto brutte, cose cattive nei confronti degli altri. Ero un fanatico, non sono mai stato un angioletto. Ma sono innocente.»
I tuoi familiari, i tuoi amici condivisero la tua decisione di costituirti?
«Quando decisi di rientrare in Italia lo dissi a mia moglie e alla mia figlia grande. Cara figlia, avrei deciso di andare. Le dissi proprio così. Lei mi confortò. Anche mia moglie alla fine capì.»
Gli altri?
«Mi dissero che ero pazzo. Tranne mio padre. Condivise la mia decisione fin dall'inizio. Non è stato facile per lui essere mio padre. Era prefetto di Arezzo quando io facevo la campagna contro Fanfani, l'aretino più illustre. Eppure dopo le arrabbiature iniziali è stato sempre al mio fianco. Pensa che quando nel '75 decisi di abbandonare la politica mi disse: perché lo fai? La tua vita è quella. Mi stupì. E mi stupì un'altra cosa: per decenni non mi ha mai parlato di suo fratello. Ho scoperto soltanto molto tardi che era stato ammazzato nel '44 dai nazifascisti a Rieti.»
Quando Giorgio mi raccontava queste cose, il padre era appena uscito dal carcere di Pisa. Al mio arrivo, il vecchio prefetto era a colloquio col figlio. Gli aveva portato qui per la prima volta la madre. Hanno entrambi ottantotto anni.
«Mamma in prigione non mi aveva mai visto. Non ha pianto. Si è limitata a dire: povero figlio mio.»
L'aveva visto alla televisione: l'aeroporto, la ressa dei fotografi, l'arresto.
«In quel volo da Parigi i passeggeri normali erano tre. Tutti gli altri erano giornalisti e operatori della Tv. Ho scoperto in quei giorni che cosa sia la televisione, quale dipendenza riesca a darti. Per qualche istante, sei il centro del mondo. Poi tutti si dimenticano di te.»
Giorgio, e la famiglia Calabresi?
«Niente. Non li ho cercati, loro non hanno cercato me. Li ho sempre guardati con imbarazzo. Ma pensavo che sarei stato assolto. Marino ha dato cinque versioni dei fatti...»

Ti senti in debito nei loro confronti?

«Né in debito né in credito. Anche se mi sento indirettamente responsabile di quella campagna. Me ne dolgo. E loro giustamente hanno del risentimento nei nostri confronti.»

Il libro sul tennis aquilano è rimasto sul tavolo. Per una delle assurde regole del carcere non potei consegnarlo al mio vecchio compagno di doppio.

Facemmo un cenno alla guardia che era rimasta fuori della porta. Diedi a lei il libro, la guardia l'avrebbe dato al direttore, il direttore l'avrebbe dato a Giorgio.

Uscimmo insieme. Sembravamo una coppia normale di vecchi compagni di scuola che si ritrovano dopo trentacinque anni. Ma un carcere non consente distrazioni. Così non vidi che un agente aveva fatto un cenno a Giorgio. Lui rispose alzando le braccia in alto con gesto secco, quasi militare. Lo perquisirono. Ci salutammo davanti a una porta con le grate di ferro. «Ciao, Giorgio.» Pietrostefani sorrise.

«C'era una volta la piccola malavita...»

«C'era una volta la piccola malavita, l'unica a essere designata come delinquenza. I ladri con destrezza che ne erano la crema e via via tutti gli altri. Tutto questo è finito, c'è qualche residuo, qualche gattopardo sdentato che s'aggira ancora in questi cortili, ormai rassegnato e isolato. Il resto è droga. Non avrei mai immaginato che la droga potesse fare un'irruzione così sconvolgente nella vita italiana, fino a modificarne radicalmente la struttura più intima delle famiglie, dei rapporti umani, dell'amore, delle cose di cui ci si vergogna o non ci vergogna più. La droga ha trasformato anche il carcere. Tutti i titoli di reato – perfino molte delle violenze familiari – sono ormai diramazioni del tronco unico che unisce la tossicodipendenza allo spaccio di droga. Tutto questo ha fatto sprofondare il carcere romantico, il carcere epico, il carcere in cui ci si batte per restare se stessi. Io ho avuto un'educazione squisita, eccellente, mia madre sarebbe inorridita alla sola ipotesi che suo figlio finisse in galera. Eppure quando da adolescente leggevo *Le lettere dal carcere* di Gramsci, riuscivo a iscrivere la galera nel mio orizzonte. Ma era una galera meritevole, una galera onoraria, una iniziazione quasi desiderabile... Così quando nel '70 entrai nel carcere per la prima volta (poi fui assolto), queste strutture non mi sembravano particolarmente inique perché iniquo era lo Stato contro cui mi battevo. Poi invece...»

Uscito da una grande porta a sbarre, Adriano Sofri apparve più minuto, giovane e scattante di quanto non sia. Tagliò a passo svelto la biblioteca degli agenti e venne a sedersi accanto alla scrivania col piano di cristallo.

«Pensa che quando ho fatto da qui un collegamento televisivo, sono arrivate lettere di protesta per dire che avevo una cella troppo lussuosa...»

Siamo vissuti in pianeti diversi, era la seconda volta che ci incontravamo, eppure sembra che ci conoscessimo da sempre

Nella primavera del '96 era venuto con Renato Curcio a «Porta a porta». Sofri era libero, Curcio detenuto da molti anni col permesso di lavorare fuori. Prima della trasmissione, li feci incontrare in un corridoio deserto di Saxa Rubra. «Ciao, Curcio. Sono Sofri.» Si strinsero la mano, ma non ci furono abbracci. Mi parve anzi che il capo delle Brigate rosse non manifestasse particolare calore verso il capo di Lotta continua. Questione di carattere, forse. Sofri è scattante ed espansivo, Curcio nasconde nella figura dimessa e nel linguaggio sobrio e cortese la freddezza aristocratica di un monaco combattente senza pentimento.

Ebbi l'impressione che si incontrassero per la prima volta. E invece no, adesso nel carcere di Pisa Sofri mi diceva che si conoscono da decenni, ma non si vedevano dal '68. «Io ho avuto verso le Brigate rosse una ostilità molto maggiore di quella che puoi avere avuto tu, proprio per la nostra apparente vicinanza. Durante il sequestro Moro, io e altri come me avremmo fatto qualunque cosa, anche fisicamente, per liberare il prigioniero. Ci provammo? Facemmo quello che ci era possibile fare, cercammo di sapere tutto quello che potevamo, Enrico Deaglio fu perfino minacciato dalle Br. Però poi la carcerazione di Curcio mi diventò insopportabile. Non credo alla vendetta del carcere e tanto meno alla rieducazione.»

Adesso si parla di risocializzazione...

«Già, eppure tutta l'organizzazione carceraria è fatta in

modo da togliere alle persone qualunque dignità e in particolare qualunque responsabilità. Avvilisce nell'arbitrio e nel capriccio di imposizioni futili o irrazionali tutti i momenti della vita qua dentro. E dota di risvolti terribili una legge pur benedetta come quella Gozzini che stabilisce premi, permessi, sospensioni della pena e semilibertà. Ben vengano, naturalmente, ma chi avrebbe pensato che una parola come libertà potesse venir dimezzata?»

«La Gozzini toglie ai detenuti qualunque responsabilità sociale. Ognuno vede nell'altro una persona che casualmente è lì con lui, ma che persegue soltanto le proprie aspettative personali. È inquinata alla radici la fiducia reciproca tra i detenuti, viene punito il desiderio di fare cose collettivamente, perfino lo sciopero della fame. Gli agenti somigliano spesso ai detenuti perché la condizione li rende simili. Io negli anni ho capito che i carcerati non sono migliori dei carcerieri, ma se una guardia ti denuncia per una questione qualsiasi, una insofferenza sua o una insofferenza tua, prima ancora di qualunque accertamento viene sospesa automaticamente la concessione di qualunque beneficio per due anni.»

E tu come vivi tutto questo?

«Sfonderò queste mura»

Sofri mosse le labbra e le fermò come quelle della Gioconda. Forse era un sorriso, forse una piega amara, forse un'espressione indecifrabile di scherno.

«Io sono molto ragionevole e tutto questo mi procura un danno gigantesco...»

Un danno?

«Un danno gigantesco perché si può avere la sensazione che io prenda sul serio tutta questa cosa che invece è abominevole. Contro di essa reagirò nel momento in cui deciderò di reagire, nell'unico modo in cui merita che io reagisca.»

Cioè?

«Cioè sfonderò queste mura, prenderò la rincorsa e sfonderò queste mura. Fino ad allora simulerò di essere una persona normale che sta in galera. Ma non dimentico nemmeno per un momento di essere fisicamente sequestrato con una violenza ignobile e inaudita.»

Per il resto?

«Le giornate in carcere sono velocissime. Mia madre, donna meravigliosa, diceva che gli anni volano, ma certi pomeriggi non passano mai. In galera, invece, sono le giornate che volano, mentre gli anni non passano mai. Non esistono qui dentro, al contrario di quanto s'immagina, il silenzio e la solitudine. Il tempo e lo spazio della galera sono frantumati da un'enorme quantità di eventi e sopraffatti dal rumore.»

Rumore?

«Il rumore della galera è un frastuono ininterrotto che ha al centro il concerto dei ferri battuti, delle sbarre, della ferraglia, delle blindate, degli sportelli, il tintinnio (ma è una parola che mal si adatta) di queste gigantesche chiavi che sbatacchiano tutto il tempo. Ogni giorno vengono per due volte nella tua cella a battere contro le sbarre per vedere se le hai limate, ogni notte vengono ad accenderti la luce in faccia mediamente dieci volte per fare conte assolutamente superflue visto che nessuno va via. Il carcere tortura in modo pazzesco.»

Non sapevo che si usasse ancora battere contro le sbarre.

«Si usa. Nessuno crede che abbia senso, ma si usa. Ricordi il piccolo principe che accendeva e spegneva l'universo? La consegna è la consegna, diceva. Lo dicono anche qui.»

Basta un'ora di carcere per tracciare sul cervello e sull'anima di un uomo un segno incancellabile. Dovrebbero saperlo i cittadini giustizialisti che s'eccitano davanti alle ghigliottine, dovrebbero rammentarlo i magistrati che invocano il «momento magico» dell'arresto per fiaccare la resistenza dell'inquisito alla confessione e soprattutto alle chiamate di correo.

Trent'anni fa, quando entrai per la prima volta tra i sepolti vivi di Porto Azzurro, il carcere assomigliava più di oggi a una comunità. Era perfino più umano. Ma non c'era speranza. I detenuti realmente come persone. Il direttore generale di allora, Manca, mi spiegò che essi non potevano parlare con i giornalisti perché con le loro dichiarazioni avrebbero potuto farsi del male, anche senza volerlo, incapaci com'erano non solo di esercitare qualunque diritto, ma anche di badare semplicemente a se stessi.

Sofri poteva invece incontrare i giornalisti, fare perfino

collegamenti diretti in televisione dal carcere, tenere rubriche sui giornali, usare il fax della posta interna, telefonare due volte al mese come tutti i detenuti, avere giornali freschi. Eppure a queste opportunità un tempo impensabili, continuavano ad affiancarsi divieti incomprensibili e talvolta ridicoli.

«È vietato passare qualunque cosa ai detenuti di un piano diverso dal nostro. Giochiamo insieme a pallone e a pallavolo. Ma una volta che a un nostro amico marocchino abbiamo dato due patate, due di numero, queste sono state sequestrate. Ho dovuto fare una battaglia indicibile per avere una penna stilografica. È proibito avere libri rilegati e questo significa non poter leggere le cose più interessanti che escono...

«In questo modo io dovrei stare qui per essere rimesso tra vent'anni in condizione di frequentare quella società esterna di cui non ero degno.»

Con chi dividi la cella?

«Con nessuno, per fortuna. Qui ci sono soltanto tre celle singole e la mia è infima, brutta, sordida. Però la sento adatta a me. Nonostante vi sia rinchiuso da solo per diciotto ore al giorno, non sopporterei la convivenza. Di fronte alla mia cella c'è quella bruttissima, umidissima e oscura in cui stanno Bompressi e Pietrostefani. Chiamiamo questa sistemazione "la bicamerale". Che facciamo? Quando siamo chiusi, magari ci tiriamo un limone attraverso le sbarre. Quando aprono le celle, stiamo insieme. Bompressi cucina magnifiche verdure che poi mangiamo noi perché lui è di una sobrietà alimentare straordinaria.»

Guardi la televisione?

«Guardo tutti i programmi d'informazione, ma tengo acceso stabilmente il televisore perché il suo rumore è meno fastidioso del rumore di fondo del carcere, perché qui tutti per parlarsi urlano.»

«Scusi, quando si suicida?»

Ogni tanto dici: è già passato troppo tempo, bisognerà che questa storia finisca. Che significa? Qualcuno ha visto in queste frasi addirittura l'annuncio di un suicidio.

«Per questo mi sono arrivate lettere con l'invito a impiccarmi presto, autorevoli manuali sul suicidio, visite di giovani giornalisti che volevano conoscere la data in cui mi sarei ammazzato. Il problema è che in me l'idea del suicidio è totalmente remota. Corro anzi il rischio di affezionarmi alla galera...»

Ma?

«Ma la nostra storia è così aberrante, perversa, mostruosa, grottesca, così sfuggita al controllo di chiunque, che io stesso non riesco a prenderla interamente sul serio.»

Quindi?

«La cosa più semplice sarebbe stato squagliarsela. Siamo stati sollecitati a farlo. Non l'abbiamo fatto, anzi il tuo compagno di scuola Pietrostefani è addirittura tornato dall'estero. Se cercassimo una soluzione alla nostra detenzione, dunque, avremmo evitato di venire in galera.»

E allora?

«Il nostro problema è di rovesciare, sia pure tardivamente, il torto che ci è stato fatto. Un torto selvaggio, barbaro. Il nostro obiettivo è di ottenere la revisione del processo e la sanzione dell'ingiustizia di queste condanne.»

Tu hai detto che non siete stati vittime di un complotto, ma del «partito preso». Che significa?

«Io ho studiato a lungo la storia e l'ideologia dei complotti. Magari ne avessero fatto uno contro di noi. Sarebbe stato assai più facile da sventare o, una volta avvenuto, da smontare.»

Allora tutta la vicenda Marino è nata spontaneamente?

«Marino e la moglie hanno elaborato nel corso del tempo, un po' reciprocamente, un po' ciascuno per conto suo, delle antiche illazioni che hanno covato a lungo mischiandole con notizie che hanno ricevuto. A un certo momento, certamente per ragioni di disastro economico e poi forse anche per ragioni di disastro umano, personale e familiare, sono andati a mettere sul mercato tutta questa roba. Ma quando parlo di partito preso, penso ad altro.»

Per esempio?

«Fin dall'inizio i carabinieri e alcuni magistrati di Milano hanno pensato che dietro l'omicidio Calabresi ci fosse Lotta continua. Non noi, ma qualcuno del movimento. Quindi c'era un terreno favorevole a far maturare quel che è accaduto. Ma il problema più grosso è un altro. Non mi aspettavo un tale livello di solidarietà di corpo della magistratura italiana. Nonostante i miei tentativi di far considerare il nostro soltanto un caso giudiziario da risolvere in uno Stato di diritto, ha pesato su di noi il conflitto tra magistratura milanese e regime politico.»

Vi sentite perseguitati dalla magistratura milanese?

«Guarda, ci si sta accapigliando sulla separazione delle carriere tra pubblici ministeri e giudici. Di questo problema, francamente, non me ne frega niente. Ma voglio raccontarti un episodio clamoroso. Il nostro processo di primo grado era presieduto da un magistrato importante, autorevole, prepotente, Manlio Minale, che secondo me ha condotto il dibattimento con l'intenzione di condannarci. All'inizio del processo mi dissero che per Minale era l'ultimo, visto che era stato nominato procuratore della repubblica aggiunto. Fui consigliato di ricusarlo, visto che stava per giudicare l'operato della procura in cui si sarebbe trasferito. Io sono una persona sportiva e dissi: una ragione di più per tenerlo, sarà prudentissimo. Poi è andata come andata, anche perché il giudice relatore, che aveva un tic e muoveva la testa come fanno i cagnolini appoggiati al vetro posteriore delle automobili, ebbe un atteggiamento protervo e colpevolista durante tutto il processo e poi passò anche lui in procura. Di più: se Borrelli diventerà presidente della Corte d'Appello di Milano, sarà lui ad avere in mano la revisione del nostro processo, ammesso che riusciamo a ottenerla. Processo che avviò lui come procuratore. Nell'arco di una quindicina d'anni, Borrelli si troverebbe a essere l'alfa e l'omega della mia vicenda giudiziaria...»

Sostieni dunque di non essere stato giudicato serenamente?

«Sostengo che i magistrati che si sono occupati del nostro caso l'hanno fatto in malafede, cioè lo hanno fatto addirittura manipolando le cose stesse che trovavano, seguendo da un lato la strada che avevano imboccato sontuosamente e chiassosamente e dall'altro una solidarietà di corpo che è stata affatto decisiva.»

Non ti paiono affermazioni avventate e calunniose?

«Ti racconto un altro episodio. Quando l'istruttoria era ancora aperta, una importante personalità andò a parlare con il giudice istruttore di Milano, Antonio Lombardi, un giudice che passava per essere scrupolosissimo. Questo giudice, per inciso, dopo ventiquattro anni tiene ancora segrete le carte sui mandanti del processo Bertoli, carte che certamente metterebbero a disagio anche i riabilitatori della figura di Calabresi.»

(Gianfranco Bertoli il 17 maggio del '73 lanciò davanti alla questura di Milano una bomba che uccise quattro persone. Nell'estate del '97 un vecchio militante comunista ha rivelato a Lombardi che vittima designata era il ministro dell'Interno, Mariano Rumor che stava per uscire dalla questura dopo aver inaugurato un busto in ricordo di Calabresi, e che Giancarlo Pajetta e altri dirigenti del Pci furono informati dell'attentato con due giorni di anticipo, ma per ragioni non chiarite, pur considerando la fonte assai attendibile, non diedero l'allarme.)

«Allora quando questa personalità andò da Lombardi a chiedergli come avrebbe proceduto nell'istruttoria, visto che era caduto l'entusiasmo iniziale di aver beccato tutto l'esecutivo di Lotta continua e non c'erano le prove, Lombardi scrisse nella sua ordinanza che è impensabile trovare le prove del mandato. Questa frase, ripetuta per anni in camera caritatis al tribunale di Milano, camere di consiglio comprese, era poi diventata: esiste la prova "non ostensibile" della loro colpevolezza. Che significa? Significa: abbiamo un confidente, qualcuno di cui non possiamo fare il nome? Sai a che cosa mi fa pensare tutto questo? Al caso Dreyfus...»

Che c'entri tu con Dreyfus?

«Nel caso Dreyfus a un certo punto il governo francese chiamò il giudice militare, gli fece vedere carte segrete la cui divulgazione avrebbe messo in pericolo la sicurezza della Francia e che decisero la condanna di Dreyfus. *[Le carte illustravano nuovi modelli di artiglieria francese e furono trovate da una donna delle pulizie in un cestino]*. Bene, io ho la sensazione che nel nostro piccolo una carta del genere sia stata giocata contro di noi e ripetuta nel tempo. Si spiegano così le discrepanze tra il fatto che il racconto di Marino sia andato a farsi fottere e il fatto che lui, secondo i giudici, abbia detto la verità sulle responsabilità del delitto Calabresi.»

(La posizione dei giudici è evidentemente opposta. Leggendo le centinaia di pagine della motivazione dell'ultima conferma della condanna in Cassazione, si vede come i magistrati hanno ritenuto di confermare nei fatti il loro giudizio di colpevolezza.)

«Chi ha ucciso Calabresi?»

Scusa, Sofri. Secondo te, chi ha ucciso Calabresi?

«Non lo so e se lo sapessi non so se te lo direi. Penso che Calabresi sia stato ucciso da persone di sinistra, convinte di fare giustizia dell'assassinio di Pinelli...»

Tu sei ancora convinto che Pinelli sia stato buttato fuori dalla finestra della stanza di Calabresi alla questura di Milano?

«Io non ho mai accettato la sentenza di D'Ambrosio sulla morte di Pinelli. *[Gerardo D'Ambrosio, allora giudice istruttore, disse che Pinelli era precipitato per un malore, escludendo così sia il delitto che il suicidio.]* Un fermato, per giunta illegalmente, che vien fuori dalla finestra del quarto piano della questura di Milano e finisce nel cortile è una cosa da cui non si torna indietro. Ci sono sei persone ancora vive che stavano in quella stanza e hanno visto tutto. Allora parlarono di uno "scatto felino" di Pinelli verso la finestra, si vide che mentirono, ma non hanno più raccontato niente... Ripeto oggi queste cose perché mi vergognerei a rinnegarle. Le ripeto nonostante nella mia attuale condizione di detenuto nessuna magnanimità mi venga concessa.»

La vostra tremenda campagna contro Calabresi sul giornale di Lotta continua ha armato la mano degli assassini?

«Non so quanto sia diretta la relazione tra le due cose, ma certamente un rapporto c'è stato.»

Vuoi dire che senza quella campagna Calabresi non sarebbe stato ucciso?

«Non ne ho idea. Ma se quell'omicidio fu compiuto da persone di quella che allora si chiamava sinistra rivoluzionaria, certamente ci fu una connessione tra la nostra campagna (ma non fummo certo i soli) e la morte di Calabresi. Ma senza quella campagna non si sarebbe denunciato nemmeno il caso Pinelli.»

Pensi che le persone di sinistra di cui parli fossero militanti di Lotta continua?

«È possibile. Nel corso di questi anni molte persone avrebbero voluto assumersi responsabilità, compresa la gestione della campagna contro Calabresi, la scrittura di certi articoli. Ma io le ho dissuase spiegando che tutto ciò non aveva niente a che fare con il nostro processo. È inutile la meschina rincorsa a nomi e cognomi in uso in Italia invece dell'accertamento della responsabilità delle cose.»

Pensi dunque che la storia giudiziaria di quel periodo non andrebbe fatta?

«L'espressione storia giudiziaria è brutta, ne diffido. Esiste un codice, esistono reati, i processi debbono giudicare i reati.»

Rileggendo gli articoli che scrivesti dopo la morte di Pinelli provi imbarazzo?

«No. Ho scritto soltanto un paio di articoli, anche se mi sono assunto la responsabilità di tutti gli altri. In uno degli articoli scrissi che il suicidio di un anarchico dalla finestra era un classico. Non solo di un anarchico, in verità, perché citai quel che la polizia comunista aveva fatto in Cecoslovacchia con Masaryk. Di quell'articolo rimango molto contento.»

Ma non scrivesti solo quello...

«Ne scrissi un altro il giorno della morte di Calabresi. Non c'era scritto, come fu detto, che l'omicidio era un fatto di giustizia, ma insomma mi assunsi l'intera responsabilità sia di quell'articolo sia dei tanti altri che non scrissi io.»

(«La giustizia del popolo è lenta. Lenta ma arriva.» Questa frase comparve nell'editoriale di «Lotta continua» del 19 maggio 1972 che definisce «giusto» l'assassinio. Sofri sostiene di aver scritto soltanto quello del 18 in cui ribadiva peraltro un giudizio estremamente negativo sul commissario ucciso.)

Erano sbagliati quegli articoli?

«Sbagliati? Alcuni di quegli articoli erano atroci, abominevoli. Esprimevano un gusto compiaciuto del linciaggio. Scrivemmo addirittura l'indirizzo di casa Calabresi, che era sbagliato, ma solo per un nostro difetto d'informazione. Si calcava la mano per costringere Calabresi a querelare: sapevamo che i suoi superiori non volevano, questa ci sembrava un'ammissione di colpevolezza e quindi rincaravamo costantemente la dose. Però non sono articoli miei. Anche stilisticamente...»

Ma non vi rendevate conto che quegli articoli avrebbero potuto avere conseguenze terribili?

«No. Tanto più forte era l'incarognimento, tanto più sventatamente spensierata era la previsione...»

Era un gioco perverso, allora?

«No, non era un gioco. Ricordi il mio litigio con Togliatti qui a Pisa? Sembrava lesa maestà, come s'era permesso un ragazzino... Bene, io gli rimproveravo di usare un doppio binario. Continuava a usare un linguaggio rivoluzionario e la sua pratica politica era completamente incoerente con quanto diceva. Noi siamo rimasti vittime dello stesso meccanismo. Il nostro estremismo verbale è stato rincarato fino al punto che si materializzavano dinanzi a noi fatti che sembravano tradurre in pratica le nostre parole, ma in realtà le tradivano.»

Esistono episodi particolarmente gravi nei quali è stata coinvolta Lotta continua e che non sono mai venuti alla luce?

«No, non solo non esistono, ma la cosa più atroce è l'attribuzione a Lotta continua, a distanza di venti, venticinque anni, di una qualità terroristica che le era assolutamente estranea. È stato possibile immaginare che persone di Lc abbiano ucciso Calabresi, io stesso ho ammesso in tempi lontani che persone di Lotta continua avevano fatto rapine per finanziarsi, perché avevano preso armi e così via. Noi forse per qualche verso abbiamo anche sollecitato comportamenti del genere, ma poi li abbiamo fatti cessare. I militanti di Lc che hanno voluto continuare a fare queste cose hanno rotto col movimento.»

È mai esistita all'interno di Lotta continua una struttura non riconosciuta che usasse sistematicamente la violenza?

«No. Per l'intero arco di tempo in cui è esistita l'organizzazione, dal '69 alla fine del '76, gli episodi di violenza oscura, segreta, clandestina, sono stati minimi.»

«Lotta continua? Uno stato d'animo»

Che cosa è stata Lotta continua?

«Uno stato d'animo. Un tentativo di rendere durevole un grande incontro comunitario fondato su due ragioni alle quali resto molto legato: una mescolanza di persone che oggi, in una società tornata rigida, è di nuovo molto difficile e il fatto di essere l'ultimo movimento unitario della storia italiana.»

In che senso?

«Molti di noi restarono colpiti dal fatto che la questione meridionale restasse ferma. La morte dei braccianti ad Avola, l'arresto di contadini a Isola Capo Rizzuto. Trovammo al

Nord le più grandi città meridionali d'Italia, soprattutto Torino, dove un'ondata di giovani immigrati nostri coetanei andava ogni mattina in fabbrica. Credevamo nello slogan: "Nord e Sud uniti nella lotta". Alla chiusura delle fabbriche andavamo nel Sud a fare le vacanze con gli operai...»

Per questo è rimasta una forte solidarietà tra voi a vent'anni dallo scioglimento di Lc?

«Chi parla di una nostra lobby non ha mai conosciuto l'amicizia. Sai che mi ha scritto tanta gente disposta a dividere con me gli anni di pena ai quali sono stato condannato? Mi ritengo per questo una persona molto fortunata.»

Marino dice che sei stato un cattivo maestro, che hai portato decine di giovani alla rovina...

«No, assolutamente. Ho portato moltissimi giovani, ma anche molte persone di età, a fare quello che ritenevo giusto fare e che io stesso ero pronto a fare. Per questo l'accusa di essere il mandante dell'omicidio Calabresi è ignobile.»

A proposito, qual è il tuo rapporto con la famiglia Calabresi?

«È stato un rapporto povero che si è progressivamente immeschinito. Io ho una fortissima avversione per le cerimonie italiane di pubblica indiscrezione con tutti gli abbracci tra perdonatori e perdonati e tutti gli incontri plateali tra ex nemici. Non mi piace la pubblica esibizione di sentimenti privati.»

E allora?

«Allora quando è cominciata questa vicenda, avrei voluto avere con la famiglia Calabresi un rapporto molto rispettoso, molto civile, privo di qualunque inimicizia...»

E invece?

«Alla prima udienza, prima che si aprisse il dibattimento, in un'aula ancora semivuota, in un momento di distrazione dei giornalisti, mi avvicinai alla signora Gemma Capra, mi presentai. Sono Adriano Sofri, la saluto. Lei mi rispose altrettanto civilmente, ci demmo la mano e io mi allontanai. Restai molto amareggiato quando sentii nei telegiornali che la signora disse che nessuno degli imputati aveva alzato gli occhi in aula...»

(La signora Calabresi spiegherà questo atteggiamento nel nostro incontro che racconteremo più avanti.)

E poi?

«Mantenemmo un rapporto distante ma civile. Stavamo

seduti vicini, i miei figli salutavano i loro figli, senza ridurre questa distanza misurata. Un giorno andai a salutare il figlio maggiore di Calabresi, Mario, un ragazzo alto che mi era molto simpatico e che fa il giornalista parlamentare. Gli detti la mano e gli dissi qualcosa come: quando tutto questo sarà finito, ci vediamo e facciamo due chiacchiere. Naturalmente pensavo che la storia sarebbe finita in maniera diversa. Lui mi rispose. Dopo di che lui disse che mi aveva dato la mano solo perché era stato preso alla sprovvista, che non avrebbe fatto mai una cosa del genere. Infine, a chiudere la possibilità di un qualsiasi rapporto, intervenne uno degli avvocati dei Calabresi, Li Gotti, che disse delle cose infamanti come quella che io sarei il mandante del delitto Rostagno...»

Ti senti in debito con la famiglia Calabresi?

«Dovrebbe chiudersi una volta per tutte questo libro mastro di debiti, di conti aperti, di conti da regolare, compreso il Padre Nostro. Io, non per mio merito, ho due figli che sono una gran fortuna, mi rallegro vedendoli e al tempo stesso mi addoloro pensando che ci sono altri figli senza un padre che li guardi, si congratuli, si rallegri. Questo è quanto ho da dire.»

Mi confermi che non chiederai mai la grazia?

«Mai. Il giorno in cui dovessi farlo, sarei completamente rimbambito.»

Grazie, ti manderò il libro. A proposito, è rilegato. Come si fa?

«Quando uscirà il tuo libro, io sarò fuori di qui.»

Non sarà così. Quando esce questo libro, a fine ottobre del '97, Sofri, Pietrostefani e Bompressi hanno appena cominciato uno sciopero della fame perché si torni a parlare della loro sorte nelle sedi proprie. Al loro fianco, in ottobre, s'è schierato anche Dario Fo, dopo aver ricevuto il premio Nobel per la letteratura. Ma la revisione del processo è lontana e allo stato improbabile, come i provvedimenti di clemenza.

«Invece di andare in ufficio, ammazzi una persona»

«Quando entri in certi meccanismi, non sei più te stesso. Ti svegli al mattino e invece di andare in ufficio, vai ad ammazzare una persona. Fu così anche quel giorno di maggio del '72. Non pensavo a niente, se non alla mia incolumità. Vidi il commissario che usciva, Bompressi gli si avvicinò mentre stava infilando le chiavi nella portiera della Cinquecento, gli sparò alla nuca, Calabresi cadde. Non ricordo nemmeno se ho visto il sangue. Pensai: è fatta. Mi venne un senso di nausea. Anche Bompressi era turbato. Appena rientrò in macchina mi disse: "Che schifo". E ce ne andammo.»

Com'è bella Bocca di Magra nel lungo autunno caldo del '97. A destra, le Cinqueterre cominciano con Lerici. A sinistra s'intravede la Versilia. L'acqua è trasparente, non capisci dove finisce il fiume e dove comincia il mare. Le barche riposano, i bambini usciti dalle scuole e dagli asili giocano nei giardini del lungofiume. Pochi sanno sa che quest'uomo tarchiato con i capelli imbiancati troppo presto è il protagonista di una delle storie più inquietanti dell'Italia moderna.

È Leonardo Marino, il pentito. Un infame della specie peggiore, per i tanti che militarono con lui in Lotta Continua. Un cittadino che ha fatto i conti con la giustizia e con la propria coscienza, secondo altri. Lui è approdato qui nell'85 dopo una vita balorda. Negli anni ha messo su un bel chiosco, vende crêpes con la moglie e il figlio. Teme la vendetta dei suoi ex compagni («Sono potenti e stanno dappertutto»). Teme per il suo chiosco e il suo futuro. Ci sediamo accanto al fiume, mentre i bambini più piccoli giocano facendo la voce delle rondini. E mi racconta la sua storia, la sua verità, opposta a quella delle pagine che abbiamo appena letto.

«Ovidio sparò con una pistola a tamburo a canna lunga. No, il silenziatore non c'era, parecchi testimoni hanno sentito i colpi. Era a canna lunga, ma l'ha messa in tasca. So che mi si contesta che una pistola a canna lunga bollente dopo aver sparato non può entrare in una tasca. Ma Ovidio aveva evidentemente una tasca grande. Quando siamo usciti di casa teneva lì la pistola e lì l'ha rimessa dopo il delitto. Quando siamo arrivati vicino a casa Calabresi, lui si è appostato per aspettare il commissario, io mi sono fermato con la macchina per aspettare lui. Sì, so della contraddizione. Ho detto che l'auto era beige e invece era blu. Può capire che si faccia un po' di confusione quando in quattro ore si deve raccontare a un magistrato tutta la propria vita? I giornali scrissero che l'auto era blu. Se mi avessero imbeccato i carabinieri, come dice qualcuno, non mi avrebbero fatto commettere questo sbaglio. Già, i carabinieri. Non è vero che mi hanno tenuto in cottura venti giorni prima di arrivare alla confessione. E che io ho detto il 2 luglio dell'88 al maresciallo di Amelia, qua vicino, che volevo parlare. Poi è venuto il capitano Meo. Poi è venuto da Milano il colonnello Bonaventura. Poi mi hanno portato dal sostituto procuratore Pomarici e lì ho parlato. Era il 25 luglio, ma nei giorni precedenti io ho continuato a lavorare qui e non è successo niente.»

Prima di andare dal maresciallo lei si era confidato con altre persone.

«Quando decisi di liberarmi la coscienza, andai a parlare con Raffaele Bertoni. *[È stato presidente dell'associazione nazionale magistrati dall'aprile dell'88 al luglio del '91. Dal '94 è senatore del Pds.]* No, non ero amico di Bertoni. Ero amico di Giovanni Forcieri, che era sindaco di Sarzana e adesso è senatore del Pds. Bertoni lo conoscevo e decisi di confidarmi con lui.»

Gli parlò dell'omicidio?

«Sì.»

Lei incontrò anche un sacerdote. Disse anche a lui di Calabresi?

«No.»

I preti non danno in questi casi maggiori garanzie di riservatezza?

«Sono due piani diversi. Bertoni era stato un capo partigiano ed era uno che contava nel Pci. Preferii dirlo a lui e lui mi disse di rivolgermi alla magistratura.»

Ha visto che i suoi compagni detenuti a Pisa parlano di sciopero della fame perché sostengono di essere vittime di una mostruosa ingiustizia? Ha mai sentito qualche rimorso in questi anni nei loro confronti?

«La mia coscienza si è rasserenata nel momento in cui mi sono liberato del peso che avevo per l'omicidio di Calabresi. Questa è la cosa essenziale. Se gli altri sono in carcere è perché la magistratura mi ha creduto, ma anche perché hanno tenuto un atteggiamento di sfida verso la giustizia. Bastava che ammettessero le loro colpe, che collaborassero e forse sarebbero fuori.»

S'aspettava la reazione che c'è stata contro di lei in questi anni?

«Be', certo non pensavo che gli ex militanti di Lotta Continua avrebbero gioito dopo la mia confessione. Ma non mi aspettavo nemmeno che mettessero in piazza così la mia vita privata. Io non sono andato mica a dire con chi andavano a letto Sofri e Pietrostefani né dove prendevano i soldi per mangiare. Io ho raccontato episodi precisi. Invece loro mi hanno attaccato in modo così volgare...»

«Pietrostefani ci disse: eliminate il commissario»

S'è detto che viste le sue difficili condizioni economiche lo Stato potrebbe esserle venuto incontro...

«Io non ho avuto nessun contributo. Dal '72 in poi mi sono trovato in condizioni economiche forse peggiori dell'88, per cui se volevo vendermi, avrei potuto farlo prima. Il fatto è che io non mi sono venduto. La cosa più importante era liberare la mia coscienza. Sentivo quel delitto come una maledizione. Mi ero convinto che se non avessi espiato in qualche modo, mi sarebbe andato tutto sempre male.»

Sofri l'ha aiutata economicamente?

«Sì, alcune volte mi ha dato dei soldi. Ma non perché io lo ricattassi.»

Pensa che su Sofri abbia pesato il fatto di saperla custode di questo terribile segreto?

«Non credo. Sofri ha aiutato altri compagni in difficoltà.»

Lei ha sostenuto di aver avuto da Sofri e da Pietrostefani l'incarico di uccidere Calabresi, insieme con Bompressi. La difesa dice che lei è caduto in contraddizione sulle circostanze in cui questi ordini le sarebbero stati dati.

«Ma no, guardi. Le cose sono andate così. Io ho incontrato Pietrostefani che era responsabile del servizio d'ordine e del gruppo clandestino di Lotta Continua...»

Lei sa che secondo Pietrostefani non c'era nessun servizio d'ordine e nessun gruppo clandestino...

«E allora se l'è inventato anche Curcio, quando ha detto di aver incontrato Pietrostefani, in quanto rappresentante del servizio d'ordine di Lc, per decidere se aggregarci alle Brigate Rosse? Allora io tenevo i contatti con Pietrostefani e fu lui a dirmi a Torino, in casa di Paolo Buffo, che l'esecutivo di Lotta Continua aveva deciso di uccidere il commissario...»

Ricorda la parola esatta che le disse a proposito di Calabresi?

«Eliminarlo. Mi disse che si era deciso di eliminarlo.»

Chi faceva parte dell'esecutivo di Lc?

«Sofri, Pietrostefani, Boato, Rostagno, credo Morini...»

Hanno smentito tutti, vero?

«Sì.»

A proposito di Rostagno, la sua morte c'entra qualcosa con questa storia?

«Potrebbe anche entrarci, però io non ne so niente e preferisco non parlarne.»

Chi c'era quando Pietrostefani le disse di eliminare Calabresi?

«Ne discutevamo nel nostro gruppo. Ma in quel momento c'era solo Bompressi.»

E lei come reagì?

«Dissi che ero d'accordo. Erano tempi terribili, quelli. C'era una manifestazione al giorno. Forse però in fondo al mio animo c'era qualche dubbio sul commettere un'azione così violenta. Bompressi? Era favorevole. Sicuramente favorevole. Pietrostefani ci disse che della logistica si sarebbero occupati i compagni di Milano.»

«Sofri ci disse: avete fatto un buon lavoro...»

Senta, Marino. Un punto mai chiarito del processo riguarda proprio i «compagni di Milano». Lei ha detto al processo che la logistica faceva capo a un certo Luigi. Quante volte lo ha incontrato?

«Un paio di volte.»

Può descriverlo fisicamente?

«Era giovane come noi. Statura normale, circa un metro e settanta, biondino...»

In questo stesso libro, Pietrostefani ripete che Luigi non esiste. Come può essere?

«Luigi non si è mai trovato perché probabilmente sono stati fatti degli errori nell'istruttoria. Ma Luigi c'è.»

(Le indagini furono fatte su una decina di Luigi che gravitava-

no intorno a Lotta Continua. Nelle pagine precedenti, Pietrostefani racconta la storia di Luigi Noia che fu prima coinvolto e poi scagionato. Per quanto ho potuto ricostruire, l'attenzione di Marino si sarebbe concentrata su una casa in cui abitavano due fratelli, in due piani diversi e dai nomi o soprannomi simili. Le indicazioni del pentito sono state giudicate evidentemente insufficienti o inattendibili.)

«Questo Luigi» riprende Marino «ci ha ospitato in casa sua per due notti. Perché noi avremmo dovuto uccidere Calabresi il giorno prima, ma il commissario non uscì di casa.»

Lei ha detto che Sofri le confermò l'ordine di uccidere Calabresi. Lo fece durante una manifestazione a Pisa. Le si è contestato di non ricordare se piovesse o c'era il sole...

«L'incontro l'ho avuto, la manifestazione c'è stata, non mi pare molto rilevante che non ricordi se piovesse o no. Era una manifestazione per la morte dell'anarchico Serantini. Il clima era tesissimo. Riuscii a parlare con Sofri soltanto una decina di minuti al termine della manifestazione. Io ero lì proprio per sapere se lui era d'accordo con questo omicidio. Glielo chiesi. E lui mi disse che soprattutto dopo la morte di Serantini bisognava dare una prova di forza. Mi disse anche di tornare tranquillo a Torino, perché poi mi avrebbero telefonato i compagni di Milano per gli ultimi accordi.»

E da Milano chi la chiamò?

«Luigi.»

Quando rivide Sofri e Bompressi?

«Il delitto avvenne di mercoledì. Il sabato andai a Massa dove c'era un comizio di Sofri. Mi sembrò di aver visto Bompresi con i capelli più chiari del solito. Allora mi hanno accusato di aver detto che Bompressi s'era tinto i capelli. Non l'ho mai detto. Erano solo più chiari.»

Che le disse Sofri?

«Che avevamo fatto un buon lavoro.»

In questo libro Pietrostefani, oltre a negare naturalmente ogni coinvolgimento nel delitto Calabresi, nega l'esistenza stessa di un'ala militarista in Lotta Continua.

«Guardi, io non escludo che ci fossero delle lotte di potere interne a Lc. Pietrostefani ci diceva sempre di parlare a nome dell'esecutivo. Millantava? Non lo so. Ma che si discutesse apertamente di lotta armata è un fatto. Al congresso di Rimini si parlò apertamente di svolta militare dell'organizzazione. Sono stati sequestrati documenti che confermano questa scelta. Io ho detto al processo che nel '71 abbiamo rapinato un'armeria. Bene, la pistola usata da Bompressi per uccidere Calabresi veniva da quell'armeria. Quando furono fermati due dirigenti di Lotta Continua, Albonetti e Pedrazzini, erano in possesso di pistole frutto di quella rapina. Pedrazzini fu preso sotto l'abitazione del deputato missino Servello. Se le armi che abbiamo rubato noi a Torino sono state trovate addosso a due militanti a Roma e a Milano, vuol dire che c'era una organizzazione che queste armi le distribuiva.»

«Quando pedinavo Stefano Delle Chiaie»

Dopo la rapina dove metteste le armi?

«In un deposito a Torino. Poi Bompressi e Pietrostefani le distribuivano.»

Lei ha mai visto Pietrostefani distribuire armi?

«No.»

Lo ha mai visto armato?

«No.»

Ha mai visto Sofri armato?

«No.»

Quindi Pietrostefani si occupava soltanto degli aspetti organizzativi, senza mai partecipare direttamente alle azioni?

«Sì.»

Quanti di voi erano in grado di sparare?»

«Tanti. Sciolta Lc, l'organizzazione terroristica Prima Linea fu fondata da tutti i nostri militanti.»

Quante rapine ha fatto?

«Otto. Cinque quando ero nell'organizzazione. Tre dopo.»

Chi le ordinò le rapine per Lotta Continua?

«Pietrostefani.»

Il dibattito sull'opportunità di azioni militari era ideologico?

«In un certo senso sì. Poiché le rivoluzioni possono farle soltanto le masse, le violenze d'avanguardia servono a far prendere coscienza alla gente che certe cose si possono fare.

La rivoluzione l'avrebbero fatta gli operai della Fiat, come me, quelli della Pirelli e di altre fabbriche.»

Che cosa fece nel periodo successivo all'omicidio Calabresi?

«Pietrostefani mi mandò a Roma. Forse pensava che era meglio che per un po' stessi lontano da Torino.»

Che cosa fece a Roma?

«Il capo dell'organizzazione romana dovevo essere io. Facevamo delle indagini per l'organizzazione...»

Per colpire qualcuno?

«Più che altro facevamo indagini sui fascisti che allora erano abbastanza potenti all'università. Ricordo che pedinai alcuni fascisti...»

Ricorda anche chi?

Marino resta a lungo silenzioso. «Stefano Delle Chiaie. Pedinavo Stefano Delle Chiaie. Non l'avevo mai detto a nessuno...»

A proposito, che cosa sapeva della famiglia Calabresi?

«Appena tornato a Torino, a mezzogiorno, c'era già l'edizione straordinaria della "Stampa". Sapevo che Calabresi aveva due bambini piccoli, non sapevo che la moglie fosse di nuovo incinta. Restai sconvolto.»

Ha mai parlato con la signora Calabresi?

«No. Le ho chiesto con una lettera di perdonarmi.»

Le farebbe piacere incontrarla?

«Sì, ma dovrebbe essere una cosa soltanto nostra.»

«Gigi mi disse: menti di destra, manovali di sinistra»

«Ero appena entrata in cucina per bere un bicchiere d'acqua. Entrò anche lui e senza dire niente mi dette un bacio sulla bocca. Poi uscì e andò a sedersi accanto a un'altra ragazza. Era il capodanno del '68. Poco dopo ci fidanzammo. Quando mi portò a Roma per conoscere i suoi genitori, ero magrissima. La madre mi disse: "Ma come farà 'sta fijia mia ad avere bambini si nun magna?". Gigi mi scriveva lettere d'amore bellissime. Aveva un sentimento cattolico profondo, leggeva Maritain e Bernanos, ma anche Pavese e i grandi russi. Padre Rotondi, che era un suo amico, ci sposò il 31 maggio del '69. Andammo ad abitare in un appartamento che mio padre aveva comprato come regalo di nozze dalla famiglia Feltrinelli. Tre anni dopo Gigi fu ucciso...»

Gemma tacque. E ancora una volta il fantasma del commissario Calabresi entrò nell'appartamento luminoso e ordinatissimo in cui sua moglie vive da anni con il nuovo marito, un artista che insegna arte nelle scuole e che considera Gigi un fratello al quale rendere giustizia.

Chiesi a Gemma se suo marito, al di là del caso Pinelli di cui avremmo parlato, avesse preso iniziative arbitrarie o magari soltanto impopolari.

«No. Il capo dell'Ufficio politico era allora Antonino Allegra, un uomo dalla personalità fortissima che voleva sapere tutto quello che accadeva nel suo ufficio ed era rispettato dai suoi perché era molto preparato. Gigi non è mai stato il suo numero due, era poco più che un novellino. Ma non aveva paura di esporsi, questo sì, aveva una certa preparazione psicologica e così quando parlava con i fermati delle manifestazioni di piazza riusciva sempre ad avere un dialogo e magari a sapere qualcosa in più degli altri. Non si poneva mai problemi ideologici.»

Davvero?

«Guardi, ai funerali dell'agente Annarumma [*Antonio Annarumma, autista di una camionetta della Celere, durante un "carosello", nel corso di disordini dopo un manifestazione sindacale al Teatro Lirico, rimase ucciso o perché colpito alla testa da una sbarra o perché, perso il controllo del mezzo, andò a sbattere contro un marciapiede in via Larga*] stavano per linciare Mario Capanna. Bene, ci sono le foto che mostrano Gigi mentre lo porta in salvo dentro una farmacia. Adesso magari non è elegante raccontarlo, ma allora gli dissi: Gigi, potevi lasciare che gli dessero qualche legnata. E lui che era sempre allegro, gli piaceva sorridere in ogni momento, diventò serissimo: no, rispose, questo mai. Erano anni terribili, il '68, il '69, il '70. Noi avevamo un negozio in San Babila che mio padre dovette chiudere per la disperazione delle vetrine sfasciate e delle camionette sempre davanti...»

Come visse suo marito quel periodo, che giudizio dava dei rossi e dei neri?

«La sera della bomba di piazza Fontana non rientrò. Lo vidi il giorno successivo. Mi disse: menti di destra, manovalanza di sinistra. Aggiunse che quando avessero preso le persone che avevano messo la bomba, la prima cosa da fargli vedere sarebbero state le foto della strage. È una scena che non si è mai tolto dagli occhi. E poi quando si trovò Feltrinelli morto ai piedi del traliccio...»

Che fece?

«Tornò a casa senza parole, faceva una gran fatica a parlare. Mi disse: Gemma, se gli mettiamo un paio di baffi è Feltrinelli. Fu lui a riconoscerlo. Era sconvolto al pensiero che Feltrinelli avesse fatto personalmente un'azione del genere. E al tempo stesso lo ammirava perché aveva rischiato in prima persona, senza coinvolgere dei ragazzi.»

Torniamo a piazza Fontana, alla sera in cui morì Pinelli.

«Gigi rientrò alle quatto del mattino. Apparentemente era calmo, non perdeva mai le staffe. Ma la tensione doveva pur scaricarla da qualche parte. Così andò in bagno e spezzò in due lo spazzolino del water. Un uomo che muore lo colpiva profondamente, pensi un uomo che si uccide.»

Le disse subito che Pinelli si era suicidato?

«Io non so se oggi posso ancora dire così dopo la sentenza di Gerardo D'Ambrosio che parlò di malore. D'Ambrosio, magistrato di sinistra, si trovò in una situazione molto imbarazzante. No, non ho mai parlato con lui di quella sentenza. Quando ci siamo incontrati, c'erano sempre altre persone. Ma quando lo guardo negli occhi... Credo insomma che ci siamo capiti.»

Torniamo alla notte di Pinelli.

«Quando Gigi tornò, mi raccontò tutto. Mi disse che aveva interrogato Pinelli fino a un certo momento, poi era stato chiamato da Allegra che gli sollecitava una conclusione perché a Roma avevano fermato Valpreda e lui voleva andare giù con il verbale. Allegra rimproverava spesso a Gigi il suo modo di interrogare. Lui permetteva che i fermati fumassero, prendessero il caffè, andassero in bagno, si alzassero, interrompessero l'interrogatorio. Allegra era molto più rigido.»

Suo marito uscì dalla stanza in cui stava Pinelli...

«Sì, con Pinelli erano rimaste cinque persone, tra cui un ufficiale dei carabinieri. Mentre Gigi stava da Allegra sentì che un suo collaboratore gli correva incontro gridando: si è buttato, si è buttato. Tenevano la finestra aperta perché si fumava. Gli dissero che Pinelli s'era buttato e un brigadiere aveva tentato di fermarlo, gli era rimasta una scarpa di Pinelli in mano...»

Si è parlato di un buon rapporto personale tra suo marito e Pinelli.

«Sì, si conoscevano, si rispettavano, s'erano scambiati dei libri in regalo. Quella notte mio marito si rimproverava di non essersi reso conto dello stato d'animo di Pinelli. Diceva: non ho capito che fosse disperato fino a questo punto. L'aveva visto annaspare quando usò il vecchio trucco della polizia e gli disse: hanno preso Valpreda e ha parlato.»

E Pinelli?

«Gigi mi disse che Pinelli era impallidito e gli aveva detto: è la fine dell'anarchia, è la fine di tutto. Mio marito ripeteva sempre che Pinelli non poteva aver messo la bomba. Non sarebbe mai stato capace di uccidere un uomo. Forse qualcuno gli aveva chiesto di procurare dell'esplosivo, come era accaduto altre volte (e lui stesso l'aveva confessato), ma se era avvenuta una cosa del genere, sicuramente gli sviluppi successivi dovevano essergli sfuggiti di mano.»

«Capì che la sua vita sarebbe cambiata»

Suo marito capì che da quel giorno la sua vita sarebbe cambiata?

«Credo che lo abbia capito immediatamente. Non me lo disse con le parole, ma con il suo atteggiamento. Mi parlò fino all'alba con profonda angoscia. Io cercavo di tranquillizzarlo, gli dicevo: tu non c'entri niente. Ma capii che lui temeva che qualcuno si sarebbe agganciato a quell'episodio per scatenare un'offensiva. E ne ebbi conferma l'indomani quando nella conferenza stampa il questore, con molta leggerezza, disse che Pinelli si trovava nella stanza di Calabresi. Ma non disse che al momento del fatto mio marito non c'era.»

Cominciò tutto da quel momento?

«Non subito. All'inizio sembrò che anche la famiglia avesse accettato l'idea del suicidio. Gigi tra l'altro incontrò la mamma di Pinelli e le consegnò la tredicesima che Pinelli aveva in tasca. A proposito: le parlo di suicidio usando le parole di Gigi. Ma D'Ambrosio nella sentenza scrisse malore e io rispetto le decisioni della magistratura.»

Quando fu avviata la campagna contro suo marito?

«Parecchi giorni dopo, quando la vedova Pinelli fu convinta a presentare una denuncia. Allora partì un martellamento da parte di tutti i quotidiani.»

Lei come reagì?

«Avevo soltanto ventitré anni e un bimbo nato da poco, Mario. Gigi mi taceva tutto per non allarmarmi. Leggevo il "Corriere" e "l'Unità", ma lì non stavano scritte le cose peggiori. Quelle le ho lette solo dopo la morte di mio marito. Non sapevo niente degli articoli di "Lotta continua".»

E la sua famiglia?

«Chi capì tutto subito fu soltanto mio padre. Era così allarmato da convocare una riunione dei miei fratelli. Loro non lo presero sul serio, dissero che era stanco, esaurito, aveva una grande casa di tessuti, lane, drapperie con 260 dipendenti e con parecchi problemi. Lui non si lasciò convincere. Chiamò Gigi e gli disse se voleva lasciare la polizia per diventare capo del personale della sua azienda. Mio marito gli rispose che forse un giorno avrebbe accettato, ma dopo aver chiarito la sua posizione. Altrimenti sarebbe sembrata una fuga.»

Arrivarono la primavera del '72 e i giorni che precedettero l'omicidio...

«Quei giorni vennero dopo un semestre terribile. C'erano le Brigate rosse, si scoprivano i primi covi, Gigi non passava più una domenica a casa, veniva a cena e poi tornava in ufficio per restarci fin quasi all'alba. Mario aveva due anni e mezzo, Paolo undici mesi e aspettavo da tre mesi un altro figlio...»

Lei percepì il pericolo?

«Gigi faceva il possibile perché fossi serena, ma non ci riusciva. Il venerdì precedente il giorno dell'omicidio passeggiavo con i bambini vicino casa, tra via Cherubini e corso Vercelli, quando ebbi un momento di angoscia improvviso e fortissimo. Cominciai a piangere in mezzo alla strada, la gente mi guardava, ero imbarazzata ma non riuscivo a smettere. Percepii nettamente che sarei rimasta sola. Io sono vedova, mi dissi. Arrivai davanti a una farmacia e ripetei: io rimarrò sola. Poi per calmarmi pensai che ancora non era successo niente, che Gigi anche quella sera sarebbe tornato. Tardi, ma sarebbe tornato. Lui c'è ancora, pensai. E mi ripetei quell'ancora fino a ritrovare un po' di calma. L'indomani stavo meglio, ma dovetti smettere di allattare il piccolo.»

E suo marito?

«Aveva capito la mia angoscia e chiamò mia madre. Lei lavorava, non mi aveva mai tenuto i figli. Ma Gigi la chiamò ugualmente. "Gemma non sta bene, non voglio lasciarla sola con i bambini, puoi passare?" Poi aggiunse con accento romanesco: "Mà, tu Gemma non la lascerai mai sola, è vero?".»

Era sabato e suo marito fu ucciso il mercoledì successivo.

«Sì, il martedì sera Gigi andò a trovare un suo amico, lo stilista Baratta, che abitava in corso Monforte. Andarono a passeggio sotto i portici per prendere un aperitivo. Baratta aveva paura di un attentato e si girava continuamente per guardare dietro le colonne. Gigi invece passeggiava tranquillamente e non si girò mai. Tornò a casa alle nove con caramelle, cioccolatini e dolcetti che aveva preso al bar. Cenammo e poi lui giocò a nascondino con Mario.»

Arrivò quel mercoledì mattina.

«Quel giorno io aspettavo per la prima volta una domestica. Non l'avevo mai avuta. La trovò mamma che facendo volontariato incontrò una donna che aveva bisogno di lavorare e me la mandò. Io pregai Gigi di uscire prima che arrivasse. Lui amava gli scherzi ed ero sicuro che si sarebbe messo dietro la donna per farmi ridere, facendo con gesti e sberleffi i suoi commenti. Ma lui non mi dette retta, rideva e tirava tardi come ogni mattina. Gli piaceva prepararsi con calma, avere i capelli perfettamente in ordine, provava due o tre cravatte per ogni giacca. Uscendo mi disse: la tua donna già al primo giorno è in ritardo. Rientrò una prima volta perché aveva scoperto nello specchio dell'ascensore di avere il ciuffo in disordine. Tornò una seconda volta perché non gli piaceva la cravatta regimental sulla giacca nera. Prese allora una cravatta bianca di lana. E quando io gli dissi che stava bene anche con l'altra, lui rispose sulla porta: "Questa cravatta bianca è il simbolo della mia purezza". Ridemmo. Non lo vidi più.»

«Hanno sparato a un commissario»

Come seppe del delitto?

«Io non sentii niente, ma quando arrivò finalmente la donna, era trafelata. "Mi scusi per il ritardo, signora, mi faccia sedere. C'è un macello, hanno sparato a un commissario." Sentii il feto di Luigi fare un salto dentro di me, mi sedetti muta e lei mi fece: "Che le succede signora?". Risposi: "Mio marito è un commissario". Me ne pentii subito perché Gigi mi aveva raccomandato di non dire a nessuno, né ai negozianti né alla donna, che ero la moglie del commissario Calabresi. Lei fu bravissima, mi si avvicinò e disse: "Ma che ha capito, signora? Il macello non è successo qua sotto, io son dovuta scendere dal tram in piazzale Baracca. Lì c'era confusione". Mentre cercavo di aggrapparmi all'ultima speranza, immaginando che mio marito avesse fatto un giro con la macchina, mentre mi dicevo: aspetto qualche minuto che arrivi in ufficio e poi lo chiamo, bussò Federico, un amico carissimo di mio padre. Aveva visto portar via Gigi, ma non mi disse nulla. Era pallidissimo. In quel momento capii. Venne un vice questore e mi parlò di un ferimento alla spalla. Ma io ormai sapevo che era finito tutto. Guardavo gli oggetti che stavano nella stanza e ripetevo: ormai non hanno più senso, non debbono restare più qui. Mario mi stava attaccato alle gonne. Sentì il mio grido. Per anni quando veniva a trovarci Federico, l'amico di papà, lui scappava terrorizzato.»

Pensò a chi poteva averlo ammazzato?

«Sul momento no. Pensavo solo che Gigi non c'era più. Poi per molti anni ritenni che l'avessero ucciso estremisti di sinistra e pensai a tutti quelli che lo avevano diffamato per il caso Pinelli. Scoprii tardi Lotta continua. Lui non ne aveva mai fatto cenno. Soltanto una volta mi parlò di certe vignette e io gli risposi: non ti riconosco più, adesso che le fanno su di te perdi il senso dell'umorismo?»

Poi foste ricevuti dal Papa.

«Paolo VI mi aveva cresimato quando era arcivescovo di Milano. Gli portai i bambini (era nato intanto anche Luigi) e lui chiacchierò con noi come un amico caro di famiglia, tenero, affettuoso, disponibile. Mi chiese come avevo riorganizzato la mia vita, ci disse che aveva pregato molto per noi e avrebbe continuato a farlo. Poi si sedette, prese i bambini in braccio e volle mettere nel pantalone di ciascuno un portachiavi con il suo stemma. Pregammo insieme e al momento del congedo mi diede del tu: "Gemma, ricordati di non odiare e di non allevare i figli nell'odio". Gli dissi che non l'avrei fatto.»

Come seppe della confessione di Marino?

«Come tutti, dalla televisione. Stavamo al mare a Bogliasco, in Liguria. Mi telefonò mia sorella gridando: "Gemma, apri subito il televisore perché stanno dicendo chi ha ucciso Gigi". E riattaccò. La notizia era diversa da tante altre che avevamo sentito nel corso degli anni. Mi colpì il fatto che Marino fosse un uomo libero e alla televisione il suo avvocato, poi seppi che era comunista, disse: il mio cliente confessa per un travaglio interiore e per liberarsi da terribili sensi di colpa.»

Era la fine di luglio dell'88. Il primo processo cominciò l'anno successivo.

«Quando entrai nell'aula, sentii che il cuore andava per conto suo, non riuscivo a respirare, ricordo la sensazione fisica di mancare. Mi feci forza e guardai bene uno per uno tutti gli imputati. Sapevo che Sofri aveva scritto quelle cose su mio marito, ma quel che mi respingeva erano le mani di Bompressi. Le guardai a lungo quel giorno, le guardai i giorni successivi e pensavo sempre: ecco, quelle mani hanno tolto la vita al padre dei miei figli.»

Durante l'ultima parte del racconto di Gemma Calabresi, era entrato nella stanza il nuovo marito della vedova Calabresi, assai diverso dal primo per struttura fisica e interessi professionali. Si sedette, ascoltò in silenzio e a questo punto suggerì: «Gemma, perché non gli racconti l'episodio di Mario e di Bompressi?».

«Ricordi quando volevi vendicare papà?»

Gemma non avrebbe voluto far riemergere dalla fossa dei ricordi le pagine più dolorose e controverse. Poi disse: «Non ricordo se fosse il secondo processo o il terzo. Nell'aula la nostra panca era immediatamente alle spalle di quella su cui stava seduto Bompressi. A un certo punto Mario, il mio figlio maggiore, si sporse in avanti e la sua testa quasi sfiorò quella di Bompressi. Fu a quel punto che gli dissi: "Mario, quando eri piccolo dicevi sempre che volevi vendicare il tuo papà, che quando ce l'avessi avuto vicino avresti ammazzato il suo assassino. Bene, adesso che ce l'hai a venti centimetri di distanza dici che ti fa pena". I miei figli mi dicevano sempre: "Mamma, Bompressi è un depresso cronico, sta sempre solo, al bar del tribunale mangia il suo panino in un angolo, quando entriamo noi abbassa gli occhi, se ci trova davanti di colpo magari saluta, ma si vede che è un uomo provato, un uomo che soffre". Adesso che la testa dell'uomo che ha ucciso tuo padre, dissi a Mario, sta a venti centimetri dalla tua, mi ripeti che ti fa pena. Evidentemente, Mario, ti ho educato bene.»

E Bompressi come reagì?

«Pensavo che si sarebbe girato. Una persona davvero innocente mi avrebbe detto: signora lei ha ragione, ma guardi che mi hanno tirato dentro per sbaglio, hanno dei pregiudizi su di me, ma è stato un caso terribile di somiglianza. Lui invece non disse niente. Tenne la testa abbassata per ore, quando c'è stata la pausa del processo non si è mosso, contraeva continuamente le mascelle, era vittima di una specie di tic nervoso da angoscia. Lui può dire tranquillamente di non aver sentito le mie parole. Ma mi pare impossibile.»

Gli altri?

«Pietrostefani si è sempre molto defilato, ci guardava come se fossimo trasparenti, era attento a starsene lontano da noi, ma non ha mai urtato la nostra sensibilità, non è mai stato aggressivo, mai invadente.»

E Sofri?

«Quando entravo in aula, mi venivano subito le palpitazioni perché sapevo che Sofri mi avrebbe gridato: buongiorno, signora. Io, dico la verità, facevo fatica a salutarlo, anche se non ho mai tolto il saluto a nessuno. Rispondevo insomma con un filo di voce, ma avrei gradito un cenno più discreto, invece di quell'ostentazione gridata.

«Quando Sofri salutava i miei figli e questi qualche volta non gli rispondevano, andava a lamentarsene con i giornalisti. Lui continuava a gridare quel buongiorno, signora! Anche al bar, in modo che tutti si girassero. E a me dava fastidio. Dopo la prima udienza, i giornalisti parlarono con me e scrissero che al nostro ingresso gli imputati avevano abbassato gli occhi. Erano lontani e sinceramente mi parve che le cose andarono così. L'indomani Sofri venne e mi disse: signora, ho letto i giornali, io la guardo e non ho bisogno di abbassare gli occhi.»

Sofri non le ha mai detto una cosa tipo: mi dispiace, ma io sono innocente?

«Mai. Non si è mai scusato nemmeno per le cose che aveva scritto. Se lui fosse venuto e avesse detto: signora, io sono innocente per la morte di suo marito, ma mi scuso per quel che ho scritto e per le responsabilità morali che questo comporta. Se mi avesse detto una cosa del genere, tutto sarebbe andato diversamente. Si sarebbe almeno stabilito un minimo di rapporto.»

«Con Sofri battaglia di sguardi»

E con i suoi figli com'è andata?

«Ci fu una battaglia degli sguardi tra Sofri e il nostro Luigi che durò giorni. Luigi è il bimbo che portavo nella pancia quando uccisero il padre. Perciò non lo ha mai conosciuto. Quando vide che Sofri resisteva al suo sguardo, Luigi si impuntò. È uno che non teme, è capace di avere uno sguardo cattivissimo, se vuole. Sofri non confermerà mai, ma Luigi dice che alla fine l'altro fece un gesto di stizza e allontanò lo sguardo. Nei giorni successivi, quando Luigi entrava in aula, Sofri gli gridava il suo buongiorno. Luigi lo sopportava male, finché un giorno al bar trovammo ancora una volta Sofri a un passo da noi: quando salutò di nuovo Luigi con un tono ironico, il ragazzo lo mandò a quel paese. Da quel momento Sofri non lo ha più infastidito. Anche perché Luigi è venuto pochissimo in aula. Non ce la faceva. Tornava a casa e si sentiva svenire, aveva dei mal di testa insopportabili. Lui non ha mai perdonato.»

Lei è davvero convinta della loro colpevolezza?

«Sì perché sono stata in aula. Lei non ha idea dei riscontri che ha portato Marino. Sofri e gli altri dicono di essere innocenti e non potrebbero fare altrimenti. Mi impressionano tutte quelle persone che dicono: io non conosco gli atti, ma loro sono innocenti. Non c'è sordo peggiore di chi non vuol sentire.»

Lei ha mai parlato con Leonardo Marino?

«No, mai. Marino è un uomo semplice. In tribunale teneva sempre gli occhi molto bassi, era a disagio in un modo incredibile. I nostri sguardi non sono mai stati cattivi, nemmeno da parte dei figli. E poi Marino ci ha chiesto di perdonarlo ogni volta che è stato intervistato, mi ha scritto chiedendomi un incontro e adesso che i processi sono finiti sarei disposta a farlo. In Marino la sofferenza è palpabile. Quando in aula doveva passare accanto ai miei figli, si vedeva che sarebbe finito volentieri sottoterra. Abbiamo una sofferenza di origine diversa, ma sento di poterlo perdonare.»

Con gli altri, invece? So che lei gradisce che questa domanda non le venga più rivolta. Perché?

«Perché non ha senso dirlo con la bocca se non si dice anche col cuore. Questo è un percorso lunghissimo. Vede, quando morì Gigi, mia madre mi suggerì di inserire nel necrologio la frase di Cristo sulla croce: Padre, perdonali perché non sanno quello che fanno. Non sentivo mia quella frase, in quel momento, ma la accettai perché non si aggiungesse odio a odio, violenza a violenza. Negli anni successivi l'ho sentita sempre più mia perché ho cercato di interpretarla. Gesù sulla croce poteva benissimo perdonare lui stesso i suoi carnefici, ma in quel momento era un uomo e forse si rendeva conto di quanto fosse difficile per un uomo perdonare in quelle condizioni. Allora ha chiesto a Dio, al Padre, di farlo in vece sua, dando all'uomo il tempo necessario per prepararsi. Io l'ho interpretata così. Sto camminando. Finora sono riuscita a non odiare. Se avessi odiato, non avrei potuto più ridere, rifarmi una vita, risposarmi e avere un altro figlio. Chi odia ha una tragedia in più.»

«Hanno cambiato vestito sulla stessa pelle»

Un giorno lei disse a proposito di Sofri e degli altri: hanno cambiato vestito sulla stessa pelle.

«Non ho lo stesso stato d'animo di quando la pronunciai. Dopo la sentenza definitiva la riferirei di più agli altri, alla loro lobby, a tutti quelli che dicono: poveretti, sono in carcere da una settimana, poi da tre mesi, poi da sei dimenticandosi completamente di un uomo normale, padre di tre figli, che andava al lavoro, non è più tornato e sta sotto terra da venticinque anni.»

Lei ha detto di essere disponibile alla grazia. Vuol dire che non vi opporreste a un provvedimento del genere?

«Intanto io non voglio tutto sulle mie spalle il peso di una decisione del genere. Non voglio diventare importante soltanto quando serve una mia parola. Per questo siamo andati dal capo dello Stato.»

Come nacque questo incontro?

«Qualche settimana dopo l'ultima sentenza definitiva del '97 abbiamo chiesto udienza con una lettera recapitata a mano al mattino al Quirinale. Lo stesso pomeriggio Scalfaro mi ha telefonato per dirmi che ci avrebbe ricevuti subito. In quel periodo si era scatenata sui giornali una campagna degli amici di Sofri: sembrava che lui e gli altri condannati dovessero uscire subito. Noi ci sentivamo molto soli. Volevamo capire da che parte fosse lo Stato. E poi bisognava chiarire il contesto di un eventuale provvedimento di clemenza. Dopo la sentenza di primo grado, mi dissi: sono contenta perché conosco la verità, ma non voglio gioire, non stapperò champagne come forse qualcuno ha fatto il giorno della morte di mio marito. Ci sono altre famiglie, altri figli che soffrono. Dopo la sentenza definitiva per me Sofri e gli altri possono anche uscire, però deve essere chiaro che loro sono i colpevoli. Quando chiedemmo l'incontro con Scalfaro, Sofri andava dicendo qualcosa del tipo: io esco e mi debbono chiedere scusa.»

Che cosa diceste al capo dello Stato?

«Lui si è molto interessato della vita e del lavoro dei miei figli. Mario, il più grande, fa il giornalista parlamentare dell'Ansa a Roma. Paolo, il secondo, studia architettura, fa il volontariato con la Croce Verde ed è un ciclista bravissimo che ha riempito la casa di coppe.»

E Luigi?

«Luigi l'ho tirato su un po' viziatino. Ha lasciato l'università dicendo che una laurea tirata e presa tardi non gli sarebbe servita a niente, ha studiato parecchi mesi in California, poi ha lavorato in un nostro negozio di Torino. Insomma, aspetta che venga fuori qualcosa di definitivo.»

Mi diceva di Scalfaro.

«Il presidente naturalmente conosceva molto bene il caso Sofri. Io ero rimasta molto colpita dal turbamento del mio più piccolo, Luigi, per la ventata assolutoria che s'era scatenata sui giornali dopo la condanna definitiva di Sofri e degli altri. Allora dissi a Scalfaro: lei è la più alta personalità dello Stato, io ho bisogno che i ragazzi credano in qualche cosa. Loro hanno visto che per parecchio tempo non c'è stato un solo giornale dalla nostra parte, cioè dalla parte della sentenza. Io dicevo ai ragazzi che la maggioranza silenziosa del Paese, quella che non grida, è con noi. Ma loro, soprattutto Luigi, erano molto avviliti. Allora, ho detto al presidente, noi non siamo venuti qui a chiederle la grazia per quei tre perché sarebbe veramente troppo. Ma noi ci fidiamo di lei. Per cui sappia che nel momento in cui lei dicesse, nella sua responsabilità, che è pronto a firmare un provvedimento di clemenza, sappia che noi non ci opporremmo.»

E lui?

«Lui ci ha detto di essere molto angosciato per la situazione delle carceri. Si possono migliorare, ma sono sempre terribili. Ci ha anche fatto capire di essere particolarmente preoccupato per la sorte di persone che stanno dentro da più di vent'anni, o magari da quindici, o magari da dieci, perché in prigione ci sono da dieci anni persone che non hanno fatto cose gravissime.»

«Scalfaro ci disse che...»

E sul vostro caso?

«Ci siamo fatti l'idea che lui, quando mai fosse maturo un provvedimento generale di clemenza, guarderebbe caso per caso, considerando gli anni di pena scontati e lo stato d'animo, l'eventuale dissociazione del condannato. Ha aggiunto che la sua personale posizione non è per cominciare da chi sta da poco tempo in carcere e non ha mostrato alcun segno di pentimento. Insomma, mi pare d'aver capito che lui escluda provvedimenti immediati e quando ha accennato al fatto che potrebbero esserci in futuro pressioni del governo, noi gli abbiamo detto: signor presidente, ci fidiamo di lei.»

E i suoi figli?

«Luigi all'uscita volava per il sollievo. Ha sentito che ai vertici dello Stato c'era qualcuno che lo prendeva in considerazione, che avrebbe tutelato la sua gravissima perdita e lo avrebbe protetto dopo l'enorme ingiustizia ricevuta.»

Fece una pausa e aggiunse: «Sofri ha potuto crescere i suoi figli, Gigi no. Se m'avesse almeno detto: Gemma, ho sbagliato e chiedo scusa alla sua famiglia. Non l'ha fatto mai. Oggi mi basterebbe che ammettessero il fatto: andrei io stessa a chiedere a Scalfaro la grazia».

Intervenne il nuovo marito della signora Calabresi: «Con questi ragazzi, credo di aver svolto il ruolo di padre a tutti gli effetti. Li ho tirati su col cucchiaino, mia moglie e i suoi orfanelli, che stavano proprio giù. Sono orgoglioso d'averlo fatto come persona democratica, come uomo di sinistra che ha cercato di riparare il torto di una certa sinistra estrema. E dopo aver fatto tutta questa fatica, dopo il peso enorme che abbiamo sopportato insieme, vedere che questi escono dall'oggi al domani sull'onda dello sdegno degli amici e di un'altra campagna di stampa a suon di bugie, identiche a quella che ha portato nella bara Luigi Calabresi, è una cosa che mi ripugna. In famiglia io ho sempre detto: ragazzi, cattolici sì, coglioni no».

Indice dei nomi

«La sfida»
di Bruno Vespa
Collezione I libri di Bruno Vespa

Arnoldo Mondadori Editore

Finito di stampare nel mese di ottobre 1997
presso Arnoldo Mondadori Editore S.p.A.
Stabilimento di NSM di Cles (TN)

Stampato in Italia - Printed in Italy